经典战史回眸 二战系列

U0514202

炼狱之门

冲绳战役

冬初阳 刘海丰 著

WUHAN UNIVERSITY PRESS
武汉大学出版社

图书在版编目(CIP)数据

炼狱之门:冲绳战役/冬初阳,刘海丰著.—武汉:武汉大学出版社,
2017.8

经典战史回眸.二战系列

ISBN 978-7-307-19445-8

Ⅰ.炼⋯　Ⅱ.①冬⋯　②刘⋯　Ⅲ.美军冲绳岛登陆作战(1945)—史料　Ⅳ.E195.2

中国版本图书馆 CIP 数据核字(2017)第 153214 号

责任编辑:王军风　　　责任校对:李孟潇　　　版式设计:马　佳

出版发行:**武汉大学出版社**　(430072　武昌　珞珈山)

　　　　　(电子邮件:cbs22@whu.edu.cn　网址:www.wdp.com.cn)

印刷:湖北恒泰印务有限公司

开本:787×1092　1/16　印张:42.5　字数:1023 千字

版次:2017 年 8 月第 1 版　　2017 年 8 月第 1 次印刷

ISBN 978-7-307-19445-8　　定价:85.00 元

目　　录

引 子

1945年3月16日，美国太平洋战区暨太平洋舰队司令部，海军五星上将尼米兹刚刚接到硫黄岛发来的电报，内容很简单："硫黄岛日军的有组织抵抗已经结束，我军已经占领硫黄岛。"日本守军最高指挥官栗林忠道中将仍然率领残部在硫黄岛西北角困兽犹斗，美军并未对外正式宣布这一消息，但大局已定，尼米兹好歹可以将注意力集中到即将开始的"冰山"行动上，不用再为硫黄岛分心。

刚过花甲之年的尼米兹早已一头华发，总是梳理得十分整齐，神情常带几许凝重，即使露出笑容也抹不去。此刻，他的脸上没有丝毫笑意。美军虽然迟早会正式宣布占领硫黄岛，但美军伤亡合计已超过20000人。以美军完善的后勤和医疗条件，伤病人员痊愈率超过90%。阵亡6000余人，再加上伤病医治无效的死亡人员，合计不会超过10000人，但国内舆论不会放过这个能大做文章的话题。美国人的价值观和日本人截然不同，不会因为战役任务完成，就忽略伤亡大唱赞歌。瓜岛战役、塔拉瓦之战、塞班岛战役、佩里硫之战……每一场美军出现重大伤亡的战役，都会引起各路媒体如潮批评，何况硫黄岛战役伤亡总人数超过20000，肯定比守岛的日军总兵力更多。

尼米兹缓步走到办公室的军用地图前，视线投向"冰山"行动的目标——冲绳群岛的主岛冲绳岛。那里是日本本土的南大门，距离本土列岛不过340海里。根据情报，日军已经在那里屯集重兵，数量远超硫黄岛。即将在那里打响的战斗，又会是怎样的一场血战……

第一章　漂向炼狱的冰山

美军的战略决策

美国太平洋舰队大本营珍珠港与冲绳岛相隔4000海里。太平洋战争爆发后，美军用三年多的时间，打通了珍珠港前往冲绳岛的航线。1942年和1943年，美军顶住日军的进攻，扭转局势，到1944年已彻底转守为攻。

根据美国三军参谋长联席会议的规划和协调，美军在太平洋沿两个行动轴心推进，一路为中太平洋，另一路为南太平洋和西南太平洋，展开大规模钳形攻势。采取这种军事部署，表面上违反了尽可能集中兵力的军事原则，但美国强大的综合国力和远在日本之上的整体军事实力，确保美军能采取这种两路并进的战略。尽管海军主导的太平洋战区和陆军主导的西南太平洋战区，多次为争夺太平洋战场的主导权发生争执，美军相对完善的军事

协调机制和组织机能，仍然能够及时消除分歧，保证战争按照预定计划顺利进行。

1943年底，美国海军从中太平洋大举进攻，攻克吉尔伯特群岛。1944年1月31日，中太平洋部队进军马绍尔群岛，先后攻占夸贾林环礁、马朱罗环礁和埃尼维托克环礁。同一时期，马克·米彻尔海军中将指挥的航母特混舰队大举进攻加罗林群岛的日本联合舰队基地特鲁克环礁，使之无力化。1944年夏，美军攻克日本"绝对国防圈"的核心地带，中太平洋和西南太平洋之间的交通枢纽——马里亚纳群岛的塞班岛、关岛和提尼安岛。同年9至10月，美军占领西加罗林群岛的乌利希环礁，取得一个理想的锚地和前方舰队基地。同一时期，经过血战，美军拿下帕劳群岛的昂奥尔岛和佩里硫岛。

与此同时，西南太平洋战区的美军沿所罗门群岛和新

几内亚岛向菲律宾群岛推进。面对美军的犀利攻势，日军只有招架之功，龟缩在布干维尔岛、新爱尔兰岛和新不列颠岛等少数孤立据点，无力还击。1944年5月，麦克阿瑟将军的部队在夺取比亚克岛和农福尔岛后，攻占新几内亚东北沿海的瓦克德岛。同年夏，日军从新几内亚东北韦瓦克突破盟军战线的行动被完全压制。9月，美军登陆莫罗泰岛，成功进入菲律宾群岛南方300海里之内。

两路美军齐头并进，不给日军任何喘息机会。美军在太平洋所有军事行动的最终目标，是日本本州岛南部沿海和濑户内海沿岸的工业中心。美军的战略目标是在正面战场步步为营，同时利用潜艇封锁破坏日本的海上交通线，以战略轰炸破坏日本大后方战争机器的运转，最终直捣工业核心地带。

1944年的大部分时间，

太平洋战区的美军参谋人员都在制订1945年春进攻日据台湾岛的计划。根据这一方案，1944年3月，美军参谋长联席会议公布台湾岛作战方案——"堤道"计划的大纲。8月23日，美军参谋机关发布"堤道"计划研究报告。这份报告指出，太平洋舰队总司令尼米兹将军，在西南太平洋战区部队于菲律宾中南部建立稳固的阵地之后，准备进攻台湾岛。在"堤道"行动完成后，美军接下来的行动目标是冲绳群岛和小笠原群岛，或中国沿海地区。无论占领台湾岛后选择哪一条推进路线，美军的最终目标都是日本本土。

9月15日，参谋长联席会议指示西南太平洋战区最高司令麦克阿瑟比原计划提前两个月，绕过菲律宾南方的棉兰老岛不打，10月20日就进攻莱特岛。同时尼米兹接到的指示是绕过雅浦岛不打。接到指示的尼米兹结合太平洋战局的最近发展态势，重新审视"堤道"计划，一个此前在他脑海深处时隐时现的构想，逐渐清晰起来。

次日，尼米兹在和参谋人员的商讨时明确提出："你们看。既然麦克阿瑟将军的部队提前两个月就进入菲律宾中部群岛，那么只要他能占领这

太平洋战区陆军司令小罗伯特·理查森中将。虽然他一直都没能得到梦寐以求的实战指挥权，但是在太平洋战区的战略问题上，尼米兹总司令一直都很重视他的意见。

个地区，我们就能获得非常理想的舰队锚地。从这个锚地出发，不用经台湾岛和中国沿海，可以直取冲绳群岛和小笠原群岛。"太平洋舰队参谋人员曾为7月下半月，尼米兹在与罗斯福总统和麦克阿瑟会晤时，支持麦克阿瑟进攻菲律宾非常不解，不少人发过牢骚，此时恍然大悟："总司令支持打菲律宾，原来是为了这些后招啊！"尼米兹微微一笑，神色依然凝重，补充道："'堤道'行动的目标是为在台湾岛和中国沿海建立航空基地，轰炸日本本土，支援中国抗战，切断南方向日本本土列岛输送资源的交通线。直接进攻冲绳群岛，在那里建立航空基地一样可以达到这个目的，离日本本土更近，威胁更大。"

会后，参谋们开始分组讨论总司令的新构想。尼米兹让副官起草一封信，征求战区陆军高级指挥官的意见。太平洋战区陆军司令小罗伯特·理查森中将还没看完便喜形于色："这个构思太棒了，只有这样才能尽早完成我们的最终目标——入侵日本本土。"他马上回复尼米兹，表示支持。在理查森看来，占领台湾岛，再经中国沿海进军日本费时费力，未免得不偿失。他又补充道，按照尼米兹的新构想，从吕宋岛－冲绳群岛和马里亚纳群岛－小笠原群岛两条轴线齐头并进，要比经台湾和中国沿海进军日本更加经济。

理查森和麦克阿瑟曾多次交换过意见，他向尼米兹建议，完全可以按照麦克阿瑟的计划，让西南太平洋的军队占领莱特岛之后进攻吕宋岛，这对进攻冲绳有益无害。在理查森看来，占领吕宋岛，不仅能让菲律宾群岛提供更多海空基地，用于封锁日本人在中国海的航线，而且可以有效地让台湾岛无力化。从吕宋岛的大量基地出发，空袭日本本土九州岛和本州岛，是可能实现的。占领小笠原群岛的航空基地，能够为从马里亚纳群岛空袭日本的B-29轰炸机提供中转站。航空部队对日本本土的空袭，

将会在地面部队登陆时达到顶峰。

太平洋战区陆军航空兵司令米拉德·哈蒙中将与理查森的意见相同，支持尼米兹的构想。

预定执行"堤道"行动的地面部队是陆军第10集团军，司令小西蒙·巴克纳中将同样支持尼米兹的意见。他向总司令指出："太平洋战区的支援和后勤部队已经捉襟见肘，这让'堤道'行动变得不太实际。况且进攻吕宋岛的计划正式开始的话，占领台湾岛就没那么必要了。"

至于美国海军在太平洋战区的前敌总指挥，中太平洋部队暨海军第5舰队司令斯普鲁恩斯上将，早已明确表态，尼米兹无需再问。原来1944年7月12日前后，日军在塞班岛的有组织抵抗结束不久，海军作战部长兼美国舰队总司令欧内斯特·金上将前来视察时，曾经询问斯普鲁恩斯："你对下一次行动有什么看法。"斯普鲁恩斯不假思索地答道："我希望拿下冲绳岛。"金上将是美军高层进攻台湾岛的主要支持者，斯普鲁恩斯很清楚这一点，但他没有一味逢迎这位海军掌门人的意见，直陈己见。金没有多说什么，这不代表他会就此放弃自己的主张，但他

清楚斯普鲁恩斯和尼米兹在战略问题上的看法经常会一致。

斯普鲁恩斯在9月4日回到珍珠港之前，一直在思考金提出的问题。他得出的结论是，冲绳岛是正确的目标，在进攻冲绳前必须先拿下硫黄岛。尼米兹根据参谋长联席会议的指示，告诉刚刚回来的斯普鲁恩斯："你的下一个行动目标将是台湾岛和厦门港。"斯普鲁恩斯当即将自己的想法和盘托出："我建议我们应当先取硫黄岛，再攻冲绳岛。"尼米兹的神色不见丝毫变化，语调也一如往常："高层已经决定下一个目标是台湾岛，指示你先飞加利福尼亚休假两周。"斯普鲁恩斯只得先去度假。在他休假期间，事情发生了变化。

斯普鲁恩斯预定返回珍珠港销假前不久，接到最新命令，暂缓归期，要出席定于9月28日在旧金山举行的太平洋战区高级指挥官联席会议。会前，斯普鲁恩斯和尼米兹碰了头。尼米兹的神色一如既往的凝重，但眼中带着对斯普鲁恩斯的肯定和鼓励。斯普鲁恩斯心中一动，问道："长官？"尼米兹的嘴角现出微笑："三位战区主要陆军指挥官都支持你的意见。"斯普鲁恩斯颔首道："其实第一个支持我的恐怕是你。"尼米兹未置可否，

只说："现在重要的是说服倔老头厄尼。"

旧金山会议上，尼米兹向金上将坦陈自己和部下几位主

美国海军五星上将欧内斯特·金。1878年出生的金，经历过美西战争、墨西哥革命战争，以及两次世界大战，先后在海军水面舰队、潜艇部队和航空兵部队服役。1940年秋，金的好友，时任海军作战部长斯塔克海军上将任命其出任美国大西洋舰队总司令。1941年2月，金晋升为海军上将。珍珠港事件发生后，金于同年12月30日成为美国舰队总司令，次年3月18日，取代老朋友老上司斯塔克出任海军作战部长。金是美国海军史上唯一一身兼这两项要职的海军军官。无论对金的强势性格和他在大西洋舰队司令任上的表现存在多少争议，但没有人能否认他对美国海军全球战略的远见卓识。在金成为海军作战部长之初，他对尼米兹并不是十分信任，但这并不妨碍他后来对尼米兹的认可。太平洋战争末期，金虽然对进攻台湾岛的计划情有独钟，但是在尼米兹等人的劝说下，最终理智地接受了太平洋战区提出的1945年作战方案。

要指挥官的意见。要说服金并不容易，他反问道："明年1月攻打硫黄岛有把握吗？"斯普鲁恩斯以平静的口吻肯定地答道："海军陆战队说过，他们能拿下硫黄岛。"尼米兹将一份修正计划书呈交给金。斯普鲁恩斯内心多了一份把握。他虽然和尼米兹的副参谋长兼作战处长谢尔曼海军少将并无深交，但对他的参谋业务能力相当欣赏，相信谢尔曼清晰合理的陈述有助于说服金。金是一位成熟的战略家，对太平洋战区反映的各种实际情况和困难不会视而不见。

10月1日，尼米兹再度与金商谈时，明确告知："我和太平洋战区的诸位高级指挥官一致认为我们提出的方案是最实际的。"尽管有些不情愿，金还是在10月2日向参谋长联席会议提出，鉴于太平洋战区缺乏执行"堤道"计划的足够资源，陆军部在欧洲战事结束前，无力增派各种资源，那么在占领台湾岛之前，可以相继对吕宋岛、硫黄岛和冲绳群岛采取行动。太平洋和欧洲战事今后的发展乐观的话，"堤道"计划将会变得可行。

既然进攻台湾态度最坚决的金上将都松了口，参谋长联席会议很快便达成共识。10月3日，尼米兹接到华盛顿的最新指示，让他在1945年3月1日进攻冲绳群岛的一个或几个岛屿。两天后，尼米兹告诉他的下属主要指挥官："对台湾的行动已经搁置，在麦克阿瑟将军1944年12月20日入侵吕宋岛后，我太平洋战区的部队将在1945年1月20日进攻硫黄岛，3月1日进攻冲绳群岛。"

根据美军高层的战略决议，冲绳战役在战略上与吕宋岛战役和硫黄岛战役息息相关，这三场计划中的战役，将保持美军对日本的不懈压力，同时会有效地消耗日军。1944年的吕宋岛战役让西南太平洋战区的美军在拿下莱特岛后，可以继续进攻。1945年1月进攻硫黄岛将在另一个方向继续对日本施压，能提供一个新的航空基地。美军战斗机的飞行里程和作战半径都普遍小于B-29重型轰炸机，所以在硫黄岛为护航战斗机提供一个更靠近日本的基地，对战略轰炸行动是一种大力支持。3月进攻冲绳，会将战火烧到日本南大门，直接切断敌人经冲绳群岛的空中交通线，从侧翼还能威胁南面的海上交通线。此外，无论美军今后是进攻中国沿海地区，还是直取日本本土列岛，冲绳群岛都是前进路线上应当占领的关键目标。

从吕宋岛－马里亚纳群岛一线直接向冲绳群岛－小笠原群岛一线推进，就此被纳入美军以封锁和空袭摧毁日本军事力量和抵抗意志的整体战略框架。从冲绳群岛出发，美军的中型轰炸机可以将日本本土纳入自己的作战半径，据估算，美军在冲绳群岛大约可部署780架轰炸机和必要的护航战斗机。同时，美国海军可以在冲绳获得一个可用的前方舰队基地。美军航空兵和海军舰队可以从冲绳的海空基地出发，进攻日本本土列岛，通过从冲绳强化海上和空中封锁，可以让本土和南方占领区断绝联系。冲绳的海空基地，还能用于支援靠近中国东海各地区的军事行动。最后，也最重要的是，占领冲绳群岛，就能为美军入侵九州，进而入侵日本工业核心地带提供足够的支援阵地。

西南群岛与冲绳岛简介

1945年，美军在太平洋战场的重点目标冲绳群岛，属于日本人所称的西南群岛（日文称作"南西诸岛"），位于九州南端和台湾东北端之间。这个弧形大群岛，在接近中央的地方被分成两部分，东北部为萨南群岛（含大隅群岛、吐噶喇列岛和奄美群岛）、西南部为琉球群岛（含冲绳群岛、先岛列岛，后者为宫古列岛和八重山列岛的总称）。此外冲绳群岛东方还有大东群岛等。战前西南群岛分属日本的鹿儿岛县和冲绳县。冲绳县辖冲绳岛（含伊平屋群岛）及以南55个岛屿，划分为两市（那霸、首里）、五郡（国头郡、中头郡、岛尻郡、宫古郡、八重山郡）、三町、五十一村，县厅设于那霸市。

冲绳县为古琉球王国所在地，在中国古文献中被称为"流求"、"琉球"。14世纪，琉球进入了中山、南山、北山三个王国并立的"三山时代"。14世纪末从中山察度王开始，三山先后向中国明朝进贡表示臣服并接受册封。1429年，中山王尚巴志统一三山，建立琉球王国，疆土远至奄美群岛及八重山列岛，向中国朝贡的传统也延续下来。通过朝贡与册封，琉球王国成为以中国为中心的东亚世界秩序的一部分。在此背景下，从14世纪末到16世纪下半叶为止的约150年中，琉球王国进入"大交易时代"，大力发展海外贸易，成为东亚和东南亚之间最大的国际转口贸易中心，航渡至中国者累计达100000人之多，16世纪时的琉球总人口也不过约100000人而已。

1609年，岛津氏统治下的日本萨摩藩入侵并征服琉球，使琉球开始成为萨摩藩的附庸，对外则同时向萨摩和中国两方面进贡。为了不过分刺激中国和获得经济上的好处，萨摩在形式上保留了琉球的独立，琉球也继续受到中华文化广泛深刻的影响。无论如何，对日本来说，这一时期的琉球仍然是"异国"。萨摩入侵琉球时的残暴行径以及征服琉球后在经济上的长期残酷压榨，预示了很多年后冲绳被卷入"大日本帝国"的战争漩涡时，当地民众将会面临怎样的命运。

1872年，日本政府强行将琉球王国改为"琉球藩"，1879年又改为"冲绳县"，彻

地图一　冲绳群岛与周围地区一览

底吞并琉球，此后"琉球"变成了"冲绳"，除了美军占领时期之外，该地区一直都是日本的一个县。

冲绳县总面积约2388平方公里，其中冲绳岛（也称"冲绳本岛"）1220平方公里。1944年末冲绳县人口约59万，其中49万居住在冲绳本岛地区。从1944年7月起至冲绳战役开始为止，共有约8万人被疏散到岛外。战前冲绳县人口有77%从事农业，主要农作物包括甘薯、甘蔗、大豆、蔬菜、水稻。当地的畜牧业自古以来即十分发达，猪和山羊的

饲养数在战前位居日本全国第一。

冲绳本岛长约100公里，宽3至28公里，四周被珊瑚礁包围。石川地峡以北的国头郡大部分为森林覆盖的山岳地带，中央部有突出的本部半岛，其西方约6公里的海面上，有适合修建大型机场的伊江岛（伊江岛面积23.98平方公里，较硫黄岛略大）。石川地峡以南完全是丘陵地带，宜野湾以北为中头郡，以南为岛尻郡。中头地区除了读谷山外均为平坦地形，重要的读谷（北部）和嘉手纳（中部）机场均

位于该地区。岛尻地区的地形比较复杂，分布着很多断续起伏的丘陵地，是那霸港与小禄机场所在地。该地区的那霸市与首里市，形成了全县的政治与经济中心，人口密度也较高。

以那霸为起点，冲绳岛到鹿儿岛、台北及上海的距离为650至800公里，形成了航空作战的要地。

那霸西方海面约3000米处有庆良间列岛，该列岛的各岛屿包围的内海形成了良好的泊地，可供运输船队利用。

冲绳本岛南部地区的地

地图二　冲绳（本岛）与周围地区一览

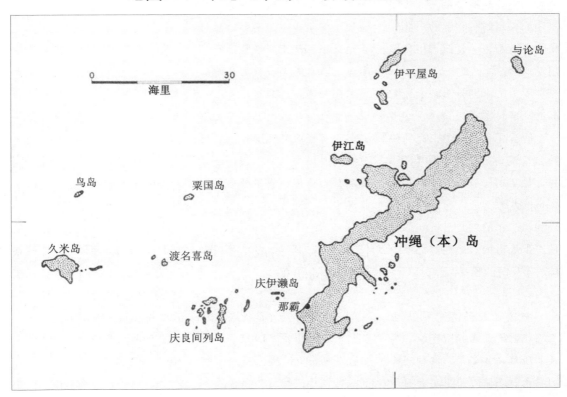

质为凸起的珊瑚礁，分布有很多自然洞穴，可以有效布防。岛上的道路在北部地区比较简单，只有海岸道路，南部则比较发达，特别是岛尻郡有四通八达的道路网。连接中部与南部的主干道有三条，均未铺设柏油，下雨时会变得泥泞，妨碍重型车辆通行。

当地居民的祖先崇拜观念很重，修建了许多壮观的坟墓，这些坟墓系由取自海岸或丘陵的岩石堆筑而成，外观富于艺术性。在近代修筑的这类坟墓被称为"破风墓"和"龟甲墓"，特点是将入口用灰泥加固，并在入口前用石墙围成庭院。在冲绳战役中，这些坟墓成为日军防御阵地的一部分得到有效利用，发挥了相当作用。

对二战末期首次踏上冲绳岛的众多日军官兵来说，这是一个有异于日本本土、充满独特风情的奇妙国度。1944年3月，预定出任日军第32军参谋要员的八原博通大佐前往冲绳岛为第32军的创立进行准备，住进那霸市内。他在回忆录中描写了当时的感受：

初次见到的那霸街上尘土飞扬，看起来颇为干燥。岛民的服装、住宅等，有种别样的特色，给旅行染上了异国情

带有鲜明冲绳风貌的"龟甲"墓在岛上的山坡星罗棋布。许多坟墓都被日军改建成坚固的防御阵地。

调。洗过澡后倚窗歇息时感到凉风习习，逐渐黯淡下来的街上风景像极了内地初夏的黄昏，从覆满绿色森林的远方传来了蛇皮线的乐声。我不由隐约想起过去曾为执行任务，在泰国、缅甸和美国南部的乡村街道流浪的往事。在紧张的气氛下，我从充满杀伐之气的东京来到冲绳，感到这座岛上无论自然也好，人类也好都是在悠然自得中平静地度日。想到这座和平的岛屿和人们将会遭受怎样的命运，我不禁感到心情沉重。

日军第32军的成立与西南群岛的防务

冲绳岛本与军队无缘，军备向来十分薄弱。1907年，日军在那霸设立冲绳警备队司令部，1918年改称"冲绳联队区司令部"，受第6师团管辖。太平洋战争爆发前不久，该地区才成立要塞司令部等军事机构，此前日军在冲绳县仅有联队区司令部这一个军事机关，采取的防卫措施可以说接近于零，戏称"冲绳县只有军马一匹"（联队区司令部用）。

1941年7月中旬，日军大本营发布中城湾及船浮临时要塞建设命令，从当年8月至10月完成工事的修筑。9月间下令编成和部署中城湾和船浮两座临时要塞的司令部、要塞重炮兵联队和陆军医院等。

此外，奄美大岛要塞从1921年开始修建，但华盛顿条约签订后，于1922年停建，仅在次年4月成立奄美大岛要塞司令部。这座要塞就此成为二战之前西南群岛仅有的防卫设施。

日军还在冲绳岛南部的小

八原博通与妻子和两个孩子的合影。

禄和八重山列岛的石垣岛上修建了机场，仅可供小型飞机使用或供紧急避难。

1944年2月16日，日军大本营陆军部上呈了《关于东北及中部太平洋方面统帅组织及兵备大纲之要件》，内容主要为增强东北方面和中部太平洋方面的军备而新成立第31军等。

2月17日和18日，日本海军的重要基地特鲁克环礁遭到美军特混舰队攻击，舰船沉没40余艘、飞机损失约270架，损失惨重，该岛的舰队基地功能丧失殆尽。美军特混舰队对特鲁克的袭击较日军大本营的预计更早，使后者受到很大冲击。2月19日，大本营陆海军两统帅部进行了关于敌情判断、今后作战指导等事项的联合研究，进一步确认增强东北及中部太平洋方面军备的既定方针，并决定紧急强化日本本土、西南群岛、台湾方面的防务。

为了准备强化西南群岛及台湾方面的防务，1944年3月中旬，大本营陆军部派出现地视察班前往两地区视察。视察班长为杉田一次大佐（陆军部第六课长），组员椙山一郎中佐（陆军部第三课通信）、神直道少佐（陆军部第二课航空，后晋升为中佐）、三冈健次郎少佐（陆军部第三课船舶）、齐藤春义少佐（陆军部第三课编制）等。另预定将任第32军参谋长的北川洁水少将和该军参谋的八原博通大佐也参与了这项工作。视察组一行于3月15日从日本所泽机场出发，3月20日返回东京。

当大本营陆军部在急速强化西南群岛防务时，海军佐世保镇守府司令长官小松辉久中将也于3月13日向海军大臣和军令部总长提出急速强化西南群岛防务的意见。3月16日，小松中将从大本营受领了在那霸设立冲绳根据地部队的指示。

1944年3月22日，大本营为加强西南群岛的防务，下达了第32军的战斗序列命令，第32军正式成立。该军直属大本营，负责北纬30度10分以南、东京122度30分以东的西南群岛地区的防务。大本营同时还对台湾军（军司令官安藤利吉大将）下达战斗序列命令，令该部脱离防卫司令官指挥，直属大本营。

当时台湾军的兵力仅有第48师团的各补充队和澎湖、基隆及高雄的各要塞部队。在西南群岛也仅有西部军的奄美大岛、中城湾及船浮的各要塞部队而已。

西南群岛所在的各要塞司令部及要塞部队根据战斗序列命令被编入第32军，但属于军事行政机关的冲绳联队区司令部及宪兵则不隶属第32军。

1944年3月西南群岛各部队司令官如下：

冲绳联队区司令官 井口骏三 大佐

奄美大岛要塞司令官 井上二一 大佐

中城湾要塞司令官 柴田常松 大佐

船浮要塞司令官 丸山八束 大佐

根据第973号大本营陆军部命令（以下简称大陆令），第32军战斗序列如下：

第32军司令官 渡边正夫中将

第32军司令部

奄美大岛要塞

奄美大岛要塞司令部、要塞步兵第28中队、奄美大岛要塞重炮兵联队、特设警备第220中队、特设警备第221中队、特设警备第222中队、奄美大岛陆军医院

中城湾要塞

中城湾要塞司令部、要塞步兵第121中队、中城湾要塞重炮兵联队、特设警备第211中队、特设警备第223中队、特设警备第224中队、特设警备第225中队、中城湾陆军医院

船浮要塞

船浮要塞司令部、船浮要塞重炮兵联队、特设警备第209中队、特设警备第210中队、特设警备第226中队、特设警备第227中队、船浮陆军医院

第19航空地区司令部

第50机场大队

第205机场大队

第3机场中队

要塞建筑勤务第6中队

要塞建筑勤务第7中队

要塞建筑勤务第8中队

根据该命令，奄美大岛要塞司令官所属部队、中城湾要塞司令官所属部队和船浮要塞司令官所属部队从西部军转隶第32军，第19航空地区司令部、第50机场大队、第205机场大队和第3机场中队则从关

东军转隶第32军。

第974号大陆令（1944年3月22日）规定第32军的任务如下：

一、大本营意图强化皇土南陲防务。

二、第32军司令官务必与海军协同，尽速加强作战准备，负责西南群岛防卫任务。

三、台湾军司令官务必与海军协同，尽速加强作战准备，负责台湾防卫任务。

四、防卫总司令官负责的防卫区域与第32军、台湾军、第14军之间的作战区域界线如下：

防卫总司令官的防卫负责区域与第32军之间

北纬30度10分

第32军、台湾军之间

东经122度30分

台湾军、第14军之间

北纬20度10分

五、西部军司令官及台湾军司令官务必支援第32军的后勤补给。

六、有关细项遵照参谋总长指示办理。

这时第32军的战斗序列中尚无地面野战部队，但后来根据《十号作战准备纲要》，大本营计划将2个混成旅团和1个混成联队分配给第32军。

第32军成立之初的军司令部主要阵容如下：

军司令官 渡边正夫 中将

参谋长 北川洁水 少将

高级参谋（作战主任）八原博通 大佐

参谋（航空主任）钉宫清重 中佐

参谋（后方·通信主任）三宅忠雄 少佐

参谋（船舶主任）八板繁广 中佐

高级副官 葛野隆一 中佐

兵器部附（缺部长）井上茂 大尉

经理部附（缺部长）来原靖 会计中佐

军医部附（缺部长）铃木秀夫 军医中佐

兽医部附（缺部长）

法务部附（缺部长）池田和美 法务少佐

第32军司令部于1944年3月27日在福冈市立第一高等女学校编成。4月1日0时，军司令官渡边正夫中将开始行使部队指挥权。

此后第32军司令部的人员变动很大，军司令官、军参谋长及多名参谋均有调动，只有八原高级参谋和三宅参谋一直留在司令部服役。

首任军司令官渡边中将

曾在第56师团长任上参加缅甸作战，因此"有幸"在远征缅甸题材的中文史著和小说作品中屡屡登场。之后渡边中将于1942年年底就任陆军科学学校校长，直至成为第32军司令官。八原大佐在回忆录中对他有如下评论：

（渡边）将军同后来直接指挥冲绳战役的牛岛将军形成了鲜明对照。他并非仅表威严的那种人，中等身材，体型消瘦，面容紧绷，外表俊敏，富有行动力，是一个内心十分纯真的人。我担任参谋期间，不知不觉就喜欢上了将军，并且曾在许多问题上承蒙将军指导。当时，我方运输船在西南群岛的近海屡遭敌潜水艇袭击，经常有我军官兵的尸体飘到各座岛屿。将军郑重地照顾这些遇难者，指示全军进行周全的处置，包括调查死者的所属部队、姓名并收集遗物。虽然这些本就是应当采取的措施，但将军下达这些命令时那充溢柔肠爱意的严肃表情，深深地打动了我们的内心，即便现在我仍然无法忘怀……

当时担任军参谋长的北川少将是八原在陆军士官学校的资深前辈（北川比八原早6期）、陆军大学的同期同学，

八原在陆军大学期间经常受到他的指导和关照。北川少将原为炮兵科出身，后来转入航空兵科，来冲绳上任前是陆军航空士官学校干事。与八原相对，北川较为重视航空问题，对执行第32军的主要任务即在西南群岛迅速建成诸多机场来说正是合适的人选。

日军的航空优先主义

1944年3月22日，日军大本营在向第32军和台湾军下达战斗序列命令，赋予作战任务的同时，还以大陆令指示了《十号作战准备纲要》，以使两支部队据以从事备战工作。另外，大本营于3月27日向南方军指示了《十一号作战准备纲要》。两作战准备纲要异曲同工，均以航空作战为中心。

《十号作战准备纲要》的要点可概括如下：

一、为确保国土与南方圈之间的交通等问题，加强备战，除了防备敌军奇袭之外，当情势发生转变时建立得以粉碎敌攻略企图的态势。

二、备战以航空作战准备为主要重点。

三、尽速完成对抗奇袭的措施，全盘备战的大体完成时间以1944年7月为目标。

四、航空作战准备以在西南群岛及台湾东部各能部署约一个飞行师团实施作战为目标。

五、地面兵力以防卫航空基地为主，在部署上同时考虑能够掩护主要的舰船泊地。

西南群岛方面的预定使用兵力为：

德之岛　一个混成联队（以三个步兵大队为基干及要塞部队）

冲绳岛　一个混成旅团（以六个步兵大队为基干及要塞部队）

石垣岛和宫古岛　一个混成旅团（以四个步兵大队为基干及要塞部队）

关于十号作战准备的基本作战构想，根据时任大本营参谋的神直道中佐的回忆主要有如下几点：

1.以九州及台湾为航空作战的根据地，从事航空作战准备。

2.在西南群岛及台湾东岸加强各航空基地，并在合适地区新建基地。

3.地面部队以保护航空基地及促进航空战力为目标加强装备。

4.加强航空和地面所需各种油料及弹药的储存,并增强有关通信设施。

神中佐还回忆道:"……由于十号作战准备,系以航空运用为主要考虑因素,当时并未考虑美军对冲绳的登陆作战,故地面部队仅为设立航空要塞所需的兵力而已。亦即,其性质与其说是为保卫机场,毋宁说是负责警卫任务而已。"

神中佐后来担任第32军航空主任参谋,与担任第32军作战主任参谋的八原博通大佐都曾参加3月中旬大本营陆军部所派遣的视察班,但两人的作战构想却完全对立。神中佐对航空作战持积极态度,八原大佐却对航空作战缺乏信心,主张持久作战。两人不仅在战时就作战指导发生严重对立,而且这两位战后第32军参谋中仅有的幸存者,在各自的回忆录中仍然坚持自己当年见解的正当性。

第32军正式成立之前,从事军创设准备工作的八原曾到作战课听取关于军的特点和任务等的说明,在此期间他曾就兵力问题提出疑问,得到的回答大意如下:

中部太平洋第一线马里亚纳群岛的防备目前已堪称"难攻不落",我们称之为"东条防线"。因此没有必要在西南群岛部署太多的地面兵力。即使马里亚纳防线被突破——当然,这种事情绝对不会发生——只要在西南群岛修建许多机场,以此为基础充分利用航空部队就足以防御。再者,同南方资源地带之间的海上交通虽然存在困难,但依靠星星点点的机场群可以利用滑翔机进行联系。

第32军刚成立时,马里亚纳防线仍在,战火尚未波及菲律宾方面,除了努力修建机场外,第32军几乎无所事事。当时第32军的地面兵力几近于零,仅在奄美大岛、冲绳本岛和西表岛上部署了配备旧式海岸炮的要塞部队而已。第32军所处地理位置远在绝对国防圈后方。因此按照大本营的方针,该军实际上被当作航空基地设施部队使用。预定在西南群岛新编成的混成旅团和混成联队被运抵之前[1],军司令部除了建设机场之外也确实无事可做。

第32军创立初期,八原大佐基于各种条件,曾对未来的战局做了如下综合判断:

美军的主战线(大军主力的进攻方向)应有两条:其一是首先攻占马里亚纳防线,然后取直路向西南群岛进攻。如果美军采取此一方针,即使夺取了马里亚纳防线,之后还要跨越二千数百公里的海洋一举攻至西南群岛,难度实在令人望而生畏。无论如何,美军必须在马里亚纳防线上进行充分准备后才能开始行动,因此其行动时间很可能为当年秋季。另一条是从新几内亚方面经菲律宾、台湾向西南群岛进攻。在这种情况下,美军很可能会省略部分岛屿,以蛙跳方式攻来。根据以往的经验,该行动发生的时间应为来年春天。

八原认为在上述两条路线中,美军选择后者的可能性更大。因此,他一有机会便会公开声言:决定军命运的日期就在来年樱花绽放的时节。

---

[1] 日后将编入第32军的独立混成第21联队(德之岛)、独立混成第44旅团(冲绳)、独立混成第45旅团(宫古、石垣岛方面)预定要在7月左右才会抵达当地,最早进行部署的大东岛支队(以步兵一个大队为基干)也要到4月下旬才会抵达,而且支队长横田中佐以下一部人员在运输途中遭美军潜水艇攻击而死亡。

尽管如此，第32军仍将主要精力倾注于航空基地的建设上面，预定将在7月下旬完成各机场的修建。

1944年3月第32军成立时的西南群岛航空基地情况如下：

海军机场

1933年在石垣岛、小禄（冲绳本岛）及喜界岛，1943年在大东岛修建了海军演习时紧急降落用的简易机场。1942年开始在种子岛修建机场，1943年底为加强海上护航除了在宫古岛修建新机场外，还扩建了已有机场。

陆军机场

过去在西南群岛没有任何陆军机场和民间机场，完全使用海军机场。1943年夏季开始，陆军航空本部着手在德之岛、伊江岛和冲绳本岛北部修建机场，工程由民间承包，但至1944年4月尚无任何机场修建完成。

根据《十号作战准备纲要》，航空作战准备为其主要重点，并确定了由第32军担任西南群岛的航空基地建设的方针，大本营也对第32军寄予厚望。第32军最初的战斗序列除了要塞相关部队之外便以机场相关部队为主。第32军虽然有

所不满，但还是将作战准备重点放在航空基地的建设工作上，在7月上旬美军攻占塞班岛之前，一直遵照大本营的指示方针执行十号作战准备。

1944年4月15日，军司令官渡边中将指示第19航空地区司令官青柳时香中佐，命令第205机场大队长在宫古岛建立航空基地。4月23日，渡边中将又命令军司令部附松原大尉在石垣岛建立航空基地。5月20日，渡边中将在向独立混成第21联队长赋予防卫任务的同时，命其在德之岛建立基地，同一天还向独立混成第45旅团长下令在宫古岛和石垣岛建立基地。在4月上旬至6月上旬期间，第32军的战斗序列中除了独立混成第44旅团、独立混成第45旅团、独立混成第21联队、独立高射炮第27大队之外，还编入多支航空地区部队。负责航空基地修建任务的部队，包括第19航空地区司令部、各机场大队、机场中队、要塞建筑勤务部队、野战机场修建队、机场中队等，从4月下旬起陆续到达各地，开始着手进行修建作业。其中第129野战机场修建队在6月29日于德之岛海面遭遇海难，死者达113人，残存的61人于10月23日才到达冲绳，被部署在伊江岛（次年1月转移到台湾）。

由于部队到达日期的延迟，各部队的基地建设在4月底5月初才开始动工，实际完成的时间都在9月以后，较预定的7月上旬落后许多。

第32军所属部队几乎没有基地工程部队，一般部队的作业能力甚低，因此动员了大量岛民利用原始工具以类似人海战术的方式施工。各机场均雇佣了数千名民工，此外还动员了妇人会和学生等从事"勤劳奉仕"。

建设进度的落后，固然一方面是由于机场工程部队的机器和材料不足，另一方面也因受到第32军基本作战构想的影响。八原大佐一向强调地面持久作战构想，对航空作战缺乏信心。八原认识到，航空优先主义存在诸多弊端：一味重视机场建设的思想在军内横行无阻，导致在各岛屿只要有合适的地方便要修建机场，即使像伊江岛这样的小岛上也要建造大型机场，却没有顾及在己方处于守势的情况下，如何以有限的地面兵力来确保如此众多的机场。在以往的太平洋历次战役中，日军辛苦修成的众多机场，经常未待己方利用即被美军占领使用，好像是专为美军预备的礼物一样，并且当这些机场被美军占领后，为了破坏美军的使用，日军不惜出动

地面部队拼命进攻试图夺回，为此损失巨大。

由于日军高层在太平洋战争的作战指导要领方面奉行航空优先主义，为此从飞机的制造增产到航空兵科的官兵培养诸方面进行了各种努力。西南群岛防卫作战构想的基础，当然也未能脱离航空优先主义的范畴。随着日美两军之间航空战力的差距日益悬殊，希望和现实之间的鸿沟愈加明显，地面部队同航空部队之间对现实的认识也出现了很大的差异，为此引起颇多纠葛。

5月3日，大本营下达第1001号大陆令，将下列部队编入第32军战斗序列：

独立混成第44旅团、独立混成第45旅团、独立混成第21联队、独立高射炮第27大队、第32军通信队、第32军兵器勤务队、冲绳陆军医院、德之岛陆军医院、宫古岛陆军医院。

上述部队从5月末开始从本土运往西南群岛，其中独立高射炮第27大队5月31日在冲绳本岛登陆，独立混成第21联队主力6月15日在德之岛登陆，德之岛陆军医院7月19日在德之岛登陆，第32军通信队和冲绳陆军医院则于6月5日在冲绳本岛完成现地编成。

独立混成第44旅团（预定驻防冲绳岛）、独立混成第45旅团（预定驻防宫古岛和石垣岛）、第32军兵器勤务队等部搭乘的"富山丸"号于6月29日运输途中在德之岛海域被美军潜水艇"鲟鱼"号击沉，损失了大部分兵员，不得不重编（详情后述）。

5月3日，奄美大岛要塞重炮兵联队、中城湾要塞重炮兵联队、船浮要塞重炮兵联队分别改称重炮兵第6联队、重炮兵第7联队和重炮兵第8联队。

此外，奄美大岛、中城湾、船浮各要塞司令部于5月中旬复员解散，奄美大岛要塞司令官井上二一大佐于5月10日、中城湾要塞司令官柴田常松大佐于5月8日、船浮要塞司令官丸山八束大佐于5月8日分

1944年6月29日，在德之岛海域击沉日军"富山丸"号运输舰的美军"鲟鱼"号潜艇。
主要性能参数
舰型 "鲑鱼"级柴油及柴电动力潜艇
水面标准排水量 1458吨　下潜排水量 2233吨　长 93.88米　最宽处 7.96米　浮航吃水 4.78米
动力部位功率　水面 5500马力　下潜 2660马力
航速　水面 21节　潜航 9节　航速 10节航程11000海里
下潜承受力 2节航速，可下潜48小时　测试下潜深度 76米
满载艇员数量　5名军官和54名水兵
武备
8具53.3毫米孔径鱼雷发射管（前4后4），配备24枚鱼雷，1门76.2毫米50倍径甲板炮，4挺机枪

别就任独立混成第21联队长、独立混成第44旅团第1步兵队长和舞鹤要塞司令官。

第32军在成立之初是大本营的直辖军，该军也以此自负，就好像武士为自己成为旗本深感荣耀一样。这一"荣誉"未能持续很久。没有任何预告，1944年5月5日，大本营下达第1003号大陆令，将第32军编入西部军序列。此事令第32军领导干部深感沮丧，士气大受打击。

1944年6月中旬，号称固若金汤的马里亚纳防线（即所谓"东条防线"）开始遭到美军攻击，塞班岛（小畑中将指挥的第31军司令部所在地，但开战之后，小畑中将因故留在关岛指挥）成为这场决战的焦点。第32军立刻以军司令官的名义向第31军发去祝愿奋勇战斗和武运长久的电报，电文由八原起草。此后，无论是第31军还是大本营方面均没有任何音信，第32军对战况完全蒙在鼓里。

6月22日晨[①]，第32军从那霸的海军根据地部队得到通知，大意为今日联合舰队将在中城湾入港，希望在警戒及其他方面给予密切协作云云。第32军司令部于是知晓双方主力舰队即将展开决战，精神大振。八原在极度兴奋之下，干脆带着双筒望远镜乘车前往中城湾岸边的与那原港，在与那原西侧台上向中城湾眺望。八原看到在低垂的云朵下，二十几艘战舰正肃然停泊，船上人影皆无，飞机也毫无踪影，丝毫不见出阵之前的飒爽英姿，一片寂寥凄凉的景象。方才八原在路上乘车驶过根据地部队司令官新叶少将身边时，瞥见了他脸上的沉痛表情，虽然对此稍有介意，但他却以为那只是决战出击前夜的不安而已。

实际上联合舰队发动的"阿"号作战到20日就已彻底失败，八原目睹的其实是遭受美军痛击后逃回的残余舰队，当时他对此一无所知，几天后才在东京得知海战失利的情况。

马里亚纳海战惨败，从根本上动摇了日军最高统帅部对"东条防线"的信心。大本营在6月24日就上奏中止塞班夺回作战，次日在元帅会议上得到批准，至此塞班岛实际上被完全放弃（塞班岛守备部队到7月初基本被消灭）。特别危险的是，眼下日军在西南群

1944年6月19至20日，日本联合舰队在马里亚纳海战中大败，日军大本营被迫放弃救援塞班岛的作战计划，承认"绝对国防圈"已被打破。此后，日军大本营为防备美军进攻西南群岛，只得大举向该地区增兵。图为正在遭受美军舰载机攻击的日本"瑞鹤"号航母和两艘驱逐舰。

---

① 八原博通的回忆录记为20日，但根据日军战史，联合舰队撤至中城湾的日期为22日。

岛的军备仍接近于零，第32军主要的作战部队中仅有独立混成第21联队完成在德之岛的部署。当美军登陆塞班岛时，冲绳岛、宫古岛和石垣岛等于是门户大开，连对付敌方小部队的奇袭登陆也甚为困难。如果美军乘胜长驱直入，则西南群岛将岌岌可危。面对危急局势，大本营不得不检讨今后的部队运用，决定急速加强西南群岛的兵力。放弃塞班夺回作战企图后，大本营陆军部决定将第9师团（驻中国东北）、若干混成联队、坦克联队和炮兵联队等编入第32军，于6月25日就西南群岛的配备征求了第32军的意见。26日，下列部队被编入第32军：

第9师团，独立混成第15联队，坦克第27联队，野战重炮兵第1联队，独立速射炮第3和第7大队，通信第27联队的一个中队，第44、第56、第69机场大队，第8野战航空修理厂的第1、第3独立整备队，第9野战航空修理厂的第2独立整备队，独立有线第106中队，独立无线第100小队。

兵力的增加并不意味着统帅部改变了航空决战的方针。6月27日，八原随同其所属的西部军参谋长芳仲和太郎中将飞往东京参加本土各防卫军的参谋长会议。抵达东京后，八原在大本营初次听说马里亚纳海战惨败的详情，深感震惊。毫无疑问，现在西南群岛的安全受到了严重威胁。不过八原却感到心里好像有块石头落了地，原已冷却的热情反而重新燃烧起来。

在东京，防卫总司令部（同参谋本部一样位于市谷台上）总参谋长小林浅三郎中将、芳仲中将和八原大佐都被召集到防卫总司令部作战室一起进行了作战研究。与会者就大东岛在马里亚纳陷落后的价值进行了讨论，无论是参谋本部还是防卫总司令部都倾向于认为美军在占领马里亚纳之后将会首先夺取大东岛，然后以此为踏板进攻西南群岛，因此应首先强化大东岛的防务。关于重视大东岛防务的问题也听取了八原的意见。八原此前曾在4月27日视察过大东岛，比较了解当地的情况，因此他陈述了大意如下的个人观点：

第一，关于战略的判断：

冲绳本岛与大东岛之间相距约300公里，马里亚纳防线又远在2000多公里外的东方。在大东群岛中，最大的南大东岛也只是一座直径不过1000多米的小岛而已，四周隆起，边缘被悬崖包围，船只靠岸十分困难，对补给工作构成严重妨碍。虽然其内陆较为平坦并建有机场，一直供海军飞机迫降使用，但作为航空基地的话则规模未免太小且孤立于大洋中。

日军拥有九州、西南群岛、台湾这样的在战略上较为有利的航空基地，只要日军航空兵仍保有相当的活动能力，则美军在占领大东岛后将很难以其为踏板在航空作战方面发挥很大作用。如果美军一心要攻占西南群岛的话，应当集结充足的陆海空战力，直取西南群岛的要地冲绳岛，不去过分在意小小的大东岛。因此，大东岛并无特别的战略价值。

第二，关于将来的岛屿防御的战术思想：

如果要强化西南群岛的防务，就不应被大东岛之类的地方迷惑，应当紧急向最重要的冲绳岛增派兵力。在以往太平洋各岛屿的战斗中，我方总是将本就不充足的兵力逐次临时分散部署，因此被敌军逐个歼灭。关键在于选定必将受到攻击的重要岛屿，然后不失时机地部署足以决胜的地面兵力，做好充分的战斗准备。

八原在小林中将、芳仲中将以下参谋人员面前，陈述了以上的意见。简言之，就是主张美军进攻大东岛的可能性极小，没有必要向其投入过多兵力，应将兵力集结于冲绳岛。与此相反，防卫总司令部则认为对于拥有航空基地或适宜建设机场的小岛，应尽力确保防止其为美军利用。听完八原的发言，芳仲中将揶揄道："如果按照你的意见部署，那就应该干脆放弃冲绳本岛，将兵力集结于重要的九州才对。"

显然日军统帅部仍然坚持一直以来的航空决战方针。八原的意见则与这种战略思想针锋相对，希望在双方航空与海上战力差距日益悬殊的现实下更加重视活用地面战力。不管怎样，八原的发言引起了一阵骚动，关于是否应在冲绳集中兵力出现了很多议论。这是八原乃至第32军领导干部平时主张的作战思想，即对航空作战缺乏信任的想法，首次在公开场合同统帅部发生争论。不过与防卫总司令部内的紧张气氛相比，八原自己反倒感觉十分畅快，仿佛春风拂面一般。看来一直苦于自己无所作为的第32军终于有了大显身手的机会，这令八原欣喜不已。

虽然大本营有意增强大东岛的兵力，并且日后将第28师团的整整一个联队部署到那里，不过结果还是参考第32军方面的意见，最后将第62师团部署到冲绳岛而不是大东岛。

马里亚纳战役形势的急转直下本已令大本营紧张不已，雪上加霜的是紧接着又发生了"富山丸"遇难事件。6月上旬，独立混成44旅团和独立混成第45旅团在九州和四国编成（两旅团的司令部由第32军司令官在冲绳当地编成），6月20日左右开始在九州集结等待运输。6月25日，独立混成第44旅团、独立混成第45旅团、第32军兵器勤务队、第129野战机场设定队和宫古岛陆军医院等部搭乘"富山丸"等船只从鹿儿岛出港南下。6月29日7时20分左右，"富山丸"在德之岛东方航行时被美军的"鲟鱼"号潜艇发射的鱼雷击沉，搭载部队（主要是独立混成第44旅团的步兵队）约4600人中失踪（被判定为战死）约3700人。独立混成第44旅团所属、熊本县出生的士兵尾崎里志目睹了"富山丸"沉没的全过程，对于当时的情形，他回忆道：

……记得是上午7时左右，潜水艇发射的一颗、两颗、三颗鱼雷相继命中了我们乘坐的"富山丸"。我当时正在甲板上执行监视任务。在被第一发鱼雷命中后仅仅过了一分半钟，船只便沉没了。事情来得太过突然，不过是一刹那

的工夫，就在惊讶的时候，船只便沉了下去。我本想跳进海里，却办不到。周围的人都非常震惊，互相死死揪住他人的身体。船只和我们这些人都沉到十米、二十米的海中。开始的时候无法呼吸，后来我总算脱出身来，挣扎着浮出水面。

海面上已经化为火海，通红通红，那是位于我上风处的大海正在熊熊燃烧。如果踌躇不决的话火焰就会吹到我这边来。我深深吸了口气，从通红的火海水下潜游过去，移动到火焰上风处。

我就这样捡了条命，但是在这次袭击中5000名队员只剩下470名左右，幸存者有一半被严重烧伤……

"富山丸"的幸存者被暂时收容在奄美大岛的古仁屋，其后独立混成第44旅团和第32军兵器勤务队幸存者（约400人）被送往冲绳岛，其他人被送往宫古岛。除了两位旅团长已于5月22日先行抵达那霸从事旅团司令部的编成与作战准备工作，因而幸免于难之外，各部队的主要指挥官几乎全部死难，部队战力丧失殆尽，不得不在7-9月间从本土送来再编基干人员，加上在本地召集的兵员进行重编。

就这样，堪称冲绳守备

中坚部队的独立混成第44旅团惨遭全灭。大本营接到有关电报后，紧张情绪达到了顶点，将这一悲剧视为美军即将一举突入西南群岛的前兆。虽然十号作战准备中的西南群岛作战准备是以航空作战准备为主，地面作战准备仅限于保卫航空基地的安全及抗击敌方的奇袭登陆，连这样一支为对抗敌军奇袭登陆的主力部队也惨遭全灭，更凸显了西南群岛的防务实在虚弱至极。西南群岛的兵力部署的方案不得不全面更改。

在东京期间，八原在参谋本部总务课突然遇见日后将出任第32军参谋长的长勇少将。寒暄过后，长勇豪爽地笑道："以后就让我来把必胜战法教给贵军和台湾军吧！"以后将出任第32军参谋的木村正治中佐正默默地站在长勇身边。

长少将原为关东军总司令部部附，后作为塞班夺回作战的要员被招至东京，这样才会遇到八原。长少将的心腹部下木村中佐也是为塞班夺回作战来到东京，6月22日被任命为大本营参谋。随着塞班夺回作战的中止，长少将又被任命为参谋本部部附，随后大本营陆军部为援助第32军作战，将其派往冲绳。7月1日，长少将在木村中佐的陪同下抵达第32军

司令部。当天，被任命为军参谋的林忠彦少佐也抵达那霸就任，第32军司令部的阵容得到进一步加强。

长少将随后视察了西南群岛各地，并将各岛屿所需兵力逐次向大本营报告，同时还奉命研究了非战斗人员的疏散问题。7月5日，长少将致电大本营，提出冲绳本岛防御所需兵力为3个师团。7月7日，长少将被任命为第32军参谋长，同时木村中佐也被任命为第32军参谋（负责后方业务）。当天，原军参谋长北川少将被任命为台湾军副参谋长。

7月11日，长少将赴东京向大本营报告情况，向参谋总长提出西南群岛方面的防御最少需要6个师团另1个联队等意见。后来长少将告诉八原大佐，他在东京曾向大本营恐吓道："请向冲绳本岛增加5个师团！如果不采纳我的意见，导致冲绳守军玉碎的话，参谋本部的领导干部必须全体剖腹！"

大本营最终向西南群岛投入了4个师团和5个独立混成旅团，大体上和长少将要求的兵力相等。

西南群岛防御的强化

"富山丸"被击沉事件

发生后，鉴于西南群岛的兵力极度空虚，日军大本营急忙设法向西南群岛投入新部队。首先在7月3日，正等待海运的独立混成第15联队突然接到空运冲绳的命令。7月6日至11日期间，该联队主力约1438人被空运至冲绳岛和伊江岛，其余380人则乘船前往。空运使用了陆军的运输机、重型轰炸机及日本航空会社的运输机，共出动51架。同时还空运了第9师团司令部的约100人。如此大规模的空运部队，对日本陆军来说前所未有，可见当时事态的严重性。据说，被空运至冲绳的官兵刚一到达当地机场便立即拔出刀来喊道："敌人在哪里！"原来他们以为美军已经在冲绳登陆。这古怪的一幕充分反映了大本营的紧张气氛。此外，运输第28师团的部分兵力还动用了"大和"号战列舰和其他海军舰艇。

独立混成第15联队被空运至西南群岛之后，大本营又将4个师团、5个独立混成旅团、炮兵部队和坦克联队等编入第32军，派遣至西南群岛。7月11日，第32军司令官下达"球（第32军的代号）作战命令甲第15号"，向各部队分派防卫任务，起初冲绳本岛的岛尻地区由第9师团防卫，中头以北地区则部署独立混成第44旅

团。每当一支新部队抵达，第32军都要变更部署。主要部队的部署情况为：

1.独立混成第15联队被部署于冲绳本岛的中头地区和伊江岛，该联队起初配属独立混成第44旅团，后编入该旅团直辖。7月7日，"富山丸"遇难事件中幸存的原独立混成第44旅团的约400人到达那霸后，也纳入该旅团司令部指挥。

2.第28师团的步兵第36联队原来预定将投入塞班岛作战，后于6月6日被编入菲律宾的第14军，7月4日突然被改派冲绳，经船运于7月10日抵达冲绳本岛，后被转至大东岛守备。

3.第9师团原驻防中国东北，堪称日本陆军的精锐。如前所述，该师团的师团司令部系空运来到冲绳，其余部队则于7月11日乘船抵达那霸[①]，立即部署于冲绳本岛南部的岛尻地区。

4.第24师团原驻防中国东北，当时被称为"满洲803部队"。虽然第24师团在1939年底才编成，但其炮兵联队装备精良，炮兵实力在第32军各师团中最强。该师团以在北海道旭川入伍、受训的士兵为中心编成，1944年7月14日被编入

第24师团步兵第89联队在中国东北进行演习（重机枪训练）。

步兵第89联队在中国东北进行冬季演习。

第32军，8月5日至7日期间抵达冲绳岛，随后部署于中部的中头地区，原部署于该地区的独立混成第44旅团则移防至本部半岛和伊江岛。

5.第62师团是1943年在华北编成的治安警备师团，代号是"石"。第62师团没有师团炮兵队，从装备上来说算是一个"三流"师团。不过该师团的编成却很适合从事阵地防御，师团下辖2个步兵旅团，每个旅团下辖4个步兵大队，每个大队下辖5个步兵中队、1个机枪中队和1个步兵炮中

队，此外还有师团直属的工兵队、通信队、辎重队、野战医院、病马厂等。在2个步兵旅团中，第63旅团辖独立步兵第11、12、13、14大队，第64旅团辖独立步兵第15、21、22、23大队。该师团的兵员主要来自京都、滋贺、三重这一府二县，从地域上来说属于"京都师团"。类似的京都师团还有第16师团（垣）、第53师团（安）、第116师团（岚）等。

第62师团于1944年7月24日被编入第32军，随后在上海

---

① 同时，同一支船队搭载的独立速射炮第3和第7大队、坦克第27联队、野战重炮兵第1联队等部也到达冲绳。

针对岛屿作战特点进行改编，8月20日抵达冲绳岛后，被部署于第9师团和第24师团的中间地区。该师团的到达使冲绳岛的兵力已达到第32军要求的标准。

6.第28师团（欠步兵第36联队）原驻防中国东北，1944年6月30日被编入第32军，后被部署于宫古岛。宫古岛和石垣岛等岛屿所在的先岛列岛的防御由第28师团长负责，独立混成第45、第59和第69旅团归其指挥。独立混成第45旅团再编后被部署于石垣岛，独立混成第59和第60旅团于9月中旬由中国东北被运抵宫古岛布防。

7.独立混成第64旅团是以独立混成第21和第22联队、重炮兵第6联队（由奄美大岛要塞重炮兵联队改编）为基干的新编部队，其中独立混成第21

联队被部署于德之岛，该旅团负责北纬28度10分以南至与论岛的奄美群岛地区防务。

总体来说，第9师团、第24师团和第62师团被部署在冲绳岛，第28师团、独立混成第59旅团和独立混成第60旅团被部署在宫古岛等。

由于不断变更部署，产生了一系列消极后果，包括使众多官兵丧失了构筑阵地的积极性。仅独立混成第44旅团在参加战斗之前的约10个月间就变更防御阵地达7次之多，包括日后在第9师团被调走后奉命从冲绳北部向南部进行了大规模转移。实际上，第32军这样做有不得已的苦衷。因为日军对西南群岛兵力的加强是在十分紧迫的情况下逐次进行的，部队的派遣与分配完全由大本营包办，也没有将增派兵力的全盘计划传达给第32军（当

然，在这种应急的情况下确实很难拿出这样的全盘计划），甚至连部队名、到达日期都没有通知，第32军几乎没有插手余地。为了能够随时应对美军的进攻，第32军不得不在全部兵力集结完毕之前，逐次变更各部队的任务，每次都须进行转移。当年年底第9师团调出后的大规模变更部署也是为了因应情势的变化不得已而为之，特别是独立混成第44旅团始终是第32军的总预备队，对其随时临机处置也是没有办法的事情。

至9月末，第32军的主力部队已经大体部署完毕，以4个师团和5个独立混成旅团为基干，总兵力约18万。

就在大军陆续来到西南群岛期间，7月11日，大本营发布第1057号大陆令，第32军根据该命令于7月15日脱离西部军序列转隶台湾军（后扩编为第10方面军）。这一命令也引起了第32军的不满，后者希望能直属大本营。在此前后，第32军的领导班子也发生了很大变化。长勇少将已在7月上旬被任命为军参谋长，北川少将则转任第10方面军副参谋长。长少将身材矮胖，素以精悍勇猛闻名，其经历和性格在军中可谓无人不知。八原评价他个性"豪毅果断"，有些时候又

第62师团步兵第64旅团所属独立步兵第23大队第3中队在华北的驻地。

难免显得莽撞，是个非常蛮横霸气的人物，甚至有时对骄狂的长辈也会寸步不让。八原在冲绳期间时不时地听说长少将

1944年8月10日正式就任第32军司令官的牛岛满中将。牛岛满祖籍日本鹿儿岛县鹿儿岛市，1887年7月31日生于东京后不久，时为陆军中尉的父亲去世。其母携其归乡后，一心将他培养成军人。1897年，牛岛进入熊本陆军地方幼年学校学习。1908年，从日本陆军士官学校第20期毕业的牛岛，正式成为少尉军官。1912年，牛岛进入日本陆军大学学习。1916年，与板垣征四郎、山下奉文等同期毕业。1937年3月，牛岛晋级少将，出任第6师团步兵第36旅团长，同年参加侵华战争，先随军入侵华北，11月参加上海会战，12月11日率部入侵南京。1938年7月，随军参加武汉会战。1939年3月，牛岛转任陆军预科士官学校校长兼陆军户山学校校长。同年8月，晋级中将。12月出任第11师团长，在中苏边境服役。1941年10月起，牛岛一直都在陆军军校系统任职。1944年8月，牛岛接替渡边正夫中将，出任第32军司令官一职，直至1945年6月23日战败自杀为止。

在酒席上殴打某个旅团长或联队长。与长少将这样豪放蛮干型的将军相比，八原大佐是货真价实的陆大优等生，在陆大任战术教官长达10年，长于冷静地计算，是典型的幕僚型人物。一个是冲动、斗志旺盛的激进军人，一个是对自己的战术眼光和战局洞察力颇为自负的"军中英才"，两人的争论将在日后对冲绳战役的发展产生深刻影响。

在此期间，军司令官渡边中将也因疲劳过度，导致胃下垂恶化，病情一天天加重，最终在8月份离职，由原陆军士官学校校长牛岛满中将接替。8月10日，牛岛满中将抵达那霸正式到任。与渡边中将相比，牛岛中将面色红润，身材伟岸，可谓威风凛凛。牛岛中将习惯将一切交给部下去做，责任则由自己包揽。牛岛就任不久，八原便带着刚起草好的某份重要军命令战战兢兢地前往中将办公处请示批准。可是牛岛对命令的内容连看都不看一眼就哗啦哗啦地翻开纸页，然后一本正经地询问在哪里签字。八原简直被这一幕吓破了胆，深感这意味着以后对于经过反复思考才拟就的命令计划草案，将军根本就不会过目，实在危险之极。

在军司令官和参谋长发生

更迭的同时，正在辛苦奔忙的林忠彦参谋（7月1日就任）突然在同大本营联络的途中于7月23日遭遇飞机失事，一行人员全部死亡。为弥补死去的林参谋留下的空缺，庐山彻夫、药丸兼教两名少佐就任第32军参谋。

美军的战役计划和参战部队

1944年秋，日军在为加强西南群岛的防务紧张忙碌时，美军已确定1945年战役的进攻目标和时间，然后需要做的就是制订具体作战计划。冲绳作战计划吸收了太平洋战争历次战役的经验。太平洋战区的指挥与参谋人员对各兵种之间的协同与联合，两栖作战的各种技术，以及对手可能采取的战术和手段，基本心中有数。根据参谋长联席会议的决议，冲绳战役代号为"冰山"行动。美军将在这次行动中集结太平洋战场最庞大的陆海空兵力。

"冰山"行动的基本任务是夺取冲绳岛，使之成为最终进攻日本本土的前进基地，同时掌握冲绳群岛的制海权和制空权。整个冲绳战事分三阶段进行。第一阶段占领包括庆良间列岛和庆伊瀬岛在内的南部冲绳岛，在当地修建继续作

战的基地设施。第二阶段将占领伊江岛，开始压制北部冲绳岛。第三阶段将全面占领对今后的军事行动有用的其他岛屿。行动预定开始日期为1945年3月1日。

1944年10月，太平洋战区参谋部开始根据参谋长联席会议的指示制订作战计划。不久，战区总司令尼米兹发布计划纲要，概述了三个假定条件。首先，预计用于硫黄岛战役的海军火力支援部队和近地空中支援部队应可用于进攻冲绳。其次，用于菲律宾战役的地面和海上作战部队及突击船只，只要冲绳战事需要，麦克阿瑟就会及时放行。第三，战役期间，对敌军实施的先期海空行动将确保美军掌握目标地

区的制空权。

战区参谋部认为，空中优势是整个作战计划最重要的因素。美军占领硫黄岛后，从马里亚纳群岛和硫黄岛航空基地出击的陆基航空兵，以及美军航母的舰载航空兵不断空袭日本，将迫使日军将航空力量集中在帝国的核心地带——即日本本土、中国沿海沦陷地区、台湾岛和冲绳群岛。日军飞机将会从这些地区出发，阻挠美军进攻冲绳群岛。为此，美军在正式登陆冲绳之前的海空火力准备，不仅应摧毁冲绳群岛的航空设施，连日军在九州岛和台湾岛的航空中转基地也不能放过。为完成这一任务，美军将调动太平洋战场所有可用的航空力量。美军地面部队的

任务之一是尽快占领和修整冲绳岛上的航空设施，以便美军陆基飞机使用，从而维持目标区域的制空权。同一时期，美军潜艇部队、水面舰队，以及航空部队会进攻日本海军和船舶，确保掌握制海权。

为有效断绝冲绳岛的对外联系，太平洋战区需要战区外的陆基航空部队支持。麦克阿瑟承诺，只要吕宋岛的局势允许，西南太平洋战区的飞机就会对台湾岛进行侦察，实施空袭。登陆行动开始前一个月内，陆军航空兵司令阿诺德将军直接指挥的第20航空队，会让他们的B-29重型轰炸机从马里亚纳群岛和中国大陆出发，轰炸台湾岛、九州岛和冲绳群岛。以中国大陆为基地的第

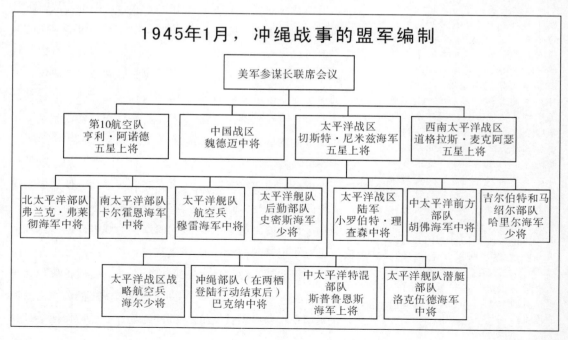

1945年1月，冲绳战事的盟军编制

20轰炸机部队会集中空袭台湾岛，驻马里亚纳的第21轰炸机部队将负责空袭冲绳群岛和九州岛，在冲绳战役打响后，将空袭日本本土的任何薄弱环节。驻中国的第14航空队负责在中国沿海进行飞行侦察，可行的话，会空袭香港的日军目标。

尼米兹麾下的所有部队将全力实施"冰山"行动。战区的战略航空部队，负责使加罗林群岛和小笠原群岛的日本航空基地无力化，在可行的时候空袭冲绳和日本本土，为陆军第20航空队轰炸日本本土的重型轰炸机提供战斗机护航和掩护。中太平洋前敌司令胡佛海军中将指挥的海军航空兵执行反潜掩护任务，使美军已经跳

过的日军基地无力化，并且提供后勤支援。太平洋舰队的潜艇部队，负责提供日本海军各部的情报，封锁日本本土和台湾岛之间的航线。日军的行动范围将被限制在北太平洋，美军在马绍尔群岛和吉尔伯特群岛海域的重要交通线会得到重点保障。理查森中将指挥的战区陆军，哈蒙中将指挥的战区陆军航空兵，太平洋舰队的航空和后勤部队，以及南太平洋部队，将协同提供后勤支援。西起乌利希环礁，东至美国西海岸，北起阿留申群岛，南到新西兰的太平洋战区所有武装部队，都接到指示要全力支持"冰山"行动。

从1943年11月开始，美军历次两栖登陆行动的作战任务，都会由一支陆海军联合部队承担，这支部队通称中太平洋部队，迄今为止一直由第5舰队司令斯普鲁恩斯海军上将指挥。这支大部队的海军掩护部队和几个特定战斗群编为第50特混舰队，由斯普鲁恩斯亲自指挥，陆海联合远征部队编为第51特混舰队，由太平洋舰队两栖舰队司令里奇蒙·特纳海军中将指挥。

和1944年历次战役最大的区别是，联合远征舰队地面部队不再由海军陆战队的霍兰·史密斯中将指挥。绰号"咆哮疯子"的霍兰·史密斯一向对太平洋陆军的战斗力极不信任，经常公开批评陆军。1944年夏季的塞班岛战役期间，他不仅大肆批评陆军第27步兵师的战斗

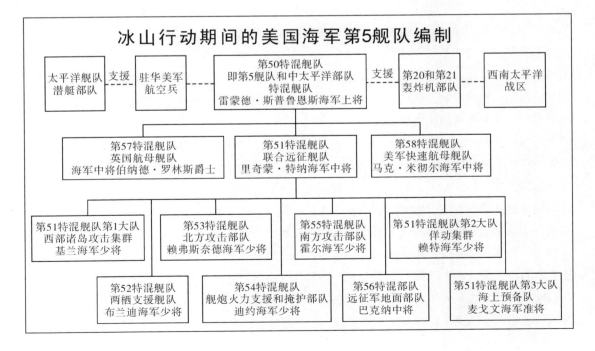

表现，还直接把师长拉尔夫·史密斯少将撤职，引发了一场不大不小的军种矛盾，一度和战区陆军司令理查森中将闹得不可开交，甚至惊动了参谋长联席会议。好在尼米兹和斯普鲁恩斯为避免军种矛盾扩大，最终对双方各打五十大板，拉尔夫·史密斯被撤职的既成事实没有改变，霍兰·史密斯在马里亚纳群岛战事结束后，名义上升任战区海军陆战队司令，实际上被解除对一线部队的指挥权。1945年1月进行的硫黄岛战役，地面部队全部是海军陆战队，霍兰·史密斯这个战区陆战队司令却没有得到指挥权。规模更大，地面部队以陆军为主的冲绳战役，更不会有"咆哮疯子"的位置。

原定攻打台湾岛的陆军第10集团军将成为冲绳战役的地面部队基干，集团军司令巴克纳中将出任地面部队第56特混部队总指挥顺理成章。巴克纳曾指挥过1943年的阿拉斯加战役，对两栖战并不陌生。1944年7月，塞班岛发生"两个史密斯之争"的风波时，巴克纳曾主持陆军调查组。他的调查报告虽然为陆军说话，对第27步兵师实战中暴露的问题也没有回避，而且注意尽量不刺激陆战队。对陆军和陆战队来说，他是双方都能接受的人

选。在编制上，巴克纳中将需要接受特纳海军中将指挥。

"冰山"行动的指挥体系与此前美军对远离日本的岛屿采取的历次行动都有些差别。冲绳战役将会在靠近日本本土的一个大岛上，由一个野战集团军实施，预计地面战斗时间会比过去长得多，那就有必要明确划分这次行动各阶段陆海军指挥官之间的指挥权责关系。尼米兹规定的两栖作战行动最初的指挥链依次为斯普鲁恩斯上将、特纳中将到巴克纳中将。前敌总指挥斯普鲁恩斯决定一旦"冰山"行动的两栖作战阶段顺利完成，巴克纳将接管所有登陆部队的指挥权。也就是说，在两栖登陆行动完成后，巴克纳将直接对斯普鲁恩斯负责。届时，尼米兹会免除斯普鲁恩斯对地面作战的一切职责，让他专心指挥海空作战，亦即巴克纳会成为冲绳群岛所有美军地面部队的全权总指挥。

到这一阶段，冲绳群岛的地面、航空和海军地面守备部队，将组成一支联合特混部队——冲绳群岛部队。这支部队的总指挥巴克纳中将负责新占领的各基地的防御和巩固发展任务，并且负责离岸25海里海域的护卫任务，只需向太平洋战区总司令本人负责。

冰山行动的三位主要美军指挥官斯普鲁恩斯海军上将（左）、尼米兹海军五星上将（中）和巴克纳陆军中将。

第5舰队司令斯普鲁恩斯上将兼任第50特混舰队司令，下辖米彻尔海军中将指挥的第58特混舰队（快速航母舰队），一支英国航母部队组成的第57特混舰队，负责空中搜索、侦察和反潜作战的各特混大队，舰队各后勤大队。第58特混舰队是打击日军航空力量的主力。这支特混舰队的快速航母将在3月中旬攻打九州、冲绳，以及这一海域的其他小岛，登陆战开始前一周内，将留在目标区域以东的掩护阵位，支援登陆行动，同时准备对九州、中国沿海的进一步行动，或者威胁冲绳的日军地面部队。第57特混舰队是首次与美国舰队一同参加太平洋海军作战的英国航母部队，任务是在登陆行动之前的十天内，让冲绳群岛西南部先岛列岛的航

空设施无力化。

联合远征舰队——第51特混舰队直接负责夺取冲绳岛和冲绳群岛其他岛屿的任务。这是一支由陆海军和海军陆战队多个单位组成的联合远征舰队，包括远征军地面部队（第56特混部队），负责运输地面部队的船只，以及海军和航空支援部队。负责直接支援第51特混舰队的两栖支援舰队编为第52特混舰队，由护航航空母舰、炮艇、扫雷艇和水下爆破队组成，由威廉·布兰迪海军少将指挥。旧式战列舰、轻重巡洋舰、驱逐舰与驱逐护卫舰组成的登陆掩护舰队将提供炮火支援。北方攻击部队（第53特混舰队）和南方攻击部队（第

55特混舰队）分别由劳伦斯·赖夫斯奈德和小约翰·霍尔海军少将指挥，他们的运输舰船和两栖运输车部队，会在冲绳海滩的主要突击登陆点让地面部队登陆，同时其他几个特混大队会负责运送执行次要登陆行动和充当预备队的地面部队。第51特混舰队编制内也包括运输舰护卫队，一个后勤和救护大队，以及几个专职海军部队。

攻打冲绳群岛的地面部队同时属于陆军第10集团军建制。这个集团军1944年6月在美国本土组建，不久就在瓦胡岛开设司令部。同年9月，巴克纳中将正式调离他任职四年的阿拉斯加军区，出任第10集团军司令一职，他的参谋部包

括同他在阿拉斯加共事过的一些参谋，还有一些从欧洲战场调来的人员。

第10集团军下辖陆军第24军和海军陆战队第3两栖军。第24军辖第7步兵师和第96步兵师，军长约翰·霍奇少将。霍奇先后参加过瓜岛战役、新乔治亚战役、布干维尔战役和莱特岛战役，是对日作战经验丰富的老练指挥官。第3两栖军辖陆战1师和陆战6师，军长罗伊·盖格少将，曾在布干维尔岛和关岛成功指挥海军陆战队作战。集团军另有陆军第27步兵师、第77步兵师和陆战2师三个直辖师，会根据集团军司令部的指示执行特定任务和充当预备队。缪勒少将指挥的战区

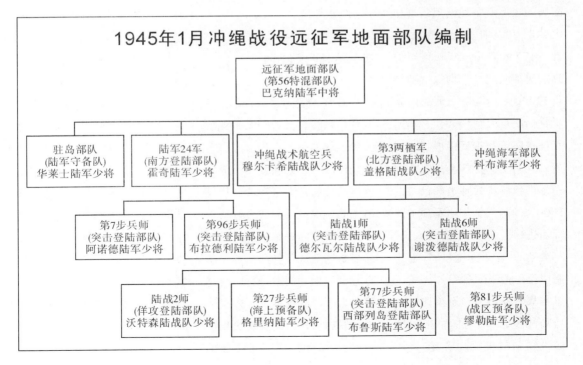

地面部队预备队第81步兵师由战区总司令直辖，必要时会纳入第10集团军编制。配属第10集团军，负责冲绳群岛防卫和建设任务的有一个海军特混大队、战术航空兵部队和一支驻岛留守部队。

"冰山"行动可用于攻击任务的地面部队总数达183000人。除留守新喀里多尼亚的81步兵师外，约154000人被编入7个作战师。这7个师全部得到坦克营、两栖卡车和两栖运兵车营、联合突击通信连和其他两栖登陆战必不可少的配属后勤单位。最初的登陆行动会投入5个师，总兵力约116000人。陆战1师和陆战6师分别为26274人和24356人，包括各自配属的一个海军建设工兵营和大约2500名补充兵。陆军第7、第77和第96步兵师得到加强配属部队后，平均每个师接近22000人，但每个师的建制步兵仍缺员大约1000人。集团军预备队第27步兵师得到加强后，兵员为16143人，但离美军标准建制步兵师员额仍差近2000人。另一个集团军预备队师陆战2师，兵力为22195人。

第10集团军是一个新建制单位，但下属各军师都经历过实战考验。第24军参加过莱特岛战役，第3两栖军则攻打过关岛和佩里硫。第7步兵师先后参加过阿图岛战役、夸贾林之战和莱特岛战役，从北太平洋一路打到西南太平洋，第96步兵师参加过莱特岛战役，就连经常被霍兰·史密斯中将骂得狗血淋头的第27步兵师，也相继参加过吉尔伯特、马绍尔和塞班岛战役。陆战1师是整个太平洋战场的陆战"老大哥"，1942年夏就在瓜岛和日军鏖战，后来又经历过西不列颠岛和佩里硫岛的历次战斗考验。陆战6师虽然在1944年第四季度才组建，但他的下属各团曾在马绍尔群岛、关岛和塞班岛同日军交过手。陆战2师先后在瓜岛、塔拉瓦环礁、塞班岛和提尼安岛经过连番血战，是一支战斗阅历不逊陆战1师的劲旅。

美军的战术计划

参加"冰山"行动的各主要指挥官，会根据太平洋战区参谋部的研究报告，各自准备具体战术计划和发布命令。冲绳战役将是太平洋战区规模最大的一次诸兵种联合行动，必然会要求陆海军、航空兵和陆战队这几个军种和兵种对所有行动和后勤问题进行广泛交流。太平洋战区组织了多次诸兵种联席会议，研究解决包括航运、物资供应和战略方面的各种问题。各军、特混舰队、特混部队指挥官一起为两栖行动制订计划。各军和各师参谋部确定各种计划的意图和目标时，会咨询集团军的意见。为保证各兵种的顺利协同，不少海军和陆战队军官奉命与第10集团军司令和参谋部门一同工作。

参与制订计划的人员发现，在某些情况下，其他战役的结果，会为他们提供有益的借鉴和便利。于是海军参谋人员有意识地收集硫黄岛战役的舰炮火力支援计划资料，将硫黄岛历次舰炮支援行动的相关数据都收集起来，这对检测和加强"冰山"行动的整体指挥和通信框架都相当有帮助。第10集团军的后勤计划人员则从取消的台湾岛作战计划中收集许多有用的资料，来满足冲绳战事的各种需要。

在具体战术计划制订阶段，美军取得的最重要成果是修正预计采取的各种行动，扩大这些行动的规模。第10集团军发现有必要将参战的地面部队规模扩充大约70000人，其中包括更多的支援作战单位和勤务单位。集团军参谋部向战区总司令部递交了一份在冲绳岛西海岸渡具知海滩登陆的计划，指出渡具知海滩是后勤作业最为便捷，能够在战术上符合战区总司令部各种要求的登陆点。海军参谋部坚持认为有必要对目标地区进行为期一周的海军炮火打击,这样就需要在目标地区取得一个可以让海军舰队能够加油和补给,得到有效护卫的锚地。根据参谋人员商讨的结果,尼米兹决定在冲绳岛的主登陆行动开始前一周,拿下正西方的庆良间列岛,由第77步兵师执行这项任务。

两栖舰队司令特纳海军中将了解情况后,向尼米兹提出:"是否能在冲绳岛东海岸进行一次佯攻?"尼米兹对这位两栖战专家的意见非常重视,经过参谋人员的充分讨论后,选定让陆战2师执行这项任务。在两个预备师被分配具体作战任务后,第27步兵师会充当海上预备队。最终,由于吕宋岛战役出现的各种拖延,加上3月份冲绳地区天气不利,太平洋战区司令部两度被迫推迟"冰山"行动的开始时间,预计登陆日重定为1945年4月1日。

最终确认的计划如果都能实现,冲绳战役将为美军多兵种联合作战的机动能力、远程作战和打击能力,提供足够的用武之地。在美军陆基和舰载飞机有效完成对冲绳岛的战略封锁后,两栖舰队将向目标前进。第52特混舰队(两栖支援舰队)和第54特混舰队(舰炮火力支援和掩护舰队),在第58特混舰队的快速航母支持下,将从3月24日起,开始对冲绳岛和庆良间列岛采取行动。他们将以海军舰炮火力和空袭打击日军的防御和航空设施,清理目标地区周围海域、布雷海滩和其他障碍物,对付日军水面和航空部队的骚扰,掩护两栖舰队的运输舰船和舰载登陆部队,使他们不受阻挠地安全到达目的地。登陆行动完成后,他们将为地面行动提供海上支援和空中掩护。

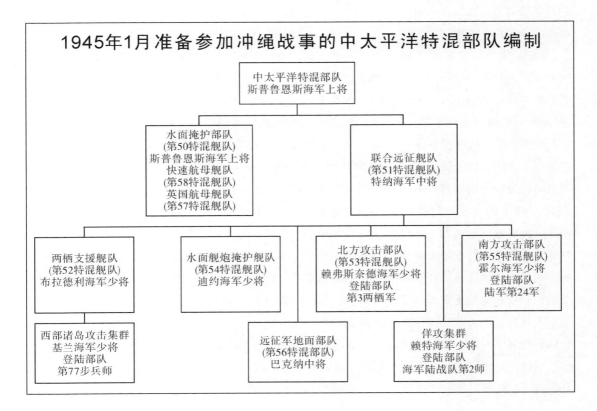

两栖支援舰队的扫雷艇会率先到达目标区域。从3月24日起，他们会扫清舰炮火力支援部队航道上的水雷和障碍物，然后清扫预定登陆海区和佯攻区域至海岸线地区的水域。水下爆破队将跟随扫雷艇一起行动，对各登陆滩头阵地进行侦察，爆破清理海滩一带的障碍物。

按照计划，在登陆行动开始前一周之内，莫顿·迪约海军少将指挥的第54特混舰队（海军火力支援舰队）会对冲绳实施摧毁性的舰炮火力打击，在主登陆点、次登陆点和佯动牵制登陆点，都会提供密集的近距离支援火力，然后根据地面部队的要求实施支援。

海军舰炮火力支援的编组对参谋人员来说已经相当熟悉，基本按照1944年战事的成熟体制，每2艘旧式战列舰、2到3艘巡洋舰、4到5艘驱逐舰编为一个火力支援大队，在冲绳岛南部海域，根据划定给各大队的具体负责区域就位。鉴于冲绳岛是美军在太平洋战区转入攻势以来面积最大的目标，而且过去历次战役的经验证明，想要靠海空支援火力摧毁所有目标是不可能的，所以登陆前的舰炮火力准备必须慎重选择目标。海军舰炮的主要打击目标将是冲绳岛上会威胁

美军舰船和飞机的重武器，以及日军对抗美军登陆行动的防御设施。军事客观规律和经验都证明，在任何时候，对目标实施有效打击，都需要就近仔细观察，进行火力试射，并且不断评估观察和试射结果。火力支援舰的舰炮掩护火力，需要与近岸的炮艇和迫击炮艇火力密切配合，后者会得到扫雷艇和海滩水下爆破队的有力支持。

在预定登陆的4月1日，从6时开始，海军舰炮将集中火力向预定登陆海滩射击。反炮兵炮火和纵深支援炮火会尽可能摧毁敌人的防御火炮，并且让敌军从内陆调往滩头阵地阻击美军登陆的援兵有来无回。在美军地面部队的突击登陆波次接近滩头阵地时，海军的大口径舰炮会将目标转到内陆的各关键区域，以及地面登陆部队外侧。炮艇和迫击炮艇会为抢滩登陆车艇开路，提供近距离火箭炮和迫击炮火支援。当所有炮艇和登陆车艇通过火力支援舰船的队列后，艇载40毫米火炮都会开火，一直到成功抢滩登陆为止。抢滩登陆成功后，预定对内陆1000码地区和队列外侧的支援炮火将会持续，不过直接支援突击登陆部队的炮火必须优先保障。

所有预定舰炮支援火力到

预定登陆时间35分钟之前，全部由第52特混舰队司令布兰迪少将指挥。鉴于登陆部队规模较大，登陆滩头阵地范围也比较广，在预定登陆时间前35分钟这一刻，北方攻击部队司令赖弗斯奈德少将和南方攻击部队司令霍尔少将会接管各自负责的登陆部队的支援火力指挥权。第51特混舰队司令特纳中将仍会负责第10集团军区域内的海空支援火力的全面协调任务。每天15时，特纳中将会根据陆军和陆战队各部的请求，分配今后24小时的舰炮火力支援舰船。

空中支援任务基本上会由第58特混舰队的快速航母和第52特混舰队的护航航母负责。自从太平洋战争开战以来，快速航母首次可以在目标地区长期行动，提供空中支援和执行空中战斗巡逻任务。具体来说，快速航母舰载机会掩护扫雷舰艇行动，打击海军舰炮火力无法到达的目标，摧毁日军的防御和航空设施，并且对登陆滩头阵地实施空中扫射。护航航母一如既往提供飞机负责近地直接支援任务，进行反潜巡逻，为海军舰炮和登陆后的地面炮火进行侦察定位，执行空投补给、空中摄影和空投传单的任务。登陆日以后，庆良间列岛新建基地的各水上飞机

中队和第10集团军陆基战术航空兵还会提供额外支持。集团军战术航空兵最终会负责冲绳地区的防空任务，维持必需的空中优势，为地面部队提供战术支援。

太平洋战区为突击登陆阶段和整个冲绳战事期间的海军舰炮、空中支援和地面炮火的密切协调制定了条例。第10集团军及下属各军和各师，都设立了目标信息中心，负责收集和通知不同打击方式适合攻击的所有目标的信息，同时记录实际实施的历次攻击信息。另外，从营级到集团军级，每一级地面部队指挥机构都会向野战炮兵、海军舰炮和航空兵派出代表，负责协调各部队的相应支援兵种对该部行动区域内的目标的打击，还会向各地面部队指挥官提出建议，让他们能够适当部署各种支援重火力。不同的重火力支援请求将会通过这些重火力支援兵种代表层层协调和筛选，最终才会批准。

在海军和航空部队日以继夜的火力掩护下，战役第一阶段，地面部队将开始对庆良间列岛和庆伊濑岛，以及南部冲绳的进攻。在冲绳岛预定登陆日前6天，群岛西部攻击集群会运送第77师登陆庆良间列岛。在对冲绳岛发动主攻之

前，占领这些岛屿会给联合远征舰队提供一个后勤基地、可防护的锚地和水上飞机基地。77师的两个加强团会同时在列岛的几个岛屿登陆，从列岛东南角向东北角进行蛙跳式机动，在主力登陆冲绳本岛前1天，会占领庆伊濑岛。

在77师占领庆良间列岛的同时，美军会部署弱化冲绳本岛防御的先期行动，登陆日来临之际还会进一步强化。3月28日，各水面火力支援部队会靠近冲绳岛，在扫雷艇和水下爆破队后方列阵。预定登陆日一早，北方和南方攻击部队会在冲绳岛西海岸外海就位，时间一到，会让两支突击登陆部队开始登陆作业。

登陆时间暂定为4月1日8时30分。第10集团军的4个师将从北至南，按陆战6师、陆战1师、第7步兵师和第96步兵师的顺序登陆。然后，第3两栖军和第24军会协同占领全岛。

陆战6师的任务是先占领读谷机场，然后向冲绳本岛的狭窄颈部石川地峡推进，在登陆15天后，确保北方滩头阵地的安全。陆战1师将横穿全岛，一路到达东海岸的胜连半岛。在第3两栖军行动区域南面，24军的第7步兵师将沿比谢川河口东进，尽快占领嘉手

纳机场，然后向东海岸推进，将冲绳岛拦腰分为两截。96步兵师的任务则是占领南方和东南方俯瞰该师滩头阵地的高地，然后迅速沿海岸公路南下，占领北谷町附近的几座桥梁，保护24军右翼。96师在持续进攻期间，将以其右翼为行动轴心，在登陆10天后，确保南方从久场直达普天间南面地峡一线的滩头阵地的安全。

选择渡具知海滩为突击登陆点，是第10集团军对南部冲绳所有海滩和一揽子行动计划草案慎重研究后的结果。在衡量各种计划时，重点考虑的是战区联合参谋部研究报告提出的各种要求，以及战术和后勤补给的可行性。第10集团军最终选定的计划，基于以下重要理由：首先，在渡具知登陆，可以保证在登陆第5天就拥有几座必要的机场；其次，在渡具知可以提供各种卸货设施支持美军的攻击；在第10集团军参谋人员看来，只有渡具知海滩能够为两个军和大量地面支援部队供应足够的物资，同时还能克服万一无法尽快占领那霸港和中城湾锚地所产生的不利条件；第三，美军在登陆后可以将驻岛日军劈为两半；第四，能集中美军的兵力在一条连续的登陆海滩对抗日军可能集中的最大规模的抵抗力量；

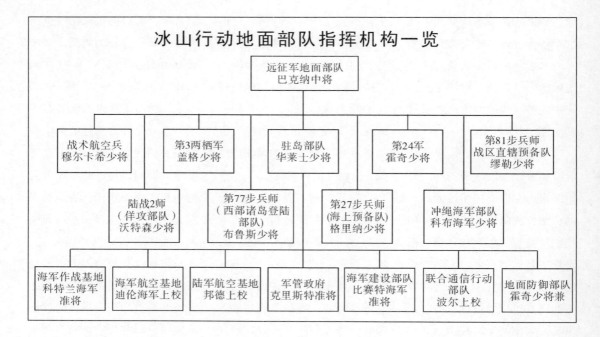

冰山行动地面部队指挥机构一览

远征军地面部队
巴克纳中将

- 战术航空兵
穆尔卡希少将
- 第3两栖军
盖格少将
- 驻岛部队
华莱士少将
- 第24军
霍奇少将
- 第81步兵师
战区直辖预备队
缪勒少将

- 陆战2师
（佯攻部队）
沃特森少将
- 第77步兵师
（西部诸岛登陆部队）
布鲁斯少将
- 第27步兵师
（海上预备队）
格里纳少将
- 冲绳海军部队
科布海军少将

- 海军作战基地
科特兰海军准将
- 海军航空基地
迪伦海军上校
- 陆军航空基地
邦德上校
- 军管政府
克里斯特准将
- 海军建设部队
比赛特海军准将
- 联合通信行动部队
波尔上校
- 地面防御部队
霍奇少将兼

第五，渡具知海滩的地形对日军组织登陆抵抗行动最为不利；最后一点，在这个位置，可以为美军的突击抢滩登陆提供最大限度的海空火力支援。

完成抢滩登陆后，美军的预定机动计划是在占领登陆海滩北方的石川地峡后，阻止日军援兵通过地峡南下，从而将最初的目标南部冲绳孤立。与此同时，在久场建立一条基本为东西走向，面朝南方的战线，将会阻止日军从南方调援兵北上。而后，美军会继续进攻南部冲绳，一直到占领整个南部为止。从1943年底，美军从中太平洋反攻以来，攻打的目标面积都偏小，缺乏战役机动空间，冲绳岛总面积超过1000平方公里，因此各地面部

队指挥官希望太平洋战区的首次战役机动能够发挥到极限。地面部队应当尽快完成对冲绳本岛的分割，快速南进，迫使日军大部队分散为多个小部队，然后绕过日军防御强点，从容扫荡。

集团军主力在西海岸登陆的同时，陆战2师将在东南外海佯动。佯动登陆在预定登陆日和登陆次日都会进行。为了让敌人相信美军将在东南海岸进行与渡具知规模相同的登陆行动，佯动要尽可能逼真。佯动结束后，陆战2师将准备好在渡具知海滩登陆以支援主力。

海上预备队第27步兵师，最迟应在登陆次日抵达乌利希环礁，听从联合远征舰队司令

特纳中将调遣。这个师要准备好执行占领冲绳东海岸外海各小岛的任务，然后会在东海岸登陆支援第24军。

一旦在冲绳岛西海岸登陆的优先计划不可行，美军将启用备选计划，即在占领庆良间列岛后，美军会占领冲绳岛东南外海拱卫中城湾出入口的几个小岛。在预定登陆日，两个陆战师会在冲绳本岛东南海岸，知念岬和港川（冲绳西海岸也有一处地名叫港川，注意两者不要混淆。日文也可写作"凑川"）之间的位置登陆。之后三天，陆战队将攻占东南方的高地，以支援第24军的两个师在中城湾地势较低的久场和与那原之间的海滩登陆。这个备选方案能满足一次成功登

陆行动的大部分要求，但美军指挥官和参谋人员仍倾向于将它放在第二位，因为分两步进行的突击登陆行动会让敌军预备队全力出击，对抗美军的第二批突击登陆部队，也会让美军地面部队主力为完成集中兵力对付冲绳岛全部日军这一任务耗费更多时间。

除了纯军事问题外，太平洋战区也考虑到冲绳战役期间的心理战和组建军管政府的问题。尽管过去历次战役日军的强悍表现，让美军对开展心理战的效力普遍持怀疑态度，但为削弱日军的抵抗意志，美军仍将实施心理战。各级情报部门一共准备了5700000份传单，让航母舰载机负责在冲绳岛空投。更多传单届时会用炸弹和炮弹在冲绳岛各地区空投。美军在有些坦克上安装了扩音器，在一些水上飞机上安装了扬声器，遥控收音机会空投到日军阵地后方，播放的节目自然是劝降内容。

心理战计划的目标还包括冲绳岛的平民，美军对这方面的效果更加乐观一些。由于历史原因，冲绳人在血统和文化方面与本土日本人有别，日本本土人潜意识里觉得自己比受他们统治的冲绳人高一等，难免会让冲绳人产生反感，因此后者的民族主义和军国主义情绪理应比本土人要淡薄一些，所以美国人希望冲绳平民对他们的敌意也会尽可能减少，至少不要像日本本土人那样狂热。

军管政府的问题更复杂一些，既要让冲绳平民远离交战前线，还要尽力照顾好他们。这就需要用一种既便于军事行动部署，又能让美国占领军能使用占领区劳动力和各种经济资源的方式来解决问题。南部冲绳是岛内，也是整个冲绳群岛人口最稠密的地区，有大约300000居民，北部冲绳和邻近岛屿也有成千上万的平民。太平洋战区的美军还从未面临过要控制数量如此庞大的敌国平民的任务。

在美军占领的日属岛屿组建军管政府的基本责任被交给海军，战区总司令尼米兹将军顺理成章地成为冲绳群岛军政府首脑。不过，考虑到实际上冲绳群岛的守备队大多是陆军部队，尼米兹很自然地会将军管政府的职责委派给巴克纳陆军中将。巴克纳计划在进攻阶段，委托他部下的战术指挥官们控制军管政府的各种行动。第10集团军的军长和师长们会负责他们各自辖区内的军管政府，任务会逐级分派给各部的军管政府分队，后者负责在后方计划和组织平民的各种活动

和工作。随着战事的进展，接受军管的平民数量会日益增多，配属集团军军管政府总部的各部门和机构将承担全岛的营地组织和行政管理事务。进入守备阶段后，冲绳岛守备司令将根据巴克纳中将的命令指挥所有军管政府人员。预定将由弗雷德·华莱士少将出任守备司令一职，不过军管政府的具体事务会由他的副手W.E.克里斯特准将负责。

军管政府的首要问题是养活预计在登陆40天后生活在美军控制区内的大约300000平民，还要为他们提供紧急医疗救助。每个作战师大约要负责70000平民的口粮，需要提供大米、大豆和鱼罐头这类当地人习惯的食品，以及医疗用品。军管政府人员将在突击登陆部队之后上岸，然后就要履行被戏称为"灾难救助"项目的民政职责。美军向冲绳调运的物资之中，也包括军管政府需要的所有物资。

美军整装出击

"冰山"行动的计划和执行，对太平洋战区来说，意味着后勤部门面临前所未有的种种问题需要解决。战役地面部队约183000人和747000容积吨物资，要靠430多艘运输和

登陆舰船装运，这些舰船要从美国西雅图到菲律宾中部莱特岛的11个不同港口出发，最遥远的两座港口相距近10000公里。登陆后，必须维持的地面作战部队和持续增加的守备部队人数最终会达到270000人。与此同时，冲绳岛会被建成前方航空和舰队基地，以及未来军事行动的出发地，所以在最初的进攻完成后很长一段时间内，将要进行大量的补给和工程建设。美军对进攻、维护和留守物资的航运和补给事务，需要时刻密切协调。

距离因素是整个后勤行动面临的首要问题。美军的人员和物资会在美国本土西海岸、夏威夷的瓦胡岛、圣埃斯皮里图岛、新喀里多尼亚、瓜岛、拉塞尔群岛、塞班岛和莱特岛上船，然后会在埃尼维托克环礁、乌利希环礁、塞班岛和莱特岛集中。太平洋战区距冲绳岛最近的基地在乌利希环礁和马里亚纳群岛，需要航行5天（以20节时速计算，下同）。提供主要补给物资的美国西海岸，距冲绳岛6250海里之遥，或者说26天的航程。太平洋战区需要30天准备和提出各种申请，进行物资采购和在西海岸装运物资共需60天，再加上航行到目的地需要30天。后勤计划人员最初递交物资计算报告到物资最终运达之间存在120天间隔期的问题，这是一个他们必须面对的问题。这意味着在补给行动中，在地面部队就位，各种战术计划的细节出台之前，各种物资的补给请求就必须先提出。此外，由于距离遥远，对船只的使用和物资的补给都需要交错安排，或者和其他一些事务一样，分批次安排。合理安排地面部队散布在太平洋战区和西南太平洋战区的驻地，需要仔细确定驻地在特定时刻与目标地区的复杂时间关系，这会耗费战区后勤参谋人员大量精力和时间。

参谋人员的计划成文后，需要战区总司令尼米兹将"冰山"计划的后勤运输职责分配给各级主要指挥官。两栖舰队司令特纳提供船只运送地面攻击部队和各种物资，确定运载时间表，最终负责让人员和物资登上冲绳海滩。巴克纳会为他指挥的各部队安排船上的空间，还要负责让补给物资上岸，再转运到战地仓库。维持阶段和守备部队的补给品基本都要在美国本土西海岸装船，航运事务会由战区司令部控制。全体陆军部队的初始补给和再补给责任，统一由战区总司令承担，太平洋舰队陆战队、后勤部队和航空兵部队指挥官将负责为陆战队、海军作战部队和飞行部队提供后勤支持。至于从南太平洋和西南太平洋地区出发的地面部队的初始补给物资，会由当地的指挥官们负责提供。

补给计划的第一阶段要准备所需装备的具体清单，包括两栖登陆行动所需的专用装备和基地建设物资表。幸好美军为台湾岛作战已准备大量物资清单，台湾岛作战取消之后，

第3两栖军为冲绳战役准备的大量物资，在所罗门群岛装运上船。

只要将清单中的数字减少到符合"冰山"行动的规模即可。

参谋人员在计划起始阶段就发现，可用船只数量明显不足。初始分析数据表中所需的作战和后勤部队人数就让可分配的船只数量远不能满足需要。于是，某些部队的运输吨位不得不削减，同时其他一些部队只能退出突击部队序列，安排下一批登船。1945年1月，后勤参谋们最不愿看到的情况出现了，在攻击部队的船只中，没有足够的空间运输一些航空部队，以及一些需要先期使用的基地建设物资。战区司令部很快就收到申请，要求提高分配的LST坦克登陆舰和LSM中型登陆舰数量，还得减少一些物资的运输吨位，另外派往塞班岛去装载8个海军建设工兵营的坦克登陆舰需要尽快返回夏威夷用于其他任务。

为登陆攻击部队提供初始补给物资算不上难题，因为基本上每个出发地区当时都有足够的仓储物资可用。当各攻击部队启航时，都携带足够30天使用的口粮、必不可少的衣物和装备、油料，以及医疗和工程建设物资。初始携带弹药的规定数量为太平洋战区的5个弹药基数。预定从莱特岛开赴冲绳的24军发现西南太平洋战区后勤机关现有的口粮无法

满足他们的需求，急忙向第10集团军司令部反映。好在马里亚纳群岛的集团军备用仓库里还有物资可调，集团军司令部告知24军在冲绳和大部队会合时，会有两艘从马里亚纳出发的坦克登陆舰，运载他们所需的粮食。

"冰山"行动美军地面部队携带的装备，包括一些此前从未用于对日战争的武器和设备。最新型的火焰喷射坦克，载油量大幅提升，从而拥有比过去更长的有效行动里程，在冲绳战役期间已经可以投入实战。参战的每个师还分发了110副狙击镜和140副夜视器，借助这些仪器上的红外辐射装置，夜间也可以观察日军动向。狙击镜被安装在卡宾枪上，让卡宾枪手可以在夜间精确射击，夜视器配上手持支架，可用于夜间侦察和传递通讯信号。陆军炮兵和高炮兵

部队将首次在太平洋使用近炸（VT）引信。冲绳战事期间还会使用一种新型迫击炮定位装置——GR-6声响定位仪，还有57毫米和75毫米无后坐力炮和107毫米无后坐力迫击炮。

维持地面部队在目的地行动所需的各种物资，预定会从美国西海岸安排21班船只运送。运载物资的船只每隔10天分别从太平洋各港口出发，第一班船只将从预定登陆前40天，即1945年2月20日启航，在登陆前5天抵达乌利希和埃尼维托克环礁的规定泊位，等候巴克纳中将征召。这些用于维持冲绳登陆部队的运输船只计划在预定登陆第211日（1945年10月31日）之前，全部根据预定到达时间的估算人口数量，自动提供再补给。主要的应急补给品会存放在塞班岛和关岛。

在尼米兹看来，"冰山"

正在莱特岛装船的油桶和储物箱。

行动期间的主要后勤任务，是尽快在冲绳群岛建设支持下一阶段日本本土作战的海空基地。根据太平洋战区司令部公布的冲绳基地发展计划，将在冲绳岛上修建8座机场，其中两座在登陆第6日就会投入运作，此外还会在中城湾修建一座水上飞机基地、一个前方舰队锚地，让那霸港恢复支持海运的功能。基地发展任务同时包括尽早建造油库，在登陆场海滩水线一带修筑卸货设施和公路。随着战事的推进，美军还计划大举兴建包括公路、军用仓库、医院、通信设施、水上补给体系，以及住房和娱乐设施。在伊江岛修建前方航空基地的计划也在准备之列。

巴克纳会承担冲绳群岛的基地修建和发展任务。第10集团军负责执行基地发展计划的自然是华莱士少将的驻冲绳陆军守备队。一些守备部队官兵会跟随攻击部队登陆，在登陆时期和结束后的一段时间内，为攻击部队提供后勤支持。在两栖登陆作战结束后，守备部队会承担集团军的行政和后勤事务，成为有效的勤务部队和前方交通管制单位。因此，这支守备部队在负责基地发展项目的同时，也会承担美军占领区的守备和防卫任务。按照预定计划，守备部队和基地建设

和发展物资，会分七批抵达冲绳。大部分守备部队的物资会在美国西海岸和瓦胡岛装船，但小部分会从南太平洋和马里亚纳群岛起运。

太平洋战区的各部队在登陆作战正式开始前，照例会进行专项训练和全体参战部队的联合演习，但冲绳战役涉及的参战部队数量庞大，各部队驻地较分散，距离遥远，时间也不够，这使得第10集团军无法组织将会在冲绳海岸一同登陆的两个军进行大规模联合训练和演习。不过，在条件允许的范围之内，第10集团军下属各单位依然可以进行单兵训练、诸兵种协同作战训练，以及两栖、岩洞和山地作战专项训练。这次战前训练期间，地面部队相关单位对新型狙击镜和夜视镜的使用是一个重点项目，一个标准坦克营会改编为火焰喷射坦克营，接受使用和维护火焰喷射坦克的专项指导。许多勤务单位由于承担的日常勤务压力较重，接受的特定训练非常少，某些勤务单位直到第10集团军从夏威夷出发前几天，才被分派到这个集团军的建制之内。

相比之下，陆军24军的情况更麻烦。1944年12月，霍奇少将指挥的这个军接到命令，让他们承担莱特岛南方大部分

美国陆军第24军军长约翰·霍奇少将。1893年，霍奇生于美国伊利诺伊州戈尔康达。1917年，已经拥有大学学历的霍奇在完成美国陆军军官候补生学校的课程后，以步兵少尉军衔加入美军服役。第一次世界大战期间，他先后在法国和卢森堡随军执行任务。一战结束后，他仍然留在军中，一度在密西西比州大学教授军事科学。1926年，霍奇从本宁堡陆军步兵学校毕业。在夏威夷任职一段时间后，霍奇先后在指挥与参谋学校、陆军军事学院和航空兵战术学校毕业。二战爆发后，霍奇出任第7军长理查森少将的参谋长。1942年6月，霍奇晋升准将，调任驻夏威夷的25步兵师副师长。同年11月，霍奇随25师参加瓜岛战役。次年4月，他被晋升为少将，出任43步兵师师长，指挥该师参加北部所罗门群岛的战役后，获得陆军杰出服役勋章。然后霍奇调任第23步兵师师长，指挥部队参加布干维尔战役。第24军成立后，霍奇出任军长，先后率部参加莱特岛战役和冲绳战役。1945年6月，霍奇晋升中将。战争结束后，霍奇历任美军驻朝鲜军政府总督，第3集团军司令。1952年7月5日，霍奇晋升上将。次年6月30日，以陆军野战勤务总监的职务退役。1963年，霍奇在华盛顿逝世。

地区的警戒任务，为此经常要在海岛东西两侧海岸分散行动。直到1945年2月10日，24军才解除莱特岛的战术任务，不过下属所有各单位在杜拉格兵站区的集结8天后才全部完成。时间紧迫，24军只有在各单位进行战斗疲劳恢复和新作战出发期之间的一个多月间歇里，见缝插针安排训练和演习。第7师、77师和96师，都只能为冲绳作战进行数量非常有限的专项训练，但新式狙击镜和火焰喷射坦克的训练项目和训练量得到全力优先保障。虽然时间紧迫，但3月15日至19日，24军还是组织第7师和第96师，与南方攻击部队的两栖作战部队，在莱特湾地区进

行了一次全面的不开火登陆演习。这两个师除了进行两栖登陆的各种技术训练外，还进行了破坏和攀登海堤的训练。两个师的突击登陆团在协同攻击演习中一同登陆，然后向内陆推进1000码。演习结束后，各部队认真讨论，然后再进行第二轮登陆演习。77师则于3月9日至16日在莱特湾单独进行了登陆训练。第10集团军的4个陆军师中，27师训练时间最为充裕，从1944年10月到临出发的1945年3月25日之间，都在圣埃斯皮里图岛进行强化训练。3月20至25日之间，他们进行了四次登陆演习。

预定参加冲绳战事的3个海军陆战师都有几个月的时间

训练和演习。陆战1师因为驻地拉塞尔群岛的训练设施有限，于是安排下辖每个团各用一个月时间去瓜岛训练，那里面积大，便于开展火炮、迫击炮和轻武器实弹射击训练。陆战6师就在瓜岛训练，这个新建不久的师单兵和小部队训练科目不在话下，重点要克服的是整师协同行动时的各种问题，同时会安排大面积岛屿上的各种野战训练项目。在塞班岛受训的陆战2师拥有其他参战各师都不可能拥有的条件，可以同仍然在塞班岛山间洞穴盘踞的日军进行真刀真枪的实战，这是比所有实弹射击项目和演习更有价值的锻炼，但这同时也是个不利条件，毕竟即使扫荡战可能蒙受的伤亡率都比训练和演习高得多。3月2日至7日，第3两栖军组织陆战1师和6师在瓜岛联合演习。演习中暴露的各种问题都得到重视和解决，部队和演习用的象征性补给品都成功登陆，顺利建立了通信网络。

地面攻击部队的装船任务都被分配给不同出发地点的指挥官，第10集团军司令会在瓦胡岛统筹各部队的出发事务。第3两栖军和第24军的两位军长负责组织他们在南太平洋和莱特岛的部队上船启程。陆战2师及其配属部队会从塞班岛

瓜岛演习期间，第3两栖军的陆战队员正在从LVT两栖运兵车下车。

出发。从美国本土西海岸出发的各部队将会被调往与攻击部队会合的各指定出发地点。

所有装运工作，都会按照太平洋舰队两栖舰队的运输守则和第10集团军发表的各种后勤指示进行。参战的每个师会分配到一个海军运输中队（15艘APA武装运兵船和6艘AKA武装货运船），以及各自要求的坦克登陆舰和中型登陆舰，军属和集团军直属部队的运输船只另有安排。冲绳联合远征舰队合计会使用111艘武装运兵船、47艘武装货运船、184艘坦克登陆舰和89艘中型登陆舰装运部队和物资。在这次行动中，陆军各单位编组和分派多个军需运输工作队，专门负责运载部队和装备，海军陆战队各单位在此前的历次行动中就已经在有效使用这种工作队。两栖舰队司令特纳也特地委派了两个战斗装载工作队。这两个工作队经过专业船舶装卸程序的培训，熟知特纳的一系列指挥策略。他们的任务是辅助在莱特岛和瓜岛－拉塞尔地区的两个军，以及圣埃斯皮里图岛的27师进行装运。

第10集团军司令部和大部分集团军配属部队会从夏威夷出发，第7、第77和第96步兵师会从莱特岛启航，为此莱特岛会集中"冰山"行动的大量船只。每个步兵师都会在24军的整体监督下，进行本师的装运工作。24军的装运工作遇到的主要困难是必须在莱特岛东海岸杜拉格地区的不少开阔海滩作业。当地缺少现成的栈桥码头设施，仅有的几座栈桥也太过脆弱，无法承受大浪和潮汐冲击。坦克登陆舰和中型登陆舰为此必须尽可能靠近岸边作业，机动车辆也只得涉水上船，105毫米火炮需要用DUKW两栖运输车和浮动坡道转运登陆船。停泊在海浪中的大型运输舰船，只能依靠船上的舟艇、LCT坦克登陆艇和中型登陆舰转装运人员和物资。1945年2月，就在24军装运作业开始时，由于吕宋岛战役的需要，莱特岛的许多驳船和登陆艇都被调走，24军军部只得紧急请求集团军司令部增派驳船。由于缺乏船舶性能参数的精确一手信息，装运计划也会与实践脱节。为了通过杜拉格的开阔海滩，让新近抵达的各种物资能够卸载，然后在参加冲绳战役的船只上重新装载，必然大费周章。在圣埃斯皮里图岛单独装船的27师，除了会遇到各种运输问题外，还不免会和海军官员发生不少误会。

从瓜岛－拉塞尔群岛地区出击的第3两栖军和配属部队相对幸运些，装船区域没有大浪，能得到足够的驳船，在条件非常理想的沙滩上，装运效率很高。第3两栖军的突击作战部队会先从当地登上运输舰，进入乌利希环礁的中转站时，在那里登上登陆船艇，这样可以缩短官兵们乘坐坦克登陆舰和中型登陆舰的时间。此举大受陆战队欢迎，坦克登陆舰和中型登陆舰不但拥挤，而且非常难受，简直就像一大群人被集体关禁闭。

1945年3月18日，运载第一批突击登陆部队的船只缓缓驶离莱特岛的圣佩德罗湾，这批部队的任务是占领庆良间列岛。24军开赴冲绳群岛的行动从这一天正式开始。6天之内，77师的其余部队分两批先后出动。3月25日，南方攻击部队的几个慢速运输大队驶离莱特岛，快速运输舰则在两天后相继出发。按照美国海军的计划，南方攻击部队的船只将从莱特岛向东北偏东航向航行，在距离冲绳岛南部约300海里的位置，改向西北偏北航行，直取冲绳岛。运载第3两栖军的北方攻击部队出发时间更早，3月12日便从瓜岛启航，21日到达乌利希，在那里会耗费四天时间补给各种物资，让部队转移到登陆船艇上。3月25日，北方慢速拖运船队先行离开乌利希。同一天，运载陆战2师前往佯攻海滩外海的慢速拖运船队驶离塞班岛。当美军两支攻击部队和佯攻部队余部于3月27日出发时，先头部队已经在庆良间列岛与日军战斗了。

地图三 1944 年末至 1945 年 3 月的太平洋战略形势

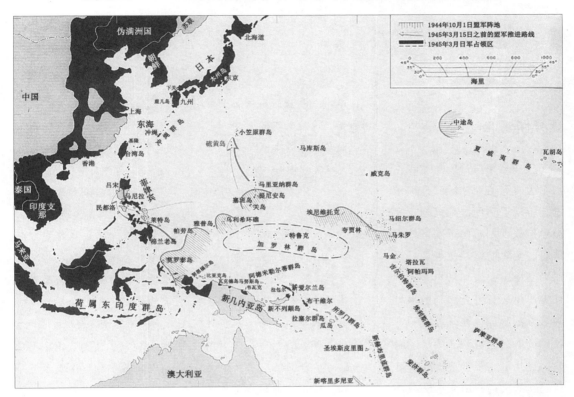

第二章　前哨战

捷号作战准备

马里亚纳防线崩坏后，日军大本营在1944年7月下旬紧急筹划了新的决战计划，即捷号作战计划。由于塞班岛陷落后，美军航空兵已可从马里亚纳基地出发轰炸日本本土，且美军也很有可能会利用强大的航母部队进行大跃进式的进攻，日本海军机动部队已经崩溃，且几乎无望重整旗鼓，日军统帅部决定利用陆军航空部队和海军基地航空部队的主力在本土、台湾和菲律宾一线迎击美军的进攻。

从1944年7月18日开始，日军陆海两军统帅部经过3天共同研究，决定了新的作战指导大纲，于7月24日发布了《陆海军今后作战指导大纲》，其主要内容为：

一、指导本年后美军主力进攻时的决战，粉碎其企图。

二、关于决战有关方面计划如下，决战时期预计为八月以后，名称为"捷号作战"。

菲律宾方面——捷一号作战

联络圈方面（指西南群岛、台湾、华东华南附近）——捷二号作战

本土（不含北海道）方面——捷三号作战

东北方面——捷四号作战

三、在中太平洋方面实施航空奇袭等，当敌军来袭时以当地兵力尽力阻拦。

四、西南方面作战重点系遵循捷一号作战的指导以及确保油田地带和舰队主要泊地。

五、南方圈东翼的支撑点澳大利亚北部方面须尽力确保。

六、南方圈北翼的支撑点缅甸方面须确保其要域。

七、在千岛、库页岛方面以当地兵力确保要域。当敌军进攻北海道方面时将指导其适宜时机进行决战。

八、在东南方面以当地兵力击败来攻之敌，尽力确保要域。

九、关于对华作战方面，应努力达成一号作战目标，占

1944年夏，日军丢失马里亚纳群岛，使美军获得可以用远程轰炸机空袭日本本土的基地，日军航空兵保卫本土空域的压力大增。图为正在从塞班岛某机场起飞的美军B-29"超级空中堡垒"轰炸机。

领浙东沿海要地，加强华中三角地带（南京、上海、杭州附近地带）。

十、努力防止发生日苏战争。

关于捷号作战中大本营的

兵力运用计划大纲，如下表所示（据大陆指第2089号附表1整理）：

作战方面	转用预备兵力	待命位置	预备兵力单位	预定使用地区
捷一号	1个旅团为基干	菲律宾北部	南方军	台湾或西南群岛方面
捷二号	1个旅团为基干	台湾	台湾军	菲律宾北部或西南群岛方面
捷三号	（一）1个支队（步兵3个大队、炮兵1个大队为基干）	鹿儿岛附近	防卫总司令部	西南群岛方面
	（二）1个支队（步兵3个大队、炮兵1个大队为基干）	姬路附近		小笠原群岛方面
捷一号 捷二号	约1个师团	上海附近	大本营	菲律宾北部或西南群岛、台湾方面
捷三号 捷四号	第47师团	弘前附近	大本营	本州东北部或北海道方面
备考	本计划仅为概要，将视情况进行调整。			

总而言之，捷号作战计划的主要内容就是将敌方可能来袭的地区分为捷一至捷四号战区，不论敌军从哪一方面来袭，日军都可以集中航空兵力、海军水面部队和陆军地面部队等将其彻底消灭，为此对地面和航空等各决战地区所需的其他方面的增援，以及机动集中计划进行了详细的规定

和指示。该计划已经超出日军实力所及范围，成功的希望至为渺茫。

8月20日，第62师团在冲绳岛登陆。随着该师团的抵达，冲绳岛的军队部署也发生了变更。牛岛中将在8月18日就发布了改变部署的军命令（球作命甲第31号）。根据该命令，第62师团被部署于第9

师团和第24师团的中间地区以强化冲绳岛南部的防御，特别是要极力确保浦添村附近的防区。第62师团7月下旬拥有人员14226名、马2300匹、汽车134辆。但根据大本营的"转进标准"被改编为拥有人员8315名、马120匹、汽车52辆。该师团的编制如下：

师团司令部	160人	汽车7辆	马10匹
旅团司令部（2个）	124人	汽车1辆	马8匹
独立步兵大队（8个）	865人		马8匹
师团工兵队	174人		马6匹
师团通信队	283人		马24匹
师团辎重队	201人	汽车36辆	
师团野战医院	308人	汽车5辆	
师团病马厂	21人	汽车2辆	

1944年9月15日，美军入侵佩里硫等地，迫使日军大本营准备在菲律宾与美军决战，同时抓紧西南群岛的战备工作。

1944年9月15日，美军登陆莫罗泰岛和佩里硫岛，随后又在17日登陆了昂奥尔岛。9月21日，日军大本营根据当前形势决定将在捷一号方面（菲律宾方面）同美军进行决战，预计决战时间很可能在10月下旬以后。此外，大本营也预期将在捷二号方面发生捷一号的相关作战。第32军司令部也在9月左右对美军向西南群岛的进攻有如下判断：

一、敌军很可能将经过菲律宾、台湾，抑或省略其部分步骤进攻西南群岛。

二、预计敌军进攻西南群岛的时间为1945年春季以后。

对此，第32军确定全盘作战指导方针如下：

一、计划在冲绳岛进行决战，在其他岛屿致力于持久战。

二、各岛屿分别制订作战计划，军提供指导建议。

三、冲绳岛的防御重点在岛屿南半部，集中全部兵力于美军登陆地点一举歼灭之。

关于美军在冲绳岛的登陆地点，第32军预测如下：

一、重点置于大山以南至那霸地区。

二、重点置于那霸至糸满附近地区（这种情况下还要考虑美军会在凑川方面登陆）。

1.重点置于那霸、与根间地区。

2.重点置于具志南方高地、糸满间地区。

三、重点置于冲绳北机场（读谷机场）西方及北方。

1.重点置于西海岸。

2.重点置于北海岸。

第32军判断美军将首先登陆伊江岛，以该岛为登陆冲绳岛的跳板，至于庆良间列岛因地形陡峭，不适于使用坦克，所以美军将在占领冲绳岛后，才会以扫荡为目的登陆庆良间列岛。

第32军司令部这一时期以捷二号作战构想为基础，制订了《第32军冲绳本岛防御战斗计划》。八原大佐在制订该计划时以下述内容为主要着眼点：

一、估计敌军登陆冲绳岛时将使用5或6个师至10个师。

二、以上兵力可能因遭受我航空及海军攻击，于登陆之前便已蒙受相当损失，因此敌我地面战力对比未必于我不利（鉴于以往的战例等，本军对航空攻击的成果并不抱太大期望）。

三、敌军在海岸地带登陆后，将在海空军的确实掩护下花费若干天时间为以后的攻击进行准备（根据以往的战例），我军应充分利用此一有利时机。

四、可利用我有力炮兵

（可集中使用的炮兵力量有150毫米以上各种火炮合计约100门，轻型火炮数百门）对猬集于桥头堡的敌兵员器材进行毁灭性打击。

五、各兵团及主力炮兵的集中机动虽然十分困难，但只要能够利用夜暗、整顿交通网和严格训练，并在机动后的战斗中利用事先准备好的洞穴阵地和储存的军需品，则仍有成功实施的把握。

六、相信可以实施夜间机动，是基于以下判断，即敌军登陆具有越洋作战性质，支援作战的敌空军全部为舰载机，夜间起降十分困难，且敌舰炮射击在夜间亦不甚准确。

七、应注意到相对于日军的巧妙策略，敌军惯于使用更加科学的战术，不会同时在多方面真正实施登陆，因此我军可以彻底集中兵力攻击敌登陆地点。

八、针对敌军的大规模登陆准备炮击，我军可将兵员器材收容于洞穴内以尽量减少损失。

冲绳本岛作战计划的概要如下：

一、方针

军以有力一部确保伊江岛及本部半岛，同时以主力在冲绳岛南半部占领阵地，与海空军协同作战以极力消耗敌军战力，伺机机动集结军主力转入攻势，歼敌于本岛南半部。

二、指导要领

1.战斗准备的重点在大山、那霸、系满一线沿岸和冲绳北机场西方及北方沿岸。

2.实施海上特攻的船舶部队部署于庆良间列岛及冲绳岛，在敌军登陆前夕对其运输船队实施强袭。

3.在敌军登陆时以其正面之兵团阻止其扩大桥头堡，并在敌军登陆次日晚上之前将军主力机动集结于登陆正面。

4.攻击要领为：在敌军登陆次日晚上的前半夜以军炮兵队和师团炮兵全部力量对桥头堡实施破坏射击，随后由第一线兵团在后半夜实施攻击歼灭敌军。

在第32军的作战构想中，炮兵火力的发挥，尤其是对桥头堡破坏射击占有十分重要的地位。第5炮兵司令官和田孝助少将（1944年10月26日晋升为中将）担任军炮兵队指挥官以统一运用炮兵，连轻迫击炮中队也纳入其指挥下。在1944年9月11日和田将军下达的命令中，明确提到了其所指挥的炮兵单位为：

野战重炮兵第1联队（欠第1大队）

野战重炮兵第23联队

在本部半岛发现的特攻艇。隐藏特攻艇的坑道和小艇几乎都完好无损。

独立臼炮第1联队

独立重炮兵第100大队
（欠1个小队）

中迫击炮第5大队

中迫击炮第6大队

独立迫击炮第3至第10中队

独立工兵第66大队

（其中迫击炮第5和第6大队于11月中旬被抽调至菲律宾，独立迫击炮第3至第10中队则被临时编成2个大队。另外重炮兵第7联队因缺乏机动力，后来被划归第9师团长指挥，进行了固定配置。）

第32军还计划将其所属的海上挺进战队（共9个战队）中的7个战队（包括第1—第3、第26—第29战队）部署于冲绳本岛地区，2个战队（第4、第30战队）则部署于宫古岛。

海上挺进第1—第3战队于1944年10月10日登陆庆良间列岛，海上挺进第26—第30战队则在12月以后才到达冲绳，海上挺进第29战队则只有一部分抵达冲绳，至于海上挺进第30战队干脆没有抵达，于次年4月9日被从第32军战斗序列中除名。

海上挺进战队是陆军的海上特攻部队，海军特攻艇队的第22震洋队（1945年1月15日抵达冲绳，部署于金武）、第42震洋队（1945年3月1日抵达冲绳，部署于屋嘉）同样被部署于冲绳岛。此外，1944年8月第32军还将第27鱼雷艇队和第2蛟龙队（特种潜艇）部署于本部半岛的运天港。

日军从1944年春季开始研究陆海军特攻艇这种奇袭武器，海军和陆军分别在1944年5月27日和7月8日完成了特攻艇的试制，并逐次改良。其性能的概要如下：

震洋艇：长约5米，排水量约1.4吨，由木制胶合板制成，时速23节，汽车引擎，乘员1名。在艇首处装载约250公斤炸药，战斗方式为撞击目标并自爆。

陆军特攻艇：长约5.6米，净重约1吨，木制胶合板制成，时速20节，汽车引擎，乘员1名。在艇后部装载约120公斤炸弹2个，战斗方式为接近敌舰船时将炸弹投至船体近处进行爆破。

10·10大空袭

冲绳战役的登陆行动开始前，美军已对各种先期行动开始战术和后勤规划。从1944年10月到1945年4月，太平洋战区、西南太平洋战区和中国战区的各路美军，一直在进行一场让日军海空力量无力化的大规模行动。

1944年10月，快速航母舰队对冲绳群岛实施了美军的首次打击。马克·米彻尔海军中将指挥的这支打击力量，当时还隶属于哈尔西海军上将指挥的第3舰队，番号为第38特混舰队。对冲绳群岛的这次行动，也是莱特岛登陆战的先期行动之一。10月10日清晨，米彻尔中将指挥的9艘航母、5艘高速战列舰、8艘护航航母、4艘重巡洋舰、7艘轻巡洋舰、3艘防空巡洋舰和58艘驱逐舰，抵达了冲绳岛外海，场面蔚为壮观。

米彻尔中将瘦小干瘪，其貌不扬，但精力充沛，在航母机动作战的每个阶段都十分活跃。为了使冲绳地区的首次航母突击达到奇袭效果，米彻尔和他部下的指挥官与参谋人员煞费苦心，精心安排。第38特混舰队特地尾随台风造成的糟糕天气，从东南靠近冲绳岛，同时一支巡洋舰和驱逐舰组成的小舰队，对冲绳以东1500海里的马库斯岛发动了一次牵制性进攻以扰乱日军视线。马里亚纳群岛的陆基飞机对硫黄岛实施密集空袭，阻挠小笠原群岛的日机对冲绳方面的搜索飞行，同时对38特混舰队前方的日军巡逻飞机实施封锁。

看起来这一系列精心部署的配套行动取得了成效。第38特混舰队在10月10日破晓后不久，便从容出动大批舰载机空袭冲绳全岛，使日军猝不及防。

其实，对于美军的来袭，日军并非完全没有察觉。在这次空袭不久前，第32军曾在10月5日12时接获来自第10方面军（9月22日由台湾军改编）的速报："敌机动部队自菲律宾附近北上，有进袭台湾及西南群岛的可能，极需严密警戒。"10月7日至9日也获得了类似情报。海军部队也在空袭前有情报联络，特别是佐世保镇守府司令长官于9日夜发出电令："九州南部及西南群岛方面部队，务必遵照指挥官指示，在黎明时严密防空警戒，注意减少损失。"在此期间，西南群岛方面几乎未受到空袭，仅冲大东岛在9月27日和10月3日分别遭到美军的一架大型飞机的扫射而已。航空地区关系部队继续从事燃料弹药的分散和洞穴内的储存工作，至10月5日大体完成。船舶关系部队也加紧从事卸货作业，同时令大部分机帆船、渔船向濑底锚地（名护西北）等处躲避，但由于风力过强被迫让它们再次在那霸港内集中。

第32军各级部队从6日开始疏散军品。8日，第32军判断美机有来袭可能，遂于10时下令各部进入丙号战备（严密防空及海上警戒，一部分防空部队就警戒位置）。

日军为应对空袭做了种种准备，在10日晨仍被美机打了个猝不及防，事前未能发出空袭警报。第32军原计划从10日起由军参谋长统筹实施三天的兵棋演习，为此各地区主要部队长及幕僚也于9日在那霸集合。虽然情报主任药丸参谋建议最好延期举行兵棋演习，但长勇参谋长和八原参谋没有接受。空袭前一天的10月9日傍晚，牛岛中将在坐落于那霸市波之上大街的冲绳酒店大厅设宴招待了（为参加演习在那霸集合的）麾下全军各兵团长和独立队长以及当地县厅官员与民间代表，却并未想到冲绳即将大难临头。宴会热闹非凡，

席上借着酒劲儿，长勇参谋长放言道："敌人攻来的话，一定消灭干净！"酒宴持续到很晚才结束，很多官兵都带着一身酒气歇息下来，却在天亮时迎来了空袭。

军参谋部全员也在宴会结束后在市内找了一家饭馆继续聚会。八原参谋在深夜回到宿舍时已经醉得不省人事，沉沉睡去。10日晨，八原被参谋部书记千叶准尉从睡梦中叫醒，千叶准尉递给他一份药丸参谋起草的空袭警报发令稿。原来日军的雷达已经发现美机来袭。可是日军的雷达性能低劣，当发现美机来袭时已为时过晚，此刻美机正从冲绳东南约30公里处飞来。八原独断决定下令发出空袭警报，然后打电话向长参谋长和牛岛军司令官报告了美机袭来的情况。军首脑干部们得知美机大编队正

在登陆之前几个月，美军就开始对冲绳群岛等地实施战前火力准备。那霸港的港口设施和平坦地势令它成为美军入侵前的重点空袭目标。

从冲绳东南方数十公里处急速接近，不禁大吃一惊。

随后八原匆匆吃了口早饭便赶往参谋部办公室。途中他一边奔跑一边望向渐渐明亮起来的天空，十多架美军"格鲁曼"轰炸机的银色机翼在朝阳下闪闪发光，如同离弦之箭一般从首里高地上空往北机场方向飞去。按照平时的计划，参谋部带着重要文件进入院内的防空洞，其他人员则奉命躲进位于司令部北侧高地的横穴式坑道。当日的蓝天极为清澈，最为适合空袭。美机的数量在不断增加，从小禄机场和北、中机场方面传来了猛烈的高射炮声和炸弹爆炸声。

根据战斗详报，冲绳本岛的海军和陆军分别于6时50分和7时发布空袭警报，但已经无济于事。

来袭的美军大规模编队机群首先于当天6时30分在冲绳东南海面上空出现。在拂晓的玫瑰色中，低空飞行的机群发出金属的轰鸣声，在转过大弯之后，它们刚一到达冲绳本岛上空，其中的一队即向北（读谷）、中（嘉手纳）机场方向飞去，另一队则逼近那霸机场和港湾上空。空中传来了飞机飞行时的"嗡嗡"声和俯冲时发出的沉闷啸音，因昨夜的防空演习感到疲倦的那霸市民们

此刻正在沉睡。机群的声音打破了清晨的寂静，居民们猜测这是日军飞机时隔很久之后又一次开始演习，对此并不十分在意。外面突然传来"噼噼啪啪"如同爆豆般的机枪射击声和高射炮的开火声，尖锐的警报声随之响起。市民们在高射炮声中纷纷起床，各自爬上屋顶观看这如同实战般的"演习"场面。

很快，南方那霸机场一带开始升起黑烟，爆炸声频频响起，这是飞机在投掷炸弹。居民们开始感到不对劲儿：这样的演习可有点儿奇怪。这时飞机的"嗡嗡"声由远及近，身躯肥壮的飞机转眼间便进入市民们的视线之内，冲到那霸市

上空，数量达三四十架之多。市民们终于确认这是一次真正的空袭！人们慌忙挤进简陋的防空洞中，脸色因恐惧变得煞白，惴惴不安地等待空袭结束。他们满怀信心地期待着日军飞机不久就会飞来赶走敌机，相信友军决不会眼睁睁地看着美机肆虐，就这样一动不动地躲在洞内焦急地等待着。

根据美军的记录，美军舰载机的出击分为四波。日军却记录了五波空袭，可能与航空母舰的出击存在时间差有关。这五波美机的攻击目标分别为：

第一波（6时40分－8时20

空袭前的那霸奥武山一带。

分，合计约240架）：主要攻击机场掩体内的飞机及跑道；

第二波（9时20分－10时15分，合计约220架）：主要攻击船只及机场；

第三波（11时45分－12时30分，合计约140架）：主要攻击那霸、渡久地、名护、运天港、与那原及泡濑等港湾设施；

第四波（12时40分－13时40分，合计约130架）：集中攻击那霸市，在炸射的同时投下很多燃烧弹，市内各处发生火灾；

第五波（14时45分－15时45分，合计约170架）：主要攻击那霸市，市街大部分被烧毁。

（关于各波空袭开始和结束的时间存在不同说法，此处系引用日军战斗详报的记录。）

当天，第8飞行师团的独立飞行第23中队（战斗机）所属的几架"三"式战斗机刚刚结束修理，正停在读谷机场的跑道上。已在当天拂晓飞往台湾的海军雷击队所属的一队整备兵也刚完成整备工作，此刻亦身处跑道之上，正聚在一起吃早饭。包括第5野战航空修理厂第1分哨员在内的机场勤务员为了参加早点名恰好刚走出充作兵舍的木板房。这时

结成梯队的飞机突然从东北方的空中现身。机场一带的日军阵地在几天前就发出了警戒警报，对防备空袭做了"万全的准备"，但方才友军飞机刚刚飞走，机场上空的编队机群又如此大摇大摆，于是有人喊道："飞机回来了！"这些飞机就在人们的注视下，眨眼工夫便冲到机场上空。从未见过的黑色机身和机头上喷出了红色火舌，瞬间便响起震天动地的爆炸声。跑道上的士兵们很

快便被弹幕包围，机场附近山上的高射炮慌忙开火，炮弹徒劳地在空中炸开，同机关炮的射击声交织在一起。美机接连打击航空本部、发动机工厂、零件工厂和各仓库。手忙脚乱的士兵们赶紧跳进散兵坑。跑道上的战斗机虽然摇摇晃晃地起飞迎击美机，但很快便全部覆灭。器材散乱的跑道上炸开了许多大洞，鲜血淋漓的无头尸体躺在散兵坑里，堆积的燃料也腾起了熊熊烈火，总之一

空袭后的奥武山一带。与前一幅图对照，可见许多建筑物都已经被炸平。

片狼藉，损失惨重。

那霸港是美机的重点攻击目标，在第一波空袭中即已燃起大火，黑烟直冲云霄，其后这里的黑烟愈加浓密，不时腾起红色火焰。堆放在码头的军需品中的弹药在通红的火焰中发生猛烈爆炸，声音同炸弹爆炸和机枪、高射炮的射击声混在一起，汇成了一首恐怖凄惨的战争交响曲。包括深藏在港内的数艘驱逐舰在内的舰艇群慌忙以"Z"字形路线向港外逃窜，但在猛扑过来的十四五架战机的攻击下悲惨地颤抖呻吟着，虽然进行了还击，但终于全部沉没。

第二波攻击结束后，八原估计在第三波来袭前还有约一个小时的时间，便利用这段间歇同铃木军医中佐一起乘坐汽车前去视察那霸港附近的情况。在那霸街上见不到什么居民，只能看到一些警防团员。在市区的中央十字路口，八原看到正在仓皇奔走的市长。临时设立的救护所收容了若干死伤者，路边店铺的玻璃很多已经在气浪冲击下四处散落。在靠近码头的地方出现了很多巨大弹坑。港口内的众多大小船只和对岸的海军基地建筑物正在熊熊燃烧。八原所在的这一侧则尚未起火，晓[①]船舶支部的建筑物也仍然完好，但里面已空无一人。汽车调转方向开过了御幸桥，八原看了一下独立高射炮第27大队的阵地，然后便开始返回。途中他们遇到了正急忙奔向码头的约百名水上勤务队员（由朝鲜人编成），这些人可能奉命前来执行搬走军需品的任务。

不久，第三波美机来袭。八原正在焦虑不安，忽然想起宫古岛的第28师团长栉渊中将、德之岛的独立混成第61旅团长高田少将为了参加司令部演习，正住在冲绳酒店内，不忍弃之不顾，便急忙驱车一路赶到酒店。在玻璃散乱一地的室内，两位将军正从容地等候着。眼看空袭的时间正在迫近，八原不敢浪费时间，赶紧把他们请到车上踏上归途。第三波美机已开始袭来。在安里附近，八原看到一群美机似正向他们冲来，便急忙停车避难。他忽然想起以前在缅甸的时候经常遇到这种场面。后来他们终于平安回到军司令部。

在那霸市内，市民们在空袭中饱尝了恐惧与痛苦。当第一波美机退去后，以为终于死里逃生的人们离开了防空洞，却又被第二波美机逼回洞去。接着是第三波，然后是第四波，简直连喘息的时间都没有，空袭到了下午愈发猛烈。地面炮火的还击除了给绝望的居民带来一丝安慰之外，几乎没有任何效果。后来美机向那霸市投下了燃烧弹，烈火借着强风顷刻间便吞没了市区。虽然应荒井警察部长的要求，第9、第62师团派出了救援队，但在美机炸射下对于已经被火焰全面包围的市街已经毫无办法了。依靠水桶送水的防空方法在这种情况下简直形同儿戏。后来八原在向大本营所做的战况报告中强调了此种防空手段在敌军的大规模空袭中毫无价值。

日军当时的防空兵力为：北、中机场地区有高射炮约50门、高射机关炮约100门，那霸港及小禄机场地区陆海军共拥有高射炮约60门、机关炮近100门，可以说实力颇为强大。这些防空兵同美机苦战了一天。虽然军司令部从各方面收到有关击落敌机的报告，但实际的战果却十分可疑。毕竟各部队皆为初次参加战斗，其射击水平并不高。军司令部人员所亲眼目睹的坠落飞机不过数架而已。根据第32军战斗详报，该军所取得的战果为击落

---

① "晓"为陆军船舶部队的代号。

敌机37架。海军的数字则为击落8架、击伤数架。但根据美军的记录，当天美军的损失为飞机21架、飞行员5名及搭乘人员4名。

在这次空袭期间，由于日军飞机毫无踪影，长时间苦苦忍耐着连续空袭的市民们对军队的期待渐渐消失，产生了对美军登陆的强烈恐惧。于是在第四波空袭结束后，市民们开始全面避难，人们纷纷离开自己所在的防空洞踏上逃亡之旅。背着老人的男子，双手抱着小孩、后面也背着孩子的妇女，满脸稚气的小学生，穿着劳动裤的姑娘，以及在市内学校中宿营的军人们，陆续穿过四处飞散的火星如潮水般涌入市内的主要道路。

第五波攻击开始后，由于被遮天蔽日的浓烟遮挡，从地面上甚至看不到美机的身影，只能透过浓烟朦朦胧胧地看到血红色的太阳。

美机的空袭从6时40分第一波攻击开始，经过第二、第三、第四直至第五波，一直到15时45分方才结束。那霸市的九成地区被烧毁，变得面目全非，无数铺着红色屋瓦的民宅、西洋样式的官厅以及其他的一切均化为灰烬，原有

70000人口的都市变成了一片焦黑的荒凉原野，空袭结束后的余烬数日未灭。

在这次空袭中，日本方面合计死亡军民约670人。民间的损失方面，平民死亡330人（其中那霸255人）、受伤455人（那霸358人），11000座民房被完全烧毁，船只沉没77艘。

军队方面，大部分死者为船上人员，陆地上的死伤则较轻。第32军辖下、指挥及区处部队共战死官兵和军属136人，伤官兵和军属227人。海军部队战死官兵82人、伤官兵16人。陆海军合计战死冲绳联队区司令官井口大佐以下218人。另陆军所用民工死亡120人，伤约70人。

物质损失方面，根据日军的记录，第32军损失各种炮弹约27000发、步机枪弹约70万发、全军所用粮食的一个月份，以及大量其他各种军需品。（此外，在战后缴获的一份日军第62师团的报告显示，日军蒙受的损失包括近500万发机枪子弹和30万袋糙米）在飞机方面，陆军飞机在冲绳本岛方面烧毁3架、严重及中等程度损坏10架、未归还5架[1]，在德之岛方面烧毁13架、严重

损毁1架，在宫古岛方面烧毁5架、中等程度损毁4架。海军飞机计烧毁2架、严重损毁3架、轻度损毁4架（根据美军战报记录，当天一共有23架日机被击落，88架在地面或水面被摧毁）。机场的燃料弹药因为已经分散配置，因此损失相对较少，仅烧毁汽油113桶。日军在船只方面的损失尤其惨重，停泊在当地的陆海军大小舰艇几乎被一网打尽，计损失了陆军的大小船只约120艘、海军舰艇6艘，包括陆军所属的数十艘机帆船、海军的潜水母舰"迅鲸"号、驱潜舰、运输舰等。事后损失较大的部队的指挥官受到了处罚，长勇参谋长亦深感自身难辞其咎，申请获罚重禁闭十天。八原等幕僚人员亦感到负有罪责，强烈要求获得处分，但被长参谋长呵斥道："住口！责任应该由参谋长来承担。"

第32军司令部的人员损失为参谋部1名、经理部10名。前者被己方机枪的流弹击中，后者则是在女子师范学校的校园中准备早饭时被击中的。冲绳联队区司令官井口骏三大佐在指挥机枪对空射击时战死——先前，曾同为冲绳陆军两巨头之一的中城湾司令官柴

---

[1] 也有资料称有46架飞机在机场上起火或受到严重或中等程度的损坏。其他方面损失，在不同资料中的具体数字也不同。

从空中俯瞰的那霸市废墟。

田大佐已经在德之岛附近海上战死，两巨头中的另一位井口大佐也于当日战死，给冲绳的前途投下了阴影。

除了冲绳岛，大东岛、宫古岛、石垣岛、奄美大岛、德之岛各地区也在当日遭到袭击。

空袭开始前不久，在那霸市香兰食堂二楼曾经召开军民恳谈会。会上，长勇参谋长当着冲绳当地领导人的面断言道："本土和冲绳的航空军力一经充实，便决不会听凭敌军践踏。"经过一天的空袭，目睹那霸市的废墟，居民们对军队的信赖感愈加减退。为了修建诸多机场，连老幼妇孺都被动员起来，可是在这次的空袭中，市民们却没有看见日军

飞机出击，眼睁睁地看着自家的房子被烈火吞噬、乡土惨遭践踏、亲人失去生命，不禁想到："对我们进行总动员修建的机场到底是为了什么？"不仅是平民，就连第32军官兵也对己方飞机的无所作为感到非常失望，开始产生怨恨情绪。军领导干部也抱有相同的心情。不过虽然多种资料均指出那霸市民没有看到任何日军飞机出动迎击美机，但实际上，并非没有一架日机出击。根据相关记录，只有部署在中机场的一个战斗机中队（独立飞行第23中队）在美机来袭后起飞迎战，但已被美军夺得先机，在众寡悬殊的情况下全军覆灭。除了马场圆大尉座机在第一波空袭开始后起飞搜索美军

机动部队、遭遇美机编队后因机枪无法射击，被迫返航在伊江岛着陆之外，该中队自中队长以下10架飞机均于9点多起飞迎战，却遭遇美军第二波攻击，在不利情况下交战之后自中队长座机以下6架飞机被击落，3架飞机中弹后在机场迫降时严重损毁，另有1架在着陆后因遭到机枪扫射起火。

10月10日当天，被日军征用的劳工从石垣岛出发，乘船返回冲绳岛。他们搭乘的船只中途在久米岛附近海面被美军击沉。早在1944年6月，日军为了建设石垣岛白保的陆军机场，从冲绳岛的读谷山村等各地征用了750人，在结束4个月的劳动后，这些劳工于10月8日搭乘2艘大型船只和5艘小型船只离港向那霸出发，结果其中的2艘大型船只在久米岛附近遭遇美军战机被击沉，死者多达约600人，但准确人数和姓名等至今依然不明。加上前述10·10大空袭造成的损失，这一天对于冲绳县民来说真可谓是噩梦一日。

这次大空袭对于第32军和冲绳县民来说都是极为突然的事件，但在美军方面则不过是进攻作战的惯常程序。第38特混舰队实施的这次空袭，是为了支援莱特岛登陆作战实施

地图四　1944 年 10 月 10 日大空袭中，那霸城的受损情况

北

若狭町
二丁目

前岛

崇元寺町

法院　松山

辻町

西　新

牧志町

旧院台

役务局町

西本町　市政府机关

高中校舍

垣之花小学

一丁目　山形屋　仓库　下泉町

壶屋

住吉町

一丁目　仓库　东町

北明治桥　旭町　上泉町

垣花町

南明治桥　第二中学

基地

备注
因轰炸失火地区

1944年10月14日，台湾海空战期间，当一架日机（图中央）飞临美军"兰利"号航母上空时，甲板上的舰员们正在卧倒。

的后方支援基地压制作战的一部分，另一部分目的则是为预定将来要进攻的重要据点拍摄航空照片。这次空袭结束后，第38特混舰队又于12日空袭台湾，接着又在18－24日期间空袭了菲律宾，并且参加了莱特湾海战。

在10·10大空袭结束后不久，日军从日本本土发动了航空捷号作战，多达数百架飞机组成的日军航空兵主力编队从九州基地起飞，冲绳也作为中继基地在这次作战中发挥了重要作用。12日晨，负责实施作战的海军第2航空舰队的数百架飞机（含陆军的飞行第98战队）向冲绳各机场飞来，进行了编队展开作业。不久前当地居民们刚刚在大空袭中受到沉重打击，现在日机的大编队却仿佛嘲弄人一般地出现在冲绳上空，最后在那霸市废墟上方

盘旋着飞向南方朝美军特混舰队扑去。同一片蓝天上，就在前天美机还在为所欲为，现在人们却目睹友军飞机一边发出呼呼的噪音一边悠然飞走，无论是军人还是平民都感到茫然而困惑。

台湾海空战和第9师团的抽调

对于空袭西南群岛方面的美军特混舰队，日军航空部队在10月12－16日期间实施了猛烈攻击，这次作战被日军方面称为"台湾海空战"。

从12日晨开始，台湾受到第38特混舰队的大批舰载机的猛烈攻击。联合舰队司令长官丰田副武大将在10时30分发布了"基地航空部队发动捷一号及捷二号作战"的命令。

12日黄昏开始，日本海军航空部队（包括配属的陆军航空部队）对美军特混舰队发动了攻击。日军航空部队在12日、13日、14日、15日、16日分别出动约100架、30架、430架、150架、250架飞机实施攻击。

大本营在19日发布了12日以来的综合战果：

击沉：航母11艘、战列舰2艘、巡洋舰3艘、巡洋舰或驱逐舰1艘

击伤：航母8艘、战列舰2艘、巡洋舰4艘、巡洋舰或驱逐舰1艘、舰型不详13艘

此外确认起火者不下12艘

击落敌机112架（含在基地击落的飞机）

己方损失：飞机未归还312架

大本营发表的战果令日本国民欣喜若狂。但海军对此颇为怀疑，对战果进行了重新检讨。一再检讨的结果，估计美军航母充其量被击毁4艘而已。但这一调查结果并未通知大本营陆军部，这对大本营陆军部以后的作战指导以及第32军的命运产生了很大影响。

根据美军方面的资料，台湾海空战中美军特混舰队的真实损失仅为2艘巡洋舰重伤、1艘航母和2艘驱逐舰轻伤、损失飞机89架而已。

正当日军大本营在为捷一号作战（菲律宾方面）进行决战准备时，10月17日晨美军一部在莱特湾口的斯洛恩岛登陆。18日美军开始对莱特岛实施舰炮射击。日军大本营于18日决定发动捷一号作战，在当天发布了"菲律宾方面为国军实施决战之要区"的命令。

10月20日，美军在猛烈的舰炮射击支援下开始登陆莱特岛。日军大本营在当天改变了在莱特岛避免地面决战、仅实施海空决战的既定方针，决定实施陆、海、空决战，并向南方军和菲律宾的第14方面军拍发了指导电报。

大本营将避免莱特岛的地面决战的方针改为实施地面决战，是因为相信台湾海空战取得了"辉煌"战果。在美军登陆莱特岛时，菲律宾的日军航空兵力仅有海军飞机约40架、陆军飞机约200架，实际能够出动的飞机合计仅有约70架，未能对美军的登陆行动进行有效的空袭。海军第2航空舰队也在台湾海空战中损失惨重，实力不足以集中攻击登陆莱特岛的美军，彻底集中陆海军航空兵力歼敌于海上的捷号作战方针完全落空。

大本营决定在莱特岛实施地面决战后，除了从第14方面军抽调部队增援莱特岛外，还从其他地区调动部队增援第14方面军，这些部队包括：第1师团（原驻中国东北，当时驻上海地区）、第68旅团（驻台湾）、第23师团（驻中国东北）、第10师团（驻台湾）、第19师团（驻朝鲜）。

就这样，为了迅速向菲律宾集中兵力，大本营从台湾抽调了第10师团和第68旅团这两支精锐部队，结果第10方面军仅剩下2个新编师团（第50和

第66师团）。为了填补台湾防御的空缺，大本营决定从冲绳抽调第9师团去台湾。

11月4日，为了实施菲律宾方面的作战指导，正在菲律宾出差的大本营陆军部第2（作战）课长服部卓四郎大佐致电第32军高级参谋八原大佐："为协商从第32军抽调一个兵团专用于台湾方面的问题，请到台北参加会议。"

八原于4日傍晚到达台北后，立即在第10方面军司令部召开了会议。参加会议的除了服部大佐和八原大佐外，还有第10方面军参谋长谏山春树中将、方面军副参谋长北川洁水少将、方面军高级参谋木佐木久大佐、方面军作战主任参谋市川治平大佐等。

八原在会议上宣读了第32军司令官意见书，内容如下：

军司令官对从第32军抽出一个兵团转用于台湾方面的意见

一、若坚持同时确保冲绳岛及宫古岛的方针，不宜从本军抽调一个兵团。

二、若决定从本军抽调一个兵团转用于台湾后，另以其他兵团补充本军，则建议直接用后者补充台湾方面。

三、若从本军抽调一个兵团，则必须放弃宫古岛和冲绳岛两者之一。

四、从全局来看，若菲律宾方面的战况不甚乐观，则西南群岛的价值将更加重要，第32军的主力应运用于据判断为真正重要的方面。

最后八原补充道："以上是军司令官的坚定决心。"说完便保持沉默，一言不发。

八原的发言使会场被沉重的气氛笼罩。服部大佐对八原的强硬态度感到吃惊，无心进行具体讨论，连已经想好的"被抽调师团的替换部队将在以后加以考虑，总之先抽调一个师团再说"这句话都没有说出口。谏山参谋长也没有做特别的发言。市川参谋虽然陈述了防御台湾的必要性和兵力不足的情况，但到最后会议也没有得出任何结果。

11月10日，大本营决定将台湾的第10师团投入菲律宾并通知了南方军和第10方面军。这样一来，将第9师团调动到台湾便几乎势在必行。14日，大本营下令将中迫击炮第5、第6大队（150毫米迫击炮共24门）编入菲律宾的第14方面军。这两个大队在21日从那霸出港驶向菲律宾。这两个大队的抽调使得第32军赖以取胜的桥头堡歼灭射击的威力大打折扣。

11月13日左右，大本营决定从冲绳抽调第9师团、第24师团两者之一，指示第32军自行选择被抽调部队。牛岛中将17日上报决定抽调第9师团。

选择第9师团的主要理由是：第9师团是有着"光辉历史"的精锐师团，符合大本营的要求，就第32军来说，也希望留下拥有强大炮兵的第24师团。第9师团的炮兵实力为75

1944年11月，步兵第35联队长奥信夫大佐正在向第32军首脑说明第9师团在系满西海岸的作战计划。第9师团是负责防御首里以南的岛尻一带的精锐部队，但在当年12月奉大本营命令转调至台湾。

毫米山炮36门①，相比之下，第24师团的炮兵实力则为：150毫米榴弹炮12门、100毫米榴弹炮16门、75毫米野炮8门。

第9师团从12月中旬至次年1月上旬被运送至台湾，在1月10日被编入第10方面军。

正当第32军在筑城和训练方面不断取得进展、对胜利的信心日益高涨之际，第9师团却突然被调离冲绳，导致部队在精神上受到沉重打击，并迫使第32军改变冲绳岛的部署和制订新的作战计划。此后，第32军同大本营及第10方面军之间在意见沟通和信任关系方面再也未能恢复过来。

第32军的部署变化与天号航空作战

关于第9师团调离后冲绳本岛的部署，大本营和第10方面军没有对第32军下达任何指示，也没有关于补充兵团方面的联系。

第32军作战主任八原高级参谋在新兵团的补充未到位的情况下，以最充分利用现有兵力为根本着眼点研究了冲绳岛的作战计划，拟定了以下4个方案：

第一方案

混成旅团仍部署于伊江岛和本部半岛，军主力撤离冲绳岛南半部，转移至国头郡山岳地区采取持久战略。

（该方案的宗旨在于初期极力阻碍敌军于伊江岛和中头地区建立航空基地后，在最适合持久战的国头山岳地区进行持久战。）

第二方案（实际被采用的方案）

以一部兵力极力确保伊江岛，同时以主力占领冲绳岛南部岛尻地区，在岛尻地区的主防御阵地带沿岸粉碎敌之登陆，并在北方主阵地带陆地正面采取持久战略。

若敌军在北、中机场方面登陆，则以主力向该方面出击。

（该方案的宗旨在于自主选定拥有最适合现有兵力的地区及地形的岛尻地区为战场，在该战场发动攻势，歼灭从海岸正面登陆之敌，对于在中头方面登陆并南下之敌则实施持久阵地战。军主力对北、中机场方面登陆之敌的出击，仅在特别有利情况下实施。）

第三方案

与第二方案构想大致相同，不过是以军主力占领以读谷山为中心的中头郡地区。

（该方案的宗旨是直接确保重要机场以防止敌军使用机场）

第四方案

该方案同原来的作战构想一致，系以有力兵团占领中头郡及岛尻郡，在敌军登陆时机动集结主力于登陆点寻求决战。

（本方案的宗旨在于决战。）

11月22日左右，八原判断宜采用第二方案，将各方案的利弊得失列成表格后呈递给长勇参谋长。长参谋长听取了八原的说明之后表示同意，随后军司令官牛岛中将也批准采用第二方案。

根据八原在战后的回忆，采用该方案的理由如下：

一、原来的作战计划以彻底的决战主义为指导思想，新作战计划则以持久战略思想为基本方针，企图当敌人在军主力设防的沿岸一带登陆时歼敌于海岸地带。

二、为了使兵力适应占领地区，放弃中头地区，将军主力集结于岛尻地区。

三、将混成旅团主力部署

---

① 此外还有联队炮12门、速射炮12门和曲射炮24门。

于岛袋附近的要点，赋予其类似城外支队（在要塞防御中于要塞外战斗的部队）的任务，希图以此来回应大本营对北、中机场的关注。向该方面发动攻势实为弊多利少。

四、为了妨碍敌军使用北、中机场，主要利用部署于主阵地内的远程火炮的威力。

五、第一方案虽利于持久，但此种持久作战的战略价值甚小，第三方案虽然有利于直接确保重要机场，但在地形上不甚有利，第四方案则因为兵力剧减，攻击成功的希望甚少。

六、第一、第三方案因为需要在目前态势下进行转移，无法利用既设阵地，对于军需品的运输储存也十分不利。

牛岛中将在11月24日将各兵团长及其幕僚招至军司令部，向其指示了第9师团调走后的部署变化和各兵团防御大纲，随后下达了根据新作战计划拟就的军命令（球作命甲第81号）。

在新作战计划中决定放弃北、中机场，在日后的航空作战中造成了很大问题。根据第32军的新作战计划，之前一直驻扎于中头地区的第24师团将担任原由第9师团负责的岛尻地区的防御，中头地区的防御由独立混成旅团主力担任，国头地区的防御则由以混成旅团的第2步兵队为基干的国头支队担任。这一部署的弱点在于，有很大可能当美军在北、中机场方面登陆时，将会迅速占领两座机场。

各兵团根据新作战计划在11月末至12月上旬期间向新作战地区转移，着手进行新的筑

第32军指挥下的各部队长和幕僚合影（1944年11月，兵棋演习结束纪念摄影，摄于安里的女子师范校园）。前排坐者左起为一位海军军官、第32军参谋长长勇少将、第64旅团长有川主一少将、第5炮兵司令官和田孝助中将、第24师团长雨宫巽中将、第62师团长本乡义夫中将、第32军司令官牛岛满中将、第9师团长原守中将、第63旅团长中岛德太郎少将、独立混成第44旅团长铃木繁二少将、第35联队长奥信夫大佐、海军参谋阿部德马大佐等。第2排右起为第32军参谋枦山彻夫少佐、军参谋釜井耕辉中佐，第4人为独立重炮兵第100大队长河村秀人中佐，第9人起为第9师团参谋长村沢一雄大佐、第32军高级参谋八原博通大佐、第62师团参谋长上野贞臣大佐、第24师团参谋长木谷美雄中佐，最左端为第32军参谋药丸兼教少佐。第3排右起第2人为国头支队长·独混第44旅团第2步兵队长宇土武彦大佐，第7人为步兵第32联队长北乡格郎大佐，第9人为独步第14大队长田村权一大佐（1945年3月转任大东岛的第36联队长），第11人为第21野战高射炮队司令官吉田清中佐。第4排右起第3人起为第24师团参谋苗代正治少佐、该师团参谋衫森贡少佐、第62师团参谋北岛之等中佐、该师团参谋楠濑枭师少佐，第11人为重炮兵第7联队长樋口良彦中佐，最右端为海军根据地部队参谋中尾静夫少佐。

城与训练。

第9师团调走后在兵团部署上的变化迫使第32军各部队不得不放弃苦心筑成的阵地，导致各部队在精神上和物质上均受到沉重打击。

祸不单行，不久第32军又遇到了一件倒霉事。12月11日，利用轻便列车（甘蔗运输轨道）运输中的第24师团的弹药突然发生爆炸事故，结果造成严重损失。

伴随着第9师团的调走，第24师团开始向南部进行兵员的移动，这一行动在12月完成，紧接着又开始了武器、弹药的转移。存放在读谷山、具志川的武器弹药被集中到嘉手纳，和无法徒步移动的伤病员一起通过轻便铁路被运往南部。虽说是"轻便"铁路，不过对于冲绳县民来说这却是唯一的铁路，深受人们喜爱。这时轻便铁路已经被改为军队专用铁路，禁止"一般利用"，不过也默许被征用的女学生等使用该铁路。

12月11日，轻便列车从早晨开始便忙碌起来从事第24师团的弹药运输工作。当天的最后一趟列车从嘉手纳站出发抵达那霸近郊的古波藏站。此后只有机车驶抵那霸站，牵引着装满存储燃料的铁桶的1辆无盖车和载着医疗用品的1辆有盖货车开始返回，与来自嘉手纳站的6辆无盖车挂接后在16时左右向糸满出发。来自嘉手纳站的6辆无盖车上装载着弹药，在上面还坐着150人左右的伤病士兵以及从古波藏站上车的新入伍的卫生兵约60人和回家的女学生。不久在津嘉山站又有被军方征用后返回途中的2名一高女学生上车。列车乘务员包括机车助手和2名列车员。

列车驶过下一站（喜屋武站）后，在向稻岭站行驶途中，于16时30分左右在上坡路段发生事故。列车在发出震耳巨响的同时发生爆炸，乘客们瞬间粉身碎骨，肢体飞散。火焰点着了周围的甘蔗田，引燃了堆放在露天的一堆堆弹药，接连诱爆。由于不断发生爆炸，根本无法救助受害者，最后好不容易才将数十名伤员收容到设在南风原国民学校内的陆军医院。伤员中有很多人伤势严重，在几天内陆续死去。

发生事故的原因似乎是第一辆车上的汽油起火造成的，但由于军方将这起事故当做军事机密处理，禁止泄露有关消息，相关记录也在战火中消失殆尽，真相究竟如何已经无从了解。死者包括军人210名、女学生8名和职员3名。事后长勇参谋长在相关文件中指出：

"（本次事故）损失远较10·10空袭为巨，为国军创建以来未有之不详事件。认为本军战力因此大减亦不为过。"

第9师团调走后，大本营曾考虑再向冲绳派遣第84师团。第32军在1945年1月23日晨收到了大本营陆军部发来的将派遣第84师团的内部通报电报。第32军刚高兴没多久，当天傍晚又接到同为大本营陆军部发来的通知将中止派遣第84师团的电报，为之灰心丧气。

在第9师团被调走后，第32军对冲绳岛的部署进行了大范围的变更。变更部署后，军高级参谋八原大佐视察了各部队的阵地部署情况后，认为岛尻地区的主阵地带的兵力密度甚为薄弱，正面过于宽广，一个步兵大队的占领正面至少应收缩至2000米左右。于是第32军在1945年1月下旬再次变更阵地部署。在第一次变更部署时"为了向大本营做个姿态"，部署于中头地区的独立混成第44旅团主力被转移到南部的知念半岛，知念半岛方面的第62师团的步兵第64旅团被移动到第62师团主力的北正面。

第62师团奉命在中头地区部署约1个大队作为前方部队，本乡师团长选定贺谷中佐指挥的独立步兵第12大队担任该任务，称为"贺谷支队"。贺谷支队的任务是"负责警戒中头郡内，同时与当地军直部队相协同严密防御该方面以欺骗敌军"。

通过这次变更部署，第32军强化了本岛南部的岛尻地区的防御，放弃了对在北、中机场方面登陆之敌的攻势企图，对北、中机场方面的扼制也极不充分，等于是完全放弃了机场地区，招来大本营和陆海军航空部队强烈指责。在第32军司令部内部，除了航空参谋釜井中佐一人表示反对外，上下却一致赞成。

第2次变更部署的最大作用就是保证了第32军在北方主阵地进行持久作战的成功。通过这次重新部署，第62师团的全部力量被部署于北方阵地，兵力密度也大大提高，足以进行坚韧的防御战斗。这次变更部署也存在很大的负面影响。

虽然在10·10大空袭以前，第32军就开始构筑洞穴阵地。但10·10大空袭发生后，第32军更加重视洞穴阵地的防御价值，于是催促部队加紧构筑洞穴阵地。第62师团通信队的大桥正一准尉回忆道：

（10·10大空袭后）军急忙严令各部队完成洞穴阵地的构筑。我队也开始了二十四小时三班倒的突击作业。中队长以下官兵分为三组，每组各负责八小时作业，在作业以外的时间必须完成通信勤务、就寝和其他日常工作。

就这样，洞穴阵地的构筑通过拼命的突击作业取得了很大进展。作业班不知疲倦地从两个方向挖出了U字形，幸好土质比较硬实，不用担心会塌方。在坑道内作业时只能用蜡烛和煤油灯照明。就连这些照明设施也常常不足，需要极为节约地使用。某一天，从师团经理部送来了几面边长50厘米的方形镜子。明明是男人的世界，为什么要送来镜子？每个人都感到纳闷儿。听说这个其实是用来立在洞穴入口反射太阳光线以照亮坑道内部的。也就是用来代替蜡烛的。听到这些，大家都大笑起来。有人问道："下雨天怎么办呢？"中岛德夫会计曹长马上笑道："当然是休息了。"井上启三军曹也开玩笑说："下次大概要抓萤火虫回来了吧？"于是大家又放声大笑起来……

大量废土在各洞穴入口附近堆积如山。鲜艳的红土在绿色的山腰上分外抢眼，如果从天上往下看的话正好成了确认洞穴位置的绝佳目标。可是我们连处理废土都顾不过来。军多次指示注意洞穴位置的伪装，我们就把茂盛的棕榈或苏铁移植到废土上以免被从天上认出来。这样的作业持续了两个多月。在这期间我们持续同坚硬的岩石和土地苦斗。终于，堪称我们汗水结晶的洞穴总算是大体完成了。将从U字形的两边挖进去的坑道所剩下的最后的土墙打穿后，洞穴的深处就被互相连通起来了。U字形的全长达50米。洞穴上部的土厚达50米，所以应该可以抗住200公斤炸弹。

可是，虽然可以用来躲避空袭，却从坑道内的一些地方冒出了地下水，水滴从天井落下，土腥味十分熏人。即使在坑道内安放无线电台开始通信业务，对于保养器材来说也是非常恶劣的条件。……

当时，正驻扎于冲绳岛南部西原町一带的独立步兵第11大队的士兵们也在持续进行洞穴的构筑作业。由于作业时根本没有凿岩机等机械工具，他们只能依赖手中的铁锹和十字镐。铁锹比较小，如果遇到十分坚硬的地层，就得使用炸药爆破。洞穴挖掘作业充满危险。该大队第4中队第1小队的轻机枪射手河村茂三郎兵长也参加了坑道挖掘，他回忆说：

那天正在前田进行坑道挖

掘作业。这个坑道是作为上级司令部的第63旅团司令部的坑道，由我们分队担任作业。分队长葛川茂伍长体格健壮，一看就是下士官模样的人物。他从不大声训斥分队里的士兵，性格温柔，平时沉默少言。所以分队里的士兵们都很喜欢他。我们就在葛川分队长的领导下奋力挖掘坑道。和平时一样，那天我们作业时扛着十字镐和军锹走进坑道，挖出的碎石和沙土用土筐运出坑道。正好是在上午。我们遇上了极为坚固的地层，即便使上全身力气用十字镐敲打岩盘也无济于事，于是决定用炸药爆破。

炸药1束3个被安装在10个地方。然后大家都躲到坑道外面，将坑道内的炸药拉上导线从坑道外面点火。发出信号后就用火柴点了火。导线拖着青白色的火焰消失在坑道内。15秒、20秒、25秒……时间在流逝着。可是坑道里什么动静都没有。我感到很可疑，难道是爆破装置出了问题？或者是由于某种原因在途中熄灭了？不管怎样我决定去查明情况。我起身快步通过坑道入口跑进内部。事情就发生在我进入坑道7米远的时候。

在河村兵长眼前数米的地方突然迸发出震耳欲聋的爆炸声和闪电般的火光。他昏倒在烟尘弥漫的坑道内，接下来的瞬间丧失了视力，陷入完全的黑暗世界中。

河村兵长次日才恢复意识。可是他的眼前全是一片黑暗。前一天在坑道内炸药爆炸时，鲜血从他的脸上像泉水一样涌出来，衣服也变得破烂不堪，就这样昏倒在地，被战友们送到南风原的野战医院。大约半个月后，他被送上潜水艇驶往日本本土。在被送上潜水

艇前、在港口待机期间，军参谋长长勇少将曾来为即将离开冲绳的重伤病员送行。河村兵长在担架上听到长勇少将说："美军潜水艇十分活跃。我不认为能平安回到本土。"河村兵长等重伤病员还是在几天后平安抵达九州西部的三池港。河村兵长后来被转入广岛陆军医院接受手术，最后奇迹般地恢复了部分视力。

冲绳本岛的洞穴阵地作业由各师团、旅团快速实施，

冲绳的村庄里都是些小房子，房子四周建有带着绿色植物的石墙和土墙。注意图右下经过伪装的日军卡车。

以本岛南部地区为中心的洞穴阵地的构筑取得的进展超过了预期。由于第9师团被调走，在1944年11月下旬各部队开始将这些洞穴阵地作为宿舍使用时，军司令部却下达了在冲绳本岛内大规模转移阵地的命令，令部队官兵们大感意外，他们不得不在转移后重新构筑阵地，依然每天同坚固的岩盘搏斗。到了1945年1月下旬以后，随着第32军再一次变更部署和战局的急迫（美军特混舰队开始向硫黄岛进军），部队再一次改变了守备阵地。

独立步兵第21大队第3中队（长泽中队）原本驻扎于中头郡美里村的热田村落，在当地辛辛苦苦地构筑了坑道阵地。但长泽中队在12月7日接到变更阵地的命令，此后移驻知念半岛，天天忙于在半岛尖端、久手坚西方的无名村落构筑新阵地。1945年2月，长泽中队再次变更了阵地，这次的地点是首里北方浦添村的安波茶村落。该中队战史对此有如下记录：

……中队员们哭了。久手坚阵地是中队员们用血和汗挖掘成的双层构造的隐蔽坑道。拼命挖掘的中队阵地，却又一次被上级司令部放弃。这种作战到底是谁策划的？队长咬着嘴唇，眼里充满了难以表达的愤怒。可是，没有一个人发出不满的声音。中队员们在涛声中排成纵队，背着枪支和背包默默地离开知念半岛北上。

在安波茶的悬崖上挖掘了横洞式坑道。各分队拼尽全力挖掘坑道。……

可是，长泽中队在安波茶呕心沥血筑成的阵地，最终却未能发挥出他们期待的作用。1945年4月19日晚，长泽中队主力奉命离开阵地夜袭伊祖高地，结果在开阔地遭到毁灭性打击。中队的幸存者认为，假如中队当时没有接到出击命令，就这样在安波茶阵地战斗的话，将会让美军大吃一惊，中队"绝对不会输掉"。

第24师团步兵第32联队第1大队（伊东大队）原来一直在中头郡北部构筑阵地，大队士兵们在长达四个月的时间里拼命苦干，忙得汗流浃背。第24师团在11月下旬接到转移命令后，于12月上旬移动到岛尻南部，伊东大队又开始在这里构筑新阵地。伊东大队的防御区域为从阿波根经座波至系满的2.8公里长的地区。大队长伊东孝一大尉刚到岛尻时，认为这里并不适合展开登陆战，怀疑美军会不会在这一正面登陆。尽管如此，他仍然下定决心筑成可有效抵御美军进攻的坚固阵地。伊东大队首先用大约两周的时间建好了营房，然后再次开始着手构筑阵地。经过三个月的苦干，到1945年3月下旬，伊东大队的洞穴阵地的全长已达1万米。阵地的一部分是先前由第9师团的部队用4个月时间挖掘的，但大部分是伊东大队的成果。

3月末左右，伊东大队的洞穴阵地的概要情况如下：

作业内容
1.洞穴全长 合计 约1万米
伊东大队 约7000米
前任部队 约3000米
（以下均为伊东大队的作业）。
2.挖掘量 17000立方米。
3.作业兵员数 累计 约54000名
一天 约600名。
4.兵员总数 全体 约900名
第1大队 约770名
独立机枪第17大队第2中队 约130名。
5.兵员的分配
直接作业员 约600名
坑木采伐搬运 约100名
教育中的初年兵、警戒任务、杂务、病人 约200名。
6.作业天数 约90天。
7.作业项目 洞穴挖掘、出土搬运、坑木插入、锻工（制造、修理十字镐等）。

8.阵地完成度 洞穴阵地已完成小队据点，中队据点正在逐步竣工。

9.土质 上层覆盖着10—20米的珊瑚礁，下层是凝灰岩，自然洞穴甚多。

10.作业方法 主要是挖掘凝灰岩，珊瑚礁则只在必要之处进行作业。只领到少量炸药和水泥。墓穴也被作为阵地利用起来。洞穴的大小定为可以通行兵员的程度，大约高180厘米、宽130—140厘米。火炮阵地的尺寸更大。坑木系根据土质来使用。

11.器材 十字镐、军锹、"急增十字镐"（以制糖工厂手推车的铁轨制成）。

第32军挖掘的洞穴阵地全长达100公里，伊东大队仅以900人的兵力（军总兵力的约1/100）就挖掘了全长10公里的洞穴阵地，占军洞穴阵地全长的1/10。相比之下，同一地区的前任部队（第9师团的部队）用于作业的兵力数和天数与伊东大队相差不大，但其作业量却只有后者的一半。

伊东大队相对来说变更阵地的次数比较少，这必定是伊东大队的阵地构筑作业取得傲人成绩的重要原因。相比之下，独立混成第15联队在开战前移动阵地竟达7次之多。《独立混成第15联队本部阵中日志》中指出设营作业"因屡次变更宿营地受到妨碍，以至于迟迟没有进展，痛感需要上级司令部下达明确意图"。总之，由于反复变更部署和重新构筑阵地，第32军各兵团因此疲于奔命，并增加了对上级司令部的不信任感，同时自身的斗志和信心也受到沉重打击。

经过第二次变更部署进入新阵地的各部队虽努力利用旧部队所构筑的既设阵地，但由于阵地编成的变化和兵力、装备的差异等原因，实在无法全面利用。由于新建宿舍和筑城所需材料难以获得，对构筑阵地构成了妨碍。为了补充筑城作业所需的劳动力，各部队通过防卫队的支援、有偿劳工的使用和无偿的"勤劳奉仕"等援助，排除万难努力加强了阵地。第62师团和独立混成第44旅团虽然在1944年夏天就已经抵达冲绳岛，但最终确定阵地部署却是在美军登陆前两个月。一个师团要充分完成阵地构筑和战斗准备，通常至少需要半年时间。随着部署的变更，炮兵的射击准备，特别是在第62师团正面很不充分，影响了以后的作战。

日军大本营从莱特决战形势恶化的1944年12月中旬开始着手研究将来的作战指导。在1945年1月20日，大本营制定的《帝国陆海军作战计划大纲》上奏天皇，获得批准。这一作战计划大纲的制定，是日本的陆海军首次制定共同的作战计划。

《帝国陆海军作战计划大纲》的一环 "东中国海周边地区航空作战"被称为"天号航空作战"（简称为"天号作战"）。大本营预测美军将以登陆日本本土为最终目的（预计在1945年秋左右），为了获

日军在比谢川北岸构筑的典型坟墓－洞穴－防空掩体合成防御阵地。

得航空基地将首先以菲律宾为轮轴北上东中国海，2月份将进攻小笠原群岛，3、4月份将进攻台湾，5、6月份将进攻西南群岛。《帝国陆海军作战计划大纲》以防卫本土为战略目标，以粉碎敌进攻，打击其战意为目的，企图通过航空作战和地面战力相结合的持久战来迟滞其进攻。为迎战盟军，大本营策划在东中国海周围地区进行激烈的航空战，此即天号作战。天号作战的战略同莱特决战时的捷号作战并无根本上的不同，仍然是企图用相同的战术实现"一击讲和"。具体来说，就是在海上通过奇袭特攻对渡海攻来的盟军部队予以痛击，企图以航空攻击摧毁登陆之敌，对敌方机动部队则以海军部队不断削弱。与捷号作战的不同之处在于，对于敌登陆泊地的舰艇群，并无出动海军水上舰队实施突入攻击的计划（联合舰队已在莱特湾海战中遭到毁灭性打击），取而代之的是出动飞机、小型潜艇、人工引导炸弹、特攻艇等特攻武器攻击敌舰艇群。

在战况紧迫的1945年2月12日，第32军为了增强地面兵力对海上挺进基地大队进行了改编。在基地大队中，对于海上挺进战队作战绝对必要的一部勤务队和整备队被归入海上

挺进队长指挥，其余兵力则按照步兵大队的标准编为独立大队，其概要情况如下：

配属海上挺进战队长的部队

勤务队（本部和3个小队）　约170人

整备中队　约60人

独立大队（以基地大队号称之）　约600人

大队本部　约50人

3个中队（中队拥有3个

小队、轻机枪3挺、重掷弹筒4具，约180人）

机枪小队1个（约30人，重机枪2挺）

编成后的独立大队于2月17日被配属于各兵团以加强地面战力。在庆良间列岛编成的独立第1－第3大队于2月18日被转移至冲绳本岛。

此外对第24师团也进行了改编。第24师团当初在1944年春被派往中太平洋方面时，

地图五　1945年3月冲绳守军的兵力部署

北

伊江岛

备濑　本部半岛

边户

安波

八重岳

宇土部队

名护

多野岛

第3游击队
（第1护乡队）

久志岳

恩纳岳

久志

第4游击队
（第2护乡队）

石川岳

第1特设联队

读谷机场

嘉手纳机场

贺谷支队

牧港

小禄机场

首里

知念半岛

第62师团

32军（守军）司令部

第44独立混成旅团

与座岳

港川

第24师团

八重濑岳

摩文仁

守军阵地

0　　10　　20公里

本来是从驻扎中国东北的各步兵联队和炮兵联队中各抽出1个大队编成的,最后转移至冲绳本岛的兵力为各步兵联队拥有2个大队、炮兵联队拥有3个大队。1945年2月11日,根据"军令陆甲第三号",第24师团的步兵联队被改编为3个大队,炮兵联队仍为3个大队。

双方的先期海空战

1944年10月10日的大空袭,是这一年美军对冲绳的唯一一次空袭。1945年1月3日和4日,约翰·麦凯恩海军中将指挥的美军快速航母舰队在大规模空袭台湾岛期间,再度派舰载机空袭冲绳群岛和先岛群岛。航母舰队的主要目标是为准备吕宋岛登陆作战,摧毁日军驻台湾岛的航空力量。台湾海域与冲绳距离较远,舰载战斗机因作战半径较短,在冲绳地区为轰炸机提供的护航时间有限,所以这次空袭规模受到限制。1月22日,麦凯恩指挥航母舰队对冲绳群岛展开军事意义上的第二次行动,主要任务是进行航空摄影侦察。当时冲绳地区上空阴晴不定,某些架次飞机受到坏天气干扰,好在飞行员们还是获得了80%的重点区域和将要进攻的地面设施、飞机和船舶的图像资料。

同1944年10月10日的进攻相比,这两次行动要小得多,对日军来说,感受到的压力并没有多大差别。

1月22日,一名日军上等兵在防空洞里听着美军的高空轰炸机和俯冲轰炸机没完没了的盘旋,直觉得脑袋嗡嗡作响,忍不住咒骂道:"该死的美国佬!该死的鬼畜飞机!"等到那巨大的"鬼畜"飞机停止盘旋,飞到日军机场上空投掷炸弹时,日本兵即使胆子再大、性情再强悍,也不免胆战心惊,心悸后却又让他们莫名亢奋。根据这名日军上等兵在日记中的记录,这次空袭从6时延续到18时,令他在狂怒之余又感到不解:"这群鬼畜是怎么办到的?居然从6时到18时一直都在丢炸弹!"不过他最后不得不承认美国人确实干得漂亮。

不久第3舰队"换班"改为第5舰队。快速航母特混舰队改称第58特混舰队,米彻尔中将重新接管指挥权。2月,第58特混舰队开始在日本本土海域进行为期三周的战斗巡航,这次行动包括对东京的一次空袭。3月1日,战斗巡航结束阶段,航母特混舰队开始对冲绳群岛实施新一轮空袭。美军舰载机先后空袭奄美群岛、久米岛、德之岛和冲绳岛等目

标。巡洋舰和驱逐舰炮击了距九州岛450海里的冲之岛。这是迄今为止,美国水面舰队攻击的距日本本土最近的目标。据美军统计,航母舰载机在这次行动中击沉1艘驱逐舰、8艘驳船和45艘其他船只,摧毁41架日机,袭击了多座机场和多种地面设施,尤其是冲绳群岛境内的这类设施。日军对空袭的抵抗几乎可以忽略不计,美军的损失也很少。

1945年2月和3月,西南太平洋和马里亚纳群岛的美军陆基飞机几乎每天都会到冲绳群岛海域上空"拜访"日本人,尽管双方很难照面,但无疑变得相当熟悉。美国陆海军的侦察飞机和巡逻战斗机将冲绳周边海域当成自己的猎场,猎物就是日本船只。任何能够在冲绳和外部地区之间往返的日本船只都成了美军飞机的打击目标,冲绳本岛的对外交通联系愈加困难。日本人对一两架美军轰炸机从冲绳本岛上空飞过习以为常,甚至有人称之为"例行飞行",一到时间就会拉响空袭警报。从3月起,美军潜艇也开始收紧冲绳群岛周围的航运封锁网。

1945年3月14日,第58特混舰队从乌利希环礁启航,北上"拜访"他们的日本"老朋友",这次的目标是濑户内海

1945年3月18日，从"碉堡山"号航母起飞的美军"地狱俯冲者"轰炸机在日本九州岛南部宫崎机场上空拍摄空袭场面。

地区，任务是空袭日本本土的机场和海军基地，为入侵冲绳群岛进行准备。3月17日，第58特混舰队抵达九州附近海域时，被日军侦察飞机发现，但未遭攻击。18日黎明，护航的驱逐舰组成两个雷达巡逻集群，分别在主力舰队北方和西方30海里位置巡航，航母派出舰载战斗机护卫。5时45分，当第58特混舰队抵达九州岛南端以东大约100海里位置时，第一批攻击战斗机飞离母舰，直奔九州各目标机场。一个小时之内，后续战斗机纷纷起飞，然后出击的是轰炸机和鱼雷轰炸机。午前，美军飞机的目标是九州沿海地区的飞机和机场。舰载机出击前，舰队司令米彻尔中将和各航母舰长都

做好两手准备，飞行编队指挥官在第一轮任务收尾阶段发回的信息让他们非常满意："敌人的空中抵抗软弱无力，不足为虑。"米彻尔自然下令让飞行员们继续向内陆突击，进攻原本预定于次日攻打的目标。当天的行动在第58特混舰队的记录中满是收获，飞行员报告共击落102架日机，在地面摧毁和击伤275架日机，日军的机库、维修车间和其他机场设施都遭到狂轰滥炸。

当天日军飞机的反击规模不大，但仍体现了日本人的决心和侵略性。一架日机利用云层掩护，成功地对美军航母投掷炸弹。在58特混舰队的这次防空战中，雷达没能帮上什么忙，倒是驱逐舰观察人员发挥

了无可替代的作用。根据舰队战斗报告，美军舰载巡逻战斗机一共击落12架敌机，舰载高炮的战果更多，一共击落21架敌机，但"约克城"号和"企业"号航母被炸弹击中。好在"约克城"号受损轻微，"企业"号中的是哑弹，不影响飞行作业。

3月19日空袭第二天，米彻尔中将集中兵力攻打日本海军停泊在神户、吴港和广岛的军舰，以及本州和四国的各处机场。当时日本联合舰队仅存的一点水面战力，包括"大和"号战列舰等作战舰艇，都停泊在吴港和广岛港。日军在军港戒备森严，防空武器准备充分，操作人员非常得力。美军舰载机的这次空袭收效有限，有一个舰载机大队仅在吴港上空就损失13架飞机。"大和"号只受了轻伤，另有15艘日本军舰不同程度受损。此外，濑户内海的大量商船和海防船被击沉或击伤。

日机在当天的反击比18日更快。第一批美军舰载机出发不久，日机就在58特混舰队上空出现，目标也非常明确，就是要攻击美军航母。第2特混大队旗舰"富兰克林"号航母当时正在让舰载机起飞，一架日机神不知鬼不觉地在这艘航母上空降到投弹高度，投下

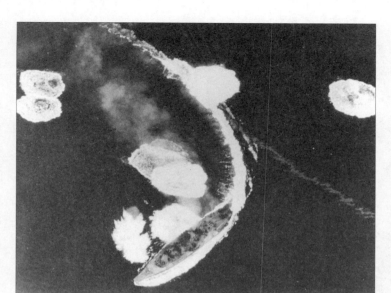

1945年3月19日，在濑户内海遭到美军舰载机空袭的"大和"号战列舰。

两枚250公斤炸弹。"富兰克林"的舰员发现不妙时已来不及反应。7时08分，第一枚炸弹在机库甲板前爆炸，升降机被毁，这一区域的人员悉数遇难。第二枚炸弹直接在机库爆炸。爆炸产生的木质碎片四处乱飞，大火迅速蔓延，许多已武装完毕的战机受到波及，飞行甲板上的飞机多处起火，机库的火势也在蔓延，造成更严重的破坏。中弹不过一分钟后，"富兰克林"号便开始了长达5个小时的连环爆炸。飞行甲板战机上携带的炸弹和火箭弹被不断引爆，弹药库也被波及，舰员们接二连三地倒在血泊中。"富兰克林"号最终失去动力，就像一条负伤的火龙般瘫在水面上。大队长戴维

森少将早早被转移到一艘驱逐舰上，舰长莱斯利·格雷斯上校指挥部下竭力控制火势，拯救他们的母舰，友舰以猛烈的防空火力驱散想要继续伤害它的日机，"圣达菲"号巡洋舰和几艘驱逐舰承担了接收"富兰克林"号舰员的任务。虽然非常艰难，但美国海军众志成城，不懈努力，"富兰克林"号最终在3月24日2时14分回到乌利希环礁的锚地。这简直是个奇迹，"富兰克林"号要比在战争中幸存的任何一艘航母都伤得更重。在这次灾难中，"富兰克林"号有832人遇难、270人负伤。幸存者之中，冒着生命危险指挥消防人员救火和营救舰员的约瑟夫·奥卡拉汉海军上尉和唐纳德·加里

海军上尉被授予荣誉勋章。

同属58特混舰队第2大队的"黄蜂"号航母也被日机炸弹命中，炸弹穿过机库甲板后，引爆了停在那里的一架飞机，然后继续穿过隔间的铁板，在第二和第三层甲板之间爆炸。幸运的是，"黄蜂"号的损管人员15分钟内就将火势扑灭。虽然这次爆炸使"黄蜂"号内部结构严重受损，伤亡达371人，但在中弹50分钟后，它已经恢复了飞行作业功能。

美军舰队上空的天气对日机空袭非常有利，760米高空有一层薄云，日机充分利用了这个条件，造成美军航母一艘轻伤一艘重伤。尽管如此，美军的舰载高炮仍及时发挥作用，阻止损失进一步扩大。6架日机组成的编队以45度角进入云层，企图空袭美军的一个航母大队，结果全被美舰的高炮撕成碎片。

鉴于"富兰克林"号伤势严重，米彻尔中将在3月19日下午率第58特混舰队撤退。"匹兹堡"号重巡洋舰拖运仍在燃烧的"富兰克林"号，其他航母在周围掩护，大队美军战舰缓缓向南驶去。为阻止日机对这支仅以5节航速撤退的大舰队实施任何有计划袭击，舰载战斗机群奉命扫荡九州

1945年3月19日，被日机炸弹命中的"富兰克林"号航母燃起大火，舰身明显倾斜。图中的消防水柱在喷过机库甲板后，直落大海。"富兰克林"号身中2枚250公斤穿甲炸弹，使舰载机、燃油和弹药都起火爆燃，导致1000多名舰员伤亡，最后被拖回纽约大修。

各处机场。傍晚，8架日机来攻，但在80海里外就遭到美军巡逻战斗机截击，5架被击落。美军宣称他们的舰载机和高射炮当天一共击落97架日机，还有大约225架日机在地面被摧毁或击伤。本州、四国和九州的将近20座航空基地因美军舰载机空袭满目疮痍。

3月20日，日机再度袭击了58特混舰队，从下午一直持续到傍晚。14时54分，"汉考克"号航母的舰载高炮击落一架日军自杀式攻击机。这架中弹的日机没能撞上"汉考克"号，却一头栽在一艘刚加满油，正要和油船分离的驱逐舰上，好在没有发生大爆炸。这艘驱逐舰尽管受损，失去

动力，但伤势并不十分严重。"企业"号航母遭到其他日机集中轰炸，由于应对及时，并没有被炸弹击中，但友舰发射的带近炸引信的127毫米炮弹却碰巧在"企业"号上层建筑前方爆炸，导致7人死亡，30人负伤，将1架"复仇者"式俯冲轰炸机从甲板震到火控雷达上，炸裂的弹片带着余火飞散，将2架"地狱猫"式战斗机的副油箱点燃。须臾，甲板上升起大火，火药开始燃爆。空中的日机眼看"企业"号起火，一齐俯冲攻击，一架日机投下的炸弹又险些命中。大"E"（"企业"号的绰号）的舰员们自然不能对日本"老朋友"的"热烈"招呼失礼，

断然用高射炮回应，让2架日机沉入大海。大火很快被扑灭，大"E"有惊无险地渡过难关。

21日，日军出动32架轰炸机和16架战斗机，对撤退中的58特混舰队发动了最后，也是最猛烈的一次空袭。美军航母舰载雷达发现敌踪后，24架舰载战斗机起飞迎敌，在距离舰队大约60海里空域就与日军机群遭遇，三下五除二便将绝大部分敌机击落，自己仅损失2架而已。

3月22日，58特混舰队与补给船队在冲绳南方会合，耗费将近一天时间加油、补给，接收补充飞行员和飞机。舰队上下所有人都明白，冲绳战事的决定性阶段即将来临。据美军统计，在3月18日至22日空袭期间，米彻尔的快速航母舰队一共摧毁528架日机，击伤16艘水面舰艇，破坏日军的大批机库、车间、仓库和码头。这次行动无疑是成功的，因为美军在冲绳登陆一周之后，日军都无法成功组织一次有力的空袭。

为了对付58特混舰队这次对日本本土的袭击，日军航空兵力再一次付出惨重代价。鹿屋的第5航空舰队到21日为止共出动了246架飞机，损失了161架（含特攻机69架）。

日军陆军航空特攻队第72振武队机组人员的合影。

在这次攻击中，日本海军航空部队最后的精锐力量被消耗殆尽，堪称"太平洋战争最后的航空作战"。在这场消耗战中，日军5艘航母所能出动的全部飞机只剩下100架左右，用于实施天号作战的航空力量因此接近枯竭。当然，第58特混舰队的损失也不算轻，虽无战舰被击沉，但有5艘航母、1艘驱逐舰受伤。日军第5航空舰队却报告取得击沉航母5艘、战列舰2艘、大型巡洋舰1艘、中型巡洋舰2艘、舰种不详1艘的巨大战果。先前台湾海空战的夸大报告导致莱特方面的捷号作战的完败，这次却又重演了一遍。日军大本营因此判断盟军在蒙受如此巨大的损失后，将会推迟登陆冲绳的日期，机动舰队也要很晚才能重新投入作战。结果，日军失去了抗击美军登陆作战的良机。

3月26日，日本联合舰队司令长官下令发动天1号作战。海军的第5航空舰队因先前的九州海空战消耗巨大，其指挥下的第3、第10航空舰队尚未能进入九州。陆军的第6航空军也因菲律宾战役中的消耗尚未得到补充，无法按照计划及时进入九州。台湾的陆军第8飞行师团在第10方面军指挥下以防御台湾为优先任务，且飞机数量也非常有限，对冲绳方面的作战难以发挥作用，不过还是在3月末以后向冲绳本岛周边派出了特攻机。

此后，日本海军在天号作战期间共实施了10次集中攻击作战（被称为"菊水作战"），一直持续到8月日本战败前。陆军也实施了相应的航空总攻击。

从3月18日九州海空战开始，到冲绳地面战役基本结束的6月30日为止，从台湾、九州各基地出击的日本陆海军的飞机数量达到了8700架，其中特攻机2800架。根据日本官方战史的记载，在天号作战中总作战飞机数为8586架，未归还1397架。其中特攻机出击1932架，未归还1005架。陆军飞机的出击数量为2118架，未归还1098架，其中特攻机出动1164架，未归还882架。

大舰队来袭

1945年3月23日，美军向西南群岛方面发动了大空袭。

7时，第32军司令官牛岛中将向西南群岛全地区发出空袭警报。据日军方面统计，冲绳岛地区从7时15分到傍晚共受到355架舰载机的攻击，先岛方面、大东岛地区和奄美地区也遭到空袭。当天10时30分，日机在冲绳本岛东南90公里附近发现了包括航空母舰在内的美军特混舰队，此外黄昏时在冲绳本岛东方100公里附近也发现了美军舰艇群。

23日，第62师团通信队根据师团命令从拂晓开始进行通信演习。所谓通信演习就是在师团各队间尝试进行通信联络。特别是在激战中部队蒙受损失的情况下，各队同师团司令部间的通信尤其重要，为此师团司令部紧急指示通信队进行通信演习。为了参加演习，来自各单位的十多名负责通信的军官集合到师团通信队洞穴内。洞内点着十多盏煤油灯和蜡烛，灯光昏暗，分不清白天与黑夜。在分队长发出"发电"的号令后，2名士兵立即开始转动发电机的手柄。电报键发出了"滴滴答答"的声音开始发送电报。演习顺利进行了约半个小时后，突然传来空袭警报声。站在坑道入口处的步哨喊道："大编队已经接近！"

日军的高射炮开始射击，

无数黑烟构成的圆圈遮蔽了天空。6架或9架战斗机组成的编队一边发出"呼呼"的爆音一边穿过黑烟向头顶飞来。通信队接到师团命令："演习中止。立即转入实用通信！"（即改为适应实战的实用通信之意。）

美机的大编队遮住了天空，轰炸的激烈程度前所未有，甚至超过了去年10月10日的大空袭。前来参观演习的军官们冒着敌机炸射返回了各自的阵地。周围到处腾起浓烟，首里市街也开始落下炸弹。空袭一直持续到下午。第62师团在空袭期间下达了新的命令："各部队伪装洞穴入口以确保万无一失！"通信队用树枝和伪装网完成了伪装作业，在洞穴的3个出口都有戴着钢盔和裹着伪装网的步哨在外面担任

警戒。洞中没有厕所，只在入口前面几米远的树荫底下用草席子围出一个厕所来。通信队的大桥正一准尉为了解手从昏暗的洞内刚一走出便感到光线十分晃眼。从各处传来高射炮和机枪的射击声，可以识别出在头上飞行的是美军的格鲁曼飞机，却看不见一架日机。

大桥目睹美机以日军的高射炮阵地为目标反复进行勇猛的俯冲，日军高射炮也进行了猛烈的回击，双方展开了激烈的空地厮杀。不过高射炮阵地看起来态势颇为不利，因为只要高射炮一射击便会从阵地上喷出火焰和白烟，很容易从空中确认目标。一架美机却在俯冲时中弹，一头撞到地上，腾起大股火焰。

空袭终于结束了，洞内的官兵们得以走出洞外呼吸新

美军舰载机正在空袭比谢川河口的日军船只。

鲜空气，从紧张的心情中解放出来。晚上，大桥带领20名士兵组成的补线队到线路被切断的地方进行修复作业。当人们在灯光下作业时，突然听到金属的尖锐啸音，随即游隼一般的黑影从头上掠过。大桥意识到这是美军的夜间战斗机来袭，立即发出号令："快灭灯！""卧倒！"与此同时，令人毛骨悚然的曳光弹的弹道从天而降，一切都在瞬间发生。不过无人受伤，修复作业花了一个小时的时间终于完成，大桥等人回到洞内等着送来用糙米和沙丁鱼罐头做成的晚饭。

在23日的空袭中，冲绳岛南（小禄）机场附近的油管也被引爆，升起了巨大的火柱。滚滚黑烟直冲天际。日军的步兵和炮兵都躲在洞内束手无策。贴着地面飞行的格鲁曼飞机一旦识破阵地的伪装，便会二三十架飞机成群结队倾泻子弹。第24师团步兵第32联队第2大队机枪中队（其时正驻扎于喜屋武附近的束边名村，这个村落很小，不但在地图上查不到，连冲绳本地人也不一定听说过）所属的外间守善二等兵在空袭期间躲在位于丘陵鞍部的坑道内，在格鲁曼飞机掠过时他甚至可以清清楚楚地看到坐在机内戴着飞行眼镜的美

军飞行员。外间在感到紧张的一瞬间，却看到美国兵探出身子挥动手帕，这使他产生了某种屈辱感，甚至比机枪扫射的恐怖更让他难以忍受。仅仅在这一天内，外间的周围就变得面目全非。喜屋武、束边名、上里、山城、福地、名城、米须等村落燃起大火，失去家园的村民挤满了阵地旁边的洞穴。

在这次轰炸后的两天之内，几乎已没有可燃之物的冲绳岛的地面上又落下了雨点般

的铁片。在枪弹、炮弹的洗礼下，村落中升起滚滚浓烟，发出难以名状的气味，使人丧失了正常的感觉。对日军来说，他们其实还没有看到真正的地狱。

3月24日6时，在分不清白天黑夜的洞穴内，第62师团通信队的士兵们纷纷被匆忙赶往洞外厕所的脚步声吵醒。现在部队已经不像以往那样全体人员集合点名，而是由分队长确认各自分队的人员和有无异常情况后向值勤士官报告。突

1945年冲绳战役期间，在旗舰"兰多夫"号航母上交谈的第58特混舰队司令马克·米彻尔海军中将和他的参谋长博克海军准将。在美军地面部队大规模登陆之前，第58特混舰队的舰载作战飞机，是冲绳守军最大的梦魇。

然，在第二个入口处担任步哨的小川勋一等兵向洞内大声喊道：

"敌机！"

大桥准尉马上冲出洞外，却被升起的太阳刺痛了眼睛。无需使用双筒望远镜观察，他用肉眼就能看到十多架飞机组成的编队在相当高的高度上正向北方飞去，飞机的数量在不断增加。很快便从远处传来沉闷的爆炸声。在炸弹爆炸声和高射炮的射击声交织而成的交响乐中，师团司令部打来电话，通报了来自海军的情报："在本岛西南海面发现美军舰队。"这一消息在洞内造成了很大冲击，人们脸上现出兴奋之情，同时也弥漫着紧张的气氛。大桥吃起了早饭，虽然表面上颇为镇静，心里却想着："终于来了啊。"不久通信队又接获了师团的情报："本岛南端海面发现包括战列舰在内的美军舰队，正在西进中。"大桥赶紧吃完早饭，然后戴上钢盔和伪装网同2名军官一起离开洞穴。在视野开阔的山脊一角，三个人趴在岩石后面通过望远镜向远方望去。

西方海面上，庆良间列岛的岛影在银波中闪闪发光。那霸市内升起了数股黑烟。冲绳本岛最南端的喜屋武角雾气蒙蒙，可以依稀看到那边的海面上，灰色的舰影排成两列正在缓缓移动着，可以确认的舰只有十多艘，其中还有目测为战列舰的大型舰只，此刻它们正徐徐向西方的庆良间方向前进。三人紧握望远镜凝视着眼前的舰队。这是大桥初次目击美军舰队。看到很长时间以来自己一直在苦苦寻找的东西终于现出真身，大桥又喜又忧。

11时，美军舰炮开始射击。从大桥等人所在的地方无法看到炮击的情况，从头上传来投弹声的同时，他们能听到远处的炮声如雷鸣般劈开空气直冲而来。他们已经习惯了炸弹的落下，对空袭颇为从容，对于"舰炮"这种东西的威力以及舰船的相关知识却十分贫乏。大桥是陆军的老兵，经历过九一八事变、中日战争等诸多战事，对于同战舰对抗的战术却一无所知。不过他曾经了解到，根据从太平洋战争获得的经验，在战列舰和巡洋舰各一艘、加上驱逐舰数艘同时开炮的情况下，其射击威力相当于陆军炮兵5个师团的火力。

15时稍过，雷鸣般的舰炮声变得更加密集，来自空中的攻击也同样愈发猛烈起来。天上看不到一架日机的影子，日军的火炮也几乎完全沉默，仅有高射炮进行激烈的反击。这

以舰炮打击削弱目标是美军水面舰队的任务。图中进入冲绳岛外海的美国军舰正在对已知的日军岸上设施实施精确火力打击，同时支持水下爆破队清理海滩地区的障碍物。

完全是一边倒的攻击。日军反应如此消极，是为了隐匿阵地的位置、避免美军发现己方阵地，因此除了高射炮之外严禁其他重武器还击。

16时，来自海上的攻击停止了。通信队也获得了新的师团情报："美军舰队开始离开东方海面。"天上的美机也在傍晚时消失了。大海和天空令人难以置信地又重新回到沉沉的静寂之中。

25日，美机仍然从早晨就开始在头上乱飞，数量多到无法数清。当通信队洞穴开始在投弹声中颤抖时，又接到了"发现敌舰"的报告。洞内有人叹道："今天也很难熬啊。"

在轰炸和舰炮射击中，通信队不断接到师团发来的命令电文以及发给师团的情报电文。其中有一份来自海军的电文曰："从乌利希泊地和莱特岛方面出发的美军大运输船队正向本岛逼近中。"电文中还就船只数量补充了三个字："数百艘。"

就在第62师团通信队接到美军大船队向冲绳本岛逼近的电报的同时，海上挺进第25战队所配属的基地大队（基地大队的任务为确保前进基地的设营和确保粮秣补给）的三轮启治郎军曹也"目睹"了参加冲绳进攻战的美军运输船队。不过这里所谓的"目睹"并非指用肉眼观察。

海上挺进第25战队本来计划前往台南的"仁德庄大甲"，此时正滞留于冲绳本岛的那霸港。在"仁德庄大甲"附近有海军的台南航空队基地，从该基地出发的侦察机从高空对美军船队进行了连续摄影，三轮军曹便有幸拿到了一张这样的航空照片。这张照片由数张照片拼缀而成。照片中，美军船队酷似青鳞鱼的鱼群，每条"青鳞鱼"都同样拖着白色的航迹在向冲绳岛前进中。

第25战队自1944年11月从广岛、宇品港出发以来，行经九州南端的枕崎、奄美大岛、德之岛，在1945年1月抵达冲绳本岛并暂时在此待命。美军登陆冲绳本岛之前，该战队从本岛出发经过南方的石垣岛等岛屿抵达台湾东北部，之后在台南方面进行了决战部署。

美军占领庆良间列岛

美军在冲绳群岛登陆的第一个目标是冲绳岛西面15海里的庆良间列岛。

庆良间列岛由座间味、阿嘉、渡嘉敷、屋嘉比和庆留间等岛屿组成，在行政上划分为冲绳县岛尻郡渡嘉敷村和座间味村。渡嘉敷村由庆伊瀬岛、前岛、仪志布岛、渡嘉敷岛等组成，总人口1377人（1940年统计）。其中渡嘉敷岛面积约为18平方公里，是庆良间列岛中面积最大的岛屿。座间味村包括座间味岛、阿嘉岛、庆留间岛、屋嘉比岛、古场岛、安室岛等，总人口2348人（1940年统计）。

日军第32军在战前判断庆良间列岛各岛屿的地形较为狭小险峻，并不适合修建航空基地，美军很可能会在攻占冲绳本岛后才登陆庆良间列岛，没有考虑到它会在美军登陆冲绳本岛之前就受到攻击。但实际上庆良间列岛很适合充当船只泊地，因此美军决定在登陆冲绳岛之前首先占领庆良间列岛以作为水上飞机基地和舰船停泊地。

第32军预计美军主要登陆地区为冲绳岛南部的西海岸，因此计划从背后袭击美军登陆船队，为此在庆良间列岛部署了海上挺进第1至第3战队，每个战队各拥有特攻艇100艘。海上挺进第1至第3战队将配合部署于冲绳本岛南部的海上挺进第26至29战队，在美军登陆前夕机动集中，合力一举奇袭停泊地中的美军运输船。1944年9月，第32军在庆良间列岛

庆良间列岛的渡嘉敷岛航拍照片。

又部署了海上挺进基地第1至第3大队，将其配属于海上挺进战队以支援战队的作战准备（给养和维修等）。上述部队原为军直辖部队，在1944年10月31日第32军设立了军船舶队后进入了军船舶队长的指挥下。1945年2月中旬，第32军为了增加冲绳本岛的战斗兵力，将海上挺进基地大队的主力按照步兵大队的标准临时改编为独立大队，从庆良间列岛移动到了冲绳本岛，庆良间列岛只剩下海上挺进战队以及海上挺进基地大队的一部，只有缺乏战斗力的特设水上勤务中队（由朝鲜人军夫组成）等部队能够增援。

为加强防御，军船舶队长于1945年3月下旬动用大发动艇（简称"大发"）运输海军炮至座间味岛，但大发驶抵该岛时已临近美军进攻，在卸货前就遭到空袭，毁坏严重。

1944年3月下旬美军登陆前，庆良间列岛的日军部队部署的大致情况如下：

　　海上挺进第1战队（含配属部队）　座间味岛
　　海上挺进第2战队（含配属部队）　阿嘉岛和庆留间岛
　　海上挺进第3战队（含配属部队）　渡嘉敷岛

海上挺进战队同海军的震洋攻击队一样，是装备了特攻用的小艇的决战部队。所装备的特攻艇的大小和性能与震洋艇一样，艇体系用胶合板制

成，安装汽车引擎，艇上安装有120公斤炸弹2枚。每艘攻击艇由1人操作。出于保密目的，海上挺进战队所配备的特攻艇被日军称为"四式联络艇Ⓛ"（即将日文假名"レ"写在〇内，日语发音为"马路雷"，因此日军习惯上将其简称为"马路雷"）。这种小艇在使用时将以高速接近敌舰船后直接撞击。在将其部署于各岛之前、在小豆岛进行联合训练期间，时任船舶司令部附的梅泽裕少佐向船舶司令官佐伯中将提出应将使用方针改为在接近敌舰船时投下炸弹，然后立即以一定角度转向离开，这一意见终得到采纳。因此在理论上，这种陆军水上特攻艇与海军的"震洋"水上特攻艇不同，其乘员有一定的生还几率。虽然如此，这种小艇仍然被称为"特攻艇"，倒也算是名副其实，因为在高速突进中紧急转向本就极为困难，炸弹将在投下数秒后爆炸，通常乘员即使不与舟艇一起撞上目标，也会在跳海后被炸弹炸飞，生还的希望甚为渺茫。

海上挺进战队在座间味岛、阿嘉岛和渡嘉敷岛共部署了300艘特攻艇，各战队均将特攻艇藏匿在岛内的洞穴中。海上挺进战队的任务是从背后袭击逼近冲绳岛的美军舰船，

并不适合进行地面战斗。由于专注于水上特攻的准备，海上挺进战队也疏于进行地面战斗的准备。据说海上挺进第1战队的战队长梅泽裕少佐曾对座间味岛的负责人表示："我们乃是战队，不是防御岛屿的守备队。"由于美军在进攻冲绳岛前突然登陆庆良间列岛，海上挺进战队被打了个措手不及，特攻艇也在美军的炮击、轰炸下大部被毁，未能发挥值得一提的作用就无奈地迎来了结局。

在美军进攻庆良间列岛前几天的3月22日，第32军船舶队长（第11船舶团长）大町茂大佐为巡视庆良间列岛，从那霸出发来到座间味岛。23日，正在视察中的大町大佐在座间味岛的海上挺进第1战队本部突然遭遇空袭。在这次空袭中，船舶工兵联队的6艘登陆用大发遭到破坏。25日上午，第32军接到庆良间列岛方面的报告："7时30分美军在庆良间列岛的渡嘉敷、阿嘉、座间味各岛登陆中"，但下午从渡嘉敷岛的海上挺进第3战队所发电报中得知上述报告为误报。

根据第32军的作战计划，海上挺进战队的特攻出击应严格隐匿企图，因此严禁逐次使用。故而美军于26日开始进攻

庆良间列岛后，大町大佐本来有意指示挺进战队转进到冲绳岛，但为时已晚。大町本人在搭乘特攻艇返回冲绳岛途中失踪。

驻防庆良间列岛的各战队由于缺乏地面战斗装备，不得不在美军登陆后避免与美军的正面战斗，逃入山中实施夜袭，但并无太大效果。美军对这些小部队并未予以彻底扫荡，仅限于监视。

按照美军的预定计划，在登陆冲绳本岛前6天，美军西部岛屿攻击集群会运载安德鲁·布鲁斯少将指挥的第77步兵师主力在庆良间列岛登陆，同时第42野战炮兵集群会在渡具知海滩西南11海里的庆伊濑岛登陆。

1944年11月起，第77师就一直在莱特岛作战。1945年3月20日和22日，77师征尘尚未洗净，就先后分两批乘坐运输舰船开赴冲绳。"冰山"行动干系重大，即使在航行途中，77师从莱特岛开始的训练也要继续下去。船上的各级官兵会在地图上、航空照片上，还有各种地理模型上讨论各项计划。各级官兵每人都得到一份介绍冲绳风土人情和历史的手册。运载77师的船队一路非常平静，于3月26日顺利抵达庆良间列岛海域。

美军对庆良间列岛的海空行动在两天前就已开始，扫雷行动非常顺利。3月25日傍晚，清除少量水雷后，得到水面舰队掩护的扫雷舰艇，已经在庆良间列岛南方和西南方清理出两道7海里以上宽的安全航道。水下爆破队在25日白天清除人工障碍物后，摸清了通往庆良间列岛各处海滩的近海通道，但近岸的珊瑚礁盘上仍有不少突兀尖锐的珊瑚礁岩，许多珊瑚礁在高潮时与水面齐平，低潮时不过露出水面几英尺而已。

当水下爆破队调查和测量近岸水上通道时，第77师各突击单位派出的观察员在仔细研究他们的目标。庆良间列岛的每个小岛周围都有形状不规则的岸礁环绕，海岸线的形状基本也不规则，陡峭险峻。沿岸许多地方都能见到狭长的礁梁。各处海滩普遍很窄，修筑了1.2米左右的海堤。少数相对较宽的海滩都位于幽深的海湾入口。除了最小的岛屿之外，列岛的各岛上大部分都是陡峭的岩石坡地，覆盖着茂密的树木和灌木丛，标高在120米到240米之间。岛民们在可耕作的山坡梯田和海滩附近的小片谷地里种植甘薯和水稻。岛上的山间没有公路，只有少量畜力车辆可通的小径。列岛中没

有任何一个岛屿适合修建飞行跑道，也没有任何一个岛屿能够容纳大部队，或者大范围修建基地设施。庆良间列岛的军事价值在于列岛中央安室岛两侧的庆良间海峡和阿嘉海峡这两处锚地。这两处锚地各有44个泊位，长500至1000码，深26至74码。

3月26日，天公作美，能见度非常好，庆良间海域波澜不兴。77师的4个突击登陆营在海军向导船艇护卫下，乘坐两栖运兵车辆，分批从坦克登陆舰出发，向庆良间列岛中部的四座岛屿——阿嘉岛、庆留间岛、外地岛和座间味岛进发。海军巡洋舰、驱逐舰和小型船只分别用舰载武器对预定登陆滩头实施火力压制。航母舰载机会空袭可疑地区，同时留意日军潜艇和飞机可能采取的行动。两栖登陆车队以两栖坦克当先开道，运兵车在后跟

随。一切都按照1944年战事期间形成的标准流程进行。

8时04分，305步兵团3营登上阿嘉岛南海滩，这是美军地面战斗部队首次在冲绳群岛登陆。阿嘉岛同庆良间列岛的多数岛屿一样，呈不规则形状，最长处3400码，最宽处3000码，岛上是典型的丘陵地形，逐级抬高的低丘一路升上两座高峰，这两座高峰海拔不过164米和194米。岛上的日军用掷弹筒和机枪向美军开火，火力稀稀拉拉，没有造成任何损害，然后这些无心恋战的临时武装人员便退入岛中央陡坡地区。美军则迅速控制了各处滩头阵地和阿嘉村。

当美军进攻庆良间列岛时，驻阿嘉岛和庆留间岛的海上挺进第2战队兵力为战队长以下104人，下辖3个中队。战队长为野田义彦少佐，战队拥有特攻艇约100艘，120公斤

炸弹约200颗，装备有冲锋枪6支，每人另携带手枪（子弹数发）、军刀、手榴弹。另外还配属了勤务队（海上挺进基地第2大队的残留部队）、整备中队（海上挺进基地第2大队的残留部队）和特设水上勤务第103中队（朝鲜军夫约350人）等。另据《冲绳县史·冲绳战记录2》记载，包括防卫队在内的野田部队的兵员共计约700人，除特攻艇所用炸弹外，主要武器为重机枪2挺、轻机枪10挺、掷弹筒若干具、步枪约200支，大多数士兵及特设水上勤务队（朝鲜军夫）仅有手榴弹。

阿嘉岛和庆留间岛之间仅隔着一道不足百米的海峡。海上挺进第2战队的3个中队中，第1中队部署于庆留间岛的北海岸，第2中队位于阿嘉岛的南海岸（阿嘉村东方），第3中队则在阿嘉岛东海岸的隐蔽洞穴内。

在美军登陆前，阿嘉岛从3月22日开始遭到美机空袭。在3月23日的空袭中，海上挺进第3中队的十数艘特攻艇受损。在25日的空袭中，第3中队剩余的特攻艇全部损失，致使该中队无法实施特攻出击。不过第2中队的特攻艇仍在。在岛上有一座约50坪面积的仓库，里面本来塞满了粮食，但

1945年3月26日，从"明尼阿波利斯"号巡洋舰上看到的正在驶向庆良间列岛海滩的美军登陆车艇。

如同演习一般攻占庆留间岛的美军士兵。

野田少佐在战队本部下达了出击命令。当地的义勇队（由小学六年级以上的男性组成）也参加了战斗。27日0时稍过，日军突击队分成三队开始出发。第2中队长中川少尉担任出击队长，指挥第2中队主力和约100名军夫（负责泛水作业），于27日2时到达第2中队的舟艇洞穴准备进行泛水作业（使船只浮于水上），这时在距海岸500米附近出现了7辆美军作战车辆（可能是两栖坦克

这些粮食在23、24日的空袭中全部损失，导致阿嘉岛上的日军和平民面临着严重的粮食短缺问题。

25日，海上挺进第2战队长野田少佐将战队本部移至167.8高地南方的红土洞穴以躲避空袭和舰炮轰击。26日美军登陆阿嘉岛后，日军以167.8高地（日军称为"野田山"）和该高地南方的红土洞穴为中心占领阵地进行防御。当登陆美军向内陆推进时，遇到了较为坚决的抵抗。日军在岩洞和碉堡工事中用轻武器与美军对抗，但他们防御阵地构筑简陋，无法造成有力杀伤。26日17时左右，美军已占领阿嘉岛上三分之二的地区。

野田少佐决定在深夜以全部兵力袭击美军，同时出动特攻艇实施特攻战。22时左右，

登陆庆留间岛30分钟后，架起机枪的美军第77步兵师的士兵。

或两栖运兵车），中川少尉正在犹豫时，野田少佐到达现场，下令中止泛水返回山上，日军遂撤至164.9高地。整备中队长铃木茂治大尉率领的突击队试图同占据着村落的美军进行白刃战，在村落入口处遭到机枪集中射击，出现数名战死者，不得不返回山上的阵地。在26日夜间的战斗中，日军方面共有铃木大尉以下16人战死。

美军在庆良间列岛中登陆的第2座岛屿就是庆留间岛。该岛大致呈圆形，直径约1100码左右，位于阿嘉岛正南方。登陆庆留间岛的306步兵团1营于8时25分靠岸，不出3个小时便消灭了大约20名守军，率先完成占领任务。在交火结束前，DUKW两栖运输车就开始在滩头卸载304和305野炮营准备在次日开始部署的105毫米

榴弹炮。

美军在外地岛的战斗最为顺利。这座岛屿长1.6公里，宽约800码，位于庆留间岛南方数百码。两座小岛只隔着一道环形礁盘。306步兵团2营于9时21分在外地岛靠岸，未遇任何抵抗顺利占领全岛。

3月26日夜，野田少佐决定让庆留间岛的守军在27日0时出动残余的特攻艇实施海上特攻。但由于阿嘉岛和庆留间岛的部队间中断了联系，为了紧急传达出击命令，必须派出联络兵游过超过一公里远的海面，在美军舰船中强行突破。联队本部命令筱崎纯一伍长（干部候补生，第3中队所属，特攻艇操纵人员）执行此一危险任务。筱崎伍长的游泳技术在部队内堪称出类拔萃，并且拥有冷静的判断力，被认为十分适合执行这样的重要任

务。筱崎受领任务后只身游入了深夜的海水中。

这时的海面上飘满了"光带"。美军舰船都亮着耀眼的灯火，从陆地上看去仿佛"不夜城"一般。在筱崎眼中，这灯火通明的景象酷似半年前莱特岛攻防战时的情景，当时他随第16师团步兵第9联队参加了悲惨的莱特岛地面战。突然，海面上的无数灯火一齐消失了。美军的雷达发现了日军特攻机来袭，所以在特攻机飞到舰队上空之前，全部舰船眨眼间便熄灭了灯火，海面笼罩在一片黑暗中。

即使美军舰艇群的灯火暂时消失，海上仍有负责警戒的鱼雷艇出没，筱崎随时可能被美军发现。但裸着上身的筱崎凭着出色的游泳技能和顽强的意志力，终于到达庆留间岛海边，然后向第1中队长大下真

美军77师在扫荡庆良间列岛时发现的因操作员问题而受损的自杀艇。

男少尉传达了战队本部的出击命令。

由于需要一定的时间进行准备，28日拂晓，大下少尉才指挥4艘特攻艇出击，筱崎也参加了行动。这4艘舟艇向美军舰船发动了攻击，其中有2艘从此断绝了消息，但另外2

艘则载着大下少尉等8人抵达冲绳岛。如前文所述，这种水上特攻艇在实战中即使不以直接撞击敌船为手段，其乘员生还的希望也甚为渺茫。不过令人惊奇的是，大下少尉等人却得以生还。大下少尉所报告的战果为击沉敌船1艘、起火

2艘，牛岛中将为此向大下水上特别攻击队及其配属部队授予了感状。感状的内容于3月31日向全军公布，其中写道："由于敌军的炮击轰炸至为炽烈，舟艇的行动极为困难，队长最先负伤，队员与舟艇亦相继损失，兵力减少至20多名。特别干部候补生筱崎纯一于敌中游泳突破成功、传达了期待已久的突破命令后，毅然出动4艇于28日拂晓突破敌之严密警戒线，潜入庆良间海峡的敌泊地，实施了必杀之肉搏猛攻，取得击沉驱逐舰1艘、重伤和引燃大型运输船2艘的战果"。（大下中队长以下8人后来在冲绳岛的战斗中全部战死。）

27日夜，野田少佐又决定派遣新选出的突击队员进行特攻出击。突击队和特攻出击队于20时左右出动，但第2中队主力到达舟艇洞穴后才发现特攻艇已经被毁，搬运设备也被破坏，因此只好中止出击返回野田山。突击队也没能取得值得一提的战果。

26日上午9时，美军第305步兵团1营登上座间味岛。该岛形状就像一个驼背人，东西长约5500码，最窄处400码左右，除了南海岸附近的少数平地外，都是大约130米高的绿色山地。座间味岛上的海上挺

地图六　日军海上挺进第2战队战斗概要
（1945年3月下旬）

进第1战队在3月下旬战斗开始前的实力如下：

海上挺进第1战队　战队长梅泽裕少佐

战队长以下140人

特攻艇约100艘、120公斤炸弹约210颗

装备　冲锋枪9支，每人另携带手枪（子弹数发）、军刀、手榴弹

配属部队

勤务队（海上挺进基地第1大队的残留部队）

整备中队（海上挺进基地第1大队的残留部队）

人员　两队合计约250人

装备　两队共有重机枪2挺、轻机枪5挺、步枪约200支、掷弹筒2具和无线电台

特设水上勤务第103中队（第2小队、第3小队（欠1个分队））

中队长　市川武雄中尉

军官、下士官、士兵计约40人，步枪约40支

朝鲜军夫约300人，没有武器

船舶工兵第26联队第2中队第1小队

小队长乳井久男少尉以下约50人

登陆用大发3艘、重机枪1挺、轻机枪1挺、步枪约50支、手榴弹100颗

船舶工兵第26联队第2中队寺师小队

（以3艘大发运送海军炮至座间味岛，等待卸货时遭美军攻击，后进入海上挺进第1战队长指挥下作战，因此人员装备情况不详）

防卫队（不详）

3月26日，登陆座间味岛的美军第305团1营的士兵们。

起初美军305团1营只遇到微弱抵抗。他们两栖运兵车沿着内切进岛屿南岸的港湾前进，让部队在那里靠岸。这里的海堤高出水线大约4.6米，两栖车辆无法通过，美军只得下车步行。各突击分队在进入海滩正后方的座间味村时，只遇到零星掷弹筒火力和狙击火力阻击。海上挺进第1战队长梅泽少佐虽然想实施"水际歼灭战"，但鉴于双方战力相差悬殊和自己部队的特殊任务，遂命令各部队破坏登陆艇后在番所山集结。因此岛上的日军和朝鲜劳工没有抵抗多久，就从村落中北逃，各部队在黄昏前来到番所山集中。

26日接近中午时，收到各部报告的布鲁斯少将对进展十分满意，时间允许他在首个登陆日多占领一座岛。于是307步兵团2营奉命出动，于13时登上列岛西北端的屋嘉比岛，几乎未发一枪就完成任务。3月27日，美军又兵不血刃拿下了控制两处锚地的安室岛，以及列岛西南角的古场岛。

在座间味岛上，海上挺进第1战队的第1和第2中队于27日凌晨向登陆美军发动了袭击。成群结队的日军手持步枪、手枪和战刀，企图突破美军在海滩附近的阵地。305团1营C连首当其冲，向他们攻

地图七　座间味岛战斗经过概要（1945 年 3 月 26 日－4 月中旬）

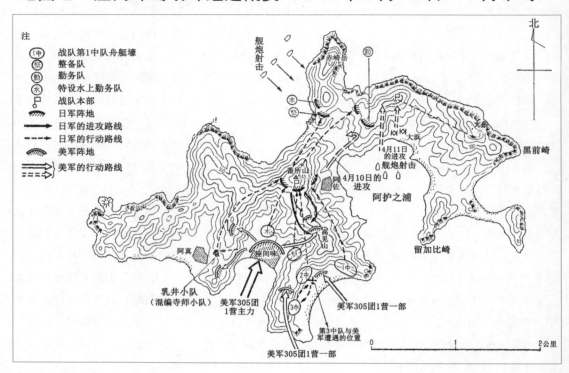

来的日军在自动武器和掷弹筒支援下，九度发起冲锋，但都被打退。这是美军在庆良间列岛登陆以来遭遇的首次激战，有一挺机枪在战斗中几度换人开火。夜战之中多次发生白刃战。1营宣布他们以7人战死和12人负伤的代价，共击毙200多名日军。根据日军的记录，在这次战斗中，第1中队自中队长伊藤达也少尉以下几乎全部覆没，第2中队也有中队长安部直胜少尉以下大部战死。防卫队和女青年也在战斗中为日军提供了支援。即使美军对歼敌人数有所夸大，但包括防卫队在内的日军损失远大于美

军应无疑问。

27日上午，阿嘉岛和座间味岛的战斗仍在继续。阿嘉岛的305团3营包围了70多名依山掘壕固守的日军。日军在山岭反斜面部署掷弹筒和自动武器提供充分的火力支援，一时不易拿下。美军自然不会硬啃，步兵集中优势迫击炮火射击，同时美军飞机用机枪子弹、炸弹和火箭弹对山头阵地全面开火。日军被从阵地撵进灌木丛。在座间味岛，美军以连为单位进行侦察巡逻，不时遭遇小股日军。当天，305团1营虽已确认日军有组织阵地的位置，但在装备到位之前无法突

击。第二天，美军的两栖坦克赶到前方，将"最后一股"日军藏身的岩洞炸得七零八落，宣称在当天占领座间味岛。

3月27日，运抵庆留间岛的105毫米榴弹炮进行了炮火准备后，306步兵团1营于9时11分登上庆良间列岛中面积最大的渡嘉敷岛西岸。几分钟后，2营在1营登陆点南面上岸。渡嘉敷岛南北长约10公里，平均宽约1.6公里，总面积15.3平方公里，是列岛中距离冲绳本岛最近的岛屿，形成庆良间锚地的天然东侧海堤，海岸线大部分是悬崖陡坡，同样以山地为主，岛屿中央和南

北两端的制高点都在200米左右。在西海岸中央附近的两座有遮挡的小海湾后方，是渡嘉敷村和阿波连村。两座小海湾附近的沙滩正是美军选择的登陆点。

驻扎在渡嘉敷岛上的日军部队是海上挺进第3战队，战队长为赤松嘉次大尉（1945年6月10日晋升为少佐）。1945年2月中旬，渡嘉敷岛上的海上挺进基地第3大队主力被临时改编为独立第3大队，从渡嘉敷岛转移到冲绳本岛，只留下该大队勤务队一部和整备中队的主力。另有特设水上勤务中队的一个小队从冲绳岛被派至渡嘉敷岛，进入赤松大尉指挥下。普通岛民也被召集起来加强战力。1945年3月下旬，海上挺进第3战队的兵力为战队长以下104人，拥有特攻艇

100艘、120公斤炸弹210个，装备为冲锋枪5支（子弹6000发），每人携带手枪（每支4发子弹）、军刀、手榴弹。配属部队有勤务队（海上挺进基地第3大队的残留部队）、整备中队（海上挺进基地第3大队的残留部队）、特设水上勤务第104中队的1个小队（朝鲜军夫210人）、防卫队（约70人）。

同海上挺进第1和第2战队一样，海上挺进第3战队的水上特攻行动也归于流产。渡嘉敷岛从3月23日开始遭到美军舰载机炸射，村落几乎全毁，日军在当天有11人死亡、11人受伤，特攻艇也受到一些损失。3月25日美军战舰开始猛烈炮击庆良间列岛后，赤松大尉命令部队进入掩蔽壕以减少损失。25日夜，已接到美军登

陆庆良间列岛误报的军司令部来电指示："敌情判断不明，战队应在情况有利时向本岛糸满附近转进，转进时应在糸满海面摇动电灯画出圆圈。"

根据电报中的指示，赤松大尉下令进行特攻艇的泛水作业。日军的特攻艇此前一直隐藏在渡嘉敷岛的海湾和山谷中待命，现在开始匆忙准备出击。这时军船舶队长大町大佐一行来到战队本部，立即命令赤松大尉中止泛水作业，要求以9艘船只将船舶队长一行送回冲绳本岛。赤松大尉为安全起见，命令第3中队全力进行护送。但第3中队长并不愿意本中队单独转进到本岛，于是赤松大尉提出全战队向本岛转进，得到大佐首肯。但泛水作业的进行为时过晚，又受到美军舰炮射击的妨碍，到接近天亮时才完成。赤松大尉认为天亮后无法转进，向大町大佐申请突入美军舰队，但后者认为应当隐匿己方在美军主力登陆冲绳本岛前使用特攻艇的企图，干脆下令将特攻艇自沉。就这样，除了第1中队未能接到自沉命令，完成攻击准备之外，几乎全部特攻艇均被日军含泪自沉（只有第3中队的2艘特攻艇被搬到岸上），官兵们为丧失出击的机会痛惜不已。

26日夜间，赤松大尉将

登陆渡嘉敷岛的美军士兵们正在小心翼翼地前进。

地图八　日军海上挺进第3战队复廓阵地部署概要图

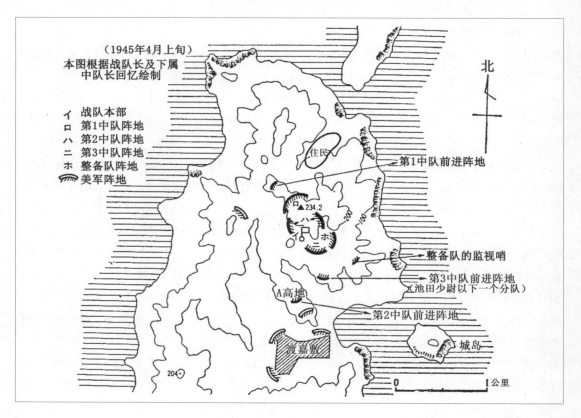

（1945年4月上旬）

本图根据战队长及下属
中队长回忆绘制

イ　战队本部
ロ　第1中队阵地
ハ　第2中队阵地
ニ　第3中队阵地
ホ　整备队阵地
〰　美军阵地

住民

北

第1中队前进阵地

234.2

A高地

整备队的监视哨

第3中队前进阵地
（池田少尉以下一个分队）

第2中队前进阵地

渡嘉敷

城岛

204

0　　公里

战队主力和第1中队分别部署于渡嘉志久东侧高地和阿波连东侧高地，并下令："应在敌军登陆时于滩头附近稍作战斗后，后退至复廓阵地。"（留利加波东方高地带已被指定为复廓阵地）。同样在当晚，大町大佐召集了第3战队的干部，说明了船舶队长一行将返回冲绳岛的意图，并下令在敌军登陆时，战队将实施持久战斗。由于无法获得渔船，最后决定使用第3中队保存下来的2艘特攻艇来运送大町大佐一行。26日晚两艇出发后，第二艘特攻艇在途中进水沉没（乘员均得以安全上岸返回战队本部），大町大佐乘坐的第一艘特攻艇在与其分离后便下落不明，后被判定为战死。

27日上午美军登陆渡嘉敷

3月27日美军306团1营占领渡嘉敷岛时的一个场景。图右的美军士兵看上去因为没有遇到抵抗而感到困惑。

岛后，一开始只遇到了极其微弱的抵抗，分散的狙击火力给美军制造的麻烦甚至还不及险峻的地形大。306团的2个先遣步兵营并肩穿过狭窄的山间小径北上。原先充当团预备队的3营在不久接到任务，在岛南部登陆并且肃清当地日军。天黑后，1营和2营各自宿营，准备于次日进攻东海岸的渡嘉敷村，3营的巡逻队则已到达岛屿最南端。

日军海上挺进第3战队主力在当天撤至复廓阵地（又被称为"西山阵地"），随后以34.2高地为中心进行部署，开始着手构筑阵地。所谓的"复廓阵地"其实空有其名，不仅未曾构筑阵地，日军甚至未曾对此处进行过侦察，不过这一带树木较为繁茂，日军得以在其掩蔽下紧急构筑了"章鱼罐"[①]阵地。在27日晨的轰炸和舰炮轰击中，位于阿波连方面的第1中队几乎损失了全部舟艇，已无法实施泛水作业，因此在阿波连东北高地占领了阵地。

3月28日，306团的2个先遣步兵营重新北进。渡嘉敷村早已被美军的海空准备火力夷为平地，但为保险起见，美军炮兵仍在步兵攻击前，发射了

---

① 即形似捕捉章鱼用的陶罐的散兵坑。

500发炮弹。硝烟未散，地面部队就占领了化为一片瓦砾的村落。美军在海湾附近也没有遇到阻力，便继续北进，一路只遇到一些零星抵抗。日军在当天的损失为战死14人、受伤数人。

3月29日，306团登岛的3个步兵营在全岛派出巡逻队行动后，美军宣布占领渡嘉敷岛。日军在当天的损失为战死6人、受伤3人。

在美军占领庆良间列岛期间，在渡嘉敷岛、座间味岛、阿嘉岛、庆留间岛、屋嘉比岛上均发生了平民集体自杀事件，其中规模最大的集体自杀发生在渡嘉敷岛上。在美军登陆渡嘉敷岛后，岛上的平民为了避难，来到日军据守的高地。日军指示平民到阵地北方的盆地避难（该处在当地被称为"恩纳河滩"，位于高地山脚下）。于是平民们各自利用自然洞穴，或在山阴处、谷底深处以及谷中小溪附近用砍下的竹子搭起窝棚住下来。

到了28日，美军向北部方面迂回过来，在日军阵地北方二三百米的高地上构筑了阵地，对日军形成包围态势。日军阵地遭到美军迫击炮的攻击，平民所居住的恩纳河滩一

带也遭到炮击。在不断迫近的危机面前，绝望的平民们决定集体自杀。

平民们本来就接受了彻底的"皇民化"教育，相信落入美军之手后，女性将遭受污辱、男性亦将被以酷刑杀害。（所以后来美国大兵将食物交给他们，还提供医疗服务时，他们露出的不是感激，而是不可思议的神情。一位亲手杀害自己女儿的老者在悔悟之下，不禁放声痛哭。）现在岛屿已经完全被美军舰船包围，毫无逃脱的希望，人们心中充满了恐怖与绝望。加之平民们忍受着粮食匮乏的折磨，生活处境凄惨。现在他们又在炮弹纷飞中陷入混乱，于是抱着事到如今已走投无路的想法，在山谷中选好了死亡地点，各自与亲人们聚在一起坐成一圈，组成了一个又一个"自杀团队"。人们在村长带领下呼喊"天皇陛下万岁"，最后又唱起《君之代》作为"绝命歌"。唱罢便开始自杀。族长或家长拿着军队发给的手榴弹，用"悲壮"的声音喊道："大家都笑着去死吧！"一颗手榴弹周围往往聚集着二三十人。

很快，手榴弹开始在各处爆炸。令人毛骨悚然的爆炸声

在山谷中此起彼伏。男人、女人、老人、孩子、婴儿……在瞬间骨肉四散，凄惨情形宛若地狱景象。未死之人用棍棒互相猛击，或者用剃刀切开自己的颈部，或者用锄头打破亲人的头颅。恐怖的景象同时在各处的人群中发生，鲜血染红了恩纳河滩上的溪水。

也有一些人因手榴弹未爆幸存下来。例如古波藏村长在带领一家人自杀时，虽然拔下了手榴弹的引线，但手榴弹却怎么也不能爆炸，于是他打消了自杀的念头。也有人在手榴弹发火失败后恳求别人杀死自己，却在头部遭到重击陷入昏迷后仍然未死，最终幸存下来……不久之后，美军的迫击炮弹开始落下，幸存者们陷入混乱，已经决心自杀的人们因此失去了组织，集体自杀由是中止。最终死于集体自杀者达329人，另有32人被迫击炮弹炸死。幸存者有渡嘉敷村的126人和阿波连村的203人，以及前岛村的7人。从此恩纳河滩成为岛民们永远无法忘记的愤恨之地，被人们称为"玉碎场"。

根据幸存者提供的证言，在此前的4月27日，日军在西山阵地的地下坑道内召开了一次军官会议，赤松大尉在会上主张："持久战不可避免，希

望部队战至最后一兵，必须先让非战斗人员全部自杀，我们军人确保留在岛上剩余的全部粮食并进入持久态势，同登陆之敌决一死战。事态发展要求岛上全体居民必须死去。"冲绳出生的副官知念少尉听到赤松大尉的主张后悲愤之极，禁不住放声恸哭。

更重要的是，根据渡嘉敷岛幸存居民的证言，4月28日那天，赤松大尉向居民们发出了内容如下的自杀命令："局面既已恶化至此等地步，全体岛民应在祈愿皇国万岁和日本必胜之后自杀。"这被认为是居民们进行集体自杀的直接原因。此一说法最初由冲绳时代社编著的《铁的暴风》一书发表，此后引起无数争论，直至今天关于此说的真伪仍存在争议。无论此命令是否存在，日军在庆良间列岛的平民集体自杀事件中所起的作用从根本上是无法洗清的。在2008年日本大阪地方法院对相关案件（原座间味岛第1战队长梅泽裕及渡嘉敷岛第3战队长赤松嘉次的弟弟赤松秀一起诉大江健三郎和家永三郎捏造事实损害名誉一案）的判决中认定："可以认为日军在很大程度上参与了集体自杀一事"、"虽然不能断定守备队长等指挥官下达了自杀命令，但大江等有相当

的理由相信他们曾下过命令"等。

除了集体自杀之外，渡嘉敷岛上还发生了其他一些悲剧。例如在8月21日赤松部队向美军投降前，岛上有6名平民和2名少年因被怀疑为间谍等原因遭日军处决。岛上的朝鲜军夫也不知所终，永远从这个世界上消失了。渡嘉敷岛上的惨剧，是庆良间列岛乃至整个冲绳战役中无辜平民所受苦难的缩影。

庆良间列岛的大部分平民都散落在美军的各处阵地之间，筋疲力尽，满身尘土，但他们好歹活了下来。77师一共控制住1195名平民，由军管政府人员安置。

到3月29日傍晚，庆良间列岛的所有岛屿都已被美军占领。77师的战斗部队一共进行了15次登陆行动，包括5次借助LVT两栖运兵车进行的船到岸运动、2次借助DUKW两栖运输车进行的船到岸运动、3次借助LCVP登陆艇再经LVT两栖运兵车转运的船到岸运动，以及5次用LVT两栖运兵车进行的岸到岸运动。短时间内进行这么多不同方式的两栖行动非常复杂，但经过关岛和莱特岛行动考验的77师有条不紊地顺利完成了任务。3月26日至31日之间，77师宣称他们共击毙

地图九　日军海上挺进第3战队的部署和行动概要图
（1945年3月下旬）

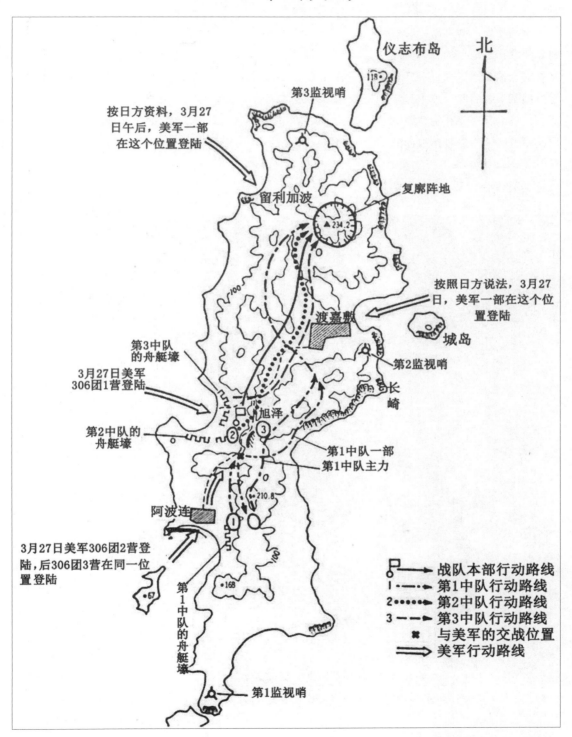

日军530人，俘获121人。美军战斗损失较少，有31人战死和81人负伤。

座间味岛、阿嘉岛、庆留间岛和渡嘉敷岛上的日军并没有被完全消灭，残余日军又苟延残喘了很长时间。日本投降后，最后的日军幸存者也陆续向美军投降。根据日本方面的统计，座间味岛海上挺进第1战队的死者合计220名，水勤队员（朝鲜军夫）情况不详。阿嘉岛和庆留间岛的日军战死者情况如下：

海上挺进第2战队 22人（另在冲绳岛死亡21人）

海上挺进基地第2大队 65人

特设水上勤务第103中队军人10人，军夫不详

在战争结束时，渡嘉敷岛日军的损失情况如下：

海上挺进第3战队 战死21人（含军官6人）

海上挺进基地第3大队（在渡嘉敷岛人员） 战死38人（含军官2人）

特设水上勤务第104中队不详

占领庆良间列岛后，美军紧接着登陆庆伊濑岛。庆伊濑岛实际上由四座小珊瑚礁组成，位于渡具知海滩西南约11海里，那霸以西约8海里海域。这座小岛距离冲绳岛的两个战役目标较近，对"冰山"行动影响很大。美军的155毫米加农炮进入庆伊濑岛阵地后，火力可覆盖冲绳岛南部大部分地区。鉴于在夸贾林环礁的成功经验，第10集团军命令24军军属炮兵在庆伊濑岛部署两个155毫米加农炮营，支援即将到来的冲绳岛作战。

3月26日，美军就已全面搜索过庆伊濑岛，没有遇到任何人。3月31日上午，420野炮集群和配属部队都安全地在岛上登陆就位。预定登陆冲绳本岛的4月1日黎明，美军的155毫米加农炮将与日军驻冲绳岛的火炮对决，并且向冲绳岛日占区实施纵深火力封锁和骚扰。

遭到日军零星攻击的美军正在屏息探查日军的位置（庆留间岛，3月31日）。

冲绳岛高地上的日军很快就发现美军在庆伊濑岛的重炮阵地。第32军司令官牛岛中将命令炮兵从3月31日午夜起"突袭"美军炮兵，而后陆海军指挥官将向庆伊濑岛派出敢死队，力求"一举荡平敌人的坚固前方炮兵阵地"。4月

地图十 美军攻占庆良间列岛全过程

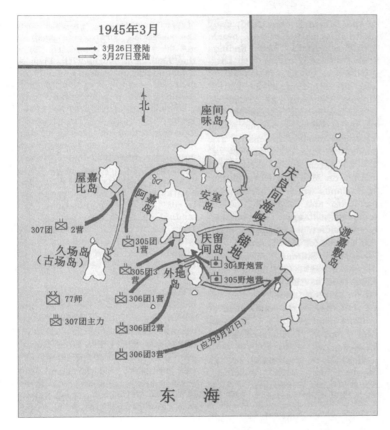

在第10集团军对冲绳岛突击登陆之前，420野战炮兵集群的155毫米火炮进入庆伊濑岛的阵地，准备炮轰日军主要防御阵地。

1日凌晨1时，日军的臼炮炮弹落在庆伊濑岛上，爆炸的动静虽大，却没有造成任何伤亡和损害。至于日军敢死队根本就没有出现，不过这只是日军摧毁美军庆伊濑岛炮兵阵地的首次尝试。冲绳岛侧翼的美军地面重炮威胁，让日军如芒刺在背，必欲除之后快，曾多次派敢死队突击这座小岛，但均未能成功。

美军在冲绳群岛最初的目标是庆良间列岛和庆伊濑岛，完全出乎第32军的预料。根据美军的统计，77师在庆良间列岛一共缴获和摧毁了350多艘特攻艇。按照日军的计划，这些特攻艇会装载深水炸弹从小岛的隐匿处全速冲向美军的各处锚地。根据牛岛中将的命令：这些特攻艇的攻击目标是装载重要补给物资和人员的美军运输舰船，打算在美军登陆冲绳本岛时集中力量发动进攻。日军曾仔细绘制过美军运输舰船可能集结的海域，准备好了通往每个锚地、尤其是庆伊濑岛周围锚地的合适水路。美军一开始就突袭庆良间列岛，彻底打乱了日军的计划。用布鲁斯少将的话说，摧毁日军自杀艇基地这一战果，就对得起美军为占领庆良间列岛付出的代价。

3月底，美军在这次行动

1945年3月31日，在庆良间列岛锚地锚泊的"马金岛"号护航航母。

中，发现日军对他们在冲绳岛的主要登陆行动已有所防范。美军早早抢占本岛以西各岛屿，不仅把握住日军疏于戒备的机会，而且粉碎了日军用特攻艇实施自杀攻势，将美军运输舰船炸成碎片的计划。美军的收获甚至比日军的损失更大。他们掌握了庆良间列岛之间得到天然庇护的锚地，这是一个小型海军基地，水上飞机可以从这里出动，水面舰船能够加油、补给军火和进行维修。

对冲绳本岛的海空火力准备

第77步兵师在庆良间列岛行动的同时，布兰迪海军少将指挥的第52特混舰队正在执行正式登陆冲绳岛前必不可少的各项准备。第58特混舰队在冲绳本岛东北就位，准备截击从东面来的日军水面舰队，第52特混舰队负责应对西面来的

日军攻击，同时阻止从北面增援或者向北出逃的任何日军船队。当天，已掌握制海权的美军火力支援舰船推进到离冲绳岛非常近的距离，只为届时舰炮打击不会延迟片刻。当晚，第52特混舰队80%的舰船部署在本岛西北方海域，另外20%部署在东北方海域。西北集群实力较强，准备迎击可能会出现的日军水面舰队。东北集群则是为应对日军的快速运输船队，一旦日军派出一支规模较大、速度较慢、较容易被发现的部队进入冲绳以东海域，能够支援58特混舰队作战。

3月25日，两栖支援舰队开始对冲绳本岛东南海岸实施火力准备。24日开始的扫雷行动仍在进行，舰炮只能远程射击。日军沿着通往渡具知海滩的通道布设了密集的水雷，在扫雷行动完成之前，美军舰船都不能将海滩纳入有效射程。3月29日傍晚，大片雷区终于

被清扫干净。布兰迪少将长出一口气："这可能是有史以来最大规模的突击扫雷行动了。"虽然遭到日军断续空袭干扰，美军扫雷舰艇仍扫雷75次，清除了大约7700平方公里雷区。

3月26日至28日，美军只能对冲绳本岛实施远程舰炮火力打击，因此对目标的定位非常困难，除了射程原因之外，不时出现的视野不佳因素也产生了影响，各舰摧毁的目标寥寥可数。直到扫雷大功告成的29日傍晚，火力支援舰艇才摆脱这种尴尬局面，更加靠近海岸后，射程有效缩短，定位更精确，打击效果显著增强。然后，美军舰炮首次对那霸－小禄半岛的大批巨大目标实施有效打击。30日，美舰的大口径炮弹在多个位置击穿了海岸线附近的海堤。当时参与炮击的战列舰为10艘，巡洋舰达到11艘。

31日，美军的4艘重型战舰，在驱逐舰和炮艇的伴随下，支持水下爆破队对渡具知海滩外海的最后一次行动。这次行动在午前完成，而后美军舰炮火力集中打击海堤和海滩后方的各种防御设施。即使能够进入最短射程开火，要准确锁定重要目标仍十分困难，美军舰炮不得不为打击日军开阔

1945年3月29日，正在炮击冲绳岛岸上目标的"科罗拉多"号战列舰。
主要资料及规格参数
制造商　纽约造船公司　下水日期 1919年5月29日　出航日期 1921年3月22日
服役日期 1923年8月30日　退役时间 1947年1月7日　最终结局 1959年7月23日以废铁出售
舰型　"科罗拉多"级战列舰　排水量 32600吨（空载）
长度 190.27米　最宽处 29.7米　吃水 12米　航速 21节
武备
8门406毫米45倍径主炮　14门127毫米51倍径副炮　4门76毫米23倍径辅炮
2具533毫米口径鱼雷发射管
装甲
甲板 89毫米　水线装甲带 203—343毫米　炮座 330毫米　炮塔正面 457毫米
炮塔侧面 229－254毫米　炮塔顶棚 127毫米　炮塔后方 229毫米　司令塔 292毫米

阵地和类似设施进行试射。

　　在地面部队登陆前的七天时间里，美军舰炮一共对冲绳岛海岸发射了13000多发152毫米至406毫米大口径炮弹。包括数千枚127毫米炮弹在内，美军舰炮一共为地面目标耗费5162吨弹药。登陆海滩地区的所有已知岸炮都被摧毁或者严重破坏。日军在海滩沿岸和更深的内陆地区修建了一些碉堡式的设施和许多开阔阵地，但大部分都被空置。

　　3月31日中午，布兰迪少将报告："炮火准备已足够。"但他没有忘记补充那霸地区还有一定数量的潜在危险设施。在美军舰炮火力准备时期，日军的岸炮从未对美军战舰发射过一枚炮弹。

　　负责空中支援的是58特混舰队的舰队航母和各特混舰队的护航航母。登陆日之前，美军舰载机在冲绳地区飞行达3095架次。舰载机的主要目标是日军在各处岛屿上的飞机，

次要目标是携带炸弹的日军自杀攻击艇。如有余裕，舰载机还会打击日军的岸炮、野炮、高射炮、通信和兵营设施。

　　58特混舰队的舰载机集中空袭那些海军舰炮炮弹无法达到的目标。护航航母舰载机则会保护扫雷舰艇和水下爆破队，同时为舰队提供全面支持。最早的登陆前空袭于3月25日开始，目标是庆良间列岛的渡嘉敷岛和冲绳本岛的航空设施。26日，航母舰载机出

冲绳岛各处补给线上的桥梁是美军战前空袭的重要目标。

动424架次，攻打日军的自杀艇、袖珍潜艇、各处机场和炮兵阵地。次日，对这些目标的空袭继续进行，同时对能够搜索到的兵营投掷炸弹、凝固汽油弹和火箭弹。

3月28日以后的空袭，与既定的地面行动和护航航母根据第10集团军请求实施的各种任务密切配合。美军舰载机集中空袭在冲绳岛南部分散的大片炮兵阵地。一队美军轰炸机飞过中城湾北岸时，一齐在当地的桥梁上空投弹，动作整齐协调，炸弹在空中同步划出抛物线下落。桥梁在这样的集中轰炸下，竟被炸断十处之多。美军轰炸机投掷的燃烧弹有15枚直接命中比谢川附近的日军

设施，将那里化为一片火海。

对日军航空和海军基地的空袭一直在进行。3月29日，美军航母舰载机在冲绳岛各处机场一共摧毁27架日机，另有大约24架被击伤。当天日军的大约80艘驳船和其他小型船只被焚毁。本部半岛的潜艇基地，至少有8座潜艇掩体被摧毁。

水下爆破队对庆伊濑岛，冲绳岛东南海滩的佯攻地区和渡具知海滩登陆点，进行了侦察和必要的爆破。舰载机和海军舰炮火力会掩护他们行动。舰载机不仅会对海滩实施全面打击，而且会在需要的地点施放烟幕隐匿水下爆破队的行踪。美军的各种军舰在海滩近

海列成前后三道战线，为水下爆破队提供令人生畏的火力支持。LCI（G）步兵登陆炮艇在海滩外约1200码组成第一道战线，以40毫米舰炮射击，驱逐舰在离岸约2700码水域以40毫米小口径舰炮和127毫米主炮炮弹覆盖海岸至300码内陆区域。驱逐舰列身后1000码，战列舰和巡洋舰以副炮和主炮覆盖内陆300至2000码的所有区域。

由于渡具知海滩外海附近发现大量水雷，美军水下爆破队比原计划推迟了一天，3月29日才开始侦察这一地区。3艘战列舰、3艘巡洋舰、6艘驱逐舰和9艘步兵登陆炮艇负责支援这次行动。日军发现了水

在地面部队登陆冲绳前一天，美军第58特混舰队的鱼雷轰炸机飞过"硼堡山"号航母上空。这些鱼雷轰炸机都携载18枚100磅炸弹，负责在当天空袭冲绳地面目标。

下爆破队的踪迹，连梭机枪子弹和迫击炮弹向他们飞来，但这样的火力又怎能与美国海军的立体舰炮火力支援抗衡，片刻后，海滩上便再也听不见日军的枪炮声。

水下爆破队员发现大约2900个直径15至20厘米，高1.2至2.4米的木桩，大部分位于比谢川以北海滩以外的水域。有一些地方甚至布设了四排木桩。3月30日和31日，水下爆破队摧毁大部分木桩，只留下系炸药导火索的200个而已。在佯动海滩附近，爆破队同样在舰炮火力掩护下爆破，哪怕在根本没发现障碍物的礁盘边缘，都使用了数吨炸药。

美军陆续进入冲绳海域的3月26至31日，日军突然发现他们还要对付另一个敌人——英国皇家海军。H.B.罗林斯海军中将指挥的一支英国航母舰队奉命配属第5舰队作战。他们先后在3月26日、27日和31日，出动345架次舰载机空袭先岛群岛，投掷81吨炸弹，发射超过200枚火箭弹。英国人为美军攻击部队提供了宝贵的援助，他们的空袭大大减少了日军从先岛群岛各机场中转空袭的数量。

58特混舰队一直严阵以待。3月28日，第5舰队司令斯普鲁恩斯给米彻尔发来一份电报："敌舰队自濑户内海出动，正在向西南方向航行。"这无疑是奔着冲绳美军而来。米彻尔先后派出两个航母特混大队去搜索敌踪，却没能找到敌舰队。不过，这两个特混大队并非无所事事，在返航途中，他们出动舰载机，轰炸九州鹿儿岛湾地区的日军机场，空袭日军的多条海上航线，取得了一些战果。

尽管美军舰载机大举进攻日军的机场和各种航空设施，但3月26日至31日，日军第8飞行师团仍组织大约100架飞机，在冲绳地区实施了50次空袭。许多日机对美军舰船发动了自杀式"神风特攻"，这是日军在冲绳战事期间的主要进攻方式。大多数时候，"神风特攻"会在早晨或者月光下进行。在冲绳海空战期间，日军航空兵出动的机型五花八门。"神风特攻"机接近目标水域后，基本上都各自为战，没有任何协同，这是自杀式攻击的本质造成的。从数学上来说，既然是有去无回的进攻，那么兵力越分散，进攻的次数越多，成功的可能性就越大。日机往往从冲绳以外的基地起飞，在冲绳岛的机场过夜。

对普通日本飞行员来说，最合适的目标其实是美军的巡逻舰艇和哨船，包括小船；而"神风特攻"机的目标是重型战舰。美军戒备森严，最后能成功接近目标的只是少数。3月26日到31日，日军特攻机最后有9架命中目标，10架形成近失。这样的攻击造成的大部分损失无关痛痒，但少数舰船受损严重，人员伤亡也大。包括"内华达"号战列舰，"印第安纳波利斯"号和"比洛西"号巡洋舰在内，美军6天共损失10艘舰船，其中8艘是自杀飞机造成的，另有2艘因触雷被毁。美军舰船和战斗巡逻飞机，6天内先后击落大约42架日机。除了自杀式特攻，这一时期日机也进行过一些轰炸、空中扫射和鱼雷攻击，但没能取得什么醒目成果。

3月31日下午，美军舰载机最后一次航拍运输舰船将要通过的水域海岸。天黑后，美军的大批运输舰船，登陆船艇和各种军舰，开始他们漫长航行的最后一段旅程。黎明前，美军舰船将会在冲绳本岛渡具知海滩外海集结。根据气象报告，4月1日的天气会非常好。

第三章　美军登陆冲绳岛

登陆之日

1945年4月1日（星期日）凌晨，冲绳岛在隆隆的炮声和炸弹爆炸声的震撼中颤抖，原来美军正在为登陆进行炮火准备。

日本第32军的领导干部们正站立在首里高地上，静静地观看着初次目睹的美第10集团军登陆。身材高大的军司令官牛岛满中将的身边最近处，军参谋长长勇中将傲然站立。牛岛中将与全体参谋人员各自举着双筒望远镜，凝望远在北方十数公里外嘉手纳附近的渡具知海岸，美军正在那里登陆作战，场面雄浑壮阔。

从当天拂晓开始，嘉手纳附近的广阔海面就被无数美军运输舰铺满，约20艘战列舰和重巡洋舰为基干的200艘船只组成的宏大舰队，在波平附近至平安山的嘉手纳附近，绵延七八公里的近海水面列队，集中齐射巨大的炮弹。浓密的烟尘和火光直冲天际，景象极为壮观。看上去如豆粒大小的无数美机冲入烟幕中，反复进行俯冲轰炸。

在海岸线附近，一些日军侦察员早已经潜伏下来，此时他们正紧紧盯着海面，观察美军的行动。

就在不久前的3月30日，独立步兵第15大队长山本大佐在大队本部向第4中队第1小队长山本义中少尉传达了第62师团长的命令："陆军少尉山本义中指挥3名部下，于3月30日以后，进入北谷村附近侦察，确认敌军登陆地点，尽速向师团参谋长报告。"这一天恰巧是山本少尉的生日。山本少尉很讨厌"四"这个数字，决定再从本小队追加1人，得到中队长许可。

31日晚上，山本少尉带领4名侦察员从小湾的阵地出发，前去确认北谷村一带的美军登陆地点。将近4时，山本一行抵达伊佐浜东北高地，利用地形选择好侦察场所，然后再花了40分钟伪装作业。天快亮的时候，山本看到大量美军舰船挤满了海面。太阳从水平线升起之前，美军突然开始舰炮射击。海岸一带笼罩在炮烟

20世纪80年代的山本义中（原独立步兵第15大队第4中队第1小队长）。1945年4月29日下午3时半左右，在冲绳县浦添村小湾的战斗中，山本在用左手举起图中的望远镜时被美军的坦克炮弹的弹片击中，失去了左手手腕。

之中，根本看不到地面。炮击声震天动地仿佛雷鸣一般，又好像太鼓在"咚咚咚咚"地敲个不停，不知有几千、几万发炮弹落下，似乎一切都将被毁灭。就在这猛烈的炮击轰炸中，冲绳本岛迎来了4月1日的日出。

这天是基督教的复活节，日出时间为6时21分，满潮时间为9时和21时40分。当天天气晴朗，春寒料峭，微风徐徐吹过平静的海面。特纳海军中将在4时06分就下令："登陆部队开始行动。"美军即将在预定登陆地点，冲绳岛中部中头郡读谷山村的渡具知海岸登陆。海面上已经布满黑压压的舰艇群——美军大舰队的1300艘舰船正云集冲绳近海，绝大多数美军舰船位于冲绳岛西侧的东海水域。运载美第10集团军两个主力军的运输舰和坦克

登陆舰有序地向渡具知海滩外海运动，运输舰船泊定，坦克登陆舰落锚，准备让地面部队下船。运载陆战2师的运输舰船则在东南海岸的凑川（也可译为"港川"）海滩外海就位。

对冲绳岛上的军民来说，这确实是一幅令人心惊肉跳的惊人画面。舰艇数量如此巨大，以至于"无法看到海面"（目击者的证言）。不过，美军大举登陆冲绳岛这件事本身倒不会让人惊讶。美军一部占领庆良间列岛，以及冲绳岛连日来遭受的海空火力猛烈打击等，都是美军主力登陆本岛的前兆。美军水下爆破队还对渡具知海滩和凑川以北海滩进行了爆破侦察，表明美军将在两处中的一处，或者在两处同时登陆。此外，日军的侦察机和潜艇也早就发现了航行中的美

军运输船队，这使得美军的登陆已不是秘密。

冲绳外海的美军舰员们在4月1日的第一缕晨光下，望着前方海空火力打击掀起的烟雾和被灰尘笼罩的陌生海岛的轮廓，心头隐隐掠过一丝不安，想到这个复活节恐怕会在危机中度过。

此前美军官兵在船上已经仔细研究过冲绳岛的比例尺模型，知道在登陆滩头阵地后方就是地势较高的山地与悬崖，那些地方都非常适合防御。他们也知道当地的房屋都有高墙保护，在美国人眼中形状奇特的成千上万座当地坟墓，也可以被日军改作碉堡和防空洞。即使想象力最迟钝的美国大兵也能预料到在他们将要入侵的日本"大后方"的第一座大岛上，日军肯定会全力保卫滩头阵地。看起来，美军将会迎来敌人的凶猛抵抗，甚至可能将遇到满怀敌意的当地居民。

陆战2师奉命佯攻冲绳东南凑川以北海滩，希望尽可能吸引日军预备队。这次牵制行动极为逼真，看上去和一次真实的突击登陆完全一样。运载陆战2师的第一批船队于3月25日从塞班岛启程，主力就在登陆日凌晨抵达指定位置。8时，7批登陆艇在烟幕掩护下依次向岸边突进，同时火力支

1945年4月1日，西弗吉尼亚号战列舰40毫米双联高射炮的操作员正在观察美军的冲绳登陆行动。

援舰以火箭弹和机关炮进行炮火支援。8时30分，第4批登陆艇越过攻击发起线，然后全部船只掉头返回。4月2日，陆战2师又如法炮制一遍。佯攻部队几乎没有遭到日军还击，却因日军航空兵的自杀战术蒙受了一些损失。在4月1日天亮前，佯攻部队遭到日军特攻飞机袭击。美军的舰炮和舰载机击落了大部分特攻机，但"欣斯代尔"号运输舰和LST 884坦克登陆舰却被撞个正着。这两艘舰船上装载的绝大部分是陆战2团3营的官兵。该营报告有8名陆战队员阵亡，37人负伤，另有8人失踪。有些讽刺的是，美军在冲绳岛最先损失的地面部队，居然是没有登陆的佯攻部队。陆战2师作战训练科长塞缪尔·塔克西斯不禁抱怨："我们早就申请过为佯攻提供空中掩护，但上面只会告诉我们（空中）威胁是'偶发'事件。"

在渡具知海岸，美军地面部队的预定登陆时间为8时30分。从5时30分起，10艘战列舰、9艘巡洋舰、23艘驱逐舰和177艘炮艇组成的火力支援舰队就开始对预定登陆海滩实施登陆前的舰炮火力准备。在这一轮炮击期间，美军舰炮共发射127毫米口径以上炮弹44825发、火箭弹33000发、迫击炮弹22500发。这是太平洋战区为一支地面登陆部队提供的最猛烈的舰炮支援火力。这时第58特混舰队正在冲绳岛以东约70海里位置待命，除了为

冲绳登陆部队提供空中支援，还要负责截击日军从九州发动的海空袭击。此外，负责支援的护航航母已和地面部队的运输船队会合。7时45分，超过500架航母舰载机开始向预定登陆海滩和附近的战壕发射火箭弹，投掷凝固汽油弹等。凝固汽油弹触地即燃。在炮火和炸弹造成的烟雾之间，凝固汽油弹爆燃的火焰极为醒目。

与此同时，第一波突击登陆部队的运输舰打开坡道门，让登陆车艇沿着舱底坡道开出，准备向海岸突击。按照太平洋登陆战的标准流程，两栖坦克在离岸4000码的出发位置组成第一攻击波。8时整，登陆旗帜信号升起，第一波两栖坦克以4节航速开始向冲绳滩头目标缓缓靠近。其他突击登陆部队则乘坐两栖运兵车，以较短的间隔距离，分5到7个波次，跟随在两栖坦克后方推进。

在登陆滩头阵地的对面，美军控制艇桅杆上飘扬着信号旗，指挥正在打旋的两栖车辆各突击波次组成规定队形。8时15分，先头攻击波次的两栖车辆展开队形，在各自的控制艇附近组成直线队列。5分钟后，控制艇一齐落下挂在桅杆上的信号旗，全长13公里，几乎完全连成一直线的登陆车艇

1945年4月1日，正在炮击冲绳岸上目标的美国海军战列舰"依阿华"号。

向海滩进发。涌向海岸的登陆车艇队形整齐壮观，充溢着速度和重量感。这幅画面看起来宏伟壮丽，恰如汹涌而来的大海啸一般。

步兵登陆炮艇在登陆部队的最前方引路，同时向预先排定方格的目标发射火箭弹、迫击炮弹和40毫米舰炮炮弹。根据美军的既定部署，对直到内陆1000码的全部登陆场都会用127毫米海军舰炮、114毫米火箭炮和107毫米迫击炮进行地毯式打击，火力密度达到平均每100平方码25发炮弹。庆伊濑岛上的陆军155毫米榴弹炮也加入了炮击行列。登陆场上浓烟滚滚，浮云几乎都被染成铅灰色。

靠近海滩边的礁盘后，步兵登陆炮艇退到一旁，两栖坦克和两栖运兵车从炮艇身旁通过，独自继续最后的抢滩登陆旅程。两栖坦克的主炮开始向

地面部队登陆之前，美军的步兵登陆炮艇在近距离对预定登陆海滩发射火箭弹。

步兵登陆炮艇会引导登陆车艇前往渡具知海滩，到达一定距离后就闪到一旁，让突击登陆部队独自完成最后阶段的登陆任务，而美军战列舰会一直对纵深目标实施炮击。图为两栖运兵车在一旁通过时，"田纳西"号战列舰的主炮正在向冲绳岛发射成吨的高爆弹。

滩头目标射击，靠岸登陆前，这是突击登陆部队最直接的支援火力。与此同时，128架舰载机飞临滩头阵地上空，在美军火力支援舰船的舰炮火力转向内陆后，以机载12.7毫米机枪火力全面覆盖这一地区。当突击登陆部队的两栖车辆进入时，登陆地区已遭受长达3小时的重火力打击。

美军登陆车艇直奔滩头阵地之际，步兵都做好了迎接滩头狙击火力的准备。但除了零星的火炮和迫击炮炮弹，滩头阵地附近根本看不到日军活动的迹象。美军官兵隐隐觉得情况不妙，认为日军绝不会这样轻易放弃抵抗，当然能顺利登陆起码不算是坏事。漫长的车艇登陆队列像在进行一次大规模演习般顺利向海岸驶去。海滩附近残留的障碍物对两栖登陆船只的行动没有形成妨碍。第一波突击登陆部队需要勘察和测定涨潮时，海军登陆船艇是否能越过礁盘，信息会反馈给海军相关部门。第一波登陆的两栖车辆通过礁盘时没有遇到麻烦，但跟随它们测试礁盘水深的舟艇很难通过，得到信息的特纳中将下令，登陆部队在礁盘边缘转乘两栖运兵车上岸。

4月1日8时30分，美军前几个波次的登陆车队开始在指

乘坐两栖车艇（图左中）登陆的美军会由控制艇（图左下）引导登岸。在第一波登陆部队靠岸之前的极短时间内，美军的密集支援火力会扫遍各滩头阵地。

1师突击部队就在比谢川河口北方海岸平安登陆，第24军的第7和第96师突击部队也同时在河口南方海滩靠岸。陆战6师和96师位居全军两翼。就这样，在首里高地上的牛岛中将及其幕僚们的注视下，美第10集团军的4个主力师计有16000多人在第一个小时之内就登上海滩。

跟随突击部队登陆的是一波坦克部队。有些坦克装备漂浮装置，可以浮水上岸，其他坦克则由LCM机动登陆艇装载登陆，这些机动登陆艇依靠船坞登陆舰运送，另一些坦克需要中型登陆舰运送上岸。将前几波突击登陆部队送上海岸后，两栖运兵车会返回运输线，继续运送后续部队、各支援部队、各种装备和物资越过礁盘登上海滩。为保证运输行

定滩头靠岸。任何一波登陆车队哪怕稍有延误，也不过几分钟而已。美军的海空支援火力一直持续到第一波登陆车队靠岸前一分多钟，才戛然而止。当地面部队靠岸时，除了远处内陆地区炮弹落地的回声外，听不到任何声音。

不久，笼罩在登陆地区的烟雾和灰尘散去，美军官兵已能观察正前方的地貌。前方海滩纵深大约20码，被高出地面3米左右的海堤分隔成一片一片。海滩上能见到少量弹坑，但美军舰炮炮弹大多打穿海堤而过，使海堤上密密麻麻全是大洞和豁口，足够让地面部队穿过。除了比谢川河口的陡峭河岸外，在登陆区域中央，地势逐渐升高到大约15米，远方的群山在炮火形成的烟雾中隐

约可见。等硝烟逐渐散去，向更深处的内陆张望，可以看到许多村镇都已被美军轰炸造成的大火烧毁，浓烟从房屋的细长尖顶升起。

后续波次登陆部队一直都在向海滩推进。不到1个小时，第3两栖军的陆战6师和

美军抢滩登陆不久后，陆战7团的突击部队正在越过蓝2海滩的海堤。

动的顺利进行，美军在运输线设置了多个LVT两栖运兵车、DUKW两栖运输车和登陆小艇控制点。一旦前方部队需要，两栖运输车辆会运载弹药和物资继续进入内陆地区。

美军在渡具知海滩的登陆行动简直顺利得难以置信。出乎美军官兵意料的是，他们在登陆时只遇到轻微抵抗，几乎没有来自日军的迎击炮火，仅仅受到零星的野炮、迫击炮和步枪射击而已。不久前的3月下旬，陆战5团的士兵斯莱基在乌利希基地听取关于进攻冲绳的说明时被告知："登陆时的伤亡有可能达到80%－85%。"斯莱基所属的陆战1师此前曾经历过残酷的佩里琉战役，在那场战役中蒙受了迄今为止最高的伤亡率（40%）。听到这样的说明，他的一名战友不禁小声嘟哝："这样子可怎么鼓舞士气啊？"总之，士兵们在4月1日早上都紧张兮兮，登陆后对于没有遇到预想中的猛烈炮火一事万分惊讶。斯莱基本人在登陆时也只看到有两发迫击炮弹落在附近。美军在滩头阵地上没有遇到日军，甚至连地雷都很少。美军登陆行动基本按计划完成，绝大部分部队在指定滩点安全靠岸。对于日军的消极反应，美军官兵普遍归因于登陆前的支

援炮击。登陆行动如此轻松，他们反而产生了不祥的预感，更谨慎地侦察敌情，在确定不会在海滩踏入陷阱后，才开始按计划向内陆运动。

巴克纳将军麾下的美军官兵曾在太平洋战场的历次岛屿战中，反复遭遇日军的万岁冲锋，此时当然也预料将有大队日军以必死的决心，挥舞着日本刀或端着枪刺、越过战友的尸体、顶着手榴弹，一边高呼"万岁"一边拼命向自己冲杀过来。日军却完全没有发动此类攻击的迹象。士气高涨的美军官兵们不费吹灰之力便冲上海滩后方的山坡。山坡上的土地干燥坚实，还生长着绿色针叶树。第7师的一名步兵，在登陆后不多时便登上比谢川正南的一座山丘，禁不住自言自语："我已经比自己想象中

活得更久了。"这是很多参加突击登陆行动的美军官兵的心声。

8时稍过，日本第32军司令部向有关方面发出报告："敌军于8时开始登陆本岛，在嘉手纳正面约有2－3个师、凑川正面约有1个师。"

牛岛中将以下的第32军领导干部在首里高地上观察了美军登陆作战的全过程。他们神态轻松，毫无紧张感，犹如在观赏战争电影。某人正在谈笑，其他人则一边抽烟一边悠然地眺望着美军登陆。他们决心将美军引诱到已布下坚阵的首里北方高地带，给予出其不意的重击。

牛岛中将和参谋们自信满满，从容镇定，不仅没有丝毫的担心和疑虑，反而期待着同强敌交锋。作战主任参谋八原

因顺利登陆反而感到不安的美军士兵。

博通大佐甚至比其他人更加得意。他揣测着陆续登陆的美军官兵们此刻的心理，不禁露出嘲讽的笑容。

南岛的春意已浓，首里周边山野的绿色在朝阳的映衬下显得分外艳丽，让人难以想象地下正隐藏着几万名待命的日军官兵。首里上空不时出现美军侦察机，除此之外一切平静如常，与十数公里外充满杀气的嘉手纳附近海岸相比完全是两个世界。第32军的静，与美第10集团军的动，形成了富有趣味的对比。

这时，正在揶揄地观看着手忙脚乱的美军的日军领导干部们，心中忽然掠过严重的不安——为何在战场上连一架友军飞机也看不到？按照大本营的作战方针，己方航空兵担负着歼灭来攻之敌的重任，第32军不过是配角而已。敌登陆部队尚未登陆、仍漂在海面上时，正是歼灭敌军的最佳时机，这一点在过去已被反复强调。过去的约一周时间里，日军飞机不断利用黄昏、月明、黎明时分攻击冲绳岛周边的美军舰船，此刻美军运输船队正猬集于嘉手纳附近海面，正是应该排除万难、集中全力攻击的千载难逢的良机。在这一带海面上，日军的特攻飞机始终不见踪影，将敌军歼灭于海上

的豪言壮语完全沦为空谈。这一天，日军的地面部队和航空兵均保持了惊人的"克制"。这样一场交战双方共投入数十万地面部队和数千架飞机，连英国海军也派出强力舰队投入作战，甚至许多冲绳县民也被卷入战斗的陆海空一体的大会战，竟然会如此开场，未免过于奇妙。

第32军领导干部们所不知道的是，由于在九州海空战中，日本海军航空部队极度夸大了战果，导致大本营对美军登陆冲绳本岛的时机判断错误，加上日军航空兵消耗巨大，以至于失去了在4月1日破坏美军登陆作战的良机。日本陆海军航空部队大举出动攻击盟军舰船的菊水一号作战要到几天后的4月6日才开始实施。不过在此之前，美军的登陆支援船队并非毫无危险。实际上，日军航空部队已经竭尽全力反击美军

的登陆，但实在无力造成美军较大的损伤。就在前一天的3月31日晨，日军的特攻机突袭了美军第5舰队司令斯普鲁恩斯海军上将的旗舰"印第安纳波利斯"号重巡洋舰，引爆了舰上的炸弹和燃料罐，造成9人战死，斯普鲁恩斯不得不转移到其他战舰。4月1日当天，日军的自杀飞机命中美军战列舰"西弗吉尼亚"号、2艘运输舰和1艘坦克登陆舰，另有1艘坦克登陆舰因1架自杀飞机近失受损，还有2艘舰船因其他原因受损。美军舰炮和巡逻战斗机则击落了大量日机。

在登陆场附近的伊佐浜东北高地上，山本义中少尉率领的侦察队的官兵们也目睹了美军的登陆行动。

"啊，从船里面开出船来了。"

通过望远镜紧紧盯着海面的山本不禁叫出声来。他把望

日军航空兵的自杀式神风特攻在战争后期一直是对美军舰队的一大威胁。图中的一架神风特攻机在被美军巡洋舰高炮击中后坠海。

远镜递给指挥班的三浦军曹，侦察员们一个接一个地接过望远镜观察远方。大家都发出了叹息声。只见白浪冲上珊瑚礁海岸，无数登陆艇和水陆两栖车辆也好像波浪涌来一般，排成队列向岸边冲来。山本立即命令三浦军曹带上东上等兵赶赴独立步兵第13大队本部用有线电话向第62师团的上野参谋长紧急报告情况。当登陆艇接近海岸时，炮击延伸了射程，开始指向谢苅和桃原，那是独

立步兵第12大队第4中队布防的地区。在海岸线上空，数不清的美机开始反复进行俯冲炸射。山本想起在1944年8月20日到9月底期间，他们曾和平民们一同挖掘反坦克壕，现在目睹这炮击轰炸的惊人场面，深感那些工作纯属徒劳无益，还不如种些蔬菜更有用处。他估计挤满海面的舰船总数当在千艘以上，看起来冲绳岛上连一只老鼠也逃不掉。令山本疑惑的是，为什么不能趁此时机

消灭这些舰船呢？

这时日军的枪炮开始从海岸边的掩蔽阵地向美军射击。这是贺谷支队和海军的两座炮台在反击。从青柳中佐指挥的特设第1联队阵地上也传来了枪声。在如怒涛般涌来的美军面前，这种程度的抵抗无异"螳臂当车"。不久，山本看到美军的步兵部队在岸上散开，开始各自向机场前进。只经过一小时，美军坦克部队便在机场东端布好阵势，开始用坦克炮攻击高地。在坦克后方，步兵则在挖掘散兵坑、构筑散兵阵地。专注于观察战况的山本从遮蔽物后面露出了上半身，结果立刻招来子弹。山本开始率队撤向独立步兵第13大队第1中队阵地，好向上野参谋长直接报告情况，所幸路上并未遇到美机。在中队本部，山本用有线电话呼叫上野参谋长，好不容易才打通。"山本将校……不，斥候长报告，现在报告首次报告之后的敌情。估计敌登陆部队在1000人以上。登陆坦克300辆，并且还在陆续登陆中。估计在4月1日日落之前将有50000敌军登陆，预计明2日以后，敌将在反复进行炮击轰炸后，以坦克为前导攻击我军阵地。"参谋长回复："辛苦你了。尽快回到阵地休息吧。"山本为完

4月1日，利用水陆两栖运兵车登陆冲绳本岛中部读谷海岸的美军陆战22团士兵。

成任务松了口气。血腥的冲绳岛地面战役只不过刚刚拉开帷幕。

美军的炮击轰炸虽然极为猛烈，但日军主力部队几乎毫发无损。从3月25日开始，在冲绳本岛中、南部展开的日军各兵团，便各自安全地隐蔽在山腹中的坑道阵地内。不过，并非所有日军部队都采取相同的行动，负责在美军登陆正面进行迟滞战斗的贺谷支队（第62师团的独立步兵第12大队）就因为部队的作战目的和部署地点的关系，不得不暴露在美军的炽烈弹雨下。该大队的机枪中队被部署于嘉手纳机场南侧，距离海岸线不过500米左右，几乎与海面高度相等，重机枪就架设在仅比海面略高的丘陵地上面的坑洼处，6挺重机枪以10米左右的间隔摆开，所谓的"阵地"上既没有掩体也没有遮蔽物，重机枪就这样赤裸裸地指向嘉手纳的海岸线。唯一能勉强算作"遮蔽物"的不过是——将周围杂树丛中的树枝盖在头上而已。贺谷支队如此部署，是为了将美军引到近处后射击，在稍稍后退之后，会再次阻挡美军前进，如此逐次向山中撤退，从而迫使美军流血。这种战斗并非据守坚固既设阵地的防御战，而是通过迅速机动给予对手一击的战术。所以贺谷支队需要在作战中不断移动，从一开始就没有考虑据守固定阵地。

因此，贺谷支队可不像悠闲地吸着香烟的首里城军司令部人员那样自在，包括机枪中队在内的各队都被迫置身于猛烈的炮击轰炸之下。在美军登陆之前，机枪中队的小队长藤井正弘曹长就注意到美军的舰炮射击在30、31两天集中于海岸线一带，与此前数天的舰炮射击相比，弹着点发生明显变化——当初的炮击瞄准的是远离海岸线的后方地区。不仅如此，美机投掷炸弹的地区也出现显著变化。31日夜，大量美军舰船聚集在嘉手纳近海，移动十分缓慢，看上去像是停在海面一样，只有航母在以高速航行。这时藤井已经不需要用望远镜追踪在甲板上起降的舰载机的身影，用肉眼就可以看得清清楚楚。藤井是一名久历战阵的老兵，根据集中炮火和轰炸的目标的变化，敏锐地判断出美军大部队必定将在次日登陆。不过机枪中队的阵地在数天的炮击轰炸中一直没有被直接命中。30、31两天，炮击轰炸的猛烈程度难以想象，浓密的火网覆盖了海岸线一带，炮弹或炸弹在极近处掀起火柱和烟尘，以至于什么都看不见。

4月1日晨，当美军第一波登陆艇逼近至距海岸线约500

日军的主要制式联队炮之一，九二式步兵炮。
规格参数
口径 70毫米　战斗总重 212公斤　炮盾厚度 4毫米
横向转角 45度　射角 −10度至50度
射程 2810米 炮弹爆炸杀伤范围：约36米之内

米处时，后方远处的战列舰、巡洋舰等大小舰只停止对岸支援炮击（稍后舰炮射击重新开始，弹道向更远的内陆地区延伸）。炮击停止后不久，身处嘉手纳海岸突出阵地的藤井曹长看到眼前那座坡度较平缓的丘陵上突然出现钢铁车辆的轮廓。这是他第一次亲眼见到水陆两栖坦克。充当前锋的5辆两栖坦克逼近到距离机枪中队仅50米左右的地方。机枪中队这边既没有炮火支援，也没有反坦克炮或速射炮，对眼前的钢铁怪兽实在是束手无策。不过，这5辆两栖坦克却停留在机枪中队面前50米处，没有继续前进的迹象。就这样，机枪中队主力在同两栖坦克群的对峙中迎来了黄昏。不久，这些两栖坦克开始一辆接一辆地移动起来。它们并没有向机枪中队开过来，而是向后方退去，在岸边构成坚固的桥头堡，以

防日军可能会发动的夜间突击。与此同时，机枪中队接到了大队本部的撤退命令。

美军开始登陆后，平安山（嘉手纳机场南方）的海军第11炮台、海军伊祖炮台（首里北方3公里）和桑江东方的独立步兵第11大队的1门联队炮开始向美军射击。贺谷支队所属各队也立刻进入战斗状态。

海军的平安山炮台在当天被临时配属给贺谷支队。美军开始登陆后不久，这座炮台即开始猛烈炮击，已登陆的美军也向该炮台发动了攻击。

此前，贺谷大队的通信中队向平安山炮台派出了包括山田俊治兵长在内的2名士兵，因此大队本部能通过他们的报告随时了解美军逼近炮台的情况。

"敌部队已接近至距炮台百米处。"

山田兵长的声音传到大队

本部所在的坑道内。山田在接下来的时间里继续报告炮台的危机，但持续时间并不长。没过多久，通信小队就听到山田的尖叫声：

"敌部队距离极近。已接近至50米。"

山田的声音再也没有传过来。

平安山海军炮台的西川康男兵曹长以下30人当天全部战死，操作桑江的联队炮的11人中也有小队长吉田中尉以下10人战死，另有1人重伤。同平安山炮台的日军在一起的喜友名出生的14名少女（女子挺身队员），在同下势头出生的6名女子挺身队员（配属贺谷支队的机枪小队）会合后，在转移途中被美军发现，少女们大多被射杀或自杀。结果喜友名出生的挺身队员只有2人生还，下势头出生的挺身队员则仅有1人幸存。

这里有必要提一下日军的通信情况。据贺谷支队通信小队的高岛大八军曹回忆："当时我们使用的是六号无线机。虽然也有五号无线机等，但六号便于携带，用于近距离通信效果最佳。在美军登陆前的演习中也能顺利通话。可是，现在我们却待在巨大的洞穴中。登陆的美军部队也已经装备了收发机型的无线机。结果随着

美军向内陆进军最初遇到的抵抗非常少。嘉手纳机场南面，在被海军舰炮轰得支离破碎的珊瑚乱石之间，96师的步兵遇上他们在冲绳攻打的第一座山头，开始第一场洞穴战斗。

战斗的激烈进行，我们的通信机混进了尖锐的英语声，不得已只好改变通信频率，别的声音又挤了进来，最后终于没法受领命令和传达信息，所以只好派遣传令兵传达重要的命令。"

贺谷支队的大队本部位于嘉手纳机场东南方喜舍场高地的天然洞穴内。此处视野良好，可以清晰地看到嘉手纳机场西方的海岸线。从几天前美军舰艇群出现开始，这里就再也无法看见海岸线上的碧蓝海水，只能看到漫天的烟尘，或者在烟尘被风吹散时现身的黑压压的舰艇群。

虽然在美军看来，这一天日军方面几乎毫无抵抗，但双方仍然发生了局部交火，一些美军士兵不幸倒在日军的枪口下。当美军登陆时，独立步兵第12大队第2中队的下士官山本次男军曹带领的一个分队就在嘉手纳机场东方近处的丘陵地上（第2中队奉命在最靠近海岸的丘陵地上占领阵地）布阵。此地视野开阔，但所谓的"阵地"十分简陋，较一般的野战阵地都相差甚远。所谓"丘陵地"，其实不过是利用嘉手纳东方梯田的斜坡，挖掘了横洞式的简易坑道，仅能勉强容纳数人而已。为了避开敌机的目标，实在没有什么好

法子，他们只能将阵地覆上薯叶，伪装成周围田地的模样。

美军登陆时，山本军曹正守在坑道内的枪眼上，他感到身体在断断续续地发抖。在山本分队前方的机场上，直到傍晚前都挤满了美军部队。终于，美军开始出现在山本等人布阵的山陵附近，距离山本所在的坑道枪眼大约200米。山本甚至可以听到大声喊出的英语。美国兵的表情十分轻松，好像完全不用担心日军的迎击火力，脸上甚至露出了微笑，在山本看来完全是旁若无人。

山本有心对接近的美军予以痛击，但他手下只有一个分队的寡兵，火力上也只有一个分队的士兵装备的步枪和架在坑道内的一挺轻机枪而已。虽然如此，山本仍然命令轻机枪：

"目标，前方之敌，开火！"

随着他一声令下，微微露出枪眼的轻机枪立即向眼前的美军队列喷出火舌。正在轻松地大声交谈的美国兵的笑声瞬间变为惨叫声。美军的队列立刻解体，士兵的身影在山本的视野中消失，大概是为躲避子弹纷纷卧倒在地。轻机枪射光30发子弹后便停止射击，此后的几分钟时间里，双方陷入怪异的沉默，但并未持续很久。

很快，阵地便遭到迫击炮的集中轰击，炮弹接连不断地在分队坑道周围一带爆炸，直到傍晚才停止。

大约与此同时，第2中队指挥班的山内充兵长开始在丘陵之间匍匐前进，冒死向嘉手纳机场的特设第1联队长青柳时香中佐传达命令。当遇到美机在低空扫射时，他不由得念起"南无阿弥陀佛。"好不容易抵达联队长所在的洞穴，报告完毕后，青柳中佐立即命令部下烧掉密码本。

登陆首日，美第10集团军的4个突击师送交特纳海军中将的伤亡名单显示，地面部队一共有28人阵亡，104人负伤，27人失踪。

美军登陆前的3月下旬，冲绳本岛的日军实力概要如下：

陆军兵力　约86400人
陆军弹药
　步兵弹药　0.6会战份
　炮兵弹药　0.8会战份
陆军粮秣　3月10日当时约9个月份
海军兵力　约1万人

海军炮台装备各种火炮约25门，另有喷进炮约20门，迫击炮约50门，各种机枪约300挺，其装备堪称优良，但缺乏

地图十一　美军登陆的第一阶段部署和目标

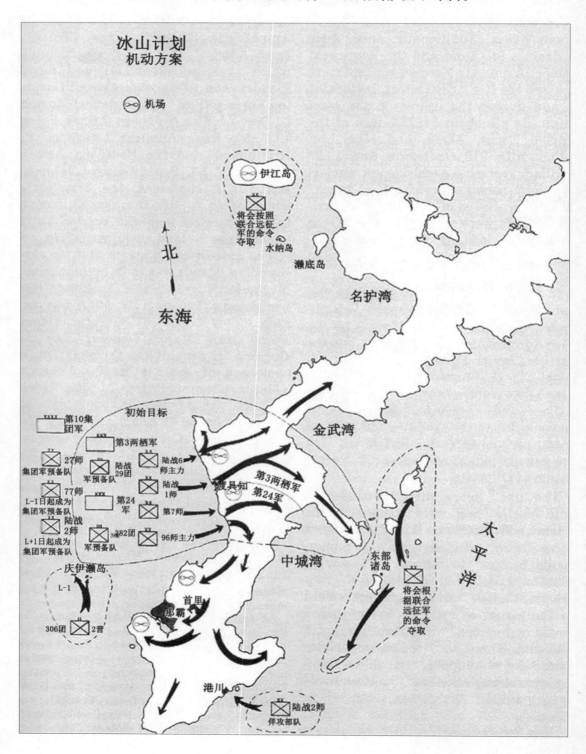

机动性。

根据1943年10月10日参谋本部幕僚手册，一会战份的弹药基数如下（表示每件武器所分配的弹药量）：

手枪 40发

步枪 300发

轻机枪 8000发

重机枪 23000发

重掷弹筒 250发

速射炮 1200发

大队炮 1500发

联队炮 1300发

野（山）炮 2000发

105毫米榴弹炮 1500发

150毫米榴弹炮 1000发

高射炮 800发

机关炮 3200发

37毫米坦克炮 900发

绪战

成功登陆渡具知海岸后，美军越过海滩边的小山丘，继续小心翼翼地向内陆前进。他们接下来的目标是嘉手纳（中）和读谷（北）两座机场，均位于内陆约1.6公里处。4月1日10时左右，第7步兵师17团的巡逻队到达嘉手纳机场，发现机场已被废弃。半个多小时后，该团就将战线推过机场跑道200码。11时30分，陆战6师4团占领了设施更加完

善复杂的读谷机场，其间只遇到零星抵抗。两处机场上散落着许多日机残骸和物资。

在嘉手纳机场，美军发现了日本海军航空队的秘密兵器"樱花"，一共4架。"樱花"是日本海军航空队紧急开发的决战秘密武器，由一人搭乘操纵的"人体火箭"。"樱花"机的两翼全宽5米、全长6米，机头装有1200公斤炸药，拥有极强的破坏力，由于自身过于沉重，无法自行起飞。解决办法是让续航能力强大的日本海军主力轰炸机"一式陆攻"充当母机，将"樱花"悬挂于其机身下方，预定在接近目标上空时与母机分离。与母机分离后，"樱花"机内的操纵者毫无生还的希望，只能与飞机同归于尽。

第32军在美军登陆冲绳前夕的1945年3月下旬在嘉手纳机场部署了"樱花"，严令特设第1联队"在美军登陆的同时全部予以破坏"。但这些秘密兵器却在混乱中完整地落入美军之手。

到4月1日天黑时，美军的滩头登陆场已扩大到长15000码、纵深5000码大小。包括4个突击师的预备队团在内，60000多名美军官兵都已上岸。所有师属炮兵都早早登陆，晚上，负责直接支援的各

炮兵营已就位。大量坦克顺利登陆，开始随步兵行动，各高炮兵单位和15000名后勤部队也已在登陆场就位。登陆首日傍晚，嘉手纳机场已能供美军飞机迫降。

当晚，陆战6师留在从伊良皆到牧原南面与师边界一线重合的阵地过夜。第7步兵师已向内陆推进将近5公里，拿下了日军的一些碉堡，不过因触雷损失了3辆坦克。在第10集团军南侧，第96步兵师已经在北谷村南面的河边、普天间西北高地、桃原郊外，以及势头西北和西南山区，建立了自己的阵地。起初美军的战线上还有许多缺口，但天黑前已经得到预备队或者重武器掩护。

在首里周围的群山之中，日军可以清楚地观察渡具知海滩和停在近海的美军大舰队，不过美军暂时不用担心日军航空兵袭击。虽有小股日军抵抗，还有一些火炮和迫击炮的炮弹射向美军登陆艇和海滩，但迄今为止冲绳岛日军的抵抗几乎可以忽略不计。

防御中头地区（北、中机场）的日军部队只有特设第1联队和贺谷支队（独立步兵第12大队约1200人）。贺谷支队虽是一支精锐部队，但兵力较少，该支队的主要任务是迟滞美军在中头地区的行动，因

美军技术人员正在读谷机场分拆樱花人体火箭。

此特设第1联队成为唯一负责反登陆作战的主力部队。特设第1联队本身并非战斗部队，装备、训练和士气均极度低下，兵员主要由机场设营部队和航空辅助部队组成，并加入很多就地召集的防卫队员，连步枪都严重不足，以简易炸弹为主要武器。这支部队的部署，与其说是为抗击美军的登陆作战，毋宁说是第32军司令部为应付第10方面军和大本营所作的安排。第32军仅仅指望这支部队能稍稍妨碍一下美军推进，也没有考虑对其进行支援。

特设第1联队的联队长由第19航空地区司令官青柳时香中佐担任，1945年3月23日时的编制如下：

特设第1联队　联队长青柳时香中佐

联队本部　　（第19航空地区司令部）　约45人

第1大队　大队长　第56机场大队长黑泽严少佐

第56机场大队　约370人

第503特设警备工兵队约800人

第2大队　大队长　第44机场大队长野崎真一大尉

第44机场大队　约390人

第504特设警备工兵队约800人

要塞建筑勤务第6中队约300人

诚第1整备队

学生队（尚谦少尉指挥的县立农林学校学生队170人）

驻于伊江岛的第50机场大队、第502特设警备工兵队虽然也被编入特设第1联队，但由于无法从伊江岛转移到本岛，就留在伊江岛进行战斗。

特设第1联队在美军登陆前不久的3月20日才成立，原

本负责机场的警戒和勤务等任务。3月30日之前，该联队在炮火下从事北、中机场的整修等工作，无暇从事地面作战准备。3月30日，牛岛中将下令破坏北、中机场，该联队遂开始着手破坏机场，这项工作进一步推迟了该部进行地面作战准备。联队主力从3月30日开始才进入读谷山（220高地）的阵地。雪上加霜的是，联队本部的编制也不健全，缺少通信机构，不容易掌握部队，这使得战斗力本来就十分低下的部队实战表现更加差劲。因此，面对登陆的美军4个师，特设第1联队可谓脆弱不堪，一触即溃，无力阻止美军登陆，当然也未能阻碍美军建立桥头堡。此外，该联队由于从事破坏机场作业的人员不足，又是在猛烈的舰炮射击下工作，致使破坏程度极为有限，以至于日后美军能轻易重新启用机场。

在美军登陆前，随着舰炮和轰炸日益激烈，担任机场守备的海军高射炮和机关炮队已经趁着夜色移往那霸和小禄一带，机场任由美机蹂躏，跑道上被炸出很多大窟窿。4月30日，北机场南侧波平村一带反坦克壕内的地雷被舰炮射击引爆，导致第62师团派遣的一个小队死伤多人。

4月1日，特设第1联队就在猛烈炮击下迎来了美军登陆，由于自身没有炮兵火力，也得不到炮兵支援，几乎毫无还手之力。当天，第56机场大队的警备中队在座喜味高地附近的战斗中，自中队长以下大部战死，几乎全军覆没。第2大队防守的御殿敷阵地（位于御殿敷北侧高地）在当天没有受到美军直接攻击。由于御殿敷阵地在地形上较为不利，该大队稍后转移到联队的最后抵抗防线仓敷阵地。

联队本部在当天同各部队失去联系，各部队只得各自为战。到了夜间，联队本部能确实掌握的部队仅有独立步兵第12大队的第2中队和要塞建筑勤务第6中队，其他部队情况不明（独立步兵第12大队第2中队和特设警备第224中队在美军登陆后奉命归该联队指挥）。

与特设第1联队相比，贺谷支队则是名副其实的精锐部队，兵员主要是服役3－5年的现役兵，先前在华北"治安战"中曾进行了多次大队规模的独立战斗，特别是以中、小队为单位，在重兵包围下经历众多苦战，积累了丰富的战斗经验。贺谷中佐也被认为是一名颇为干练的大队长，第62师团长对该大队颇有信心。贺谷支队自1945年2月初开始就承

担前线任务，作战准备时间约有2个月，其负责的迟滞行动地区，也是该部从1944年8月至11月间守备的地区，对地形可以说了如指掌，相对其他部队屡次变更部署，这一点对贺谷支队实施迟滞战斗可以说相当有利。

4月1日至4日期间，贺谷支队以劣势兵力，在美军第96师和第7师正面6公里、纵深10公里的地区组织迟滞战斗。贺谷支队的编制如下：

独立步兵第12大队 全部人员1233人 大队长 贺谷兴吉中佐

大队本部 57人

步兵中队5个 每中队189人
第1中队 川崎忠雄中尉
第2中队 山添欣作中尉
（美军登陆时配属给特设第1联队）
第3中队 饭田桃介中尉
第4中队 吉村馨中尉
第5中队 八木一夫中尉
机枪中队 盐见高美中尉129人

步兵炮中队 长峰正荣大尉 102人 装备92式步兵炮2门、41式山炮2门

配属部队
特设警备第224中队（美军登陆时配属给特设第1联队）

4月1日美军登陆时，贺谷支队的第1和第4中队分别部署在海岸地区的北谷和平安一带，第2中队则被配属给特设第1联队。大队本部设于喜舍场国民学校（中城村）内。在1日白天的战斗中，贺谷中佐将机枪中队加强到第一线支援第4中队，并且命令步兵炮中队射击。由于部队损失惨重，贺谷中佐在15时左右命令第4中队和机枪中队后退至桃原－山内一线。傍晚前，第4中队第1小队几乎全部战死，中队长吉村中尉也受了重伤，指挥权转交大队本部附太田俊郎中尉。

在1日夜间，总的来说战场比较平静，美军只是偶尔受到步枪、轻机枪和迫击炮射击。贺谷支队则抓紧时间变更部署。贺谷中佐当晚下达的命令概要如下：第4中队确保桃原和屋宜附近，机枪中队主力支援第4中队的战斗，第3中队确保岛袋北方高地，步兵炮中队在101高地（岛袋东方1.5公里）附近占领阵地、主要支援第3中队的战斗。各中队于是奉命撤出阵地，向更后方的丘陵地带撤退。为了使部队能够迅速移动，贺谷支队曾请求得到友军炮兵的火力支援。贺谷支队的请求通过第63旅团长上报给第32军司令部，但军司令

部为了隐匿准备用于以后地面战斗的炮兵阵地，答复说"军炮兵阵地不宜过早暴露"，没有批准。最终，各部在2日晨之前完成部署变更。2日晨，第5中队抵达大队本部，随后奉命在桃原以东、第3和第4中队的中间地区占领阵地以填补空隙。

4月1日夜，在距离海岸线约800米的读谷地区的洞穴内发生一场惨剧。当地居民集体自杀，死亡的村民多达82人，到2日晨才被发现。洞穴内躺着几十具浑身是血的尸体，死者都被镰刀切开了喉咙，或用菜刀切断了颈动脉。此前的3月29日，在读谷山村的宇座，有2发舰炮炮弹击中这里的一处天然洞穴的入口和洞穴上部，造成洞穴中央崩塌，导致

24名平民死亡。

4月2日和3日两天，天气情况仍然良好，日军的抵抗依然微弱，美军推进速度极快。当天，青柳中佐接到第32军司令部的命令："特设第1联队转归国头支队长指挥下实施游击战。"青柳中佐却企图突破中头地区同军主力会合，在当晚命令各队向南转进，但各队执行得很不彻底。独立步兵第12大队第2中队主力、特设警备第224中队主力、第503特设警备工兵队一部等部队在2日夜开始南下，但这些部队全都在途中遭遇美军，损失很大，转进行动因而失败。青柳中佐于当晚从石岭久得（读谷山西南偏南3公里，联队本部所在地）移动到池原（兼筥段西北）。

在美第10集团军左翼，陆战6师在2日继续一路向读谷山的山脚一带前进，在渡具知海滩西北的残波半岛巡逻，占领了沿海的长浜村。在这片山区，被踩踏多次的小径在树木茂密的高地和山岭间纵横交错，珊瑚壁和峭壁上遍布岩洞。日军依托山顶和岩洞顽抗，陆战6师4团为消灭这里的日军费了很大力气。最激烈的战斗发生在读谷机场东侧的喜名地区，日军特设第1联队第1大队（大队长黑泽少佐）在这里的阵地顽强抵抗，使陆战4团陷入苦战。在战斗中，曾有12名美军伤兵被孤立长达4个小时。万般无奈之下，美军甚至进行了类似万岁冲锋般的攻击。

黑泽大队的大队本部设在喜名阵地的海军坑道内。随着战斗的激烈进行，美军坦克一边开火一边逼近了大队本部坑道。几名背着简易炸弹的日本兵突然冲出坑道，美军将汤姆逊冲锋枪抵在腰间向他们猛烈扫射。由于双方过于接近，射击忽然停止。双方投掷的手榴弹接连爆炸，但战场不久便安静下来了——这表明冲出壕外进行反击的士兵已经被消灭。黑泽少佐手下的士兵们能够使用的武器只有手榴弹、步枪、竹枪和简易炸弹。

刚刚在冲绳海滩登陆的美军陆战队突击战斗队越过珊瑚岩石前进。这个战斗队组织完备，配备火焰喷射器和勃朗宁自动步枪。

上午11时，本部坑道被迫击炮弹重重包围，随后坑道入口附近也遭到迫击炮狂轰滥炸，日军在洞内动弹不得。最后黑泽少佐下达了准备突击的命令。不久，几名偷偷摸过来的美国兵出现在洞穴上方。黑泽少佐以下蜂拥而出，跑向洞外，在稻田中纷纷倒下，田地中的水被数百人的鲜血染红。防卫队员城间辰藏也跟着乱哄哄的人群向正上方的棱线爬过去。自动武器的弹雨从山顶倾泻而下，城间闭着眼睛丢出了手榴弹。忽然城间的臀部和双腿感觉到烧灼般的疼痛，子弹在他的肉体上打出血洞。城间倒在灌木丛中，当恢复意识时，身边的草丛正在燃烧。他本能地滚动身子，努力扑灭衣服上的火焰，结果身体忽然悬空滚落到泥田里。三四十名伤员正躺在田地里吧嗒吧嗒地扑腾着手脚，嘴里在喊着什么。其中有人在呼唤孩子的名字，也有人发出垂死时的呻吟。城间忍受着全身的疼痛，茫然望着眼前的景象。

在这次战斗中，黑泽少佐以下大部战死，部队被打散。稻田中的泥水被数百人的鲜血染得腥红。后来城间看见十多名美国兵走进稻田。他们弯下腰，用手枪一发一发地向泥田中开火。有一颗子弹射向

城间，从手指间穿过。过了不久，这股美军终于离开。城间在第二天（4月3日）被未受伤的防卫队员救出。

陆战1师在4月2日继续向石岭久得和北谷一线挺进。他们一路上遇到几个较小的日军防御阵地，但拖延他们前进速度的主要因素是相当原始的道路和崎岖的地形。

2日14时，第7师17团已在控扼冲绳东海岸中城湾的高地建立阵地，该团巡逻队已到达中城湾海岸。因为推进速度太快，这个团的前锋都将侧翼甩开了一段距离。第17团南面的第32团至这天傍晚前后已和第17团的位置平行。第32团白天在坦克配合下，攻克了由贺谷支队第3中队防守的胡座南侧的一处坚固阵地（第3中队并未被消灭，而是突破美军包围，退到中城城堡方面的新阵地，即165高地）。第7师北面的陆战1师由于地形崎岖和补给困难，当天的进度大为落后，以至于两个师之间出现大约6000码的缺口，好在该段缺口可由第7师的第184步兵团照应，不致成为严重问题。当天，冲绳本岛被美军拦腰切为两段，岛北和岛南的日军被彻底分割。

2日当天，第96师也在势头周围缓缓推进。第96师官兵

在前进中发现了茂密的丛林山岭、空无一人的岩洞和防空洞、沿着崎岖山间小径敷设的地雷、预先挖掘的反坦克壕。该师官兵当天曾遭遇5名日本兵和11名女性发动的敢死攻击。傍晚之前，第381步兵团已经突破岛袋地区，在桃原一带遭到贺谷支队第5中队的顽强抵抗受阻。第383步兵团在同贺谷支队第4中队激战后终于夺取桃原南侧高地，并且在航空兵、地面炮火和坦克协同下拿下了普天间东北的山岭（贺谷支队第1中队防守）。当晚，第96师组成了一道从西海岸的伊佐正北到普天间西南、位于伊佐－普天间公路和普天间北部边缘沿线一处地点的战线。

在2日的战斗中，贺谷支队迭经苦战，暂时稳定了局面，总算得以确保嘉手纳机场的外廓线。当天，原直辖第62师团长的贺谷支队，根据师团长的命令复归步兵第63旅团长指挥。贺谷中佐在当晚命令各队后退重新部署。各队大体在天亮前顺利完成部署，在普天间至获道一线占领阵地。

据说在2日还发生了一件不可思议的事情。根据贺谷支队幸存者的回忆，当天凌晨，有一名澳大利亚兵打着白旗向喜舍场的独立步兵第12大队本

部投降，这是盟军在这场战役中首次有人成为俘虏。俘虏在投降时称："不管怎么想，也不认为美军可以取胜。"该大队的幸存者此后再未见过这名俘虏，也不知道俘虏的遭遇如何。

4月3日，美军第10集团军的两翼部队开始分别朝冲绳南部和北部双向进击。其中第24军在抵达冲绳本岛东岸后改道南下。第17团被留在后方奉命护卫和巩固第24军后方，第32团的3个步兵营则奉命沿中城湾南进，在推进约5000码后占领久场村，将战线推进到横亘村落西南方的一线山地至海岸边的165高地前方。曾有小股日军从山上向美军开火，一些日军在短暂的交火中被击毙。32团的阵地上落下大约10发炮弹，预示着日军的抵抗即将全面复苏。

96师381团尽量与在他们左翼活动的友军32团协同行动，一路来到165高地（中城城堡附近）和荻道。由于贺谷支队第3中队的激烈抵抗，381团对165高地的攻击屡屡受挫。贺谷支队的步兵炮中队以大部火力指向进攻165高地（中城城堡方面）的美军，帮助第3中队阻止381团的前进。第3中队和步兵炮中队在当晚奉贺谷中佐之命撤至新垣北侧高地。

第96师的其他部队则一路进至喜舍场和安谷屋附近以及野嵩东北的阵地，并且占领了普天间及其南方550米的高地。96师的战线西侧则确保了伊佐至喜友名东南角一带。贺谷支队的第1中队在野嵩方面顶住第383团的攻击，夜间得到第5中队增援。

完成大规模右转运动后，第96师准备南进，与第7师取得联系。一路上美军遇到的平民和抓获的少量战俘都说日军已经一路南撤。24军军部根据最新进展，更换了两个突击步兵师的边界线。

在北边，陆战6师各部在4月3日前进3500至7000码不等。陆战4团基本消灭前两天遭遇的敌人，陆战22团则奉命留在后方维持补给线，同时扫荡仍在顽抗的少量日军。

为加快陆战6师在前方的进展，师属陆战队第6侦察连被派往前线，小罗伯特·德尼格中校指挥的第6坦克营奉命派2个加强排运送侦察连的战友，提供火力和机动支援。他们的任务是向北前进，从仲泊越过石川地峡，推进到石川村。在石川村附近，这个装甲车队遭到日军迫击炮袭击，便停在较远距离外以坦克主炮还击。车队一路有惊无险，于4月3日天黑前完成侦察任务，在地峡只发现少量日军。

当天，陆战22团2营到达仲泊，22团主力占据了这个村落南方400码的一座阵地。陆战4团当天遇到的日军抵抗仍不足为虑，但糟糕的地形，公路的缺乏，还是让他们在补给和后送伤病员时遇到许多麻烦。

经过3天的积极行动，陆

96师右翼部队乘坐两栖坦克南下，在砂边正北暂停前进，进行侦察，在当地打出了美军旗号。

战6师左翼在太阳下山时抵达石川地峡入口处，陆战1师右翼顺利进抵中城湾。第3两栖军的进度比预定计划提前了大约11天至12天。

3日当天，陆战7团攻击了日军特设第1联队第2大队防守的仓敷阵地。日军坚决抵抗，美军的攻击一度陷于停滞，但随着日军的20毫米机关炮耗尽弹药，战力骤减，阵地渐渐陷入沉默。黄昏时分，连枪声也逐渐停止。此时第2大队的350人已损失约三分之一，同联队本部也失去联系，大队长野崎大尉下达了向北部恩纳岳转进的命令，指挥大队残部约200人于夜间开始北进。途中大队长受伤（不久自杀），大队转交警备中队长大鹿秀秋中尉指挥。大鹿中尉于当夜在池原附近会见青柳中佐，受领了向国头方面转进的命令，开始向石川岳方面前进。

4月3日一早，美第10集团军司令官巴克纳中将便致电第3两栖军军长盖格少将："我祝贺你与你的部队极为出色地实施这次登陆行动，进而在敌境取得许多收获。我完全相信骁勇善战的陆战队会以标志性的勇敢、气魄和效率，完成这次战事的每一项要求。"

4月4日，陆战1师的全部3个步兵团都已到达冲绳岛东海

陆战4团的巡逻队越过石川西南的山地前进。

岸。陆战6师在22团2营左侧，部署了一个坦克和步兵协同行动的机动车队，沿西海岸公路北上，还派出几个巡逻队去内陆，同深入冲绳腹地的22团1营巡逻队取得联系。22团右翼的3营已穿过石川半岛基部，迅速超过陆战4团。4团则正在山地与顽抗的一部日军交火。22团一路迅速北上，陆战6师师长谢泼德少将得报，决定让师预备队推进到可以支援该团的位置。8时35分，陆战29团1营奉命乘卡车立即前往仲泊郊外待命。

4日正午，陆战4团已抵达东海岸，但已被前往石川的22团落下一大段距离。随后4团的进攻转移90度，直指北方。当时22团已负责整个陆战6师从冲绳东海岸直达西海岸的

正面战线，29团1营被加强给该团。陆战4团完成扫荡行动后，傍晚在师预备区集结。陆战6师当天抵达原本预定于登陆16天后占领的仲泊至石川一线。

4日晨开始，贺谷支队的第1中队和第3中队分别在野嵩方面和新垣遭到美军第96师猛攻，陷入苦战，伤亡很大，勉强还能保住阵地。第1中队在3日、4日两天都成功守住野嵩阵地，延缓了美军通过宜野湾公路接近日军主阵地的时间。

当晚，贺谷中佐决定将大队撤退到161.8高地，向各队下达了撤退命令。至5日天亮前各队在161.8高地完成集结。5日夜间，贺谷支队遵照旅团命令让部队向幸地后退，他们的前方任务就此告一段落。

从4月1日至6日期间，贺谷支队的损失为：战死军官11人、下士官兵232人，另有多人受伤，但具体数量不明。贺谷支队报告称取得击落飞机2架、破坏坦克10辆和杀伤敌军约600人的战果，但显然是极度夸大的数字。

4日，南面美军第24军的4个前线团均已通过冲绳岛的狭窄腰部位置。第7师第32团和第184团在东面，第96师的第382团和第383团则在西面活动。这一天，第96师即将接触到独立步兵第13大队在神山地区和大山地区的前进阵地。

冲绳战役中真正的恶战一触即发。

在美军成功登陆后的3到4天时间里，日军的空袭日益密集，许多船只受损，有一些被击沉或报废。每天晚上，不在滩头卸货的美军船只都会从冲绳外海后退一段距离，但这并不能让它们免遭空袭。4月2日19时，运载第77步兵师第305团参谋部和一些部队的突击运输舰"亨里克"号，在庆良间列岛南面被自杀式飞机击中。这架飞机正好命中运输船队指挥官的座舱，穿透了两层甲板，携载的炸弹在第二层甲板爆炸。指挥官当场身亡，305团团长、副团长、人事科长和情报科长同时罹难，全船伤亡与失踪合计达86人。

4月3日晚，日军特设第1联队长青柳中佐在池原掌握了独立步兵第12大队第2中队、要塞建设第6中队、第44机场大队，并命令以上部队向石川岳转进。4月4日4时30分左右，以独立步兵第12大队第2中队为尖兵中队、要塞建设第6中队为后卫中队，各队开始从池原附近出发向国头转进。

但转进开始不久，日军即遭遇强力美军部队，只得分散开各自为战。独立步兵第12大队第2中队主力于4月9日、要塞建设第6中队于10日分头抵达石川岳。联队本部也来到石川岳（具体日期不明）掌握了这两个中队。

4月4日拂晓，向石川岳转进的特设第1联队第2大队到达石川村北侧的河流，这时突然有一辆美军装甲车逼近过来占领了桥梁。该大队向装甲车发动了急袭，据称消灭了约10名美军。在这次战斗中，日军俘虏了2名美军军官，经审问后在离石川桥100米处（石川岳方向）将其枪杀。

登陆场的组织

根据太平洋战区过去历次登陆战总结的经验教训，为切实保障一线作战部队的军械和其他物资补给，妥善组织后勤工作，登陆场滩头阵地的有效管理必不可少。在美军先头登陆部队成功越过海滩、开始爬上通往内陆的坡地时，美军参谋人员详细规划几个月的复杂补给体制就已开始运作。美军后勤部队面临的问题是，要越过宽200至400码的岸礁，再通过海滩，运送200000以上的大军所需的食物、弹药和装备，

96师382团的步兵和装甲兵一起，正在宜野湾公路行驶，通过一片林区，同时要防备日军隐蔽阵地可能发动的袭击。

需要在一线部队后方建造仓库存储物资，然后再运送给各部队。另外，他们还需要拓宽当地的公路、维修占领的机场，使平民不能干扰战事进行的同时，尽量减轻他们无法避免的痛苦。

不断扩大的滩头阵地，基本上都被妥善用于卸载人员和物资。美军的LCM机动登陆艇和LCVP登陆艇每逢涨潮，能用4到5小时通过礁盘，直接在滩头卸货作业，在中潮和低潮期，登陆艇上的货物就必须用两栖车辆转运。涨潮时，坦克登陆舰、中型登陆舰和坦克登陆艇会登上礁盘，让下一次低潮期间可以动用的车辆和装备先下船。DUKW两栖运输车和LVT两栖运兵车无论潮水高低，都可以运送货物。

为了加快卸货速度，美军用尽各种方法。4月2日，泛光灯就在海滩一带为夜间卸货提供照明，除非日军飞机已到邻近空域，卸货工作都不会中断。在预定地点，可供坦克登陆舰使用的人工堤道早早建成。4月4日，一座带90米长单车道、9米乘52米横头的T形栈桥码头和一座带150米长双车道和18米乘53米底部的U形栈桥码头就已经建成。这两座栈桥很快就又被一座六车道堤道取代。堤道架起的同一天，一座带430米单车道和14米乘53米横头的L形栈桥码头也告竣工。海滩上建成了几座沙质码头。陆战队北进时，后勤部队在更北面的名护建成几座附加卸货点。

美军的各种货运船只将大批平底驳船和浮筒运送到位，执行各项运输任务。4月11日，25艘平底驳船已装配好起重机，开始当转运驳船使用，同时还有53艘平底驳船被当作卸货驳船使用，还有6艘充当油料驳船。另有8艘平底驳船专门用于后送伤病员。美军的一艘起重驳船在一天20个工作时内可吊运400吨物资，而且能组织足够的两栖车辆将这些货物送上海岸。

在各处滩头阵地负责管制行动的基干单位是各营的登陆工作队，这些工作队会逐级向上级单位，直至集团军的冲绳作业司令部负责。4月9日，第1特别工兵旅开始接管滩头阵地的工作任务。海军滩头管制员负责维持与海军舰船的联络，安排登陆船只的工作时间

4月3日的黄3海滩。在坦克登陆艇和LCVP登陆艇卸货之后，其他登陆艇会立即跟上占据卸货泊位作业。

在成吨的物资被运往内陆的同时，美军在码头使用的堤道设施缓解了后勤压力。

表和货物驳运事务。

在各级后勤人员努力下，4月3日，美军就开始在冲绳滩头阵地全面卸载。他们很快发现，主要的后勤运输限制因素是将物资从滩头阵地运送到军用简易仓库的运输能力。由于空间和场地条件的各种限制，各后勤单位和装备的短缺情况很快出现，尤其是在陆军行动区域。陆战队的5000名补充兵上岛后，被用于填补各后勤单位空缺，有效缓解了陆战队这方面的困难。

由于一线作战部队的快速推进，加上他们不久便拿下的嘉手纳和读谷机场，需要美军重新安排补给次序。在靠近日本本土的地区进行大规模战役遇到的困难极为复杂，实在令人吃惊，美国人需要时间和

一个试错过程才能克服这些困难。日军的自杀式飞机和自杀船艇一直都是潜在威胁，从4月4日下午开始，天气也在帮助日本人。一场风暴突然来袭，在渡具知海滩掀起1.8米到3米的拍岸浪，一夜未停，一直持续到第二天。风暴期间美军的所有卸载作业被迫停止，有一些登陆船艇触礁受损。4月10日，近岸风浪再度让滩头卸载作业停止，直到4月11日情况也只是略微好转。随同这些风暴一起来临的雨水让冲绳岛本就不理想的公路更加泥泞，美军的补给问题更为复杂。尽管存在各种各样的障碍，到4月16日，美军船只仍完成80%的卸货作业，577000容积吨货物已通过渡具知滩头阵地，这个运输量超出了美军

的计划水平。

除了滩头作业设施外，作战尽快成功必需的各种基地设施也要赶快修建。冲绳岛现有公路一定要修缮，新公路也要修建，已占领的两座机场需要维修和扩大，油料仓储设施，特别是航空汽油仓储设施也急需修建，这样才能尽快从外海的油船向冲绳岛运送油料。不久，向南通往冲绳西海岸的公路就竖起了写有"US1"字样的路标，美军占领的主要公路都根据工兵的计划，标定了类似编号。冲绳岛上的公路，大部分都裸露着泥土，没有铺设路面，只有一车道甚至半车道宽。4月1日登陆当天，滩头进出公路和海岸工作队的卸货公路就已得到修缮。次日，为一线作战部队提供补给的道路，

以及为永久性和半永久性补给设施准备的公路，都已经过工兵修缮。

4月4日至5日，以及4月10日至11日的两场暴风雨，令负荷大增的冲绳岛主要公路泥泞不堪，原本穿梭不息的美军车流无奈瘫痪。等到天气干燥，冲绳的路面又变成粉尘路，大队军车通过扬起的灰尘不时会降低能见度。工兵拓宽主要大路，利用现有和新开坑洞的珊瑚礁石、珊瑚沙、被毁村庄的瓦砾和石灰石重修路面。岛上的桥梁不仅都非常狭窄，承载力也较低，无法让美军的卡车和坦克通过，工兵很快就用竖跨式的活动便桥取代了这些小桥。4月底，美军工兵也终于可以动工修建油库了。

登陆当天，美军在读谷机场就已清理出一条900米长、9米宽的跑道，弹坑也被填平。到了傍晚，嘉手纳机场已经准备好供飞机迫降。4月2日，19架地面炮火观测飞机从护航航母和坦克登陆舰起飞，次日就开始行动。4月4日，美军开始整固两座机场。4月7日，美军的几个陆基战斗机大队进驻读谷机场。两天后，嘉手纳机场也迎来了美军陆基战斗机。两地的航空控制中心均已得到修缮，可以让更多飞机执行支援任务。4月8日起，经过特殊改装的C-54运输机，开始为陆战队后送伤员。与此同时，一架经过改装能喷洒DDT的C-47运输机进驻读谷机场，接管了从4月2日起就一直由海军舰载机执行的卫生任务。

美军第69野战医院在4月3日，即登陆冲绳岛两天后，就接收了第一批伤病员。在野战医院开始运作之前，各师会将他们的伤病员迅速用LCVP登陆艇和DUKW两栖运输车送往渡具知海滩外海的医用坦克登陆舰救治。每艘医疗舰能照料200名患者，实施紧急外科手术。4月16日，陆军和陆战队已经登陆的野战医院合计已有1800个床位。

在猛烈的海空轰炸下，冲绳岛有成千上万的岛民流离失所，财产被毁，极度穷困。当美军地面部队在岛上迅速前进时，他们显得茫然无措。岛民几乎立即就被置于美国军管政府当局监管之下。一开始，美

美军占领读谷机场后不久，一条跑道经过修复，已经可以让陆基战斗机使用。

美军第10集团军登陆后不久拍摄的冲绳本地居民的集体照片。

军将岛民集中在围栏里，然后很快会转移到美军选定的没有变为废墟的村落中安置。例如1500名冲绳平民原先在嘉手纳正南被限制在带刺铁丝网圈定的一块地方活动。4月5日，他们被卡车送往岛袋村，在那里能在宪兵划定的边界内自由活动。其他的类似岛民集散点也这样运作，时空时满。

总的来说，尽管日军主动放弃滩头抵抗，但美军能在短时间内就建立起广大的滩头登陆场，并且建立较为完善的补给线，依然值得称道。4月4日天亮时，第10集团军已经在冲绳岛上占据了长约24公里、宽5公里到16公里不等的一大片地区。在美军占领区内有两座潜力巨大的机场，海滩上可以容纳从货船运来的大量物资，有足够的空间尽快修建军用仓库和各种设施。美军耗费几个月的时间精心制订的计划和准备工作已经收获第一份成果，但美军官兵没有一个人会自满，日本人绝不那么容易放弃。

最初的遭遇战

由于4月4日美军各部推进过快，越过了大片道路崎岖的山岭，使补给线几乎达到临界点。为了让后方的补给物资能送到前方支持进攻，4月5日的出发时间被推迟到9时。早晨短暂的停滞时期，陆战6师各突击营在他们正面500码区域内非常积极地巡逻，装甲车队沿着东西海岸向北深入前方侦察。在陆战6师左翼（西海岸），得到一个坦克排和坦克推土机加强的第6侦察连，奉命从仲泊一路深入许田。位于该师最右翼的陆战4团F连同样得到坦克和坦克推土机加强，在东海岸执行类似任务。

F连在傍晚回头之前，一路推进22.5公里。这支巡逻队被无人路障所阻，先后三次延误了行动，但直到坦克在金武遭遇日军并击毙两人、摧毁一辆油车之前，并没有遇到任何抵抗。西海岸的师侦察连也没有遇到抵抗，但在去恩纳的路上遇到一座断桥挡住去路，也没有其他地方可以绕过，只得停下脚步。在两支机动侦察部队搜索前方道路后，陆战6师的各突击营推进得非常快，只在必要的时候才派出所属连队清除日军在内陆的坚固抵抗阵地。天黑时分，陆战6师已推进了7000码。陆战22团控制了热田原－金武一线阵地，陆战4团（欠1营，该营正在石川宿营）就在22团正后方的集结区就位，准备于次日上午通过22团阵地前进。一度转为第3两栖军预备队的陆战29团于10时奉命返回6师归建，向恩纳附近运动。

就在陆战6师积极侦察北方的国头地区之际，陆战1师则在将主要精力用于实施防御。除了运送补给、进行伪装和加强阵地外，陆战1师在后方继续积极巡逻。

美军陆战6师4团的巡逻队向北冲绳推进时，石川地峡一带的茂密植物给他们添了不少麻烦。

从4月5日傍晚开始，登陆以来一直温和的天气开始对美军不利，常有阵雨落下。虽然美军还没有遇到日军的有组织抵抗，但美军阵地后方的日军散兵游勇行动变得更积极。

从这天开始，陆战7团的巡逻队几乎每天都会与武装齐备的日军小部队遭遇。有些日军小部队的活动漫无目的，但另一些部队占据的阵地防御完善，组织完备，位置隐蔽。巡逻队的行动不仅让部队官兵彼此更加信任，而且让所有人都高度警觉，使他们的身体能够保持最佳状态以应对非常局面。执行经常处于火线下的独立巡逻任务，对锻炼连以下小部队指挥官的能力也颇有益处。

在陆战1师南方，第24军甚至更早遭遇剧变。4月4日，第96步兵师收获巨大，一路通过宇地泊-津霸一线正北的许多警戒区。在冲绳岛中部，382步兵团沿该师的东侧界限，从野嵩南进大约3.2公里。在西海岸，96师的右翼各部沿着伊佐到宇地泊的平原迅速南下。96师中路各部沿5号公路的进展也只稍慢了一些。日军抵抗逐渐增多，除了向南射击的炮火之外，分散的日军坚固阵地不时会打来冷枪，机枪和迫击炮火力也在增强。在坦克支援下，美军步兵的快速机动让日军的小型阵地很难抵挡，但这样的迅速推进也存在风险，连排级作战单位经常会与友军失去联系，前方部队冲得太快也会使他们容易遭到友军支援火力的误射。

96师深入敌区最远的位置在西侧，第96装甲骑兵侦察连在最前方开路，383团3营随后跟进，在4月4日上午迅速从伊佐推进到宇地泊。在真志喜和宇地泊，这支部队陷入南面和东面的日军重火力夹击。

763坦克营的3辆"谢尔曼"式中型坦克正沿着海岸道路在前方开道，来到真志喜（大山南方）附近。头车突然觉得车身一震。车长急忙用潜望镜观察，却没发现任何异样。跟随坦克一起行动的步兵大叫："是反坦克炮，是反坦克炮！"话音未落，刺耳的炮弹破空声再度响起。日军炮手大约发射了20发炮弹，美军坦克兵和步兵还没能确定反坦克炮的发射位置，3辆中型坦克就应声中弹，燃起大火。步兵通过观察近处的弹坑推测出这是日军47毫米反坦克炮（速射炮）的杰作。其实日军的反坦克炮距离美军侦察队并不远，但日军选择的位置非常慎重，隐蔽得极好。日军的记录也提到了速射炮对美军坦克实施的这次急袭，并且日军也观察到有3辆坦克瘫痪和起火。日军后来将这次战斗作为47毫米速射炮优秀性能的有力证明，在作战指示中指出："此为47毫米炮隐蔽行动、于开阔地上对敌坦克实施近距离突袭所取得的出色战果。"这次战斗导致美军在此处的南下行动受阻。

383团3营也在真志喜和大山东面地形复杂的地区遭到日军持续不断的火力阻击，前进受阻后只得在硝烟中撤回真志

4月，美军24军南下后，遇到更加强硬的抵抗。图为96师383团的反坦克炮手，正在通往仙人掌岭的真志喜地区炮击日军阵地。

喜，掘壕组织防御。但日军的炮弹仍从他们的头顶飞过，在附近爆炸。虽然真志喜已接近日军大炮的有效射程极限，但日军仍抓住一切机会向美军施压。

实际上，383团在当天遭遇了日军独立步兵第13大队的两处前进阵地之一，即设于大山东侧高地的大山阵地（嘉数北方约1.5公里），由独立步兵第13大队第5中队第2小队防守。该阵地位于高约50米的丘陵上，旁边有一片二百户左右的小村落。日军记录指出，大山阵地在这一天遭到美军步兵的攻击（没有坦克支援），小队长鲷家荣适时集中掷弹筒和轻机枪火力阻止美军前进，从而保住了阵地。但守军也遭受毁灭性的打击，山上残存的少数树木也被火焰喷射器烧成秃木。当晚，独立步兵第13大队第1中队派出了挺身突击队杀向大山周围的美军。从中队内

选拔出的8人在出击后没有一人归来。以763坦克营的坦克为前导沿海岸南下的美军在当天遭遇的则是独立步兵第13大队在真志喜附近的主阵地（部署着该大队第3中队、独立速射炮第22大队第3中队等部）。

4月4日的战斗标志着美军第96师在冲绳连场血战的开始。383团估计，除野战炮火之外，这一天该团的各前方作战单位还遭到大约20挺机枪和15到20门迫击炮火力的打击（不能忽略的是，美军经常将日军的掷弹筒算作迫击炮）。

在中部前进的382团在通过宜野湾公路东面绿色的高低起伏的地区后，发现了一系列日军筑垒阵地，许多阵地周围都有雷区护卫。由于遭到日军炮兵和机枪武器的激烈抵抗，382团的前进速度骤减。该团右翼在这一天推进了900码，左翼则在东海岸推进了仅仅

400码。

382团的右翼遭遇到了日军独立步兵第13大队正面两个前进阵地中的另外一个，即神山阵地，由该大队第5中队主力防守。日军估计攻击神山阵地的美军有坦克10辆、步兵约300名。美军坦克侵入神山阵地内部，使日军陷入苦战。虽然有一辆坦克被打瘫，但第5中队阵地被分割，阵地岌岌可危。382团的左翼则遇到防守新垣阵地的贺谷支队第3中队的激烈抵抗。

下午，精心伪装的日军步兵在坦克支援下突袭了382团1营。美军起初有些措手不及，但他们从未放松警惕，稍事后退便稳住阵脚。步兵组织机枪和迫击炮火、展开队形阻击日军步兵，前方炮火观察员则联系炮兵指引野战炮火提供支援。日军坦克装甲薄弱，根本经不起美军重炮打击，步兵再强悍也终究是血肉之躯，在美军重火力立体阻击下终于后退。

日本第32军的军炮兵队也终于投入战斗。虽然此前由于顾虑军炮兵队过早开始射击会暴露阵地陷于不利，军司令官牛岛中将一直没有批准军炮兵队射击，但现在贺谷支队已经撤退到新垣东西一线，美军也开始积极南下，因此牛岛中将

4月4日，96师的重机枪手正在向日军前哨开火。

在4日当天命令军炮兵队开始射击。

根据命令，首先由位于幸地（首里东北2公里）地区的野战重炮兵第23联队第1大队主要对普天间、宜野湾地区进行炮击，但由于弹药使用的限制，无法进行充分的射击。另外，军炮兵队主力虽然已经做了抗击美军在南部凑川方面登陆的准备，但牛岛中将在当天下令转为对北方作战，因此炮兵在5-8日主要利用夜间进行了对北方作战的阵地部署。

4日夜间，大山阵地和神山阵地的守军利用夜暗撤出了阵地。这样一来，独立步兵第13大队在大山南方、真志喜东南的主阵地（即85高地，美军称为"仙人掌岭"）便成为383团的主要进攻目标。这座高地控制着宇地泊和大山之间的大部分地区。

4月5日，在西面行动的383团依然进展甚微。该团从早晨开始即向主要目标85高地（仙人掌岭）发动猛攻。在重火力掩护下，美军以数辆坦克为前导掩护一个步兵连正面突击。防御该阵地的日军部队（包括独立步兵第13大队第3中队、独立机关枪第4大队第1中队、独立速射炮第22大队第3中队、野战高射炮第81大队的一门火炮等）拼命战斗。日军已在山岭周围挖掘了反坦克壕，并敷设了铁丝网，还布下一大片雷区，防护措施十分完善。美军坦克试图从雷区中的一道缺口通过，结果被守候已久的47毫米速射炮逮个正着。两辆坦克被穿甲弹击中，乘员只得弃车。这一天冲绳地区时有阵雨。在85高地前，日军几乎从不间断的迫击炮弹、机枪子弹和步枪子弹，更是形成了一股满含杀意的金属暴雨，让美军只得停止进攻，但日军损失也很大。

4月5日傍晚，第7步兵师几乎已经赶上之前比他们前进速度更快的96师了。前一天，第7师已落后96师3公里以上，当时该师中路部队在久场正西，推进到一座与海岸线大致平行的树木茂盛的山岭前，与"大股日军"遭遇，美军估计守卫这座山岭的日军足有1个中队。这座高地上留有一座16世纪的城堡，此即中城城堡。修建这座城堡的当地领主显然熟悉兵法，这座古堡正好建在一个能够控制整座山岭的有利位置，能将通过冲绳岛上这一狭窄地区的行动一览无余。据记载，为了修筑这座城堡，曾有一万名劳工辛勤工作了十年之久，但如今已盛况不再，只留下一些杂乱拼凑的厚重石壁，里面有几层色泽诱人的绿色梯台。

日军在这里只坚守了一天。4月5日上午，第7师发现山岭上的各处高地在天亮前都已弃守，便不再耽误，各部继续前进①。第32团沿海岸线一路到达奥间以东的一个位置。184团一路向前通过新垣，却在进至位于新垣西南大约1000码的山头时，遭到日军准确的密集火力阻击，只得暂停。184团B连在5日攻打了这座高地，却奈何不了日军的严密交叉阻击火力，只得无功而返。

这座阵地被美军称为"平纳克尔"（pinnacle，即小尖塔之意）高地，是独立步兵第14大队正面的前进阵地，被日军称为161.8高地。它位于一座约140米高的山岭上的一座隆起9米左右的珊瑚尖峰后方，平时日军会在这里观察美军动向。这将是第7师在次日的主要目标。

日军战史称北方正面在这一天全线遭到美军攻击。宜野湾东南、西原－我如古一带的独立步兵第14大队的主阵地（第4中队）也受到以坦克为前导的美军部队攻击。守备部队的重机枪同速射炮协同作战，打瘫了3～4辆坦克，但阵地一部被美军突破。另外，日军战史还提到当天15时30分左右，有数百名美军在坦克支援下沿东海岸道路南下，其中一部出现在和宇庆的独立步兵第11大队阵地前。日军主要以野战重炮兵第23联队第2大队的炮火阻止了这股美军南下。

4月5日下午，进入中城湾的美军舰艇炮击知念岬和胜连半岛，同时开始清扫水雷。津坚地区队向靠近的美军扫雷艇开炮并命中，但未能击沉。之后津坚岛遭到炮击和轰炸。次日2时30分左右，有50～60名美军在津坚岛北岸登陆，津坚地区队长以独立混成第15联队的山崎小队发动攻击将其逐退，该小队在战斗中有2人战死。

第32军在4月5日向有关方面报告了地面部队迄今为止的损失情况：战死361人（军官15人），战伤629人（军官7人）。

据美军初步统计，在登陆后最初5天日益激烈的地面战斗中，他们一共歼灭2200名日军，大部分是第24军的战果，美军的战斗损失则为300人左右。这仅仅是日军最初的抵抗而已。最乐观的美国兵都不会觉得日本本土南大门的战斗烈度仅此而已。负责攻打冲绳南部，实际上担负主攻任务的第7师和第96师在太平洋战争中已经历多次考验，这群老兵也不知道今后的战斗将会变得何等惨烈。

---

① 根据日军方面的资料，防御中城城堡方面的165高地的是贺谷大队第3中队，但该中队已在3日夜间撤至新垣北侧高地，因此在4日防守该高地的日军部队的具体情况尚待查明。

地图十二 4月1－5日，美军第10集团军登陆后横断冲绳岛的进程

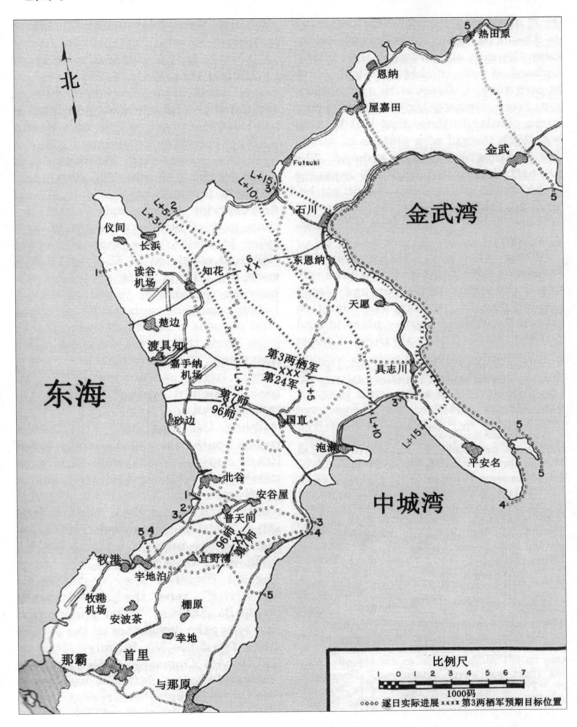

第四章　主阵地的苦战

日军第32军的攻势决心

4月1日，美军大举登陆冲绳本岛。日军第32军早已料到美军会在读谷和嘉手纳机场方面登陆，但在这一带没有采取特别措施。对美军在凑川方面的活动，军司令部判断很可能是佯攻，却没有变更军主力炮兵的部署，仍对凑川正面严密戒备，企图击溃在该方面登陆的美军。

当贺谷支队在进行艰苦的迟滞作战时，第32军司令部从所获情报和报告中了解到美军登陆兵力为4个师，登陆首日即控制了嘉手纳机场，此后登陆美军逐次扩大阵地，其一部横断冲绳本岛抵达东海岸。第32军预计当美军各师主力完成在战线上的部署后，便会同时开始南下。

在美军前方、首里北方的山陵地区，遍布地形复杂、崎岖不平的高地群。第62师团的

主阵地在该地区构筑，所属各部队都已做好准备，等待美军南下。

虽然双方兵力相差悬殊，与美军4个师（最初南下的是2个师）的兵力相比，准备迎击的日军仅一个师团（第62师团），但凭借险峻的地形和巧妙部署的火网，再加上师团各部官兵的高昂士气，第32军司令部对即将到来的激战自忖胜券在握。

第32军在向有关方面发去

的战况报告声称4月1日的陆战战果为：杀伤人员约700名、俘虏2名、破坏坦克20辆、击毁登陆艇16艘、击落飞机2架、击伤3架。这些数字显然相当夸张。

第32军司令部判断美军登陆行动迅速，并且很快就能修复被特设联队破坏的两座机场，因此1日夜间向有关航空部队要求在美军尚无法使用这两座机场的2-3日实施彻底的大规模航空作战。

读谷机场上，被日军自己破坏的日机残骸。

日军第10方面军司令官安藤利吉大将。时年61岁的安藤大将从军四十余年，大部分时间在机关、军校和驻外使馆服役。全面侵华战争爆发后，安藤先后出任第21军司令官、华南方面军司令官。1941年一度转入预备役，太平洋战争爆发之前，应召返回现役，出任台湾军司令官，直至战争结束为止，一直没有离开台湾。安藤是第32军司令官牛岛中将的顶头上司，一直主张反登陆作战应当采取在海岸线歼敌的指导方针，冲绳战役期间多次指示32军主动出击。1946年4月19日，安藤在上海监狱自杀身亡。

2日，步兵第63旅团长为支援贺谷支队的战斗，向军司令部请求军炮兵队开始射击（第62师团没有师团炮兵），牛岛中将考虑到过早暴露军炮兵阵地对作战不利，没有批准这一要求。

2—3日，美军继续在凑川方面佯动，并没有真正实施登陆。牛岛中将在4月1日美军于渡具知海滩登陆后，仍然认为美军很可能会在南部凑川正面登陆，坚持将在当地登陆的美军各个击破的方针，依然将军

炮兵队主力部署于南部地区，北部正面的战斗完全交给特设第1联队和贺谷支队。第32军除了将独立步兵第272大队加强给第62师团外，没有采取特别措施。军炮兵队在3日仍然没有得到开始射击的命令。军司令部早已料到美军在渡具知海滩一带登陆，对前方部队的战斗并未抱很大期望。尽管特设第1联队的抵抗力甚至比预期更弱，军的既定方针也没有受到影响。于是从3日开始，第10方面军（台湾军）、联合舰队、第8飞行师团等各方面纷纷向第32军发来电报，要求第32军对北、中机场采取攻势。

第10方面军司令官安藤利吉大将一贯主张，对抗登陆作战应采取水际歼灭方针。他对美军在登陆第一天即占领北、中机场，第32军毫无采取攻势夺回机场的迹象十分忧虑，因此在3日以"方面军参谋长电"的名义要求第32军"利用水际歼灭的良机采取攻势"。第8飞行师团也在3日向第32军发来电报，强烈要求确保北、中机场。此外，当天联合舰队也以"参谋长电"的名义致电第32军参谋长，电文中透露联合舰队航空队所拥有的飞机数量很少，对于冲绳方面的航空支援作战极感困难，此外关于

嘉手纳机场在战略上有如下判断：

敌军一旦在该机场部署小型飞机，鉴于敌我的基地航空兵力和飞机性能的差异，我军将无法从远距离攻击冲绳周边的敌舰船和遮断敌军后方，在敌制空权下对冲绳岛实施补给亦无可能……"天一号作战"的推进极为堪忧……

由于各方面纷纷来电要求采取攻势，第32军的作战指导受到很大影响，本来坚持既

日军第32军参谋长长勇中将。时年50岁的长勇在日军以骁勇大胆闻名，1930年曾经参加少壮军官组成的法西斯组织樱会。侵华战争爆发后，长勇随军入侵上海和南京，1938年转调朝鲜军，参与张鼓峰事件。1944年7月，长勇出任第32军参谋长，最大的贡献是竭力要求参谋本部在西南群岛增兵。冲绳战役前期，长勇是主攻派的代表人物，积极主张和支持日军对实力占优的美军主动出击，事实证明这样做并不明智。

定作战方针、计划在首里北方的主阵地打持久战的军司令部开始动摇。4月3日夜，军参谋长长勇中将召集军参谋们在首里城堡军司令部坑道内的参谋长室召开关于攻势转移的研讨会。牛岛中将虽然没有出席，也能够了解会议的情况。

长参谋长宣读了来自各方面的攻势要求电文后，提出了下列主张向参谋们征求意见：

一、敌我情况

1.敌尚未进入阵地攻击的部署，仍在前进中，正处于机动状态。我军应利用敌军状态不稳定的时机采取攻势。

2.我特攻作战虽获得相当战果，32军仍然持续受到猛烈的炮击轰炸。

二、攻势要领

利用敌我战线处于机动状态的时机以军主力转入攻势。

其要领为利用夜间实施大规模渗透前进造成敌我混杂状态，使敌无从发挥优势炮击轰炸的威力，同时以我擅长的近战歼灭敌军。

长参谋长的提案以采取攻势为前提，提出后却在究竟采取攻势抑或守势的根本问题上引起参谋们的议论。航空主任参谋神直道少佐赞成参谋长的攻势主张，理由如下：

一、军作战指导应遵从上级司令部的作战构想。不应顾虑兵力多寡。

二、某方面军曾改变作战思想，放弃平地作战，与航空作战隔离以保存自身实力，但此种做法对我军全盘战局并无贡献可言，冲绳战场亦不例外。

三、在敌军可能于凑川正面和北、中机场这两个正面登陆的情况下，企图在凑川正面决战意义何在？（我军）并非因不得已攻击敌军，而是以歼灭美军为目的。现已判明敌军不会在凑川方面登陆，却不对北方采取攻势，仅仅满足于无所作为地持久存在，实在没有道理。

八原大佐则强烈反对长参谋长的攻势主张，其表述的主要内容如下：

一、军对于嘉手纳方面的登陆，已根据持久作战方针在过去几个月进行了作战准备。现在敌军果然如本军所预想的那样在嘉手纳登陆，在此情况下如果轻率抛弃既定作战方针出击，面对占据绝对优势的敌陆海军实毫无胜算。

二、何况目前据判断敌主力已完成登陆并已大致整顿好

第32军高级参谋八原博通大佐。1902年出生的八原是日军陆军大学校（第41期）历史上最年轻的入学者，1929年11月以第5名的优等成绩毕业，是"军刀组"成员之一。陆大毕业后，八原长期在参谋部门供职。他是一位非常有主见的参谋，但因为过于独断，经常会与上司发生冲突。1944年3月，他出任第32军高级参谋以后，一直都是主守派的代表人物，认为日军在冲绳应当坚持持久战方针，凭借坚固阵地与美军长期周旋，才能给予敌人最大杀伤。八原的主张符合实际，但在根本上是一种消极的战略指导思想，为此他在战役前期一直是参谋部的少数派，经常与参谋长长勇中将关系紧张。

态势，攻击成功的希望更其渺茫。没有特别的理由就放弃过去数月间倾注心血筑成的洞穴阵地出击纯属自杀行为。

三、若能依照既定方针坚持持久战略态势，按计划以远程炮火压制北、中机场，即可在不用损伤一兵一卒的情况下，较之主力出击实现更长时间的压制。

讨论的结果是，长参谋长的攻势主张获得多数参谋的支持，因此这次幕僚会议最终决定采取攻势。

牛岛中将不顾八原的反对，决定在4月7日夜转入攻势，向中、北机场方面出击。4日，第32军发电通知大本营、第10方面军、航空部队等有关方面："军将于7日夜向北方转入攻势。"要求获得航空支援。4日下午，大本营来电指示第32军压制北、中机场：

压制北、中机场对于第32军自身的作战极为重要，这已为最近的硫黄岛战例所证明。特别是粉碎敌海空基地的设立不仅是冲绳方面作战的根本目的，对于实施该方面航空作战也具有重大意义，务必将其彻底压制。

八原基于牛岛中将的决心，在长野英夫少佐的辅助下制订了攻击计划。计划的概要如下：

第32军攻击计划　4月4日
第一　方针
军于4月7日夜倾全力转入攻势，击败当面敌军并进入北机场及其东侧制高地带，以歼灭登陆之敌。

第二　兵团部署概要
一、第62师团于4月7日夜倾全力转入攻势，在使敌陷入混乱的同时，首先进抵岛袋东西一线。

而后的行动视情况而定，应争取一举向北、中机场方面攻击前进。

二、第24师团为第二线兵团。

4月6日半夜以前推进到第62师团的后方附近集结，紧跟第62师团的推进之后继续行动。

一俟第62师团进抵岛袋东西一线，即越过其右翼，向标高220米的高地以东推进。

三、独立混成第44旅团为第三线兵团。

4月7日拂晓前于现地区（知念半岛地区）整顿，以便可随时紧跟在第24师团后继续行动。

四、海军陆战队为第四线兵团。

4月7日拂晓前于现地区（小禄地区）整顿，以随时可紧跟独立混成第44旅团后继续行动。

五、军炮兵队应首先准备支援第62师团于中头地区的战斗。

六、军司令官将随第一线兵团的前进，进至仲间高地（首里北方两公里）。

牛岛中将于4日当天批准该计划，傍晚将各兵团长招至军司令部，向他们指示上述攻击计划。虽然各兵团长表示赞成攻击，实际上并不相信全面攻击会成功，第24师团长和第62师团参谋长还向军参谋表示了担忧。

当晚，第10方面军也向第32军发来督战电报，命其采取"积极果敢"的行动以策应联合舰队、第6航空军、第5航空舰队的总攻。电文中有"地面部队特别应以堪与海空部队之壮举相比肩之积极果敢行动发扬其名誉"之语。第32军司令部对此颇感不快，回电表示："地面部队数千官兵身抱急造地雷，连日以血肉之躯向敌坦克突击，刻下军正在此种严酷现实下遵照既定方针艰苦奋战以不辱尊意"云云，进一步扩大了第10方面军和第32军之间感情上的嫌隙。

牛岛中将已在4日傍晚向各兵团长指示攻击计划，但军司令部在半夜收到"4日16时30分那霸南方150公里处发现航母3艘、运输船50艘"的电报。牛岛根据这一情报决定推迟攻势，向各方面发电通告。

第10方面军司令部接到第32军中止攻势的电报后，研究结果认为"虽然发动攻势不易，但方面军此时有必要促其定下决心"，于是根据方面军司令官安藤大将的命令，方面军参谋长在4月5日发电命令第32军应于4月8日夜发动攻势。

5日夜第32军接到第10方面军发来的督促攻势的电报后，牛岛中将再次决定于8日夜实施攻势并向有关方面发去电报。

6日14时，牛岛中将下达了在8日夜发动总攻的军命令，攻击计划几乎与4日制订的计划相同。

联合舰队判断6日实施的菊水一号作战取得巨大战果，考虑让海上特攻队预定在8日晨突入冲绳等，因此在6日晚致电第32军要求在8日晨发动总攻。第32军回电称攻击时间无法更改。

7日，冲绳岛南部周边被美军舰船包围，舰炮射击亦颇为激烈。当天下午，日军发现在浦添、那霸西方海面出现战列舰3艘、巡洋舰4艘、驱逐舰2艘、运输船90艘。第32军根据舰船和舰炮射击的情况，判断美军很可能企图在浦添方面登陆，因此将总攻的方针改为"以一部粉碎当面之敌，同时主力在阵前歼灭敌军主力"。当晚，牛岛中将决定在8日夜

以第62师团一部实施攻击，夺回主阵地。就这样，预定于8日夜实施的总攻在7日夜被取消，改为以部分兵力在阵前出击，第24师团和独立混成第44旅团不再参加攻击，也不向北方转进。

8日夜，独立步兵第13大队第5中队和独立步兵第12大队第4中队分别在嘉数正面和

南上原正面实施阵前出击，企图夺回85高地和120高地，但完全失败。

8日下午，长参谋长就8日夜实施阵前出击后的对策，提出了"从4月12日左右开始以第62师团、第24师团并列进行大规模的夜间攻击以实施杀伤攻势"的方案。

八原高级参谋坚决反对该

地图十三　南冲绳地形一览

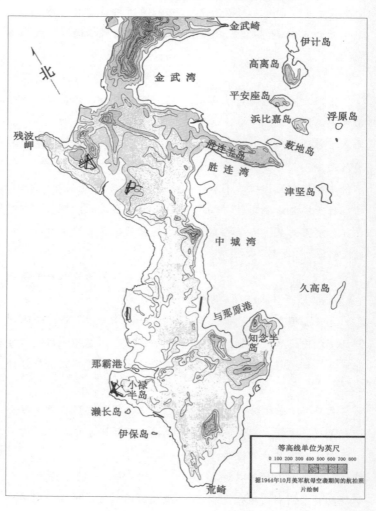

方案。根据八原的回忆，他的主要反对理由为：

本次夜袭部署特别着眼者，为夜间向敌战线内纵深渗透，在拂晓前于宽广地域内形成混战状态，以此封杀敌军依赖炮击轰炸的"物量战术"。

考虑到古今东西的夜袭战例、我官兵的素质、复杂的地形、作为攻击目标之敌的态势变化多端，从攻击准备天数甚少这一点判断，要形成混战状态并利用这种状态扩大战果极为困难。

长参谋长拒绝接受八原的反对意见，反而命令八原根据自己的构想制订攻击计划。

9日，第32军致电有关方面报告今后的企图：

第32军虽按预定计划以第62师团于8日夜以后开始实施阵前歼灭作战，由于在4月5日以来的激战中消耗了战力，且敌海空力量依然强大，故军重新决定将第24师团推进至第62师团的右翼方面继续进行阵前歼灭战。第24师团进入第一线的时间预定为4月11日拂晓。

10日，牛岛决定在12日实施阵前出击，发电通报有关方面，同时下令进行攻击准备。

最初的恶战

4月6日，首里北方正面的战斗更趋激烈，紧追日军独立步兵第12大队如潮水般南下的美第24军突击部队遭遇首里北方主阵地，与凭借坚固阵地据守的第一线日军步兵部队发生激战。日军主阵地的大致部署情况是：从北至南纵贯首里北方的宜野湾公路东侧是内山幸雄大尉的独立步兵第14大队、其右翼到中城湾之间为三浦日出四郎中佐的独立步兵第11大队。公路西侧为原宗辰大佐的独立步兵第13大队。原大队的左翼、城间一带为西村鸿介中佐的独立步兵第21大队。在6日与美军交战的主要是独立步兵第13和第14大队。独立步兵第12大队则由于在北面的前哨战损失较大，被派去防守本岛中央的师团边界。同样在6日

这一天，日本联合舰队发动了航空总攻（菊水一号作战），航空攻击从凌晨开始。

为适应前哨战，日军已经对独立步兵大队的建制进行了有效改编。每个独立步兵大队辖5个步兵中队，每个中队装备9挺轻机枪和9具掷弹筒；1个机枪中队装备10挺重机枪；1个步兵炮中队装备2门"四一"式山炮和2门"九二"式步兵炮。每个独立步兵大队的原始编制约900人，不过在补充了现地召集的新兵和防卫队的民兵后，总兵力可达到约1200人。

美军第24军发现日军在南部冲绳的主阵地由多个如平纳克尔一样的强点组成，得到地面炮火的有力支援，首里的各支援单位也会源源不断地向需要增援的阵地派兵增援。从这一时期开始，从西海岸地区到东海岸的整条战线到处都能

日军62师团下属各步兵炮中队配备的制式火炮之一"四一"式山炮

规格参数

口径75毫米　全长4.3米　最宽1.2米　重量550公斤
水平射角6度　俯仰射角 −18度至40度　射程7100米
使用弹种：高爆弹、穿甲弹、榴霰弹、烟雾弹、燃烧弹

听见激烈的交火声。通常，美军的攻击在黎明开始进行，首先由炮兵的大口径重炮一齐开火，数以百计的大炮射出的炮弹集中射向日军的洞穴阵地，山顶、山坡和山脚一带全都被炮弹爆炸的火柱和烟雾覆盖。支援炮击一旦减弱，美军步兵部队就以坦克为前导开始前进。在此期间，射程较短的迫击炮的密集炮火又不断落到日军阵地上。这样的炮击会一直持续到美军坦克接近日军阵地、步兵部队抵达高地之前。

令人窒息的集中炮击完全封杀了日军从阵地内的枪眼发动的反击，使人觉得阵地内的日军应该在这可怕的弹雨洗礼下已被杀伤殆尽，即使阵地内的残余日军转入反击，抵抗也必定甚为微弱。据守北方主阵地的日军部队的状态却与美军预想的完全相反。正摩拳擦掌严阵以待的第62师团第一线各大队将使美军初尝苦战滋味。

日军独立步兵第13大队正面的主阵地即85高地（仙人掌岭）是一处坚固阵地，一直都在阻挠美第24军西路部队前进。这一地区的守备部队以独立步兵第13大队第3中队主力为基干（第3中队第1小队在85高地东方500米左右的小山上部署）。6日一早，美军飞机就对85高地投掷炸弹，第96师

的步兵突击部队发现日军火力一如往常般凶猛。对美军步兵威胁最大的是日军的掷弹筒火力。一个入伍时间不长的新兵不由得怒骂道："真烦人，我们该怎么办？"弗朗西斯·罗尔参谋军士观察片刻后，心中有了底："要让鬼子的掷弹筒停止叫唤，就得冲到他们开火的位置。"美军随即以多个波次队列冲锋，冲锋枪、自动步枪和步枪火力全开。每一轮冲锋期间，有十多名士兵专门负责投掷手雷，终于成功冲进日军阵地。383团2营就用这种冲锋战术拿下了85高地的西半部。

战斗在次日继续进行，双方为了争夺尺寸之地，将高地用鲜血染红，损失惨重的第3中队主力已呈败势。战争进行到此时，日美两军对彼此的战术已经相当熟悉。日军在冲绳岛上充分利用当地各处高地的反斜面组织防御，给美军制造了极大麻烦，

但美军拥有更强的实力，进攻手段更多，在必要的时候，也同样会采用不惜伤亡的步兵突击冲锋战术。383团2营正是以多次美式"万岁冲锋"战术（实际上美军对"万岁冲锋"存在误解，日军所说的真正意义上的"万岁冲锋"是像塞班岛战役末期那样，在战斗到最后关头、无计可施的情况下，才会进行的自杀式步兵突击），拿下了整座高地。独立步兵第13大队第3中队长铃木秀辉中尉、小队长林同二少尉以下多人战死，几乎全军覆灭。

4月6－8日，美军第96师的另一个主力团382团也在宜野湾公路东面缓缓推进。他们在这里碰上的是日军独立步兵第13大队右侧（东侧）的独立步兵第14大队的阵地。日军在我如古北侧和西侧高地抵抗非常顽强，我如古东侧高地（美军称为"墓碑岭"）及其西南方的西原高地的阵地十分坚

4月6日，正在南部冲绳行军的美军96师382团的坦克和步兵协同战队。

固，日军从这些阵地上可以为步兵提供远程重火力支援。当382团的步兵向南运动时，数不清的日军步枪和机枪子弹，以及迫击炮弹和野炮炮弹会向他们射来。战场上枪炮声响成一片，美军官兵只能大致辨识日军的开火方位，密集的火力线在他们的前进方向上构成了流动的金属阻击网，每前进一步都要付出血的代价。382团经常冲入日军阵地和对方短兵相接，他们缓慢坚决地向南推进，但伤亡数字令各级官兵触目惊心。日军的损失也不轻，独立步兵第14大队左翼的第4中队阵地在6日当天被突破，该中队同大队本部之间联系断绝。[①]

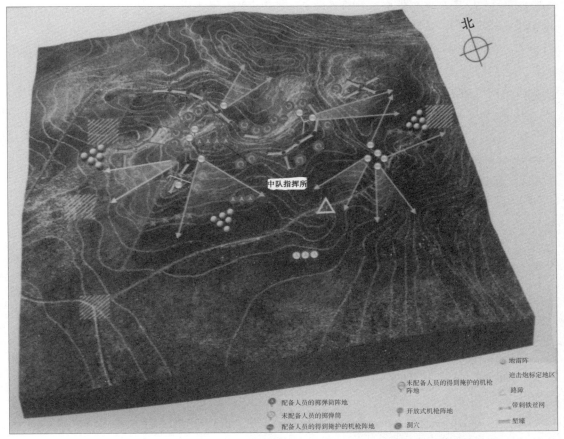

平纳克尔（山顶，因海拔145米，别名145高地）防御部署立体示意图。这是富有特色的日军环形防御阵地。此山位于冲绳南部距东海岸1700米的内陆，是横跨岛屿的首里主防线的前哨阵地，由第62师团第63旅团独立步兵第14大队第1中队守卫。堑壕网防护着21处洞穴、10处隐蔽的重机枪阵地、7个掷弹筒阵地周围地区。山顶的多处机枪阵地由坑道连接起来。雷区、带刺铁丝网和事先规划好的50米×50米的迫击炮集中射击目标区域保护着多条重要的接近道路。防护连接高地东侧道路的外侧阵地没有部署兵力。守军料到美军将从北方攻击过来，在相邻的高地和棱线上构筑了支援阵地（图上未显示）。平纳克尔前方200码（180米）处的低矮棱线限制了美军向高地直接射击的能力，使美军突击部队不得不从开阔地带实施攻击，让日军的短射程武器发挥了极大效果。在高地东南端设有路障，前进的坦克在被迫停下之前无法发现，从而遭受来自侧面的炮火攻击。

① 日军战史对第4中队的阵地描述得十分模糊，按其记载似乎位于我如古东北侧。

当天最激烈的战斗发生在平纳克尔，即独立步兵第14大队正面的前进阵地161.8高地。这场战斗堪称美军在冲绳岛上遇到的初次恶战。

平纳克尔距离冲绳南部的东海岸约1700米，是一处交通要冲，对四周均有良好的观察视野。守卫该高地的日军为独立步兵第14大队第1中队长谷川精司中尉指挥的第1中队（欠第2小队，该小队位于161.8高地后方1.6公里处充当大队预备队）、大队机枪中队的1个小队（2挺重机枪）、大队无线电1个分队（五号无线机1台），共约150人（其中第1中队兵力为110人），任务为侦察敌情、迟滞敌军前进和支援贺谷支队。

谷川中尉依托山势布防，在山麓和较低处共部署了2挺重机枪和8挺轻机枪，战壕和坑洞中的步兵配备了足够的手榴弹以掩护机枪前方的安全死角。日军在山上的各处阵地均通过地下交通壕联系（第1小队的左分队通过掩盖交通壕），各据点均设有地下掩蔽壕。在高地山顶部署了4具50毫米掷弹筒，南侧的反斜面上还有另外3具掷弹筒。第62师团的火炮可在更南方提供炮火支援，前方炮火观测员在山上设立了观测点。通往高地的主要通道有铁丝网和雷区护卫。谷川中尉并未指望依靠这些寡兵就能阻止美军前进，但他显然希望让美军为取胜付出惨重代价。

4月6日上午，经过10分钟炮火准备，美军步兵开始前进，前一天铩羽而归的184团B连再一次向平纳克尔发动正面突击，这次C连会在右翼（西面）进行支援。B连的两个排几乎登上山顶，就在他们开始向岩洞和地下阵地投掷手榴弹时，却开始遭到日军猛烈反击，仿佛马蜂窝炸开一般。原来日军在美军炮击时躲进地下阵地，待炮击停止后立即进入阵地。当美军冲上来的时候，日军已等候多时。日军看到美国兵投下手雷，也立即投掷手榴弹和炸药包还击，7具掷弹筒也火力全开。美军坚持和日军对峙了15分钟，最后由于伤亡较大只好撤退。

一小时后，美军又组织了第二次步兵突击，这一次105毫米榴弹炮、轻型坦克主炮、反坦克炮、重机枪、60和81毫米迫击炮、107毫米化学迫击炮，以及巴祖卡火箭筒全部参与火力支援。尽管各种火力支援武器通通用上，美军对打击效果仍无把握，只希望多少能削弱日军的战斗力。当美军步兵再度突击时，日军的步枪、机枪和掷弹筒火力并没有减弱多少。结果美军再次被击退。至此，美军在上午发动的两次进攻完全失败。

在日军这边，谷川中尉看到美军集中炮火的猛烈情形，为了减少损失，在午前将突出于左前方的分队撤至中队本部附近的坑道。日军方面的记录指出在这天的战斗中，有数辆美军坦克出现在新垣西方地区，日军阵地遭到这些坦克的射击，却没有反坦克武器反击，同大队本部间的有线电话联络也在战斗刚开始时就中断，五号无线机也无法接通，对美军坦克的活动束手无策。日军记录还提到161.8高地的战斗得到部署在后方的一门大队炮的支援，在战斗中该炮向阵地左侧方面射击，起到很大作用。由于通信断绝，谷川曾向大队本部派出传令兵请求炮兵支援，传令兵在途中伤亡，未能达到目的。美军的迫击炮给日军造成很大伤亡，第3小队长千羽八郎少尉也被击伤后退至中队本部。

美军在上午连续两次进攻受挫，令184团1营营长丹尼尔·梅伯里中校颇为沮丧，他决定改变战术，打算让一个连从正面进攻的同时，派另一个连从高地侧背的山谷进击。

于是B连又在日军眼皮底

下开始第三次正面突击。这次
美军的行动更快，显然是为了
抢在日军刚从地下工事里钻出
来、还没有进入射击阵位时就
逮住他们。谷川的指示非常及
时，B连虽竭尽全力，仍无法
抢在日军开火回击前占得先
机。

第三次正面突击表面上

地图十四　平纳克尔高地的战斗

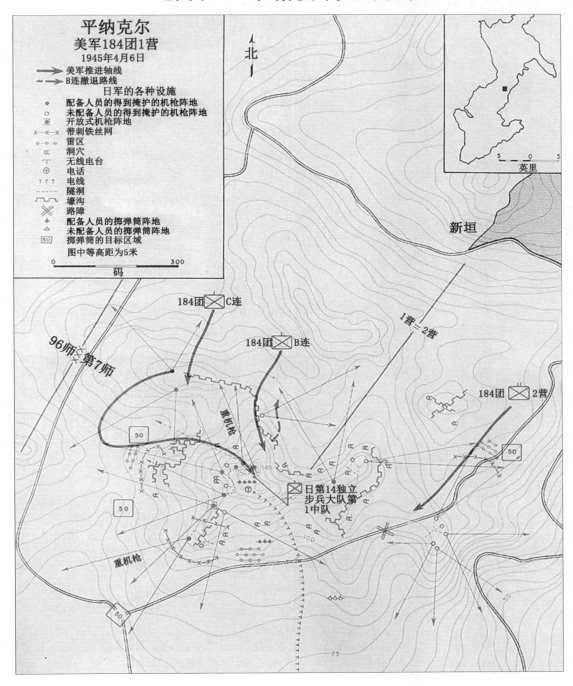

平纳克尔
美军184团1营
1945年4月6日

→ 美军推进轴线
⇢ B连撤退路线
日军的各种设施
● 配备人员的得到掩护的机枪阵地
○ 未配备人员的得到掩护的机枪阵地
⊡ 开放式机枪阵地
×-×-× 带刺铁丝网
雷区
洞穴
无线电台
电话
电线
隧洞
壕沟
路障
配备人员的掷弹筒阵地
未配备人员的掷弹筒阵地
50 掷弹筒的目标区域
图中等高距为5米

0 300
码

北

新垣

184团 C连
184团 B连
184团 2营
1营＝2营
96师×第7师
重机枪
重机枪
日第14独立
步兵大队第
1中队

再度无功而返（日军记录称当天击退美军的突击达7—8次之多），梅伯里中校并没有放弃希望，其实他事先早就安排C连从高地外侧迂回。C连沿着一条非常崎岖、比较隐蔽的道路向平纳克尔西侧通道前进。梅伯里中校并不确定山顶的日军瞭望塔是否能发现C连的行动，箭已离弦，只有耐心等待。

梅伯里在营指挥所终于等到C连发出进入攻击位置的信号，暗自喝了一声彩，便赶紧指示重火力支援C连的突击。C连迅速登上山顶，出色地完成了侧翼迂回任务，并且没有损失一人。然后C连便不紧不慢、有条不紊地用配备给他们的白磷燃烧手雷和火焰喷射器消灭这股日军。日军记录指出，阵地在15时左右遭到"骑马攻击"（占领地下阵地的上方后对地下阵地进行攻击），中队本部自中队长以下约30人被困在地下坑道内，遭到白磷手雷、炸药的攻击，陷入了苦战。

美军的攻击在夜间停止。此后谷川中尉以下得以离开地下坑道侦察各阵地，结果发现几乎没有幸存者。谷川决定后退至主阵地，指挥约30名残兵在当晚撤到142高地（161.8高地西南2公里）。就在之前不

久，独立步兵第14大队长为了增援前进阵地派出第1中队的第2小队。小队长神田善三郎少尉以下战死，未能抵达前进阵地。

就这样，美军拔掉了平纳克尔这枚硬钉子，从此第7师的战线终于可以全面向前推进了。

当天，沿平克纳尔东方海岸南下的第7师32团部队攻击了和宇庆的独立步兵第11大队的阵地，但其行动并不十分活跃。

日军炮兵从6日开始对机场实施压制射击。在棚原（首里东北4公里）东北2公里附近，为压制北、中机场部署的独立重炮兵第100大队第2中队（欠1个小队，装备150毫米加

农炮2门），为呼应日军的航空总攻，从6日开始向北、中机场射击。该中队对机场的压制射击主要在夜间进行，4月12日被美军的迫击炮弹打坏了一门火炮，4月16日残存的一门火炮也被美军的迫击炮打坏。

之后在4月20日左右，第32军为压制机场又将两门150毫米加农炮和两门高射炮分别部署到幸地和棚原，一直到4月下旬都在开火（根据美军战史的记载，日军对机场的压制射击颇为精确）。

第24师团长在6日晨命令第24师团辖下的步兵第22联队、步兵第89联队和野炮兵第42联队准备向北方转进。其中步兵第22联队第1大队准备向

4月6日，在冲绳战役中第一个被俘房的日军士兵。

第62师团作战地区内的正东面、第3大队准备向那霸及那霸东北地区转进；步兵第89联队第2大队和第3大队准备向运玉森（首里东方3公里）方面转进；野炮兵第42联队第2大队准备向小波津（首里东方3公里）附近转进。

4月7日，美军舰炮射击依然主要指向第62师团正面，同时以优势兵力在坦克支援下向大谢名－我如古－上原－和宇庆一线的日军主阵地发动全线猛攻。

在独立步兵第13大队正面，85高地一带完全被美军第383团占领，附近的大谢名东方高地（由第4中队防守）也遭到猛攻。第4中队虽然拼死抵抗，大约到傍晚时已死伤3/4。独立步兵第13大队长考虑到第4中队战力低下，难以确保阵地，当晚命令第4中队后退到嘉数阵地。根据第4中队的报告，该中队战死官兵达61名。战死者几乎都是京都、滋贺、三重三府县出生的官兵。

在右方的独立步兵第14大队正面，左侧第4中队已在前一天被美军第382团侵入主阵地，继续处于混战状态，阵地也被美军分割，但该大队仍依托我如古东侧高地（墓碑岭）、120米闭锁曲线高地（棚原东北2公里）的据点顽强抵抗。由于一线部队同大队本部之间断绝了联系，大队本部无法掌握具体战况。

第24军东路的第7步兵师184团，继昨日拿下平纳克尔高地后，又在7日继续南进。他们一路上要通过的地方，右侧（西面）是断断续续的侵蚀地貌，左侧是岩石山岭。沿着冲绳东海岸平地前进的32团遇到的困难比较小，一直能保证与184团之间的联系。为加快推进速度，32团一度试图超过184团，但日军在右侧高地组织的重火力十分强悍。184团消灭这些盘踞在高地上的日军以前，32团实在无法继续南进。如此一来，24军左翼的前进速度就完全取决于184团的战斗。4月7日，第7师师长阿奇博尔德·阿诺德少将从平纳克尔高地的观察所仔细研究

美军第7步兵师师长阿奇博尔德·阿诺德少将。

前方地形后，心中已经明了："184团遇上了日军的主阵地。"

4月7日，第7师行动区域内的战斗集中于平纳克尔高地西南1.5公里、南上原西方约900米的一座低矮秃山，此即由独立步兵第14大队第5中队防守的北上原阵地。这座山岭从远处望去颜色偏红，因此美军称其为"红色高地"。日军在山上建有一座碉堡，附带坑洞防御体系和相互连接的战壕。184团3营对红色高地的正面突击，在日军机枪和迫击炮火力封锁下无功而返。3营的第二次进攻得到了3个坦克排支援，10辆中型坦克和5辆轻型坦克掩护步兵，顶着日军的火力开出一条通往红色高地的通道。

美军装甲兵在阵地战中冲锋陷阵看似威风八面，也无惧日军的步枪和机枪子弹，但仍要冒很大风险。2辆美军坦克在通过火力封锁时触雷，顿时动弹不得。坦克车队冲过地雷阵后开始爬坡，背着炸药包突击的日军敢死队突然出现。他们以血肉之躯迎击钢铁之身，付出的代价巨大，没有一人幸存，但成功炸瘫了1辆坦克。就在美军坦克为爬坡不得不减速时，日军的火力骤然增强。跟随坦克一起冲锋的美军步兵

不断倒下，无力久撑，只得先行撤退，至少有3辆坦克在这一轮炮击中也被打瘫。这时第二波日军敢死队又冲了上来，这次他们人数更多，不仅使用炸药包，甚至还用上了燃烧的火毡布。美军步兵已经后退，不到10辆的坦克即使冲上高地也不可能拿下这座阵地。两辆中型坦克稍稍后退，用车载重机枪阻击日军敢死队，其他坦克的乘员则拉开舱门向外投掷手雷，总算将这批敢死队击退，然后抓住机会纷纷掉头后退。

日军独立步兵第14大队本部十分自豪地声称这次战斗是将美军步兵同坦克分割的出色战例，使用这种战术就能粉碎美军的步兵-坦克协同战队。日军文件写道："将步兵与坦克分割，加上近战突袭纵火的出色战术，是彻底摧毁敌坦克的战术样板，今后会成为决定坦克战胜利的一个因素。"

连续两次正面进攻受挫之后，184团3营改变了战术，开始大范围包抄日军右翼。这次迂回作战非常成功，在火炮和其他火力支援武器掩护下，美军步兵成功地从西面攻入红色高地，在运动中仅以伤亡2人的代价就占领了这座曾让他们蒙受重大损失的阵地。占领红色高地后，184团3营继续向南推进100码才开始挖掘散兵坑。美军的一个坦克排甚至一路狂奔突进了4000码，直到遇上178高地（日军称为"157高地"）才返回。虽然受到日军的2架单引擎飞机轰炸，这几辆坦克仍安然与友军会合。

冲绳的一处贮藏用掩蔽壕的入口，入口得到了用稻草编织成的土袋的良好的防护。袋子系搬运大米之用。入口用伪装网遮掩了起来，缚在上面的植物几乎全部被炸飞。

当天，日军步兵第63旅团长中岛德太郎少将（4月30日晋升为中将）得知独立步兵第14大队正面战况吃紧后，命令幸地附近的独立步兵第12大队第4中队转归独立步兵第14大队长内山幸雄大尉指挥，加强155高地（和宇庆西北1公里，美军称为"坟墓山"）一带的阵地。

7日当天，独立步兵第12大队（贺谷大队）遇到一场飞来横祸。该大队在完成以贺谷支队的临时番号独立战斗的任务后，于6日晨在幸地的师团工兵队坑道集结（美军登陆前，日军曾在幸地周围修筑了一些横洞式坑道）。7日上午10时左右，在大队本部附近300米左右的坑道里已经有相当数量的人员完成集结，第3中队、机枪中队、步兵炮中队、大队医务室正在其中待命。13时左右，大队本部所在坑道突然被惊天动地的巨响震撼。就在大队长以下人员不知所措时，有人报告，约300米外的友军坑道喷出红褐色的火柱和烟尘。即使美军的舰炮射击也不可能造成如此规模的爆炸。在贺谷中佐的命令下，本部坑道的人员几乎都向坑道外奔去，但此后并无一人回来报告。当时通信小队的高岛军曹因执行通信任务留在坑道内，紧接着也在贺谷中佐的命令下跑向现场。

原来，在那条坑道的入口处周围露天堆放着很多工兵队的黄色炸药，这些炸药装在10公斤或20公斤容量的箱子里，本打算在美军坦克出现时由士兵背着冲向坦克、在极近距离将其击毁。炸药由师团兵器部从后方大量送来，在坑道入口处堆积成山。本来黄色炸药即使用打火机也无法立即引爆，只要正确地安装引信便不会在未点火的情况下爆炸。事实却是，如此大量的黄色火药全部

在爆炸中同归于尽，很可能是被美军舰炮发射的一发炮弹直接命中引爆的。在爆炸中，坑道入口瞬间被炸飞，坑道遭到严重破坏，在坑道内休息、待命中的士兵们被撕成碎片，他们的手、脚、肩膀、躯干的碎块落到周围的地面上。虽然高岛军曹已经在战场上看惯了敌我双方的尸体，还是被眼前的景象震惊得一句话也说不出来。在这次爆炸中，代理第3中队长织田治雄中尉、机枪队长盐见高美中尉以下多人身亡。由于死者已经粉身碎骨，

现场的尸体无从清点，无法统计出准确的死亡人数，后来向军司令部报告的死亡人数为70名。贺谷大队的战力因这起惨祸更加低下。

从4月8日晨开始，日军的宇地泊－嘉数－我如古－南上原－和宇庆一线阵地全线遭到美军进攻。

在独立步兵第13大队正面，美军第383团从8日晨开始向嘉数高地一带发动真正的攻击。虽然在前一天，伴随着坦克的美军步兵就抵达高地前方一带，但傍晚时就后退到北方

地图十五　4月4日至8日，美军第24军通过日军在南冲绳的前哨阵地

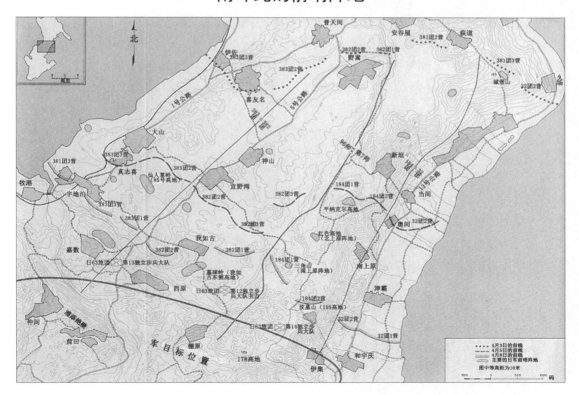

的阵线内。美军得到飞机、野战炮和战列舰舰炮火力支援，防守嘉数高地的日军仍一再击退美军。383团1营沿着通往山岭的道路对嘉数高地实施多次小规模进攻，均以损失惨重告终。

嘉数高地[①]位于宜野湾村南部，是一片高约90米、棱线长约1公里的孤立山岭。高地北侧是较为陡峭的悬崖，南侧则是比较平缓的斜坡，山麓处就是嘉数村落。日军在这里构筑了配有地下坑道和交通壕的坚固阵地，以此为中心，在从西侧（中国东海）至东侧（太平洋）的牧港－嘉数－我如古－南上原－和宇庆一线建立了强大主阵地的第一道防线，以此迎击美军。

在独立步兵第13大队左翼，距嘉数北侧高地不远处的西部70高地上部署着独立步兵第13大队第1中队。该中队的阵地并非通常所说的那种洞穴阵地，只不过是在半山腰用铁锹挖掘出的简单"坑道"，再在上方摆上成排的松树树干，其上又用树枝伪装而已。这样的阵地如果被美军的舰炮炮弹直接命中，就会被炸得粉碎，但是该阵地此前一直没有受到舰炮直接射击，也没有被轰炸

从嘉数高地北面的比屋良川看见的西嘉数高地和嘉数岭西端一览。96师381团1营使用山上的坟墓作掩体，而且图中可以看到日军的一处洞穴阵地。

时的投弹命中。日军都守在工事内屏息凝气静待美军攻来。

在前一天，日军接到美军正沿着嘉数高地西侧的海岸道路从牧港方面南下的报告。第1中队长青木正畅大尉（曾在1944年的河南作战中与独立步兵第15大队第4中队的小队长山本义中少尉熟识，后面还会提到山本少尉的战斗经历）从本中队紧急抽调一个分队的士兵派往牧港。负责这项特别任务的分队长亲率11名士兵前往西方海岸一带的滩头阵地。结果进入滩头阵地的分队被美军舰炮发射的巨弹直接命中。牧港的滩头阵地比较简陋，士兵们全部死亡。

就在那天（7日）晚上，第1中队的轻机枪射手若杉幸雄上等兵从中队长那里接受一项特别任务。原来日军在高地的山脚一带挖掘了横洞式坑道，存放着中队的弹药。若杉所属的分队奉命从高地山腰的坑道内冲出去袭击敌军，进行爆破。深夜，若杉一行离开高地山腰的坑道开始爬下山坡。他们在坑道内连接完爆破用的导火线时，周围已经开始微微发亮。若杉架着轻机枪凝视着前方。

在高地山脚一带的洼地布阵的分队前方，往北有一片平地，且视界良好。前面有一片松林，树木比较稀疏，并不影响视野。不久天就亮了。美军的炮击开始了。猛烈的炮击集中射向高地斜面。炮弹并未向若杉分队所在的地方飞来，可能是因为那里是死角的缘故。

炮击终于停止了。在松林的前方随即出现美军的坦克部队。坦克的后方和侧面跟着步兵部队。若杉眼看着自己同慢慢接近的美军坦克和步兵之间

---

① 在日军资料中，嘉数高地包括两座高地，即嘉数北侧高地和西部70高地，前者被美军称为"嘉数岭"。

的距离缩短到五百米，将放在轻机枪旁边的饭盒倒满水，浸湿布片以防止枪身过热。

打头的坦克逼近到200米的距离。若杉将轻机枪的枪口瞄准协同步兵，开始连续射击。美军步兵的队列立即发生严重混乱，同时坦克的炮筒慢慢对准了若杉分队。分队的其他成员也开始射击，美军也向日军还击。耸立在后方的高地被枪火和炮烟覆盖。若杉分队判断已到了执行中队长命令的时机，于是点着从中队弹药库拉出来的导火线。片刻之后，山脚的地下坑道内传来了地动山摇般的轰响。

就这样，若杉分队圆满执行了中队长的命令。他们很快就发现自己被浓雾包围，不久得知原来中队弹药库内贮存的许多枚发烟筒也被引爆。若杉分队被完全包围在浓密的烟幕

中。在烟雾中自然也没法看到美军的坦克和步兵。若杉分队不知美军会何时出现在面前，每个人都紧握着上好刺刀的步枪，紧张地在雾中等待。可是烟雾散去后，美军已经没影了。在此期间，美军的前进被突然出现的浓厚烟幕所阻，于是向东方大迂回，抵达嘉数高地的山坡，由于日军的顽强抵抗未能夺取山顶。当天的战斗就这样结束了。

若杉分队终日坚守着山脚阵地。当若杉在晚上返回中队本部时，中队长所在的坑道却空无一人。他又查看了一下嘉数高地背面的大队本部坑道，发现有几十名伤兵坐在里面，怪异的呻吟声震动着坑道的墙壁。充满血腥气的坑道宛如地狱一般。

8日当天，在独立步兵第14大队正面，双方继续在我如

古北侧阵地（第4中队）一带混战。白天，日军竭力守住我如古东侧高地（墓碑岭）和我如古南侧高地。晚上，美军第382团在我如古和墓碑岭正北的宽阔正面阵地上已精疲力竭，却只能取得极为有限的进展，且该团东面的战线左翼彻底暴露，受到更严重的火力威胁。在这种情况下，382团只能驻足不前。

东面美第7师行动区域内，184团继昨日占领北上原阵地（红色高地）后，在接下来的8日和9日两天依然担任第24军的主攻部队。在该团攻击正面，日军在和宇庆西北约1公里的155高地（美军称为"坟墓山"），及该高地西北约1公里的南上原阵地（美军称为"三角山"）构筑了非常坚固的阵地。第7师在这两处阵地前遭遇前所未有的猛烈炮火。美军的坦克－步兵协同战队是日军炮火的重点打击目标。日军根据此前总结的经验，用重炮火力驱散美军步兵，击伤或击毁美军坦克，然后敢死队会携带炸药包突击爆破孤立无援的坦克。当坦克兵企图弃车逃离的时候，面对的往往是日军敢死队的锋利刺刀。战斗暂歇时，日军会占据被美军丢弃的坦克，用坦克当碉堡组织新一轮防御。美军坦

美军184团2营从平纳克尔高地出发，沿图中央下方的矮岭进攻坟墓山高地。高地远处正好有一颗白磷燃烧弹刚刚爆炸。

克的装甲防护性能比日军坦克好得多，颇为讽刺的是，日军将美军坦克当碉堡，会比利用己方坦克构成更大威胁。

经过血战，184团终于在8日攻占独立步兵第14大队第5中队防守的南上原阵地（三角山）。防守155高地（坟墓山）的独立步兵第11大队第5中队主力虽然蒙受了很大损失，在独立步兵第12大队第4中队支援下终于保住阵地。

此前，日本第32军炮兵队主力准备抗击美军在南部凑川方面登陆，但牛岛在4日下令转为对北方作战，因此军炮兵队主力在5－8日，利用夜色进行了对北方作战的阵地部署。8日晨之前，军炮兵队主力终于完成向北正面的阵地转换，自8日以后在北正面战线发挥了很大威力。军炮兵队包括第5炮兵司令官和田孝助中将（日本陆军称其为"炮术之神"）指挥的山根忠大佐的野战重炮兵第1联队、神崎清治大佐的野战重炮兵第23联队、河村秀人中佐的独立重炮兵第100大队、入部兼康中佐的独立臼炮第1联队、樋口良彦中佐的重炮兵第7联队、驮马崎丰少佐的暂编迫击炮第1大队、松田大尉的暂编迫击炮第2大队，另外还有区处部队野

炮兵第42联队、独立混成第44旅团炮兵队等。

美军步兵也在8日这天首次见识了日军的臼炮。日军独立臼炮第1联队从8日开始射击，日军战史称其"令美军胆寒"。独立臼炮第1联队装备的是"九八"式臼炮，曾在太平洋战争初期的新加坡、巴丹半岛战役，以及不久前的硫黄岛战役中使用过。

这种臼炮炮弹几乎无法形成爆裂打击效果，落地造成的震荡却声势骇人，能够在地面直接凿出一个4.5米孔径、2.4米深的弹坑。美军士兵们都管这种炮弹叫"飞行箱车"，意

（左图）发射台上的日军"九八"式臼炮（左）和炮弹。（右图）冲绳美军正在测量缴获的"九八"式臼炮。

性能参数：

炮弹：约300公斤，装药40公斤，外径330毫米，炮弹威力同30厘米破甲榴弹大体相同，但缺少穿透力。

发射底座：木材（重量约1200公斤）

最大射程：1200米

搬运：人力搬运的情况下至少34人

安装：一般地面约30分钟

射速：1发/分钟

思是炮弹射速偏慢，他们能够看清空中的弹道。这使得他们可以及时跑到安全地带以避免被击中。

此前第32军在中止4月7日夜总攻的同时，向第62师团下达了对阵前之敌实施夜间攻击的命令。第62师团长藤冈中将命令步兵第63旅团长于8日夜实施阵前出击，并将独立步兵第272大队和独立步兵第273大队拨给其指挥。步兵第63旅团长则命令独立步兵第12、13、14大队实施夜间攻击。当时，独立步兵第14大队已归独立步兵第12大队长贺谷中佐指挥。

独立步兵第272大队占领了棚原附近阵地，担任旅团预备队，独立步兵第273大队则配属给独立步兵第14大队，于9日到达棚原东北142高地。

独立步兵第13大队长向已撤出前进阵地成为大队预备队的第5中队下令于8日夜夺回85高地。第5中队变成了"挺进突击队"，对85高地实施夜袭，其一部兵力突入85高地，天亮后中队长池本信熙中尉以下大部战死。

独立步兵第12大队长于7日命令该大队的第4中队转归独立步兵第14大队长指挥，在加强防御的同时对各中队进行了部署，准备挺进到棚原附近。8日白天，南上原附近的

战斗极为激烈，155高地（坟墓山）难于确保，因此独立步兵第12大队长贺谷中佐在8日夜向155高地加强了第5中队。

独立步兵第14大队长在8日当天将独立步兵第12大队第4中队的一个小队配属给第14大队第3中队长千叶豪中尉，命令千叶中尉救援并夺取120高地（142高地北方1公里），独立步兵第14大队的第1中队负责配合作战。8日夜，千叶中尉实施了夜间攻击，被美军击退，千叶中尉战死。

8日夜，日军对美军占领的神山岛（庆伊濑岛）实施了奇袭。由于在3月31日登陆神山岛的美军炮兵部队（150毫米加农炮2个营共16门大炮）的射击对日军的作战行动构成严重妨碍，因此日军第32军于3月31日命令军船舶队派出突击队袭击神山岛。船舶工兵第26联队长佐藤小十郎少佐于4月5日左右命令小队长西冈健次少尉突入神山岛。突袭神山岛行动的实施十分曲折。日军原本计划挺身突击队在5日晚上9时半出发向神山岛进击，在此之前突击队应在那霸港口附近的岩石后面隐蔽待机。在行动开始前，由于美军舰炮以那霸为中心实施了猛烈炮击，最前面的3只独木船刚一抵达某处岩石边时，其3名船员便

被飞来的炮弹破片击毙，于是当天的出击终于流产。由于美军舰船接近了港口，第二天夜间的出击也告吹了。

第3天4月8日20时（一说22时左右），西冈少尉以下共78人乘坐独木船从那霸出发。在黑暗的港口内，9艘独木船在西冈少尉发出信号后同时出发，一路上十分顺利，既没有遇到障碍物，也没有暴露意图。1时左右，船队抵达神山岛，第1、第2小队相继跳到沙滩上。就在这时，不知为何西冈少尉竟然射出一颗信号弹暴露了意图，或许是为了向首里的军司令部和友军证明敢死队已采取行动。毕竟从部队受命以来已过了3天，目标神山岛的火炮仍在发出隆隆炮声。虽然西冈少尉一定知道在战斗开始前打出信号弹对行动本身必定会造成不利影响，为了自己军人的"名分"，仍有必要让友军阵地知晓自己已经杀入神山岛。至于战斗的成功与否则不重要了。

信号弹升起后不到3分钟，突击队所在的海岸一带就沐浴在从三个方向射来的机枪子弹的弹雨中。独木船的桨手疯狂地划桨以远离小岛。小岛立即被灯光照耀得如同白昼般明亮，桨手们看到突入敌阵的突击队员的小小身影。在直径

300米的浮洲上，爆炸声和枪声响成一片。约半小时后，有2艘小船返回小岛岸边，这时枪声停了下来，岛上重归寂静。

在这次奇袭攻击中，西冈少尉损失了大部分部下。最后西冈少尉以下22人在9日4时左右返回（另根据《铁之暴风》一书收入的口碑资料，最后只有西冈少尉以下5人返回部队）。据报告，这次行动的战果为破坏火炮3门和重机枪2挺，杀伤人员10名。①

8日夜，海上挺进第26战队也向海上出击。海上挺进第26战队于1944年12月14日登陆渡嘉敷岛，1945年1月1日开始移动至冲绳本岛的糸满（那霸南方8公里）地区。4月7日，海上挺进第26战队（战队长足立睦生大尉）受领了呼应8日夜对神山岛的突袭、攻击嘉手纳近海的运输船队的命令。8日傍晚，各队举行了"出阵式"后，开始着手进行泛水作业，由于潮汐的缘故，作业极为困难。结果大部分兵力都未能真正出击。第1中队在9日0时从糸满附近出发，攻击嘉手纳近海的船队，未归还者有挂谷义雄见习士官以下9人。第2中队干脆未能出击，第3中队

也只有中队长岩本具郎少尉指挥的2艘小船出击。

根据第32军的报告，海上挺进第26战队的出击情况为："海上挺进战队（特攻艇27艘）从糸满攻击嘉手纳泊地的舰船，攻击成功12艘、沉没7艘、归还18艘，战果为击沉驱逐舰1艘、鱼雷艇2艘、起火3艘。"

根据美军战史，4月8日有驱逐舰1艘、登陆作战器材运输舰1艘被特攻艇击伤。

此外，部署在冲绳本岛场天港（与那原东南）的海军"射堡队"（从海岸发射鱼雷的设备）在8日晨对进入中城湾的美军舰艇发射了5枚鱼雷，据报战果为击沉驱逐舰1艘、重伤扫雷艇1艘。

4月8日夜，日军第62师团一部实施的攻击未能取得值得一提的成果。美军从9日晨开始继续在全线进攻，双方在整条战线展开激烈战斗。

9日，独立步兵第13大队在嘉数北侧高地击退美96师383团的奇袭（详见下一节）。382团在我如古正面的进攻也被我如古东南阵地和西原高地阵地的日军阻止。我如古东南侧高地阵地的守备部队是独立步兵第14大队第2中队、独立速射炮第22大队第1中队。10日正午左右，该阵地守备部队遭到美军"骑马攻击"，日军向美军进行火力急袭，并实施反击，还得到白炮、迫击炮的有效支援，终于在傍晚前将美军击退。

在我如古以东地区，日军独立步兵第12大队长贺谷中佐开始一并指挥独立步兵第14大队（配属独立步兵第273大

从东海岸向西眺望日军防御阵地核心，能够看到首里盆地的典型崎岖地形。

---

① 关于这场战斗的详情，笔者尚未找到美军方面的记录。

队），将部队混合部署（所谓的"混合部署"就是为加强最前线情况危急之处的防御战力，从其他部队抽出一部兵力紧急派遣该处的对策）。4月9日的部署概况如下：

独立步兵第12大队：

本部：幸地（12日移动到棚原）；

第1中队：棚原北侧；

第2中队：位于国头，与主力分离；

第3中队（配属机枪1个小队）：棚原东方地区

第4中队和第5中队：155高地

机枪中队主力：棚原（1个小队在142高地，各有1个小队配属给第2、第3中队）；

步兵炮中队：棚原东侧地区。

独立步兵第14大队：

本部：西原东侧；

第1中队：142高地；

第2中队：西原北侧高地及我如古南侧高地；

第3中队：142高地；

第4中队：我如古东北地区（与大队本部断绝联系）；

第5中队：9日夜从155高地移动至西原大队本部位置；

机枪中队主力：142高地（1个小队配属给第4中队）；

步兵炮中队：142高地。

独立步兵第273大队：142高地。

9日，美军第184团的步兵和坦克协同战队，在地面炮火和飞机的紧密支援下，经过反复激战，终于登上155高地的山顶。尽管日军守备队（155高地一带阵地最初部署着独立步兵第11大队第5中队主力，在4月7日加强了独立步兵第12大队第4中队，8日夜又加强了第12大队的第5中队）仍在利用高地斜面上的墓地顽抗（日军资料声称守备部队到10日仍确保着该高地南侧阵地），该高地大体上已被美军控制。由于山坡上布满了死尸，这座高地被美军称为"坟墓山"。拿下坟墓山，使184团能够占领该高地以东、控制着通往和宇庆通道的多座小山岭，能从坟墓山直指西南方日军炮火观测点157高地（日军称为"178高地"），该高地距美军仅1500码，正是它一直在阻碍美军扫荡坟墓山以南地区。此后在9日和10日两天，184团向前推进了几百码。但在西面，该团在这两天均因独立步兵第12大队（配属独立步兵第14大队）防守的142高地（棚原东北，美军称为"乱石岗"）受阻，无法继续前进。

4月10日，美军开始对日军主阵地右翼尝试迂回，这一战术在先前攻打日军前进阵地时多次得手，但这次的结果却令人沮丧。第7步兵师的迂回部队半路上就遭到日军强力阻击，根本无法进入纵深地带。军长霍奇少将得到第7师的战报，明白他们一时无法继续推进，决定将主攻方向暂时转移到96师攻打的嘉数高地。

8日以后，正当第7师在东面继续前进时，第96师主力却在嘉数高地连连受挫。至4月8日夜间，根据美军第24军的初步统计，该军的战斗伤亡已达1510人，共击毙日军4489人，俘虏13人。第96师的伤亡最大，他们接下来的任务是攻打坚固的嘉数高地。

争夺嘉数高地

4月8日，美军第96师383团团长梅上校命令1营和3营在次日占领嘉数高地。2个营在当天进行了准备。

攻击之前，383团1营和3营一部先登上位于嘉数高地东北数百码的一座高地观察地势。美军所在位置和嘉数高地之间是深深的比屋良川河谷，一半被树木和灌木丛覆盖，要越过这条河谷绝非易事。整个嘉数高地由两座山头组成，中间有一道跨距约20米的山鞍相连。东面山头比较高大，全长约500码，山顶是平均约25码宽的平地，美军将其称为"嘉数岭"（日军称为"嘉数北侧高地"）。高地西侧尽头是一道南北走向的山鞍，缓慢向南倾斜。这道山鞍就像山岭两侧那样布满坟墓。鞍部西侧是嘉数高地的另一部分，与嘉数岭组成"T"字形状，山岭是一竖，西面的山头就是横头，南北全长约250码。第27师将这座小山头称为"克洛克高地"，不过96师还是称其为"西嘉数"高地，日军则称为"西部70高地"。西嘉数高地的北坡较陡，悬崖上有许多岩洞，东坡虽然也很陡峭，却没有前者那样险峻。

表面上看来，嘉数高地谈不上有多可怕。这片高地不是很高，形状相对简单，也不特别突兀。嘉数南面500码是更高大的浦添绝壁，从96师当时的位置来看，就像是阻断继续南下路线的无法逾越的高耸悬崖。与浦添绝壁相比，嘉数只是一座丑陋的低山，原先覆盖的植被，如今只有光秃的树干树枝伸向苍凉的天际。嘉数岭东南方的嘉数村落内是一片排列紧密的瓦房，每座瓦房都围有篱笆和石墙，附近的不少开阔地都被这些建筑物遮住。

日军在嘉数高地及其周围构筑了他们在冲绳最坚固的阵地之一。迫击炮和掷弹筒都隐蔽在反斜面阵地内，瞄准了前方的比屋良川河谷与嘉数山顶之间易受攻击的地方。几门白炮也被用于护卫这座高地。日军用多座相互配合的碉堡、坑道和岩洞建成了复杂的立体防御工事体系，机枪火力可覆盖通向这座阵地的所有道路。日军主阵地的许多火炮都能支援这座阵地。嘉数村的石墙和篱笆虽然被炮火和炸弹轰成残垣瓦砾，仍可以掩护日军进行抵抗。

拜伦·金中校指挥的383团1营负责攻打嘉数岭，爱德华·斯泰尔中校指挥的383团3营负责占领西嘉数高地。为达到突袭目的，美军不会进行炮火准备，两个营的4个突击连会在天亮前进攻，他们对嘉数地区的地形了解不多。他们手中有航空照片和地图供参考，但这些资料既不够准确，也很不详细。在地图上甚至连比屋良川都没有画出来。

在黎明前的黑暗掩护下，美军步兵悄然出动。1营的C连和A连、3营的L连和I连从东向西并列前进，分头穿过比屋良川河谷，循着山路攀上嘉数高地的山坡，到黎明时分已登上山顶。这次行动非常成功，由于美军一改常用的战术，没有实施炮火准备便向日军阵地袭来，因此日军一直都没有发现美军登上嘉数岭和西嘉数高地的山顶。夜袭攻击本来是日军擅长的战术，这次却反过来被美军使用，打了日军一个措手不及。当然，如果美军的行动被日军早早发现的话就会蒙受很大牺牲，是一次相当冒险的

著名的日制"九六"式6.5毫米口径轻机枪。
性能参数
口径 6.5毫米　重量（不包括枪刺和弹夹）9公斤　全长107厘米
供弹 30发弹夹　子弹初速700米/秒　理论射速800发/分钟

行动。不过看起来美军的企图已成功实现。美军在完全没有被日军发觉的情况下占领了目标高地山顶一带。L连先头部队在沿途消灭了日军的几个哨兵，动作干净利落，未放一枪一弹，没有惊动守军主力。在更西面行动的I连因故推迟出发，在天亮时到达宇地泊南面150码的开阔地。

日军在嘉数岭部署着独立步兵第13大队第2中队。6时刚过，日军如梦初醒。一座碉堡里的日本兵在朦胧间赫然发现美军A连就在前方，来不及向同伴示警，赶紧在枪眼处就位开火。

"砰——"一声清脆的枪响在晨曦寂静的山岭中响起。美军士兵还来不及懊恼，一阵冰雹般的迫击炮弹便无情地落到日军阵地前方，紧接着从各处响起机枪射击声，仿佛在演奏死亡交响曲。这个时间点对美军很不利，各部的位置非常尴尬。1营A连和C连的大部分官兵已经登上山岭，都分散在山道上，而且两个连还没能重新恢复联系。3营L连的部分兵力已经攀上西嘉数高地，不过也没能与1营A连恢复联系。日军迫击炮和机枪开始齐射时，L连的大部分官兵都已越过比屋良川，所以雨点般的机枪子弹和迫击炮弹不大能伤到他

们，但密集的火线却逼得西面开阔地的I连不得不停止前进，导致其与L连失去联系，这样一来L连就被孤立在西嘉数高地。

当A连和C连挤进山顶和嘉数岭前（东北）坡的洞中躲避日军的炮火时，L连正在向西嘉数高地山顶冲锋。L连连长维拉德·米切尔中尉是个矮壮的路易斯安那人，眼看日军机枪子弹不断飞过，头脑灵活的他开始发挥想象力和口才："看哪！'老霍斯'（19世纪美国著名职业棒球投手查尔斯·拉德伯恩的绰号）正向我们走来，上帝就在他身边。"敦促部下冲向山顶。L连官兵们的M1"加兰德"步枪都已上好枪刺，他们全然不顾日军的狙击火力，奋力登上高地山顶。

"干得好，小伙子们！"米切尔在给部下打气的同时，

又抬手一枪放倒一名正要投掷手榴弹的日本兵。双方在西嘉数高地山顶展开近距离火力交锋，谁都不肯相让，两边的重武器都不敢射击，唯恐误伤自己人。也不知是谁率先冲锋，双方在山顶展开了刺刀见红的肉搏战。

白刃战一开始，战术已不重要，完全是双方基本刺杀技术的比拼、身体素质和平时训练水平的实战较量。素有强悍名声的日本兵嗷嗷嚎叫着向美国兵虚晃刺刀挑衅，训练有素的美国兵却不会轻易上当，脚下踩着小碎步，等待对手先露出破绽。一个日本兵大吼一声，向对面的美国兵头顶虚晃一刺后，猛然跨前一步，当胸就刺。美国兵闪身向右避过，趁日本兵来不及收住前冲之势，向他心口刺去。日本兵赶紧扭腰右倾，心口虽然避开刺

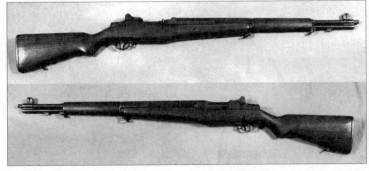

美制M1"加兰德"式步枪。这是一款一直沿用至21世纪的长寿步枪。
性能参数
口径 7.62毫米　重量（不包括枪刺和弹夹）4.31公斤　长度110厘米　枪管长度61厘米
供弹8发弹夹　子弹初速853米/秒　有效射程457米　射速40—50发/分钟

刀，左肩还是挨了一下子。这个日本兵忍住疼痛，枪身向下，去撩美国兵下盘。美国兵怒骂一声"他妈的！"收回了枪刺，向前跃出一步。两人各自回身，交换了位置。美国兵仗着比日本兵高出半头，不等日本兵脚下站稳，抢先突刺对手前胸。日本兵闪避不及，举枪格挡，但力量处于下风，被块头更大的美国兵紧逼得双膝一点点下沉。美国兵正自以为得计，使劲下压，日本兵突然双手一松，撇下步枪，借着下沉的反作用力上扑，两手直奔美国兵咽喉。美国兵发觉脱力，来不及收势，咽喉已被对方扼住，顿时窒息，急忙丢下枪支，同日本兵徒手肉搏……

这一场近战中双方刺刀、石块和拳脚齐上，甚至连牙齿和指甲也成为武器。战斗持续了一上午，L连终于占领西嘉数高地山顶。

就在L连冲上西嘉数高地山顶与守军拼刺刀时，美军在嘉数岭的局势变得十分危急。先前当美军登上嘉数岭山顶时，第2中队的近藤一伍长本来正在半山腰的工事内打瞌睡，突然从黑暗中传来"敌袭"的叫喊声。近藤伍长立即跳了起来，看到美军已经爬上高地山顶一带，山顶已被很多美军占领。近藤从中队阵地内

看到山顶一带的美军部队约有80人。当时天色仍然昏暗，无法看出美军的准确人数。这时从山顶发射的子弹已经开始落到周围。中队的士兵们也一齐开始还击，但因为是仰射，地位非常不利。第2中队官兵随即转为向山顶突击，在己方迫击炮弹幕还未消散时，就冲向美军1营的两个突击连。身为老兵的近藤血气上涌，带头攀上斜面。头上弹如雨下，近藤还是不要命地爬上了山顶。其他士兵也陆续爬了上来。双方在二十多米的极近距离展开枪战和手榴弹战，每个人的脸上都杀气腾腾。天渐渐完全亮了。近藤的腰间只有两颗手榴弹。双方在黎明完全陷入混战。美军只能利用山上仅有的一点点遮蔽物和凹地。枪声响

冲绳日军使用的"九七"式手榴弹。
性能参数
全长 9.5厘米　直径 5厘米
重量 约454克　引信延时 约4至5秒

成一片，手榴弹和手雷到处爆炸，根本分不清谁是谁、自己在什么地方。周围充斥着枪火、硝烟和怒吼声。

在嘉数岭的半山腰和山顶上，日美两军展开了近距离的白刃战，陷入真正的混战乱斗之中，为太平洋战争所罕见。双方的怒吼声、手榴弹和手雷的爆炸声、在仅仅十多米距离上交错响起的枪声震撼着嘉数岭的山坡。面对凶猛扑来的日军，美军的A连和C连也只能全力拼起刺刀。白刃战一直持续到7时45分才停歇。负责支援的几个美军排被日军火力钉在比屋良川和高地之间的开阔地动弹不得，一时无法上山增援，日军的援兵却一批接一批地冲杀上来。

A连连长杰克·罗伊斯特上尉对着无线电步话机大吼道："除非援兵能及时赶到，或者3营能在右侧（西面）跟上我们连的队列，迫使敌人分兵，不然我们连要么撤退，要么就被敌人打垮！"他并不知道3营L连已冲上西嘉数高地，正在和日军舍命相搏。营长金中校命令B连上山为A连压阵，但B连根本冲不过日军覆盖比屋良川的火网。日军的火炮和自动武器将河谷变成一道钢铁和爆炸组成的帘幕，同时日军增援部队正不断投入反击，山顶

上的美军小部队就像被洪水冲激的河中小丘，不知将在何时被吞没。

8时30分，心急如焚的1营长金中校又收到C连告急："我们暴露给敌人的左翼（东面）正遭到猛攻。"金中校明白战斗该结束了，通过无线电请示团长梅上校："我们在山岭上还有50人。各支援单位都被日军火力压制，无法动弹。除了机枪十字交叉火力外，密集的迫击炮火和野战炮火正在部队头顶落下，如果得不到增援的话，将不得不撤退。"

梅上校先前接到师里的命令，要求他们团向南方进行一次"有力"进攻。他不愿轻易放弃嘉数岭上的立足点，那样将意味着放弃这座至关重要的高地。另外，他还认为，1营如果撤退，今后为此蒙受的人员损失和继续坚守也不会有区别甚至会更高。于是梅上校

冲绳日军使用的木壳炸药包（急造炸弹）。

电告1营："我会派G连增援你们……如果营长已经受惊过度，就让副营长接替指挥。必须不惜一切代价守住山岭上的阵地。"

梅上校命令2营派G连到第一线去填补1营和3营之间的缺口。G连当时在后方1000码左右的位置，无法及时帮助1营脱困。

嘉数岭上，罗伊斯特上尉觉得阵地已经岌岌可危。他的眼睛被迫击炮弹破片所伤几乎失明，仍集合部下力战，直到化学兵连发射足够的烟幕弹让他们撤退为止。到10时左右，烟幕才足以掩护C连和A连开始撤退。伤员被带走时，A连后卫仍在山顶坚守。嘉数岭上的美军，最后同那些在比屋良川附近的开阔地一度被日军火力压制的友军一起，穿过迫击炮弹幕撤退。

10时30分，A连和C连撤退到比屋良川的第一批官兵，正好遇上约翰·范乌尔潘上尉指挥的B连上山支援。营部一再下令进攻，范乌尔潘上尉便带领连里还能战斗的46人攀上比屋良川北岸进入开阔地。B连刚前进几码，日军的一排迫击炮弹就如冰雹般落下，接着一梭机枪子弹飞来，当场打伤7人。日军野战炮火和迫击炮火全面覆盖比屋良川和河谷北

方，B连根本无法继续前进。下午，1营被打残的3个连的幸存者各自退回自己的阵地。1营外科医生检查过幸存的战士之后，认为没有一个人适合继续执行任务。

1营的两个连撤走后，3营L连就成了唯一还在嘉数高地坚守的美军连队。米切尔中尉和他的部下当时控制了构成西嘉数高地的北山（该高地有2处最高点，被美军称为"北山"和"南山"）。L连在鞍部占据了足够的空间，在隐蔽位置架设了机枪，仍无力占领南山。当时日军主力正全力抵抗C连和A连对嘉数岭的进攻，一时无力将美军赶出西嘉数高地南山，不过和L连对抗的日军仍用手榴弹甚至炸药包反击。

中午，日军显然发现西嘉数高地的美军兵力不像先前他们以为的那样强。下午，日军发动了四次反扑，兵力从一个小队逐渐增加到一个中队。日军步兵在迫击炮火掩护下，向北山投掷手榴弹和炸药包。为组织有效防御，米切尔中尉扯直了嗓子，用他那与体格完全不相称的声音大声呵斥，L连的士兵们在激战中都能听到那令他们身心安定的声音。

这天下午，L连的士兵们在西嘉数高地的英雄事迹数不

胜数。两名机枪手为了在更好的射界打击敌人，带着机枪进入暴露位置射击，其中詹姆斯·普理查德中士一人就打光了6个弹带，击毙许多向西嘉数高地西坡冲锋的日军，直到他受致命伤倒下为止。L连迫击炮班原先在西嘉数北方峭壁底部为步兵提供火力支援，因为后方一直没能派人接济，终于打光炮弹。班长厄比·博伊德参谋军士自告奋勇穿越一直被日军炮火和机枪火力扫荡的比屋良川去取炮弹。明知九死一生，他仍然头也不回地冲了下去，结果战死在那地狱般的河谷。约瑟夫·索尔奇一等兵立在

一个极佳的位置，将一群正在冲锋的日军尽收眼底，对着这群日军一连打光3个勃朗宁自动步枪的弹夹，共击毙15人。先前，索尔奇和他的5名战友曾经一同拔掉日军在高地后山坡上的一个白炮洞穴火力点，最后只有他一人在这场战斗中活了下来。

缓解L连压力的各种努力全都无果，团长梅上校命令2营派G连填补L连和嘉数岭的A连之间的缺口。直到下午，G连才赶到指定位置。此时，被日军炮火压得在宇地泊正南开阔地抬不起头的I连，开始一步步向能多少得到掩护的位置前

进。14时，I连和G连都试图到达L连的左侧（东面），日军的炽烈火力让他们无力越过横亘在面前的那道河谷。日军的野战火炮、迫击炮和机枪，在比屋良川织成的弹幕依然不可逾越。

L连坚持到16时，米切尔中尉已明白无法守住现有阵地。当初有89名美军官兵成功到达西嘉数高地山顶，这时已有15人战死，未受伤的仅有3个人。更糟糕的是，L连几乎耗尽了弹药。仅剩的一些弹药都是从死者和重伤无法战斗的人员身上取来的，许多人连一发子弹都没有了。美军的机枪

地图十六　4月9日嘉数高地的战斗

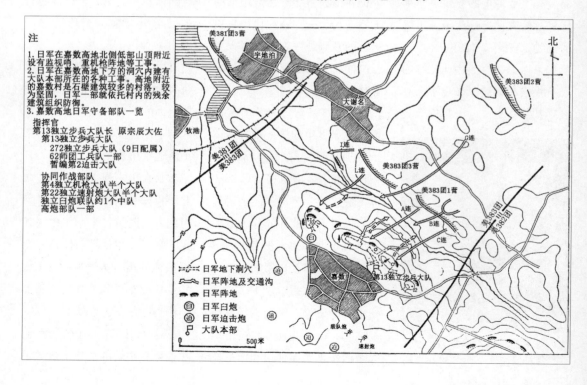

已经变成哑巴。半小时前，100多名日军发动的新一轮反击刚被打退，现在已不可能再承受这样一次打击。

米切尔中尉决定撤退，呼叫后方火力支援。107毫米化学迫击炮将烟幕弹射到西嘉数高地南侧，榴弹炮的高爆弹让日军一时无法动弹。在烟幕掩护下，L连的幸存者相互扶持，退下山去。

4月9日对383团来说是黑暗的一天。该团当天的战斗损失共326人，其中23人阵亡，256人负伤，47人失踪。1营战斗人员仅剩一半，实际上已无力再战。团长梅上校撤了金中校的营长职务，让副营长肯尼·埃里克森少校接替指挥。包括连部在内，3营L连仅剩38人而已。383团全天没能取得分毫进展。L连后来因为他们当天面对多数敌人进攻时临危不惧，被授予杰出单位称号。

在这场战斗中，日军也付出了极为惨重的代价。第2中队的近藤伍长在嘉数岭投入战斗大约一个小时后受伤昏迷。当他恢复意识时，发现自己正躺在山腰处，天正下着雨，是雨水使他苏醒过来。他发现自己难以动弹，右胸感到火烧般的剧痛。他隐约记起来自山顶的一发子弹从背面射穿了自己的身体，然后自己便仰面倒下

了。

近藤忍痛抬起上半身看了看周围。在硝烟弥漫的山坡上，日军尸体枕藉。在尸体中间，迫击炮弹还在不断爆炸，将尸体掀到半空，再摔到地面。这时近藤再次失去知觉。

近藤在嘉数高地的近接白刃战斗中右胸受了贯通枪伤，大量出血加上锁骨骨折，使他躺在山腰的山坡上，直到当天傍晚他才再次恢复意识。这时日军已经开始遗体收容作业，士兵们在以山顶为中心陆续被收容的尸体中发现了尚有一丝气息的近藤。他被抬上担架紧急送往后方的救护站。

在当天的战斗中，第2中队损耗甚大。在左翼西部70高地上布阵的第1中队的伤亡甚至更加惨重。第1中队的中队长青木正畅大尉、小队长井原五郎中尉、小岛正少尉以下大部死伤，中队战力丧失殆尽。前一天晚上，被大队本部坑道中的伤员数量和呻吟声吓了一跳的第1中队轻机枪射手若杉幸雄上等兵，自己也在4月9日的战斗中身负重伤，与其他重伤员躺在一起，然后被收容到临时救护站。在当天的战斗中，若杉正在操作轻机枪连续射击时，美军的迫击炮弹突然在近处爆炸，尖锐的破片扎进他右臂的根部（据若杉回忆，

第1中队的战力当天损耗了九成）。

到9日为止，原宗辰大佐的独立步兵第13大队包括3名中队长在内，战死的准士官以上人员达到21名（原有人数包括军医在内为51名），战力变得极度低下。独立步兵第272大队在当天也有8人死伤。（根据美军在当天的初步统计，383团共击毙大约420名日军。）

当天，步兵第63旅团长中岛少将的旅团司令部位于仲间，可以清楚观察到仲间北侧高地到嘉数附近的情况。中岛少将鉴于嘉数方面的战况，将正在棚原高地一带的独立步兵第272大队（大队长下田直美大尉）配属给步兵第13大队长加强兵力。独立步兵第272大队于9日白天开始向嘉数附近移动，在10日拂晓才抵达西部70高地。

嘉数高地的僵局

在4月9日的进攻彻底失败前，96师副师长克劳狄乌斯·伊斯利准将、383团团长梅上校和381团团长M.E.哈洛伦上校就在383团指挥所会面，制订次日的全力进攻计划。既然在4月9日一个团都拿不下嘉数高地，那就集中两个团的兵力进

攻，由伊斯利准将亲自指挥。381团将从宇地泊以南的各处阵地进攻西嘉数高地，383团会从比屋良川以北的各个阵地出发，进攻嘉数岭。

在这次进攻中，美军依然不会使用坦克。比屋良川很难通行，即使坦克勉强通过也只会成为日军炮火的靶子。如果让坦克对宇地泊以南右侧（西面）作大范围侧翼迂回，会遇到大片稻田和梯田这样令人十分头疼的地形，处于敌军的直射火力之下。如果向左侧，也就是比屋良川最深的河段东面大范围迂回，阻击火力可能会更强，382团在那里每前进一步都非常吃力。也就是说，美军在攻打坚固设防的工事阵地时非常有效的步兵和坦克协同战术在嘉数无法使用。不过，美军两个团的突击步兵部队将罕见地得到7个炮兵营火力支援，配属给96师的海军陆战队炮兵营也将用上。此外，海军舰炮和3个海军战斗机中队也会待命提供支援。

4月10日6时45分，美军炮兵先实施例行的15分钟炮火准备。伊斯利准将并不满意，下令道："弹着点离敌军防线不够近，重新进行15分钟炮击。"两轮炮击结束后，381团3营先从宇地泊郊外向西嘉数高地（西部70高地）进发，

1营在他们后方跟进。进攻嘉数岭（嘉数北侧高地）的383团起初倒没有遇到什么有力抵抗，于是上午的战斗主要集中在381团一侧。

突击开始后不久，381团2营一部就在比屋良川以北的开阔地，也就是前一天383团I连受挫的同一片地方，被日军阻击火力压制，这次还是有些人以百米冲刺的速度冲到比屋良川南岸。日军的弹幕几乎覆盖整座河谷，为避免受伤，2营的士兵们藏身于南岸的突兀岩石间，流弹不时落在岩石上，发出尖锐刺耳的撞击声。待日军机枪换弹、火力暂歇时，他们开始向上攀登，这时一排密集的迫击炮弹又落入河谷，激起的砾石和泥屑伤不了人，但不免让2营的后方梯队灰头土脸。

8时05分，381团2营先头部队已越过比屋良川，列成散兵线攀爬西嘉数高地北坡。日军抵抗并不强，美军小部队以侧翼迂回顺利拔掉了日军在高地山顶的机枪火力点。9时30分，美军击退了独立步兵第272大队，顺利占领山顶阵地。他们吸取了383团L连昨天最终被迫撤退的教训，趁着日军还没有反扑抓紧时间巩固阵地。不久，2营的两个连已在这座高地就位。现在2营需要

等候383团从他们的左侧（东面）登上嘉数岭。

按照计划，这一天383团的2营和3营应同时分左右两路进攻，但他们在越过比屋良川之前就被日军阻击火线堵住。团长梅上校接到前线指挥官报告时，还以为他们夸大其词，他一直以为日军火力无足轻重，电告两个营坚决向嘉数岭前进。两位营长对电文轻描淡写的语气忿忿不平，但必须执行命令，既然正面强突无效，就只好设法侧翼迂回。2营一部始终留在河谷北岸吸引日军火力，另一部沿宇地泊－我如古公路向东南运动，在5号公路（宜野湾公路）右转南进，在公路沿线穿屋过房，从侧翼迂回通过比屋良川。日军早已有备，用火力线控制了这一地区的开阔地，2营的迂回没能使局面好转，只能在比屋良川东面的角落里和日军僵持。

383团3营在比屋良川推进受阻后，沿着2营迂回的相反方向包抄，向西面的381团行动区域运动。在友军掩护下，383团3营在西嘉数高地北侧越过比屋良川。11时前后，该营和381团2营占领了西嘉数高地山顶、北坡和该高地与嘉数岭之间的鞍部的一部分。美军在西嘉数高地的阵地并不安全，日军独立步兵第272大队（独

从嘉数岭和西嘉数高地之间的山鞍上看去，就会知道比屋良川到底有多深，图中的通道就是96师381团到达嘉数高地的途径。照片摄于战斗结束之后。

立步兵第13大队长指挥下）仍利用该高地南坡上的墓地等工事顽强抵抗并发动反击，还不时用机枪和迫击炮向西嘉数高地射击。

嘉数岭仍然在日军手中。中午，383团2营沿着鞍部向东进攻，企图拿下山岭。这是他们无法通过日军重火力阻击的比屋良川不得已采用的办法。沿着山鞍仰攻，登上山岭的上坡路比从比屋良川仰攻更短，日军的野战炮由于位置关系，也不能轻易向山鞍开炮。

2营沿着鞍部向山岭推进了100码，就遇到嘉数岭的机枪子弹和迫击炮火阻击，再也不能向前挪动分毫。就连天气也不站在美军这边，开始降下大雨，使他们的行动更加困难。381团2营试图沿着西嘉数高地山顶南进，以便取得一个控制嘉数村落和嘉数岭后山坡的位置。2营派出的别动队人数并不多，刚前进不久，识破他们意图的日军就发动了一次凶猛的反击，迫使他们退回西嘉数高地北坡。

就这样，双方在嘉数高地形成了僵持局面。日军阻止了美军的进攻，但他们无法像前一天那样，集中足够兵力将美军逼出嘉数高地。日军在高地反斜面部署的兵力要比山顶或者前坡更多，这种战术部署相当聪明，也十分合理。反斜面相对更容易隐蔽，敌方火力，尤其是地面重火力要打击反斜面比打击其他位置困难得多，给美军出了一道难题。

383团3营一直在积极进攻。4月10日，他们的人员损失，尤其是班排级指挥官伤亡相当大，战斗已经到了关键时刻。伊斯利准将希望打破僵局，命令381团1营从鞍部通过383团右侧（西侧）阵地，并且指示383团在那里坚持到援兵到达为止。

14时，381团1营各连列成纵队，沿2营上午走过的同一条路线向嘉数岭前进。1营大约越过比屋良川的一半时，又受到日军事先标定射击位置的密集迫击炮火和机枪子弹"招待"。1营先头部队在大雨中和他们的支援部队失散，夺路登上西嘉数高地的陡坡躲避日军的弹幕。和他们距离较近的友军后来也加入他们的行列，其他人当天再也没能回到西嘉数高地。

大约15时30分，381团1

营最终到达鞍部，替换坚持多时的383团3营。他们还是来迟了一步。383团3营一部在日军的犀利攻势逼迫下被迫后退。381团1营在他们以为只会找到美军的地方，却发现一群日本兵正等着他们。该营仍沿着嘉数岭向东南方发起一次进攻，由于兵力不足，不出意料地失败了。后来，一度在比屋良川被日军火线逼得与主力分散的1营的一些部队终于找到大部队会合。天黑时，经过重整的381团1营主力已攀上嘉数岭北坡距离山顶20码的位置。

4月11日7时，后续部队越过鞍部后，381团1营再度进攻嘉数岭。美军步兵攀上高地西坡，嘉数岭南方的平射炮弹和嘉数岭反斜面（南坡）的高射角迫击炮弹很快就在他们头顶落下，日本兵还从山顶向他们投掷炸药包。美军士兵只得各自寻找适合的位置隐蔽，谁都不敢在这样密集的火力下起身冲锋。依靠西嘉数高地山顶的火力支援，1营攻击部队才没有被赶下山坡，最终在距离山顶一段距离之外的地方挖掘散兵坑待命。

日军待双方的支援火力暂停后，发动了两次凶猛的反击，在阿尔弗雷德·罗伯特森技术军士和其他士兵奋力阻击下，日军没能得手。罗伯特森

在这次战斗中表现非常突出。日军反击部队在山顶刚露出上身，他的手雷就甩了过去。当日军散开队形向下冲时，他用勃朗宁自动步枪一个长点射放倒了正面的三四个人，随后又和战友们用短点射狙击从侧翼包抄过来的敌人。战斗技术全面的罗伯特森即使和凶悍的日军单挑拼刺刀，用双刃短刀对决也稳占上风。据美军战报，罗伯特森一共消灭了28名日本兵，在他的无线电操作员身负重伤后，还承担了指引迫击炮火的责任。罗伯特森在这次战斗中的表现令战友留下了深刻的印象。

当天美军吸取了4月9日的失利教训，虽然比屋良川一直

都被日军的重火力覆盖，他们仍设法让鞍部北坡的383团3营得到食物和弹药补给。13时，该营和他们右侧（西南方）的381团1营，开始向嘉数岭西北坡前进。由于381团1营长始终没能越过比屋良川，383团3营长斯泰尔中校便责无旁贷，指挥两个营的一线部队进攻。

前进大约150码后，美军士兵熟悉的迫击炮火和机枪子弹又从嘉数岭山顶和反斜面向他们射来。西嘉数高地后山坡（南坡）的日军也在射击，虽说那里还在日军掌握之中，会向美军开火并不意外，但他们的火力甚至更强。斯泰尔中校恨恨骂了一声，决定暂停进攻。他猫腰越过密集的火线，

美军在嘉数一带遇到了前所未有的顽强抵抗，不断有伤员被运到后方。

一路跑进西嘉数高地山顶北部的381团2营指挥所。

斯泰尔找到2营长拉塞尔·格雷比尔中校，开口就说："让你的人把南山的鬼子都给我干掉，不然我的人在嘉数岭根本没法继续进攻。"格雷比尔明白如果不是战况紧急，他不会亲自跑来，当即一口答应。两人一同制订了进攻计划。就在2营即将出动之际，日军抢先一步进攻西嘉数高地。格雷比尔的部队只能先全力守住自己的阵地，没有余力攻打南山。斯泰尔无奈苦笑，命令他的部队不要继续进攻嘉数岭，在烟幕掩护下先疏散伤员。美军登上嘉数岭西北坡的两个营退回自己的始发位置。日军再度守住了他们在嘉数高地的主阵地。

4月11日夜间，日军以大口径迫击炮和330毫米白炮，炮轰宇地泊-嘉数地区。一发炮弹正中381团1营急救站，2名军医官和11名士兵当场身亡，另有9人负伤。

4月12日，96师再度进攻嘉数岭。在飞机对山顶和反斜面投掷炸弹、发射火箭弹后，381团1营攀上高地西北坡。日军对美军的这套战术也已十分熟悉，只要还能听见美军飞机的轰炸和射击声，就藏在地下工事里不出来，一旦轰炸停

止、飞机飞远，便纷纷进入战斗位置。381团1营遇到96师登上冲绳岛以来最猛烈的迫击炮火集中齐射。日军的这轮迫击炮狂轰持续了一个多小时，炮弹在石质山坡上激起的碎石打得美军的钢盔都兜不住，不少都掉进了领口，让人十分难受。381团的部队当天共发动三次进攻，他们要面对的不

仅是密集的迫击炮火，日军的轻重机枪和步枪也火力全开，手榴弹和炸药包纷纷从山顶落下。美军的进攻根本无法奏效。1营当天共损失45人，只能吞下失败的苦果。美军一撤，日军迫击炮火随之停歇，他们仍牢牢控制着嘉数岭的局面。12日晚，美军在西嘉数高地到嘉数岭西侧鞍部附近一线

地图十七　4月10日嘉数高地的战斗

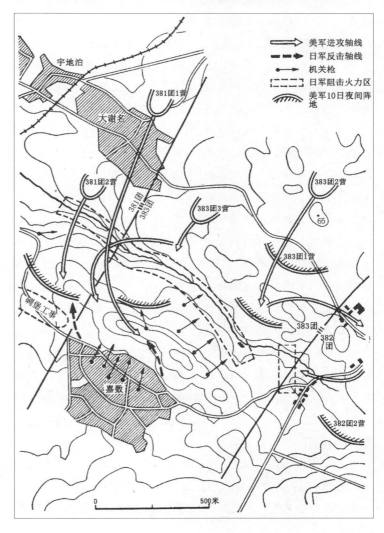

构筑阵地，同日军在近处对峙。日军步兵第63旅团长当晚将独立步兵第273大队的第2中队配属给独立步兵第13大队。该中队在当夜从棚原附近移动到西嘉数高地。

在攻打日军主阵地的苦战期间，美军收到了令人几乎难以置信的消息。1945年4月12日一早，罗斯福总统逝世的新闻传遍冲绳。日军得到消息后，当然不会放过打心理战的机会。不久，冲绳美军就发现日军的一份传单，上面写道：

我们必须对罗斯福总统的逝世深表遗憾。"美国的悲剧"如今在冲绳随着他的逝世日益加剧。你们必将发现你们70%的航母和73%的战列舰沉没或受损，导致150000人伤亡。不仅已故的总统，其他任何人听到这种毁灭性的损害为之担忧之余都可能死去。令你们的领导人死去的这种惨痛损失，将会让你们成为留在冲绳岛的弃儿。日本的特攻队将会击沉你们的最后一艘驱逐舰。你们会在不久的将来见证这种事情成为现实。

第7师受阻

美军96师主力一连几天在嘉数岭奋战无功，与此同时

该师的其余部队正在和第7师继续在东面前进。4月8日至9日，第7师184团的攻势相当成功。4月9日，184团在野战火炮和迫击炮集中火力支援下成功占领坟墓山，使第7师得以在9日和10日两天推进几百码。32团在第7师行动区域东部继续沿着东海岸平原前进，184团则在更靠内陆的崎岖高地上攀爬。这两天天气不好，但海军舰炮和地面野战炮火仍会尽力支援步兵攻击。第7师在前进时发现，日军的抵抗正日益强硬，炮火强度明显增大，而且组织了几次规模虽小，却颇为有序的反击。

4月10日和11日，32团努力进入和宇庆，184团在高地上击退了日军的几次小规模反击后，逐个扫荡封闭岩洞，巩固自己的阵地。和宇庆村（由独立步兵第11大队第5中队防守）早已被日军建成一座有力的防御阵地，处于野战炮火覆盖范围之内，北方还有大片雷区、大量碉堡和战壕护卫。凄风冷雨使美军行动困难，部队深受其苦。32团2营正随西面的184团缓缓越过俯瞰海岸平原的一片小山头，1营则在向和宇庆村挺进。

4月11日，32团1营在炮火准备后，一路攻入和宇庆村，击毙45名日军。然而，支援步

兵的坦克在和宇庆村北侧被一片布下地雷的反坦克壕所阻。日军为破解美军的坦克和步兵协同战术做了充分准备，可谓煞费苦心。美军坦克刚刚被困住，日军重武器便火力全开，全力打击坦克和排雷班。这样一来，攻入和宇庆的步兵和支援部队的联系便被切断，与日军在比屋良川的战术异曲同工。1营步兵眼看即使继续恋战也得不到坦克支援，只会暴露在日军重武器火线之下，只得后撤。11日，1营派了几支巡逻队进入和宇庆查探情况，2营则在和宇庆西面400码的伊集侦察敌情，都没有收获。这样一来，第7师的战线便暂时固定在日军坚守的178高地（日军称为157高地）东北数百码的位置。

24军战线中央的96师382团，在4月9日至12日同样停滞不前。4月10日，382团的战线

威力极大的日本"九六"式地雷规格参数
高 约27厘米　底部直径 约51厘米
全重 约48公斤　装药 20.8公斤

上3个步兵营一字排开，2营在右（西面），1营居中，3营居左。西面的2营和沿5号公路（宜野湾公路）进攻的383团勉强还能维持联系，东面的3营与第7师184团之间已出现缺口。382团前方的地形很不规则，只有少数几处险要地点能够设防。日军已在墓碑岭（我如古东侧高地）设防固守，这是一道呈东北－西南走向的低矮山岭，和西原南方高地类似。嘉数岭一路延伸，穿过该团右翼前线大部、5号公路东面的峡谷上部，形成一道阻碍美军前进的有效屏障，虽然这里的地势还不及嘉数北方公路一带的比屋良川那样险峻。

4月10日，382团的3个步兵营列成横队一齐向西南方向进攻。西面的2营推进几百码，越过了峡谷，然后正面和两翼同时遭遇日军重火力打击，被迫停止前进。东面该团左翼的3营一度占领墓碑岭东部的一座小山头，连绵大雨使支援步兵的坦克陷在泥泞里无法动弹，视野受阻，加上日军的重迫击炮、机枪和47毫米火炮的阻击，迫使他们撤回宜野湾公路北方。

当天382团的主攻部队是查尔斯·约翰逊中校指挥的1营，他们负责正面进攻与该团前线交叉的墓碑岭。8时40分，A连占领了山岭的北侧鞍部，日军部署在山岭各处峭壁上的轻武器火力让他们很难继续前进，反斜面的迫击炮火和远程野战炮火更打得他们抬不起头来。约翰逊中校见正面强攻无果，便派B连和C连迂回到我如古西面，从西北方向进攻墓碑岭。在B连和C连列成散兵线向山顶攀爬的时候，一切都安静得出奇。美军刚进到半山腰，日军的迫击炮和野战炮就开始咆哮，整整持续了15分钟。集中炮击结束后，日军步兵从碉堡、战壕和岩洞里蜂拥而出，双方随即激战数小时。

墓碑岭反斜面的日军机枪几乎在近距离向美军开火，威胁比炮火更严重。美军步兵用便携式火焰喷射器攻击日军，却不料守卫墓碑岭的日军也拿出了自己的火焰喷射器居高临下地向美军反击。反斜面上的迫击炮（或掷弹筒）的炮弹也开始落到山坡上。刚刚命令A连从墓碑岭北面无法突破的阵

美军于1945年7月10日航拍的墓碑岭地区。

地撤回来的约翰逊中校，又咬牙命令A连在退下之后立即到全营战线右翼支援陷入苦战的另外两个连。在敞开的山岭东北侧，日军的机枪阵地封锁了道路。这个阵地的位置非常好，火力射击面最大限度地覆盖了通道，A连一次只有一人能脱离苦战，等到全连撤离，再重整队形，已经来不及赶去支援友军。

1营右翼的B、C两个连为了在山岭上获得一个稳固的立足点同日军苦战多时，也不过前进几码而已。14时15分，约翰逊中校明白继续进攻也难有成果，请示团部后，命令部队撤下火线。这两个连保持着良好秩序退至我如古以北高地。撤退期间，日军迫击炮的炮击更加活跃，美军步兵根本不为所动。他们全都累得连咒骂的力气也没有了。

4月11日和12日这两天，382团和东面的第7师一样，将主要精力用于扫荡曾经绕过的小型日军阵地，只派巡逻队刺探日军主阵地正面。各作战单位的情报部门则绞尽脑汁，竭力设法弄清日军主防线的虚实，尝试寻找防线的弱点。

4月8日至12日之间，日军以各种火炮集中炮击美军前线、观察站和前方指挥所，火力强度与日俱增。据第7师报

告，4月8日，落入该师阵地的75毫米、105毫米和150毫米炮弹达1000多发，10日则增加到2000多发。牛岛中将为了降低美军反炮兵火力的伤害，特地命令各炮兵部队在第62师团的战斗中，注意保持作战的隐秘性，采取所有预防措施隐蔽自己的位置。日军的某些火炮射击极准，炮火的一系列直射打击曾掀翻美军的一辆中型坦克，破坏了在美军前线11公里之外的嘉手纳机场控制塔，还集中射击美军的一座营指挥所和急救站，造成两座设施内部41人伤亡。

冲绳日军炮兵完全了解炮兵在支援协同攻击中的价值。在美军缴获的一份地图中，标示着日军的炮兵阵地，上面还附带一份使用火炮和迫击炮的

周密计划。自太平洋战争爆发以来，日军在冲绳首次实现炮兵的统一指挥，炮兵的使用方法并不是配属给第一线步兵联、大队，而是由一名指挥官（第5炮兵司令官和田中将）统一掌握，遵从一定的计划，以便可以随时随地地机动集中炮兵火力，第5炮兵司令部就是统一指挥第32军炮兵各部队的指挥机构。第32军高级参谋八原大佐对军炮兵队的使用评价很高，甚至认为"其野战重炮弹集中之处，敌之攻击必定受挫"。

不过，日军尽力在冲绳岛上集中火炮，但由于对外交通断绝，为了保护这些珍贵的火炮，只能将火炮大面积分散，加上日军通信能力素来不济，集中射击实际上困难重重。美

冲绳日军炮兵使用的"九一"式105毫米榴弹炮。
性能参数
口径 105毫米　最大射程10.5公里　最大仰角 45度（一说65度）　最大俯角 －7度
水平转角 45度　发射重量 1978公斤　炮管长度 2.54米
发射初速 546米/秒　最大射速 6至8发/分　高爆弹重 15公斤

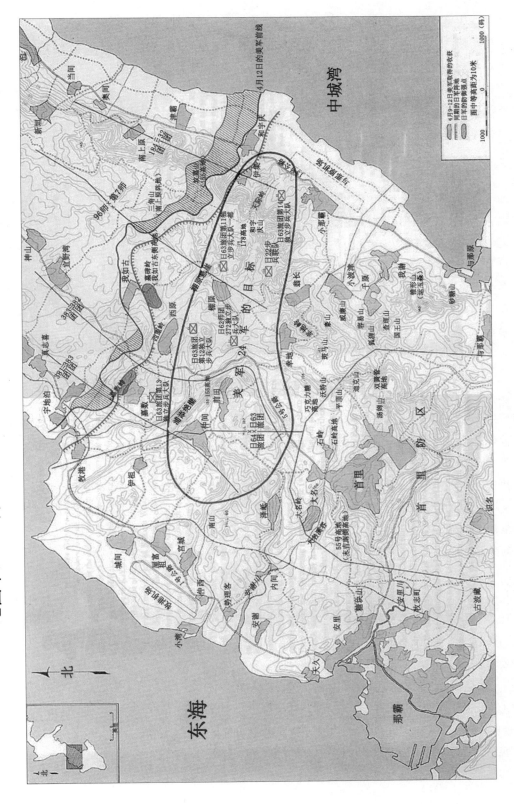

地图十八 4月9—12日，美军第24军在南冲绳的推进

军甚至认为冲绳日军始终都无法集结超过一个中队的炮兵集中射击。此外，由于弹药消耗上的严格限制，日军的重炮始终没有表现出对敌军阵线实施持续火力骚扰或者火力遮断的能力。

日军4月9日到12日之间在冲绳南部主阵地的表现可圈可点，这一点美军也并不否认，但他们的战略显然是消极的，只不过是在拖延时间。根据美军4月12日的统计，第24军的损失总数为2890人，其中战死451人、受伤2198人、失踪241人。美军估计冲绳南部的日军约有5750人被击毙。此外，第24军先后缴获或摧毁了日军的17门火炮、40门迫击炮、32具掷弹筒、20门反坦克炮、79挺机枪和262支步枪，还有一定数量的弹药和补给品。根据日本第32军在11日向有关方面发出的报告电文，第32军在地面战斗中的损失为：死伤2279人（战死1174人、战伤1105人），另外津坚岛、庆良间、航空地区队等各部4200人断绝了联系。损失的武器有：高射炮5门、机关炮13门、联队炮4门、大队炮4门、速射炮8门、中迫击炮5门、轻迫击炮2门、轻机枪57挺、掷弹筒58具。此外，第32军的报告中还提到了在地面战斗中的综合战果：消

灭人员6280名，消灭坦克178辆、汽车48辆、装甲车7辆、火炮15门、重武器30件、机关炮12门（缴获数）、重机枪2挺（缴获数）、帐篷4顶、登陆艇16艘，击落飞机22架、击伤飞机57架。显然双方统计的战果都存在夸大倾向。与美军的数字相对比，日军第32军统计的日军损失人数比美军估计的少很多，但应该注意的是，第32军对己方伤亡情况的统计肯定是不完整的，种种迹象表明，日军损失还要更大一些。例如到4月12日，独立步兵第12大队尚有战斗力的人员已经减至475人，略多于初始战力的1/3。按照美军的估计，日军的人员损失比率要大于美军，消耗更快，这一点应该是正确的。无论如何，日军的外围重要作战单位已经蒙受了严重损失。这些损失同日军的总兵力相比，所占比例还很小，问题在于日军的兵员和武器无法得到替换和补充，相反美军的人员和装备的损失也不轻，但能够得到补充。

美军掌握了冲绳地区的制空权和制海权，意味着已成为孤军的冲绳日军人力、武器和弹药补给始终都在减少。正是出于这种考虑，日本第32军参谋部的激进派主张全力出击求胜。

日军的首次反攻

日本第32军原本计划在4月8日发动总攻，结果却变成了在8日夜间以一部分兵力进行的小规模夜袭。在大本营和台湾的第10方面军司令部等上级指挥机关要求第32军实施"强攻"的压力下，第32军不得不再次决定实施大规模的北上进攻。

在第32军司令部内部，负责制订作战计划的高级参谋八原大佐认为，面对兵力、火力均占有压倒性优势的美军，最有效的作战方式是将对方引诱至坚固的山岳阵地内击破，如果舍弃坚固阵地，暴露在地面上进行突击，只能白白消耗兵员，坚决反对采取攻势。

4月8日，长参谋长强行命令八原根据以下要点制订夜袭计划：

一、夜袭于4月12日夜实施。

二、使用兵力至少为步兵一个旅团。

三、在全线以小部队集群潜入，深深楔入敌战线以造成混战局面的同时，进至岛袋东西一线——敌炮兵阵地带的后端，那里也是控制北、中机场的战术要地。

四、炮兵部队实施短时间的炮火准备。

五、如果夜袭如预期般成功，将乘机以全力转入攻势。

长参谋长的决心已定，八原和其他参谋们没有争论的余地。八原虽不赞成实施夜袭，却也无可奈何，只好压抑不满制订计划。他认为夜袭必然失败，为了减少损失，希望尽力避免战斗中的第一线发生崩溃。

最初的计划是第24师团主力在第62师团右侧，两师团并列攻击前进。第24师团也在4月10日做好了进入首里东南地区的准备。

此后计划又被更改，决定将第24师团的步兵第22联队配属给第62师团，由第62师团实施攻击。

八原在长参谋长指导下制订的第32军攻击计划的概要如下：

方针

军决定于12日夜以有力一部在全线攻击当面之敌，在形成混战局面的同时扩大战果，前进至岛袋（首里东北13公里）东西一线。

情况有利时将以军主力转入攻势。

兵力部署

一、第62师团

1.应排除万难确保嘉数、我如古、142高地、155高地、和宇庆的现战线。

2.师团长一并指挥步兵第22联队，于12日黄昏前在现战线后方完成攻击准备，日落时开始攻击，击败并渗透当面之敌，在天亮前一举进至喜舍场东西一线。

3.使用兵力预定为第62师团的新锐3个大队及步兵第22联队的2个大队。

第62师团的3个大队准备攻击宜野湾公路（首里—宜野湾—普天间道路）以西地区之敌，12日日落时开始攻击，天亮前进至北谷一线。

步兵第22联队以两个大队准备在第62师团的第一线后方附近实施攻击，12日日落时开始攻击，渗透突破宜野湾公路以东地区，天亮前进至岛袋东西一线。

4.进至岛袋附近后，白天利用当地的墓地、洞穴等保持潜伏状态，准备歼灭敌后方部队。

5.扩大战果方面应有效利用从各部队抽调的挺进突击队。

二、军炮兵队（配属野炮兵第42联队的1个大队）

4月12日19时开始射击，持续约30分钟，以扰乱敌后方地带、遮断交通为主要任务，为初期攻击行动创造有利条件。

13日天亮后射击已确认的敌炮兵等目标以配合我渗透部队的战斗。

上述计划中提到的"新锐3个大队"是指独立步兵第23、272、22大队。

夜袭计划中所动员的兵力，根据长参谋长的指示应为"一个旅团程度"，大约6000至8000人规模，但八原制订的作战计划中只不过勉强保留了最低限度的兵力，表明他为了最大限度地减少兵员的损耗，在制订计划时煞费苦心。这一作战方案马上得到军司令官批准。

10日夜，独立步兵第23大队（欠第2中队、第5中队、机枪1个小队）奉师团长之命离开守备地区（那霸附近），在前田、仲间附近集结，归步兵第63旅团长指挥。

独立步兵第272大队、第62师团工兵队一个小队被配属给独立步兵第23大队长山本重一少佐。山本少佐指挥下的部队被统称为"山本支队"，做好了从嘉数附近向北谷附近挺进的准备。

第62师团长还命令负责警备首里周边任务的师团预备队

独立步兵第22大队准备随时参加攻击。

独立步兵第12大队本部在12日进至棚原附近，倾全力强化我如古、142高地、南上原方面的防御。

第24师团长根据军命令担任师团的北地区防备队，之前奉命充当军预备队，做好机动准备的步兵第22联队（配属独立机枪第17大队（欠第1中队）、独立速射炮第3大队第3中队）于4月11日天亮前进至弁之岳（首里东侧），归第62师团长指挥，野炮兵第42联队第2大队（欠第4中队）则推进至运玉森（首里东方3公里）以西地区，归军炮兵指挥官指挥。

八原对夜间攻击能否成功抱有很大疑问，特别是步兵第22联队初次上阵，进攻准备的时间较短，会在陌生的复杂地形上行动，所以担忧其会陷入混乱而失败。为此，八原告诉步兵第22联队长不要一次向第一线投入太多兵力，应以小部队进行贯穿突破（此事并未告诉长参谋长和其他参谋，是八原的独断行为）。

同样根据八原的指示，第62师团的山本支队也只会派出几组挺进部队实施攻击。独立步兵第272大队则以大队主力实施攻击。

军炮兵队按照预定时间，从12日19时开始在整条前线正面实施支援射击（美军战史称日军的射击从19时开始持续至半夜）。首先从日军战线上升起了信号弹，其中两颗信号弹在空中爆裂出红色光芒，另一颗则发出"龙形光芒"。美军情报军官从几天前缴获的一份日军信号代码本中查询到信号的意思。红光代表"我军将在今晚全力进攻"，龙形光芒则代表"全面出击"。

信号弹升起后不久，日军炮弹便如雨点般落下。成百上千枚日军105毫米和150毫米炮弹在美军战线正后方各处爆炸，大部分落在各级指挥所、观察站和炮兵阵地周围。美军各团相继报告："日军火炮弹幕的密集程度前所未有。"在96师辖区，381团阵地上落下超过1000发炮弹，383团阵地上大约落下1200发。幸而美军步兵的土工作业水平并不低，事先挖掘的散兵坑和战壕条件良好，因此人员损失很少。在第7师184团3营阵地前方，5分钟就落下大约200发105毫米炮弹，却没有造成任何伤亡。

炮击开始后不久，参加攻击的日军各部队便开始前进。

右翼的步兵第22联队之前一直位于后方阵地，在11日晨到达弁之岳地区进行了攻击

准备，由于美军的妨碍和地理不熟，攻击准备很不充分。在步兵第22联队攻击正面的是美军第7师的32团和184团，以及第96师一部。由于步兵第22联队的大部分部队并未实施直接的夜间攻击行动（第2大队只是派出了挺身突击队），除了184团2营G连外，第7师其他部队并未受到大规模攻击。起初前来进攻的日军只有一个分队，在午夜前就被184团击退。184团正西的382团3营前沿阵地也遭到2个分队的日军袭击，双方发生了白刃战，一名美军二等兵在战斗中徒手打死一名日军军官。这次突击结束后，日军并没有实施后续步兵攻击。

午夜刚过，三两成群的日军企图渗透到第7师前线后方，对第7师防线唯一一次较大规模的进攻也同时在184团2营布阵的坟墓山（155高地）一带打响。步兵第22联队第1大队（大队长鹤谷义则少佐）根据联队长吉田胜中佐的命令，对和宇庆西北的坟墓山实施大规模的挺身突击行动。为了隐匿行动，日军换上了胶底布鞋，刺刀也裹上布片。但由于不熟悉这里的地形，第1大队在崎岖地形上运动时变得过于分散，难以协同进攻。

21时30分，第1大队各队

地图十九 日军 4 月 12 日的反攻计划

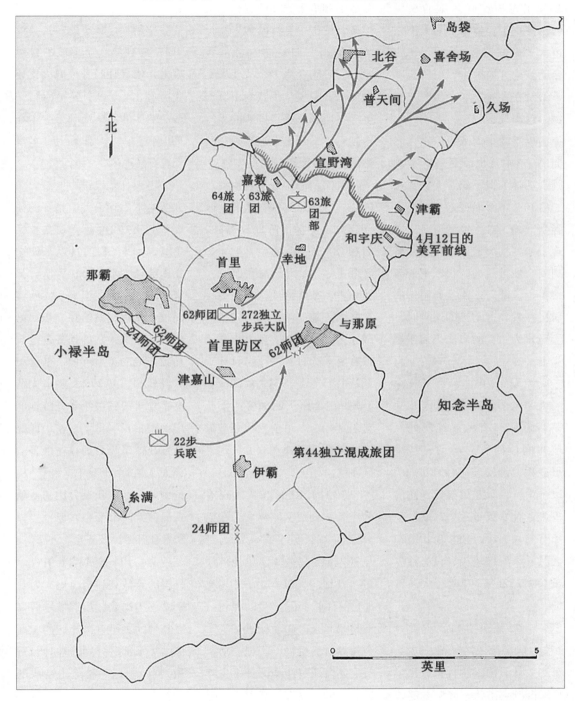

已整理好攻击队形。21时50分，联队炮开始射击。随后第1中队开始从突击据点向山顶匍匐前进，第3中队紧随其后。预定突入时间为22时，在此之前美军一枪未发。22时一到，第1中队长铃木义男中尉举起了军刀，联队炮的支援射击停止了。铃木中尉大声喊道："突击——"这时美军的自动步枪开始射击。中队长以下纷纷在即将发起突击时被打倒。这次攻击完全失败，铃木中尉以下数十人战死。跟在后面的第3中队也蒙受了若干牺牲，动弹不得，鹤谷大队长在23时30分下令撤退。美军火力猛烈准确，日军在撤退时又出现了一些损失，好不容易才撤到安全地带。大队长以下皆悔恨不已。战后，南上原附近的居民在收集这一带的遗骨时，发现化为白骨的尸体仍然紧握步枪。

美军第96师承受了日军当天的大部分攻势。由于步兵第22联队（有意或纯属偶然地）向偏西方向运动，结果很多兵力都投入到对第96师的攻击中。日军左翼第62师团的攻击，较右翼步兵第22联队更加有力。不过，独立步兵第22大队并未参加攻击，只有独立步兵第23和第272两个大队参加。

第62师团由独立步兵第272大队实施主攻。独立步兵第23大队长山本少佐只派出了几组挺身突击队，其中一部潜入宜野湾附近。总的来说，日军在战线西面的进攻组织得比

较完善且持久。19时，日军的野战炮和迫击炮开始进行炮火准备，炮击一直持续到午夜，然后炮击方向转向96师战线中央。日军分为多个战斗群实施突击，规模从小队到中队不等，在所属部队指挥所的无线电指示下，开始在嘉数岭和墓碑岭之间全面渗透美军阵地。

日军精心挑选了这次反攻的突破方向，96师在这一地区受到攻击的前沿阵地仅有382团和383团的少量兵力把守。实际上，382团此前在西原－我如古和墓碑岭地区由于为日军坚固阵地所阻，临时构建的战线之间有一个大型突出部，很容易成为日军的反击目标。382团沿5号公路部署的部队和383团在公路正西部署的部队首当其冲。一道道火线划破黑夜，无情的子弹在双方阵地之间飞舞。

383团2营的部队发现有60个人影列成两路纵队正在沿公路而下。美军官兵以为那是382团的友军，便放他们通过，直到20人过去后，才发现那是日军！美军士兵的神经一下紧绷起来，扣动扳机打了一个长点射。机枪手闻声而动，对准还没通过一半的日军一阵猛烈扫射。美军虽然因为一时没认清对手推迟开火时间，却误打误撞形成瓮中捉鳖之势，

日军在狭窄的道路之间无处可躲，大部分连枪都来不及举起就被打倒。13日凌晨1时，382团2营遭到约一个中队的日军攻击，依靠呼叫野战炮火支援才将其击退。2个美军团驻守这一地区的部队当晚至少击毙100名日军，仍有不少日军潜入宜野湾地区。

当天日军攻击力度最大的部队是下田直美大尉指挥的独立步兵第272大队。独立步兵第272大队自4月9日以来便被配属给独立步兵第13大队，部署于嘉数地区，但为了实施夜间攻击又被配属给独立步兵第23大队。该大队的任务是进攻嘉数高地的美军阵地，从这里打开缺口。第272大队事先从友军那里得到美军各处阵地的准确情报，制订了严密周详的计划，做了充分的攻击准备。该大队辖3个步兵中队和1个机枪中队，编制和兵力比其他独立步兵大队都要小，但手榴弹和粮食补给比较齐全。

从4月12日黄昏至午夜，日军的野战炮和迫击炮火力几乎席卷占据嘉数岭北坡和西嘉数高地的美军（防守这两座高地的美军部队分别为381团1营和2营）。这一轮炮击造成的人员伤亡并不大，但切断了381团1营的双向电报线。13日凌晨3时，日军对嘉数岭北坡

381团2营在西嘉数高地北侧斜面沿线的洞穴隐蔽，他们同时在这座山头的反斜面挖掘了战壕。

和西嘉数高地的炮火越发密集，炮兵射击达到高潮，这正是独立步兵第272大队从嘉数村出发开始进攻的信号。下田直美大尉亲率大队主力，于3时以后不久开始从嘉数高地西侧实施攻击（预定从嘉数高地东侧实施攻击的独立步兵第23大队几乎未采取行动）。日军兵分两路，第272大队的一部从嘉数岭和西嘉数高地中间突进，企图切断美军在两座高地的战线，另一支较小规模的队伍则从西面包抄西嘉数高地。

察觉日军意图后，美第24军早早就已呼叫海军提供照明支持，但海军发现日军有发动"神风"空袭意图，为此直到日军发动地面进攻一小时后才打出照明弹。此时日军已攀上嘉数岭南坡，正在越过鞍部。

携带掷弹筒和机枪的日军从鞍部下坡、进入嘉数岭西北坡的美军阵地时，一名美国士兵挡在了他们面前。博福德·安德森参谋军士指挥的381团1营迫击炮班就在一座坟墓里隐蔽，那个位置正好能控制鞍部。当发现日军的时候，迫击炮已经无法进行有效打击，安德森吩咐部下："你们注意隐蔽，等我的命令行动。"安德森一人在黑暗中独自面对日军，掷出了手雷。在手雷落地的火光中，日军纷纷倒地，但后队的日本兵仍蜂拥而上。纪律严明的日军在上级下令撤退之前，绝对不会后退一步。安德森喃喃咒骂道："来吧，小鬼子，来多少我请你们吃多少手雷。来吧！"等他将手雷全部掷光，日军冲锋的人影依然可见。就在这危急时刻，安德森想到手掷迫击炮弹的战法。

他将迫击炮弹的弹头与弹壳分离，将安全针拔出，在墓墙上撞开击发针点火，然后像投掷橄榄球一样将弹头扔进日军队列。迫击炮弹的爆炸威力比手雷大得多，在爆裂的火焰之中，中弹的日军失声惨叫。"真他妈太棒了！"安德森不禁爆了一句粗口，"老子是迫击炮兵，让你们尝尝'人体迫击炮'的厉害！"战友们七手八脚帮忙卸下弹壳，安德森连续甩出14枚迫击炮弹头。日军不知道面前有多少美军把守，眼看冲不过去，终于停止前进。天亮后，安德森班一共发现25具日军的尸体，他们身上都带着子弹和炸药。安德森因为这次功勋后来被授予荣誉勋章。

另一批日军摸进了西嘉数高地。一位美军士兵正手持勃朗宁自动步枪在高地的岩石山顶戒备，突然听到近处有人对他叽里呱啦。虽然他根本不懂对方在问什么，但能肯定对方是日本人，他本能地回答一声："No！"同时举起自动步枪，对准发出声音的方向就是一个长点射。那个问话的日本军官听到应答的英语单词就明白遇上敌人了，但他显然缺乏临敌经验，问话都没有举起手枪，等再想拔枪已经来不及了，结果前胸中弹，当场毙

西嘉数高地和嘉数岭之间的山鞍，日军在4月12日曾经通过这道山鞍发动夜袭。左侧的坟墓是博福德·安德森参谋军士和他的迫击炮班当时隐蔽的阵地。

图为正在展示战利品的安德森军士和战友。

命。借着夜色中枪口火焰的微弱火光，这名美军勃朗宁枪手已发现这个日本军官身后跟着好几个日本兵。他毫不迟疑，一个扫射将弹夹打得只剩最后两发子弹。这队日军悉数被歼，美军勃朗宁枪手的经验和机警在这次遭遇战中救了他自己一命。美军的一个步兵连指挥所人员得到哨兵的信号，赶紧从设在一座坟墓里的阵地出击，击毙了20名敌军。在西嘉数高地西坡，一名美军士兵用重机枪击毙了23名冲锋的日军。

姗姗来迟的美军照明弹让日军无法再利用黑暗隐匿形迹，美军反而可以利用这一条件对阵地前方的嘉数地区实施有效的支援火力打击。因情况紧急，381团1营的81毫米迫击炮直接向本营一线部队的阵地开火，力求尽快歼灭潜入的日军，至于己方官兵，只好指望他们能及时回到自己的散兵坑。美军的这一轮迫击炮射击成功发射了800多发高爆弹。2营命令配属的陆战队炮兵对前方150码范围内开火，不放过任何日军。

日军眼看夜战已然失利，只得从美军阵地撤出。次日8时，不愿放弃的日军再度出发。第272大队余部在美机空袭下，相当明智地采取单兵快速推进战术。美军飞机的炸弹和火箭弹威力虽大，但对地面快速移动的小目标却没什么办法。第272大队首先进入嘉数岭上的掩体喘息片刻。该大队的第3中队想方设法，连伤员和非战斗人员在内，勉强编成两个小队，再度出击渗透美军阵地。在日军翻山之前，带队的一名军曹就中弹身亡，另外两名军曹也受了伤。这两个小队的下属各分队有不少都只剩下五六人而已。由于中队长在中途因美军空袭迷路，无法有效指挥部队，日军各分队都被美军的密集迫击炮火压得抬不起头。美军的迫击炮火和机枪射击持续了整个早晨，还未进入步兵突击阶段，日军就已损失惨重，失去战力，只得撤退。第3中队在撤退途中分崩离析，第1中队在行动中全员覆没，第2中队也损失惨重。

经过几个小时的战斗，

少数企图渗透美军阵地的日本兵越过宇地泊附近的海堤投水逃生，其他日军都撤回本方阵地。13日上午，在381团和382团阵地内，先后清点出317具日军尸体。独立步兵第272大队在嘉数高地受到毁灭性打击，大队长下田直美大尉也战死了。美军巡逻队登上曾遭火炮和迫击炮集中打击的嘉数山顶，回报说山顶的"死尸就像积木一样堆在一起"。美军在嘉数地区一共缴获9挺轻机枪、4具掷弹筒、125支步枪和1部无线电台。381团和383团在这次战斗中的人员损失合计约50人。

就这样，日军从12日夜开始的进攻大部分以失败告终，那些突破美军战线潜入敌后的一部分部队在13日白天的扫荡中也难逃覆灭的下场。

长参谋长在13日得知八原大佐对攻击部队传达了私人指示后勃然大怒，甚至一度想要撤掉八原的作战主任一职，改由三宅参谋担任，八原则将指挥南部地区的特编部队，但终未实施。

第32军在这次进攻中毫无收获，不仅有2个正规步兵大队遭受重创，军炮兵队也浪费了宝贵的弹药。八原大佐私下里的行为也导致他和长参谋长

之间在感情上进一步对立。至此，第32军自4月3日以来的攻势问题终于打上休止符，转入了持久战。

不过与此同时，自12日的大规模夜袭失败后，日军的主动出击并没有完全停止。13日当天，第7师注意到他们的阵地前方有几股日军大举集结，但并没有发动进攻。第96师更加忙碌，一直都在清剿那些渗透到后方的日军。日军十分顽强，有些士兵被逼入死角后，宁可自爆身亡也不投降。黄昏时分，日军对前夜突击的同一个方向，即美军381团和383团阵地实施密集炮火打击，而后

地图二十　日军在 4 月 12 — 14 日的反攻

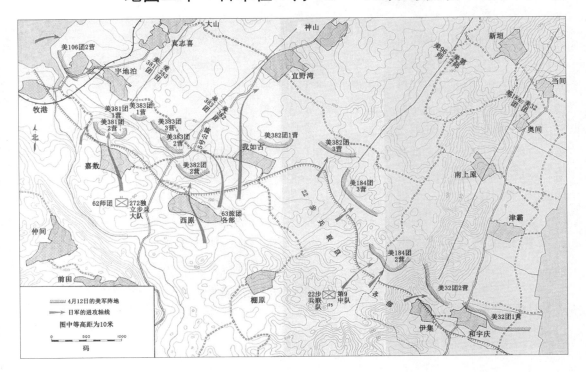

故伎重施。前夜刚遭偷袭的美军早有戒备，日军的突击散兵队列被美军的密集火力撕扯得七零八落，很快崩散。根据日军记录，独立步兵第13大队长在当晚根据旅团下达的命令，以独立步兵第273大队实施了夺回西部70高地的攻击战斗，但以失败告终。此外在午夜前，一部日军在炮火准备后攻击184团阵地，但也没能成功突入。①

4月14日凌晨3时15分，日军发动了这一系列反击的最后一次攻击。大约一个中队的日军在重火力支援下突击，仍无功而返，丢下了116具尸体。此外日军对美军24军阵线的渗透作战鲜有成功，几乎没有收获。

至4月14日黎明，日军对美军第24军的反击彻底结束。在这些战斗中，日军离开了坚固设防的阵地，结果被美军的强大火力撕得粉碎，只不过是白白消耗了可用于防御的兵力。14日，日军毫无动作，表明他们已彻底转入守势。

日军第32军转入持久战

4月13日以后，日军发现美军的攻击比较低调，仅有局部战斗发生，显然美军正在为大规模进攻进行准备。在此期间，战线并无特别变化。美军确实在为总攻做准备。总攻预定发起日期为4月19日，为此需要约一周时间进行准备。在准备期间，美军加强了空中和地面侦察，确认了日军的炮兵阵地、洞穴、补给所、弹药库等目标的位置，以便在炮火准备阶段予以破坏。数量巨大的进攻用器材不分昼夜地被运往前方，其中包括在冲绳作战中首次使用的火焰喷射坦克。

美军为总攻进行准备的同时，日军第32军也在加强态势和强化阵地。4月13日，牛岛中将鉴于12日夜攻击失败的情况，决定中止攻击，转入持久战略，命令各部队整理战线、加强防务。根据第32军的命令，因第62师团的战力已相当低下，步兵第22联队继续配属于该师团；考虑到美军夺取坚津岛后可能在与那原一带登陆，军司令部还命令第24师团、独立混成第44旅团加强阵地和增强岛尻地区的防空降战备。

第62师团长在13日为加强第一线兵力，对战线进行了整理，有关整理战线的概况如下：

1.为加强嘉数正面，向独立步兵第13大队长增加所需兵力，至此该大队长指挥下的部队包括：

独立步兵第13大队（配属第62师团工兵队1个小队）；

独立步兵第23大队（欠第2、第5中队、机枪1个小队，配属第62师团工兵队1个小队、独立速射炮第32中队的2个小队）；

独立步兵第272大队；

独立步兵第273大队；

步兵第22联队第3大队（欠第6中队、机枪1个小队，配属联队速射炮中队）。

2.为加强棚原正面，向独立步兵第12大队长增加所需部队，该大队长指挥下的部队包括：

独立步兵第12大队（配属第62师工兵队1个分队）；

独立步兵第14大队（配属第62师团工兵队1个分队）；

步兵第22联队第2大队（欠第6中队、机枪1个小队，配属联队速射炮中队）。

3.为加强和宇庆正面，运玉森方面的防御任务由步兵第22联队长负责，以减轻步兵第63旅团长的防御负担，独立步兵第11大队（配属迫击炮一

---

① 美军资料称实施这次攻击的日军部队是日军在嘉数地区的预备队步兵第22联队第9中队。

部）主力指向北方正面。

4.步兵第22联队长指挥下列部队，负责弁之岳以东为主的运玉森方面的防御：

步兵第22联队（欠第2大队（欠第6中队、机枪1个小队）、第3大队（欠第11中队、机枪1个小队）、速射炮中队）；

独立机枪第17大队（欠第1中队）；

独立速射炮第3大队一部；

独立第27大队。

到14日左右，第62师团的第一线各大队的战力已减少至三分之一至二分之一。第32军在14日的战况报告中称："第62师团在半个月的战斗中，10个大队中的7个丧失了三分之一至二分之一战力，仅有3个大队未受损伤。"损失较大的7个大队即独立步兵第11、12、13、14、23、272、273大队，尚健全的3个大队则为独立步兵第15、21、22大队。

第24师团长在14日或15日将师团直辖、部署在与那原方面的步兵第89联队第3大队（和田支队）归还该联队长指挥，正配属于步兵第22联队的

独立机枪第17大队主力则被配属给步兵第32联队。

第32军在15日向有关方面报告了4月1-15日期间的综合战果：

地面综合战果

杀伤人员：8540名。

飞机：击落23架、击伤57架。

破坏焚毁：坦克180辆、装甲车9辆、牵引车1辆、汽车63辆、大炮15门、中迫击炮27门、迫击炮15门、机关炮3门、重机枪15挺、轻机枪20挺[①]、帐篷13顶、发电车1辆、登陆艇16艘、步枪多支。

缴获：中迫击炮35门、重机枪2挺、机关炮2门、无线电

台2台、步枪多支。

己方损失：

人员死伤：3252名（死1557名，伤1695名）。

被破坏：大炮6门、高射炮5门、联队炮4门、大队炮3门、速射炮6门、机关炮13门、重机枪2挺、轻机枪59挺、轻迫击炮58门、汽车11辆、牵引车2辆。

这份报告对美军的人员伤亡和物资损失显然在极力夸大。

14日，在第32军主力正面的嘉数、我如古、东海岸道路方面发生了局部战斗，但规模都不大。

16日晨，美军向嘉数西

被战火焚毁之前的首里城堡。

[①] 日军所谓美军的"自动步枪"，实际上一般指M1加兰德半自动步枪，或汤姆逊冲锋枪、M1卡宾枪，所谓美军的"轻机枪"，指BAR自动步枪。

部70高地附近的日军阵地发动攻击，但未获成功。为了夺回自10日以来就被占领的西部70高地山顶附近，独立步兵第13大队长在16日夜以配属的独立步兵第273大队实施攻击，但在蒙受很大损失后，以失败告终。

16日晨开始，美军在坦克支援下，两度进攻我如古东南侧阵地，但日军守备部队打瘫了数辆坦克，将美军击退，自己的损失也不小。

17日，牛岛命令部署于第一线、正配属于第62师团的步兵第22联队返回第24师团，运玉森方面的防御由第24师团负责。在与那原西方宫城附近的坦克第27联队也奉命由第24师

团长指挥。

冲绳战役已过去大半个月，南部冲绳却陷入诡异的平静。表面的平静掩盖不住暗藏的杀机，一场规模空前的钢铁风暴即将震撼整条日军防线。与此同时，美军也在继续向第32军司令部所在的首里高地一带倾泻炮弹、炸弹。在4月中旬左右，每天有数千颗炮弹、炸弹落在首里高地，承受的打击甚至超过日俄战争中的旅顺203高地。第32军司令部还将在首里城堡的地下坑道中熬过一个多月的战地时光。

在美军登陆冲绳本岛前的3月中旬，第32军司令部从首里城堡旁边的师范学校校舍转移到首里城堡正下方的地下坑

道内。军司令部地下坑道是驹场少佐指挥的野战筑城队不分昼夜地在首里高地的泥岩中挖掘出的深入地下30米、总长1公里以上的巨大工事。地下坑道以30米厚的坚固琉球石灰岩为顶盖，可以抗住1吨炸弹和400毫米口径炮弹的直接命中轰炸。除了房间、天花板、墙壁，为了防止塌方，人们还将锯开的粗大松木严严实实地排列在坑道内部，充当支柱和梁木，可谓坚固之极。

战斗指挥所的入口开在弁财天池的池畔，坑道从欢会门和守礼门地下向西方延伸，还有一条南北走向的坑道，另有若干条分支坑道将其连接起来，坑道在地下纵横展开呈现

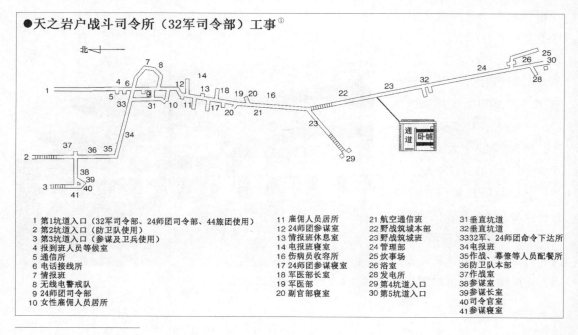

●天之岩户战斗司令所（32军司令部）工事①

北←

1 第1坑道入口（32军司令部、24师团司令部、44旅团使用）
2 第2坑道入口（防卫队使用）
3 第3坑道入口（参谋及卫兵使用）
4 报到班人员等候室
5 通信所
6 电话接线所
7 情报班
8 无线电警戒队
9 24师团司令部
10 女性雇佣人员居所

11 雇佣人员居所
12 24师团参谋室
13 情报班休息室
14 电报班寝室
15
16 伤病员收容所
17 24师团参谋寝室
18 军医部长室
19 军医部
20 副官部寝室

21 航空通信班
22 野战筑城本部
23 野战筑城班
24 管理部
25 炊事场
26 浴室
27
28 发电所
29 第4坑道入口
30 第5坑道入口

31 垂直坑道
32 垂直坑道
33 32军、24师团命令下达所
34 电报班
35 作战、幕僚等人员配餐所
36 防卫队本部
37 作战室
38 参谋室
39 参谋长室
40 司令官室
41 参谋寝室

① 原图缺15和27项。

十字形状。出口有5处，第一坑道入口面对男子师范学校，第二、第三坑道设在首里第二国民学校的校园中，第四、第五坑道则位于首里市金城町。坑道内设有军司令官的居室、参谋长室、各参谋室、作战室、电报班室、通信室等。此外，还修筑了通往瞭望楼的垂直坑道，通道上设置了踏板。发电机也被搬进洞内，坑道内终日点亮着无数电灯。洞内还安装了换气通风装置以防止空气污浊。地下坑道内共收容了千余名官兵，宛如一座巨大的地下酒店。3月24日，长参谋长在坑道入口处挂上了上书"天之岩户战斗司令所"的牌子。

在第一坑道中，为持久防御准备的草袋堆积成山，坑道内的走廊上摆着办公用的桌椅，上书"必胜不败"、"敌击灭"的方形纸灯（用电灯泡充作灯芯）挂在天花板下，将长长的走廊装点得颇有生气。

搬入坑道的日军官兵起初对坑道究竟能否抵抗得住美军的狂轰滥炸多少存有疑问，但心中的不安很快就被打消了。在美军的炮击轰炸下，首里市街变得面目全非，只有教堂残存下来，接着首里高地上的茂盛树林、丈余高的城墙、木制的各种大型建筑物均被炸得粉

碎。当美军的大型炸弹或炮弹命中洞穴上方时，洞穴就像发生强震一样摇摇晃晃，中型以下炸弹或炮弹落下时又如无数豆子落在铁板上一般。在美军5月末完全占领包括司令部坑道在内的首里城堡一带之前，落在首里市内的炮弹达200000发。

军司令部内的伙食供应也比较充足，官兵们每天都能照常吃上三餐。4月初，师范附属小学内储存的罐头和调料被大量烧毁，尽管如此，司令部内的伙食供应并未受到太大影响。

随着战斗的进展，军司令部有时还能得到第一线送来的战利品，包括从被遗弃的坦克里或战死者的军服口袋内搜到的，甚至还有偶尔被美机误投

在日军阵地内的香烟、奶酪、黄油等物资。八原大佐在享用美国香烟时，从升起的烟雾中想起往日同美国友人的交往和美国的风景，不禁产生了异样的感觉。

某天，日军将从被破坏的美军坦克中发现的登陆作战计划书送到军司令部。这是一堆内容极为丰富的秘密文件，在军翻译官译成日文之前，八原忍不住读了一遍。八原最感兴趣的内容是冲绳岛的预定登陆地点。美军的预定登陆地点为目前已经登陆的嘉手纳海岸和进行佯动的以凑川为中心的知念半岛两处。对这两处最有可能实施登陆的地点，美军都进行了研究，并附有登陆的详细计划书。

第32军各兵团、联队因

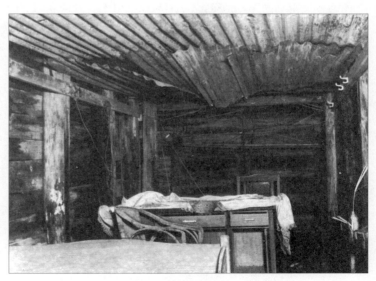

首里的第32军司令部坑道内部。

苦于作战的变更、移动，不得已只好利用原始洞穴战斗。相比这些战斗部队所处的恶劣条件，军司令部坑道内则拥有丰富的粮秣和周到的设施。即使在这里，伴随着穴居生活所出现的诸如太阳光线的缺乏、高温、湿气等恶劣条件，与其他洞穴相比却并无不同。

不管怎样，在战斗初期，当第一线官兵被美军的炮击轰炸压倒时，军司令部内的官兵仍然能过上比较像样的生活。不过与之相比，美军的生活显得更加"奢侈"。在司令部内，人们饶有兴味地谈论着美军的战地生活：每天一到傍晚，前线的大部分美军便会乘坐汽车返回战线后方解除武装，随心所欲地呼吸新鲜空气，尽情享用美食和美酒，在气派的帐篷中点亮电灯，每天晚上都举办舞会与从军护士跳舞玩乐……（事实上美军的战地生活条件虽然比日军强得多，但远谈不上这么舒适逍遥。）

就实际所见，每天入夜后，美军战线后方和海上的无数舰船上都会变得灯火辉煌，仿佛出现了一座大都市。只有在日军实施特攻攻击时，灯火才会熄灭二三十分钟而已。相比之下，日军即使在夜间走出洞穴也要冒着巨大危险，对美军的处境愈加羡慕。

主阵地一带的战斗刚开始的某天晚上，第62师团向军司令部报告说："我一队挺身突击队侵入宜野湾，袭击了亮着电灯、正在乐曲中狂热地跳舞的美军高级指挥部，刺伤了多名高级军官。"

首里高地不断受到神山岛上的炮兵和东、北方海面上的舰炮射击，山体外貌在不断发生惊人的变化。最令洞内人员感到窒息的是火箭弹。这些黑色、细长的铁块经常飞进洞内，带来死亡的恐怖。不时有卫兵在坑道入口处被炸倒，甚至被炮火产生的泥石活埋。为了挖出被活埋的卫兵，其他士兵不得不冒着自己被活埋的危险辛苦作业。

在洞穴内还混有女人。根据长参谋长的指令，一些来自各地的良家少女被征集进入司令部洞穴内从事各种工作。在离参谋室不远处的第六坑道内甚至还有十多名从内地过来的女性艺人以及十多名来自酒家的艺伎。坑道内拥挤不堪，人与人叠压在一起，人们就在这样的环境下打水、做饭、排泄。随着战争日益激烈，洞内的女人也逐渐丧失了女性特征，月事也停止了，在生理上变得几乎跟男人一样。男女之间的区别，仅仅剩下外表、衣服和声音而已。

坑道内的生活，最让人头疼的事情是上厕所，最让人害怕的事情是在排泄时被炮弹击中。起初厕所被建在洞穴外面通道的尽头，挖出像散兵坑一样的坑洞。积存的排泄物溢到坑外，延伸到道路上，简直连下脚之处都没有。年轻女性与男人并排蹲下，一旦完事便立即如脱兔一般跑进洞内。人们每次上厕所都要冒着巨大危险，随时可能死于美军的轰炸炮击。后来在洞内修了新厕所，才算解决了问题。

第五章　北部冲绳之战

美军占领本岛以东诸岛

4月3日，美军陆战6师在向仲泊－石川地峡一线推进时，第10集团军司令巴克纳中将发给第3两栖军军长盖格少将一则信息："你部北上的所有限制撤销。"这意味着美军冲绳战役计划的重大改动。原先，根据美军的第二阶段战役计划，攻占本部半岛和使北部冲绳无力化的任务会在占领南部冲绳之后进行。如今，巴克纳中将的命令让北部冲绳作战提前到第一阶段，允许第3两栖军在第24军进军南部冲绳日军主阵地的同时，进攻北部冲绳。

巴克纳中将的临机决断理由充分，越早拿下北部冲绳，日军在北部冲绳组织兵力抵抗和构筑营垒设防的机会就越少。根据美军情报，北部冲绳日军总指挥宇土武彦大佐，正在组织冲绳平民进行游击战。此外，北部冲绳小港口众多，

都处于日军可能实施的反登陆行动威胁下，日军从冲绳群岛的其他岛屿或者日本本土列岛都可以组织反登陆作战，美军只要占据这些港口，就能解除这种威胁。

在进军北部冲绳的同时，第3两栖军还要完成另一项任务。原来，第10集团军在登陆后数日间进展神速，西岸的渡具知海滩和东面中城湾北岸大部分地区的日军都已在4月5日被肃清。美军扫雷舰艇正在完成对这两处锚地的扫雷任务。两栖舰队司令特纳海军中将一心希望早日使用冲绳东南海岸的泊位和海滩，那么首先就需要弄清日军在拱卫中城湾的六座小岛上，到底部署了多少兵力。琼斯少校指挥的太平洋舰队陆战队侦察营，奉命执行侦察任务。

按照美军事先得到的情报，日军可能只在这六座小岛中的津坚岛上部署兵力守备，于是津坚岛便成了侦察营的第一个目标。这座岛屿的面积不

大，长不到2300米，宽不过1000米左右，地处胜连半岛东南，有效控制着中城湾的出入口。除了小岛南方的一座山岭俯瞰着津坚村之外，岛上基本都是平地。这座山岭海拔36米，日军将其称为"36高地"，日军的防御阵地就以这座高地为骨干。从美军的航空照片可以看出，日军在山岭上和山下的村子里，已经构建了坚固阵地。

4月5日下午，进入中城湾的美军舰艇炮击知念岬和胜连半岛，同时开始清扫水雷。津坚岛的日军曾向靠近的美军扫雷艇开炮并命中，未能击沉。之后津坚岛遭到炮击和轰炸。

4月6日凌晨，琼斯侦察营乘坐的橡皮艇在津坚岛北岸登陆，不久与日军守备队遭遇，日军独立混成第15联队的山崎小队向美军发动攻击。侦察营折损了A连的10人，但顺利完成了侦察任务。日军山崎小队则有两人战死。接下来，侦察

营各部分头在其他小岛上搜索，除了遇到一些居民之外，另外5座小岛上都没有发现日军踪迹。侦察行动到4月8日凌晨1时全部结束。

4月7日，当琼斯侦察营还在其他小岛搜索时，第7水下爆破队的潜水员在津坚岛东海岸海滩附近水域进行了侦察，发现并没有障碍物，两栖登陆车辆完全可以通行。此后两天，水下爆破队继续在这一带水域观察胜连半岛和美军当时已经占领的中城湾海岸地区内，是否有可以卸载人员物资的海滩。4月9日，运载爆破队的"忙碌"号快速运输舰就在海湾入口一带巡弋，一直按兵不动的津坚岛守备队，突然开炮袭击这艘武备薄弱的运输舰。日军的重型海军炮、75毫米野炮等同时开火，共有6枚炮弹命中"忙碌"号。该舰舰体受损，1名舰员身亡，11名舰员负伤。此外，第7水下爆破队也有1人因日军炮火身亡，8人负伤。

炮击"忙碌"号的火炮是日军津坚岛守备队的主要重武器。这支守备队兵力有200余人，以重炮兵第7联队第1中队为基干。这些部队被统称为"津坚岛地区队"。根据日军资料，4月10日津坚岛守备队的兵力和装备情况如下：

津坚岛地区队
队长　重炮兵第7联队第1中队长　苇岛秀雄大尉
重炮兵第7联队第1中队（约130人）
120毫米速射加农炮2门、野炮2门
独立混成第15联队第1中队第3小队
小队长　山崎实少尉以下33人
重机枪4挺、轻机枪3挺、掷弹筒3或4具
防卫队津坚独立中队　约40人　步枪若干
辅助护士　岛民女子约30人

美军资料则称津坚岛守备队装备了3门152毫米海军炮、2门75毫米火炮和2门47毫米火炮，以及若干门81毫米迫击炮。除1门火炮外，其他火炮均位于岛屿西南部山岭的主防御阵地，其中1门重型海军炮

1945年4月9日，在中城湾近海被津坚岛日军守备队火炮击中的美军快速运输舰"忙碌"号。
规格参数：
舰型　查尔斯·劳伦斯级高速运输舰
排水量 1450吨（满载）　长：93米　最宽处：11.28米　吃水：3.66米
航速 最高22.5节　巡航12节
武备 1门127毫米38倍径主炮，3门双联40毫米火炮，6门20毫米火炮，2具深水炸弹投掷槽

由北部的壕沟护卫。

美军第27师负责占领冲绳东部的这几座小岛。根据琼斯侦察营取得的情报，占领这些岛屿无需动用整师兵力。师长格里纳少将奉命派遣一个团执行这项任务。在给格里纳下令的同一天，根据第24军军长霍奇少将的请求，巴克纳命令第27师主力在冲绳本岛登陆，增援第24军。

在美军攻打津坚岛之前，陆战1师部队于7日登上伊计岛、高离岛、平安座岛和浜比嘉岛。这几座岛屿只有伊计岛上有少量日军，即由该岛出生的12名士兵编成的通信部队，其任务为监视中城湾和负责通信中继。在美军登陆伊计岛时，这些士兵立即化装成平民秘密潜伏在高离和伊计岛上，此后他们在帮助友军士兵于冲绳本岛南北间秘密转移和援助日军干部返回大本营的行动中"大显身手"，并且在战后全部平安生还。

4月9日，第27师主力在嘉手纳附近的"橙色"海滩登陆，沃尔特·韦恩上校指挥的105加强团，则在庆良间列岛与布兰迪海军少将的攻击运输大队会合，一同开赴冲绳岛东方外海。布兰迪指挥的攻击运

美军在冲绳本岛登陆阶段出任第52特混舰队司令，然后负责护送105步兵团在津坚岛登陆的威廉·布兰迪海军少将。

输大队共由17艘舰艇组成，其中有4艘坦克登陆舰。1艘坦克登陆舰装载780两栖坦克营，另3艘装载534两栖运兵营的LVT两栖运兵车。津坚岛的突击登陆部队是查尔斯·德格洛夫少校指挥的105团3营。105团的另2个主力步兵营则充当预备队，如有必要将应召从庆良间列岛出发。团长韦恩上校留在他的指挥舰"拉特兰"号坐镇。登陆地点为津坚岛南部和东南部海滩。

4月10日晨，美军攻击船队进入目标海域。从4月1日起，火力支援舰队便已对津坚岛实施火力准备，在琼斯侦察营发现日军防御阵地后，打击尤重。在连日的炮击轰炸中，津坚村被完全烧毁，日军阵

地所受的损失却较小。10日7时，火力支援舰船向目标开火，打击范围覆盖津坚村和控制它的山岭，从海滩到内陆地区都没有漏过。20分钟后，日军的炮火开始还击。美军的坦克登陆舰有些大意，驶入了日军射程之内。在它们退至安全区以前，557号坦克登陆舰被击中，2名舰员身亡、1人负伤。在预定登陆的8时30分之前，12架美军舰载机对滩头地区进行了空中扫射以确保万无一失。由于不适合行动的天气正在逼近，舰载机只进行一轮扫射后，便要返回母舰。

登陆都按照美军标准流程进行。8时41分，两栖坦克和第一波突击两栖运兵车登上滩头阵地，105团3营开始前进。起初日军抵抗很弱，但左翼的I连不久就与依托碎石混凝土堡垒工事的一股日军陷入拉锯战。右翼的L连很快就得到营预备队K连增援，一路扫荡零星抵抗，控制了北部地区。位于津坚村东北地区的日军120毫米速射加农炮小队（1门火炮）在当天受到美军集中炮火的攻击，伤亡很大，火炮也被破坏。最后炮兵小队长西胁二郎中尉指挥炮兵小队后退至"一棵松高地"[1]。

① 确切地点不明，应大致位于村落北侧。

迫使舰载机提前返航的坏天气终于开始发威，天降大雨，有助于隐蔽日军的坚固阵地，削弱了美军的炮火支援能力。I连当天进展非常有限。日军守备队主力依托津坚村西侧高地的阵地顽强抵抗。38高地东侧地区由独立混成第15联队的山崎小队主力防守。该小队的小队长在战斗中亲自操作重机枪向美军射击，后来重机枪被坦克炮破坏，日军只能以轻机枪、掷弹筒、步枪继续战斗。不久，津坚地区队长苧岛大尉命令山崎小队向地区队本部所在的36高地洞穴据点后退。10时左右，山崎小队长以下36人到达洞穴，苧岛大尉遂将炮兵中队的中村少尉以下（火炮1门）配属给山崎小队长命其防御洞穴阵地。在防御战斗中，日军的野炮对美军实施了极近距离射击。经过激战，日军确保了据点。美军资料指出，在当天的战斗中，村北高地的日军迫击炮（掷弹筒）给美军造成了不少伤亡。K连和L连在占领岛上的其他地区之后，南下与I连会合，一同围攻顽抗的日军。天黑后，被包围的几股日军仍在坚守，美军则停止进攻。苧岛大尉在战况报告中称10日的战果为击毁水陆两栖坦克3辆、击沉1艘步兵登陆艇并破坏了另外2艘。

4月11日天一亮，德格洛夫少校的三个步兵连在坦克支援下全力进攻日军守备队。经过激战，一棵松高地落入美军之手。日军从36高地洞穴内拉出一门野炮，向占领一棵松高地的美军发射了榴霰弹（通过在空中爆炸撒布霰弹杀伤人员的炮弹），压制了美军。这门野炮在下午受到迫击炮的集中攻击，遭到破坏。

苧岛大尉为夺回一棵松高地下令实施反击，结果只是白白伤亡了很多人员，于是苧岛大尉改变主意，让主力在36高地集中。

36高地当天也遭到美军猛攻，美军接近到阵地前10米附

地图二十一 津坚岛的战斗概况
（1945 年 4 月 10 — 11 日）

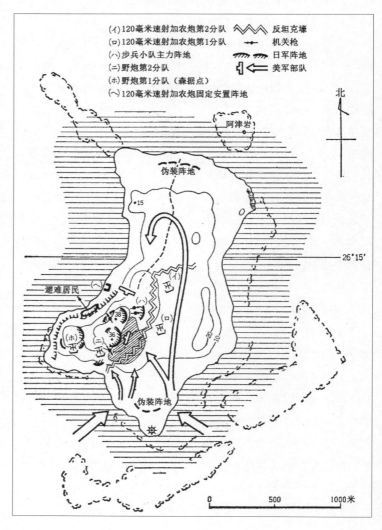

近，同日军展开手榴弹战。日军依靠残存的1挺重机枪守住了阵地。对日军来说比较幸运的是，美军坦克受阻于被毁村落的石墙，没有接近洞穴。

美军战史称到当天下午3时30分，日军的有组织抵抗已经停止。不久之后，德格洛夫营奉命重新登船。由于美军过早撤退，剩余日军得以幸存。

11日夜，津坚岛守备队预期将在次日"玉碎"，利用夜间收容了死伤者并修补了阵地，为最后决战做好了准备。在此期间还有重伤员自杀。

地图二十二　美军侦察和占领冲绳岛以东诸岛
（1945年4月6—11日）

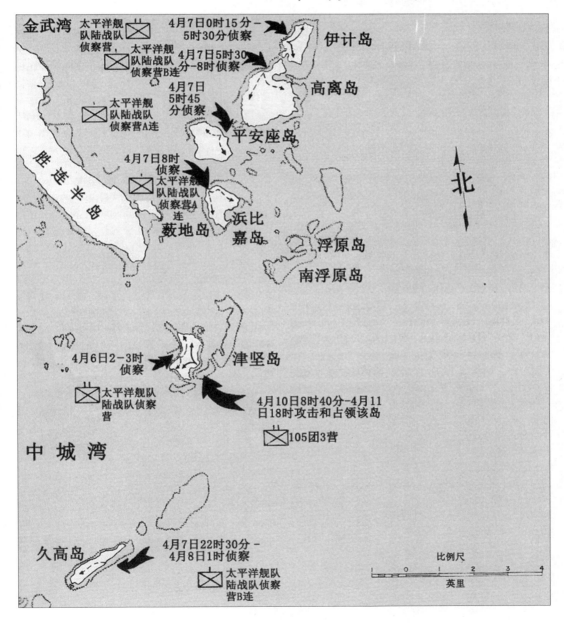

在预期美军将再次发动攻击的12日晨，日军却发现美军毫无动静。日军随后对岛内进行了侦察，结果发现美军已经从岛上撤退，未留下一兵一卒。

10日以来，日军在津坚岛的战死者有重炮兵第7联队44人、独立混成第15联队12人。美军第105团3营在10日和11日的战斗中共有11人战死、80人受伤、3人失踪。美军估计击毙日军234人，显然高估了日军的损失。登陆美军摧毁了岛上日军的所有设施，没有抓获任何俘虏。

11日夜间，105团3营回到庆良间列岛与团主力会合。他们的作战打通了美军与中城湾的水上通道，确保有足够的物资可从海上送往正在向首里推进的第24军左翼，减轻了渡具知海滩的运输压力。

津坚岛的战斗并没有就此结束。4月23日晨，美军再次登陆津坚岛，急袭了日军洞穴据点。残留日军（一部已随苧岛大尉转进到与那原）拼命抵抗，但洞穴入口被美军封锁，日军遭到炸药、手榴弹的攻击，14时左右又受到火焰喷射器攻击，西胁中尉以下30多人战死，并有多人受伤。在美军停止攻击后，有十数名幸存者逃出洞穴。大部分幸存者后来离开津坚岛转进到与那原，返回原所属部队。此后美军又在27日和28日登陆津坚岛扫荡，一部分日军重伤员被美军收容。4月以来的津坚岛日军战死者，据留守名簿记录为：重炮兵第7联队82人、独立混成第15联队22人。

正当冲绳地面战斗渐趋激烈时，日本海军也出动战列舰"大和"号执行自杀式水上特攻任务。

4月5日，联合舰队司令官下达战列舰"大和"号以下舰船的特攻出击命令。在此前后，第32军接到来自大本营的电报，大意为："以战列舰大和为基干的我残存舰队，将为策应军的攻势向冲绳出击。然后将以其巨炮击破同我军对抗之敌地面部队。"

第32军得知"大和"号以下舰船将突入冲绳西方海面，为之感到惊喜和感激。军司令部鉴于冲绳方面的制空权情况，认为该行动甚为危险，以军司令官的名义发电希望中止海上特攻出击。回电内容由八原大佐起草，大意为："联合舰队向冲绳出击欲与本军共命运，实在感激不尽。然鉴于冲绳周边的敌海空军情势，判断已不容许进行此种行动，希望中止出击。"

日本联合舰队的最后一艘超级战列舰"大和"号被美国海军第58特混舰队击沉。"大和"号主炮甚至未发射一弹，就被美军舰载机炸成一堆烟火笼罩的残骸。

联合舰队的决心并未动摇。6日15时20分，战列舰"大和"号、轻巡洋舰"矢矧"号和8艘驱逐舰共10艘战舰组成的海上特攻队以及前路扫荡队从德山锚地出发。7日12时40分左右开始，数百架美舰载机以"大和"、"矢矧"为主要目标从四周来袭。14时25分左右美机结束攻击。这次战斗的结果，"大和"、"矢矧"、"滨风"、"霞"、"朝霜"、"矶风"6艘战舰沉没，战死官兵3721人，仅有驱逐舰"冬月"、"初霜"、"雪风"、"凉月"4艘战舰幸存。美军方面出动的386架飞机中只损失了10架，战死12人。

国头支队与游击队

当冲绳南部嘉数等地的攻防战日趋白热化时，北上的美军陆战1师却在轻松地战斗。如果从美军登陆地点起将冲绳岛分为两部分，冲绳北部山岳地带的面积大约是南部平原的三倍。

美军登陆后83天的战斗，主要在南部进行，日军的主力也以首里为中心布阵。美日两军数十万兵力在狭小的地面战场互相杀戮，南部战线的战斗之惨烈超乎想象。

另一方面，在冲绳北部也有少部分日军同美军进行了绝望的战斗。此即国头支队（宇土部队）的战斗，其最高潮为4月中旬的八重岳攻防战。

冲绳岛北部山岳重叠的国头地区守军，是以独立混成第44旅团的幸存者为主体的国头支队。

1944年6月29日，独立混成第44旅团的2个步兵队因"富山丸"遇难事件蒙受重大损失，战死者多达3700人，只有侥幸未死的宇土大佐以下约500人登上冲绳本岛。结果第1步兵队被解散（以空运的独立混成第15联队代替），第2步兵队则以富山丸遇难事件中受伤幸存并抵达冲绳的兵员为核心，补入现地召集人员和来自本土的补充部队充当再编成基干要员，于9月13日在名护的县立三中再次编成。

1944年11月，第32军以独立混成第44旅团第2步兵队的第1、第2大队为基干成立"国头支队"，支队长为宇土武彦大佐，因此又称为"宇土支队"，由3个大队编成。国头支队以宇土大佐以下独立混成第44旅团的残存兵员为中心，并从国头地区各村召集拥有军籍的下士官、士兵约800名为补充部队，另外还加入青年义勇队员约200名、防卫队员约

400名、中学生组成的"铁血勤皇队"约400名，总兵力约3000人。

国头支队的任务为：

1.国头支队以一部尽力保卫伊江岛，同时以主力确保本部半岛，并策动国头郡内的抵抗活动，为本岛南部的主力作战创造有利条件。

2.以游击队在国头郡开展游击战，同时配合军主力方面，特别是中头郡机场地区的战斗。

由于日军在伊江岛部署了井川少佐指挥的第1大队，结果防御本部半岛的只有以佐藤少佐第2大队为基干的部队，在本部半岛的阵地也缩小为以八重岳为中心的地区。第3大队则在第1步兵队指挥下，被部署于南部的具志头。

1944年4月1日左右，国头支队的部队划分和部署情况如下：

支队长　独立混成第44旅团第2步兵队长　宇土武彦大佐

第2步兵队本部　人员108名，待命时位于本部半岛中央的伊豆味小学，战斗时移动至八重岳西侧

伊江岛地区队（防御伊江岛）

队长　第2步兵队第1大队长　井川正少佐

第2步兵队第1大队　人员约650名

独立机枪第4大队第3中队（中队长小船勇中尉）　人员108名，重机枪8挺

独立速射炮第7大队第1中队（中队长蕗江春美大尉）人员115名，一式47毫米炮6门

第2步兵队的临时编成炮兵小队　人员11名，三八式野炮2门

电信第36联队一部

第2大队（防御本部半岛）

大队长　佐藤富夫少佐

第2步兵队第2大队　人员677名

船舶工兵第26联队第1中队的山形小队　1944年4月8日配属，山形正清少尉以下64名

第3游击队　以多野岳、久志岳地区为游击据点

队长　村上治夫大尉

第3游击队（欠第3中队，该中队直辖于国头支队长）人员包括第3中队在内共计约500名

配属"铁血勤皇队"（县立第三中学学生）一部

第4游击队　以恩纳岳、石川岳地区为游击据点

队长　岩波寿大尉

第4游击队（欠第4中队，

该中队配属先岛集团长，位于西表岛）　人员393名

支队直辖部队

第2步兵队速射炮中队（中队长长渊昌幸中尉）　人员60名，37毫米炮4门，本部半岛地区

第2步兵队步兵炮中队（中队长清水一义中尉）　人员126名，41式山炮4门，本部半岛地区

第2步兵队通信班　人员60名，本部半岛地区

特设警备第225中队（中队长西铭生一郎中尉）人员147名，警备名护周围

第3游击队第3中队（中队长木下忠正少尉）　以本部半岛乙羽岳及302高地地区为游击据点

独立重炮兵第100大队临时编成的平山队　平山胜敏大尉以下124名，89式150毫米加农炮2门，主要任务为掩护本部半岛至伊江岛，配属海军第9炮台（人员39名，152毫米炮2门，在渡久地东北的屋比久原占领阵地）

电信第36联队一部　人员56名

野战医院一部

铁血勤皇队（队长谷口博中尉）　人员149名（县立第三中学学生）

第1特务班（班长北一郎

大尉）

负责同大本营间的特殊通信，直辖大本营，以一岳（名护东南约8公里）为通信据点，人员15名

防卫队　人员不详

除以上国头支队所辖部队外，还有伊江岛第50机场大队以下的航空地区部队、本部半岛的第32军航空情报队的中川队，此外在整个国头地区还散布着各兵团负责收集材料的小部队。海军部队方面，有运天港的第27鱼雷艇队、第2蛟龙队，金武的第22震洋队，屋嘉的第42震洋队等部队。

国头支队所属各部队中，首先同登陆美军交战的是第4游击队（第2护乡队）。游击队系1944年9月编成的特殊部队。继新几内亚的第1游击队、菲律宾的第2游击队之后，日军又在面临本土决战的冲绳成立了第3和第4游击队，任务是通过游击战从背后支援冲绳防御战，并且在第32军败北后开展游击战和情报战。游击队干部以陆军中野学校出身者为骨干。当陆军中野学校出身的干部共计15人于1944年9月中旬抵达冲绳、来到第32军司令部时，军司令部干部对早早为战败后的事情做准备深感不快。

地图二十三 4月1日日军在本部半岛的部署

游击队的干部于1944年10月中旬编成完毕。游击队长和中队长由中野学校出身者充任，小队长、分队长由在乡军人（须被认为是"地区居民中颇有人望的人格优秀者"）担任。除了在乡军人外，兵员方面还召集了国头各村青年学校中"少壮、积极果敢的"少年以及县立三中的"铁血勤皇队"一部（第3游击队）。第3游击队下辖4个中队、第4游击队辖3个中队，每个中队下辖3个小队，每个小队下辖3－4个分队。

出于防谍目的，各游击队被称为"护乡队"。第3游击队（第1护乡队）兵力约600人，以多野岳为据点；第4游击队（第2护乡队）兵力约500人，以恩纳岳为据点在名护、恩纳村、金武村等地进行游击战，从事情报收集。

第32军原本对美军在本部半岛和伊江岛方面的作战预想了三种情况：

一、首先进攻伊江岛，在夺取"堪称东洋第一"的伊江岛机场后再进攻本部半岛的宇土支队。

二、在攻占本部半岛后占领伊江岛。

三、同时进攻两地。

总的来说，第32军认为伊江岛机场才是双方关注的重点，因此可能性最大的是第一种情况。第32军准备在极力固守八重岳一带的同时，以远程火炮（平山大尉指挥的150毫米加农炮2门）妨碍美军使用伊江岛机场。

美军改变计划后采取的行动却与第32军的预想相反，早早就开始进攻本部半岛。

陆战6师北进

早在友军准备进攻冲绳本岛东面的小岛之前，陆战6师就已开始大步向北部冲绳进军。

4月4日午后，陆战6师各

行军纵队已通过俯瞰石川地峡的高耸珊瑚悬崖，进入通往北方的冲绳岛狭窄腰部的起始位置，沿着东海岸石川村落临海的漫长海滩推进。到达这一线位置后，6师各部重新集结。陆战队一路快速前进，许多人都腰酸腿疼，十分疲劳，但士气依然高涨。仲泊－石川一线以北的日军零星部队正在向本部半岛方向退却。南方的美军坦克在向新的集结区开进，工兵在修建战地仓库，拓宽通往地峡的公路。

陆战队北上地峡之前，需要先行完善后勤保障工作，工兵在后方地区的工作尤为重要。从仲泊－石川一线到本部半岛基部有两条窄路，各自沿

日军为了封锁美军在北冲绳的前进道路，炸毁了一座桥梁，但美军陆战6师的工兵在桥梁废墟上架起活动便桥。

海岸线延伸，因为时有路段与海堤并列，或者围绕陡峭山地，很难拓宽。航空侦察报告显示，当地的许多桥梁已断。在两条沿海公路之间，是一道崎岖的山岭，灌木杂草丛生。横穿半岛的道路和小路的间隔距离很长。陆战6师要让大量的部队、车辆、物资、坦克和火炮通过这两条单车道公路，同时又不减缓每天前进7000码的速度极为困难。

北上石川地峡期间，陆战22团出任6师先锋。22团到达热田原－金武一线时暂歇，陆战4团和29团分别从东西两路越过他们的阵地北进。4月6日上午，22团转为师预备队，在一度由第6侦察连负责的石川地峡边界至屋嘉田－屋嘉一线积极巡逻，扫荡日军残余。军预备队陆战1师7团奉命保护6师后方，在仲泊－石川一线以南的陆战6师辖区巡逻。

到4月7日为止，陆战6师一路只遇到日军的零星部队，除了不尽如人意的道路条件和日军的消极防御设施之外，没有什么能阻止美军前进。日军企图在他们北撤期间阻碍美军前进，或者摧毁沿途的主要道路设施，但基本上没什么用处，很少能让陆战6师大幅度放慢前进步伐。

日军设置的鹿砦没有附设地雷，也没有饵雷或者铁丝网，坦克推土机或推土机很容易将这种路障推到路旁。公路和隘路中虽有地雷，敷设却不深，也没有步兵火力或铁丝网护卫。日军沿途敷设的地雷几乎没有什么用处，造成的伤亡非常少。日军爆破人员往往不能彻底摧毁沿途的桥梁，很多时候美军工兵只经短暂抢修，就能利用残留的桥体建好新桥。

陆战6师在北上期间，每个突击团都配属第6工兵营的一个连负责直接支援。每次突击团的前锋营也会配属一个工兵排负责直接支援。先头工兵排会一路清除路障、排雷、修筑便道供作战车辆绕过被炸毁的桥梁。工兵连主力会随后跟上，修建新桥，将狭窄的道路

尽可能拓宽为双车道。在两个突击团身后，师属工兵营的第3个连紧紧跟随，进一步平整道路和修葺桥梁。

随着向北延伸的群山更靠向海边，沿海道路变得越发狭窄，愈加要求工兵竭力拓宽靠近山地的小路。后勤运输开始遇到不少麻烦，在崎岖的山地之间巡逻会大大消耗步兵的体力，但7日下午晚些时候，4团1营到达大浦正北的指定目标时，再度在一日内顺利完成约11公里的行军。然后1营就地构筑防御阵地，侧翼直达海岸。团部和重武器连就在大浦村驻扎，3营和2营在更南面的道路上间隔1000码距离，各自构筑防御阵地。

6师西翼的陆战29团在4月7日没费多大力气便到达目

陆战29团4月初的前进目标名护，拍摄这张照片的时候本部半岛的战斗已经结束。

的地。先遣装甲侦察队中午便抵达名护，傍晚，团主力将全镇扫荡干净，并在郊外部署阵地。

在两个突击团身后，师预备队陆战22团也在当天积极行动，搜寻和剿灭突击部队沿途绕过的日军抵抗阵地。在6师最前沿行动的第6侦察连，将在完成扫荡后负责进入本部半岛以探明日军虚实。

4月7日中午，在被炸弹和炮弹轰平的名护町后方，侦察连的一个排便在坦克支持下，沿西海岸的道路进入安和村。与此同时，连长沃克少校率领连主力和其他坦克越过半岛基部，一路进入仲尾次。侦察连的巡逻让一直在陆战6师辖区内隐蔽的不少日本兵现形。他们遇上了几股日军，不过都不足为惧，交战片刻后不是被歼灭便是被击溃。

在全部来到本部半岛基部后，陆战15团（炮兵团）便给前方的两个突击团各部署一个营负责直接支援，第3个营留下负责师里的全面火力支援。陆战6师推进神速，下属各部必然频繁换位，每天每个营和每个团部都不得不改变位置。为跟上快速运动的步兵，炮兵连吃奶的力气都用上了。好在炮兵将战斗装备降到最低限度，以无线通信代替有线通信，采取和步兵类似的交替行军方式，一直都能为每个突击步兵团提供至少一个炮兵营负责直接支援。

为加强陆战6师的炮兵火力，在他们北上石川地峡之前，第2暂编野战炮兵集群就被部署到仲泊北方各地。4月8日，第6侦察连开始进入本部半岛时，陆战第15炮兵团又得到第1两栖装甲营这支配属部队。次日，军属炮兵支援部队前移到名护湾南端的部濑名岬。6师在北方行动期间，军属炮兵一直留在这个地方。

由于无法确定日军在北部冲绳的位置，第10集团军又下令避免毁坏民用设施，除非上级发出明确指示，或者能确定敌人所在地，陆战队在向本部半岛前进期间，不会大范围使用海军舰炮火力。不过，4月5日之后，所有负责支援第3两栖军的海军部队都被转调到陆战6师辖区附近海域。这些海军舰船沿海岸北进，炮击多条通往海滩的沟壑。每个突击营白天都可以呼叫一艘火力支援舰，每个团晚上都会得到一艘舰船提供照明。

4月8日，随着侦察区域向西延伸，美军已能较为清晰地辨认出日军方位，空中侦察和拍摄的照片也能够确认，日军就在本部半岛的崇山峻岭之间部署阵地抵抗。为消灭日军在本部半岛的守备兵力，有必要重新部署。于是，陆战22团被调到仲尾次至大浦一线，掩护向西进攻的陆战29团右翼和后方。陆战4团在大浦附近集结，根据具体情况支援进攻本部半岛的29团或者北面的22团。

此后5天，陆战4团和22团在地形复杂的内陆地区全面搜索，向北巡逻期间，29团则详细勘察日军防线。4月8日，29团2营奉命从名护越过本部半岛基部，占领吴我。9时整，团预备队29团1营C连奉命进驻山田萱原村。10时，3营H连在奈良志堂遭遇日军坚决抵抗。1营奉命调集全部三个步兵连支援。

15时，从名护正南的世富庆出动的1营A连和B连，以及从山田萱原出击的C连沿向心方向齐集奈良志堂。日军在这里部署了重机枪和步枪。美军集中四个步兵连突击。当地两座坚固阵地的日军实在不多，终于不敌。战斗结束后，1营就地挖掘散兵坑过夜。

次日，29团分成三路纵队搜寻本部半岛的日军主力。3营沿半岛南岸行动，2营沿北岸推进，1营进入半岛中央索敌。3个营遭遇的抵抗表明，从伊豆味西面直至渡久地一

地图二十四　4月4－8日，美军陆战6师在北冲绳的推进

带，有一支相当规模的日军部队与陆战6师对峙。

29团左翼3营发现前方公路布置了许多路障、地雷和爆炸物，一时难以通过。中路1营奉命占领和守卫伊豆味，却遇上日军顽强抵抗（应为第3游击队一部），颇为棘手，只得在距离目标600码的位置宿营过夜。右翼的2营沿北岸巡逻，一路进入仲宗根村，摧毁了多个仓库和多部车辆，消灭了不少零星的日军小部队，顺路还对屋我地岛进行了侦察。

随着美军接近国头支队主阵地，双方频频发生战斗。不过总的来说双方损失都很有限。牛岛中将在9日向大本营报告国头支队"损失极为轻微"。

4月10日，29团2营占领运天港，在当地的潜艇和鱼雷艇基地找到大量废弃的装备和物资。当地平民见美军态度友好，主动告知日本海军大约150人已经逃进内陆山中去了。半岛另一侧的29团3营攻占渡久地，并派出巡逻队深入内陆，1营则越过伊豆味前进，发现日军在这个村落北方的高地上部署了防御完善的阵地。

陆战4团和22团此后继续高速前进。陆战6师决定采取美军在太平洋屡试不爽的交叉

跳跃战术，既可减轻道路的压力，行军也较有保障。在各营前进时，会分派几个排的兵力去前方或者两翼巡逻。这些分遣排完成任务后，就会回到行军纵队后方。只要工兵扫清和平整完道路，修复桥梁，军用卡车和各种物资就会随后尽快跟进。两栖运兵车和坦克登陆舰会等候地面部队占领能让他们卸载人员物资的河口或港湾，然后为部队补给物资。

这一时期，双方在伊豆味西北和西南地形复杂的地区频繁交火。日军屡次设伏，这一带的炮火烈度日增。晚上，日军的夜袭也在步步进逼。4月10日夜间，日军对29团1营防御阵地发动了凶猛的攻击，火炮、迫击炮、机枪和20毫米高平两用加农炮都用于支援突击步兵。

从4月11日开始，美军对八重岳地区持续进行猛烈的舰炮射击和空袭，与此同时地面部队也抵达日军主阵地前方，积极实施侦察行动，双方不断发生小规模战斗。当天，29团2营和1营派出的巡逻队在伊豆味附近取得联系，并且遇到小股日军抵抗。接到报告后，美军各级指挥机关更确信北部冲绳日军在伊豆味和渡久地之间设有重要阵地。为此，2营（欠F连）奉命停止半岛北岸的行动，转移到伊豆味郊外，建立与1营阵地相连的防御阵地。F连则继续巡逻。白天1营派出的侦察分队遭遇的抵抗很弱，但进入内陆与1营取得联系的3营，在满名遭遇激烈抵抗，被迫撤回渡久地。

渡久地和拱卫八重岳通道的第一道山岭线在4月1日遭到美国海军重炮打击。右边背景部分可见濑底岛。

4月12日，第6侦察连奉命拿下备濑崎，以便海军在当地修建雷达设施。

当天29团在继续努力摸清日军主阵地的情况。1营巡逻队向西推进时，遭遇日军第2步兵队第5中队的猛烈抵抗。直辖国头支队的步兵炮中队用1门火炮向这个美军巡逻队射击。美军由此确定在伊豆味－渡久地公路南方高地存在着组织完善的日军阵地。2营在公路北方的山间也发现了精心准备的防御阵地。渡久地村郊的29团3营派出的G连，奉命去北方与师属侦察连取得联系，在今泊与2营F连会合；H连在满名与1营会合；I连则奉命去东南方高地巡逻。

H连在前往满名途中，遭

到日军的猛烈火力阻击。日军的掷弹筒、轻机枪和狙击火力都在暗处，H连辨不清火力方位，如果继续前进，必然蒙受许多伤亡，只得暂停。向东南方移动的I连，在午后遭到四面八方的骚扰火力侵袭。友军的支援火力为步兵提供了实质性帮助，I连仍费了很大力气才得以脱身。在这次遭遇战中，I连有8人战死、33人负伤。15时到16时前后，H连和I连都已退入渡久地防御阵地，3营指挥所却遭到日军的火炮和迫击炮弹袭击。根据日军资料，同H连和I连交战的应为第2步兵队的第4中队，他们还得到重机枪和步兵炮支援。

由于29团3营辖区出现大量日军强烈抵抗，14时15分到

达今泊的G连奉命立即赶回渡久地。陆战22团3营在29团H连遇袭的上午就已得到急报，奉命在安和的师预备区集结。营长多诺胡中校当即率领营部和主力两个连出发，17时赶到集结地，另一个连也于次日9时前来会合。

就在美军大举进攻本部半岛时，在日军阵地上却发生了一幕荒谬的惨剧。在这一时期，曾有一名中年男子出现在伊豆味的某处日军阵地前（具体地点不明）。他的胸前抱着一件方盒子似的东西，那东西已用白布裹住挂在脖子上。男子看到正站在洞穴入口处的日军步哨后，脸上立刻浮现出安心的神情，恳求道："请让我在这里休息一下。"

步哨却警惕地盯着他，冷冷地拒绝了他的请求："地方人不能进入军队的阵地内。"

来者是本部国民学校校长照屋忠英。他和妻子在山中彷徨期间，妻子不幸被迫击炮弹炸死，此后他只身抱着天皇的照片继续逃亡，以为走到日军阵地后，或许就可以安然尽到保护"御照"的责任。步哨却并不清楚白布包裹的是什么东西。

尽管因为耳聋得厉害没有听清步哨的回复，不过照屋校长还是死心离开了。不大一

陆战29团的步兵们爬在一辆坦克的车身上，在北部冲绳的本部半岛快速推进。

会儿，阵地上突然落下迫击炮弹。接到步哨的报告后，阵地上顿时紧张起来。日军认为刚才落下的炮弹是照屋校长搞的鬼。于是手枪子弹从校长身后连连飞来。

照屋校长做梦也没想到自己被当成了奸细，用尽力气喊道："误会了！"他的声音越来越弱。在其他难民的目睹下，浑身是血的校长在山谷中痛苦地爬行着，嘴里喊着："误会了，我被误会了！"不久便气绝身亡。照屋校长的悲剧还只是北部战线到处可见的惨状的一个小小缩影。

在北部战线，除了照屋校长外，另外还有多名平民因为被怀疑是间谍，惨遭日军杀害。后来美军在北部山中扫荡日军残兵时，曾有3名美国兵在久吉村三原同带着孩子的难民谈过话，目击这一刻的日军准尉认定这户难民通敌，竟用手枪将一家人全部射杀。在今归仁村，警防团长谢花喜睦和翻译平良幸吉先后被败兵用日本刀斩杀。在战争即将结束的7月16日，今归仁村玉城区出生的与那岭静行和妻子、弟弟也被日军斩杀，若不是因为该村村民很快被美军收容，遇害

的平民还会更多。

就在平民们痛苦地在生死线上挣扎、本部半岛守备部队各部官兵也面临着"玉碎"的命运时，国头支队长宇土大佐却正在过着浑浑噩噩的逍遥日子。国头支队本部设在草木葱郁的八重岳险峻山腰上的洞穴内，在山谷和比较平缓的低地中还分布着一些临时建成的小屋。在3名女性伺候下，宇土大佐在小屋中过着"惬意"的战地生活。虽说是在战时，大佐生活的小屋里却散落着女人使用的东西。

宇土大佐是陆军士官学校的第27期生，比军参谋长长勇中将还要高1期。如今这两人，一个是军参谋长，一个只是步兵队长——实际是大队长，地位相差悬殊。宇土大佐的内心自然五味杂陈，难以平静，平时沉溺于酒精，在指挥上也欠缺积极性，显得比较敷衍。宇土大佐有时会借着酒劲儿对身边的副官熊田中尉说道："实在没法子的时候，就玉碎好了。只要下定决心，打仗就简单得很，是吧熊田？"说着说着竟诡异地大笑起来。

对嗜酒如命的宇土大佐来说，最大的指望是支队直辖的平山队的重炮。4月12日，平山大尉从芭蕉敷的炮兵阵地上打来电话请求允许重炮开始射

本部半岛的日军八九式150毫米加农炮。由于国头支队长宇土大佐的庸碌无为，国头半岛的这种日军重炮在作战期间甚至未发一弹。

性能参数

口径150毫米　最大射程 约20108米

最大水平射界47度　发射位置重量7500公斤

射速1—2发/分钟　使用弹种 榴弹、高爆弹、穿甲弹、榴霰弹

击："是否可以开始攻击？我以为这是攻击的绝好时机，不知道本部如何考虑？这边可以马上射击。"宇土大佐却含糊其辞，没有给出明确答复。

在芭蕉敷的阵地上，平山队的官兵们急得咬牙切齿，苦苦等待的命令却迟迟未来。眼看射击的良机转瞬即逝，平山大尉越发急躁不安。最后本部竟给出这样的答复："虽然向首里的军司令部请示了是否开始炮击，由于通信十分困难，现在本部也无法立即发出命令。那些大炮只要发射十四五发，阵地就有暴露的危险，还是继续等待吧。"结果，煞费苦心运来的重炮，始终没能在作战期间发射哪怕一发炮弹，最后平山队在破坏火炮后黯然撤离本部半岛。

12日白天[①]，国头支队还发生了一起"反逆事件"。一名下士官光着上半身一边狂呼乱叫一边闯进伙房："宇土大佐光顾着跟女人窝在洞里，这样子还能打仗吗？这样没用的长官真是日本军队的耻辱！……"

话音一落，下士官就向伙房扔出了手榴弹。手榴弹并没有爆炸，伙房里的女人们都吓得逃之夭夭。

这名下士官是清水中尉指挥的步兵炮中队的松田伍长。宇土大佐一直没有命令步兵炮中队开火应战，中队官兵对他深为不满，松田伍长也借着酒劲儿前来抗议。八重岳守备队长瓜生中尉听说发生骚动后便急忙赶来，向松田伍长呵斥道："在干什么呢！松田伍长！怎么搞成这个样子！"

醉醺醺的松田伍长口齿不清地说道："宇土大佐阁下的行为太过分了，太过分了。"

瓜生中尉怒火万丈，命令站在一旁的宫城兵长等人用刺刀解决松田伍长。宫城兵长犹豫了片刻，并未动手。瓜生中尉干脆抽出日本刀恶狠狠地向松田伍长的肩头砍去，结果了他的性命。

松田伍长借着酒劲儿以出格的行动抗议，结果却横尸伏房。此事发生后，部队里对宇土大佐的不满之声变得激烈起来，甚至有人偷偷说："部队长是不是间谍啊？"但军令如山，官兵们对宇土大佐到底是无可奈何。

本部半岛之战

4月12日夜间，陆战6师发现自己正面临四项任务：继续占领和保卫备濑地区；确保川田湾-谢名湾一线的安全，阻止日军通过这一地区的运动；攻占和守卫冲绳本岛最北端的边户岬；最后，歼灭本部半岛的日军。

备濑地区的第6侦察连兵力单薄，29团F连奉命增援。4月10日，22团1营已在谢名湾地区建立了防御阵地。此后几天，1营从这个阵地多次派兵积极搜索北方和东方海岸。4月12日，22团1营巡逻队在东海岸与4团取得联系。次日，4团3营奉命开赴川田湾。22团2营得到第6坦克营A连加强，奉命攻占和守卫边户岬。13日，该营乘坐卡车和坦克，沿西海岸迅速北上，一路突破日军微不足道的零星抵抗，顺利完成任务。

陆战6师的前三项任务，只要派出较大规模的巡逻兵力，不会遇到敌军的太多阻碍便能达成，要完成第四项任务就要全歼日军在本部半岛的守备部队。

运气不济的陆战29团I连前两天就发现了本部半岛的日军主力。4月12日夜间，29团遇到一些日本平民，这些人会说英语，原来他们曾在夏威夷侨居，经过盘问，可以确定I连遇上的正是半岛日军主力。美军根据这些人的口供，得知日军在满名－渡久地公路南面的高地集中了大约1000人，这支部队由宇土大佐指挥，还包括一个炮兵中队。29团派出的几支有力战斗巡逻队带回的情报进一步确认日本平民的口供基本属实，可以断定日军已在险峻的八重岳山区周围10公里乘13公里地区构筑了坚固防线。

在海拔593米，相对高度也超过360米的八重岳主峰，日军明智地精心组织了多处防御阵地，只等美军进攻。八重岳是本部半岛最险峻的高地，控制着周围海面的小岛和整个名护湾。崎岖陡峭的山势让美军装甲兵很难发挥作用，步兵要在这一地区作战也困难重重。此外，日军在这一带已驻扎相当长一段时间，所有可能进入日军阵地的通道都敷设了大量地雷，被各种火力覆盖。

美军综合各种情报得知，八重岳地区的日军兵力在1500人左右，被称为"宇土支队"，以独立混成第44旅团第2步兵队为基干，包括步兵、机枪兵、轻型和重型炮兵、冲绳新兵和浦添港的海军兵员。除75毫米和150毫米火炮外，日军在八重岳地区还有2门152毫米海军炮，火力足以覆盖本部半岛以南16公里的沿海公

冲绳战役期间的美军陆战6师师长莱缪尔·谢泼德少将。谢泼德生于1896年，先后参加过两次世界大战和朝鲜战争。第一次世界大战期间，谢泼德少尉在陆战5团服役，在著名的贝留森林战役中两度负伤，被授予陆军杰出服役勋章和海军十字勋章。一战结束后，谢泼德晋升为上尉。此后20多年间，谢泼德多次执行海外任务，一度曾在驻中国天津和上海的陆战3旅服役。除担任连营级军职外，谢泼德先后进入陆战队学校和海军军事学院学习。1939年6月，谢泼德进入陆战队学校执教。1942年3月，谢泼德上校出任陆战9团团长。次年7月，晋升准将的谢泼德升任陆战1师副师长。同年12月至次年3月，他随部参加格洛斯特角战役，在博根湾的行动中表现优异。1944年5月，谢泼德出任陆战队暂编第1旅旅长，不久率部参加关岛之战，因功获得海军杰出服役勋章，晋升少将。暂编第1旅扩编为第6师后，谢泼德出任师长。在冲绳战役期间，他的部队在占领北部冲绳之后，南下历经多次激战。大战结束后，谢泼德在陆战队历任要职，1952年元旦出任海军陆战队第20任司令官，后来成为第一位列席参谋长联席会议的海军陆战队司令，直至1955年离任。1990年，谢泼德以94岁高龄逝世。

路、伊江岛和整个名护湾。

美军的情报相当准确。实际上根据日军资料，国头支队（宇土支队）从1945年3月初就开始在本部半岛中心的山岳地带构筑阵地。阵地修建于吴我山、嘉津宇岳、真部山、八重岳一带，以八重岳为中心。堪称支队"命脉"所系的平山中尉指挥的特别重炮队（重炮2门）在八重岳下方的芭蕉敷布阵，面对着伊江岛。

日军在本部半岛依托八重岳高地等天险布防，显然不是美军一个加强团的兵力所能对付的。为此，陆战4团（欠3营）奉命从东海岸赶到本部半岛与冲绳岛主体交界处正南的世富庆待命。4月13日，29团除了继续派出大量巡逻队侦察日军阵地外，还要准备次日上午的进攻。

按照师长谢泼德少将的命令，29团团长维克多·布利斯戴尔上校再度开始扫荡伊豆味－渡久地公路，并且让他的1营和3营将战线排成一列。正在向满名运动的1营A连遭到伏击，被日军的20毫米机关炮火力打得非常狼狈。22团3营的巡逻队从安和向北方大范围巡逻时，也遭到日军重火力阻击。双方交火大约1小时后，美军在81毫米迫击炮掩护下撤退。下午，日军炮火开始向22

团3营阵地射击。

同一时期，日军开始向陆战15团2营阵地实施反炮兵火力打击（根据日军记录，国头支队的步兵炮中队利用美军炮火的间隙射击了一整天）。这次猛烈炮轰造成美军32人伤亡，包括两名炮兵连长和一名副连长，弹药库和2门105毫米榴弹炮被毁。美军航空兵得报，紧急起飞，空袭了疑似日军炮兵阵地，22团3营的多个巡逻队也在努力寻找日军炮兵的位置。日军的炮击和被焚毁的弹药库使15团2营的阵地无法维持，只得前往备用阵地。

日本第32军司令部在13日的战况报告中指出："（13日中午以来）国头方面之敌正在逐次包围国头支队主阵地中，当面之敌因操纵使用坦克颇为困难，便在山地中使用军犬进行周密搜索的同时慎重前进。"

同一天，陆战4团（欠3营）步行越岛来到世富庆。先头营4团2营的任务是继续推进到半岛西南角渡久地正南的一个位置。2营经过29公里的艰苦行军后，于17时到达目标地区。先期到达世富庆的1营分头乘坐卡车，经过三次穿梭运输，到达安和正西的一个位置。天黑时，陆战4团1营和2营就分别部署在本部半岛西

南海岸相距5公里的两座阵地里，3营位于32公里外的冲绳东海岸，团部和重武器连则在世富庆。

美军计划于4月14日实施协同攻击，从两个不同方向进攻，削弱日军的抵抗核心力量。配属29团3营的陆战4团将向东进攻内陆地区，同时29团主力从半岛中央向西南偏西方向进攻。面积广大的八重岳山区位于两个突击团之间，使各种支援火力与步兵突击线路重合的可能性非常小，不过要实施这种难得一见的大范围机动，仍需要野战炮兵、航空兵和海军舰炮小心配合。

具体而言，陆战4团最初的任务是占领半岛内陆距离海岸大约1200码的一道213米高的山岭，这座高地控制着西海岸公路，正好位于4月12日29团3营I连中伏损失惨重的地点后方。根据当天的情况，可以肯定日军在这一带已建立有力的机枪阵地。

4月14日早晨，4团预备队1营的一支安全巡逻队遇上日军遭到袭击，将其击退，自身也有8人伤亡。尽管出了点小意外，美军依然按计划在8时开始进攻。29团3营从渡久地近郊出发，以G连和H连突击。在29团3营右侧，4团2营以类似队列出发，G连和E连负

责突击。在海陆空三重火力准备后，陆战队开始推进，令他们意外的是，日军的抵抗并不强。除了零星的迫击炮和轻型炮火外，这一路美军在午前就已到达目标位置，左翼的29团3营进入207高地南北一线。

为保护敞开的右翼，4团预备队1营在上午沿海岸北上，到达2营右后方集结区。11时，1营C连奉命去占领瞰制2营前方右侧的一座山岭。C连中午与小股日军交战，很快日军的迫击炮和机枪也开始向他们开火。部署在C连左侧的A连则继续前进。

在团预备队行动的同时，4团2营和29团3营继续向下一个目标，即前方1000码的另一座山岭前进。为掩护这次进攻，美军舰炮和地面炮火的弹幕再度落下，还呼叫两次空袭支援。当美军突击部队进入通往下一个目标的低地时（第2步兵队第4中队的喜纳原阵地），日军的抵抗开始增强。这一带地形复杂，生长着大片荆棘灌木，非常适合防御，日军将地利优势发挥到了最大限度。

日军起初利用小部队组织抵抗，想尽办法延缓美军前进，让他们陷入混乱，处处开火，令美军很难找到日军主阵地。日军往往藏在非常隐蔽的

地方守株待兔，将他们的各种武器集中在山间小路的某一段射击。他们往往会先让一整排陆战队员通过，等美军连长和连部到达伏击地点，一梭机枪子弹便会出膛，杀死这位连长和连部的其他几位成员，最大程度地给美军连队指挥制造麻烦，体现出相当高的战术素养。这样一来，美军的军官伤亡大增。在半小时都未发一枪的一个位置，4团1营营长伯纳德·格林少校被日军机枪子弹击中，当场身亡。当时营作战参谋和情报参谋就在营长两旁，闻声卧倒后，两人隔着倒在血泊中的营长，面面相觑，只能看到对方的小半张脸，但苍白面色都看得一清二楚。团部在得知噩耗后，派副团长弗雷德·比恩斯中校接替营长职务。

美军随时有人会被日军子弹击倒，却无法找到射击位置，令美军不禁感慨："这就

像在和幽灵战斗。"日军就在山里和沟壑间藏身，却很难接近。小股日军经常以一挺重机枪为核心火力，其他步兵以"三八"式步枪支援，在植被茂密的山上频繁更换位置，令进攻方防不胜防。当日军截击火力出现时，愤怒的陆战队员就会向开火方向回击。辛辛苦苦找到开火位置时，美军只会偶尔发现一些血迹，几乎从没找到活着的日军或他们的尸体。一名陆战队员被日军这种打了就跑的战术搞得头痛不已，不禁感叹："天哪，日军人手配备一支'三八'式步枪，可他们到底在哪里啊？"

在经历了不知多少令人恼火无奈的零星抵抗后，13时50分，4团2营G连遭遇日军步枪、机枪、迫击炮和火炮的组合火力打击，首次遇到大股日军阻击。几分钟后，E连也遭遇类似的强力抵抗。美军的海

军舰炮和地面炮火得报即予以回击，在这方面美军仍拥有强大的优势，不多时日军的炮兵阵地就被定位，很快便在美军的酷烈炮火下安静下来。

G连损失很大，F连（欠一个用作营预备队的排）被调去支援。日军掩护部队竭力阻滞美军进攻，4团2营仍在坚决推进，最终以正面强攻和右翼迂回包抄结合的战术，拿下了他们前方的山岭。

16时30分，29团3营和4团2营已在4团当天到达的目标位置挖掘散兵坑，4团2营与占据右侧高地的本团1营也已取得联系。当天1营B连已被用于C连右侧。团重武器连由于地形限制，无法有效使用他们的各种武器，被临时改编为一个步兵连，在B连敞开的右翼巡逻。

当天，4团3营乘坐汽车长途行军，取代22团3营充当师预备队，后者返回真喜屋一带巡逻。4团3营K连被派往半岛西南至备濑的海岸沿线巡逻。原先负责这项任务的29团2营F连于4月15日回本营归建。

当4团向东进攻时，29团主力也从伊豆味出发，以现有的两个营依次列成一列纵队西进，目标是彻底解决前4天巡逻队找到的日军坚固阵地，扫荡伊豆味－渡久地公路。29团

4月14日，陆战6师的几名官兵正在观察美军炮击八重岳附近的日军阵地。

很快发现，西进困难重重，代价不菲。为了尽量取得地利，29团改向西南方向进攻。

充当箭头的29团1营前进800码后，攀上陡坡，日军的抵抗依然坚决。傍晚，1营在前方高地日军重火力的屡次打击下，终于动弹不得。团部随即将2营调到左翼，让部队先就地掘壕过夜。1营在当天遇到的是防御八重岳、嘉津宇岳正面的第2步兵队第5中队阵地。

根据日军的统计，在4月11－14日期间，国头支队的战果和损失为：

战果：杀伤人员163人以上，俘虏2人，破坏坦克2辆、迫击炮4门、牵引车1辆、自动炮2门。

损失：战死19人、战伤51人。

4月15日，威廉·惠林上校从布利斯戴尔上校手中接过29团指挥权，该团指挥所在同一天转移到伊豆味。29团当天尽力巩固他们在紧要位置的阵地，同时在半岛西部和西北部积极巡逻，保持对八重岳日军阵地后方的持续压力。日军战史声称第2步兵队第6中队（布阵于八重岳西北方、公路以南）在当天受到攻击并在"苦

战"后守住阵地，屋名座南侧的第6中队第2小队正面也陷入混乱状态，第2步兵队第2大队长佐藤少佐命令该小队撤出阵地，但第6中队长志垣新太郎中尉主张应保住该阵地，于是在得到机枪中队增援后终于"确保"了阵地。

与此同时，29团也在八重岳东侧同日军展开激战。日军战史称嘉津宇岳附近的第5中队第3小队阵地被美军占领，第5中队在夜间发动反击将阵地夺回。

当天上午7时开始，陆战4团向八重岳的另一侧出击。他们遇到的小股日军反击和前一天没什么分别，到了中午，在距离目标还剩一半路程时，日军的抵抗剧增。当时陆战4团各部开始上坡，隐蔽在高处洞穴和碉堡里的日军等美军进入有效射程后火力全开。美军有所准备，但地形极为不利，又突遭重火力狙击，实在无计可施，只得后退寻找掩护，打算

美军战术航空兵在北冲绳协助陆战队步兵前进。图为海军陆战队的1架F-4U"海盗"式战斗机低空飞行，在地势崎岖的冲绳北部日军守卫的山坡上投掷燃烧弹。

在整顿之后再战。

配属4团的29团3营突破日军机枪、迫击炮和火炮的火力封锁，向东南方推进了约900码。位于该营右前方500码的210高地（真部山）的日军强点却硬生生挡住他们的突击。日军在这座高地上除了隐蔽极佳的机枪和迫击炮之外，还有前一天美军刚发现的隐蔽在深洞里的一门山炮。美军舰炮和地面火炮一直在努力摧毁这门威胁巨大的山炮，航空兵空投了500磅炸弹和凝固汽油弹助阵，日军炮兵一旦发现风吹草动就将炮车拖进洞去，等到美军步兵突击的时候，这门山炮就会开始射击，用直瞄火力给美军造成相当大的损害。

4团2营步履维艰，4团1营为夺取瞰制其右翼的高地也陷入苦斗。2营当天以3个步兵连（欠转入营预备队的E连的一个排）齐头并进，进攻伊始就遭到日军火线阻击。经过一日苦战，E连和F连成功占领200高地。

2营困难最大的是G连。他们在出发以后不到5分钟就遇到日军重火力阻击，显然已遇上日军在这一地区的主力，阻击火线持续了一整天。营部得报后，将预备队派去支援。G连一路用官兵们的鲜血开路，伤亡极大，一共损失65人，连长都阵亡了，才完成向200高地正右方高地推进路程的四分之三。最终他们奉命撤到一个更加合适的防御阵地，与F连保持好联系。当天4团2营右侧与1营之间200码宽的缺口由后方支援火力负责掩护。傍晚，1营占领紧靠八重岳西南的一座关键高地，先前他们曾一度被日军从那里逼退。

16时30分，进攻结束时，4团的2个营都已到达目标位置，29团3营则在稍后方的一个较适合的位置准备过夜。4团的补给变得更加困难，人员伤亡也较大，各部队非常疲劳。不过他们沿途封死了许多日军盘踞的岩洞，据初步估计，他们已击毙日军1120人。根据日军资料，防御喜纳原的日军基干兵力只有第2步兵第4中队主力，美军陆战4团估计的这一数字应当是他们进入北冲绳以来的歼敌总数，即使如此也很可能高估。在当天的战斗中，喜纳原一带的第4中队第1、第3小队阵地终于崩溃，幸存者后退到真部山的第2小队阵地。

陆战4团在当晚重新分析了敌情，认为他们面对的日军兵力至少有2个中队，凭借有利地形在组织防御。日军显然早已料到美军会从这个方向进攻，防御的针对性极强。既然美军在推进时各部队之间能保持紧密联系，炮兵也能及时跟进提供支援，陆战4团决定从右侧迂回日军坚固阵地，将主攻方向从东面移到北面。为了16日重新开始的行动，4团3营转归团部直辖，22团1营奉命回到安和的师预备队区。

根据日本第32军司令部在15日的战况报告，当天国头方面的战果和损失（至黄昏为止所判明的数字）为：

战果：杀伤人员140人以上，破坏货车6辆、帐篷1顶、无线电报机1台。

损失：战死21人、战伤28人。

16日天亮后，陆战6师从三个方向对日军发动全面进攻。29团主力继续从东方西进；配属29团3营的陆战4团从西南偏西方向进攻；22团1营派出的数支有力巡逻队向北进入4团和29团主力之间的缺口，形成两个团之间的结合部。

这三路主要步兵突击部队都会得到一个炮兵营提供直接支援。陆战15团（炮兵团）余部、第1两栖装甲营的一个连和155毫米加农炮第7营的1个连可以根据需要，随时支援任何一支部队。

陆战6师的几名士兵正在攀登八重岳地区的一处山坡，刺探各处洞口，观察是否有日军现身。

在4团行动区，机动方案要求29团3营占领前方500码的高地，包括令人生畏的210高地（真部山）。3营的进攻将直接打击国头支队直辖步兵炮中队的阵地。在该营右侧，4团2营将维持自己的阵地，会得到29团3营的进攻火力和4团1营向北进攻的侧翼火力支援。4团3营从集结区出发后，会沿通往目标最近的道路前进，和1营保持紧密联系。22团1营会在破晓后出发，4团重武器连则会在1营和3营右后方地区全面巡逻。

由于物资补给困难重重，美军在16日的进攻只得推迟到9时开始。29团3营右翼的H连正面突击210高地（真部山）。中路的G连和左翼的I连脱离联系，从南面突击日军坚固阵地侧翼。H连的支援排会进入G连机动留下的缺口，提供火力支援，4团2营同样会从右侧的各处高地提供火力支持。

这次机动包抄作战的成败很大程度上取决于承担副攻和支援任务的美军能否压制敌军主力。负责侧翼的29团3营G连官兵信任友军的能力，却仍不免心里打鼓，他们想加快脚步，一鼓作气登上目标高地山顶，上坡路却绝非坦途。从山顶隐约传来美制81毫米迫击炮弹落地的爆炸声。为避免被日军的机枪和步枪子弹狙击，G连官兵都没有抬头观察炮击的效果，但爆炸声仍会让他们安心。接着，密集的美制机枪和步枪射击声传来，不用观察也能认出来自友军的行动方位。在H连的活动方位枪声大作，表明日军已被他们完全吸引住了。精神大振的G连官兵不由加快了脚步。美军的各种支援火力成功压制住日军，在G连顺利登上山顶前，日军一直被打得无法抬头，自然难以有效组织反击。登顶后的G连士兵找到一处洞穴，立即将手雷和炸药投掷进去。爆炸过后，洞穴内的残余日军匆忙撤退，遭到G连和其他支援部队的火力追杀，逃生者寥寥无几（根据日军方面的记录，步兵炮中队长曾亲率主力在洞外实施反击，几乎死伤殆尽）。

12时，29团3营已占领目标，日军步兵炮中队阵地完全崩溃。一度给美军制造重重麻烦的日军山炮（步兵炮中队部署在真部山东侧山坡的山炮）早就被美军105毫米榴弹炮全部击毁，3营一共在阵地内清点出147具日军尸体。根据日军资料记载，步兵炮中队在当天的战斗中有中队长以下约20人战死，因此美军发现的尸体应该也包括其他单位的日军。H连和G连的位置在这次进攻后已经调换，H连位于3营中央，G连则在右翼牢牢控制210高地。另外，日军部署在真部山北方阵地的第4中队主力虽在美军猛攻下不断出现损失，但在重机枪的有效协助下终于保住阵地。

与此同时，4团1营顺利完成了向北方的大角度运动，与4团3营取得联系。1营A连在C

连火力支援下完成方向转换，占领了八重岳正南方的一座山岭。B连则占领了右侧的一座高地，在3营来接替之前，一直镇守着这个阵地。4团后方的22团1营随即前进，以掩护4团推进中敞开的左翼。

12时30分，4团1营开始进攻令人生畏的八重岳。防守八重岳的是日军第2步兵队第5中队，该中队还得到海军部队的支援。1营计划以左翼的A连从正面进攻八重岳突出部分，C连则从右翼寻找机会迂回。

A连攀爬八重岳陡坡的进度自然是缓慢的，起初只遇到零星轻武器火力阻击，构不成多大威胁。当A连抵达峰顶时，在非常接近的距离内突遭日军火力打击。峰顶日军只有轻武器、手榴弹和掷弹筒[1]，一直等到美军逼近才开火，打了A连一个措手不及。陆战队员们纷纷后退，一时间相当狼狈。不过他们终究久经战阵，很快便退出日军的有效射程之外，就在山顶正下方以60毫米迫击炮和手雷回击。双方距离极近，战斗异常激烈，都能清楚地听到彼此的喊杀声。峰顶日军缺乏重火力和自动武器，但子弹充足，极为顽固。峰顶的日军阵地在4团1营的两面突

击下，依然毫不动摇，直到4团2营从后山坡（北坡）集中近乎疯狂的火力打击日军阵地，同时美军的远程支援火炮从正面彻底压制住日军后，1营A连和C连才登上峰顶。

1营A连和C连终于成功登上八重岳制高点，但形势依然紧张。这两个连伤亡超过50人，弹药也行将耗尽。此外，八重岳峰顶和其他地区的日军并未被完全歼灭，预计必定会集结残余兵力反击。幸亏陆战第15炮兵团的炮火、以及4团2营从日军防御强点后方阵地组织的出色迫击炮和机枪支援火力一直都压制着日军，1营的两个连才能坚持到补给弹药送到他们手中。

八重岳的战斗进入这个阶段，补给问题对美军而言简直成了一个要命的难题。360多米高的八重岳主峰对背负着弹药和饮水，汗流浃背，疲劳不堪的人来说，就像一支矛尖。1营营部连的每个人都尽可能携带弹药上山支持一线战斗人员，肩上扛着5加仑水，代营长比恩斯中校携带的弹药带比别人要多一倍。营长上前线本来是为就近观察战况，却坚持扛着一桶水爬坡。担架同样需要人力运送上山，所有人在下

山时都抬着担架运送伤兵。

傍晚，3营K连从后方返回本营归建时，帮助1营运送伤员，返程途中，还为1营的战友们带来水和弹药。

1营尽快补充弹药无疑是正确的。18时30分，A连和C连占领八重岳峰顶一小时后，日军发动了一次真正意义上的"万岁"冲锋。参加这次死亡突击的日军大约有75人，1营的两个突击连弹药不多，本来比较危险，好在炮兵和4团2营的支援火力再度发威，配合1营将这股日军敢死队全部消灭。天黑后，陆战4团终于可以宣布占领本部半岛的八重岳制高点。

下午，4团3营在八重岳地区扫荡时，仍会遭遇日军零星抵抗，但日军的大规模有组织抵抗已不存在。3营右侧的22团1营一路扫荡了不少日军小型抵抗阵地，让他们耽误不少时间的反而是困难的地形，结果无法与4团或29团取得联系，只能自行构筑环形阵地过夜。

陆战4团猛攻日军在八重岳地区的设防阵地时，陆战29团对八重岳后方地区一直保持着压力。这一带的日军抵抗同样顽强。日军步兵依托圆木搭

---

[1] 此处系根据美军的记录，但日军资料称第5中队得到了海军的机关炮的支援。

建的掩体和少量混凝土工事在正面阻止美军步兵前进，隐蔽在高处沟壑和山洞中的机枪、迫击炮和火炮会提供火力支援。29团不仅要完成扫荡伊豆味－渡久地侧翼高地的任务，还要克服崎岖的地形和日益严峻的补给条件。

日军一向善用地利，将他们的重武器隐蔽在山洞里，利用天然条件隐蔽，将这种优势最大化。最善于借助地利的是日军的20毫米高平两用机关炮部队。29团两个突击营的营部几乎每天都会落下20毫米口径炮弹。所有道路和天然通道都被日军火力点覆盖。想要通过相对容易的道路行动，就会遇到日军的犀利抵抗。

美军对付日军的手段，就是使用所有火力支援武器掩护步兵两面攻击。这种战术让美军可以逐个包抄和清除日军防御阵地。29团的侧翼包抄接连得手后，发现了许多被日军放弃的阵地和武器，显然这种战术对日军小型阵地非常有效，会产生巨大的心理威慑力。29团需要进攻的是多个日军小型阵地，无需所有作战单位拉开架势，在宽阔的正面协同推进，哪怕需要同时进攻多个目标，只要组织多个局部巡逻行动占领紧要位置，然后扫荡该地区即可。

29团从伊豆味西进期间，美军的地面炮火和海军舰炮一直都在提供常规支援。4月17日上午重新组织进攻之前，美军的海陆炮火进行了一次重火力准备。8时，29团准时出击，试图与陆战4团的友军在伊豆味－渡久地公路会合。右翼的1营出发后遇到的抵抗并不强，反而是困难的地形条件让他们只能缓缓推进。不过，1营好歹在13时顺利占领当天的目标，即这一地区最高的一座山头。

29团1营在这座山头需要对付的日军阵地位于山顶和背向海洋的山坡。地形条件对负责舰炮火力支援的"田纳西"号战列舰来说极其麻烦，因为射击火线几乎与山坡平行。1营的步兵得到消息，决定无论"田纳西"号的舰炮到底能对日军阵地形成多大破坏，制造多大伤亡，都要尽快登上山坡。"田纳西"号的356毫米主炮和127毫米副炮打响时，传来的炮声在高地前后清晰可闻。当炮火准备行将结束时，步兵已开始攀上山坡。非常意外的是，1营拿下这座高地时没有任何人员伤亡。一路上陆

1945年4月17日以舰炮火力为陆战队助战的"田纳西"号战列舰。
规格参数
舰型 田纳西级战列舰　标准排水量 32300吨　满载排水量 40354吨
全长 190米　最宽处 34.7米　吃水 10.4米　航速 20节
武备
4组356毫米50倍径三联主炮　8组127毫米38倍径双联副炮　10组40毫米四联高炮
43门20毫米高炮　2具533毫米水下鱼雷发射管　3架舰载飞机

战队员击毙了8个日本兵，在山顶一共消灭32人，"田纳西"号的炮弹在山上砸出不少弹坑，粗略计算弹坑和弹坑周围的日军尸体，就已超过100具。

29团左翼的2营投入进攻1小时后，一路除掉向西北方逃窜的大约50名日军。此后，2营稳步前进，需要对付的仍然只是零星的抵抗，一路上摧毁了相当数量的日军装备、弹药和其他物资。午前他们与22团1营建立了实质性联系。22团1营在自己的行动区域内清除了多个日军阵地，缴获了大量的日军军服和弹药。22团1营和左翼的陆战4团建立联系后，开始退出战线，按计划撤回安和郊区。

由于物资紧张，陆战4团在4月17日直到12时才发动进攻。4团右翼的1营和3营向伊豆味－渡久地公路的目标推进。在两个突击营正面的左方，4团2营和29团3营面朝东方，与两个突击营的正面几乎呈直角。这两个营当天就地留守，从现有阵地为两个突击营提供火力支援，直到4团1营和3营的战线和火力线重合为止。

4团的两个突击营行动迅速，一路下山，只遇到零星骚扰。这一路上美军摧毁了一些精心构筑的防御工事、复杂的交通沟和野营营地。4团扫荡的这片地区到处都能见到日军的死尸和辎重。他们发现了大量武器、装备和衣食，缴获了一部分，也销毁了一部分。在越过29团3营的正面时，4团1营发现了2门152毫米海军炮、5门野战火炮、8座装满弹药的洞穴，在占领210高地的2营G连阵地前方，发现了300多具日军的尸体。这一天1营仅遇到一两个日本兵，3营则击毙56人，两个营没有损失哪怕一人。

当陆战4团和29团的进攻轴心逐渐北移时，他们之间的结合部已经比较理想，29团2营便撤出第一线，开始扫荡本团行动区域的残敌。美军从当天战斗的各种迹象判断，日军已无力维持本部半岛的阵地，正在撤离这一地区，陆战6师正在打穿该地区的防御支柱。陆战4团在行动中缴获了一份日军地图，说明八重岳阵地是日军在本部半岛仅有的有组织抵抗阵地，证实了美军的

在本部半岛的日军指挥部坑道中，美第6陆战师为了收集情报正在搜寻日军文件。

陆战4团的突击部队在夺取八重岳高地后，查探本部半岛的群山。

判断。

根据日军方面的记录，宇土大佐已在16日15时下达向多野岳撤退的命令，宇土本人则于当天19时左右出发。按照撤退命令，各部队应在多野岳补给粮食后向指定地区前进，在"自活"的同时实施游击战。由于撤退命令一度被撤销，战斗局面本就相当混乱，撤退命令并未传达到所有部队，结果造成更大的混乱。同美军在近处对阵的日军各部队，只能分散成以小队、分队为单位的小股部队，趁着夜色向多野岳转进。尤其悲惨的是，在这次撤退中，将近300名无法独自行走的伤员被遗弃在八重岳山中的野战医院里。当医院解散的消息传开后，伤患们痛哭流涕地向护士哀求把自己一起带走，护士所能做的，只是在伤患们的枕头上留下饭团和饼干而已。国头支队本部甚至给八重岳野战医院下达了"将无法步行的伤员集中到一个病栋中爆破，可以步行的伤员同医院一起行动"的命令。医院方面最终没能执行这道命令。

17日傍晚，陆战4团和29团已经登上瞰制伊豆味－渡久地公路的高地。29团3营H连和I连到达和4团1营并排的位置，将战线延伸到渡久地周围的左侧地区，G连则留守210高地。另一侧的29团2营完成扫荡后，在伊豆味北方高地建立了一个强点。

经过4天的紧张战斗，4月18日陆战6师各部在本部半岛的主要行动是重整各部建制，巩固此前的收获，在伊豆味－渡久地公路巡逻和补给物资。一度配属4团的29团3营乘坐卡车回到伊豆味和29团主力会合。22团1营也乘车回到真喜屋。4团1营则转为本团预备队，在满名附近宿营。

29团3营归建后，被部署在伊豆味北面的团右翼阵地，封锁日军东逃路线。29团左翼北上，与4团战线连成一条直线。当4团3营负责局部巡逻时，2营负责1营和3营前一天所经地区的全面巡逻。整个半岛地区的各条公路都敷设了地雷，日军还挖掘了六条反坦克壕将伊豆味－渡久地公路切割得支离破碎，对美军的物资补给妨碍极大。

4月20日，4团和29团进抵本部半岛北岸，意味着半岛的所有日军有组织抵抗力量已被消灭。

在本部半岛的战斗中，陆战6师共有207人阵亡、757人负伤，另有6人失踪。根据美军的计算，超过2000名日军在本部半岛的防御阵地丧命。考虑到防守本部半岛的宇土部队的基干兵力只有一个大队，宇土大佐的表现又颇为拙劣，美军的损失堪称"惊人"，也充分反映出日军所占有的地利优势和顽抗至死的精神。本部半岛的美军各部将负责各自的守备和巡逻区域，第3两栖军的扫荡行动将继续进行。

另一方面，宇土部队残部仍在苟延残喘。其最初的撤退目标多野岳位于名护北方，是一片标高397米，被绿色植被深深覆盖的亚热带山地。第3游击队的根据地就设在那里。日军在撤往多野岳途中，必须在田井等、仲尾次突破美军的包围。国头支队主力最终在19－22日间撤退完毕，在此期间第2大队长佐藤少佐战死。宇土大佐在20－21日夜间抵达

地图二十五　美军陆战6师在本部半岛的前期战斗概要（4月9－19日）

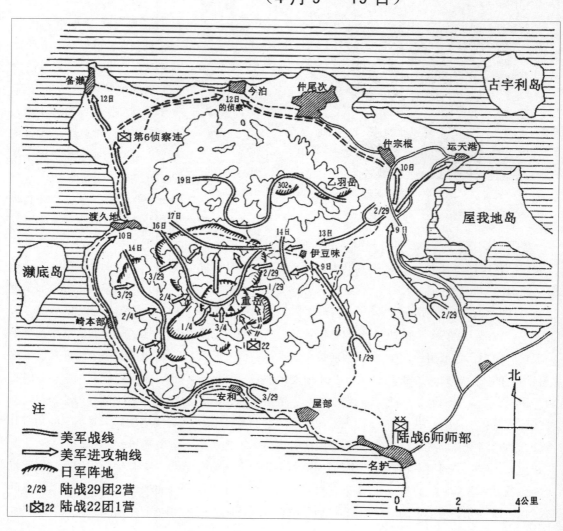

多野岳的第3游击队本部，而后逐次掌握部队。

多野岳在4月23日受到美军攻击，宇土大佐在24日夜命令各部队撤离多野岳、转进至国头北部，在当地分散潜伏实施游击战。各部队士气极为低下，且缺乏粮食。在难以补给粮食的困境下，支队本部和第2大队不得不分散活动，大队分散成中队、中队又分散成小队，乃至于有的单位完全解体。国头地区几乎没有平地，农作物极少，还有大量平民在山中避难，收集粮食极其困难。虽有一部分残兵进行了游击战，由于所有部队都陷入饥饿状态，已经无力进行正面战斗，只能在抢夺平民的粮食时"大显身手"。

平山队（独立重炮兵第100大队临时编成的重炮队）约130人于28日10时左右，在内福地同美军发生遭遇战，古贺隆中尉以下20人战死。

宇土大佐在6月下旬曾派出支队本部的东乡少尉前往德之岛的独立混成第64旅团司令部，希望能获得粮食和弹药补给，却毫无效果。德之岛的独立混成第64旅团长高田利贞少将为了援助冲绳本岛的作战，曾在6月上旬用独木船向本岛运输迫击炮弹等，此外还将与论岛、冲永良部岛的部队和收容到冲永良部岛上的官兵编成冲绳夺回部队进行训练，甚至在日本战败前不久，还用独木船载运一部兵力实施夺回作战。

由于美军对国头支队基本上采取置之不理的态度，双方在战斗中出现的死伤很少。日本战败后，宇土大佐在10月2日下令停止战斗，各部队在10月份陆续向美军投降。

根据第6陆战师的特别作战报告，在整个冲绳北部的战斗中，美军共战死236人、失踪7人、受伤1061人，击毙日军2500人，俘虏46人。

陆战队对"游击战"

日军在八重岳一带组织的防御是第3两栖军在北部冲绳遭遇的唯一较大规模有组织抵抗，这并不代表盖格少将的部队在这一时期就没有其他战斗任务。事实上第3两栖军一直在与岛上几乎无处不在的游击队周旋。非正规日军小股部队时常突袭美军孤立的小型分遣队或者运输队，骚扰和阻滞美军行动，让他们不胜其扰。

基本上，第3两栖军越是向北，日本游击队的行动越是活跃。北部冲绳地形复杂，缺乏公路，让日本的非正规武装人员能最大限度地利用民情和地利优势。与此同时，受上述条件限制的美军正规军尽管兵力和武器装备都占优势，但可靠情报不足，有组织的补给体系经常无法在山间及时为一线部队提供支持，很难让他们与游击队决战。

4月7日，设于北部冲绳平良川民房中的美军陆战1师的战斗指挥所。

第3两栖军辖区最南方的陆战1师5团起先的主要任务是修缮公路网，封闭日军可能盘踞的墓穴，爆破无数日军可能藏身的洞穴。在更北面的各地，随着陆战6师迅速接近本部半岛，交通线快速延长，日本人的游击队开始频繁活动。4月8日夜间，一支数量不明的游击队突入第3两栖军在恩纳附近的炮兵阵地，捣毁一辆拖车和一个小型发电厂。9日一早，日本游击队还试图破坏恩纳一带的地面交通。

这次袭击恩纳的是岩波寿大尉指挥的第4游击队（第2护乡队）一部。岩波大尉在当天命令第4游击队的第1中队对金武方面，第2、第3中队对恩纳实施奇袭。游击队对金武的袭击以失败告终，袭击恩纳的部队则取得成功。日军报告的战果为破坏坦克3辆、装甲车1辆、卡车5辆、油桶10个等，爆破弹药堆积所1处，杀伤人员约50名。10日夜和11日夜，岩波大尉又出动部队两次袭击金武，由于美军严密警戒一无所获。

第4游击队自1945年1月中旬以来就将恩纳岳、石川岳地区设为游击据点，准备在该地区和中头地区实施游击战。第4游击队长岩波寿大尉为中野学校出身。该游击队下辖3个中队，各中队下辖3个小队，小队长为在乡军人担任的下士官，每个小队有3－4个分队，分队长为在乡军人担任的兵长级别士兵。兵员由在乡军人、青年学校学生等构成，中队人员有100－120名。中队中有1名中野学校出身的下士官担任指挥班长。游击队装备包括五号无线机一部、轻机枪16挺、

地图二十六　第一次恩纳岳战斗概要（4 月 12 － 30 日）

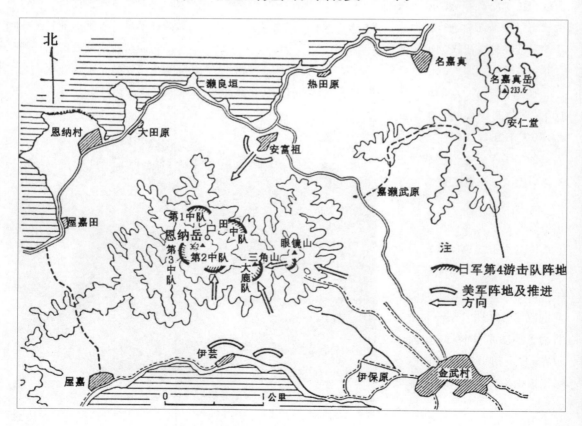

掷弹筒16具、步枪290支和炸药等。

美军于4月1日登陆冲绳本岛后，岩波大尉为了在中头地区实施游击战，在1日晚率第2、第3中队进至石川岳。4月2日，牛岛中将向宇土支队长下达"4月3日以后以游击队一部于北、中机场方面实施秘密游击战"的命令，该命令未能传达到岩波大尉手中。4日下午，第44机场大队的约100名官兵抵达石川岳，改由岩波大尉指挥。岩波大尉将该大队编为大鹿队、田中队2个中队，分别由大鹿秀秋中尉和田中和雄中尉指挥。

岩波大尉在此期间避开同美军进行正面战斗，企图进行以奇袭为手段的游击战。他判断石川岳是友军从中头地区后退的通道，必然受到追击的美军攻击，因此以石川岳为据点实施游击战将会非常困难，决定暂时中止在中头地区的游击战，将根据地移动到恩纳岳。4日半夜，岩波大尉指挥部队（包括大鹿队和田中队）从石川岳出发向恩纳岳移动，至5日夜各部均已在恩纳岳集结完毕。由于在转移途中遭遇美军，部队中出现了数名死伤者。到达恩纳岳后，岩波大尉便于4月8日发动了对金武和恩纳的袭击。这天的行动仅仅是一系列游击战斗的开端。

在第4游击队袭击恩纳后，美军从4月12日开始攻击恩纳岳的日军。从这时开始一直到5月份，第4游击队在恩纳岳先后两次遭到陆战6师围攻，其中4月12—30日期间为第一次恩纳岳战斗。根据日军方面的记录，这次战斗的经过如下：

12日中午左右，美军攻击恩纳岳东南角（眼镜山），第4游击队经3小时战斗将美军"击退"。不久，美军又在3辆坦克掩护下再次攻来，在收容死伤者之后便向金武方面后退。日军认为美军遭受了相当伤亡，不过自身损失也很大。美军在13日又在数辆坦克掩护下攻击眼镜山，仍被击退。14—16日期间，美军除了用坦克和迫击炮向恩纳岳射击外，并未发动实质性攻击。在此期间，岩波大尉为了缩小防御正面弃守眼镜山。

16日，由于国头支队本部放弃八重岳开始转进，第4游击队同国头支队本部间的无线通信中断。

19日，美军"有力部队"在坦克和迫击炮支援下攻击大鹿队正面（三角山），守军激战至夜间终于击退美军，日军记录称双方损失皆重。

4月11日，在金武地区的高地上行动的陆战7团1营B连巡逻队。

20日中午，美军再次向大鹿队正面猛攻，激战后占领了三角山。为了夺回三角山，岩波大尉在当晚以第3中队主力发动攻击，在蒙受很大损失后以失败收场。此后岩波大尉缩小阵地，以恩纳岳为中心重新部署。

21－26日，美军仅以迫击炮轰击恩纳岳，以侦察队规模的小股兵力接近日军阵地。27日，美军更是开始撤离三角山和恩纳岳山麓，日军重新占领了三角山。29日，原在恩纳岳东北7公里的名嘉真岳（233.6高地）的海军二阶堂队等部约100人抵达恩纳岳，转归岩波大尉指挥。在第一次恩纳岳战斗期间，岩波队（含配属部队）战死约50人、战伤约70人。这次战斗缺乏美军方面的详细记录。

在第一次恩纳岳战斗开始前，北进中的陆战6师于4月10日10时沿许田－松田①公路建立了后方行动边界，陆战1师则在仲泊－石川一线建立了北方行动边界。两师边界之间的巡逻任务由在石川待命的军预备队陆战7团（欠3营）承担。7团1营前往该团巡逻区域北部执行任务，2营和团直属队留在石川一带，负责周围地区的巡逻。

巡逻中的美军不断遭遇日军。美军发现日军的小股游击队在行动时很少会超过六个人，时常一两个人就敢通过美军防御阵地的缺口，大部分在进入或者离开美军驻扎的村落时会被击毙或击伤。起初，美军巡逻队在扫荡冲绳岛狭窄腰部地区的高地时很少发生状况。随着陆战6师对北部冲绳日军主力不断施压，陆战7团原先那种"冲绳战场的敌人不会现身，或者说这里的敌人是神秘幽灵"的奇异感觉就在一次遭遇战中消失。当时7团2营的一个战斗巡逻队在石川地峡最高峰遭到伏击。这次埋伏组织得非常出色，美军认为显然有正规军参与。

4月12日，2营E连进入了石川地峡地势最高的地区，此前G连和F连都曾在这一带巡逻，什么都没发现。E连先头排进入石川岳附近的山鞍时，突然枪声大作，后续的两个排正要上前支援，就听见高地上响起爆豆般的机枪扫射声，随后重迫击炮弹落了下来，密集的步枪火线紧接着落下，挡住E连的去路，让他们只能卧伏在狭窄的山路上动弹不得。日军早已在高地上掘壕守候，据E连估计，日军大约有100到150人。

由于迂回通过这片崎岖高地至少需要一天时间，E连只得先行撤退。团重武器连的105毫米自行榴弹炮以间接支援火力掩护步兵脱困，E连仍有5人阵亡、30人负伤。

次日，2营长博格中校亲率2个连逼近这一地区。E连负责占领山鞍以南山头，F连则向另侧山头运动。如临大敌的美军只遇到象征性的抵抗，蒙受了一些损伤，都顺利占领目标。不过这对他们来说并不是好消息，捉摸不定的敌人已经遁入大片不规则的山地深谷，藏匿在松树和竹林间。

在高地之间度过一夜后，7团2营的两个连为改变推进方向，前往另一个被日军骚扰的地区。他们刚开始撤退，日军就重新在高地上出现，火力线直取美军后背。2营蒙受了一些伤亡，这时回转只会更加不利，只能憋着一肚子火逐渐拉开距离。2个连的陆战队步兵下山后，向冲绳岛远端迂回，巩固他们的战线，同时从西面向控制周围地区高地的隐蔽日

1945年4月，在北部冲绳骑着当地马的陆战队格雷迪·霍格二等兵。

军坚固阵地运动。4月14日，2营已经压制住这股日军，日军可能由于一直没得到补给，组织显得相当混乱，只需交给巡逻队负责即可。

即使没有其他因素阻挠，美军在石川岳一带的巡逻也相当费时费力。西坡一带的地形相对较易通过，茂密的植被却严重妨碍巡逻。山间小径两旁稠密的竹子和针叶灌木使巡逻队的视野被限制在道路两旁1.5米之内，无法进行侧翼巡逻，于是嗅觉灵敏的军犬成了各巡逻队争抢的宝贝。为了克服地形和道路条件造成的补给难题，迄今为止美军一直都遵守的禁用缴获马匹（哪怕为了军事用途）的命令也只好作废，开始用马车为这一地区行动

的7团2营运送物资。日军在这一带的抵抗持续到4月23日为止，7团2营记录他们一共击毙大约110人。

本部半岛陷入激战、国头支队主力眼看已抵挡不住美军攻势之际，战场边缘的日军游击行动愈演愈烈。每天黄昏，美军步兵开始掘壕准备过夜时，日军游击队就会骚扰炮兵阵地，让美军的夜间防御炮火推迟就位。直接支援陆战22团的陆战第15炮兵团1营在田井等附近的阵地，12日晚上一直都遭到日军游击队骚扰。除了正规日军的零星狙击子弹和掷弹筒射出的榴弹外，装备低劣的冲绳防卫队员会将手榴弹和炸药包，甚至将杀伤性地雷掷入15团1营营地边缘的设施。

日军显然从营地后方的高地进行过观察，对15团1营阵地的进攻配合得相当好。炸药被投掷到火控中心附近，步枪击中了一辆牵引车，甚至有一名携带着大量炸药的日军摸到了弹药库附近，幸好被及时击毙，中弹部位正好避开了炸药。

袭击15团1营的日军是村上治夫大尉指挥的第3游击队（第1护乡队）一部。第3游击队自1945年1月中旬以来，就将多野岳、名护岳、久志岳、乙羽岳（位于本部半岛）设为游击据点，准备在该地区实施游击战。第3游击队长村上大尉也是中野学校出身。该游击队下辖4个中队（各中队编制与第4游击队相同），总兵力约500人。另有"铁血勤皇队"一部（县立第三中学学生约150人）于3月26日归村上大尉指挥，成为情报要员分属本部和各中队。他们的装备包括五号无线机一部、轻机枪16挺、掷弹筒16具、步枪360支和炸药等。

美军登陆冲绳本岛后，大约从4月3日开始，许多在中头地区遭到打击，失去指挥官的日军乱兵聚集到名护附近，和许多来自中头和岛尻地区的难民混杂。这些日军士兵中有些人已经完全丧失斗志，只顾寻找粮食。村上大尉见状极为愤

地图二十七　4月9日，日军在多野岳周围的战斗

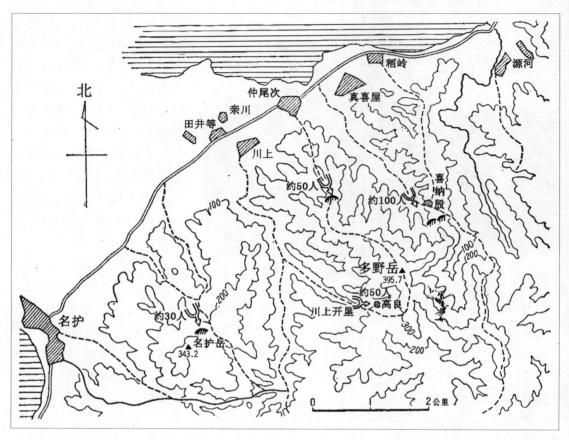

慨，同时又担心这些士兵和难民的言行对部队的士气造成不良影响，于是努力激励乱兵的斗志，向其分发粮食，指导他们返回原属部队。

第3游击队最初的战斗，根据日军方面的记录发生在4月9日，美军侦察队在这天进入多野岳周围地区。当天，第1中队的第1小队在多野岳东北偏北1.5公里的喜纳股附近伏击了约30名美军，在30分钟的交战中，分队长志伊良上等兵战

死，随后日军退往多野岳的后方据点。此外，正在多野岳西北偏北2公里一带警戒的第2中队的山川小队以及位于名护岳的第1中队据点也同美军发生战斗，出现若干死伤者。村上大尉判断名护岳的据点比较靠近名护町，难以隐匿，于是命令第1中队移动到多野岳西南1公里的川上开垦地。

4月1日-6月23日，第3游击队进行了多次游击战斗，其中主要战斗就有34次（还有很

多战斗未留下记录）。其中，4月10-16日期间的主要战果，据各中队报告包括：

10日夜，第2中队的数人奇袭田井等（名护东北4公里）的美军，爆破民房1间、烧毁民房6间；

11日夜，第2中队的数人奇袭田井等学校和川上的美军，爆破帐篷4顶和民房1间；

13日下午，第1中队岸本伍长以下12人在名护岳东北2公

里一带伏击60—70名美军，声称杀伤美军44人，己方战死岸本伍长以下3人、受伤1人；

14日夜，第2中队的数人奇袭川上（名护东北4公里）的美军，爆破帐篷2顶、破坏重机枪1挺、夺取衣服若干；

14日夜，第3游击队本部情报员3名（县立三中学生）在羽地大川口（田井等南方地区）伏击了美军侦察队，杀伤美军3人，己方有2人战死、1人受伤；

14日夜，第2中队的3人在伊差川（名护东北3公里）和源河（多野岳东北偏北4公里）奇袭美军，爆破伊差川的帐篷3顶和源河的学校2处。

从4月14日至16日，当八重岳的战斗进入最高潮时，从名护湾最南端直到冲绳岛最北端的西海岸许多村庄都燃起了大火，显然有人故意纵火。

紧接着在4月17日黎明，仲尾次一带的美军遭到日军大举突击，同时游击队还袭击了第6工兵营指挥所附近的给水点和补给设施。美军资料对此记载得十分简略，日军方面留下了详细的记录，表明其为第3游击队所为。

第3游击队这次攻击行动

的目标是真喜屋、稻岭、源河。这次攻击的计划概要如下：

攻击要领

4月17日黎明以部队主力急袭真喜屋、稻岭和源河的美军（主要是警卫、弹药、燃料、粮食的堆积所）。

攻击时间预定为30分钟。

兵力部署

真喜屋攻击队（队长金城军曹）

第1中队第3小队、第2中队第2小队、第4中队第3小队

主要目标为警卫、粮食及燃料堆积所

稻岭攻击队（队长西铭中尉）

特设警备第225中队（4月15日根据国头支队长命令由村上大尉指挥）

主要目标为警卫、村落北侧的炮兵和弹药堆积所

源河攻击队（队长小场良昌中尉）

第504特设警备工兵队攻击班①

主要任务为爆破源河桥梁和掩护主力右侧

掷弹筒小队（小队长首藤军曹）

集结各队的掷弹筒手编成

主要任务是配合真喜屋攻击队——村上队长直辖

预备队（队长松田伍长）

本部小队、"铁血勤皇"第3中队一部

根据日军的记录，这次行动的实施经过如下。

4月16日黄昏，村上大尉命令各队在多野岳东侧集合，召集各队干部下达命令。源河攻击队于23时从集合地出发，主力在24时以西铭队为尖兵开始行动。

途中，村上大尉得到西铭队派出的潜入侦察人员报告：

1.美军已在真喜屋、稻岭山麓布下警戒网，特别是真喜屋神社附近甚至禁止一般平民通行。

2.稻岭的学校附近有50—60名美军。

3.稻岭北侧的炮兵阵地有疑似高射炮的火炮2门、车辆6辆、兵员40—50名、弹药堆积所2处。

之后西铭队离开本队，本队以第1中队的第3小队为尖兵继续前进。17日凌晨，真喜屋攻击队比预定时间稍迟进入攻击发起位置，随后在掷弹筒开

---

① 该部队原在中头归第44机场大队长指挥，但从该地附近撤退后集中到多野岳周围归村上大尉指挥。

火的同时开始攻击。

真喜屋的美军猝不及防。日军的这次攻击十分顺利。村上大尉在真喜屋南侧高地指挥各队的攻击，目睹了美军败退的情形。事先将攻击时间定为30分钟，由于进展顺利，攻击部队大部在一个小时后仍在继续进攻。不久，从仲尾次方面过来的美军装甲车载着援兵来到附近，村上一面组织停止攻击，让返回的部队攻击仲尾次方面的美军，一面督促真喜屋

攻击队撤退。美军的援兵不断增加，还调来3架飞机开始轰炸真喜屋。不过攻击队还是逐次退向集结地。

根据各部报告，这次攻击的战果和损失为：

真喜屋攻击队

战果：杀伤人员约70人、爆破弹药堆积所2处、烧毁燃料囤积所1处、烧毁汽车3辆、爆破粮库1座、缴获武器衣服若干

损失：战死8人（内学生4人）、负伤15人、未归还2人

稻岭攻击队

战果：杀伤人员约20人（估计），烧毁粮食、弹药、帐篷10处，缴获步枪、手枪若干

损失：战死1人、负伤3人（源河攻击队情况不详）

需要注意的是，日军报告的战果明显有夸大倾向。根据美军资料，陆战22团在真喜

地图二十八 4月17日日军对真喜屋、稻岭和源河的进攻

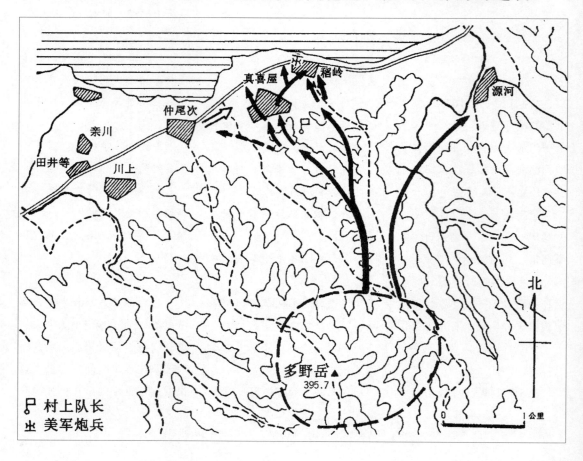

屋的军需仓库曾有一次遭到一股20人的日军突袭，但这次袭击"有惊无险"，入侵者被击退，也没有任何物资被毁坏。

此后，第3游击队各队继续在各地展开游击战，声称取得一定战果，其中位于多野岳南侧的川上开垦地一带的第1中队在4月15—19日伏击了美军的侦察队，据称给对方造成相当伤亡。4月16日开始，第3游击队本部同国头支队本部间无线联系断绝。

美军发现，除了军人之外，有迹象表明冲绳平民也参与了纵火和对仲尾次一带的袭击行动。美军在对西海岸一系列火灾的调查中，发现了冲绳

地图二十九　美军陆战 6 师攻打北部冲绳国头郡地区概要

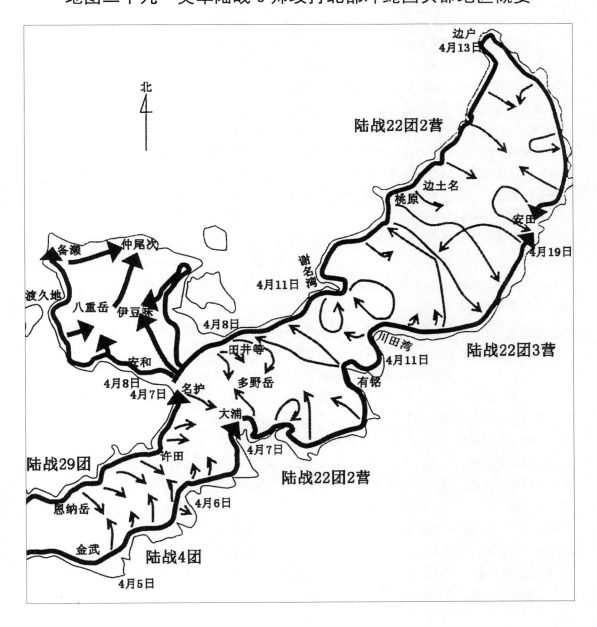

当地居民参与破坏活动的证据。在日军攻击仲尾次一带期间，村民们就在袭击前离开了居住区，很快当地的房屋就燃起大火。

陆战1师辖区也早就发现当地人形成安全威胁。早在4月9日，陆战5团3营就发现许多平民很可能在破坏道路出入口，在夜间外出，很可能是去与日军联系。两天后，陆战1师将辖区内的所有平民都转移到胜连半岛。4月12日，陆战1师开始羁押所有可能加入日军行动的精壮男性。后方安全与前方作战效率只能在一定限度内并行不悖，一旦超过这个限度，必然产生矛盾。到那个时候，前方战局必然处于优先地位。因此在日军有组织抵抗被打散、作战部队能被转用之前，对北部冲绳平民的控制事务只能暂缓。

美军在冲绳中北部发现日军主阵地后，自然要将主要精力投入前线的战斗，除了极少数适合军事任务的成年男子外，其他平民都被允许各安其业。4月12日至16日，陆战6师在本部半岛的战术行动正当紧要关头，除了关押少数可疑分子外，无法像陆战1师在中部冲绳那样，系统性地将所有身强力壮的男子都集中起来管理。八重岳地区的日军抵抗核心被粉碎后，大量冲绳平民才被送入陆战6师集中管理平民的核心地区田井等。从4月16日起，到北部冲绳的战斗结束为止，每天有500至1500名冲绳平民被美军拘留。

4月15日，陆战7团3营回本团归建。次日，当陆战6师遇上的日军抵抗升级时，陆战7团被军部调回陆战1师师长德尔瓦尔少将麾下，两个师之间的边界则调整为许田－松田公路沿线。与此同时，陆战1团3营暂调陆战6师师长谢泼德少将指挥。1团3营当即被配属给陆战22团，协助该团在川田周围面积达340平方公里以上、包括一段150多公里的海岸线的广大区域巡逻。

在本部半岛的日军防线崩溃后，美军发现宇土支队显然在转入游击战继续周旋。此后数日，陆战6师重整下属各作战单位，为他们重新分配守备区，让各部采取积极有力的巡逻以确定残敌抵抗的位置。另外，太平洋舰队两栖侦察营也被配属给陆战6师。此后几天，琼斯少校指挥他的侦察营无血占领了本部半岛外海的几个小岛。

18日以后，国头支队主力残部陆续从本部半岛转进到多野岳一带。由于这些部队士气低落，第3游击队长村上大尉担心会对本部队造成不良影响，于是在重要地点贴上"败残兵如无许可禁止进入"的字样，从撤下来的部队中抽出人员进行游击战教育，以便编入游击队增强战力。19日9时左右，美军约1个连从稻岭（多野岳西北4公里）方面进入喜纳股附近。潜伏在喜纳股东南一带的第3游击队第4中队的比嘉小队向美军先头部队约30人急袭射击，据称给美军造成相当损失。美军兵力逐次增加，对该小队呈包围态势，该小队遂逐次后退。

4月20－21日夜，宇土支队长抵达多野岳的村上队本部，随后努力掌握部队，逐次将其部署到多野岳周围。宇土支队长并采纳了村上大尉的意见，在多野岳的地形不适合展开大股兵力进行防御战的情况下，主要采取挺进攻击的战术。

23日，负责陆战6师后方地区巡逻的陆战22团1营遇到一股大约200人的日军。该营在当天开始清剿从本部半岛逃入名护以东多野岳山区的日军，并得到陆战第15炮兵团4营的支援。从当天开始，多野岳周围受到美军集中炮火的猛烈轰击，日军国头支队本部经研究后决定派出军官指挥下的强大挺进突击队破坏名护附近

地图三十 4月24—25日，多野岳和名护一带的战斗

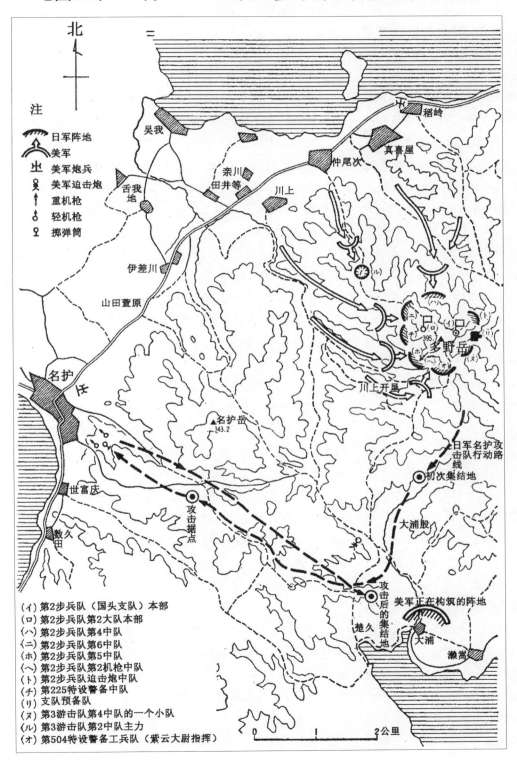

注

- 日军阵地
- 美军
- 美军炮兵
- 美军迫击炮
- 重机枪
- 轻机枪
- 掷弹筒

（イ）第2步兵队（国头支队）本部
（ロ）第2步兵队第2大队本部
（ハ）第2步兵队第4中队
（二）第2步兵队第6中队
（ホ）第2步兵队第5中队
（へ）第2步兵队第2机枪中队
（卜）第2步兵队迫击炮中队
（チ）第225特设警备中队
（リ）支队预备队
（ヌ）第3游击队第4中队的一个小队
（ル）第3游击队第2中队主力
（オ）第504特设警备工兵队（紫云大尉指挥）

0   1   2公里

的美军炮兵，由村上大尉负责实施。

村上大尉命令第2中队长菅江敬三少尉死守多野岳，本人指挥游击队本部和海军部队一部（约60人，拥有轻机枪2挺、掷弹筒3具）于23日15时从多野岳出发攻击名护。

20时左右，村上指挥的挺进队抵达多野岳南方的第一次集结地潜伏，在24日白天收集了情报，然后在当晚10时左右跃进到名护町东方的攻击据点。

村上在25日白天侦察了名护的敌情，18时派出数组以3人为一组的挺进奇袭班向各目标出发，自己亲率掩护班向名护东南侧高地前进，并在此处观察攻击情况。

22时稍过，美军阵地响起警笛，不久便传来日军特攻机飞行的爆音，名护湾腾起了巨大的火柱，可以看到大型舰只在月光皎洁的海上被炸沉，顿时令日军士气高涨。

23时以后，潜入名护的攻击班的爆破声接连传来，村上看到名护发生混乱，知道攻击取得成功。他命令掩护班在这里开始进行掩护射击（主要使用掷弹筒）。美军也用重机枪和迫击炮等胡乱向山地射击。村上伺机率掩护班迅速撤至预定集合地。至26日8时左右，

参加行动的全部人员均已在大浦西北的预定集结地会合，并且没有一人受伤。

根据攻击班的报告，这次攻击的战果为：杀伤人员约60名、烧毁燃料堆积所1处、爆破帐篷5顶、破坏重机枪1挺。

在村上大尉出动攻击名护后，多野岳的防御由宇土大佐直接指挥。日军兵力不少，但严重缺乏武器，转进过来的部队普遍士气低落。

4月24日，陆战22团1营在猛烈炮火支援下开始从四面八方攻来，多野岳陷入激战。在当天的战斗中，第3游击队第2中队长菅江敬少尉以下十数人战死。

宇土大佐在当晚命令各部队撤离多野岳（陆战22团1营到25日才结束清剿残余日军的任务）。村上大尉在26日接到传令兵的报告："多野岳在24日受到全面攻击，菅江少尉以下15名战死，游击队向源河山移动，宇土部队业已转移并将在国头转入游击战。"此时第3游击队已经损失了30%的兵力。

此后村上将当时所在的大浦西北据点当作联络基地，尽量掌握部队，同时努力提振部队士气，命令各部实施"果敢的"游击战。5月3日村上撤出大浦西北的据点，至5日掌握

了整个中队。

在南边，第3两栖军的一个宪兵小分队于4月23日在石川地峡遭到日军伏击，直到陆战7团的一个分队赶来解围才脱困。美军在石川地峡的巡逻力度立即升级，陆战1师7团还得到1团2营加强，所有可用的军犬都被配属给该团。同时第3两栖军辖区内开始执行更严格的通行规定，天黑时禁止单独的机动车辆行动。

陆战29团仍留在本部半岛，陆战4团调往北部冲绳分配给该团的辖区。4团长沙普利上校的任务是负责找出和歼灭原属陆战22团行动区域南半部的日军残部。22团1营则被调往西海岸本部半岛和边户岬正中的边土名，22团3营早在4月16日就已经开始在伊知（音译，英文原文为"Ichi"）正南一带行动。

第3两栖军各部一直在北部冲绳山间，对国头支队残部和半独立的各日本游击队进行地毯式搜索。大多数时候，美军巡逻队只会遇到个别或者小股日军。不过在4月27日，4团3营的一支巡逻队发现一支大约200人的日军正在通过4团辖区东北角前往东海岸。美军认为这些敌军应该就是国头支队的幸存者。他们应当是数十人一股从本部半岛经田井等逃出

美军陆战队的哈罗德·弗莱格下士和军犬一起展开日军军旗合影。

来，聚集在一起很可能企图去南部冲绳寻找日军32军主力。第3两栖军军长盖格少将得报，立即命令22团的2个营南下截击这支日军，同时4团3营主力从川田向内陆夹击。

接到命令的22团1营和3营（欠I连）分头向出事地点进军。由于这次很可能会与日军在22团辖区内交火，于是4团3营被配属给22团。陆战第15炮兵团会负责炮火支援。

4月28日一早，4团3营便按照预定计划出动，K连在午前就与这股日军交火，咬住了对方主力。营长霍克默思中校见K连足以与日军正面相持，便命令L连去包抄敌人侧翼，I连负责保障后送路线的安全。在3个小时的战斗中，霍克默思营没得到其他步兵营的支持，但K连仍击毙81名日军，L连也击毙28人，美军的全部损失不过1死8伤。在缺乏准备和装备、且没有地利可依托的条件下，日军也难有上乘表现。

22团的两个营先后在途中得知敌人已被4团3营歼灭。22团1营于4月29日返回西海岸的桃原郊区。22团3营得知敌人被歼灭后，按照团长施耐德上校的命令，继续前往东海岸，负责在4团3营28日战斗过的地区巡逻。完成战斗任务的4团3营则回到川田归建。

第3两栖军辖区内的游击战对美军肃清北部冲绳的有组织抵抗影响很小，日军游击战造成的伤亡数量不大，也无法影响美军的战斗效率。不过日军组织游击战的主要目标，从某种意义上来说，是为了让美军将较多的战斗兵力投入反游击的次要行动，让他们不能被投入主战场。所以日军游击战术的关键在于避免决战，这就会让他们将尽可能多的原先组织化的正规军事单位投入到非正规战斗中去。日军的这种作战方式，使美军的反游击部队往往拥有对敌人的压倒性数量优势。

冲绳防卫队训练水平很低，装备也差，通常只有手榴弹或者尖头竹枪，但他们在全面游击战中扮演了一个重要角色。这些冲绳人非常了解地形，他们可以让游击队不用在固定的营垒工事设防，依托崎岖山地游动防御。这些防卫队员经常三两成群袭击美军的各种后勤设施，规模不大，但美军为对付他们，有时却需要投入整排甚至整连兵力。

4月20日，本部半岛的扫荡行动完成后，第10集团军司令部下令加强对冲绳当地平民的限制。美军所有作战单位都奉命严格管制辖区内的所有平民，无论年龄性别，除非得到武装护卫，禁止他们随意行动。为实施这一指示，盖格少将为第3两栖军各部规定了8个管制中心。陆战队辖区内的平民集中管制点很快就合并为三个，即胜连半岛、金武和田井等。

地图三十一　陆战 6 师在本部半岛战斗收尾和扫荡
（1945 年 4 月 17 － 23 日）

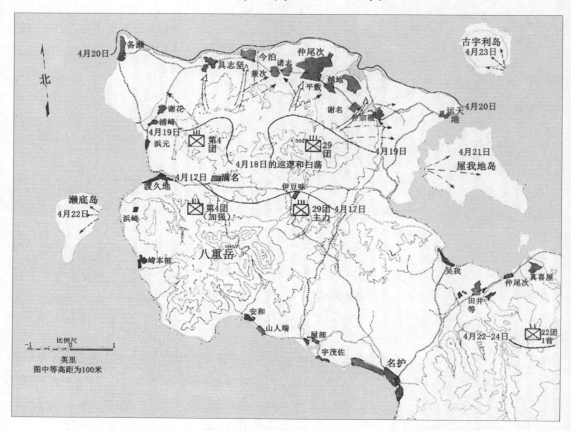

尽管采取了这些预防措施，日本游击队的骚扰在4月的最后一周仍在持续。在陆战7团辖区，一辆被派出去运送巡逻队的卡车遭到一名冲绳老人和一名少年开火射击。驾驶员被打伤，助手席上的一位中尉身亡，两名袭击者在离开现场时拿走了他们的卡宾枪。同一天陆战7团击毙一名军服外套着和服的日军伍长，第1先锋营的一个巡逻队在一座山洞里击毙两个将军服丢在一旁的

日本兵。4月30日，美军的一辆吉普车中了埋伏，根据现场迹象，美军相信他们遭到一支日本军民混合部队袭击。

冲绳日本军民的游击行动让美军不胜其烦，但对美军的主要军事行动影响并不大。4月28日，在北部冲绳最后的较大规模战斗进行时，第3两栖军作战训练处长沃尔特·瓦赫特勒上校，在第10集团军司令部参加了一次军事会议，讨论第3两栖军今后在南部冲绳的

作战问题。早在4月24日，陆战1师已经转为第10集团军预备队，同时已经在制订各种计划，一旦第24军攻打日军主阵地需要增援的话，就会投入战斗。

4月末以后，日军游击队继续在北部冲绳骚扰美军。根据日军方面的记录，第3游击队长村上大尉于5月8日将第3游击队本部设在俗称"羽布山"（音）的地方，制订了游击计划。由于同军司令部断绝

联系，村上对军主力方面的情况一无所知，于是派出诸喜田林光兵长以下7人组成的传令班冒死前往军司令部。5月13日，传令班乘坐独木船从大浦东南5公里的安部海岸出发，顺利从海路突破，最终抵达首里的军司令部（时间不详）。传令班在受领长勇参谋长的指示后，带着牛岛中将赠送的土产乘坐独木船北上，于5月24日顺利返回村上大尉处。传令兵的归来令村上狂喜不已，部队士气也因此大涨。根据长参谋长的指示，由于已同宇土支队长断绝联系，应由正在恩纳岳的青柳中佐指挥国头的所有部队展开游击战，同时第3、第4游击队由第32军直辖。

从4月底到6月底，第3游

击队在村上大尉指挥下，尽管缺乏粮食弹药，仍然在各地实施游击战。本地出生的青年士兵在收集情报、获取粮食、挺进攻击方面发挥了相当作用，据称一般民众也"积极"协助游击队，使游击战取得"相当"战果。根据日方记录，第3游击队实施的部分战斗情况如下：

4月29日，游击队本部攻击世富庆大道，杀伤人员30名，爆破汽车4辆。

5月1日，第4中队攻击许田、名护大道、古知屋（久志岳南方5公里），据称战果为：（1）攻击许田：破坏了通信所和器材；（2）攻击名护大道：破坏通信线路26条和

汽车1辆；（3）攻击古知屋：杀伤人员15名。

同样在5月1日这天，游击队本部在大浦伏击美军，声称杀伤人员5名并破坏重机枪1挺。

6月3日，第4中队浦田少尉指挥的1个小队攻击汉那（久志岳西南8公里），声称杀伤人员84名。

……

与此同时，岩波大尉的第4游击队也开展了一系列行动。在4月底美军撤出恩纳岳周围、第一次恩纳岳战斗结束后，岩波大尉又重新开始游击战，在5月上、中旬派出部队对恩纳、安富祖、久志、金武等地的美军及其设施发动一系列的袭击、伏击。例如，5月18日岩波派出第2、第3中队、田中队，19日派出二阶堂队，破坏东西两面的沿岸道路上的桥梁，并伏击沿岸道路上的过往人员车辆，导致美军暂时停止车辆的夜间运行。根据第4游击队的记录，5月上、中旬战斗中的战果为：破坏汽车6辆、牵引车2辆、迫击炮1门、重机枪1挺、帐篷9顶、油桶900个，杀伤人员约300名，缴获武器、弹药、衣服、粮食甚多。关于第4游击队的损失则缺乏明确记录。

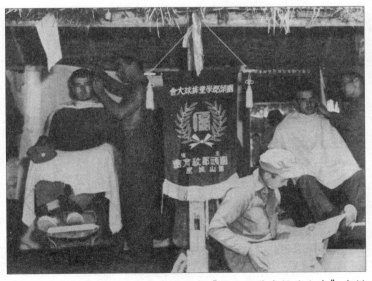

美军士兵占据北部的理发店后将写有"国头郡学童排球大会"字样的优胜锦旗挂出来当招牌。北部冲绳的有组织抵抗结束之后，进入扫荡战的美军任务并不轻松，但不妨碍他们忙里偷闲来理个发。

美军陆战队的梅里尔·麦克莱恩少尉和霍华德·考克斯下士在本部半岛陪伴一条冲绳当地的流浪狗。对美国大兵来说，在战争真正结束之前，冲绳岛上对他们最友善的反而是不会说人类语言的动物。

在第4游击队进行游击战期间，还发生了这样一件事。5月初，一名身穿筒袖衣服、头戴草帽、手里拿着甘蔗的少年从恩纳岳来到金武村伊芸。这名少年（姓名不详）在去年参加了第4游击队，军衔为二等兵，现在为破坏在金武村的原野上堆积如山的美军军用物资而只身前来侦察。少年通过伊芸，混入一群难民中间。虽然他本人只有150厘米高，却背着小孩与人们同行，小孩的母亲在旁边牵着孩子的手。在离开时，孩子的母亲对他说："一定要活下来呀。"此后他走了不长时间，便遇到了正在修路的美国兵。少年正要穿过道路时，出乎他的意料，美国兵递给他一块巧克力。少年品尝了巧克力，那种美味让他一时间忘记了世间的一切。当天晚上，他充当日军攻击队的先导，袭击了此处的物资堆积所。据说这次袭击取得了很大战果。

由于不断受到游击战骚扰，美军不得不实施扫荡。5月20日左右，美军在东西海岸道路上的南北移动忽然活跃起来，美军还向平民公开声明将对国头地区的日军实施扫荡。

5月21日夜，岩波大尉以主力攻击金武，未能取得预期成果。在此期间，屋嘉附近的美军逐次接近恩纳岳。

23日，二阶堂队攻击屋嘉方面的美军阵地和汽车群，据称取得"很大战果"。

24日，美军在以迫击炮集中射击恩纳岳的同时，从四面逼近。美军对恩纳岳的第二次进攻就此拉开序幕。第二次恩纳岳战斗同样缺乏美军方面的详细记录，以下根据日军资料对战斗过程做一简要介绍：

25日，在迫击炮火支援下，美军进一步缩小包围圈，并企图登上山顶，同日军发生直接接触，双方的机枪猛烈开火，喷洒出致命的弹雨。冲绳正值雨季，深山中发霉的腐叶土的气味和尸体的臭味混在一起，使战场显得愈发凄惨。避难的平民从两军中间逃往日军阵地，却在日军阵地近前中弹倒下。尽管如此，还是不断有平民逃进日军阵地。披头散发、浑身湿透的平民们扶老携幼、惊恐不已，其惨状令人不忍卒睹。

在此期间，特设第1联队一部也到达恩纳岳。特设第1联队长青柳时香中佐（代替消息不明的宇土支队长指挥国头支队）在4月9日左右从中头地区后退到石川岳，以所掌握的部队进行游击战。由于石川岳在5月21日受到美军围攻，青柳中佐在23日夜命令各部向恩纳岳转进。其中独立步兵第12大队第2中队（即山添队，中队长山添欣作中尉）于25日抵达恩纳岳，随后青柳中佐本人也在27日到达恩纳岳。青柳中佐指示岩波大尉一并指挥山添队，于是岩波将战斗力较强的山添队部署在岩波队第2中队正面，第2中队则作为预备队。

26日，战斗继续进行。为便于迫击炮的射击，美军开始在密林中锯倒树木。迫击炮的猛烈射击结束后，美军立即沿着险峻棱线上的登山道路开始前进，渐渐逼近山顶。就在这危急时刻，田中队从山顶向南运动，在棱线上展开，从右侧攻击爬向山顶的美军，化解了危机。

到了5月30日，美军开始攻击日军的前进阵地眼镜山。眼镜山的守备部队在当天奉岩波大尉之命撤离阵地。31日，田中队全力向美军发动反击，该中队在打光掷弹筒的弹丸后，在以全部机枪和步枪射击的同时突击，在山上遭到机枪和迫击炮弹猛烈射击，突击在交叉火力下惨遭失败，田中和雄中尉等多人战死。

6月1日，美军在迫击炮和飞机支援下开始猛攻三角山正

地图三十二　第二次恩纳岳战斗概要

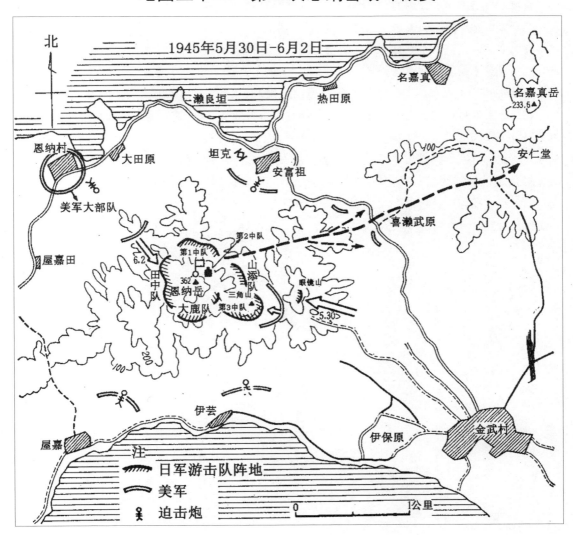

面。日军数次击退美军,但三角山阵地在炮击中遭到严重破坏,终于被美军占领。当天,山添队的第2小队长梁濑淑少尉等多人战死。

6月2日晨开始,美军猛攻恩纳岳西方的田中队正面,田中队在死伤多人后被美军占领阵地的一角,只有利用残存的据点和大鹿队的据点苦苦支撑。

青柳中佐听取岩波大尉的意见后,决定在2日夜向久志岳转移以实施游击战。夜间日军开始从恩纳岳秘密撤退。第2次恩纳岳战斗至此结束。

在日军撤退过程中,由于美军警戒严密,双方在多处发生战斗。到18日左右,部队主力才抵达恩纳岳东北6公里的安仁堂。在此期间,青柳中佐晋级为大佐。

6月18日,青柳大佐指挥第44机场大队(大鹿队和田中队)返回恩纳岳,岩波大尉则指挥第4游击队向国头北部转进。岩波队在7月10日到达久志岳东方地区,岩波大尉在该地附近遇见第3游击队长村上大尉,得知军主力已经"玉碎",第3游击队也已经转入秘密游击战。岩波也决定将部队转入秘密游击战,在7月16日解散部队。8月15日得知日本战败后,岩波最终在10月2日同各中队长一起向美军投降。

另一方面,第3游击队长村上大尉在6月末得知军主力已经"玉碎"后,即于6月30日决定转入秘密游击战。这时第3游击队由于伤亡和脱队已经丧失70%的人员,却仍然保持着"严格"的纪律。7月初,第3游击队本部和各中队一部作为指挥联络的中枢在山中潜伏,本地出生的队员和"铁血勤皇队"员则返回各自的町村,以便展开秘密游击战。村上则同少数部下一起潜伏在名护岳一带的据点内。在得知战争结束后,村上仍然继续潜伏,一再拒绝日军军官劝降。

1946年1月2日,美军再次派出日军军官前来劝降,并带来八原高级参谋的书信。八原在信中劝说村上大尉为了"努力重建获得新生的日本"下山投降。得知八原参谋仍然活着,村上受到很大冲击,在同美军宣抚军官会面后,终于在1月3日决定下山。日军在冲绳的游击战至此告一段落。

第六章　攻克伊江岛

固定式"航母"

4月10日前后，鉴于第3两栖军已向本部半岛快速推进，有效压制住北部冲绳日军主力国头支队，美军第10集团军决定再度变更预定计划，尽快攻打伊江岛。原属冲绳战事第二阶段的伊江岛作战任务被提前到第一阶段执行。4月11日，第10集团军司令部宣布冲绳战事第一阶段完全结束，第二阶段提前启动，命令第77步兵师于4月16日攻打伊江岛。伊江岛作战的主要目的是占领岛上的机场，支援进攻冲绳本岛，并且支援将来空袭日本本土。

伊江岛位于本部半岛西角外海3.5海里、渡具知海滩以北20海里，大致呈椭圆形，东西最长处约8公里，南北最宽处约3.2公里，面积约24平方公里，比硫黄岛略大一些。岛屿边缘有珊瑚礁盘环绕。海岛北岸和西北海岸地势陡然上升，形成

包括成百个洞穴的陡峭海崖，南部海岸有许多相对平缓的海滩。最适合重装备登陆的海滩被标为"红3"和"红4"海滩，坐落在伊江村西南的东南海岸。那里通往岸礁的水道畅通无阻，都是沙质海滩，没有障碍物，还有不少随地势缓缓上升的公路通往内陆。东南海岸的其他海滩与南岸和西南岸的海滩一样，礁盘和其他离岸条件不太理想，海滩后方是悬崖峭壁，加上缺乏公路，不太适合登陆。

伊江岛上生长着低矮的

灌木树丛、齐膝高的茅草地，还有一些耕地和甘蔗田，总的来说地势比较平坦。伊江岛内陆中央被一座高约50米的台地占据，台地与岛屿东部地区之间有伊江城山（简称"城山"）阻隔。城山在地方上被称为"立塔"，名列"冲绳八景"之一，标高172米，是一座从冲绳本岛也能轻易辨认的地标，美军则称其为"顶峰"高地。城山南侧就是伊江村，村落中约有300座房屋。城山和城山以外的平坦台地是伊江岛最关键的要地。城山可瞰制

从东面上空鸟瞰的伊江岛预定登陆海滩。图中的位置是77师306团登陆的绿1海滩，以及305团3营和1营登陆的"红1"和"红2"海滩。

全岛，将四周都纳入火力打击范围之内。台地上则极适合建造机场。日军从1943年秋开始在伊江岛上着手修建机场，到1944年9月末完成了东、中机场的修建。虽然伊江岛的机场号称"东洋第一"，但始终没有进驻特攻队，在美军登陆冲绳本岛前的1945年3月中旬被修建机场的第50机场大队亲手破坏。带有椭圆形中央台地和城山的伊江岛，形状就像一艘巨大的固定式航母，是日美两军的必争之地。

伊江岛原住民总人口约7000人，到1945年3月末已有约3000人被疏散到本部半岛等地，约4000人留在岛上，其中1000人加入正规军和防卫队参加战斗，纯粹的一般平民应在3000人以下。在美军登陆该岛后，一般平民甚至包括妇女也参加了战斗。

在1945年4月美军登陆时，伊江岛的日军部队人数约为2700人，以国头支队的分遣队第2步兵队第1大队为核心，被称为伊江岛地区队，亦称伊江岛守备队或井川部队，全部由伊江岛地区队长（第2步兵队第1大队长）井川正少佐指挥。

第2步兵队第1大队于1944年9月5日在国头郡名护编成，大分、熊本、宫崎、鹿儿岛四县出生的约350名官兵构成部队的骨干力量，此外还加入了在当地召集的约300名士兵。军官大部分都是召集的预备役军官，很多人的年龄超过40岁。该大队原驻守冲绳北部，1944年11月27日半夜突然接到转移驻地的命令，12月1日开始进驻伊江岛。

在此之前，陆军第50机场大队从1944年初春以来就已进驻伊江岛从事机场建设。此外还有已在岛上驻扎数月的独立速射炮和独立机枪各1个中队共约200人，均交井川少佐指挥。井川部队的兵力情况为：

第2步兵队第1大队（大队长井川正少佐）

由大队本部、第1中队（中队长吉冈登中尉，4月20日晋升大尉）、第2中队（中队长大崎优中尉）、第3中队（中队长平良真太郎中尉）、第1机枪中队（中队长满留勉中尉）组成，人员约650名。主要装备：重机枪6挺、轻机枪27挺、掷弹筒27具，除大队固有装备外，还增加了迫击炮等若干装备。

第2步兵队临时编成炮兵小队（小队长蒲池准太郎中尉）人员11名，38式野炮2门。

独立机枪第4大队第3中队（中队长小川勇中尉），人员108名，重机枪8挺，步枪若干。

独立速射炮第7大队第1中队（中队长藷江春美大尉），人员115名，1式47毫米炮6门，步枪若干。

电信第36联队一部，人数不详。

第50机场大队（大队长田村真三郎大尉），留在伊江岛的人员约310名，3月6日增加应召的防卫人员300名，总兵力约610人，装备20毫米机关炮4门、步枪若干。

第118独立整备队（队长小野忠中尉），人员约100名，步枪若干，战斗力贫弱，由第50机场大队长指挥。

第502特设警备工兵队（队长宜保丰猛中尉），人员约800名，由4个中队编成，几乎全部为应召防卫人员，装备为步枪、竹枪若干，战斗力贫弱。

居民组成的义勇队

伊江岛防卫队，人数不详

伊江岛少年义勇队，约20名

伊江岛女子救护班，约140名

伊江岛妇人协力队，约60名

（关于义勇队各部人数，不同资料说法不一）

地图三十三 美军登陆前，伊江岛日军的部署

1945年4月15日前后

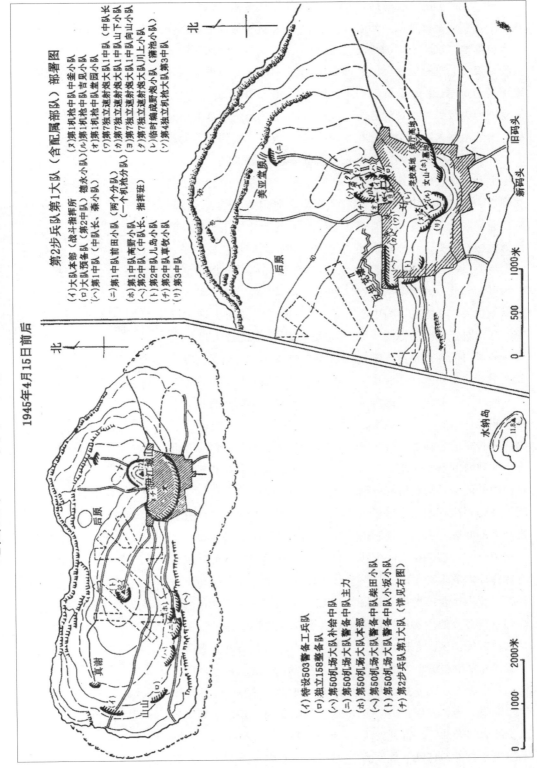

第2步兵队第1大队（含配属部队）部署图

(イ)大队本部（战斗指挥所）
(ロ)大队预备队（第2中队）
(ハ)德永小队（中队长、泰小队）
(二)第1中队前田小队（两个分队）
(ホ)第1中队南野小队（一个机枪分队）
(ヘ)第2中队儿岛小队
(ト)第2中队其牧小队
(チ)第3中队

(ヌ)第1机枪中队中坚小队
(ル)第1机枪中队吉见小队
(オ)第1机枪中队堂园小队
(ワ)第7强立速射炮大队1中队长
(カ)第7强立速射炮大队1中队山下小队
(ヨ)第7强立速射炮大队1中队向山小队
(タ)第7强成野炮大队1中队川上小队
(レ)临时编成野炮大队（濑池第3中队）
(ソ)第4强立机枪大队第3中队

(イ)特设503警备工兵队
(ロ)独立158整备队
(ハ)第50机场大队补给中队
(二)第50机场大队警备中队本部
(ホ)第50机场大队警备本部
(ヘ)第50机场大队警备中队主力
(ト)第50机场大队警备中队崎田小队
(チ)第2步兵队第1大队中队小坂小队（详见右图）

第1大队进驻伊江岛后，井川少佐立即指挥部队开始着手构筑阵地。这座平坦的小岛上没有森林，唯有依靠坚固的地下阵地才能经受住预想中的猛烈炮火轰炸，抵抗优势之敌。于是全体人员包括军官在内，都在珊瑚礁构成的山地和土地上不分昼夜地持续苦干。在构筑工事的过程中，井川部队还面临着缺乏材料和没有现代化机械的困难，连炸药、锄头、镐头、灯油都严重不足。

尽管如此，井川部队仍然在以城山（172高地）为中心的地区构筑了坚固的地下阵地网。从城山山脚到村落一带筑成一系列地下要塞，在深达十多米的地下，数十米长的坑道纵横相连，巧妙地伪装起来，构成了日军的主阵地。日军还将当地独特的石墓堡垒化。不过西面的阵地只是利用海岸洞穴赶造的野战阵地。在修筑坑道阵地的间歇，士兵们还制造了箱型炸弹，准备在战斗中背着炸弹冲向敌坦克下面。日军还在机场地区及阵地周围利用炸弹（一部分使用水雷）布设了大范围的雷区。平民也被分发武器和军服准备参加战斗。

井川少佐（大分县出生）曾在中国战场"表现突出"，深受部队"敬仰"，得到大队本部绪方文雄副官以下幕僚的大力辅佐。独立速射炮中队长蒲江春美大尉颇具战术眼光，被井川少佐任命为伊江岛地区队的作战主任，受到重用。井川少佐、绪方中尉和蒲江大尉这三名久经战阵的军官成为守备部队的核心，直到战斗的最后都能确实掌握部队。

1945年3月上旬，伊江岛守备队在紧迫的形势下进行防卫召集，据日本防卫省保存的史料《伊江岛守备队》记录，共召集约800名45岁以下的当地人。至此伊江岛守备队包括三支部队，即井川大队（含配属中队）、机场大队、防卫队，并确定了各自的防区。井川大队负责东机场以东的防御，田村机场大队负责机场地区，防卫队负责"山山"、"真谢"（音译）地区。后两支部队的训练和装备均较差，连步枪都很少。

美军第77师参谋部研究照片和地图资料后，基本掌握了伊江岛日军防御设施的情况。3月15日，师情报主任指出，伊江岛的防御条件使得在东南海岸登陆不太可行，因为在那里登陆肯定一开始就会遭遇日军最激烈的抵抗。在综合考虑地形和日军行动两方面因素后，77师认为一开始在伊江岛西南角海滩登陆最有利。也就是说，美军将从西面攻入日军机场以东防线的后门。不过，根据这一计划，夺取岛上关键地区和最适合重型装备登陆的海滩这一任务将会延后。

4月12日，77师师长布鲁斯少将根据情报部门的分析，

美军第77步兵师师长安德鲁·布鲁斯少将。1917年，年仅23岁的布鲁斯少尉随美国远征军奔赴欧陆参加第一次世界大战，在第二步兵师服役，次年因功获杰出服役十字勋章。两次世界大战的间歇期间，布鲁斯继续在陆军服役，先后在陆军步兵学校、野战炮兵学校，指挥与参谋学院、陆军军事学院和海军军事学院接受完整的军事教育。美国参加第二次世界大战以后，布鲁斯晋升陆军准将，受命组建一个新的坦克歼击车基地。次年9月9日，布鲁斯晋升为少将。1943年5月，他出任几乎全部由应召新兵组成的第77步兵师师长。1944年3月，布鲁斯率领完成训练的77师征战太平洋，先后参加关岛、莱特岛和冲绳战役。战争结束后，布鲁斯继续在军中服役，1951年7月晋升为中将，3年之后退役。1954年9月，布鲁斯出任休斯敦大学第三任校长，后来又出任首任理事长，直至1961年退休。1969年7月28日，布鲁斯离世后，被安葬在阿林顿国家公墓。

命令305加强作战团4月16日在伊江岛南部海岸的"红1"和"红2"海滩登陆,306加强作战团同时在岛屿西南角的"绿色"海滩登陆。在305团向东攻打其他登陆海滩的同时,306团将在他们的左侧,也就是北方行动,负责攻打机场。完成初步任务后,两个团将攻打岛屿东部的日军强点。两个在伊江岛作战的步兵团,将得到305和902野炮营的105毫米榴弹炮,以及306野炮营的155毫米加农炮支援。这3个野炮营将在伊江岛以南4海里的水纳岛上建立阵地。

77师的补给军官们起初都反对这个计划,因为登陆艇只有在高潮期的短时间内,才能通过这个计划选定的海滩外海礁盘,近岸的宽阔礁盘表面粗糙不规则,平时只有LVT两栖运兵车和DUKW两栖运输车才能通过。为此,作战参谋们特地在计划中说明,在最初登陆的三处滩头阵地,只需卸载少数物资,重装备会在305团占领更东面的"红3"和"红4"海滩后,再在那两处条件更理想的海滩卸载。

日军虽然没能将美军吸引到防御最严密的海滩上登陆,仍然通过出色的伪装,成功隐匿了伊江岛的实力。4月上旬,77师从航空侦察员那里得到的一系列报告都称伊江岛几乎已被日军放弃。4月6日,布鲁斯少将在向集团军司令巴克纳中将陈述他的计划时写道:"……(伊江岛)敌军已较原先大为削弱。我们计划让全师进入目标地区,用较少的兵力和重装备,快速占领这个岛……这个计划将在直接目标区域部署足够的兵力,以较少的损失,迅速切实完成任务。"

攻打伊江岛其实无法使用77师的全部兵力。305团2营正在守备庆良间列岛。307作战加强团已被第10集团军司令部抽调,准备在冲绳岛南方海滩佯装登陆,策应计划4月19日发动的总攻。不过,在伊江岛作战期间,307团1营会让布鲁斯少将调遣。77师占领庆良间列岛期间蒙受了一些损失,而4月初在海上待命期间因为日军"神风"特攻造成的损失更多。

3月25日至4月16日,在登陆准备阶段,第5舰队的水面舰艇照例断断续续炮击伊江岛的目标。从4月13日起,"得克萨斯"号战列舰等7艘军舰开始对伊江岛全岛的目标实施系统炮击,对岛屿东部坚固阵地的炮击最为集中。当晚,6艘中型火箭登陆舰开始在伊江岛海域进行夜间火力封锁和骚扰,发射火箭弹和40毫

遭到空袭的伊江岛。

米炮弹，执行照明任务。14日海军的行动大致相同。15日天亮后，对伊江岛的海军炮击结束。对美军舰艇的炮击，伊江岛的日军虽希望还击，但由于没有适用的火炮，而且有意隐匿部署，基本上没有开炮。

4月上旬，美国海军的战斗机和轻型轰炸机便开始空袭伊江岛的洞穴、建筑物和各种设施。4月10日至12日这三天，空袭因糟糕天气暂停。13日，空袭恢复后力度更强。13日至15日，美军飞机共出动292架次，在伊江岛上空实施54次空袭，发射830枚火箭弹，投掷35吨炸弹，倾泻大量12.7毫米机枪子弹，对所有目标都进行了航空侦察定位和摄影。伊江岛周围的所有日军炮兵阵地都被无力化，2架飞机在地面被摧毁。4月13日和14日白天，在海空火力掩护下，海军水下爆破队在伊江岛所有海滩都顺利完成侦察任务，搜集了伊江岛的第一手信息。

在美军的炮击空袭期间，伊江村大半被毁，日军阵地所受的损失却不大，花费整整三个月时间呕心沥血筑成的坑道甚至比预想中的更加坚固，即使被直接命中也安然无恙。在这期间，为了增强部队体力，日军甚至还改善了伙食，使部队吃上了以往难得享用的猪牛鸡肉。

4月8日下午5时，2架B-24轰炸机向东部墓地投下数颗炸弹，其中一颗命中松冈伍长以下一个分队据以充当阵地的墓地，将正在吃晚饭的该分队队员活埋。听到消息后，吉冈第1中队长、绪方副官、儿玉军医等人和第1中队的士兵一起赶到现场，在美机威胁下拼命挖掘抢救，救出8人，但松冈伍长以下4人战死。这是井川大队出现的第一批阵亡人员。

13日中午过后，美军战列舰发射的巨弹直接命中城山南侧半山腰第1机枪中队的坑道并导致其崩塌。接到消息的绪方副官急忙带领本部人员前往救援，但美军舰艇可以清楚地观察到这里的情况，在猛烈的舰炮射击下作业极为困难，以至于不得不一度中止。后来中队长满留中尉和45名士兵依靠自己的力量从坑道中逃了出来，堂园少尉以下13－14人仍困在里面。救援持续了4个小

美国海军舰载机正在向伊江城山发射火箭弹，南面的伊江村和政厅几乎都被掀起的烟雾挡住。图右上角黑色部分是美军飞机的机头。

时，在作业期间，又有一颗B-24投下的500公斤炸弹直接击中城山西侧半山腰的独立机枪中队所在坑道，击碎了构成坑道的坚固岩石。由于巨大岩盘的落下，实在无法进行救援作业，坑道中的20名士兵和女子救护班成员很可能当场死亡。当天晚上日军再次进行救援作业，堂园少尉以下5人奇迹般被平安救出，挖掘出河野伍长等人的尸体。15日晨又救出剩下的2人，他们几乎已经被活埋了20个小时。

在连日的炮击轰炸下，城山上的草木被一扫而光，成了光秃秃的岩山。到15日，城山已经完全变了模样，从山顶到山脚连一棵树也没有剩下，全部被炮火炸飞。山上岩石崩落、泥土飞散、弹痕累累。日军各部队间的有线联络也已断绝。

4月12日夜间，美军太平洋舰队两栖侦察营未遇任何抵抗，顺利在伊江岛东南6公里的水纳岛登陆。15日，美军的3个炮兵营按计划登岛部署阵地。每个营很快开始校正射击参数，对目标地区确定射击参照点，但在次日的进攻开始前都没有开火。另一方面，日军用于防御伊江岛的2门150毫米加农炮（平山队）被部署在本部半岛上，如第五章所述，一

发炮未开就被破坏。

攻入伊江岛

4月16日黎明，第5舰队的13艘军舰开始炮击伊江岛，LCI步兵登陆炮艇也按照规定流程，用火箭弹和迫击炮弹扫射登陆海滩，炮弹此起彼落，掀起片片沙浪。美军飞机也在伊江岛海滩上空盘旋，炸弹和火箭弹刺破青空落到岛上，声势更加骇人，凝固汽油弹落到海滩和海滩后方地区，瞬间便使日军弹药库和汽油爆燃，烈焰冲天，烟尘滚滚。从海上望去，伊江岛先是红火与黄沙共舞，而后笼罩在一片黑色烟雾之中。当天天气晴朗，遮天蔽日的浓烟却挡住了视线。

护卫前几个登陆波次上岸的支援船艇和导航船在进入射程后，开始用船载火炮和机枪打击滩头阵地，掀起一片白色烟雾。美军的强大登陆火力，打得海滩附近的日军根本就不

敢冒头。

当日天公作美，风平浪静。装载地面部队的美军两栖坦克和运兵车辆顺利在海上通过火力掩护舰船，直奔海滩。7时58分，离开两栖车辆出发位置不过2分钟，305团1营先头部队已在机场正南的伊江岛南海岸靠岸。3分钟后，305团3营在1营西面600码的海滩靠岸。登上伊江岛的地面部队越过海滩上的沙丘，快速向内陆前进。1营到达海滩北方400码高地沿线的一条公路后，转向东进。这片高地到伊江村之间，是一大片雷区，虽然日军敷设地雷十分仓促，伪装也很粗糙，极易识破，但美军两栖坦克和自行火炮必须等工兵排雷后才能前进，只得放缓速度。3营则向内陆运动，之后主力向伊江村东进，左翼则从最东面的飞行跑道正南通过。

8时07分，306团先头登陆部队已在伊江岛西南角建起600码宽的登陆场。3小时内，

美军对入侵伊江岛准备充分，但仍遭遇日军的有力抵抗。图中的突击登陆艇靠近岛屿后，美军的支援炮火即从滩头阵地转向内陆。

伊江岛东端两军激战的位置，在南面的海滩和伊江城山之间，可以看到伊江村。

两个突击营已向内陆推进2000码，到达机场西侧边缘。团预备队3营登陆后，在伊江岛西端巡逻，扫荡岩洞和壕沟里的日军小部队后，开始东进，跟在1营左后方掩护。

当美军登陆伊江岛时，海岸上的日军一线部队在美军的猛烈支援火力压制下正躲在洞穴里，基本上只能被动挨打。根据日军的记录，美军登陆后，田村大队（第50机场大队）的柴田邦夫少尉亲率小队冲出洞外迎战美军，转瞬之间全部战死。

16日下午，306团的推进一直很快，不久便占领机场。日军在这一带几乎没有设防，机场轻易落入美军之手。空旷的机场跑道为防御方提供了非常清晰的射击视野，但美军只在机场东角与日军短暂交火，装甲车摧毁了几座碉堡。306团至天黑已推进5500码，拿下伊江岛本团负责区域的2/3。夜间，306团的3个营列成一线，在起自伊江村正北、距离城山山脚约600码、从西北方直达北海岸的位置，建立了阵地。306团当天推进太快，右翼（南侧）与305团左翼（北侧）之间形成一道缺口。为了用火力掩护这个缺口，防备日军从东面进攻，306团K连被部署在机场以东大约300码的三座日军建造的工事就位。

305团当天的进展相对困难，一路向内陆推进，在一片与南海岸平行、大约向内陆延伸800码的区域东进。下午，他们的速度明显放慢。在伊江村西面的珊瑚礁掩体、中央台地南山坡上的山洞和设防坟墓内，日军都在组织步枪和机枪火力阻击。美军装甲兵和自行火炮受到日军雷区阻挠，305团在这次战斗中主要只能依靠步兵和工兵协同攻击。天黑时，1营仅从滩头阵地前进800码，在全团左翼进行宽幅迂回的3营推进了大约1800码。

日军资料称当天下午，部署于城山南麓的独立速射炮第7大队第1中队向接近至城山西方700米一带、自西向东前进过来的4辆美军坦克开了火，速射炮的射击十分准确，在瞬间便打瘫了3辆坦克，剩下的1辆也在慌忙后退时碰到日军敷设的小型水雷严重受损，当场瘫痪。此后在该方面出现了十多辆伴随着步兵的坦克，并未接近过来，只是在南北间移动。

4月16日夜间，井川少佐从各中队派出约20组突击队前去袭击美军。大部分突击队到达东机场方面（日军资料称其中约有半数成功接敌），攻击

305团3营。日军步兵的进攻得到火炮和迫击炮的支援，使用了各种武器，包括轻武器、竹枪、手榴弹和数以百计的炸弹（炸药包），有些炸弹是用迫击炮弹改制成的。日军敢死队摸到美军防御阵地后，有的在近距离向坦克和帐篷投掷点燃引线的炸药，还有的人企图抱着美军同归于尽。少数肉弹取得成功，大多数在他们冲进有效距离前就被射杀。有一名日

本兵自爆后，爆炸的巨大冲击力将一条大腿直接甩到一名美国兵抬起的手臂上，把他硬生生打成骨折。日军资料称有数名下士官和士兵抱着炸弹冲到美军坦克下方，与坦克同归于尽。经过几个小时的残酷战斗，日军在3营阵地周围留下152具尸体后撤退。日军方面报告的确认战果为破坏坦克7辆、帐篷3顶。305团1营在当晚只遭到一些小规模袭扰，306团阵地相对平静。

17日，美军逐渐深入内陆，前进愈加困难。日军据守在从城山南麓到海岸间的中心地带东江、西江一带以地下坑道连接成的阵地上迎击来敌。美军越是接近城山南麓的村落，日军的抵抗就越激烈。

17日晨，田村大队的军官、下士官和士兵数十人后退到井川部队的战斗指挥所，报称田村大尉所在坑道在16日遭到美军"骑马攻击"，田村大尉在晚上逃出坑道，陷入美军包围，下落不明。

美军第305团在17日的进攻目标是"红3"和"红4"海滩后方高地。水纳岛的美军炮兵和已经在伊江岛登陆的炮兵进行火力准备后，305团1营和3营开始东进。这一天沿海岸线进攻的1营进展更顺利，一路只遇到日军零星抵抗，到中午

图中的洞穴阵地位于距离红2海滩800码的内陆，美军77师305团在这一带的步兵和爆破协同作战一直持续到4月16日夜间。

305团右翼的部队在努力清除伊江岛上与红3和红4海滩平行的公路沿线的日军工事。

美军步兵正在向伊江村推进，他们在路上遇到日军的坚固阵地阻击。4月17日，当美军炮兵炮轰伊江村西郊日军阵地（图中烟雾弥漫的地区）时，77师305团的步兵暂停行动。

已推进800码，局部占领"红3"和"红4"海滩后方地区。

日军防御阵地集中在305团3营行动区域。3营很快占据距伊江村800码的高地。在短暂交火中，3营长小爱德华·查尔格伦中校负伤。日军在305团行动区域左侧（北面）的珊瑚礁坡地洞中部署了重机枪阻击美军，3营只得暂缓行动。在步兵和坦克侧翼协同迂回、拔掉日军的机枪火力点后，他们才重新开始前进。一路上日军的迫击炮、机枪和步枪火力断续阻击，使3营上午推进缓慢，不过到12时45分还是基本占领了中央海滩后方地区，到达伊江村近郊。

17日，306团原地留守昨天占据的阵地，等候305团跟上，在后者前进时会提供火力支援。306团同时派出战斗巡逻队在城山附近刺探日军防御

阵地。根据他们的报告，日军的右翼阵地固定在城山一带，左翼则一路向东南延伸到海岸线，最坚固的防御阵地看来位于城山南麓的伊江村，日军的纵深防御阵地使305团一直没能取得太大收获。

在前一天，师长布鲁斯少将得知305团遇到的抵抗渐趋激烈，决定调307团前往伊江岛西南海滩。307团登陆时可以尽快占领305团登陆场以东条件最便利的海滩，以便坦克和其他重装备能登陆。此外，两个突击团首日就占领机场，意味着尽快让重型航空工程装备登陆已经可行。不过布鲁斯少将决定使用307团的主要原因是他希望尽快占领伊江岛。根据侦察报告，大约1000名日军已退往城山，肯定会负隅顽抗。集团军司令部已安排307团主力于4月19日在冲绳岛南

端外海佯动登陆，布鲁斯明白这个团他只能借用一到两天。4月16日16时15分，布鲁斯请求巴克纳中将把307团的两个主力营暂时交给他，许诺如果需要这两个营投入预定的佯动行动，会在18日中午或更早时间归还。

4月17日上午，307团2营和3营在伊江岛南部海滩（伊江村南侧的新码头附近）登陆，3营在东，2营在西。按计划，这两个营应一同进攻东北的伊江村。305团1营处于307团登陆的两处海滩以西内陆地区，307团的两个突击营将会通过他们的阵地。在进攻中，他们还会越过305团3营正面，该营将会从伊江村近郊的侧翼阵地提供火力支援。

13时，307团的2个突击营出发。面对日军逐渐增强的抵抗，他们在2小时内推进了约400码。对他们来说，最痛苦的是要在开阔地上爬坡。日军从城山和中央台地，可以将他们的行动看得一清二楚。日军在城山之外最坚固的阵地位于一座突出的山岭和山岭顶部的大型混凝土建筑内，坐落在城山西南大约700码的位置，后来美军将这座山岭称为"血岭"，山顶有混凝土建筑的山头则被他们称为"政厅高地"（日军称为"学校高地"）。

水纳岛

东江前村

血岭

政厅高地（学校高地）

红4海滩

红3海滩

伊江村

从伊江城山上俯瞰的伊江岛南方海滩。

位于政厅高地东面300码的另一个山头女山也是日军的重要阵地。

17日下午，307团的收获相当有限。2营在伊江村遇到日军坚固阵地挡路。这座阵地构筑完备，有铁丝网和地雷护卫。2营与村落内的守军逐屋争夺。日军在街上都敷设了地雷和各种炸弹，阻止美军自行火炮跟上支援。当美军工兵被调来努力清理道路时，日军机枪火力就会全开，这样一来美军工兵只能先保命要紧，顾不上排除障碍了。2营在伊江村受阻之际，3营则沿着村南的缓坡向东推进了几百码。

傍晚，307团的2个营都遭到前方高地的重迫击炮和轻武器火力打击。日军精心敷设的地雷使美军的自行火炮行动缓慢，当时坦克还没有登陆，步兵和工兵在近战中吃尽苦头。77师的师属炮兵一直在炮击日军后方区域，多少能给前线步兵减轻些压力。307团竭力冲到"政厅高地"（学校高地）南方600码的位置，再也无力在夜间巩固距离血岭如此之近的阵地，只好先退到距离海滩大约400码的地形较适合的地方过夜。各部队的伤亡数字很快统计出来，得到报告的布鲁斯少将无奈苦笑，在伊江岛速战速决的希望破灭了。布鲁斯请示巴克纳中将后，将307团

继续留在伊江岛作战。日本第32军在18日发出的报告中称伊江岛守备队在17日的战果为击瘫和烧毁坦克9辆（指的可能是两栖坦克或运兵车）、杀伤兵员100名。

17日当天，井川少佐在观察新登陆的美军情况，听取绪方副官和蓹江大尉的意见后，决定乘新登陆的美军尚未完成态势整理时，在当天半夜以全体部队三分之二的兵力实施夜袭，将美军赶入海中。第1机枪中队长满留勉中尉主动要求带领数名擅长游泳的部下在晚上前去爆破水纳岛的美军火炮，最终获得大队长批准。满留中尉带领数名部下、携带汽车内胎和炸药出发后便下落不明。

日军在当晚的攻击，在美军资料中缺乏详细记录。根据日军方面的记录，这次攻击的过程如下：

当天深夜，三三两两的日军从城山的黑影中向西方分散前进。为了防止反射暗淡的月光，他们的钢盔裹上了绿色的三角巾，军刀的刀柄上缠着的白色绷带也被拆掉，因为在树荫下和房屋废墟中很可能潜藏着美军的侦察兵。士兵们低声交流着口令："神"、"风"。在不时落下的炮弹中，各队分别赶赴指定攻击准备地点。第3中队和第1机枪中

队在既有阵地上面对新码头、第1中队面对旧码头布下阵势，第2中队在第3中队西侧，独立机枪中队也进入第3中队阵地。井川少佐与本部人员则位于能俯视新码头的学校高地上。比嘉、儿玉两名军医带领的卫生部则在第3中队的坑道中开设了包扎所。

各队人员在18日1时左右完成攻击准备，在预定的1时30分（据《伊江岛守备队》记载为2时左右）发动攻击。各队同时开火，以重机枪为主的激烈枪声仿佛炒豆一般，打破了黑夜的寂静。日军的攻击主力向新码头扑去。据称奇袭获得"成功"，美军被打了个措手不及，甚至在一段时间里都没有反应过来。不久后美军开始疯狂地使用各种武器射击。野炮、迫击炮乃至于舰炮炮弹都向日军飞来。特别是在日军的重机枪阵地上，炮弹如雨点一般落下，在1个小时的战斗期间2挺重机枪被毁，阵地上有12人受伤，送到包扎所后有4人死去。在密集的弹雨下，日军无法接近码头的平地，美军坦克也利用夜暗的掩护越过日军阵地使用枪炮射击。日军则针对坦克实施了肉弹攻击，日本兵从树荫下冲向坦克投掷了炸弹，据称破坏了其中的2辆。这时东方渐渐发白，井川

少佐只好下令全员停止攻击、返回原阵地。在这次夜袭中，除了前述独立机枪中队的损失外，各队也各有数人战死。日军认定美军也受到相当损失，在黑夜中无法确认。

"血岭"受阻

4月18日，美军从北、西、南三方面逼近城山，激烈的枪炮声和扑鼻的炮烟、硝烟覆盖了伊江岛东半部。经过彻夜激战已相当疲劳的日本兵在返回阵地后几乎连休息的工夫都没有就被迫投入战斗。美机始终在低空盘旋，一旦日军暴露，就会遭到美机扫射或经美机联络后射来的迫击炮弹轰击。如果日军躲进坑道，美军地面部队又会出动坦克乘隙攻向日军阵地。

美国著名战地新闻记者厄尼·派尔在伊江岛观战时不幸身亡。图中，在入侵伊江岛数小时之前，派尔（右二）还在冲绳岛与陆战队步兵交谈。

冲绳战役结束后，77步兵师副师长埃德温·兰德尔准将为派尔的墓碑上方的纪念碑揭幕。墓碑上的自由女神金属版像和铭文都是用废炮弹壳制作的。

18日，美军的计划要求307团在305团的支援下继续进攻日军在城山南麓伊江村的纵深防御阵地。306团会将重心转移到右翼，从西北方进攻城山。美军虽会继续包围日军在城山周围的主阵地，主攻将改从西南方发起。

在日军主力进行正面抵抗的同时，一些日军小分队也隐匿在美军战线后方积极行动。4月18日，77师的许多官兵都非常熟悉的战地记者厄尼·派尔，在一位团长陪同下，乘坐一辆吉普车去前线采访。就在伊江村郊外，隐藏在公路边珊瑚礁坡地中的一挺日军机枪突然向吉普车开火。团长和派尔赶紧跳进一道沟里隐蔽。几秒钟后，派尔抬起头想观察一下四周，另一梭机枪子弹正好出膛，一颗子弹刚巧从他的钢盔边缘下方直接射进太阳穴，使其当场死亡。派尔身亡后，

美军进行了一次大规模战斗巡逻，用3个小时的时间才将日军的这个机枪阵地摧毁。派尔被葬在77师在伊江岛修建的墓地，一开始只插了一支简单的标记物，后来换成了一块墓碑，墓志铭写道："第77步兵师在这里失去了一位好伙计厄尼·派尔，1945年4月18日。"

按照计划，306团于当天7时30分出发，307团在一小时后出击。306团3营和2营仍然左右并进，当他们向城山北方前进时，起初遇到的抵抗很弱。307团一开始遇到的抵抗就很强。日军从伊江村的瓦砾堆和血岭的阵地上，用重迫击炮、机枪和步枪火力反击，组织颇为得法。美军步兵在工兵爆破队密切配合下，经常杀开血路冲入日军阵地，用手雷和刺刀肉搏，才能将他们消灭干净。

307团2营当天直接向日

军在血岭最坚固的阵地推进，一路尤其艰难。根据原计划，305团3营会跟随307团2营行动，接管后续进攻任务，实际上也转移到了307团2营后方的一个位置。307团2营陷入苦战，根本没有让这2个营交换位置的余裕，美军只得改变计划，305团3营被派往307团左侧（北面），向东进攻城山，同时负责维持与306团的联系。306团正在城山北面运动。

11时30分，炮火准备结束后，305团3营在800码长的前线发动攻击。在伊江村的废墟中同防守村落西部的日军第2步兵队第2中队展开激烈的巷战。按照一位观察员的报告，几乎每条街道都成为双方争夺的目标。305团3营必须在306团和307团之间维持一条连线，任务更重，战斗也更加艰苦。日军精心选择了阵地位置，许多阵地都无法对其进行有效炮击，由于步兵和日军太近，美军炮兵也不能毫无顾忌地开炮。狭窄的街道上敷设着地雷，房屋被破坏后又堆上了瓦砾，自行火炮也无法及时赶到前方支援。305团3营在伊江村西北街区推进到半路，实在难以为继，只得暂时后退到城郊一个更安全的位置，当时他们的右翼（南面）位于政厅高

血岭战斗期间，被伊江城山的日军火炮击毁的2辆美军中型坦克。

地以西500码，左翼（北面）位于城山以西100码，全天只推进了350码而已。日军第2中队在这天的战斗中取得完胜。

在305团3营受挫的同时，307团2营对政厅高地的进攻也碰上了名副其实的硬骨头。防守政厅高地（学校高地）的是第2步兵队的第3中队和第1机枪中队。美军的进攻得到了猛烈炮火的掩护和坦克的支援，双方爆发激烈的近战。日军的反坦克炮没有指向南方，无法为该方面提供支援，使守备部队陷入凄惨的苦斗。尽管如此，第3中队在冲绳县出生的平良中尉指挥下，仍然在重重困难中拼死抵抗，用重机枪和掷弹筒乃至肉弹攻击对抗逼近高地的坦克群，据称击退美军

数次之多。"如潮水般涌来的"美军在日军的猛烈反击下进攻受挫，被迫撤退。美军撤退后，迫击炮和舰炮炮弹又如雨点般落下，日军在弹雨包围下动弹不得。这样的激战在当天反复进行，307团2营被死死钉在政厅高地前，日军确保了高地。为了增援政厅高地方面，井川少尉将田村大队残部也增援到该处。

当天中午，当307团向政厅高地南面的进攻几乎停滞时，团长决定让3营迂回到高地右侧，从那里可以向东北方进攻伊江村东区。美军盼望政厅高地东面的抵抗会比南面稍弱一些，所以才这样调整。事实证明这步棋走对了，3营比2营在南面的推进顺利得多，

一路来到东江前村以北300码的一个位置。在307团的两个突击营之间拉开缺口时，中型坦克和自行火炮会提供火力掩护。美军在装甲兵和机动火力上的优势，可以让他们在相对较近的距离，向伊江村和城山的岩洞、碉堡和日军炮兵阵地进行直射打击。由于地形限制，他们无法靠近日军阵地。日军在近战中将机枪和迫击炮火力发挥到极限，致命的交叉火力逼得掩护装甲兵的美军步兵只得后退，这个时候装甲兵在面对怀抱炸药包的日军敢死队自杀式攻击时，是相当脆弱的。日军敢死队会隐藏在洞穴里，直到美军坦克和自行火炮进入有效距离，才会现身攻击。

挡在307团3营前面的是防守女山、墓地方面的日军第2步兵队第1中队第2小队（小队长高野喜则少尉），该小队在下午开始同3营交战。高野小队只有30多人，阵地上的遮蔽物也比较少，防御甚为困难，但该小队仍然用轻机枪和掷弹筒顽强死守。3营得到坦克支援，仍未能攻破高野小队的阵地。

为保护307团的右翼（东南方），305团1营转移到307团3营右侧。4月18日15时，该营被配属给307团指挥，与

从这张美军航拍伊江岛机场的照片上，能够发现日军破坏跑道用炸药制造的弹痕。海军舰炮炮击产生的浓烟已经将伊江村遮住。

第六章 攻克伊江岛 | **225**

307团并列北进，掩护307团延伸到海滩的侧翼阵地。305团1营先头部队一路几乎只遇到零星的狙击火力，天黑前推进了大约1000码。井川少佐采取的是与牛岛中将相同的部署，即依托内陆山区建立坚固防御阵地，部署重兵与美军周旋，基本放弃滩头阵地的防御。这种部署确实能使日军尽可能以有限兵力给美军造成更大的伤亡，但根本上仍是一种明知无法击退美军入侵采取的消极部署。305团1营当天推进得比307团更远，为了保护后者的右翼（东面），仍退回东江前村东面约600码的位置。

日军从城山能瞰制四面八方，几乎一刻不停地从山上用迫击炮打击306团，可是在他们北方行动的306团当天进展仍非常顺利。306团的推进以2

营为轴心，进攻城山山脚，天黑时占据了距离北坡山脚300码左右的阵地。部署于城山北方的日军前田小队（包括第2步兵队第1中队第2小队的2个分队和独立机枪第4大队第3中队的山本分队，由第1中队第2小队长前田为德中尉指挥）大部战死。

306团中央的1营遭遇4座日军碉堡挡道，最终靠战斗工兵手持炸药贴近爆破才排除这些障碍。沿北岸行动的3营，经过数小时近战，铲除了日军在北岸峭壁洞穴中的阵地。306团面对日军零星小部队，本可以向东推进得更远，但师部指示，为避开支援305团和307团的炮火，让他们暂停前进。天黑时，306团的阵线一路从城山东北山脚延伸到东北海岸。

随着夜色渐浓，炮声逐渐稀少。18日夜间，井川少佐再次派出突击队实施夜袭。美军在东、南、西三面均安装了报警装置，只要一有动静、哪怕烧剩的枯木在微风吹动下沙沙作响，也会引来机枪和迫击炮的集中射击，使敢死队无法轻易接近，夜袭失败。

正当77师的三个步兵团与日军在伊江村周围激战之际，美军滩头阵地也发生了状况。自伊江岛作战伊始，美军的补给问题就相当棘手。与补给军官预料的一样，最初的突击登陆海滩只适合两栖车辆和小艇在高潮时的数小时内通行。伊江村西南条件更优越的红3和红4海滩，未能按计划在16日占领，美军的侦察小分队都被日军的重火力打退。4月17日，307团在这两片海滩登陆后，重装备才能卸载。第一批物资直到当天傍晚才到岸。因此在作战的最初两天，伊江岛滩头工作队能维持的补给水平只能勉强凑合。

美军占领"红3"和"红4"海滩，不代表所有难题就迎刃而解。日军从伊江村、血岭和城山的各处阵地，都可以用迫击炮打击南面的海滩。4月17日夜间，日军夜袭美军滩头阵地。滩头工作队的许多工兵不得不停止作业，将日军击

伊江岛城山。右下方可以看见遭到攻击的日军机场跑道。

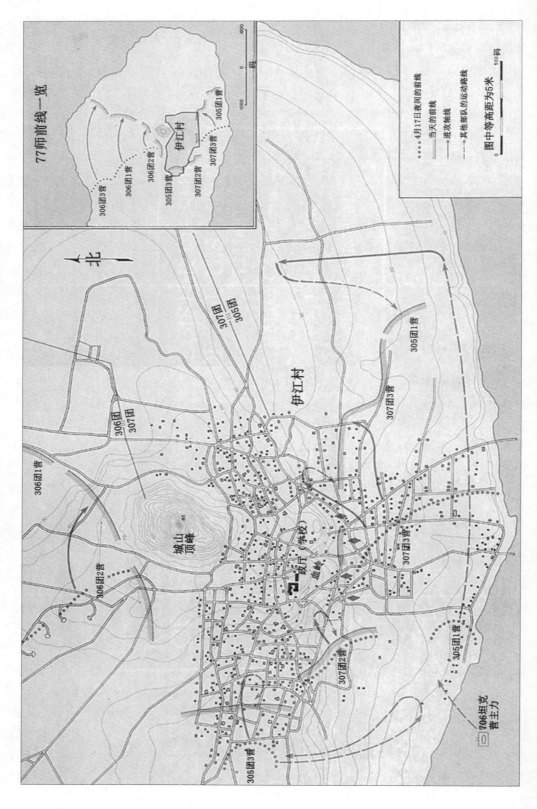

地图三十四　伊江岛 4 月 18 日的战况

退。18日，日军对海滩通往公路入口的火力打击，使美军在登陆场的组织工作大为延误。登陆场开始挤满物资。233工兵营的一个排不得不放弃他们的作业任务，将一个遭到日军骚扰的预定仓储区清空。18日夜间，滩头卸货由于日军的射击暂时中止。美军维持足够补给水平的努力只得再度推迟。

直到4月21日，登陆场通往东面的出口才摆脱日军火力打击。与此同时，滩头工作队一直在改善登陆场的条件，建立水上补给点，让坦克和其他重装备上岸，将物资送入滩头仓库。尽管比其他海滩条件更好，"红4"海滩仍远谈不上理想。海滩上的沙层很厚，两栖车辆和推土机需要拖着轮式车辆行动。在4月20日两座堤道建成前，坦克登陆舰都只得通过一条狭窄曲折的水道运送人员物资，会耽误许多时间。突如其来的狂风，还有日军的"神风"特攻会迫使美军舰船疏散，进行机动航行，打乱卸载计划。

美军的火炮、坦克和自行火炮为支援步兵战斗，频繁向伊江岛的日军坚固阵地开火，弹药消耗巨大，需要船只专门卸载补充，这样一来其他物资的卸货工作都要让位。尽管偶尔会发生短缺，美军作战部队仍获得了他们所需的各种物资。4月24日，77师配属滩头工作队已经卸载了14艘坦克登陆舰的18331容积吨物资。

4月19日，血腥的战斗又持续了一整天，伊江村的住宅区不断易手，被占领之后复又夺回，美军伤亡剧增。

布鲁斯少将决定在当天305团和307团仍从西南方向进攻日军最坚固的阵地——血岭。306团在支援主攻的炮火不再影响他们前进后才会重新进攻，当天则只需就地待命。美军连续两天进攻血岭主阵地失败后，第三天仍继续进攻，很大程度上还是为尽快保障"红3"和"红4"滩头阵地能安全作业，必须解除北方几百码外血岭和城山的日军威胁，这是美军战术计划的决定性因素。尽快让伊江岛机场投入运作，则是冲绳战事的战略重点之一，这样机场的各种装备和设备，以及一批急需的空袭警报装备，就必须尽快通过"红3"和"红4"海滩。布鲁斯发给巴克纳中将的一份简讯中说："我了解目前急需空袭警报装备和机场。4月17到19日这三天的战术计划都以保障"红3"和"红4"海滩卸载（机场）守备部队的需要为大前提，即使这样对我（师）获得各种物资并非必要，哪怕其他地面机动方案会（对我师）更有利也会（因此）弃之不顾。"如果在血岭南方只留一支部队防御，同时向其他方向进攻，日军肯定会对"红3"和"红4"海滩发动敢死队式的冲锋，所以布鲁斯其实别无选择。

4月19日上午，77师的炮火准备时间延长到30分钟。对政厅高地和女山的炮击尤其猛烈。9时整，三个主力步兵营开始进攻。305团3营向东进攻伊江村北部，307团2营和3营则从血岭南方一齐向北进攻。307团集中2营和3营的所有81毫米迫击炮和重机枪，而且得到305团1营的全部81毫米迫击炮和重机枪支援。美军步兵一路从日军的一个强点到另一强点逐次战斗，多次发生短兵相接，往往一次肉搏战结束，刺刀血槽中的鲜血尚未滴完，就开始进行一场新的战斗。有些美军士兵的刺刀经过多次战斗之后，血液已经凝结，根本分不清楚这把刺刀到底沾过多少日本兵的血。

日军从高地上射下的迫击炮弹和轻武器子弹比前两天更多，美军痛苦地经历着更可怕的梦魇。日军的所有制高点，特别是血岭阵地的精确重火力，让美军官兵接二连三倒地。身上带着血洞的伤员痛苦呻吟，战友高声呼喊："医务兵，医务兵！"这样残酷的战斗，对医务兵的考验完全不亚于战斗人员。美军的野战炮火不可谓不努力，对日军依山而建的许多坚固阵地却无法有效打击。崎岖的地形、狭窄的公路和大量的地雷，令坦克和自行火炮有劲使不出，只能眼睁睁看着步兵战友在前方苦战。

当天美军在东侧取得了一些进展，西侧进展较少，中路实际上一无所获。东侧的307团3营绕过日军主阵地西进，向北推进了800码。307团的两个营之间因此出现缺口，305团1营为填补这个缺口，离开东江前北面的阵地向西南运动，而后在13时30分北进。

西侧的305团3营东进时，一头撞上伊江村废墟和碉堡射来的密集火力。该营要负责维持右侧（南面）的307团和左侧（北面）306团之间的联系，营长不得不将他们的战线延伸到和推进路线平行的区域内，以排为单位逐街战斗。在伊江村内密密麻麻的废墟中，双方交火位置平均距离仅3至6米，美军每前进一步都要克服死亡的威胁。305团3营的战线正面过宽，在村内又陷入巷战，很难集中兵力前进。3营勉力在村内推进了250码，但日军一次反击就蚕食了右翼的

100码阵地。为了在一个更安全的阵地过夜，他们在夜间只得撤至伊江村郊外。

中路的307团2营以F连和G连主攻，从9时开始出击，沿着政厅高地的山坡一路攀爬。日军的重火力让2营的正面进攻无功而返，只得向西迂回，从位于高地上的村落边缘切入，然后一路推进到血岭的突出部位，并在下午继续进攻这一带的大型建筑物。日军守备部队（以第3中队、第1机枪中队主力为基干）拼尽全力战斗，仍不能阻止2营侵入政厅高地。不过，虽然守军伤亡很大，严重缺乏弹药，仍然固守残存阵地继续顽抗。

与此同时，307团2营东侧的305团1营击破了防守女山一带的高野小队的顽强抵抗，在13时30分越过日军的重火力阻击线进入女山。女山终于落入美军之手。

就这样，美军的2个营终于登上血岭。日军不会轻易让他们站稳脚跟。从政厅高地到伊江岛最后阵地城山的复廓阵地间仅有300米距离，并且可以从此处俯视日军的战斗指挥所和其他阵地，该高地的陷落即意味着伊江岛守备队在劫难逃。井川少佐考虑到政厅高地的重要性，决定对该高地实施反击夺回阵地。在战斗指挥所

从事作战主任工作的独立速射炮第7大队第1中队长藙江大尉亲自指挥部下实施反击。藙江大尉带领独立速射炮中队进入政厅高地下的平地，第2中队的一部也从其西方进行掩护。在迫击炮火和自动火力支援下，反击部队首先攻击占领女山的305团1营，直接将该营赶下高地，后者一路败退到海滩附近。这时第3中队仍在307团2营（H连也来到该方面）包围下死守残存阵地，双方在政厅高地上下间仅相距3－4米，来自后方的美军炮火无法对该方面进行支援，于是为阻挡日军援军将炮火集中到城山方面。藙江大尉趁机带领反击部队进入政厅高地的北坡，在坦克炮的射击间隙向高地上的美军投掷手榴弹。由于连续的战斗消耗，307团2营的弹药已经所剩无几。美军用一辆两栖装甲车爬上山坡运送补给，在路上遇到一股日本兵突然从一座小山包后方杀出，嚎叫着把炸药包扔进车中。车上的乘员赶紧跳车逃跑，在这种情况下无法责怪他们，但是补给品，尤其是前方急需的弹药被彻底毁掉了。2营遭到日军反击部队的近距离射击和来自北方的日军重火力射击，子弹和迫击炮弹雨点般地向美军阵地倾泻过来。在弹药无以为继的情况

地图三十五 伊江岛 4 月 19 日的战况

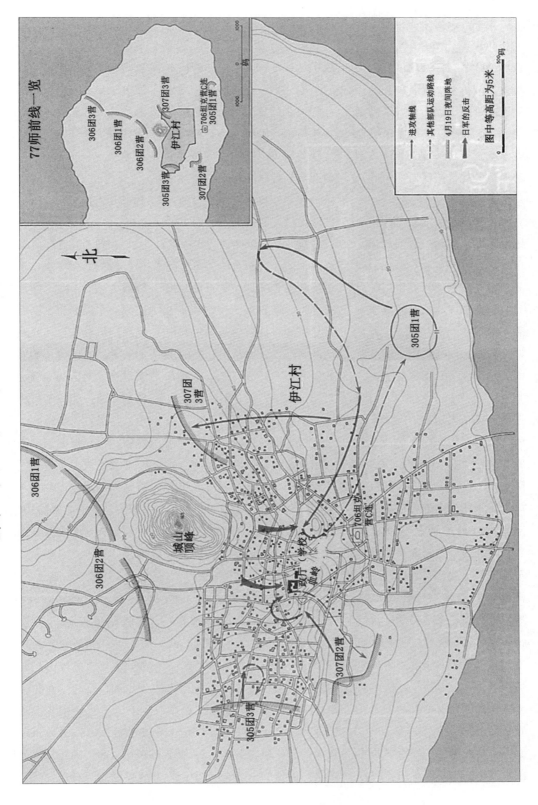

下，2营长获准组织撤退。H连机枪手马丁·梅一等兵自告奋勇继续坚守，利用战友们为他收集的机枪子弹，掩护全连撤退。日军的火力始终非常猛烈，2营还是艰难地撤出了血岭。至此，美军的2个营被全部逐出血岭，美军对血岭的又一次突击最终一无所获。

美军步兵撤退后，政厅高地上随即落下雨点般的炮弹，平良真太郎中尉在炮击中战死。得知消息的绪方中尉随后只身赶到政厅高地，同薗江大尉一起指挥反击部队。这时，进入政厅高地与女山之间道路的美军坦克从日军侧背射击，其中一颗子弹击中薗江大尉的左腿，薗江大尉被迫退出第一线。井川少佐命令永德盛藏少尉指挥的大队预备队（第2中队第2小队）、大队本部生森丰少尉指挥的本部人员和田村部队的官兵也加入这场战斗（日军资料称美军随后又发动了反击）。战至晚上10时，反击部队终于完全夺回政厅高地一带，击退了美军的一次反击，得以确保阵地。在政厅高地的战斗中，除第3中队长平良中尉外，还有第1机枪中队小队长吉见五夫少尉以下多人战死。

美军在伊江岛战役中的伤亡，大部分都发生在18、19这两天。

伊江岛日军采用的防御战术是日军在太平洋岛屿战中的典型战术，逐间房屋，逐个洞穴，在每寸土地上进行密集线式防御，同时以小队到中队规模的兵力组织凶猛反扑。他们会巧妙地隐蔽许多小型分遣队，在美军攻击部队绕过他们的阵地后，骚扰美军的后方部队。日军在夜间渗透进美军防线的部队，甚至会将美军日间排除和收集的地雷重新偷回来再利用。第32军司令官牛岛为了尽可能将抵抗力量集中到南部冲绳地区，留给伊江岛的重武器并不多，伊江岛日军对有限的迫击炮、掷弹筒、反坦克炮和机枪的使用颇有效率。当重武器不敷使用时，日本兵就会用炸药包、手榴弹和竹枪战斗。伊江岛的情况有一点和庆良间列岛不同，那就是平民们非常狂热地支持日军战斗，甚至有妇女儿童参加自杀式突击，协助防御洞穴和坑道。

日军在伊江岛敷设了成千上万颗地雷，大部分都在机场、海滩和海滩公路沿线，以及伊江村西方的重点防区。许多地雷其实是机场里留下的航空炸弹，敷设方法简单，炸弹会埋到一个地洞底下，上面放置引信，一块岩石盖住洞口的两头。洞口的一头有一根拉线

伸出，安放这颗地雷的日军士兵隐藏在附近，当车辆通过时就会牵动拉线引爆。这样一枚改装地雷可以将一辆两栖装甲车炸个底儿朝天。不过日军的大多数地雷还是更加标准的制式地雷。

攻克城山

看到美军在伊江岛陷入僵局，布鲁斯少将决定亲自寻找破敌方案。4月19日，布鲁斯搭乘海军控制艇，到伊江岛东端周围海域亲自侦察城山东面的通道。此前美军的航拍未能获得这一地区的准确图像，布鲁斯在船上能仔细研究当地地形。他最终得出结论，要拿下城山，最有把握的办法就是从东北方进攻。布鲁斯决定，次日城山的主攻任务将从南方的307团转交给北方的306团，同时77师将全面收紧城山的包围圈。

4月19日傍晚，77师各团已进入预定阵地。306团的战线从城山东北一直延伸到海边。当天推进较易的307团3营战线，正对着城山东侧山脚。城山和伊江村南面和西面是前几天攻打血岭的各部队，从东南到西面，依次为305团1营、307团2营、305团3营。日军防区周围的"套索"尚未收紧，

307团2营和305团1营接到的命令是，在306团从东北方发动主攻时，将收复前一天丢失的阵地。

4月20日，美军对日军阵地的炮火准备持续时间不过10分钟，但密度非常高。9时整，炮火停歇，美军步兵却并未开始突击。原来一连几天无法突破僵局的美军采取了新策略，有意吸引日军离开他们的阵地。9时10分，美军步兵仍原地待命，炮兵则再度忙碌起来，运送、装弹、点火、发射……流程比上一轮还要连贯，火力更加密集，持续时间达15分钟。

第二轮炮击结束后，美军的3个步兵团才开始进攻。306团以1营突击，坦克和战斗工兵紧密支援，2营留守城山北坡，3营跟在1营稍后的左侧（东南）保护他们的侧翼。城山东面的307团3营向南退后一段距离，给攻击部队留出更大的行动空间。305团1营和307团2营东西两路并进，再度登上通往血岭山顶的陡坡和山岭另一边。305团3营则向东攻入伊江村，展开美军对这个村落连续第四天的攻势。

根据井川少佐在昨晚发出的命令，政厅高地是日军防御部署的重点，除留下一部分兵力应对西方的攻击外，其余兵力都开往政厅高地、女山一线。坑道内的速射炮和浦池中尉指挥的1门野炮也更换了阵地，指向南方、东方之敌。

进攻开始后，美军所有靠近日军阵地的突击部队，几乎立即遭到日军重火力阻击。日军的抵抗看上并不比前几天弱。由于双方战线混杂交错，美机在低空盘旋，但不敢向地面攻击，只有坦克炮在不断射击。日军各部均缺乏弹药，连手榴弹也所剩不多，仍然拼死抵抗。分别位于伊江村南方和西方的305团与307团，很快又陷入一场寸土必争、胜负难分的惨烈战斗。305团再次通过伊江村废墟之间的瓦砾堆和狭窄的街道前进。一切似乎和前几天没什么分别，日军在血岭山顶的迫击炮和轻武器火力只增不减，307团2营和305团1营的官兵们对今天能否成功并没有把握，仍然顶着日军火力，再度向城山南方最关键的阵地血岭山顶进发。两个营的美军必须先通过血岭日军阵地前方的一片开阔地，士兵们私下里甚至埋怨这是在给日军送活靶子，因为山顶的日军可以瞰制他们的所有动向。

306团先头部队离开城山山脚东北600码的出发位置时，和其他友邻部队一样，遭到日军的猛烈火力打击。前方城山的轮廓清晰可见，山坡上覆盖着被连日炮火蹂躏得凌乱破碎的植被。副师长兰德尔准将在当天上午形容城山是"一座严密设防的该死阵地，上面有三层深的洞穴，每处混凝土工事内部和下方都有机枪守卫。整个山村地区和山地周围就是一个我们耗费大量炮弹都无法削弱多少的机枪、迫击炮和火炮阵地组成的迷宫。"

4月20日，美军在伊江岛血岭再度激战一场。77师307团的步兵加速靠近山岭上的政厅高地。

当兰德尔的这则信息还在发往77师指挥所时，306团正努力在城山获得一个立足点。

306团1营C连和B连左右两路并进，在城山北侧斜面径直逼近日军阵地。日军在城山山脚外300码挖掘了一条反坦克深壕。迫击炮弹和反坦克炮弹从深壕、城山峰顶，以及一系列在较低坡地上隐藏的碉堡和深洞射向美军，力图阻止他们前进。不仅如此，1营突击部队所到之处都埋着地雷，还有多组日军机枪交叉火线阻击。

为突破日军的防御火线，美军经过精心准备，306团编制内的步兵火力支援武器和配属的支援武器按照事先计划，给予居高临下的日军血岭阵地前所未有的打击。美军的37毫米小口径火炮的位置能让炮手从容观察前方地形，准确打击正在阻击步兵前进的日军碉堡。37毫米火炮的弹道轨迹可以为美军M18坦克歼击车和谢尔曼中型坦克的机动炮火提供技术参数，标定各种目标。步兵只能缓慢地匍匐着逐渐向日军阵地渗透，但支援火力准确有效的配合，让他们能够稳步前进。工兵和步兵依靠他们头顶上的坦克和步兵团属重武器连自行火炮直射火力和车载12.7毫米勃朗宁机枪火力的掩护，在日军环山布设的雷区间开辟了一条通道。随后工兵和步兵跟随坦克车队，成功通过雷区，在另一侧展开队形，继续进攻。77师在后来的战报中颇为自豪地写道："306团（4月20日对城山）的进攻简直可以成为本宁堡（步兵学院）期待在实战中观摩的完美教案。"

在1营左侧行动的306团3营接近城山山脚时，受到日军37毫米和47毫米速射炮的阻击。在中型坦克的直射火力支援下，步兵攀上一堆被改作坚固阵地的混凝土坟墓，用炸药将它们彻底轰平，杀死24名日军。午后不久，306团已占领城山山脚200码范围内的所有地区。西北方向的B连当天战斗最为艰苦，连续作战4个小时，包括连长以内共伤亡26人。

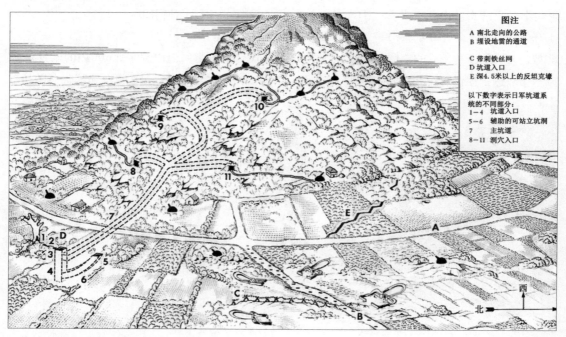

图注

A 南北走向的公路
B 埋设地雷的通道
C 带刺铁丝网
D 坑道入口
E 深4.5米以上的反坦克壕

以下数字表示日军坑道系统的不同部分：
1~4 坑道入口
5~6 辅助的可站立坑洞
7 主坑道
8~11 洞穴入口

伊江城山正面的典型日军防御阵地。

306团的重整没有耽误太多时间。14时30分，304野炮营的炮火准备完毕后，他们就发动了当天的第二次进攻，步兵仍然得到自行火炮和坦克的密切配合。

306团C连越过第一轮进攻伤亡较大的B连前进。如法炮制第一次进攻奏效的战术后，C连闯过日军的多道机枪和迫击炮火线，登上城山山坡。20分钟之内，C连先头部队已到达东北坡半山腰。在山下直射炮火支援下，步兵和工兵逐个突击山上的洞穴。当攀爬到更高处的时候，步兵发挥过去攀岩训练学到的技能，登上了陡峭的山岩，用火焰喷射器和炸药将日军从洞穴里逼出来，后者在美军枪口下绝无生路。

到天黑时，306团1营已全面登上城山北面的各处山坡。A连的一个巡逻队攀上一处峭壁，将一枚彩色烟雾手榴弹掷过峰顶，通知阵地南面的友军。夜间1营将战线稍事回收，没有离开山坡。306团3营当天在东面已占领距峰顶不到400码的多处阵地。2营也在南面和本团的其他两个营保持良好的并进态势。在当天的战斗中，防守城山的第1中队和独立机枪第4大队第3中队损失惨重，高野少尉也在战斗中被机枪子弹击中胸部，保持着坐姿死去。

中午，布鲁斯少将对城山的战况已有把握。他告知巴克纳中将："这是我所见过的在一座名副其实的要塞高地进行的最惨烈的战斗，但我军已完全包围城山山脚。"

在306团从北面攻打城山的同时，305团和307团也在猛攻血岭的南坡。日本守军死伤惨重，且极度缺乏弹药，带领第2中队指挥班人员进入政厅高地正面投入战斗的大崎优中尉在正午左右中弹身亡。第3中队的桥本少尉、浜本准尉、第2中队的永德少尉、第1机枪中队的堂园少尉也陆续战死。

经过数小时连续苦战，到正午左右，307团2营再度占领前几天他们曾经到达过的政厅高地上的小学，1营则重新占据从东面俯瞰政厅高地的女山。美军非常清楚要守住这些阵地比拿下这些阵地更艰难，因此着手加紧设防以对付日军的反击。2营在小学二楼部署机枪阵地掩护通往城山的地区，步兵占据了通往山中的一道浅沟，G连、F连和E连自西向东排开。工兵和火炮也上山加强已被削弱的步兵，2营决心不再丢失他们的阵地。在巩固阵地期间，美军击退了日军的两次反扑。日军反击规模虽小，却相当勇猛，甚至有2辆坦克在战斗中被背炸药的日本兵摧毁（有日军幸存者提到曾有2名女子挺身队员以肉搏攻击爆破2辆坦克）。

伊江村东西两侧的307团3营和305团3营，当天从两个方向夹攻村落。307团3营克服覆盖茂密植被的困难地形，逐个清除日军碉堡和洞穴工事后，在城山山脚至美军新赢得的血岭阵地之间建立了一道战线。305团3营向东缓慢通过伊江村的废墟，同左侧（北面）的

在遭受美军和日军双方的火力打击后，伊江岛上的小学已经只剩下一具混凝土外壳。77师307团2营以2楼为机枪阵地，掩护305团和307团的部队向右侧的血岭进军。

306团保持视距内的联系，同时与右侧（南面）的307团保持实质性的紧密接触。随着南面307团2营的前进，以及伊江村日军不断增强的抵抗，305团3营受到的限制不断增多，只能取得一些较小的收获。

到20日黄昏时，日军阵地已变成以城山为中心的半径300米的圆周，日军被美军向城山压迫，对日军的包围网在进一步缩小。

17时左右，日军第2步兵队第3中队第3小队长野口少尉右手提着军刀、左手拿着手枪，带着17名士兵出现在第2中队阵地。野口少尉对儿玉军医黯然说道："这就是第3中队的全部人员了。我是受到重伤部下的央求后，用这把手枪把他们全部杀掉后才过来的。本想用这把手枪消灭敌人，却不得不先用它杀掉自己心爱的部下……"

晚上7时左右，日军传令兵从战斗指挥所奔向各队传达井川少佐下达的实施最后总攻的命令：

敌登陆以来之五日间，我官兵面对拥有优势装备之十余倍之敌，连日连夜奋勇战斗，予敌极大打击，然我军官兵亦相继牺牲，弹药亦极为匮乏，因此决定于今日半夜以残存全部兵力予敌最后一击。

接到命令的各队由于人员严重缺乏，连伤员也在战友的搀扶下走向攻击准备地点。兵力为军官约10名、士兵约150名。此外，一般平民、防卫队、女子救护班、协力队的许多成员也志愿同行。女子救护班的女性剪掉头发穿上了男装，妇人协力队的主妇们也手持竹枪背着孩子参加了行动。总攻的部署为：井川少佐和蒮江大尉指挥主力两队向政厅高地（学校高地）方面攻击、第2中队的草牧中尉指挥第2中队幸存者向机场方面攻击，独立机枪中队提供火力支援。

城山在白天已被美军坦克包围，特别是麇集于城山东麓的坦克群射出的炮弹和机枪子弹如暴风雪一般席卷城山的东坡和南坡。带领指挥班人员离开坑道的第1中队长吉冈中尉就在这弹雨下毙命，此外第1中队和本部也死伤多人。

当晚，美军发现有日军小部队刺探血岭政厅高地周围的美军战线，显然是在寻找307团2营防线的弱点。21日4时30分，日军开始向政厅高地集中射击，307团2营阵地遭到了长达一个小时的迫击炮齐射。5时30分，日军在猛烈的迫击炮和轻武器火力支援下实施了突

击。美军发现有三百多个日本人分成三路纵队，从北方、西北和西方快速向2营阵地推进。美军还看到队伍中居然有手持竹枪的妇女。日军越过己方的迫击炮弹幕，孤注一掷地冲进美军防线，双方展开你死我活的恶战。在战场上，日军的步枪射击声和美军坦克的机枪开火声响成一片。美军坦克已在该处战线上摆下阵列，暴风雨般的弹雨中日军相继倒下。

307团2营左翼的G连发觉日军的主攻方向就是自己的阵地。G连右翼排很快稳住一侧的局面，左翼排抵挡不住，被日军冲开一条道路。日军一路冲进政厅高地西侧边缘正下方的营指挥所。包括营长、幕僚和文书在内的营部全体人员、配属工兵和G连余部，就在指挥所附近奋战，这个时候他们根本没有别的想法，完全是在为自己的生命而战，就在高地山顶附近组成了一道防线。

日本人以自杀式攻击冲进这道防线，点燃炸药包，不惜与美军同归于尽。一些日本人一路冲进2营指挥所中央5米以内的地方。如果不是美军早有准备，用子弹和手雷将他们击毙，双方就会在指挥所肉搏。日本人甚至会引爆随身携带的炸药包，实施肉弹攻击。

机枪手梅二等兵在日军密集火力下连续作战两天，已经非常疲劳，当时的战况让他睡意全无，进入亢奋状态的他一直手持机枪支援用步枪还击的战友们。一波波冲杀过来的日本人被他的大面积扫射如割草般放倒。直到梅被落在身旁的迫击炮弹片击中前，他的机枪一直都是指挥所一带抵抗日军的核心武器。受了重伤，无法继续使用机枪的梅依然不下火线，继续用手雷还击敌人，直到他受了致命伤为止。很大程度上正是由于他的奋战，美军才能守住临时拼凑的防线。战后，梅被追授荣誉勋章。经过连续一个小时的近战，美军终于击退日军，收复了一度被夺去的阵地。参加这次进攻的大多数日本人都在美军阵地内被击毙。

天亮后，日军偃旗息鼓。G连防区内有280具尸体，F连和E连阵地前有84具尸体。美军伤亡也很大。4月21日上午，已在先前的战斗中消耗不少战力的G连，至此仅剩36名战斗人员。H连还剩49人，E连也不过57人。H连的两个机枪排一共还有19人可以执行任务，8挺重机枪仅剩2挺可以开火。到4月21日为止，307团2营共有30名军官非死即伤，登岛之初的所有军官几乎换了一

遍。在这次战斗中，攻击政厅高地的日军几乎全部死伤，井川少佐也在政厅高地附近中弹后用手枪自杀。攻击机场方面的草牧队也几乎死伤殆尽。至此，伊江岛守备队基干部队第2步兵队第1大队除儿玉卫生见习士官外，所有军官均已战死，部队处于全灭状态，有组织的战斗就此结束，田村大队也处于全灭状态。参加21日反击的女子救护班仅有9人生还。

尽管代价巨大，美军在血岭的局势已经好转，仍占据伊江村中心城区的日军已经不多，只需再进行一些零星战斗就能完成任务。上午，307团3营接替伤亡较大的2营，扫荡了政厅高地周围的阵地，封死各处洞穴。21日拂晓，305团3营击退草牧队的挺身突击后，最终成功地向东攻入伊江村。3小时后，该营使用火焰喷射器、巴祖卡火箭筒和炸药，摧毁了日军的十二处阵地，推进到城山西南山脚的小湖至伊江村一线阵地。美军从南面进攻城山的通道也被打通了。

4月21日上午，306团的3个营开始收紧他们对城山的包围圈。3营从8时30分开始进攻东坡，1营和2营继续清除北坡和西北坡的日军洞穴和碉堡工事。

美军步兵收紧包围圈的同时，城山四周的激战仍在继续。美军各营之间的距离已经非常近，需要他们谨慎协同行动，以免开火会误伤友军。在前敌负责指挥的副师长兰德尔准将命令各部进行车轮战，当一个营主攻时，其他各营负责掩护。午后不久，西面的307团3营和东面的305团1营一同从血岭北进，目标是城山南坡。日军显然已无力在这一带组织抵抗，美军的两个营穿过脱离战斗的305团3营的正面阵地，在13时便顺利抵达南坡。13时45分，307团3营与左侧的306团2营和右侧的306团3营完成了对城山的全面合围后，兰德尔准将向布鲁斯少将报告："所有有组织抵抗已被摧毁。"日军的零星抵抗仍在继续。城山的西南坡仍在日军手中。直到14时45分，305团3营一部和306团2营E连，在2辆坦克的支援下，才占领西南坡的残余日军阵地。

4月21日15时以后，城山的美军各部都已投入扫荡战。这座山头的大部分地区都在美军的掌控中，日军仍会从地下通道和据点冲出来突袭。美军有计划地消灭这些地下据点。当天仅307团就缴获或摧毁5门81毫米迫击炮、5具掷弹筒、1门75毫米榴弹炮和2门47毫米

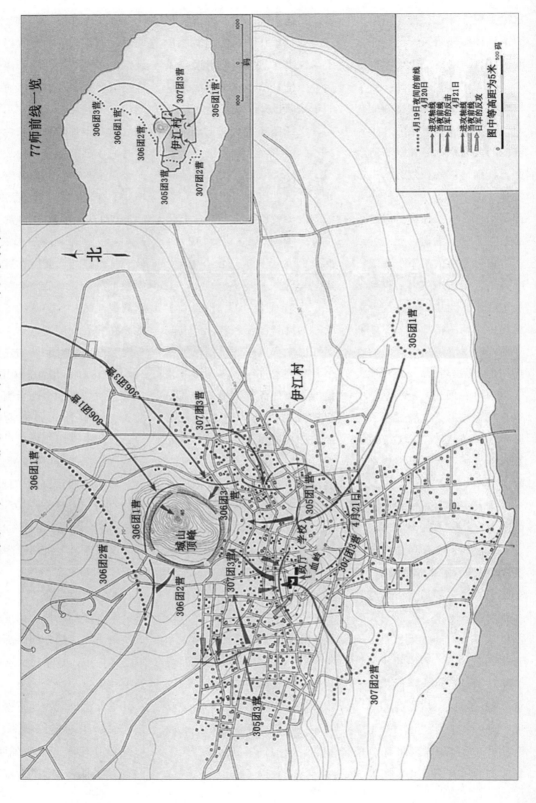

地图三十六　伊江岛 4 月 20—21 日的战况

反坦克炮。

4月21日17时30分，美军宣布占领伊江岛。77师师长布鲁斯少将感慨道："（伊江岛的）最后三天是我所见过的最艰苦的战斗。"

在美军宣布占领伊江岛后的5天时间里，77师各部还在扫荡残敌，封闭洞穴，摧毁碉堡，标记或者排除成千上万颗仍埋在岛上的地雷，埋葬死者，在城山及其周围、伊江村和沿海的洞穴里，击毙了数以百计的日本人。为加速机场建设，机场和通往机场各条公路上的排雷行动是美军优先保障的任务。伊江岛最后值得一提的遭遇战发生在4月22日夜间，当时一股军民混杂的日本人，包括妇女在内，用步枪、手榴弹和炸药全副武装，从城山的洞穴中突然出动，袭击了306团阵地。他们最后全部被美军歼灭，没有给美军造成任何人员损失。

在伊江岛的6天战斗中，美军声称共击毙4706名日本人，俘虏149人。死者中有许多平民，在双方交火时要区分军人和平民极为困难，即使在战斗结束后，检查尸体时要确认身份也并不容易。据美军估计，伊江岛上经过武装和身穿日军军服的日本平民大约有1500人。根据日方资料，伊江岛守备队共有约2700人，其中有约1000名防卫队等伊江岛本地人，因此在除去这些人员和日军被俘人员后，可推算出日军死亡人数约1550名，县民死亡约3000名。如加上伊江岛本地防卫队，则日军死亡人数约为2550名，其余县民死亡约2150名，详细情况仍不明确。伊江岛居民在美军登陆时有大约4000人，其中2100人得到美军保护。

美军摧毁的日军物资的确切数字也无从查考，许多物资都被炮火埋葬，被封闭在洞穴中，或者被炸得粉碎。可以精确统计的美军缴获和摧毁的日军装备有34门迫击炮和掷弹筒、44挺轻机枪、8挺重机枪、4门反坦克炮、5门高射炮、5000多枚各式地雷，以及一些制造自杀式飞弹的部件。

4月24日，美军公布的伊江岛人员损失为战死172人、负伤902人、失踪46人，合计为1120人。[①]根据77师外科军医的说法："伊江岛的人员伤亡异常严重，许多人四肢复合型骨折，轻武器造成的头部贯通伤也很多。"在他的报告中，在944起病例中，有412处创伤是轻武器子弹造成的，511处创伤是各种弹片造成的，还有21处是其他原因造成的。在6天的战斗中，美军消耗的物资和弹药数量惊人。在77师使用的60辆中型坦克和6门105毫米突击自行火炮中，共有5辆被日军的地雷、手持炸药包的敢死队或者反坦克炮彻底摧毁，还有许多因受损暂时无法使用。这次战役期间，美军的坦克和自行火炮发射了大约5000发75毫米和105毫米炮弹，两栖车辆一共发射了2500多枚37毫米和75毫米炮弹。尽管由于战斗后期的各种条件限制，未能使用更多的炮火支援，77师师属炮兵仍发射了16023枚105毫米和155毫米炮弹。

伊江岛扫荡行动结束后，美军的基地建设速度随之加快。一开始由于机场埋下大量地雷耽误了时间，但美军工兵很快便修复原有的机场，开始修建新跑道。平民都被送往庆良间列岛，岛上的其他地区提供了足够的空间修建各种设施。工兵们在岛北岸发现了一个大型石灰岩水池，在高潮时

---

① 在其他资料中也有美军战死239人、失踪19人、受伤879人的记载。由此可推断有数十名伤员在后来不治身亡，数十名失踪人员被确认死亡。

战斗结束后，从"红4"海滩东端公路眺望的血岭西端的政厅高地。伊江村几乎没有留下任何痕迹。伊江城山在山脊后隐约可见。

能灌满自然过滤的100000加仑淡水。5月10日，一个战斗机大队进驻伊江岛基地。5月中旬，机场的所有滑行跑道和飞行跑道可全面运作，雷达和空袭预警设施安装完毕。6月14日，伊江岛机场已有3个战斗机大队和1个夜间战斗机中队在执行任务。如美军所期望的那样，伊江岛成为支持冲绳岛军事行动、同时准备将来进攻日本本土的理想基地。

在伊江岛战役期间，死于集体自杀的平民超过100人。战后，有多名幸存者提到日军曾对平民说过"眼看要被俘虏的时候，就先杀掉孩子，父母随后自杀"这样的话，还向各家分发了手榴弹。4月22日左右，在东江前的一处自然洞穴中有约150名平民正在避难，由于美军接近了洞穴，防卫队员便用带来的炸弹自杀，洞穴也在爆炸中坍塌。战后在此处发掘出100具遗骨，被合祀于"芳魂之塔"。这样的洞穴在岛上另外还有两三个。

在残酷的对日战争中，一些美国海军陆战队士兵杀红了眼。在本部半岛，有一群男性平民被美军赶出藏身的洞穴，美国兵向他们赠送了香烟，随后却从背后将他们射杀。同样在本部半岛，有一名30多岁的男性一看到美国兵便逃到山上，他的弟弟因为腿脚有毛病被美国兵从洞穴里拉出来，然后美国兵让他面朝山上，从背后射杀。在备濑，一名男性在搜集粮食时在田地中被美国兵抓住，在美国兵的命令下走进洞穴时，从后面遭到枪击。同扫荡冲绳北部的海军陆战队一样，进攻伊江岛的一些美国陆军士兵也同样表现出冷酷的一面。在伊江岛北岸的一处自然洞穴中潜藏着很多士兵和平民，后来人们在美军的劝告下走出洞穴。这时一名腿部受伤的防卫队员由同伴背着走到洞外。美国兵命令这名防卫队员的同伴放下伤兵，防卫队员被同伴放下来之后，立刻遭到美国兵枪杀。

美军对敌方男性怀有如此刻骨的仇恨当然不难理解。尽管装备低劣，防卫队仍然积极参加了伊江岛的战斗，并且遭受了毁灭性打击。在防卫队

停放在伊江岛机场的海军陆战队422战斗机中队的F4U-1D战斗机。

员中，有一名本部村渡久地出生的居民被配属给第502特设警备工兵队。虽然这名防卫队员（姓名不详，下文以"队员A"代之）在1937—1940年期间参加了中日战争，在伊江岛上所能使用的武器却只有竹枪和手榴弹，当时防卫队1个分队仅有一两支步枪而已。

在美军登陆的第2天夜晚，队员A参加了突袭行动。他和一名同伴冲进美军的帐篷，2名美国兵慌忙跳了起来，却都是赤手空拳。队员A用竹枪拼命向黑人士兵戳去，却被对方抓住竹枪，怎么也刺不中。同伴虽带了步枪，却被另一个美国兵抓住，原来他在

地图三十七　美军进攻和占领伊江岛的全过程

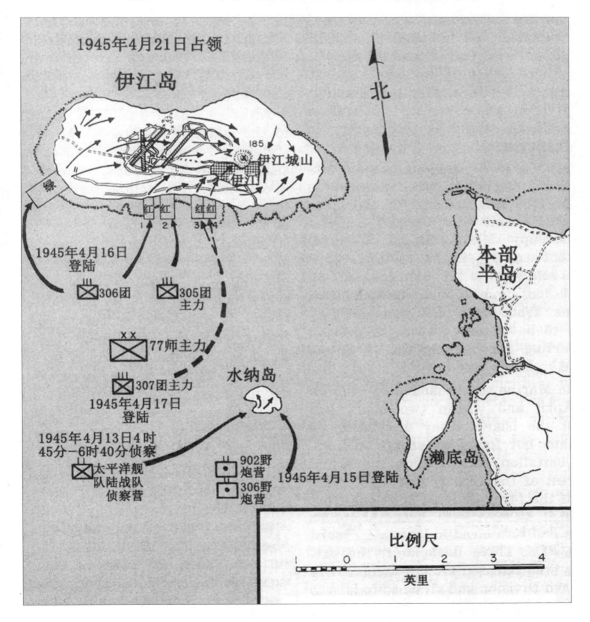

慌乱中没能关上保险。最后队员A用枪托将与其搏斗的美国兵击倒。这时天已开始放亮，他便赶紧撤退。在工兵队解散后，队员A和其他几名幸存者乘坐筏子逃往冲绳本岛，在途中被美军的哨艇发现。队员A扔掉装有自杀用的手榴弹、步枪以及1升酒精的背包，几个人都非常幸运地当了美军的俘虏。

另一名幸存防卫队员的经历更加奇异。恩纳村南恩纳出生的某防卫队员（下文称为"队员B"）在1944年10月末被军队召集，加入第502特设警备工兵队，此后每天忙于机场的整修和竹枪训练。在美军登陆的第3天，队员B参加了挺身突击，武器只有手榴弹2颗。由于遭到机枪的猛烈射击，无可奈何之下他只好返回坑道。之后他在岛上徘徊时左腿受伤，逃进了海岸边的坑道里。虽然一再有人从外面喊话劝降，队员B始终没有走出坑道，反倒将坑道里的老人和少年劝了出去。

纯粹出于偶然，队员B发现在坑道深处还藏着另一条更加宽敞的坑道，便在里面住了下来。美军进行了多次搜索，始终没有发现队员B。当年秋天，他又多了一个伙伴——一名本部村崎本部出生的防卫队员，后者此前一直住在树林里，因为觉得太危险，便和队员B一起在坑道中生活。进入11月后，他们发现美军已经撤出伊江岛，还在垃圾场丢弃了足有1卡车分量的食物。在兵营里还有大量衣服和寝具等生活用品。

两人由此获得了丰富的物资，还用削过的木头、空罐头盒、降落伞的带子制成了三线（冲绳当地特有的乐器），开始用农历记录日记。在1946年农历的"大晦日"（一年中的最后一天），两人做了五道菜好好享受了一番，还唱了整晚的歌直到天亮。1947年3月，第1拨居民开始返回伊江岛。大约在五六月间，在坑道前晾晒的衣服上被人放了一封信："村民已经回到岛上。你们会得到热情的接待，请放心地早点出来吧。"

于是两人结束了长达两年多的鼹鼠般的穴居生活，重新沐浴在温暖的阳光下。

另外两名幸存士兵的经历甚至更加令人感到不可思议。美里村出生的一名28岁的男性被再次召集后进入宇土部队第1大队第3中队，成为中队长的勤务兵（以下称为"美里兵"）。在18日的战斗中他第2次受伤，此后和同伴们在各坑道间辗转移动。5月份左右，他们在单人壕中遭到最后一次攻击，美里兵的一名同伴死亡，另一名宫崎县出生的征集兵（以下称为"宫崎兵"）也受了伤，此后美里兵和宫崎兵两人便各自在附近的榕树上避难。他们搬来树枝筑巢为家，并确保不会被人从下方发现。之后，出于安全考虑，他们在相距500米左右的榕树上各自选好了栖身之地。

在树上生活期间，他们每天在黎明前吃饭和解手，然后便爬到树上，不吃不喝地静静坐着。天黑后，他们便来到地面坐下。宫崎兵本来就因为受伤得了破伤风，后来两人都为疟疾所苦。在美里兵的努力下，两个人都活了下来。

同前文提到的在坑道中生活的两人不同，美里兵和宫崎兵可以在树上观察岛上的情况，因此他们能够清楚地观察美军的动静。他们可以轻易地从美军的垃圾场获得丰富的衣食供应，还弄来10套军服、3双鞋子、剪刀、肥皂、手电筒和钢笔，过上了"豪华"的生活，甚至奢侈到衣服弄脏后就直接扔掉的地步。

过了将近2年的树上生活后，两人在1947年3月被返回的村民发现并被保护起来。

像以上2组4人这样在长达2年的时间里一直过着亡命生

活，甚至连日本已经战败都不知晓，这样的事情在整个冲绳战场上都是绝无仅有的，是只有伊江岛才发生过的特例，尽管这座岛屿的大部分地方都比较平坦，看似不大可能长期隐蔽。这种事情之所以发生，最主要的原因就在于，伊江岛上的居民被美军收容后，在1945年5月下旬被全部转移到渡嘉敷岛和庆留间岛，美军也在战争结束后一举撤出伊江岛，直到1947年1月才有调查队登岛，当年3月以后居民才开始返乡，在此之前这里变成了无人岛。

第七章　南部冲绳的总攻

策划总攻

4月14日，美军第24军打退日军的反击后，并未急于在南部冲绳发起总攻，一连几天都在巩固阵地和巡逻。

4月18日下午，天气晴朗，27师在宇地泊北方的宿营区检查枪械。15时整，他们开始以漫长分散的队列出发，向宇地泊靠拢。40分钟后，几个没穿军用夹克，也不戴钢盔的人，抄起一挺机枪，从奥哈拉山包漫步到牧港北岸，把机枪架了起来。小队美军士兵来来往往，在牧港附近的多个位置就位。

这种看似不经意的行动其实经过周详计划。27师正在进入24军部署的阵地。24军会全力在4月19日发动总攻，届时27师将先行突袭日军左翼。24军为这次进攻积极准备了大约一周之久，希望以3个步兵师一举打穿日军主防线。

按照24军的计划，美军的总攻将突破日军围绕首里建立的错综复杂的防线，占领延伸到与那原和那霸之间的较低谷地和公路。军长霍奇少将命令第7师东进占领178高地，然后南下攻打该师辖区内的那霸－与那原公路路段。96师的383团充当军预备队，师主力负责直取首里防线核心，占领公路南面的首里城。这两个师将从4月19日6时40分开始进攻。27师将会提前50分钟从他们在4月18日夜间占据的阵地出发，任务是占领嘉数岭、浦添绝壁，以及那霸－与那原主干道以外的山地和沿海平原。当总攻正式开始时，他们将推迟出动，等候炮火准备全面完成。

这次总攻最引人注目的，或许就是将在步兵突击部队出动40分钟前开始的大规模炮火准备。美军为这次攻势集中了27个炮兵营（包括9个海军陆战队炮兵营），将会炮击日军防线正面的每个部分。在炮击

20分钟后，美军会将炮火转移到日军后方各地区进行10分钟打击，意在诱使日军从地下工事现身，然后会再度转移到日军前沿阵地倾泻炮弹。当27师投入总攻时，全面炮击还会再次进行。在炮火准备期间，美军航空兵和海军舰炮会集中轰炸和炮击日军后方各地区。航空兵的火箭弹和重磅炸弹将直取日军在首里的司令部。一支地面部队将登上运输舰船，在南部冲绳东南沿海一带佯装登陆以分散日军注意力。

霍奇少将对这次进攻寄予厚望，同时对将要面临的困难也做好了心理准备。17日，他对部下的参谋说道："这次进攻将是一次非常艰巨的行动，南部冲绳有65000到70000名斗志高昂的鬼子藏在洞里。"他觉得不会马上出现大规模机动作战的机会，但在各师的辖区内可以进行小规模机动，如果美军能打进首里阵地的话，大规模机动作战的机会就

可能出现。

3个步兵师面临的地形将随着他们的深入，变得愈加令人生畏。27师前方右侧是牧港（嘉数西北1公里），中央是一片遍布水稻田的低矮平地，其间多道溪流纵横分布，后来美军将这一地区称为"嗡嗡炸弹碗"，左侧则是嘉数高地和村落。96师面对的是几座不太起眼，但防御严密的高地，诸如墓碑岭和西原高地，以及棚原悬崖棱角分明的崖面。第7师前方则是178高地的坚固防御阵地和此前曾挫败他们的和宇庆村落。

这些令人头疼的地形只是日军南部冲绳主防线的几个

点而已，越过之后，美军甚至还要面对更坚固的障碍。第一道屏障的要地之中，最险峻的是浦添绝壁，这道绝壁横跨27师正面，与96师前进道路的大部分地区交叉。绝壁起自冲绳西海岸，一路向东南延伸，地势逐渐抬高，最高点位于冲绳岛中部，从不规则的崖底上升大约65米。从这个位置开始的绝壁被称为196高地，日军从崖顶的大部分地方可以获得瞰制四面八方的极佳视野。绝壁在岛中央附近形成了一个断崖终点，接下去日军在幸地、翁长和小那霸周围崎岖地带的防线，几乎一直延伸到中城湾。这道防线后方，是日军在首里

地区的第二道，也就是内侧防线。那是冲绳岛日军防御体系的核心，地形完全没有规则，小平顶山头、深沟、圆形粘土丘陵、绿色谷地、光秃突兀的珊瑚石山岭等各种地貌犬牙交错。

4月14日到4月19日，双方的战线没有任何显著变化。美军派出多支巡逻队刺探日军防御阵地，火炮、海军舰炮和飞机在搜寻和尽力摧毁日军的重武器和各种设施。地面和空中观察人员在研究前方的地形，希望准确定位19日炮火准备期间能摧毁的洞穴、壕沟、补给点和炮兵阵地。

在美军阵线后方，一切都在积极进行。霍奇少将认为这次总攻要做的"90%是后勤，10%是战斗"。美军在滩头阵地抓紧作业，卖力地平整主要补给路线。运载弹药和各种物资的卡车和两栖运输车排起长龙，日夜在前线和滩头阵地穿梭。

原先在海上待命的第27步兵师，是这次进攻的生力军。他们于4月9日在渡具知海滩登陆，便被配属给正在计划总攻的24军。4月15日，27师接管了96师的西海岸辖区。另外，第7师和96师一共得到大约1200人的兵力补充。这些补充兵在塞班装备和训练，年轻

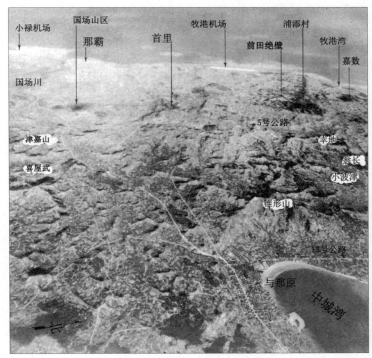

从2286米高空观察到的南部冲绳战略要地。

精壮，精神饱满。补充兵的到来，极大地提振了一线步兵的士气，但24军的兵力仍嫌不足。

这段时间，日军第32军也在持续加强防务。

27师夜袭牧港地区

在24军右翼就位的27师要想成功实施先期突袭，必须绞尽脑汁。27师在牧港北岸的辖区，尤其是最右翼的106团，完全落入港口南岸日军的观察视野。美军在这一带的任何运动，哪怕只是准备工作，日军从瞰制港口的一座峭壁和更南方1.6公里的陡坡上，都能看得清清楚楚。

美军缴获的一份日军文件，让27师师长小乔治·格里纳少将得到启发。日军第62师团发布的这份文件告诉所属部队："敌人在夜间基本都会开火，但很少发动进攻。"[1]格里纳少将和师部参谋人员制订战术计划的时候，正好收到文件的译本，看罢几乎立即达成一致，干脆进行一次夜袭，让日军大吃一惊。27师在开赴冲绳前不久，曾进行过夜战训练。此外，27师最初的目标是宇地泊前线和浦添绝壁之间1000多码的开阔地，地形很适合夜袭。要在白天突破这一地区，西有牧港，中有稻田和溪流，东有高低起伏的地势，都会形成阻碍。日军会充分利用对这一地区的观察视野，让预先部署的火力从容密集地落到美军突击部队身上。夜袭能避免这种弊端，还能出其不意。

格里纳少将的计划利用了日军在牧港地区除了一些前哨之外，再无其他兵力的有利条件。牧港和伊祖（嘉数西方1公里）附近是日军步兵第63和第64旅团的战斗地段，负责牧港、伊祖正面防御的是独立步兵第21大队（大队长西林鸿介中佐，6月10日晋升为大佐）该大队的防御重点在西方海面，对北方陆地正面的防御比较薄弱，给美军提供了可乘之机。

根据计划，在4月18日夜间，27师右翼（西侧）的106团将在夜色掩护下越过牧港海湾，天亮时抵达1号公路从穿过的浦添绝壁，随后通过绝壁前往东南方，夺取这一带的重要高地。19日上午，左翼（东侧）的105团将从嘉数村前的阵地出击，清除那里的日军，然后直取浦添绝壁崖顶，在那里与右翼的106团会合。格里纳少将下了死命令："任何情况下都不得停止前进。"

为发动进攻，美军需要解决一个棘手的工程问题，出于保密需要，问题变得更加复杂。4月18日夜间，美军在牧港湾要建造四座桥梁，一座是让突击部队通过海湾的人行桥，两座全长27米的活动便桥用于运送火力支援武器过海，还有一座强度足以让半吨载重卡车运送物资过海的橡胶浮桥。[2]黑暗中架桥本来就十分

冲绳战役期间的美军第27步兵师师长小乔治·格里纳少将。1944年6月，在塞班岛战役期间，前任师长拉尔夫·史密斯被时任第5两栖军军长霍兰·史密斯中将撤职，格里纳于6月28日正式接任师长一职，一直到战争结束为止。

---

① 日军独立步兵第21大队第3中队的幸存者之一井土邦一（原姓山内）后来回忆说，他本人就在大队本部印刷过这份文件并向各中队送去以作为美军战术的参考资料，上面还写有部队长的名字。
② 牧港原来建有一座铁桥，但在4月18日被日军爆破。18日黄昏，独立步兵第21大队第3中队的野畑少尉、铃木伍长等三人将20公斤炸弹的雷管同10公斤急造炸弹连接在一起炸坏了铁桥，并在桥畔埋设了代替地雷的野炮炮弹。

困难，更糟糕的是，27师102战斗工兵营没有架设活动便桥的经验。27师使用活动便桥前就已离开美国，过去都是在较小的岛屿上战斗，根本不需要建造这种大孔径便桥。好在新近加入27师的埃尔文·戈尔登中尉曾在突尼斯参与修建活动便桥。在他的指导下，工兵们耗费几天时间在后方区域完成了这种便桥的拆装作业。

进攻前的保密工作非常重要，时间紧迫，加上日军观察视野极佳，真要做到很难。如果牧港附近出现架桥设施，日军就会察觉美军有渡过港湾的计划。102工兵营只能在后方准备好所有装备，让车辆分批运往港湾一带。

欺敌的另一项措施也颇费思量。通往即将架设浮桥地区的道路，是一条坑坑洼洼的吉普车小道，从奥哈拉山包直达距目标250码的一块稻田。装载架桥装备的卡车在这条道路通行，必须做好各种准备，这样会引起日军怀疑。在进攻发起前的白天，美军的一辆推土机会开到这条路上。偶尔会有吉普车陷在道路里，推土机就会设法让车辆脱困，然后用泥土和岩石填埋吉普车留下的车辙。推土机操作员大大方方地轮流睡觉、摆弄引擎，另一辆吉普车陷进道路时，会摆出非

常烦躁的手势。晚上，他们立即抓紧赶工。4月18日，这条道路已得到拓宽和改善，几乎直通港湾边缘，旁观者一时还很难推算出道路究竟何时翻修过。

进攻临近，27师的各项战术计划最终成形。格里纳少将希望能突破日军防线，指出："无论发生什么事情，我们都必须前进。我们没有时间等待侧面部队。如果我们无法行动，那就想方设法前进。我不想听到任何部队的指挥官告诉我因为侧面的部队无法前进，所以他也无法前进。"第7师师长阿奇博尔德·阿诺德少将和96师师长詹姆斯·布拉德利少将都指示部下各级指挥官"果断快速"地进攻，哪怕造成较重的伤亡和后勤问题也在所不惜。

4月18日16时07分，看上去纯属试射失误，一枚烟幕弹落到了牧港以东200码位置。微风将烟幕向西吹向大海，在河口蔓延成一层薄雾。下午看似漫不经心地在港湾东北岸集结的突击部队正紧张待命。几分钟之内，烟幕弹又纷纷落下。在烟雾掩护下，美军步兵沿着港湾西侧边缘的通道全速冲刺。几分钟后，106团2营G连已越过港湾，在西岸的悬崖掩护下集结完毕。

随后G连以排为单位行动，攀上沿途的峭壁，在日军各处前哨阵地周围机动。午夜，在黑暗中经过一系列小规模战斗后，G连彻底消灭了牧港地区的日军前哨。

19时30分到20时，运载活动便桥装备的卡车分批从伊佐出发，向南方的港湾急驶。20时30分，运载浮桥装备的卡车也开始驶向前方。天黑不久，推土机就开始最后一次平整道路，确保运载步行桥和浮桥材料和装备的卡车能在牧港边缘卸货。工兵的夜间作业十分平静，没有受到干扰。午夜，128码长的步行桥就已完工。3小时后，两座活动便桥也可通行。只有浮桥有些麻烦，港湾的退潮冲走了锚链和一些浮筒，直到次日中午才完工。

午夜刚过，106团主力开始全面出击。整个夜晚，美军的人流源源不断地通过步行桥。G连的先期战斗完成得漂亮，日军没有采取行动阻碍美军过桥。天亮前，F连已越过G连阵地，安静地以单列纵队沿1号公路前往浦添绝壁西北端的路堑（即浦添绝壁与1号公路的交叉点）。美军相信路堑肯定有防御，即使在夜间，沿着公路正面强攻也一定代价巨大。靠近崖底时，F连的一个排离开公路，向右（西侧）

前进，开始攀爬长满灌木的崖坡。半小时后，他们登上崖顶，依然没有日军干扰。

这个排随后向左侧（东南方）迂回，安静地顺着悬崖脊线向路堑推进。在路堑附近，他们发现一队日本兵围坐在火堆旁，正准备吃早饭，便立即开火。一些日本兵当场倒下，其他人也顾不得武器，赶紧向路堑逃去。枪声一响，日军如梦方醒。片刻工夫，日军的迫击炮弹便落到正向公路推进的F连主力身上。崖顶的美军排快速向路堑方向前进。美军靠近路堑时，与守卫的日军交火半个小时，清脆的枪声在悬崖两边清晰可闻，双方的心情完全不同。美军倚仗局部兵力优势，派出部分兵力包抄，日军终于不敌，从路堑向南逃遁。

106团随后开始巩固浦添绝壁西北角的阵地。7时10分，F连其他各排相继到达路堑附近的崖顶，将少数残留日军逐出藏身之所。路堑西北方的29高地一带和路堑东南方的48.9高地本来分别部署着日军独立步兵第21大队的第1中队和第4中队，106团恰好在日军疏于防范时渗透到第1中队和第4中队的中间，很快占领了48.9高地和伊祖村北侧高地一带，导致独立步兵第21大队的防御态势急剧恶化。顺利占据

浦添绝壁西端后，106团准备走下悬崖，前往与105团的会合点。

27师最初的攻击取得了极大成功。南部冲绳前线就像蓄势已久的积雨云，开始释放雷电。

美军24军的总攻

4月19日5时12分，美军佯攻集群的军舰向日军在冲绳南海岸的阵地开炮。为支持这次牵制攻击，航母特混舰队和两栖舰队共派出5艘战列舰、2艘巡洋舰和4艘驱逐舰助阵，一同炮击凑川海滩。美军的48架飞机对目标海滩实施了大约25分钟空袭。7时42分，77师307

团1营官兵乘坐的LCVP登陆艇越过出发线。35分钟后，最后一波登陆艇开始返航，佯攻结束。

这次佯攻无疑同4月初的佯攻一样，吸引了日军第32军全力防御冲绳东南海岸。第32军参谋认为美军在凑川登陆的主要目的是为第10集团军进行地面运输支持，一旦美军真在该处大举登陆，62师团在美军24军的进攻下就会面临全线崩溃的危险。4月20日，第24师团司令部得到命令，应随时准备将部队投入前线。

4月19日的晨雾散去，冲绳战役最大规模的一次空袭开始了。美军的67架飞机向与那原投掷了大量凝固汽油弹，点

4月19日，美军在南部冲绳总攻的炮火准备期间，使用的支援火炮包括203毫米榴弹炮，这种火炮在冲绳才首次用于太平洋战场。
基本性能参数：
重量14515公斤　全长10.972米　炮管长5.14米　炮组人员14名
弹重90.7公斤　口径203毫米　水平转角 大于60度　垂直射角 −2度至+65度
最高射速1发/分钟（也有3发/2分钟之说）　出膛初速587米/秒　有效射程16800米

燃了地上的一切，108架美机狂轰滥炸，将伊霸化为废墟，首里更是被139架飞机完全破坏。美军这次空袭还出动50架飞机，使用炸弹、火箭弹、12.7毫米机载机枪子弹和凝固汽油弹打击日军的后方地区。第5舰队的21艘军舰也用舰炮加入美军火力准备的大合唱。据美方资料所述，美军这一轮雷霆般的打击，让日军62师团损失了约4000名经验丰富的老兵，这无疑是夸大其词。

美军在太平洋战争中最大规模的炮火齐射，奏响了24军总攻的序曲。美军的27个炮兵营，一共324门105毫米至203毫米口径榴弹炮，从6时开始发射第一轮炮弹。美军前线的火炮密度达到平均每公里47门，实际火炮密度从东向西愈加集中，无数炮弹飞向日军在正北面的主阵地。向日军前线倾泻密集炮弹20分钟后，炮火又延伸500码打击日军后方，美军步兵则佯装行动，好似开始进攻。6时30分，炮火再度指向日军第一线阵地，继续炮轰了10分钟。40分钟内，美军炮兵共向日军阵地倾泻了19000发炮弹。在猛烈的陆、海、空火力打击下，位于第24军前进道路上的低矮丘陵上的日军阵地，隐没在连续升起的火柱和浓烟中，被炸得面目全非。

在这猛烈的炮击轰炸期间，首里北方防御阵地内的日军第62师团各部队均潜伏在洞穴阵地内。洞内犹如置身强震之中。可怕的闪光飞进洞内，继而巨大的声音挤压着洞壁，这是在洞外及近距离爆炸的炮弹或炸弹造成的。最危险的是洞穴阵地的入口被直接命中。这样的爆炸会堵塞洞穴的出入口，产生的惊人的气浪冲进洞内时，一些士兵被猛地摔到洞壁上，瞬间被挤压而死。

6时40分，炮火再度转入日军后方。美军各突击排从这

地图三十八　4月19日，日军在南部冲绳防线的部署

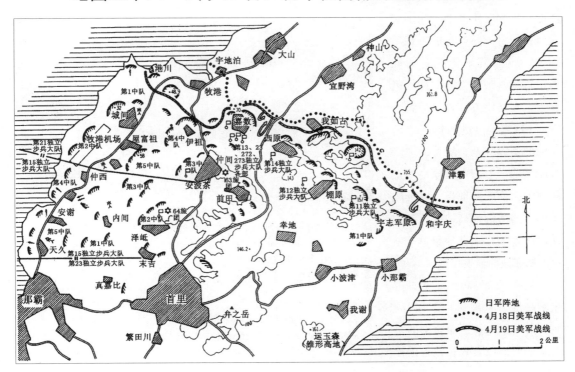

时起才开始前进。他们期待着日军即使没有在恐怖的钢铁风暴中被消灭，也已经陷入茫然自失的状态。他们的幻想很快就破灭了。深藏在洞穴中的日军几乎没有受到什么损失，利用适当时机完成了战斗部署。第24军炮兵指挥官约瑟夫·希茨准将后来说，他怀疑在早晨的地面炮火准备期间，一共只有190名左右的日军被击毙，亦即每100发炮弹大约击毙1名日军。在放松警惕的美军开始前进后，严阵以待的日军立即冲出洞穴用火炮和机步枪顽强应战。战场顿时化为地狱。

在嘉数高地的东方，分布着西原高地－棚原154.9高地（棚原岭）－157高地（178高地）－和宇庆高地－和宇庆西南棱线（天际岭）的一连串阵地，这些阵地依托有利地形，将自然形成的防御线连接起来，在其前方还构筑了我如古－142高地（乱石岗）－南上原的坚固阵地，统称为"南上原高地带"。南上原高地带和前田、仲间高地带一同形成了最大的关键性高地带，其中任何一处失守都会导致首里前面的防御战斗岌岌可危。

负责西原高地、我如古东侧高地（墓碑岭）、142高地、南上原一线正面防御的是独立步兵第12大队长贺谷中佐

指挥下的以独立步兵第12大队和独立步兵第14大队为基干的部队。从13日开始配属于贺谷中佐指挥下、部署于142高地一带的步兵第22联队第2大队在17日返回了原所属部队。

在美军第24军的总攻中，96师负责进攻位于日军首里防线中央的我如古－西原地区。96师左翼（东面）的382团负责攻打墓碑岭和棚原岭；右翼（西面）381团的任务是拿下西原高地和浦添绝壁以外地区。96师最右翼的381团3营阵地位于嘉数高地和西原高地之间的鞍部，位置比师左翼靠前1.6公里。4月19日，96师向西原高地和墓碑岭发动了进攻。

6时40分，96师左翼的382团2营出发，开始占领前方的一系列小山丘，其中仅少数有日军把守。左侧乱石岗的狙击火力和迫击炮火给他们制造了一些麻烦。虽然日军在某些地方进行了抵抗，不过要挫败小股日军没有费多大事。美军推进一段距离后，一个日本兵突然从路边的小洞穴窜出，向坦克车队的头车投掷炸药包。只听一声怪响，这辆坦克正好倒在洞口，将洞穴牢牢封住，美军其他坦克前进的道路也被自家坦克堵死了。坦克无法继续前进，2营中途与日军发生了一些零星的手雷对攻战，仍将96师左翼向前推进了800码

墓碑岭之战是冲绳战役中的一场典型战斗，由于地形原因，装甲武器的使用受到极大限制。图为美军的M-7自行105毫米榴弹炮在炮击日军阵地，支援96师的步兵进攻。

M-7自行火炮基本性能参数

重量 22.97吨　全长 6.02米　最宽处 2.87米　车高 2.54米（连高射机枪可达2.95米）

乘员5人（一说7人）

装甲厚度 12－62毫米　主要武备 105毫米M1/M2榴弹炮　配弹69发　次要武备 1挺12.7毫米口径M2勃朗宁机枪 配弹300发

行动里程193公里　车速 公路39公里/小时　公路以外24公里/小时

左右。

382团2营右侧的1营在推进初期未遇抵抗,直到C连和A连分左右两路对墓碑岭北端展开钳形攻势,真正的战斗才开始。墓碑岭标高约23米,长800米左右,两侧遍布坟墓,日军对其稍加改造便可用作野战工事。这里的地势不是很高,但足以瞰制周围地区。日军在山上挖掘了大量地下工事,组成了一个对两侧都能相互支援的迷宫般的阵地,让它变成了一个可怕的强点。防守墓碑岭的是独立步兵第14大队第2中队一部,并得到迫击炮、重机枪和臼炮的支援。攻打山岭东侧的1营C连因受到机枪和迫击炮火阻击,无法前进,攻打西侧的A连则被日军的连环手榴弹压得抬不起头。两位连长赶紧呼叫炮火支援,坦克也开上来助战。中午,A连在炮火支援下,终于冲上西坡,反斜面日军顽强密集的阻

击火力让他们在山顶根本无法立足,更无法攻入东坡。A连长在山顶的战斗中战死。战斗中美军的1辆坦克被日军的47毫米反坦克炮摧毁。天黑前,1营仅在墓碑岭西北突出部和西坡一部取得一片不稳固的阵地。他们在山顶无法立足,东坡完全在日军手中。

在墓碑岭西侧更南面的位置,西原高地也爆发了激战。这座高地与墓碑岭之间被一道与比屋良川相连的山沟分隔,与墓碑岭构成了一个直角,全长约1.6公里,基本呈东西走向。西原高地其实是嘉数岭的延伸段,中间仅隔着一道宽阔低矮的山鞍,5号公路,即宜野湾-首里公路就从这道山鞍穿过。最终汇入牧港的比屋良川源于棚原东北山间,流经西原和嘉数岭北侧山脚,在嘉数前方形成峡谷。部署在西原高地一带的日军部队有独立步兵第14大队本部和该大队第2中

队、独立机枪第14大队本部和该大队第2中队主力、独立速射炮第22大队本部和该大队一部、独立臼炮第1联队第5中队、迫击炮中队等。

381团1营从我如古正北阵地穿过村落的西半部,顶着我如古东南的日军机枪火力一路进入开阔地。左翼的C连距离墓碑岭很近,容易遭到与前进方向平行的高地上射出的狙击火力打击,很快就在开阔地上被日军的火力压得无法抬头,天黑前再也无力前进。10时45分,日军的臼炮炮弹开始落下,杀伤力不大,但声势颇为骇人。1营一部抵达西原高地北面,天黑前为避免遭到日军火力打击,只得后退。

96师最右翼的381团3营在比屋良川等候35分钟,仍不见1营跟上,只得先行出击。当K连来到峡谷对面时,遭到日军掷弹筒、机枪和步枪火力袭击,日军在西原高地洞穴和坟墓中的阵地不易攻击,开火位置隐蔽,令美军不胜其烦,但也只能耐心地逐个解决。K连的一个班在友军掩护下,冲进日军的一座阵地,击毙5名日本兵,捣毁1挺机枪和2具掷弹筒。位于这座工事正上方第二座工事里的日军机枪手选好了位置,冷不防一个长点射打出一梭子弹。另外一座工事的机

4月19日,381团1营的美军官兵弯腰通过燃烧的我如古村西的废墟。

枪跟着开火。美军的这个班在狭小的工事内难以隐蔽，当场4死2伤，真有些得不偿失。

尽管一路困难重重，K连的两个排在8时30分仍然通过山岭的山顶，到达西原村北边。随后正前方遭受日军手榴弹和掷弹筒阻击，两侧又被纵射机枪火力封锁，正面突破和侧翼迂回都无法施展，只好停止前进。幸存下来的美军士兵退过山顶，在前坡挖掘散兵坑等候援兵。24小时之内，K连已更换了两位连长，第一位战死，第二位负伤。

3营右翼I连正面遭到西原高地西段日军机枪火线遮断，与公路交叉的嘉数岭突出部的

这四幅照片是从一部关于冲绳战役的电影中选取的坦克被毁场景。在步兵支援下，美军的谢尔曼中型坦克正在进攻日军洞穴阵地。图1（左上）的坦克被日军地雷掀翻。图2（右上）爆炸中逃出坦克车的乘员身上已经没有军服。图3（左下）美军步兵奋力用灭火器扑灭火焰，努力营救困在坦克里的4名坦克兵。图4（右下）救援最终无果，火势蔓延到坦克的车载弹药库，爆炸让坦克变成了一堆废金属。

日军机枪又将右前方锁住。交叉火力让I连动弹不得，继续尝试穿越火线只会徒增伤亡。这个位置是96师和27师的结合部，双方的行动边界就在嘉数岭和西原高地之间鞍部的宜野湾－首里公路正西穿过。381团3营长小D.A.诺兰中校得到I连的伤亡报告，觉得有必要和27师的友军协同作战。诺兰亲自找到相邻的27师105团C连长约翰·马尔赫恩上尉商谈，准备用他当时可用的5辆坦克，支持本部I连和马尔赫恩连协同进攻。马尔赫恩有心帮忙，但他的部队正准备开始向右侧的嘉数山岭周围进发。14时前后，诺兰中校明白不能指望在右前方暴露的情况下向嘉数地区前进，得到团长M.E.哈洛伦上校许可后，让他的部队后撤到比屋良川后方。在撤退开始前，诺兰部下的一辆坦克在通过嘉数和西原高地之间的鞍部时，被从西原高地突出部突然杀出的日军用炸药包摧毁。

381团预备队3营L连被团长哈洛伦上校调到前线填补1营和3营之间的缺口。L连抵达比屋良川之后，沿着河岸边缘挖掘散兵坑宿营。从这个位置，他们可以用机枪和勃朗宁自动步枪为前方正在后撤的友军提供火力支援。日军发现L连后可不会让他们这样从容，

3枚白炮炮弹落入他们的阵地，造成几名美军士兵阵亡，掀起的大量砂土还险些将另几人活埋。当天在西原高地前方和山上，落入381团阵中的81毫米迫击炮弹大约有2200枚。到当天17时为止，3营一共损失85人，其中16人战死。

同一时期，第96师东面第7师的两个团攻击了独立步兵第11大队（大队长三浦日出四郎中佐）正面，后者据守着从东海岸向内陆高地延伸的第一线阵地。32团的任务是占领天际岭（日军称为"和宇庆西南棱线"），即日军防线东端，184团则负责占领178高地（日军称为"157高地"）和向西到达师边界的地区，那里正好坐落在一片漫长的珊瑚石旁，后来美军称这片珊瑚石为"乱石岗"（日军称为"142高地"）。这两个团的各一个营

会从战线中央，沿通往和宇庆高地的山岭南下，和宇庆高地是天际岭的延伸段，178高地东坡突然崛起的一座山包（位于和宇庆西方1公里）。一旦到达这个位置，32团2营将沿天际岭下山向左（东面）进攻，184团2营则向右（西侧）上山进攻178高地山顶。

守卫天际岭的独立步兵第11大队及配属部队在4月17日共有约1400人，经过两天战斗已减员到800至1000人。在安排天际岭防务时，日军将大部分机枪都部署在山岭正面（北面），以及和宇庆高地北坡和东坡。81毫米迫击炮则部署在178高地后山坡（南坡）大队炮阵地西面。

19日晨，美军的2辆中型坦克和3辆火焰喷射坦克一路从第7师在海岸平原的阵地隆隆南下，越过和宇庆高地，快

4月19日美军进攻的南部冲绳东海岸天际岭与和宇庆山。

速驶入天际岭末段（最东端）的阵位。2门75毫米坦克主炮和3门装甲火焰喷射器同时开火，高爆弹和火焰接二连三射入日军在山岭低端占据的坟墓和炮台。这是美军上下寄予厚望的火焰喷射坦克在冲绳首次投入实战。火焰喷口喷出数十米长的烈焰，声势极为骇人。火焰射入天际岭所有面向美军的洞口，点着人工建筑和天然植物后浓烟四起，熏得日军睁不开眼睛。在工事内藏身的日本兵在狭窄的空间内被突如其来的火焰活活烤死，几乎没有时间体会恐怖。

美军的坦克攻击持续了15分钟。7时刚过，步兵就跟了上来。天际岭末段前坡的所有日本兵都已被火焰烧死，在后

山坡藏身的日军用所有能够使用的武器阻止美军越过山顶。步兵的战斗很快就在天际岭狭窄如刀锋般的天际线上爆发。美军各级官兵牢记师长战前的严令，不顾一切冲向前坡，日军的两次反击都没能挡住他们。日军为了守住阵地，完全不惜性命，越过己方迫击炮弹幕冲向山顶，向美军投掷手榴弹和炸药包。山岭上的爆炸声此起彼伏，手榴弹和手雷在空中交错飞舞。美军终究人数占优，冲破了日军的防线。

随后美军沿着通向和宇庆高地的更高的坡地平静地前进了大约500码。突然间枪炮声大作，飞蝗般的子弹伴随着日军机枪刺耳的开火声向美军射来，美军队列前方的士兵应声

倒地，随后迫击炮弹在美军散兵线中央落地开花。美军为准备进攻煞费苦心地采取了各种欺敌措施，日军也同样聪明，等到美军进入这片日军早已标定好的火力覆盖区域后才全面开火。一旦撞上这道火墙，美军只能停下脚步，苦撑到16时20分，只得退回之前的阵地。32团3营被迫放弃他们在天际岭低端取得的小片立足点，损失将近100人，其中13人战死。日军独立步兵第11大队也在当天的战斗中损失惨重。

在第7师右翼，乱石岗的珊瑚柱一路向南延伸了几百码，与美军的进攻方向正好平行，直指将近1.6公里之外的棚原岭（日军称为"棚原154.9高地"）。棚原岭前后两天都遭到美军炮轰。184团3营K连处于乱石岗北岗正前方，派出的巡逻队没有被骚扰。美军观察人员曾发现日本人跑进乱石岗山坡上的坟墓，没料到那些露头的珊瑚岩布满蜂窝般的隧道和洞穴，里面储存着大量武器，日军士兵正严阵以待。此时乱石岗正由独立步兵第12大队和独立步兵第14大队编成的混合部队防守。

4月19日7时30分，K连前进200码后，日军的机枪子弹、迫击炮弹和野战炮火同时向他们飞来，形成了一片密集

火焰喷射坦克正在为进攻天际岭的第7师突击部队开道，放火焚烧乱石岗西坡。

地图三十九 4月19日,美军第7师对天际岭的进攻

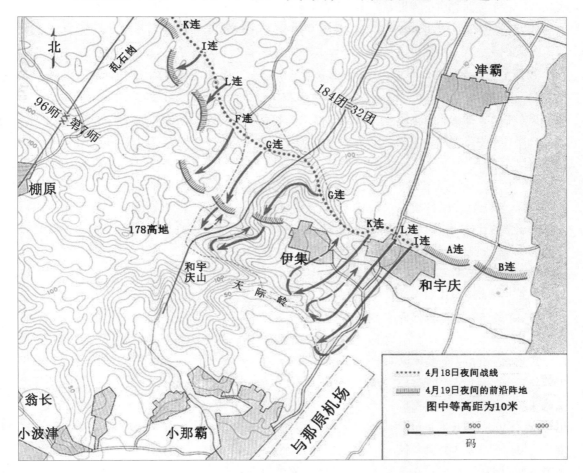

的立体火网,将他们前方化为一片可怕的修罗地狱。这是一片日军早已标定的全面火力覆盖区,散兵线哪怕再分散也冲不过去。美军步兵赶紧卧倒,仍然出现了不少伤亡,没受伤的步兵也被火线压得无法抬头,实在无暇照顾负伤的战友。在K连左侧行动的友军被乱石岗的倾斜纵向火力所阻。K连一直等到午后,才能沿乱石岗北岗东坡后撤。天黑时,

美军在乱石岗地区一无所获。当晚,独立步兵第14大队在乱石岗的部队奉命撤退到西原的大队本部,独立步兵第12大队则继续防守该阵地。

再度受挫

4月19日,美军27师右翼部队连续机动。前一天晚上,106团的2个营已趁夜色越过牧港,黎明前在浦添绝壁西端建

立了阵地。6时整,106团3营也离开西嘉数高地。24军开始总攻时,3营越过牧港,来到浦添绝壁一带,沿着本团其他两个营之间的崖顶占据了一个阵地。配属27师行动的侦察骑兵连则位于绝壁的最右端(西面)。

在此前后,日军第62师团长藤冈中将得到美军侵入牧港、伊祖一带的消息,遂命令步兵第64旅团长有川主一少将

立即夺回阵地。独立步兵第21大队长西林中佐向有川少将报告将独力击退美军，有川少将没有采取特别部署。西林中佐命令被美军侵入正面的第1中队击退敌军。第1中队反击失败，美军在该方面的兵力不断增强，同日军发生混战，激战持续终日。

在27师第一线的另一翼，105团1营奉命沿比屋良川就位，正前方曾让美军多次受挫的嘉数岭是他们的第一个目标。1营C连位于左翼，紧靠宜野湾－首里公路，B连和充当预备队的A连依次在右翼向西列阵。

在此之前，防守嘉数高地的独立步兵第13大队经过数次战斗后，其战力已经极度低下，因此第62师团长准备用独立步兵第23大队主力将其替换下去。4月19日，暂属独立步兵第13大队长原宗辰大佐指挥

下的部队包括：

独立步兵第13大队（配属第62师团工兵队1个小队），该大队战力仅剩三分之一左右；

独立步兵第23大队（大队长山本重一少佐，欠第2、第5中队、机枪1个小队），战力较为精锐；

独立步兵第272大队，大队长下田直美大尉以下多人战死，实力不足一个中队；

独立步兵第273大队（大队长楠濑一珍大尉），战力不足一半；

独立迫击炮第8中队。

（4月13日以来配属于独立步兵第13大队的步兵第23联队第3大队在17日奉命返回原所属部队）

在美军开始进攻前，原大佐为分割美军的坦克和步兵将其歼灭进行了周密的准备。

4月19日早晨，美军步兵从人行桥上越过牧港湾。

日军已经料到美军将会实施步兵和坦克协同攻击，企图打穿西原高地和嘉数岭之间的防线，对此做了充分准备。日军根据此前的成功经验，制订了针对性的反坦克计划。这个计划的先决条件就是让美军步兵无法与坦克一同行动。独立步兵第272大队以本大队的4挺重机枪和2门高射炮、3门联队炮组成多层次反坦克火力网，再加上暂编迫击炮第2大队的81毫米迫击炮，能够覆盖两座高地之间的鞍部。此外，日军还组织了2个各有10人的特攻分队，都被派往鞍部一带，负责对美军步兵的近战任务。在19日的战斗中，这两个分队损失都很大，其中一个几乎全军覆没，另一个有3名士兵战死、1名下士官受伤。日军防线也充分利用了独立速射炮第22大队的47毫米反坦克炮，以及步兵的近距离自杀式特攻分队。这些防御准备工作十分完备，日军甚至放出豪言："没有哪怕一个步兵能通过（这样的火力网）。"

19日7时30分，在美军东路和中央的进攻开始50分钟后，105团1营的步兵准时出发，向比屋良川前进。8时23分，1营先头部队抵达靠近比屋良川的一座小山包。这个山包面朝嘉数岭，隔着200码的

开阔地。美军的散兵线开始快速跑下小山包，进入开阔地时，对面山岭上的日军机枪和迫击炮便开始"热烈"地招呼他们。200码之内机枪和迫击炮杀伤力最大，美军立即出现伤亡。随着冲锋队伍的艰难前移，伤亡不断增加。小山包下坡的美军士兵还可以寻找依托掩护，但进入开阔地的战友们完全被日军火力钉住，再也不能移动分毫，山包上的士兵们面对密集的机枪子弹阻击，甚至无法上前接应。与此同时，嘉数岭末端和鞍部西坡几乎完全被日军炮火覆盖。

8时30分，1营步兵离开嘉数岭前方的小山包几分钟后，美军坦克以三到四辆为一组，列成纵队，开始向比屋良川运动，一路通过嘉数和西原高地之间的鞍部，沿着嘉数和西原中间的洼地状的道路南下，突破了日军的第一线阵地。27师一共集中了大约30辆坦克、自行突击火炮和火焰喷射坦克，集中攻打日军阵地。193坦克营A连是这支坦克部队的主力。在越过峡谷和鞍部时，由于触雷和路障，美军损失了3辆坦克，其他坦克仍在继续前进。

当20多辆美军坦克列成纵队沿公路南下时，日军的47毫米反坦克炮、高射炮、联队炮均已做好水平射击的准备，即将热烈"迎接"它们的到来。西原－嘉数之间的标高差并不大，但若干高地重叠分布。在这一系列高地之中，日军炮兵阵地进行了巧妙的对空隐蔽。日军预测美军部队将从高地群底部南北走向的中间道路前进，因此各炮队的火炮阵地全部构筑于道路的两翼。在先前的炮击轰炸中，隐匿在大道两翼的日军炮兵阵地几乎都未受到破坏。

独立速射炮第22大队此时只剩下2门47毫米反坦克炮，其他10门炮已全部在4月5日的战斗中被击毁。尽管如此，残

地图四十　4月19日，日军272步兵大队隔离美军步兵和坦克的火力计划

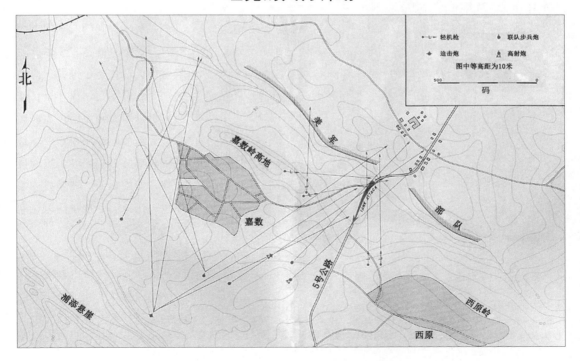

存的47毫米炮仍然在这天的战斗中发挥了致命的威力，它们被部署在公路侧面西原高地边缘的隐蔽阵地内，一直没有被美军发现。正在前进的美军坦克车队突然听见连声炮响，紧跟着是一辆坦克中弹起火的声音，然后是另一辆……根据美军的记录，日军反坦克炮一连射出16发炮弹，击毁了4辆坦克。日军的高射炮、联队炮也和反坦克炮一起向坦克进行集中射击。遭到炮击后，坦克车队陷入混乱状态，日军看到在未受伤的坦克中，有的在拼命旋转炮塔，看来是在寻找日军炮兵阵地的火力点。美军自始至终都没能开一炮还击，一来无法确定反坦克炮的位置，二来重任在身，无暇他顾。坦克车队主力丢下起火燃烧的那几辆坦克，急忙南下，努力寻找航空照片上显示的通往嘉数岭的一条模糊小路，始终没能找到，反而又损失了一辆坦克。

关于这次反坦克战斗的情况，日军独立速射炮第22大队第3中队第2小队长武田藤雄少尉曾有如下回忆（跟美军的描述多少存在一些差异）：

我指挥1门47毫米速射炮在西原南侧占领了阵地以便能够向嘉数村方向射击。

4月19日晨，美军坦克从宜野湾公路上列队南下。我速射炮等待着可从侧面射击的时机，有一股打头的6辆坦克从侧面经过时，从第6辆开始逐次指向打头的坦克射击。射击距离为300—400米，因此从首弹开始即命中目标，5辆美军坦克几乎各用1发炮弹就将其接连打瘫，有1辆坦克一边射击一边后退逃掉了。在瘫痪的坦克中，有的还在旋转炮塔，胡乱射击。

后续的坦克开向嘉数村方面。可以看到我方的野炮炮弹（应为高射炮或联队炮）命中了坦克，但我这门速射炮没有射击。

再说美军坦克车队在惊慌之中迷了路，开进了一条错误的小路，在嘉数岭东面相对平坦的地方冲到一座悬崖前才发现走错了，只得原路返回主公路。他们总算在公路上找到了正确的小路，10时过后通过了嘉数村一带，到处引发大火和破坏。3个小时后，村落已化为一片燃烧的废墟。美军坦克在此期间也遭到日军步兵肉搏攻击，还有坦克触雷，更多的坦克则被日军的火炮、迫击炮击毁。根据美军的记录，总共有14辆坦克在村庄一带被毁（日军资料称有约20辆坦克被打瘫），其中6辆被日军敢死队用10公斤炸药包摧毁。已摸到窍门的日本兵，往往会将炸药包扔进坦克底盘。坦克瘫痪后，大部分坦克兵还活着。日军步兵分队会想尽办法迫使他们打开炮塔舱门，然后投掷手榴弹，让他们在狭小的坦克舱内被炸成肉酱。

独立步兵第13大队第2中队的伊藤芳良军曹也参加了这次反坦克战斗，冲进了美军坦克的队列。在之前的战斗中，经过美军的反复攻击，第2中

冲绳日军凭借地利优势，让美军装甲兵吃了不少苦头的"一"式47毫米速射炮（反坦克炮）。
基本性能参数
口径47毫米　重量726公斤　水平转角60度　垂直射角 −11度至+19度
炮弹初速823米/秒　用弹 穿甲高爆弹和标准高爆弹

队只剩下很少一点兵力。伊藤回忆道（括号中的说明文字均为笔者所加）：

在此期间，我们步兵要想干掉美军的坦克，必须同时满足几个条件。第一，在美军来到近处之前必须完全隐藏身体。第二，坦克部队总是有步兵伴随，在敌人实施这种步炮协同（应为步坦协同）作战时不能冲出去。如果冲出去的话即使没有被坦克干掉也往往会被步兵部队的枪弹打死。第三，就是要分割这种步炮协同作战。那一天（4月19日），我中队准备好五具掷弹筒正在待机。然后我们用掷弹筒向跟在坦克部队后方的美军步兵部队射击（根据美军战史记载，美军步兵和坦克部队在这次战斗中并不存在真正意义上的"步坦协同"）。掷弹筒的齐射阻止了美军步兵部队的前进。再继续射击时，步兵部队便开始后退了。坦克部队则继续前进。步坦协同作战就此崩溃。

在那之后不久，我在发烟筒的烟幕中冲向眼前的美军坦克。我寻找死角逼近过去，对近前的坦克进行了骑马攻击。我打开了炮塔的顶盖，然后扔进手榴弹。受惊的坦克兵们纷纷跳出来，遭到友军机枪扫射。当时，我扔进去的手榴弹

还没有拔掉安全栓。我取代他们钻进了坦克里面。坦克内部就好像上等的轮船客舱一样。舱壁上贴着几张女性的照片，不知道是女演员还是情人什么的。

此外，在几个座位的周围还散放着巧克力和口香糖等。我首先喝掉了其中的一罐果汁。然后，我又搜集了香烟、K口粮、手电筒和手榴弹什么的，抱着这些东西离开了车内，简直多得拿不动。这辆坦克并没有瘫痪，而是几乎完好无损。此后不久，接到了本部发来的"将瘫痪的坦克完全破坏"的命令。当然了，没有受伤的坦克也落得同样下场。

在嘉数村一带，美军坦克兵一直坚持到13时30分，发觉步兵迟迟不能前来会合，终于在请示上级后撤退。上午在嘉数岭左端周围机动的30辆坦克，下午仅有8辆安全返回。4月19日，美军在嘉数地区一共损失22辆坦克，这是美军装甲兵在冲绳单次战斗的最高损失记录。在这次行动期间，坦克全程都没有步兵支援。损失的22辆坦克中有4辆是首次出击的火焰喷射坦克。不过日军也蒙受了不小的损失。在当天的战斗中，除了炮兵部队、臼炮联队和迫击炮外，日军步兵还

得到了独立速射炮第22大队、独立机枪第4大队、野战高射炮第81大队的有效协助。

由于地形限制，美军在这次进攻一开始就只能让坦克和步兵分头行动，当坦克车队独立在日军防线后方行动时，原定协同作战的105团1营却在嘉数岭前方动弹不得。A连的一个排共34人在主力之前先行出发，未受干扰便越过嘉数岭。当他们进入嘉数村北方边缘时，触发了日军的火力陷阱。这个排当天没有一人能回到美军阵地，好在经过一年多实战锤炼，他们已经知道该如何应付危局，在发觉中计后便分散成多个小组且战且退，在废墟和坟墓里藏身，最终大部分人逃过一劫。到4月25日为止，这个排共有25人脱险，最终确认有8人战死、1人失踪。不过回到美军阵地的士兵们都伤得不轻。

9时07分，105团1营全线受阻时，2营接到命令向全团最左翼的边界地带推进，同时对宜野湾－首里公路沿线施压。2营长亲自前往这一地区侦察，当他越过一面低矮石墙、进入嘉数岭东端对面的开阔地时，竟先后四次中弹。12时25分，2营向左侧进攻时，在嘉数岭东面尽头受阻。这天上午，在105团2营发动进攻的

同时，替换106团3营的105团3营离开西嘉数高地，向浦添绝壁进发。15时35分，该营的L连和I连已登上绝壁崖顶，就在106团3营东面就位。下午，冲绳的天气愈加难以捉摸，一直有大风，不时还会下雨。

16时，从当天上午开始代理105团2营营长职务的欧内斯特·弗莱米希上尉，在得到团长W.S.韦恩上校批准后，率部迂回嘉数岭西端。2小时后，2营在3营占据的浦添绝壁下方坡地就位。与此同时，1营奉命前往嘉数村正前方充当团预备队。这里所谓的"前方"其实是1营在浦添绝壁前方的村庄西南占据的阵地。105团在傍晚时已经放弃了嘉数岭正面的全部阵地，1营和2营当天在嘉数岭前一共损失158人。

比伤亡人数更加严重的是，到傍晚105团实际上已经离开嘉数北方正面，其兵力被调往牧港南方的伊祖高地（嘉数高地左后方）方面。次日，105团主力被卷入伊祖高地一带的战斗，其最左翼的1营则从日军嘉数阵地的左侧背发动了攻击。这样一来，从19日黄昏以后到22日期间，第27师和第96师之间便因兵力空虚，出现了约1英里的大缺口。这是日军在冲绳战役期间遇到的最佳战机，如能充分利用这一破绽，便可直冲美军背后，严重破坏美军的攻势。当时日军第32军没有察觉到美军战线上出现了大缺口。第32军正在整条战线上拼命实施防御战，实在无暇寻找美军的破绽，在美军的连续进攻下也没有实施局部攻势的想法。

在19日嘉数地区的反坦克战斗中，日军使用了包括反坦克炮、高射炮、山炮、迫击炮在内的各种火炮，以及步兵的肉搏攻击来对付美军坦克，这不仅是这次反坦克战斗的特色，也是整个冲绳战役中日军反坦克战术的缩影。以高射炮的水平射击来直射美军坦克的战术在冲绳战役之前已经在菲律宾战场吕宋平原等地的战斗中尝试过。在很多其他战区，日军的野战高射炮大队也曾经冒着暴露火力点的危险强行实施这种战术。在冲绳本岛的地面战斗中，高射炮的水平射击战术更是开始被日军大量使用，发挥了相当威力。

在此前的4月7日，独立步兵第12大队机枪中队主力休息的洞穴被美军战舰发射的巨弹直接命中，露天堆放在洞穴入口处的反坦克用的黄色炸药被引爆，发生了大爆炸，洞穴内

日军的"八八"式75毫米野战高炮。在冲绳战役期间，日军将大量高炮炮身放平，当作反坦克炮使用。
基本性能参数
口径 75毫米 最大射程 13800米（水平）或9144米（对空） 水平转角 360度
垂直射角 0度至+85度 全重 2643公斤 炮弹初速 720米/秒
使用弹种 高爆弹、穿甲弹、燃烧弹

的机枪中队主力在瞬间阵亡数十人。就在这次爆炸前不久，机枪中队的藤井正弘曹长奉大队本部命令带领一个小队撤退，因此避开了这次惨祸。根据大队命令率领机枪小队向首里北方防线最前线的后方不远处的第二线移动的藤井曹长，在转移途中目睹了非同寻常的战场风景。

当时，藤井率领的小队正扛着被分拆的两挺重机枪向后方的浦添方面移动。他在途中经过的友军阵地一角看到将长长的炮身水平摆放着的火炮，以为这是新型的大炮，便向队长模样的军官问道："这是什么炮？"对方回答说是高射炮。藤井在中国战线曾多次目睹过高射炮，之前看到的高射炮的炮身都指向天空射击，将炮身水平摆放还是初次见到。"为什么不向空中射击呢？"队长笑道："啥？当然是为了捕获地面目标。干这个效果更好。"

不久，火炮前方1500米左右的位置出现了美军坦克的身影。队长一边说："那就是我们的猎物"，一边自言自语道："瞧着吧，会稳稳打中的。"马上下令准备射击。藤井怀疑是否真能命中。与在天上高速飞行的飞机相比，地面上的坦克移动速度再快，也毕竟迟缓得多。为队长的话语所

动，藤井等人藏在岩石后面观看高射炮进行水平瞄准射击。

令他吃惊的是，第一弹就准确命中目标，坦克被眩目的闪光包围。美军的坦克队列因头车中弹停止移动。中弹的坦克并没有起火，就那么后退了，很快便隐没在山陵后面。美军坦克的前部装甲很厚，所以无法贯通。令藤井更吃惊的是，这些高炮兵处于赤裸裸的暴露状态下，炮座周围根本没有掩体。打开支架水平瞄准的高射炮虽可以射击，却无法移动。高射炮队的队长行个礼便向部下喊道："快走！"开始着手准备南下移动。这时，队长笑着说："就凭这一发，对方在今天是不会再出来了。"

类似藤井曹长在部队转移途中目睹的高射炮水平射击，可以有效抗击美军坦克，但同时风险也很大。在掩体不完备的情况下射击，经常会被空中警戒的美机发现，高炮的移动

也十分困难，会成为美机的目标，不断有高炮被破坏，炮旁的炮兵也因此阵亡。

4月19日，嘉数阵地的战斗结束后还发生了一段插曲。第32军得知多辆美军坦克被打瘫的消息后，竟灵机一动，想要利用被美军遗弃的坦克，为此派出了战车第27联队的人员。当战车联队的军官抵达前田附近时，瘫痪的坦克却被第一线部队彻底破坏了。

19日夜，根据第62师团的命令，嘉数地区以西的防御由步兵第64旅团长负责，嘉数地区的防御由独立步兵第23大队长山本少佐负责（接替独立步兵第13大队），独立步兵第13大队和第273大队则后退到前田地区。

在浦添绝壁西端（城间北方地区），4月18日夜袭成功的106团2营于19日白天南下，在沿通往1号公路西侧的山岭前进时因受到独立步兵第21大

4月19日战斗后不久的牧港湾，图左公路上的3辆两栖运兵车都已被摧毁。图左背景部分是通往浦添绝壁的斜坡。

队第1中队的顽强抵抗受挫。这一带后来就被美军称为I号阵地。106团在浦添绝壁其他位置向南方的运动也基本上在破晓时被日军发现后就已停滞，不过他们的战线顺利向东延伸，与105团3营连成一线。

天亮后，日军发现了美军在牧港架设的桥梁，便用火炮和迫击炮炮击。美军的坦克直射火力打哑了一门从浦添绝壁正面洞穴开火的火炮，但日军的330毫米臼炮炮弹接连落在架桥区域。15时30分开始，日军野战炮火弹幕开始集中打击架桥区域。半小时后，美军的浮桥和一座活动便桥已无法使用，只有步行桥还算完好。

4月19日，美军总攻的第一天无论以何种标准来看都算不上成功。24军的3个步兵师在任何位置都没能打开突破口。日军在每处都守住了自己的阵地。24军西翼的27师将战线前推了相当一段距离，但占领的地区大部分是无法保障安全的低地，对悬崖后山坡日军阵地的进攻同样全部受阻。这一天的战斗中，24军伤亡和失踪合计达720人。

伊祖高地的夜袭

4月19日拂晓，美军第27师106团奇袭伊祖、城间一带

的独立步兵第21大队阵地，登上浦添绝壁西端，随后轻松占领48.9高地及其附近一带。

漫长高耸的浦添绝壁是一座天然防御阵地，在冲绳战役中令美军吃尽苦头，当美军从西海岸企图向东突破日军在这一带的防线时，战斗尤为艰苦。悬崖靠近岛屿中部的部分地势更高，北侧几乎都是峭壁。悬崖的这一部分落在27师辖区左端，然后延伸到96师辖区。正好位于崖顶之外的伊祖村，是日军占领的一处关键阵地，防御伊祖村一带的是独立步兵第21大队和独立臼炮第1

联队一部。

日军在伊祖周围的网络式防御阵地的核心，是一座高耸的岩石山峰，比浦添绝壁其他部分高出12到15米，位于伊祖村东北，被美军称为"西峰高地"，日军称为"伊祖村落北侧高地"或"伊祖高地"。这座山峰布满洞穴、豁口、隐蔽的小角落和细缝，从任何方向都很难靠近，野战炮火和迫击炮火也无法造成多大影响。山峰上的隧洞四通八达，有些洞口出现在伊祖村，其他向西延伸200码远。另一座强点是悬崖上的一座塔形高地，被美军

美军27师攻击区域内的浦添悬崖西端。

称为"东峰高地"，位于西峰高地东南450到600码的位置，日军称为"伊祖东南高地"。崖顶在该处有许多挖空的墓穴，日军在多数墓穴中仔细部署了可以阻击所有通道的机枪。在"双峰高地"正中，有一条能够攀上崖顶的公路，形成了一个急弯路堑。日军在公路上敷设了地雷，设置了有力的路障堵住路堑。

美军在19日轻松占领西峰高地，不过日军资料声称独立臼炮第1联队第4中队的1个小队仍然确保着高地的一角。至于东峰高地的独立臼炮第1联队本部（兵力50－60人，重机枪2挺）虽然在当天遭到包围，仍然坚守着高地。西峰高地山腰处的海军炮台在当天被美军舰队的集中炮火击毁。位于高地正下方的独立步兵第21大队本部在19日美军开始进行集中炮击后紧急转进至安波茶村，但原来大队本部所在的横洞式坑道内的大队医务室、经理部、师团无线通信队却在美军急袭下陷入孤立，被困在洞内。

日美双方的资料中对西峰高地（伊祖高地）被美军占领的过程叙述得极为简略模糊，彼此间也存在很大差异。根据美军的记录，4月19日夜，27师105团3营登上浦添绝壁崖顶，其战线延伸到西峰高地周围。105团2营并未登上崖顶，不过他们与3营在穿过这片山岭的路堑处会合，其战线向东弯折，延伸至山下。也就是说，西峰高地是在19日夜被105团3营控制的。

根据日军资料的说法，西峰高地是从19日晨开始，在经过了一番血战后才被美军占领的。在独立步兵第21大队第3中队（长泽中队）的战史书《黄尘与珊瑚礁》中对西峰高地陷落的过程有这样的描述："集中射击刚一停止，M4坦克便很快排成单列纵队一举越过河川。伴随步兵一边反复施放火焰一边前进过来。像蛇一样舞动着的火焰撕裂了破晓前的黑暗。分队人员以轻机枪、掷弹筒应战，或者怀抱破甲炸弹突击。这在压倒性的火力面前没有任何用处。天亮时，伊祖高地露出赤裸的地面，海军炮台的炮身被炸飞，凄惨地碎裂在山脚至高地一带。战死者的累累尸体彼此重叠在一起。从牧港延伸到伊祖的陡坡上，敌兵密密麻麻地冲了过来。就这样，伊祖高地被占领了。"第3中队的幸存者铃木义正伍

日军独立步兵第21大队第3中队长（第5任）长泽文雄大尉（摄于山东省张店附近的演习场）。

日军独立步兵第21大队第3中队覆灭的伊祖高地（即西峰高地，摄于1961年7月）。

长也认为："在市面上出售的战记中将美军的这次夜袭写成是'渗透过来的'。所谓的渗透，指的是进入无人之处。这次夜袭是以猛烈火力强行突破，21大队的战友在全体转入肉搏攻击后战死了。这并非拘泥于言词，只是所谓的渗透不过是不知实情之人的呓语罢了。如果有能射击坦克的大炮就好了。"第3中队当时正驻防安波茶，似乎不大可能直接参加西峰高地的防御战斗。不过根据长泽中队战史的含混描述，该中队似乎有部分兵力部署在西峰高地上，详细情况毫无记载①。总之，要么是美军战史遗漏了某些事情，那么就是日军幸存者混淆了不同时间地点发生的战斗。

无论如何，美军在城间、伊祖地区的侵入对第32军的左侧背构成了重大威胁，因此第62师团长在当天再次命令有川旅团夺回阵地。西林大队长接到有川旅团长关于夺回阵地的命令后，于19日夜派出第3、第4和第5中队实施反击。西林大队在反击中蒙受了重大损失，这场战斗的详情在美军战史中缺乏记录，日军方面也只有长泽中队留下了详细记录。

19日18时，第3中队长长泽文雄中尉接到夺回伊祖高地的命令："长泽队攻击以骑马之势占领伊祖高地之敌。应以夜袭一举将其逼退至牧港河川以北。"长泽中尉在第3小队的洞穴阵地内集合了分队长以上的中队干部，该处位于伊祖和安波茶中间，是距离西峰高地最近的阵地。在昏暗的洞内，一支蜡烛在忽明忽暗地闪烁着，从洞外传来了美军的隆隆炮击声。

长泽中尉一个字一个字地说明了详细部署："中队于今晚对伊祖高地实施敢死攻击。第1小队为右前锋、第2小队为左前锋实施攻击，指挥班和第

3小队由中队长带领……攻击发起时间为凌晨2时。"

接着长泽中尉又说明了编成和突击方向等：

指挥班　长泽中队长以下15名

第1小队　野畑少尉以下35名

第2小队　城户少尉以下30名

第3小队　东田少尉以下30名②

第1小队从安波茶、伊祖间的山岭（推定为东峰高地一带）前进，在苏铁林近前的水沟中待命。第2小队从安波茶

4月19日，被美军射杀的日军狙击手。

---

① 笔者的观点是，记录的欠缺似乎暗示了伊祖高地的轻易陷落令日军幸存者颇感难堪。

② 另外在夜袭当晚没有参加行动的三十几名士兵，后来在木村曹长指挥下进入安波茶的中队指挥班坑道。

阵地迂回伊祖村南方的凹地，在凹地西方地点待命。第3小队和指挥班则通过与高地相连的凹地向高地正面前进，在礼堂附近的广场上待命。各队攻击发起时间定为20日凌晨2时。各人都须注意轻装和消音，刀剑的剑鞘外面要罩上袜子，军靴也换成胶底布袜。背上要用白布做记号，口令是"山"和"川"。绝对严禁火光。

22时，各队从阵地出发。当晚没有月亮，本来到处漆黑一片，但美军发射的照明弹照亮了安波茶、伊祖间的山岭和洼地，各队在地面被照亮时卧倒，等到光亮消失时再重新开始前进。落下的炮弹到处掀起沙土。长泽中尉带领的中路按照指挥班、第3小队的顺序排成一列纵队，前进时每人间隔五米，长泽中尉走在队伍最前方。这一路人马越过伊祖礼堂南侧的凹地，在北侧的水井前的广场上停下等待攻击发起时刻的到来。突然，在西峰高地东南侧响起激烈的枪声。那是右前锋第1小队在水沟附近同美军发生了接触。

第1小队的参战兵力共计35人，小队长是野畑万治少尉，4位分队长是：畠山忠藏

军曹、铃木义正伍长、小野田铃胜兵长、小林镰太郎兵长（第4分队是掷弹筒分队）。每名士兵携带"九九"式短步枪和手榴弹2颗，小队装备轻机枪3挺、掷弹筒2具，此外还有急造炸弹10个。第1小队在同美军接触之前，抵达了水沟所在的三岔路，随后铃木伍长奉野畑少尉之命前往左前方的苏铁林，野畑少尉跟在他身后3米处，再后面仍然以3米间隔跟着小林兵长、小野田兵长和鬼头一等兵。接近苏铁林时，铃木伍长回头看了看，感觉到自己同野畑少尉之间好像被黑色的东西挡住了。5人同时停住了。

野畑少尉在黑暗中低声问道："是谁？"没有应答，于是又问了一遍："是谁？"依然没有反应。过了大概20秒左右，铃木伍长的脚下突然冒出了火光，那是自动步枪[①]在开火，他赶紧卧倒在地，随后看到从头上跑过的美国兵的身影。继而又从苏铁林中响起了射击声。铃木伍长发现自己腿上正在流血。

铃木伍长两次听到野畑少尉的喊叫声。在照明弹的光芒下，他看到野畑少尉、小林兵长和小野田兵长都俯卧在

地，已经死去。铃木伍长拔掉手榴弹的安全栓，然后立即向侧面扔了过去，紧接着跑进弹坑里。在照明弹升起时，他看到前方倒着被手榴弹炸死的美国兵的尸体。在照明弹的光亮下，尸体正发出磷光。在美军射击的间隙，铃木伍长撤到了水沟。在美军的集中射击下，日军在这里的损失不断增加。

突然，一群美国兵一边将冲锋枪抵在腰间射击一边冲了过来。在这危急时刻，畠山军曹起身扔出了手榴弹。几个美国兵被炸倒，其他人仍然勇敢地冲锋过来。畠山军曹喊道："喂，轻机枪，给我打！"轻机枪手是一名头一年入伍的新兵，完全被吓呆了。转眼之间，十四五名美军就包围过来。畠山军曹一把从新兵手中夺过轻机枪，抱着轻机枪直立着向美军扫射过去，美军纷纷倒下。侧面也有美军冲来，铃木伍长等人虽拼命射击，第3小队的损失仍越来越大。

天亮时，周围只能听见美军的射击声，炮弹也不断落下掀起泥土。铃木伍长拖着伤腿退回第3小队阵地。第3小队在水沟附近同美军的交战中全军覆没。

大约在第1小队同美军交

---

① 日军常常将美军的冲锋枪也称为"自动步枪"。

战前后，左前锋第2小队在西峰高地南侧前进时同美军步兵接触，在抵达高地前就被消灭殆尽。由于第2小队没有任何幸存者，具体情况不得而知。对这两个小队的遭遇，夜袭中的长泽中尉以下并不清楚。

结果，只有长泽中尉亲自带领的中队主力在凌晨2时稍过时，向高地上的美军发起突击。突击开始前不久，他们首先前进到前方坡上的树林中，卧倒在树荫下，然后静悄悄地匍匐前进，爬到高地近前。这时日军头上突然升起照明弹，完全暴露在崖上的美军面前。长泽中尉立即起身挥舞军刀喊道："冲啊！"与此同时，山

上的美军开始用步枪乱射，日军不断倒下。忽然从崖下传来了东田少尉的声音："喂！快进入医务室的坑道！"于是包括织田直澄兵长在内的十几个人蜂拥进入大队本部坑道。此时坑道内尚有大林军医大尉、白井卫生曹长、两名卫生兵、两名躺在担架上的伤病员、两名经理部的士兵、一名师团无线通信队的大尉、一名下士官和三名士兵健在。

美军仍然在上面用自动步枪和机枪乱射，坑道内的中队队员们整理了态势。东田少尉向崖上窥视，寻找射击的间隙。少尉忽然挥动了军刀，中队队员们随即冲出洞外，一齐

拔掉手榴弹的安全栓，向上面的美军掷去。其中织田兵长扔出了两颗手榴弹。闪光和爆炸声此起彼伏，马上传来了美军的喊叫声。日军趁机冲上去占领了高地。这时高地回复了死寂，美军踪影全无，应该是已经撤退了。

占领高地的日军随后派出两名步哨，立即开始收容战死者。在高地正下方，长泽中尉握着军刀死在突出于悬崖的大岩石上。铃木伍长也攥着刺刀躺在大岩石的旁边。织田兵长等人抓紧时间，利用大队本部坑道内的十字镐、铁锹和军锹在从崖下往左30米处的甘蔗田中挖好墓穴，埋葬了长泽中

地图四十一　4月19日，美军24军的总攻

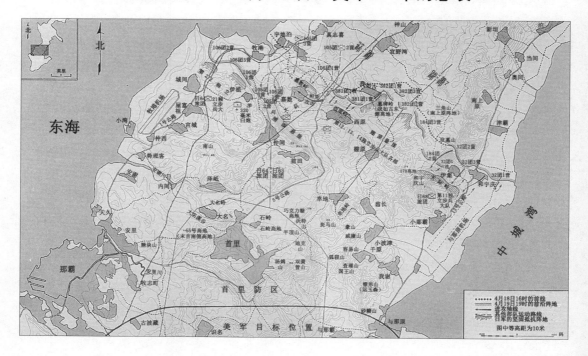

尉、铃木伍长等5人的尸体。①

当埋好尸体时，太阳已经开始从东方升起。第1小队和第2小队始终没有来到山上。不久，步哨拉长声音喊道："敌人——！"日军立即拿起步枪和手榴弹冲上高地。迫击炮的发射声和闪光撕裂了空气，美军步兵群的钢盔在山下忽隐忽现。炮弹开始到处落下，机枪子弹纷纷打在石头上。

美军散开后向日军猛烈射击，但并未接近。在东田少尉命令下，指挥班和第3小队的幸存者们后退到崖下的大队本部坑道内。就这样，美军在白天占领高地，日军在夜晚以挺身突击夺回高地，双方交互占领高地直到4月27日。美军虽然以自动步枪、手榴弹、火焰喷射器接近洞口进行骑马攻击，日军用手榴弹和步枪应战，硬是咬牙坚持了下来。在此期间，他们还得到了独立步兵第15大队的援助②。由于弹药、粮食耗尽，长泽中队的残兵只得放弃伊祖高地，在27日夜逃出坑道，撤退到宫城59高地同大队本部会合。撤退当晚，小野田伍长以下三人在离开坑道走到洞口的瞬间被炮弹直接击中，全部死亡。

西林大队在这次反击中死伤惨重，完全失败。据《冲绳方面陆军作战》记载，在这次反击中，第3中队自中队长长泽中尉以下约150人、第4中队自小队长早川信芳中尉以下约150人，以及第5中队平井泰次郎中尉以下几乎全体人员死伤，大队战力剧减至半数以下。

城间地区的苦战

经过一天几乎全无收获的苦战，4月20日天亮时，美军官兵只觉得疲惫不堪。他们最迫切需要完成的任务是巩固现有战线，尤其是弥合96师和27师之间在19日夜间形成的1.5公里左右的缺口。日军在嘉数岭的坚固阵地就在27师绕过的这个缺口正中，日军第一道防线的核心在山岭更南方。如果日军能利用这个缺口提供的战机的话，就能反包抄27师和96师的后方地区。保护这个缺口安全的责任并没有划分到位，2个师边界区域的进攻将协同进行，主要责任由右侧27师的指挥官承担。27师辖区内的巨大缺口肯定已引起格里纳少将警

觉。19日19时30分，他就命令165团B连在嘉数岭前方占据一个阵地，牵制日军。

4月20日，根据格里纳少将的计划，165团团长杰拉德·凯利上校在前方部署两个营，准备同时进攻27师战线右侧地区。165团西南1.6公里正是牧港机场，大约5公里外是小禄（那霸）机场，两者都是重要目标。照片和地图根本无法提供日军兵力或者当地地形的准确情报，但165团团部对前景非常乐观。20日上午，副团长约瑟夫·哈特中校向战士们展示了一块巨大的绿色标志牌，上面写着"康罗伊机场"。为纪念在马金环礁布塔里塔里岛阵亡的165团前任团长康罗伊上校，美军将布塔里塔里岛机场命名为康罗伊机场。哈特扬起右手，声情并茂地鼓舞大家："让我们今天傍晚就把这块标志牌在牧港机场给钉上。星期天晚上，我们团要在那霸开个舞会！"

前文曾经提过，27师是参加冲绳战役的美军各师中兵力最少的一个师，也是最希望好好表现的一个师。1943年11月参战以来，这个师一直都被海军陆战队看低，尤其是现任

---

① 1970年，在织田直澄的指引下，长泽中尉等五人的尸骨被挖掘出来，墓穴的位置完全符合织田的记忆，简直分毫不差。
② 据长泽中队的幸存者回忆，得到援助的时间为22日夜，但从战况发展情况来看似应为20日夜。

4月20日，在牧港一带，美军使用37毫米火炮瞄准日军的炮位。

太平洋战区海军陆战队司令霍兰·史密斯中将，经常拿27师当作太平洋陆军战斗力差劲的反面教材训斥奚落，165团更是一直被他痛批。27师，尤其是165团都想向世人，特别是陆战队和史密斯中将证明，他们早已不是一群新兵蛋子，不是二等部队，一点不比陆战队差。

他们速战速决的希望，

在4月20日的战斗进行几小时后便破灭了。战斗开始不久，165团就在城间以北的崎岖地区撞上坚决抵抗的日军。詹姆斯·马霍尼中校指挥1营沿1号公路南下时，在这一地区战壕隐蔽的日军突然用密集的迫击炮和机枪纵射火力将先遣部队与后续部队的联系切断，然后以交叉火力集中打击先遣部队。美军虽反应过来，及时组织撤

退和还击，仍伤亡27人。尽管如此，憋足了劲的1营依然一寸一寸地硬啃日军的坚固阵地，天黑时到达城间东面的一个位置。他们发现已和约翰·麦克唐纳中校的2营失去联系。原来2营在日军阵地西面同样遭遇坚决抵抗。

日军在西海岸城间一带的抵抗核心位于美军地图上标示的7777目标区域中的I地区，被简称为"I号阵地"。这个阵地是日军在这一带的防御枢纽，四道低矮山岭如巨轮的条幅一样向外辐射，山岭之间是峡谷和稻田。波特岭从枢纽向北延伸，查理岭向东北延伸，城间岭向东南延伸，莱恩岭（日军称为"城间32高地"）则向西南延伸。在城间岭和查理岭之间，有一座向东倾斜的"布鲁尔高地"，外侧有两座峡谷，北侧峡谷被美军称为"安德森峡谷"，西面至南面的峡谷则被称为"死马峡谷"。前者大致呈东西走向。后者南北走向，向东在城间正东的一座小桥与1号公路交叉。这样的地形极适合主动防御。典型的日军山头防御阵地每一边都有隧道联通，日军在莱恩岭修筑的蜂巢式防御阵地尤其密集。

日军的I号阵地能瞰制北面和西面的海滩，扼守着东面通往1号公路的开阔地，价值巨

从城间岭向北能看到的I号阵地核心地区。

冲绳的日军轻机枪掩蔽壕，以垒积起来的木料、岩石、沙土作为主要材料构筑而成，修建于棱线之上，在开始射击之前实际上无法被发现。这处掩蔽壕的射击口被巴祖卡火箭筒打出了大洞，其伪装也因此遭到破坏。射击口原本只有数英寸高，作为比较，在射击口左侧立着36英寸长的M1卡宾枪。

大。在美军登陆前几个月，日军和冲绳劳工就开始在这个地区修建隧道，以及各种生活和辅助设施。根据美军资料，第62师团独立步兵第21大队的两个中队负责守卫这一地区，并有一个速射炮中队、一个机枪中队，以及若干高射炮、野战炮兵和迫击炮单位负责火力支援，兵力至少有600人，另外还得到数百平民支持。根据日军的记录，在18－19日的战斗中，独立步兵第21大队的第1中队已在港川一带的战斗中受到重大损失，该大队经过19－20日夜的反击已丧失大半战力，只有部署于牧港机场一带的第2中队还比较完整，该中队要从23日左右才开始投入战斗。在此期间，第21大队只能以大队本部和第1、第4、第5中队的残部、机枪中队、步兵炮中队（辖2个大队炮小队和2个联队炮小队等），以及配属的速射炮中队、独立机枪第1大队在港川、城间、屋富祖、安波茶、44高地迎击美军进攻。此外，第3中队的残存人员也于21日在木村曹长指挥下进入城间32高地附近。因此，当165团向城间地区发动进攻时，已经相当残破的独立步兵第21大队只能以非常有限的兵力进行抵抗。尽管如此，165团仍然陷入连日苦战。

4月20日，在165团1营右侧行动的2营，开始清除波特岭东南突出部的一系列坑洞和隧道，此后麦克唐纳中校的部队几乎毫无进展。2营开始沿向心线向左侧的1营靠拢时，遭到I号阵地左右方的密集侧翼火力打击。美军机枪手卧倒隐蔽开火，被日军在莱恩岭的迫击炮击中。2营在战斗了几个小时、伤亡12人后，退往波特岭一线。

2营最右翼的步兵成功抵达I号阵地轴心西面的一座低矮高地福克斯岭。麦克唐纳中校随即命令E连利用福克斯岭掩护，向南攻打莱恩岭。日军对付美军连级规模的山地进攻已形成了一套行之有效的战术，他们首先放先头排爬上莱恩岭的山坡，然后火力全开，将他们和连主力分割。E连长当场被打成蜂窝，连主力分散成更疏散的散兵线，分头撤回福克斯山岭。被日军火线遮断后路的先头排继续在前方就地寻找隐蔽所，与日军交火。

先头排在排长欧内斯特·绍艾弗技术军士的带领下，顽强地向山顶攀登。日军的机枪子弹几乎贴着他们的钢盔边沿飞过，身旁的地面被打得"嗤嗤"作响，迫击炮弹和75毫米火炮炮弹在山坡上每次开花，都会点燃草木植被。

尽管日军的火力阻击几乎始终未停，绍艾弗仍带领8名士兵登上了莱恩岭山顶。上级用无线电指示他们坚持到友军替换为止。这九个人只得紧贴着山顶的地面，看着夜幕徐徐降临。大家心里都明白，敌人99%会比友军先到。

没过多久，绍艾弗就发现从三个方向杀来五六十名全副

地图四十二　4月20日，美军对I号阵地的进攻

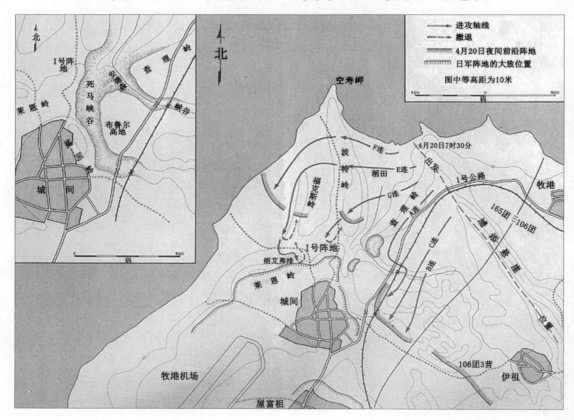

武装的日本兵。他打个手势，所有人都上了刺刀，准备好手雷。勃朗宁自动步枪射手保罗·库克一等兵负责火力支援。日本兵开始冲锋，绍艾弗等人立即分三面投掷手雷，库克选择日军最多的一个方向抬手就是一个长点射，然后再换一个方向射击。黑夜中库克的自动步枪成为日军最显眼的打击目标，他很清楚这个时候绝不能停止射击，如果这组美军唯一的自动武器早早失去打击能力，在敌众我寡的情况下就会立即被一锅端。库克不顾身中数弹，一连打完4个弹夹，在他咽下最后一口气之前，至少击毙10名日军。

绍艾弗和其他战友掷完手雷，挺起刺刀与冲上来的日军肉搏，无论用刺刀还是枪托，一定要打死日本兵，如果枪支一时无法使用，就夺过战死日军的武器战斗。近战中日军又损失10多人后，终于撤退。这次战斗中，库克和另一名士兵阵亡，另有一人失踪，两人负伤，连绍艾弗自己在内，美军在山顶的残存战力只剩4人，已几乎没有弹药，日军随时可能再度进攻，哪怕刚才那队日军多坚持一会儿，绍艾弗的人就会全部报销。既然根本无法继续坚持，绍艾弗便带领他部下的5名幸存者，连夜回归本连。

4月21日6时30分，2营发动越过I号阵地入口的又一次攻击。这次步兵能得到在海堤上卸载的反坦克炮支援，为了让反坦克炮就位，炮手们用人力将这些火炮拖运了将近2000码，使它们能够直接对准I号阵地的枢纽开火。步兵出动不到十分钟后，整个左翼就完全动弹不得，试图突破交叉火线前进的种种努力都无功而返，只得撤回波特岭。下午，得到福克斯岭掩护、可免受I号阵地日军侵袭的2营右翼部队，乘坐两栖运兵车，沿海岸前进几百码，然后翻过海堤企图东进。日军在莱恩岭的轻型火炮和轻武器开火阻击，最初的炮火极为酷烈，美军步兵赶紧爬回海堤后方寻求掩护。连试两次无果后，他们只得退回福克斯岭。

美军多次尝试打开I号阵地的西方通道，全都被日军较为轻松地化解。日军在东面的防御同样卓有成效。165团东面的1营不仅战斗不顺，还遇到重大补给问题。I号阵地东面1号公路沿线的两座桥梁被破坏，美军的车辆无法通过。就在前一个晚上，I号阵地的日军用火力驱散了抢修桥梁的一个美军工兵排。21日早晨，活动便桥专家戈尔登中尉率领他的工兵抢修，由于I号阵地日军的火力干扰几乎一刻不停，一小时后就被迫暂时停工。

团长凯利上校不得不另想办法，命令侦察兵设法寻找另一处渡河点。美军先后派出两辆坦克推土机去铁路附近的安德森峡谷开辟岔路，都未能成功，连193坦克营营长沃尔特·安德森中校都死在日军的反

日军在公路上挖掘的反坦克壕。

坦克炮火之下。只开辟了一半的岔路被报废的坦克推土机堵住，只得放弃。

1号公路的补给中断，严重影响了城间东面的行动。4月21日一早，马霍尼的1营向西南运动攻入城间，没有坦克或加农火炮支援，步兵面对村落内的机枪火力和右后方的I号阵地的火力夹击，完全处于下风，进展甚微。马霍尼营的左翼连推进到屋富祖村以北400码的位置，这是第24军各部两天来深入日军主防线最远的位置，他们遇到日军构筑完善的一系列防御工事阻击，无法继续前进。

凯利上校回到团部，看着沙盘上1营和2营之间宽阔的缺口，不禁忧形于色。4月21日一早，他决定让丹尼斯·克莱尔中校的3营顶上前线，任务不仅是弥补2个突击营之间的缺口，还要一鼓作气突入困扰165团多时的I号阵地。3营L连从1号公路出发，向西通过死马峡谷，侧翼包抄掩护安德森峡谷的日军。L连左侧的K连会同时沿城间岭，从西北攻打I号阵地。克莱尔接到命令，头皮一阵发麻，这实在是个棘手的任务。3营的两个连为了在1号公路就位，先得越过日军野战炮兵、大口径迫击炮和轻武器火力组成的火线，费了好大力气，终于在15时15分发动进攻。

美军向死马峡谷发射了大量烟幕弹，L连的步兵一路沿峡谷前进。过了45分钟，日军隐约在烟幕中发现美军的身影，烟幕尚未散尽，他们也没有浪费弹药，先用轻武器排枪子弹射击。日军的自动武器没有开火，但集中步枪火力从悬

地图四十三　4月21日，美军165团对I号阵地的进攻

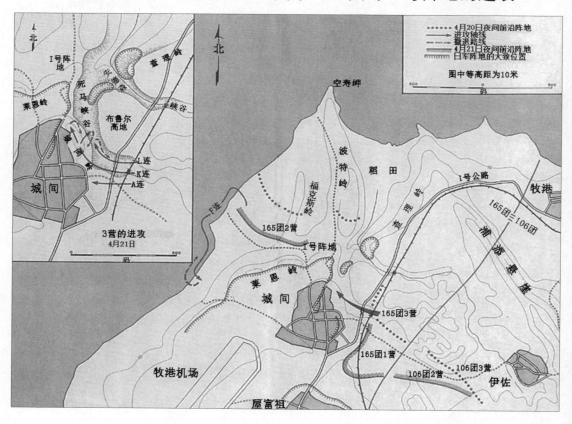

崖峭壁居高临下向峡谷射击，还是将美军压得趴在地上无法行动。为寻求掩护，美军士兵只得爬进峡谷两旁的洞穴藏身。日军一刻也不曾放松火力打击。烟幕散尽，日军机枪刺耳的扫射声在峡谷间回响不绝，跳弹的杀伤力也很大。美军谁也不愿在这个时候冲到火线下挨子弹。好不容易熬到黄昏时分，能见度下降，L连才撤出峡谷。

小霍华德·贝茨上尉指挥的K连是3营进攻的另一支突击力量。K连在日军重火力下，迂回城间东侧边缘，登上城间岭顶部。贝茨上尉决定以1个排下坡进入死马峡谷，另两个排沿山岭顶部推进，掩护在峡谷行军的战友。K连一路闯关，几乎打进日军I号阵地核心。日军没料到会让一股美军如此深入，但凭借事先准备充分的阵地和工事，仍组织起有效的阻击火力网。K连一直奋战到夜间，多次打退日军的反扑，终因弹药不济，只得退回南面200码的1营阵地。他们在这次战斗中减员半数。

日军的夜袭取得成功，于是在次日早晨便能放心攻击死马峡谷中美军伤员藏身的洞穴。他们用手榴弹和篝火烟熏，迫使一些美军伤兵进入开阔地，然后开枪射杀；不愿出洞或无力出洞的伤员只能在洞中窒息身亡。

4月22日，格里纳师长的主要精力放在105团和96师的部队在27师左翼（东面）的协同行动，当天日军在I号阵地并不活跃，于是他命令凯利上校巩固和改善165团目前的各处阵地。凯利首先调整全团与左侧106团的结合部，缩短1营的战线，在左翼形成更紧密厚实的正面阵地。当天航空兵大规模空袭I号阵地一带，对日军的严密地下工事却不会有太大用处。美军步兵主要负责将已占领的波特岭和查理岭的残余日军扫荡干净。炮兵经过这几天的不断调整，已校准射击参数，能有效防止日军采取行动夺回前两天的失地。

美军巡逻队不断送回日军部署的相关信息，为次日的战术计划提供依据。按照新计划，165团3营I连会从波特岭突出部越过I号阵地入口，夺取莱恩岭正面。同时C连会派一个排越过布鲁尔高地，进入I号阵地核心部位。然后I连会巩固对莱恩岭的控制，同K连一起，沿莱恩岭向牧港机场推进。一个特别突击班会负责在莱恩岭正面建立至关重要的"桥头堡"。这个突击班共有12人，由霍华德·刘易斯参谋军士指挥，配备勃朗宁自动步枪、加兰德步枪、巴祖卡火箭筒、炸药，还有一具便携式火焰喷射器。

23日上午，刘易斯军士率突击班一路穿过波特岭突出部的一堆坟头，进入山脚光秃的平地。I号阵地中央正北莱恩岭山顶的日军迫击炮居高临下，向突击班开火。美军战士就地散开，刘易斯军士根据开炮方位，锁定了日军阵地，指挥他的部下以疏散的散兵线向他们的第一个目标前进。美军士兵一个接一个按照标准间隔距离冲向莱恩岭。这时，日军的两挺机枪开火了，十字交叉火力是突击步兵的噩梦。刘易斯赶紧带领全班在山脚寻找掩蔽所。大部分人都逃过一劫，后方另一组日军机枪却也在用十字交叉火力射击。这下突击班不仅退路被封，连后援也断了。

刘易斯仔细观察日军各处阵地的位置，带着他的部队在莱恩岭怪石嶙峋的突出部沿着岩石逐步前进，来到距离日军迫击炮阵地40码范围之内。发现美国兵的日军开始投掷手榴弹，阻止他们继续前进。刘易斯安排4人在右翼就位，2人在左翼就位，让巴祖卡火箭筒向日军阵地直接射击。迫击炮阵地的日军火力不弱，突击班要继续前进已不可能。日军援兵正从四面八方包围上来，企图将突击班一举歼灭。刘易斯军士一咬牙，命令大家原路顺着那道突出部的乱石堆爬行，总算没有被包围。刘易斯呼叫野战炮火向他所在的阵地40码范围内开炮，好在美军事先经过严密的方格演算，即使在狭小范围开炮也基本上不用担心会误伤友军。I连主力仍在波特岭等候，无法提供直接支援，只有在远距离向日军射击，为突击班的战友分散一些压力。日军的回应是更猛烈的机枪和迫击炮火力。整个I号阵地就像是日军用炮弹、机枪和步枪火线铸成的炼狱之门，冲进去几乎不可能生还。

刘易斯班在前方坚守了3个小时，精神可嘉，但后援始终不继。13时，刘易斯用无线电向连部报告："我的人3个阵亡，7个负伤，现在一共就剩3人尚有战斗力。"连长虽派出1个排支援，但冲不过日军的阻击火线。C连的1个排到达布鲁尔高地山顶，日军的子弹和迫击炮弹让他们从另一侧下山的陡坡变成鬼门关，根本闯不过去。C连的战士们用绳圈捆着炸药包，点燃长导火索，从陡坡放下去，企图将炸药包送进坡地的洞穴工事里，似乎起不了什么作用。无奈之下，上级只得让刘易斯率部撤退。路上，又有两名伤员被日军子弹再次击中，好在大多数伤员还是安全回到美军阵地。除刘易斯之外，全班只有1人没有挂彩。

美军连攻4天后，I号阵地仍在日军手中。

夺取I号阵地

美军一连4天都没能拿下I号阵地，他们的进攻不会、也不可能停止。从24日起，拿下这座阵地的任务便落到165团F连连长伯纳德·莱恩上尉身上。F连几个夜晚都遭到日军的集中炮火袭击，大量巡逻队的有力骚扰，不得不通过水路后送伤员和运送补给，日子其实并不好过。甚至除了连属迫击炮外，他们都缺少直接火力支援武器，幸运的是他们有一位斗志高昂、在困难面前依然积极主动的连长。F连没有接受主攻任务前，莱恩就一直在仔细观察其他各连从不同方向突击I号阵地的行动。24日，上级还没下命令，莱恩就算到肯定轮到F连了。

莱恩向3营长克莱尔中校提出，让他的部队次日2时，沿大致与E连4月20日相同的路线进攻。事关重大，克莱尔上报团部批准后才同意。24日19时，莱恩正在紧张地准备时，突然接到克莱尔的电话："1小时后，你们沿23日刘易斯突击班的路线进攻。"莱恩大吃一惊，克莱尔的命令意味着F连的进攻路线与原计划完全不同，这样的变更简直令人绝望。

事已至此，莱恩上尉只得在黑夜中变更部署。就在他召集各排排长交待任务时，日军的夜间常规骚扰炮火开始落入F连阵地。不久F连的通信设施都被打烂了，战士们也被炮火压得不敢冒头。没过多久，日军的巡逻队摸了上来，F连只得推迟重整。

25日上午，团长凯利上校发现莱恩岭仍在日军手中，不禁火冒三丈，命令3营长克莱尔中校马上进攻，拿下那座山岭。克莱尔当场反对："这根本办不到。"正在气头上的凯利答道："既然这样，你这个营长也别干了！"凯利命令3营副营长赫尔曼·卢茨少校接任营长，6时30分就进攻。卢茨稍事权衡，通知莱恩上尉："按照你的原计划进攻。"

莱恩上尉认识到165团面临的主要障碍是日军在莱恩岭和I号阵地核心区域的强点。占据这些位置的日军，瞰制莱恩岭和福克斯岭之间的大部地区。要解决这个问题，关键在于炮兵火力。他指出，因为支援炮火的射击方向会与F连的进攻方向垂直，那么如果最大的左右偏差值控制在15码的话，他就无需担心支援炮火的射击距离太长或太短。于是，他请求对莱恩岭山坡进行20分钟炮火准备。在F连的简要指示会上，莱恩上尉强调这次突击就是充分利用炮火支援进行一次快速地面进攻。大家心照不宣的是，要完成这个任务，对F连这样一个非常疲劳，人手不足，各种物资量都较低的步兵连来说，难度非常大。

25日一早，美军第一轮炮击的炮声传来，F连的两个突击排列成散兵线，一路向指定目标狂奔。连属迫击炮、机枪和反坦克炮提供中距离火力支援。这次冲锋是名副其实的"与死神赛跑"，由于日军的火力阻击和地形阻碍，F连突击步兵的队列一路上被削弱不少，最终有31名战士成功登上莱恩岭山顶。那是一片凹凸不平的狭长山岭，到处是岩石、坑洞和被打烂的植被。美军的野战支援炮火减弱时，日军就开始从蛛网般的碉堡、洞穴和隧道中现身。31名美军战士严阵以待。这次交锋持续20分钟，战斗与此前I号阵地周围的历次战斗一样激烈。美军击毙35个日本兵，将更多的日军赶下山岭，己方在战斗中伤亡7人。

战局的关键在于莱恩上尉巩固莱恩岭山顶阵地的能力，美军各部多次在这一带的山岭取得立足点，最终只能再次丢给敌人。傍晚，坚守莱恩岭的美军尚有24人可以战斗，

地图四十四　4月22－25日，美军对 I 号阵地的进攻

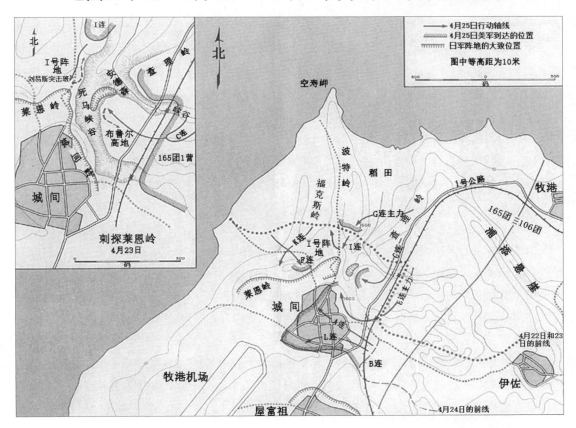

平均每人只剩6发步枪子弹。他们没有医疗用品，所有急救人员非死即伤，无线电通信已中断。日军最初对山顶的反扑失败后，不免投鼠忌器，为避免伤亡太大，便包围美军的山头阵地，缓缓收紧。以当时美军的兵力和子弹数量，很难挡住日军的第二次强力突击。能否守住这座山岭，完全取决于连长莱恩上尉能否及时采取行动。

莱恩上尉请示上级派3营I连从他的右侧迂回前进，同时计划率F连余部再度突击。16时05分，野战炮火支援开始15分钟后，莱恩亲率F连余部登上山岭，沿途一共伤亡5人。仍然坚守阵地的部队看见连长亲自率部撕开日军包围圈一角，士气大振。莱恩送来第一批突击部队急需的弹药和医疗用品，山顶的兵力仍有些单薄。I连不是没有积极执行侧翼行动方案，他们被山坡上的日军密集火力生生与F连切断，实在冲不过去。

莱恩上尉重整F连的山顶防线后，派两人去求援，这在夜间是个非常冒险的任务，他别无选择。I连仍无力突破日军阻击火线上山，但成功吸引了日军的注意力，贝茨上尉的K连抓住日军防线的空隙，从另一个方向火速赶来支援。午

夜，K连的全部战斗人员已登上莱恩岭。

F连和K连在莱恩岭一共集结了100多人，终于可以进攻了。26日上午，莱恩和贝茨兵分两路扫荡莱恩岭山顶。

165团团长凯利上校终于等到3营长卢茨少校的好消息："F连上午在莱恩岭山顶向西南快速推进，已到达牧港机场北端正对面的位置。K连在山岭东北方取得一些进展，在突出部附近遭遇敌人重火力阻击，已建立防御阵地固守。"

"干得漂亮！"凯利上校喜不自禁，他的部队终于有望啃下I号阵地这块硬骨头了。美军当时的主要任务是系统性地扫荡莱恩岭西坡的洞穴。日军仍在坚守I号阵地的几个地方，但美军已在莱恩岭站稳脚跟。165团建立了一条完整的战线，可以准备继续南进。

25日，165团的另几个连在进攻莱恩岭西南的城间村。经过持续一天的激战，美军通过沿途的每道墙壁和每棵树木，进入城间的一片废墟。A连一度遭到日军8挺机枪、至少1门47毫米反坦克炮和几门迫击炮阻击。这些重武器不少是从仍被日军掌握的莱恩岭东坡开火的。虽然伤亡不少，A连的步兵仍在城间坚持战斗。

日军在城间地区的战斗中也损失惨重，战力大减，独立步兵第21大队实际上从25日就开始放弃城间地区将部队撤往屋富祖东侧58高地（大队本部所在地）。该大队基干部队第2中队在25日只剩下50人，撤到宫城北端、屋富祖一线阵地。机枪中队的残余人员也在那一天撤到屋富祖58高地同大队主力会合。

26日，I号阵地及其周围的战斗持续了一整天。美军已能从四面八方向这个阵地的核心施压，伤亡也在节节攀升。165团投入进攻已整整一周，由于1号公路一直遭到日军有效打击，使他们长期缺乏坦克和自行火炮支持，只能靠步兵突击缓慢蚕食日军防区。当天夜间，城间、莱恩山岭和I号阵地西方的所有地方都已被扫荡干净。控制1号公路关键桥梁的日军洞穴已被封死，工兵总算可以重新开始工作。

27日最早到达I号阵地南面的2辆美军坦克很快被日军的47毫米反坦克炮击毁，但这只是回光返照。后续美军坦克陆续前来与步兵会合，一起清除日军的残余阵地。A连的亚历汉德洛·鲁伊兹一等兵对I号阵地发起最后一击。日军的机枪火力和手榴弹接连打伤了鲁伊兹的七名战友，让这个拉丁裔

汉子彻底暴怒："你们这群鬼子都去见上帝吧！"鲁伊兹操起他的勃朗宁自动步枪，急速冲进日军残余阵地，逐个洞穴摸过去，只要洞口的日军火力稍歇，他立即就用自动步枪打进一梭子弹，将日军全部结果。16时37分，美军宣布占领I号阵地。当地仍有不少日本兵残留，此后数周，他们仍在从深邃的洞穴和坑道中现身。

165团的战斗非常艰苦，师长格里纳少将为他们缓慢的进展而越发苦恼。从4月21日起，165团的建制就开始逐渐被打乱，此后团长凯利上校不得不将各营拆散，让各连执行多个复杂任务。凯利这样做事出有因，一直都无法使用装甲兵在第一线协同步兵进攻，面对依托易守难攻的险峻地形并部署重火力阻击的日军，仅使用步兵突击的难度可想而知。165团日益凌乱的部署终于让格里纳失去耐心。4月27日，格里纳得到军长霍奇少将授权后，解除了凯利的团长职务。为战斗几乎操碎了心的凯利当然委屈，但格里纳对他不满也不是出于个人成见，实在是165团的缓慢推进，拖了其他各部队的后腿。

激战天际岭

165团在西海岸啃I号阵地这块硬骨头时，27师的其他部队，第7师和第96师，也在奋力突破日军在南部冲绳的主防线。4月19日，美军第一天总攻全面失利，预示着此战极其艰难。

第7师左翼（东面）面临的是东海岸无法逾越的日军天际岭防线，右翼则是乱石岗阵地。两处天险之间，是拱卫前往178高地（157高地）通道的一系列混凝土碉堡和强点。24军中路的96师正面，是嘉数岭的延伸段西原高地和墓碑岭（我如古东侧高地）。当时96师382团已占据墓碑岭西北斜面。在96师防区外侧更靠西的位置，挡住27师去路的是嘉数岭。这座山岭顶部的日军瞰制着西原高地西坡，火力覆盖96师右翼。27师和96师的结合部在嘉数地区形成一个缺口，战线未能连成一气，要封住这个缺口，就必须占领嘉数岭。

4月20日至24日之间，美军几乎不间断地进攻各种可以相互支援的日军工事阵地。迫击炮、野战火炮和火焰喷射坦克在能够使用的地方都用上了，步兵进行各种突击，在近距离与日军展开手雷和手榴弹

美军27师耗费九天时间才拿下的I号阵地地区航拍全貌。

美军观察飞机上看到的天际岭。和宇庆山和178高地都在天际岭山顶之外。

对攻战。日军寸土不让，会在阵地上坚守到战死为止。

4月19日，第7师对和宇庆高地的进攻在苦战后依然未取得进展，这只是他们在天际岭与日军对决的开始。当天美军对天际岭的战斗进程十分失望，损失很大，日军也并不轻松。在这一天的战斗中，日军独立步兵第11大队的第1和第5中队几乎全军覆没。美军的一辆坦克正在向第1中队据守的洞穴阵地开火时，引爆了洞中的炸药，炸死了大多数人，中队长为此引咎自杀。在178高地、和宇庆高地和天际岭作战的其他3个中队都已减员至大约50人。机枪中队和步兵炮中队各自还有约80人。

4月20日，第7师的进攻以和宇庆高地为核心。天际岭的战斗与前一天没什么分别。184团2营和32团G连7时30分出发后，几乎立即就遭到日军迫击炮和机枪火力阻击，整个上午都停滞不前。不过，2辆火焰喷射坦克在步兵前方成功烧毁了日军在和宇庆高地西坡的一个迫击炮阵地。

得到火焰喷射坦克报告的184团2营长罗伊·格林中校，在取得32团团长约翰·芬上校批准后，策划了一次全面协同作战。美军用107毫米化学迫击炮的烟幕弹覆盖天际岭的同时，以集中的迫击炮火覆盖了和宇庆高地日军阵地和178高地东部。14时45分，在烟幕掩护下184团G连跟随坦克车队攻打和宇庆高地，由于这个连当时仅剩19名步兵的战力，因此

美军的107毫米化学迫击炮正在开火，支援第7师进攻。
M2化学迫击炮主要性能参数
重量 151公斤　炮管长度 1.22米　口径 107毫米　射速 20分钟之内可达5发/分钟 一般1发/分钟
有效射程 515米　最大射程 4023米

32团G连的一个排配属给该连一同行动。

弥漫的烟幕让日军无法看见远方美军步兵的行动，等到视线里出现美军的轮廓，对方已攀上和宇庆高地的各处低坡。日军迫击炮毫不迟疑地开了火，险些让美军再度放弃这次进攻。关键时刻，排长约翰·霍尔姆中尉和R.W.麦卡锡参谋军士身先士卒，不顾日军迫击炮弹在空中爆裂之后飞散的弹片，一鼓作气爬上山顶，大声呼喊："跟上！伙计们！那些狗娘养的挡不住你们！"战士们三三两两响应这两位勇士的号召，在山顶正下方建立了一道勉强可以维持的防线。

独立步兵第11大队长三浦中佐自然不会坐视美军占领和宇庆高地。美军防线刚刚大体建成，日军就从另一侧山坡发起反击。霍尔姆和麦卡锡双双在战斗中阵亡，美军成功击退日军，一共毙敌35人。就在天黑前，美军从后方400码的阵地调来184团F连的一个排，同和宇庆高地上所剩无几的美军战斗组会合。坦克给他们送来各种物资，半履带车带走伤员。日军为了将美军逐出和宇庆高地，对正面山坡的炮击彻夜未停。美军虽在散兵坑里藏身，在这次炮击中仍有5死18伤，两位连长和几位排长非死即伤。天亮前，日军再度发动反击，在强大的步兵支援火力掩护下，有些日军推进到可以向美军阵地投掷炸药包的距离，但美军仍然硬生生将他们打退。至此美军确保了和宇庆高地，使日军独立步兵第11大队遭到重创，该大队的第5中队长恩田干男大尉以下、包括配属机枪中队已有100多人死伤。第5中队的幸存者狩野正男兵长在当天的战斗中因左腿受伤被抬进洞穴阵地后不久，看到中队官兵已经几乎全部战死或重伤。他看见在遍地血污、硝烟犹未散尽的洞穴内，中队长恩田干男大尉的面部在不住地抽搐着。面对洞内实际上已经惨遭覆灭的中队的惨状，恩田大尉的脸上现出将追随部下而去的决心。随后他紧紧握住指挥刀刀尖上靠近刀身的部位，瞬间将刀刃刺入自己的腹部。

独立步兵第11大队第1中队的处境同样惨不忍睹。在独立步兵第11大队本部负责接受命令的第1中队的吉川慈耀军曹于20日当天被解除受命任务返回第1中队。由于在19日和20日的战斗中各中队损失极大，部队为了增强战力，让从各中队中选拔出来在大队本部负责接受命令的历战下士官返回所属各中队。

吉川军曹奉命返回第一中队布阵的洞穴时，发现中队中的熟人几乎一个不剩。剩下的少数士兵都待在洞穴阵地里。中队内可以战斗的士兵只剩下数人而已。受重创的中队当然已经无法单独战斗，因此部队将损耗严重的各中队的残存士兵集中起来临时编成了应急的

被美军占领的山坡上的日军混凝土工事。

战斗单位，即所谓的"集成中队"。于是部队就这样进入新的防御阵地——上原周边、棚原北方高地的洞穴。在即将进入这里的洞穴阵地时，吉川看到在入口处散乱着很多大大小小的肉块。据他所知，其中也有自己认识的士兵的肉块。他们就在散乱着士兵肉块的洞穴内为次日的战斗进行了准备。

值得一提的是，在后来的战斗中，吉川初次目睹了日军臼炮的炮击，并为友军炮兵队拥有如此威力的火炮感到吃惊。那天的战斗同以往一样，美军以坦克为前导，步兵跟在后面攻来。吉川和战友们离开洞穴进入了高地山坡上的散兵坑。美军逼近到他们的眼前，就在这时，臼炮接到了准备射击的命令。由于有线电话断断续续，准备射击的命令是由传令兵传达的。在章鱼罐（散兵坑）中的吉川等人马上弯下腰，用铁板盖在头上。美军已经前进到几乎触手可及的距离。这时臼炮炮弹飞进美军的队列，使双方士兵都陷入危险之中。吉川的鼓膜都要被爆炸声震破了。他放下头上的铁板向美军看去，令他吃惊的是打头的坦克在硝烟中底朝天躺着。从钢铁怪兽的后方传来悲鸣声，他看到美国兵四散而逃，大吃一惊。但这次炮击除

了最初的一发炮弹外，并没有后续的炮弹飞来。

话归正题。到20日夜间，日军的炮弹显然已经不足，但仍在用轻机枪火力骚扰已占领和宇庆高地的184团G连战线的后方。21日上午，日军机枪手抓住天亮的有利时机，以连续扫射火力打死打伤美军9人，最终还是被美军装甲兵悉数消灭。日军的迫击炮和野战炮火勉强在9时之前维持住对184团F连的压力，此后却再也无法阻止他们南下天际岭进攻。45分钟后，F连来到天际岭正中间的一道深路堑，受到日军迫击炮火阻击，无法跨越。从左侧（东面）上山的32团E连，同样在深路堑附近遭到日军在狭窄山顶设置的机枪阵地的阻击，日军从山上掷下的手榴弹一直滚落到第三个排先头部队位置才爆炸。E连迫击炮班赶紧转移到一个可以看见日军的位置开火，当时日本兵就在美军排头兵前方不到20码的位置。

12时30分，第7师师长阿诺德少将来到芬上校的团观察所。两人经过一番会商，得出结论，在拿下178号高地之前，暂时推迟对天际岭下半部的进攻，只要拿下178制高点，敌人在地势较低的天际岭下半部的阵地就会变得非常脆

弱。14时刚过几分钟，32团2营营长约翰·邓肯便接到师长和团长的命令，然而前线发生了意想不到的事故，让这两道命令直接失效。

当时，就在路堑东侧，已经停滞不前的E连3排的一位战士被日军射杀，惹恼了化学迫击炮连前敌观察员西奥多·麦克唐奈中士。在战斗中，麦克唐奈频繁加入步兵的队列，早已表现出一个出色步兵的素质。被激怒的麦克唐奈收集了一批手雷，面对日军机枪火线，毫不犹豫地沿着山坡冲了上去，一直来到他确信是日军机枪火力点正下方的一个位置为止，然后他开始攀登通往山顶的6米长的岩架。当他越过山顶向对面张望时，没能看到日军的机枪，却发现了3个日本兵，便近乎条件反射地掷出手雷将其消灭。为了补充手雷，麦克唐奈先后两次在岩架底部和山顶之间来回奔忙，直到第三次登上山顶，才锁定日军机枪的位置。

麦克唐奈再次回到岩架底部，抄起一支勃朗宁自动步枪，在岩架上架起来射击，谁知才开一枪就卡了壳。"见鬼！"麦克唐奈怒骂一声，再度下到岩架底部，找到一支卡宾枪，第五次攀上山顶。他先探出半个头观察一下日军机枪

地图四十五 4月21日美军第32团天际岭的战斗

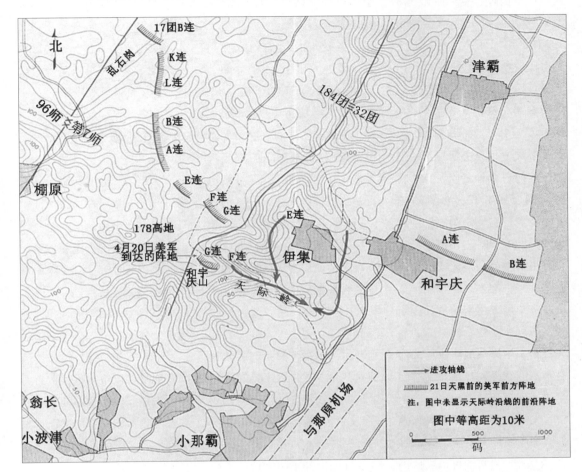

阵地的位置，确定那几个日本兵的注意力完全不在他这边后，站上山顶，在近距离一个短点射将子弹射向机枪手和两个掩护的步枪兵。这次射击连最挑剔的教练都找不出毛病，3个日本兵当场毙命。麦克唐奈三脚并作两步抢进日军机枪阵地，将机枪和这个阵地里的一具掷弹筒一起扔下身后的山坡。

战友们一片欢腾，E连长

弗雷德·凯普中尉立即派兵增援麦克唐奈，巩固他刚以一人之力拿下的阵地。麦克唐奈后来因为这次战斗的英勇表现，获得杰出服役十字勋章。得知前线最新进展的团长和师长大喜过望，命令F连立即向南进攻天际岭。当天18时，天际岭正面已被美军占据，只剩下端的一座小山包还会制造麻烦。乐极生悲的是，傍晚美军炮兵的一枚105毫米炮弹落入沿着山

岭布阵的E连阵地，当场造成4死9伤，3名伤者后来又不治身亡。

4月22日，32团可以暂缓前进，先全力巩固天际岭正面阵地。他们派出多个巡逻队，在南坡大部分地区巡逻。一个巡逻队到达178高地东侧，发现了一些日本兵。美军在天际岭南坡一共发现3组战壕防线，其中一道就在山顶。山上的洞穴犹如迷宫，尽管许多都

被直接用炸药封死，其他洞穴还得仔细检查。美军在天际岭的四座大洞穴里，前后发现395具日军尸体。这些尸体堆放得比较整齐，看来那四座山洞是日军固定的停尸场。美军在天际岭一共清点出大约500具日军尸体。大部分尸体上都有被火炮和迫击炮打伤的痕迹，其他尸体身上或者有清晰的弹洞，或者直接被火焰喷射器烧焦。有一座洞穴里堆放着大约200支步枪、4挺重机枪和一批掷弹筒，根据武器上的痕迹判断，都是日军从战场上重新收集堆放起来的。外援断绝，不可能得到军械补充的冲绳日军，尽力从战场收集武器是必然的选择。日军看来有心在将来埋葬死者并使用这些重新收集的武器。美军在天际岭摧毁和缴获的日军武器合计有250支步枪、4挺重机枪、19挺轻机枪、20具掷弹筒、1门20毫米口径火炮和1门75毫米口径火炮。

当晚，日军的炮火仍可有效覆盖天际岭一带。次日，32团的部队除了巡逻和封锁山洞之外，都留在天际岭北坡未动。400码之外的一座日军碉堡，连续3次被美军的37毫米火炮击中都没被打垮，直到4月24日被摧毁为止，一直都在限制美军在南坡的行动。

日军独立步兵第11大队伤亡很大，他们在天际岭防御战中的表现依然得到美军高度评价。4月22日夜间，该大队已经只剩下大约300人可以继续战斗，于是被步兵第22联队的部队替换。这是日军第24师团的部队首次出现在前线的作战阵地（除了4月12日夜间的反攻外）。独立步兵第11大队余部前往西面的前田高地，今后仍会继续与美军交手。

4月23日夜间，南部冲绳大雾弥漫。在大雾掩护下，日军以重炮火力打击美军各处前沿阵地，让178高地周围残留阵地内的部队顺利撤离。

攻克乱石岗

第7步兵师4月19日对乱石岗（142高地）的进攻，证明日军在这一带构筑了一个令人生畏的阵地。乱石岗的地势让日军可以掩护从西北通向178高地的各处通道。乱石岗本身可以得到东面200码高地上的机枪阵地护卫，另外东南的178高地、南方的悬崖和西面的高地都可以用远程机枪火力和迫击炮掩护这片阵地。此外高耸陡峭的珊瑚石山岗上布满了蜂窝式的洞穴和交通隧道。日军独立步兵第14大队已在19日夜撤离乱石岗，独立步兵第12大队被留下继续严防死守。

4月20日，美军对乱石岗的进攻依然没有收获。阿诺德师长认为这个位置是通往178高地的关键，于是第7师的主攻方向右倾，将17团B连配属给184团。该连在16时30分进入正对乱石岗的战线，推进了一段有限的距离后，为避开日军居高临下投掷的手榴弹，只得后撤。

4月22日战斗期间，天际岭反斜面的烟雾。前景处的小点是坟墓山低侧山包上的美军坦克和步兵。

次日，17团B连重拾攻势，依然奈何不了日军的机枪交叉火线。这一次又靠美军装甲兵发威，在近距离将乱石岗北岗西坡扫荡干净，使步兵能在北岗西坡得到一个立足点。美军士兵在这个位置，甚至都能听见另一侧日本兵的说话声。美军试图翻过山岗东进，第一个越过山顶的美国兵被日军的子弹直接打穿面门，此路明显不通。在对南岗的坦克与步兵协同攻击失利后，B连撤回上午的出发点。

22日，美军第31野炮营B连将1门155毫米榴弹炮拖运到距离乱石岗800码的位置，对准乱石岗东侧，一连射出7发重磅炮弹，大片珊瑚石被落地的炮弹打散，向空中飞溅。美军将一门重炮直接送到距离日军阵地如此近的地方非常冒险。日军发现不妙，片刻便找出美军榴弹炮的位置，直接用机枪扫射。射程虽远，但正在开炮的美军炮手的位置不可能分得太散，当场便有2人中弹，其他人赶紧卧倒，耳边都能听见日军机枪子弹击中炮身的尖利响声，没人敢抬头。阿诺德少将当时就在现场观战，也只能全身伏地，颇为狼狈。

日军对近距离重炮射击的反应还算及时，但美军已达到炮击目的，坦克和步兵协同部队开始前进，越过乱石岗西面的开阔地。火焰喷射坦克攀上南岗山脚，驾驶员按下按钮，液态燃料喷出喷筒化为火焰，顷刻之间就在山体引起大火，黑烟几乎将整座山岗笼罩。8个日本兵携带炸药冲向火焰喷射坦克，企图同归于尽。他们在冲入攻击距离之前，就被掩护的美军步兵放倒。黑烟散去后，紧跟在坦克车队后方的步兵开始上山。反斜面上的日军并没有受到大火影响，纷纷登上山顶，向美军投掷手榴弹，几挺机枪的扫射弹流同时落下，然后掷弹筒也开始发威。不过几分钟，美军的一个突击排就只有12人没有受伤，另一个排推进到山顶附近的岩架后方，用手雷与山顶的日军对决，却无法制服占据地利优势的日本兵，终于败下阵来。日军的火炮根据前线观察员报告的参数，开始提供火力支援，打得一辆美军坦克起火燃烧。中午，17团B连长查尔斯·墨菲上尉停止进攻，准备重整他的连，在疏散伤员后于16时再恢复进攻。

先前遭日军机枪火力打击，无法牵引移动的155毫米榴弹炮车，被美军官兵靠人力转移到另一个能得到烟幕掩护的阵位。在步兵重整队列的同时，这门重炮已能继续开火。美军炮手就像要把上午没能射出的份额补完一样，一口气连开43炮，每一发都命中目标。乱石岗的珊瑚峰顶被轰得变了形，刚被打碎的珊瑚石都泛着白光。

16时，B连的两个步兵排跟随3辆中型坦克和3辆火焰喷射坦克沿着乱石岗西侧前进。装甲兵炮击和火烧乱石岗后，步兵冲上山坡与日军展开近战。这一次双方的距离极近，美军步兵都能听到日军步兵步

乱石岗日军防御阵地核心一览。美军深入进攻这座高地时，155毫米榴弹炮的炮火和战斗工兵的爆破令山头变得坑坑洼洼。

枪枪机的击发声。日军准备充分，炮兵非常活跃，炮火有效牵制住了美军装甲兵的精力，山顶的手榴弹和掷弹筒榴弹再度从高处向美军步兵砸落下来。美军的两个突击排经过上午一战还剩31人，在这次战斗中再度伤亡18人，到进攻停止时仅剩5人还能战斗。4月22日天黑时，17团B连长墨菲上尉欲哭无泪。经过两天激战，他的这个连消耗了60%的兵力。与此同时，184团的部队在乱石岗东面的进攻同样一无所获。当晚，日军独立步兵第12大队长贺谷中佐将142高地的守备队撤到棚原附近。

4月23日，由于B连已经筋疲力尽，17团1营的另两个连接管了他们的进攻任务。美军再次用可用的所有火力支援武器炮击山岭，火焰喷射坦克又放火烧山后，步兵再次登上乱石岗，结果发现日军已经主动撤退。10时30分，美军拿下乱石岗阵地，代价是184团3营在4天内损失186人，17团B连两天内合计伤亡57人，合计战斗步兵减员243人。

攻占西原高地

在第7师西侧，美军第24军中路的96师在4月20日以后同样度过一段艰难时期。4月20日一早，日军就组织了一次对美军墓碑岭立足点的反击。382团1营虽将日军击退，但已疲惫不堪，被3营替换。

7时30分，3营开始从墓碑岭北段南进。L连在墓碑岭南端正东的一座圆锥形小山头遇上了麻烦。这座小山植物茂密，日军依托工事固守，与L连激战一下午，甚至在掷弹筒火力掩护下还上刺刀进行了反击。17时，L连伤亡32人后撤退。此后几天，日军一直在这个强点阻挠美军对西原高地的行动。

3营I连沿着墓碑岭南下，一路歼灭藏身在洞穴和坟墓中的日军，到达山岭南端时，将会给L连提供支援火力。由于L连在圆锥山受阻，使3营无法通过墓碑岭和西原高地之间的山谷。

381团1营就在3营的右侧（西面）执行任务，于11时对西原高地发动了进攻。在这次步兵攻击前，美军没有进行炮火准备，大出日军意料之外。25分钟后，两个突击连就已登上山顶。问题在于382团3营迟迟无法从墓碑岭越过山谷跟上，使1营的左翼完全暴露。营长察觉不妙，派预备队C连去保护左翼。C连沿途遇到日军密集火力阻击，伤亡很大，用了3个半小时才越过山谷，

好歹在16时跟上登上西原高地的A连。在下午的战斗中，1营的3个步兵连都已登上西原高地北坡，但A连长阵亡，3个步兵连一共仅剩4名军官，对指挥造成很大影响。

381团团长哈洛伦上校得知1营成功抵达西原高地，便下令2营于13时开始进攻，从1营右侧跟上。日军在嘉数岭末端的枪炮覆盖了2营的大部分必经之地。位置最靠近嘉数岭的一个排，为走完通往西原高地的250码路程，折损了一半兵力。位于96师更右翼的381团3营由于受到被绕过的嘉数岭阵地威胁，根本无法动弹。日军的白炮炮弹在西原高地地区非常密集，他们在这一带集中的白炮数量极多。这种被美军戏称为"飞行箱车"的笨重炮弹大多数时候无法形成有效杀伤，但有时会让美军吃到苦头。下午，一颗白炮炮弹看似懒洋洋颤颤巍巍地落进山岭北坡的381团E连阵中，这次落地爆炸居然造成4死6伤。

右翼暴露在嘉数岭日军自动武器火线之下，又遭到白炮密集火力齐射打击的381团2营吃尽苦头，E连和G连顽强地坚守阵地。天黑时分，96师已有5个步兵连沿着西原高地北坡挖掘散兵坑过夜。

由于距离太近，美军士

兵往往能够非常清楚地听见日军阵地传出的各种声音。杀伤效果不佳但震耳欲聋的白炮炮弹爆炸声、掷弹筒射出的弹雨以及自动武器连发的"哒哒"声，导致96师许多战斗人员都罹患战斗疲劳症。战役结束后，美军根据双方的伤亡数据资料，得知4月20日美军96和27师的人员损失要大于日军。在整场冲绳战事期间，只有这一天美国陆军的2个师的损失超过他们的对手，可想而知他们这一天的战斗有多辛苦。①

96师在西原高地的战斗中很难机动。在他们的左翼，乱石岗的日军瞰制着382团2营的推进路线，限制了巡逻队的侦察行动。右翼，处于27师辖区的嘉数岭末端的日军火力点让381团3营无法移动。两翼几乎完全被钉死，意味着96师的主攻方向只能放在中路。

4月21日7时20分，382团3营将墓碑岭南端阵地交给1营后，开始从后方向西实施圆弧形运动，越过381团阵地到达西原高地。382团3营到达西原高地的381团C连左侧后，开始重整，准备东进。

12时45分，382团3营的阵地开始稳定下来，但日军开

始连番反击。日军首次反击使用了一个小队的兵力，很快就被击退。13时30分，日军组织了一个中队的兵力，从西原村再度发动反击，和美军进行了一场艰苦的近战。营长富兰克林·哈特兰中校在部下的各个连队来回奔走，激励士气。

重武器连M连的重机枪被送到北侧陡坡上，日军不会让他们轻易就位，掷弹筒的榴弹很快射来。第一挺重机枪的三脚架刚支好，机枪射手就中弹身亡。大卫·多维尔参谋军士见状，亲自用这挺机枪向日军开火，为避开日军的掷弹筒火力，他打完一梭子弹就换一个位置。不远处是美军的另一个重机枪阵地，机枪刚架设好就被日军榴弹击中，完全无法使

用。机枪手约翰·阿伦兹中士和约翰·史蒂文斯中尉异口同声地骂道："操他妈的日本鬼子！"各自提起勃朗宁自动步枪冲过山顶，直接一个长点射放倒了好几个正在冲锋的日本兵。I连重武器排排长被山岭下方35码远的日军迫击炮直射炮弹击中身亡。在另一个位置，美军的60毫米营属迫击炮手见地将射角调到86度，这样才能射击仅30码之外的日军掷弹筒。382团3营最终打退了日军的这次反击，共击毙约150人。19时过后，日军从西原南方400码之外的143高地发动了第三次反击，这次美军没费多大力就将其击退。按照382团3营的统计，当天他们一共击毙日军198人。当他们遭遇反击

4月21日，382团3营越过381团的辖区进攻浦添绝壁东端，然后转向东面前进。图中可见正在向前敌推进支援这次进攻的3营官兵。

① 日军第32军在战况报告中称在20日的战斗中取得的战果（仅包括战线右侧和中央正面）为杀伤人员918名、消灭坦克45辆等，己方损失为82人战死、150人受伤。

时，383团3营曾试图赶到左翼助战，被隐蔽的日军机枪和迫击炮火力挡在峡谷里，无法上山。

当天上午，在96师战线中央右半部，381团1营和2营为夺取西原村展开协同攻击。由于西原高地太过陡峭，坦克根本无法使用。1营和右侧的2营E连遭到日军重火力阻击时，刚刚到达山岭顶部。处于两个营最右翼的G连一路冲入西原村西南角。就在此时，日军的迫击炮弹如同飓风般直落下来。G连散开队形躲避迫击炮火时，猛然发现日军正在渗透他们的左翼前线，看来村里的日军都集中到了那个位置。子弹立即从双方阵地中飞出。战斗如此紧张，配属给G连的重机枪手都来不及支起三脚架，索性像勃朗宁自动步枪手那样，直接把机枪架在矮墙上，对着日军的冲锋队列扫出一波弹流。

对G连最为不利的是，从西面嘉数岭底端射来的日军机枪交叉火力，和从西原高地南坡射来的日军交叉火力，正好从他们的阵地上交错穿过。14时，美军放出烟幕弹，2营用临时担架抬着阵亡人员的尸体，退到正好越过山岭顶部的一条战线。天黑时，西原高地的后山坡（南坡）和西原村仍在日军手中。

4月21日傍晚，382团只剩下50%左右的战斗力，次日便被383团替换。减员较少的382团2营被配属给383团作战。

383团在西原高地的第一个目标，是山岭中的"大门"山鞍（西原高地与棚原悬崖之间的鞍部阵地）。大门山鞍左侧（东面）的山岭线再度上升，一直通往坚固的棚原悬崖。右翼的383团2营在11时沿着山岭直取大门山鞍。前一天被打成蜂巢的西原村被E连占据，日军显然放弃了这个村落，G连则占领了村南面向143高地的一座高地。向山岭正面推进的F连遭日军重火力阻击，半小时内先后失去四位连长，被迫退出珊瑚石顶峰的日军投射武器射程之外。

383团3营从左侧进攻大门山鞍，收获并不大。L连连长亲自指挥的一个10人战斗小组在一座小山头侧旁与日军对战，结果除了连长本人外全部负伤。L连左侧的I连直接闯进日军在棚原悬崖附近部署的10挺机枪组成的交叉火力网。先头排排长发觉不妙，大喝一声："赶快撤退！"就身中数弹阵亡。用血肉之躯想直接越过这样的密集机枪火网等于自杀。支援的轻型坦克得报，颤巍巍开进山岭前的峡谷，险峻的山势让他们无法继续深入，只能用车载重机枪压制日军阵地。日军知道在这样的距离，机枪子弹对美军轻型坦克的装甲无法造成伤害，相应的坦克机枪子弹也不能对日军机枪阵地造成多大打击，步兵依然无法安全通过这一地区。

4月23日，美军直接调来一辆坦克推土机开辟通过峡谷的道路。这下美军装甲兵终于可以充分施展。763坦克营B连的中型坦克越过峡谷，75毫米主炮直接射击西原高地和棚原悬崖。火焰喷射坦克也加入

美军96师占领的西原高地（西原岭）地区。

地图四十六　4月20—24日，美军96师的进攻

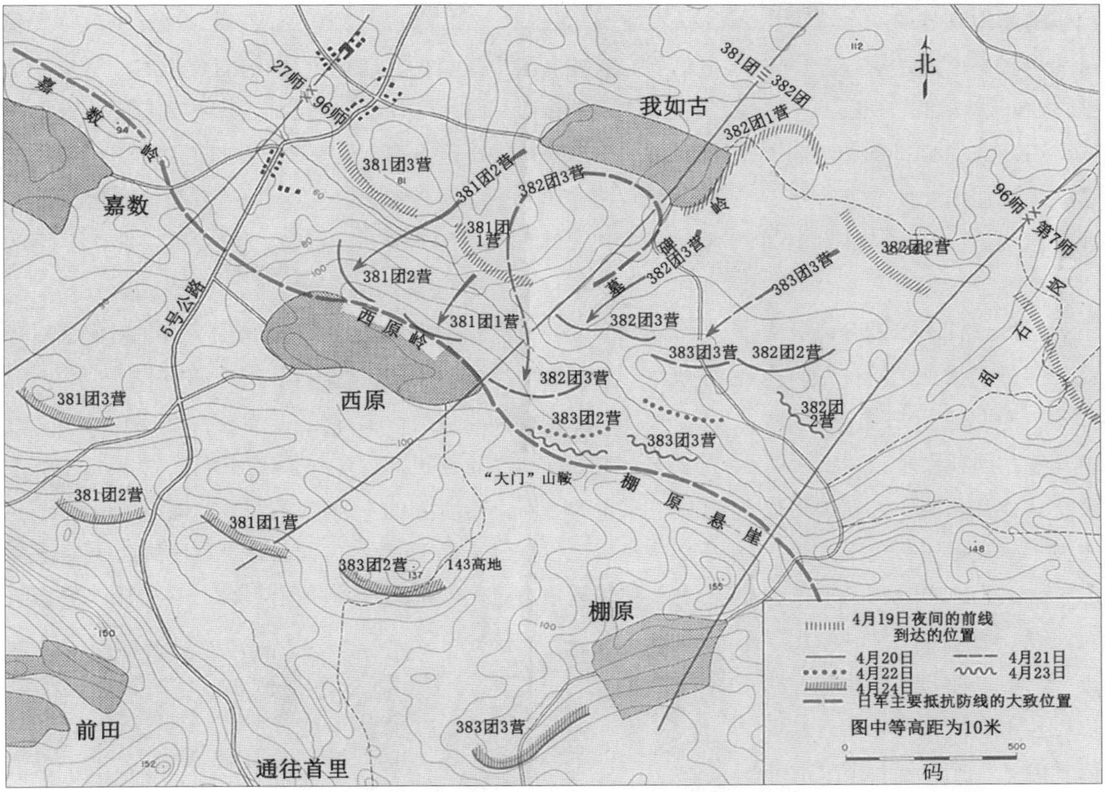

这次坦克突击，放火焚烧悬崖北面和向西直达大门山鞍的山岭坡地。尽管装甲兵相当圆满地完成了任务，美军步兵不用再担心日军的机枪火力，但日军依然占领制高点，用手榴弹和炸药包击退了美军步兵的突击。在96师辖区的其他地方，枪声正在逐渐平息。

傍晚，日军的西原-棚原防线已接近崩溃。西原和棚原悬崖一带的守备部队（以独立步兵第12、第14大队为基干）的战力已经极度低下。96师的

4个步兵营都已经在山岭上就位，除了棚原悬崖和正对嘉数岭末端的西原高地西角之外，所有高地都已被美军占领。日军眼看大势已去，便将这一带的主力南撤。次日，美军占领了整个西原-棚原地区。

血染双峰高地

4月19日夜，27师105团3营和2营来到双峰高地一带，其中3营登上了浦添绝壁崖顶，在西峰高地周围展开部

队，2营则在山下与其相连。4月20日上午，在打退日军的一次夜袭后，105团团长韦恩上校命令2营登上崖顶后，与3营一同继续南进。日军从双峰高地的火力点开火，完全截断了这一地区的崖顶，使2营根本无法登顶。韦恩得报后亲自到前线观察。他明白前线的困难，但仍在12时命令前方的2个营无视日军火力，半小时后继续进攻。

韦恩并非不知变通，他亲自组织2营从一条新的路线进

攻。E连仍从左翼进攻，F连和G连被派到悬崖山脚下，推进到东峰高地以外的一个位置，从那里转向西进，攀登悬崖，到达仲间村以北的崖顶。

F连和G连随即向南从后山坡下山前往山底的一条公路。在这次快速行动中，美军出其不意地靠近日军后方，令后者颇为吃惊。日军也没有消极应对，防御伊祖一带的日军当地部队（包括独立臼炮第1联队本部等）同独立步兵第21大队很快就会互相协同，在迫击炮支援下对美军进行包围攻击。F连和G连到达公路后，F连在左，G连在右，暂时停止前进，为南进仲间重整队伍。两位连长正在用无线电商讨进攻战术时，F连就遇上这次战斗中的第一击，日军迫击炮弹幕落入最靠近仲间的左翼。在日军的第二波火力到来之前，F连官兵赶紧卧倒寻找掩蔽所，他们稍一抬头就能望见日军正蜂拥着通过仲间。半小时后，F连连长爱德华·基德上尉用无线电呼叫G连长路易·卡德林上尉："日军正在包抄我连左翼，已经进入背后地区。"两位连长经短暂商议后，决定将他们的战线一齐转向面朝东方的位置以应对日军的威胁。卡德林上尉从G连阵地只能看见F连一个排的部分部队，于是决定在F连的这支小部队改换位置后再转移。

就在两位连长结束这次讨论后，基德上尉中弹负伤，连无线电都被摧毁。日军的机枪和迫击炮火正从F连后方直射。仅仅过了几分钟，F连的全部军官和大部分士官都非死即伤。各级单位都失去指挥，日军的强大火力将队伍搅得七零八落，F连的建制被彻底打乱，大部分人都奔向悬崖边缘较安全的位置。不在F连正面阵地右翼的那支G连能看见的小部队显然已发现后方的异常情况，很快就用自己的武器组织战斗，将F连主力打散的日军也在将注意力转移到他们身上。片刻后，这支小部队发现自己已被完全孤立。一位战士发足狂奔，找到G连长卡德林上尉，大叫道："F连究竟他妈的在哪儿？"卡德林这才察觉F连一定发生了非常严重的问题。

卡德林赶紧命令他的各排排长向东面转移，但为时已晚。从东峰高地出动的日军已逼近G连右后方，刚刚将F连击溃的那支日军也在从另一个方向逼近。G连的两个突击排被迫沿着切入悬崖后山坡公路

27师在浦添绝壁（图中的悬崖）的战斗核心地区双峰高地。

的南侧边缘部署。公路北侧是1.8米高的路堤，要想避开日军的两面夹攻，G连只得越过公路，爬过路堤，然后攀上与崖顶呈35至50度角的100码山坡。G连开始行动时，日军部署在公路两侧的机枪立即以纵射火力扫荡，紧接着日军的迫击炮弹和手榴弹倾泻而下，落地即爆，金属弹片四散飞溅，如同死神从地狱飞射出的镰刀般切割无助的美军士兵。日军的步枪子弹也在以最快的速度出膛，只要装弹速度跟得上，密集的子弹就不会停歇。冲向山坡的不少美军士兵中弹身亡，其他人也都负了伤，还有一些人眼看无法突破日军火力阻击，索性退下山坡，在岩石和灌木丛之间藏身。

当G连的两个突击排向前

地图四十七　4月20日，美军对双峰高地的进攻

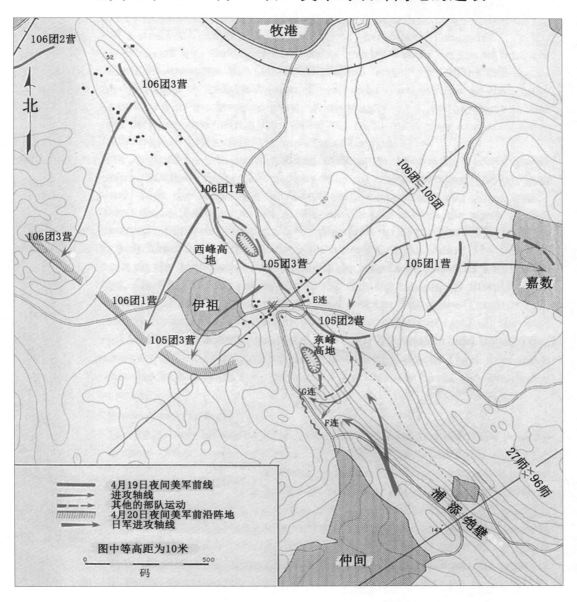

方阵地转移时，第3个排和机枪都被留在悬崖边沿位置。从前方溃散的F连和G连各部不久就开始通过他们的阵地。这时美军愕然发现，日军已渗透到北面悬崖正下方的低地。日军已经在悬崖两侧处于一个极佳的位置，用无情的火力向正在下崖的美军射击。被击中的美军士兵纷纷坠入崖底，趴在那里一动不动，其他人跟跟跄跄，完全不成队列地向低处退却。逃过这次劫难的2营士兵发足狂奔，一直赶到面朝东方迎击日军的1营阵线时才算脱险。在这次战斗中，F连和G连被从他们绕过的东峰高地出击的日军包了饺子。大约2个中队的日军成功迂回F连左翼，令美军损失惨重。

105团3营和106团1营在当天并列发动进攻，起初他们稍有延误，后来向伊祖村西南

方向推进了200多码，没有遇到太多抵抗，就地占据阵地过夜。

4月20日对105团2营来说是灾难性的一天，共有50人阵亡、43人负伤，伤亡人员几乎都属于F连和G连。27师当天的总伤亡达到506人，这是冲绳战役期间，美军的一个师一天之内最严重的人员损失。

从当天中午开始，独立步兵第21大队第3中队（长泽中队）第3小队（川上小队）的洞穴阵地（位于伊祖与安波茶中间）也遭到美军攻击。在中队主力出击夜袭当晚，吉田广繁兵长奉命带领一个分队的留守部队防守该阵地。20日晨，第1小队的铃木义正伍长也拖着受伤的右腿来到第3小队阵地，此时坑道里有吉田兵长、岩本繁夫兵长、泷泽正巳伍长、安藤满寿雄上等兵、马冈

清太郎一等兵几个人。人数虽少，却都是久经战阵的老兵。在阵地前方10米处立着三棵琉球松，马冈一等兵就在树下担任步哨。正午刚过，马冈一等兵跑进阵地紧急报告发现敌兵。日军很快就听见自动步枪的射击声在逼近，都端起枪注视着洞口。当他们听见美军吵吵嚷嚷的说话声时，突然有手雷扔进洞内。

吉田兵长立即捡起咝咝冒烟的手雷用力扔回洞外。岩本兵长也抓起滚到脚下的手雷扔了出去。从洞外传来了爆炸声。美军随后又连续用自动步枪向洞内射击，在狭小的洞穴内弥漫着呛人的硝烟。美军一边嚼着口香糖一边不断向洞内开枪，由于洞内很暗，看不清内部的情况，并不能伤到日军。

不久，又有勇敢的美国兵慢慢爬过来，探头向洞中窥视。美军观察洞内比较困难，日军却可以将对方的面孔看得清清楚楚。突然有人向美国兵开火，对方马上把头缩了回去，然后美国兵再次探头窥视，扔进手雷。日军赶紧捡起手雷扔了出去。

在应战的间隙，铃木伍长回头看了看，发现竟有一个应征兵正在睡午觉，不由吃了一惊，不知道他是勇敢还是愚

带竹栅栏的日军土垒工事。

蠢，居然对交战声毫无反应，枕着弹药箱呼呼大睡。在洞穴深处还躲着几名给日军做饭的冲绳妇女。

美军一次又一次地试图冲进洞内，都被乱枪打退。因为没有时间拔掉手榴弹的安全栓，日军就直接把手榴弹往岩石上撞，用这种办法点火后再扔出去。反投手雷、投掷手榴弹、开枪射击……日军简直忙得不亦乐乎。在战斗中，独立步兵第21大队的步兵炮还从经塚向这里进行了支援射击。

岩本兵长是一名在华北战斗过来的老兵，胆量极大，在战斗中竟挡在洞口端枪猛射。打光子弹后，他就马上拿起堆在洞内的急造炸弹，正要掷向美军，吉田兵长赶紧制止了这一行为——否则敌我双方都会被十公斤炸弹炸飞。

在交战中，泷泽伍长喊道："我去和中队联系！"铃木伍长急忙制止："危险，现在不能出去！"泷泽伍长却已经冲了出去。

天色渐渐暗了下来，不知不觉到了黄昏，这时候美军已经撤退了。吉田兵长最先来到洞外，铃木伍长也拖着伤腿走了出去。在阵地入口处，美军留下8具尸体。泷泽兵长倒在距离15米左右的地方。

20日美军在伊祖、城间地区的进攻受挫，但由于伊祖、城间地区逐渐被美军侵入，导致日军主阵地首次出现严重破绽，西海岸道路方面的形势十分危急。为了封闭这个裂口，藤冈师团长在当天再次严令有川旅团长夺回阵地。

由于没有可用的预备兵力，有川旅团长只好抽调正在独立步兵第21大队南侧占领阵地的独立步兵第15大队主力，以该大队和独立步兵第21大队一起于20日夜实施攻击。这是独立步兵第15大队在南部冲绳的战斗中初次登场。日军的这次反击缺乏美军方面的详细记录，日军方面也记载得比较简略，只有独立步兵第15大队第4中队的小队长山本义中少尉在手记中留下了比较详细的记录。

20日19时30分，独立步兵第15大队长饭塚丰三郎少佐集合了各中队长和中队附先任军官，下达了夜间攻击的命令。饭塚少佐在指示夜间攻击要领的同时，还详细说明了敌情和第一线日军的战斗部署，特别强调了在同敌军进入战斗状态后，要紧贴近敌军，切勿成为炮击轰炸的目标。此外还指示：禁止收容战斗死伤者；充分确认同左右、前后的友军之间的联系，切勿陷于孤立；无论发生何种事态，都应沉着应对；部队攻击目标为连接伊祖、城间之线上的敌军。各中队的部署为：

前锋右起：第1中队、第2中队、第4中队

后卫右起：第3中队、步兵炮中队、第5中队

大队本部和机枪中队则一起在两线梯队中间前进。重机枪应能在战况变化时迅速进入阵地。

友军方面，正死守第15大队的前方阵地的独立步兵第21大队，在与敌交战中战力已减至一半左右，第21大队长西林中佐在城间阵地指挥战斗，部队应尽量集结于城间周边，根据敌情以主力突入敌阵地。

解散后不久，第15大队又接到新的旅团命令："伊祖高地一带的臼炮第1联队被美军包围陷于孤立。着独立步兵第15大队迅速救出该联队。"

在第4中队第1小队阵地上，小队长山本义中少尉在出发之前抓紧时间打了个盹。山本眼前忽然出现了已故战友峰田上等兵的身影。峰田开口道："山本，带发烟筒了吗？"山本反问道："发烟筒怎么了？"就在这时他忽然醒来。原来是一场梦。

峰田上等兵是山本在中

国战场时的战友，在1944年的河南作战期间战死。那是在部队渡过黄河后，山本小队正在河南平原广阔田地的绿海中小休时发生的事情。当时大家正在吃着午饭，步哨已经派出，附近有柿子树围绕的贫穷乡间农舍。峰田上等兵头上缠着白毛巾，正悠闲地站立着。山本见状大声训斥道："峰田，不要这样显眼地瞎转悠。"不晓得对方听没听到，只见那白毛巾又动了动。就在这时，峰田突然倒了下去。战友们跑到峰田身边，原来是头部中弹，本人当场死亡。山本在原地愣住了，心中充满无限悔恨，眼泪顺着脸颊不停地流下。这是山本成为小队长以来战死的第一名部下（当时的中队长浅野中尉也在河南战死）。

山本回忆刚才的梦境，感到十分奇怪。为什么会看到峰田？发烟筒又是怎么回事？想起死去的战友，不由得流下了眼泪。在招呼小队全员起床后，山本立即命令分队长集合。山本向分队长发问："喂，要带发烟筒走吗？""不，没打算带发烟筒。""原来是真的啊。"山本说起刚才做过的梦，大家歪着头嘟哝道："小队长总是说一些奇怪的事情啊。"山本笑道："好吧，各分队必须带上

两具发烟筒。是战死的峰田提醒的。"

20日半夜，独立步兵第15大队主力开始经泽岻（首里北方1公里）、安波茶（伊祖南方1公里）向伊祖前进，打算对伊祖高地及伊祖城堡遗址之敌实施夜间攻击以夺回阵地并救援友军。

该大队的左前锋第4中队以多田幸夫少尉（第3小队长）为尖兵长，以第3小队为前导，第1小队（山本小队）跟随其后。中队长松田实大尉则同指挥班、第2小队一起在山本小队后方前进。根据指示，在遭遇敌军时，尖兵小队

日军步兵使用的"九四"式小型发烟筒。
基本规格参数
长度 17.5厘米　横截面直径 5.6厘米　筒身颜色 灰色　标记 白色标签　全重 约1公斤。
底部有手环，是一种较早装备的发烟筒。

日军步兵使用的另一种"九九"式自动喷射发烟筒。
基本规格参数
长度 20.8厘米　横截面直径 5.3厘米　筒身颜色 灰色或棕色　标记 筒身有白色日文　全重 约1.32公斤
发射管为全金属外壳，点火管的长度与发射管相等。

应立即向右展开，在接到新命令之前停止前进，上好刺刀在原地待命；各人之间应利用地形地物保持约5步的距离；小队长的位置一般在右侧；各分队还需确认弹药、水壶等装备的防音装置。口令为"山"、"川"。山本小队的3个分队各携带2具发烟筒。第4中队出发时，手表的指针指向23时。

开始前进后不久，第3小队长多田少尉即被狙击弹击中头部而死，由山本义中少尉接替他在中队最前方前进。此后再无子弹飞来，但有5、6颗照明弹升起，日军只好静止不动约10分钟。在此期间山本少尉思考了前进的策略：在照明弹的光芒下，可以看到前方有一座高高的山岗，那里应该部署着美军的重机枪，如果待在这片地势较低的甘蔗田里，天一亮便会凶多吉少，应该趁照明弹熄灭时努力前进百米，不管怎样也要设法抵达斜坡处，否则就会全军覆没。

这时右前锋第2中队遭到了夜间集中炮击，显然已被美军发现。照明弹高高升起，将四周照得亮如白昼，不过第4中队仍未被发现，山本发出命令："注意防音，前进一百米。"山本的想法是：若能抵达百米前方的高台，同敌人间的距离就可以缩短至150米，

这样一来美军的舰炮和飞机就无法进行攻击。如果可能的话最好能接近到50米处。

在前进途中，山本察觉到前方20米处好像有人，不禁毛骨悚然。他隐约闻到了香烟的气味。山本判断日军不可能在这个时候抽烟，前方应该是美军的步哨。山本和身边的第1分队长岩佐军曹一起向前方摸去。接近到约10米距离时，山本悄悄观察了一下，看到对方身体的1/3映衬在夜空中，明显不是日本兵的轮廓。两人又开始一步步地小心靠近，两名美军哨兵完全没有察觉日军逼近。哨兵时而仰望天空，时而望着前方，山本和岩佐两人摸到了哨兵的斜侧面。

在黑暗中，山本向岩佐军曹发出信号。这时照明弹恰好熄灭，周围更加黑暗。就在这一瞬间，他们向两名步哨猛扑过去。山本左手握刀从后背捅了进去，美军发出"啊啊……"的声音，随即倾倒。山本用右臂扶住对方的身体，小心地将温暖且沉重的躯体放到地上。

在寂静的黑暗中，美军战舰又发射了照明弹。为了收集情报，山本把手伸进哨兵的衣袋，摸出了不知什么东西，放进自己的上衣口袋。这时步哨的身体依然保留着体温。随后两人返回小队。

山本带领部下继续匍匐前进，到前方的斜面后停了下来。美军的照明弹不断升起，在右翼的第2中队、第1中队的方向上照明弹尤其密集，还传来了枪炮声。山本对前方的敌情完全不明，也无法联系上中队长，只好派出传令兵向中队长报告："山本小队已突破前方的步哨线，将立即派遣侦察斥候。"自己就地等待中队长的命令。这时已接近21日凌晨3时，再不快点突入的话，等到天一亮就会变成活靶子。山本随即派出3名侦察员。过了很久侦察员也没有返回。美军的重机枪突然从前方的小山上开火了，曳光弹射了过来。山本小队没有还击，山本判断这可能是美军的威力侦察，为了不暴露中队的兵力始终忍耐着，没有还击。

重机枪不时地从小山上射击过来，山本终于大致弄清敌阵地的位置：距离约300米，部署着连以上单位。山本认为现在已经到了准备拂晓攻击的时候。中队长也向他征求意见，山本提出："建议用掷弹筒干掉右边和左边的重机枪，在轻机枪和掷弹筒一齐射击时接近敌人进行突击。损失应该会比像这样一动不动少得多。不过，应该会损失四五十人。

如果就这么等待后退命令的话肯定会全军覆没。此地久待无益。应该在突入之后，马上撤回现在的地方掘洞固守。"得到中队长的肯定。随后山本命令部下："突入以后勿要深追，要返回现在的斜面挖掘坑洞隐蔽，在傍晚以前都不要动。分队长，把我的话向新兵明明白白地传达下去。"又说："一旦敌人的重机枪不响了，轻机枪分队要马上连续猛烈射击，掷弹筒也一样。其他人都拼命匍匐前进。行动慢的话就必死无疑。"

随后山本在下令射击的同时开始带领部下匍匐前进。他们在前进至敌前30米时开始投掷手榴弹。然后山本拔出军刀带头冲了上去。冲杀50米后，山本下令撤退，结束了同美军的近距离接触。他指挥部下全力跑回原来所在的斜面，然后开始喝水、挖洞。人人都在忙着拼命挖掘自己的章鱼罐（散兵坑），以至于没有人帮助小队长挖洞。第4中队确保阵地的部署是：右前锋第1小队、左前锋第3小队，中队长位于后方500米处。此时天已快亮，山本又集合分队长下达命令："各人挖掘坑洞。一小时后进洞。进洞后马上进行伪装，绝对不要乱动。即使敌人接近，在发出射击命令和攻击命令之前都要一动不动。这可比八路的大袭击厉害多了。先吃点东西填一下肚子。绝对不要活动以免引起敌人注意，否则会全军覆没。""各分队长要时刻注意身为小队长的本人。小队长的位置在前方高地右斜面。我在最前方亲自挖洞。要一心准备战斗，不要管伤员和战死者。完毕。""如有疑问，还有同中队长的联络都去找第3小队第3分队长。日出后一切依命令行事。绝对不要动。白天是敌人的，晚上是我们的。要忍耐住。坚持下去！"

8时，天完全亮了，伊祖城堡遗址和城间32高地上硝烟滚滚，美军的轻型观测机在上空盘旋。那是独立步兵第21大队等部正在苦战。独立步兵第15大队主力的夜间攻击显然也没有成功，第4中队在白天完全动弹不得。斜前方独立高地上的美军重机枪子弹向他们射来，由于日军完全没有动静，又向左右的高地斜面上扫射，先是从右至左，然后从左至右，打得碎石和尘土飞溅。前方高地上大概有美军1个连和2挺重机枪，第4中队的步兵力量大致相当，因为没有重机枪，战力只及对手一半。日军

独立步兵第21大队长（第4任）西林鸿介中佐（前排步兵后方骑白马的军官），最终于1945年6月22日在冲绳本岛岛尻地区战死。

对美军阵地无可奈何，只能卧倒在地面上不吃不喝地等待日落。因为不能活动，山本义中只好趴着小便，温暖的液体弄湿了身体和军装。美军可能是发现了他的动静，重机枪又开始吼叫起来，子弹连连钻入山本腹部下方的泥土中，终究没有击中他本人。倍感屈辱的山本只能忍耐。[1]

左方的城间32高地突然出现2辆M4坦克。此时伊祖高地尚未出现坦克。突然，后方百米处响起了猛烈的迫击炮弹爆炸声，山本所在的斜面反而成了最安全的地方。不过美军的坦克和步兵并未攻来。就这样，山本等人在酷热和疲乏中挨过了21日白天。

日军资料称在20日夜，

在中央前进中的独立步兵第15大队的二线部队第3中队和步兵炮中队通过美军的间隙抵达了伊祖北侧高地（即西峰高地，伊祖城堡所在地），同位于该地的独立臼炮第1联队一部（70人）会合，这是日军在此次夜间攻击中取得的唯一战果。其中步兵炮中队以马匹牵引炮车，成功将火炮搬进伊祖城堡，取得了"奇迹般的"成功。大队主力在安波茶附近的夜间战斗却没能成功，据称原因是大队主力抵达安波茶时已经天亮，因此未能实施夜间攻击。独立步兵第21大队长西林中佐也于20日夜在城间一带集结了部队主力（各中队约40人上下，合计约300人），对城间北方地区的美军实施夜间攻击，并未取得很大成果。

20日，新配属第64旅团的步兵第22联队第3大队和独立步兵第273大队到达安波茶附近，纳入有川旅团长掌握。

4月21日，对伊祖、安波茶地区的争夺还在继续，双方的战斗仍集中在双峰高地周围。美军105团1营和2营连夜重整后继续攻打东峰高地，105团3营和106团1营则负责攻打仍在日军手中的部分西峰高地，但只是徒劳无功。

---

[1] 山本小队的确切战斗地点难以确定，很可能在安波茶附近。

当天，日军独立步兵第15大队同独立步兵第21大队一起防御，经过苦战确保了各阵地。在独立步兵第21大队据守本部洞穴的同时，独立步兵第15大队的第1、第2中队也利用附近的洞穴在白天同美军交战，美军以自动步枪、手雷、火焰喷射器对洞穴进行了近接攻击，不过双方没有展开白刃战。

21日白天，位于独立步兵第15大队左翼的第4中队在反斜面上构筑的散兵坑或者只能勉强容下身体的凹地中藏身，在重机枪、迫击炮的集中射击下不吃不喝地保持不动，犹如尸体一般，就这样迎来了日落。

21日17时10分，天仍然大亮。山本义中少尉估计在傍晚前会遭到舰炮射击，于是决定动用发烟筒，为此慎重考虑了风向以绝对避免失败。"第3分队，向左发射发烟筒。"山本一声令下，一具发烟筒开始放出浓烟。受惊的美军开始向左方二百米处的甘蔗田中猛烈射击。接着日军又发射了第2具发烟筒。随后第2分队长不等发出命令就发射了发烟筒，第1分队长也紧随其后。美军拼命向浓烟笼罩之处射击，山本趁机指挥小队向斜后方看上去像是洞穴的地方跑去。第2小队、第3小队也都乘机如脱兔般冲向后方。不出山本所料，就在这时，山本刚才所在的地方遭到从迫击炮到舰炮的各种炮火的狂轰滥炸。炮击持续15分钟后，高约20米的小山和甘蔗田都已经被炸得面目全非乃至消失不见，地面布满无数大大小小的弹坑。捡回一条命的山本深感庆幸，眼泪不禁夺眶而出。

当天晚上山本才知道，包括岩佐分队长在内的40名小队队员在炮击中战死，只有山本以下8人幸存，他们同中队长和其他小队也断绝了联系。为了同中队长恢复联系，山本等8人开始搜寻附近的洞穴，此时美军的炮击仍未完全停止。山本没有在附近找到洞穴，便向安波茶方向后退，终于找到一处日军聚集的洞穴。正在进洞时，突然在黑暗中响起了呵斥声："喂，少尉，为什么不敬礼？"夜间攻击以来，山本一觉也没睡过，自己的小队在炮击中全灭，正窝着一肚子火，不禁怒喝："敬什么礼啊！""过来呀。"说着就用左手拔出军刀来，右手也握着手枪，洞穴中的士兵们赶紧远离山本身边。刚才那位中尉也吓了一跳，大声问道："敌情如何？""自己去看吧。"对方的士兵们被山本杀气腾腾的样子吓住了。山本小队的水口兵长也大声命令道："关上保险！"山本小队的士兵们摆出了对抗的架势。山本赶紧劝阻道："水口等一等！"稍稍恢复了冷静。水口兵长和其他士兵都来到山本身边说道："小队长。"大家纷纷哭起来，山本也流下了眼泪。洞内的中尉和士兵们看到这一奇异的景象都惊呆了，但很快明白过来。山本向对方的中尉说道："刚才失礼了。"中尉也回复道："真是辛苦你们了。"山本从军装的口袋中拿出香烟默默递给中尉，却看到对方吃惊的目光，这才想起原来香烟是从美军的步哨身上缴获的。中尉大概是嗅到了从山本的军装上发出的混合了汗水、鲜血和小便的气味，不禁又叹道："真是辛苦了"……①山本在不久之后才发现大腿上扎进了弹片，这是在20日夜突击时，在同美军的手榴弹战中受的伤。卫生伍长取出破片后，山本很快带领7名部下离开了洞穴，从屋富祖和安波茶中间前进，终于抵达屋富祖，进入独

---

① 据山本的回忆，在此处洞穴中遇到的部队应该是第24师团的步兵第22联队第2大队。

立步兵第21大队的洞穴与其一部会合。时间是21日夜间。

另一方面，第4中队长松田实中尉也指挥第3小队和指挥班在同一个洞穴中与山本等人会合，第2小队也在笈田元晴军曹指挥下（小队长高元荣一少尉已经战死）抵达该洞穴。第4中队共有包括第2小队长高元少尉和第3小队长多田少尉在内的84人战死，丧失了一半战力。

随后松田中尉指挥第3小队和指挥班、山本少尉指挥第1小队和第2小队，准备再次进行夜间攻击。独立步兵第15大队长饭塚丰三郎少佐在当晚（21日夜）命令第4中队长停止单独行动，打算以大队主力对正面之敌再次实施夜间攻击。独立步兵第64旅团长有川少将在22日（或21日夜）命令独立步兵第15大队返回原阵地，夜袭就此取消。

在2天的战斗中，独立步兵第15大队损失巨大，共有421人（大队的约三分之一）战死，并有多人受伤，第2中队长伊藤中尉、分部登一少尉、宇野义美少尉，步兵炮中队长须川隆一中尉，第4中队的高元荣一少尉、多田幸夫少尉皆战死。22日夜，第4中队长松田中尉在指挥班洞穴内举办慰灵祭，多田少尉以下死者

的中指被放在祭坛上火葬。在举行火葬时，女子学生队的5名女生（配属第4中队的军属）也和中队士兵一起列队参加了仪式。看到女生们相拥而泣，山本少尉不禁悲从中来，独自走出洞穴仰望天空，一边流泪一边唱起军歌："跨过大海，尸浮海面；跨过高山，尸横遍野……"此时，嘉数、伊祖、城间方面被照明弹映得亮如白昼，美军的大炮隆隆作响。

美军在21日对双峰高地一带的进攻依然受挫，却得到一个意外收获。原来这天一早，美军击毙一名日军军官，在他身上找到一张地图，上面标示着从牧港直到悬崖的日军雷场方位。9时整，美军已清除了道路上的地雷，将补给线一直延伸到崖顶路障位置，中午连路障也打通了。14时，美军的坦克已经通过路堑，装甲兵终

于能来到悬崖助战。这时通往崖顶的补给问题就变得十分重要，在21日和22日，有必要为106团2营组织空投。

4月22日，美军坦克推土机为106团团属炮兵连开辟了一条道路，使他们的自行火炮能够支援本团1营，有条不紊地摧毁日军在他们后方沿着悬崖设置的各处阵地。不少日军仍然隐匿在西峰高地上。这里是日军的白炮火力观测点和控制中心，日军在此处后方的机枪都已被摧毁，使美军通往伊祖的补给线首次可免受严重火力骚扰。106团1营后撤600码，缩短和拉直在悬崖沿途的战线，并且与东面的105团建立联系。105团团长韦恩上校一直都在重整20日伤亡惨重的1营和2营。

4月23日，105团1营的两个突击连替换2营爬上崖顶，开始以2营在3天前用过的战术

浦添绝壁（悬崖）速写。

向东面的东峰高地推进。日军大吃一惊，想不到美军居然还敢以同样的方式进犯。C连一路推进到东峰高地边缘的崖顶，发现已经摸进日军阵地。突袭一旦达成，突然性就彻底消失，接着就是一场刺刀见红的近战。近战中经常使用的武器是手雷，大多数时候是直接的刺刀和枪杆对决。一个小时之内，美军共杀死100多名日军。内森·约翰逊参谋军士身先士卒，跳过一个土丘后，发现身边竟有十来个日本兵。也许双方同样惊愕，早已做好战斗准备的约翰逊明白不容他犹豫哪怕半秒钟。

"砰、砰……"约翰逊的加兰德M1步枪一连8枪，弹无虚发，放倒了8个日本兵。其他日本兵刚回过神来，枪膛里已没有子弹的约翰逊以枪为棒，倒转枪身左右开弓，先将离他最近的两个日本兵打得脑浆迸裂。剩下两个日本兵眼看己方从12比1瞬间变成了2比1，不禁胆战心惊。约翰逊已经杀红了眼，不消片刻，最后两个日本兵也成了他的手下亡魂。他杀个痛快之后才回过神来，意识到自己实际上犹如从炼狱入口杀出生天，不由得冷汗直流。战斗还没有结束，约翰逊赶紧重新上好弹夹，继续投入战斗。据美军战报报告，

他在这次战斗中一人共杀死30多名日军。数月后，第10集团军授予他杰出服役十字勋章。

23日天黑前，27师已经占领了东至该师辖区边界中间的浦添绝壁阵地。

西峰高地的战斗在当天夜间出乎意料地结束了。在伊祖城堡遗址和东峰高地孤立战斗的日军独立臼炮第1联队、独立步兵第15大队、独立步兵第21大队各一部在当晚实施反击。午夜时分，美军听到西峰高地内的日军吹响了冲锋号。前几个日夜频繁听到号声的美军官兵立即严阵以待。大约30名日军冲下西峰高地，一边高喊"万岁"一边径直闯进106团1营在伊祖南面的阵地，最终悉数被美军消灭。不过根据日军资料，仍有少量日军在反击后撤退到安波茶地区。

回顾18日以来的战斗，美军奇袭牧港阵地，并且进入伊祖附近，无疑是日军的严重失策造成的。步兵第64旅团的反击战斗由于逐次使用兵力，使各部队的攻击时间和方向显得比较散乱，结果招致惨败。冲绳战史研究者大田嘉弘认为日军的反击要想成功的唯一方法，就是在美军入侵后立刻以大量兵力一举实施反击，现实却是美军得以增强兵力继续入侵，造成第62师团左翼的崩

坏，反映出有川旅团长在战斗指挥上存在很大问题。

嘉数村的孤立阵地

4月20日，105团2营和3营奉命进攻浦添绝壁后，扫荡已经孤立的日军嘉数村周边阵地的任务就被留给1营独自完成。这时，日军在嘉数的阵地已经成了战线后方的口袋地带，美军将其称为"嘉数孤立阵地"。以独立步兵第23大队为基干的日军守备部队在拼命抵抗美军的同时，还从嘉数高地上向右正面西原高地前方的美军实施侧射，有效支援了西原高地的日军。

20日中午，1营的3个步兵连在嘉数村内陷入一场苦战。96师一直在抱怨27师绕过的嘉数坚固阵地严重威胁他们的右翼，军长霍奇少将命令27师师长格里纳少将当天天黑前就要将嘉数岭扫荡干净。16时35分，1营已转战到嘉数村西侧边缘，几乎一路推过嘉数岭东端。

105团1营似乎已能将日军在嘉数一带的孤立阵地扫荡干净，于是团长韦恩上校命令他们去浦添绝壁支援2营，防止正遭到日军大举反扑的105团主力战线被突破。于是A连被留在后方扫荡嘉数村，1营

主力赶去浦添绝壁救急。A连的一支16人巡逻队进村，越过村中的瓦砾堆，没有一发子弹向他们射击。17时，A连向韦恩上校报告，嘉数岭地区已没有日军。韦恩依然能听到嘉数村方向传来的轻武器开火声，并不放心，指示A连长路易·阿科尔曼上尉再度搜索该村。巡逻队只得听命行事，再度走向嘉数村时，仍没有人向他们开火。当阿科尔曼本人走进村落

中的街道时，一颗子弹却准确命中他的背部。4名想救回他的部下先后中弹身亡，整个巡逻队都被打散了。到4月24日为止，这个巡逻队只有4人返回。美军这下才如梦方醒，嘉数仍是一个死亡陷阱。

4月20日105团主力在浦添绝壁大败，使大批日军从悬崖地区迂回27师左翼，将迫击炮、掷弹筒和机枪都调到嘉数地区，让这个孤立阵地重新成

为一个强点。次日，师侦察骑兵连（实际上是步兵）向嘉数村且战且进，于11时45分到达村边，结果都被日军的火力打得抬不起头。美军调来一个坦克排支援，步兵在坦克掩护下，在废墟中匍匐前进，艰难地与日军周旋，苦斗3个多小时也只能推进50码。见战况胶着，格里纳师长下令让侦察连先撤下来，随后在16时集中师属炮兵炮轰村庄，然后再让步兵突击。日军虽有伤亡，但对美军的炮轰早有对策，炮火一停，立即从地下工事里钻出来，用各种武器的火力线堆砌成一道火墙，将美军挡在村外。

4月21日，日军的有力部队进入27师战线后方的嘉数孤立阵地，师里已没有预备队可用，更糟的是，他们和96师之间出现了一个宽阔的缺口，处境非常险恶。27师的可用战力愈加捉襟见肘。106团3营从前线撤下来充当师预备队时，接到的命令是进入"该死的"西嘉数高地掘壕过夜。

4月21日傍晚，军长霍奇少将命令27师副师长威廉·布拉德福德准将负责指挥嘉数孤立阵地的战斗，由他全权协调与96师的行动。与此同时，霍奇指示96师右翼部队除非得到师部的具体命令，不得离开自己

从嘉数孤立阵地的核心嘉数村向南望见的浦添悬崖。

嘉数西部70高地（西嘉数高地）的日军独立步兵第23大队第3中队指挥班所在的洞穴遗址。

的行动区域。也就是说，24军认为阻挠96师右翼前进的日军阵地属于27师管辖。

4月21日夜间，105团在海军照明弹和舰炮火力支援下，成功击退了日军的一次较大规模反扑。防御嘉数地区的独立步兵第23大队（山本大队）在20日和21日的战斗中损失了三分之一的战力。

4月22日下午，格里纳师长请示24军军部，希望能从军预备队调一个营对付嘉数孤立阵地的日军："估计那里的日军至少有一个大队。"尽快解除嘉数日军的威胁，24军的战线就能弥合，继续进攻便没有后顾之忧。第7师17团3营奉命从嘉数以东的第7师辖区进入27师辖区报到。为应付嘉数地区一直在恶化的局面，格里纳师长同时命令师属102工兵营在牧港附近集结，充当师预备队，准备好顶上第一线像步兵那样战斗。

4月22日夜间，27师非常难熬，在96师和嘉数地区的106团3营之间存在一个1200码宽的缺口，106团3营和浦添绝壁崖底的105团1营之间也有一个缺口。无论日军从哪一个缺口突破，都会切断嘉数地区的部队与海岸和后方设施之间的联系。20时，格里纳师长只得命令165团2营（欠F连）离开牧港附近的阵地向左侧运动，

地图四十八　4月21日的嘉数孤立阵地

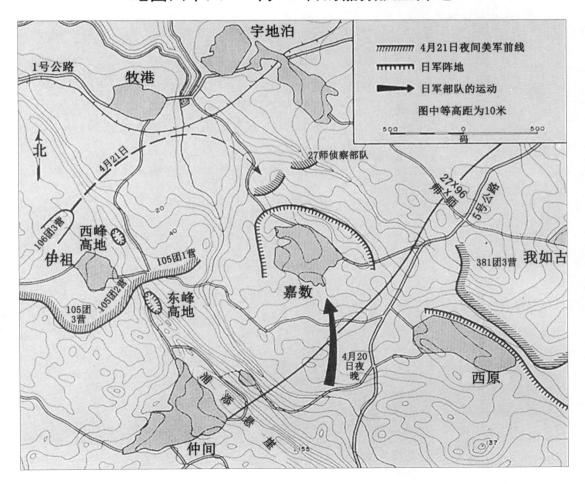

好歹堵上105团和106团3营之间的缺口，27师和96师之间那个更大的缺口仍然敞开着。

日军山本大队在当天夜间根据第62师团的命令除留一部（第1中队主力和机枪中队主力）于嘉数南侧的当山外，主力后退到安波茶附近。

4月23日，军长霍奇少将从部下的3个步兵师抽调4个步兵营，配属坦克、火焰喷射坦克、自行突击火炮和107毫米化学迫击炮支援单位，交给27师副师长布拉德福德准将指挥，被称为布拉德福德部队。他们的任务就是要一举将如芒在背的嘉数孤立阵地铲除。不过当天美军并未进攻嘉数阵地。

进攻前夜，日军的野战炮火异乎寻常地猛烈。24日晨，天降大雨，黎明的天色仍然昏暗。美军的23分钟炮火准备结束后，布拉德福德部队于7时30分向嘉数孤立阵地进发。一路上，他们没有遇到敌人抵抗，原来夜间日军的炮击，就是为掩护自己的部队撤离嘉数地区。两小时内，布拉德福德的4个步兵营都抵达了目标位置。自从4月19日以来，27师和96师终于首次建立紧密联系。4月24日和25日，美军打扫嘉数地区的战场，一共清点出大约600具日军的尸体，在

被封死的洞穴里显然还有大量的日军死尸。

美军上下暗自松了一口气，回想起4月19日至22日这几天，嘉数地区暴露的潜在危机，仍然心有余悸。美军认为，日军未能抓住美军战线出现缺口这一难得的良机来重创对手，一是从根本上来说，日军在冲绳战役要达到的就是尽可能拖延失败时间的消极战略目标，当日军认为美军露出的破绽未必能让他们拖更长时间的时候，不免踌躇不决。第二个更重要的原因是，美军在4月19日对日军主阵地发动总攻之前，同时在东南港川（凑川）外海的佯动登陆，让日军不得不防，32军的几乎全部步兵预备队都集中到冲绳最南部地区以防范美军登陆，造成主防线预备兵力不足，也就没有

足够的兵力来利用这个破绽。

不过根据时任第32军航空主任参谋的神直道少佐的回忆，第32军当时实际上并未察觉到美军战线上产生了大缺口。当时第32军正在全线实施艰苦的防御战，没有余暇去发现美军的弱点，而且由于美军连续猛攻，第32军也没有想到去策划局部攻势。

4月24日，美军的行动普遍很顺利。在南冲绳东部，第7师攀上178高地时，只遇到偶然落下的零星炮弹，没有自动武器和轻武器向他们开火。除了少数尸体外，全部日军尸体都被转移或埋葬，战场打扫得非常干净，武器和其他物资都已被转移，一切都证明这一带的日军在有计划有秩序地撤退。

96师辖区的前线中部，能

嘉数岭的独立步兵第23大队本部阵地遗址。

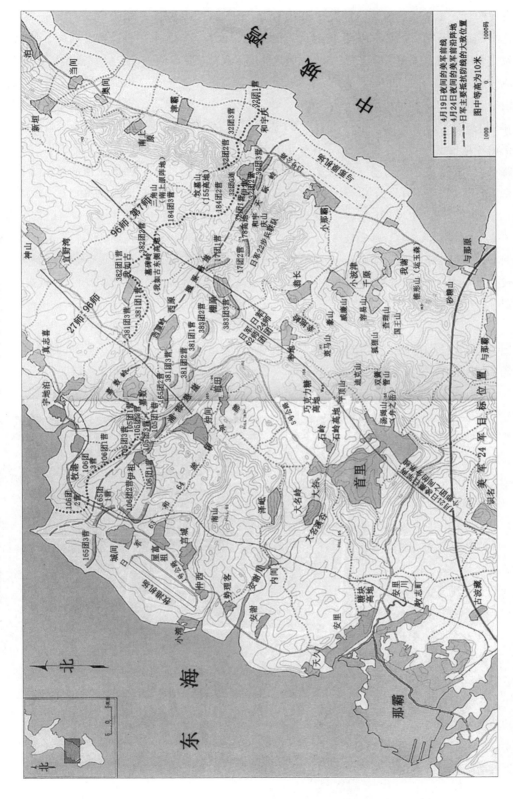

地图四十九 4月19—24日，美军突破首里外围防线

发现的日军不是脱队散兵，就是在美军战线后方的孤立阵地做零星的抵抗。美军占领了棚原悬崖、悬崖南面1500码长的山岭、棚原村、整个西原高地和143高地。其他部队推进得更远，越过了宜野湾-首里公路（5号公路），在浦添绝壁东端山脚下占据了阵地。

相对来说，在24军右翼，也就是西海岸行动的27师比较倒霉，不仅推进不顺，而且在被主力绕过的I号阵地的战斗直到4月27日才结束。

日军第32军的战线整理与新部队的投入

4月23日夜间，南部冲绳大雾弥漫，日军对整个美军前线的炮火射速达到一个新高点，夜间最前线的每个美军步兵团阵地，都至少落下1000发炮弹。次日，美军发现日军在晚间的密集炮火，实际上是为了配合大雾，掩护日军从首里外围防线的残余阵地有序撤退。

自美军4月19日发动总攻以来，日军第62师团顽强抵抗了5天，同美军3个师连续进行寸土必争的战斗，使美军只能一寸寸生吞硬啃日军阵地，演变成了美军最大的苦战。尽管美军拥有大炮、迫击炮和坦克

的强大火力，还发挥了火焰喷射坦克的威力，但在最初的4天，仍只能侵入局部地区，在嘉数等地区，甚至连日徒劳无功。

23日傍晚，日军阵地已有多处被突破，第62师团的战力至此已经丧失2/3以上，仅在嘉数高地就留下600具日军的尸体。残留的坚固阵地也消耗严重，抵抗力正在迅速衰减，继续死守这些阵地有害无益。第32军在观察当前战况之后，判断与其维持现有战线，后退到下一道战线上更为有利。因此军司令部下令各部队在23日夜按照计划，有秩序地撤退到后方阵地。当晚，在

军炮兵支援下，第62师团长将嘉数、西原、棚原、157高地（178高地）的守备部队撤退到仲间、前田地区。第32军在23日的战况报告中称：己方部队战力为：西原以东的第63旅团（4个大队）约1000人，西原以西的第64旅团（3个大队）约2000人；在19-23日的战斗中，取得的战果为杀伤人员约6000名，消灭坦克80辆，破坏火炮6门、中型迫击炮5门（缴获2门）、汽车3辆，缴获机关炮1门、重机枪6挺、轻机枪30挺，破坏登陆艇7艘，击落飞机2架；己方损失为战死2490人、战伤2665人，被破坏150毫米加农炮1门、150毫米

日军的旧式英制120毫米火炮，架设在海岸线岩山上的混凝土炮台中，设有电灯、炮弹贮藏所和电话线。日军利用冲绳靠近本土之便，集中了太平洋战场历次战役中数量最多的火炮，尽力贮藏炮弹。较强的炮兵实力，是冲绳日军得以与美军长期周旋的原因之一。

榴弹炮5门、迫击炮13门、中型迫击炮19门（庆良间约750人和国头支队约3000人情况不明）。

随着美军总攻的进行，第62师团的战力越发低下，特别是20日城间、伊祖方面的战况十分不利，第62师团的阵地面临崩坏的危机。另一方面，第32军司令部依然担心美军会在南部方面登陆。在紧迫的形势下，第32军领导干部从20日左右开始研究到底是保持军主力目前的部署，还是令其北上加入第62师团的战线。

军高级参谋八原大佐除了将第24师团投入北部这一方案之外，还提出了另一种方案："首里战线仍然由第62师团负责，在不得已的情况下令其据守首里复廓阵地，第24师团则以与座岳、八重瀬岳为据点防御喜屋武半岛阵地，独立混成第44旅团以系数高地为据点防御知念半岛阵地，实行三据点防御。将军炮兵和其他军直辖部队分散配属各兵团。"

对于八原来说，军主力北上事关重大，对此仍踟蹰不决。长勇参谋长却以果断明快的作风，在八原陈述意见后，干脆爽快地做出了采取军主力北上这一方案的决定。军司令官牛岛在22日决定将军主力投入北部战线，其理由和部署的概要如下：

理由

一、美军若继续目前的攻击进至首里东西一线，则将在地形上扼住我军的命门，达成确实占领和使用机场的目的。美军有理由不在我军背后实施危险的新登陆作战，而是充分利用其数量巨大的物资专心致力于继续进行目前的攻击。

正如美军已经承认的，要排除我军的顽强抵抗进至首里东西一线，显然还需要耗费颇多时日，付出极大牺牲。当我军为应对北方战线的危机，投入主力完毕时，在我军背后实施新登陆作战较为安全容易，并可望提早结束战斗，因此对于美军来说这一方案应该更加有利。

从目前情况判断，美军似仍执着于前一种方案，也有可能采取后一种方案以打开局面。美军的行动取决于其自身意志，我方无法做预先判断。对于我军来说，当然必须做好准备应对任何一种情况。

二、目前同第62师团交战的美军有第24军的3个师，此外在北方国头地区还有1—2个师的预备兵力，美军有可能在不久后将这些兵力投入军主力方面，须对此做好精神准备。

对于拥有如此巨大优势的美军，单凭第62师团无法与之对抗。该师团已在目前为止的战斗中损耗了1/2以上的兵力，却在以令人惊叹的顽强精神竭力奋战，但阵地仍不断遭美军蚕食。如果军由于顾虑美军在背后登陆，仍然将军主力部署在南部海岸正面，对第62师团正面弃之不顾的话，该方面将迅速迎来崩坏的危机，变成两头落空的结局。现在军已经到了必须下定决心的时刻。

三、出于上述理由，必须将军主力投入北方陆地正面以确保首里战线，同时在背后海岸正面极力隐匿部署的变更，倘若美军企图进行新登陆作战，则将收缩整个战线，据守以首里为中心的圆形复廓阵地。

部署的概要

一、方针

军将主力投入北方陆地正面的战线，继续实行持久战略。倘若敌军在背后实施登陆攻击，将收缩整个战线，据守以首里为中心的圆形复廓阵地。

二、部署的概要

1.第24师团作为前线右翼兵团占领小那霸北侧、157高地、棚原、幸地一线（后改为我谢、小波津、幸地、前田一线）。

预计目前第62师团右翼上

原附近的高地带将落入敌手。

2.第62师团须勉力维持现战线，不得已时应成为前线左翼兵团确保仲间、伊祖、城间一线。

3.独立混成第44旅团应随第24师团的转进，占领首里西侧、天九台、那霸海岸一线，在第62师团后方构成第二线阵地。

4.海军陆战队仍然守卫小禄机场正面。

5.军炮兵队统一指挥第24师团和混成旅团的炮兵，继续协助前线各兵团的防御战斗。

6.岛尻警备队：特设第1旅团长（第49兵站地区队长高宫章大佐）一并指挥特设部队和第24师团及独立混成旅团的留守部队组成岛尻警备队，警备本军背后海岸正面。应极力隐匿我军企图，在对敌军的新登陆作战进行逐次抵抗的同时与军主力会合。

22日，第24师团长雨宫巽中将根据军命令，对该师团加入北部战线做了部署，概要如下：

1.师团主力在4月24日天亮前转进至首里东南方高地。

2.步兵第22联队确保小那霸北侧的157高地、棚原北端一线和幸地东西一线，掩护师团主力的到来和准备对我如古东方地区的攻击。

3.步兵第89联队以第3大队（和田大队）于22日进至运玉森附近，大队主力对运玉森东麓地区、一部对与那原方向掩护师团的右侧背。（直辖于师团）

联队主力继续执行现任务，同时逐次同特设第2联队主力交接部署，做好在24日以后可随时以主力向首里东南地区机动的准备。

4.步兵第32联队[①]在24日天亮前推进至首里东南地区保持潜伏，同时准备向小波津、幸地一线前进。

5.其他（略）。

---

① 当时步兵第32联队总兵力大约为2800人。

第八章 攻打第二道防线

棋至中盘

如果说冲绳战役就像一盘棋，那么4月23日前后，美军拿下首里外围第一道防线，就好比棋至中盘。从4月8日到23日，包括前哨战在内，双方在首里外围防线连番激战，美军充分见识到首里设防阵地有多么强韧。他们最终拿下这道防线，但日军精心挑选和构筑的阵地，多次打退过他们的猛烈攻势。日军从东海岸到西海岸的整条防线守卫严密，纵深直达与那原（东海岸）－首里－那霸（西海岸）一线。美军4月中旬前后在首里外围防线遇到的种种困难，使他们有必要重新审视双方的战术，更加认真地考虑怎样才能以尽可能小的代价和尽可能少的时间制服日本人的抵抗。

美军开始攻打日军主阵地时，许多久经太平洋战争考验的老兵，发现日军防御时采用的都是他们非常熟悉的战术和手段。错综复杂的地下阵地体系、包括掷弹筒在内的轻迫击炮和机枪的娴熟操作技能、猛烈的局部进攻、日本军人陷入绝境时宁可自我毁灭的意志力、在反斜面的积极防御、充分利用各种隐蔽和掩护设施、无休止地努力渗透美军战线——一切都令美军联想起从瓜岛至莱特岛的历次岛屿战役。

日军修筑的许多地下工事都有多个出入口与复杂的隧道体系相连。在一些更大型的山体上，日军充分利用他们开凿隧道的能力，让美军最重磅的炸弹和炮弹都难以伤到自己。四通八达的隧道，使他们能将部队转移到不同的洞穴和碉堡中，有时能转移到美军攻击部队后方，由守转攻。令人印象最深的是日军为仅布置一到两具重武器的阵地的细心保护。

例如，有一个部署47毫米反坦克炮的阵位向东开火的视野极佳，带炮眼的工事直接修筑在山体中，使用了沉重的石板，还用上了表面涂抹泥灰的大块珊瑚石。一条大木料支撑的隧道从该炮位通入山体达4.5米，然后接通另一条直通北坡的隧道。位于宇地泊以北400码处的一个山洞，洞口仅1.2米乘0.9米大小，通入一条21米长的隧道，隧道另一端有两个较大的空洞，空洞里有一个一直延长9米到达山脊顶部的通气口通风。一些日军碉堡还带有滑动铁门。经验丰富的美军军官都称这些阵地"奇巧兼备"。

最令美军震惊的是冲绳岛日军的炮兵实力。甚至从太平洋战争开战以来就与日军交手的老兵，都不曾见过日军在冲绳使用的这么多火炮。日军在此前也不能非常有效地大量使用火炮，尤其是较娴熟地运用步炮协同战术进攻。冲绳日军使用的迫击炮（含掷弹筒和臼炮）口径从50毫米到330毫米不等，同时还使用了大量轻重火炮和高平两用炮。日军野战重炮兵第1联队第2大队一开始部署在幸地和翁长南面。这个大队的编制是日军炮兵的典型建制，辖3个中队，各装备4门"九六"式150毫米榴弹炮。这是当时日本陆军最先进的火炮，弹重36公斤，最大射程10000米。每个炮兵中队有4辆载重6吨的卡车，可运载弹药，也可以牵引榴弹炮。

日军炮兵为对付美军的轰炸和炮击，基本上大范围疏散部署火炮，但仍会根据整体防御方案紧密配合。日军主阵地防御战术的基本方针就是通过火力协同相互支援。日军指挥官反复向每个阵地的守军强调保护友邻阵地就像保卫自己的阵地一样重要。独立混成第44旅团的命令写道："每个阵地都应明白，自己的火力在防御相邻阵地时会发挥重要作用，反之亦然，这一点必须铭记在心。如果一个阵地的火力不能充分支援相邻阵地，那么相邻阵地就会被摧毁，这个阵地就会失去对抗推进中的敌军的支援火力，使自己处于险境。"

与日军相比，美军在装甲兵和自行突击火炮、炮兵和战场制空权方面拥有绝对优势。此外，美军还可以采用一些新战术。美军已经掌握制海权，庞大的舰队一直都能在日军侧面出现，成为地面部队的大型机动支援炮台，从火箭炮到406毫米大口径舰炮，各种口径和射程的武器应有尽有。

尽管一直受到日军飞机骚扰，冲绳战役期间，美国海军依然能集中史无前例的舰炮火力。从登陆日开始，海军舰炮火力一直在支持地面部队，成为地面炮火的有效补充，直到美军进入冲绳岛最南端为止。那里的作战区域太过狭小，限制条件过多，使用海军舰炮反而很可能伤及友军。一般每个前线团和每个师都配属一艘海军军舰，每个军可以指派一艘或多艘军舰提供纵深火力支援。只要时间允许，美军就会在冲绳东部沿海海域部署军舰，使知念半岛的日军炮兵阵地无力化。这对地面部队相当重要，因为知念半岛的炮兵阵地可以打击中城湾的整条海岸线和24军左翼。

美军的每个步兵团在夜间都能分配到一艘军舰提供照明，每个军为执行特定的照明任务，也可调用其他舰船发射照明弹。自从美国海军能使用夜间照明弹以来，它就是最重要的武器之一。美军一再依靠照明弹发现日军在夜间集结和调动兵力，让步兵的自动武器

第二次世界大战期间日本陆军最先进的"九六"式150毫米榴弹炮。

主要性能参数

口径 150毫米　最大射程 10000米　射角 −7度至+75度　水平转角 30度
开火状态重量 3.98吨　炮管长度 3527毫米　射速 6−8发/分钟
高爆弹重 约36公斤　使用弹药 高爆弹、烟幕弹、榴霰弹、穿甲弹、燃烧弹

和迫击炮及时调整射击方向应敌。照明弹经常让日军前线亮如白昼，使他们的任何夜袭都很难不被察觉。

通常日间海军会提供3艘战列舰、3艘重巡洋舰、1艘轻巡洋舰、4到5艘驱逐舰支援前线的一个军。LCI步兵登陆炮艇被广泛使用。4月18日夜间，5艘战列舰、1艘重巡洋舰、1艘轻巡洋舰和4艘驱逐舰负责提供夜间火力支援和照明。4月19日，24军发动总攻

时，投入的海军舰炮火力远超往常，每个师可以召唤4艘战列舰、1艘重巡洋舰和1艘驱逐舰。此外，还有1艘战列舰、1艘重巡洋舰和1艘驱逐舰可用于纵深炮击日军战线后方。

天气适合时，美军舰载航空兵和陆基航空兵都会支援地面部队。地面部队登陆后的第一周，所有航空支援都要靠舰载机，在嘉手纳机场和读谷机场可以运作后，海军陆战队的战斗机就开始从这两座机场起

飞，提供日常空中支援。4月19日，为支持24军对首里防线的大规模协同进攻，美军组织了冲绳战役中单次规模最大的空袭，共出动139架飞机，大部分都携带1000到2000磅的重磅炸弹和火箭弹。

日军实实在在地被美军火力完全包围，正前方是地面炮火，空中是飞机，侧翼是水上的美军舰炮。4月19日，美军在冲绳岛的有限区域内，组织了前所未有的立体集中火力准备。日军在这样强大的火力下无法自由行动，即使406毫米舰炮炮弹打穿了日军工事表面的混凝土或者珊瑚石，对那些深藏在地下工事中的日本兵来说，爆炸声和打乒乓球的声音也没什么区别。

为打破日军坚固的综合防御阵地，美军频繁使用坦克（包括最新的火焰喷射坦克）和步兵协同攻击战术，只要可行，就一定会提供炮火支援。每个步兵－坦克协同攻击团队，都会与多个配属突击小部队紧密配合。火箭炮、凝固汽油弹、迫击炮、烟幕弹、空中轰炸和扫射、海军舰炮火力打击，以及美军部署的其他武器都很重要，但在美军向首里缓慢的推进过程中，得到105毫米和155毫米火炮支援的步兵和坦克协同攻击团队才是主

美军的海军舰炮从四面八方炮轰日军在南部冲绳的阵地。图中为"马里兰"号战列舰在炮击岛南端的目标。

美军的航空兵支援帮助步兵拿下数座日军顽强防守的阵地。图中是与那原北方的爱情山高地。美军飞机空投的炸弹正在图左下方的山脊一侧爆炸。

角。一名被俘的日军速射炮大队长承认，在他看来，美军的这种地面协同攻击战术是成功的，这样的协同攻击团队可以攻破任何坚固防线。

在美军夺取首里外围防线的战斗中，一套较成熟的步兵和坦克协同攻击战术已经成型。日军分散在坚固的地下工事抵抗，美军也会将部队化整为零，组织大量小部队战斗。美军的小规模突击战斗集群由若干坦克和步枪兵、爆破班、勃朗宁自动步枪射手和机枪手组成，每个集群都会采用他们可以想出的一切手段去夺取前方的敌军阵地。

美军的加农炮和榴弹炮对日军坚固工事的直接破坏效果并不明显，不过炮击日军盘踞的洞穴、防空洞和碉堡，会迫使日军炮手和机枪手为免受杀伤退进隧道，缩小他们的射击视野和火力覆盖范围。此时，步兵和坦克协同分队就会在炮火造成的日军射击"死角"地区，逼近日军位置最暴露、最易受打击的强点，坦克会以主炮和车载机枪点射攻击日军阵地，火焰喷射坦克更是令日军深受震骇，支援的步兵会在这个时候阻止携带爆炸物的日军敢死队靠近坦克。一旦美军在日军阵地获得立足点，就会以日军所说的"夹击"方式机

动，从上方向日军盘踞的洞穴洞口逼近，令日军极为忌惮。

话说回来，冲绳的每次小规模战斗都是孤注一掷的近战，美军经常会用白刃战将日军从阵地中驱逐，才能占领一片地区。在这些使用手雷、刺刀和短刀进行的混战中，日军会频繁地不分敌我直接发射迫击炮弹。美军在突击洞穴和碉堡工事时，最常用的步兵战术是让步兵和爆破队协同行动，他们会得到坦克和火焰喷射器的近战火力支援。美军频繁使用封闭洞口的方式，让日军的洞穴阵地无力化。在条件适合的情况下，第10集团军的各师属工兵部队会用1000加仑容量的布水管连上60到90米长的软管，将汽油泵进洞穴里。每次爆破，工兵会使用100加仑汽油，然后发射曳光子弹或者白磷手雷引爆洞中的汽油。100加仑汽油爆燃不仅会烧毁一个洞穴，而且会形成多重密封效果。要彻底摧毁多个相互贯通的洞穴阵地，有时会耗费好几天时间。

美军会用步兵和坦克协同攻击开始战斗，最终要靠火烧和爆破消灭盘踞坚固阵地的日军。巴克纳中将非常贴切地将这种战术称为"吹管加螺丝锤"战术。液体燃料焚烧好比吹管，最终的爆破是螺丝锤。

前文已经提到，美军在冲绳战役中使用了重要的新式装备火焰喷射坦克，此外还有GR-6声响定位仪、近炸引信等。火焰喷射坦克在瓦胡岛的测试表现相当出色，在海军陆战队经过各种大致的使用试验后，及时让地面部队在冲绳岛使用。陆军713坦克营装备了这种新式坦克，经过专门训练。装甲火焰喷射器会安装在制式中型坦克车身上，喷射器与75毫米炮管连通，在高压下发射液体火焰流。喷火燃料箱容量为300加仑，有效射程可达80至200码，实战最大射程则为125码。喷火燃料使用的是凝固汽油和普通汽油混合物。凝固汽油看似肥皂粒子，能提高混合物的浓度和重量，限制射出火焰的发散面积。凝固汽油的比例越大，混合物的粘度就越高。

4月7日，713坦克营的55辆火焰喷射坦克在冲绳岛下船后，便被配属给各师。它们在4月8－12日就已投入战斗，但只是用车载机枪助战。4月19日，24军对首里外围防线的总攻开始后，日军首次领教了这种可怕武器的威力。

新型声响定位仪同样在冲绳岛首次使用。各声响定位小队最后时刻才从本宁堡赶来参加冲绳战役。起初共有5个小

队参战，每队8人，各配备两台GR-6声响定位仪。这种定位仪在大约100码长的基准线两端固定，测定正在向美军发射的日军炮火方位，通过交叉定位确定位置。然后美军炮兵可以对测定的整个地区实施反炮兵炮击，或者通过航空观测精确定位日军火炮，以直射火力摧毁。

VT近炸引信安装在炮弹的弹头上，由一个微型无线电收发器组成。引信会发射无线电波束，一旦无线电波束撞击

到固体目标，就会反射，接收装置会产生感应。无线电波束随后会触发引信内的开关引爆炮弹。美国海军1943年1月5日首次在太平洋使用这种引信。陆军1944年夏首先在伦敦的防空阵地使用，在地面战斗中首次使用要到1944年12月的阿登反击战。在对日战争中，直到冲绳战役才首次用于地面战，只有105毫米以上的榴弹炮炮弹才使用。这种引信最致命的作用在于能在预先设定的高出地面的位置，直接在地面部队

头顶上爆炸。日军在战壕和散兵坑里几乎无法躲避这样的爆炸，只有躲藏在山洞、混凝土碉堡、隧道和其他深藏地下的工事里，才能免受伤害。

美军的新战术决策

即使美军使用威力强大的武器，要攻破日军的坚固防线，依然困难重重、代价巨大。美军必须认真考虑这样一个问题，即是否需要在首里防线南面实施两栖登陆，从侧后包抄日军主阵地。如果24军集中3个师的兵力，在炮兵集中火力支持下，打穿首里外围防线的话，美军很可能这样做。4月19日总攻失败，让美军尽快突破日军防线的期望落空。4月19日至24日，美军苦战攻破首里第一道防线的经历和高昂代价证明，以战役开始以来三周半的进度，兵临首里城下还要耗费很长时间。

4月22日前，第10集团军曾认真考虑过在冲绳南海岸登陆。不久前的莱特岛战役期间，77师曾在日军战线后方的奥尔莫克登陆，获得大胜。77师师长布鲁斯少将和师参谋部希望在冲绳如法炮制，甚至在从莱特岛启程前，就曾敦促集团军司令巴克纳中将尽快考虑在冲绳岛实施类似的敌后登陆

美军爆破的火焰正在封死日军守卫的山洞（吹管战术）。

美军爆破队正在迅速脱离被爆破的洞口（螺丝锤战术）。

行动。伊江岛的战斗结束后，布鲁斯提出了更具体的建议，希望让77师在凑川正北的冲绳东南海岸登陆。他相信如果登陆顺利的话，能够在10天内与首里以北的美军主力会合。按照他的计划，77师登陆后，可以向内陆的伊霸推进，那里是冲绳岛南端的道路和交通枢纽，或者向北直取与那原。

巴克纳否决了这一方案。他的副参谋长兼军需处长指出，当时要执行这样的登陆计划，他可以供应食物，但没有弹药可调。美军对凑川海滩进行过全面考察，这个位置甚至不可能为哪怕一个师提供足够的物资运输支持，只能放弃。当地的岸礁危机四伏，可供登陆的海滩也不够，日军很容易大举进攻这一地区。这片海滩有不少港湾河口，都被西面的悬崖和知念半岛的台地瞰制，对兵力和物资的展开都不利。根据集团军情报处长的报告，日军第24师团和独立混成第44旅团主力仍在这一地区，可以迅速运动，反制任何登陆行动。在各处高地俯瞰海滩的炮兵阵地兵力充足。77师如果在凑川登陆，位置太靠南面，行动区域脱离北方的24军炮兵射程，无法得到地面炮火支援。

此外，4月21日前后，77师已可投入冲绳岛参战，但24军在南部冲绳第一线的3个师由于伤亡和疲劳，战斗力正处低谷。巴克纳中将觉得为了尽可能维持对日军的压力，最重要的是让有生力量去替换这3个师。再者说，当时77师也并非整师兵力都可用，他们留在庆良间列岛和伊江岛的守备部队一时还没有专职的守备队替换。巴克纳综合考虑各种条件认为，在冲绳东南沿海登陆将会代价巨大，甚至会比1944年初盟军在意大利的安齐奥登陆战更惨。于是他下定决心，除非登陆的偏师能与向南进攻的主力在48小时内建立联系，新的登陆计划就只能搁置。

与如何使用第77步兵师相比，更大的问题是该怎样在南部冲绳的战斗中使用陆战1师和6师。陆战2师已被送回塞班岛，准备让他们在7月入侵冲绳岛北方的喜界岛，实际上已经退出冲绳战役。陆战6师当时负责保障北部冲绳的安全，暂时无法投入南部冲绳前线作战，替换他们的第27步兵师到5月初才能与他们交接。陆战1师随时都能南下，但另有一个问题要考虑。根据"冰山"行动的原先的第三阶段计划，夺取冲绳岛后，将会入侵台湾岛正北先岛群岛的宫古岛。预定执行宫古岛作战的第5两栖军在硫黄岛损耗严重，第10集团军4月13日便决定避免让第3两栖军从事过于繁重的任务，以免影响将来在宫古岛的行动。幸运的是，在美军登陆后，对冲绳岛地形的各种侦察结果表明，这个岛发展成一个航空基地的潜力比原先估计的大得多，那么冲绳作战的战略意义就要重新评估。4月26日，尼米兹发来一份公文，告知第10集团军，华盛顿的参谋长联席会议已无限期推迟宫古岛作战，巴克纳中将可以大胆将第3两栖军调往南部冲绳前线了。

然后第10集团军要决定的是，应该在南部冲绳的何地如何使用这两个陆战师。在凑川海滩登陆根本不可行。从牧港机场至那霸海滩登陆，补给问题不少，日军在首里以西的多处坚固阵地正好俯瞰这片沿海平地，并不可取。西海岸更南面的糸满周围地区因为可怕的岸礁也被排除。冲绳岛南岸都是峭壁，不具备登陆条件。中城湾南岸被首里以东群山和知念半岛日军炮兵阵地完全控制，甚至都可以阻止海军支援舰船进入海湾。24军炮兵指挥官看着地图就说："在这个地方登陆只会以悲剧收场，炮兵根本就没法上岸，即使能上岸，基本上也只会被歼灭。"时间因素同样不利。要在日军

冲绳南海岸遍布杂乱的岩石和植被，岩石前方是宽阔的礁盘。图中的峭壁高达15米以上。

次日一早，霍奇少将亲自前往第10集团军司令部，重申了格拉德的意见。这个提案在

冲绳战役的美军地面部队总指挥，第10集团军司令小西蒙·巴克纳中将。由于巴克纳坚持没有在南部冲绳沿海组织第二次登陆行动，使他在不幸阵亡后，仍然受到不少人的责难。冲绳战役的多位美军地面部队指挥官，包括24军军长霍奇少将、第77师师长布鲁斯少将、陆战1师师长德尔瓦尔少将和陆战6师师长谢波德少将在内，都极力主张实施第二次登陆。巴克纳在综合集团军司令部参谋的意见之后，坚持采取保守而稳健的正面进攻结合地面侧翼迂回战术。基于日军在南部冲绳沿海几处较为适合登陆的海滩附近构筑了坚固防御阵地这一事实，以及相关战史资料披露的信息来看，巴克纳的决定是合理的，得到尼米兹等上司的认可。值得一提的是，力主进行第二次登陆的美军将领也无法否认4月下旬前线部队确实急需替换休整的事实。例如谢波德少将虽然力主用1个师的兵力进行第二次登陆，但他的意见是让集团军预备队陆战2师执行这次任务，问题在于当时陆战2师已经返回塞班岛，也就是说巴克纳即便认可谢波德的方案，手中也没有多余的预备兵力执行二次登陆计划。

后方海岸登陆，需要等陆战2师回到塞班岛之后，才能让陆战1师获得所需船只。综合来看，让陆战1师从陆路南下比走海路迂回会快得多。

大约4月27日前后，集团军司令部的三位参谋走访了24军军部，与军作战训练处长约翰·格拉德上校商讨让第3两栖军进入南部冲绳作战的各种战术问题。格拉德道出了一个最新情况："前几天的战斗中，我们已经发现日军第24师团下属部队的身份标记。看来敌军指挥官已将24师团调到首里前线。"一位集团军参谋立即接口道："也就是说日军后方的兵力要比原来少了许多。"格拉德点点头："我知道迄今为止，上面一直反对在南海岸登陆，不过既然日军在后方的兵力已经减少，登陆未尝不可。我觉得我们完全可以让陆战队在知念半岛基部南海岸的凑川海滩登陆。"

三位集团军参谋未置可否，他们也没有这个权力，和格拉德又谈了几个问题，便回集团军司令部报告。格拉德主意已定，为争取让自己的主张实现，他将讨论内容告知军长霍奇少将。霍奇当即认可："让陆战队在知念半岛南海岸登陆在战术上是可取的。"

战略上很难站住脚，因为组织这样一次大规模登陆行动，难以得到足够的后勤支持。

第10集团军司令部的参谋们，几乎众口一词反对实施登陆行动，南部冲绳西海岸没有合适的登陆海滩，在东南海岸登陆，哪怕要为一个师提供补给都很困难，如果分兵在两处登陆，就会分散兵力，两支登陆部队可能在滩头阵地就被困住。他们觉得登陆计划过于冒险，登陆部队将会进入日军严密设防的地区，因为南部冲绳各地非常适合组织有力防御阵地，更麻烦的是登陆根本无法得到炮兵支援。巴克纳和参谋们的意见一致："现在首里前线急需生力军，陆战队应该去替换那里已经疲惫不堪的3个陆军师。"

巴克纳早在4月20日前后就否决了77师师长布鲁斯少将在敌后登陆的建议，霍奇少将重提这一方案，条件并不充分，第10集团军司令部并没有认真考虑。巴克纳直截了当地对霍奇说："无论战术上还是后勤上，登陆行动都不可行。"

不久，战区总司令尼米兹将军与他的参谋人员从关岛飞赴冲绳，与巴克纳和其他主要指挥官讨论后，认为巴克纳的意见是正确的。

巴克纳否决在南部冲绳组织大规模登陆最主要的原因还是出于后勤方面的考虑。在冲绳战役的后期阶段，第7师进驻凑川地区后，只能靠登陆艇越过海滩提供有限补给，尽管当时已经不会受到干扰，当地的卸货容积吨位仍一直没能达到理想水平，因为海滩上的固有不利条件无法改变，连登陆艇都要经陆路从与那原补充。另一个重要原因就是在敌后的任何海滩登陆，都可能会被日军有力部队包围。事实上，由于4月1日陆战2师佯动登陆的影响，日军也的确一直认为，甚至在期望美军在南方海岸登陆，保留了大批警戒部队应对可能来临的非常时刻。在不得不将大部分后方警戒部队派往首里前线后，日军仍准备了一份在南方对抗美军登陆的替代计划，这一地区保留了2000多人的部队。他们会在主力巩固首里防御阵地的同时，尽力拖延美军登陆部队的行动。

综上所述，4月底之前，美军在南部冲绳日军后方组织一到两个师登陆，可能都会归于失败，即使成功也会损失巨大，只有推迟登陆，条件才会比较有利。4月23日至5月4日，日军第24师团陆续投入首里前线战斗，4月26日以后，独立混成第44旅团的部队也进

入首里前线。这些变化削弱了日军在首里防线以南的兵力，日军在5月初的反击又使他们的各种资源进一步枯竭。在这种情况下，美军实施敌后登陆成功的希望大大增加，只要补给能够保障，登陆就是可行的。不过，当时2个陆战师已经投入首里前线的战斗。此外，在5月21日第10集团军迂回包抄日军右翼后，已无需再进行大规模登陆。

一心以为美军会在首里防线南方海岸登陆，并且准备好迎敌的日军司令部，一直不明白美军为何没有登陆。日军较为普遍的看法是美军司令部希望耗尽首里防线的日军实力，从而以较小的代价获得胜利，不愿意部队冒险在南方海岸登陆，哪怕后一种方法可能会让战事更快结束。

日军的这种看法还是比较符合实际的。巴克纳和他的参谋部既然拿定主意，也就选定了冲绳战役此后阶段的基本战术——以两个军的主力在正面攻打首里防线，对首里城形成两面包抄态势。这是一种保守的选择，避免了实施另一次大规模登陆行动必然遇到的各种风险，也符合美国人的主流价值观，宁可保守，也要尽量避免面临重大伤亡的风险。与此同时，第10集团军也在加快

下一轮总攻的各种后勤准备工作。在足够的兵力和物资到位前，第10集团军会在现有的各种可用资源允许的范围内，以较多兵力继续进攻日军在首里地区的第二道防线。新一轮总攻开始前，美军的战术目标是为了获得更好的发动总攻的条件，巩固和继续推进自己的战线。

进军幸地岭

第10集团军司令部既已打定主意继续正面进攻日军在首里的第二道防线，美军地面部队继续从陆路南进就成了必然的选择。

到4月24日为止，除了27师辖区内的I号阵地外，美军已经全面夺取日军在首里的第一道防线。日军主力撤往首里地区的第二线坚固阵地，准备让入侵的美军继续为拿下每一寸阵地付出代价。

当天，24军军长霍奇用无线电告知部下三位师长："今天的战斗证明敌人正在将部队撤出他们奋战多时保卫的坚固阵地。你们要做的是积极巡逻，去弄清敌人的新部署。"11时，他指示各师长重整麾下各部队，积极行动巩固现有阵地，夺取他们前方所有有利位置，对日军前哨继续施压，为将于4月26日6时发动的新一轮总攻做好准备。

24军左翼的第7师尚未发现面前是一支日军的生力军。4月23日以后，日军第24师团部队开始接管首里防区东半部。首先到来的是步兵第22联队，该联队除少量兵力参加过日军4月13日的反击外，此前都没有投入战斗。步兵第22联队奉命接替第62师团在157高地－棚原－幸地一线占领阵地，联队长吉田胜中佐（6月10日晋升为大佐）提出由于兵力关系，应以占领我谢－小波津－翁长北侧高地－幸地一线为宜，最终获得批准。

随着第24师团的到来，已在美军持续不断的压力下奋战三周之久的第62师团将战线东翼移交给第24师团，专心负责前田以西的防御。25日左右，第62师团调整了态势，将步兵第63旅团部署于前田东北至北侧高地，步兵第64旅团则部署于仲间至城间地区。具体部署为：

第62师团司令部 首里（无变化）

步兵第63旅团

旅团司令部 首里北侧平良町（从仲间高地移动）

独立步兵第11大队（配属独立迫击炮第6中队） 在前田东北侧高地占领阵地，战力残余半数以下

独立步兵第12大队（配属独立步兵第14大队、暂编迫击炮第1大队主力） 在前田北侧高地占领阵地，含配属部队已损失约800人

独立步兵第13大队（配属独立步兵第22大队（欠第4中队）、独立机枪第14大队第1中队（欠1个小队）） 在末吉至石岭间占领阵地

独立机枪第4大队（欠第3中队） 主力在仲间南侧地区占领阵地

独立速射炮第22大队（欠第2中队） 部署于仲间附近

野战高射炮第81大队 在平良町东北地区进行射击准备（炮数门）

独立步兵273大队 旅团预备队 末吉附近，战死者约250人，战力残余1/3以下

步兵第64旅团

旅团司令部 泽岻（无变化）

独立步兵第15大队（配属独立步兵第23大队第2中队、独立速射炮第32中队1个小队、野战高射炮第79大队第1中队）在仲间至经塚间地区占领阵地以加强独立步兵第21大队的后方，战力约二分之一

独立步兵第21大队（配属独立速射炮第22大队第2中队）

正在城间、屋富祖、安波茶地区激战中，战力约四分之一

独立步兵第23大队（欠第2中队和机枪1个小队，配属独立步兵第22大队第4中队、独立步兵第272大队、独立机枪第14大队1个小队、独立速射炮第32中队（欠1个小队））正在安波茶附近战斗中

步兵第22联队第3大队（欠第11中队、机枪1个小队）正在安波茶附近战斗中

独立机枪第14大队（欠第1中队）正在安波茶附近战斗中

另外，在独立步兵第23和第273大队被抽调至前方以维持第62师团的战线后，为了加强守备薄弱的首里、天久、那霸方面，27日，独立混成第44旅团抽出2个大队加强第62师团。根据独立混成第44旅团长铃木繁二少将的命令，当晚独立混成第15联队第1大队（大队长野崎直彦大尉）转进至那霸北方的天久台、独立第3大队（大队长铃木常良大尉在从渡嘉敷岛返回途中遇难后，由西村市五郎大尉代理大队长）转进至国场附近，暂属步兵第64旅团长指挥。当天，牛岛中将命令独立混成第44旅团主力和步兵第89联队主力向北方转进。

在美军第7师前方，178高地（157高地）正南3.2公里处坐落着护卫海岸通道的一座锥形山（日军称为"运玉森161高地"），此山地势险要。178高地和锥形高地之间有多道漫长的低矮山脊，这些山脊间隔着大约800码宽的平地，一片向内陆突出的沿海平地在翁长正好与这片山间平地相接。翁长以西大约800米就是幸地村。两个村落之间都是高地，高地北部被称为马蹄岭，500码长的南方高地就是幸地岭。在幸地岭之外，地势逐渐升高，大片地势更高的崇山峻岭向西南直达首里城。

幸地岭西南是斑马山（日军称为"幸地西南500米闭锁曲线高地"），那是一座逐渐向首里以北更高的高地延伸的较长高山。一道深深的路堑将幸地岭和斑马山隔开。东面在翁长一侧与路堑正对的是豪山和爱滕山，这两处高地都侧对着这一重要地区。幸地岭西方有一道与之平行的138高地（日军称为"120高地"）。这些围绕幸地岭的高地，三面都有日军把守。从这些位置上，日军居高临下地瞰制着幸地地区，迫击炮和机枪可以向幸地岭集中火力射击。幸地岭本身也是一座精心构建的坚固阵地。

4月25日，17团1营一路上只偶尔遇到轻微抵抗，便越过7师西面（右侧）的平地，前进600码，占据了马蹄岭山坡。次日17团2营和1营准备沿幸地岭东西两侧推进。他们刚开始行动，日军的反斜面战术便开始发威，更严重的是，日军在周围高地预先安排的迫击炮和机枪开始从四面八方向幸地岭两侧开火。一时间数不清有多少十字交叉火线将17团的前进道路完全封死，美军官兵几乎找不到安全死角。得到报告的团长只得下令停止前进。只有G连的一个排在山岭东侧掘壕构建了一个勉强维持的立足点。17团的这次试探性进攻几乎一无所获，两个营在行动时根本就无法观察山岭另一侧的友军行动，实际上只能各自为战，在日军的全方位火力阻击下，两个营都无力拿下山顶。4月26日傍晚，17团的参谋们汇总两个突击营的报告后得出结论，17团直接撞上日军在幸地地区的主阵地了。4月27日大雨滂沱，路上泥泞不堪，1营和2营建立联系的行动都没能成功。一连两天，美军在幸地岭地区损失很大，却一无所获。不过，防御幸地地区的日军步兵第22联队也并非毫发无损，该联队第1大队长鹤屋义则少佐在26日（一说24

地图五十　4月25－26日南冲绳的战况

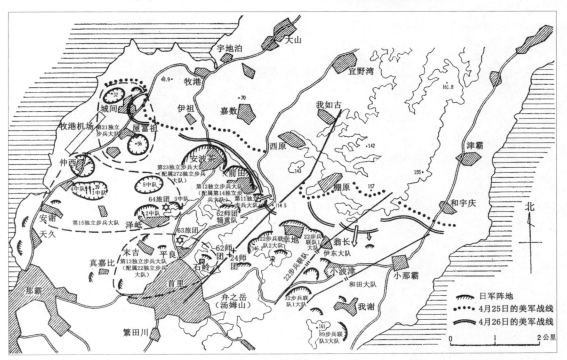

日）被美军舰炮直接命中，当场殒命，小城正大尉接替了第1大队长之职。27日，第7师西面的96师383团进入了幸地西方的138高地。

4月28日天亮前，17团3营替换了幸地岭西侧的1营。3营长李·华莱士中校希望能让他的部队绕过幸地岭，进入山岭和斑马山之间的路堑，然后从后方和侧翼夺取幸地岭。当L连沿着幸地岭西坡南进时，K连成功绕过幸地岭，刚刚踏入路堑，爆豆般的日军机枪开火声就响了起来，一片子弹扫射过来，12名美军官兵当场倒地，4死8伤。在原路返回之前，K

连一直都被日军火力压制，实在无力继续前进，L连也未能到达幸地岭山顶。

4月29日，美军的进攻依然没有进展。由于日军在幸地岭周围的山岗上构筑了可相互支援的据点阵地，并得到炮兵的有力支援，美军的每次进攻都徒劳无功。只要美军采取的行动构成严重威胁，日军就会集中12到14门迫击炮集中齐射，让进攻的美军官兵却步。对美军来说，更倒霉的是有12发友军发射的105毫米炮弹弹着点没够到目标，却落到幸地岭东侧G连队列之内，G连的一个主攻排当场有5人身亡、

18人负伤，损失了一多半，另一个副攻排只剩下12人。G连长没好气地用无线电报告："除了伤亡之外，那顿友军的炮弹还造成18例脑震荡和休克。拜不长眼的炮兵所赐，我的三个步兵排他妈的一共就剩27人了！"

华莱士只好派E连去接管G连阵地。4月30日上午，E连在前沿阵地就位后开始前进。8时45分，连梭日军机枪子弹突然向他们射来。日军在E连两翼和正面的8挺机枪同时开火，多重交叉火力阻击，接着又是一轮迫击炮齐射。E连损失惨重，20人当场阵亡，有一

个班仅剩下两人。满地的伤员在无助地呻吟。E连长赶紧呼叫烟幕弹掩护撤退，偏偏一阵狂风将烟幕几乎吹个干净，剩下一点薄烟几乎无法形成保护，哪怕没有受伤都无法撤退，替换人员也无力突破火线接应。好在美军资源多，办法也多，最后用一架小型飞机将医疗用品从15米高度空投到前线。天黑后，大部分伤员都被送往后方。

4月29日，当美军坦克车队通过天际岭南面的翁长企图到达幸地时，由于头车中弹堵塞前方公路，图中的这些坦克全部被日军摧毁。

在靠近翁长的山坡后方，11时前后，大约25名日本兵反扑I连阵地。I连在战斗中有5人战死、11人负伤。同一天，美军的一架舰载"海盗"式F4-U战斗机误射17团战线后方，造成6死19伤。4月的最后几天，17团倒霉透了，从4月26日起，全团因友军误伤就减员60人。

17团在幸地岭步履维艰，上级指挥官坐不住了，开始设法给予支持。5月1日，装甲推土机开始平整1号和2号山包之间、从西面通向幸地岭山顶的通道。当天美军步兵扫荡翁长，除非前线的步兵留在自己的战壕里不动，总是会受到日军的手榴弹骚扰。

5月2日拂晓，17团1营替换幸地岭东侧的2营后，首先要面对的是大雾和暴雨造成的昏暗天色。火焰喷射坦克关键时刻在1号和2号山包之间的山鞍上出现，炮口喷出的火焰，即使在大雨中也清晰可见，让步兵为之一振。1营随即从东侧向1号山包挺进，受到日军重迫击炮火力阻挠，还是没能成功。夜间，17团的2个前方营在幸地岭构建了夜间狙击阵地，以便观察那些比较隐蔽的地方。

5月3日，天气放晴，但1

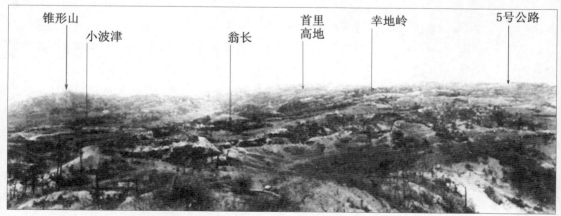

锥形山　小波津　　翁长　　首里高地　幸地岭　　5号公路

美军96师和77师负责攻打的幸地地区的多处日军主要阵地。

营和3营在炮火准备后的协同攻击，仍无法突破日军密集的野战炮火和迫击炮火阻击。即使没有这些重火力支援，日军的机枪和步枪火线和随时会从高处投落的手榴弹，也不会给美军机会。1营C连对幸地岭东侧豪山的进攻同样落空。

第7师在幸地岭连战不利。他们之所以失败，很大程度上是由于他们对日军能够阻击协同攻击的可以相互支援的阵地情况缺乏了解。幸地地区就像冲绳的其他许多地区一样，各处防御阵地经过全面整合，各阵地不仅相互间可以有效支援，而且得到适切的火炮、迫击炮支援，该地区的整个正面阵地可以对美军的一个团实施各种武器的协同火力打击。这种火力如此猛烈，乃至美军都无法自由机动。日军步兵第22联队就以这种有组织的防御战斗击退了美军的所有进攻。

小波津的攻防

在东海岸附近地区，7师32团的进攻同样很不顺利。由于西面的17团一直都未能拿下幸地岭，32团因侧翼缺乏保障，一直都无法发起全面进攻。更糟糕的是，在32团的进攻正面布防的是新近加入战线

的日军第24师团的步兵第32联队和第89联队的精锐力量。

防御小波津第一线的日军部队是步兵第32联队第1大队（大队长伊东孝一大尉）。伊东大队原先驻防岛尻地区，进行了长期的洞穴阵地构筑作业。4月22日晨，伊东大队接到联队命令："第1大队应以参加战斗为目的迅速进抵首里南侧。"然后于当天夜间开始向首里前进。当时伊东大队的固有兵力约为799名，包括大队本部、步兵中队（第1、2、3中队）、第1机枪中队、第1大队炮小队。大队本部有人员55名（含行李（运输单位））；各步兵中队有人员179名，由指挥班和3个小队组成；小队下辖3个步枪分队和1个掷弹筒分队；步枪分队装备轻机枪1挺和步枪约10支；掷弹筒分队装备掷弹筒4具（含增加配备的1具）和步枪约10支。机枪中队有人员137名，由指挥班和2个小队组成；小队下辖4个分队，各分队装备重机枪1挺。大队炮小队有人员70名，由指挥班和2个分队组成，各分队装备大队炮1门。加上配属的联队炮中队（欠1个小队）约80名和独立机枪第17大队第3中队（欠1个小队）约130名，伊东大队的总兵力约有1000名。

考虑到道路因轰炸炮击遭到破坏，部队还会在途中遭到扰乱射击，伊东大尉将大队分成3个梯队，沿着3条道路进行夜间机动，一路上冒着美军的炮击，经津嘉山（首里南方4公里）、一日桥向首里前进。其中一日桥横跨国场川，是通往首里的要冲，美军对这一带的炮击格外激烈，众多日本军民丧命于此。因此一日桥也被人称为"食人桥"。伊东大队在途中蒙受的损失比预想的要少得多。伊东大队花了9小时的时间行军12公里，终于在天亮时抵达首里。

23日傍晚，伊东大尉又接到联队命令："贵大队应到小波津进行防御，以后即直辖于师团。"于是伊东大队在雨夜中再次进行夜间机动向小波津前进。当晚的机动尤其困难，途中部队要经过冲绳本岛中南部的最高峰弁之岳。由于美军的炮击轰炸，弁之岳山上的草木均被连根拔起，露出了赤裸裸的红土。加之从傍晚开始下雨，山路化为泥泞。美军还每隔2－3分钟便会发射照明弹。伊东根据昨晚的经验，将步兵炮由马匹拖曳改为放在马背上驮载，即使如此也艰难至极。背负近40公斤装备的士兵们也备尝艰辛。经过奋力挣扎，伊东终于在24日晨抵达了地图上

地图五十一　4月25日前后伊东大队在小波津一带的战斗

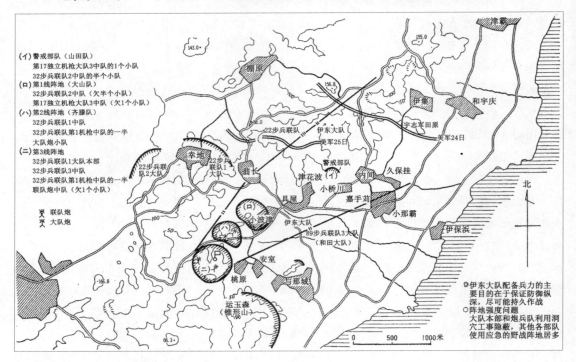

标明的大队本部的预定位置，并首先将大队本部收容于刚发现的几个龟甲墓中。这时天已放晴，伊东展望四周，惊讶地发现这一带竟然连一处阵地都没有。先前大队曾在糸满煞费苦心地构筑了坚固的洞穴阵地，现在却来到根本没有步兵设防阵地的空白地带，这是他做梦也没想到的。为避免在炮击轰炸下蒙受严重损失，伊东决定让大队做大范围纵深分散部署，命令部队首先挖掘"章鱼罐"。

附近唯一的洞穴是野炮中队长笠原胜大尉（与伊东大尉同期）的观测所，笠原大尉表

示："今晚要变换阵地，之后你们就进到这里来吧。"于是大队本部得以进入了该处洞穴阵地。据笠原大尉说，由于不断变换阵地，该中队的火炮全部平安无恙，每门火炮发射了多达1000发炮弹。该处洞穴呈"く"形，长约30米，人员可以从西侧的洞口出入，另有一处洞口在北面，通过北面的洞口可以观察敌情和战况。

在伊东大队的左翼是步兵第22联队，右翼的运玉森部署了步兵第89联队第3大队。伊东以第2中队（中队长大山昇一大尉）为大队的第一线，第1中队为第二线、第3中队为第

三线。此外伊东还在25日晚向第2中队（大山队）右前方800米的小桥川北侧台地部署了警戒队，警戒队包括独立机枪第3中队的山田贞雄中尉指挥的一个机枪小队（装备重机枪2挺）和大山队的村元见习士官指挥的小队（欠2个分队）计42名，队长为独立机枪中队小队长山田中尉。

伊东大队的部署与一般的防御部署不同，后者形成的阵地通常为逆三角形，即将2个中队置于第1线，1个中队置于第2线。伊东却将各1个中队纵向部署于第一、二、三线。这样的部署将迫使敌人只能一个

中队接一个中队地硬啃，除非将当面的中队消灭干净，否则便无法前进。部队的两翼容易被敌人侵入，但伊东认为左右皆有己方部队布阵，只需警戒正面即可，便可以在敌优势炮火下最大限度地减少损失，长时间在小波津当地将正面的敌人拖住。

为了削弱美军的战力，伊东在每天晚上都派遣突击队侵入美军战线背后搞破坏。其中一组突击队由一名22岁的见习士官带领，队员全部身穿平民服装（并非根据伊东的命令，不过伊东虽然明知这样做违反国际法却也没有加以责备），在身上藏着手榴弹和炸药。这名见习士官自信满满，他的一名部下就是这一带出生的，熟悉当地地理，对于美军的宿营位置等能够确实把握。人们都对他们抱着很大期待，然而这一组突击队出发后，伊东再也没有看见他们。

另一组突击队由今井纳伍长带领。在挺身突击行动中，今井伍长失去了所有部下，最后只身返回。在今井伍长自带的包袱中装着带回的战利品，有罐头（美军的携带口粮）、点心和香烟。据今井伍长报告，在这次行动中用手榴弹爆破了卡车的引擎，并用3公斤炸药爆破了牵引车，还用手榴弹杀伤人员近10名。

警戒队同大队本部之间的距离为1800米，警戒队和大山队、大队本部之间本来均可通过超短波的短距离用无线电台（六号无线电台）进行联络，却始终无法接通。尽管在岛尻的驻地使用电台时一切正常，可能是由于电池的电压不足或者位于大山队北方的吴屋台地东端的妨碍，无线兵拼命试图接通也无济于事。伊东不禁怒叱道："明天敌人就要来了，这个时候却接不通，到底是怎么搞的！养兵千日难道不是为了用在此刻吗！"然而怎么训斥也无济于事。当初伊东忙于督促部队构筑阵地，无暇顾及无线电台的维修保养和通信训练，真是悔不当初。

26日，美军开始进攻伊东大队的警戒阵地。当天14时左右，配属警戒队的2名无线兵突然冲进大队本部向伊东报告："警戒队侧面遭到攻击，战况极为不利。"伊东没有想到美军的攻击来得这么早。大队本部和警戒队间的无线电台联络依然不通。伊东担心警戒队的安危，命令第一线的大山队长立即向警戒队传达撤退命令，那边回复说现场交火极为猛烈，白天根本无法接近。

大约日落前后，警戒队长山田中尉的勤务兵上气不接下气地赶到大队本部。据他报告，队长已决心死战到底，在战斗中己方的重机枪一直射击到遭到破坏为止，然后同敌军进入手榴弹战，给敌军造成相当损失。伊东在日落后不久派出了传令兵，传令兵因受到美军射击受伤，未能抵达目的地，撤退命令终究没能传达到阵地上。除了无线兵和勤务兵外，警戒队的其余39人均未返回。不久后归来的一组突击队报告了警戒队的战斗情形：美军在重机枪的射击下接连倒下，被钉死在警戒队的阵地前……当天半夜，警戒队的伍长以下计6名幸存者返回了大山队阵地，其余33人全部战死。

27日晨，美军对第一线大山队所在的小波津西侧阵地进行了猛烈炮击，阵地完全被土烟包围，以至于从大队本部无法观察阵地的情况。10时左右，大山队开始同来攻的美军交战。激烈的战斗持续了一整天，美军在黄昏时侵入小波津村，大山队随即实施反击将其击退。就当天的战斗以日军确保阵地告终。据大山队报告，美军战斗十分顽强，甚至敢于短兵相接。

28日，美军第32团向小波津阵地发动了真正的猛攻。大山队遭到比昨日更加猛烈的集中炮击后，从9时开始同美军交战。有4辆坦克从小桥川方向朝大山队开来，2门联队炮开始向前进中的坦克射击。联队炮的射击精准，第一发炮弹虽未打中，与目标仅相差一点点。随后联队炮又连续发射了数发炮弹，立刻有一辆坦克向右倾斜，随后第二辆坦克也向左边倾倒。剩余的两辆慌忙逃走。

为了支援大山队的战斗，伊东命令第1、第3中队各让一个掷弹筒分队推进到大山队的两侧。掷弹筒不仅向美军步兵射击，也对阻止稍后从西北方的翁长村攻来的坦克起到了很大作用。美军战史称在28日第32团进攻"小波津西南高地"期间，进行支援的火焰喷射坦克冲进了小波津村，步兵被日军的"迫击炮"齐射火力挡住，无法有效协同。大山队的掷弹筒在27日就已经发射了约300发弹丸，在28日当天更是发射了约700发。由于阵地设施不完善，日军在猛烈的集中炮火中损失不小。尽管如此，日本兵仍顽强地在章鱼罐或洞穴内藏身，一动不动地等待炮击停止，然后便立即起身反击逼近的美军。美军支持不住，退了下去，很快又在迫击炮和坦克支援下攻来。这样的战斗反复进行，双方的伤亡都在不断增加。有的日军在猛烈的集

中炮火下甚至精神崩溃。激战正酣，配属大山队的卫生下士官一边大声喊叫，一边浑身是血地冲进大队本部：

大山队全灭！

胡说八道。到底怎么回事？

我们卫生兵位于大山队的后方，中了炮弹，大家都战死了。

那又怎么扯到大山队全灭了呢！

伊东怒吼道。原来这名卫生下士官因为看到在大山队后

方的这几个卫生兵的下场，便以为前方的人员也已经全部战死了。

在傍晚时，还有一名大山队的曹长跟跟跄跄地来到了大队本部并莫名其妙地询问道："队长在不在？"

伊东认为他可能是被周围的激战和爆炸及硝烟弄糊涂了，才提出这样奇怪的问题，便耐心劝说道："不用担心，队长在阵地上，快回去吧。"后来伊东听说这名曹长当时发着40度的高烧。

不久又有一名下士官进来报告：

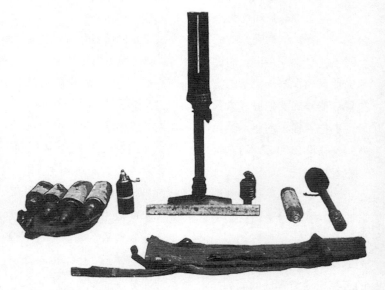

日军的制式小队用掷弹筒"八九"式50毫米掷弹筒。美军时常将日军的掷弹筒称为"轻迫击炮"。这是经过实战检验，证明颇有功效的步兵近程火力支援武器。
主要性能参数
口径50毫米　重量4.7公斤　有效射程120米　最大射程670米（使用"八九"式榴弹）
使用弹种　"八九"式榴弹、"十年"式手榴弹、"九一"式手榴弹

大山队报告！

在阵地内发生了大激战。虽然目前还没有完全掌握，中队的可战斗人员应有50名。

伊东心头一紧，战斗的惨烈超出了他的预想，大山队损失超过六成。美军也有相当损失，仅从大队本部的监视口就确认到美军接连使用了20辆卡车后送死伤者。根据大山队的报告，他们通过肉搏攻击打瘫了2辆坦克。这样在两天的战斗中一共打瘫了4辆坦克，此外还估计"杀伤人员不下400名"。

为了守住阵地，伊东大队付出了高昂的代价。由于阵地设施过于粗陋，第2中队和独立机枪中队均损失惨重。宝贵的联队炮也被舰炮击毁——伊东后悔没能及时指示联队炮变换阵地，当初他没有料到会有舰炮炮弹飞来。据伊东当晚了解到的情况，位于山上的第2中队指挥班损失殆尽，位于敌方斜面山脚处的第一线两个小队反而没有受到集中炮火打击，损失也意外地很少。除了第一线之外，后方也遭到猛烈炮击。大队本部能利用野炮中队的洞穴，但各中队的阵地只是临时挖掘的散兵坑构成的野战阵地，因此没有直接参加战斗的士兵损失也不小。伊东向师团司令部发去的报告电文中称："士兵们无惧舰炮、坦克、飞机，勇敢之至。由于阵地设施欠缺，第二线士兵亦每日因炮弹死伤10余名，对此束手无策。"尽管如此，阵地还是得以确保，师团长雨宫中将也来电勉励赞赏。

为应对次日的战斗，伊东决定采取以下对策：继续用掷弹筒从大山队的两侧实施支援；将大队炮推进至前方以向坦克射击；在受到集中炮击前，在小波津东侧平地大规模施放烟幕以转移美军注意力，吸引其炮火，或使美军感到担忧以扰乱其实现攻击意图；要求炮兵队将火力指向出现在大山队前面的坦克等。上述计划通过副官被传达给大山队长。

伊东还希望能将第一线阵地稍稍后撤，使己方不致处于前方高地之敌的俯视，以减少损失，师团司令部以不利于全盘协同为由没有批准。后来步兵第89联队第1大队接过这里的防御任务，仅坚持了一天阵地便陷于敌手，可见这座小波津西侧高地实在难以持久防御。

29日（晴），小波津阵地再次遭到美军坦克的攻击。从大约9时开始，从东海岸道路沿线地区南下的坦克群侵入了小波津村。打头的坦克刚从村落西端现身，便立刻遭到日军炮兵的集中射击。炮弹接连在打头的坦克旁边炸开，这辆坦克仍无所畏惧地向大山队阵地前进。伊东在昨晚曾指示部队在这一带埋设地雷，看上去并无效果。就在这危急时刻，日军炮弹终于命中了打头的坦克。就这样，炮弹一发接一发地打在坦克身上，前面几辆美军坦克接连中弹瘫倒在草地上，甚至有的坦克还引爆了地雷，坦克群的前进终于被阻止了。

不久之后，又有数辆坦克从翁长村开来，步步逼近了大山队阵地。在昨晚就已部署好的5名来自三好队（联队炮中队）的"肉攻手"（肉搏突击兵）向坦克扑去，炸瘫了2辆坦克，但这几名肉攻手也全部战死。伊东目睹了2名肉攻手在攻击坦克后立即躲开，再未见到他们归来，应该是被一同行动的美军步兵或后续的坦克杀掉了。另外2辆坦克接近了大山队阵地，在掷弹筒的集中射击下慌忙撤退。当天，美军没有对该阵地实施集中炮击和步兵攻击，这可能与第3中队的1个小队根据伊东的计划于小波津东侧平地施放了大量烟幕有关。当天大山队无损失，小波津战场暂时归于平静。令伊东恼火的是，在联队内部有人对第1大队在两天激战期间消耗掷弹筒弹丸多达千发一事感到不快。当然这种不满并非不可理解。日本陆军以"会战份"这一单位作为补给弹药或军需物资的基准数字，其中掷弹筒弹丸定为1个会战份（1个大队）9600发。根据日本官方战史的记录，第32军保存的军需物资和弹药还不满1个会战份。不得不为伊东大队提供补给的联队本部，对伊东在两天内就耗掉1个会战份弹药的10%当然会怀有复杂的心情。在伊东看来，这正是军队对于火力战斗的理解十分低下的证明，以劣势装备之敌为对手的中国战线的经验，被日军照搬到同美军交战的场合了。

29日当天，随着步兵第

日军第24师团长雨宫巽中将。

89联队的到达，第24师团长雨宫中将决定由该联队的联队长金山均大佐负责小波津、运玉森方面的防御，正在防御小波津一带的伊东大队复归步兵第32联队长指挥。伊东在29日夜接到师团命令："将现守备地区交接给步兵第89联队第1大队，向首里北侧转进。"伊东大队于夜间同步兵第89联队第1大队（大队长丸地军治大尉）交接阵地后转进至首里北侧的平良町一带。在小波津附近的战斗中，伊东大队死伤约200人，主阵地寸土未失。

美军第32团为了帮助西侧的17团改善幸地的形势，决定从30日开始对东南方的日军阵地施压。30日凌晨，32团开始兵分两路进攻丸地大队防守的小波津阵地。天亮前，32团1营C连成功登上"烟囱岗"，A连也登上了小波津西北侧的"轮盘高地"。为了夺回第一线阵地，丸地大队在夜间以第1中队实施了挺身突击，未能成功，小波津西侧高地的第一线阵地就此落入美军之手。不过丸地大队的反击还是给美军造成了不少麻烦，由于很多日军渗透进C连和A连的后方，严重干扰了184团替换32团。美军原计划在5月1日黎明前完成的替换，

直到17时30分才告结束。被替换下来之后，32团1营在回程路上也经历了一番战斗，为此有11人战死、22人负伤。

虽然失去了小波津阵地的一角，丸地大队仍然继续顽强战斗直至5月3日，阻止了美军扩大占领地的企图。

5月初开始，防守运玉森一带的步兵第89联队第3大队（和田大队）也受到美军进攻。和田大队于4月23日占领了运玉森一带，其中大队本部、第11中队第3小队、第3机枪中队和1门联队炮位于运玉森（锥形山）山顶，第11中队主力位于51.9高地，第11中队第1小队位于我谢。

5月1日夜间，美军184团L连突袭了锥形山正前方的我谢岭（日军称为54高地），打开了一个突破口。次日因部队伤亡太大，连长不惜违抗上级命令撤退，最终还是没能保住这个有利阵地。

3日，美军一个连再度进攻我谢岭的第11中队主力（指挥班和第2小队）[①]。第11中队第1小队向该股美军发射了轻机枪子弹和150发掷弹筒榴弹，位于运玉森的第3小队（小队长山之上昇见习士官）利用六号无线机（通过运玉森

---

① 日军资料提到该连为第7步兵师第331团3营E连，所谓331团应为32团之误。

地图五十二 4月25日－5月3日幸地地区的僵持

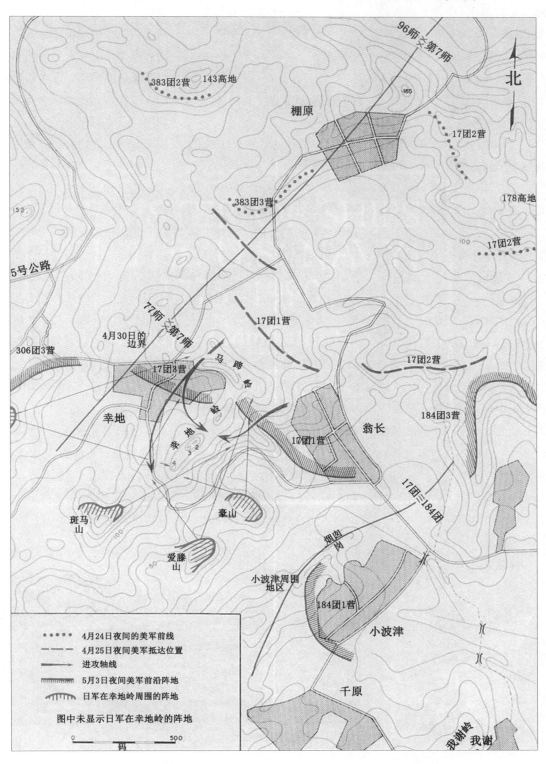

北

96师╳第7师

383团2营 143高地

棚原

17团2营

383团3营

178高地

17团2营

5号公路

77师╳第7师
4月30日的边界

17团1营

306团3营

17团3营

马蹄岭

17团2营

幸地

184团3营

翁长

17团1营

斑马山

豪山

17团╳184团

爱滕山

烟囱岗

小波津周围地区

184团1营

小波津

千原

我谢岭 我谢

• • • • • 4月24日夜间的美军前线
— — — 4月25日夜间美军抵达位置
———→ 进攻轴线
〓〓〓 5月3日夜间美军前沿阵地
⌒⌒⌒ 日军在幸地岭周围的阵地

图中未显示日军在幸地岭的阵地

0 500
码

山顶的第3大队本部跟第11中队长进行通讯）以4具掷弹筒参加了战斗，发射情况为：11时左右发射弹丸100发，12时左右发射100发，下午1时左右发射150发。

在这次战斗中，第3小队没有受到损失，51.9高地上的第2小队却有约半数人员死伤，小队长川上喜一准尉战死。最后美军留下尸体退却了。除了疑似美军指挥官的人物外，美军还留下了两三具尸体，以及自动步枪、野战口粮、书信等。当天晚上部队上没有提供晚饭，但山之上昇用缴获的C口粮（罐头食品）美餐了一顿。

作为参考，根据山之上昇在手记中的记录，3月23日下达甲号战备令时该小队的装备情况（下达战备令的同时装备实弹）为：

步枪　120发

轻机枪　360发

掷弹筒　每具20发（4具80发）

手榴弹　每人3颗

5公斤炸药　3个（装备3秒引信）

10公斤炸药　2个（装备3秒引信）

此外山之上昇的手记中还提到在3月27日根据军命令，部队的身份牌和名簿被集中烧毁掩埋，理由不详，小队名簿也因此消失了。

前田高地之战

美军第24军战线中央的96师在4月下旬同样陷入了苦战。巨大可畏的浦添绝壁东段赫然耸立于96师右翼正前方，瞰制着他们的正面。为便于称呼，美军就以坐落在这道悬崖后山坡（南坡）顶上的前田村，将这部分悬崖称为"前田崖"，这里也被称为"大悬崖"或者"钢锯岭"，日军则将其所在的高地称为"前田北侧高地"或"前田高地"。在美军的正式报告中，浦添绝壁东段周围的群山经常被称为"196高地"。

前田高地位于首里北方约3公里位置，高地的棱线为东西走向，向西延伸到仲间高地，向东结束于"为朝岩"。与高地北侧的断崖绝壁相对，高地南侧则是平缓的斜面，前田村便坐落于此。从高地上可以望见西面的东中国海和东面的太平洋，亦可远眺中城湾和牧港，总之对于向东西南北方向瞭望均十分便利，当然也可以清晰地观察到日军主阵地内部的情况和美军的动向，在地形上极为重要。

悬崖东端在一块巨岩处突然终止，这块巨岩就是为朝岩（美军称为"针岩"）。日本平安时代末期的武将源为朝在保元之乱中兵败，被流放到伊豆大岛，传说后来为朝来到琉球，其子成为琉球王朝的始祖舜天王。为朝岩即酷似为朝姿容的大立石。

为朝岩东面是一道倾向150高地（日军称为"130米闭锁曲线高地"）的山鞍，从150高地越过400码长的另一道山鞍会到达152高地（日军称

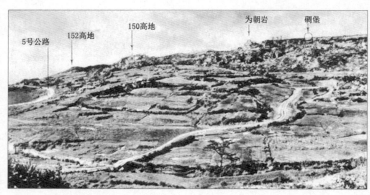

从嘉数岭东端看到的前田高地地区。

为135高地）。就在152高地的位置，浦添绝壁向西南方向形成了一个直角。宜野湾－首里公路（5号公路）在152号高地的弯角处转向，一路向西南到达首里城。这条公路是从普天间直通第32军司令部所在的首里城的干线道路。

前田崖本身是一道垂直的巨大绝壁，接近十分困难。东端的为朝岩犹如哨兵一般。在为朝岩的东方地区，坦克的行动比较容易。因此在前田高地的东侧形成了防御上的弱点，围绕着美军从此处的侵入，双方反复进行了殊死战斗。

前田高地也是日军第二线阵地带的核心，是美军进逼首里核心阵地的中央通道上最重要的关口。美军当时将前田高地称为"进军东京的出发点"。确保前田高地对于双方来说均甚为关键，前田高地一带的战斗因此成为冲绳战役中最惨烈的激战之一。日军在前田一带并未有组织地构筑充当第二线主阵地的一系列阵地，只有一些既设阵地而已，最宝贵的是在反斜面上构筑的诸多坑道，包括原来第62师团辎重队用于集中人员和囤积物资的洞穴，都被日军有效利用起来。美国的相关战史作者将日军的这座阵地称为"可畏的地下战列舰"。

日军在前田地区的部署情况为：独立步兵第12大队（配属独立步兵第14大队、暂编迫击炮第1大队主力）在前田高地占领阵地；独立步兵第11大队（配属独立迫击炮第6中队）在152高地占领阵地；第62师团辎重队部署于胜山附近。独立步兵第11、12、14大队都已经相当残破，其实际战力分别为50%以下、40%左右、20%左右。这些部队从25日左右开始部署于前田地区并进行了重编。

4月25日，96师前线以383团为左翼，战线从幸地附近延伸到150高地，381团为右翼，就在前田高地前方列阵。96师全天都在研究前方那令人生畏的地形，推测日军会在什么地方部署阵地。步兵不动，炮兵和航空兵却不能动。仅在381团负责区域内，36门火炮便发射了1616枚炮弹。美军飞机则直接投掷凝固汽油弹焚烧悬崖。

26日，96师开始总攻前田高地。登上前坡的时候，步兵几乎没有遇到麻烦。当381团G连向崖顶攀爬时，几分钟内便伤亡了18人之多。以独立步兵第12大队为基干的前田高地守备部队非常巧妙地运用了他们的反斜面防御战术。美军要占据前坡并不困难，崖顶和后山坡是日军的重点设防位置，美军占领每一寸土地都要过一次鬼门关。

进攻为朝岩的F连打算用搭人梯的办法逐渐到达崖顶，最先登顶的3个人立即被日军机枪一个短点射全部撂倒。独立步兵第12大队长贺谷中佐为了守住为朝岩，将第1、4、5中队编为川崎集成中队，命其死守为朝岩，挫败了美军的一次又一次攻击。

天黑前，E连企图占领150高地山鞍以南前田村的几座小山包。先头部队刚登上小山包，日军的十几挺机枪立即火力全开，美军当场2人身亡，6人负伤。为尽量让孤军深入的E连安全撤退，阻止日军火力线追杀，美军在黄昏时一共发射了400发81毫米和107毫米迫击炮烟幕弹掩护。

美军在前田高地正面被击退，但在坦克容易活动的为朝岩东方地区，96师左翼的进攻却一度相当成功。383团各部一路抵达了150高地（130米闭锁曲线高地）和152高地（135高地）山顶，发现山下有大量日军活动。383团官兵估计从这两座山顶可以发现600名日军，后者不可思议地彻底暴露在他们眼前。美军在冲绳岛极少能遇到这样的机会，机枪和勃朗宁自动步枪立即欢快地在山顶谱写连串死亡音符，普通步兵的加兰德M1步枪也时有斩获。美军着实杀了个痛快，一名勃朗宁自动步枪射手报告说他一共击毙了30名日军。美军的坦克和火焰喷射坦克安全进入前田村东端，对日军在这一带的防御阵地造成极大破坏。成群藏在洞穴里的日本兵被混合汽油燃起的火焰逼出洞外，然后被美军的子弹射杀。防守152高地的独立步兵第11大队在当天的战斗中战力减少一半左右。

383团的顺利推进使得前田高地从背后受到美军攻击。与此同时，381团3营也攻到仲间村南端附近。日军在前田地区的防御形势因此变得严峻起来。牛岛中将鉴于当前战况，在26日16时命令第62师团长："伴随坦克之敌于13时以后持续侵入前田南方及东方地区。第62师团长应紧急派遣各队攻击正在侵入前田之敌将其彻底歼灭。"同时还命令第24师团长："第24师团长应打破作战地境限制协助第62师团的战斗。"黄昏时，他又命令第24师团长："军欲粉碎突破前田附近之敌。第24师团长应于今晚将主力集结于首里东北方地区。"日军为了守住前田地区的阵地，可谓是不惜代价。

当晚，第24师团长命令

进攻前田高地期间，美军多次组织坦克和步兵协同攻击。陆军713坦克营的火焰喷射坦克在步兵掩护下，向悬崖顶部的一座山包喷射火焰。

步兵第32联队长："向前田高地派遣一个大队以确保该高地，联队主力进至首里北侧地区。"26-27日夜间，步兵第32联队第2大队（大队长志村常雄大尉）先于联队主力到达弁之岳。

志村大队原本部署于冲绳本岛最南端的喜屋武防备美军在岛尻地区登陆，随着第32军决定将第24师团转用于北方陆地正面，该大队在24日接到大意为应火速进至大名（首里东南方约2公里）附近的联队命令。第2大队由大队本部、第5、第6、第7中队、第2机枪中队、大队炮小队编成，总人数800多人，每个中队约160-200人，大队本部约40人。此外还有冲绳的乡土防卫队员约80人参加行动，他们的任务是搬运粮食、弹药，在第一线护

送伤员时表现得也很活跃。

24日傍晚，志村大队从喜屋武的山城村出发。官兵们对离开倾注大量心血筑成的阵地颇为失望。一路上舰炮炮弹不断在暗夜中爆炸，经过的村落已经全部被烧毁。途中部队多次遇到南下避难的平民，有的人对部队高呼"万岁"，还有老太婆下跪合掌。26日晨志村大队在弹雨中抵达了集结地大名附近，然后在14时左右接到"第2大队应尽速进入弁之岳准备以后的战斗"的联队命令。弁之岳位于首里东侧，是构成首里复廓阵地骨干的一处要点。22时，大队离开大名的坑道前往弁之岳，途中首次接受了美军迫击炮弹的洗礼。由于弹道极为弯曲，迫击炮的射击真好像雨从天降一般。为了避开炮击，志村大队在前往弁

之岳途中只好离开道路在田地中穿行，前进100米、50米就得停下卧倒，27日凌晨才到达弁之岳北侧。

4月27日，美军381团1营和383团的一些部队，从前田悬崖东侧高地向西南方急转的那个直角一路越过150高地和152高地之间的鞍部，763坦克营的坦克和713坦克营的火焰喷射坦克全程都和步兵紧密配合。这一路上的几个小时，美军的步兵和坦克协同战术发挥得淋漓尽致。从某种意义上讲，他们不是在战斗，而是在对日军实施单方面的杀戮。坦克的75毫米主炮会在近距离将炮弹射入日军的地下掩体，火焰喷射坦克的高压火龙更是所有日本兵的噩梦。再顽强的日本兵都不愿在地下工事里坐以待毙，被坦克撵出来之后，就会成为坦克车载机枪和各种步兵武器的饵食。美军的坦克和步兵协同突破了前田村南缘，但步兵在这个位置被日军阻击火力挡住，装甲兵无法单独深入太远。沿道路南下的美军还在胜山附近同第62师团辎重队发生了战斗。

381团2营全力想要铲除崖顶隔离F连和G连的一座大型地下碉堡，但没能成功。他们在悬崖东南方击毙了不少日本兵，但当天除了在150和152高

4月28日，在美军的轰炸炮击下变得好像被犁过的田地一般的首里防线丘陵地带。

地附近的前田村取得有限进展外，没能赢得多少阵地，日军贺谷大队（包括配属部队）仍然确保着山顶和南坡。

第24师团长雨宫中将在当天命令第32联队进入前田高地，同时还命令第22联队同第32联队相连接占领前田东方高地。两联队的战斗地境线为连接首里城堡、114.5北方高地西方300米鞍部一线。步兵第22联队长随后命令联队左侧第一线的第2大队占领前田东方高地。

志村大队在27日正午过后接到了联队的电话命令："今晚以夜间攻击进至前田北侧高地，占领并确保该地。"关于前方的敌情和友军的情况，除

了"敌坦克自26日晨以来一直在前田高地南侧行动。在前田高地应残存有第62师团的一部，但具体情况不明"之外，志村大尉一无所知。由于对地形完全陌生以及猛烈的轰炸炮击，志村大队未能在白天侦察地形。

夜间攻击要取得成功，周到的准备必不可少，志村对这一不合理的命令深感愤慨。不过从全盘战局的角度来看，救援前田阵地势如救火，成败对以后的作战会有很大影响，所以上级司令部当然会希望无论如何也要尽早确保前田高地。在战场上，本来就会经常遇到情况不明、准备时间不充分，或者接到不合理命令的情况，

这也是无奈之事。

志村不得已在傍晚前逐次派出了4组军官侦察员（将校斥候）以侦察敌我情况和地形，然后在傍晚指挥大队主力从弁之岳附近出发。志村大队从首里北端沿宜野湾公路向东北前进，到达前田村南侧地区，但是无法同先前派出的军官侦察员取得联系。志村在现地观察了敌情地形，但由于夜暗的缘故无法确认。虽然军官侦察员终于在不久后归来，但不能提供关于敌情的有用信息。

志村大队的攻击目标为距离1200米的前田高地，具体又一分为二：左侧（不含为朝岩）为第6中队、为朝岩以东为第7中队的攻击目标，第5中队为预备队，机枪中队、大队炮小队、速射炮小队准备实施掩护射击。

志村在经塚东侧地区下达了最终命令，第一线两中队从28日2时左右开始分别向攻击发起位置前进，3时左右开始攻击前进。

考虑到美军的火力，第一线两中队的队形，分队以下为密集队形，中、小队则为半疏散队形。此外，攻击还可以视情况转入强袭，重机枪和大队炮也准备在这种情况下开火。当时的夜间战斗训练，一般采取隐秘白刃突击战术，在这种情况下禁止射击。志村这次则因应情况进行了灵活变通。

大约接近3时，前田附近一带突然遭到迫击炮的集中射击，其规模和猛烈程度该大队从未经历过，不久又响起了机枪扫射的声音。志村赶紧命令大队本部前进，前进了大约400米，由于前方棱线的阻挡无法看清第一线中队的情况。这时已接近天亮。志村只好命令大队本部、预备队和重武器各队就地转入防御态势，同时向第一线两中队紧急派去了联络者前往传达"立即中止攻击返回本部位置"的中队命令。

志村后来才得知第一线的攻击情况。

第6和第7中队按照命令开始攻击前进后，在断续升起的照明弹的光亮下首先向前田西南侧的棱线前进，右第一线第7中队将目标前方的棱线误认为目标突入，而后在急于继续攻击时遭遇弹幕，大田中队长以及几乎全部小队长均战死，中队遭到毁灭性打击。此后第7中队的残部就以小组形式分散于前田村东南侧附近，藏身于洞穴或章鱼罐中。左第一线第6中队也在前进时遭到猛烈的迫击炮弹幕射击，一举出现大量死伤者，只好暂且后退并在重整态势后再度发动了攻击，但为弹幕所阻，未能突入，就这样迎来了天亮。第6中队的损失略少一些，也达到1/3以上，菊地中队长以下的残存兵力被迫在前田高地南侧台地转入应急防御态势。志村大队的攻击就这样以惨败收场。

27日当天，步兵第22联队长在受领了夺回前田东侧高地的师团命令后，命令联队左侧第一线的第2大队夺回该高地。然而该大队正面在28日遭到美军的猛攻，未能实施夺回攻击。

前田正面的防御本来由第62师团的步兵第63旅团负责，由于26日以来美军进至前田村

日军使用最多的制式重机枪"九二"式重机枪。
主要性能参数：
口径 7.7毫米　重量（包括三脚架）55.4公斤　供弹 30发保弹板
理论射速 450发/分钟　枪口初速 732米/秒　有效射程 800米

附近，使前田方面局势十分紧张，第32军如前所述向前线投入步兵第32联队主力和步兵第22联队一部。为统一指挥前田地区的战斗，第32军司令部在27日决定由第24师团负责前田正面，步兵第63旅团（旅团长中岛德太郎少将于4月30日晋升为中将）暂归第24师团长雨宫中将指挥，就此通知第62师团长。第62师团长则希望在步兵第63旅团的战力已受到极大消耗的情况下，以本师团的现有兵力战至最后。加上在4月12日的攻势中，第24师团的行动比较消极（八原高级参谋的作战指导也负有责任）等，使他对第24师团产生了不信任感，极力反对步兵第63旅团归第24师团长指挥。

4月28日，美军381团3营K连为削弱前田高地的抵抗，越过27师辖区西进，再向东南经仲间进攻一座大型混凝土校舍（浦添国民学校）。那里早被改为日军营房，正好坐落在高地南面仲间村和前田村之间的位置，是日军在这一地区的力量核心。经过半小时近战，K连还是没能拿下该据点。K连撤退后，全连还可战斗的人员已减至24名。K连与同样严重减员的I连暂时合编为1个连，总人数不过70人，但得到重机枪连的4挺机枪加强，还配属

了一名前方炮兵观察员。381团2营在当天继续进攻前田高地，贺谷大队的阵地逐步被美军蚕食。

28日7时以后，有十数辆美军坦克从前田东方地区向志村大队侧背攻来，大队第一线也被美军枪炮火力包围，于是各队只得依靠所在的坑道、章鱼罐、墓穴（石墓的墓室）等竭力确保当前位置。美军坦克一旦发现他们潜藏的坑道、墓穴，就用坦克炮一发一发地直射过来，没有反坦克武器的日军步兵毫无办法，只能缩着身体，连手和脚都不敢伸出来。志村大尉躲在墓穴里总算安然无恙，在其两侧的两座墓穴却被坦克炮直接命中，里面的人员无一生还。

就这样，志村大队在白天完全动弹不得，志村到傍晚时才好不容易将分散的各队集中起来。当志村慰问第6中队的菊地中队长时，菊地却始终深深地低垂着头。不过第6中队的士气并未衰落。相比之下，在绪战中就失去中队长的第7中队则陷入了沮丧和混乱中，集结起来的人员只有曹长以下不到30名，而且处于恐慌状态，甚至有的士兵即使晚上也处于半狂乱状态，以后该中队再未能发挥出一个步兵中队所应有的战力。

当天，日军步兵第32联队长北乡格朗大佐为了确保前田高地，决定以第2大队（志村大队）为左前锋、第3大队（大队长满尾安二大尉）为右前锋实施攻击。根据当天下达的联队命令，第2大队的任务为歼灭前田西北端附近之敌并确保该地，第3大队的任务则为歼灭前田东北端附近之敌并确保该地。此外，步兵第89联队第2大队（深见大队）在当天接到将该大队配属给步兵第32联队的师团命令。29日，深见大队抵达首里北方，接受北乡大佐指挥。

满尾大队（欠第9中队，配属联队速射炮中队1个小队）以第11中队为右第一线、第10中队为左第一线，对前田东南的130高地和135高地（152高地）实施了夜间攻击，在猛烈火力下受挫并蒙受了惨重损失，其中第10中队自中队长金森行雄以下多人死伤，第11中队的中队长冷牟田善藏中尉也在身负重伤后自杀。美军383团2营也蒙受了一些伤亡，其中G连的一个排在激战中从30人锐减到9人。美军战史称383团击退了日军的两次反击并击毙265名日军。29日天亮后，美军火力愈加猛烈，并将坦克和喷火坦克也调到前线充当步兵推进的箭头，

又消灭了200多名日军。满尾大队苦于没有可以利用的洞穴，蒙受了重大伤亡，丧失了大半战力。尽管如此，满尾大队残部仍然在前田村南侧地区同美军在近距离上对峙。

担任军旗护卫中队的满尾大队第9中队于28日24时左右在石岭接到占领前田高地的命令，然后在29日夜攻击仲间南端的美军，在猛烈火力下惨败。天亮后第9中队准备再兴攻击时接到返回大队的命令。在这次战斗中，中队长早坂寿吉中尉重伤，中队死伤约100人，残存兵力约140人。

28日夜间，正在经塚东南侧重整态势的志村大队（约300人）同联队本部取得了联系，接到当晚再度攻击夺取前田高地的联队命令。志村大队为此进行了重编，准备实施攻击。在综合了小队长、分队长等人的意见后，志村认识到最大的问题是指向美军阵前的弹幕射击。美军在阵前到处设置了可以警示日军接近的机关，一旦发觉日军来袭便会开始进行弹幕射击。美军的弹幕是长条状的横向弹幕，所以日军的队形无论怎样宽广都是一样的结果。第7中队的大田中队长就是在弹幕中大声激励、命令部下突进时战死的。志村于是决定寻找弹幕的间隙部分，打算以纵长队形突破。

经过仔细调查，志村了解到正面左侧的棱线向右方延伸的根基部有一条南北流向的小河。小河沿线的落弹比较少，由于地势较低，美军对这里的戒备也比较松懈。志村决心从这里突破。攻击前进开始时间定为29日午夜1时，前半夜为准备时间。

在此期间，佐佐木副官向志村报告发现了同残存的独立步兵第12大队（贺谷大队）之间的联络路线。志村马上在侦察员的引导下赶到几名幸存者所在的一处洞穴，从幸存者口中得知独立步兵第12大队长贺谷中佐以下约100名日军正被困在前田高地为朝岩的西南侧（已方斜面上的）洞穴阵地内。在预定的29日1时，志村带领部队从经塚南侧的攻击准备位置出发前往前田洞穴。志村首先派出侦察员率先行动，然后再派出几组排击分队（在夜间前进时用以排除阻碍前进之敌的分队）走在主力前面，再后面则是以志村为前导的两列纵队。志村大队巧妙地避开敌火，几乎未受损失地抵达了前田高地。

志村在前田高地的半山腰上掌握了各队后，首先向各队分配了占领地区，命令第6中队的远藤真助少尉指挥的半个小队（配属一个机枪分队）准备攻击为朝岩。随后志村立即前往贺谷中佐所在的独立步兵第12大队本部洞穴。一进入洞内，志村就感觉到极为闷热（因人多之故），难以名状的恶臭扑鼻而来。贺谷中佐赶紧穿上已经脱下的军服上衣上前迎接志村大尉。经历连日苦战的贺谷紧紧握住志村的手说道："拜托了！"对志村大队的来援感到欣喜的贺谷甚至拿出酒水同志村举杯庆祝。

即使在前田高地这样残酷的战斗期间，贺谷中佐也依然不改嗜酒如命的作风。据独立步兵第12大队通信队的高岛大八军曹回忆：

大队长确实喜欢喝酒，不管战斗多么激烈，都会一边小口喝酒一边指挥。可是，由于他经历过多次残酷战斗，指挥作风十分严厉。在连日激战中，第5中队长八木一夫中尉大概是下定决心准备迎接死亡的到来，委托传令兵从前方的中队阵地向大队长送来自己喜爱的烟盒。大队长这时却说道："战场可不是电影！"把东西退了回去。

大队长说话如此刻薄，实在让人够受的，不过他的战斗指挥却意外的冷静沉着。前线中队的指挥官一倒下，他马上

地图五十三　4月28－29日，日军32步兵联队主力进攻概要

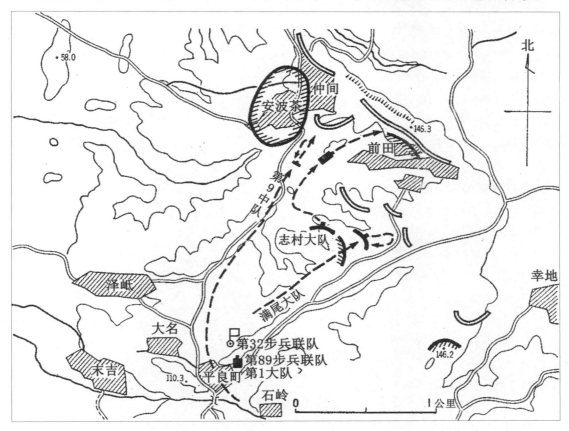

就指定了接替者，让其继续指挥该中队。为了保持大队本部同前线中队之间的指挥、联络绝对通畅，他也进行了周到细致的安排。尽管如此，大队官兵们还是在连日的战斗中相继倒下。4月29日天长节那天还有大约300名官兵在前田高地群战斗。原来的中队长几乎全部战死了。到了5月上旬，（大队）兵力数已经减半。

在志村大队进入前田洞穴前，贺谷大队曾经数次争夺

为朝岩，因此在听说志村大队将要攻打为朝岩后，贺谷中佐为志村大尉提供了极为适切宝贵的建议，尤其是向其传授了攻击的方向和要领。这时已近天亮，志村指示远藤少尉实施

1945年4月28日的首里城。

攻击。远藤小队巧妙地接近了为朝岩,然后在机枪、掷弹筒的支援下突入美军阵地,迅速夺回了为朝岩。得知拔除了为朝岩这个眼中钉,贺谷喜不自胜。这次战斗的胜利也得益于美军经过前田高地数天战斗的严重消耗,战力已经大大缩水。

志村大队的大队本部所占据的洞穴位于贺谷大队所在洞穴西方约60米处,系利用自然洞穴加工成的坑道。可以利用的洞穴不多,不少人都分散于岩石下或章鱼罐中。不久,志村接到联队本部发来的贺电:"值此天长佳节之际向贵大队的奋勇战斗表示祝贺。以后的战斗应与贺谷大队协同实施。"

29日,美军96师左翼快速急进,在24军的战线上形成了一个比其他任何位置都更靠近首里的突出部。383团L连在喧嚣的近战中,再度拿下138高地(日军称为"120高地")。日军在高地山顶的一个机枪阵地对L连的步兵构成很大威胁,美军几度冲锋都没能拿下。加布里埃尔·查韦斯一等兵热血上涌,从侧翼匍匐前进到非常靠近日军机枪阵地的位置,拉掉手雷的撞针后霍然跃起,举起手雷就直接向这个火力点冲去。日本兵根本没

想到美国大兵也会这样不要命的冲锋,反应慢了半拍。查韦斯在冲锋时受了枪伤,但不妨碍他冲进机枪阵地。一声巨响后,日军的这挺机枪永远哑火

了。战友们赶紧冲了上来,查韦斯和日军机枪组的5人已同归于尽。

查韦斯等人的奋战,让美军坦克能进入138高地山顶附

利用绳梯登上断崖的美军步兵。

近的阵地，与日军在南面的47毫米反坦克炮对决。这是冲绳战役以来，美军首次将首里纳入直射炮火射程。当时美军坦克距西南方的首里城不到2公里。

地图五十四　4月25－29日美军对前田高地的进攻

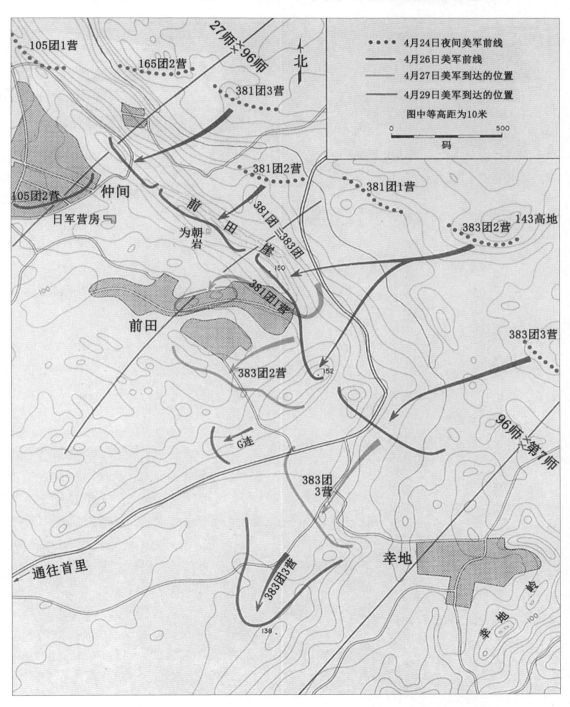

29日天亮后不久，美军就开始对前田高地进行猛烈的炮击轰炸。由于没有掩体，志村大队在台地上只留下一部分监视兵。在炮击前后，有十数辆坦克侵入背后，在前田－安波茶道路附近展开成横队后，开始以坦克炮直射前田高地南坡的日军。对日军可能躲藏的洞穴、坑道、章鱼罐或岩石，美军坦克在精心瞄准后开炮射击，致使躲藏在浅洞或岩石下的日军接连伤亡。

不久，美军看到高地已经被炮击轰炸和坦克炮的射击"软化"，南坡的日军主力也被赶进洞穴内，便停止了射击，美军步兵则立即用绳梯等攀上高地北侧的悬崖。美军步兵端着自动步枪向台上扫射并投出了手雷，顺利占领了山顶台地。随后日军便瞅准时机发动了逆袭，原本藏在洞穴内的大队炮和掷弹筒开始进行支援射击，步兵在其支援下实施了突击，其威力十分惊人。面对日军的突击，美军表现得非常脆弱，阵地一旦被嚎叫着的日军端着刺刀突入，便立即丧失斗志慌忙后退，步枪和器具也被丢掉。日军就这样击退了美军，确保了台上，可是仅仅几分钟后，美军就再次将炮火集中射向高地，坦克炮也重新开始射击。总的来说，美军在当天对前田高地的攻击并没有以前那样激烈，可能是由于美军正在进行交接的缘故。

根据第32司令部的报告，在4月26－29日期间，第32军的地面战斗综合战果为：消灭人员3782人、坦克31辆、击落飞机5架、击伤3架、击毁武器32件、击毁火炮5门、帐篷32顶、牵引车1辆。第32军的损失则为战死357人、战伤399人。

从29日起，美军77师各部开始陆续接管96师阵地。307团先替换前田高地一带的381团。次日上午，306团接管了96师左翼的383团阵地。中午，77师师长布鲁斯少将正式接管24军正面的96师辖区。96师自登陆以来蒙受了极大损失，特别是381团的战力已经减少至40%，共伤亡1021人，在25－28日前田地区的战斗中即减员536人，有些排只剩下五六人而已。许多人都筋疲力尽，以至于都没有力气携带装备走下山坡，登上等着将他们运送到后方休整的卡车。在日军方面，贺谷大队的战力也已经接近极限，因此志村大队成为在前田高地的骨干战力。

307团进入攻击阵位时，发现他们正处在一道悬崖的平顶上，这道悬崖东端就在为朝岩上，宽不过60厘米。从此位置向西，崖顶逐渐变宽，到最宽处约60米，然后逐渐收窄至45米左右。悬崖后山坡（南坡）非常陡峭，标高比正面的北坡稍低。就在悬崖南坡，日军构筑了复杂的洞穴和隧道，与崖顶的碉堡相连。直到5月2日，美军都未能了解前田高地的地下洞穴构造，这严重妨碍了美军的进攻，用志村大尉的话来说就是："对神出鬼没的

美军的地空火力将前田高地地区的山顶台地大部分都炸了个粉碎，将悬崖正面的多处洞口堵住。

我军的战斗感到棘手。"5月2日，一次意外让美军弄清了这片地下工事的构造。一辆坦克将6枚白磷燃烧弹射入一个洞穴，过了不到15分钟，前方观察员发现白烟从山坡上其他隐藏的30多个出口冒了出来。

双方在前田高地的战斗经过无数次进攻与反击，在掩体和洞穴间用手榴弹，以及炸药包反复对决，夜间也时常发生遭遇战，令人胆战心惊。为了在短兵相接的爆破战中取得优势，双方不得不使用许多小花招。美军飞机几乎每天都向前田高地的各处阵地投掷高爆弹和凝固汽油弹。坦克和火焰喷射坦克能打击东南坡的日军工事。在崖顶战斗的步兵，几乎无法得到任何重武器支援，只能逐个清除日军碉堡，用他们的话来说，在崖顶就好像看见"所有活见鬼的事情都滚进一座地狱"。杰拉尔德·库尼中校指挥的307团1营，为了拿下为朝岩，耗费了整整5天时间。1营在为朝岩和崖顶前后打了九进九出，第十次进攻后才最终占领这片阵地。

魔之高地

30日，前田洞穴阵地开始遭到凝固汽油弹的攻击，不了解洞穴构造的美军并不能有效杀伤洞内的日军。当天，步兵第63旅团预备队独立步兵第273大队奉旅团长之命进入前田洞穴，归贺谷中佐指挥。

由于美军在29日进入了包括公路在内的前田东侧地区，占领了120高地和146高地（幸地西南约500米，前田东南1.3公里），将前田高地和幸地分割，并且对它们的侧背均构成威胁，因此日军决定在该方面发动反击。30日，第24师团长雨宫中将命令步兵第32联队长北乡大佐将昨日进入公路的美军肃清，于是后者以配属其指挥的步兵第89联队第2大队对120高地、以从小波津转进返回联队的步兵第32联队第1大队（伊东大队）对146高地实施夜间攻击，结果伊东大队夺回了146高地（详情见下一节），第89联队第2大队的攻击却失败了。

前田地区的日军部队在5月1−3日期间为确保前田高地继续苦战。由于第32军决定从4日开始实施总攻，前田高地已成为这次总攻的支撑点。志村大队是前田高地的中心部队，一直固守着前田高地的山顶附近。独立步兵第11大队在前田东南侧、第62师团辎重队在胜山北侧台地也都各自利用复杂地形顽强地阻止美军前进。前田高地的主要战力志村大队奉命夺回前田东方高地，为此蒙受了很大损失。

在前田高地东侧约250米有一处棱线被第62师团称为"魔之高地"，此即"130米闭锁曲线高地"（美军称为"150高地"）。前田高地的正面（北侧）是断崖绝壁，这座"魔之高地"的正面却比较平缓，容易被坦克侵入，因此该正面成为前田高地带的弱点。如果这座高地落入美军之手，美军便可迂回到前田高地背后，使前田高地陷入危机。美军几天前拿下这座高地，美军坦克得以从这一正面侵入，逼近前田高地南侧，使前田高地南坡的日军阵地处在坦克炮射击的严重威胁之下。

4月30日中午，志村接到第32联队长的命令："夺回目前被敌军占领中的前田东侧高地。"于是志村在当晚以第5中队（中队长大场庄太郎中尉）向该高地实施夜间攻击。在第5中队出击前，志村曾命令大场中尉派出士兵在白天攻击坦克。大场中尉坚决反对："白天攻击坦克实在荒唐，只会让士兵白白送命。"再三命令之下，大场中尉也没有派出士兵。志村时年24岁，士官学校出身，大场中尉则是士兵出身，时年42岁，实战经验比较丰富，两人意见相左，发生了激烈争论。

第5中队从半夜开始出发，首先留下第2小队防御前田高地掩护本队，第1小队、第3小队、本部向魔之高地前进。当晚，魔之高地的美军正在交接，防御力量较为薄弱，所以占领过程比预想的要顺利得多，夜袭完全成功，第5中队占领了魔之高地。

天亮后，第5中队即开始遭到猛烈的炮击和坦克攻击。除了军曹和士兵各一人之外，第5中队全军覆没。志村后来分析：美军因为不能迅速做好防御准备，在夜间仅留下一部分警戒兵力，大部分兵员都退到后方，因此我方以夜间攻击占领高地比较容易，真正的困难在天亮之后才会暴露。反击部队在夜间光是为了布置兵力就得竭尽全力，无暇充分准备防御工事。山上多岩石，也没有像样的坑道，天亮后，日军在光秃秃的高地上就只能无遮无挡地卧倒在地，一旦遭到集中炮击与轰炸就会迅速垮掉。第5中队正是在转眼之间便几乎被完全消灭的（根据幸存者的回忆，时间还不足5分钟）。志村开始真正体会到"魔之高地"的确名副其实。

当天，志村大队在前田高地上的大队本部坑道也受到台地美军的再三攻击。有数名掷弹筒手进到洞口前方射击，立即遭到美军反击，掷弹筒手被手雷炸伤，被抬进洞内。位于下方的洞穴阵地也向美军反击。抵抗十分混乱，但如果不这样做的话，只能坐以待毙。

在此期间，志村大队也多次派出士兵侦察敌情和地形。来自联队本部的情报基本为零，对进入前田高地的志村大队来说，了解地形对于以后的战斗极为重要。前田高地上有几个天然洞穴和第62师团的部队留下的人工坑道。大队本部坑道位于前田高地棱线下方不远处山腰上的"擂钵状"洼地内，同本部坑道相邻的还有大队炮小队、速射炮小队各队所在的洞穴。

从为朝岩向前田村方面下去会进入一处"コ"形洞穴。洞穴入口已经被破坏，只留下勉强能容一人通过的空隙。洞内饼干盒堆积如山，甚至堆到了顶部，因此日军称其为"饼干壕"。饼干壕一直向为朝岩的方向延伸，在半山腰处是平缓的斜面，然后朝着棱线的方向变为陡坡。这一带密布弹痕，不要说草木，连地面都改变了形状。

5月1日正午过后，志村再次接到联队本部发来的命令："无论如何必须确保该高地（前田东侧高地）。今夜再次实施夜袭将其占领。"于是在当晚，志村向第6中队下达了夜袭命令。当然毫无疑问地，与第5中队一样，一旦太阳升起，第6中队也难逃覆灭。

志村此时深深感受到身为指挥官的心酸与孤寂。他后来回忆道："虽说是命令，却也可以预见到（第6中队的）覆灭。即使全军覆没，只要攻击可以延缓美军的侵入哪怕一天，前田高地就能多守一天。在这期间一定可以等来友军。所以，即使大队覆灭，也必须反复攻击这座魔之高地。我十分清楚这件事的必要性。可是，我不得不接连不断地坐视部下阵亡。身为大队长该如何是好呢？其实毫无办法。我只能一边品味难以言表的痛苦，一边身为大队长不断将部下中队投入死地。"

第6中队长菊地勘喜中尉十分理解大队长的苦恼。菊地中尉是志村在见习士官时代的中队附准尉，后来成为少尉候补者，担任志村大队的中队长，是一名深得志村信赖的部下。菊地中尉对志村说道："大队长阁下，我非常明白。我根本不需要任何命令。我会去那边听任死亡降临。"然后两人一边遥望"魔之高地"一边默默地用清水干杯。当晚，第6中队前往"魔之高地"。

日军的两层反斜面阵地。

这次夜间攻击也取得了完全的成功。第二天（5月2日），"魔之高地"遭到猛烈的集中炮火反复蹂躏，炮烟和飞尘笼罩高地达半日之久。到了下午，在高地上就只能看见美军的士兵和坦克了。第6中队自中队长以下全部"玉碎"。与此同时，志村大队想要派出援兵，在美军的炮击轰炸和坦克的集中攻击下，白天根本无法动弹，完全束手无策。志村只能眼睁睁地看着又一个"优秀的"步兵中队覆灭。

最后志村大队终于失去全部步兵中队（第5、6、7中队）。志村手头只剩下机枪中队（中队长和田中尉）、大队炮小队（小队长日原中尉）、配属速射炮小队（小队长三上少尉）和配属机枪中队合计约100人（也有资料称包括伤员在内，志村大队还有200人左右）。步兵中队仅存的生还者也几乎全部负伤，已经丧失体力。此后志村终于放弃争夺"魔之高地"，以大队的幸存者在前田高地连日与美军进行手榴弹战。祸不单行，自志村担任大队长以来就一直辅佐他的大队副官佐佐木中尉也在30日傍晚以后侦察高地台地的敌情时受了致命伤，被抬进洞穴后不久，就在志村的眼前死去。前田高地的形势不断恶化，5月2日以后，志村大队和贺谷大队更是处于四面被围、完全孤立的境地。

美军连日对前田高地进行猛烈的炮击轰炸，迂回到侧面和背后的坦克也从下方向上攻击。美军的步兵则架起绳梯攀上北侧的悬崖。美军的炮击轰炸刚一停止，美军步兵便一齐冲至台地上，对反斜面的日军洞穴阵地进行骑马攻击。美军反复使用这种战术，其步、坦、炮的协同合作相当密切。攻入高地的美军步兵用火焰喷射器、自动步枪、手雷、炸药等反复攻击洞穴，坦克炮也对洞穴入口进行直射。

在前田高地的防御战斗中，志村大队的大队炮、重机枪和最重要的掷弹筒一开始发挥了很大威力，但很快便耗尽弹药。至于速射炮，到2日左右也已无用武之地。结果，5月3日以后，志村大队全体官兵都转入了以手榴弹和刀剑进行的近接战斗。连日来，据守反斜面的志村大队官兵同攀登至台上的美军反复进行着互掷手榴弹的近战，大队长以下全体人员都使用手榴弹对抗美军，连伤员也全部出动投入战斗。日军战死者的手脚、躯干、腹部散乱一地，尸骸堆积如山，凄惨之至。

面对美军的协同攻击战术，日军也找出了应对的办法。如果日军受到骑马攻击，就躲在洞穴内绝不出击。然后当美军的炮击轰炸一结束，日军便马上冲出洞穴阵地一齐杀向台上，从反斜面同攻来的美军步兵进行近距离的手榴弹战。在手榴弹战中，美军是从较高的台上投掷手雷，与此相对的，日军却是从山坡的山腰处投掷手榴弹，所以后者的处境颇为不利。有的日军能够十分熟练地在美军扔来的手雷爆炸前就将其反投回去。最后日军往往以白刃突击作为决出胜负的最终手段。这时美军会因为日军的突击发生恐慌，甚至有人在发出惊叫后一边哭泣一边逃走，还有人在惊慌

美军步兵向日军的地下阵地投掷炸药。

中掉落崖下。就这样，日军将美军从台上击退。如果日军就这样留在台上，就会暴露在随后的炮击轰炸之下，遭受严重损失。因此日军一旦从台上击退美军，便急忙跑回洞穴阵地避免伤亡，然后当炮击轰炸停止后立即再次冲出洞穴。这种战术被志村大队称为"活塞战术"。日军每天都在使用这种战术。

志村大队以位于高地南侧半山腰的大队本部坑道为中心，将各分队分散在周围的洞穴、坑道、岩石后等处。参加战斗的人员也没有了军官、下士官、老兵、新兵的区别，会计和通信兵之间也变得毫无分别。在现地入伍的冲绳新兵们也努力战斗。3月份刚入伍的新兵们没有时间进行训练，连给"三八"式或"九九"式步枪上子弹都不会，就出力搬运弹药和搜寻手榴弹。

美军有几次在拂晓时来袭，突然对日军发动骑马攻击，这时日军就从洞内跟外面的美军互相投掷手榴弹。对于双方交战时的情形，志村大尉曾有如下回忆：

在这样的激战、接战中，完全没有一点害怕的感觉。也没有办法进行大队的统一战斗等。大队长以下每个人都拿着手榴弹各自同正面的敌步兵战斗，心里只想着怎样才能杀死敌人，怎样才能不被敌人干掉。这样悲壮惨烈的殊死战斗一遍又一遍地进行。

所有人都在悲痛地呼唤：还有手榴弹吗？需要手榴弹！只能从倒下的、已死的人身上取走手榴弹，也从敌方战死者那里拿走手榴弹，或者马上捡起敌人掷来的手榴弹反投回去。每个人都以必死的决心坚持战斗。

我军总攻前后的前田高地战斗尤其激烈。敌人即使被击退，也会不断投入部队攻过来。战场上到处躺着敌我双方的尸体，在炮击轰炸中友军的尸体和敌军的尸体都飞到空中被炸得七零八落，真是惨烈至极。各中、小队忽而移动到这个洞穴战斗、忽而移动到那个洞穴战斗，以至于搞不清楚部下中、小队到底在何处战斗。那个时候过的真正是吃不上喝不上的日子。首先没有吃的东西。能在晚上弄到水喝就已经很不容易了。必须到山下的村子里去打水。但美军好像安装了话筒，一下去就会遭到炮击，每天晚上都有人因此牺牲。真正是豁出命来在打水。

敌人一到夜里就悠然撤退，虽然心有不甘，可光是为击退敌人就得拼尽全力，已经没有余力追歼后退之敌了。

在前田高地的残酷战斗中，独立步兵第12大队机枪中队的藤井正弘曹长也险些丢掉性命。大约在5月初，藤井曹长所指挥的机枪小队从大队本部坑道进入了本部坑道前面的巨石下方的洼地中。有2挺重机枪在其指挥下。关于当时的情形，藤井曹长回忆道：

美军在坦克部队支援下，有5名步兵背着火焰喷射器登上了高地。这5具火焰喷射器在眼前一齐喷出火焰。有3名士兵在烈焰之下被烧死。这是发生在一瞬间的事情。重机枪也有一挺被烧焦，无法使用。他们是从我们所在的洞穴的死角爬上来的。支援他们的8辆坦克也一齐开始了炮击。炮击击碎了我们背面的巨石，大大小小的石块落进洞中，简直要把我们活埋掉。

坦克炮的炮击在继续着。背面的巨石一个接一个地被击碎，从头上落下。我的记忆到此为止。当恢复意识的时候，我听到美国兵的声音。他们正在挖开岩石，确认被活埋的日本兵的遗体。我不知道醒来之前，自己被埋在岩石下面有多久。我好像是因为美国兵在这时清除掉压在我身上的大石头才偶然苏醒过来的，他们没多久就撤走了。可是，我的肩膀和双腿都在流血，弄得全身血乎乎的，左耳也完全听不见了。身上好像到处都受到落下的大小石块重击，身体也动弹不了了。

藤井在苏醒后不久便爬向大队本部坑道报告情况。关于接下来发生的事情，他回忆道：

贺谷大队长刚一听到我的报告便大吼起来："笨蛋！敌人明明就在眼前，怎么回来了？"大队长的脸因为喝酒变得通红。我知道大队长嗜好喝酒，即使在这样的连日苦斗中也离不开酒，否则就无法打仗。我想大队长当时也是情绪比较激动吧。大队长又说道：'马上进入位置！'我只好又拖着满身血污的躯体将仅剩的一挺重机枪搬到前方的坑道中，就好像青虫在爬行一样……

先前，藤井的机枪小队在进入大队本部坑道前曾藏身于另一处坑道，在这处坑道西方约70米的"隆起高地"的洞穴内则潜伏着该大队第3中队。第3中队的坑道遭到美军骑马攻击，沉闷的炸弹爆炸声断断续续地传到机枪小队的坑道内。第3中队在那一天被消灭了，藤井则在当天夜间前往大队本部坑道向贺谷中佐报告第3中队覆灭的事情，贺谷中佐说道："只有机枪的话很危险，快返回本部坑道。"第二天夜间，在机枪小队将要离开阵地时，约20名士兵前来增援。这些士兵均为身穿"国民服"的冲绳县民出身的防卫队员。机枪小队将重机枪分解后离开坑道，这些士兵却奉命留守。不久之后便传来他们全部战死的消息。

就这样，在日军的顽强灵活的抵抗下，美军77师307团对前田高地的进攻屡屡受挫。4月30日夜间，307团1营用4具15米长的绳梯和5具从海军借

前田高地地区的坚固阵地。图中为仲间正东的日军营房地区。5月5日，77师307团拿下这片阵地，将前田悬崖的反斜面扫荡干净。在占领悬崖东面的大批洞穴、隧道和碉堡工事时，美军爆破队发挥了重要作用。

来的装卸网攀登前田高地。5月1日，A连在高地东端固定住绳梯攀登，每一名站上崖顶的战士都非死即伤。黄昏时分，在更西面的高地台地位置使用装卸网攀崖的B连，已让2个排成功登上台地边缘，半夜还是被日军的反击赶下山崖。

当天，307团右翼的3营越过前田高地后方到仲间村之间的27师辖区，向东进攻日军的校舍兵营阵地。日军为守住这个阵地，得到后方野战炮火的有力支援。战斗期间，一枚日军炮弹在仲间的美军弹药库爆炸，当场造成5人死亡，让307团3营的弹药补给一度中断了好几个小时。

5月2日，1营A连和B连再度登上崖顶边缘，日军的机枪火力太猛，位置不利的美军如不撤退就只能任人宰割，只能再次徒劳无果。5月3日，经过短暂整顿的1营第三次向崖顶台地冲锋，台地上的日军纷纷投掷手榴弹，反斜面上的掷弹筒火力全开，更靠后的81毫米迫击炮威胁更大。日军的这次近距离步兵支援武器组合打击十分成功，美军狼狈不堪地从狭窄的崖顶退到北坡，大叫着咒骂："鬼子他妈的疯了，这仗没法打了，没法打了。"各位连长和排长在这时发挥了作用，高声呵斥道："镇静点

儿，那帮杂种就这最后一点花招了。别泄气，一会儿我们还得杀回去。带种的都别在这时候泄气！"美军在很短时间内就确定了再度冲锋的战术。5分钟之内，刚才还叫着仗没法再打的同一批士兵，以整齐的动作拉掉手雷的保险针，抡圆了胳膊向日军阵地掷去。只要战火未熄，即使明知前方就是地狱，身为军人也必须战斗下去。

当天（3日），前田高地上的日军看到美军坦克掩护着随伴步兵从前田村方向向学校方面前进。志村大队的大队炮于是从坑道中炮击美军，坑道因此暴露。美军用自动步枪、手榴弹、炸药和坦克炮的直射火力，攻击大队炮小队所在的坑道达3个小时，在洞外的日军几乎全部被干掉，洞内也只剩下尸体和伤员，简直如活地狱一般。

在前田高地反斜面，志村大队本部洞穴的东侧数十米处还有另一个天然洞穴。这座洞穴比本部洞穴要小一些，主要收容大队炮小队和速射炮小队的兵力。洞穴的深处架着梯子，沿梯子下去就进入人工挖掘的狭窄坑道。这条坑道又分成两条坑道向两个方向延伸，向东的那条一直延伸到贺谷大队的近旁，向北的那条则通

向高地北侧的悬崖！在判明了这一情况后，5月3日夜，志村大队精心选拔人员，以来自机枪中队的精干下士官为主力，组成一个突击队，袭击留在悬崖上的美军部队并一举成功，获得了很大战果。田畑胜男伍长、村上喜昌上等兵等几个人用刺刀刺杀了美国兵，缴获了丰富的战利品，包括步枪、自动步枪、火焰喷射器、炸药等。志村大队的大队本部因此第一次响起欢呼声。不过突击队也付出了不小的代价，生还者只有数名。美军资料中也提到日军从背后袭击美军的事情。在4月底的战斗中，就有日本兵从洞穴或岩缝中钻出来，突然出现在悬崖下，美军发现自己好像是在蜂巢上作战。有时，当悬崖上的美军正在睡觉时，日军就会从地下悄悄地溜出来割断美军的喉咙。

5月4日，前田崖顶一带的战斗尤为激烈。库尼中校的1营对悬崖东端西侧大约60米的日军大型坑洞工事实施了一次全面爆破突击，占领了这个重要阵地，然后多次打退日军从南面发动的反击。这一天是日军开始总攻的日子，为了夺回悬崖，志村大尉指定机枪中队长和田瑞中尉担任大队的战斗指挥，向占领悬崖的美军进行反击。双方爆发了激烈的手榴

美军步兵用手榴弹攻击洞穴内的日军后，仔细检查洞穴内部。

弹战。可能是感到本部坑道面临危险，和田中尉喊道："全体人员向台上突击，伤员中只要能走得动的全都出去！"然后率先冲出洞穴。只要是能动的人，甚至包括卫生兵和通信兵全都冲出了洞穴。和田中尉挥舞军刀在台上拼杀。不久，只有和田中尉和数名士兵活着回来，志村一脸沉痛，一边展开地图，一边坐在洞穴深处。伤员有的像牲口一样叫唤，有的吓得哭起来，还有人发了疯，洞内宛如地狱。大队炮小队的日原正人中尉判断火炮已经没用，就带领数名部下突入敌阵，进行了手榴弹战后返回洞内。在美军的猛烈攻击下，整个本部坑道都在摇晃震动，岩石无情地崩落下来。这一天，位于擂钵状洼地的监视洞变得形迹全无，多个洞穴被完全埋没，前田高地的地形被彻底改变。为朝岩也彻底落入美军手中。志村大队损失惨重，战力大减。据美军307团初步估计，他们在当天击毙了大约600名日军（鉴于日军的兵力情况，这一数字应有相当程度的夸张）。

5月5日，美军耐心地逐个爆破和清除前田高地反斜面上的洞穴阵地。在前田高地被包围孤立的志村大队、贺谷大队的残兵仍困守在山腰上的洞穴阵地内，美军向洞内扔进炸药或手雷，将洞内变成活地狱。美军对前田高地的所有洞穴都进行爆破，将其封闭。志村大队所属大队炮小队的河野光雄上等兵从5月1日至5日的5天内一觉也没睡过。5日白天的战斗结束后，河野上等兵总算可以打个盹。然而洞穴上方进行骑马攻击的美军又开始从上面开凿洞穴，企图注入汽油点火。河野上等兵所在的大队炮洞穴一直到日落时都能听到凿岩机的响声。

战后，志村大队的幸存者外间守善（机枪中队的二等兵，那霸市出生）同林孝太郎等数名北海道兵一同拜访了前田高地，确认了为朝岩、高地山顶、半山腰的本部坑道、饼干壕等地。令外间吃惊的是，美军占领的高地山顶同他们潜藏的大队本部坑道之间的距离只有大约30米。美国兵似乎对30米下方的坑道中存在数十名日本兵的事情一无所知。

5月5日夜间，日军为夺回前田高地的阵地，曾数次组织反击，对307团右翼3营的一次进攻尤为凶猛。3营与日军短兵相接，终于打退这次反击，声称毙敌250人。5月6日，307团的各主力营南下向187高地前进。前田高地的连日苦战终于结束。

在前田高地的战斗中，美军出现了许多值得一提的人物和事迹，尤为值得称道的是配属307团B连的医护兵德斯蒙德·道斯一等兵。道斯是基督复临安息日会的信徒，出于信仰，他不会触碰武器，当其他人因日军的密集火力不得不退下火线时，他却从前田崖顶台地，靠简易绳索担架屡次将伤员运送到安全的地方。为了

1945年10月12日，哈里·杜鲁门总统（左）亲自为忠于自己的信仰，从不用枪战斗的英雄德斯蒙德·道斯（右）颁发国会荣誉勋章。冲绳战役期间，道斯一等兵在被美军称为"钢锯岭"的前田高地与医疗分队的战友们一起，冒着日军的炮火和弹雨救护受伤的步兵战友。根据美国陆军官方战史记录，战役期间得到道斯救助的伤员大约有75人之多，他经常就在距离日军洞穴阵地不足10米的地方救助负伤的战友。战役结束后不久，道斯晋升为下士，后于1951年退役。2006年3月23日，道斯以87岁高龄逝世。著名电影人梅尔·吉布森以道斯的真实事迹拍摄的影片《血战钢锯岭》于2016年先后在全球多个国家公映。

救援在突击日军洞穴阵地时中弹的战友，他不止一次爬到距离洞穴不过几码远的地方，为伤员进行初步急救，然后就在敌人枪口下设法将伤员送到安全的地方。从不用枪战斗的勇士道斯一等兵为此获得荣誉勋章。

美军在前田高地蒙受了惨重损失。307团1营曾在36小时内，前后至少有8位连长负伤。4月29日，该营开始进攻悬崖时大约有800人之众，到5月7日已减员至324人。根据77师的初步估算，他们的部队在前田高地7天的战斗中，击毙日军达3000人以上（数字显然被夸大了）。

5月6日，美军已经完全控制了前田高地，但前田高地的日军并没有被彻底消灭，只是都被困在南坡的洞穴内，再难有什么作为。当天早晨7时左右至傍晚6时左右，日军仍不断遭到步枪、手雷、炸药的攻击，自身的弹药也已消耗殆尽，缺乏可用之兵的日军只得在白天默默地忍耐着，然后在晚上救护伤员、确认幸存者、派出侦察员探查敌情、离开洞穴袭击美军的营帐。他们这种昼伏夜出的日子还将在前田高地持续一段时间。

146高地的夜间攻击

4月29日，美军383团3营占领了日军第22联队第2大队防守的幸地西方的120高地（美军称为"138高地"）和幸地西南500米的146高地，将前田高地和幸地分割开来。30日，雨宫中将命令第32联队长北乡大佐："应肃清120高地及146高地的美军以确保该地，不必顾及同第22联队间的战斗地境线。"于是北乡大佐以在其指挥下的第89联队第2大队（深见大队）和第32联队第1大队（伊东大队）分别对120高地和146高地实施了夜间攻击。

29日，伊东大队同步兵第89联队第1大队（丸地大队）交接阵地后转进至首里北侧平良町一带。30日下午，大队长伊东孝一大尉在同师团师令部通电话时接受了命令："贵大队应返回联队，夜袭146高地。"步兵第32联队长北乡大佐也接到前述的师团命令。15时左右,北乡大佐命令伊东大队夺回146高地,并命令正配属于该联队的深见大队夺回120高地。

实际上,伊东大尉在当天早上就已经命令部队准备攻击146高地,指定第1中队为攻击中队,由大队炮实施突击支援射击,进行了充分准备。当天夜间,当大队本部好不容易做好了前进准备时,忽然接到了联队长的电话:"师团好像有电话过来。且先暂缓出发。"这可能是师团在传达关于总攻的命令,身处最前线的伊东却根本想不到第32军正在准备发动总攻。伊东认为,为了保证夜袭的成功,部队必须在1时以前冲入阵地,天亮前为确保阵地做好充分准备,否则会在天亮后的猛烈炮击中损失惨重。目前剩下的时间已经不多。

焦躁不安的伊东回复道:"已经到了出发的时间。"

"再等等。"

"是要中止夜袭吗?"

"不,并非如此。"

"已计划将于24时在大队炮的突击支援射击下突入。如果时间上出现误差的话会很麻烦。如果没有时间构筑工事以确保阵地的话,恐将在天亮后

遭受严重损失。不能再等下去了,马上就出发。"

伊东随即挂掉了电话。北乡联队长为此非常恼火。

当时,美军为了防范日军的夜袭,一到晚上就向阵地前的特定地区倾泻炮弹,构成弹幕地带。如果要实施夜袭,必须首先确认弹幕地带的位置以避开弹幕,尽量减少损失。伊东大队所在的平良町东侧有一条干线道路,此即宜野湾公路。美军的炮火在这条公路的东侧、高地西麓构成了弹幕地带。大队本部的目标是146高地的西坡,必然要从弹幕中通过,所以只能强行突破。

12时,齐藤中尉率领的大队头阵第1中队开始出发。第1机枪中队跟在后面。再后面是大队本部。伊东在途中经过正准备实施突击支援射击的高井中尉指挥的大队炮小队旁边。

这次在夜间实施突击支援射击采用的是伊东在中国东北时研究出来的战术。这是伊东在联队本部附任上负责教育训练期间,经过专门实施的夜间演习钻研出来的,即为了不被敌人发现,从较低的位置向高处射击。这种战术即使在经常实施夜袭的日军中也是独特的。

不久,大队本部分散突入弹幕地带。子弹接连在伊东

身边飞过。右前方大约300米处,美军的曳光弹拖着红色的尾巴飞过高地斜面,击中岩石后被弹开,一边迸出火花一边在空中乱飞。这时第1中队的左第一线星野小队开始攻击前进。

在黑暗中,伊东一边遥望着星野小队的攻击,一边深入弹幕地带。伊东企图选择落弹较少的地方或者利用炮击间隙前进,但前后左右到处都落下炮弹,以至于身体被泥土覆盖。伊东不得已隐蔽在小沟内,等待炮弹落下的间隙。

这条小沟只能勉强藏住身体。因为军刀这时候很是碍事,伊东便将其取下——这把家传宝刀是在300年前打造的,上面刻有"大和守安定"的铭文,据说曾一次斩断三个人的躯体,刀刃长达2尺3寸(约70厘米)。日本陆军有人将军刀称为"军人之魂",在火力战中却毫无用处,充其量只能当棍子使,却比棍子重得多。

伊东在小沟中待了大约二三十分钟后,炮击渐弱,于是率部重新开始前进,终于抵达目标小丘。右方300—400米处就是146高地山顶,齐藤中队将在24时发起突击,此时还看不见一个人影。伊东屏息凝气,等待着大队炮的突击支援

射击。

24时，大队炮开始射击，弹着十分准确，山顶上腾起黑烟。大约一分钟后，在146高地的北坡上升起了信号弹，这是表示突击成功的信号。

向山顶突击的是岩田小队，星野小队则对西坡的美军进行了扫荡。伊东大队顺利夺回146高地。5月1日拂晓4时左右联队长打来电话，伊东让副官去接听电话。联队长不高兴地说："为什么大队长不接电话？"又指示夺取那里、扫荡这里之类。伊东手下的步兵兵力仅有第1中队，第3中队在抵达平良后马上被指定为联队预备队，第2中队则尚未从小波津转进完毕，还不在掌握中。也就是说，所谓的伊东大队这时仅有一个中队的实力而已，实在没有余力按照指示行动。

根据联队命令，配属的深见大队应该在伊东大队实施夜袭的同时攻击120高地，这时完全没有已经占领该高地的迹象。伊东又向联队长打听深见大队的情况，联队长称该大队已经占领了120高地。伊东觉得可疑。他一边抱着疑问，一边着手强化146高地的防御。

9时左右，伊东大队开始遭到猛烈炮击，50－60名美军步兵伴随着4辆坦克攻来。坦克逼近到大队本部所在的小丘前方30米处，开始吧嗒吧嗒地扫射起来，对小丘成夹击之势。在146高地山顶附近，日军同坦克进行了肉搏战。在平良町东侧占领阵地的野战高射炮第81大队的高射炮对美军坦克实施了射击，在12时左右将其击退。伊东看到一辆坦克瘫痪在山顶附近，在发出巨响的同时蹿出了火柱，车载炮弹接二连三地爆裂开来。伊东已经明白，眼前的120高地仍在美军手中。

根据日军官方战史记载，奉命夺回120高地的深见大队，在夜间以第5中队进攻，由于受到来自左侧背的火力妨碍失败。但根据伊东在战后所了解到的情况，实际上该大队以准备不充分为理由，30日没有实施夜袭。深见大队长声言明天一定夺取高地，但5月1日夜间仅以一个小队攻击，当然没能夺回高地。（根据官方战史记载，该大队在2日夜间又实施了攻击，仍以失败告终）更离谱的是，联队长还向师团司令部报告两大队的夜袭都取得成功。

深见大队的夜袭延期，美军阵地仍留在伊东大队的眼前，伊东大队不得不改变战斗计划。美军一再向146高地发动猛攻。1日15时左右，又有2辆坦克出现在146高地西侧。

在平良町北侧占领阵地的独立速射炮第3大队第2中队的广濑小队对其进行了射击，2辆坦克各被命中2发炮弹。由于距离较远，只能对坦克造成些许损坏，好在还是迫使坦克后退。在2日、3日，伊东大队继续反复同美军激烈交战。由大条伍长指挥的掷弹筒分队在山顶拼死战斗，到5月3日掷弹筒遭到破坏，分队长以下全部死伤。就这样，伊东大队总算辛苦守住了146高地。由于联队长向师团司令部作了虚假报告，难免影响到了师团长的情况判断，在随后的总攻期间给伊东大队带来了很大问题。

陆战1师南进

4月底，美军开始进攻首里二线阵地的同时，除了战斗力相对较强的第7师之外，生力军已开始进入南线替换疲惫不堪的27师和96师。陆战1师负责替换西海岸的27师，第77步兵师替换战线中央的96师。

美军在这时调整一线作战部队是非常必要的。日军的阵地依然坚固，没有任何迹象显示今后能很快拿下这些阵地。参加冲绳战役的96师兵员本就不满额，伤亡已经很大，急需休整和补充兵员。替换他们的77师尽管已在庆良间列岛和伊

美军陆战队负责攻打的安谢川北岸地区。

长　樋口良彦大佐
　　重炮兵第7联队
　　船舶工兵第23联队
　　独立第29大队

独立混成第44旅团司令部于29日到达识名后，特设第6联队和船舶工兵第26联队被配属给该旅团。该旅团从第62师团接管了首里（不含）以西地区的防御。5月2日，该旅团司令部从识名移动至首里的军司令部坑道。第24师团司令部也已在4月29日转移至军司令部坑道内，使各兵团同军司令部间的联系变得极为便利。另一方面，关于作战指导的细节方面，各兵团也都能对军司令部内部的研究阶段的问题或座谈的内容等本来不便泄露的情况了解得一清二楚，于统率方面实为不妥。

由于负责西海岸道路方面防御的日军只有以独立步兵第15大队为基干的少量兵力，第32军为了加强该方面，于29日将位于知念地区的独立第2大队配属给第62师团，将其部署于天久地区。

美军27师在西海岸I号阵地周围的战斗直到4月27日才结束。负责这一地区的165团到4月底为止，一直都在牧港机场南面的小湾巡逻。在27师左翼，105团在双峰高地的战斗

江岛战斗过，相对来说还算一支生力军。27师原本并没有投入冲绳战役的作战任务，但在24军依靠第7师和96师显然无法突破日军主防线时，被集团军司令部临时借调给24军，如今减员也已相当严重。在确定宫古岛作战任务实际上被取消后，巴克纳中将终于能将第3两栖军用于南线。陆战1师距首里地区更近，进入阵地会比陆战6师更快，所以率先南下增援。

日军方面，独立混成第44

旅团主力也从4月末开始进入首里地区。该旅团主力从4月26日就开始逐步将知念半岛地区的防御移交给知念支队，从28日夜开始转进。该旅团的北地区队（第2步兵队第3大队，配属旅团工兵队1个小队、独立速射炮第7大队一部）于28日脱离旅团长指挥，归坦克第27联队长指挥，仍然负责当地的防御。知念支队的组成如下：

　支队长　重炮兵第7联队

结束后重整完毕，4月26日推进到仲间南侧边缘组织了一道战线，在那里一直等到被陆战队替换为止。27师战线中央的106团2营，为将全师的战线拉成一条直线，于4月27日至28日在屋富祖周围恶战一场。

由于已经非常疲惫，27师主力在4月末一直没有发动较大规模的攻势。当面的日军也是在惨淡经营，其中独立步兵第21大队的残存兵力在28日屋富祖一带的战斗中又死伤大半，司令部勤务人员等也奉命返回部队参战，但总兵力一共只有约100人，重武器只有联队炮1门、大队炮1门、重机枪1挺而已。在28日的战斗中，屋富祖南侧高地一带的日军阵地的一角被美军占领。美军在当天还进入了牧港机场（南机场）南端。

关于在屋富祖发生的激战，日军资料中记载得十分简略。根据独立步兵第21大队第3中队战史《黄尘与珊瑚礁》记载，该大队最后于4月29日在"宫城59高地"同美军进行了决战（该书个别地方提到战斗发生于28日，但一般记为29日）。笔者并未在日军资料中找到该高地的确切位置，只能确认在屋富祖和宫城一带、经塚西方。根据美军的记录，美军的确曾在宫城遇到顽强抵抗，但激战的日期却是30日。对照双方的资料，所谓的"宫城59高地"显然就是屋富祖58高地。关于这座高地的战斗情况，据《黄尘与珊瑚礁》记载为：

4月27日，独立步兵第21大队的生存者后退至宫城59高地（屋富祖58高地）。从这座小山上可以清楚地看到牧港机场。山上长满琉球松和苏铁，在地下则全是钟乳洞。洞穴有三处入口，从外部完全无法看见，东侧入口是其中最大的一个，日军通常都从这里出入。南侧和北侧的入口则比较小，可以起到释放爆炸气浪的作用。从洞顶垂下许多冰柱般的钟乳石，为了准备战斗，比较大的钟乳石事先都被打掉了。这里的洞穴阵地充当掩蔽壕是不错的，当作战斗阵地就比较勉强了。

独立步兵第21大队的残余人员只有100余名，其中第3中队约30名。装备只有重机枪1挺、轻机枪2挺、掷弹筒2具等。大队长西林中佐位于东侧入口附近。

29日，59高地的阵地遭到美军陆战队（根据美军战史资料记录，陆战队在30日才进入南部冲绳西海岸战场，如果日军在29日遭到攻击，那么遇到的仍是陆军部队）攻击。美军对该阵地进行了猛烈的轰炸炮

美军士兵正在一边避开日军敷设的地雷，一边逼近日军的主阵地。

击，炮弹甚至飞进了日军工事的枪炮射孔。一个半小时的轰炸炮击后，日军看到美军发射了"白烟弹"，步兵随即逼近过来，于是第21大队的生存者们全部进入露天阵地向美军步兵射击。上午9时，美军中止攻击，然后于10时再次发动进攻，美军这次增强了兵力从两个方向前进过来，突入了日军阵地。坦克炮的炮弹不断在阵地内爆炸，日军对坦克群进行了肉搏攻击，并无效果，只是徒增损失。美军还从东部阵地入口喷射火焰，使阵地内充满热气和毒气，这里成了名副其实的"焦热地狱"。幸存者仍从西部入口出击对坦克实施肉搏攻击，据说击毁4辆坦克。逼近的美军还是对日军阵地进行了骑马攻击，用凿岩机从上方打洞，向坑道内扔下炸弹，50名重伤员瞬间"玉碎"。战斗持续到下午4时，独立步兵第21大队本部和配属工兵队大部战死。夜间，幸存者几乎都实施了挺身突击。独立步兵第21大队在这次战斗中覆灭（此段对战斗过程的描述系根据《独立步兵第21大队战斗详报》整理）。

第3中队的幸存者井土邦一（当时姓"山内"）伍长在战斗开始前的28日晚奉大队长之命向旅团长送交战斗详报和

现状报告书，于是他和传令兵与那岭一等兵一起离开59高地的洞穴前往旅团司令部。旅团司令部所在的洞穴距离机场约1公里。抵达旅团司令部完成任务后，井土伍长并未接到返回59高地的命令。29日上午10时，旅团司令部收到西林中佐的来电，由于"信号不良"，最后只判读出了一小部分电文，内容是"最后的阁下……祈祝……"云云。

井土得知西林大队在59高地"全体"战死后，一再向旅团高级副官要求允许自己前往现场查明第21大队的情况，与那岭一等兵也要求同行，终于获得批准。

两人随后离开司令部洞穴向59高地进发，行程约3公里。井土走在前面，与那岭跟在他身后五米处。两人均轻装前进，井土只带了手枪和手榴弹，与那岭只带了步枪和手榴弹，其他用品均留在司令部。不过考虑到可能存在幸存者，所以尽量把水壶都灌满了水。

两人通过了机场，在照明弹、舰炮炮弹和机枪子弹间小心前进。大概走了30分钟后，两人接近了美军的步哨线。井土看到前方三百米的山岗上有两名美军步哨，一人为站哨，另一人则是手持机枪的游动哨。在更远的地方，在东方山

岭上的高处和从西海岸方面的斜面上还有两处枪座，间隔约300米，再后方就是59高地。

井土决心突破海岸一侧的步哨线，开始向稍左方前进，途中有一串威慑射击的机枪子弹打到身边。59高地就在右方。

非常偶然地，井土发现了通往阵地入口的山沟。这条山沟被步哨线夹在中间，不过这一段步哨线的间隔比其他步哨线要长一些。井土就选定从此处突破，两人从晚上8时30分开始行动（井土带着夜光表），一路上爬爬停停，终于看到了59高地标志性的三角形大岩石，至此平安突破了美军的步哨线。

两人一进入阵地入口，就闻到了尸臭、烟味和青草气味混杂的战场气味。原本繁茂的琉球松和苏铁几乎都被炸飞，阵地面目全非，到处是一堆堆的日军尸体。

借着照明弹的光亮，井土看到战友们的惨状。从洞穴内部通往入口方向的左侧，尸体堆积成山，看上去就好像屈下前肢的巨象一般。有的尸体被射穿胸部或打中腹部，露出了内脏；有的尸体被喷射的火焰烧得焦黑；有的人像是被坦克炮直接击中，脸都被炸没了；有的尸体没了手……总数大概

有几十具之多。

不可思议的是，井土既没有流泪，也没有感到恐惧，就这样通过塞满入口的尸山向阵地中走去。在右侧的部队长室中倒毙着十二三人。在手电筒的光芒下，浮现出了残酷的异世景象。浅灰色的洞壁前躺着许多尸体，看起来就好像重伤员集体自杀，直被炸得血肉横飞，墙上沾满血液，已经发黑。看上去似乎洞内被坦克炮直接击中多次。有的地方，洞顶的岩壁崩落下来，埋住了日军尸体。

两人再往里面走，来到了原来伤员们休息的地方，这里通常都躺着二十名左右的伤员。他们在这里发现了还活着的K中尉。井土试图从他口中得知大队的战斗情况，K中尉死期将至，无心应答，只是一个劲地要水喝。K中尉是经历过华北战事的老兵，平时跟士兵们之间距离感很强，士兵们对他也没有什么好感。井土一再向他询问大队长的情况、生存者的数量、生存者何时逃出等。K中尉除了要水喝，没有回答一个字。

水，拿水来……听不懂么？
这是命令，是军官的命令……军官的……

K中尉在这种时候仍然摆出一副高高在上的姿态，和平时没什么区别。井土忍不住一口气说道：

中尉大人，你已经活不了多长时间了。所谓军官的命令是什么东西？能不能在死前变回真正的人类呢？我早料到可能会用得上，所以宁可抛下别的东西也要带来一杯水。中尉大人，请痛痛快快地喝掉吧。中尉大人，水在这里。

井土生出恻隐之心，将水壶拿到中尉唇边，把水倒进中尉的嘴里，同时握住了中尉的手，感觉到他的手已经冰凉冰凉的，不禁流下眼泪。K中尉也用仅剩的一点微弱的力气握紧了井土的手。

山内……谢谢你……

这是K中尉的最后一句话，很快他便停止了呼吸。就

地图五十五　山本小队 4 月 29 日的战斗部署

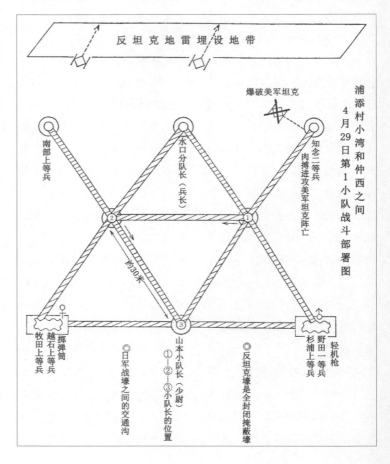

在这座59高地，独立步兵第21大队结束了最后的有组织战斗。井土和与那岭黯然离开洞穴，从反方向再次突破美军步哨线，前往旅团司令部。与那岭一等兵没能抵达司令部，在归途中被舰炮炮弹的破片击中腹部后阵亡（以上系根据井土邦一（旧姓山内）的回忆资料整理）。

随着美军在屋富祖、牧港机场地区的进展，仲西、宫城一带的日军阵地所受到的压力越来越大。面对美军的进逼，独立步兵第15大队残部顽强抵抗，该大队第4中队第1小队长山本义中少尉也带领小队残部参加了战斗。29日，在小湾、仲西布防的第4中队发现有5辆M-4坦克和"数百"名步兵向中队正面开来，中队长松田实大尉（22日晋升为大尉）下令："今日是天长节，为了维护石部队的名誉，中队将同进攻中的美军决一死战。各小队应死守现阵地至最后一兵。各小队各配属一名女子挺身队员用于急救护理。卫生兵也无须等待另外命令，准备以急造炸弹攻击敌坦克。中队长将和中队官兵一起死守阵地，在现阵地死战到底绝不后退一步。"

第4中队阵地开始遭到迫击炮和坦克炮的集中炮击，埋设于阵地正面的反坦克地雷几乎都被引爆。美军坦克直向小湾的第1小队阵地扑来。在炮击的间隙，小队长山本义中少尉悄悄地从工事中探出头来监视敌情，随后从前页地图中①处的工事移动到②处。该阵地是先前在独立步兵第21大队的长泽中队长指导下构筑的反坦克阵地，阵地上巧妙地修筑了章鱼罐和地下隧道。美军坦克谨慎地如蜗牛般缓缓前进过来。山本严令部下在敌坦克接近至距离所在的工事三米之前绝对保持不动。山本又移动到了③处的小队长阵地，小心地探头观察敌情。他看到美军坦克伸出了鱼竿样的物体，那物体像蟑螂的触须般活动着，以此来探查地雷。

小队右翼的知念盛一二等兵旁边的坦克似有向另一侧的南部上等兵处移动的模样。知念二等兵为伊江岛出生的新兵，在新兵的训练中因匍匐动作十分出色曾受到山本的表扬。此时他身边的坦克稍稍加快了速度，不过"触须"仍在小心地活动着。随伴步兵则跟在坦克后方。眼看坦克在不断逼近，知念二等兵却完全没有动静，山本不禁怀疑他是不是没有看到。山本正要喊出声时，突然看到知念二等兵的脑袋在动。眨眼的工夫，知念二等兵就抱着反坦克炸弹冲到坦克旁，在轰然炸响的同时升起了火柱，坦克马上"咔擦"一声不动了。这辆坦克的身影被黑烟和火焰遮住，其他坦克开始后退，留下这辆坦克在原地继续燃烧。时间是14时20分。其他4辆坦克都向牧港机场北端方向撤退了。战争结束后，山本在屋嘉收容所中曾承蒙美军少尉的好意出去游览战迹，看到在知念二等兵进行攻击的地点，被爆破的坦克仍然躺在原地。

美军撤退后不久，日军阵地遭到美军坦克炮集中炮击，仲西小学的倒塌校舍中也开始落下炮弹。山本从章鱼罐中举起双筒望远镜观察敌情时被炮弹破片击中左手腕，在恢复意识后他用右手进行了包扎，左手腕和左手指却完全动不了了。山本认为左手腕反正也动不了，这样下去恐怕会因为患上气性坏疽死去，干脆爬出章鱼罐用军刀切掉了自己的左手腕，仅剩下一条筋肉相连，这条筋肉稍后在小队坑道内被竹内卫生兵长和女子挺身队员金城芳子用剪刀剪断。山本小队在这次战斗中全灭，只有山本一人幸存。到了30日，第4中队包括伤员在内只剩下不到30人，除山本外的所有小队长、分队长都已战死。山本本人后来在金城芳子的照顾下才活了下来。

4月27日至29日，日军航空兵对美国海军再度发动了多次神风特攻，这并不能让第10集团军失去舰队支持。据美军各防空部队初步统计，日军在这三天内共损失150多架飞机。不过这种自杀特攻仍会造成美国海军舰队失血：美军的弹药船"加拿大胜利"号被击沉，7艘驱逐舰和2艘步兵登陆炮艇被击伤。伤员运输船"平克尼"号被神风飞机撞中后受损起火。更不幸的是，另一架日军自杀式飞机俯冲撞上正在驶向关岛的"舒适"号伤员运输船。船上满载经过紧急手术处理的伤病员，22名伤员因此再度受伤，更有5人不幸身亡，另有6名护士殉难，4名护士受伤。

日军自杀式空袭一直都在干扰美军的滩头卸货作业，严重影响了军车的夜间行动，但美军在南部冲绳的各种部署仍在继续进行。4月30日6时，陆战1师正式被配属给24军，师长佩德罗·德尔瓦尔少将随即开始安排各部队南下。

在24军战线最右翼（西面），陆战1师1团1营B连（配属C连的一个排）接管了27师165团1营的全部防区，也就是仲西到小湾北郊牧港机场周围的半圆形阵地。1团1营长穆雷

中校率营主力接管了小湾以北地势较低的沿海地区的各处预备阵地。

在1团1营左侧，萨博尔中校的3营接管了165团2营阵地。165团2营在当天（30日）上午进攻了日军阵地，结果却遭到27师在4月底遇到的最坚决的抵抗。165团2营长麦克唐纳中校告知萨博尔，宫城仍有日军抵抗。萨博尔指示K连和L连前往165团2营前沿阵地时，将宫城村的日军扫荡干净。一路上陆战队遭遇零星的迫击炮和步枪火力袭击。傍晚，日军的炮弹在前沿阵地落下，开始组织一些兵力渗透宫城村一带。17时15分，L连报告他们被日军的集中火力压在村子的废墟里无法动弹。75分钟后，L连撤到村北过夜。黄昏时

分，3营预备队I连进入L连左侧地区，以便与106团保持联系。

5月1日14时，陆战1师师长德尔瓦尔少将正式接管原属27师辖区的一切职责。27师在南部冲绳的战斗就此告一段落。据该师统计，他们在嘉数岭、浦添绝壁、牧港机场和I号阵地的战斗中，共击毙和俘获日军5019人。在4月19日开始的12天的战斗中，27师的战斗损失达到2661人，其中316人阵亡。实际上，5月1日下午，陆战1师5团接管27师的另一部分阵地时，5团2营的每个步兵连都能直接接替105团的1个营。威廉·E.本尼迪克特中校的这个陆战营当天只需巩固在安波茶（仲间）南面占领的阵地。当他们扫荡安波茶村的时

1945年4月28日，日军的一架特攻飞机试图撞击美军的"密苏里"号战列舰。最终有惊无险，特攻飞机落入大海。

候，5辆正越过安波茶村支援77师307团进攻的陆军坦克，有4辆被日军的47毫米反坦克炮击中。坦克车身燃起的火焰，令陆战队员们心头一沉，南部冲绳的战斗看来远比北部冲绳艰难得多。

陆战5团3营则在14时前后替换27师战线中央的106团，由于和日军一直在发生零星摩擦，完成这一任务不免产生一些伤亡。陆战5团的全部替换任务在17时完成，团长格利贝尔上校派出多个巡逻队去前方巡逻，为次日的进攻进行准备。此前24军军长霍奇少将指示德尔瓦尔少将全力支援接替96师的77师前进，这项任务就落到与77师战线相邻的陆战5团身上。

27师拿下城间后，日军被迫重整西海岸的战线，防止被美军突破的威胁扩大。62师团大部当时沿着从安波茶经泽岻以北山岭至内间和势理客一线就位。62师团的不少有力部队都分散在美军阵地的洞穴内，一直坚持抵抗。陆战1团不得不对付这些仍在顽抗的日军。

1团1营长穆雷中校在5月1日没有进攻任务，但他仍派出几个巡逻队去前沿阵地前方侦察，重点在1营前进时必须让坦克通行的那些道路。1营阵地正面有一道幽深的L形悬崖路堑穿过，日军撤退时，已经炸毁了南北走向的主要公路越过路堑的路堤。日军的火炮和反坦克炮都已对准了这一地区，装甲兵想从这里突破，必然会遭遇酷烈的火力打击。A连派出的一个巡逻队负责查探

西海岸崖口附近的通道，结果直接被悬崖远侧峭壁上的日军火力点赶了回来。日军从安谢川南方和东南的高地阵地上，可以瞰制1营前进区域。美军巡逻队遭遇的抵抗，预示着要推进到安谢川定有一场苦战。

5月1日，陆战第1坦克营派出3辆坦克和4辆火焰喷射坦克将宫城村的废墟清扫干净后，陆战1团3营的步兵再度占领这个村庄，完成扫荡任务。当晚和次日上午，落在村里的日军火炮和迫击炮弹变得愈加密集，机枪和步枪也陆续向前进中的美军官兵开火。到2日15时30分，K连已伤亡30多人，被迫在烟幕弹和迫击炮弹幕掩护下后送伤员。连长征得萨博尔中校许可后撤退。19时，3营已经回到他们在4月30日占领的阵地。

在同一天，为了前往南风原陆军医院，山本少尉在金城芳子帮助下越过宛如杀人场般的一日桥，山本在此处目睹了数十具乃至数百具尸体。美军对这一带反复进行了轰炸炮击，但一日桥始终没有被炸毁，似乎美军故意留下它以便杀伤更多日军。

5月2日，风雨持续了一整天，不仅限制了视野，而且让美军航空支援的作用大减。77师307团遭到日军第32联队和

正在攻击日军洞穴阵地的美军火焰坦克和步兵。

63旅团一部顽强阻击，举步维艰。陆战5团2营从9时试图前进时，左翼的E连被面朝307团反斜面阵地上的日军密集火力打得无法抬头。F连和G连一开始遇到的抵抗还不是很严重，前进200码后，日军的机枪和步枪射击声越来越密集，高地上落下的手榴弹和掷弹筒射出的榴弹让两个美军连正面弹片横飞。战斗两小时后，各突击排伤亡太大，5团2营只得在烟幕掩护下后撤重整。日军炮兵在这个时候表现甚佳，他们的炮火一路跟着美军步兵的撤退队列延伸，又造成不少伤亡。既然明知步兵继续冒险前进只能徒增伤亡，从中午开始，陆战5团2营要做的就是集中各种火力支援武器，对307团行动区域内日军占领的高地实施火

力压制。

5团3营更惨，这天上午将2营击退的正面和侧面交叉火力，在他们越过出发位置不久，就使他们再也无法前进分毫，3营只得后撤，当天只能进行有限的巡逻，在后方实施大范围扫荡。

14时46分，1团长查普尔上校接到师里的命令，让他将1团的进攻方向从南面转到东南方向，给阻止陆战5团前进的多座日军阵地侧翼施加压力，让1团3营L连能够前进。

16时30分，10分钟炮火准备结束后，1团3营以K连为先锋，一路向宫城以南约300码的一连串小高地杀去。日军的机枪子弹和掷弹筒榴弹一直都在落入美军突击部队的散兵线，迫使他们拉开散兵线的间

隔距离，同时积极组织迫击炮和自动武器反制日军火力。3个半小时后，3营各连开始掘壕守卫他们辛辛苦苦拿下的阵地。战士们一边挖壕沟，一边在嘀咕："鬼子肯定不会安静。"这对他们来说其实是一种常识。

夜间，日军果然开始一连串渗透作战。K连为守住山头阵地，与日军短兵相接，和日间相比，夜战甚至更为激烈。K连取得了胜利，这无疑是他们在冲绳度过的最艰苦的夜晚。

当天1营的战斗也很艰难。按照营长穆雷中校的计划，C连会经仲西越过向北与宫城成90度角的悬崖。同时B连会越过悬崖南口，占领南面的一座高地。一旦需要，营预备队A连将会被投入B连侧翼助战。

上午，1营在突击时遭到浦添绝壁日军火力点的有力阻击，始终找不到有效办法突破。13时，穆雷中校下令全面撤退，3个连都在烟幕掩护下携带伤员退回出发时的高地。

下午，穆雷接到师里改变进攻方向的命令，立即向团长请示："在进攻方向改变之前，我得先拿下横跨悬崖的那座台地，只有这样才能保护我们营的侧翼。"查普尔上校当

陆战1师官兵在牧港机场东南的崎岖地带与日本守军交战。

5月2日，在美军陆战1师1团在牧港机场南面的开阔地冲锋时，日军以密集火力扫射机场南面的峡谷。

即首肯。由于B连和C连上午减员严重，穆雷请示从团预备队2营调F连支援他的部队进攻。16时30分，A连越过B连阵地，直接越过悬崖西口进攻，一路顺利接近势理客，黄昏时分就地掘壕过夜。奉命赶来支援A连的F连天黑后才穿过悬崖，结果夜间各排都走散了。幸运的是，这天晚上相对平静，上午重新集合的F连已经能与A连一同建立一条稳固的战线。

直到1团和5团开始全面进攻，陆战1师的最后一个主力团7团各营才在5月2日从宇地泊郊外陆续南下。次日，团长斯内德克上校将他的指挥所转移到城间以北200码的一个位置，7团1营和2营则进入牧港机场西北的滩头防御阵地。

陆战1师为1团在5月3日的进攻规定了两个目标，第一个是从横跨安谢川的桥梁延伸到宫城对面的铁路一线，第二个目标则从同一座桥梁延伸到内间包括泽岻一线。1团和5团的边界设在泽岻正北，与24军的行动边界交叉。5团的任务是扫荡被称为安波茶孤立阵地的一系列峡谷和险峻高地。

战斗开始后，1团F连在势理客撞上一道坚固防线，A连在攻打5月2日曾经让C连动弹不得的一座峡谷弯曲部的阵地时伤亡累累。1营的两个突击连一上午都被日军充满杀气的火力压制，没有坦克护卫的话，实在无法前进。11时以后，查普尔团长同意穆雷中校用烟幕掩护他的两个突击连撤

回来。为了让坦克能从西海岸的道路前进，1团专门调工兵在夜间排除挡路的地雷，以避开日军在首里各处高地观察所的监视。

日军资料对势理客的战斗记录得十分简略和模糊，甚至提到5月1日就在势理客发生了激烈战斗。关于势理客的战斗，现在从日军资料中所能知道的情况是：

1.在势理客战斗前，独立步兵第15大队长饭塚丰三郎少佐命令第4中队长松田实大尉"死守势理客台地"。松田大尉将吉田滋指挥班长以下全体人员（不到30名）部署于势理客阵地的章鱼罐中。

2.在势理客的战斗中，松田大尉下令"突击"，在跃起的瞬间，被美军掷来的手雷炸死。

3.此后美军的攻击更趋激烈，第4中队死守势理客台地，但已没有兵力。一颗炸弹落到中队长松田大尉的尸体上，消灭了势理客台上的第4中队残兵，留下一米见方的坑穴。第4中队至此全军覆没。在战斗中，美军的前进部队也被反坦克地雷杀伤不少人员（据山本义中的手记，这场战斗发生于5月1日）。

4.在这场战斗中，第4中队

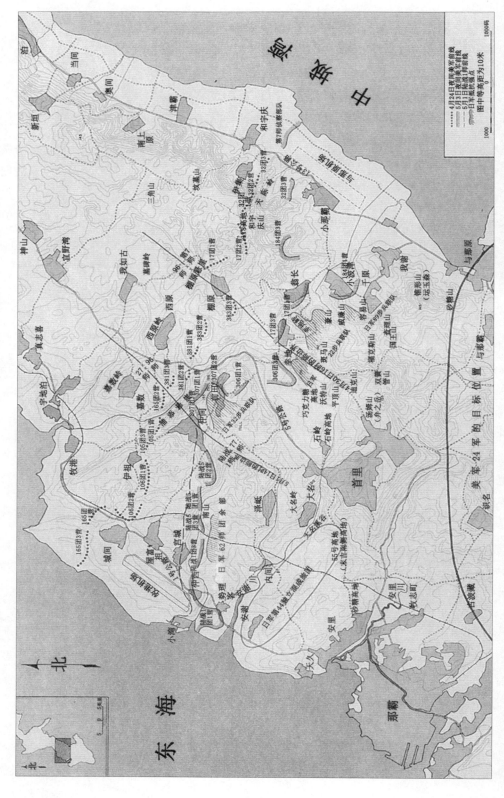

地图五十六 4月25日—5月3日美军对首里第二道防线的进攻

的神山次郎二等兵、井上上等兵、比嘉一等兵三名伤兵被收容在势理客的一座龟甲墓中，美军的炮击破坏了龟甲墓，墓中的三人也全部死亡。在冲绳战役中，独立步兵第15大队的战死者大部分都是美军的炮击轰炸造成的，大部分都尸骨无存。

5.第4中队覆灭后，以势理客为主阵地的独立步兵第15大队机枪中队（中队长水崎正之助中尉）成了死守大队本部的第一线中队。

6.次日拂晓开始，势理客战斗再趋白热化，饭塚少佐将

独立步兵第23大队派来增援的一个步兵中队紧急派遣至机枪中队的阵地。美军投入了"数十辆坦克和数百名步兵"，向独立步兵第15大队阵地攻来。在东侧，美军坦克侵入了右翼第5中队的一个小队和经塚之间的空隙，被速射炮部队击退。饭塚少佐严令全大队："死守天久、内间、泽岻、经塚一线，战至最后一兵为止。"

7.到3日为止，美军进入38.7高地（泽岻西端西北1000米）和50高地（泽岻西端北方800米），但日军仍然守住西海

岸方面的大部分阵地。

到5月3日，日军仍然确保着我谢（运玉森东北）－翁长－幸地－146.2高地－130高地（幸地西北偏西800米附近）－前田－仲间－安波茶－势理客一线阵地。3日以后，美军在前线少数地区依然在继续进攻，直到7日才停止，但是基本上这轮进攻在5月3日以后就意外中断了。5月4日，日军发动了冲绳战役以来最大规模的一次反击。

地图五十七 独立步兵第15大队4月29日－5月1日前后的战况

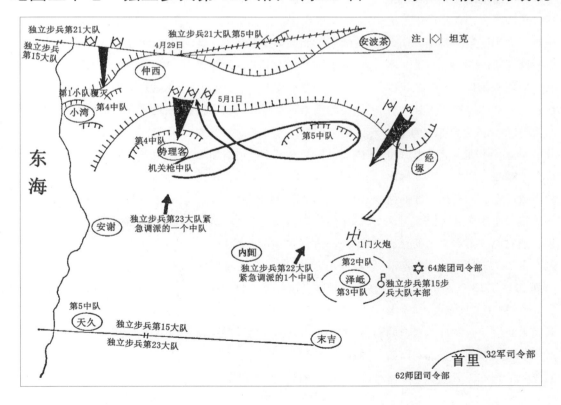

第九章　日军全线反攻

日军谋攻

4月29日左右，日军第32军主力向北方正面的调动已大体按预定计划完成。自4月1日美军登陆冲绳岛以来约一个月，第一线兵团第62师团进行了顽强的防御战斗，给美军造成了很大损失，该师团的战力也丧失大半。第24师团方面，自4月12日的夜间攻击以来，步兵第22联队第1、第2大队也因连日战斗战力大减。步兵第32联队的3个大队已全部在前线展开，步兵第89联队第2大队也被卷入激战。如此，第24师团的半数以上已加入第一线的战斗。第32军手头的主要兵力，只有独立混成第44旅团的实力还很完整。第32军原本在南部冲绳部署了23个正规步兵大队，至4月30日只有大约8个大队尚未受损。面对日益紧迫的形势，第32军领导干部对以后的战局深感忧虑。

美军对第32军主阵地的攻击屡次受挫，仍然不顾损失地连续攻击。自美军登陆后，日军阵地平均每天被蚕食100米左右，至4月末为止，已有约2公里纵深的主阵地被美军夺取。这一情况使第32军司令部一片愁云惨雾。每到白天，整个首里高地便会遭到地动山摇般的集中炮击，站在坑道入口处的司令部卫兵接连倒下，爆烟涌入坑道，以至于有人吓得大叫："毒气攻击！"人们因此屡次戴上防毒面具。在这种困境下，军司令部充斥着意欲拼死对抗悲观前途的情绪和想要摆脱困境的盲目激情，坑道中的杀气日渐浓厚。就这样，自从4月12日攻击以后，第32军一心进行持久战，4月底却再度出现发动攻势作战的动向，攻防之争甚至较4月8日的全军出击和4月12日的大夜袭时更加白热化，持攻势反对论的仍只有八原大佐一人。

4月29日"天长佳节"这一天，军参谋长长勇中将召集以高级参谋八原博通大佐（作战）为首的各名军参谋，包括木村正治中佐（后方）、神直道少佐（航空）、药丸兼教少佐（情报）、三宅忠雄少佐（通信后方）、长野英夫少佐（作战助理），在参谋长室召开幕僚会议。

在会上，长参谋长提出意见："根据局势的发展，军的战力将如蜡烛般消蚀，军的命运显然即将走到尽头。我军应该趁还拥有攻击力的时候采取攻势，努力扭转命运。"

各位参谋均热烈支持长参谋长的意见，唯有八原一人主张应坚持目前的持久作战方针，强烈反对攻势意见。其理由如下：

一、美军损耗虽大，其战力与我相比依然占据压倒性优势。如果只计算最近的战斗，处于劣势的我军对绝对优势的美军采取攻势的话，美军每损失一人我方就要损失五人，攻势必然失败。说是无谋也不为过。

二、如果我军还保有南上原高地带（棚原地区的高地）的话，那么从地形上来看还有望取得局部胜利，在高地带已为美军占领的今天，我军不得不首先进攻该高地带，攻势的失败前景更加明显。

三、本军应冷静地认识到自身的最后命运即"无论怎样挣扎，最后必将全灭"，无论如何也要坚持持久战略方针继续战斗下去。

如果采取攻势则必定失败，如果失败则无法坚持持久战略，为利于本土决战坚持战斗的日数就会减少。再者说，辅助我方航空作战的时期也已结束。

长参谋长则主张："仔细考虑战术、进行充分准备的话仍存在胜利的可能。应该在多少存在一定可能性的时候为此努力。"

长参谋长的作战方案是以战力已有很大消耗的第62师团确保攻势的支撑点（仲间、前田一带），以第24师团、独立混成第44旅团在军炮兵队的支援下从右翼实施攻击。攻击要领为：紧接在黎明攻击后大量施放烟幕，以延长黎明的掩

经过美军连日狂轰滥炸，已经变成废墟的首里城。虽然日军32军司令部深藏在首里地区的地下坑洞中，司令部人员很少会受到美军轰炸和炮火的直接伤害，但连日被动挨打，使绝大多数司令部人员宁可铤而走险，拼死一搏，终于酿成5月初的全面反攻。

护效果，在各方面造成混战状态，通过我军擅长的近战消灭美军。

除八原之外的全体军参谋都支持参谋长的攻势意见。军参谋们（除八原外）一致同意"保持目前态势的话，第32军有组织的统一作战大概将以5月15日为限"这一基础判断，这也是推动他们赞成采取攻势的重要因素。他们都认为绝对不能就这样坐以待毙，应该断然出击，在全军注视下同美军一决雌雄。

结果，长参谋长强行得出结论："我军主力目前仍然健在。为了死中求活，必须在尚有余力时进攻。"就这样决定了第32军的5月攻势。

原本坚持采取持久作战方针、认为攻势必然失败的八原终于也不再冷静。此时几乎无人认同他的主张，大家都希望同美军进行"乾坤一掷"的决战，八原成了名副其实的孤家寡人。在这一时期，原本性格刚强的长勇中将居然像孩子一样在睡觉时不住说梦话："妈妈，好疼！……"八原由此体察到长中将内心的苦闷。长中将甚至曾经流着眼泪恳求身为部下的八原同意采取攻势，深受"感动"的八原最后终于同意。

八原根据长参谋长的命令，同担任作战助理的长野参谋和担任情报参谋的药丸一同起草了攻击计划。战后，八原

曾经在陆上自卫队就该攻势计划做过讲话,其概要为:

在世界共通的战术思想中,为了使攻击获得成功,必须在攻击正面集中绝对优势的战力——在攻击阵地时为(敌之)数倍,不得已的情况下也要在两倍以上,此乃常识。特别是强力的炮兵和坦克为攻势所必不可少。

对于持有此种战术思想的人来说,如果不能明显扭转战局,则当然不会意图采取攻势。不过,也不可能完全不考虑攻势。关于攻势的时机——当然在向登陆点出击的情况下没有这种问题——要考虑到两种情况。其一是,在美军实施一举突破纵深的作战时,在美军急速消耗战力的同时,在战线的某处出现可为我利用的破绽,使军的全面攻势成为可能。同预想的相反,美军却实施了典型的蚕食战术,我所期待的那种战机并未出现。

另一个攻势转移的时机是,军后退至第二道抵抗线逼迫美军进一步流血后,由于地形上的原因导致美军舰炮对幸地附近难以充分发挥威力,以第24师团寻求局部决战的方案。这一设想因为总攻的失败未能实现。

5月攻势是由长参谋长所倡议,由牛岛军司令官下定决心下达的命令。

我声泪俱下地服从参谋长的攻势提案,但心中忧虑之至,这种心思好像在脸上流露出来,结果从不斥责部下的军司令官也严肃地批评了我。

当时我心中认为:"南上原高地带已被敌军占领。敌军在仅仅十多公里的正面展开数个师进行攻击,其密度达到一个师的攻击正面只有2—3公里的程度。虽然判明某个师蒙受了极大损失,师的总数却达到6—7个。敌军的勇敢并不逊色于我军。思考平时的战术理念,遗憾的是实在看不到攻击成功的希望。在第二道抵抗线继续进行持久战才是有利的做法。

总之,5月4日的攻势是基于军司令官个人的决心发动的,指导攻击的要领当然是:首先以第24师团在南上原的高地带获得稳固的立足点,在此期间以混成旅团向第62师团的正面突进,席卷敌陆战队的左侧背,接下来将转入全军总攻势。此外还采用了药丸参谋的意见,决定由以船舶工兵第23、第26联队为基干的水上部队从东西两海岸上深入攻击敌之侧背。

可是,第24师团如何才能击破当面之敌夺回南上原的高地就成了重要的课题。军的指导是,由炮兵司令官统一指挥全部炮兵与之协同,以及在第一线攻击开始前以无数小部队在夜暗中渗入敌战线内,以限制敌之炮击轰炸造成所谓的混战状态。

第24师团将第32、第22、第89这3个联队全部展开于第一线。从这一攻击部署来看,我不安地感到其纵深较浅,焦点不甚明确。从攻击发起前的师团态势来看又实属不得已而为之,使纵深与第一线联队相适应当比较适宜。

4月30日,第32军的攻击计划由八原制订完毕。攻击计划的概要如下:

方针

第32军集中全力于X日(预定为5月4日)黎明自右正面转入攻击,在大规模施放烟幕的掩护下不分昼夜连续对北方实施攻击,将美军第24军主力歼灭于普天间东西一线以南。

进攻重点在右翼第24师团正面。

兵团部署的概要

一、左翼反登陆部队

船舶工兵第26联队、海上挺进第27—29战队各一部,以上总兵力约700名。

以大发、特攻艇、独木舟运送主力部队，并以一部分部队利用退潮时从珊瑚礁上徒涉前进，于X—1日晚从那霸沿岸出发，在大山附近沿岸的美军后方地带实施反登陆，急袭美军的炮兵阵地、高级指挥部等以利于军主力的攻势。

二、右翼反登陆部队

船舶工兵第23联队（联队长及一部不参加）、海上挺进第27战队一部，以上总兵力约500名。

以同左翼反击登陆部队相同之要领于X—1日晚在津霸附近实施反登陆以利于军主力的攻势。

三、第62师团极力保持现阵地，特别是前田、仲间的高地，使其成为攻势的支撑点，在封杀美军渗透的同时将美军粉碎于阵前。应随军主力的攻势进展与其取得联系，转入攻势。

四、第24师团从X日黎明4时50分开始实施约30分钟的攻击准备射击后开始攻击，首先攻占南上原，随后进至普天间东西一线。

五、独立混成第44旅团于X—1日晚从现阵地转进至首里东北地区，一俟第24师团进至

南上原地区即不失时机地超越第24师团与第62师团的中间地区向大山方向突进，首先沿第62师团的左翼方面楔入，切断美军陆战队的退路，协同第62师团将其歼灭。旅团的当前作战地区的防御由第62师团长担任。

六、军炮兵队从X日4时50分开始主要对第24师团正面的美军第一线实施攻击准备射击，之后首先以主力协同第24师团攻击。[①]

七、海军陆战队编成四个精锐大队在现阵地待命，随时准备投入战线。

陆战队司令部进入首里军司令部洞穴。

按照这一攻击计划，这次总攻系以第24师团的3个步兵联队为中心实施。为了使军主力便于前进，还准备以正在东西海岸线待机的船舶工兵联队、海上挺进战队实施奇袭，通过搭乘小艇和徒步前进在美军背后进行反登陆。第62师团则由于损耗太大，采取让其固守现战线的方针。

攻击主力第24师团已经苦战，战力大减，并且需要从防御态势转入攻势，其突进

力极其有限。该师团右突进队步兵第89联队算是"新锐部队"，但可以马上参加攻击的唯有第1和第3大队，第2大队则正在为返回联队转进中。中突进队步兵第22联队也在此前的战斗中消耗甚巨，突进力相当低下。左突进队步兵第32联队，其第1大队（伊东大队）经过小波津和146高地的战斗，兵力已减少至630人，第3大队的中队长全部死伤，兵力只有约400人，第2大队则在经过对前田东北高地的2次夜间攻击后，已经丧失了大半战力。第32联队虽然配属独立第26大队，后者的编制和训练均不适合负责攻击。

如前所述，八原虽被长参谋长的态度所"感动"，终于赞成进攻，但在开始制订攻击计划后又恢复了冷静，暗中在计划中插入以原来的持久战为方针的内容。即考虑到攻击必然以失败告终，为了避免攻击受挫后第32军一举陷入支离破碎的态势、因敌军的反攻追击导致战线迅速崩坏，企图将一部分兵力慎重控制起来。

攻击方案从表面上看是全军的总攻，如果仔细检视的话，就会发现所谓的军总攻计

[①] 在第24师团攻击计划中，第一线的攻击前进从5时开始，也即在军炮兵队的攻击准备射击期间突入。由此可推测军炮兵队从5时以后向美军的第2线、第3线延伸射程。

划，其实很有可能变成仅以部分兵力进行的攻击，具体地说就是主力攻击兵团第24师团仅有三个半大队的攻击兵力，以及更重要的独立混成第44旅团的使用方法。在计划书中，独立混成第44旅团将作为决战兵团紧接在第24师团突破敌战线之后超越该师团实施突进，该旅团为实施攻击，向战线后方机动的时间在原方案中被定为5月4日夜。很明显八原因预见到这次攻势将在5月4日夜失败，企图使该旅团无法参加攻击。八原意图避免独立混成旅团过早向首里东北地区移动，希望尽量将其留在天久台地以确保第62师团的左翼后方。他认为攻击的成败在5月4日白天的战斗中就会揭晓，如果战局发展需要中止攻击的话，旅团就没有必要东奔西跑，应该保证军左翼的安全；即使第24师团的攻击有望取胜，其攻击推移也要花费相当时间，所以旅团即使在4日夜转进也并不算晚。

4月30日攻击计划制订完成后，神参谋对计划中第24师团的使用兵力过少感到不满，同时对独立混成第44旅团的部署也向长野参谋表示："第44旅团是扩张战果的兵团，必须部署在第24师团的后方。该旅团却位于防线正面的第62师团

后方，机动开始时机也过迟。再者说，这是对敌军进行困难的横向机动计划，实际上使该旅团不可能参加攻势。"

长野参谋随后向长参谋长转达了上述意见。不久，八原让长野参谋将制订完成的攻击计划书交给长参谋长（而不是由自己亲自提交）。当八原独自在浴室洗完澡返回时，发现参谋室内笼罩着异样的气氛。牛岛中将立即开口道："八原过来一下。"八原默默地走过参谋长身旁，来到军司令官面前站定。

牛岛中将盘腿坐在地上，以前所未见的沉痛态度说道："贵官在讨论攻势话题时就表示反对，当我决心转入攻势后又黑着脸使整个气氛阴沉下来。现在军已决心孤注一掷实施攻势。不要再做出减弱攻击气势的事情来了。"

八原马上就从整体气氛中判断出军司令官的情绪乃是由长参谋长策动的，平静地陈述道：

我认为攻击必定失败，实在无法抑制忧虑之情。很多人认为这次的攻击会取得成功，但结局恐怕会是数万官兵因无法夺取南上原的高地血染幸地一带有去无回。我以为这不过是无谓的自杀性攻击而已。可

是，既然阁下已经下定决心，我当然应该恪尽职责，全力以赴。另外，关于我的态度问题，今后我会给予充分注意。

长参谋长突然吼道："八原！攻击计划书第六项，混成旅团定于5月4日夜向首里东北地区机动，必须改为5月3日夜。既然已经决定攻击，所有的兵力部署都应该首尾一贯、彻底保证我军必胜才对。应该让旅团尽早向攻击正面移动，以便为攻击准备留下充裕时间。"

八原辩解道："在3日夜，首里东北地区混杂着第24师团炮兵和后方部队。如果再向该处投入混成旅团的话只会加剧混乱。借鉴近代战史，师团的攻击不应该一哄而上。旅团在4日夜机动就足以赶上战局发展。"这一说法没有得到军司令官认同。八原的最后希望也破灭了。

4月30日，第32军下达了关于发动攻势的军命令，随后各兵团于5月1日向下级部队下达了命令，开始着手进行攻击准备。第62师团自不用说，就连作为军主攻方面的右翼方面第一线的第24师团也已经将全部联队投入了战斗中，几乎所有大队都正在第一线进行着激烈的防御战斗，因此攻击准备

地图五十八　日军5月初的进攻计划概要

北

喜舍场
安谷屋
普天间　　　　热田
最　终　目　标

大山

我如古
5月4日

前田
棚原
幸地
翁长　　和宇庆

第26船舶
工兵联队

第44
独立
混成
旅团

第32
步兵
联队

第22步
兵联队

第89步
兵联队

第23船舶
工兵联队

小波津

那霸

第24
师团

首里

与那原

小禄半岛

知念半岛

糸满

港川

5月3日夜间的日军阵地
日军的主攻方向

0　　　　　　　　　　　　　　5

英里

十分困难，且战力也在持续消耗。

第24师团根据军的攻击计划，于5月2日向各部队下发了师团的详细攻击计划（5月1日下达攻击命令的要点）。攻击计划的概要如下：

方针

师团是军攻势的骨干，以歼灭敌第24军为目的，于X日（预定为5月4日）黎明开始攻击，急袭敌前沿阵地后向敌中渗透，在不分昼夜地击破各处之敌的同时，以主力进至热田（首里东北11公里）—安谷屋（热田西方2公里）一线，并以一部进至喜舍场（热田西北1公里）附近。

指导要领

一、确保阵地至X−1日，在将敌粉碎于阵前的同时努力查明当面敌情。

在此期间幸地、前田的第一线阵地是攻势的支撑点，应封杀敌军的渗透，同时在该地以东阻碍敌军的攻击准备，努力保持在该方面进行攻击准备的自由。

二、在X−1日日落后开始行动，在X日3时前完成攻击准备。

三、第一线步兵从X日黎明初期开始前进，于Y时（预定为5时）奇袭突入小波津、翁长、前田东南侧的敌前沿阵地，在日出前努力进抵敌前沿步兵支援武器的后端。

预定在末期使用烟幕。

四、天亮后以步炮协同从翁长向155高地方向及141.6高地方向分割贯穿突破敌线，各自渗透攻抵155.2高地、南上原及141.6高地、我如古南侧一线，突破重点在右方。

五、在幸地正面，起初支援突进部队的攻击，一俟突进部队攻至牛熏田[①]西侧及棚原北侧一线，即以步坦协同击破当面之敌，进至棚原东北方地区。

六、师团一俟第一线攻抵棚原东北侧，即在该地附近组成反坦克阵地防范敌军反击，并以一部首先扼守北上原一带即北上原西方1公里一带的各交通要点，为以后的突进做准备，同时投入突击队进一步深入敌中攻击普天间东西一线以南的有利目标，随后在大体保持以上态势的同时不分昼夜地击破当面之敌并向热田、安谷屋一线前进。

X日日落后各队的反击时间将实行统一控制。

七、右侧岛尻地区南岸大体上保持现部署进行警备，此外还应以一部警备与那原、运玉森、小波津一线，防范敌军在中城湾沿岸的登陆企图，同时另以一部占领棚原西侧至前田间地区以前进支援第一线。主要目的为防范敌坦克，掩护师团的左侧背，加上掩护独混第44旅团主力及抵达的炮兵。

八、应特别留意的事项

1.绝对隐匿企图，确保奇袭成果。

2.必须完成任务，保证突进至目标一线。

3.战力的整合。

4.炸药、发烟的准备。

5.伪装、秘匿、掩蔽（烟幕）的彻底。

部署

右突进队

步兵第89联队（含现配属部队）

配属部队 工兵1个中队（欠1个小队）、发烟队（25名）、战斗救护班2个

中突进队

步兵第22联队（欠第3大队主力，含现配属部队）

配属部队 搜索第24联队、工兵1个小队

左突进队

步兵第32联队（含现配属部队）

---

① 原文为"ウシクンダ"，此处系音译。

配属部队 工兵1个小队、发烟队（25名）、战斗救护班2个

左侧支队

一法师中佐（独立速射炮第3大队长）指挥的独立速射炮第3大队主力

5月3日左右，各部队情况如下：

第24师团：

一、右突进队步兵第89联队的情况

第1大队自4月30日以来就一直在小波津激战。

第2大队位于运玉森，只进行了小战斗。

第3大队配属于步兵第32联队，自4月30日夜以来为夺回幸地西方的120高地反复实施攻击，在5月3日奉命返回原所属部队，5月4日才移动至运玉森西南的宫城，因此未能参加攻击。

二、中突进队步兵第22联队的情况

第1、第2大队自4月26日以来就在幸地地区激战，战力极度低下。

5月3日配属了独立第28大队。此外，配属步兵第64旅团的第3大队在5月2日奉命返回原所属部队，主力未能参加攻击。

三、左突进队步兵第32联队的情况

第1大队在4月30日夜袭夺回了146高地，以后就负责该地的防御。

第2大队自4月28日以来在前田高地的激战中损失很大，未能参加攻击。

第3大队自4月28日以来在战斗中连续出现损失，正在前田南侧高地战斗。

5月2日配属独立第26大队。

坦克第27联队在运玉森西南的宫城地区进行攻击准备。

独立混成第44旅团：

该旅团在5月2－3日夜向以下地点进行了移动：

独立混成第15联队

第1大队 弁之岳

第2大队 运玉森西侧

第3大队 大名（首里东南）

第2步兵队第3大队 弁之岳南侧

该旅团虽然在当晚的夜间机动期间因炮击造成约700人死伤，不过大体还是按照计划完成了移动。

军炮兵队：

独立白炮第1联队损失甚重，迫击炮大队的各中队几乎分别配属于第62师团，不过其主力仍然健在。

为给4日晨的总攻创造有利条件，军炮兵队还实施了夜间攻击。

第32军策划的这次攻势并非自杀式"万岁"冲锋，无论机会有多少，日军都希望取胜，为此无论是制订计划还是战前准备都极为仔细认真。为组织这次大反攻的炮火准备，各炮兵部队奉命重组。为更加灵活地使用炮兵，日军还将加农炮和榴弹炮拖出洞穴阵地，部署到更加开阔的阵地内。发起进攻前，日军火炮将进行30分钟的集中炮火准备。当步兵越过美军前沿阵地后，炮兵会将阵地前移以继续提供炮火支援。

日军的所有备战工作都高度保密。5月2日，美军24军情报处长塞西尔·尼斯特上校，注意到日军炮击数量和强度都明显减少，声呐测定发现日军的火炮位于前线南方14公里开外。尼斯特推测日军还会将火炮撤退到更南面的位置——这预示着日军将全面撤退。其他人无论掌握的情报比他更多还是更少，都没有洞悉日军的真实意图。巴克纳中将相信日军的刚性防御意味着他们不会大举反击。这从另一个角度证明日军此时发动反击确实完全出乎美军意料。

当美军在白天实施航空侦察时，日军的后方地区一直保持安静。5月3日太阳下山后不

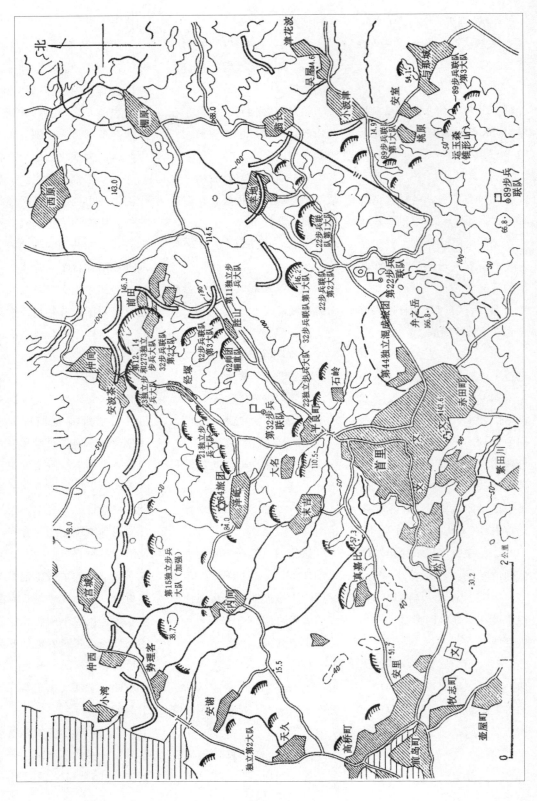

地图五十九 5月3日前后，日军在南部冲绳的兵力部署

久，那里便立即热闹起来。日军炮兵开始对美军前沿阵地实施密集炮火打击，各步兵部队北上进入指定位置。3到4人一组的日军小部队陆续渗透美军阵地，负责袭击指挥所、重武器、通信和兵站设施，会用烟火信号发回相关信息。坦克第27联队一路向北来到石岭。在那霸和与那原南面的海滩上，以船舶工兵联队为主力的日军反登陆部队正依次登上船艇，准备扑向美军战线后方。

5月3日晚上，首里城地下坑道内的第32军司令部召集各兵团长参加庆贺宴。与会者均为将官，包括军司令官牛岛中将、军参谋长长中将、第24师团长雨宫中将、第62师团长藤冈中将、步兵第63旅团长中岛中将、步兵第64旅团长有川少将、混成旅团长铃木少将、军炮兵队司令官和田中将、海军陆战队司令官大田少将等。

虽说会场是在洞穴内，却布置得灯火通明，饭桌也收拾得十分干净整洁，酒水也颇为充足，所用的罐头食材经过专业厨师精心加工。在酒精刺激下，各位将军变得兴奋起来，围绕着明天的战斗谈笑风生，无不认为己方必胜无疑。和谐欢乐的空气弥漫到坑道的每个角落，与此同时在喧闹中传来暴风雨般的炮声，为宴会增添

了一分异样的情调。八原大佐独自坐在与宴会场一帘之隔的参谋室内，通过帘幕的缝隙窥视正在谈笑风生的将军们，其中没有一个人表现出对即将到来的战斗感到一丝忧虑的样子。

日军第62师团长藤冈武雄中将。1891年出生的藤冈原籍东京府，18岁进入陆军士官学校，3年后成为第23期毕业生，同年底出任陆军步兵少尉。1938年3月，藤冈晋升为步兵大佐，同年7月，出任步兵第7联队长，参加侵华战争。1941年3月，藤冈回国出任金泽联队区司令，8月，晋升陆军少将。太平洋战争爆发后，藤冈于1942年3月出任台湾军兵务部长。1944年2月，藤冈出任华北方面军独立第9混成旅团长，负责河北省冀东地区的警备任务。1945年3月，晋升陆军中将的藤冈出任第62师团长，前往冲绳，而冲绳战役就成为他在太平洋战场最初和最后的前线任务。5月初，第32军参谋长长勇中将力主采取攻势，藤冈和其他兵团长一样支持，但他因为此前的战斗中第24师团与其部队协同不力，对自己的部队要配属第24师团所部战斗相当反感。

散席后，兴致勃勃的将军们一边向帘幕那边的八原致以问候："高级参谋，辛苦了！"一边返回各自的司令部。八原在当晚无法入眠。左右两支反登陆部队如泥牛入海一般音信全无，令他深感焦虑。军司令部隐约了解到似乎从那霸港出发的左翼反登陆部队正在"奋勇"前进，从监听到的美军无线电话却得知，反登陆陷入严重混乱。

出师不利

5月3日黄昏，日军对冲绳海域的美军舰船发动了新一轮"神风"特攻，这是日军全面反攻的先声。5架自杀飞机在1小时内接连撞入驱逐布雷舰"阿隆·沃德"号舰身，使该舰燃起大火，造成98人伤亡。另外3架携载炸弹的日机击沉了"微小"号驱逐舰。在这次空袭中，美军共有2艘舰船被击沉，4艘被击伤。美军飞机和高炮在天黑前共击落14架自杀式飞机和22架其他飞机。日机同时轰炸了美军的岸上设施，对读谷机场的空袭最为集中。

5月3日夜，日军反登陆部队先于第32军主力开始战斗。

日军左翼反登陆部队为船舶工兵第26联队长佐藤小十郎少佐指挥下的约500人，包括

船舶工兵第26联队主力、海上挺进第27战队第1中队、海上挺进第28战队主力、海上挺进第29战队一部。左翼反登陆部队于3日24时左右乘坐大发、独木舟和特攻艇从那霸出发向大山（那霸东北8公里）海岸前进。由于日军对登陆点计算错误，船只进入美军严密设防阵地附近的海滩。5月4日2时，美军陆战1师在小湾（那霸北方约4公里）附近海堤的哨兵报告："大约10艘日军驳船正向海岸急驶！"美海军得报后，马上用照明弹点亮了小湾地区的夜空。陆战队立即组织集中火力阻击日军登陆。一个步兵连的60毫米连属迫击炮前后发射了多达1100发炮弹。迫击炮限于射程，其实不太适合打击海上移动目标，但日军船只装载大量炸药，几艘中弹的大发燃起大火，火势急剧蔓延。为阻止日军越过岸礁登

陆，陆战队的一个排消耗了50箱步枪子弹，机枪先后换了6次枪管。

不过日军毕竟有几百人之多，仍有不少人成功登岸。其中有些人见势不妙，夺路退回日军阵地，其他人被困在小湾地区，很快被美军陆战队扫荡干净。在小湾出现的日军登陆船只全部被摧毁，日军左翼反登陆部队主力大部在该地区战死。只有一小股日军乘独木舟抵达伊佐（那霸东北10公里）附近，在该处登陆，结果在天亮时几乎全部战死。

日军右翼反登陆部队为船舶工兵第23联队，包括徒涉部队约300名和舟艇部队约200名（乘坐独木舟约70艘，每艘搭载3人）。舟艇部队在3日20时左右从与那原出发向津霸（与那原东北6公里）前进，出发后不久即在中城湾被美军舰艇发现，在照明弹下遭到舰炮猛

烈射击，结果大部官兵死伤，仅有少数人员在附近登陆，随后被第7师侦察骑兵连和776两栖坦克营歼灭，反登陆完全失败。

徒涉部队的遭遇同样悲惨。徒涉部队在夜间出发北上后，到4日拂晓时发现周围地面上竟没有一草一木，取而代之的是无数大大小小的坑洞，全部是炮弹爆炸所致，仿佛行走在火山喷发后的裸山上。片刻之后从极近处传来猛烈的炮击声，部队遭到美军迫击炮的集中射击，紧接着机枪也向他们猛扫过来。原来他们竟在黑暗中不知不觉地走进美军布阵地区中间，完全暴露在敌军火线下，战斗变成一边倒的杀戮。他们的装备本就极度恶劣，在出发前只发给每人一支步枪和30发子弹而已。雪上加霜的是，此地连可用以掩蔽的树木也没有，日军只能卧倒在炮弹凿出的坑洞中。这次战斗的幸存者之一、船舶工兵第23联队第3中队的山崎利雄一等兵就当时的战况回忆道：

不知道过了多长时间，连周围战友的呻吟声也几乎听不到了。我和同年兵一起豁出命跑了起来，弹道向两人追来。我们拼命躲开子弹奔跑，终于逃到部队的少数人员退避的地

5月3日到4日夜间，船舶工兵组成的日军反登陆部队企图乘坐图中所示的14.6米长折叠登陆艇（大发）在美军后方突袭登陆。

在扫荡日军敌后登陆行动幸存者的行动进行的同时，负伤的陆战队员被安置在一辆LVT两栖运兵车的挡板里面。

方。能捡回一条命真是奇迹。像这样成功退到后方的士兵有几人呢？甚至已经不是几十人的单位，而是只有几个人的一小撮士兵。我联队在这天事实上遭受了覆灭的命运。

就这样，日军对美军后方的两栖攻击以惨败收场，人员损失在500至800人之间，损失了几乎全部登陆船只。后来日军船舶工兵部队再也没有发动任何两栖作战，全部改编为步兵参加地面战斗。

此外，为日军右翼反登陆部队进行掩护攻击的海上挺进第27战队（特攻艇20艘）还从与那原附近向中城湾的美军舰艇和胜连半岛附近的大型运输船发动了攻击，声称战果为击沉驱逐舰1艘、大型登陆艇2艘、大型运输船3艘，联队长冈部茂已少佐以下23人战死，特攻艇全部损坏。

第24师团的进攻

美军第7师自从参加太平洋战争以来，还从未遭受过5月3日这样的猛烈炮击。据美军统计，在当天夜间，日军20毫米口径以上火炮将5000多发炮弹射入第7师阵地。为了让炮弹能杀伤在散兵坑内藏身的美国兵，日军使用了空爆炮弹和在空中爆炸的70毫米迫击炮弹，在空中爆裂的弹片会对地面形成更大面积的打击。日军炮兵进入开阔地，获得宽阔的开火视野和空间后，实际上在步兵身上下了赌注，也就是说，步兵攻击必须在美军炮兵能找到日军炮兵阵地、以反炮兵火力摧毁日军火炮之前，先摧毁美军炮兵阵地。

日军各部在黑暗中靠近美军前沿阵地。5月4日4时50分，日军炮兵开始实施炮火准备，美军遭到了更加猛烈的炮击。

5月4日天亮前，第32军的军参谋们登上了首里高地上的观测所。当时每分钟有十数发舰炮炮弹集中射向首里市街，有时也落在首里高地附近。4时50分，军炮兵司令官和田中将指挥的军炮兵部队的重炮兵、野战重炮兵联队、师团炮兵、野战高射炮队、迫击炮，乃至联队炮、大队炮合计数百门火炮同时开炮。炮击的气势凶猛异常，美军立即被隆隆炮声压倒，攻守双方瞬间易位。大小炮弹到处落下，冲绳战场似乎已为日军支配。在响彻战场的炮声中，高射炮炮弹发出的声音格外尖锐。这猛烈的炮击竟使八原大佐一时间忘记了自己反对攻势的那套理论。

在炮火准备中，各炮兵部队在和田中将指挥下，按照早已准备好的坐标图向目标地点射击，其中临时海军炮大队①

---

① 该大队为陆海军混成炮兵大队，于1945年2月成立，大队长仁位显少佐，原属野炮兵第42联队，装备4门陆军的"九六"式150毫米榴弹炮和4门海军的旧式200毫米榴弹炮（短）。150毫米榴弹炮分属第1炮台（炮台长户成海军少尉）和第2炮台（炮台长桥本海军少尉），200毫米榴弹炮分属第3炮台（炮台长藤井中尉）和第4炮台（炮台长福田海军少尉）。该大队于5月2日奉命将阵地从丰见城村平良前移至长堂附近，接受军炮兵司令官指挥。

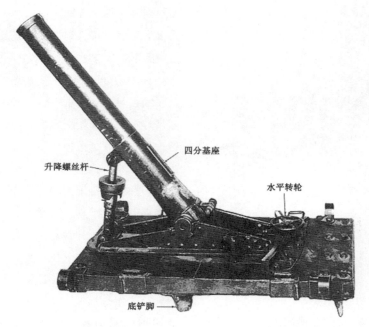

日制"一一"式70毫米迫击炮（曲射步兵炮）。这是一种在第二次世界大战时已经显得过时的炮口装弹的线膛迫击炮，但是相当适合步兵山地作战，冲绳战役期间日军步兵大队使用非常多。

基本规格参数
口径 70毫米　炮身长 750毫米　全重（含底座）60.7公斤　射角 37度至77度　水平转角 左右共23度　装弹 榴弹、烟幕弹和照明弹　最大射程 1550米　射速 20发/分钟

以4门榴弹炮按照预定顺序，依次对牧港的美军宿营地和卸载设备、位于城间的炮兵阵地、港川附近的美军部队等进行射击。

不久，日军在第一线制造了大规模的烟幕，第24师团终于开始突击。烟幕中无法观察战场，参谋们只好返回洞穴内的军司令部。上午，军司令部接到第24师团的右突进队攻击成功的报告。根据"步兵第89联队正在向小波津北方高地斜面进击中"等的报告，军司令部内充满了乐观的气氛。看起来战况发展比较顺利，但送到军司令部的仅有让人不得要领的两三份报告而已。虽然如此，军司令部还是对攻击的进展满怀期待。满脸通红的牛岛中将兴奋地对八原大佐说道："八原！是不是该准备把军司令部推进到前田高地了？"11时，军司令部向有关方面拍发电报："军的攻势按计划顺利进展中，右正面之敌有动摇迹象。确信攻击一定成功。"

正午过后，第32军却收到来自主攻方面的步兵第89联队的噩耗，如"第一线被压在上原高地山脚"、"遭到敌舰炮射击和迫击炮的集中射击，死伤甚重"等等，使正在等待喜讯的众人受到沉重打击。随着逐渐判明攻击未能取得进展，军司令部被愁云笼罩。对形势感到忧虑的独立混成第44旅团长铃木少将提出按预定计划将旅团投入战线以打开战局，八原认为即使将旅团投入进攻，也无望突破战线，徒然增加混

5月4日天亮前，日军的地面进攻从炮火准备开始。图中日军炮火的不稳定轨迹与美军火力支援武器的精准弹道形成鲜明对比。

乱和牺牲而已，没有同意。

军司令部在15时左右向大本营报告攻击进展不顺利的情况，同时牛岛中将决定仍然继续攻击。当晚第32军向有关方面报告说，翌日拂晓以后，会将独立混成第44旅团自右翼正面投入战线，向大山方向扩大战果。

当天下午接近黄昏时，临时海军炮大队长仁位显少佐接到军炮兵队高级部员砂野中佐的指示：从现在开始，发射弹数限于一天一门10发以内。仁位少佐虽觉得奇怪，却不愿意往总攻失败上面想。

根据当天发出的报告，第32军武器弹药的消耗情况如下：

第32军的150毫米加农炮、150毫米榴弹炮接连出现损坏，但80%仍然健在。

剩余弹药数量如下：

150毫米加农炮　5000
150毫米榴弹炮　20000
机关炮　150000
步兵炮　30000
迫击炮　10000
手榴弹　150000
掷弹筒（500）　榴弹50000
"一"式点火管　70000

第24师团的攻击部队分为左、中、右三支突进队，中突进队以步兵第22联队为基干。

位于西原村幸地的步兵第22联队在各突进队中战力最弱，但按照计划该联队仍须同两翼的联队取得联系，进至棚原东北地区。特别是根据命令，该联队须以一部攻击翁长西北台地的美军以协助右突进队攻击。该联队正面是美军第7师17团。

步兵第22联队第11中队在5时左右开始攻击。起初第3中队的发烟班施放的烟雾完全覆盖了美军阵地，第11中队乘机向马蹄岭突击。这时西南风突然变成东南风，烟雾向西侧飘走。第11中队仍在完全暴露的情况下继续攻击，结果自中队长木口恒好大尉以下全军覆灭。

步兵第22联队主力在天亮后遭到美军进攻，只能在幸地拼命防御，实在无力实施攻击。第1大队还派出几组后方

潜入部队，摸到幸地后方1000米附近潜伏下来。

右突进队以步兵第89联队为基干，该联队正面是美军第7师的184团和32团。右突进队的攻击部署的概要为：

右第一线　第3大队
配属部队　独立机枪第3大队第3中队
　　　独立速射炮第23中队的1个小队

3时前在小波津川一线完成攻击准备。5时攻击前进，夺取101.3高地后进入155.2高地。

左第一线　第1大队
配属部队　独立速射炮第23中队的1个小队

于现阵地附近完成攻击准备。5时攻击前进，突破吴屋北侧后进入156.8高地一带。

第二线攻击部队　第2大队

运玉森北侧山坡的地形。5月4日，日军步兵第89联队即从此处出击。

准备在第一线大队进入上原高地后，超越第一线向南上原方向突进。

联队炮中队　在桃原附近占领阵地，协助第一线两大队。

速射炮中队　在安室附近占领阵地，协助第一线两大队。

在各突进队中，右突进队的战力最充实。关于右突进队的进攻情况，日美双方战史并不完全一致，由于当时的战场情形甚为混乱，根本无法搞清所有细节。根据日军战史的记载，右突进队的战斗过程如下：

右第一线的第3大队（大队长和田博大尉）在4日3时前以第11中队为右第一线、第10中队为左第一线，于小波津川一线完成了攻击准备。和田大队的攻击目标是位于内间、

挂保久北侧的美军32团3营阵地。

在日军的炮火准备结束后，右第一线和田大队在5时左右开始推进。攻击部队大约在通过小波津川后开始遭到美军射击，第11中队冲过小那霸、内间的村落，第10中队却在小桥川村落前方的低地遭到前方高地上的美军和中城湾美军舰艇的猛烈射击。这时日军炮兵支援和田大队正面的火力很弱。

就这样，和田大队虽突入内间北侧和小桥川北侧（内间西侧）高地，在开阔的平地上却没有可资利用的地形地物，和田大队暴露在如钢铁风暴一般的猛烈枪炮火力下，转眼间便蒙受重大伤亡，攻击受挫，战力变得极度低下。位在低地之中的大队处于台地美军的俯视之下，在白天根本无法同联队或其他部队联络，雪上加霜

的是和田大队长的一条腿被火箭弹从根部以下整条切断，中小队长也死伤甚多，部队陷入失去指挥的状态，只能就这样在原地动弹不得，等待黑夜降临。

在这次战斗中，第11中队在高地的登山口附近的挂保久村全灭，中队长清冈良一中尉腹部受重伤，最后用手枪自杀。第3小队长山之上昇见习士官也在带领第1分队的14名士兵进入小那霸村后，在村落尽头通往内间的道路上被自动步枪击伤左腿，由勤务兵收容到村落尽头的房屋里。5日下午，山之上昇见习士官在同勤务兵返回51.9高地途中遭到12发轻型迫击炮炮弹打击，又被击伤臂部和左腿。

左第一线第1大队（大队长丸地军次大尉）以第1中队一部同占领小波津西侧高地的美军（184团1营一部）对阵，

从运玉森山顶遥望小波津台地、吴屋方面。1945年5月4日拂晓，日军第32军总攻右翼队的步兵第89联队以第1、第3大队为第一线突击部队向小波津台地、吴屋方面实施了凄惨的攻击。

主力则于3日夜从西原村吴屋出发，以匍匐前进等要领向小波津川一线秘密前进。

预备队第9中队跟在丸地大队后面前进（步兵第89联队的第二线攻击部队起初定为第2大队，后改为以第9中队代替，第9中队系由原第4中队于1944年2月改编，原第3大队于1944年2、3月份被调往塞班岛）。在此之前，第9中队已经于3日16时左右奉命派出了由五名下士官兵组成的"挺身扰乱队"携带油印的传单，企图进入敌阵，对敌兵散布传单削弱其战力，中队士兵们认为这种做法十分幼稚。美军的传单制作得远比日军的考究得多，每天都像雪片一样落到日军阵地上。日军只不过是让几个士兵背着装满传单的背包徒步出击，到底能否被美国兵读到实在令人生疑。夜间进行攻击准备时，该中队第3小队的高桥兵长在美军舰炮的炮轰中当场死去。

4日3时左右，丸地大队以右起第3中队、第2中队的顺序沿小波津川进入攻击发起位置。第3中队由丸地大队长平时评价较高的小泉弘治中尉指挥，第2中队长甘利荣司中尉因头部负伤，奉命留守联队本部，由丸子清雄中尉代理中队长一职。

当丸地大队正在攻击发起位置上待机、准备紧跟在炮火准备的最后一发炮弹后面突入敌阵时，日军炮兵的射程却逐渐缩短，落下的炮弹从敌方逐次接近该大队的待机位置（原因不明，有幸存者猜测可能是由于火炮位置的不稳定），使大队陷入危险，更要命的是大队没有同炮兵联络的手段。

丸地大尉见此情况当机立断，提前开始攻击前进。随后日军炮弹便落到第一线部队的身后。在挥舞军刀一马当先的丸地带领下，第1大队奇袭吴屋北侧的44.6高地，突破了美军阵地（184团3营），紧接着又沿着棱线继续突进，终于占领了台上。日军的攻击速度十分惊人，丸子中尉战死，人员损失不小，但美军也在奇袭的冲击下东逃西窜，日军趁机

5月4日，在吴屋北侧44.6高地一带战死的日军第89联队第1大队长丸地军次大尉。

杀了个痛快，据说丸地杀入乱逃的美军中，以独特的剑法像阿修罗一般将美军砍倒。由于地面一直在进行敌我难分的混战，即使天亮后美军也没有对该地区进行炮击轰炸，战斗成了纯粹的地面战。对于这场战斗，《步兵第89联队史》中有这样的评论："像这样压倒敌人畅快至极的战斗，实为冲绳战中的唯一一战，既是最初之战，也是最后之战。"

丸地大队占领了44.6高地后，接着又进入棚原东南台地。由于没有后续部队跟上扩大战果，丸地大队成了陷入敌中的孤军。天亮后不久，几位美军为得到炮兵和航空兵的支援开始展开识别板。日军为了阻碍美军展开识别板，将其中的一二名击倒，但剩下的美军仍拼死将其展开。这时丸地大队进抵的最前线是翁长东方约800米的125.2高地。

一俟美军成功展开识别板，态势立即逆转，高地上的丸地大队随即惨遭猛烈炮火和飞机炸射的蹂躏，后来甚至还射来舰炮炮弹。此外还有三四辆美军坦克从棚原方面攻击过来，丸地大尉命令大队炮向坦克射击。

按照作战计划，攻击部队应该在得到重炮支援射击的同时得到烟幕掩护，但丸地大

队根本没有看到烟幕的影子。眼看部队赤裸裸地暴露在美军的攻击下，丸地大尉不得已派出传令兵前往联队本部报告战况，请求立即施放烟幕。担任传令兵的是一名出生于北海道的士兵，在部队驻扎中国东北的东安时和驻防冲绳期间，他经常担任勤务兵和传令兵，同大队长一起行动。他下定决心无论如何也要同本部取得联系，在弹幕下拼死奔走，但在昨天的攻击准备线上却没有找到联队本部，只好无功而返。这时美军的弹幕越发激烈起来，丸地大队完全被压制住，不断出现战死者。传令兵为了报告联队本部已经转移一事，历尽艰辛找到大队长所在的地方。丸地已被数发子弹击中腹部，看到传令兵后，勉力撑起痛苦的身体说道："辛苦你了。我再也不能指挥了，真是遗憾。即使只剩下你一个，也要活下去向总部报告情况，我先走一步了。"随后丸地自爆身亡，时年25岁。

当初丸地大队的第一线部队冲上高地时，预备中队第9中队仍然在后方前进，由于在炮烟和炮声中无法弄清前方的情况，中队长古桥丰次郎大尉便将中队停在小波津一线，试图探查前方情况。看到附近到处躺着不少士兵，古桥命令勤务兵江口留吉前去"确认是什么中队"。江口在弹雨下拼命跑过去，发现了20-30名士兵，但全部是死伤者，根本无法与其交谈，能听到的只有伤员的呻吟声而已。原来，即便第一线部队突入敌阵地后，日军的大炮、迫击炮仍然没有延伸射程，使友军同时遭到敌我双方炮弹的猛轰。江口和中队长也曾差点被炮弹直接命中达三次之多，侥幸没有受伤。

这时第9中队也已经有很多士兵死伤，士兵们唯有紧紧贴在地上，没有人敢于带头前进。古桥只好拔出军刀，亲自率部开始突进。大约在上午9时，第9中队在双方留下的累尸体中登上了高地。

古桥大尉等人一上到山顶，就遇到了正在后退的小泉中尉等人，只见小泉浑身是血，貌似勤务兵的士兵搀扶着他。他对古桥说道："敌兵用手榴弹反击，此刻敌兵就在眼前。我已经不行了。后面的事就拜托了。"然后便离开了。古桥豪气万丈地说道："交给我吧！"便带领部下开始前进，很快就遭到袭击，中队官兵全部卧倒待机。但美军暂退之后，又派出坦克集中攻击，古桥拿过士兵携带的掷弹筒开始亲自发射，却没什么用。于是他又试图点着发烟筒，结果被两发坦克炮炮弹命中，胸部

日制"九四"式37毫米速射（反坦克）炮。"一"式37毫米速射炮为其改进型，强化了炮位，增加了装药量。

主要规格参数

口径37毫米　拖运状态总长2.9米　拖运状态全宽1.2米　重量324公斤　水平转角60度　垂直射角　仰角27度　最大射程4570米　穿甲弹出膛初速700米/秒

被洞穿，当即战死。时间为上午10时左右。江口留吉的左腿也受了盲贯枪伤（子弹留在腿中的枪伤），在弹雨下动弹不得，傍晚前只得在炽热的太阳下挨过噩梦般的一天。附近有的士兵因为无法忍受伤痛，一边呼唤母亲的名字，一边用手榴弹自杀了。

就这样，古桥队经过拼死战斗，终于在美军陆海空的轰炸炮击和坦克攻击下全军覆没。到了傍晚，美军的火力缓和下来，江口便一边拖着伤腿一边四下张望，发现未受伤者只有第1小队长小笠原少尉和大西军曹两人，此外周围看不到一名活着的士兵，其他人已经全部战死。小笠原、大西和江口三人用军锹就地挖掘泥土埋葬了中队长的尸体。①

此外，第二线部队的联队速射炮中队（中队长宫田传助中尉）在进入高地后也损失严重，未能发挥出威力，幸存者不得已在破坏火炮后撤退。该中队原驻中国东北的东安，装备有从东安带来的37毫米速射炮。早在4月下旬向第一线移动途中，该中队就在搬运37毫米速射炮时遭到美军猛烈的轰炸炮击，造成一部分火炮损坏，兵员也受到相当损失。在

5月4日的战斗中，该中队在天亮后遭到舰炮、飞机的毁灭性打击。为了不使37毫米速射炮落入美军手中，幸存者将火炮的观瞄镜卸下埋在田地中，火炮也被隐藏起来以免美军发现，然后一边互相呼唤一边集合后退，这时美军已经进至极近处，幸存者几乎动弹不得，最后宫田中队长、中村兵长、穴田伍长、宫胁上等兵好不容易抵达小波津川，藏在河边的柳树或草丛中等待日落。在此期间河流被鲜血染红，河中漂浮着战死者的尸体，可谓悲惨之极。入夜后，幸存者拖着沉重的身躯退到运玉森。

就这样，在4日白天的战斗中，孤立无援的丸地大队自大队长以下几乎全部战死，幸存者（大部受伤）后退到运玉森地区。

总之，右突进队的左第一线大队曾一度进入棚原东南方台地，但黄昏时右突进队第一线的两个大队都遭到毁灭性打击，攻击彻底失败。在4日的攻击结束时，第1、第3大队的各中队幸存者不过10人左右，至于军官各大队不过只剩两三名而已。

根据美军战史，第7师部队同日军步兵第89联队的交战

经过如下（括号内系根据双方资料推断出的日军部队番号）：

当日军炮兵实施炮火准备时，美军第7师17团1营A连在翁长正北高地的哨兵为了躲避猛烈的炮火，只得退到山顶下方隐蔽。这名哨兵以为日军步兵不会穿过己方的火炮弹幕进攻，然而大错特错了。几个日本兵攀上山顶，架起一挺轻机枪。A连勃朗宁自动步枪手蒂尔曼·布莱克眼明手快，一个短点射干掉了日军机枪射手。更多日本兵接着翻过山顶，布莱克专打企图靠近机枪的人，一连击毙4名日军。日军步兵没能形成集群式突击，各战斗组翻过山顶的时间参差不齐，这使布莱克能在短时间内，靠一支勃朗宁自动步枪与他们相持。听到山顶枪声的A连全连马上行动，一个反冲锋将日军逼下山顶。日军在山顶丢弃了3挺轻机枪、4具掷弹筒，还有许多弹药（对照日军方面的资料，被A连击退的日军部队应该是步兵第89联队第1中队）。

在翁长东面1000码的高地上，一大股日军成功攀上184团3营I连镇守的山顶。詹姆斯·帕克上尉指挥的这个连甫遇突袭，不免手忙脚乱，2个重

---

① 23年后，中队长之死的目击者江口留吉回到当年的激战地，发掘了古桥大尉的遗骨，将其带回故乡。

机枪火力组直接遗弃了自己的武器，其中一挺机枪甚至还完好无损。日军自然不会放过这个机会，掉转枪口向I连扫射。帕克发现日军从山岭上攻来，料到日军很可能会先端掉重机枪阵地。日军成功射出第一梭子弹，但一来对自己目前的位置不是很了解，二来美式武器用起来还不顺手，让帕克从容指挥尚在他控制之中的另一挺重机枪将被日军抢走的重机枪摧毁，避免造成更大损失。日军用了一个多小时的时间牢牢控制住前山坡，叫嚣着用"三八"式步枪开火，但他们的进攻到此为止，未能取得更多进展。

天亮时，美军已逐渐摸清日军对24军左翼（东面）的基本进攻模式。进攻第7师184团的日军步兵第89联队，在锥形山东坡周围推进，悄悄越过高地周围平底，在翁长以东的"Y形岭"周围集结。其中一部（丸地大队）从侧翼包抄184团在1营烟囱岗和小波津北面突起部的阵地，成功避开了在幸地周围的17团1营和3营。另一支日军（和田大队）则进攻第7师在小那霸以北高地的战线（32团3营）。

黎明时分，184团A连长理查德·麦克拉肯中尉发现小波津东北的开阔地里黑鸦鸦一片，粗略估算，足有2000名日军。麦克拉肯赶紧打电话给营长梅贝利中校："中校，那么一大群鬼子简直就是送到炮兵嘴里的肥肉，请立即呼叫炮火支援。"

"我看得清清楚楚，太棒了！"梅贝利也很高兴。

麦克拉肯话锋一转："中校，您也别高兴过头了，我看到一群鬼子离你的观察所不到100码了。"

"哦，不会吧？"梅贝利说，"那应该是K连派去的一个巡逻队。"

"你压根不知道谁他妈在那儿！"急了眼的麦克拉肯爆了粗口，"那帮家伙人很多，有两门炮的炮口正对着你的观察所。"

"妈的！"梅贝利用望远镜观察后发现，果然有日军正在不远处组装两门75毫米火炮。好在17团C连也已发现日军的动作，几分钟之内，他们呼叫的坦克就已来支援，装甲兵倚仗钢铁车身，很快便杀散这群日军炮兵。同时，得到前方步兵呼叫的美军炮兵调整好射击参数，炮弹接连落在开阔地的日军阵中开花，一片血肉横飞，日军的队形顿时乱了套。

被美军炮火打乱队形后，日军步兵即使勉强突击，也构不成多大威胁。184团3营打退

了一支200人的日军进攻后，这队日军余部撤进小那霸废墟，架起迫击炮，与美军迫击炮对射。双方的射程有时只有250码左右。对日军非常不利的是，32团3营也在向他们开火。

日军进攻势头受阻后，一名日本军官身先士卒，昂然站在开阔的地面上，挥舞军刀，呵斥部下突击。美军迫击炮手正等着这么一个高价值的目标，马上锁定这名日本军官开炮。这名军官的战斗意志相当顽强，接连四度将他的部下召集起来，在美军的密集火力下，他们不是当场毙命，就是被打散，直到这名日本军官最终死在美军迫击炮火之下。

8时，日军已被全面驱赶到第7师前线手雷射程之外。日军最大的错误是在暴露的平地上集中大量步兵，使他们变成美军的活靶子，既不能有效组织进攻，也无法有序撤退。为了尽可能将日军在开阔地区歼灭，美军首先用重武器火力将他们的退路封死。日军经常用这种办法封锁美军连排级进攻部队的退路，现在美军连本带利全都能讨回来。一个美军排的中士这样报告："我们就像宰鸭子一样将他们（日军）击倒。"

就这样，第32军司令部

寄予厚望的第89联队的进攻最终一无所获，且付出了高昂的代价。同步兵第22和第32联队这样的"传统部队"不同，被称为"破竹联队"的步兵第89联队是以拥有诺门坎会战战斗经验的独立守备队为基干编成的，大队长皆为"新锐"军官，堪称"善战之师"，结果在第32军发动反攻的第一天就有2个大队惨遭全灭，白白浪费了大批精锐的官兵。

当美军24军左翼的第7师击退日军第24师团主力的进攻时，中路的77师在对抗第24师团的左突进队（以步兵第32联队为基干）。第32联队在坦克和工兵支援下，跟随密集炮火向美军战线推进。第32联队的中央突破是日军反攻的关键所在，根据日军的进攻计划，一旦突破美军77师的防线，就可以支持独立混成第44旅团孤立和包围西面的美军陆战1师。

各种运输难题几乎从一开始就让第32联队不胜其烦。负责支援的坦克第27联队（联队长村上乙中佐）此时由第24师团长指挥，最初受领的任务是首先协助左突进队的战斗，继而协助中突进队战斗，但是该联队没有时间同两步兵联队进行密切协同战斗具体细节的商讨，结果变成各自为战。5月3日夜，村上中佐命令联队从运

玉森南侧的宫城附近推进至首里北侧石岭附近的攻击准备位置。第1战队（第1中队，装备11辆"九五"式轻型坦克、步兵1个小队、工兵2个分队）成功抵达了石岭。第2战队（第2中队，装备1辆"九五"式轻型坦克、11辆"九七"式中型坦克）的中型坦克因为首里东南侧道路上布满弹痕，无法抵达预定地点，最后只有2辆中型坦克成功抵达。村上中佐只得下令中型坦克中队在行进困难的情况下，乘员应拆下车载机枪实施徒步战斗。

除了坦克部队外，日军的卡车和火炮同样步履维艰。换句话说，第32军司令部一再强调的各支援单位及时跟随步兵突击部队赶到前线这一关键步骤根本无法完成。甚至连步兵的行动都十分麻烦。曾有一个日军步兵行军纵队路上遭遇美军炮击，结果只有两人没有负伤。另一支前往幸地的行军纵队遇到可怕的炮轰，同样损失惨重。这一切使得第32联队还未开始进攻就已大伤元气。

按照计划，步兵第32联队应进至棚原西北侧高地一线，右第一线第1大队应从146高地向棚原方向突进，第二线的独立第26大队则应向其西南侧的143高地前进。左第一线第3大队则应同第2大队（即位于前

田洞穴的志村大队）取得联系，突破前田村南侧的美军阵地进至棚原西侧高地。

5月4日拂晓，一路麻烦不断的第3大队（满尾大队），在坦克第27联队第1中队的9辆轻型坦克支援下，对77师306团阵地发起进攻。满尾大队当时的战力不过是大队本部约40人、第9中队约80人、第10中队约20人、第11中队约120人、机枪中队约100人、步兵炮小队约60人而已，各中队长已经全部死伤。满尾大尉以第11中队为右第一线、第9中队为左第一线，于4日2时左右开始行动。尽管战力十分低下，满尾大队仍然紧接在日军炮兵射击后突入前田村南方130高地带的美军306团1营阵地。日军炮兵的射击一停止，美军的迫击炮、重机枪的枪炮弹便如雨点般射向该大队，造成严重损失。由于日军被美军凶猛的自动武器火力割裂成几块，结果他们在美军防线的任何位置都无法集中足够的兵力取得突破。7时左右，满尾大队攻至130高地山顶附近，在美军和坦克的射击下不断出现死伤。7时30分，美军306团已将满尾大队击退。进攻受挫的日军化整为零，竭力突破美军密集野战炮火和迫击炮火覆盖的地区后撤，极少有人能安全突

96师的步兵正在检测一辆被摧毁的日军"九四"式轻型坦克。

美军陆战队员正在检查一辆被击毁的日制"九四"式轻型坦克。5月4日黎明前，日军投入进攻的大部分坦克都被摧毁。

破如此凶猛的火线。8时整，满尾用无线电呼叫泽岻的联队本部："虽然前田村东南高地的前线已推进至中央部分的战线，但正在遭遇敌军阻击，敌军火力太猛，继续前进极其困难。根本就没有坦克配合作战。"根据日军的记录，满尾大队到黄昏前后才后退到攻击准备位置，死伤约150人。

日军坦克部队的下场也同样悲惨。坦克第27联队的坦克虽利用拂晓的大规模烟幕前进至130高地附近，但在天亮后，面对美军的105毫米榴弹炮的打击，日军轻型坦克的6至12毫米装甲不堪一击，轻型坦克几乎全部被破坏，瘫在路上无法动弹。其余坦克见继续前进只会徒增损失，无心恋

战，只得后撤。

天亮前不久，眼看满尾大队迟迟不能占领攻击目标，坦克第27联队长村上中佐再也按捺不住，孤注一掷地将联队下属步兵中队派了上去，结果美军的重炮火力直接消灭了其中的一个小队，不用步兵出多大力就轻易挫败了步兵中队的突击。眼见进攻无望，村上只得命令步兵中队后撤，下令施放烟幕掩护撤退。但步兵中队在白天无法突破美军对退路的炮火封锁。当日军施放烟幕时，美军炮兵只需对升起烟雾的地区进行地毯式炮击即可。直到天黑后，该中队的幸存人员才分批回到石岭的攻击发起位置。

相对于左第一线的满尾大队，右第一线的第1大队（伊东大队）开始进攻的时间要更早一些，该大队从5月3日24时就开始从146高地附近攻击前进。伊东大队的任务是经120高地（美军称为"138高地"）、前田高地进至棚原东北侧的154.9高地。[①]

5月2日傍晚，正在死守146高地的伊东大队接到转入攻势的命令。大队长伊东孝一大尉大吃一惊，差点破口大骂："该死的参谋！"

---

① 伊东孝一在回忆中将该高地称为"棚原西北高地"，应有误。笔者在使用伊东的回忆时，对此点做了修正。

联队命令的概要为："敌我第一线为幸地南－前田东南一线。炮兵将于4日黎明实施支援射击。第1大队应经120高地－前田东北高地向棚原东北侧高地前进。"显然军和师团都不知道〔　〕地仍被美军占〔　〕

　　120高地位于幸地和前田的中间地点，向南突出。从日军方面来看，该高地向日军防线凹进，易于被美军用于突破日军防线。该方面的崩坏无疑会导致幸地－前田一线陷入危机，因此伊东大队才奉命夺回120高地南方的146高地，不顾兵力消耗拼命防守。然而由于120高地夜袭成功的误报，使师团司令部误判第一线的位置。结果，伊东大队这次要穿过120高地向更北方的棚原前进。接到联队命令后，伊东不知道应该在何时怎样突破120高地，为此困惑不已，内心忧虑重重：虽然据称会有炮兵支援，但并非为了协助步兵突破120高地的炮火，恐怕到时候根本得不到炮火支援，此外大队还被指示要顺道夺取前田东北高地，这项任务本应由当面的第3大队和独立第26大队承担，真不知道是抽了什么疯……

　　无可奈何之下，伊东只好试着根据联队命令整理所应采取的方针和具体方案。还没理出头绪，夜色已渐浓。到20时以后，他终于理清大队将要采取的方针：

　　大队将在3日夜间突破120高地，进抵幸地－前田一线。随后与两翼的友军取得联系，于4日黎明利用炮兵的支援射击向棚原东北侧高地突进，然后再进攻前田东北高地。

　　另外，伊东还认为：详细了解敌情地形乃是攻击成功的必要条件，对于夜间攻击来说尤其重要。因此他希望担任直接攻击的第一线步兵能够详尽了解对方的阵地情况、兵力规模、火力点后面的地形等。剩下的时间已然不多。本来大队长在弹雨下做出判断就需要一天时间，然后第一线中队长根据大队命令在了解详情后，确定战斗部署又需要花费一天时间，这样合计需要两天时间。联队命令在2日傍晚传达，如果攻击于3日夜开始，那就意味着了解敌情的时间比通常少了整整一天。

　　关于具体方案，伊东认为：考虑到大队的大半兵力正在猛烈炮火下同敌军交战，大队本部同各中队间又没有任何通信手段，目前只能依靠传令兵传达命令，在这种情况下，

用一天时间进行夜间攻击准备无论如何也不够。所剩的唯一办法，就是大队长在决定好方针后，在缺乏具体方案的情况下，就于今晚下令，给第一线中队长留出一天时间，用于侦察敌情和决定部署，也就是说一切都依靠第一线中队长的能力。

　　21时，伊东向各队下达了攻击命令：

　　大队将突破120高地西侧，然后向棚原东北高地突进。攻击开始时间为3日24时，首先以第3中队为第一线。随着攻击的进展，将各步兵中队部署于先头、右后方、左后方，包括重武器在内以三角队形突进。

　　3日傍晚，为了表彰夺取146高地和120高地的功绩，"恩赐"的香烟通过联队本部被赏赐给伊东大队和步兵第89联队第2大队（深见大队）。伊东听说联队本部并不情愿将香烟交给实际上未能夺取120高地的深见大队。

　　24时，伊东大队以第3中队（欠一个小队）为前锋从146高地附近开始出击。配属的独立速射炮广濑小队因跟随大队前进比较困难，被部署在平良町附近掩护大队前进。美

军的夜间炮击依然猛烈，大队官兵一边听着远雷般的隆隆炮声，一边利用岩石和弹坑的掩蔽避开炮弹小心前进。开始前进后不久，伊东就听到前方响起了激烈的枪声，那表明大队的攻击已被美军发现。在枪声中还夹杂着掷弹筒的发射声。按计划部队应该是隐秘前进，但第3中队还没前进多远就开始同美军交火，伊东对此深感不安，不得已令大队本部停止前进，等待战况的发展。时间不断地流逝着，但看不到任何取得进展的迹象，焦急不已的伊东只好循着枪声亲自赶到攻击中的第一线查看情况，在右前方100米处找到了第3中队指挥班。此处靠近连接120高地和146高地的山岭，并不是在伊东企图通过的120高地西侧。原来第3中队在从146高地下来的路上，一头撞上来自120高地西坡的火网，伊东简直欲哭无泪。

伊东本来一直向部下灌输夜袭一定要从地势较低处向较高处前进的原则，来到冲绳后也曾和同期的第2大队长志村常雄大尉一起召集两大队的军官进行了关于夜袭的现地战术教育（当时第3大队尚未重编）。但当时第3中队被派到恩纳村和金武村，没能参加现地战术教育，更倒霉的是伊东竟把这件事忘得一干二净。伊东深为懊悔，如果能在攻击前抽出时间同第3中队长工藤中尉确认夜袭的方法，结果可能会有所不同。

伊东看到工藤正不停地在部下面前发出指示，便走到他身边，问道："什么情况？"

"第1小队几乎覆灭，剩余5名。第2小队剩余20名。中队指挥班减半。"工藤用嘶哑的噪音报告。第3中队在越过10米前方的棱线向下方攻击时受挫。他接着说道："如果冲到那里的话，大家都会被干掉。一点办法都没有。"

伊东回头一看，各队正在敌火下不断前进，大队的全部兵力都聚集到了这块狭小的地方。伊东想要改变部署另寻出路，却难以做出判断。天空已经开始发白，再磨蹭下去的话就会全军覆没。眼下部下伏尸累累，重伤员也在不断呻吟，美军的枪炮射击声持续不断，这些都令伊东焦躁不已。终于，他做出了判断：即使继续攻击也不可能成功，这样蛮干毫无意义，尽管非常遗憾，但必须重新制订计划。做出这样的判断后，他向周围的部下大声下令道："回到原来的位置进行防御部署！"于是有人大

声喊道："退却！"

为了不致因影响士气在混乱的战场上引起崩溃，伊东赶紧纠正道："不是退却！是回到原来的位置！"于是各队在队长和副官的指示下撤至146高地一带，转入昼间防御态势。……不顾危险，用双筒望远镜观察着美军阵地，此时天已大亮。美军的狙击弹接连从正面的120高地山顶和西坡飞来（当时防御120高地一带的是美军306团3营），看起来美军在此处集中了相当数量的武器。

现在伊东大队面向北方，眼前120高地的山坡向西延伸，在其西北，也就是大队的左前方就是前田高地。正中间低地的对面就是目标棚原岭。伊东认为除了突破120高地一举夺取棚原岭外别无他法。伊东随后返回大队本部，立即命令各队长和副官侦察敌情，还要就以后的攻击方向提出意见。

在这次夜间攻击中，第3中队损失惨重，第1、第2中队也已在目前为止的战斗中蒙受了很大损失，不过第1机枪中队和大队炮队则几乎完好无损，大队整体尚维持着六成的战力。伊东认为如果再兴攻击，即使取得局部成功也会损失很大，对第32军将来的作战

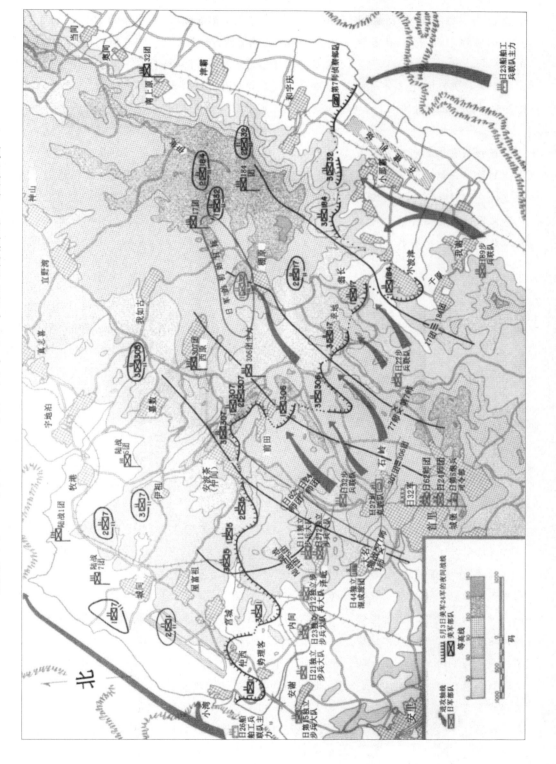

地图六十　5 月 3—5 日，日军 32 军最大规模的一次反攻

实在无益，因此向联队长建议中止攻击。联队本部表示同情，但联队长仍下令继续攻击。

伊东后来在回忆这一天的战斗时曾做了如下批评：

最初虽有坦克联队协助我大队的攻击，但我并不愿意和坦克性能远较美军低劣的坦克联队协同战斗。这样只会马上变成敌人的靶子。对我方炮兵也不能抱有多少期望。在我看来，必然会变成由步兵单独攻击。

可是，步兵紧接在炮兵射击后实施黎明攻击这种事情，应该在我航空兵于白天大举出动，暂时夺得昼间制空权的情况下进行。若非如此，在美军那种压倒性火力下，黎明攻击断无成功希望。我航空兵却连影子也看不见，第一天的总攻完全失败。军参谋应该是不了解第一线的实情才制订出那样的攻击计划的。

虽然紧接在黎明攻击后利用了烟幕，但使用量比较有限，没有太大效果，天一亮便被敌炮火压制，所以我相信除了夜袭之外别无他法。我大队从开战前就进行了夜袭训练，所以我努力向部下贯彻关于夜袭的想法。

此外，第二线大队独立第26大队（大队长丰福安则大尉）受领了向棚原西方143.4高地突进的任务后，于4日拂晓开始行动，从宜野湾公路沿线地区北进，其一部攻击了130高地，但完全失败，大队长也受了伤，不得不后退至胜山村（前田南方500米）准备再兴攻击。

就这样，第24师团的攻击蒙受了巨大损失后，以失败告终。第32军又企图在5日发动攻势，但第24师团已几乎没有余力。

4日当天，第62师团也同第32军的总攻相呼应，为夺回前田高地进行了猛烈的白昼攻击，受到优势美军的压迫，高地南坡的洞穴也遭到美军的爆破攻击。独立白炮第1联队也以全部力量进至前田村西端附近（90毫米迫击炮2－3门）协助前田一带的战斗。

总之，日军的反攻在首日全线受挫。日军一线部队突击失败，并不能归罪于后方炮兵支援不力。实际上，为了支援这次进攻，日军的所有炮兵中队都离开了藏身的隐蔽阵地，使美军第一次能清楚地看到他们。日军炮兵这样做要冒极大风险，如果步兵不能按计划压制美军炮兵阵地，他们就很可能遭到美军反炮兵火力的

大举杀伤。当日军野战炮车进入开阔地后，为支援这次进攻，在4日当天一共向美军阵地倾泻了13000多发炮弹（美军统计）。日军的高射炮围绕在野战火炮周围，负责驱逐美军的小型侦察飞机，用烟幕弹隐蔽开炮火光，尽力保护宝贵的火炮。豪赌还是失败了。为了让野战炮火形成区域性集中烟幕，日军高炮兵不得不散开隐蔽，让美军小型飞机能够从空中准确定位许多日军炮兵阵地，使美军反炮兵火力能实施精确打击。5月4日至6日，美军反炮兵火力共摧毁日军的59门火炮。日军偷鸡不成蚀把米，无法补充的炮兵再也经不起消耗，只得将剩余火炮重新送回洞穴阵地。随着日军炮火的减弱，美军官兵罹患战斗疲劳症的病例也相应降低。

相比之下，日军在5月4日的航空攻击要更成功一些。从黎明时分到10时，冲绳海域的美国海军一直在承受日军飞机的自杀特攻，不少轻型舰船被击沉或击伤。"莫里森"号驱逐舰连遭4架自杀式飞机撞击，8分钟之内便沉入海底。一枚樱花特攻人操炸弹击伤"乳木果"号扫雷舰舰桥，25名舰员当场身亡，并导致前舱进水，不过该舰还能勉强继续在水上漂浮。一架日机飞临渡

5月4日，日军特攻飞机在庆良间列岛外海空袭美军护航航母"桑格蒙"号。

具知海滩的运输舰上空，多艘警觉的美舰开火阻击。这架日机连中数弹后，直接俯冲落入"伯明翰"号轻巡洋舰的2号炮塔。这次撞击使飞机引擎穿过3层甲板，携带的250磅炸弹在船上的医务室爆炸，一共造成90人伤亡。黄昏时，日机空袭更加频繁。一架自杀飞机命中"桑格蒙"号护航航母，摧毁飞行甲板上的21架飞机。整个机库被大火焚毁，所有雷达和舰桥控制设备全部失灵。

5月3日傍晚到4日为止，日机共击沉或击伤17艘美军船只，造成682人伤亡，同期美军飞机和海军舰炮摧毁了131架日机。这只是日军对入侵冲绳的美军几乎不间断的空袭行动的一个阶段而已。按美军统计，4月1日至5月17日间，共有2228架日机实施了多达560次空袭，他们取得的收获或许在日军的全部反击中是最大的。即使如此，日军的自杀式空袭仍无法达到破坏美国海军海上运输和保障能力的战略目的。

激战棚原

5月4日夜间，第32军各部队虽努力再兴攻击，由于战力极度低下，实在束手无策，几乎未取得值得一提的成果。只有步兵第32联队第1大队（伊东大队）在4日夜间突破了美军阵地，挺进约2500米，占领了棚原北侧的154.9高地（棚原岭）。

步兵第89联队在4日夜间为收拾濒于覆灭的第一线两大队忙得不可开交，可以立即使用的兵力只有于4日拂晓抵达运玉森西侧地区的第2大队（深见大队）。但该大队由于缺乏准备，难以马上充当第一线突击大队投入战斗，只好用于防御侵入小波津西侧高地的美军。第1大队的官兵已经大部战死，少数生存者几乎全部身受重伤，各中队的残存者仅有数人而已，军官则只剩下藤江正夫少尉一人。因头部受伤，奉大队长命令留在联队本部的第2中队长甘利中尉是大队残余人员军衔最高之人，代理第1大队长之职，同藤江少尉一起整理部队。第3大队也在4日的攻击中受到毁灭性打击，大队长和田博大尉身受重伤，入夜后该大队的幸存者逐次被收容到后方村落。5日傍晚，在破坏了无线电台和烧毁了重要文件后，和田在大队本部招集无法行动的重伤员集体自杀。自杀者以和田为中心，围坐成圆形，在即将点火时有一名曹长误入了他们所在的洞穴，和田向他下令道："对面的人向联队本部后退报告目前情况！"然后便引爆了20公斤炸药。和田大尉时年24岁，1947年被追晋为陆军少佐。

步兵第22联队没有可用于攻击的预备兵力，加之美军对幸地地区发动了猛烈攻击，因

5月5日傍晚，因身受重伤，与大队其他重伤员自爆而死的步兵第89联队第3大队长和田博大尉。

此无法积极进攻。

步兵第32联队第3大队（满尾大队）、独立第26大队（丰福大队）、坦克第27联队在4日夜间攻击了前田东南的美军阵地。根据日军方面的记录，步兵第32联队左前锋满尾大队于4日20时50分在支援射击掩护下突入130高地，天亮前占领了130高地南半部，但在天亮后该高地遭到美军集中炮火的攻击，满尾大队几乎死伤殆尽，高地复被美军占领。坦克第27联队也在攻击130高地东侧时蒙受了惨重损失，残存的坦克只有6辆。

根据美军战史记载，在5日凌晨2时，日军在集中炮击幸地西北、前田东南，横跨宜野湾公路（5号公路）的美军306团阵地后，开始步兵攻击。第一波突击兵力不多，被美军炮火轻易瓦解。3小时后，日军组织一个大队的兵力，在坦克支援下发起突击。美军的阻击炮火更加酷烈，日军的6辆坦克很快全部被击毁，但顽强的步兵仍然越过火炮和迫击炮弹幕，同306团的步兵展开近战。日军包围了美军的一个营观察所，打死打伤5人。美军的迫击炮火非常猛烈，日军就用掷弹筒和重机枪在靠近美军阵地的地方实施近距离火力反制，但在美军的有力火力压制下，他们没能成功架起一门75毫米火炮。

306团前线到处是炽烈的火力交锋。一支日军以紧密纵队队形进入一处山坳，直取美军的一个步兵连阵地，结果被自动武器的交叉火线打得七零八落。大多数日军无法靠近美军阵地进行白刃战，只能在阵地前方的沟壑里藏身。双方的手雷和手榴弹对决、自动武器火力的你来我往一直持续到中午为止。不过到黎明时分，306团就已经控制住局面。美军坦克沿着沟壑边缘行驶，放低车载机枪枪口，无情地射杀沟里的日本兵。少数幸存日军借着烟幕掩护才成功撤回己方阵地。据美军统计，仅在77师辖区，日军就遗弃了248具尸体，还有大量机枪、掷弹筒和迫击炮、步枪，以及未能投入战斗的几百发75毫米炮弹。

就在5号公路沿线打得热

被美军反炮兵火力直接命中的日军81毫米迫击炮阵地。日军在冲绳集中了太平洋战争以来最多的火炮和迫击炮，5月初大举反攻时，进行了最大规模的集中炮击。

火朝天时，日军步兵第32联队第1大队却在伊东孝一大尉指挥下越过美军第7师和第77师的行动边界，在宜野湾公路和幸地之间形成突破，重新占领了棚原村和棚原岭，取得了日军在这次总攻中最大的成果。伊东大队也由此成为参加反攻的日军各部中推进距离最远的一支部队。指挥这次成功突击的伊东大尉时年24岁。

棚原村和棚原岭原本是日军首里外围防线的一个强点，控制着周围大部分地区。该处阵地在4月的战斗中，从未被美军真正控制，直到4月23日夜间，外围防线的其他部分崩溃时才被日军主动放弃。棚原岭在北面地势陡降，形成珊瑚石峭壁，村路则沿着山岭东南坡延伸，被一条向南通往翁长和幸地的公路分为两部分。美军第7师17团的前方各营都依靠这条公路补给物资。日军重新占领棚原后，这条补给线实际上就被切断了。

在实施这次夜间攻击前，伊东大尉研究了各队的敌情侦察结果，并没有发现多少有价值的东西。只有副官和一名伍长的报告提到了美军在西侧低地存在弱点，这也同伊东自己的判断一致。伊东由此确信美军的弱点位于西侧低地，决定在当晚以一部排除美军抵抗的

同时，主力沿着宜野湾公路的东侧、146高地北方与120高地西方的低地进行穿贯突破，一举进至棚原岭。如果这种方法使用不当，部队就很可能会遭到来自两侧的火力夹击溃灭。尽管存在相当的危险性，伊东认为这种贯穿突破是突破拥有优势火力的美军防线的唯一方法，断然决定采取这种战术。

曾自诩为日军最精锐部队的第6师团曾在布干维尔岛对美军的桥头堡实施夜袭，结果以惨败告终。伊东从这一战例中认识到向美军进攻时唯有以大纵深队形从狭窄正面实施攻击才有可能成功，对于大队规模的部队来说，这种贯穿突破战术的效果最佳。

不过在他看来，实施这种战术时还存在时间和地形上的制约，即选在夜间于低地中前进，同时两侧地形平缓上升的条件是最理想的，峡谷则是比较危险的地形。问题在于左翼的前田高地有美军部队把守，不过幸运的是美军为防范日军的侵入，在高地东侧南北走向的宜野湾公路构成了弹幕，这道弹幕却反过来限制了美军自身的行动。如果从弹幕右侧的低地（即从120高地向西延伸的斜面下端）突进的话，就只需要排除120高地方面的美军的抵抗，而且在夜间，美军很

难看见从这里前进的日军，相反日军却可以很容易地从低地中看到棱线上的美军身影，这样排除美军的抵抗也比较容易。

对伊东来说，这片低地对于推进来说是再合适不过的地形，也是在实战中检验自己平时研究的绝佳机会。

4日22时，伊东以第2中队（中队长大山昇一大尉）为前锋开始前进。根据伊东先前研究的结果，大队采取了从120高地西端斜面匍匐前进向棚原岭突进的方针，整个大队几乎都在照明弹和猛烈的炮击下匍匐前进，对来自侧面的射击则以大山队的排击部队（为排除阻碍以约1个分队编成的攻击队）逐次攻击，同时主力专心前进。除了数组排击队外，大队以如下次序前进：第2中队、独立机枪中队、大队本部、工兵中队（工兵第24联队第3中队，欠1个小队）、第1机枪中队、第1战斗救护班、第3中队。至于配属的联队炮，伊东认为过于沉重无法随伴，因此将其留下，下令炮兵支援攻击初期的前进。

和伊东的判断一样，选择这个方向前进保证了突进取得成功。120高地方面的美军（306团3营）在从高处向低处射击时因弹道过高无甚效果，

地图六十一 伊东大队进攻棚原高地概要

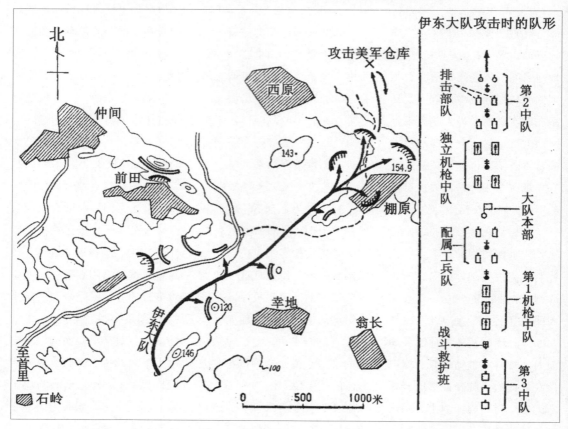

日军却可以从低地中看见高地方向的美军,美军则看不见低地中的日军。伊东大队突破了美军的两道防线,到达120高地后方,在右方的平坦地面上美军炮弹的弹壳堆积如山,但看不见美军炮兵的影子,很可能是在察觉到日军袭来后便向东方撤退了。在前进过程中,大队因美军的炮击受到一些损失,总的来说前进仍非常顺利。月亮在棚原方向升起,部队就向着月亮的方向前进。伊东大队在5日5时左右抵达棚原

154.9高地地区,随后由大泷康一少尉指挥的敢死队突袭棚原北侧的美军补给仓库实施了突袭,几乎将其完全摧毁。

十多天前,第62师团曾在154.9高地同美军长时间对峙。高地留下了当时受到美军炮击的痕迹,现在可以看到隆起的珊瑚石构成的山顶上露出了白色的表面,仅存的树木也变得像电线杆一样光秃秃的,连一片叶子也没有剩下。在昏暗的空中突然升起了照明弹,这表明美军已经发现伊东大

队侵入。伊东随即将大队部署为环形防御态势,以防备来自四周的攻击。大队本部位于东北角,其右侧(即南方的棚原村)部署了大山队(第2中队)和仓田队(独立机枪中队)。再往南则部署了斋藤队(第1中队)和岸队(第1机枪中队)。工藤队(第3中队)被部署在大队本部的左侧,即位于西北方向。此外,高井队(大队炮小队)各以1门火炮面向东方和西方。

江渊隆中尉指挥的工兵

中队原本跟在大队本部后面前进，在途中转为向前田高地东端的114高地出击，这时也与大队主力会合。据报告该中队出击后，又从114高地前进至北方的西原村，破坏了2台车辆后返回。伊东将他们部署在大队本部西南方的143高地，这样除了后方之外，伊东大队在以棚原岭为中心的地区形成环形阵地防御态势。在此期间，大泷康一少尉指挥的敢死队又抵达北方的棚原桥，突袭了美军的物资堆放所。此外斋藤队还刺杀了中央凹地内的全部美军，巩固了防御。另外伊东大队还采取了用地雷和重机枪对棚原－翁长公路进行压制的措施。就这样双方隔着棱线在极近距离上对峙。

在伊东大队占领棚原之前，美军第17团的哨兵透过望远镜，发现在月光下有一支行军纵队正在向西北方向的棚原岭棱线移动。17团虽向这支队伍开火射击，心里并无把握，唯恐可能误伤友军。日军迅速在棚原一带就位，切断了17团团部和3个营之间的电话联系，这也让17团发现日军已越过前方各单位的防线，进入后方地区。

天一亮美军便开始发动反击。在迫击炮火集中射向伊东大队的同时，美军步兵伴随着坦克从四周向伊东大队攻来。各方面都发生了近战，双方士兵在数十米的极近距离上对射。剿灭日军渗透部队的任务最先由美军17团E连承担。该连派出一个排级巡逻队登上棚原岭东坡，不久便遭遇高地上的日军火力阻击。E连长沃尔特·辛基维奇中尉得报后，亲率连主力一起来到战场。E连的一个排几乎登上山顶，但被日军的迫击炮、机枪和轻武器火线击退，付出了2人战死、7人负伤的代价。双方的激烈交火一直在持续，辛基维奇和他的三位排长全部负伤。

日军在和E连交战的同时，全面利用他们的阵地扩大打击范围。日军的火线覆盖了17团1营在高地北侧的补给仓库和停车场，使美军无法进入。伊东大队在棚原－翁长公路上埋设的地雷，以及扫射道路沿线的机枪火线，使这一带

变得十分危险，实际上遮断了美军的补给道路。一辆运载医疗用品的美军半履带车触雷抛锚，医务官想逃出车辆时，被日军机枪一个短点射杀死。随后大山队的士兵们占领了车辆，将车辆残骸就地当作碉堡利用起来。美军的一个巡逻队赶到现场，先后击毙11名日军。为了防止这辆半履带车再度被日军利用，卡尔·约翰逊参谋军士自告奋勇去拆除半履带车上的武器，他连续三次成功越过暴露在美军和车辆之间的地面安全往返，但在第四次中弹身亡。

在交战中，美军的迫击炮对伊东大队造成了极大威胁，迫击炮弹击中隆起的珊瑚石到处掀起砂砾。位于伊东大队环形阵地东北角的珊瑚石狭小台地上的曹长以下本部人员和各队的传令兵陆续倒下。伊东身边只有副官和通信兵等9人，

5月4日至7日，日军伊东大队突破棚原岭地区时占领的阵地速写。

他们也拿起枪支投入了战斗。伊东右方30米处还有约10名本部士兵正在急造的章鱼罐中战斗。再远一点的地方，重田三郎会计中尉也拿起枪支同4名士兵一起战斗。总之大队本部也承担了阵地一角的防御任务。在猛烈的迫击炮火和美军步兵的射击下，日军简直动弹不得。

伊东叫来斋藤队的一个掷弹筒分队支援，命其向大队本部前面的美军迫击炮发起反击。在伊东眼前双方展开了小规模的曲射弹炮战。威力较弱的掷弹筒在转眼间便被打掉。这下伊东只好依靠赶来救援的工兵队的急造迫击炮了。急造迫击炮的炮击声撼人心魄，看起来威力相当了得，这下轮到美军陷入沉默。当日军用尽了炮弹后，美军的迫击炮又开始肆虐起来。迫击炮弹带着独特的声音划过弹道，接连飞越伊东头顶，落在后方的凹地中。那里是环形阵地的中央，并没有部署兵力，因此也没有损失。但不久弹着点开始移动，逼近至大队本部后方10米处。感觉到危险的伊东立即下意识地逃离了章鱼罐。不过弹着点马上又移向远处，过了一会儿又接近过来。这可能是由于美军担心炮弹落得太近会伤到自己的士兵，所以不能进行彻底

的炮击。就这样，伊东等人得以勉强避开炮弹。但与此同时，前面的美军步兵发射的狙击弹和枪榴弹不断飞来，日军只要从章鱼罐中一抬头就有生命危险。不过美国兵主要使用手雷攻击日军，并未直接发动突击。美军坦克也从环形阵地南面的平地上向日军开炮。另外还有2架美机飞来，持续在阵地上空盘旋监视，不过没有实施炸射。

到了早上6时，伊东决定不管怎样必须先同联队本部取得联系。在伊东右侧大约5米处的洼地内有今泉伍长带领的无线分队数人。由于担心美军的狙击，伊东和无线分队之间无法互相来往，伊东只好将通信纸包上石头扔向无线分队。两名译电员中有一人已在昨晚的攻击途中战死，另一人也在不久前身负重伤，只好使用明码向联队本部拍发电报："大队于5日4时占领棚原154.9高

地。"正午左右，联队本部回电："报告丢失密码本的原因。暂且等待下一步的前进。"这算不上激励，简直就是在申斥。随后和联队本部间的联系又中断了。从第二次通讯时，通讯兵开始使用密码。伊东在战后才得知当时军司令部并没有确切掌握本大队占领棚原的情况，但由于确实向联队本部发去了报告，所以他认为"如果情况不明的话，应该是联队本部同师团、师团同军之间的联络发生了问题。"

此后伊东大队一再出现无法发出电报的情况。不论是向上级拍发电报还是向各队发出命令，由于大队官兵在整个白天都身处敌前30－50米左右的章鱼罐中，除了将通信纸包上石头扔向无线分队之外别无他法。

美军的日子也不好过。5日中午，美军17团指挥所人心惶惶，团部的人还不完全了解

从第7师17团在178高地一处分岔的阵地上俯瞰的棚原岭。5月6日上午，17团E连在日军发动有力反击后，回到图中右侧的山顶。

日军渗透兵力到底有多少。副团长阿尔伯特·哈德中校从指挥所附近的一座山上，能清楚地看到600码外棚原岭上的一些日军士兵。那里的日军也在观察美军的行动。哈德中校心里恼火不已，他趴在地上用加兰德M1步枪向日军打了几枪。这时，一名士兵带着一份无线电报跑上山来，说道："长官，德国人已经投降了。""那就好。"哈德答道，"如果我们能把鬼子都赶下那座山岭，就皆大欢喜了，不是吗？"

当E连在棚原岭东坡与日军相持不下时，F连正在实施大范围侧翼进攻。F连的两个排列成散兵线，在坦克支援下，一路突破棚原村，捣毁了日军临时修建的防御阵地。越过村落后，他们遇到来自众多洞穴的密集火力阻击。不少士兵咒骂道："鬼子就是这老一套！"他们也没有什么好办法，只有耗费大半天的时间，逐个摧毁这些洞穴阵地。E连因此只能独自承担正面进攻任务。17时30分，在迫击炮火准备后，E连登上了棚原岭顶部。这使1营可以将车辆和物资转移到一个更安全的地方，补给道路仍然没能打通。

在当天的战斗中，伊东大队蒙受了很大伤亡，但总算是守住了阵地。入夜后，美军的攻击缓和下来。伊东在夜间通过传令兵听取了各队的战况报告，得知各队均有相当损失，其中大山队的报告尤其令他深受冲击："中队长战死，中队残存人员两名，大泷小队在昨晚突入敌中后情况不明。"不久，下落不明的大泷康一少尉带着19名部下归来。伊东命令第2中队仅存的大泷小队由原配属该中队的独立机枪中队的仓田中尉一并指挥。第32军在当天18时下达了中止攻击的军命令，但是伊东大队未能收到。

6日拂晓，伊东大队向已逼近至大队本部左侧50米处的E连发动了反击。一股日军从E连下方用手榴弹和炸药包向美军阵地施压。E连在半小时内就有16人伤亡，只得退下山顶，依托山顶正下方的岩壁掩护。E连余部紧接着组织起一道防线，一齐向山顶投掷手雷，绝不让日军占据。当连里的一些战士将几箱手雷拖到陡峭的山间小道时，其他人已经向日本兵投掷了数百颗手雷。日军无奈之下，只得在天亮时撤出暴露的山顶（日军资料称美军在天亮后发动了较昨日更加猛烈的攻击，占领了棚原岭的一角）。

当天上午，F连为再次扫荡回到棚原村，击毙了8名日本兵。在E连的迫击炮火和轻武器火力支援下，F连一开始在棚原岭的西坡上进展很快，后来他们撞上了一系列珊瑚岩层，只得放慢速度。最后E连和F连使用便携式火焰喷射器、迫击炮和大量手雷，到傍晚消灭了西坡的所有日军。

就这样，在美军围攻下，伊东大队的处境不断恶化。在白天，日军一动也动不了，只

图为棚原岭西北山坡，5月7日，17团F连从伊东大队手中夺回这一地区。

要一抬头马上就会被打中。算上这天，伊东大队已在孤立无援中苦战了整整两天，兵力不断减少，对援兵也不抱有期望。当天正午过后不久，正当伊东以为大队的覆灭只是时间问题时，联队本部终于发来下令撤退的电文："情况突变，贵大队应向米内①北侧转进。"这一联队命令随即被无线兵包上石头扔向伊东所在的章鱼罐。看到命令后，伊东心

如刀割，不禁自问："我们奋战到现在到底是为了什么？"由于"米内北侧"所指为何并不明确，加上需要照顾众多重伤员，伊东认为退却行动将会十分困难。

"米内北侧"最后被推定为石岭北侧，伊东在黄昏时派遣传令兵向各队传达转进命令。对无法同行的数十名重伤员，只好含泪发给自杀用的手榴弹。

7日0时过后不久，伊东大队集结完毕，准备向南方突破。根据各队的报告，大山队只剩下上等兵以下4人，仓田队只有曹长以下18人，独立机枪中队的仓田贯一中尉、第2中队的大泷康一少尉、第1机枪中队长岸富雄大尉等人均已战死，包括配属各队在内，伊东大队的损失高达约250人，残存者约300人。

7日3时30分左右，伊东以

地图六十二 5月5－7日，伊东大队在棚原高地的防御与撤退

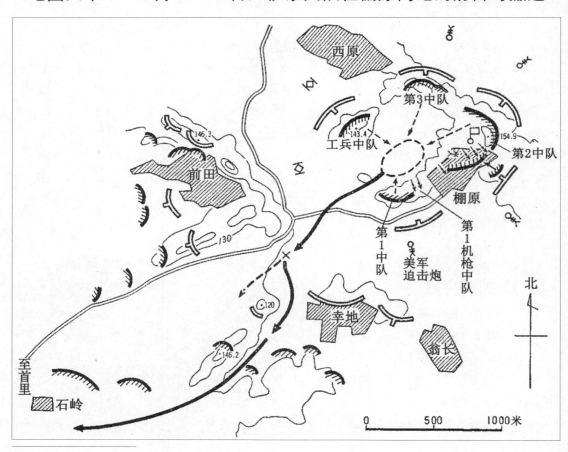

---

① 此处"米内"系音译，原文为"ミネ"，若意译也可认为含有"山岭"之意。

第1中队为前导开始前进。在途中第1中队遭到美军坦克攻击，该大队仍然突破了120高地东侧谷地，在天亮前后抵达了位于146高地南方300米处的步兵第22联队前线后方。后退时的损失约为30人，包括伤员在内，大队还剩270人。

当天，F连在重迫击炮火力掩护下，从西面继续进攻棚原岭，很快拿下山顶（这时伊东大队已经撤走，剩下的应该只有伤员）。战壕里日军死尸枕藉，大多数都是被81毫米迫击炮弹击毙的。在山岭上发现的日制和美制装备，说明了日军为何能坚守这么多天。日式装备包括1门75毫米火炮和炮弹、2挺重机枪、6挺轻机枪、2具掷弹筒、3枚磁性炸弹，以及大量弹药。日军缴获后使用的美制武器包括2挺重机枪、2支勃朗宁自动步枪、3支卡宾枪、3支汤姆逊冲锋枪。根据美军的统计，在棚原地区的三天战斗中，美军共击毙462名日军，包括在返回日军阵地的路上被杀死的日军。

伊东大队在4日夜突破美军阵地的行动中推进了约2500米，牛岛中将在5月13日向伊东大队（含配属部队）授予了感状，感状中表扬该大队"毙敌1000有余"，这当然是极度夸大的数字（相比之下美军的

相关统计虽不无夸张，却厚道多了）。后来甚至连天皇也得知这封感状，陆军省在5月23日的报纸上也发表了相关报道。

至于独立混成第44旅团，在这次夜间进攻中未能有所作为。该旅团为参加5日拂晓以后的攻击做了准备，但由于第一线攻击受挫，只能处于待命状态。

在日军反攻期间，临时海军炮大队也蒙受了严重损失。5日下午，位于真玉桥附近洞穴阵地中的户成炮台所属的一门"九六"式150毫米榴弹炮正在向美军射击时，遭到美军炮兵的集中炮击。在突然爆发出巨响、升起黑烟的同时，炮身模样的东西飞了起来。堆积在洞穴阵地内的弹药受到集中炮击时被引爆，在洞内发生了大爆炸。爆炸现场惨不忍睹，洞内到处都是被炸飞的手脚，充满了混合在一起的硝烟和血腥气味。车轮和炮身散乱一地，人体被钢铁压碎。幸存者也已经奄奄一息，且脸上被硝烟熏得焦黑，因为烧伤肿胀起来，以至于完全认不出谁是谁。洞内只能听到交错响起的凄惨叫声："喔，好疼"、"水"、"给我水"……

幸存者被搬到户成队的掩体壕内，其中肢体健全者只

有十数名。幸存者已经无法医治，在晚上陆续死去。最终有23名官兵和充当炊事员的3名女性丧命。

该大队同时也失去了一门宝贵的"九六"式150毫米榴弹炮，这种火炮是陆军火炮中的"珍宝"，在冲绳岛上也只有野战重炮兵第1联队的1个大队装备了12门。

临时海军炮大队在5日晚奉命返回平良的旧阵地。

攻势终止

5月5日，第32军的攻击依然全无进展，军司令部不断接到战况不利的报告。军司令部在当日天亮后突然接到伊东大队已占领棚原高地的报告，由于通信联络不畅，对于伊东大队的情况所知甚少，无法掌握确切情况，何况步兵第32联队也好，第24师团也好，都已经没有可以用于扩大伊东大队战果的预备队了。作战主任参谋八原大佐还认为，即使确认伊东大队占领棚原的事实，投入混成旅团，鉴于第32军的整体态势，这次攻势已经丧失了活力，扩大战果已无可能。

军司令部的乐观情绪早在攻势第一天的黄昏便已被一扫而空，到第二天下午更是变得愁云惨淡。八原抱着赌气的

心情，故意不做任何必要的处置，只是以讥讽的眼神盯着年轻的参谋们。

在束手无策的军司令部中，不仅八原未呈报任何意见，长参谋长也一言不发。突然，牛岛中将开口道："八原大佐，过来一下。"

在参谋长室前走过长参谋长身边时，八原默默地敬了个礼，然后站在军司令官面前。满脸沉痛表情的牛岛中将用沉重的语气说道："我受命担任军司令官从东京出发时，阿南陆军大臣和梅津总参谋长就嘱咐我应避免使用玉碎战术。现在我决心指挥残存兵力转入持久战略，只要还有残存兵力和冲绳岛民中尚有能战之人，就一定要在冲绳岛南部把战斗继续下去。贵官判断攻势必将失败是正确的。今后我将不再像从前那样束缚贵官的手脚，所有事情都听凭贵官处理。为了整理战线以达成我的新决心，请尽快制订计划。"

八原怒火万丈，真想说："太晚了，事到如今才说这些算什么！"面对表露真情、讷讷而言的军司令官，还是把到嘴边的话咽了回去。

至于长参谋长，则因攻势失败万念俱灰，以后再也未像此前那样发挥领导权。

5日18时，牛岛中将决定终止攻击转入持久战略，命令各部队回归原态势。根据军司令部当晚发出的电报，第32军的战力概况为：

第62师团四分之一（步兵六分之一）

第24师团五分之三（步兵五分之二）

独立混成第44旅团（4个大队）五分之四

军炮兵队二分之一（弹药3个基数）

根据第32军中止攻击的命令，各部队开始整理战线转入防御态势。

步兵第89联队长以第2大队（深见大队）负责联队的整条正面防线，将第1、第3大队撤至运玉森西南侧地区整理。第1、第3大队的健在者各中队仅10名左右，军官不过数名而已。两大队在从军和师团接收补充兵后，于5月10日左右重编。步兵第89联队的第1、第3大队长分别由第24师团兵器勤务队长田中信造大尉和步兵第89联队副官佐藤长丸大尉临时担任。联队副官由阿部英男少尉继任。

步兵第22联队第3大队则不再配属第62师团，于5日或6日返回联队，准备同第1大队交接。

步兵第32联队同第1大队失去无线联系，同第3大队（满尾大队）、独立步兵第26大队间的联络也比较困难，联队本部为了掌握各大队颇费苦心。

就这样，第32军的攻势完全失败，损失了约5000名官兵，作为攻势主力的第24师团元气大伤。5月4日，除去未遭日军地面进攻的陆战1师损失的352人，美军24军在前线的两个陆军师一共伤亡335人。5月5日，在这两个师的局部阵地被突破、击退日军反攻期间最艰苦的战斗中，一共损失379人。美军的损失与日军相比较轻，但两天内2个师损失714人仍然相当严重。这样的损失率已经可以与嘉数岭苦战和4月19日对日军主阵地发动总攻的那几天相比。

第32军的5月攻势存在很多值得检讨的地方。日军在这次攻势中实施了太平洋战争各次岛屿争夺战中规模最大的一次炮兵集中射击，但由于缺乏航空支援和坦克的协同，威力甚为有限，无法有效压制美军。

第32军本来计划将手头的全部兵力（包括海军陆战队）投入总攻。在实施攻势时，由于第一线师团的攻击兵力过少，没能抓住机会投入混成旅

日军反击失败后，美军围观日本俘虏兵。

团扩大战果。第三线攻击部队海军陆战队则保持原部署完全未动。因此，这次总攻可谓虎头蛇尾。

战后，冲绳战史研究者大田嘉弘曾多次与八原博通和伊东孝一讨论过冲绳战役中的指挥问题。大田嘉弘后来综合两人的意见，对第32军在总攻时的用兵总结如下：

1.第24师团在素质、装备、训练诸方面都堪称第一级的精锐师团，其战力是第62师团所不能相比的。

2.第24师团在南部准备了阵地，但没有机会在自己构筑的阵地上战斗。放弃倾注心血构筑的阵地机动至北方，对官兵们来说遗憾之至。

3.第62师团虽被视为装备不良的三流师团，但可以在自己的阵地上作战，得以实施出色的战斗。

4.第24师团由于战况吃紧临时进抵北方，却为了应急被无序投入前线，导致建制被分割。例如步兵第22联队被一个大队、一个大队地配属给第62师团的各旅团，逐次消耗了战力。

5.第24师团被投入各处救急，被迫东奔西走，还未搞清在何处可以充分发挥战力时，就像蜡烛一样燃尽了。

6.如果第24师团能统一运用各联队负责正面战斗，当能够取得极大战果。

7.在第62师团已丧失战力无法确保战线的情况下，将第24师团部署于第二线，却缺少可资利用的阵地，结果白白增加了损失。如果能以一部兵力在第二线筑成计划中的阵地，当能实施更加出色的战斗。

8.如果像第62师团那样使用第24师团，则从其素质、训练、装备来判断，当能发挥出强大的战斗力（伊东的观点），却因为拙劣的使用方法导致其未能充分发挥。

颇值得一提的是，日军的5月攻势也给美军造成了不小的损失，但实际上八原的防御战术使美军蒙受的损失要大于长勇的攻击战术。例如，在5月4日几乎未与日军反攻部队接触的陆战1师，损失超过了同在第一线的两个陆军师之和。陆战1师当天的大部分损失是由于进攻牧港机场西面的日军坚固防御阵地造成的。日军的这次反攻，证明八原的战术比长勇的更加切实可行。长勇策划的反攻期望值过高，实战又完全跟不上计划，更严重的是耗费了大量可以在防御中杀伤美军的人力和物力，实在得不偿失。第24师团本来就由于不当的使用方法，已经蒙受严重损失，却又在5月攻势中实力大减。在步兵战力方面，该师团的各联队只剩余约一个大队而已，只好在从后方部队补充人员，对部队进行再编的同时继续战斗。其中步兵第32联队新配属独立第29大队，该联队第1大队（伊东大队）的第3中队被配属于坦克联队，原配属于该大队的工兵中队返回原部队，作为补偿，该大队又配属来自第2大队的少尉以下50－60人和辎重兵第24联队的下士官、士兵计40－50人。重整后伊东大队的兵员数为200余名。在攻势结束时，步兵第32联队第3大队的兵力已经剧减至250人，配属该联队的独立第26大队也受到毁灭性打击，大队长所掌握的兵力只有15人。

攻势结束时，第62师团的损失更加惨重，完好的大队只有1个，另7个大队的大半已经被摧毁。

全军唯一完好的兵团只剩下独立混成第44旅团，该旅团因为没有投入进攻，实力依然较为完整。独立混成第44旅团的素质"极为优秀"，日后在首里西方的天久台进行了出色

的战斗。该旅团离开知念半岛北上后、刚进入天久台开始着手占领阵地时，就因为全军发动攻势的缘故奉命向首里东北机动。后来攻势中止，该旅团返回了天久台的原阵地，但已经没有多余的时间整理态势，构筑阵地，不得不以半遭遇战的形式迎击美军，只能利用当地的洞穴和其他部队的既设阵地应急，对发挥战力相当不利。

经过这次反攻，坦克第27联队也不再成为一支机动作战力量，剩余的6辆中型坦克被改为首里西北的固定火炮碉堡。炮兵和船舶工兵的实力也大为削弱。

与损失了5000名精锐官兵同样重要的是，第32军的炮兵因此次攻势实力大减，特别是弹药的损失无可弥补。当时野炮的一会战份炮弹数为：野（山）炮每门2000发、150毫米榴弹炮1000发。第32军本来保有炮弹定额的80%，结果在攻势中消耗了大半，即使以后每门每天发射10发炮弹，能否维持到5月末也是个疑问。珍惜人命的美军十分畏惧日军的炮击，一旦遭到炮击，步兵往往会停止前进。坦克也经常会后退躲避。如果能有充足的炮弹，美海军陆战队向天久台的突进当会困难许多，日军所能

坚守的时间也会大大增加。临时海军炮大队在5月8日前后进行的一次炮战就充分证明了这一点（战斗详情见下一节）。

这次攻势失败后，第32军司令部向大本营报称决心保持原阵地态势继续进行持久战，可以在以后两周内维持有组织的战斗。结果，直到向南部喜屋武半岛撤退为止，第32军进行了为期两周的激烈消耗战，特别是在天久台（"糖块山"一带）的血腥战斗中，日美两军均蒙受了极为惨痛的损失。

根据第32军向有关方面的报告，4月29日－5月7日，该军所取得的战果为：消灭人员12600名、飞机78架（内击落19架）、坦克134辆、火炮18门、迫击炮21门、帐篷40顶。3月23日－5月7日期间，该军在地面上损失人员18000名，另外在庆良间群岛有约2000人、在国头有约3000人情况不明。

陆战1师的战斗

日军第32军在5月5日中止攻势后再次转为持久战略。第32军对于在攻势失败后的持久作战中，究竟是采取以首里为中心的环形复廓防御态势，抑或大致保持现战线继续进行防御战斗等问题进行了研究。结论是认为以首里为中心的复廓

阵地难于持久，而且会给予美军行动自由，无法粉碎美军继续战斗的意志。结果第32军在6日左右将"包含首里、依托东西两海岸作为两翼坚守现阵地，在强迫美军流血的同时尽可能持久防御，结合长期航空作战的成果迫使美军放弃继续作战"作为今后的作战方针。当时第32军还判断"军依托现战线可保证在以后两周内进行有组织的战斗"，必须在此期间迫使美军舰船遭到空中痛击，丧失继续战斗的意志。

第32军基于上述方针，在5月6日以后，将当前所保持的运玉森－桃原（运玉森北侧）－幸地南方500米的高地－前田南方1000米的村落（胜山）－经塚－泽岻北方50高地－内间北侧－安谢川河口一线当作第一线阵地，部署概要如下：

第24师团

大体上负责连接大名（首里北侧）-前田西端一线以东地区的防御，在前田南侧地区第24和第62师团的部队混杂地区则实行协同战斗。

第62师团

大体上负责连接松川（首里西侧）－57.3高地（松川北方800米）－末吉之线以东、同前述第24师团间的境界线之间地区及首里地区的防御。

独立第2大队及特设第6联队改为配属于独立混成第44旅团。

独立混成第44旅团

担任第62师团左侧至西海岸间地区的防御。

地图六十三　5月6日前后日军32军主阵地部署计划概要

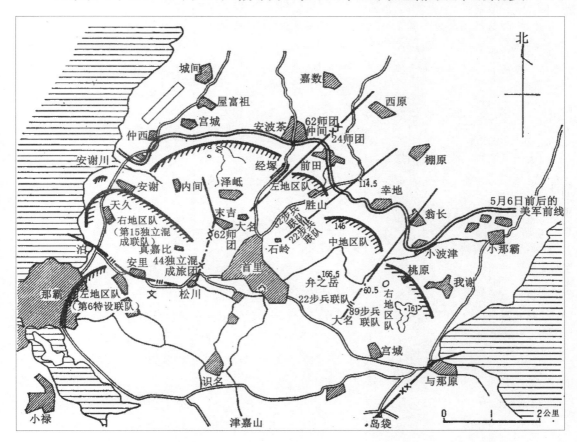

新配属独立第2大队及特设第6联队。

第32军在7日夜左右完成了新的部署。

根据军命令，负责军右翼防御的第24师团的部署情况为：

右地区队（步兵第89联队）

固守从运玉森至桃园间地区，准备于阵前粉碎美军攻击。

中地区队（步兵第22联队）

同右地区队相连接，固守从幸地南方高地至146高地间地区，准备粉碎美军攻击于阵前。

左地区队（步兵第32联队）

固守从前田南侧村落至经塚附近地区，准备于阵前粉碎美军攻击。

坦克第27联队

固守石岭高地，协助中、左地区队的战斗。

野炮兵第42联队

位于现地区（首里东南方地区），协助第一线的战斗。

独立混成第44旅团在5月6日根据军命令，从第62师团手中接过了首里（不含）以西（大致为连接松川、57.3高地、末吉一线）的防御任务，至7日晨完成了概要如下的部署：

右地区队

队长　独立混成第15联队长美田千贺藏大佐

独立混成第15联队（欠第1大队）

配属部队　独立第2大队、独立速射炮第7大队

固守从真嘉比（首里西方）至天久之间地区，准备于阵前粉碎美军攻击。

左地区队

队长　特设第6联队长平贺又男中佐

特设第6联队等

固守从泊至那霸正面地区，准备于阵前粉碎美军攻击。

旅团炮兵队

在识名南侧地区占领阵地，协助第一线战斗。

旅团预备队　独立混成第15联队第1大队

军炮兵队从5月6日开始重新部署，其大部仍大致留在原地。由于剩余弹药很少，弹药使用量被限制为每门每天10发。具体部署为：

野战重炮兵第1联队（欠第1大队）部署于识名附近，主要支援第62师团及独立混成旅团正面，现有战力为6门火炮，人员还剩半数；

野战重炮兵第23联队第1大队部署于石岭附近（战力极度低下，只有2到3门火炮而已），第2大队部署于神里（首里东南偏南6公里）地区，主要支援第24师团正面；

独立重炮兵第100大队位于与那原西南3公里仲间附近，负责全盘支援。

总的来说，日军在反攻中损失惨重，但看起来还不至于根本上影响防御能力。当投入反攻的生力军转入守势后，便足以维持日军在整条防线上的战斗力。日军的指挥和参谋作业也运转正常。日军的一线作战单位经过重整后，表面上看不出反攻失利造成了多大影响。

随着日军反攻的失败，美军又可以重新恢复进攻了。日军为组织这次反攻，几乎动用了所有生力军，反而让美军主将巴克纳中将觉得，完全可以在5月的某个时候对首里内侧防线再度发动总攻。5月7日，得悉巴克纳意图的24军军长霍奇少将，为准备行将到来的大规模协同进攻，命令他的部队向安谢－泽岷－我谢一线继续

蚕食日军阵地后，将阵地推进到安谢川沿岸至77师边界一线，继续进攻泽岷－安波茶一线。

7时30分，陆战7团接管海岸一侧的1师右翼阵地。两个多小时后，7团2营完成安谢川北岸的扫荡任务，巩固了美军在这一带的阵地。团属和营属火力支援武器随步兵前进，对河口南岸群山日军重武器和自动武器实施反火力压制，片刻就让它们安静下来。

原先攻击区域过宽的1团收缩战场，使两个突击营可以集中兵力攻打泽岷高地防线西侧通道。拱卫泽岷高地西翼的一系列山头和山脊长达1000码，日军在山间组织了迷宫般的复杂阵地，酷烈的正面和侧面交叉火力将陆战1团各突击部队压得透不过气来。他们迫切需要集中兵力。

萨博尔中校的1团3营以I

美军77师负责沿南部冲绳战线中路，这里的进展缓慢，伤亡很大。日军在沿途的每座山包筑垒防御。5月6日，美军炮火定位飞机拍摄到美军坦克焚烧一座村庄边缘的场面。

前进。这一线阵地只是最初的目标，为了获得尽可能多的有利阵地，进攻还将继续下去。

美军重拾攻势后，很快发现对手韧性十足。日军的反攻都落到24军左翼和中央的两个陆军师头上，陆战1师仍在向南推进，该师在5月4日蒙受的损失比2个陆军师之和更多。在日军反击的几天里，第7师和第77师共损失714人，陆战1师的损失也达到649人，达到2个陆军师总和的90%以上。

5月6日，陆战6师已在南下的路上，陆战1师则在逐步

海军陆战队攻打60号高地时，坦克、火焰喷射器和爆破队全部上阵。图中陆战队的坦克和步兵协同战队正在进攻60号高地西北坡。

连和L连突击，向南进攻，却被日军独立步兵第15大队的守军轻易化解。日军让I连推进到他们的目标位置，然后用冰雹般的机枪子弹、迫击炮弹和火炮炮弹直击暴露的各突击排要害。I连试图就地掘壕防御，在日军居高临下的密集火力打击下根本办不到，只得撤退。

2营的情况也好不到哪里去。他们的任务是从西方进攻60高地（日军称为"50米闭锁曲线高地"）。这座高地位于屋富祖东南800米，控制着2营的前进路线，泽岻台地和山岭、大名岭，以及安谢川以南高地上的日军都能用火力覆盖高地和周边地区。此外，美军陆战队要进攻60高地，必须先通过这座高地以北200码的一座被称为"南山"的小山岗。60高地一带的日军守备部队以独立步兵第15大队第5中队为基干。

南山的日军将山顶和北坡让给美军，一直都在南坡的山洞和地下坑道内坚守。在南山战斗的美军官兵，到了夜间不得不应对日军的多次夜袭，依然防不胜防，有些人就在散兵坑里被日军的刺刀或匕首扎死。

9时45分，沃尔特·伯克中尉指挥的F连越过3营L连阵地，从西方进攻60高地。美军很清楚这次战斗的难度，调集迫击炮火、野战炮火和海军舰炮火力支援，为陆战队的步兵配备了坦克和自行突击火炮，一路炸毁日军的洞穴和碉堡以打开通道。日军早就料到美军会使出这一招，自有手段应对。

南山后山坡的日军在F连进攻60高地时，直接以火力骚扰他们的侧背。F连各排在不足200码的距离内很难有效隐蔽。为躲避火力骚扰，各排之间很快失去联系，队尾不少人伤亡倒地。美军装甲兵刚刚驶入开阔地，就遭遇日军的迫击炮和反坦克炮阻击。1门位置极为隐蔽的47毫米反坦克炮先后用10发炮弹摧毁2辆坦克，让另1辆瘫痪。关键时刻，日军反坦克炮兵也不吝惜炮弹。威胁巨大的反坦克炮火力，使美军装甲兵一时束手无策，难以继续跟上步兵。

F连的一个排登上60高地的山顶，那意味着他们再次落入日军反斜面战术的陷阱。铺天盖地的手榴弹、炸药包、白磷燃烧弹和掷弹筒榴弹向他们飞来，将山顶变成一座火雷地狱。这个陆战排在前山坡都站不住脚，完全无力坚守。南山上的战友们只有干着急的份儿，他们还无法解决南山后山坡的敌人，哪怕开火也够不到60高地反斜面的日军阵地。

12时27分，2营长麦基中校眼看F连损失极大，无法得到坦克支援，只怕日军一个反击就会让他们崩溃，只得下令

美日双方曾展开敌我难分的白刃战的安波茶附近阵地。

撤退。G连提供火力和烟幕掩护，4个小时后，F连总算带着伤员撤回。这一战，F连伤亡达35人，随即被E连替换。

同一天，陆战5团继续进攻安波茶孤立阵地，守卫这一带峡谷和山岭的是日军独立步兵第23大队和独立机枪第14大队。为啃下这块硬骨头，美军一早集中4个炮兵营、海军舰炮和飞机进行火力准备。然后5团1营和3营在装甲兵帮助下，一路炸毁和焚烧前一天阻挠他们前进的日军洞穴和工事。

5团左翼的2营在黎明时分打退了日军组织的一次有力反击，一路向师边界转战，与77师307团取得联系。中午，2营形成一条"L"形前线，3个步兵连全部就位。G连和F连沿着师边界守卫450码长的战线，

冲绳日军临时海军炮大队长仁位显少佐。这位专业能力颇强的炮兵军官指挥的榴弹炮，曾经让冲绳美军非常头痛。

E连则负责维持与5团1营的联系。左侧陆军部队推进后，使5团2营能集中火力打击阻碍5团主力推进的日军反斜面阵地。虽然如此，陆战5团当天取得的成果还是非常有限。

由于对安波茶、泽岻方面的战况深感忧虑，第32军在当天从独立混成第44旅团抽出第2步兵队第3大队（尾崎大队）配属给第62师团。尾崎大队被配属给独立步兵第15大队长，部署于泽岻、末吉（泽岻南方）、大名（泽岻东南）地区的独立步兵第15大队后方地区。当天，由于独立步兵第21大队长西林中佐因病被后送，步兵第64旅团长命令该大队转归独立步兵第23大队长指挥。

6日，步兵第63旅团长对部队进行了重编，将独立步兵第273大队撤至平良町附近，充当旅团预备队。该大队自4月30日以来就被配属给独立步兵第12大队，在前田地区的战斗中损失很大。

6日晨以后，日军临时海军炮大队成为首里西端以西防线唯一的炮兵部队，根据军炮兵司令官的命令，协助第62师团第64旅团（有川旅团）正面的战斗。鉴于5日发生的惨剧，大队长仁位少佐不再考虑从洞穴中射击，而是决定在洞穴外射击。于是当天早晨，仁

位命令将户成队的一门150毫米榴弹炮拉出洞穴。这门火炮所在的位置可以提供某种程度的掩蔽，在一般演习中算是无可挑剔的阵地。开始试射后，只发射了不到10发炮弹，似乎就被美军炮兵捕捉到，开始遭到集中炮击。仁位只好下令："暂时躲进掩体壕"，又将火炮拉回洞穴内。

仁位一方面担心从洞穴中射击会再次发生类似5日的惨剧，另一方面又担心在洞穴外射击会立刻受到集中射击，进退维谷，为如何才能完成任务苦恼。满身疮痍的第64旅团正在美军的猛攻下苦守阵地，情况十分危急，急需炮兵的支援。

正当仁位焦虑不已时，注意到在平良的大队观测所下方，平良－小禄道路沿着饶波川穿过山麓。在这条道路和河流之间、从道路向下约两米的地方，有可以配置一门火炮的空地。仁位灵感突发，立即大声命令第2炮台长桥本少尉："桥本炮台长将火炮一门部署于此处，立即准备开始射击。"

从这个位置越过河流，在对岸有一座标高不到50米的平缓圆形小丘，正好挡住美军的视线，发射时的火光和炮烟应该不会被美军看见。不仅如

此，连发射时所发出的声波也会被面向河流的小丘挡住变形，使敌人无法通过捕捉声波来标定声源，对日军来说真是幸运之极。对这个位置只需注意对付空中搜索即可。仁位心中的石头落了地。

在一般情况下，应付空中搜索的方法无非是在远远看见敌机来袭后，立即发出警报，随即停止射击。只要负责对空监视的士兵稍有懈怠，就有可能大难临头。何况，在冲绳战役中，从早到晚始终有美机编队极力搜寻日军炮兵，一旦被发现就会遭殃。考虑到这些问题，仁位觉得让谁负责空中监视都不能放心。他还考虑到反正自己待在安全的洞穴中的话，就无法有效指挥射击，也就不能完成任务，而且他担任重炮兵学校教官时，曾接受搭

乘飞机搜索敌炮兵的训练。于是他最终决定亲自负责生死攸关的对空监视，在洞外覆上伪装网，盘腿坐在地上。

天亮后正在试射时，仁位接到了铃木少尉的无线电报告："泽岷北方500米，有敌坦克5辆"、"内间阵地西北侧，有敌步兵100"。

在此前的6日上午2时左右，仁位为了帮助有川旅团长防御泽岷，向大队负责通信的军官铃木少尉下令："贵官为协助步兵第64旅团，前往有川旅团长处，负责我大队的目标搜索及射弹观测，附上士兵两名和无线电台一部。"

接到派驻64旅团的铃木少尉的报告后，仁位在地图上标记了目标位置，算出了目标位置同试射点位置之间的方向差和距离差（所谓的"转移

射"）。做好射击准备后，仁位立即发出了射击的信号……

为了提高射击精度，这门火炮被牢牢地固定在地面，此位置可最大限度保证火炮的稳定（如图所示）。每当火炮连续发射四五发后，美军就会盲目还击，炮弹都越过日军头顶落到后方的保茂荣村一带。即使在夜间，日军炮兵保持完全沉默时，美军炮弹依然像雪崩一样不断在大范围内落下。对美军来说，日军炮兵的炮弹究竟是从哪里飞来，依然是个谜。这个炮兵阵地仿佛成了"幽灵炮兵阵地"，成了美军的眼中钉、肉中刺。美军在报复炮击中不知浪费了多少弹药。就这样，临时海军炮大队仅以桥本队的一门火炮协助有川旅团的防御战斗达一周以上，为此在13日得到了内容如下的赏词：

海军炮大队在此期间以极为有效适切的射击，屡屡救旅团于危急中，居功至伟。

5月7日6时，美军第3两栖军军长盖格少将正式接管原先配属给24军的陆战1师和陆战队各炮兵营的指挥权。仍留在阵地上的陆军27师炮兵被加强给陆战队炮兵，支援第3两栖军进攻。在5月前6天的战

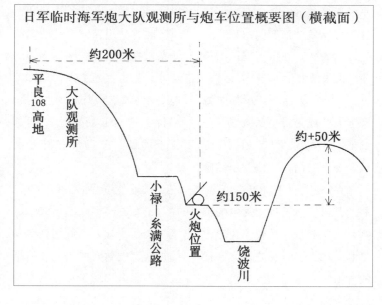

日军临时海军炮大队观测所与炮车位置概要图（横截面）

冲绳战役期间的美国海军陆战队第1师师长佩德罗·德尔瓦尔少将。1893年出生的德尔瓦尔生于波多黎各的圣胡安，1915年从印第安纳波利斯海军学院毕业。第一次世界大战期间，他在北大西洋的"得克萨斯"号战列舰指挥陆战分队。此后多年，德尔瓦尔一直都在中美洲和加勒比地区的海上指挥陆战队。1931年，已经晋升为少校的德尔瓦尔进入陆战队"登陆行动文案署"，撰写两栖作战论文"两栖作战中的从船到岸问题"，强调在两栖登陆战中执行反登陆行动的重要性。太平洋战争爆发后，已出任陆战第11团团长的德尔瓦尔上校率部参加瓜岛战役。他的炮兵在马塔尼考河畔成为日军步兵的噩梦。1942年10月1日，德尔瓦尔因功晋升为准将，但因为他出色的炮兵指挥能力，仍然留任11团团长。1944年4月，德尔瓦尔出任第3两栖军炮兵指挥官，参加关岛之役。同年10月底，德尔瓦尔少将接任陆战1师师长之职，率部参加次年的冲绳战役。第二次世界大战结束后，德尔瓦尔回到陆战队司令部，出任陆战队总监，后来成为陆战队历史上首位拉丁裔中将。1948年，德尔瓦尔退役。1978年，他在马里兰州的安纳波利斯去世，享年85岁。

斗中，陆战1师合计战损1409人，其中包括199人战死和重伤不治身亡，不过他们已占据安谢川北岸和泽岻外围防线。

这天上午的暴雨，使第3两栖军各部只能等到坦克越过泥泞赶到前线，才能继续推进。为了让陆战1团拿下60高地，陆战1师集中了4个炮兵营、1艘海军火力支援舰提供炮火支援。5月6日刚接替查普尔上校出任团长的亚瑟·梅森上校调集团属81毫米重迫击炮和2营营属60毫米迫击炮，配合野战炮火和海军舰炮，一同集中火力打击60高地山坡和山顶的日军阵地。1团3营奉命用所有可用武器打击日军后山坡阵地。整个上午，1团的迫击炮弹比雨水更加猛烈地冲刷着60高地。14时，坦克终于到达前线，2营随即让他们支援E连突击。

野战炮火覆盖了60高地的山脚，同时自行火炮和迫击炮对山顶和后山坡实施地毯式打击。14时22分，E连从前山坡一路登上60高地山顶。美军在突击步兵前方实施的密集火力支援战术看似奏效了。然而，当支援火力向其他目标转移时，后山坡上的日军便从藏身的洞穴里现身，他们的手榴弹和炸药包再次成为阻碍美军立足的利器。这次日军的火力如此猛烈，陆战1团的官兵不禁怀疑昨夜日军曾经增援过这座阵地。双方阵地如此接近，E连官兵甚至都不可能一直都整齐划一地投掷手雷反击，于是便有人直接用枪托将那些企图冲进他们阵地的日本兵打翻。一位负伤的中士一直都在指挥他的班战斗，直到他咽下最后一口气为止。E连一度丢失一块阵地，但他们毫不气馁，重新又向山顶杀去。南山后山坡的日军火力威胁太大，减员严重的E连很可能无力应对日军的又一次有力反扑。2营长麦基中校认为即使继续缠斗下去，也只能获得一个不稳固的前方阵地，便下令撤退。17时，E连在8人战死、37人负伤后，撤到了昨晚的位置。以独立步兵第15大队第5中队为基干的日军守备部队通过出色的战斗再次守住了阵地。

陆战1师师长德尔瓦尔少将当天相对更重视陆战5团的进展。穿过5团1营阵地正面和5团2营阵地右翼的峡谷，是日军安波茶防线的核心。5月7日9时，德尔瓦尔、5团长格利贝尔上校、1营长谢尔本中校和2营长本尼迪克特中校，以及他们的主要参谋，一起讨论该怎样铲除峡谷周围和各处陡坡上密密麻麻的坚固阵地。

在美军的野战火炮、火箭

炮和飞机按计划进行大范围火力准备后，陆战5团的步兵于12时出发，一个刚调到前线的加强坦克连负责支援。5团中央的1营有条不紊地向溪谷边缘推进了300多码。3营和2营在7团3营L连支持下，以局部攻势对日军侧翼保持压力。7团3营L连刚刚进入1营右翼阵地，所以能提供火力支援。当天5团1营的战斗主要靠便携式火焰喷射器和爆破队近距离焚烧和封死日军洞穴阵地，进行得相当顺利。美军觉得日军第62师团守卫安波茶阵地的部队正在撤离，但日军的战斗意志让他们不能盲目乐观。

大约在5月8日前后，日军临时海军炮大队在一场炮战中以极其出色的射击精度完胜美军炮兵。关于这场战斗，临时海军炮大队长仁位显少佐曾有如下回忆（概要）：

5月8日左右，我部队发现敌炮3门（白色涂装、支架较高的105毫米榴弹炮）出现在仲西附近的大道上，正从侧背猛烈射击我泽岻西侧阵地。

在精密测量射距和方向后发射了第一发，初弹就击中了右方炮车与中央炮车的中间稍后处，于是敌人的炮手一个不剩全部一哄而散，连个影子也看不到了，令我们难以置信。

日军炮兵受到的教育是，即使面对敌弹的集中射击，只要火炮还在，炮手就要在炮旁坚守到底，不得擅自离开。日军指挥官也会根据情况进行处理，但信奉人命第一主义的美军与日军不同，只要有一发至近弹落下，即使可能只是出于偶然，也会丢下火炮四散而逃，果然是别样的国情。

之后又发射了3发，用了不到5分钟就破坏了3门火炮。这3门火炮一直到军向南方撤退为止，始终就这样被搁在原地。

如此例所示，一旦敌人（可能是为了侦察目的）从某处要点中露出头来就打他一发，敌人随即缩回头去，静静地观察一会儿动静之后又小心翼翼地伸出头来，我们马上抓住机会再打他一发，如此两三次后，敌人就会在两三天内再也不会侵犯此处。如果能进行先发制人的精确适切的炮兵射击，足以令美军心惊胆战。可是天久台的美陆战队却强行突进过来，因此蒙受了很大损失。我部队得到了其他部队转让的600发炮弹，由此愈加奋勇。

就这样，临时海军炮大队仅以"九六"式150毫米榴弹炮一门，在8000米距离上用了4发炮弹，在不到5分钟内就破坏了3门敌炮。作为对比，根据日军的权威统计，在8000米的射击距离上，以"地域射击"破坏一门敌炮需要200发炮弹。

5月8日，大雨让第10集团

对付日军洞穴和掩体工事最传统的方式就是利用火炮的直射火力。1945年中，所有的海军陆战队炮兵团都有一个18门75毫米榴弹炮兵营的编制，这种火炮在山地也能依靠人力拖运。

1945年5月8日，美军第77步兵师的后方官兵正在收听德国投降的无线电新闻。从他们的表情来看，内心应该在希望太平洋的战火也能早日熄灭。

军取消了计划好的所有攻势。各突击部队当天只需负责扫荡夜间阵地的附近地区，派出巡逻队去前方查探日军部署。陆战1师尝试将11团1营的75毫米榴弹炮用人力送入前沿阵地，以直射火力打击日军炮兵阵地，没能成功。

当天上午，欧洲战场全面胜利的消息传遍冲绳岛美军阵地，所有人都精神一振。对正在淋雨，将来还要同日军寸土必争的步兵来说，这个消息不啻是最好的安慰剂。12时整，冲绳地区的所有美军野战火炮和海军舰炮对准最重要的日军目标三发齐射，通知日本人，他们的轴心国盟友已经战败。

陆战6师正好在这个好日子进入南部冲绳战场，陆战22团奉命率先南下。15时30分，22团2营和3营接管了1师7团2营在安谢川北岸的阵地。

5月9日，不必再承担安谢川沿岸战斗任务的陆战1师，需要将他们的战线拉直。由于地面太过泥泞，坦克只能推迟赶到前线，最终1师的进攻于12时正式开始。不过1团在再度进攻60号高地之前，首先要拿下南山阵地。

2营一直都在为摧毁日军在南山的各处阵地努力。他们发现这个任务十分冒险，结果经常令人沮丧。放进一个洞穴的炸药包有时会将其他几个洞口也炸出来。陆战队员在爆炸时，为了寻找掩蔽所，可能发现自己落入日军隧道的另一部分。不止一次，由于日军能够从内部挖通，被爆破的山洞没能封住。不过2营一直在坚持战斗。5月9日，在装甲兵支持下，2营经过多次爆破，耗费了数百加仑凝固汽油后，终于将南山扫荡干净。

1团长梅森上校早已决定将摧毁60高地一带防线的任务交给1营。穆雷中校的这个营过去两天一直充当团预备队，吸纳了116名补充兵，亦即补

美军陆战队正在等候爆破结果，准备击毙任何企图逃出洞穴的日本兵。

充了4月30日至5月6日伤亡的259人的一半。炮火准备之后,1营C连出发攻打控制60高地东坡的泽岻台地西北部。12时40分,C连已部分到达目的地,由于日军坚决抵抗,B连也被派到他们的右翼助战。

"太好了!"1营成功突入目标区后,梅森上校决定实施第二步计划,命令已占领南山的2营在3营火力掩护下,向60高地前进,这一次务必拿下。

2营E连在坦克和自行火炮的直接支援下,快速登上60高地山顶。14时,他们已完全控制包括反斜面在内的高地,工兵开始忙着爆破封死大片洞口。

日军对1营的抵抗一直很顽强,B连和C连损失很大,左前方日军火力造成的伤害尤其明显。为摆脱困境,C连不得不全力向左侧推进,进入陆战5团的行动区域。B连顺势左移之后,1营长穆雷中校将预备队A连派到他们的右翼,及时填补了1营和60高地的2营之间的缺口。1营各部筋疲力尽、伤亡惨重,经常会发现同友邻部队之间缺乏必要的联系,几乎停止进攻,在3个步兵连全部就位后,终于从16时重新开始前进。他们一路克服日军的顽强抵抗,在地形崎岖的高地

上转战前进150多码,到达了预定位置,与左侧的5团3营I连和右侧的1团2营E连建立紧密联系,完成了当天的战斗任务。

不幸的是,傍晚前后,1营长穆雷中校来到前沿阵地指导他的几个连进行部署和准备防御阵地时,被日军狙击手打伤。B连长弗朗西斯·莱尼尔上尉奉命暂代营长职务,在关键时刻指导1营各部进行夜间防御。次日上午,他将指挥权移交给副团长小理查德·罗斯中校。

配属陆战5团3营充当预备队的7团3营K连回本营归建,进入L连右侧前沿阵地。当时5团各营都面朝安波茶溪谷。5团1营和2营会为正在谷口险峻地区进攻的7团3营和5团3营提供火力支援。

12时火力准备结束后,7团3营和5团3营起初的进展很快,一直到达阻挠1团1营前进的同一道山岭,7团3营暴露的左翼遭到日军重火力打击,才被迫停止前进。约翰·戈姆利中校指挥的7团1营上午已经从城间赶赴前线。15时15分,他们开始填补7团3营与5团1营之间的缺口。

为处理安波茶阵地的坚固防御引起的问题,陆战1师在5月9日下午进行了调整。陆战5团(欠3营)被分配到1师前线左翼的有限行动区域,负责攻打安波茶防线。7团(配属5团3营)和1团之间重新划分边界,让他们越过1师前线,进入准备5月11日总攻时的出发阵地。18时55分,7团长斯内德克上校接管新7团行动区域的职责,负责5团3营和7团3营前沿阵地,7团1营则准备于次日上午执行师里的进攻任务。

安波茶孤立阵地,陆战5团在图片所示的峡谷多次与日军激战。

陆战5团将集中精力攻打安波茶阵地，这对77师来说是好消息，他们的右翼一直都受到该阵地的日军火力骚扰，为之烦躁不已。

5月9日夜间，5团1营先后击退日军的两次大规模反击和多次小规模渗透。天亮后，在他们的阵地前方一共发现了60多具日军尸体。

5月10日8时整，1营的3个连排成3个纵队，以A连为前锋，开始推进。在迅速前进400码后，1营到达第3两栖军作战边界，C连随即转入A连左侧加强1营正面。由于缺少合适的道路，原定支援1营进攻的坦克无法及时赶到前线与1营的突击连会合。8时45分前后，日军的重机枪和迫击炮火从四面八方来袭，1营在前进阵地上顿时动弹不得，伤亡数字直线上升。17时，谢尔本中校别无他法，在厚重烟幕掩护下，命令他的部队带着伤员一起撤退。

5团1营孤立日军安波茶阵地的意图受到重挫，5团2营却取得了不小的收获。本尼迪克特中校的部队顺利与支援他们的12辆坦克和3辆火焰喷射坦克会合。依靠装甲兵和步兵火力支援武器，他们成功压制了本营行动区域内安波茶溪谷所有日军的抵抗，在坦克用75毫米主炮集中齐射2营和1营前方的敌军阵地时，火焰喷射坦克同时喷射出的火流甚至都已经烧到山沟北坡。2营G连跟随坦克火线进入山沟，用勃朗宁自动步枪和加兰德步枪将被火焰逼出洞的日本兵放倒。E连和F连进入各自辖区，扫荡所到之处的残敌。天黑时，5团2营已攻入日军安波茶防御阵地核心地带，依然有许多孤立的小阵地在顽强抵抗。

陆战7团辖区的战斗同样比较复杂，右翼的3营在出发位置就被日军野战炮兵和迫击炮精确炮击打得抬不起头。好不容易挨过这阵炮火，前方洞穴和碉堡中的密集轻武器火线，让他们还是无法取得任何像样的进展。结果，沿着与5团1营平行的路线前进的7团1营，在8时只能在侧翼暴露的情况下进攻。

1营起初只遇到零星抵抗，进展飞快。8时42分，戈姆利中校将A连转移到突击连B连左侧，加强正面力量。美军的火炮和81毫米迫击炮集中火力打击泽岷岭和村庄，但上午日军在泽岷高地的迫击炮和机枪火力始终有增无减。

11时45分，日军在陆战5团辖区内的一处山沟射出连梭机枪子弹，严重威胁7团B连后方，有效延缓了他们的前进速度。2营G连在81毫米重迫击炮发射的烟幕弹掩护下，企图清除日军在山沟中的火力点，连续几次都没能成功，戈姆利中校被迫下令暂停前进。17时，

5月10日，陆战7团1营B连的陆战队员们小心地走向硝烟未散的泽岷岭山坡。

5团1营开始撤退，7团1营顿时处于三面直射火力的夹击之下，左后方也不安全，逐渐从前沿阵地后退。17时54分，戈姆利得到团长的许可后，将突击部队都撤回始发位置。

当天陆战1团的目标是通往泽岻西端的公路。由于陆战6师的一辆坦克触雷瘫痪，堵住通往1团1营辖区的唯一一条坦克公路，使支援1营进攻的坦克推迟到10时20分才就位。3营和1营在坦克支持下稳步前进，到达俯瞰泽岻公路的一座低岭。而后3营K连和L连，1营A连和B连越过公路的所有行动都没能奏效。泽岻高地的凶猛纵射火力让美军的任何战斗巡逻队都不能逾越一步，显然美军只有拿下这道高地才能继续南下。当天，5团3营I连紧跟1团1营的步伐，在黄昏时分将陆战1团和7团的战线连成一线。

第24军的进攻

在陆战1师南进的同时，24军的两个陆军师也在继续前进。5月7日，第7师184团兵不血刃便重新占领日军放弃的我谢岭（日军称为"51.9高地"或"54高地"）。随后他们派出一个排沿着我谢岭末端自由巡弋，3营的步兵开始以标准队形越过小那霸西南平地，一小时后，已经沿我谢岭就位。日军对184团的快速推进准备不足，只发射了少量炮弹，并没有轻武器火力阻击。

接下去184团向锥形山西侧通道的推进要困难得多。一个巡逻队遭到日军机枪和迫击炮阻击，差点被切断退路，好在及时夺路杀出，没有被围。试图进入千原村的部队刚到村落外围边缘就被炮火挡在外面。日军在小波津和翁长敷设的地雷，让美军坦克无法及时跟上支援。步兵在平地西端对群山的进攻更顺利。5月7日，他们顺利攻克威廉山，次日又拿下容易山前坡。

5月8至10日，美军对运玉森（锥形山）正面的进攻并不活跃，负责此地正面防御的日军步兵第89联队因此得到了喘息之机，在总攻中溃灭的第1、第3大队在此期间完成了重编，加强了阵地。

这一时期，第7师前进的主要障碍是日军在幸地岭和幸地村正南斑马山（日军称为"幸地西南500米闭锁曲线高地"）周围的一系列阵地。负责幸地地区防御的是步兵第22联队（中地区队）。此前的多次进攻证明，美军不可能一举就拿下这些防御阵地，只有耐心而有条不紊地多次逐个消灭日军小部队，清除阵地，才能达到目的。

争夺幸地阵地的战斗从4月26日开始，因为日军大举反攻一度中断。日军反击失利后，美军自然会恢复进攻。5月6日，17团3营的任务是夺取幸地岭的2号山包。他们为了将隐藏在东坡地下工事的日军

美军步兵使用梯子攻击据守断崖的日军。

逼出来，将混合凝固汽油、汽油和机油的10加仑油桶从山顶投下东坡放火。同一天，17团的2个步兵排占领了豪山的一小部分，但在幸地岭的日军密集火力压制下，实在无力守住阵地，只得违反命令撤退。24军军部为了准备集团军司令部计划在5月11日实施的新一轮总攻，极力敦促第7师更加积极地前进。为此，副师长约瑟夫·雷迪准将命令帕克勒上校的17团在5月7日进攻斑马山。

5月7日上午，17团3营的坦克和步兵协同战队就出发通过幸地地区。他们的第一个目标是日军在斑马山和幸地岭之间的路堑的一个强点。这个强点是日军到千原一线防御阵地的西侧端点。日军的密集炮火让美军步兵无法前行，只有坦克凭借坚固的装甲防御能力，穿过日军的火炮弹幕，一路越过幸地，到达路堑西端。日军炮火一停，美军步兵立即起身跟了上去。日军的防御强点就设在路堑北边的一座山洞里。日军在4号山包和邻近高地和洞穴狭窄通道上的峭壁组织火力阻击，使这座阵地几乎无法靠近。美军装甲兵用75毫米炮弹和火焰压制住路堑，但是弹药和燃料并非无限。坦克车队回基地补充燃料时，4号山包上的日军便开始向孤立无援的步兵部队倾泻弹药。3营和日军一直对峙到15时前后，终于退了下去。

同一天，1营再度拿下豪山，在幸地取得更多阵地，但冲绳大雨又至，一直持续到第二天。

美军17团已经相当疲劳的步兵并没有停止进攻。威廉·科伯恩少尉指挥的一个补充排在9天前才加入17团G连的战斗序列，5月8日随队攻打4号山包，很快就被日军的迫击炮弹和机枪子弹逼退。排里阵亡2人，负伤3人，让科伯恩和乔治·希尔斯参谋军士心头升起无名业火。两人亲自回到4号山包，小心翼翼地摸索到路堑附近，将手雷掷向日军迫击炮阵地。日军同时也发现了他们，一枚迫击炮弹将希尔斯炸成重伤，但他和科伯恩两人的手雷成功除掉路堑里的日军迫击炮阵地，减轻了G连的压力。当晚，日军步兵第22联队长让当时位于第一线的第1大队（小城大队）同第3大队（田川大队）进行交接。

5月9日，96师382团替换17团时，美军基本上占领了幸地地区。382团接管的是一条从豪山到幸地岭山顶，再到幸地村南端的坚固直线前沿阵地。不过，路堑的洞穴阵地，以及整座斑马山高地仍在日军手中。正在交接中的日军步兵第22联队的第1大队和第3大队，以及独立第28大队都被卷入当天的战斗，蒙受了很大损失。根据日军的记录，美军在当天进入斑马山一带，经过近战占领了山顶附近。步兵第22联队长为了增强部队战力，将从后方来增援的独立整备队、航空修理厂等人员增加给各大队。

步兵第22联队在5月8至10日为了防御幸地地区，将手头的全部大队都投入了第一线，同美军进行了寸土必争的战斗，由于各部队战力极度低下，各大队战力仅100人左右，第22联队不得不在10日夜放弃阵地，退至弁之岳东北高地带。

负责美军中路的77师占领前田高地后，沿着5号公路一步步向首里前进。师长布鲁斯少将用尽一切可用的武器，包括航空兵、海军大口径舰炮和203毫米榴弹炮对日军阵地狂轰滥炸，但是步兵和坦克开始突击时，却发现日军仍可以组织有力抵抗。美军为了对付日军的坚固阵地绞尽脑汁。他们想出一种跷跷板战术，用各种重武器先削弱一小块地区，使突击部队先在那里形成一个突出部，从那里支援相邻地区的进攻，进展却仍然缓慢。

地图六十四　1945 年 5 月 3 － 10 日，美军在南部冲绳的推进

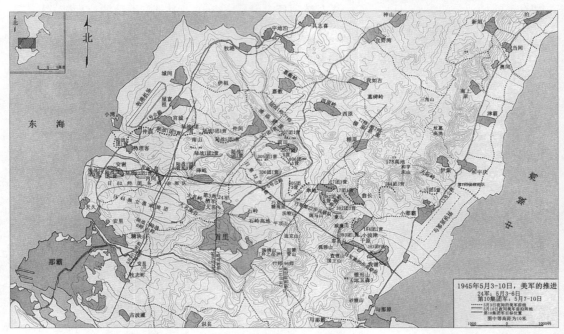

5月11日，24军军长霍奇少将发现，他的两个师距离他亲自设定的最近目标都还有相当一段距离，不过好歹已经拿下许多日军阵地。5月3日到10日，总体来说，美军已经巩固了从东海岸的和宇庆到西海岸的安谢川河口一线阵地。他们在付出减员20000余人（包括非战斗减员）的代价后，将阵地推进到前田、幸地和安波茶一带，交通线变得更加安全，为准备在5月11日发起的总攻取得了更有利的阵地。

在这一时期，前田高地的残余日军仍在洞穴内苟延残喘。前田高地对于第32军来说，与上原高地同为防御上的关键地点。上原高地在4月下旬即告失陷，但前田高地自4月26日以来一直在反复激战。前田高地可以俯瞰日美两军的态势，是战术要地，第32军对该处的防御极为重视，甚至打破了同第62师团间的作战地境线，将步兵第32联队等投入该地区。

到了5月9日，第62师团长判断已无望夺回前田高地，且在前田洞穴中苦战的各队的战力已经极度低下，需要重整，因此向独立步兵第12大队长贺谷中佐下达了撤退命令。当时前田洞穴已陷入孤立，不可思议的是电话线并没有被切断，仍然可以通过电话联系。

9日夜（10日拂晓），独立步兵第12大队、独立步兵第14大队主力（一部留下）逃出洞穴首先向经塚方向、然后向平良町方向撤退，由于被美军察觉，贺谷大队遭到重机枪的集中射击，蒙受了很大损失。独立步兵第14大队在撤退时的损失比较少。步兵第32联队第2大队长志村大尉本来就不愿意离开洒满部下官兵血泪的前田高地，特别是现在众多官兵的尸体依然凄惨地遗留在战场上。先前他接到联队下达的转进命令后，就反复向联队长提出希望重新考虑，但得到的回答却是："为免成为今后实施作战的障碍，应迅速转进。"当晚部队开始转进后，志村在途中听到右前方传来机枪射击声，随即看到火光，士兵们乱

计，4月28日至5月10日期间，该大队在前田高地的战果和损失为：

战果：坦克瘫痪起火8辆，缴获及破坏重、轻机枪20挺、步枪30支，估计杀伤人员1000名。

损失（含配属部队）：死伤约800人，损失火炮2门，重、轻机枪15挺。

八原博通对于志村大队没有同贺谷中佐一同撤退、在冲绳作战结束前始终躲在洞穴阵地内脱离了联队长掌握一事感到惋惜。志村后来对冲绳战史研究者大田嘉弘表示，他在撤退时发现贺谷大队及其配属部队陷入一片混乱，损失惨重，于是才决定在当天停止脱逃，终于失去了后退的时机，以后就逐渐转入游击战。

5月10日，第32军司令官牛岛中将决定将第32军航空主任参谋神直道少佐派往本土及台湾执行航空作战的联络和报告等任务。神参谋为了返回本土，申请向冲绳派出海军的飞艇。专门用于运送神参谋的飞艇曾数次向冲绳飞来，均因联络不畅和波浪太大失去了搭乘的机会。最后神参谋于5月30

平民或日军曾躲藏过的天然洞穴。

纷纷地退了下来。这时志村接到和田中队长战死的报告，这使他下定决心中止撤退，于是带领士兵们又返回前田高地，进入了高地南坡的"压缩饼干壕"（此处"壕"为洞穴、坑道之意），人员为志村大尉以

下约50名。这时已经接近5月10日的黎明。

抵达首里北侧平良町的贺谷大队的固有人员已减少至大队长以下约100人①，独立步兵第14大队还剩下约三分之一的战力。另外根据贺谷大队的统

---

① 志村常雄后来听说贺谷大队在撤退时，其残存兵力约100名中只有大队长以下约30名突破成功。

日从名城（糸满南方3公里）乘坐独木舟出航，于6月10日抵达德之岛，再于11日从德之岛搭乘飞机抵达了九州的平良机场，最后于12日抵达福冈的第6航空军司令部。神参谋先后向第6航空军司令部和航空总军要求向冲绳实施航空攻击，后来更向参谋次长河边虎四郎中将要求航空出击，没有获得首肯。那时冲绳战役已经进入了最后阶段。

第十章　血战糖块山

美军的新一轮总攻

5月7日，第3两栖军各部陆续南下，美军第10集团军司令部首次直接指挥南部冲绳前线的军事行动。5月9日，集团军司令巴克纳深思后，正式决定在5月11日对日军防线展开新一轮总攻。5月11日，北部冲绳的陆战6师、第3两栖军军部和直属队正式与第27步兵师全面交接，进入南部冲绳右翼（西部）阵地。两个军全部进入南部冲绳后，24军的辖区从与陆战1师相邻的边界向东一直延伸到与那原。陆战6师、陆战1师、第77步兵师和第96步兵师从西到东在南部冲绳前线一字排开。第7步兵师转为24军预备队休整。

按照第10集团军的总攻计划，下属两个军将左右开弓，同时进攻日军在首里的内侧防线。起初两个陆战师从西面，两个陆军师从东面包抄首里城，同时在中路以有力部队维持攻势以牵制日军。第10集团军参谋部认为日军左翼阵地较弱，有生力量相对较多的两个陆战师有机会快速突破。此外，西海岸一带的地形也比较有利。5月10日，巴克纳对这份作战计划进行了说明，在他看来一切都和过去没有分别。他还补充道："这（次总攻）会采用我们至今为止一直使用的进攻方式。我们无法占领的那些坚固阵地会暂且放过，留给预备队铲除。我们拥有足够的火力和足够的生力军，始终可以让一个师轮休。"

按照最初的计划，在地面进攻开始前，美军野战炮火将实施30分钟的全面火力准备。不过两天后，美军决定将全面火力准备改为对具体目标的定位打击。新命令指出："在步兵突击前，炮兵会尽最大努力让尽可能多的已知日军火炮和坚固阵地被摧毁或无力化。"之所以这样改动，主要是吸取了4月19日总攻时大范围炮火准备失败的教训。日军在整个前线精心构筑的地下防御阵地，需要美军使用精确火力打击，尽可能击中每个洞口。

5月11日，美军第10集团军将以4个当时战斗力最强的师展开总攻，首先要让陆战6师全面南下。5月8日，陆战6师最早南下的22团接管了安谢川北岸的陆战1师7团阵地，与日军隔河对峙。安谢川河口一带水很深，涉水渡河非常困难，河底又太过松软，难以支撑任何车辆开过。日军守卫的南岸阵地逐渐向2000码之外的地平线上升。日军阵地西面的光秃珊瑚岩山岭形成一道天然海堤，南面有一道漫长的黏土山岭瞰制通往那霸的公路，东南方是一组长草覆盖的低矮群山，瞰制安谢川流域和安里川走廊地区。东面是泽岻岭、大名岭和大名溪谷等一系列陡峭褶皱，也就是陆战1师要攻打的日军阵地。

陆战6师师长谢泼德少将已经预料到接下来的进攻将不会轻松，认为南部冲绳的战斗将与本师在此前所参加的历次战斗截然不同，因此在这次总攻开始前整理了关于该地区日本守军的一些注意要点，并命令所有排长必须将其读给手下士兵两遍：

（A）该地区的日军拥有大量火炮，可实施前所未见的精密射击。

（B）日军拥有大量弹药，一旦发现目标即会毫不犹豫地实施射击。

（C）日军的炮火观察员十分优秀，我军的活动尽在其监视之下。

（D）日军在一切预想地点均埋设反坦克地雷或反人员地雷。

（E）日军富于攻击性，一有机会便会立即从地面或海上发动反击。

（F）日军防线极为坚固，单靠正面进攻取得突破必然蒙受极大损失。

谢泼德鼓励部队充分利用伪装和隐秘行动的优势，灵活运用各种战术，利用侧翼机动包抄日军，不能奢望"一举打垮"他们。他对营级到班级的干部强调："不要跟小鬼子正面顶，要从他们后面进攻"，还训示说，"你们要经常活动，日本兵的脑袋比各位都要迟钝些，积极果敢的陆战队员和他们的武器是最强大的"。

在实际战斗中，海军陆战队却不顾陆军在嘉数、前田高

正在遭到严重破坏的墓地中研究作战方案的美军陆战6师幕僚群。

地的教训，轻视日军有组织复合防御的威力，反复采取以少量部队进行中央突破的战术，结果无异自掘坟墓。这次总攻期间，在天久台地区发生了被美军称为"太平洋战场首屈一指的激战"或"超过任何其他地方的苦战"的一场战斗，这片战场被大量双方阵亡人员的鲜血浸透，成为名副其实的人间地狱。参战官兵都永生难忘。

5月10日一早，陆战22团开始从内间西侧的一座工兵架设的人行桥上越过安谢川河口。负责天久台方面防御的日军独立第2大队（大队长古贺宗市少佐）在当天拂晓派出桥梁爆破挺进队（军官1名、下士官1名、士兵6名），成功爆破了桥梁，挺进队的损失为1名士兵战死。这时陆战22团已有3个连过桥，足够在南岸建立桥头堡。团主力在他们的掩护下安全涉水过河。上午，日军的抵抗逐渐增强，密集炮火和有力的局部反击一直令美军头疼，陆战22团仍在安谢川南岸成功建立了纵深350码，宽1400码的桥头堡阵地。

位于22团战线中央的1营遭到来自前方一座珊瑚石小山上的射击。C连向这座小山发动了攻击，从此开始苦难的两天战斗。这座小山位于安谢川和安里川中间，距离海岸

约300码，后来它被美军称为"查理山"，日军则称其为"安谢东南棱线"。日军利用隧道迷宫进行了巧妙的抵抗，C连被打得焦头烂额。美军不论在任何地方，只要其行动人数超过一个班，就会遭到猛烈射击。某个班刚开始向日军阵地前进，就立刻损失了4人。有2名侦察兵被派去警戒后方，结果立即就因头部中弹身亡。此后，有20—30个日本兵出现在山上的岩石或岩盘后，在极近距离向陆战队员射击。2排长洛夫蒂斯中尉指挥部下躲到岩石后面，被困在那里动弹不得。洛夫蒂斯派出传令兵告知连长劳埃德上尉2排遭遇到的困境，传令兵一冲出去却立刻被击倒。洛夫蒂斯最后好不容易将2排撤了下去，将死伤人员后送，自己最后一个抵达

安全场所，这时他才发现自己的背包已被迫击炮弹的破片割断。由于缺乏日军方面的记录，无法得知查理山日军守备部队的详情，依据现有资料，守备部队似乎是独立第2大队一部和独立机关炮第103大队第2中队。

当晚22时，陆战6师的师属工兵营顶着日军的火力，在安谢川架起一座活动便桥，以便坦克和其他重武器能过河支援次日一早的步兵攻击。

5月11日，美军总攻之前，日军航空兵先声夺人。6时30分，美军巡逻战斗机遭遇企图进入伊江岛和渡具知锚地上空的日机。这是当天日军一系列空袭的开始。"神风"特攻飞机重伤荷兰商船"奇斯丹"号、驱逐舰"埃文斯"号和"哈德利"号，一枚炸弹

让LCS88号大型支援登陆艇瘫痪。不过美军舰载的高射炮和巡逻战斗机让日军付出了损失93架飞机的代价。

日军的神风特攻每次都让美军舰队不胜其烦。这一天晚些时候，"碉堡山"号航母在冲绳外海先后被2架日本特攻飞机击中，燃起大火，损伤极重。日机的空袭给美国海军造成了不小的物资和人员损失，但没能影响他们执行重要战斗任务。5月11日负责舰炮火力支援的24艘军舰全部按时就位，支援地面部队进攻。第58和第51特混舰队的舰载飞机，陆军战术航空兵的陆基飞机一直都在执行空袭任务，与野战炮火和海军舰炮一同提供火力支援。

7时整，第10集团军各部全线进攻。美军突击部队面对日军的坚决抵抗，只能缓缓推进。

进攻开始时，陆战22团没能得到坦克和自行火炮支援。陆战第6工兵营连夜赶工，但日军断断续续的夜间炮击对安谢川活动便桥工程影响很大。天亮后，陆战队各部几乎一直都处于从首里高地西面的炮火打击之下。在那个位置，日军能完全瞰制西面沿海地区。他们发现美军工兵正在安谢川架桥，很快就加快开炮速度，射

5月11日，被日军的两架神风特攻飞机击中后，燃起大火，浓烟滚滚的"碉堡山"号航母。

得更准。桥梁竣工时间一拖再拖，直到10时才告完成，一小时后第一批坦克才能过河。

整个上午，陆战22团能得到的近距离火力支援，只有第1两栖装甲营的车载榴弹炮，而且只有3营右翼朝向海岸的陡峭山地，位于两栖坦克的有效打击范围之内。3营长多诺胡中校让K连进入海岸峭壁地区，攻打那里的日军洞穴和碉堡阵地，I连和L连沿海岸公路包抄天久台东北瞰制3营行动区域的标高147英尺的高地。

147高地①陡峭岩坡的强烈火力直接扫射公路沿线的开阔地，打得美军突击部队抬不起头。担任这一带防御的日军独立第2大队、机关炮第103大队得到了火炮、迫击炮的有效支援，令美军举步维艰。11时50分，陆战第6坦克营B连终于进入可以支援步兵突击的位置，进攻重新开始。日军早有准备，他们的反坦克炮很快就标定3辆坦克开火。美军坦克手同样有备而来，发觉遭到反坦克炮袭击后，立即组织反制炮火，不过在成功让对方停止射击之前，还是有1辆坦克被摧毁。

15时到16时，22团3营冲上高地与日军近战。日军步兵的反击与炮火协同相当出色，但美军还是占了上风。16时，22团3营前进800码后，向团部报告，他们已控制住俯瞰那霸的147高地。正在22团观察所观战的谢泼德师长特地给3营长多诺胡中校发电："每个参与这次攻击的官兵表现出值得赞赏的个人勇气，所有参与夺取这座守卫森严的险峻山头的人，都进行了非常出色的团队合作。"

夺取147高地，使陆战6师可以进入天久台北端，能够继续进占冲绳首府那霸，不过那霸的军事价值不大，并非美军急于拿下的目标。陆战队拿下这座高地后并没有急于渡过安里川河口，抢占南岸的那霸城区，而是继续向首里左翼施压。

22团中路的1营同样得到第6坦克营B连的火力支援。对查理山的进攻继续艰难进行。日军充分利用地形，以密集的轻武器火力有效阻击1营C连的突击，使陆战队在上午的进攻无功而返。1营长梅耶斯少校在正午过后不久请求舰炮射击。位于安谢川河口附近的"印第安纳波利斯"号重巡洋舰瞄准查理山的山顶，以203毫米舰炮进行了出色的连续集中炮击。

在舰炮直射火力打击下，大地不住颤抖，白色珊瑚石被

5月11日陆战6师的行动区域，前景部分可见美军坦克正在越过安谢川。

---

① 日军资料中对这一带的战斗记录得十分简略，所谓147高地很可能是日军资料中提到的49.5高地。

炸得四散飞溅。随后1营开始在炮击掀起的烟尘中前进。令美军难以置信的是，日军又开始从伪装过的碉堡或山丘表面的洞口中不停地射击。美军观察员从附近的山岭上用高性能双筒望远镜观察到日本兵聚集在洞穴入口附近开始向陆战队射击，一名日本兵一边射击一边朝战友咧嘴大笑。

C连的陆战队员们开始爬山，在途中压制了日军的碉堡。C连的一个排越过碉堡爬上山坡。可是日本兵又通过山中的隧道重新进入原来的阵地，将这个排生生截断。劳埃德连长和乔·帕萨南特中士带领的一个班向日军步兵盘踞的龟甲墓发动攻击，结果在五分钟内就有一半士兵倒下，残余人员躲在掩蔽物后面动弹不得。同一个排的山姆·霍华德中士从下坡处向劳埃德连长喊道："有没有伤员？"劳埃德回答说有一些陆战队员被打中，在日军猛烈射击下几乎无法将他们撤下。霍华德大喊："我来干！"便冲了过去。就在他冲到伤员们眼前时，却被日军的机枪手射杀。

C连的幸存者们利用坦克近距离直射小山周围的龟甲墓的时机，缓缓后退了400码。日军的观察员却引导重炮兵向美军射击，分割坦克与步兵的协同作战。C连撤退后，经过坦克炮为时一个小时的炮火准备，残存人员又于16时15分重新发起攻击，这次他们终于登上山顶。虽然C连已经受到严重消耗且相当疲惫，可他们还是着手修筑阵地。深夜，日军在重迫击炮集中炮击的掩护下开始反击。攻击持续了整晚，C连岿然不动。天亮时坦克再次前进，对碉堡和龟甲墓进行直射。4辆火焰喷射坦克也加入战斗，将日军抵抗最顽强的地区烧成灰烬。就这样，美军在12日日落时终于彻底控制了查理山一带。

劳埃德连长清点了C连的人数，C连满员时有256人，在这场战斗中蒙受了战死35人、负伤68人的惨痛损失。在对这座高地进行了详细检查后，美军明白了日军的抵抗为何如此难以克服。查理山只是一座不大的小山，却被充分要塞化，其内部为三层构造，各处"房间"和火力据点被坑道或隧道连通。在洞壁上设置了床铺，"房间"内散乱着绷带、破碎的药瓶和外科手术用的器械，这些东西使室内充满了难闻的气味。某个"房间"里甚至还存放着日本生产的汽车。美军还发现了7具掷弹筒、13挺机枪、2门20毫米机关炮、2门47毫米反坦克炮，还有配备轨道的重型火炮，和数十枚地雷或手榴弹、17处小型武器弹药堆积所、3处重型武器弹药堆积所和数百个炸药包。阵地内散乱着许多日军尸体，其中有的

5月11日，正在和火焰喷射坦克协同进攻查理山地区的海军陆战队步兵。

还用上了美军的背包。日军的军服普遍较新。

22团2营在11日的进攻更加顺利，遇到的抵抗不是很强，17时成功夺取了一座与其他两个营的目标位置平行的山头，维持住本团1营和陆战1师之间的联系。

在陆战6师左侧（东侧），陆战1师负责进攻首里。要到达首里，就必须占领首里北方（前田南侧）的胜山村、大名岭和泽岷岭，以及西北的内间和末吉，还有西方的真嘉比。首里高地比这些高地更高，地势险峻，可以瞰制美军的进攻。这里的山岳、谷地和废墟成为日军实施防御的理想地形。

美军在10日到达泽岷岭。泽岷村与泽岷岭类似嘉数村与嘉数高地、前田村与前田高地，山岭都因附近的村落得名。这里对美军来说也是十分艰难的地形。泽岷岭南方约500米处还坐落着大名岭。这两座高地的西方形成了50－100米的陡峻斜面。大名岭南方则有大名溪谷。大名溪谷从首里正北方的岩石隘路向西方延伸，宽度逐渐增加。日军可以利用地形瞰制其西面下方展开的地区，形成了坚强的防御地带。这一地区是第62师团的战斗区域。

5月11日，紧邻陆战6师的陆战1师部队是陆战1团2营，他们在当天的进攻路线正好能得到两个师边界沿线的铁路路堤掩护。2营的目标是大名西面的高地，当他们越过1营阵地，向泽岷岭西面的通道进攻时，被山岭后山坡和大名岭前山坡的日军机枪大面积十字交叉火力截住。左翼E连完全抬不起头，右翼F连依靠路堑掩护，稳步靠近目标。13时，2营长麦基中校决定将预备队G连调到F连后方支援，同时维持E连和F连之间的联系。泽岷岭日军的密集炮火对E连威胁极大，美军不得不调坦克实施火力压制，让他们安静下来。16时，F连一部已经在目标位置占据阵地，与22团2营保持好联系，但他们身后的G连遭到日军的密集炮火打击，伤亡惊人。

美军集中所有能够用于当地的火炮和飞机，打击日军可能部署火炮的位置，1团2营G连和E连还是无法自由行动，只得就地待命。这样1团2营和7团之间就出现了缺口，好在3营占据了路堑东侧路堤，可以抵御日军持续不断的炮击，同时填补这个缺口。

1团左侧的7团出发位置更靠后，坦克一开始就能提供近距离火力支援，随着战斗的

继续，还可以及时后送伤员。伤员从舱门被送进坦克舱内，或者和担架一起被放在车身后方，有了装甲掩护，从敌军火线下安全撤退到后方的机会就会更大，可以及时得到救治。当天7团的2个突击营1营和2营推进了大约800码，在3营前方对泽岷岭形成两面包抄，在山岭上获得了一个稳固的立足点。

5团2营消灭了日军在安波茶阵地最后的有组织抵抗，5团1营在7团1营身后跟进，逐步摧毁7团绕过的日军强点。天黑时，5团1营将陆战7团和左侧77师305团的阵地连成一气，使两个美军师的边界形成坚固的正面阵地。5团2营也和跟在305团身后的307团2营取得了联系。在5团的压迫下，困守安波茶南侧的日军独立步兵第23大队到了山穷水尽的地步。该大队于当天半夜接到后退命令，随后大队长山本重一少佐以下50－60人抵达泽岷进入有川旅团长指挥下。该大队的残存战力以步兵炮中队的40－50人（大队炮一门）为主体，各步兵中队的战力几乎丧失殆尽。

当天77师各突击营一共推进了400到500码。拱卫着通往首里城道路的地形复杂崎岖，使日军有很好的机会威胁美军

突击营侧翼，有时甚至可以包抄他们的背后，实施多个方向的火力夹击。77师右翼的305团1营面对日军多个强点疯狂的抵抗，只能一寸寸艰难前进。为了对付日军的坚固地下阵地，77师同样广泛使用火焰喷射坦克这一利器，大批日本兵在洞穴里熬不住火烤，被逼了出来，出洞后就会被美军步兵的子弹射杀。沿77师左侧边界行动的306团3营进展缓慢，试图包抄日军侧翼的306团2营也被火力线挡住。日落时分，77师所能做的就是巩固他们不多的收获，在日军的零星炮火下构筑夜间防线。

96师负责东海岸的进攻，最右翼的382团1营在5月10日夜间就遭遇日军一个中队的反扑，直到11日7时，预定进攻出发时间来临，仍在斑马山与日军激烈交火。两个半小时后，382团1营的步兵和坦克协同战队才能在日军阵地侧翼周围前进。这是日军在当地坚持抵抗的最后几座孤立阵地。由于人员伤亡不断增加，弹药出现短缺，1营前进400多码后，还是不得不从下一个目标，即标高122米的迪克山（日军称为"150高地"）前坡后撤。让1营严重减员的致命机枪交叉火力和迫击炮火，同样使3营在进攻小波津西北高地时难

有收获。96师正面左翼的383团1营和2营一路前进600码，在锥形山（日军称为"运玉森161高地"）西北坡建立了稳固的立足点。

5月12日，383团只推进一小段距离，两个突击营利用这段时间巩固了他们在圆锥山前山坡的阵地，压制前沿阵地附近的日军抵抗。382团1营突击部队再度到达迪克山，这次他们的侧翼得到本团3营和77师306团2营支援，在日军密集弹幕织成的火墙面前，再度无功而返。当天382团3营一路前进400码，占领了贝克山，使96师前沿阵地形成一条直线，各部队不必再担心侧翼会被反击的日军包抄。

遭遇糖块山

5月11日美军发动新一轮总攻后，日军在10天的激战中虽在个别地区稍稍后退，但在西海岸的安里52高地（糖块山）到东海岸的运玉森（锥形山）一线基本上均得以固守。这一系列战斗成为冲绳战役期间最激烈的战斗，因5月初的总攻元气大伤的第32军仍然在持久战中表现出惊人的坚韧性。但随着第32军战力的消耗，其坚韧的防御也终于逐渐达到极限。

在这一时期的战斗中，第32军的步兵并不是在经过充分准备的既设阵地进行防御，而是主要依靠临时阵地和地形、地物等屏障战斗，各部队战力低下，也几乎得不到炮兵等其他兵种的支援。可以说，日军唯一的"伙伴"就是天气。

屋嘉比西侧的天久台一带有轻便铁路（窄轨铁路）嘉手纳线通过，是交通要冲，位于首里防线的终端，是从北方进攻的必经之地，因此成为双方的必争之地。天久台是一片平缓的波状台地，已经被冲绳居民充分耕作过。这片台地暴露在西海岸外海的美军舰炮射击下，从地形上看美军的坦克可以比较自由地行动，日军构筑阵地则较为困难。防御该方面的独立混成第44旅团放弃了天久台台地顶部，据守其后端一线，即真嘉比东南侧高地、安里北侧52高地（糖块山）、崇元寺、高桥町、泊北侧高地一线。

从5月12日起，陆战6师逐渐逼近日军首里防线核心区域。陆战22团正在进入天久台东面1.6公里的崎岖地区，这里是日军极其重视的要地。这一带的守军以独立混成第44旅团辖下的独立混成第15联队（联队长美田千惠藏大佐）为核心，得到独立速射炮第7大

冲绳战役期间的日军独立混成第44旅团长铃木繁二少将。

队、一个海军迫击炮中队等单位支持。这些部队装备了充足的轻迫击炮、掷弹筒、机枪和其他轻武器。在战斗打响后，独立混成第44旅团余部等也陆续增援到第一线。

独立混成第15联队是于1944年6月24日，在日本千叶县的佐仓，以近卫步兵联队为中心，由习志野、木更津以及关东地方部队出身的士兵编成的新部队。编成后，部队立即从佐仓移动到习志野，于7月1日乘火车从陆路运送到福冈县的门司港集结，准备从那里乘船前往冲绳。该联队下辖3个步兵大队和炮兵中队、速射炮中队、工兵中队，总兵力2180人。

独立混成第44旅团则是在更早的1944年6月3日，以南九州的士兵为中心编成的部队。该旅团下辖第1和第2步兵队，

以及旅团炮兵队和工兵队，2个步兵队各辖3个大队。该旅团编成后，与在四国编成的独立混成第45旅团一起乘船前往冲绳。

该旅团所搭乘的"富山丸"是一战中获得的德军战利品，船上满载着旅团主力4000余人、1500桶汽油、车辆、火炮和弹药。6月29日，"富山丸"被美军潜水艇击沉，官兵、船员合计3874人死亡，导致旅团大半兵力和主要重装备在瞬间毁灭。

"富山丸"沉没后，正在门司待命的独立混成第15联队紧急中止海路运输，改以空运前往冲绳，纳入丧失主要战力的独立混成第44旅团编制，

由旅团长铃木繁二少将统一指挥，兵力不足的部分则由在当地召集的冲绳人补充。

日军在冲绳岛上构筑阵地时，虽然苦于材料和器材不足，不过包括那霸市在内的冲绳南部地区到处是隆起的珊瑚石地面，十分坚硬，强度可与混凝土相媲美，所以日军采取在表面坚硬地层上挖出洞穴、在内部较柔软的地基上构筑阵地的方法，而且将天然洞穴当作阵地利用起来，此外还将散布在冲绳中南部的龟甲墓也改建成碉堡等抵抗据点。遍布小山的首里近郊地形尤其适合防御，日军在小山内部精心构筑了阵地，并用隧道与周围的阵地连通，可以在地下运送补给

在冲绳最难摧毁的坚固设防阵地就是日军用龟甲墓改造的阵地。美军往往依靠航空兵和野战炮火力压制坟墓工事里的日军，然后从坟墓顶部实施爆破攻击。图下方的陆战队员正在检查坟墓工事内部。

地图六十五　5月12日，日军在糖块山周围的部署和战斗一览

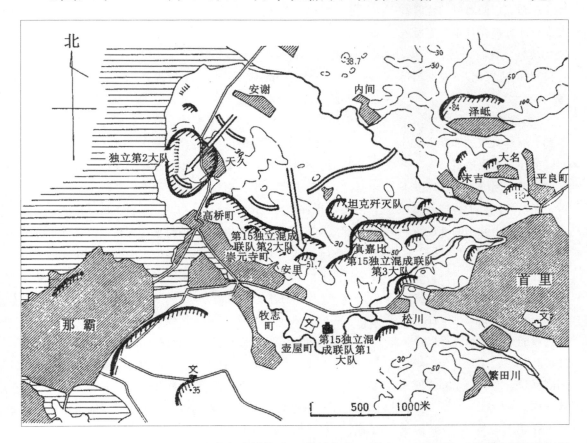

和人员。

　　日军在首里周围的高地上普遍使用了反斜面阵地的构筑方法，也就是尽量不在面对美军的斜面上部署兵力，在反斜面上构筑主阵地，等到美军到达山顶后再对其进行攻击。这种战术可以使守军避免受到美军压倒性火力的直接打击，在进行近战之前保存兵力，还使得美军难以查明阵地内的部署情况。

　　日军反攻失败后，独立混成第15联队于5月6日接到负

责守卫糖块山一带的命令。这时美军已经逼近安谢川以北，该联队对当地的情况却并不熟悉。不过，这一带由于是首里防线上的要冲，已经构筑了坚固巧妙的防御阵地。

　　独立混成第15联队在这一地区是首次参加一线战斗，此时几乎完好无损，武器、弹药也比较充足，是一支名副其实的新锐部队。该联队后来还配属了由特设第1旅团编成的伊藤大队，得到小禄的海军山口大队和丸山大队增援。

　　12日，陆战22团最初从战线中央发动主攻。隐藏在洞穴和坟墓中的日军抵抗非常顽强，火力也相当猛烈。22团1营的两个连在一个坦克连支持下，于14时攻占安里川北面的高地。22团右翼的3营于9时20分即到达目标位置（天久台顶部），使防守天久台方面的独立第2大队受到"强袭"，遭到骑马攻击，台上的大部分落入美军之手（天久台在次日被美军完全占领）。不过独立第2大队和机关炮第103大队主力

仍在天久台的洞穴阵地中坚持战斗。在靠近西海岸的地区，大部分地方都在日军观察所或炮兵观察员视野之外，所以1营和3营的进展比2营要顺利得多。

3营抵达目标位置后，派出多个巡逻队穿过那霸市北部郊区前往安里川侦察，发现桥梁已被日军爆破，河底泥泞不堪，无法涉渡。于是1营和3营一同在安里川北岸的那霸市北郊过夜。

在22团左翼，一辆坦克推土机在安谢川上游的一条支流建成一个渡河点，使5月11日一直没能过河的坦克得以南下支援2营步兵。8时07分，坦克刚刚就位，2营E连和G连便发起进攻。

在正面阻挠陆战1师前进的日军坚固阵地，以极为密集的火力有效延缓了22团2营左翼E连的推进，但右翼的G连还是能跟上团主力的进度。G连当初在渡过安谢川时有215名官兵，在之后的战斗中已经蒙受了不小的伤亡，最残酷的战斗还没有到来。12日晨，G连士兵们刚刚分配完弹药、粮食和水等，突然迫击炮弹伴随闪光从天而降，连部被直接命中，炸死3名传令兵，还炸伤另外2人。经过这次炮击，G连的实力下降到6名军官和151名士兵。

到了预定的攻击开始时间7时30分，G连长斯特宾斯上尉仍在忙于收容伤员，重组各排，按照计划中的时间派出了侦察队，总算没有耽误。支援他们的坦克却迟迟未到，结果主要攻击行动的开始时间仍被迫延后。8时07分，坦克终于抵达，G连开始进攻。斯特宾斯亲自指挥2个突击排，同后方部队间以无线或有线电话联系。幸运的是，G连只遇到了轻微抵抗，前进比较顺利。营预备队F连跟在他们后面前进。

2营左翼E连（连长弗兰克·甘特中尉）的情况要糟得多。该连负责掩护22团的侧面。日军从首里高地上可以望见从2营左翼到左翼后方间的地区，E连立刻遭到来自首里高地的猛烈纵射炮击。E连还没有和日军直接接触就出现了不少伤亡。连参谋约翰·菲茨杰拉德中尉透过望远镜偶尔能看到日本兵的身影，在他看来对手显然都是伪装高手，连轮廓都不易认出。

一名中士回到E连连部要求得到一辆坦克的支援以攻击日军的重机枪阵地。那个重机枪阵地十分坚固，正在向美军猛烈射击。理查德·"哈维"·普尔中尉向营里申请坦

克支援，坦克很快开了上来。普尔和那名中士伴随坦克从指挥部前进了大约60码。在两人攀上炮塔指示敌阵地位置时，坦克停在可以遮住日军视线的地方。中士正在向左方指示方位，日军的机枪突然从右方开火，鲜血立刻从中士的脖子、体侧和腿部涌出。普尔也被一发子弹击中右腿、睾丸下部和左臀，但他还是忍痛将中士保护起来，直到救护吉普车将中士运走。经过卫生兵处理、撒了一点磺胺粉后，普尔感觉自己恢复了元气，马上又开始帮助坦克确认目标，谢尔曼坦克持续攻击，直到完全压制住目标为止。普尔中尉取得了一些成果，但E连在日军的火线下，前进速度很快便慢了下来。

由于陆战6师左翼进展迟缓，接近中午，29团3营开始向陆战1师左翼后方移动，以掩护同22团E连之间正在扩大的缺口。14时，22团G连来到1营阵地附近俯瞰那霸市的一片高地。团部告知2营长伍德豪斯中校，29团3营将接管左翼E连过于宽阔的阵地。于是伍德豪斯中校将G连的目标地点改为坐落在平地之上的一座外形奇特、酷似堤坝的荒凉小山，山上只生长着少数树木。目标地区（TA）在地图上被标

为"7672G"。在连长斯特宾斯上尉看来，这座样子难看的小山同此前遇到的险峻山岭或峡谷相比，并没有什么能让人感到不安的地方，占领它应该会比C连在前一天攻占查理山（其实这时肃清查理山一带日军的战斗还未结束）要容易得多。

这座小山长约300码、高约50英尺，按照一名美军幸存者的证言，它的外形就好像被切成半块的西瓜，山岭的上半部分还是普通山坡，下半部分却在每个方向上都变成陡峭的斜坡，但看上去并不太高。

G连的进攻轴线从陆战6师的主攻方向，即暴露于日军火力下的南方，改为略向东南方向前进。营长伍德豪斯为G连长斯特宾斯所指示的这条进攻路线应该可以在日军交叉火力下为G连提供一些保护。关于目标山岭的情报很少。5月10日拍摄的航空照片显示，TA7672G有一些战壕。此外，美军还从缴获的日军文件中得知该地区的高地由配备有反坦克炮的小部队组织防御。

进攻计划是按照攻击常见

美军航拍的糖块山（TA7672G）和马蹄山高地。在糖块山和前景部分的小丘之间，是陆战队集中精力进攻的地区，图中能够看到许多被毁的美军装甲车辆。

强点的情况来制订的，陆战队将得到一个坦克排的支援。最先出发的是G连的侦察员。罗伯特·尼伦中尉的2排在小路左侧、艾德·瑞斯中尉的1排在小路右侧前进，F连仍然充当预备队，一边肃清隐藏在洞穴和民房中的狙击手一边前进，E连则留在营的侧面。这两个连不断遭到首里高地的机枪和迫击炮射击。

G连前进的小路一开始确实在一定程度上挡住了来自侧面的火力。随着陆战队员们来到接近目标的开阔地带，1排和2排遭到来自前方目标山岭的猛烈射击。他们仍然勇敢地继续前进。斯特宾斯位于两个排之间，从小路上前进。艾德·德玛尔中士的3排和坦克也同斯特宾斯一起行动。陆战队员们与谢尔曼坦克保持着一定距离，同时防备日军爆破坦克。不久，一名中士打开舱盖，拿着汤姆逊冲锋枪跳到地上，然后跑近一个散兵坑，把枪口伸进洞里打光了弹夹。一个日本兵躺在坑里，他还没来得及把磁性地雷贴到坦克上就被干掉了。

谢尔曼坦克还没前进多远，周围就开始落下炮弹。很快，47毫米反坦克炮也加入炮击。一辆坦克伴随着一股黑烟停了下来，不是被直接击中就是挨了近失弹。第二辆坦克也停了下来。另一发炮弹将跟在一辆坦克后面前进的两名陆战队员炸得粉身碎骨。看来日军已经对这一带的每一寸土地都进行了归零校正（zero in）。坦克只好在7－10英尺的岩石后面藏身，在确定目标后才离开隐蔽处射击，然后再躲到岩石后方。这样的坦克支援对向陆战队员们倾泻的自动武器弹幕来说几乎没有什么用。与不见踪影的日本兵不同，拼死前进的陆战队员完全暴露在日军眼前。特别令陆战队员苦恼的是日军的掷弹筒，日军用这种武器以可怕的精准度射来榴弹。突击排的机枪班成为掷弹筒的重点打击目标，要想避免成为掷弹筒的靶子幸存下来，就只能在每次短暂射击后迅速移动位置。

在日军的猛烈火力下，1排和2排都被迫后退。1排有5人在抵达那座形状奇特的小山后被困在上面无法撤下。1排长瑞斯中尉冒死跑到连长身旁报告情况，请求坦克支援。瑞斯返回1排后，斯特宾斯本人在观察地形时被日本兵瞄上，被机枪子弹击伤双腿，身边唯一的一名传令兵也被打死。无法使用传令兵和无线电，受伤的斯特宾斯只好沿着通向指挥部的水渠试图爬到指挥部以传达突击排需要坦克支援的信息，却怎么也爬不到那边。

与此同时，前方的瑞斯中尉为了确认日军机枪的位置，决定采用一个特别的方法，由他本人冲出去吸引机枪开火，然后再迅速撤回原来的位置，排里的其他人就可以趁机看清机枪的位置。这种方法在以前的战斗中很是奏效，这一次瑞斯却没那么好运，在返回原位向日军开枪时，被三发子弹击中下腹部，几天后因伤死去。

在这期间，沿着水渠爬行的斯特宾斯终于被自己人发现收容，还向出于担心前来看望他的营长伍德豪斯中校说明需要坦克支援进攻。同斯特宾斯道别后，伍德豪斯同戴尔·布莱尔中尉和坦克车队指挥官商讨将在下午发动的新一轮进攻。

这时1排还剩19人，3排还有28人。攻击开始时间定为16时。攻击计划十分简单：布莱尔中尉带领1排从右翼前进，同时艾德·德玛尔中士的3排从从左翼前进，坦克也会在同时开始前进。2排已经开始进行压制射击，机枪班也开始向两翼射击。

时间一到，布莱尔中尉发出了进攻开始的信号，陆战队员们和排成一列的4辆谢尔曼坦克一起开始向小山前进。日军的枪炮火力极为猛烈，简直令人难以置信。小型武器和自动武器的弹幕不仅来自正前方的小山，也从目标两侧稍后方的高地飞来。1排里有些人已经被打倒。突然，杰克·休斯敦一等兵看到一名日本兵抱着炸药扑向坦克，另一辆坦克的机枪手当场结果了他。1排不断出现伤亡，休斯敦却看不见任

糖块山上的日军47毫米反坦克炮。图上方可见到多辆美军在战斗期间损毁的装甲车辆。

何日本兵。

在左翼，坦克"萨克尔1"因触雷瘫痪。过了不久，在它后面的坦克"斯克艾尔1"陷进弹坑里，也动弹不得了。坦克车长乔治·白瑞奈克中士跳下坦克挂上牵引缆绳。后面坦克上的第6坦克营A连长菲尔·莫莱尔上尉透过潜望镜看到白瑞奈克中士突然头部中弹，喷出的鲜血就像从胶皮管中喷出的水一样飞溅。

3排的陆战队员们在无遮无挡的情况下不断前进，一名陆战队员好不容易抵达山顶，立刻就被射杀。莫莱尔注意到日军在从山上的小洞中射击。如果没有进入日本兵的视线，哪怕站起身也没有问题，但只要移动10或12英尺，就会立刻变成活靶子。士兵们到处倒下，德玛尔中士右边的尤利安·"红狗"·波特一等兵突然被射穿头部，脑袋无力地垂了下来。马丁·塔克一等兵也在机枪旁战死。

随着陆战队员们接近山顶一带，德玛尔中士注意到布莱尔中尉在向这边发来信号。原来瘫痪的"萨克尔1"还在用坦克炮猛烈射击，却妨碍了左翼友军的攻击，布莱尔意图制止坦克继续炮击，但在跑向坦克方向时左腿中弹，变得跛跛跄跄。紧接着，德玛尔自己

也被炮弹破片击伤左腿，突然倒下。不过不久之后，卢比中士就跑到坦克前用枪托敲击炮塔，终于制止了坦克的盲目炮击。

莫莱尔上尉为了听取步兵的请求跳出坦克，发现外面已陷入一片混乱。搭载增援士兵的半履带车刚刚抵达，从观察孔飞入的子弹就从驾驶员的眉间贯通，增援的士兵们马上从后面的升降口跳出，却直接被机枪子弹扫倒。

谢尔曼坦克中的杰拉尔德·邦廷中士看到自己的坦克（已经瘫痪）周围到处都是死伤的陆战队员。几辆半履带车试图收容伤员，结果在瞬间被击毁。坦克兵赶紧从应急舱口跳出，邦廷也扛着重机枪和弹带，为掩护自己的战友、伤兵和留在周围的幸存者开火射击。

德玛尔拖着失去感觉的左腿爬上高地，在那里看到一幅壮烈的画面。布莱尔为了掩护幸存者爬到隐蔽处，抱起已经阵亡的马丁·塔克的重机枪，将弹带搭在肩上，站立着向日本兵反复连续射击，甚至在左腕中弹后仍像没事一样继续开火。

布莱尔企图同身在营部的伍德豪斯取得联系，却怎么也联系不上。营部虽然不远，

但被岩石包围，地形阻碍了通信的进行。布莱尔命令詹姆斯·蔡森一等兵赶到伍德豪斯那里请求支援正受到猛烈射击的右翼的攻击。蔡森沿着南北走向的水渠，小心避开隐藏在侧面四五座民房中的狙击手的射击，好不容易赶到营部。蔡森向伍德豪斯请求增援右翼，营长指示说："你告诉布莱尔把部队往回撤，我们会派一些人到右翼给你们提供一些掩护。"蔡森抱怨说海盗战斗机的对地攻击险些击中自己的部队，于是伍德豪斯命令蔡森返回时带上航空识别板，在航空支援时告诉友军飞机陆战队的位置。为了肃清狙击手，伍德豪斯还让他带上两三名喷火兵，去将村落烧个精光。

带着喷火兵返回途中，蔡森遇到了老朋友W.M.丹尼尔。

"嗨，丹尼尔，我想要你给火焰喷射器提供一点掩护。"

"见鬼去吧！我只有一支16铅径（16.83毫米）霰弹枪。"丹尼尔本来担任指挥部的警戒任务，唯一的武器就是这支霰弹枪。

"听着，你还是会跟我来对不对？"

"好吧，见鬼，我会跟你走。"丹尼尔叹了口气。

蔡森的这支小小的突击队

一边用汤姆逊冲锋枪和16铅径霰弹枪扫射，一边冲过去点着那三座房子。在熊熊烈火中，狙击手的射击停止了。后来海军授勋委员会认定蔡森的这次行动杀死了12名日军。

蔡森并未忘记他带来的航空识别板。他回到山上，开始在一座龟甲墓上将彩布制成的识别板展开，一名日本兵突然站起来将一颗手榴弹扔过蔡森头顶，手榴弹落在龟甲墓入口处的小庭院中。有三四名陆战队员正蹲伏在那里，结果一人被炸死，另一人被炸断了腿。飞散的破片还扎进蔡森的腿和腰上，不过他好歹还能行走。蔡森在下山途中，看到躺在山脚处一个弹坑里的布莱尔。理查德·巴特莫一等兵像死鱼一样

在5月12日，美军首次进攻糖块山时有不俗表现的陆战22团G连1排战士詹姆斯·蔡森一等兵。

躺在同一个弹坑里，头上被子弹打出个洞。布莱尔也伤得很重，胳膊、胸部和腿上都挨了子弹。他光是处理自己的伤情就忙得不可开交。蔡森和稍后赶来的卫生员帮助布莱尔进行了应急处理。

在这一片混乱中，蔡森听到几名陆战队员的求助声。原来4名机枪手被日军火力困住，不住地呼叫求救。其中至少有一人身负重伤，奄奄一息。蔡森注意到深深的坦克车辙，决定利用它来救出伤员。于是他和另一名陆战队员利用坦克和车辙掩蔽，成功地拖走两名伤员，另外两名伤员也自己逃了出来。

这时有些人在绝望之下，已开始拆散战死者的M1步枪并把零件分散扔到周围以免被日军利用。德玛尔仍然待在山顶，他努力紧贴地面以免被打中，步枪已被泥土堵塞无法使用。他将几颗手雷扔过山顶，不过很快就意识到周围只有死去和受伤的陆战队员。他看了看手表，现在是16时45分。

不久，为了帮助德玛尔等人撤离，坦克发射了140发烟雾弹，烟幕笼罩了高地，德玛尔也开始撤退。他在浅沟中一边使劲压着身子一边匍匐前进。不久，他的部下"斯托尼"·克雷格一等兵因头部中

弹而死。德玛尔终于抵达山坡下，遇到了正蹲跪着操作一挺机枪的布莱尔。这里还有几名陆战队员和一辆坦克。

杰拉尔德·邦廷为了帮助自己的战友和那几名陆战队员脱险，站立着持续进行支援射击压制日军，其实这时候他还不知道该往哪个方向脱逃。他忽然发觉右边有一辆坦克尚未离开，便告诉战友往那边跑。很快，他的身边已经看不到一名活着的陆战队员了，于是他也扔下机枪跑向坦克。

杰克·休斯敦也同几名陆战队员沿着在柔软地面上轧出的坦克车辙往回爬。日本兵瞄准他们开火，枪口压得不够低，不大能打到他们。不过有几个人的背包中弹。为了弄掉背包，就由身后的人用小刀割断前面同伴的背包。一番折腾后，他们总算抵达坦克后面。

伤员们被抬到坦克上面，其中就包括德玛尔。他是被一辆被打坏的坦克上的驾驶员，霍华德·佩罗下士从山上救下来的，佩罗还用自己的战斗服裹住德玛尔的大腿。德玛尔被放在坦克炮塔后面的引擎盖上，旁边就是腿部受伤的佩罗。德玛尔向佩罗靠过去，正要问他伤在哪里，日军的机枪突然开火了，差点打中德玛尔的头。另一轮射击打中佩罗的头部，

鲜血和脑浆溅了德玛尔一身。

这时莫莱尔上尉已经联系上伍德豪斯中校,不过先前伍德豪斯已经命令他重组部队,后退100米左右,撤到高地下部。莫莱尔向周围的步兵传达了命令,并让坦克掩护撤退。坦克炮瞄得太低,击中地面后弹回的破片甚至击中附近士兵的腿和脚踝。

过了一会儿,坦克开始后退,日军的子弹如雨点般打在坦克上,德玛尔旁边那辆坦克的炮塔上搭载的尸体不断被子弹打中。坦克上的德玛尔完全暴露在日军火力下,对自己竟然还能活下来感到不可思议。

在幸存者回到连部所在的小山之前,坦克都能为他们提供一些保护,像盾牌一样抵挡住日军火力。撤退期间,他

冲绳战役期间的陆战22团2营长小霍雷肖·伍德豪斯中校,正是他给不起眼的TA7672G取了"糖块山"的诨名。

们在一片40—60码长的空地上暴露在日军的猛烈火力下。在坦克周围,休斯敦所在的小组在撤退途中有1人战死、4人负伤,休斯敦自己的步枪枪托也不知何时被打得粉碎,裤子和上衣袖子也被子弹打穿。

布莱尔中尉在撤退途中,坚持用机枪向后方进行掩护射击。他的裤子比原来短了许多,看上去就好像穿着泳裤一样。蔡森则卧倒在地,不断用冲锋枪射击,其他陆战队员也尽可能地开火。在他们即将抵达岩山后面的指挥部时,布莱尔再次中弹,这次是臀部挨了枪子。难以置信的是,布莱尔再次端起机枪。蔡森央求道:"看在基督的分儿上,扔掉那该死的机枪吧,布莱尔!"已经四度负伤的布莱尔终于照着做了。不一会儿蔡森旁边的年轻士兵又被步枪子弹贯通腹部倒地身亡。

克里夫·梅索在同其他士兵一起撤退时,为自己离坦克太近感到紧张,因为坦克会引来日军的火力。谢尔曼坦克的炮塔指向后方,正在用车载同轴机枪向高地射击。梅索发现左前方有一块大石头露出地面,便大喊道:"快过来!"随即跑了过去。没有一个人跟过来。在距离石头几码远的地方,梅索回头又喊了一遍:

"快过来!"就在这时,他感到有什么东西狠狠地打在胸口,就好像被铁锤敲了一下。梅索倒了下去,感到喘不上气,在石头后面自己用绷带包扎伤口。

莫莱尔上尉来到山脚向伍德豪斯报告情况。他的一名无线电通信员,约翰·潘,为了传达坦克营长的口信来到这里。莫莱尔看到潘竭尽全力地喊着什么,不知为什么他却一句也没听懂。这时,营里的一名通信兵指着潘的脑袋后面说道:"长官,快看。"莫莱尔向他所指的地方看去,发现在潘耳朵后面的脑壳上,露出一块1.5英寸长的炮弹破片。

幸存者陆续撤回,德玛尔也和其他伤员一起被坦克运到F连的连部。此时仍有不少陆战队员在前线受伤后未能撤离。其中有些人为了活命一直装死。夜幕降临后,陆战队员们陆续冒死撤回。

G连实际上已经遭受了毁灭性打击。艾德·德玛尔的3排有5人战死、10人负伤,伤亡率超过50%。其他步枪排也损失惨重。1排和2排失去全部排长和士官。杰克·休斯敦后来回忆说:"我们损失如此严重,以至于3排其实已不复存在,因为连队人手大减,我们班和火力支援小组都消失了。"

G连损失了4名军官和艾德·德尔玛中士以及81名士兵，超过了连队的残存人数。连里的幸存者不仅精疲力竭，精神上也受到莫大打击。当天晚上，机枪手丹·德瑞谢克下士因为疲乏至极，在修筑一道胸墙时睡着了。第二天早上醒来时，他发现自己一只手还拿着工具，另一只手则握着一块石头。

在夜间防御期间，F连转移到2营战线左翼，维持与293团3营的联系，E连重新进入中央，支援日间受重创的G连余部，G连则负责维持同22团1营的联系。

12日22时，伍德豪斯中校向团部发去了一份关于这次战斗的简要报告：

> G连一度占领7672 G，由于伤亡过大无法坚守。

> 包括连部排在内，G连估计尚存75人。

> 7672 G布满隧道和洞穴。

在该地区损失了3辆坦克。所有伤员都已被收容。有3到4具尸体留在前方。

伍德豪斯给这座被记为"7672 G"的山岭取了个"糖块"的诨名，没想到很快传开，"糖块山"甚至成为美军官方战史明文记载的称呼。

2营在4月12日对糖块山的进攻以失败告终，这不只让参加战斗的官兵，也令上级深感震惊。当时对陆战6师来说，这座讨厌的小山甚至都算不上是一个重要目标，它仅仅是为了炮击安里川南方约1英里处的一座被称为"国场山"的较高山岭，而需要控制的地区中的一小块地方而已。由于糖块山高地带的山头都比较低矮，甚至都没有被标示在用10米等高线来表示的陆军标准地图上。最让美军惊讶的是这个地方看上去几乎没有什么价值。G连最初也根本没想到会在这里碰壁。"那根本就不是一座

山。"一名幸存者这样描述它。"它甚至算不上是一座小山冈，只不过是一堆烂土。"

就是这堆"烂土"击退了得到坦克支援的一个陆战连的攻击，美军方面仅坦克就发射了852发75毫米炮弹、140发2英寸烟雾弹、86250发7.62毫米机枪子弹，3辆坦克被遗弃。这座高地不久就成为陆战6师进攻的主要目标。

日军方面将糖块山称作"安里北侧52高地"或简称为"52高地"，当地平民则称为"庆良间眺望台"。这座长约300码、高50到60英尺的小山只能勉强容纳一个中队左右的兵力。它从表面看来，只不过是由红土和石头构成的土石堆而已，这寒碜的外表却与其重要性成反比。这个首里防线西端的要冲，已被洞穴和隧道要塞化，是三角形防御体系的一点，可以得到后方高地的支援，实际上构成了绝佳的地形，对防御方极为有利。糖块山的日军阵地是典型的反斜面阵地，对西北方拥有良好的射界，而且首里高地带的日军可以瞰制该地区的大部分阵地。

在糖块山右后方（东南方）距离约400米处是另一座山岭，很快就因其外形被称为"半月山"。在糖块山左后方还有"马蹄山"能提供支援。

美军从正北方拍摄的糖块山高地，这座不起眼的土石高地是日军首里核心防线的西部支柱。

这些高地的棱线大体上呈东西走向，两端稍稍向后弯曲，反斜面上的日军武器可以得到良好的掩护，免遭美军的正面攻击和侧射威胁。在这些长长的弯曲棱线内侧部署的迫击炮、大队炮、速射炮等武器令这三座高地可以彼此支援，对进攻方进行有效且适时的射击。日军的47毫米速射炮在当时来说，性能已经有些落后，但仍可以在500米内从侧面或背后贯穿M4中型坦克的装甲。部署在糖块山地区反斜面上的速射炮，可以从后方击毁前进的美军坦克，使美军的坦克兵难以放胆推进，因此增加了步兵的损失。

此外，在小禄和嘉手纳机场上有许多日军飞机在地面被击毁，于是日军工兵将留下的大量航空炸弹分解，制成很多急造反坦克地雷或便携式地雷，弥补了反坦克武器的不足。这一带还部署了75毫米高射炮用来对付坦克。在12-18日的战斗中，日军工兵夜间在预测美军可能的前进路线上埋设了反坦克地雷，破坏了多辆坦克或装甲车。

由于交战双方在战斗中的距离是如此接近，美军难以获得舰炮射击和空中轰炸的支援，只能在进攻前进行炮火准备。在双方隔着高地棱线进行的对决中，除了手榴弹外，掷弹筒也可以发挥极佳作用。

在半月山和糖块山之间的山谷中有轻便铁路穿过。这条弯弯曲曲的铁路一路通往那霸。一名在铁路旁挖掘工事的陆战队员震惊地发现铁轨上清楚地刻着"田纳西1941"的字样（表明铁轨为美国制造）。马蹄山背面深深的洼地为日军提供了极佳的迫击炮阵地，这里可免受近战中的步枪和手雷直接攻击。在这些山岭上布满错综复杂的隧道和坑道，日军可以通过地下补给人员和物资。在后来的战斗中，陆战队缴获了糖块山和半月山的日军阵地部署图，地图上显示每座高地上的日军防御力量不到一个中队。陆战队当时并不知道，实际上所有高地都能在陷入苦战时立即得到大量预备兵力增援。地图上显示，这片日军阵地上部署了至少45门迫击炮和29具掷弹筒。

进攻方只能在没有遮蔽物的暴露状态下接近日军阵地，唯一的办法就是进行充分伪装后，在被发现之前尽可能地接近目标，然后突然冲上去。陆战队员们无论攻击哪一座高地，都会暴露在其他两座高地上的日军眼前。这整个地区会受到来自位于糖块山东方至东北方的首里高地一带的重机枪、迫击炮、野炮的攻击。

从糖块山看到的半月山高地和通往国场川的通道。

糖块山高地的日军洞穴阵地。

糖块山的背面通过隧道同其他两座高地连通，隧道一直延续到首里高地一带的要塞地区。只要日军能守住这三座高地，几乎不用担心西侧战线会被包抄。

陆战队员们在这一地区的战斗中饱受日军炮火的折磨。陆战6师的师史承认："敌军炮火的准确程度和协调配合极为出色，为太平洋战争中所初次遭遇。"日军从首里高地上可以清楚地观察到陆战6师的活动，炮火的准确性令美军深感震惊。一名陆战队员怀着敬畏之心评价道："他们简直能把炮弹打进奶瓶里。"

美军后来估计己方在糖块山一带的伤亡有50%到75%是由经过归零校正的武器，从其他美军无法看见的地方发射造成的。在冲绳战役前，那霸曾设有炮术学校。据说在战前，日军在糖块山构筑了炮兵阵地，将这一带当做炮兵演习场。一些陆战队员注意到在战场上立着一些红色桩柱，推测它们是日军的测量标杆。日军的炮击是如此准确，甚至都无需使用标定弹。

关于同陆战6师对峙的日军部队，美军所知不多，只知道他们似乎是新到不久的独立混成第44旅团一部。11日晨，陆战6师曾捡到一名战死日军伍长所写的日记。日记的封面被打出一个洞，但还可以看到独立混成第15联队的番号和指挥官的姓氏"美田"。美军还通过其他日本兵的尸体，确认了独立混成第44旅团第2步兵队第3大队和装备6门75毫米炮的野战高射炮第81大队、装备20毫米机关炮的机关炮第103

大队等单位。

美军发现日军的状态极好。陆战6师的情报部门注意到："调查过很多具日本兵尸体后发现他们的军服相当干净，鞋子也是新的，看不出上面有曾在战壕或洞穴内生活过一段时间的痕迹"，"另一个值得注意的地方是，这些刚到不久并得到充足供应的士兵决心同美军战斗至最后一人"，认为日本兵的士气"极高"。

根据日军方面的记录，独立混成第44旅团长在12日鉴于当天的战况，决定加强右地区队（独立混成第15联队主力），为此将一度充当旅团预备队的该联队第1大队（大队长野崎大尉）增加给右地区队。

5月12日夜，日军小部队在陆战6师后方组织了一次小规模登陆行动，结果被悉数歼灭。

13日，22团3营巡逻队在侦察那霸市北方郊区时，在一个村落遭到日军有力抵抗，即便有坦克助战也未能将其歼灭。1营的巡逻队在安里川北岸同样遭遇日军抵抗，无法继续前进。

当天陆战6师原定从7时30分开始以22团2营主攻，29团3营负责占领沿着师边界俯瞰安里川的查理岭（真嘉比村西北侧）。日军从这座高地能以纵射火力威胁22团2营左翼。由于重要物资收集困难，预定开赴前线的火箭炮车为了通过缺乏车道的崎岖山地耗费了不少时间，最终进攻到11时15分才开始。当天，美军航空兵出动多架次飞机，用火箭弹和数百枚100和500磅炸弹空袭日军炮兵阵地、各种建筑物和仓储地区。海军也提供了8艘军舰支持地面进攻。

美军的密集火箭炮和远程野战炮火，甚至500磅（225公斤）航空炸弹对深藏在地下工事里的日军都发挥不了什么作用。日军居高临下的致命交叉火线让步兵和坦克协同部队都束手无策。美军的正面和侧翼都遭到山间日军火力点威胁，进展极慢。日军火炮、迫击炮的巧妙反击也让美军吃尽苦头。22团2营缓慢推进了一段距离，最终在日军精确的阻击火力打击下被迫撤退。29团3营遭到在真嘉比西北方布阵的"坦克击灭队"（以独立混成第15联队工兵中队长指挥的2个小队为基干）的顽强抵抗。守军自北村队长以下几乎全部战死，阵地被突破。天黑前，3营推进了大约300码，占领了一整天都在向22团2营左后方射击的查理岭前山坡。

独立混成第15联队身处第一线的第2和第3大队，在当天的战斗中损失很大，但仍在炮兵的有效支援下守住阵地。来自首里台地、识名台地的日军重炮射击极为准确，加上迫击炮在近距离的轰击，使美军受到沉重打击。日军方面的支援炮兵除了混成旅团炮兵队（装备8门105毫米榴弹炮，此外第2步兵队和独立混成第15联队的步兵炮中队各装备"四一"式山炮4门）外，还有野战重炮兵第23联队、临时编成海军炮大队、海军第2炮台（2门120毫米炮）和迫击炮部队等。日军炮兵阵地拥有非常出色的观察视野，虽然每处炮兵阵地只能使用一到两门火炮，可是弹着点相当准确，总是能找到目标。然而炮兵部队在弹药使用上受到极大限制，经常对良好的目标也无法持续射击。在糖块山一带的战斗期间，混成旅团炮兵队和独立混成第15联队始终为弹药不足所苦，随着高地攻防战的激化，炮弹和手榴弹的消耗剧增，但旅团的弹药堆积所位于知念半岛的系数，补给物资的搬运十分困难，只能在夜间冒险运输，无法满足前线的需要。

尽管缺乏弹药，日军炮兵仍在天久台地区的战斗中发挥了巨大威力。仁位显少佐指挥的海军炮大队也不遑多让，其战斗表现继续保持上佳水准。当美军进攻天久台地区时，该大队仍在以一门150毫米榴弹炮支援步兵第64旅团的防御战斗。该大队的观察所所能看见的范围为连接大名、泽岻、宫城、势理客一线以南地区，正好涵盖该大队协助的步兵第64旅团的几乎整个防御正面，只有安谢川两岸地区是观测死角，不过从泽岻的铃木少尉所在的地方可以观察到该地区局部。关于陆战队的进攻，仁位显回忆道："一向奉行人命第一主义的美军，在进攻时总是尽可能减少损失，但在进攻那霸北侧的天久台、真嘉比一带时，情况却为之一变。"

从该大队的观察所观察，在天久台尖端，大海与悬崖相连，从技术上来说射击比较困难。仁位显认为，从全局来考虑的话，美军的重要指挥部等机构最可能出现在此处。他判断眼下最紧急的事情就是阻止对方在天久台部署观察哨，因此断然决定首先以台地尖端的49高地为观测目标，一旦有美军露头就射击。

第一发炮弹就准确命中目标，仁位本以为美军会像以往那样马上一哄而散，不会接近，却很快发现情况并非如此。无论怎样射击，美军仍然不断向前逼近。

地图六十六　5月10日，日本海军炮大队的主要射击目标区域

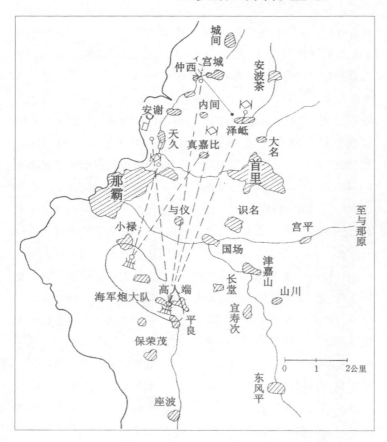

这回的敌人可有点儿意思，不要紧，给我一个不剩全部干掉！

仁位不断激励部下，向美军发射了更多炮弹。不管日军炮兵怎样射击，美军仍然咬牙猛冲，表现出了高昂的斗志。

15日以后，当美军乘突破天久台的余势，从天久台继续扩张战果，进入那霸北侧的泊、崇元寺町一带后，仁位显

认为时机已到，命令在小禄半岛的福田、藤井两炮台早已做好充分准备的4门海军式200毫米榴弹炮（短）开始射击。

从天久台通往泊的道路上挤满了美军的人员和车辆，炮弹正好在其间爆炸。200毫米榴弹炮的威力极大，可以看到人员和车辆飞到空中，道路上变成了人间地狱，景象凄惨之极。这次集中射击使美军受到出乎意料的打击。

观察员们大声说道："太

准了！""一发就干掉了20名！"

不过这样的炮击并不能阻止美军的攻势。美军很快就进行了报复射击。

……

在糖块山一带的战斗中，日军的狙击手也表现得十分出色，能够准确地捕捉并击中美军军官。美军军官不得不取下表示军阶的徽章。日军一旦发现佩戴了11.4毫米口径手枪皮带的美军军官就会立即射杀。日军狙击的枪下亡魂以中尉（连排长级别）为主。在糖块山战斗期间，某位军官刚就任15分钟，连士兵们的名字都还没记住就被杀死。

第32军对那霸方面的紧张局面相当关注，在13日当天将以特设第1旅团精锐编成的伊藤大队（大队长伊藤广治少佐，系野战兵器厂厂员）配属给混成旅团。该大队被配属给独立混成第15联队部署于糖块山地区。

此外由于战况吃紧，第32军还在12日向海军部队下令向第24师团和独立混成第44旅团各配属一个大队，然后又命令海军抽出4个大队和派遣20组突击队。海军当时准备好的野战机动兵力只有1个大队约400人，还要抽出相当于5个大队的兵力实无可能。

13日下午，海军的2个大队最终被配属给混成旅团长铃木少将。铃木将山口大队（山口胜一海军少佐以下约500人）配属给独立混成第15联队长，以丸山大队（丸山友喜海军大尉以下约570人）为旅团直辖。山口大队被部署于糖块山地区，丸山大队位于繁田川附近。

美军方面，陆战22团自5月10日渡过安谢川以来，已损失了大约800人，师长谢泼德少将在13日重新调整部署时，感到该团此时的战斗力已经无法满足自己的要求。29团主力随即奉命进入3营后方阵地，准备加强6师次日的进攻力量。第3两栖军预备队陆战4团南下接管29团前进前的阵地，守卫6师后方地区，同时充当负责护卫海岸侧翼的两栖装甲坦克的后盾。

陆战队的"万岁冲锋"

5月14日是个阴郁的日子，天空浓云密布，雨下个不停。陆战6师右翼22团3营到17时30分总算顺利占据了北岸的几处目标。河对岸的日军机枪和迫击炮火骚扰在白天一直未停。22团1营同样一直受到日军火力的阻击和骚扰，不过还是提前半小时抵达目标位置。

天黑时，22团主力推进到正面宽达1100码的安里川北岸一线，由于越过安谢川后就已大量减员，各连兵力都严重短缺。

与攻打糖块山的22团2营相比，22团另两个营在当天遇到的困难简直不值一提。按照陆战6师当天的计划，22团2营应先占领糖块山北面的高地，然后再突击糖块山。伤亡严重的G连剩余战斗人员被编入一个步兵排，协助F连进攻。

对于在南侧防御的日军部队的部署，陆战6师已经获得更多的情报。同陆战队交战的应该是独立混成第15联队的第2大队和第3大队、特设警备第223中队，此外很快确认独立速射炮第7大队一部也在其列。估计附近地区的日军总兵力为1650人，但没有计入可以从那霸及其附近地区调来的部队，很可能低估了日军的实际兵力。

糖块山北面的两座高地和在它们南方100到150码的糖块山本身，原本被营长伍德豪斯中校从右至左依次称为"高地1"、"高地2"（即糖块山）、"高地3"。在战斗开始前，伍德豪斯根据手下一名连长的意见改变了命名方法：右侧的高地依旧是"高地1"，左侧的高地成了"高地3"（也被称为"女王山"，此外在它的左侧还有一座高地，被称为"查理山"），最大的那座高地（原来的"高地2"）则改称"糖块"。伍德豪斯以前在瓜达尔卡纳尔岛演习时，曾将一座外形独特的目标山岭称为"糖块"，因为它的形状很像南方的一种甜点，如今大概也是因为这个原因，给这座迟迟难以攻克的高地取了同一个诨名。

这个诨名后来成为陆战队的传说。不过这个"糖块"对美军来说却一点都不甜蜜，反而让他们饱尝艰辛。

伍德豪斯顾虑2营前进时，会暴露在左翼方面陆战1师辖区内的日军的炮火攻击下，打算等友军跟上来之后再开始进攻。从当时的战场形势来看，这样考虑自有其合理之处。11时30分，副师长威廉·克莱门特准将来到营部，下发了书面作战命令，要求伍德豪斯不用等待侧面的陆战1师就位就实施进攻。命令中还催促2营必须尽快转入进攻，并且不惜一切代价坚持攻击。克莱门特反复强调"不惜一切代价"这几个字，以免会出现任何误解。对于副师长亲自传达的命令，伍德豪斯只有默默接受。

14时，罗德尼·高姆尼茨中尉的1排开始冲上高地1。这

地图六十七　糖块山地区草图

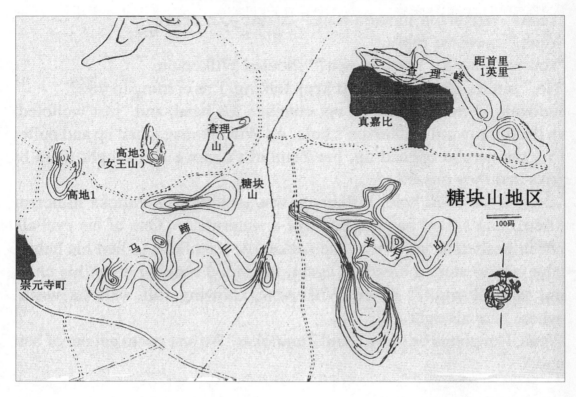

座高地高约30英尺，表面凹凸不平，可以提供较多遮蔽物。尽管如此，日军的小型武器和掷弹筒的火力还是相当猛烈。到14时20分，2营接到消息，得知高姆尼茨已经控制了高地1，却遭到来自高地3的猛烈射击。10分钟后，突击排又报告："需要坦克扫荡高地2和高地3之间的道路。""F连只有在得到坦克支援后才能移动。"与此同时，罗伯特·哈钦斯中尉的排占领了高地3。哈钦斯排的大部分损失是左翼和左后方的敌军火力造成的，这要归咎于陆战1师未能推进到

与其并排的位置。

14时52分，营部注意到坦克和步兵在向高地1和糖块山之间的山谷移动，8分钟后又发现高地1的陆战队员们陷入困境。原来E连在高地1接替高姆尼茨排后，高姆尼茨又在坦克支援下继续向糖块山进攻，这一鲁莽行为给美军带来了麻烦。

伍德豪斯随后命令F连连长爱德华·佩斯利中尉以目前F连能够动员的全部兵力向糖块山发动新的进攻，这次进攻会得到一个坦克排共5辆坦克支援，还会得到炮兵发射的烟雾

弹掩护。G连的幸存者也将从高地3为这次进攻提供火力支援。G连经过两天战斗已减员

冲绳战役期间的陆战22团2营F连连长爱德华·佩斯利中尉。

至约75人，幸存者被整编成一个步枪排以支援F连进攻。

坦克和步兵的进攻在开阔地上遇到了麻烦。当坦克接近糖块山时，日军从许多此前陆战队员从未发现的枪眼中开火。在谢尔曼坦克前进时，佩斯利中尉听到从糖块山南侧某处传来一门反坦克炮的射击声。一些炮弹伴随着沉闷的声响从坦克车身上弹开。

E连为实施支援攻击即将越过铁路前进时，看到坦克部队退了回来。其中一辆坦克停在铁路路堤处，一名坦克兵打开舱口爬了出来，看起来受了轻伤。他向外面的步兵喊道："里面的小伙子伤得很重！""我们需要帮助！"陆战队员马上叫来几名卫生员，把一名17岁左右、脸上长满雀斑的少年从坦克里拉了出来。这少年的胳膊从肘部以下都没有了，仍然没有从震惊中恢复过来，还不知道自己发生了什么事。这辆坦克在糖块山前面被日军的47毫米反坦克炮击中。整个战场上到处都是熊熊燃烧的坦克。

这时候他们还不清楚山上的情况，但很明显至少坦克部队已经完败。在最初的25分钟内有3辆谢尔曼坦克在糖块山前面的开阔地内被击中起火。不过同时坦克也破坏了很多枪眼。在此期间，乔·比斯特里中尉带领的F连3排在糖块山前一带"失踪"了。

实际上这个排并没有消失，而是陷入困境。与他们一同行动的谢尔曼坦克为了将高爆弹射进一个洞穴停下，却不顾步兵正遭到日军的猛烈火力阻击。由于周围没有遮蔽物，陆战队员们只能紧紧贴在地上，身体一动不动，以免引起日军注意。比斯特里靠近坦克后部，拿起车用电话问道："为什么停下来？"又说道，"天啊，敌人把我们看得清清楚楚。没有灌木丛，也没有坦克或其他什么能掩蔽的东西。"

坦克车长回答道："洞里有小鬼子。"

"哦，那就往里面打白磷弹吧。"比斯特里说道。

坦克向洞内发射了一发白磷弹，随即有两名浑身着火的日本兵跑了出来，然后挣扎着直到被烧死。可是坦克依然没有移动。比斯特里再次吼道："为什么还不动？再不快点前进，我们都得完蛋！"

"我们还没接到移动的命令。"坦克车长回答道。

失望之极的比斯特里狠狠地摔下电话站了起来。就在这时，掷弹筒发射的一枚榴弹在他旁边爆炸，碎片扎进了他的膝盖，另一块更大一些的碎片深深扎入腹部。随后比斯特里被一名战友送到后方。

看到部队别说继续扩大战果，即使守住已占领的阵地都十分艰难，伍德豪斯无奈只得请求增援。15时，伍德豪斯向上级报告："根据我营的损失，以及敌人在正面显而易见的力量，需要更多部队帮助我们守住已经取得的阵地。"不久，他又向22团报告说，2营已经损失472人，只剩下60%的兵力。

上级对此无动于衷。15时15分，伍德豪斯收到团作战科长发来的命令："谢泼德将军命令天黑前必须达成师里的作战目标，无论付出多大代价也绝不容许失败。"15时40分，伍德豪斯才得到22团3营K连的增援。为了能在天黑前完成进攻任务，伍德豪斯在16时30分命令当F连攻击高地时，E连为其提供火力支援。进攻开始前，对糖块山及附近的两座高地进行了30分钟的炮火准备。17时22分，F连尚有战斗力的两个步兵排合编为一个排后，在火炮烟幕掩护下，跟在坦克后面开始出发，再次进攻糖块山。新到的K连则充当预备队。

美军火力支援舰炮的炮轰十分可怕，让人很难想象还会有人在那样的巨响和猛烈的冲击波下生存下来。可是，炮击结束后仅过了5分钟，日本兵就回到了原来的阵位。F连发起攻击后，就像割草一般在开阔地上纷纷倒下，日军火力简直成了割草机。坦克很快开上去施放烟幕，并且收容和后送了全部伤员。

在F连进攻的同时，G连幸存者则从高地3上提供火力掩护。其中2排沿着一座75英尺高的山岭展开，这里瞰制着通向糖块山的小路。他们的位置很容易被日军看到。2排左翼不断遭到迫击炮和机枪射击。日军火力消灭了排的机枪组，丹·德瑞谢克所在的另一个机枪组则隔着山谷向约800码外的日军射击，这时狙击手发射的子弹击中了他正在操作的机枪的供弹口。德瑞谢克被飞溅的金属碎片击中面部。随后卫生兵一点一点地清除了他脸上的金属碎片。顽强的德瑞谢克回到机枪组覆灭的地方拿起机枪重新开始射击。

F连开始后退。艾德·佩斯利在战斗期间同高姆尼茨和1排失去了联系，既不知道高姆尼茨已经负伤，也不清楚高姆尼茨的无线电出了故障。佩斯利正在苦苦思考怎样打开僵局，这时已经受伤的副营长小亨利·考特尼少校突然出现。

考特尼告诉佩斯利，他看到一些F连官兵抵达了山顶，高姆尼茨也在其中。他们正在交谈时，忽然看见有个人钻出洞来，既没有戴钢盔也没有佩带武器，此人跑过山顶，看了他俩一会儿，然后在遭到射击前钻进另一个洞里。接着又有另一个人做了同样的事情。他们看起来行动敏捷，富有冲劲儿。考特尼自言自语道："那肯定是你的陆战队员。"不过佩斯利还是怀疑山顶上的人影不是陆战队员。他告诉考特尼，他此前曾多次目睹类似的人影："如果是自己人的话，不是应该向这边挥手发出信号，而不是跑过山顶么？"考特尼不置可否。

日落时间是19时08分。在逐渐昏暗的天色中，佩斯利在高地3背后同哈钦斯中尉的人马会合了。除了15名迫击炮班的士兵，F连的全部剩余人员都聚集在此，考特尼和他们会合。考特尼坚持认为在糖块山的山顶上有陆战队员，应该乘黑夜去救援他们，佩斯利也应该参加行动。佩斯利虽然口头上答应，内心却认为考特尼是错误的。佩斯利用无线电联络伍德豪斯后，伍德豪斯认可了考特尼夜袭糖块山的计划。

G连的混编排也将参加这次攻击。在高地3上，G连为

数不多的幸存者之一，沃尔特·鲁特科夫斯基下士在愈来愈深的暮色中看到排长鲍勃·尼伦中尉，连里仅存的两名军官之一，正向他这边走来。尼伦对鲁特科夫斯基说："我们连只剩下50人。你带上25人，史蒂夫·斯坦科维奇（下士）带着剩下的25人。"鲁特科夫斯基以为尼伦的意思是让他们回到后方休息，但尼伦接下来指着糖块山说道："等到19时施放烟幕后，我们将要攻下那座山。"

按照考特尼的命令，对糖块山的攻击将在夜间开始，这次攻击将由他亲自指挥。在行动开始前，参加夜间攻击的陆战队员都在高地3下方的开阔地上休息。

丹·德瑞谢克下士所在的小组奉命下山到下面的山谷中。他们在那里遇到了考特尼，并得到7.62毫米口径机枪子弹和手榴弹的补给。19时，F连向伍德豪斯报告："只有高姆尼茨和另外两人还在糖块山上。以此兵力无法守住阵地。目前第1、2、3排合计还有22人。"

海军打出的照明弹照亮了这一带。这时还有很多死伤者躺在高地1和高地2之间的山谷中。考特尼传令以最后一发照明弹的光亮熄灭为信号开始

地图六十八 美军5月12至15日对糖块山的突击

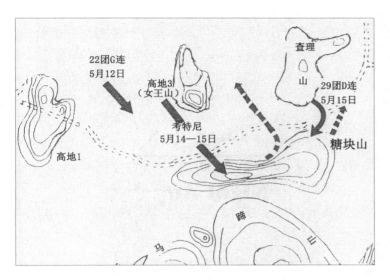

行动。大家的脑海里不由得回想起考特尼在动员大家冲锋时的豪言："拿下山顶的唯一办法，就是让我们来一次鬼子式的'万岁冲锋'。"

最后一发照明弹熄灭后，陆战队随即开始前进。考特尼少校在黑暗中亲率队伍前进。根据后来的估计，当时考特尼的兵力为45人，包括F连的2名军官和15名士兵、G连的1名军官和26名士兵，以及他本人。很快，日军的机枪便开了火，子弹从陆战队员们头上飞过。日军机枪手的枪口压得不够低，子弹总是飞过队伍上方。考特尼喊道："快前进，快前进！"

丹·德瑞谢克下士所在的班很快抵达一个土丘，此地位于出发地到糖块山之间三分之二左右的地方。这时，两名日本兵一边叽里咕噜地说着话，一边从旁边的洞穴里走出来，距离他只有约20英尺。德瑞谢克企图用自己的冲锋枪扫倒他们，可是这支从未出过故障的冲锋枪偏偏在这个节骨眼上卡壳了。德瑞谢克又急忙掏出一颗白磷手榴弹，扔进日本兵慌忙躲入的洞穴，然后马上返回队列。

美军的行军纵队接近糖块山山脚，考特尼开始呼喊："高姆尼茨！高姆尼茨！"没有任何回答。考特尼命令士兵们登上山坡，挖掘散兵坑。他对大家说道："开始挖坑，我们要守住这里。"这时是17时30分，距离他们开始向糖块山前进已经过去20分钟。佩斯利用无线电台向伍德豪斯报告，他们已经到达高地，请求再次发射照明弹。

陆战队员们开始挖掘散兵坑后没多久，日军就开始反击。佩斯利刚开始挖掘，手榴弹就飞了过来，接着更多手榴弹接连从另一侧山坡掷来。佩斯利他们不得不挪动位置，很快就发现这没什么用，手榴弹还会不断飞过来。他们只好一边挖坑一边观察周围的情况。照明弹将山上照得如同白昼一般，可以看到滚过来的手榴弹在冒着烟，这能帮助他们及时躲开。

德瑞谢克下士移动到山腰处。考特尼将史蒂芬·斯坦科维奇下士的2排和另外6到8个人派到高地左侧以防日军包抄后方。然后他又命令德瑞谢克班带上两挺机枪转移到糖块山的右侧掩护通向高地侧面的道路。

杰克·休斯敦一等兵和同在一个散兵坑里的战友罗克·皮拉里一起负责警戒后方。在迄今为止的三天战斗中，这座高地因为饱受炮击轰炸，山上布满了弹坑。休斯敦看了看山顶，发现一顶用树枝伪装的日军钢盔露了出来。他对皮拉里说："喂，看看那个。"有个人开火了，钢盔立即消失了。

很快，日本兵从山顶另一边扔过来的手榴弹开始向他们的散兵坑滚来。一颗手榴弹炸飞了附近的一堆勃朗宁自动步枪弹夹，其中一个飞进他们的散兵坑里。

19时45分，考特尼向营部报告说现在已经在糖块山上。15分钟后，他又补充说，"兵员、手雷和弹药均不足。未发现高姆尼茨。"

佩斯利正在挖掘散兵坑时，考特尼走了过来，后者命令他搭乘正在高地1和高地3背后活动的一辆半履带车前往营部并装上所有他能找到的手雷后返回。随后哈钦斯中尉也加入进来。两人一起下山，他们在照明弹升起时保持不动，等到光亮熄灭后再重新开始移动。

他们在途中迷了路，闯进了陆战1师的作战地区。最后他们等到了一辆正收容F连死伤者的半履带车，并帮忙一起收容。每具尸体都身体冰冷，伤员都伤得很严重。有一具尸体甚至都没有头部，一定是反复被机枪子弹打中造成的。佩斯利看到有一名下士坐在水坑边，以为他正在睡觉，过去拉扯了一下，那人没有任何反应，然后侧着倒在水里，原来已经死了。

在糖块山上，陆战队员们陷入来自前方和后方某个地方的交叉火力中。在最初的一个小时里，德瑞谢克下士的两挺机枪中的一挺被打掉，班里一死二伤。其中一名伤员，罗伯特·斯坦贝尔一等兵被机枪打穿胃部，他一边尖叫一边要吗啡和水，德瑞谢克知道给他这些东西也无济于事，没有满足他的请求。斯坦贝尔的哭声吸引了日军的注意力，射击更加激烈。德瑞谢克不得不像哄小孩子那样让他安静下来。

围绕着陆战队确保的山坡，双方在山顶一带展开了激烈的手榴弹战，不知有多少手榴弹或手雷被投掷出去。日军一扔出手榴弹，就会被陆战队员看到人影，遭到射击。美军的步枪在射击时，在夜色中会显出长长的火焰，于是又轮到日本兵向火光处掷来手榴弹。

一些陆战队员的手雷告罄了，日军的手榴弹看起来依然很多。威尔特·鲁钦斯基下士听到左边有几名陆战队员正在兴奋地交谈。此时他们可以听到另一侧山坡日本兵的说话声，但手头只剩下烟雾弹。一名陆战队员说："我要扔一颗烟雾弹。"鲁钦斯基脱口而出："我的天！那玩意儿只会帮助敌人。它根本伤不了他们。"同伴听从了鲁钦斯基的劝告，到底没有扔出烟雾弹。

在此前的战斗中，有6辆坦克的残骸被遗弃在山脚附近，其中至少有一辆谢尔曼仍然在燃烧中，照亮了周围。一个日本兵进入一辆被破坏的谢尔曼坦克，开始奚落美国兵："嘿嘿，美国佬！嘿嘿，美国佬！"山脚处的一名中士开始寻找声音的来源，他突然喊道："嗨，你这狗娘养的胆小鬼！"向日本兵开了火。这回日本兵开始发出尖叫，听起来好像是猪在嚎叫。那尖叫声持续了差不多半个小时才消失。

佩斯利和哈钦斯两人乘坐那辆半履带车，好歹抵达了营部。伍德豪斯将满载准备用于次日后续攻击的补给物资的半履带车交给他们，告诉他们可以随便使用车上的物资。除了手雷外，车上还装着火焰喷射器和食物。

为了加强第一线的兵力，伍德豪斯还将原本担负团部警戒任务的27名补充人员交给佩斯利，其中包括面包师、炊事员和通信兵。这些士兵由沃尔特·贾米森中尉带领，同补给物资一起由半履带车运往第一线。

增援的士兵和物资好不容易抵达了前线。这些新来的士兵本属陆战6师的后方部队，缺乏实战经验，大部分人用的是卡宾枪。

德瑞谢克和几名陆战队员将伤员和尸体抬到半履带车上，其中有一具"尸体"被抬上车后发出了呻吟声。原来斯坦贝尔最终幸运地活了下来。

一名陆战队员走下山坡，向挨着温德尔·梅杰斯一等兵的陆战队员询问他身边是谁。梅杰斯的名字与"少校"一词谐音，许多日本兵都能听懂英语，他们看来十分渴望追杀美军军官。梅杰斯不希望因为被日本兵当成一名"少校"，引起注意。他身边的那名陆战队员却不小心大声说道："梅杰斯！"立刻引来了手榴弹。这颗手榴弹在梅杰斯前方弹跳了一下，落进他所在的散兵坑。梅杰斯在惊慌中没能摸到手榴弹，便赶紧逃出散兵坑趴在地上，幸而在爆炸时安然无恙。梅杰斯随后爬回了散兵坑，但很快又有一名日本兵一只手拿着手榴弹向他猛冲过来。梅杰

斯听到这个日本兵中弹的声音，听上去就像子弹打穿了湿纸袋。这个日本兵仍然继续冲来，在倒地前中了大概20发子弹。他倒地后，还拼尽最后的力气将手榴弹在钢盔上敲击后扔了出去，却没有伤到任何人。这个日本兵的尸体距离梅杰斯的散兵坑只有15英尺远。

这件事产生了意料之外的影响。附近有一名伤员此前不断发出求助声，他声称无法凭自己的力量下山到达卫生员所在的山脚。目睹了那名日本兵进行的一人"万岁冲锋"后，他突然动起来，独自走下山去，在卫生员那里接受了治疗。

这时，考特尼少校已经明白，在日军控制着山顶，不断居高临下地向他们投掷手榴弹的情况下，他们无法一直坚守下去。爆破班在美军占据的北坡上封闭了三个洞穴，另一侧

的南坡上有相当数量的日本兵在活动，似乎日军正在准备反击。考特尼决定争取主动，他命令士兵们每人携带2颗手雷向坡上爬去，然后以他的喊声为信号掷向山顶另一边，再一口气冲上山顶干掉所有幸存的日本兵。

考特尼再度对大家说道："我们要发动自己的冲锋——我们自己的万岁冲锋。"每个人都上好了刺刀。考特尼让炮火观察员请求炮兵轰击反斜面，后来还要求发射照明弹。三发照明弹同时升起，将地面照得清清楚楚。考特尼喊道："让我们拿下这座该死的山！"

伴随着一声哨音，陆战队员们开始行动。全部兵力大约有50人。佩斯利中尉在匍匐前进途中，看到有一架梯子伸出地面。他往洞里扔进手榴弹，洞穴太深，只能听到一阵不大的闷响。

当他们爬完到山顶为止的一半路程时，日本兵又开始从棱线另一侧扔来手榴弹。佩斯利到达棱线后，看到了正在反斜面活动的日本兵。这是他第一次亲眼目睹日本兵，对方简直近在咫尺，他不禁打了个冷战。

梅杰斯一等兵一只手拿着已经拔掉安全栓的手雷，等

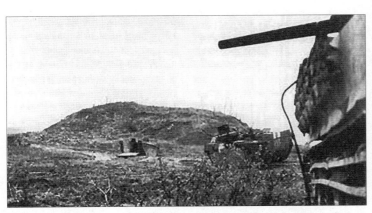

美军的半履带两栖运兵车会在地形困难的地方，诸如糖块山高地，顶着日军火力，为步兵提供补给，后送伤员。

着考特尼的信号。第二颗手雷也被他放在触手可及之处。考特尼突然喊道："动手吧！"陆战队员们立即各自迅速扔出两颗手雷。几十颗手雷接连爆炸，听起来就像集中炮击一样，破片和沙土如雨点般纷纷落在山坡上。日本兵在尘烟中纷纷摔倒，他们一边发出惨叫声一边滚下山坡。

陆战队员们一起冲上棱线，遭到奇袭的日本兵像受惊的兔子一样慌忙逃走。陆战队员们像打火鸡一样射击这些日本兵。他们的优势只是暂时的。日军并没有崩溃。不少日本兵在坑道中避开了美军的手雷攻击，现在他们从坑道中现身开始用手榴弹向陆战队反

5月15日凌晨在糖块山阵亡的陆战22团2营副营长亨利·考特尼少校。由于他的坚持，美军陆战队当晚发动了一次"自己的万岁冲锋"。后来，他因为这次战斗的英雄表现，被追授荣誉勋章。

击。在山脚还有几个比较大的洞口，增援的士兵可以通过它们随时投入战斗。

考特尼奇袭的效果在迅速减弱。日本兵的手榴弹开始不断在陆战队员中间爆炸。杰克·休斯敦一等兵看到从坑道中冲出来的日本兵将手榴弹在自己的钢盔上敲击后掷向考特尼。休斯敦大叫道："手榴弹！"然后赶紧趴下。手榴弹落在少校旁边，没有爆炸。休斯敦起身一看考特尼，只见他一边用点11.4毫米口径手枪射击一边喊道："我看见他们了！他们比苍蝇还多！"不久前休斯敦还对考特尼的夜间攻击方案不以为然，现在却不再对他的勇气和领导能力抱有疑问。近处佩斯利中尉的运气却不太好，他被手榴弹破片击中腰部和颈部，成了这阵手榴弹攻击中出现的唯一伤员。佩斯利同样曾怀疑过考特尼的判断和指挥，此时已经改观，多年之后，他在接受采访时说："考特尼是那里（糖块山）的英雄。"

在糖块山上还有很多日本兵。休斯敦向山坡下面观察，看到一个洞穴的出口挨着一条战壕，这条战壕径直与下面的道路相连。他注意到日本兵正在跳出战壕，跑过道路，后面一队日本兵正排成直线在一个

接一个地爬出洞穴。休斯敦瞄准最近的日本兵扣动了扳机，然后按照从前到后的顺序有条不紊地依次射击，日本兵的尸体渐渐填满了战壕。

无线电通信兵吉姆·哈特一等兵隐蔽在北坡上约四分之三高度的浅坑里面，努力同伍德豪斯中校联系。伍德豪斯为了得到准确的炮火支援，要求知道陆战队的最新位置。哈特爬向考特尼，传达了伍德豪斯的命令。他看到日本兵正在山坡上匍匐前进，下方的开阔地上还有更多的日本兵。考特尼指示说："呼叫所有你能叫来的炮火消灭那些小鬼子，然后回去守着那部电台。"考特尼然后又命令佩斯利到无线电台那里向伍德豪斯申请直接炮击他们的正前方。

佩斯利向通信兵那里跑去。考特尼在山顶上站起来，向士兵们指示目标。站在他右边的鲁特科夫斯基听到他在大喊："那里有20个敌人！"鲁特科夫斯基用借来的勃朗宁自动步枪射击。突然在他脚下发生猛烈爆炸，不知是来自日军的迫击炮还是己方的炮击。他醒来后发现自己躺在考特尼和勃朗宁自动步枪原来的主人之间。考特尼和勃朗宁自动步枪手都已死去，考特尼的颈动脉被炮弹破片切断。鲁特科夫斯

基自己也被击伤手臂。

站在考特尼旁边的梅杰斯幸运地捡了一条命。他用步枪向山坡上的日本兵射击，打光八发子弹的弹夹后，本能地向后面的山下跑了15或20码，然后开始装填新的弹夹，就在这时发生了大爆炸。他相信这是日军的迫击炮对山顶一带进行的弹幕射击。这阵炮击使沿着山顶部署的陆战队瞬间损失惨重。

当日军迫击炮向山顶齐射时，佩斯利正在后方的无线电台前等待炮火支援开始。不久之后他得知考特尼战死，马上用无线电联系营部的伍德豪斯，报告这一消息。伍德豪斯通过无线电询问高地1上的E连能否进行支援，E连回答说他们只能勉强保住自己的阵地，没有余力支援佩斯利。

贾米森中尉也被迫击炮弹击伤右臂，自己用绷带进行了包扎。佩斯利要他将部下沿着山坡展开，注意保护右翼，这时是2时左右。

佩斯利面对的情况简直糟透了。山上士兵们的部署原先全部由考特尼决定，现在他却已经战死，部队也正受到日军猛攻。他沮丧地发现自己成了即将崩溃的已陷入严重混乱的防御阵地的指挥官。

鲍勃·尼伦中尉也战死了。一些幸存者自发结成小组，选定了指挥官。陆战队员们进行了勇敢的反击，但主要是凭着个人斗志，不是作为作战单位的一员在坚持战斗。

情况不断恶化，糖块山上的陆战队员们不仅要面对正面的日军，还要提防从背后射来的敌军火力。迫击炮弹也不断落在糖块山上。临近黎明时，伍德豪斯告诉佩斯利，如果他们能坚持下去，他就会派K连增援。

K连整个晚上都在高地1背面挖掘战壕。两天前，代连长保罗·邓菲中尉在安谢川的战斗中因伤被后送，之后由小雷金纳德·芬克中尉担任连长。23时，伍德豪斯命令K连派出一个排进入高地3背后肃清东坡上的日军。这里的日军一直在从背后直接射击糖块山上的陆战队员。这个排虽然尝试攻击，但在日军掷弹筒的猛烈反击下被迫后撤。参加这次攻击的24人只剩下10人。

14日22时，伍德豪斯命令K连准备增援糖块山。伍德

22团3营K连的3名机枪手（左起）：雷·施林德尔，雷·基曼和詹姆斯·沃伦。

豪斯对来到观察所的芬克中尉嘱咐道："战线拉得太长，遭到敌人反击力度很大。糖块山的情况危急。做好救援他们的准备。补充好你们的补给。"一个小时后，芬克再次被叫到观察所。伍德豪斯告诉他："糖块山上的陆战队员只剩下8人。如果我们丢了它，之前的努力就全部白费了。你带K连到糖块山，不惜一切代价守住它。明天早上我们在山上见吧。"

K连向糖块山前进途中，雷·施林德尔一等兵看到在糖块山前面一带散乱着陆战队员的尸体。到处都是尸体，数量非常多，他很想停下来确认其中是否有人还活着，却没有时间，只能和战友们继续前进。

15日2时30分，K连的增援队伍，包括4名军官和99名士兵，全部平安抵达糖块山。

一接近高地，芬克尔中尉就命令战士们寻找散兵坑就位。战士们带着8挺机枪爬上山坡。这时日军显然察觉到美军得到增援，山坡上开始遭到掷弹筒、大炮、机枪等武器的猛烈打击。

当K连来到佩斯利所在的位置时，日军的迫击炮再次开火，迫击炮发出的通红的炮口火焰依稀可辨。K连的一挺机枪向火焰升起的地方射出曳光

弹，然后修正了弹着点。日军也立即做出反应，迫击炮弹开始落在机枪周围。佩斯利大喊道："快趴下！快趴下！"有3、4发炮弹落在机枪附近，其中一发直接打坏了机枪的枪身，周围的战士们也同时被打倒。爆炸过后，周围马上恢复了寂静，只能听到重伤员的呻吟声。芬克尔中尉也身负重伤，不久后死去。

日军的炮火切断了通往糖块山的通信线路，导致两台300型通信机中的一台无法使用，剩下的一台成为糖块山与营部联系的仅有命脉。手榴弹和炮弹到处爆炸，士兵们的叫喊声时而夹杂着号泣声。为了争夺糖块山的控制权，陆战队员和日本兵互相向山顶另一边投掷手榴弹。K连带来了全部8挺机枪，但一开始射击就会引来迫击炮弹。陆战队员只能用手榴弹对付日军。日本兵藏在反斜面上的洞穴或隧道里，距离陆战队员如此之近，以至于后者可以听到他们的谈话声。他们会从洞里冲出来向山顶的陆战队员投掷手榴弹，然后马上退回洞中。他们还会将陆战队员投下的手雷反投回去，后者实在是束手无策。

K连的杰克·纳科尔斯一等兵也参加了防守山顶的战斗。他看到有4名日本兵正沿着一

条战壕移动，那条战壕至多离他50英尺远。他正要用勃朗宁自动步枪向忽隐忽现的日本兵射击，一开火日本兵就不见了。一名喷火兵爬过来开始给火焰喷射器点火，却在喷火前就被打死。和纳科尔斯在同一个散兵坑中的乔治·迪安一等兵也被射中头部，死在纳科尔斯的膝盖上。

在左边，纳科尔斯的战友，一名年轻的陆战队员向反斜面扔出一颗白磷手榴弹，立即被日本兵反投回来。白磷手榴弹爆炸时发出白光，燃烧的白磷包围了这名陆战队员。全身着火的陆战队员尖叫着恳求道："快杀了我！"周围没有一个人下手，他最后在极度痛苦中死去。不久之后，纳科尔斯也被日军的手榴弹击伤。当他从昏迷中醒来时，发现周围没有一名活着的陆战队员，于是拖着勃朗宁自动步枪爬下山去。在糖块山的战斗中，他的勃朗宁自动步枪连一枪也没打，仅仅投掷了两枚手雷而已。

在糖块山左侧，梅杰斯一等兵看到一名日本兵突然出现在山坡下方，跑向一丛灌木。当日本兵通过开阔地时，梅杰斯端起M1步枪，却没打响，原来M1里面塞满了泥土无法装弹。已经暴露的梅杰斯离开

原来的位置，跑向其他陆战队员，跳进一个弹坑，却在跳入的瞬间被安在步枪上的刺刀刺伤大腿，原来里面还有一个日本兵。一名陆战队员试图用步枪向日本兵射击，没能打响，换了一支勃朗宁自动步枪后，依然打不响。最后他干脆再捡起步枪，冲到梅杰斯面前用刺刀捅死了这个日本兵。梅杰斯费了很大力气才把扎入自己大腿的装着刺刀的步枪拔出来。不久，杰克·休斯敦一等兵也跳了进来，不久前他被掷弹筒炸伤，不过身体还能活动。

这时山上似乎至多只剩下十几个人，没有军官或士官，尽是一等兵或二等兵。不久又遭到掷弹筒和炮兵的集中射击，士兵们被气浪掀至半空又摔到地上。炮击过后，休斯敦认为是时候撤退了，于是呼叫指挥G连的尼伦中尉，认为他应该会同意撤退，却不知他已经战死了。

休斯敦得知和自己同为3排火力班成员的老兵乔·富特雷尔受伤后，赶到他那里进行救治。治疗完成时，一名士官称需要人手增援山顶，于是休斯敦带着富特雷尔的勃朗宁自动步枪和自己的步枪前往山顶。抵达山顶时，他注意到这一带正处在毛骨悚然的诡异寂静之中。突然，在照明弹映照下现

出3名日本兵的身影。他用勃朗宁自动步枪向他们射出一梭子弹，但日本兵借着照明弹熄灭的工夫逃走了。勃朗宁自动步枪枪口的闪光引起一名日军机枪手注意，子弹开始飞进休斯敦周围的地面。休斯敦没有散兵坑可用，只能在浅浅的洼地里卧倒，只要日军的射击稍稍抬高一点就能击中他。幸运的是，这时美军的炮火支援开始了。炮弹落到他的前方，他可以看到炮弹拖着亮线从海岸飞来，看上去就像放大的机枪曳光弹一样。日军的机枪很快又恢复射击。休斯敦只好趁照明弹熄灭时爬到坡下。

休斯敦刚退下来，日军的炮弹就开始在附近爆炸。为了躲避炮弹，他钻进附近一棵已被炸倒的树木下。有4名陆战队员正坐在那里，身子靠在斜坡上，脑袋垂了下来，似乎正在睡觉。一发炮弹在附近爆炸，这几名陆战队员就像多米诺骨牌一样一个挨一个地倒下，原来他们早已经死去，休斯敦看到的都是尸体。

15日的日出时刻是5时42分。天亮前后，受伤的梅杰斯一等兵拖着伤腿独自撤离糖块山，途中他看到合计10多辆遗弃在战场上的坦克和半履带车，其中有几辆仍然在燃烧。开阔地上散落着很多尸体，乃

至可以踩着尸体回到糖块山，不会碰到地面。

抵达营部后，他告诉伍德豪斯陆战队仍然留在糖块山上，日军正在准备反击，考特尼少校也战死了。伍德豪斯告诉他："我会向那里发动进攻，救出那些伙计。"

天亮时，糖块山上充其量还剩下20多名陆战队员，其中许多人在受伤后仍然坚持战斗。由于K连已被投入战斗，伍德豪斯需要其他兵力。6时30分，29团2营D连被配属给22团以"肃清"渗透进2营控制地区的日军。8时，伍德豪斯命令考特尼部的幸存者（包括佩斯利在内，只剩下7名官兵）撤出糖块山。K连的幸存者则在詹姆斯·劳中尉指挥下留在糖块山，奉命在D连上山之前维持现状。

佩斯利等人坐上前来收容伤员的半履带车返回后方。受伤的雷·施林德尔一等兵也被半履带车运走，途中有的伤员死在车上。他所属的机枪排原有65人，后来从冲绳平安回来的只有3人。

伍德豪斯仍然相信只要得到29团D连的支援，仍然可以守住糖块山阵地。早上，D连长霍华德·梅比上尉奉22团2营命令派出"爱尔兰"·乔治·墨菲中尉的3排（加强排，兵力

为60人）前往营观察所。当墨菲带领3排抵达营观察所时，D连开始向糖块山前进以替换K连。随着D连的到来，22团K连撤出了糖块山，在参加这次进攻的4名军官和99名士兵中，只有3名军官和30名士兵没有受伤。

陆战6师决定于15日8时重新在师正面发动进攻。在此之前，会从6时30分到7时期间实施舰炮射击和空中轰炸。7时刚过不久，位于右翼的22团1营的营长托马斯·迈尔斯少校召集手下的连长在一座覆盖着红色屋瓦的民房里商讨当天的作战计划。美军原以为这里是安全的，随后发生的事情向陆战队证明南部冲绳没有哪个地方是安全的。从河对岸某处发射的一发迫击炮弹直接击中了这座房子。硝烟散去时，迈尔斯少校已经死去。同时战死的还有离他5英尺远的勤务兵吉多·康蒂一等兵，以及第6坦克营C连副连长哈里森·克鲁斯米尔中尉。坦克连连长和3名步兵连连长均身负重伤。逃过一劫的副营长厄尔·库克少校接替营长职务，开始重建营的指挥系统，进攻因此被迫推迟。

与此同时，左翼的伍德豪斯营和29团D连在糖块山上继续战斗。当天早上，D连的一名士兵，迪克兰·克林根哈根二等兵在同战友们一起增援糖块山途中，经过了遍布尸体的战场，途中他还路过一名被刺刀捅死的日本兵的尸体，这个日本兵看起来至多只有14岁。D连一到糖块山，就立刻陷入日军的猛烈火力中。在这天上午，日军以至少一个大队的兵力，从7时30分开始对陆战6师阵地左半部发动一连串反击。D连本来要执行"肃清"侵入之敌的任务，不料却遭遇日军猛烈反击，双方发生激烈近战。D连官兵一个接一个地在枪炮中倒下。

墨菲中尉的3排也在糖块山陷入苦战。日军发动了一次大规模反击，自然不会放过这个要地，很多日本兵向墨菲排的阵地猛扑过来。22团2营的作训参谋格伦·马丁少校在营观察所越来越紧张，早些时候他看到22团的一些士兵从这里撤退，在他看来墨菲排似乎已经陷于孤立。他向伍德豪斯请求准许墨菲排撤退，没有得到批准。

3排在当天携带的手雷比平时要多，共350枚，没过多久就全部用光，日军的手榴弹仍源源不断地扔过来。墨菲不得不用无线电向连长梅比上尉请求允许他们后退，但梅比告诉他必须守住阵地。墨菲报告说糖块山遭到日军掷弹筒的猛烈打击，实在无法坚守。这是梅比最后一次听到墨菲的声音。没过多久，墨菲就中弹身亡。

在糖块山上，双方都在反复向另一侧山坡的敌人投掷手榴弹或手雷。杰克·卡斯提格诺拉下士和他的战友用步枪射杀了很多日本兵，他杀死的第一个日本兵是一名身高约180厘米、体重100公斤以上的大汉，他穿着陆战队员的军服，身上的装备也全部是陆战队员的用品，头上戴的却是日军的钢盔，因此暴露了身份。这个日本兵从容走进陆战队的队列中，卡斯提格诺拉发现他拿着一支"极长的"步枪，觉得很不对劲。卡斯提格诺拉看到他进入一个洞穴，内心更加疑惑：如果是自己人，应该会小心翼翼地进入洞内，可是这家伙却大摇大摆地钻了进去。当他再次从洞穴中出来时，卡斯提格诺拉注意到他戴的是蘑菇状的日军钢盔，终于确信这家伙就是一个日本兵，于是开枪打倒了他。这是卡斯提格诺拉第一次开枪。

到9时，日军的反击已经突破900码宽的前线，进入22团1营和29团3营的行动区域。墨菲排因损失太大，只得放弃阵地。根据2营的日志，墨菲排实际上已经被消灭。在当天，梅比上尉、伍德豪斯中校和E连作训参谋之间曾进行过内容如下的通信：

11时36分　梅比致伍德豪斯：请求准许撤退。爱尔兰·乔治·墨菲已经中弹。该排60人中只剩下11人。

11时38分　伍德豪斯致梅比：你必须守住阵地！

11时43分　梅比致伍德豪斯：该排已经撤退，阵地无法维持。无法撤走伤员。相信鬼子已经控制高地。

11时44分　伍德豪斯致梅比：救援无法收容的伤员。

12时30分　E连作训参谋致伍德豪斯：鬼子正在将47毫米炮搬上糖块山。企图炮击我步兵。

12时40分　梅比致伍德豪斯：相信糖块山上的所有伤员已经收容完毕。

15时　梅比致伍德豪斯：仍在收容伤员中，请求烟幕掩护。

15时22分　梅比致伍德豪斯：收容伤员的士兵已平安返回。收容一名士兵，无法找到其他伤员。

22团2营面对的情况极为严峻。团长施耐德上校担心兵力单薄的2营防线会被日军突破，便命令3营I连进入2营后

方阻击阵地待命。12时10分，施耐德通知2营长伍德豪斯中校："你们营消耗太大，我会尽快让22团3营来接替，你们将会转入3营原先在师右翼的阵地。"

到13时15分，日军的反击终于被遏止，陆战队已经被迫放弃一些阵地。不过22团2营的防线好歹没有被突破，施耐德担心的最糟糕的情况并没有发生。2营损失惨重，目前能够战斗的兵员已经减少到286人。16时15分，3营I连和L连在2营原先的前沿阵地就位。同样消耗严重的29团2营D连回本营归建。伍德豪斯带领他的部队进入安里川沿岸新阵地时，团里派来50名补充兵，好歹恢复一些实力。在过去3天的战斗中，22团2营一共伤亡400多人，糖块山血战仍将继续下去。

陆战队损失惨重，但日军方面显然也遭到重创。在陆战6师正面的日军由于反击失利，又遭陆战22团1营和29团步步紧逼，在15日这天损失惨重。据陆战6师统计，他们在辖区内清点出585具以上的日军尸体，并估计有超过446人被美军支援火力击毙或者在扫荡行动中被封死在洞穴和坟墓里。当天，陆战6师声称自进入南部冲绳战线以来，已经击毙1542名日军，另有1912名日军被推测死亡。所谓的"推测死亡"纯粹是猜测。第3两栖军对这个数字表示怀疑。16日，该军提醒部队注意："关于日军死亡数字的报告须严格遵循基本原则，避免过多水分，各部队应尽可能把握准确情况。前线部队清点敌战死者

肩上挂着弹带、正在糖块高地一带的战斗中进入战斗位置的陆战22团3营L连的机枪班士兵。

地图六十九　5月14－15日，美军陆战6师在糖块山的战斗

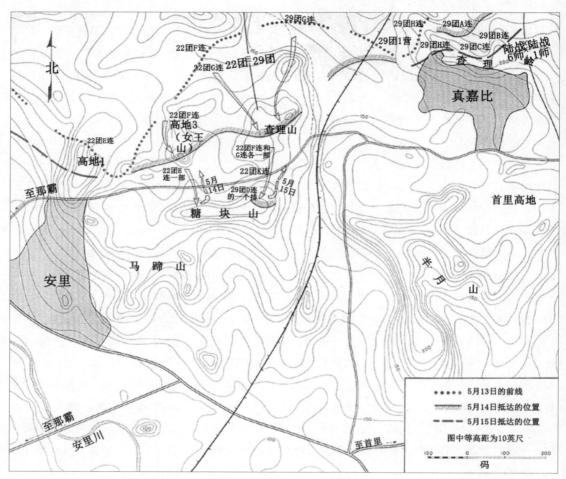

虽然存在困难，但报告的数字经常存在夸大倾向。"

不管怎样，日军方面的损失确实相当巨大。根据美军得到的情报，第32军在5月15－16日夜为增援独立混成第15联队，紧急投入了由特设第1旅团的各后勤和支援单位人员组成的一个混合大队。陆战队俘房的独立混成第2大队的日本兵在审讯中承认他所属的部队在5月9日以来的战斗中"事实

上已被消灭"。此外，陆战队还抓到独立混成第15联队第4中队的士兵，这名俘房参加了14日至15日夜的糖块山战斗，承认独立混成第15联队第2大队已在安谢川南方的战斗中被消灭。根据俘房供述，独立混成第15联队原有2500人，日军在那霸市还有大约10000人的预备兵力，后者包括1000－1200名陆军、2000名海军，其余均为冲绳本地的壮丁。这名

俘房没有提到独立混成第15联队第3大队，其实该大队早已参加糖块山的战斗。

根据日军方面的资料，在15日当天，独立混成第15联队长美田大佐鉴于糖块山正面的海军山口大队损失巨大，将独立混成第15联队第1大队增派到糖块山正面。当天，死守天久台一角洞穴阵地的独立第2大队长古贺宗市少佐以下的全体幸存者在夜间的挺身突击中

几乎全部战死。

无论如何，美军陆战队接下来的进攻将会遇到日军新生力量的有力抵抗。

攻克糖块山

5月14日夜间，日军对陆战6师后方沿海地区的登陆行动再次被海军支援舰船粉碎，不止一次的未遂登陆行动，让陆战6师不得不加强海滩一带的防御。师属第6侦察连被配属给22团2营进行夜间防御。已在受到日军反击威胁的高地一带越过安谢川的4团2营，奉命进入安谢西面布防。15日，22团2营长伍德豪斯中校奉命同时指挥仍属第3两栖军预备队的4团2营协同防御。

5月15日，当22团2营和29团D连在糖块山一带陷入苦战时，29团其他部队向东南方的半月山发动了进攻。随着29团1营和3营逐渐接近半月山，他们也开始陷入苦战。陆战29团在当天多次击退日军的反击，巩固了他们对半月山以北高地的控制。29团1营C连负责突击，A连紧跟在他们右后方支援，顺利瓦解了位于29团左侧、在前一天阻止他们推进的日军孤立阵地。傍晚，C连到达半月山北侧的山谷。步兵还来不及抬头观察半月山的地势，就听见一声巨响，赶紧卧倒。原来支援他们的坦克附近，落下一枚日军的重磅炮弹，根据孔径可以判断出是150毫米榴弹炮的炮弹。美军的谢尔曼中型坦克装甲防护能力虽远胜同级的日军坦克，但如果被150毫米榴弹炮的直射火力击中，同样凶多吉少。尽管如此，美军坦克兵依然继续坚守在较为隐蔽的位置，为突击步兵提供支援。攻打半月山一带的坚固阵地，离不开坦克支援。

就在前一天，A连在攻击半月山时被击退，伤亡很大。C连官兵在沿轻便铁路前进时，目睹了昨天战死的陆战队员的尸体。

在向半月山突进的战斗中，C连爆破班的迪安·威尔下士在被日军发现前就成功破坏了三处强点中的一个，然后他又独自爬过开阔地爆破了第二个强点。接下来，他返回装上更多的炸药和手榴弹，又向第三个据点扑去。他在行动中身受重伤，仍然成功地使第三个据点无力化，让战友们可以安全抵达高地。

C连突击步兵登上高地前坡后，便与反斜面的守军展开一场手雷对手雷的对决。他们携带的手雷充足，完全可以与日军对峙。待双方暂歇，C连就沿着山谷北侧高地掘壕部署阵地。A连在C连右翼跟进，维持与29团3营的联系，B连则将1营的战线同陆战1师5团阵地连成一线。

友军解决了左侧的日军孤立阵地，29团3营不用再担心侧翼的纵射火力威胁。I连迅速跟进，到黄昏时分已经与1营

糖块山战斗期间，陆战6师的爆破队目睹一座日军工事被爆破。

的队列齐平，同G连建立了紧密联系。

陆战6师在16日的进攻计划要想成功，关键在于夺取半月山。一旦29团拿下半月山，就斩断了糖块山日军的右臂，22团3营便会乘势进占糖块山。

陆战6师在南下期间显然并没有和友军交流过此前在南部冲绳战斗的经验，攻打糖块山地区的战术一直没有什么变化，数日后日军已了解了他们的基本行动步骤。16日，美军各突击连队还没出发，就被日军的密集火线抢占先机，连坦克和步兵协同战队也处处受制。当天29团1营唯一值得一提的收获是B连主力沿着师边界南进了300码，进入与C连平齐的位置，随后就被正面和侧翼的凶猛交叉火线挡住。

陆战队医务人员借助一座小山抵挡日军的直射火力，救助负伤的战友。

14时，1营长莫罗中校正在观战，日军的一枚炮弹正好在观察所爆炸。莫罗身负重伤，罗伯特·诺伊弗中校接替他指挥1营。

16日上午的大部分时间里，厄尔玛·赖特中校指挥的29团3营的步兵都在设法进入进攻半月山的有利位置，但一直受到日军重迫击炮和火炮射击干扰。

大约14时，第6坦克营A连和B连的坦克，拖着沉重的车身，越过糖块山东北的铁路路堑，进入通往半月山的开阔谷地。杰拉德·邦廷乘坐的坦克从一辆陷在弹坑里的谢尔曼坦克身旁经过。这辆不幸的坦克自从在5月12日的进攻中被放弃后，一直孤零零地陷在那里。逃离坦克时不幸身亡的2名坦克兵的尸身，就躺在一旁的路堤上。

进入射击阵位后，B连对29团1营前方的山岭反斜面实施火力打击。A连则为正在通过开阔地冲向半月山北坡的3营G连和I连提供火力支援。日军对美军坦克的反击十分犀利，一辆谢尔曼坦克一连身中4枚47毫米反坦克炮弹，当场被打瘫，老天眷顾，车内的坦克兵没有一人身亡。另有2辆坦克因触雷无法行动。日军的迫击炮和火炮火力一直在考验着美军的坦克兵和炮兵。

I连的步枪兵肯·朗二等兵从一个弹坑跳到另一个弹坑，躲避充满杀气的日军火力。空气里弥散着尸体腐烂的臭味、火药味和潮湿发霉的泥土味，简直令人无法呼吸。29团3营的两个突击步兵连，在坦克支援下，终于登上半月山北坡。日军按照他们行之有效的战术对付美军突击步兵，起初的抵抗并不强。15时左右，美军开始挖掘散兵坑，南坡洞穴和开阔阵地的日军掷弹手同时开始投掷手榴弹。手榴弹越过山顶、向美军阵地滚落的同时，两侧的日军机枪、步枪和迫击炮同时开火，在暴露的阵地后方形成交叉火线，杀伤力极大。29团后方支援部队发射烟幕弹，希望能够干扰日军射击视野，减轻3营的压力，几乎没有什么用处。天黑前，赖特营长下令两个突击连退回出发位置过夜。

陆战6师右翼的22团1营试图进入能支援3营进攻的阵地，却遭遇崇元寺町郊外日军自动武器的有力阻击。此前崇元寺町一直都非常安静，日军为了阻止美军从那霸方向对糖块山地区的侧翼行动，及时派援兵进入这个美军包抄的必经之地，抢占了先机。除了崇元寺町的火线之外，糖块山和马蹄山方向射来的子弹和迫击炮弹威胁也很大。22团1营最终无力突破日军的三面火力阻击。

按照计划，22团3营的侧翼得到29团3营有效掩护后，22团3营长多诺胡中校就会让I连承担当天的主攻任务。I连将从左翼迂回进攻糖块山，同时L连会将战线推进到他们前方的马蹄山，然后用火力打击糖块山西侧和西南坡以掩护I连突击。

和22团的许多连队一样，I连当时兵力严重不足。一周前，他们尚有240多人，如今已经减员到80至100人，被临时改编为2个排。连长约翰·马斯顿七世上尉会指挥他们突击。他的父亲约翰·马斯顿六世是现役陆战队少将，瓜岛战役时期的陆战2师师长，却没有

一点骄矜傲慢，反而一向身先士卒，亲身犯险，深受本连官兵爱戴。

15时，I连在坦克支援下出发，一路上并未遇到坚决抵抗，顺利到达糖块山山脚。这并不能让美军官兵安心。果然当他们开始爬坡时，反斜面和其他阵地上的日军机枪子弹便立即飞来，迫击炮弹幕随之覆盖了卧倒在山坡上的陆战队员。马斯顿上尉努力和支援的坦克连协同，希望让坦克迂回糖块山以攻打这座高地的反斜面。日军早有防范，山脚下有雷场挡住去路，一辆坦克触雷抛锚后，一个连的坦克再也无法前进。尽管如此，I连在日军的重火力阻击下，仍一步一步沿着前山坡向山顶攀爬。17时10分，在日军阻击火力暂歇时，I连一路杀到山顶附近，然后开始构筑防御阵地。

罗伯特·史蒂文斯参谋军士曾是印第安纳州越野跑冠军和亚拉巴马大学的田径明星。I连靠近山顶时，他正在向战友们递送弹药。这时一排犀利的迫击炮火将炮弹射落在他身后，他赶紧跳进一个散兵坑里隐蔽。这时就听见有人高喊："医护兵中弹了！医护兵中弹了！"史蒂文斯本能地起身张望。这时就听见一声巨响，又一枚迫击炮弹正好落地爆炸，

将他的腿打成重伤。等到战友用担架将他抬走时，发现他的右小腿已经断了。这下史蒂文斯只能彻底打消在战后重返田径赛场的念头，不过他还是很幸运的，如果他在迫击炮弹落地的时候没有站起身来，就那样卧倒，很可能连命都没了。史蒂文斯在冲绳的战斗就此结束，不久他就被送上一艘医疗舰，回到塞班岛治疗。他的战友仍在炼狱火炉般的糖块山高地继续战斗。

比I连迟几分钟出发的L连，很快就遭到日军三面火力夹击，动弹不得。22团1营和3营L连无法进入能够向右翼提供火力支援的阵地，29团3营也无法在侧翼暴露的情况下长期支持，只得从糖块山右后方的半月山撤退。这样一来，半月山的日军就可以集中火力支援糖块山的战斗，22团3营I连在糖块山山顶不稳固的阵地势必难以持久。两侧的日军炮火和机枪火力让I连不断失血。反斜面上的日军意志坚定，不给I连以可乘之机。I连只得下山，师属和军属炮兵的骚扰和截击炮火尽力阻止日军追杀I连，让他们缓缓撤退。跟随马斯顿连长撤回的幸存者已不超过50人。

22团3营重整夜间防御阵地期间，日军炮兵不时开炮骚

扰前沿阵地，营长多诺胡中校因此负伤，副营长乔治·坎特纳少校接替了指挥权。

这是陆战6师在冲绳战事期间最艰苦的一天，各团竭尽全力进攻，几乎没有任何收获，22团已经无力继续进攻。施耐德上校得到5月16日的损失数字之后，向师部报告他的团已只剩40%的战斗力。显然，29团必须承担第二天的主攻任务。鉴于对糖块山和半月山进行协同攻击非常困难，谢泼德师长将两个前线团之间的边界西移，将糖块山纳入29团辖区。

另一方面，日军也在当天的战斗中蒙受巨大损失，海军的山口大队由于在白天实施的反击，导致山口大队长以下几乎全部战死，残存者只有22名

伤员而已。美日两军的激战至此达到高潮。

关于美军在天久台地区蒙受巨大损失的情况，日军也有所耳闻。在激战期间，第32军司令部曾收到第10方面军转达的美军方面的广播新闻："参加天久台战斗的敌陆战师损失极大，250人的连队甚至将炊事兵也投入战斗，最后战斗人员只剩下8名。""另一个连队只有20多人。这样的连队还有一些"等等。军司令部得知后狂喜不已，马上将这些情报传达给独立混成第15联队长美田大佐。美田大佐很快回复："申斥激励虽然也有效果，若能不时发来此类消息，当更能有效激励第一线官兵。"

在国场川南岸高地观测敌情的临时海军炮大队长仁位

少佐也曾在目睹安里北侧52高地一带日军步兵的战斗后报告说："52高地一带的我守备队在敌集中炮击轰炸时，于洞穴阵地内待机，在其停止的瞬间即展开于硝烟弥漫的高地之上，与紧跟着炮击轰炸逼近过来的敌人进行搏斗，正在将其击退。"仁位亲眼看到在炮击轰炸停止的同时，半裸着身体、头上裹着缠头带的日军争先恐后地冲出洞穴，展开成散兵线后，立即以跪姿用轻机枪和步枪射击。对他来说，这简直像是在观看电影中的城塞攻防战的战斗场面。

日军表现出色，但天久台战线已经风雨飘摇。

5月16日傍晚，美军陆战6师师长谢泼德少将和师作训主任维克多·克鲁拉克上校去前线进行例行视察。他们查明了作战失利的原因。过去24小时内，日军又增强了糖块高地一带的防御力量，由3座小山构成的防御网各部分紧密相连，所以只有同时破坏占领全部高地才能实现占领，以少量兵力逐次攻击则没什么用处，只能投入大部队力求一举击破。

5月17日8时55分，29团的3个营一字排开，同时发动进攻。右翼的2营以E连突击，任务是夺取22团不知流过多少鲜血的糖块山。与此同时，1营

陆战6师的指挥官和参谋军官（左起）托马斯·威廉姆斯中校、维克多·克鲁拉克上校、小莱缪尔·谢泼德少将、威廉·克莱门特准将和约翰·麦奎因上校。糖块山阵地，是他们在冲绳遇到的最严峻的考验。

和3营负责攻打半月山。为了尽可能让日军的坚固防御体系无力化，美军在当天的火力准备期间，将海陆空最重磅的火力全部用上，海军的406毫米大口径炮弹、野战炮兵的203毫米榴弹和航空兵的1000磅炸弹，大量落入29团的进攻目标。各突击连紧随猛烈持续的火炮弹幕推进。陆战6师不惜血本，每个步兵营都配属一个坦克连支援。

29团1营右翼的A连，负责

向西进攻营主力占据的查理岭阵地反斜面上的日军。在坦克炮火、车载机枪火力和火流连续打击后，步兵和战斗工兵就会前去爆破日军火力点，最终让C连越过山顶，与A连一同攻打南山坡。在C连扫荡残敌的时候，A连重新开始进攻，快速通过前方山谷，向半月山前山坡突击。B连则试图越过开阔地，扩大1营在左翼的前线。从半月山和糖块山战壕和洞穴里射出无数道火线形成交

叉火力以阻击B连，首里方向的炮火也兜头向他们打来，让他们无法前进。A连各排在半月山前坡暴露在日军火线之下，无法按计划得到援兵，根本无法守住阵地。营长诺伊弗少校得报，同意A连后撤到一个可以掩护的地区，那里位于他们上午出发的位置前方约150码。

1营A连在3营左侧的推进，牵制了部分扫射3营正面的纵射火力。3营随即以H连当先突击，夺路向半月山杀去。15时前后，3营已在半月山前坡构筑阵地。问题在于B连被日军火线阻挡，没能及时跟进，3营阵地与A连只能分离。16时35分，团长惠林上校命令2营F连的两个排去填补这个缺口。29团在半月山匆忙建立的防御阵地在日军的狂轰滥炸和密集扫射下实在难以支撑，2营虽反复进攻糖块山，却始终无法控制那座核心高地，使3营的右翼一直都暴露在糖块山的密集精确火力打击下。左侧的1营A连被迫撤退后，3营为建立一道安全的夜间防线以应对日军的反击威胁，终于后退。他们占据了距离半月山仅150码的有力阵地，两翼可以得到1营和2营火力掩护。

当天指挥2营E连进攻糖块山的，是连长艾伦·梅塞纳

5月17日，正沿着糖块山和半月山之间的轻便铁路进击的坦克和跟在后面的陆战29团1营的士兵们。

上尉。他是个安静不喜张扬的人，同僚都知道他是个有能力的指挥官。他原本希望能派3辆坦克越过糖块高地东面的铁路路堑，进入高地后方。机动如果成功的话，他的步兵在突击的时候，能够让反斜面阵地的日军处于美军火力打击之下，无法专注于正面防御。坦克兵军官提出异议。连日来的经历让坦克指挥官担心由于坦克在路堑和路堑之外的地方会缺乏机动能力，坚持将他的坦克留在查理山和糖块山之间的谷地里。

E连的步兵就在没有坦克掩护的情况下，靠铁路路堑掩护，大范围迂回糖块山。起初还比较顺利。在他们冲进开阔地时，日军的野战炮火就将他们截住。不消片刻，马蹄山上的日军迫击炮也开始打响，和首里高地一带的火炮将E连的两个突击排包围在弹幕之中。E连2排在15分钟之内，已经仅剩3人。

第二次，他们在糖块山左边进行小范围侧翼进攻，东南坡的地势太过险峻，令他们再次无功而返。E连只得重新向东北坡运动。17时，1排和3排才开始爬坡突击。他们先后三次排成散兵线，越过马蹄山隐蔽阵地的日军重迫击炮火线，抵达了山顶。3排长吉尔曼·威

尔士中尉派通信员吉姆·丹尼一等兵回山下的连部，向梅塞纳连长询问新指示。丹尼是个年方18岁的西弗吉尼亚少年，刚刚高中毕业从军。战火的历练让丹尼无比坚强，虽然此前刚刚目睹军士长詹姆斯·克雷纳和多位老兵被日军炮火直接命中身亡，他仍然二话不说就顶着日军的弹幕冲下山去，将突击排登上砂糖山的消息告知连长。"干得好，你回去，就告诉他坚持住。"梅塞纳的指示一如既往简单明了。

当丹尼重新回到威尔士身边时，他们已经被日军赶下山坡。新锐的独立混成第15联队第1大队在野崎大队长带领下从反斜面上发动反击，终于将美军打退，确保了糖块山。据说野崎大队长曾端着轻机枪，在队伍最前方向美军扫射。

此时E连1排仅剩10人，3排不过25人而已。威尔士排长率3排余部在距离高地约50码的一条壕沟里隐蔽。陆战队员们抬头就能清楚地看到山顶上的日军，他们飞快地抬头向这边的壕沟射击，然后便卧倒隐蔽。隐蔽再快，也总有露头的时候，陆战队员们压低身形，向上下移动的日军的脑袋还击。丹尼也没有闲着，这少年是连里出名的掷弹好手，在他向山顶掷出几枚手雷之后，听

见排长说道："你停下。"

威尔士让丹尼带上一箱手雷，攀上山脚左侧："我要你从那里投掷手雷，把鬼子的注意力吸引过去。你掷弹一定要快，得让鬼子觉得那里不止你一个人，那样才能把他们的注意力吸引到另一边去。"

丹尼带着一箱手雷匍匐前进，在火线下找到了一个合适的掷弹位置——糖块山山脚东面角落里的一个大弹坑。这个弹坑足有5英尺深，坑底到坑顶可能达到将近7英尺，很适合隐蔽。丹尼爬进弹坑，取出手雷，尽可能快地将它们接连掷过山顶。

日军很快用自己的手榴弹反击。在日本兵起身向丹尼投掷手榴弹时，不免露头或伸臂。丹尼就是要抓住看见日军的瞬间掷出手雷。日本兵和丹尼的距离如此接近，他甚至都能听到日军用钢盔轻击手榴弹起爆装置时发出的金属撞击声。当丹尼将携带的最后一枚手雷掷出后，立刻爬到弹坑底部隐蔽。他都来不及感受自己的紧张的心跳，1枚日军手榴弹就落进坑来。丹尼毫不迟疑地抓起手榴弹，赶在爆炸之前掷出坑外。第2枚手榴弹跟着落下，又被扔了出去。接下去第3枚手榴弹又落了进来。丹尼抄起手榴弹，正准备再度掷

从糖块高地山顶向下方看到的"杀戮平原"。陆战队员不得不在这一开阔地带冒着日军的枪弹和手榴弹的火力进行攻击。

出坑外，高度紧张之下却失了准头。手榴弹磕到坑边，滚向正要卧倒的丹尼腿边。此时已无暇多想，丹尼用脚将手榴弹踢开。也幸亏他还有时间给上这么一脚，手榴弹虽然爆炸，至少他还能保住自己的腿。即便如此，一块大弹片还是打穿了他的前足，爆裂的小弹片让他的双腿、双臂和躯干都受了伤。丹尼挣扎着爬出坑外时，日本兵射出的一颗步枪子弹击中地面，跳弹在他胳膊下部打中了他，一直贯通到颈下。如果这颗子弹直接命中，很可能当场要了他的命。

丹尼浑身乏力，以为自己不行了。正在这时，发觉有人正在将他扶起。原来壕沟里的一位战友，吉姆·多伊尔发现他受了重伤，一溜快跑越过开阔地来救助。丹尼浑身是血，神志还算清醒，靠着多伊尔的肩膀，被他带着一起奔跑，总算捡回一条命。

日军的支援火力仍然猛烈。丹尼亲眼看到排里的一位战友被一枚炮弹直接命中脖颈，当场被斩首身亡。卡尔文·克里斯托弗一等兵的步枪弹夹被一枚子弹命中。在他松开手之前，弹夹就已爆炸，步枪的金属和木质碎片被爆炸气浪钉进他的右臂，右手的两根手指也被切掉了。

18时30分，疲惫不堪、减员严重的E连再度突击，又一次占领了已被连日火力夷平的山顶。这次他们下定决心寸土不让，打退了日军的有力反击，老问题又来了，他们弹药几乎耗尽，伤亡太大，甚至都分配不出人手后送伤员。10分钟后，得到报告的营长威廉·罗

布中校命令E连撤出糖块山过夜。在坦克烟幕掩护下，重伤员被用半履带车先送回后方。丹尼被后送救治之后，在医院里躺了11个月，他的腿最后终于保住了。当天E连合计伤亡160人，糖块山仍在日军手中。

日军显然也损失惨重。在黄昏时分，当日军援兵越过山脚开阔地、企图增援糖块山时，被美军炮火观察员抓个正着。12个炮兵营集中上百门火炮向这队倒霉的日本兵开火，彻底粉碎了他们的企图。

当天，日军为了强化安里南侧的牧志町一带的防御，将海军的伊藤大队划归独立混成第44旅团长指挥。

陆战6师4天内对糖块山一带实施的进攻乍看上去一败涂地，却在相当程度上破坏了日军阵地。结果，日军的火炮、迫击炮阵地被逐次破坏，火炮数大大减少，对糖块山的射击量逐渐减少。

陆战29团仍会是糖块山战斗的主力，22团也会继续发挥重要作用，问题在于他们的团长施耐德上校已经无法坚持下去了。谢泼德师长一直在鼓舞施耐德更积极地采取行动，但他发现这位颇为能干的团长已身心俱疲，只得将他和同样罹患严重战斗疲劳症的副团长卡

5月17日，默林·施耐德上校（右）将陆战22团的指挥权移交给哈罗德·罗伯茨上校。

尔·劳瑟上校一并撤换，让师参谋部的哈罗德·罗伯茨上校和后勤主任拉尔森中校接替他们的职务。这一决定在22团激起了一些认为师长对施耐德上校不公的流言，实际上谢泼德并没有为难施耐德，没有在他的档案里留下负面记录，还授予他一枚铜星勋章，让他体面地回国疗养。

谢泼德很清楚在糖块山大量减员的22团士气已经相当低落，迫切需要坚强的指挥官让他们重新振作。新任团长罗伯茨上校现年46岁，在第一次世界大战时期，曾是陆战队的一位医护兵，战争结束后，于1923年正式成为陆战队军官。他先后在1918年和1928年两次获得海军十字勋章。1945年1月来到陆战6师报到之前，他

在第5两栖军出任军炮兵参谋长。

罗伯茨上任后的第一件事，是在前线正后方设立他的团指挥所。谢泼德到前线视察时，发现罗伯茨这样布置，顿时破口大骂："罗伯茨，你把指挥所前移到这里是搞什么鬼啊？这样他妈的很容易吃枪子儿。"罗伯茨从容回答："我要让这个团的人都看到他们的团长现在在哪里，这样他们在下一次进攻就会跟着我干。他们需要有人让他们从散兵坑里出来，让他们前进。"他相信只要他的部队能看到他这样做，就会对战斗有帮助。谢泼德这时就能确定，这个新任团长选对人了。

5月17日晚上，29团2营的突击部队从糖块山撤下之后，情况看上去相当严峻。E连在当天的战斗中耗尽了2营的全

部手雷，他们在登上糖块山高地时，会暴露于日军在首里高地和其他炮兵火力点的重火力之下，看上去没什么理由能认为第二天会有什么不同。

2营长威廉·罗布中校仍然乐观，他觉得日军正在被消耗到临界点。当晚他在和惠林团长通电话时说道："我们能拿下高地。（明天）上午我们能再给他另一次打击。"

在更靠第一线的位置，2营D连长梅比上尉找17日曾登上糖块山山顶的少数士兵之一霍默·诺贝尔了解情况。连长一连问了诺贝尔好几个问题，他在山顶看到了什么，日军在什么地方的力量最强，什么情况变糟了，突击为什么会失败等等。诺贝尔回答，日军对左翼的火力打击是最致命的。他建议第二天最好在右路做文章。梅比仔细聆听，脑子里逐步有

5月17日，在化为焦土的战场上攻击前进的美军陆战队员。

地图七十　5月16－17日陆战6师对糖块山高地的进攻

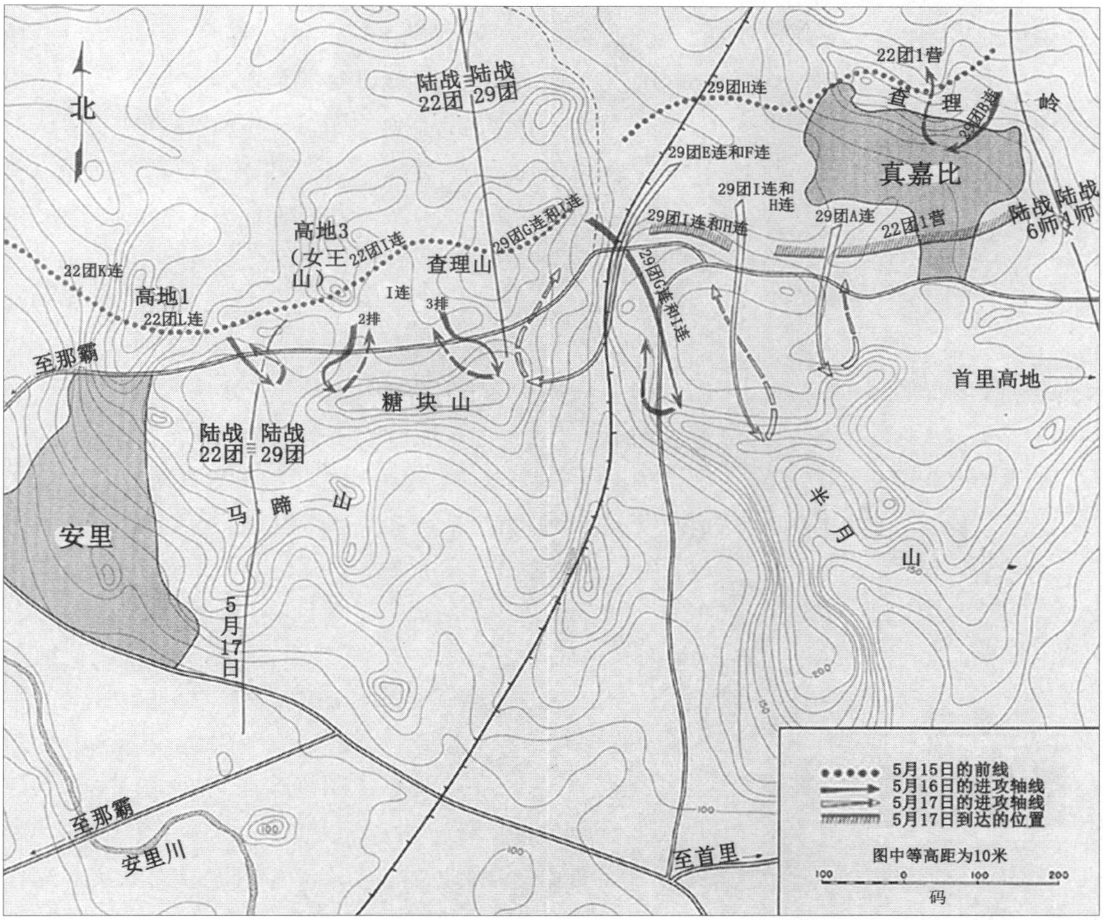

了一个成形的计划。

罗布营长得知前线急需补充军官，将营部的弗朗西斯·史密斯中尉派给D连。23岁的史密斯连日来在营部处理了连篇伤亡人员资料，得到前线指挥任务仍然相当兴奋，不过他也不愿想象自己在前线挨枪子儿的模样。

5月18日，陆战6师仍会从师属坦克营尽可能调集坦克再度支持步兵突击糖块山。莫莱

尔上尉的第6坦克营A连这次奉命支援29团2营突击。罗布、梅比和莫莱尔商定了当天的进攻计划。梅比回到连里，召集几个排长，将自己的打算和盘托出。史密斯会率领1排侧翼包抄糖块高地，从山谷攀上高地西坡，吸引日军注意力。几个火力组会沿着山坡散开，形成一道从山脚延伸到山顶的连续散兵线。当史密斯排攀到半山腰时，欧内斯特·埃里森中

士指挥的2排会从正面直取山顶，占据高地左半部。15日的进攻中已经支离破碎的3排，会充当连预备队，在山谷一带准备用机枪和步枪提供掩护火力。

这次突击的关键在于坦克的支援。罗布和梅比因为过去的痛苦经验，很清楚只要史密斯排登上糖块高地，日军就会从南坡的洞穴现身交战。在那个关键时刻，如果坦克能够

成功地捕捉到在洞口出现的日本兵……如果这次机动战术奏效，29团就能控制住高地；万一结果相反，这个团可能就无力再组织下一次突击。如果这次进攻真的失败，陆战6师的最后一个团，当时暂时转为军预备团的陆战4团将不得不承担这一攻坚任务。

18日一早，D连进入攻击阵位的同时，2营前方观察员呼叫美军野战火炮进行火力压制。营属81毫米迫击炮很快也加入炮击，弹着点相当准确地落在糖块山山顶附近。炮火准备和前几天一样猛烈，究竟效果如何，根本没有人知道。

突击正式开始时，第6坦克营的两个连按照预定计划实施两面包抄。莫莱尔的A连和约翰·克里夫德上尉的C连在前几日的战斗中损失相当重，接到命令，依然将所有可用的坦克全部送到第一线。谢尔曼坦克刚刚开始机动不久，日军的反坦克炮弹就飞射而来，加上

位置良好的雷区，不多时6辆坦克就已动弹不得。即便如此，两个坦克连仍然顺利到达能够实施包抄攻击的位置。就在这时，美军的10多辆火箭炮车一同实施火箭炮齐射，目标正是在匆忙退入掩蔽所的日军野战火炮。炮兵和装甲兵以精心设计的协同攻击战术，为步兵突击创造了良好条件。接下来，D连的60毫米连属迫击炮开始炮击山顶。

8时30分，D连的两个突击排，一共约80名战士，一齐开始前进。史密斯率部轻跑着向糖块山前进，发现他的部队马上就处于日军的火线威胁之下。死伤几乎立即出现，史密斯的娃娃脸上却不见丝毫动容，只是径直向前冲去，他心里只有一个念头，如果够幸运的话，他的部队就能冲过这道火线。配属D连的医务兵注意到史密斯冷静到令人生畏，即使他心里感到恐惧，脸上也没有露出分毫。另一位陆战队员

的评价更加简洁："他变成了残酷粗暴的小混蛋。"

连日的杀戮几乎将通往糖块山的通道都变成了停尸场。许多倒在那里的尸身，几天前还是和D连的战士们有说有笑的朋友，现在已经完全无法辨认，战士们也根本没有时间去多想。快速爬过已被轰得乱七八糟的山坡上的腐尸堆，史密斯排稳步攀上山顶。

"沿山顶布置好防线！"史密斯中尉大吼道。出发之前，他已经确认自己的部队携带了充足的手雷，有些人的携带数量达到15至20枚。

"让鬼子尝尝我们的手雷！"史密斯用更大的音量喝令道。当日本兵从反斜面的洞口现身时，陆战队员们掷出的手雷便从山坡上滚落下去。就在手雷沿着反斜面滚落爆炸时，史密斯指示其他战士架设好机枪。在机枪手向反斜面射击时，史密斯的命令依然简短有力："保持住火力！"这位首次在冲绳前线指挥部队的青年军官，头部和手部都已经被弹片轻微刮伤，却毫不在意。

与此同时，陆战队的坦克突然开始包抄糖块山两翼。莫莱尔的第6坦克营A连派出3辆坦克沿铁路路堑而下，包抄高地东端，C连的几辆坦克则负责包抄高地西端。雷区很快

陆战队的火箭炮炮车正在为南下的步兵提供火力支援。

被坦克甩在身后，经过连日激战，日军的反坦克体系已被严重削弱。坦克兵顺利到达可以打击日军反斜面阵地的位置，即使在日军现身与史密斯排交战时，都无法避开坦克的火力。这正是突击步兵最为需要的有力支援。

当日军在山顶附近活动时，唐纳德·平诺中尉指挥他的坦克将75毫米口径炮弹和车载机枪子弹向洞口倾泻，杀死他们能看见的每一个日本兵。一个日军自杀式反坦克分队从洞口携带便携式炸药包出现。用潜望镜瞅个正着的查尔斯·斯科特中士用车载机枪开火。一颗子弹正好引爆了一个炸药包。在大爆炸中，这个自杀式分队灰飞烟灭。另外两个自杀式分队同样都被美军放倒。

邦廷中士驾驶着这辆坦克一路开到糖块高地南面外侧的一条长壕沟前。这是一道供日军进攻或者从糖块山撤退时隐蔽的壕沟。平诺命令邦廷将坦克与壕沟并排行驶，然后他打开舱门，将手雷掷入壕沟，杀死不少日本兵。

另一位坦克车长惠伦·麦加里蒂下士发现一个日本军官站在洞口指挥部下寻找隐蔽位置，毫不迟疑地用坦克主炮射击。75毫米炮弹将这个日本军官炸得尸骨无存，指挥刀被气浪掀起足有几十米高，美国兵都能看见阳光下刀身反射的闪闪光芒。

A连长莫莱尔的坦克在山脚下救下2名在糖块山滞留多时的伤员，其中一位是爱德华·格林中尉。莫莱尔没想到他就这样取得了这次突击的最大收获。原来格林在山脚下倒地装死，骗过了巡哨的日本兵。他们摘去了他的手表，却没摸去他身上的指南针。并没有失去知觉的格林，利用指南针，

测定了一门对美军威胁巨大的日军大炮的位置。战友们将格林送到后方以后，他立即将自己观测的大炮方位和距离报告给上级。美军炮兵根据格林提供的数据，成功将这门大炮炸毁。

在山上经过1小时激战，29团D连成功守住糖块山顶周围的阵地。随后D连趁热打铁，翻过山顶扫荡和摧毁南山坡的洞穴和开阔阵地。马蹄山日军隐蔽阵地内的迫击炮手见状，索性对糖块山实施无差别地毯式射击，每一发炮弹都满含死亡气息。9时46分，史密斯中尉向梅比连长报告："我部已占领糖块山。"请求将筑垒物资送到山上。他未免太乐观了。D连于13时前后开始构筑防御阵地时，日军的迫击炮火仍然很猛。这次陆战队不会再后退。美军至少已经在这座浸满鲜血的高地站稳了脚跟。

16时30分，为了减轻马蹄山日军火力对D连的持续压力，营长罗布中校命令F连进入营战斗区域右翼攻打马蹄山。罗布以为F连不用再担心糖块山的火力威胁他们的侧背，D连会在那里提供火力支援，右侧的22团1营会从另一侧支持他们进攻。他未免低估了F连要完成任务所面临的困难。

推进到糖块高地东端展开的美军坦克部队。图中可看到后方的半月山以及更远处的首里高地。

5月18日，率领陆战29团D连的弗朗西斯·史密斯中尉。这位满脸阳光的青年军官当时第一次承担前线指挥任务，表现出了非同寻常的干练和勇气。

E连在糖块山建立了稳固的立足点，迫使大批日军后撤，却还没有占领整个山头。日军在糖块山和马蹄山之间还有大量人员隐蔽，连糖块山后都还有隐藏的火力点。出发不久，F连先导排就遭到日军的两面火线夹击。日军的机枪阵地就在糖块山后山山脚下，显然在D连扫荡时没有被发现。

得到消息的D连长梅比上尉派一个爆破组和喷火兵下山去对付这个机枪阵地，还说服1辆坦克回身炮击日军可能隐藏的洞口。

D连的喷火兵詹姆斯·洛尔二等兵一路摸到日军机枪分队所在的洞穴，在入口处发现了7个日本兵。日本兵看到洛尔身背的器械，立刻向洞口两侧散开。洛尔毫不手软，先发射一股灼热的火焰将一边的4个日本兵全部点着，然后立即转换方向，想让另一边的3个也变成火人。一股火焰将3个日本兵的衣服全都点着了，偏偏在洛尔能将他们彻底烧死之前，火焰喷射器熄火了。被点着的日本兵暴怒着向他追来。洛尔怒骂一声，赶紧转身快跑，却被一根通信电线绊倒了。燃烧着的日本兵正在靠近，他无暇多想，完全是在求生本能的驱使下，将身上唯一还能使用的东西——燃料瓶向他们扔了过去。燃料瓶在日本兵燃烧的衣服上爆燃后，他们就变成了燃烧着的火炬，再也不能威胁洛尔。

虽然最终失去了糖块山，马蹄山的日军也不会轻易退让。更何况F连缓缓推进到马蹄山一角旁的一道山岭时，在日军的近距离密集迫击炮弹和手榴弹弹幕阻击下，再也不能前进分毫，便稍事后退，在山岭前坡构筑坚固阵地过夜。

这两天29团主力对半月山阵地的进攻一直都比较麻烦，由于地形原因，坦克无法跟随29团1营和3营包抄半月山。不过，尽管坦克不能提供近距离掩护和支援，他们的75毫米主炮和车载机枪火力对17日大部分时间都在改善和巩固半月山山脚阵地的2个营仍非常重要。美军占领糖块山后，马蹄山和半月山的日军仍然坚决抵抗，证明了糖块山地区是日军防线的重中之重。

5月18日傍晚，美军陆战29团的战斗力经过糖块山阵地的激战已经损耗严重。自5月11日第10集团军再度发动总攻以来，陆战6师战斗减员达2662人，非战斗减员也达1289人。这将近4000人几乎都是在前线奋战的22团和29团蒙受的损失。为了在前线继续有力地进攻，陆战6师需要一支相对完整的生力军。军长盖格少将得报，于18时30分将陆战4团交给谢泼德少将，29团则转为军部直辖的师预备队。根据5月19日的进攻计划，4团2营和3营会替换29团，巩固18日取得的各处阵地。

19日3时，日军野崎大队对29团2营F连在马蹄山脚洼地边缘暴露的右翼发起反击。这次反击得到野战火炮发射的大量白磷燃烧弹支援，火力和兵力都很强大，F连先头部队只得退往糖块山南山坡，依托友军阵地设防。破晓时分，4团3营K连和L连替换了糖块山29团2营的两个连，同时4团2营F连和E连接管29团的其他前沿阵地。地形复杂，日军的炮火一直未停，夜间渗透进美军防

地图七十一 5月18日，陆战29团在糖块山地区的突击

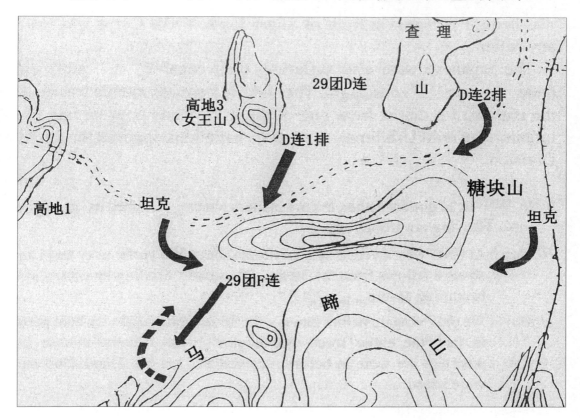

线的小部队会进行零星抵抗，4团仍有效完成了替换任务。4团各突击连沿着团阵地正面推进了一些距离，从而获得了在次日进攻更有利的出发位置。

日军一度反击29团F连阵地，但在19日白天遭美军削弱。根据日军资料，野崎大队在19日黎明时撤退至安里北侧台地，糖块山一带彻底落入美军手中。22团在团长哈罗德·罗伯茨上校指挥下，向左侧马蹄山侧翼的一片高地推进了100多码。22团1营A连和B连在日军的炮火下构筑防线严守新取

得的阵地，这会对巩固陆战6师的战线产生实质影响。

4团2营E连接管了29团3营在半月山前方的前进阵地。下午晚些时候，他们刚替换29团的部队不久，便遭到日军有力反击。经过2小时交火后，E连在17时逼退了这股日军。考虑到E连左翼暴露的阵地三面受敌，仍然相当脆弱，营长海登中校命令他们让左翼部队后撤大约150码，进入一个可以与F连紧密联系的位置。这样4团的夜间防御阵地就形成与右侧的22团和左侧的1师5团紧密结

合的正面。

5月20日日间，陆战4团3营在密集的火炮弹幕和坦克车队的密切支援下，拿下了瞰制马蹄山山坳日军迫击炮阵地的高地。

当天午后不久，3营长布鲁诺·霍克默思中校，让上午完成糖块山扫荡任务的营预备队I连负责维持与左侧2营之间的联系，巩固正面战线。4团长沙普利上校预料到3营阵地会遇到日军的反击，派1营B连从后方支持马蹄山防线。

5月20日，4团2营对半月

山的进攻，几乎复制了友军在糖块山的战斗经历。首里高地方向的日军，以密集准确的平射火力扫射2营侧翼，半月山后山坡隐蔽阵地的日军迫击炮弹同样接连不断地落入前山坡的2营阵地，覆盖了他们的全部前进区域。整个上午，日军奋力守卫半月山制高点，抵抗力度剧增。

10时前后，已经被G连替换的E连，奉命再度前往2营左翼，维持与1师5团的联系。2营的3个步兵连全部投入进攻，随着战斗的进行，伤亡剧增，营长海登中校决定将进攻目标从半月山正面转向侧翼。F连固守营中央阵线，用火力支援突击部队前进，E连沿6师边界南进，G连越过糖块山后，从西南方向迂回进攻半月山反斜面。一个陆战队坦克连的坦克主炮，会为突击步兵提

供过顶火力支援，同时另一个坦克连兵分两路，支持G连和E连两路包抄半月山。

12时45分，协同进攻万事俱备。海登中校一声令下，2营重新投入进攻。跟随G连行动的坦克车队一路通过护卫半月山右翼的雷区，在步兵突击高地西端时，提供火力掩护，压制日军阵地的火线。G连顺利占领了当天的目标。由于负责开辟通往半月山东端道路的坦克推土机操作失误，跟随E连的坦克没能到达可以打击半月山反斜面的位置。这样一来，E连失去坦克火力支援，面对日军的密集手榴弹和迫击炮火弹幕实在无力前进，最终只得在前山坡构筑阵地过夜。4团2营的夜间阵地和日军如此接近，中间只隔着山顶一线之地，但这一线之地始终有交战双方的迫击炮弹和野战炮火横

扫，是名副其实的死地。

日军在22时左右发动反击。袭击4团3营K连和L连阵地的日军达到一个大队，气势汹汹。陆战队哨兵报告："发现鬼子夜袭！"海军支援舰船立即打出照明弹，早已确定射击参数的6个陆战队炮兵营对准夜空下被点亮的位置齐射。日本兵的队列如同被割草一般，不时倒下一大片，仍然顽强越过炮火弹幕，冲入美军阵地。美军照明弹放出的光亮，早已让日军的夜袭失去突然性，但日军近战的强悍作风不会改变。美军官兵，尤其是陆战队对肉搏战早已不陌生。既然料到会有这么一战，那就来吧！炮兵已不能继续开火，观察员只能用望远镜观战。夜空的亮度稍有降低，海军舰船就会发射照明弹，将亮度维持在一定水准。手雷和手榴弹在空中飞舞，落地即爆。双方的刺刀和战斗刀闪出点点寒光，随着战士的挥舞，很快便抹上血色。战斗太过激烈，战士们往往来不及放低刺刀，让沾染的血液稍事滴落，就得迎战下一个对手。在混战中，枪托和枪身有时会比刺刀更管用。正在对决的两军士兵不时撤下武器扭打，就看谁先让对方断气，真正斗到不死不休的地步！

3营长霍克默思中校在观

日军在半月山高地一直坚守到5月21日。陆战6师4团在越过通往半月山的开阔地时，一直处于东面日军首里高地阵地的视野和火力打击范围之中。

地图七十二 5月18日，陆战6师在糖块山地区的战斗

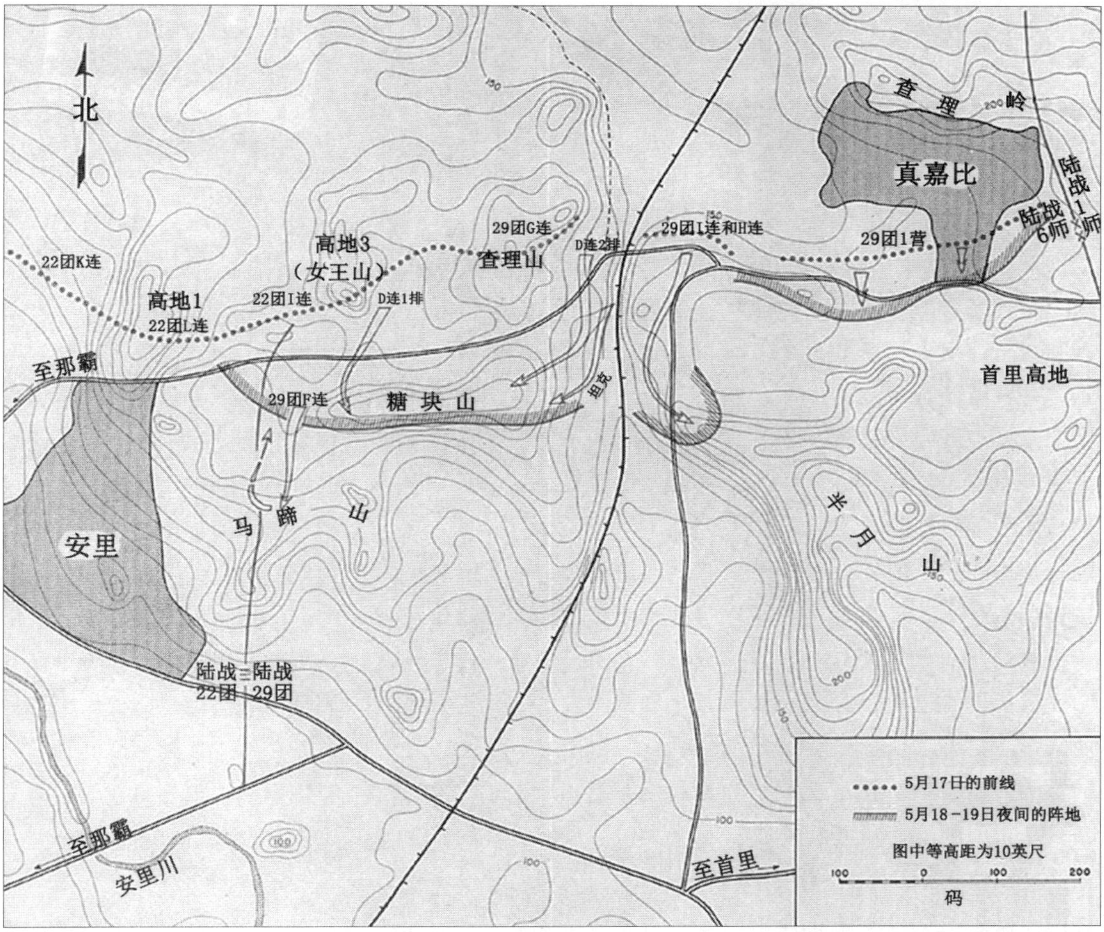

北

查理岭

真嘉比

22团K连

29团G连

29团L连和H连

陆战 6师 陆战 1师

高地3
（女王山）

查理山

D连2排

29团I营

高地1
22团L连

22团I连

D连1排

糖块山

坦克

首里高地

至那霸

29团F连

马蹄山

半月山

安里

陆战 陆战
22团 29团

至那霸

安里川

至首里

- - - - 5月17日的前线

- - - - 5月18—19日夜间的阵地

图中等高距为10英尺

100 0 100 200

码

察所眼看着主阵地正在上演一场中世纪般的肉搏，揪心不已。最为紧要的关头，霍克默思将团长早前派给他的预备队B连这支生力军顶上马蹄山主阵地。士气大振的美军经过两小时恶战，终于将日军击退。午夜，极少数突破美军防线的日军士兵不是被击毙，就是开始后退。

21日天亮后，3营阵地周围共发现494具日军尸体。有些人身着海军制服，看来这次反击投入的是新顶上前线的生力军。如此凶猛的反击证明日军下定决心守卫首里左翼阵地。

当天陆战6师的进攻目标是安里川上游地区。陆战4团主攻，22团提供火力支援。4团1营由新任营长乔治·贝尔中校指挥，除了留作团预备队的C连外，会从中路下糖块山南坡进攻马蹄山东端。A连和B连

一路突破日军防御，进抵安里川的战斗中，进展很慢。当天又下起大雨，从上午一直持续到下午4时以后，雨水让遍布弹坑的松软地面泥泞不堪。要通过烂泥地运送足够的补给，及时后送伤员几乎不可能办到。由于不得不和恶劣天气搏斗，日军一路仍在无数小型孤立阵地坚守，1营当天一共只推进大约200码。

3营一路沿着地下隧道四

通八达的马蹄山前进，用炸药和便携式火焰喷射器消灭在迫击炮阵地抵抗的日军。15时之前，K连和I连在马蹄山和安里川正中位置停止前进，构筑坚固防线。

崎岖的地形阻挠坦克的有效支援，所有暴露在首里高地火力射程之内的地方，一直遭到猛烈野战炮火和迫击炮火打击，4团2营的进展微乎其微。在半月山地区始终只能取得有限进展的第5天，谢泼德少将确信阻止他的部队占领半月山的是集中在首里地区，也就是6师辖区之外的日军。全面分析战局之后，谢泼德决定在6师左翼部署一道坚固的反斜面防线，不再继续顶着首里方面的炮火向东南方前进，注意防备日军可能的反扑即可，同时集中6师的力量向南面和西南方向突破。他觉得这样机动可以部分缓解6师左翼受到的威胁，同时可以增加从西面包抄首里的力量。

5月21日午夜，暴雨再度降临，严重干扰了突击部队的补给。陆战6师新一轮进攻计划面临的主要障碍暂时不是日军的顽强抵抗，而是从天而降的暴雨。连场暴雨几乎将整个南部冲绳都变成了一个烂泥塘。

在日军方面，经过天久台、糖块山的10天激战，独立混成第15联队的3个大队和配属的独立第2大队、独立速射炮第7大队，以及海军的丸山、山口大队等部队遭到毁灭性打击。具体数字不详。到5月20日，独立混成第44旅团的残余兵力，已减少至以司令部人员等为中心的一个大队规模，旅团炮兵队的速射炮部队也全军覆没，8门100毫米榴弹炮只剩下3门，开战前保存的8000发炮弹只剩下120发。6月9日，第32军向参加糖块山一带战斗的部队下发了感谢状，得到感谢状的部队包括独立混成第44旅团司令部、独立混成第15联队、旅团炮兵队、旅团工兵队、独立第2大队、独立速射炮第7大队、独立高射炮第78大队、风部队（大刀洗航

空厂那霸分厂和大本营直辖中央航空路部队）、海军山口大队、海军丸山大队、海军伊藤大队。

根据日军资料的介绍，独立混成第15联队的官兵素质较为"优秀"，但联队规模较小，辖下大队比一般大队要少约300人。该联队在战斗中的表现却"极为出色"，除了素质上的原因外，也是由于天久台地区阵地本身形成了理想的反斜面阵地，使日军步兵可以在对方的炮击下得到保护。与此相反，美军占领的台上阵地却受到首里、识名、国场川南岸各高地瞰制。部署于这些高地上的军炮兵队、旅团炮兵队、仁位少佐指挥下的临时海军炮大队，都为第一线步兵提供了有力支援。

攻占糖块山后不久，陆战6师师长谢泼德少将（左）和随行的师参谋克鲁拉克上校正在视察凄惨的高地。

八原大佐后来在回忆天久地区的战斗时评论说："天久台的地形对于我炮兵的使用来说甚为理想，如果我炮兵拥有丰富的弹药，我军在天久台当会取得战斗的胜利。"

八原对于独立混成第44旅团的主力独立混成第15联队也作了如下评论：

独立混成第15联队系由东京及其附近出生者所组成的部队。另外第62师团的兵员也以京阪地区出生者为多。原来人们普遍认为都市出生者战斗力较弱，然而其强弱之差别未必由出生地决定。第62师团、独立混成旅团均依凭坚固阵地，仅以地面兵力将三倍以上之敌击破于阵前，取得了足以打破古来定论的赫赫战果。军队的强弱未必由其出生地决定，而是多由其指挥官，特别是联队长、大队长的素质决定。即使是同一支部队，是否由优秀的军官指挥就足以产生数倍的差别。

第十一章　五月狂澜

攻占泽岷岭

5月中旬，当美军陆战6师一路突破糖块山地区的日军坚固设防阵地，缓慢地向安里川一线推进时，左邻的陆战1师正在竭力攻打首里高地地区。美军要想攻到首里，就必须占领首里北方的前田南侧村落、大名岭和泽岷岭，以及西北的内间和末吉，西方的真嘉比。首里高地比这些高地更高，地势险峻，能够瞰制美军的进攻。首里高地的山岳、谷地和废墟对日军实施防御都相当有利。

5月11日，陆战1师7团已经在首里高地地区的第一道屏障泽岷岭取得立足点。泽岷岭的后山坡是非常典型的反斜面防御阵地，可以得到泽岷村许多阵地的火力支援。泽岷村成为泽岷岭的后盾，这一点与嘉数村与嘉数高地、前田村与前田悬崖的关系相似。对美军来说，这里也是十分艰难的地

形。泽岷村南方约500米坐落着大名岭。这两座高地的西方形成了宽50码到100码不等的陡峭斜坡，可以保护日军对抗左侧敌军的侧翼进攻。大名岭南方还有大名溪谷，从这里开始，是一道地势狭窄，怪石嶙峋的深谷，直达首里城正北。溪谷西面较为开阔，使守军能够将地势较低的地方看得清清楚楚。

泽岷－大名地区是日军第62师团的战斗区域。5月10

日左右放弃了前田、仲间、安波茶后，第62师团正面左翼的步兵第64旅团（有川少将指挥）就纠集残兵占据了经塚、泽岷一线阵地，右翼前田、大名之间地形错综复杂的丘陵地带，则由杉本少佐的师团辎重队和第24师团的步兵第32联队共同防御，中岛中将的步兵第63旅团则撤至首里市内。有川旅团不仅要面对来自正面的攻击，而且随着美军陆战6师进入天久台，左翼也暴露在美军

5月10日，随同陆战5团行动的爆破突击兵保罗·伊森一等兵正在安波茶一带的山谷闪转腾跃，在这个危险地区执行爆破突击任务。

面前。旅团司令部和独立第15大队均位于泽岻，在泽岻西北部署第44独立混成旅团第2步兵队第3大队（即尾崎大队，该大队原负责与那原的防御，后改由第62师团长指挥，紧急向大名、末吉一线移动），泽岻岭东侧还有独立步兵第21大队，在其东北方，独立步兵第23大队等部被包围在经塚。此外，在泽岻还有第64旅团长直属的旅团炮兵（105毫米榴弹炮4门）。不过有川少将仍然极为依赖行动机敏，射击精准的临时海军炮大队。

5月11日，陆战1师7团1营和2营成功两路包抄泽岻岭，在前山坡取得立足点，但在两个营的夜间阵地之间，出现了

一个400码宽的缺口，好在次日就被顺利填补。半夜，被孤立在经塚的日军独立步兵第23大队奉命撤退，大队长山本重一少佐以下50－60人到达泽岻，进入有川少将指挥下。该大队的战力以步兵炮中队的40－50人（大队炮一门）为主，各步兵中队的战力丧失殆尽。

12日，陆战7团2营以E连和F连突击，在装甲兵支援下，清除泽岻岭反斜面的据点。日军从反斜面进行了猛烈反击，美军使用坦克开辟道路，特别是以火焰喷射坦克向反斜面上的日军阵地喷射火焰，紧接着步兵趁机突入。美军以这种战术占领了泽岻岭台

上（山顶）的大部分地方，步兵第64旅团司令部同独立步兵第15大队仍然一起据守着泽岻岭南侧的洞穴阵地。

在E连向泽岻村的废墟推进时，美军舰载航空兵应召空袭他们正前方的目标。自5月攻势开始以来，日军的野战火炮和迫击炮火就会间歇以密集火力炮击陆战1师。为阻止7团2营前进，日军的炮火强度剧增。F连沿着泽岻岭的一道支岭向7团边界推进时，密集的迫击炮火阻击尤为凶猛。当天的战斗结束时，他们已减员至93人。15时22分，E连与泽岻村北侧高地上的1营C连建立了联系。然后两个营到夜间，一直都在巩固他们在村落北侧附

陆战1师负责攻打的泽岻等目标。

陆战1师7团的坦克和步兵协同团队正在前往泽岻岭东坡。

近和两翼高地的阵地。

13日凌晨，日军为了夺回泽岻岭台上发动反击，被7团1营C连打退，他们在丢下65具尸体后仓皇撤退，其中大约30人被美军炮兵击毙。

5月12日，陆战1团在2营通过空投得到粮食、弹药、饮用水和医疗物资补给后才出发。2营的整个行动区域都被日军密集精确的炮火和轻武器火力覆盖，伤亡极大。营长麦基中校最后不得不将E连和G连余部暂时都交给G连长一人指挥，这样才能维持住一支较具战斗力的打击部队。

10时30分，E连和G连试图进入与F连前沿阵地平齐的位置，每前进一步，都会招致大名附近的日军狙击手和重机枪密集子弹阻击。左侧高地的日军火炮和迫击炮观察员，将2营补给和后送线路尽收眼底。2营的两个合编后勉强维持一

个整连战斗力的残缺连队，取得的阵地非常脆弱，大部分突击人员几乎刚移动脚步，就会被日军的炮火和子弹打得抬不起头。黄昏时分，当他们开始准备夜间阵地时，比起11日只推进了十几码而已。

在1团2营左侧进攻的3营，由于2营受阻，被迫沿着山岭东侧延伸段较短的部分推进。部分有赖于安谢川南方支流河堤的掩护，3营向东南方向的大名溪谷前进了300码，遭到日军的猛烈火线阻击后，只得停下脚步。当晚3营打退了日军的一次夜袭。

5月13日天亮前，日军又对1团3营阵地两次大举反击，但在陆战队步兵的机枪、巴祖卡火箭筒和轻武器近距离直射火力面前，根本无力突破。12时，L连在K连火力支援下，向东南进攻位于大名溪谷谷口的高地。当美军的坦克和步兵协

同战队抵达目标位置时，日军机枪从三个方向射击，形成多重交叉火线，紧跟着迫击炮和步枪全面开火，手榴弹飞掷而来。美军如同置身火力漩涡一般，任日军的弹流无情冲击，许多人都倒在血泊之中。见势不妙，L连只得在坦克的掩护下，带着伤员退回出发位置。同样毁灭性的侧翼火力迫使L连回撤，2营在这样的侧翼火力威胁下，也无法将左翼延伸到F连在大名以西高地的阵地。

当天陆战7团已经控制住泽岻地区。7团2营将泽岻村扫荡干净，1营在扫荡村落北侧高地上的狙击手，封死洞穴，3营则在扫荡团后方地区。泽岻岭后山坡的一处洞穴是日军这一地区的抵抗核心。下午，美军发现了这个阵地，双方为争夺这个要地展开激烈的近战，以至于日军指挥官亲自上阵，与美军对掷手榴弹。后来美军从缴获的日军文件中得知，这个阵地就是日军步兵第64旅团司令部，那位亲身参与近战的指挥官正是第64旅团长有川主一少将。当天，有"名指挥官"美誉的日军独立步兵第23大队长山本重一少佐以下多人战死。拂晓抵达泽岻的日军增援部队独立步兵第22大队第1中队（平井队）经过这一天的战斗只剩下1/5的战力。

陆战7团正在逼近日军在泽岻岭的一处阵地，日军的迫击炮弹就在山岭顶部爆炸。洞穴阵地在爆炸方位右边的下陷位置。

被困在泽岻洞穴阵地的有川少将等少数幸存官兵，准备在当晚全员实施挺身突击。傍晚，八原大佐接到第62师团上野参谋长的电话。上野参谋长说道："八原君，正如你所知道的，现在有川少将正在受到骑马攻击。师团长已经向少将递交了死守现阵地的亲笔命令书。以往陷入此种境地的指挥官经常会接到撤退的命令，我实在不忍心坐视有川少将就这样死去。他的部下也应该有不少人幸存，所以希望能救出他们，让有川少将能继续指挥以后的战斗。可是，师团长已经下达严命，我不太好出面。军（司令部）那边有没有什么好办法？"

八原也从战术理论上认为没有必要在泽岻一带付出全军覆没的代价。他向长参谋长提出意见："师团长藤冈将军当然是出于师团长的立场做出严厉处置。对军来说，在此时命令有川将军撤退是妥当的。"牛岛中将和长参谋长很爽快地同意了。八原大喜过望，随即向上野参谋长传达了军的态度，后者比八原更加兴奋。第62师团终于向有川少将下达了撤退命令。有川少将以下于是杀出一条血路，在14日凌晨撤退至首里北侧，同时该旅团指挥下的各大队也后退至首里北侧。旅团司令部在撤退时有20多人战死。来自临时海军炮大队的铃木少尉也同有川少将一起突围，经首里于14日傍晚平安返回海军炮大队的平良阵地，向仁位少佐递交了旅团长亲笔书写在通信纸上的赏词。

13日当天，7团2营在试图越过泽岻村，准备进攻大名岭时，遭遇当天7团最激烈的一场战斗。泽岻是一个遍布坑道和掩体的网络式阵地，非常适合大部队防御，即使在主防线被突破后，局部防御阵地依然能组织有效抵抗。在废墟之间、墙垣背后、蓄水池和水井里，狙击手都能藏身。2营的一个突击排在开阔地被来自正面和两翼的迫击炮和自动武器抓个正着，陷入双重交叉火力夹击，无线电台刚交火就被打烂了。发现情况不妙的支援坦克和炮兵改换烟幕弹射击，想掩护突击步兵撤退，但日军步兵发动反突击，越过烟幕直接用手榴弹攻击美军突击排。一名陆战队员身受重伤，在痛苦之下乞求战友给他一枪。两位战友一同搀扶着他后退，却被一枚手榴弹击中，三人在爆裂的弹片飞舞时全数丧命。这个排最终还是撤了回来，出发时的49人已经伤亡22人之多。

逼近大名高地

5月14日，陆战1师7团2营在7时30分便出发，继续进逼日军的下一道防线大名岭（日军称为"末吉北侧高地"）。左翼的E连刚将泽岻村扫荡干净，就在村后的开阔地被日军火力压制。2营右翼以G连为前锋，F连随后跟进，越过1团1营辖区，下午晚些时候到达距离大名北侧高地顶部不到

100码的位置后，遇到正面和左侧日军交叉火力阻击，只得就地寻求隐蔽。

2营连续4天承担进攻任务，损耗极大，因此团长斯内德克上校安排1营接管正面进攻任务。12时52分，1营已进入2营阵地。不过，为了将原先配属给2营的所有支援武器转调给1营，还需要不少时间。

16时15分，在例行的高强度火力准备结束后，7团1营突击部队开始前进。B连承担主攻任务，越过泽岻村后，企图越过E连前一天被日军火力压制的开阔地，大名和首里方向的火力实在太强，根本冲不过去，只得在请示之后退回泽岻过夜。B连撤退时，C连的迫击炮和机枪向他们身后开火，组成一道弹幕掩护。

A连奉命接管2营G连阵地后，一路向南通过一片崎岖地形，同时还不得不与许多试图突破美军阵地的日军小股渗透部队交手。19时接替G连的行动完成之前，A连正副连长一死一伤。18时53分，C连奉命去衔接A连和B连阵地，从右侧射来的机枪火力，让他们到天黑后才能与A连取得联系。

7团一路转战到达大名岭的同时，陆战1团正在沿着平行路线向同一个目标前进。1团最初的目标是到达大名岭西端，由1团1营主攻，2营和3营会负责火力支援。1营C连出击时并没有坦克支援，步兵一路快速向大名岭西侧通道急进。

8时30分，在坦克车队与C连会合后，他们在75毫米坦克炮、机枪和迫击炮火力掩护下，稳步向目标推进。中午，营长戈姆利中校收到好消息，C连已完全控制山岭西端，尽管日军的反击火力很猛，他们仍然在构筑工事守卫新取得的阵地。A连进入C连右后方阵地，在两支部队会合之前，他们之间的缺口会得到营里的火力掩护。当时最大的问题是，1团与正在他们左侧推进的7团没有建立联系。

下午晚些时候，陆战1师的两个主攻团之间仍没有联系，日军从山岭未被美军占领的地区，开始向侧翼暴露的1团C连施加强大压力。美军的密集野战炮火和迫击炮火形成有力的阻击弹幕，但日军的进攻始终在进行，即使前排的人被炮火击倒，后排的士兵依然继续前进，终于突入C连阵地。情况紧急，上级根本没有时间调派援兵，连长在请示之后，获准率部撤退。C连非常有秩序地化整为零，一次数人，分批退入A连阵地，A连的机枪和迫击炮会掩护他们的后背。C连在A连左侧建立坚固防线，衔接同7团的阵地。22时整，陆战5团各部开始替换1团的各突击连。在次日上午，1师仍可让一个相对完整的生

大名岭是陆战1师前往首里城路上的一道险峻屏障，首里城就在山岭东南方。

力团再度进攻大名地区。

到5月14日黄昏，美军各部队已经深深切入日军主阵地。第10集团军司令部估计他们已经击毙日军在冲绳岛的将近一半守军，日军一线步兵损伤惨重，但核心防线不见任何虚弱迹象。美军能预料到接下去的战斗依然艰苦漫长，好在他们可以得到相对充裕的物资支持。

早在4月底，美军的所有突击和第一批运输和登陆舰船，已经在冲绳海滩卸载完毕。这次动用的船只数量，运输的人员和物资数量在太平洋战区的历次战役中都是空前的。详情见下表：

战役	船只数	人员数	容积吨
吉尔伯特群岛	63	35214	148782
马绍尔群岛	122	85201	293792
马里亚纳群岛	210	141519	437753
莱特岛（不包括西南太平洋战区负责部分）	110	57411	214552
帕劳群岛	109	55887	199963
硫黄岛	174	86516	280447
冲绳群岛	458	193852	824567

同一时期，守备部队及其装备，以及常规再补给物资都在冲绳海滩卸载，冲绳战役的各种后勤任务变得更加复杂。

对第10集团军而言，最紧迫的补给问题，并不是滩头仓库运作不畅，或者滩头管制人员和车辆短缺引发的问题，也不是滩头登陆场到前线急剧增加的补给线长度。从根本上来说，最麻烦的还是日军首里防区的顽强抵抗引发的问题，即如何维持足够的预备炮弹数量保持对目标地区的打击力度。为了在日军阵地之间打开一条血路，美军的各种火力支援武器弹药消耗量巨大，必然会迅速蚕食起初准备的弹药，后续运输船只运送的弹药几乎刚刚送到，就要被送去前线消耗。

早在4月初，第10集团军就估计战斗将进行40天，需要大幅提高船只运输的弹药量。4月17日，巴克纳为维持一直在增加的炮弹消耗量，首次提出特别请求，希望太平洋战区总司令部从塞班岛运送装满5

美军196军需仓库堆积的各种补给物资。

艘坦克登陆舰的155毫米加农炮和榴弹炮弹药。10天后，这批炮弹运抵冲绳。

4月27至28日，"加拿大胜利"号运输舰被日机击沉，这已经是登陆以来被击沉的第3艘弹药运输舰了。前线作战的弹药需求一直在上升，又要弥补与3艘运输舰一同沉入海底的22000吨急需弹药，这些都大大增加了冲绳美军的补给工作负担。马里亚纳群岛和瓦胡岛的后备仓库竭力逐日送出炮弹满足冲绳的需求量。4月底，宫古岛登陆计划等行动取消后，原先准备用于这些行动的大量弹药终于能用于冲绳，大大缓解了冲绳炮弹供应的紧张状态。不过，第10集团军的各个炮弹仓库，一直都只能维持勉强可以满足使用的储备水平而已。

冲绳战役前期，美军的补给舰船比较平均地运送各种物资，大量轻武器弹药挤占了重要的炮弹运输吨位。随着战局的发展，美军军械部门已能较为准确地测算各种弹药的消耗率，更加妥善地安排各种再补给物资吨位以满足作战需要。

4月17日至5月17日，美军在冲绳东海岸的金武湾和中城湾开辟了4个新登陆场，支持基地建设工作和南部冲绳作战。即使增加这些卸货点，美军的实际卸货数量和计划卸货数量之间仍存在一定差距。日军长期持续的"神风"特攻空袭，也是美军补给物资必须考虑的风险因素。

4月底至5月初，随着地面作战需求的增加，美国高级指挥官为加快物资的卸载和处理速度尽心竭力。4月24日，渡具知海滩海港最高指挥官霍尔海军少将，与冲绳岛守备司令华莱士少将共同向巴克纳中将提出多项港口卸货、物资分配和运输改进措施。这些措施确实提高了后勤工作效率，但前线快速增长的需求很快又让补给形势紧张起来。

美军登陆以后，补给工作对冲绳作战从来没有产生消极影响，但4月到5月初这段时间，如何维持地面攻击势头的问题确实异常尖锐。在这个关键时期，联合远征舰队司令特纳海军中将全权负责维持各种海陆空战斗的弹药、油料和其他物资供给水平。

5月17日，第5舰队司令斯普鲁恩斯海军上将，根据"冰

从大名岭东端看到的大名溪谷，图中可见美军陆战队员行军的开阔地。谷底右侧30米的大名村在战火中被大水淹没。

山计划"指挥纲要，宣布冲绳战役的两栖登陆阶段结束。当天9时，第5两栖舰队司令哈里·希尔海军中将接替特纳海军中将指挥第51特混舰队的海军和防空行动。希尔中将奉命向接管所有登陆部队指挥权的巴克纳中将提供报告，同时就已占领目标的防御和发展任务，对斯普鲁恩斯上将直接负责。前方地区后勤支援部队司令职务的继任者，会接管特纳中将的所有后勤职责。

特纳在负责冲绳作战指挥期间，成功完成太平洋战争规模最大的两栖登陆行动。根据初步统计，他的部队在地面战斗中击毙日军55551人，俘虏853人，摧毁敌机1184架。到5月16日为止，美军已在冲绳各滩头阵地卸载1256286容积吨弹药。为支援第10集团军的战斗，保护两栖登陆舰队，水面支援舰队各种口径的舰炮已消耗25000吨炮弹。

到5月17日，日军只控制着冲绳的少部分地区，伤亡巨大，但他们以非常合理有效的战术，相当出色的战斗力，让美军付出了不小的代价。当时第10集团军已有3964人阵亡，18258人负伤，302人失踪，还有9295例非战斗减员。特纳指挥的海军部队有1002人身亡，2727人负伤，1054人失踪。防

空部队共损失82架飞机，51特混舰队被日军击沉击伤舰船156艘，其中25艘被击沉，86艘严重受损，45艘虽然受损，仍然可以行动。

大名之战

5月14日，陆战第1工兵营的一个巡逻队，在1师后方的一具日军尸体上发现一张传单，上面用不太规范的英文写道：

这里的战斗将会比硫黄岛艰难90倍。我确信你们的所有登陆人员都将丧命，只要你们来到这里，这个预言就将成为现实。冲绳的一切和那些被美国人夺取的岛屿完全不同。

日军的宣传无法让美军停止进攻，但他们保证会进行的激烈抵抗，在大名溪谷很快就成为现实。

在构建大名防御阵地时，日军尽一切努力利用自然地理优势。陆战1师要直取首里，就必须突破日军在这一带的主阵地。如果陆战1师想包抄首里城，继续南进，那么大名地区各处高地上的火炮、迫击炮、自动武器和步枪就会向1师侧翼和后方地区全线开火，造成难以估量的损失。

安谢川最南面的支流流经大名溪谷平缓上升的谷底和首里城北。这条溪流边缘起伏平缓的低地，被日军沿大名岭后山坡部署的各种阵地，以及更南面的山岭顶部的火力控制。大名溪谷入口处大约400码宽，越靠近首里城就越窄，山岭峭壁也就离溪床越近。拱卫溪谷西端的是55高地（日军称为"末吉南侧高地"），也就是大名岭南侧山岭线险峻的尽头。这座高地布满日军枪炮，火力覆盖了通往溪谷的全部开阔地。守卫大名阵地的是重组后的第62师团步兵第64旅团，其主力为独立步兵第15、第22和第273大队余部，另外独立机枪第14大队（该大队此前被孤立于安波茶南侧，后于13日夜突破美军的包围撤退至泽岻附近，途中大队长村上甚太郎中佐战死，只有下士官以下数人抵达泽岻附近）、野战高射炮第81大队也被配属给该旅团。独立步兵第15、21、23大队和第2步兵队第3大队等均在14日夜从泽岻后退至首里北侧地区，独立步兵第22大队第1中队（幸存者34人）后退至大名，转由该大队第2中队长指挥。

5月15日6时30分，陆战5团已全面替换1团，团长格利贝尔上校接管大名以西战斗区

日军在大名地区的一门47毫米反坦克炮的残留部分，以及一名被美军火焰喷射坦克焚烧后的反坦克炮兵。

域的指挥权。2营负责突击，3营提供紧密支援，1营留作预备队。根据1团和5团团营级指挥官们的建议，1师师部决定先让坦克和105自行榴弹炮全面打击大名溪谷两侧高地，然后再让5团2营通过谷口开阔地。

陆战第1坦克营B连的9辆坦克，在5团2营F连的几个火力支援组护卫下，上午一直都在谷口的各处阵地执行任务。步兵火力支援组的任务是防备日军的自杀式突击。坦克车队现身后，吸引了大量日军火力打击，轻武器和机枪子弹打在钢铁车身上不断磕出火星，迫击炮、反坦克炮和其他火炮射出的炮弹爆裂之后，严重妨碍坦克兵观察敌情，在地面砸出的弹坑也严重阻碍了坦克行动。随行步兵为减少伤亡，不得不分散队形。行动地区较为开阔，火力支援组即使在相对较远的距离，仍可以掩护坦克。溪谷两侧高地上都是蜂窝般密集的洞穴。坦克车队所到的每一个地区都会遭到激烈精准的正面火力打击，装甲饱经考验。上午，日军的1门47毫米反坦克炮5次命中美军坦克，在海军舰炮的重火力打击下才安静下来。

中午的例行空袭结束后，一度退出溪谷的坦克车队补充了新坦克再度进入。海军舰炮这次反应非常快，日军的47毫米反坦克炮只开了几炮，在能够造成损害前就被打哑。天黑前，坦克再度撤出溪谷，日军乘机用暴怒的火力撵着坦克穷追。这阵疯狂的火力让陆战5团坚信必须彻底用重火力压制日军才能拿下谷口阵地，所以

在突击大名溪谷之前，坦克和步兵的协同行动还会进行一整天。

同一天，陆战7团在积极进行各项准备工作。21时，1营接到团部命令，将在次日执行一次佯攻牵制。

16日一早，7团1营就位。7时55分，炮火准备的弹幕宣告佯攻开始。7团1营阵地前方都是81毫米迫击炮和107毫米迫击炮制造的烟幕，一切看上去都极为逼真。15分钟后，火力准备暂停，这是为诱使日军离开得到掩护的洞穴阵地，进入开放式炮兵阵地和战壕，准备击退美军的"进攻"。8时25分，美军的各色火力支援武器再度打响，究竟能取得何种战果却无法确定。

9时50分，1营长戈姆利中校接到7团团部指示，航空兵预定10分钟后会空袭大名岭，需要他派巡逻队在空袭后立即前往山岭地区刺探日军的抵抗。空袭时间因故延迟，戈姆利便请示取消空袭，改从C连派遣巡逻队，由营属迫击炮提供火力掩护。几个巡逻队一直到靠近大名岭西端时，才遇上日军抵抗，凶猛的手榴弹和机枪火力让他们一时无法前进。巡逻队指挥官并没有急于撤退。戈姆利中校亲自指挥的营属81毫米迫击炮果然马上实

1945年5月，美军陆战队员观察火焰喷射坦克对日军阵地的打击效果。

施反火力压制，巡逻队在迫击炮火掩护下，顺利占领山岭西端。

戈姆利得到报告后喜出望外，命令巡逻队就地坚守他们占据的前哨阵地，先后派出两个连的兵力，尽快扩大1营在山岭的阵地。日军自然不会坐视不理。隐蔽在坟墓和珊瑚岩之间的日本兵纷纷投掷手榴弹阻击，这样会暴露他们的藏身位置。日军组织的反扑因人数太少，被美军支援火力直接瓦解，但他们的抵抗依然坚决。天黑后，1营各前方部队退入山岭正北的台地占据夜间防御阵地，在那里可以和右后方的5团2营，以及左后方的7团3营建立联系。3营早在1营之前就已在泽岷岭的阵地就位。

配属陆战7团的坦克从泽岷岭为1营提供过顶直射火力支援，配属5团2营的坦克忙于焚烧和摧毁大名溪谷的日军阵地。多辆坦克在F连的支援团队配合下，轮番进入溪谷到达大名村的位置。美军的陆海空火力准备已将这个村落炸得千疮百孔，3辆中型坦克和1辆火焰喷射坦克最终将其彻底摧毁。上午的战斗中，日军的反坦克炮打瘫了美军的2辆坦克，但美军前方观察员借着炮口的火光，准确捕捉到日军2门反坦克炮的位置，马上呼叫海军炮火支援。"科罗拉多"号战列舰的406毫米主炮应声而动，日军反坦克炮阵地被大口径舰炮炮弹在极短时间内连续直接命中，2门47毫米反坦

克炮都被轰成废铁。还有1辆坦克因触雷不得不被放弃。美军想尽各种办法挽救临时瘫痪的坦克，但经常遭到日军火力阻挠。如果将坦克留在战场上过夜，很容易被日军爆破组摧毁，经常会被敌人当作碉堡使用。天黑时分，坦克车队撤出溪谷。他们在当天对山岭和溪谷的目标共发射大约5000发75毫米炮弹和175000发7.62毫米机枪子弹，火焰喷射坦克消耗600加仑凝固汽油。

5月17日，两天的大面积火力准备之后，陆战5团的坦克和步兵协同战队开始突击谷口阵地。2营F连负责与进攻大名岭的陆战7团保持联系。日军集中迫击炮和野战炮火，以水银泻地般的弹幕迫使7团先头部队后退，难以守住山岭西端的前进阵地。

5团2营右翼E连的目标是谷口的55高地。他们利用师边界的铁路路堤掩护，跟在坦克车队后面越过开阔地，到达山脚下，马上就被来自左侧和左前方的密集轻武器和迫击炮火力压制。2辆支援坦克触雷瘫痪，仅剩的2辆坦克无力继续掩护E连前进，但依靠它们的火力掩护，E连暂时撤到安全的地方。在铁路路堤掩护下，美军及时重整突击战队。17时，加上前来增援的坦克，共

一个美军陆战排正在通过还未散尽的炮火烟幕穿过一道山谷。这些陆战队员排成疏散的散兵线，向四面八方散开，而且每个人都做好随时开火的准备。

有6辆坦克随E连再度进攻55高地。这次他们成功在高地西侧的突起部位建立和维持住一个有力立足点。由于通往高地的低地都被大名溪谷的火线封锁，只能靠坦克给这个前哨阵地运送物资。

17日破晓，7团3营便替换减员较重的1营，随后以两个连的兵力进攻大名岭。右翼的I连一路先占据通向山岭西侧突起部位的台地，K连在装甲兵支援下，向大名村东北山岭顶部进发。就在K连到达山岭时，日军集中火力打击两个突击排。为降低美军坦克的威力，日军投掷了烟雾手榴弹。坦克视线因烟雾受阻，炮击和喷火效果自然受到影响。天色渐暗，K连自村正面和两翼遭到三面围攻，即使能守住，目前的阵地也太过脆弱，便在17

时退回泽岻村过夜。下午晚些时候，营长赫斯特中校将预备队L连派来加强I连，准备帮助他们在次日上午进攻大名岭。

度过一直遭到日军火炮和迫击炮骚扰的夜晚，7团3营于18日再度出击，希望能在大名岭取得立足点。整个上午，美军的支援武器集中火力打击目标的前坡和山顶。中午，I连和L连的一个排一路转战前进。双方寸土必争，美军每前进一码都要和日军反复争夺。最终，日军手榴弹和迫击炮火造成的伤亡，迫使赫斯特只得再度撤下他的一线部队。从18日开始的战斗中，防御大名岭的独立步兵第22大队第2中队（中队长松田克己中尉）通过巧妙布置阵地，将美军诱至阵地内部后急袭击退，即等待美军越过阵地的顶部向背后的低

地推进时，第二线阵地从正面、第一线阵地从背后对美军两面急袭。至于面向敌方的前沿阵地事先已估计到将会受到破坏，故意将其让给美军，在第一线设置了面朝后方的阵地。据松田中尉回忆，这样的战术是得益于在中国大陆经历过的游击战的教训。凭借这种战术，该中队得以在18、19日确保了阵地。独立步兵第22大队长也将配属部队部署到各阵地上，在20日仍然确保了阵地。

陆战1师正面最右翼5团2营的一个被孤立的排兵力太单薄，无法有效利用他们在55高地西坡的立足点。为避开日军猛烈火线的打击，这个排只得转移阵地寻求掩护。为了给这个前哨阵地补给弹药和口粮，只有再度辛苦坦克兵了。

17日夜，日军独立步兵第13大队长为强化大名方面的防御，将该大队的第2中队（吉田队）部署于大名岭，将庄子队（由第1、4、5中队幸存者编成）部署于55高地。

18日，陆战5团在坦克和自行突击火炮支援下，沿着大名岭去支援7团3营前进。中午，5团F连在这些近距离机动火炮掩护下，派一个步兵排和一个配属战斗工兵排进入大名村，用火焰喷射器和炸药对

美军陆战队员在路过一个村庄时，从一具日军尸体旁走过。

付日军设在废墟中的火力点。日军隐藏在村里和村后墓地中的掷弹筒、机枪和步枪纷纷开火，最终都被摧毁。在7团占领山岭东端高地，能为在溪谷深处前进的步兵提供直接火力支援以前，5团继续深入溪谷并不明智，于是接到命令后返回夜间宿营地。

在当天的战斗中，部署于55高地一带的日军独立混成第15联队第3大队、独立步兵第13大队庄子队、独立步兵第22大队第3中队、独立机枪第14大队等部均有严重损失。

5月19日的战斗和前四天并没有多大分别。陆战7团再度承担了1师的主攻任务，5团负责攻打日军在大名溪谷谷口的阵地。整个上午，大名岭都沐浴在美军各种支援武器制造

的弹雨之中，为了让日军火力无力化，美军在能够供应的范围之内，根本不计消耗。7团3营I连12时出发后不久，便一头撞上日军的正面阻击火网。美军并不意外，但这会让他们更加痛苦。比置身地狱更可怕的，是在炼狱业火中不知究竟

要经历多少次烈火焚躯才能进入胜利的天国，无休止的重复考验，甚至让人怀疑胜利能有什么意义。

经过近4个小时的战斗，I连越过密集的迫击炮弹幕，成功到达大名岭西侧突起部。为了让1团3营的援兵替换他们，疲惫不堪的I连官兵顶着日军的火力后退了一小段距离。之前在泽岻附近的阵地上，陆战1团2营和1营已经替换7团1营和2营。1团3营替换7团3营后，1团长梅森上校正式接管占领大名岭的任务，7团则转为师预备队。

配属陆战5团行动的坦克，对大名溪谷谷口的各处日军防御阵地已进行将近一周的火力打击，几乎每天都会发现新阵地出现，暴露在坦克火力下的旧阵地，在每个晚上都会

在大名岭战斗的两位陆战1团2营士兵。

重建和重新伪装。溪谷两侧的山岭逐渐收窄后，变得更加高耸崎岖，封锁溪谷入口的日军防御阵地也随之层层叠叠，难以捉摸。大名岭东端，是首里城西北郊标高110米的高地，从这座高地能俯瞰陆战1师和77师的作战区域，山上的防御火力是阻止美军占领大名溪谷和首里城的有力屏障。5月20日，美军确定陆战1团会和77师305团协同进攻110米高地，1团2营会进入77师的辖区，占领通往这座高地最便捷的道路。

5月20日，陆战1师终于取得了实质性进展。8时15分，1团2营G连从泽岻向东延伸的道路出发，在坦克、自行突击火炮、37毫米火炮和高处友军机枪火力的支持下进攻。突击部队一路快速推进600码，到达110米高地山脚下。日军的反击很猛，G连在迫击炮和机枪火线下伤亡很大，连长卡瓦诺中尉也在战斗中负伤。他接任连长职务还不过三天，好在伤势不重。12时30分，营长麦基中校命令F连越过G连阵地，继续突击。

15时25分，F连开始进攻，G连已退入大名村的废墟中，提供压制敌军阵地的近程火力。由于后山坡日军拼死抵抗，F连始终未能占领高地山

顶，便在前坡构筑阵地。麦基营长派E连跟上，将2营战线向左延伸。陆战1团和77师之间的缺口，则依靠机枪和密集迫击炮火组成的交叉火线掩护。

同一天8时45分，1团3营I连和K连出发后不久，便与大名岭守军在手榴弹打击距离之内酣战。坦克和火焰喷射坦克沿山岭分头行动，密切支援两个突击排，沿途炮击和焚烧了无数日军守卫前山坡的洞穴、碉堡和重武器阵地。3小时后，营预备队L连的两个排，按照梅森上校的命令，携带多个55加仑凝固汽油桶，上山前往I连阵地。

面对日军阻击，L连的两个排费尽周折，到15时只能将3个笨重的油桶送到I连阵地。一个半小时后，他们将桶盖打开，让油桶沿着陡坡滚落，然后用白磷燃烧弹点火，焚烧日

军阵地。油桶沿着后山坡滚了50码后，便落入一道战壕不再向下滚动。火焰将日军的小部分阵地烧焦，却不足以让I连直接突入后山坡。无论如何，3营好歹在大名岭北坡占据了一个坚固阵地，天黑前，沿着山岭顶部构建夜间防线，让K连与5团2营，I连与本团2营保持紧密联系。山岭的主要成分是硬质珊瑚石，散兵坑和战壕无法挖掘太深，日军的迫击炮和火炮造成的伤亡率相当高。当晚，大名溪谷的日军与美军之间，只隔着一道遍布弹坑的狭窄地面。

陆战5团当天的进攻目标是从55高地大致向西南那霸－首里公路沿线的一道低矮山岭。上午，工兵排雷队为坦克清出一条从大名溪谷方向通过的道路。当镇守公路边界沿线的日军全神贯注于同正面的E

美军陆战队的M4"谢尔曼"中型坦克。

连步兵对决时，冷不防背后美军坦克车队已经杀到。在步兵和坦克前后夹击下，E连终于占领他们的目标。

南方的下一座高地首里岭，是首里要塞所在高地向西的延伸段。整个下午，山岭上的迫击炮和轻武器火线一直都在扫射E连阵地，美军的持续野战炮火、坦克的直射火力、两次密集火箭炮弹幕打击，让日军的枪炮声安静下来。夜间，除了零星的迫击炮和火炮骚扰之外，日军没有其他行动。天亮前不久，5团1营C连接管了E连前沿阵地。

5月21日，5团1营的任务是在大名谷地55高地附近维持足够兵力，协助1团进攻，同时到首里岭和半月山东侧的高地积极巡逻。B连和C连的坦克和步兵协同巡逻队在南方侦察时，遇到日军的密集机枪火力和迫击炮火阻击。巡逻队的坦克指挥官们应变极快，将他们的坦克车当作装甲观察站，一发现情况就召唤最近的野战火炮对近距离目标射击，效果相当棒。55高地和师边界的前沿阵地微微前移，让部队进入发动全面进攻更加合适的位置。

同一天，罗斯中校接替转调陆战7团任团作战训练科长的萨博尔中校，出任1团3营营长。按照新任营长的进攻计

划，上午L连的火力支援组跟随坦克车队在大名溪谷行动，清除大名岭后山坡的日军阵地。K连和I连从山顶支援L连前进，准备好越过溪谷，进攻55高地和东面的山岭。

12时到15时之间，L连的坦克步兵协同战队继续在溪谷对付愈加强硬的抵抗。大约15时，K连已开始越过谷口，罗斯中校当即请求梅森上校从1团1营调一个连在大名岭组建第二道战线以充当3营进攻的后盾。I连企图跟上K连突击时，被日军的密集机枪和迫击

炮火压得抬不起头。18时，K连一路奋战，登上55高地，与5团1营取得联系，但已无力继续向东面的首里推进。I连和L连面对日军的犀利火力，无法到达南侧山岭线沿大名溪谷前进，罗斯中校只得让他们撤回大名岭过夜。

梅森团长将1团1营C连配属给3营。当晚C连即占据I连5月20日的阵地，同右侧的L连和左侧的1团2营F连保持密切联系。

当天1团2营多次进攻110米高地和辖区内的大名岭部分

地图七十三 5月5—21日，美军陆战1师夺取泽岷和大名

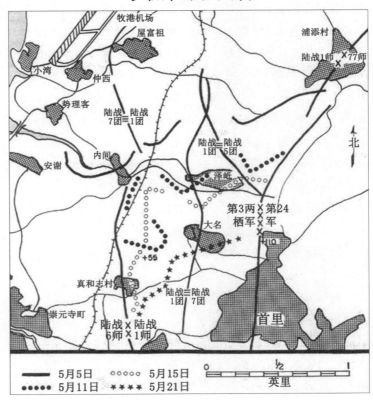

地段。这一地区地形太过陡峭难测，坦克只能提供过顶支援火力。大名溪谷内侧的深层裂谷，让装甲兵无法到达110米高地的后山坡，日军一直在坚持抵抗，接连打退美军突击。2营左翼，G连一路扫荡日军在首里北郊的抵抗阵地，但无法在成功后迂回110米高地侧翼。

2营长麦基中校集中所有营属支援武器打击大名溪谷的敌军阵地，面对日军极近射程之内的密集火力阻击，E连和F连始终无法从大名岭后山坡下山。日军准确的迫击炮和火炮火力，证明2营占据的是一个已被预先标定射击参数的地区，因为云雾下的低沉天空和偶尔出现的狂风大雨会遮蔽双方炮火观察员的视线，日军却几乎没有受到影响。虽然伤亡不小，2营好歹能维持住自己的前沿阵地。G连依靠火力维持住2营同左侧77师之间的联系，F连负责与1营C连的夜间阵地保持联系。

午夜时分，日间的阵雨变成倾盆大雨。当晚，日军独立步兵第22大队长向占领大名岭一角的美军发动反击。22日凌晨2时，日军利用当时的糟糕能见度攀上大名岭，向C连阵地猛扑过来。日军在这个时候实施反击完全正确，因为照

明弹即使能够照明，也无法改变大雨对视线的阻碍。严酷的战斗持续了4个小时，手雷和手榴弹在山顶往返飞舞。天亮后，守住阵地的美军陆战队员开始恢复自己的战线。据美军统计，日军在这次战斗中损失180人，付出如此大的代价却依然未能突破C连防线。根据日军资料，独立步兵第22大队第2中队经过这次反击只剩下10多人。至此，美军已经大体控制了大名岭，但55高地和110高地依然在日军手中（110高地到5月30日才被美军占领）。

陆战1师成功的坦克和步兵协同进攻战术，因为天降暴雨严重受挫。在日军坚决抵抗的大名岭，坦克对步兵的支援本来就因地形阻碍严重受限。陆战5团辖区是整个1师作战区域最适合坦克行动的区域，却因为大雨很快变成名副其实的泥沼，意味着陆战1师行将要面对一个对日军明显更有利的僵局。

突破石岭高地

美军第10集团军发动5月攻势以后，第3两栖军在南部冲绳西半部推进的同时，第24军也在从中路和东路进攻。5月11日以来，24军右翼的第77

步兵师一直在断断续续、如同蜗牛爬行一般向首里城前进。77师的两个突击团在5号公路东南漫长的开阔谷地两侧战斗，为此两个团之间很难协同。77师右翼（西侧）305团的进展很大程度上取决于陆战1师在泽岻岭和大名地区的战斗，左翼的306团需要和沿着幸地岭西南偏西高地推进的96师密切配合。

305团的行动区域是前田村南侧一带。与首里东面和西北的崎岖地形不同，这里是一片陡峭台地，上面有无数小山包、峡谷和溪谷。在5月中旬，这一带被大量弹坑、壕沟和扒开的山洞洞口弄得更加支离破碎，植物也全部消失不见。305团每前进几码就会发现有更多日军阵地需要对付，依然一路突进。他们在这次进攻中的伤亡率一直居高不下。日军步兵第32联队长指挥下的独立步兵第11大队、第62师团辎重队、独立速射炮第3大队各部在前田村南侧地区，最大限度地利用当地的复杂地形拼死战斗。经过13、14日的残酷战斗，日军各部均所剩无几。当步兵第32联队第2大队本部在12日拂晓被友军从美军包围中救出时只有满尾大队长以下8人健在。

14日，日军第32军命令

前田村南侧地区的日军撤退。第62师团辎重队在前田附近的战斗中受到的损失为死伤辎重队军官以下约300人和防卫召集兵约250人，并损失迫击炮4门、重机枪1挺、轻机枪16挺、重掷弹筒3具、汽车、燃料等。15日拂晓前，辎重队集结于首里北侧的人员只有约60人。至此持续了20天以上的前田地区的战斗宣告结束。美军第305团在15日终于到达了可以望见首里的地方，这时该团

的一线战斗人员大约只及编制员额的1/4。

面对美军的总攻，第32军在5月13日任命步兵第63旅团长中岛德太郎中将为首里防卫司令官，命令其加强首里地区的防御。中岛中将指挥下的总兵力为6700人，包括以下部队：

主要部署部队
独立步兵第12、11、273大队、独立速射炮第22大队等，

从首里北侧大名南侧至石岭间占领第二线阵地。

独立步兵第13大队负责首里西侧外部的防御。

独立步兵第14大队负责首里西侧内部的防御。

独立步兵第22、15、23大队、独立机枪第4大队等负责首里北侧平良町的防御。

第62师团辎重队等负责首里南侧赤田町的防御。

5月14日，随着泽岻高地的陷落，在前田南侧充当左地区队的步兵第32联队转为师团预备队，坦克第27联队转为左地区队。后来第32联队中唯一健在的大队（伊东大队）又在15日被派去增援中地区队（步兵第22联队）。

首里东北侧的石岭地区以及其西侧的平良地区均为扼守前田方面南下的中部公路的要点。为了保卫后方不远处的首里，日军在这些地方进行了顽强抵抗。负责石岭正面防御的是配属第24师团的坦克第27联队。该联队将5月攻势中幸存下来的坦克（中型坦克14辆、轻型坦克13辆，合计27辆）的车体埋入地下，在战斗中用炮塔等向美军射击。

通常美军在冲绳战役期间会在上午发动进攻，傍晚构筑新阵地，夜间依托坚固阵地

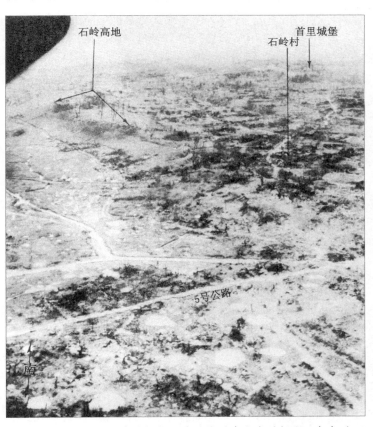

石岭高地从本图右侧前景部分几乎延伸到左上角的摄影飞机机头下方。这道山岭从首里东北的平地上拔地而起。山岭正下方是石岭村和琉球王国故都首里前方的深谷。从首里附近，日军可以用迫击炮弹打击77师307团在山上的小部队。

设防。任何模式都有例外，77步兵师就曾数次发动夜袭。5月15日，师预备队307团顶替左翼的306团主力进攻巧克力糖高地，一部负责进攻石岭村东侧的石岭高地。这是一场美军在冲绳经历的非常典型的战斗，步兵哪怕要取得些许战果，都得费尽周折。307团官兵拿下一座日军环伺的阵地后，为了守住它，经常会陷入苦战，为此不得不罕见地实施夜袭。

5月16日天黑前，307团E连长西奥多·贝尔中尉，带着他的3位排长，登上位于一座珊瑚石高地峰顶的2营观察站。贝尔指着南方1200码外、在暮色中隐约可见的石岭高地说道："刚接到命令，让我们连夜突袭那座山岭。"3位排长表情各异，心里都很清楚，既然要靠夜袭，那一定是一块难啃的硬骨头。趁天还没黑，几位指挥官抓紧时间研究地形和各种情况。营重武器连H连调来一个重机枪班，1营C连调来一个加强步兵排，配属E连执行这次任务。参加夜袭的这个加强连，很多人都是刚下船不久的补充兵，没有任何战斗经验。

5月17日凌晨3时，在夜色掩护下，E连悄然出发。他们顺着山谷西半部行军，一小时后到达出发位置，与C连加强排会合。15分钟后，加强连安静地踏上低地一带的小路。石岭高地上有几棵干枯的树木，在远处海军照明弹频繁打出的闪光下隐约可见，正好充当前进的路标。日军控制着这个地区，但一直没有发现美国大兵在行动。每当照明弹在头顶上空爆炸时，加强连官兵们马上就会停止行动并就地隐蔽，不给日军发现他们的机会。周围的战斗一直没停，步枪和自动武器的开火声、炮弹的呼啸声，经常在加强连周围响起。

就在天亮之前，加强连终于到达石岭高地，开始沿着125码的平顶占据阵地。由于山顶是珊瑚石和岩石构造，挖掘散兵坑和壕沟非常困难。石岭山顶中部将近10码宽，两端的地势渐趋开阔。E连3排在山顶上转移到左翼，2排形成中央战线，C连的加强排占据右翼，1排负责保护后背。贝尔中尉在山岭狭窄部位北面20码的一个位置设立指挥所，统筹全局。

黎明时分，E连已在山顶阵地就位，日军仍没有察觉。一名日本军官和他的副官从一处坑道现身时，有说有笑，被美军狙击手直接两枪毙命。2排在一处战壕里发现10多个仍在梦乡中的日本兵，直接用刺刀和步枪子弹将他们击毙。日军赫然发现，坦克第27联队本部坑道（位于山顶附近）附近已遭美军侵入。5时30分，坦克联队主力开始实施反击。大批日本兵从石岭南侧一座高地中冲出坑道猛扑过来，企图越过双方之间的山谷。美军机枪早已选好位置并等候多时，用长点射交叉火线将日本兵放倒。日军察觉山顶美军兵力不弱，很快集中火炮、迫击炮、机枪和步枪火力一齐扫射没有树木覆盖的裸露山顶。美军加强连只得卧倒在浅浅的散兵坑中。日军从四面八方一齐开火，美军背后的火力也非常犀利。甚至石岭低坡的坑洞洞口也会出现正在开火的日军迫击炮和掷弹筒。

日军炮火观察员很快锁定了E连的自动武器。一挺重机枪正在重新固定三脚架的时候，直接被轰成碎片，另一挺重机枪还没打完一箱子弹也被炮火摧毁。两组机枪手几乎全部阵亡。7时，两挺轻机枪也哑了火，其中一挺彻底报废。所有连属轻迫击炮到10时为止只有1门还能开火。贝尔中尉和营部的通信设施自然是日军的另一个重点目标。E连和随行的前方炮火观察员一共携带5部无线电台，1部被迫击炮弹打烂，1部在战斗中起火，2部的天线被打折，只剩下1部完好。

削弱美军火力后，日军步兵再度尝试收紧包围圈。3排的阵地位置比较暴露，因此首当其冲，左翼成为日军步兵突击的重点。3排官兵先后打退日军的三次白刃冲锋。近战中，美军有许多人被手榴弹炸伤。镇守石岭南侧高地的日军让占据E连中部阵地的2排伤亡惨重。日军的两具掷弹筒，分别在2排两翼100码外开火，有序地用榴弹火力将美军阵地犁了一遍。倒在血泊中的尸体就那样静静地躺着，只有需要为生者腾出空间的时候，才会从散兵坑里拖出去。一位救护人

员尽管自己也负了伤，仍在继续履行职责，直到他的所有医疗用品用完为止。

日军没能在一开始就发现美军偷袭，但亡羊补牢，以系统的密集火力封锁了通往E连阵地的通道，使307团主力无法增援，只能依靠火炮和突击自行火炮提供火力支援。团炮兵连的各种火炮以直射火力打击企图冲上E连山头阵地的日军。许多美军炮弹的弹着点距离被围的E连官兵实在太近，落地爆炸后溅起的碎石如阵雨般落到他们头上。尚存的最后一部完好电台，让贝尔中尉能够为炮火准确定位目标。友军的迫击炮和重机枪火

力同样在竭力帮助E连打退日军冲锋。

美军火力支援武器开火形成的弹幕成排落在石岭山坡的日军阵中，几乎没有安全死角，日军的进攻一直在进行，不给E连喘息机会。中午，E连2排和3排都减员一半，连里的其他部队也伤亡很大。贝尔中尉意识到以目前的兵力，根本不可能在夜间守住面积广大的阵地。傍晚，他命令2排和3排收缩到指挥所附近建立一个环形阵地。2排有6人四肢受了重伤，撤退时异常艰难。战友们将这些重伤员安顿在斗篷上，像拖雪橇一样拖着他们撤退，路上还是有一位伤员中弹身亡。

坦克第27联队在白天的反击中损失惨重，声称杀伤美军350人（显然是极度夸大的数字）并缴获了不少机枪和自动步枪，"敌我双方尸体累累，堆积如山"。当天，密切关注首里北侧战况的第32军将特设第4联队（由货物厂关系部队编成）的第1、第2大队配属给第24师团。两大队于18日夜抵达石岭一带，第1、第2大队分别被部署于石岭南侧高地和石岭北侧高地。

17日夜间，美军组织了一支救护队，想要突破日军防线与E连会合，不幸遭到伏击，

77师306团的坦克歼击车在支援步兵进攻。

在损失了一些人员后撤退。E连一直遭到日军炮轰，彻夜不得安宁，日军的几股渗透部队都没能成功突破他们的前沿阵地。夜战中海军的照明弹总是非常管用，E连的步兵能清楚地发现正在接近的日本兵。不过在这样的环境下，始终要保持高度警觉的美军士兵根本不可能睡觉。身心俱疲，神经高度紧张的战士们只能蜷缩在散兵坑里，等待黎明到来。

经过17日的战斗，日军坦克第27联队蒙受了很大损失。到5月18日，该联队战力只剩下1/4，火炮仅剩1门。

18日，307团2营营部用无线电向E连传令："不惜一切代价守住你们的阵地。"贝尔中尉的答复简洁坚定："我们在坚守。"E连的全体官兵誓死战斗到底。他们的手雷已经耗尽，机枪和迫击炮都已被毁，还活着的战士们不得不从死者的子弹带上搜取每一颗子弹。可用的步枪都装填了子弹，刺刀就放在一旁。日军的压力一直在稳步上升。一些美军战士在从一个坑洞飞奔到另一个坑洞躲避手榴弹时在近距离中弹。日军一度集中8具掷弹筒，每次以2具射击高地。美军支援炮火可以协助E连击退日军步兵的冲锋，但对压制日军的掷弹筒或迫击炮火收效甚

微。日军既然敢在靠近美军阵地的位置使用掷弹筒，自然会精心保护它们免受炮火伤害。

E连阵地的伤员在痛苦呻吟，许多人缺水少药，苦不堪言。前一天晚上，E连的所有食品罐和水罐都吃空了，即使如此，战斗秩序依然有条不紊，士气高涨。E连最大的问题还是那些新上阵的补充兵。他们不乏勇气，但欠缺经验。有些新兵在突然陷入危机时会不知所措。一个新兵看见两个日本兵正在9米外攻击一位中士，他的手指搭在扳机上竟然扣不下去。另一人在大声呼叫战友向几个日本兵开枪时，自己手上正拿着步枪，显然是紧张到忘记开火了。还有一名新兵发现散兵坑几码外出现一个日本兵，扣动扳机却打了空枪，原来他忘记重新装弹了。不过，在经历这番磨难后，幸存下来的补充兵就会成为经历实战锻炼的老兵。

下午，307团主力想尽办法增援E连硕果仅存的小部队。C连长亲率一支部队竭力穿过石岭高地北面的开阔地，最终只有6人进入E连阵地。C连的5名战士安全地爬进山顶的散兵坑里，但C连长在冲向E连指挥所时头部中弹，颓然倒在指挥所散兵坑的边沿。贝尔鼻子一酸，差那么一两秒老战

友就不会死了，但他没有时间感伤，必须继续指挥战斗。不久，团部用无线电通知，一支80人的担架队将在傍晚尝试越过日军封锁线。山顶阵地的士气为之一振。

天黑后，日军火力松懈下来，第一批担架队员大概在22时抵达石岭山顶阵地。担架队行动麻利，成功地在照明弹的亮光中避过日军视线。2个半小时里，担架队的出色工作和好运使他们能够后送18名重伤员，其他能行动的轻伤员也随同他们一起转移。担架队还给E连送来一些饮水、弹药和其他饮品。这是一整天以来，E连得到的第一批物资。

又一个不眠之夜后，E连在石岭山顶迎来5月19日。日军倾尽全力，想方设法要夺回石岭。被围困的E连有时会疑惑，日军是怎样维持这种看上去几乎不会枯竭的人员和弹药补充的。这能从另一个角度证明，日军在局部战场的组织仍然非常出色。为击退日军当天发动的几次进攻，美军要克服重重困难。山顶阵地的E连自不必多说，后方307团主力能提供的只有野战炮火支援，自行火炮可以转移到能精确打击石岭高地两侧的位置。这样虽然不能直接为E连解围，却能阻止日军组织足够的兵力冲垮

他们的阵地。日军又以一个小队的兵力突击过来。美军迫击炮和机枪火力集中射击，野战炮兵集中4个营的炮火同时向同一目标集中齐射，将这队日军彻底打散。即使还有人三三两两冲进E连阵地，也已成强弩之末。不过美军还是无法阻止日军的迫击炮和掷弹筒持续打击石岭阵地，E连不断出现人员伤亡。

上午，贝尔中尉得到消息，E连将在晚上被友军替换。中午，无线电信号很弱，团部无法与E连取得进一步联系。这一天在E连官兵看来如此漫长。21时，自天黑以来已过去很久，战士们都对援兵感到绝望了。不久之后，阵地背后响起加兰德M1步枪的射击声，枪声渐趋密集，那是友军正在接近的迹象。22时，306团3营L连终于赶到。替换就在黑夜中进行，只要友军替换人员进入阵位，E连的官兵就会立即离开。20日凌晨3时，形容憔悴的E连幸存者下山时，一枚爆炸的炮弹击中两名新来的L连士兵，其中一人必须躺在斗篷上跟随E连一起下山。E连官兵带着伤员们，沿着战友一路留下的白色记号退到后方安全地带。

当初得到加强的E连共有204名官兵夜袭石岭高地，到撤退时共死伤156人。原属E连的129人还剩31人。配属E连的C连的一个排出发时有58人，安全撤回的不过13人。重武器班17人仅剩下4人。E连付出的巨大代价，换回的是向首里城方向突进数百码，在各种支援武器协助下，在石岭周围歼灭了数百名日军。

不过根据日军资料，自17日白天的反击后，日军始终确保着石岭高地并同美军在近距离对阵，这说明美军只是占领了石岭高地的一部分。在石岭地区的战斗中，因为石岭高地前面的平坦谷地适合坦克的活动，日军曾担心这里会被美军坦克群一举突入。美军的行动却十分谨慎，加上坦克联队装备的"九零"式野炮对美军坦克构成很大威胁，日军得以成功地进行持久战斗。

当307团在为守住石岭高地奋战时，305团一直都在5号公路沿线进攻。日军在公路西面的低矮山岭阵地守卫非常顽强。双方的激烈交火声从很远处就能听到，美军的前进经常会被阻挠很长一段时间。这一带的小山头和小山岭往往可以让日军组织完美的十字交叉火力体系，许多阵地能同时得到

日军在石岭地区与美军77师相持的主要炮兵支援武器"九零"式野炮。
主要性能参数
口径75毫米　最大射程15000米
最大仰角+43度　最大俯角−8度　水平转向（全）43度
开火状态重量1497公斤　炮弹初速680米/秒　最高射速10至12发/分钟
使用弹药高爆弹、穿甲弹、榴霰弹、燃烧弹和烟雾弹

五座甚至六座其他阵地掩护。尽管305团用尽所有的火力支援武器，中型坦克、火焰喷射坦克、自行榴弹炮和反坦克炮都在适合的位置上阵，但几乎不可能让日军所有能相互支援的强点同时无力化。5月21日，305团抵达首里北郊时，306团接管了他们的阵地。

攻克"巧克力糖"高地

在首里东北方、幸地西南方地区坐落着一连串彼此相连的高地，从北侧起依次被日军称为130、140、150高地，这些高地分别被美军称为"沃特山"、"平顶山"、"迪克山"。此外在130高地西北侧还有一座"西部130高地"，此即美军战史中的"巧克力糖高地"。负责该地区防御的为第24师团步兵第22联队。

在以首里城为核心的所有有力防御阵地之中，"巧克力糖"高地看上去相当不起眼。

美军77师师部一直都称这个目标为"130高地"，"巧克力糖"高地则是一线部队起的诨名。这座高地是一座光秃的棕色土山，上有耸起的山顶，从一片平台上突然崛起，看上去确实就像一块放在稍稍倾斜的碟子里的巧克力糖。

几个条件让这块"糖"成了一处几乎无法撼动的阵地。要通过"碟子"部分行动极端困难。除了少数几处有一些低矮灌木，这个高地周围地区都

位于首里东北1500码（1.3公里）的"巧克力糖"高地的内部概略图。日军在高地山体内部建成环形防御阵地，是典型的多层式强化据点。强化据点由四层构成，相互间以倾斜的通道进行联系。山丘表面一般为岩石，部分覆盖有灌木丛。其间分布着一些章鱼罐（散兵坑）和堑壕，保护得到良好伪装的枪眼和入口、山顶的监视哨以及（尤其重要的是）反斜面。守卫山丘的3门47毫米反坦克炮和4挺重机枪可以在不同的射击口或枪口间，以及第2层和第3层之间移动。

5月13日，美军坦克和火焰喷射坦克从西面进攻巧克力糖高地。

没有地方可以隐蔽。"碟子"西半部靠近5号公路，地势低矮潮湿，不适合坦克和其他重武器行动。在"巧克力糖"附近，是冲绳最大的雷区之一。这一地区东有平顶山、西南有石岭高地提供火力掩护，除了美军接近的北面之外，环绕圆碟的其他高地同样可以提供火力支援。日军在巧克力糖高地和它东面500码的山包沃特山上，都设有反斜面防御阵地。沃特山位于平顶山和巧克力糖高地之间西南走向的长山岭上。

5月11日，77师左翼的306团3营在巧克力糖高地地区受阻，全天一共损失53人，没能取得实质进展。

5月12日，306团的任务是守卫现有阵地，协助两侧友军前进。306团2营在一个坦克排支援下，与96师右翼建立了紧密联系。1营则支援305团前进。305团在5号公路西侧的崎岖地形前进极为艰难。日军依托得到良好守护的大型洞穴固守阵地，有一处山洞可以供2辆日军的两吨半载重卡车一前一后停放。

5月13日，306团计划对平顶山和巧克力糖高地进行一次协同进攻。经过短暂强大的炮火准备后，306团重新进攻巧克力糖高地。2营当先突击，从东北方靠近高地。13分钟后，先头连已到达高地，在猛烈炮击下，只能在北坡山脚停止前进。先头连随后向左移动，想进入巧克力糖高地和平顶山之间的地区，但在那里美军的位置最为暴露，很快就被阻止。美军步兵一度成功占据巧克力糖高地部分山坡，马上就被日军火力逼退到山脚下。14时，日军150毫米火炮在高地正北地区连续20次击中目标。在所有可用的火力支援武器掩护下，2营第三度突击这座高地，还是无法取得稳固的阵地，结果只能撤到高地以北300码的位置过夜。在当天的战斗中，石岭地区的日军坦克第27联队从侧面给予步兵第22联队紧密支援，特别是炮兵中队（"九零"式野炮4门）在反坦克战斗中发挥了很大威力。美军的2辆中型坦克在当天被击毁。

攻打巧克力糖高地无功而返，但进攻沃特山的一些部

越过巧克力糖高地和平顶山之间的山谷的美军坦克被这两座高地反斜面的火力摧毁。

队成功在山脚构筑防线并守住阵地。夜间，在沃特山另一侧战壕守备的日军进攻这支小部队。战斗非常激烈，美军官兵一度被逼得退出他们的散兵坑。黑夜中，为避免伤及战友，他们都不敢开枪。在稍事后退、重整队形后，他们用手雷、刺刀和掘壕工具，一路杀回自己的散兵坑，将里面的10多名日军全都赶了出去，夺回了自己的阵地。

5月14日，306团的兵力已十分单薄，所有仍有战斗力的步兵都被编入一个营。这个混编营跟随5辆坦克，试图越过沃特山前进。突击排到达沃特山山坡时，正面和两翼的猛烈交叉火力如死神的镰刀一般屠杀他们。不过几分钟，这个排已减员一半，排长、副排长和一位班长都在伤亡之列。包括后续支援坦克在内，美军先后有6辆坦克登上山顶，没过多久就被日军反坦克炮火击中。在巧克力糖高地附近，阵亡的美军步兵被排成一线，在一位观察员看来，整齐得简直就像是一群正在躺下休息的士兵组成的散兵线。当天对巧克力糖高地和沃特山的所有进攻全都无果。第二天上午，自5月6日以来已减员471人的306团被307团替换。

5月15日9时，307团越过306团阵地开始进攻。307团的机动方案是同时突击左翼（东面）的平顶山和右翼的巧克力糖高地。日军的阻击火力依然密集，美军步兵只能缓缓前进。与此同时，96师的部队在77师东面取得了一定进展，这无疑会对77师的行动有些帮助。中午，307团3营一部到达巧克力糖高地北侧山脚，另一部在攀登平顶山北坡。2营迂回3营右侧，一路推进大约500码后，被迫击炮和机枪火力截住。307团还是无法利用2营前进的成果，因为从巧克力糖高地和平顶山之间的鞍部通过时，不仅侧背会暴露给平顶山后山坡阵地上的日军，南面的全部日军防御阵地都能进行正面火力阻截。

不过，这次突击结束后，77师的部队首次能在巧克力糖高地正北和平顶山山顶正下方的北坡保住拿下的阵地。夜间，日军试图突破307团在巧克力糖高地正北通道的阵地。在黑夜掩护下，日军步兵携带掷弹筒，从高地后山坡的大洞穴中出动，两次攻打美军阵地，都被击退。日军在高地正东的一道沟里，发现了前一天晚上美军突击连撤退后与主力失散的5名美军士兵，杀死2人，打伤1人，另两人逃脱。

5月16日，307团继续进攻，再度受挫。3营的一个排登上平顶山顶后被日军逼退。此后3营又四次冲击山顶阵地，始终没能站稳脚跟，每次都被迫退回北坡。2营继续刺探巧克力糖高地周围，试图找到登上山顶和后山坡的办法。傍晚，2营的一个排被迫离开巧克力糖高地，其他步兵能够守住当天占据的高地东面的鞍部阵地。当天，日军步兵第22联队已将联队本部人员也派到第一线参加防御战斗。

平顶山和5号公路之间的77师其他各部正缓慢地蚕食307团前方的日军阵地。5月17日，步兵部队在巧克力糖高地周围推进时，已经能够发现这种蚕食效果。在两翼的连属重武器掩护下，步兵迂回高地两侧，攻击后山坡上的大型洞穴阵地。这几处阵地内有4门反坦克炮、1门野炮、4挺机枪、4门重迫击炮和1门美制60毫米迫击炮。到天黑时分，部分洞穴已被封死。当晚日军反扑美军在高地周围的阵地，在损失25人之后被击退。

此后2天，3营一直在巩固和扩大巧克力糖高地周围的阵地。要拿下这座不起眼的小高地仍然是棘手的任务，只因高地南面的日军阵地依旧瞰制着这一地区。双方经常发生混战乱斗，美军的三名伤员一度留在巧克力糖高地南面整整两天才盼到救兵支援。当时有两名伤员已经身亡,第三位已经神志混乱,以为自己还在和日军战斗,赶到的救兵不得不采取强制措施才让他安静下来。5月20日,美军已将后山坡的山洞全部封死。日军以一个中队反攻,企图夺回巧克力糖高地,损失过半也未能成功。同一天,3营在使用坦克、火焰喷射器和爆破队之后,最终拿下平顶山山顶。

几天后,日本东京广播电台特地用英语向冲绳美军发布了这样一则信息:

糖块山……巧克力糖高地……草莓山。哇,那些地方听起来可真妙!你们会发现这些地方周围带着白色栅栏的糖果店,还有树上挂着的红白相间的棒棒糖,正在太阳底下闪闪发光。不过这些地方仅有的红色是美国人的鲜血。是的,先生,那些是南部冲绳各处山头高地的名字,那里的战斗是如此激烈的近战,你们会被刺刀刺倒,有时你们会赤手空拳。敌人在远处时,野战炮火和海军炮火很管用,当炮弹正好落你的散兵坑时,对你们可没任何好处。我猜用好听的名字将最糟糕的地方形容得听起来不那么可怕倒是很自然的

一件事。为何糖块山如此频繁地易主,让它看上去像但丁笔下的《地狱》。是的,先生,糖块山……巧克力糖高地……草莓山。这些名字真好听,不是吗?只有那些身临其境的人才知道这些地方其实是怎样可怕。

迪克山和平顶山之战

5月11日,第10集团军的新一轮总攻令生效时,96师右翼部队仍在斑马山(日军称为"幸地西南500米闭锁曲线高地")战斗。斑马山西南的平顶山(140高地),以及平顶山东面的迪克山区,令77师和96师陷入连日苦战。这两处高地距离很近,为拿下这两处阵地,两个美军师的部队必须经常越过边界协同行动。美军缴获的日军地图上说明,这两处高地正处在首里防线核心阵地边缘。

迪克山地区由四座高地构成,正式名称为"迪克贝克"高地、"迪克干练"高地、"迪克右"高地和"迪克左"高地。其中最高,设防最严密的是迪克右高地(通称"迪克"高地或"150"高地)。这座高地离平顶山非常近,就位于后者正东南不远处。迪克贝克高地离斑马山较近,位于

从翁长向东南沿斑马山东南坡延伸的狭窄公路正西位置。迪克干练高地位于迪克贝克高地东南方。迪克左高地是另一座设防严密,守备较强的阵地,是从迪克右山向南延伸的山岭南面的高地。

5月10日夜间,日军步兵第22联队长吉田胜中佐向斑马山山顶实施了反击,企图将美军逐出他们在10日白天占领的阵地。7时30分,短兵相接的混战结束后,日军丢下122具尸体,退出了斑马山。鉴于各部队战力甚为低下,吉田中佐在10日夜将主阵地线撤至弁之岳东北地带。此时,该联队第1、第2大队的兵力均在100人以下,第3大队只剩下第10中队长渡边大尉以下数十人。

11日,迪尔上校指挥的96师382团一直在巩固斑马山阵地。由于日军在迪克山区的各处阵地俯瞰着斑马山后山坡,美军在那里的行动相当困难。当天晚些时候,382团曾组织一支部队试图通过开阔地,进入迪克贝克高地,但未能突破敌人准确的阻击火力。美军先头突击排的士官全部非死即伤,不得不在天黑后将指挥权交给一位一等兵。

5月12日,382团以3营和1营分居左右两翼再度进攻。美军用木块和索具将37毫米反坦

地图七十四 5月11－12日，美军对平顶山和迪克山的进攻

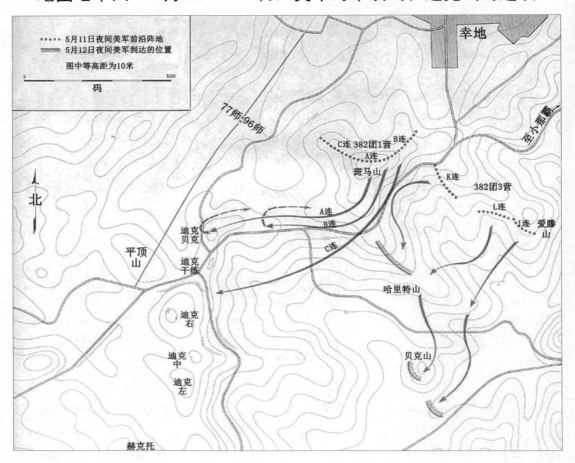

克炮送到斑马山山顶上，用直射炮火打击南面各处高地的日军阵地。中远程野战炮火和近程37毫米火炮的火力，使3营在突击贝克山伊始相当顺利。在1营的坦克和步兵协同战队肃清斑马山后坡的日军阵地时，3营缓缓在斑马山和爱滕山之间前进。1营开始进攻迪克贝克高地时，背后突然遭到斑马山火力的袭击。尽管382团的两个营已全面扫荡斑马山后山坡，有些狡猾的日本兵利

用复杂的坑洞，支撑到美军离开后才突施冷枪。不过1营的突击部队仍在烟幕掩护下登上迪克贝克高地山顶构筑阵地，但很快在日军重火力打击下被迫后退。

下午，1营A连进攻迪克贝克高地东山坡仍然未果。382团当天唯一成功的行动是3营占领了斑马山南方600码的贝克山高地。

5月13日，382团需要同右侧77师306团密切配合。1营

为此11时稍过才出动。按照预定计划，率先出动的A连会进攻迪克贝克高地，同时B连向左侧迂回攻击迪克干练高地。一切一度非常顺利，两个连都抵达了目标的山顶位置，一路上遇到的阻击很少。这只是日军惯用的诱敌陷阱，他们的炮手早就严阵以待，只等美军出现，便根据预先标定的各种射击参数齐射。刹那间，200多发90毫米迫击炮弹、伴随着150毫米重炮炮弹和掷弹筒榴

弹，落在小小的暴露山顶上。B连长和跟随他冲上山顶的14人，一共只有一两人生还，包括连长本人在内的其他人全部阵亡。A连情况比较好，能守住迪克贝克高地的阵地。

5月13日夜间，日军派兵增援迪克山区。14日上午，日军在这一带的火力变得更强，美军只能依靠坦克为前方部队运送补给。下午，在与右侧的77师306团协同后，迪尔上校对迪克干练高地和迪克右山发动进攻。在迪克贝克高地的A

连支持下，B连顺利登上迪克干练高地山顶。上午，美军重炮火力显然已摧毁许多覆盖这个位置的日军迫击炮。随后C连的一个排从北面进攻迪克右山。5名步兵一路推进到北坡半山腰，前3人先后被日军的步枪子弹射杀。日军同时用掷弹筒向这个排开火。一个排的兵力仰攻坚固的洞穴阵地显然占不到便宜，只得后撤。

3营在进攻迪克右山，一路从贝克高地地区向迪克山区东侧推进。K连成功到达东侧

支岭北坡制高点。L连在一个坦克排支援下，顶着日军的迫击炮弹幕登上迪克右山的制高点，与K连右翼取得了联系。为了取得迪克右山的不稳固立足点，3营付出了6死47伤的代价。

14日晚上天降大雨，让美军行动更加艰难。下雨前，美军官兵攀爬迪克山区的松软泥土地，感觉就像是在攀爬沙丘。被雨水一泡，山坡上的灰土又湿又粘，战士们的感受可想而知。15日上午，382团3营在巩固他们的阵地。从军事制高点向迪克右山地理意义上的山顶转移，仍然困难重重。美军的1个排连续突击7次都被击退，回到山顶正下方的位置。3营的步兵能做到的，只有将他们在这道漫长山岭北坡的阵地向西延伸。这些进攻让382团同西面平顶山一带的战斗产生了密切联系，77师的左翼部队已在那里辗转数日之久。

平顶山高地恰如其名，是一道漫长的山岭，山顶犹如桌面般平坦，两端地势突然下降，形成狭窄鞍部。山岭坐落在崎岖的群山右侧，群山向东南一直延伸到锥形山，组成首里阵地东部防线。平顶山瞰制着北方1300码的幸地山谷，包括西北方的巧克力糖高地在内。在平顶山正东，鞍部另一

美军在拿下迪克山和平顶山高地两天后拍摄的照片。日军仍然在更远方的山坡上进行骚扰性火力打击，而战斗更加逼近首里城。美军的散兵坑在山坡上密密麻麻，有些是半封闭散兵坑。

地图七十五 5月13－14日美军对平顶山和迪克山的进攻

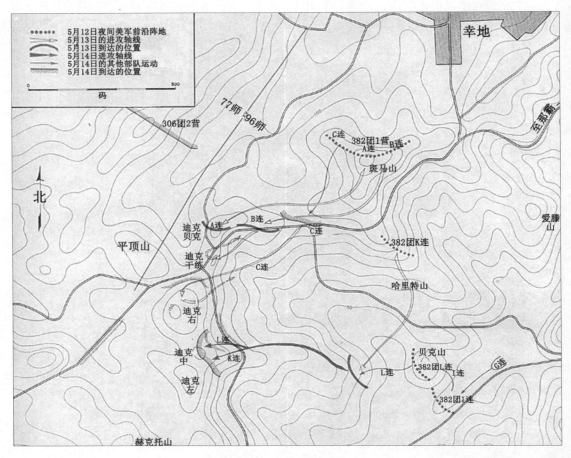

侧被一道较深的路堑分开，路堑对面就是96师的目标迪克山区。对日军来说，平顶山最有利的是拥有非常适合运用防御战术的陡峭反斜面阵地。

5月11日，自从77师投入新一轮总攻以来，306团的主攻目标除巧克力糖高地外，就是平顶山高地。平顶山瞰制着巧克力糖高地，控制迪克山区西坡，306团只有拿下平顶山以后，才能完全占领另两座高地。5月11日起，306团3营的

部队就开始沿着平顶山北面的发散地区缓慢行动。12日，美军坦克和步兵协同战队试图推进到平顶山一带，却无法接近到平顶山高地的步枪火力射程之内。此后两天的突击同样无效，但每天美军的火力支援武器都对平顶山实施长时间的密集火力打击。5月15日上午，307团替换306团，承担平顶山高地的战斗任务。

5月14日，冲绳岛大雨一夜未停，美军炮兵的弹雨伴随

着雨水一同落在平顶山和邻近山地上。15日上午9时，307团3营开始进攻。步兵踩着平顶山湿滑的山坡，用手雷、炸药和便携式火焰喷射器一路向山顶且战且行。坦克则用直射火力打击山顶和山坡上的日军工事。下午，上山的美军步兵用手雷和后山坡日军的手榴弹恶斗一场，晚上就在山顶正下方（北坡上）挖掘散兵坑过夜。

在96师382团辖区，迪克右山的激战从5月15日持续到

地图七十六 5月15日，平顶山和迪克山的战斗

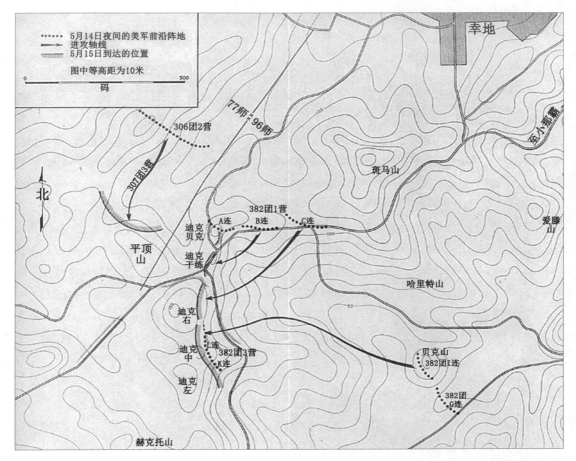

20日。每当382团的部队想要越过高地山顶，就会遭遇左侧（东面）双簧管高地和右侧平顶山高地的机枪火力阻挠。15日夜间，382团1营已被逼得退到迪克右山南坡。

由于日军步兵第22联队的战力已经耗尽，第24师团长于15日傍晚命令在昨晚从前线撤退的步兵第32联队派遣一个大队夺回140高地（平顶山）和150高地（迪克右山）。该师团长还将独立第29大队、独立速射炮第3大队主力配属给步兵第22联队。

步兵第32联队长命令第1大队（伊东大队）夺回140、150高地。当时伊东大队的第3中队已被配属给坦克联队，2门大队炮也已全部遭到破坏，只有步兵2个中队、重机枪1个中队共约200人，并且刚在当天早晨从平良北侧撤退。大队长伊东孝一大尉在傍晚接到联队命令："今晚确保140高地并夺回150高地。"伊东认为

在无准备的情况下实施的夜间攻击不可能成功，但军令如山必须执行，在出发时向部下训示说："今晚的夜袭能否成功已经不重要了。既然已经接到命令，无论如何也必须实施夜袭……"

伊东大队完成出发准备时已经是日落后，然后在黑暗中经130高地（沃特山）抵达了140高地。机枪中队代理中队长高井和平中尉在中学时代曾是棒球运动员，所以在前进

途中向美军投掷手榴弹时投掷距离意外地远，取得了不错的效果。好不容易抵达友军阵地后，伊东发现140高地南侧还在步兵第22联队第2大队（平野大队）手中，便将机枪中队的半数人员和临时配属的士兵留下，他们在高井中尉指挥下，奉命扩大强化该高地的占领范围。然后伊东大队开始向150高地前进。此时步兵第22联队第9中队长渡边祐二大尉以下少数人员正在150高地西南侧崖下坚持抵抗。伊东命令第1中队攻击150高地，占领了山顶和高地西南部分，同美军在30－40米的极近距离上对峙到天亮。

伊东大队全部在第一线展开，因为没有预备兵力，只能勉强保持现阵地，遑论扩张战果。伊东观察了附近的地形后，决定了防御的策略，即利

在迪克山和平顶山周围的推进相当困难。图为迪克贝克高地上的美军96师382团的部队在支援友军向迪克右高地前进。

用反斜面阵地，对据点间的地区以机枪互相进行侧面射击，形成交叉火力进行防御。阻止坦克的重点在140、150高地间的通道地区，还部署了"肉攻手"，另外会以掷弹筒实施威吓射击。

16日，美军的一个排一度登上平顶山山顶，不久来自南面1000码外汤姆山上的日军阵地的密集迫击炮火齐射，让美军只得退到前山坡。与此同时，支援步兵行动的美军中型坦克很快解决了日军在平顶山周围用作固定碉堡的6辆日军坦克。坦克第27联队有人为美军坦克精准的火力惊叹："简直百发百中。"其实变成固定堡垒、失去机动性能的日军坦克对美军坦克炮来说，是非常容易锁定和击中的目标。即使将这些坦克和车载37毫米火炮全部摧毁，对平顶山高地的战

况也没什么影响，因为对美军装甲兵威胁最大的是地雷和47毫米反坦克炮，当天他们因此损失了3辆坦克。

16日上午，382团2营接管了1营阵地，再次从迪克右山南坡进攻山顶。日军的抵抗丝毫不见衰弱，战斗一直进行到夜间。要想守住高地山顶，2营突击部队就会暴露在西面平顶山的日军火力之下。

当天的战斗正如伊东设想的那样，伊东大队在平顶山和迪克右山以机枪从侧面互相掩护，侧防武器发挥了很大威力。根据日军资料，当美军在天亮后不久进攻平顶山时，迪克右山上的机枪就从侧面猛烈扫射美军步兵，接连打倒20－30人。对迪克右山也是用同样的方法成功守住。不过到傍晚时，伊东大队在两高地合计已伤亡30人以上。当天深夜，联队本部用无线通知伊东："明天傍晚之前将派去70名左右的增援人员。"

17日平顶山再度激战一场，双方在狭窄的山顶平台反复争夺。负责突击的K连在战斗结束时已减员至14人，只得离开山顶。美军坦克企图越过平顶山和迪克山之间的路堑，伊东在昨天部署的"肉攻手"却未能顺利发挥作用，坦克如入无人之境。伊东剩下的仅有

反坦克手段就只有掷弹筒的威吓射击。不能指望掷弹筒破坏坦克，但在小波津的战斗中，曾有美军将掷弹筒射击当成炮击撤退的经验。伊东让第1中队的掷弹筒布阵于山崖后面，由自己亲自指挥，通过间接瞄准连续射击。坦克以烟雾弹施放烟幕，在烟幕掩护下逼近到伊东眼前100米处。这时伊东看到掷弹筒似乎命中了坦克，从烟幕中连续传来爆炸声。当烟雾消散时，坦克已经化为残骸，后续的坦克也消失不见了，显然已经逃掉。后来据当时身在平顶山上的大场惣次郎曹长说，从150高地上发射的掷弹筒弹命中了坦克炮塔的舱口，因此发生了"奇迹"。不过根据美军的记录，美军有两辆坦克在当天因触雷抛锚（并未提到掷弹筒），堵住了狭窄的路堑，使其他坦克无法继续通行。后来美军为排除路堑的地雷，耗费了整整7吨爆破筒。

平顶山上的高井队兵员不断减少，获得饮用水也非常困难。在5天的阵地争夺战中，他们在白天偷偷离开洞穴用机枪射击，然后迅速返回洞中，晚上还出去袭击美军以获得武器、粮食和寻找水源。在水源周围，不知有多少人战死。有一次，日军在己方士兵中弹的水塘后方发现了3名美军狙击兵，便向他们投出了手榴弹。一天晚上，太田上等兵在出去打水时中弹。为了报仇，其他人组成了3组突击队出击。美军也需要打水，在水塘边也有美军存在。突击队发现了2名美军，其中1人被手榴弹打倒，另1人逃到了高地背后。

17日当天，382团在迪克右山取得的进展依然不多。伊东大队仍然固守着迪克右山的西半部，伤亡不断增加。当晚，伊东大队的重田三郎会计中尉带领来自后方部队的增援士兵约70人向迪克右山前进，但在130高地附近遭到射击，

大部分士兵四散而逃，只有重田中尉以下几名直属人员抵达伊东大队阵地，为其补给了粮食和弹药。这时伊东大队在两座高地上已经开始遭到来自130高地的狙击，实际上陷入半孤立状态。伊东后来才知道，本应在130高地战斗的独立第29大队在17日白天就放弃了130高地的南部山包，其后更完全撤出了高地南麓，这让他不禁怒上心头。

第32军在17日向有关方面报告了5月14－16日的地面战战果：消灭人员约6000名，消灭坦克66辆、火炮6门、迫击炮25门。

18日，美军步兵继续在平顶山上与日军近战，更多的坦克在尝试通过路堑。美军的第一批中型坦克刚刚在路堑出现，就被日军的47毫米反坦克炮弹摧毁一辆，随行的美军105毫米自行火炮开火还击，将日军反坦克炮打得彻底散架。77师和96师的其他坦克都陆续赶来助战。美军坦克部队终于占领了平顶山和迪克山之间的路堑，成为这两座高地战斗的转折点。由于来自两侧的美军火力渐渐波及到高地背面，特别是来自130高地的狙击十分棘手，没有任何遮蔽物可以利用，伊东大队无法使用机枪的侧面射击和掷弹筒的威

美军坦克正在向平顶山高地开火。

美军士兵正在小心地扫荡潜伏在岩洞中的日军。

吓射击，只能在墓穴入口抵抗。

5月19日，美军的坦克和自行突击火炮全天都在对平顶山和迪克山的日军阵地实施密集炮火打击。面临毁灭性的直射炮火打击，日军并不甘心坐以待毙，直接上刺刀从平顶山西南杀出，却被美军的远程野战炮火和迫击炮火打散。两座高地的残余日军在来自山顶和背后的两面攻击下，都被困在洞穴内。不过在西南方向布阵的独立速射炮第3大队（大队长一法师中佐）以残存的2-3门速射炮攻击了美军坦克，几乎是百发百中，因此日军还能勉强守住该地区。

5月20日，经过充分准备后，美军从平顶山山顶发动了一次流水作业式的手雷攻击。美军掷弹手沿山顶列阵后，供弹手从山脚一路依次将手榴弹传递到他们手中。掷弹手拉掉保险针，便立即将手雷掷过山顶，紧跟着一枚手雷已送到他手中。这样的连环手雷攻击，压得后山坡的日军彻底抬不起头。美军士气大振，抓住这一来之不易的优势，沿后山坡突击，用便携式火焰喷射器和炸药爆破和封死洞口。路堑沿线的美军坦克也击毙了不少日本兵。15时45分，美军攻克平顶山高地。日军在山顶和后山坡一共留下250多具尸体。

19日和20日两天中，382团在迪克右山后山坡占领的阵地面积稳步扩大。尽管南面日军一直在用密集的反坦克火力对付美军坦克，仍无法阻挡坦克和步兵协同战队有条不紊地摧毁日军在迪克山区的坚固设防阵地。美军的一辆火焰喷射坦克曾用炽热的火焰将50名日军逼出他们藏身的洞穴。逃出洞外的日军不过晚死不到一分钟，全部被美军步兵的狙杀火力放倒。20日，伊东左邻的洞穴被炸塌，里面的部下被压死。右侧的洞穴也陆续被爆破。在两翼的洞穴被爆破后，就只剩下中央的几个洞穴了。大队本部所在的洞穴也遭到迂回到背后的坦克炮击。本部无线电台的天线也被射进洞穴的炮弹炸飞。

洞穴的入口开始被从山崖塌落的土块埋没，原本就只能弯下身子才能出入的洞口变得越来越窄，终于被完全封闭。洞穴里有约15名本部人员，虽然士兵们拼命挖土，但就是无法打开出口。当挖进30厘米的时候，遇上了一块坚固的大石头，这意味着他们已经逃脱无望了。洞内陷入了沉默。

伊东忽然想到一个新主意：从大石头和入口之间向上挖掘。循着岩石和岩石之间的缝隙连续挖掘，终于打开了洞口。这时已经接近黄昏。伊东等人等到入夜后开始一个人一个人地离开了洞穴，随后本部士兵们还救出了被活埋在友邻洞穴中的日军。这时伊东身边只有25人、步枪十几支、手榴弹50颗左右。

这时在下方10米处放着

地图七十七 5月19日，交战双方在南部冲绳的战线及日军在南部冲绳的部署

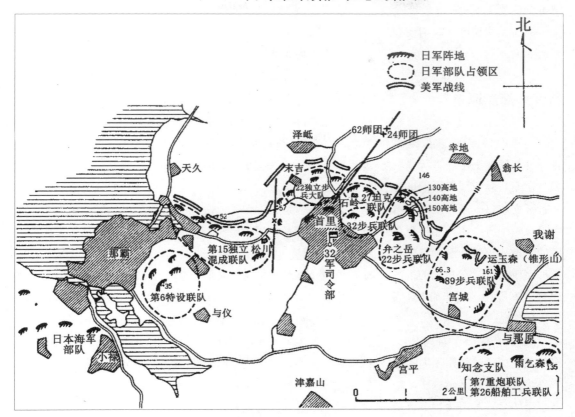

无线电台，那里的士兵已经死去。伊东利用无线电台向联队本部发去消息："第一大队残存兵力为大队长以下25名，请速派援军。"回电为："等到傍晚后向赤岭撤退……（以下不明）"

回电电文颇难解读，伊东与副官在地图上没有找到"赤岭"的地名。这时已接近4时，天很快就会亮了。于是伊东停止接收电报，集合部下，向联队本部所在的石岭进发。

20日晚，日军各部（除伊东大队外，还有步兵第22联队的第1、第2大队）均奉命撤出130、140、150高地地区。这时平野大队只剩下30人。20日当天，第24师团长以战力几乎耗尽的步兵第22联队为师团预备队，步兵第32联队则充当中地区队。步兵第32联队长因为命令伊东大队撤退，受到师团长斥责。撤退后的伊东大队被部署在坦克联队守卫的首里北侧石岭高地和部署独立第29大队的首里东侧的中间地点。16日被留在平顶山的高井队后来

也与大队本部会合，高井队只剩下队长以下20人。加上追加配属的第2大队准尉以下7人和20多名伤愈归队者，伊东大队的总兵力勉强达到80人。

21日，美军基本将迪克山区的日军阵地扫荡干净。不过，382团为了占领左侧的双簧管山高地，又陷入另一场苦战。

24军情报处长尼斯特上校对5月11日总攻以来，首里前线第一周的战斗总结道："在过去一周的战斗期间，我们的

部队继续杀入敌军主防御阵地时，日军表现出坚定的意志，宁可全部战死，也不愿放弃寸土。战斗模式在这一时期没有任何变化。"

打开东海岸通道

美军的5月总攻，要全面打开日军的首里防线，从最左翼（东面）的中城湾沿岸也必须打开突破口。第10集团军司令巴克纳中将认为，要打开东面的通道，关键在于拿下位于与那原西北约1.5公里处的锥形山（日军称为"运玉森161高地"）阵地。

为拿下锥形山，海军支援舰船在中城湾倾泻了大量炮弹。为此海军官兵给这座高地取了个绰号，称之为"百万美元"高地。锥形山顶峰高出与那原沿海平原145米，比北面3.2公里的178高地略低些。从锥形山向外辐射出六道漫长陡峭的山岭。东方支岭直达中城湾，第二条一路向东北的我谢岭突出，另有一条向北延伸。另外两条分别向西北通往国王山，向西通往爱情山，还有一条向南沿海岸延伸800码，到一处圆形山包为止，那座圆形山包被称为砂糖高地，位于与那原村西北。锥形山和中城湾之间的平原大约400码宽，东

海岸地区的重要大道13号公路就从平原穿过。

锥形山顶峰东北1.6公里的海岸平原，是日军计划修建的与那原机场场址，那里仍然杂草丛生，和周围看上去几乎没有区别。小那霸位于机场西面，在这个村落后方，地势陡然升高，直达178高地。178高地形成开口面朝海湾的U形碗状地区的北侧碗边。从北到南的巢菜山、威廉山、容易山、查理山（日军称为"100米闭锁曲线高地"）和国王山高地，形成U形碗的碗底，锥形山就形成了南侧的碗边。封闭在这个碗形地区内的地方地势平坦，有些地方还比较潮湿，但我谢岭例外，这道山岭在南侧碗边的中间位置附近的与那城拔地而起，地势较高。总之，若从北方和西南方看去，锥形山赫然耸立于平坦地区之上，对自北方攻来的美军而

言，自是一处必须占领的要害之地。

狐狸山、查理山、国王山和锥形山山区后方是一片山谷，直达那霸-与那原公路，将锥形山与首里内侧防线分开。双簧管山区（弁之岳东侧高地）拱卫着首里东侧，位于锥形山顶峰西北1.6公里位置，横跨山谷地带。

日军负责东海岸地区防御的是第24师团的右地区队（步兵第89联队，联队长金山均大佐）和中地区队（幸地地区的部队）。运玉森是第32军东翼的重要据点，也是军右翼的一处要地。锥形山地区由步兵第89联队主力防守，另有船舶工兵第23联队在其南方的雨乞森布阵。与其相邻的大里城堡遗址则有重炮兵第7联队的阵地，处于可以炮击压制攻击锥形山所必经的东侧平坦海岸道路的有利态势。第32军因此对

从与那原沿13号公路向北看到的南冲绳东海岸的通道。锥形山就在我谢左边。

冲绳战役期间的日军步兵第89联队长金山均大佐。

右翼的防御自信满满。

由于步兵第89联队的第1、第3大队在5月攻势中丧失了大半战力，未参加攻势的第2大队（深见大队）成为运玉森战斗中的主力部队。

进攻东海岸地区的美军部队是陆军第96师，该师负责的大致为连接幸地村西端至140高地东侧一线以东地区。虽然美军也认为锥形山难以攻克，96师师长布拉德利少将亲自详细侦察地形后，确认可以从幸地方向接近锥形山。

5月10日，96师383团替换第7师184团之后，受领占领锥形山的任务。负责主攻的1营替换威廉山的184团部队，接管了容易山东山坡的战斗任务。容易山是一座南北走向的对称长方形高地，两侧山坡陡峭险峻。一道狭窄深壑的峡谷将容易山与南面的查理山（运玉森西北800米）分开。查理山东面也非常陡峭，大致呈圆形，有三座山坳，一处向东北形成一条通道，一处向西南指向爱情山，第三处则基本向南，通往将查理山与一道被称为国王山的U形高地分开的路堑。狐狸山位于容易山西面，南端是一处位于查理山西面的小陡坡，被称为"狐狸尖顶"。

5月11日，383团开始大举进攻锥形山地区时一切顺利。全面迫击炮火准备后，B连顺利夺取容易山，随后通过容易山和查理山之间的路堑，从东南方包抄狐狸山，拿下狐狸山的山顶阵地。C连成功登上查理山山顶，没有拿下顶峰，只是在山顶的稍下坡处建立了阵

锥形山高地和高地西面和北面的邻近日军阵地。

地，然后同位于20－30码外的反斜面上的日军步兵第89联队第7中队阵地开始长时间的手榴弹对战。

两天后，B连从狐狸山进攻查理山顶峰，国王山日军的犀利火线和查理山靠近C连阵地的日军的火力阻击，让他们只能停止前进。4名美军士兵越过山顶棱线，突击查理山后山坡时，锥形山的机枪火力和爱情山后山坡的迫击炮火也加入日军的阻击火网，哪里冲得过去？B连眼看不妙，只得后撤。当天，日本海军的胜田大队被配属给步兵第89联队，被部署在与那原西方地区。

5月14日，B连再度进攻查理山，在山北占据了一个立足点，C连将阵地沿着查理山的南山坳延伸。A连派去沿查理山西侧进攻的一个排在战斗中非死即伤，另一个排试图拿下狐狸尖顶也没能成功。同一

地图七十八　5月11－16日锥形山的战斗

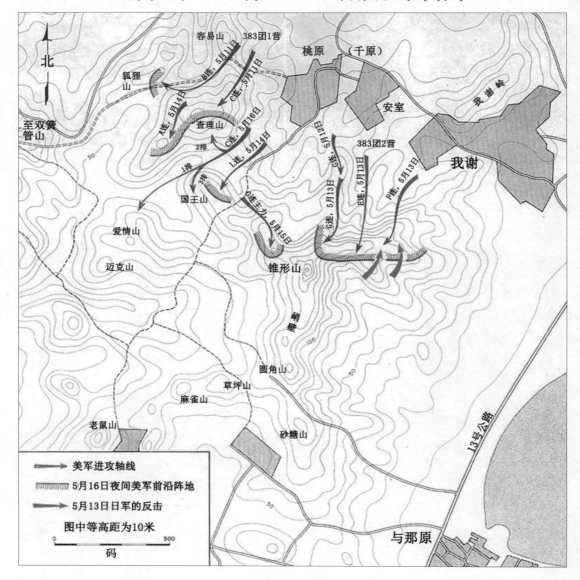

天，在13日取得能封锁查理山和国王山之间溪谷的阵地的3营L连，弥合了1营和2营之间的缺口，乘势攻打国王山，拿下了全部山顶阵地。15日，由于防守查理山的步兵第89联队第7中队的战力已消耗殆尽，日军又增派了第6中队，总算将阵地守住。

5月16日，美军还没有拿下查理山和国王山后山坡阵地，就开始攻打爱情山。爱情山是基本呈东西走向的低矮光秃山岭，383团要拿下这座山岭，是彻底扫荡查理山计划的一部分，L连会登上国王山西端，提供一个火力基地。从爱情山高地射出的火线可以到达锥形山西南侧的反斜面阵地，并支援382团进攻双簧管高地。爱情山防线凭借天然优势十分坚固，美军的首次进攻未能奏效，对查理山南山坡大片洞穴阵地的进攻也没能取得进展。为帮助C连的一个排抵达爱情山，美军出动了坦克，在耗尽弹药后依然未能让步兵取得立足点，只得后撤。失去坦克掩护的步兵排惨遭浩劫，爱情山、锥形山和双簧管高地，以及国王山和查理山后山坡各处的日军机枪同时开火，大约50挺机枪组成的交叉火网完全将美军的这个步兵排覆盖，简直将他们像搅拌机里的肉馅

一样任意踩踏，大半人员当场阵亡。这个排出发时有26人，夜间回到大部队阵地的只有6人，全部带伤。

5月20日黎明前，另外5名幸存者在敌后度过4天后回到美军主阵地。唐纳德·威廉姆斯中士为照料一位负伤的战友，曾在一个山洞里藏身。日军用缴获的美制火箭筒射击这个洞穴，好在威廉姆斯和战友藏在安全死角里，躲过了这一击。后来还有一名日军士兵曾经进洞刺探情况，被威廉姆斯击毙。威廉姆斯一直到战友已经全无希望好转，他自己因为缺少食物和饮用水日益虚弱，不能继续坚持，才离开山洞返回美军主阵地。另外四人是R.D.特纳中士、威廉·施韦内格二等兵、基思·科克伦二等兵和肯尼斯·博因顿二等兵。

特纳等四人一直都在一起，他和施韦内格在战斗中负伤，靠科克伦和博因顿帮助，在爱情山山脚附近的一座坟墓里藏身。16日夜间他们就想方设法离开坟墓，日军戒备森严，机枪火线和不时落下的迫击炮弹将墓穴洞口彻底封锁。17日夜间，四名冲绳平民——一名老者，两名老妇和一个十岁大的女孩，为躲避战火也来到洞里藏身。美国大兵和冲绳平民显然没有发生冲突，一名

老妇还曾离开墓穴去打过两罐水，这对八个人能够继续在洞穴里坚持下来非常重要。19日，美军对爱情山发动了一次大规模空袭，100码之外的一挺美军机枪在坟墓上打开了一个7厘米左右的口子。当晚，他们从这个漏风的口子听到附近的日本兵在高声唱歌，还有女人和他们一起联欢，便不再迟疑，乘机离开洞穴逃回美军主阵地。

5月19日白天，383团E连在国王山西端一度建立阵地，但在查理山、爱情山和国王山后山坡的三面火力夹击下被迫后退。自从96师接管这一地区的战斗任务后，为了拿下这几座山头阵地，已经伤亡300余人。在连续不停的进攻中，由于地形限制无法使用坦克和爆破装置，96师的步兵普遍情绪紧张，身心疲劳。5月20日，美军空袭查理山后山坡。飞机在数米低空精确投落500磅炸弹后，查理山阵地的日军依然在抵抗步兵进攻。日军在查理山仍很活跃，爱情山高地的支援火力是致命威胁。即使在被完全孤立后，查理山和爱情山阵地都坚持抵抗到5月30日才落入美军手中。

查理山和爱情山的战斗一直延续到5月底，但对96师在冲绳东海岸的整体进度影响

不是太大。5月11日总攻开始后，383团2营用两天时间将我谢岭扫荡干净，一路从与那城（我谢）村、桃原村这两个村庄和安室南进，使美军可以从北面和东北到达锥形山顶峰。12日，美军已经在锥形山通向桃原和安室的北侧支脉拿下一个立足点。当晚24军军长霍奇少将阅读过96师战报后，马上打电话给师长布拉德利少将："要坚决从北面对锥形山展开正面攻击。如果我们能拿下锥形山，就能取得打开首里防线的钥匙。"

13日11时，集团军司令巴克纳中将亲临383团观察所。团长梅上校当面告知巴克纳，他觉得攻打锥形山的时机已经成熟。383团2营F连上午在肃清前一天晚上渗透到与那城的小股日军。763坦克营B连的2个排与E连一起行动，对日军在锥形山北山坡的阵地炮击整整一上午。负责进攻锥形山北侧支脉西面日军坚固阵地的G连，由于锥形山和背后查理山的火力打击，无法登上目标的山顶。团长梅上校给2营长李·莫里斯的命令是，以E连和F连正面进攻锥形山，让坦克和步兵一起上山。

2营左翼的F连以两个排的兵力前往锥形山东北支脉，顺利抵达半路上的一堆巨石。指挥这两个步兵排行动的副排长盖伊·戴尔技术军士和丹尼斯·杜尼凡技术军士临时决定不再等候连长欧文·奥尼尔中尉的命令，直取山顶。13时，两个排的美军步兵已经来到山岭东北山顶。

美军一到山顶，就是后山坡日军积极反击的时候。F连的两个排挖掘散兵坑时，掷弹筒射出的榴弹已经落下。15时25分，日军至少组织一个中队的兵力打击F连正面和暴露的左翼。杜尼凡技术军士挺立在阵地上，举起勃朗宁自动步枪向3米外的日军士兵射击，很快便打空一个弹夹，来不及换弹，便直接抄起一支加兰德M1步枪，继续射击扑过来的日本兵。下午跟上两个前方排的连长奥尼尔中尉见状，赶紧派一个通信员下山，命令2排长理查德·弗洛辛杰中尉带他的人上山支援。

弗洛辛杰二话不说，也不理会日军的机枪火力阻击，率部径直向山顶冲去。空中的一架美军火炮定位飞机正好飞过锥形山上空，发现双方正在激战。观察员毫不迟疑地呼叫火力支援。美军野战炮火、空袭和107毫米迫击炮火力骤然急至，压倒性的集中火力将山顶正外侧轰得泥石飞溅。"太及时了，伙计们！"F连的步兵不禁欢呼，日军优势兵力的反扑就此失利。

与此同时，E连攀上锥形山北侧支脉东山坡和锥形山主峰陡峭的侧面，在F连右侧锥形山主峰东面50码占据了阵地。黄昏时分，G连沿北侧支脉面向西方的位置掘壕宿夜。2营组成了一道大致呈东西方向，逐级升上锥形山主峰的战线。首里防线的东侧支柱正在被削弱。日军正确判断出美军要总攻锥形山高地，就一定会攻打查理－国王山岭一线，已部署兵力应对该方面的威胁，在北方正面则依托坚固地形，并未部署严密防御。美军383团及时发现了一条通道，从这条相当险峻、守卫却不够严密的通道直取锥形山主峰。这首先要归功于美军两位带队的副排长积极主动地抓住稍纵即逝的机会，率领他们的部队及时上山。

5月15日，383团G连的2个排越过日军几乎密不透风的迫击炮弹幕，从国王山一路攀登锥形山高地的西北支脉，直到距离主峰不远的地方才构筑防御阵地。早些时候，G连预备排就尝试从围绕主峰山脚的锥形山北侧支脉与连主力建立实质联系。当排里的6个人机动时，都被日军的子弹击中，落入23米深的主峰峰底，排长只得放弃。尽管如此，G连的两个主力排还是取得了极为重要的进展。团长梅上校称赞他们："表现出了我所见过的最大勇气。"

5月16日，一支美军坦克车队一路越过锥形山东坡的日军阵地，向南推进到与那原郊区，F连同时占据了一些更好的阵地，准备进攻锥形山东侧。次日，381团3营替换了出色完成任务的383团E连和F连，96师的3个步兵团都已有部队进入第一线。只要381团3营这支生力军能成功扫荡锥形山东坡一带，军预备队第7师就会应召沿东海岸南下，迂回日军首里主阵地。

锥形山主峰向南延伸的800码峭壁南端，就是381团的目标砂糖高地。山地东面是一系列逐渐进入与那原沿海平原的低矮山岭。要想从西面占据掩护这些低矮山岭的日军重武

地图七十九 5月17—21日锥形山的战斗

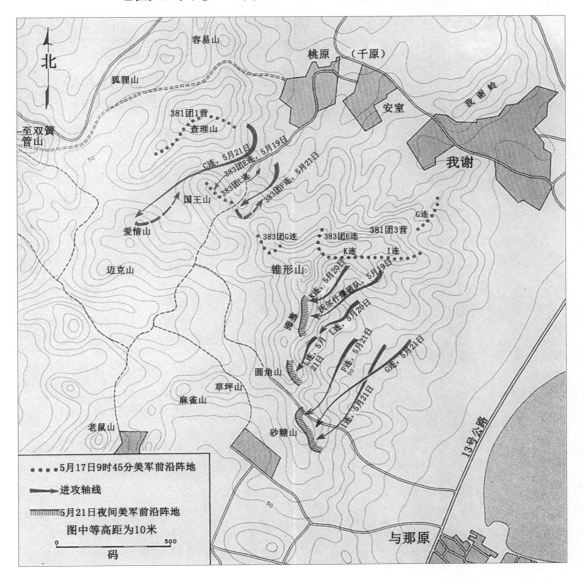

• • • • 5月17日9时45分美军前沿阵地
▬▶ 进攻轴线
ⅢⅢⅢⅢⅢ 5月21日夜间美军前沿阵地
图中等高距为10米

器掩体非常困难，因为山地顶部会遭受爱情山、麦克山和西面其他山头的日军火力打击，在美军行进时会一直较难防御。美军占领山顶的侧斜变换线后，就不能给日军任何可乘之机，每寸山顶阵地都要严加守卫，这样才能让日军在山顶天际线建立阵地的企图无法得逞。

5月18日，来自夏威夷的莱昂纳德·沃纳少尉指挥381团K连的一个排，进入第三道低矮山岭。路上，沃纳排用两个炸药包冲破第二道低矮山岭，越过峭壁的山顶，冲垮日军的一个重机枪掩体。在登上第三道低矮山岭时，沃纳排遭到来自背后的日军密集火力打击。火线主要来自前两道低矮山岭的日军掩体。K连长用无线电步话机呼叫沃纳："你们排还能不能推进到砂糖高地？"

"他妈的肯定行"，沃纳答道，"鬼子正在背后打我们黑枪，会一路追着我们赶到砂糖高地"。

事情没那么简单，砂糖高地和锥形山之间，坐落在峭壁三分之二位置的一座犬齿状的山峰圆角山高地上射下的火线让沃纳排的前进极为困难，乐观的沃纳少尉只得呼叫烟幕掩护撤退。当晚，他的部队在第一道低矮山岭建立了前哨阵

地。这一天从沿海平地出动的坦克处境也不太妙，遇到知念半岛的日军重火力压迫，只得撤退。

5月19日，381团3营长丹尼尔·诺兰中校派出一个15人的爆破队攻打日军在第一道和第二道低矮山岭之间的火力点。白天，他们没能攀上山岭陡坡。天黑后，唐纳德·沃尔什少尉带领爆破队一路摸到日军机枪火力点的最北端，顺利消灭了火力点里的日军，后来发现，这个火力点正好瞰制着锥形山峭壁的后山坡阵地。日军发现这个要地失守后，很快便组织反击，同美军鏖战一夜，还是未能夺回这处火力点。

5月20日，3营在圆角山南面200码以内地区与日军激战。L连当晚成功巩固第二和第三道矮岭之间的阵地，K连占据圆锥山主峰和第二道矮岭之间的阵地，与20码外山脊线另一侧的日军展开一场酷烈的手雷对战。次日，K连为守住阵地，共消耗了1100枚手雷。

5月21日，L连在圆角山和圆角山以北的峭壁与日军激战时，I连和F连一路越过峭壁东侧的崎岖地面，进攻砂糖高地。这两个步兵连每过一道山岭就会设置一个火力点，对下一目标的后山坡先发射数百枚迫击炮弹，然后坦克支持步兵

冲绳战役期间的美军第3两栖军军长罗伊·盖格少将。1907年11月2日，22岁的盖格应征加入美国海军陆战队，在接受一系列训练之后，于1909年2月正式成为少尉军官。1917年6月，盖格取得海军飞行员资格。此后直到第二次世界大战前期，他一直是一名陆战队航空军官。瓜岛战役期间，盖格出任著名的"仙人掌航空队"司令。1943年5月，盖格回到美国海军陆战队司令部出任飞行总监。半年之后，他成为野战指挥官，率第1两栖军出征布干维尔岛。1944年，改任第3两栖军军长的盖格，率部先后出征关岛和帕劳群岛。1945年率部参加冲绳战役。在巴克纳中将阵亡后，他一度出任第10集团军司令一职。战役结束后，他晋升为中将，出任太平洋舰队陆战队司令一职。同年9月2日，在"密苏里"号战列舰的日本投降仪式上，盖格是美国海军陆战队唯一的代表。1947年1月23日，盖格因肺癌去世，死后追晋陆战队上将，葬于阿林顿国家公墓。

将日军从洞穴和碉堡阵地里赶出来。美军的连属60毫米迫击炮和重机枪亦步亦趋地跟随在突击步兵后方，沿着每道山岭逐次提供有效的密集火力支援。后方野战炮火重点炮轰砂

糖高地后山坡，当日军的多支小部队企图从西南方越过开阔地，大举增援砂糖高地时，被美军的炮弹撕扯得支离破碎。由于地形限制，美军突击部队右翼的F连不得不让他们的战士独自越过圆角山山下的开阔地，登上砂糖高地北坡。F连非常辛苦地巩固他们在砂糖高地的阵地，圆角山的日军火力将会骚扰他们长达一周之久。I连占领砂糖高地东半部没有费太大劲，然后G连被派来增援，以应对意料之中的反击。当晚日军反击的主攻方向还是在F连阵地，仅被F连击毙的日军就达50人。当天381团一共伤亡56人，消灭了403名日军。

到5月21日为止，美军已占领锥形山高地东山坡的所有阵地，这样在第7师进入东海岸通道时，已经无需担忧日军骚扰他们的右翼，可以不受阻碍地南下。锥形山西侧和圆角山后山坡仍在日军手中，一时无法拿下。但美军已经在首里防线的东翼打开突破口，首里防线开始崩溃。

长期鏖战令冲绳美军官兵疲惫不堪。第5舰队司令斯普鲁恩斯海军上将和他的参谋们需要处理的任务千头万绪，还要小心应对日本航空兵的空袭。在战斗期间，他们时常会开些玩笑舒缓紧张的情绪。舰队军医处长向斯普鲁恩斯报告，第3两栖军军长盖格少将正在为急性腮腺炎苦恼。这是一种儿童常见病，但会影响成年患者的生育能力。军医处长说："盖格为这病觉得非常窘迫，不希望别人知道。"斯普鲁恩斯当时什么都没说，但一周后，他让军医处长将一个包裹转交盖格。盖格打开一看，里面是一块精致的尿布和一枚安全别针。忍俊不禁的盖格对医生说："告诉斯普鲁恩斯，我会把这个包裹纳入我的私人藏品，和我最宝贵的战旗和战利品放在一起。"这确实是一种舒缓压力的好办法，但军官们的紧张情绪仍会在言谈和公文的字里行间流露出来。

5月下旬，太平洋舰队总司令尼米兹将军察觉到海军的一线高级指挥官和参谋人员正在承受巨大压力。这种压力会降低效率，损害他们的健康。斯普鲁恩斯等主要海军将领需要休息，于是尼米兹决定让威廉·哈尔西海军上将取代斯普鲁恩斯海军上将，就任冲绳美军总指挥官，海军第5舰队改名为第3舰队，下属各特混部队也更改相应番号，主要指挥和参谋岗位人员同时轮换。5月27日，冲绳东海岸通道打通后不久，冲绳战事改由哈尔西上将指挥。

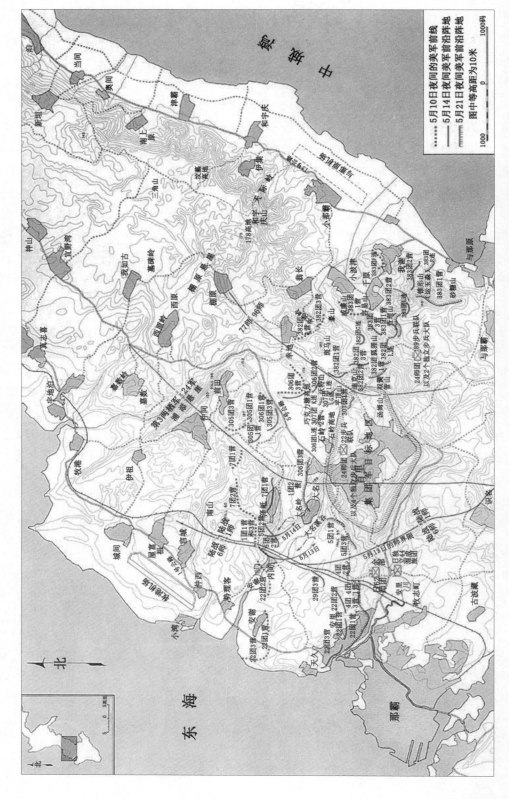

地图八十 5月11—21日，美军第10集团军在南部冲绳的推进

第十二章　雨战

日军的空袭

美军发动5月攻势10天后，已突入日军首里防线内侧。占领锥形山高地东山坡后，美军第7师已能从南部冲绳东海岸通道迂回首里核心阵地侧背。从5月22日起，冲绳却连降暴雨，美军整整一周都无法大举进攻。

大雨使美军的地面进攻停滞，空战仍未停歇。日军在4月的空袭根本无法摧毁入侵冲绳的美军舰队，但5月日军航空兵仍在坚定不移地出击。他们的目标是冲绳外海的美军舰船，以及伊江岛、读谷和嘉手纳机场。5月下半月，日军对这些目标的空袭达到高潮，实施了整个冲绳空战期间最猛烈的几次打击。美军战术航空兵除了支援地面部队的日常任务之外，还要击退日军的空袭。战术航空兵的P-47"雷电"式和F-4U"海盗"式战斗机会

在冲绳和南九州之间的海域进行日常巡逻，时常空袭九州的目标。与此同时，从马里亚纳群岛出动的美军第20航空队，一直在对日本本土进行战略轰炸。

5月下半月，日军空袭渐入高潮。5月20日，35架日机空袭美军舰队，23架被击落。5月22日和23日，日机也曾在冲绳上空出没。从5月24日起，日军逐步加快了对美军各部的空袭节奏。当天夜晚天气晴朗，满月当空，非常适合空中轰炸。美军的空袭警报在20时便已响起，4小时之后才解除。这段时间，日军对冲绳实施了7次重点空袭。第一、第三、第四和第六波空袭飞机突破了美军战斗巡逻机封锁，成功在读谷和嘉手纳机场空投炸弹。

第七波日军空袭飞机为5架"九七"式双引擎重型轰炸机，装载一支特殊部队——"义烈空挺队"直扑读谷机

场。话说美军占领塞班岛后，在岛上建立了B-29轰炸机基地，向东京发动战略空袭。1944年12月上旬，日军从第1空挺团选拔人员编成了空挺特攻队，称为"义烈空挺队"，目的是在塞班岛的美军基地强行空降、破坏美机和杀伤机组人员。义烈空挺队没有获得攻击塞班岛的机会，在1945年2月硫黄岛战役开始后也没能得到攻击硫黄岛的机会。1945年5月上旬，义烈空挺队同第3独立飞行队（运输机队）一起被配属给第6航空军，从关东转移到九州的熊本，准备攻击冲绳机场。

义烈空挺队的编制和装备情况为：

义烈空挺队　队长　奥山道郎大尉（时年26岁）

队长以下120名，辖指挥班和5个小队，每个小队20人，小队由2个分队组成，每个分队包括3人一组的3个班。

装备以冲锋枪、步枪、手枪为主，分队中有轻机枪1挺、掷弹筒1具。此外还携带手榴弹、炸药。

第3独立飞行队有队长（诹访部忠一大尉）以下32人，"九七"式重型轰炸机2型12架。32名机组人员将在着陆后进入奥山大尉指挥下参加战斗，服装与空挺队员相同。

5月24日18时50分，义烈空挺队分乘第3独立飞行队的12架"九七"式重型轰炸机从熊本军健机场起飞南下，开始实施"义号作战"。作战目的为：突入北、中机场，炸毁敌机、军需品、设施，妨碍机场的使用。途中有4架飞机因引擎故障返回，主力则攻击了北、中机场。据报告，有6架飞机在北（读谷）机场着陆成功，2架在中（嘉手纳）机场以机腹着陆成功。不过根据美军的记录，有5架飞机接近了读谷机场，其中4架在读谷机场附近空域被防空炮火击落，在火光中直接解体，只有1架飞机在读谷机场的东北－西南走向跑道上以机腹强行着陆成功。至少8名全副武装的日军冲出飞机，向沿跑道停靠的美军飞机投掷手榴弹和燃烧弹。这次空降突袭规模虽小，收效却很大，共摧毁2架F-4U"海

盗"式战斗机，4架C-54运输机和1架海军B-24轰炸机，另有26架飞机受损。日军除了摧毁和击伤33架飞机外，还点燃和摧毁了2座储藏600桶汽油的油库，70000加仑汽油付之一炬。在混战中，有2名美军死亡、18人负伤。后来美军全面调查这次空袭时，发现有10名日军在读谷机场被击毙，另有3人在迫降的飞机上丧生，显然在被美军高炮击中后就已身

亡。另有4架日军九七式重型轰炸机上各自搭载了14人，全都在燃烧的残骸中死去。美军在机场地区合计找到69具日军尸体。次日，美军在附近的残波岬击毙一个日本兵，推断他应该就是日军空袭部队的最后一人。根据日军资料，一名空挺队员最终在6月12日左右抵达岛尻南部的具志岛附近，向第32军司令部报告了战况。

经过这次袭击，机场跑

5月25日上午，美军在日军对读谷机场实施空降突击未遂后拍摄的照片。日军飞机四周的空挺队员的尸首四散。图中左侧背景部分可以看到一架日机破裂的机腹。

美军高射炮打退日军对读谷机场的空袭，图为夜空中交织的高炮弹道。

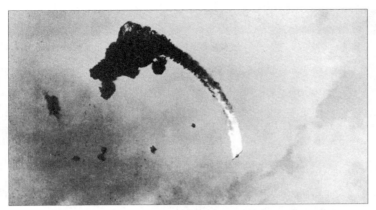

日军对冲绳海域的空袭在5月的最后一周逐步升级。图中的一架日机被美军高炮直接击中，拖曳着烟火坠入大海。

道上堆满飞机残片，直到5月25日8时才恢复运行。这是日军在冲绳战役期间唯一的空降行动，战术成果颇为可观，但仅让读谷机场在12小时以内无法运作，对大局没什么显著影响。这时第32军已经在准备向南部地区撤退。

在空袭读谷机场的同时，还有23架日机空袭了伊江岛机场。轰炸对机场没能造成多大破坏，导致60人伤亡。当夜，美军高炮从冲绳上空击落11架日机，在伊江岛上空击落16架日机。

5月24至25日，日军的空袭目标并不限于冲绳岛和伊江岛的机场。"神风"特攻队也在同一时期大举空袭美军舰船。据美军统计，大约200架日机在这两天参与对舰空袭，13架"神风"特攻机命中冲绳外海的12艘美军舰船，同期美军一共击落170多架日机。到5月26日为止，日军在冲绳地区至少损失193架飞机。

连日暴雨还是有短暂放晴的时候。5月27日夜间，又是一个月光明朗的晴天，日军航空兵和"神风"特攻队再度大举出击。27日7时30分到28日8时30分为止，日机每次出击2到4架不等，投入空袭的总数约为150架。日军为突破美军的舰船防空体系，接近重型军舰竭尽全力。在前后持续25小时的空袭中，"神风"特攻机的空袭重点是渡具知海滩和已成为美军舰队重要锚地的中城湾。5月27日夜间，9艘美舰被"神风"特攻机击中。5月28日7时05分，驱逐舰"德雷克斯勒"号被击中后，不到2分钟即告沉没。这轮空袭期间，包括"神风"特攻飞机在内，114架日机被摧毁。此后日军在6月初和6月底又发动过两次"神风"特攻，但规模小了很多。

冲绳战役期间，日军的空袭规模比太平洋的历次其他战役都大得多。鉴于冲绳群岛距日本本土比此前的任何战场更近，这一现象顺理成章。靠近冲绳的九州和台湾岛的多座机场，可以让日军使用所有机型的飞机和大批飞行员参加冲绳空战。日军航空兵合计空袭冲绳896次，战斗中大约有4000架日机被摧毁，其中1900架是自杀式飞机。日军对美国海军和船只的高密度大规模自杀式空袭，是冲绳战事最鲜明的特征之一。4月6日到6月22日之间，日军一共组织了四次大规模"神风"特攻，投入飞机合计1465架，详情见下页表。

此外，日本陆海军航空兵一直都在对美军舰队实施小规模自杀空袭，这样日军在冲绳战事期间使用的自杀式飞机总数达1900架次之多。

美军的损失足以证明日军空袭猛烈到何种程度。在冲绳战事期间，日军空袭造成美国海军28艘舰船被击沉，225艘舰船负伤。相对来说，美军被击中的驱逐舰最多，战列舰、巡洋舰和航空母舰同样受到日机打击，某些大型海军军舰严重受损，且有大量舰员丧生。美军雷达哨舰（主要是驱逐舰和驱逐护卫舰）的损失比例大

空袭日期	海军飞机	陆军飞机	合计
4月6—7日	230	125	355
4月12—13日	125	60	185
4月15—16日	120	45	165
4月27—28日	65	50	115
5月3—4日	75	50	125
5月10—11日	70	80	150
5月24—25日	65	100	165
5月27—28日	60	50	110
6月3—7日	20	30	50
6月21—22日	30	15	45
合计	860	605	1465

于舰队的任何其他部队。大部分损失的舰船都是被"神风"特攻飞机击沉或击伤的。这些自杀式飞机共击沉美军舰船26艘，击伤164艘。

另外从5月下旬开始，应第32军的要求，日军航空部队的重型轰炸机对冲绳实施了空中补给，因飞机数量少，加上不良天气的妨碍，实施补给非常困难。即使能成功投下物资，也有不少落在美军占领地区内。

中路的僵局

美军第10集团军在南部冲绳中路的推进一向最艰难，大雨滂沱的5月下旬尤其如此。5月11日以来，进攻中路的各师一直没能取得突破性进展，5月22日连降大雨后，想发动有效攻势几乎不可能。

5月22日上午，陆战1师的战线沿大名岭南北山坡延伸，向南穿过大名村。在陆战1师左侧，负责24军西翼的77师刚刚占领巧克力糖高地。77师左侧的96师刚刚占领砂糖高地和双簧管高地的山坡。

暴雨初降时，第3两栖军前线左（东）翼陆战1师1团正在大名岭北坡一带。1师右翼的陆战5团守卫大名岭较低的山顶一带，战线一直延伸到南山坡，进入大名村。大名村外就是大名溪谷，溪面宽阔，水却较浅，全无遮挡，从北首里西面的珊瑚高地一路汇入安谢川。大名溪谷南面是一道较高的珊瑚石山岭，和溪谷北面的大名岭类似，向首里城西南角的首里高地逐渐抬高。陆战1师进攻大名溪谷时吃尽苦头。

溪谷三面受敌，完全暴露在各处高地的日军火线之下。

陆战1师自5月13日首度进攻大名岭以来，多次被日军打退。不过在13日至21日的大部分时间里，天气比较干燥，地面较坚固，1师各部可使用步兵、装甲兵和航空兵进行多兵种协同攻击。5月21日，天气明显有变，狂风大作，乌云低垂，能见度下降。22日黎明前已下起大雨，几乎整天未停，入夜后仍在继续。陆战队步兵心里直发毛，大雨如果继续下去，他们就得不到装甲兵和其他兵种支援，只能独自越过烂泥地进攻躲在山中地下工事的日本兵，这绝不是能让人感到兴奋的任务。

事态偏偏却在向着美军最不愿意看到的方向发展，连续暴雨注满大名溪，水位暴涨后，和两岸的烂泥混在一起，形成一个泥沼湖。坦克无助地陷进污泥，无法动弹。连两栖车辆都无法克服这样的困境。前线各作战单位都要依靠这些车辆在坏天气运送各种补给，护送伤员，连它们都指望不上，只好自己动手了。要用人力执行运输任务，部队不得不经常化整为零，往往要越过日军火力扫荡的地区。这一时期，美军的行动都要靠迫击炮和火炮发射烟幕弹尽可能掩护。步兵为执行任务，经常要在齐膝深的烂泥里穿行。

一线官兵的生活条件本来就差，雨天就更惨了。土坡连续被雨水浸泡，美军官兵挖掘的散兵坑注水后经常坍塌。衣服、各种装备和战士们的躯体连日浸水，潮湿不堪。夜战中被杀的日军尸体就躺在散兵坑外，成群苍蝇啃咬尸身，又臭又恶心。各种卫生措施都跟不上。一线部队经常挨饿，想睡觉几乎不可能，简直疲惫不堪。

在这种条件下，陆战队对大名岭的进攻很快停滞。按照正式报告的说法，陆战队这一时期在"积极巡逻"。日军的态度也很消极，但他们的迫击炮和火炮一直都在向美军前沿阵地开火，尤其是黄昏和夜间。

经过连日大雨冲刷，冲绳的道路都泥泞不堪，陆战1师官兵只得靠人力运送物资和伤员。

从大名溪谷北坡拍摄的大名岭。照片右边没有树木的高点就是100米（诺布）高地。

图为5月28日陆战1师进攻的地方。美军拿下蜂巢高地，但没能守住诺布高地。图片右上方可以看到陆战队辖区东面的石岭废墟。

5月28日上午，大雨暂歇，天空总算放晴。根据巡逻队实地侦察报告，陆战1团2营准备攻打大名岭东端的100米高地（也称"诺布"高地）。只要2营能拿下这座高地，3营就能安全占领大名溪谷。防守该高地的日军部队是独立步兵第22大队第2中队、第5中队等。2营连续两次突击100米高地。8时E连就登上山顶，却没能守住，在他们下山攻打南坡和东坡时，由于日军坚决抵抗，全无收获。日军的机枪从三个方向形成复合交叉火力，像刈草般将冲锋的陆战队员放倒。迫击炮弹从头顶落入陆战队的散兵线。距离仅几码的日本兵将炸药包绑在木棒上，甩入美军阵中。每次炸药包开花就迫使美国兵散开一片，时常直接造成伤亡。2营进攻失败，只得在烟幕掩护下，扶着伤员撤退。

同一天，1师右翼的陆战5团拿下了大名溪谷南面首里岭低端的一座日军坚固阵地蜂巢高地（日军称为"松川高地"），这是1师在当天最大的收获。负责守卫松川高地一带的日军独立混成第15联队第3大队已在27日奉联队长命令撤退，松川地区部署的兵力只有独立第2大队第2中队。陆战5团在28日恰好击中了日军在部署上的弱点。

77师这一时期的进展并不比陆战1师更好。5月20日，他们占领平顶山和巧克力糖高地后，和友军一样，经历连日暴雨的考验。此后，77师在首里城正北的推进一直很缓慢。这里必然是日军防御的重中之重，抵抗比任何位置都更坚决，每处泥泞的山包和山坡都不会放过。三姐妹高地、多萝茜高地（虎濑山）和汤姆山高地在首里正北构成日军的主要防御强点。77师要想和首里城东面的日军交战，先得通过被雨水浇透的一片泥沼地。多萝茜高地被建成一座后山坡拥有数层洞穴和隧道工事的山地堡垒，设防的山体后方还有重炮和迫击炮火支援。

77师307团的下一个目标是三姐妹高地。此处和平顶山相隔900码，中间要穿过一片裸露的低矮洼地。位置更靠西的306团在5月21日替换了305团，承担77师右翼进攻任务，进入石岭和大名岭前方阵地。

5月21日一早，307团A连就非常不走运，在三姐妹高地前坡山脚下就被日军的迫击炮弹和机枪火线孤立。A连后方是一片暴露的山谷，完全被日军火力封锁，平顶山和石岭的友军根本冲不过去，A连被彻底孤立。他们只有硬着头皮在三姐妹高地战斗下去。为了给他们运送各种物资，友军战士必须顶着日军的火线，越过一片烂泥地，伤亡和A连的战斗减员相比只多不少。A连在三姐妹高地的低坡上简直度日如年，散兵坑经过雨水冲刷，战士们几乎每天都弄得一身黏糊糊的黄土，到30日都一直被困在这个地方。

22日，日军步兵第32联队第1大队在联队本部所在的石岭附近接到防御石岭东南侧的命令。在防御该处期间，一个阴雨连绵的早晨，位于重机枪枪座处的大场惣次郎曹长看到对面台上有一队美军军官。他们有大约十个人，正对着地图指指点点，身上披着斗篷，应该是在研究作战计划。于是大场操作机枪向他们猛烈扫射，他们在瞬间滚向山的背面，再也看不见了……

5月的最后一周证明了后勤对冲绳战役的重要性。307团A连被困在三姐妹高地时，泥泞让美军的局部后勤工作无法发挥作用。各种物资只能从1.6公里远的后方靠人力运送。伤员也只能靠人力后送，一副担架都要8个人抬。担架员和烂泥地搏斗，打滑简直是家常便饭。各种武器也被雨水打湿，污迹斑斑。靠一个人耗费半天时间从最近的卡车或简

5月6日，在美军炮轰"三姐妹"高地后拍摄的照片。图上方的无线电发射塔后来都被摧毁。

烂泥和洪水让冲绳的战斗更加困难。图中美军77师的步兵正越过陷在烂泥里的坦克开赴前线。

5月23日，美军77师炮兵集中炮击双簧管高地后拍摄的照片。前景部分泥泞的斑马山递侧山坡上全是散兵坑。在双簧管高地被遮蔽的山脚下能够看见一些掩体。

易仓库运来的迫击炮弹，几秒钟就会全部打光。这样根本无从进攻。所有人首先要做的，是利用他们能够用的一切活下去。他们的时间都耗费在如何满足最基本的生存需要上。被大雨折磨得精疲力竭的人，在5月下旬根本不可能进行任何艰苦战斗。美军官兵只能留守他们当时的阵地，整个中路前线都已被雨水和烂泥困住。

96师382团的官兵，和77师的官兵一样，留守正处在两个师边界的母鸡山山脚阵地，无法从他们稀烂的散兵坑里行动半步。日军从首里城正东的汤姆山（弁之岳）高地可以将这一地区一览无遗，山上的迫击炮和机枪能阻击美军在这一带的任何行动。382团除偶尔派出巡逻队外，别无其他行动。和77师的阵地一样，这里满地烂泥，补给微薄，士气低落。

在382团阵地东面，是双簧管高地伸出的状如下巴的土岬。双簧管高地位于首里城东1000码，好像首里外围的壁垒般屹立。5月21日，382团的部队在双簧管高地边缘曾与日军激战。此后一周，双簧管高地的山顶成了无人区，在山顶周围，甚至就在美军手中的前坡，在进行着一场无休止的手雷对决，甚至经常短兵相接地肉搏。96师作战训练处副主任霍华德·科内特中校以揶揄的笔调写道："高地前山坡的那些人滑倒了；后山坡上的那些人滑倒了。此外，没有任何变化。"

5月24日凌晨1时，日军的一个小队越过双簧管高地的382团C连和L连之间的缺口，成功拿下C连右翼的3座散兵坑。1营的60毫米轻迫击炮当时就在双簧管山脚，当他们察觉日军进攻时，开始向两个步兵连之间的缺口开炮，4小时内的开炮速率达到1.5发/分钟。考虑到当时美军弹药补给困难，能达到这个速率已是不易。糟糕的是当时双簧管山的对外通信已断绝，日军的迫击炮火切断了所有电话线，与海军沟通的无线电台已经因为雨水失灵，无法呼叫野战炮火和海军照明弹支援。

3时30分，越过缺口进攻的日军增加到一个中队，还有两个小队在进攻C连左侧的A连。就在被日军端掉的3个散兵坑旁的散兵坑，日军的迫击炮弹打死了里面的两个美军士兵，唯一幸存的德尔玛·施里弗一等兵也受了伤，他一上午都凭借一个人的力量坚守阵位。A连和B连被反击的日军逼得退出双簧管高地，撤进谷底，但C连的少数官兵在勇敢的约翰·威臣一等兵的指挥下，仍留

冲绳5月底到6月初的连日暴雨让美军第10集团军对南部冲绳的推进几乎停滞，但美军仍想尽办法为一线步兵提供后勤支持。

在靠近山顶的阵地坚持。C连1排长负伤后，威臣果断地振臂高呼，接管了指挥权。在1排右侧坚守的2排战斗开始前便只有14人，天亮时仅1人未负伤。坚守双簧管高地的美军官兵一夜消耗35箱手雷，60毫米迫击炮弹最后仅剩50枚。5时30分，C连在高地山顶的散兵坑已被夺回，战士们发现日军正在组织下一次进攻。危急时刻，及时补充的迫击炮弹，帮助严阵以待的步兵打退了这次进攻。日军反扑期间，总算得到消息的陆军362野炮营发射了560枚炮弹，帮助战友们阻止日军猛攻。

战斗结束时，在双簧管高地山顶和附近的山坡上，一共躺着150具尸体。日军的反击没能成功，但已在距离美军散兵坑不过25码的高地后山坡构

筑了阵地。5月24日，双方的手榴弹在山顶上空交相翻飞整整一天。

382团1营为打退日军的这次夜袭，伤亡很大，只得重整。1营的A、B、C三个步兵连被合编为一个混合连，由C连长指挥，全部官兵还有198人。这是首里战斗期间，营级单位被削弱为连级单位的例子之一。24日，师长布拉德利少将命令383团2营接管382团2营在双簧管高地的左半部阵地。382团2营同样损失较大，无法再凭自身的力量挺过24日凌晨那样的进犯。

5月22日至28日，383团多次进攻锥形山西侧爱情山的日军防御阵地，全都没能成功。为找出日军防线的弱点，383团曾派出一个巡逻队侦察，结果许多人在行动中丧命。美军

官兵想不冒生命危险，越过锥形山峭壁进入西坡是根本不可能的。在圆角山邻近地区，日军一直在派兵增援，保持着高度警觉，不给美军任何可乘之机。日军在锥形山顶峰西面戒备森严，美军根本无法向首里城方向取得任何进展。

到5月底，美军在南部冲绳中路一时陷入僵局。22日至29日，美军取得了一定进展，但日军战线近乎岿然不动。在连日降雨和遍地泥泞之中，美军几乎无法展开大规模进攻。特别是第32军的中央战线比较稳定，即使在美军从战线两翼发动猛攻企图一举突破的情况下，仍然保持了相当的纵深厚度。

占领那霸

5月下旬暴雨期间，美军在中路虽举步维艰，两翼却取得了很大进展，这一趋势在5月的第三个星期就已显现。在那一周，美军经血战已拿下糖块山区阵地三座高地中的糖块山和马蹄山。陆战6师还没能完全摧毁糖块山区这个日军首里防区的左翼支柱。5月21日，6师多次进攻未果后，放弃攻打距首里最近的半月山后（南）山坡阵地，另图他策。只要这个阵地仍在日军手中，

6师就无法向东包抄首里城。考虑再三，6师决定放弃争夺半月山，改向那霸城和国场川进军。为此6师在半月山北坡留下一支有力部队保护左后方的安全，维持与东面陆战1师的联系。这样一来，第10集团军右翼（西侧）的主攻就转向那霸，不再直接进逼首里。

5月22日夜间，陆战6师

的巡逻队从那霸上游的安里川河段涉水渡河侦察时，大雨后的河水已经暴涨。按照巡逻队最初的报告，步兵无需坦克支援便可渡过安里川。5月23日10时，师部决定让先头部队分批过河。行动开始后一个半小时，陆战4团的1营和3营在烟幕掩护下越过安里川。渡河时负伤的人员需用人力运到北

5月23日，美军陆战队越过安里川期间，以烟幕弹掩护步兵在真志喜的前进。图中圆圈处被毁的桥梁还未修复。图右上方是东那霸城和国场川河口。

5月24日，泊北方，在突入那霸市内前，美军士兵正在引导炮兵进行炮击。

岸，每副担架需要12人抬，才能渡过齐胸深的河水。到11时陆战队已经在南岸建立了稳固的桥头堡。不过当陆战队接近当时的目标——位于安里川南方约500米的东西走向的低矮山岭时，遭到防御壶屋町一带的以特设第6联队（平贺部队）为基干的日军部队的激烈抵抗。在这道山岭前面分布着一些龟甲墓，这些坟墓已经被要塞化，日军还在后山坡布置了反斜面阵地。美军的速度很快慢了下来，夜幕降临后各部队就地挖掘掩体过夜。特设第6联队是由船舶部队编成的部队，兵力仅有1000人，装备较差且缺乏陆战训练，但在"积极敢为"的平贺中佐指挥下，在那霸陷落前后在壶屋一带进行了顽强抵抗，有效阻滞了美军的前进。

当天陆战第6工兵营一直在设法让车辆渡河。根据瓜岛战役的经验，工兵将5辆LVT两栖运兵车送入河流，让它们进入能充当桥梁的位置，然后在上面架设桥板。2辆运兵车在河岸触雷被毁，只得放弃这个想法。24日黎明时分，工兵开始架设活动便桥，14时30分终于竣工。天黑前，坦克渡河点也已就绪。同一天，陆战第6侦察连的2个班渡过安里川下游，在那霸西北的

多条街道巡弋，都没有遇到抵抗。其实日军特设第6联队已在那霸东侧高地占领阵地同美军对峙。

5月25日，得到两个先遣班报告的第6侦察连主力渡过安里川下游，一路深入那霸西北。那霸城内有一条南北走向的运河将城区一分为二。一路上侦察连只遇到一个日军脱队士兵，几乎从未遇上狙击。美军找到仍在城市废墟中藏身的几个冲绳平民。他们告诉美军，过去一周，一共只见过五六个人的零星日军巡逻队在城中出现过。侦察连占领了那霸城的广大地区，可谓毫不费力。

占领了那霸，美军便能继续南下攻打下一个目标。那霸城位于国场川河口一片开阔的沿海平原，南面小禄半岛的

高地，沿着国场川河口，呈东北－西南走向，围绕那霸城和沿海平原的山岭，都俯瞰着这座城市。

5月27日，陆战6师22团2营的一个连渡过安里川，越过侦察连的阵地，深入那霸西半部。次日9时，美军陆战队已到达国场川河口，当他们在城市的废墟中寻路前进时，几乎未遇一枪一弹阻击。一个陆战排企图推进到通往奥武山岛水路附近海岸侦察，没能成功。奥武山岛是位于国场海峡中部、朝向那霸运河南端位置的小岛。陆战队员在路上遇到日军密集机枪火力阻击，后退时排长中弹身亡。这次侦察受挫并不影响陆战队占领运河以西和国场川以北的部分那霸城区。美军很快就采取守备这部分城区的各种措施。8门37毫

陆战6师的一个步兵班正在沿着那霸城中的一条街道前进。图中处于队伍第二位的陆战队士兵在摄影师和勃朗宁自动步枪手安全通过之后，仍然在仔细检查图左的一道门，这证明这个陆战队员是久经战阵的老兵。

正在那霸市郊外的民房门前停车进行小休的美军士兵。

米反坦克炮沿国场川河口北岸沿线海堤一字排开,陆战队步兵在海堤后构筑防御阵地。第1两栖装甲营负责那霸城靠海一侧的守备和巡逻任务。

5月28日夜间,工兵建成3座跨越运河的人行桥。两天之后,陆战22团在3辆坦克支援下,成功占领那霸城东的电报山高地(日军方面称为"城岳35高地",特设第6联队本部所在地)。

陆战6师的下一个目标是国场山区。这片山地从那霸边缘,沿着国场川河口北岸和那霸–与那原谷地向东延伸,拱卫着从南方和西南方通往首里城后背的通道。陆战6师一路沿西海岸南下,日军要阻止他们从那霸方向包抄首里,就必须守住这片山区。早在5月22日夜间,日军独立混成第44旅团司令部为了更有效地指挥当地的战斗,就冒雨从首里转移到国场山区的识名村。放弃那霸城西的特设第6联队在那霸城东高地和城外半圆形山区占据了阻击阵地。

5月23日渡过安里川上游后,陆战6师左(东)翼各部就一直在战斗。6师左翼的4团为了在洪水泛滥的河谷泥地和低矮的黏土丘陵间推进蒙受了很大伤亡。5月25日夜间,4团2营E连已减员至41人。当天1营占领牧志町,但河上的桥梁都被大水冲垮,连续暴雨使美军坦克根本无法过河,步兵要单独冒雨前进,就只能蒙受严重的人员损失。5月28日,较完整的陆战29团替换了4团。日军的轻武器仍一路抵抗,29团在天黑前,仍推进到距离国场川不到800码的位置。

5月末,陆战22团和29团正在向东进攻识名村以西和国场川河口以46号高地(日军称为"与仪东南57高地")为核心的山区。5月30日,美军拿下27号高地后,一路快速推进数百码,进抵46号高地防线。大雨仍未停歇,地面依然泥泞不堪,两军官兵在这种环境下迎来另一场激战。5月31日,14辆美军坦克一路艰难挺进,进入有效射击阵位,以直射火力攻打日军山头阵地。多辆M4中型坦克的75毫米炮弹以锁定位置为打击目标,沿着向心射击曲线在空中划出一道道弹道,打得山上雨水未干的阵地泥浆飞溅。尽管日军隐蔽位置极佳的机枪和迫击炮依然能组织有效的火力,让美军的强力协同进攻部队无法占据整座山头,却不能阻止他们取得重大突破。5月的最后一个夜晚,在大雨中相对沉寂的美军野战炮兵向46号高地轰鸣一整夜。6月1日上午,6师的两个突击团终于拿下46号高地,突破了日军在识名地区的防线,占领98号高地和国场川北侧支流一线。日军独立混成第44旅团长已在5月31日夜从识名撤至长堂,特设第6联队长也脱出重围抵达长堂。

日军决定撤退

进入5月下旬，第32军为

了守住阵地，从后方部队中陆续抽出大量兵力送至第一线，但此时有效的战力来源已大体接近枯竭。21日，第32军根据

第一线的情况，判断军的有组织防御力正在达到断裂点。在左翼那霸方面，即使美军进入那霸市，日军仍然可以依托首

地图八十一　美军陆战 6 师攻占那霸（5 月 21 — 31 日）

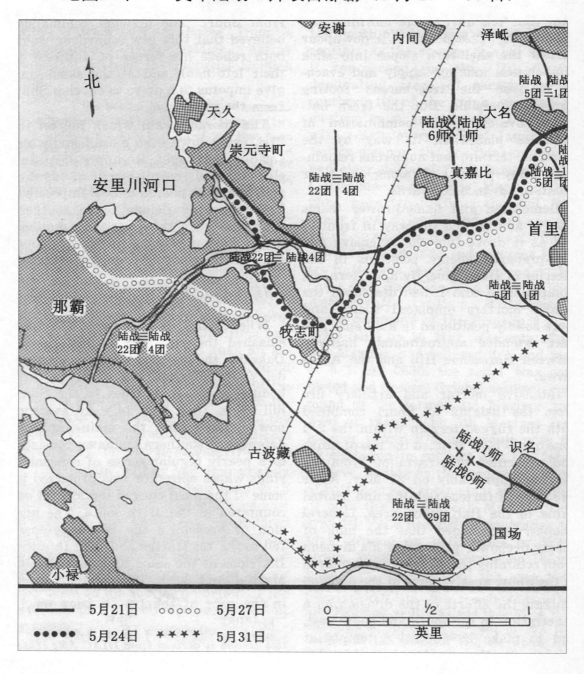

里西南侧台地即与仪、国场、识名的纵深阵地来防止整个阵地的崩溃，在右翼方面，如果美军攻占运玉森、一举杀到首里南方的津嘉山一带的话，整个阵地的组织就有崩溃之虞。因此第32军对运玉森方面的战况极为重视，督促第24师团和军炮兵队确保运玉森并阻止美军向与那原地区渗透。

第32军参谋部对于究竟是依托以首里为中心的复廓阵地进行最后的战斗，抑或放弃首里战线，后退到与残存兵力相适应的地形坚固的知念半岛或者喜屋武半岛实施持久作战进行了慎重研究。研究所得的各方案的利害得失如下：

（一）首里复廓案

本方案在平时就已被考虑过，据此修筑了阵地。幸存的官兵估计还有50000名左右（精锐部队已经几乎死伤罄尽，步兵武器也已消耗大部）。这样大的兵力被部署在直径一公里左右的狭小地区内，不只会白白变成美军攻击的绝佳活靶，目前仍然健在的大部分炮兵也无法被收容到复廓阵地之内。

（二）知念半岛后退案

知念半岛的四周几乎都被断崖和大海包围，对反坦克战十分有利。洞穴阵地的数量很少，不足以收容军的残存兵力，已经囤积于此的军需品也很少。目前与那原附近处于美军攻击下，正在产生致命破绽，从敌我态势上来看军主力向知念方面撤退极为困难，地形、道路网方面也十分不利。

（三）喜屋武半岛撤退案

喜屋武半岛地区可以八重濑岳和与座岳为陆地正面的据点，海岸正面的大部分形成了30-40米的断崖，即使单独一名士兵也很难攀登，是一处良好的防御地区。此外人工或天然的洞穴亦颇为丰富，足以收容军的残存兵力，并且第24师团的军需品也已经囤积了相当数量。另外，从一般态势和交通网来看，对军主力的后退和军需品的后送也非常有利。

与知念半岛相比所存在的不利之处是，在陆地正面存在部分地形平易的地区，美军坦克部队的活动会比较容易。

由于军司令部对于以上方案难以定夺，八原大佐在获得军司令官和军参谋长的认可后，于21日夜将各兵团的参谋长、高级部员招至军司令部，为了决定军最后的战斗态势展开了讨论。出席者包括：

军司令部 八原、木村、药丸、三宅、长野参谋

第24师团 木谷参谋长、杉森参谋

第62师团 上野参谋长、北岛参谋

独立混成第44旅团 京僧参谋

军炮兵队 高级部员砂野中佐

冲绳方面根据地部队 中尾参谋

出席会议的各兵团的意见如下：

第62师团

师团的战力业已消耗殆尽，已无筹划后策之余力。首里洞穴中挤满了难以后送的几千名重伤员，亦无余力将其后送，也没有后送军需品的运输机构。从师团的立场来说，实不忍心抛弃这些战友向知念或喜屋武方面后退。师团希望在大部官兵战死的现战线上战斗至最后一刻。

第24师团

赞成向喜屋武半岛方面后退。理由与军研究的结果相同。第24师团通过精心的照料和努力，目前仍然保有数十辆货车，天气也颇为良好，残存的军需品可以在5天内后送至新阵地。

独立混成第44旅团

同意后退至知念半岛。

军炮兵队

喜屋武角。

同意后退至喜屋武半岛。

冲绳方面根据地队并无特别意见。

另外，各兵团均主张依托各自的原阵地作战。

牛岛中将听取了各兵团的意见，然后在22日傍晚决定后退至喜屋武半岛，将一线部队的后退时间定为5月29日左右，并下令立即开始伤员和军需品的后送。

第32军于22日制订了新的军作战计划。其概要如下：

方针

军以残存兵力占领玻名城（八重濑岳东南2公里）、八重濑岳、与座岳、国吉（糸满东南1公里）、真荣里（糸满南方1.5公里）一线以南的喜屋武半岛地区，在尽力牵制敌兵力的同时迫使其流血，以此为国军全盘作战做出最后的贡献。

主旨为在陆地正面，在以八重濑、与座两高地为据点构成的主阵地带上，投入全力进行抗战。

部署概要

一、独立混成第44旅团以主力占领玻名城、八重濑岳一线，以一部警戒海岸正面。

二、第24师团 同右侧混成旅团相连，占领从与座岳附近经国吉、真荣里至名城（真荣里西南2公里）一线。

三、上述两兵团以一部占领具志头（玻名城东方）、富盛（八重濑岳东北）、世名城（八重濑岳北）、西原屋取（世名城西）、兼城（糸满东北）、糸满一线。

四、第62师团 进行兵力的掌握、整顿，并准备随时增援陆地正面的各方面。

五、军炮兵队 大致在米须（摩文仁西方2公里）、真壁（米须北方）、真荣平（摩文仁北方2公里）地区占领阵地，为支援各兵团、特别是第24师团和混成旅团的战斗做好准备。

六、海军部队 位置于军占领地区的中央部地区，充当军的总预备队。配属各兵团的部队保持原状。

七、军司令部 预定设在摩文仁。

5月22日制定的在岛尻南部完成新部署之前的撤退战指导要领的概要如下：

方针

主旨为在隐匿企图的同时脱离现战线，一举后退至喜屋武半岛阵地，同时也须在各要线保留有力一部在当地进行持久抵抗。

第一线主力的撤退时机为X日（预定为5月29日），若第62师团对与那原方面实施的反击取得成功，则撤退时机将会延期。

部署的概要

一、第62师团于5月25日夜从首里出发，经津嘉山向该地东南地区转进，歼灭从与那原方面突进之敌。不得已的情况下，也应将敌之突破阻止于现战线以北以掩护军主力的退却。

担任首里的直接防御任务的独立步兵第22大队留下并转归第24师团长指挥。

二、第24师团将下述有力一部留在现战线及要线之上迟滞敌前进，同时主力于X日夜撤出现战线，将作战地区撤退至新阵地。

现阵地线　X+2日夜撤退

津嘉山东西一线　X+4日夜撤退

饶波川一线（友寄附近）6月4日夜撤退

三、独立混成第44旅团于X+2日夜一举撤出现阵地后退至新阵地。

四、各兵团的退却地区的境界线（略）

五、军炮兵队继续执行现任务，特别是支援第62师团及第24师团对与那原方面的反击。此外，还应纵深部署于退却地区内，以掩护军主力的后退，同时支援各兵团的局部持久抗战。全体炮兵的后退于30日拂晓前完成。

六、海军部队除现阵地外，还应以有力一部占领长堂（津嘉山西南1公里）西方高地以掩护军主力的后退。后退时机系根据全盘作战的发展由军司令官决定。

七、军司令部于X−2日夜首先后退至津嘉山，然后于X日夜移动至摩文仁南侧的89高地。

第32军在5月22日制订了撤退计划，但并未立即决定撤退。这时军左翼的52高地（糖块山）虽已陷落，仍可在识名、繁田川的纵深重整态势，美军在中央部的攻势也因为恶劣天气的缘故完全陷入停滞，第24师团仍保有相当战力，从表面上看来，首里阵地目前尚属安稳。

5月22日夜，美军突然在右翼的与那原地区形成突破，战局为之一变。

第7师的迂回

5月下旬，美军右翼的陆战6师在那霸东面取得一定进展的同时，左翼的96师和第7师在南部冲绳东海岸也在不断推进。96师占领锥形峭壁南端的锥形山和砂糖高地东坡时，对日军右翼防线迂回机动的通道已经打开。美军如果投入迂回部队，一旦越过东海岸通道，经与那原就能向西横扫首里−与那原谷地，从后方包抄首里，日军主力就会陷入美军的前后夹击，成为瓮中之鳖。到5月21日，以大里城堡遗址为据点的日军重炮兵第7联队在美军的集中炮击轰炸下已经大部崩溃，日军对运玉森方面的支援炮火威力大减。

24军在东海岸实施迂回使用的将是军预备队第7师。这个师自从5月9日离开第一线后，一共得到1691名补充兵，另有546人伤愈归队。接到军长霍奇少将的命令后，第7师各部进入锥形山正北的前方集结区进行准备。师长阿诺德少将选定184团出任先锋。5月21日19时，这个团已在锥形山北坡附近的我谢岭就位。最初的迂回在夜间悄悄进行。集团军司令巴克纳中将觉得，如果第7师的迂回行动能一路斩关夺隘，就可以成为这场战役的致命一击。

184团尖刀连G连准备离开集结区出发前，雨点开始落下，降水越来越多，很快变成倾盆大雨。5月22日2时，出发时间已到，美军步兵身着雨披，蜷缩着身子，聆听着炮火准备的钝重回响。在雨中，声音听起来甚至更响，离得也好像更近。G连列成单列纵队后，在黑夜中向南进发，雨仍在下，炮声也没有停歇。当与那原的废墟和阴影中出现两个日本人的身影时，G连没有一人开枪。4时15分，G连在破败的与那原镇一处十字路口重新整队，3个排齐头并进，顺利冲上云杉高地山顶后，发射信号弹召唤F连向栗树高地（日军称为"雨乞森高地"）前进。

22日黎明时分，天色灰暗阴沉，F连已到达栗树高地山顶，这是与那原东南1000码的一座山头，海拔约133米。在最初的突击阶段，F连仅1人负伤。当F连的战士们在山顶俯视南山坡时，发现几个日本兵正在南山爬坡，显然正在进入防御位置。有个美国大兵不禁暗笑："这些鬼子兵真该早点起床才对。"美军的这次行动完全出乎日军意料。日军指挥官根本没想到美军会冒雨夜袭东海岸，也没料到美军在坦克和其他重武器由于大雨和泥泞无法机动时，会发动步兵攻击。据日军战史记载，防御该

地区的船舶工兵第23联队曾在当天以当地部队向雨乞森高地发动反击，被击退。位于雨乞森西南侧高地的野战重炮兵第23联队第2大队的观测所因受到逼近的美军威胁，下令火炮以观测所为目标实施射击，在炮火掩护下撤退至高平。

栗树高地陷落后，3营跟随2营越过与那原，然后开始向南面的刺柏高地和竹林高地（大里西侧高地）前进。这两座并排的高地位于栗树高地西南方。2营F连占领栗树高地后，美军认为32团已可安全通过东海岸通道，然后向西包抄首里城后方的路堑。

与那原战线遭美军偷袭后，日军第32军鉴于此前牧港和安谢川的战例，认为重要的是趁美军尚未加强先锋战力时

予以歼灭，于是在激励第24师团和军炮兵队的同时，还将特设第3联队（第32野战兵器厂）划归第24师团长指挥。特设第3联队在22日进入津嘉山东方1.5公里的86.6高地附近，该联队部署于该高地南北一线（兼城－86.6－喜屋武）。此外，第32军还命令特设第4联队（第32野战货物厂）进入高平附近，阻止南下美军。就这样，日军拼命向与那原方面投入兵力以阻止美军的西进，勉强建立了防线。

5月23日上午，美军的进攻和大雨一样不曾停歇，184团2营和3营一路向他们当天的第一个目标推进。天黑时分，除了刺柏高地的G连和竹林高地的L连之间有个小缺口之外，184团已占据了一条从东

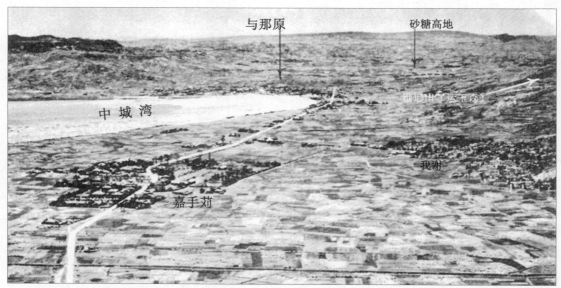

美军第7师184团越过南部冲绳东海岸平地向锥形山东坡后面的与那原前进。

地图八十二 5 月 23 日左右，双方在与那原地区的对阵形势图

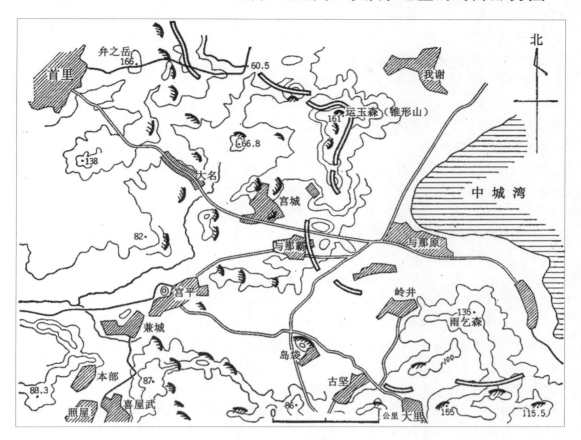

海岸越过栗树高地南坡，然后穿过刺桐和竹林高地的坚固战线。大雨一直不停的两天之内，184 团已向与那原南方的日军防线突入 2000 码，顺利完成任务。接下去，32 团将开始实施第二阶段的迂回行动，也是这次迂回成败的关键阶段。

23 日当天，防御大里（与那原南方 2 公里）方面的船舶工兵第 23 联队为夺回雨乞森，在拂晓以主力实施反击，在付出很大代价后被击退。

按照计划，32 团沿着那霸－与那原谷地西进，从南面包抄首里城之际，184 团会坚守栗树高地到竹林山一带的阵地，保护他们的侧背。5 月 22 日，184 团率先南下的同时，32 团 E 连已在向与那原正西的锥形山南端转移，协助保卫这个山口的右侧。5 月 23 日上午，184 团团长格林上校用无线电报告一切顺利，32 团可以安全地西进。于是 32 团主力终于开始行动。10 时 45 分，32 团 2 营通过与那原西进。他们的

第一个目标是与那原镇西面，那霸－与那原公路以南的山地。这一带的山地以橡树山，也就是与那霸村（与那原西方 500 米）正南方的一座山头为核心。天黑时，32 团 2 营和 3 营已在与那原西南 1.6 公里的位置面朝西方列队，准备进行迂回。日军的密集机枪火力让 32 团放慢了行动步伐。美军察觉日军对他们从与那原谷地西进的行动会坚决抵抗。此时，冲绳上空的雨量继续增大，美军在锥形山以北集结的坦克都

被泥泞的地面所困，无法按计划充当32团西进的装甲先锋。重型自行火炮同样无法进行机动，步兵唯有依靠自己的力量。为了阻止美军从与那原西进，日军以美军当面部队（步兵第89联队、海军胜田大队、独立第27大队）拼命抵抗。

5月24日，32团已一路突进到日军企图阻击第7师推进的一线位置。这一线阵地从锥形山西南的老鼠山（宫城北侧高地），在与那原以西大约1.6公里的位置穿过那霸－与那原公路，然后略向西南弯曲，进入六月山和梅布尔山（86.6高地）地区。梅布尔山是这片阵地的关键所在，拱卫着喜屋武中央的重要公路，这条公路几乎正好处于首里正南3.2公里的位置。橡树山是日军的一个防御强点，在这一线阵地略靠前的位置。这一线阵地显然护

卫着首里－喜屋武－高平－神里－伊霸公路网。公路网最靠东面的两条公路就是首里向南的退路。

美军开始在与那原正南形成突破的时候，日军的反应慢了半拍，他们的迫击炮和火炮反击随着美军的推进仍逐渐增强。在美军看来，他们一路遭遇的零星二流日军部队显然并不具备守卫首里防线的能力和决心。

24日当天，日军第24师团长将师团作战主任苗代正治少佐派到步兵第89联队，在战斗指导上提供援助。鉴于第24师团未能击退与那原方面的美军，牛岛中将还从后方部队抽出海军陆战队一部（津嘉山守备队）、军炮兵队编成的步兵部队（约1个大队）、电信第36联队的1个中队、正在末吉方面战斗的第2步兵队第3大队

（尾崎大队，约100人）等部队增派给第24师团。这些部队的训练和装备均甚低劣，实际作用并不大。

24日夜间，日军对184团实施了多次反击。当时184团刚刚在槐树山高地取得一个立足点，那是栗树高地南方大约800米的一座宽阔珊瑚石悬崖。25日2时30分，日军的反击波及与那原西面的32团部队，在这个位置突破了一段距离。战斗一直持续到天亮以后，日军留下许多尸体才撤退。

日军第32军原本对24日夜夺回与那原的作战抱有极大期待，师团司令部也彻夜等待攻击的结果。25日凌晨，筋疲力尽的苗代少佐返回师团司令部，语气沉重地报告了夜袭失败的情况："增派的部队训练不精，加之刚刚在暗夜中紧急赶来，指挥掌握颇为不易。敌迫击炮的集中射击刚一开始，正在艰难攻击前进的部队立即陷入溃乱。虽经反复激励，仍然毫无作用。在此期间，敌人又进一步扩大强化了阵地。金山联队防守的运玉森高地也难以守住，雨乞森高地亦已陷于敌手，美军正在该高地积极活动。简言之，实际情况是，不要说夺回与那原，即使维持该战线都极为困难。"

被炮火破坏殆尽的与那原。

战斗间歇，在与那原休整的美军士兵。

到25日，美军已从与那原向西南方向前进了大约3公里。在雨乞森南方，南下的美军也已到达与那原东南约2公里的高地一带。牛岛决定在阻止美军扩大与那原方面的突破口的同时，将第62师团主力（战斗人员约3000名）转用于首里地区，乘美军的坦克、飞机、舰炮因恶劣天气和泥泞活动困难，补给也很不充分的时机，对从与那原方面南下的美军实施退却攻势，将美军击退至与那原以北，使第32军能够尽可能长久地维持首里战线。

第62师团长根据军命令进行了如下部署：步兵第64旅团长一并指挥特设第3联队和其他部队，步兵第63旅团长一并指挥特设第4联队、坦克第27联队、重炮兵第7联队、船舶工兵第23联队、独立步兵第272和273大队、独立机枪第4大队、独立速射炮第22大队等，击破正在南下的美军。各部队的战力极度低下，各联队和大队的实力还不足一个中队，独立速射炮第22大队只有速射炮1门，独立机枪第4大队只有人员约30名、重机枪2挺、轻机枪3挺、掷弹筒3具而已。

步兵第63旅团长指挥的第62师团主力于5月26日夜开始

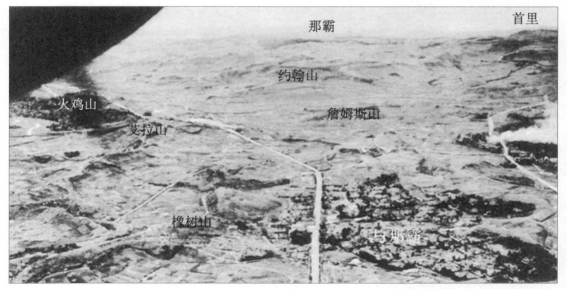

与那原—那霸谷地的公路，前景部分是与那霸高地和橡树高地。5月26日，在第7步兵师压迫日军在首里南面的右翼阵地时，美军飞机航拍了这张照片。

移动。部队苦于雨天恶路和极度疲劳，只能以自身仅有的一点兵力运输武器、弹药、粮食等，行动十分困难。

参加第62师团退却攻势的各部队移动十分迟缓。5月28日，步兵第63旅团司令部和独立步兵第11大队抵达大里附近，战车第27联队（已无坦克可用，只有约140人的徒步部队）也抵达了仲间（与那原西南2公里）西方地区。

军炮兵队虽努力准备向与那原方面的美军集中射击，但军炮兵队的各炮兵部队间的通信联络十分困难，同第62师团间的通信联络也很不顺畅，难以及时提供适切的火力支援。

军司令部派往第62师团的药丸参谋也向军司令部报告说第62师团的精锐已经损失殆尽，各级干部以下极度疲劳，无法如军所期望的那样实施退却攻势。

美军方面，在5月26日，184团已将铁杉山－洋槐山悬崖地区的日军扫荡干净，然后一路向南到达高平郊外，都未遇有力抵抗。此后多个巡逻队奉命继续深入南方。他们报告一路上只遇到敌人的零星部队。日军显然已经从他们的右翼阵地撤退，在这一带只守不攻。美军指挥官认为，日军可能根本无意退入知念半岛。这

时，日军重炮兵第7联队和船舶工兵第23联队的战力已十分低下，干部大多死伤，不过仍在特设第4联队的协助下努力防御以阻止美军南下。

在第7师迂回进攻的右翼，日军集中了大部分火力非常积极地抵抗。这个位置的高地，是锥形山高地进入那霸－与那原谷地西南侧的几道支脉，与首里防区形成一个整体。如果美军在这个位置顺利突破，将会切断首里以南的公路交会点，圆满完成迂回。

5月23日至26日，32团在日军与那原谷地一线防御阵地前方的进攻最终陷入停滞状态，从东路包抄首里城的一度光明的前景渐趋黯淡。日军在山谷一带部署了大量反坦克炮和自动武器，以立体交叉火线封锁了通往各处关键山头阵地的所有通道，各处反斜面也集中了大量迫击炮。如果坦克能够随32团一起行动的话，还是可能摧毁日军的这些火力点，打垮当地守军的，坦克偏偏因为大雨陷在烂泥地里无法行动。5月26日，连续暴雨累计降水量已达88.9毫米，5月最后十天的平均日降水量达28.2毫米。在32团竭力突破首里后方防线的这段时间，军长霍奇少将一直忧心忡忡，后来他坦言："这是冲绳战事中我最焦

虑的一段时间。"

双方这一时期最激烈的战斗发生在喜屋武东面的鸭子山（日军称为"渡边山"）和梅布尔山（86.6高地）附近。5月26日，32团企图从这一带突破日军抵抗，但在鸭子山付出惨重代价后被迫撤退。鸭子山的日本守军只有陆上勤务第72中队第1小队（渡边小队）。当时该小队正配属于特设第4联队（第32野战兵器厂联队）。鸭子山阵地的中央部分是指挥班坑道，正上方就是山顶。从山顶向左，山坡缓缓下降到田地为止。山顶右侧是连绵的小丘。指挥班坑道左翼是第1分队坑道，右翼是第2、第3分队坑道，这些坑道都由地下隧道连通。26日晨美军对鸭子山的迫击炮射击异常激烈。指挥班的小板桥平山用有线电话联系炮兵部队，指示了美军的位置请求开炮，对方却回答："早上已经打完了今天预定的10发，再也打不了了。"小队长渡边研一中尉一把抢过电话命令对方立即射击，对方仍是同样的答复。渡边中尉于是扔下电话，命令全员上好刺刀。

美军迫击炮的射击停止后，渡边中尉带头冲出指挥班坑道，带领指挥班人员爬向正上方的山顶。有一挺美军机枪从阵地北侧的田地中迂回到阵

地图八十三 5月21—31日，美军在与那原一带突破所达到的位置

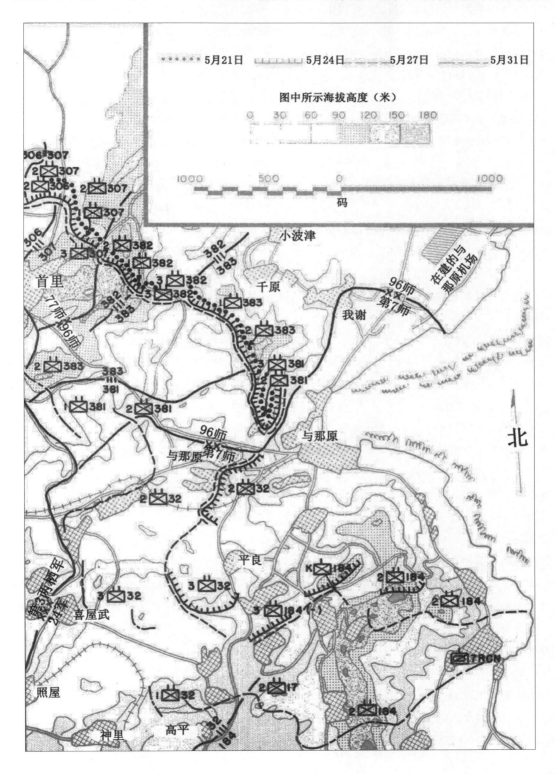

地内侧，从左侧面向日军射击。当渡边爬到半山腰时响起了"哒哒哒哒"的射击声，渡边和跟在他身后的白田一等兵当即死亡。随后第1、第2和第3分队也陆续离开坑道，上山进入战壕。第1分队长吉田军曹接过了小队的指挥权。

小板桥平山爬上山后跳进了位于山顶附近的一个章鱼罐，开始用步枪向已进到山脚的美军拼命开火，在枪身发热不能射击后就扔出了两颗手榴弹。之后他又捡起死在战壕中的一名士兵的步枪继续射击，即使看到美军倒下也不清楚是被谁射出的子弹击中的。手榴弹也不断在山脚爆炸。在日军的激烈抵抗下，美军开始后退。

在战斗中，指挥班的一名姓竹内的士兵看到一名受伤的班长一边大叫着一边指向后方："那里有敌人的机枪！"竹内回头一看，在山脚处有一挺美军机枪正在从背后向日军射击。他和其他士兵扔出了手榴弹，三名美军当场战死，机枪也不再响了。就是这挺机枪当初杀死了渡边中尉。当美军开始撤退后，竹内就用这挺机枪追杀美军。

在美军的记录中，这场战斗也是血腥异常。据美军战史记载，在战斗中曾有5个日本

兵趁乱突破美军阵地，3营I连在攻击中仅剩的一名医务人员威廉·古德曼五级技术军士，当时正在前方一个位置暴露的区域为伤员包扎伤口，只有一把随身手枪。险境之下，古德曼的枪法救了他自己和许多伤员的性命，几乎弹无虚发，将5个挺起刺刀冲上来的日本兵全部击毙。然后他就凭一把手枪坚守阵地，直到伤员们被担架队抬离现场为止。从鸭子山撤退时，由于雨势太大，地面过于泥泞，美军担架队优先抢救伤员，阵亡官兵遗体只能暂时留在山上。

当天傍晚，竹内和吉田军曹一起前往兵器厂联队本部，向联队长报告了战斗情况。联队长赞赏了他们取得的战果，命令将那挺缴获的机枪带到联队本部。后来这座高地被命名为"渡边山"。由于兵力损耗严重，渡边小队在不久后就全体撤出了高地，联队长为此大为光火。

27日，美军32团依然一无所获。次日，他们除了巡逻之外，也没有采取任何行动。

5月的最后两天，32团集中3个步兵营发动了一次协同进攻，终于取得西进最重要的成果。5月30日天黑后，32团连夺橡树山、艾拉山（日军称为"宫平东侧高地"）和六月

山三处高地，向前迈进了一大步，直逼梅布尔山和希蒂山，以及喜屋武村的防御阵地。

31日，32团占领鸭子山阵地，巩固了他们在梅布尔山以北的火鸡山阵地，占领梅布尔山的前山坡。日军仍在坚守梅布尔山后山坡和喜屋武村。美军在当地遭遇的日军并不多，但后者仍在不死不休地战斗。美军根据各种迹象判断，这些留守的日本兵是日军的后卫留守部队。实际上，日军第32军司令官牛岛早已命令全军于29日夜开始撤退。

5月28至29日，在东南的184团正面，日军在69号高地（通称高平山，位于同名村落正北）一直在奋战，但显然是在打一场拖延战。5月30日，184团的巡逻队深入知念半岛时，没有遇到任何日军，日军并不打算在这个地形崎岖的地区组织战斗。

5月30日，美军24军的各处战线在那霸－与那原公路正下方的位置，形成了一个巨大深厚的突出部。这个位置的战线要比跨岛南下的任何前线向南更深入大约3公里。虽然出现了一些波折，美军左翼第7师对首里的迂回包抄几乎已成功钳制住日军主力。

第十三章 攻克首里

大势将定

1945年5月底，冲绳岛的激战仍在继续，美军攻打首里防线的战斗前后已接近2个月，不少美军官兵都会自问："到底能不能拿下首里城，即便能拿下，我真能活着看到那一刻吗？"日军依然在坚守琉球王国的故都首里城。美军在南部冲绳占领的只是相对较小的山区和珊瑚石山岭。除了早早占领的读谷机场和嘉手纳机场，以及伊江岛的机场之外，美军占领的其他地方对今后攻打日本本土没有太大价值。诚然美军占领的几座机场，伊江岛上的宽阔平地，还有中部冲绳的一些沿海地区都适合兴建航空基地，美军的海军和陆军建设工兵营都已经在这些地区动工，一切都只是开始。最有价值的目标——那霸港、中城湾的大型锚地、与那原、首里和那霸的机场，以及南部冲绳

的沿海平原，美军依然无法使用。

尽管如此，5月底，日军第32军在冲绳的精锐已所剩无几。牛岛满中将部下的3支最主要的作战部队——第62师团、第24师团和独立混成第44旅团，都已投入战斗，在美军接连不断的海军舰炮、野战火炮、空袭和坦克与步兵的协同打击下，几乎消耗殆尽。二线部队已经常出现在第一线，与正规作战部队硕果仅存的老兵混编在一起战斗。

5月底，据美军各部报告，他们"统计"击毙的日军达62548人，另外估计击毙的也有9529人。除了在北部冲绳击毙的3214人，以及在伊江岛击毙的4856人外，在南部冲绳首里的战斗中，已击毙日军约64000人。陆战1师和6师共击毙日军大约12000人，24军下属的第7、27、77和96步兵师击毙日军41000人左右。96师在各师之中毙敌最多，达

17000人。美军官方战史并不讳言这些战时的即时报告会在一定程度上夸大了歼敌数字，但可以肯定，日军各部，尤其是步兵作战部队消耗极大。按美军较为保守的估计，到5月底为止，他们已经在首里的战斗中，击毙了日军在冲绳最精锐的50000名官兵。随着日军的火炮被美军逐个缴获，或者被海军舰炮、反炮兵火力和空中轰炸摧毁，他们的炮火也在逐渐减弱。

太平洋战争之所以会让美军感到非常艰难，并不是因为日军的技术水平有多高，而是他们顽强奋战到最后一刻的精神，这从美军在冲绳俘虏的战俘人数可见端倪。到5月底为止，第3两栖军仅俘虏日军128人，第24军在南部冲绳奋战近两个月，俘获日军不过90人。从4月30日到5月31日，一直都在南部冲绳前线中路战斗的美军77师，仅俘虏9人。大部分被俘的日军不是受伤太重，就

是已失去意识，无法阻止自己被俘，也不能自杀。

日军士兵普遍怀有战斗至死方休的意志。对他们来说，战斗损失就是阵亡。伤兵不是因为伤重不治身亡，就是重返前线被杀。对日本军人的战斗意志根本无需置疑。

美军在冲绳战役中的伤亡总人数是太平洋战争的最高记录。截至5月31日，海军陆战队的两个主力师共1718人阵亡，8852人负伤和101人失踪。基本上一直都在首里前线战斗的陆军24军合计2871人阵亡，12319人负伤和183人失踪。24军和第3两栖军合计伤亡失踪26044人。大致美军每阵亡1人，能击毙日军10人。需要指出的是，美军的价值观与日军存在根本差异，对他们来说，负伤后就应该及时救治，要尽可能让伤员在恢复健康后重新上阵，人力资源才是战争中最宝贵的资源，因此美军的医疗水平和效率远在日军之上，伤员治愈率也超过90%。

美军的非战斗减员数量相当大，这也是太平洋战争的一个显著特点，不过与其他战役因热带疾病造成多数非战斗减员不同，冲绳战役的非战斗减员多是"战斗疲劳症"之类的神经精神类病例。5月底，海

军陆战队的两个师共出现6315例非战斗减员，4个陆军师则有7762例。造成非战斗减员的一个重要因素无疑就是日军的大量火炮和迫击炮火打击和骚扰，这是美军在太平洋战争期间经历的最密集的日军重火力打击和骚扰。造成美军官兵神经失调的另一个因素是与狂热敌军无休止的近战。冲绳战役中出现的精神疾病案例，很可能比之前太平洋战争的任何一场战役更高。

很可能有人会问，日军暴露在美军野战炮火、海军舰炮和航空兵火力之下，这样的立体火力要比日军的火力强大得多，大家都是肉体凡胎，难道日本人的神经系统真那么坚强吗？事实上，美军进行重火力打击的大部分时间里，日军都躲藏在深埋地下的工事之中，美军是进攻方，经常会在一些山岭的山坡或山顶较浅的散兵坑藏身，直接暴露在日军火力打击之下，受到的影响显然比日军大得多。

5月底，美军在南部冲绳的战斗人员依然较为充裕。第3两栖军当时有45980人，24军有51745人。相对来说，各步兵师，尤其是4个陆军师战斗人员数量大大少于建制人数。5月26日，77师除各配属部队外，仅有9628名士兵，96师的士兵人数也不过10993人。到5月31日，美军官兵已身心俱疲。冲绳战役开始以来的61天里，96师有50天在南部冲绳战斗，第7师为49天，77师为32天，陆战1师31天，陆战6师则超过3周。南部冲绳已鏖战两个月，第7师和96师参加了大部分战斗。即使如此，当时第7师已休整12天，96师休整过11天。

日军作战单位的老兵一旦投入战斗，根本就没有休息时

日军的战斗损失几乎只有一种，就是阵亡。

陆战1师的一名士兵正在安慰一位刚刚目睹战友死去的同伴。

继续进攻的能力，各主力师或多或少能够轮流休整。反之，日军本来兵力就相对更少，久经战阵、训练有素的老兵战死之后很难有效补充，各种重要物资，尤其是火炮一旦损失也无法补给。5月底，战斗还没有结束，但冲绳战役的大势行将见分晓。

日军南撤

5月26日，日军第32军向大本营等方面报告称：军的战力极度低下，难以维持现有战线，因此打算以岛尻南部的玻名城、八重濑岳、与座岳各处的北端、国吉一线和海岸要点构建新的主阵地。

牛岛中将于5月27日从首里移动至津嘉山，在那里建立了战斗指挥所。军司令部的大部人员立即取直线向摩文仁移动。

28日，牛岛鉴于全盘战况，特别是第62师团的退却攻势没有进展，便下令按预定计划于29日夜向喜屋武半岛撤退。

第32军的后退作战成功地隐匿了企图，在完全没有被美军察觉的情况下进行着。经过连日降雨，道路变得极其泥泞，难以通行，恶劣天气也掩盖了日军的后退行动，使美军

间。日军老兵在战死或者重伤前都必须坚守阵地，只有极少数例外。5月底，日军从后勤单位和劳工部队抽调越来越多的二线部队投入阵地，以充实战斗步兵越发单薄的队列。

美军装甲兵在地面战中发挥了重要作用，不过损失也很大。到5月底，仅24军下属的4个陆军坦克营和1个火焰喷射坦克营，合计已损失221辆坦克。其中有94辆坦克被彻底摧毁，占损失总数的43%。日军的地雷摧毁或打伤美军64辆坦

克，炮火则毁伤111辆坦克。因地形恶劣抛锚的坦克为38辆，其中25辆之后被毁或被击伤，基本上都是因为日军的行动造成的。损失的221辆，占美国陆军参加冲绳战役的坦克总数的57%。美军更加注意保护珍贵而无法及时补充替换的火焰喷射坦克，到这个时候，仍至少损失12辆之多。

经过两个月鏖战，日军和美军在冲绳都蒙受了严重损失，美军实力更加雄厚，虽然部队普遍已经非常疲劳，仍有

的空中侦察甚为困难。结果，第32军按照计划进行了后退，没有发生严重混乱。在日军撤退期间，重伤员的处理成为令第32军最苦恼的事情，平民的逃难行动也充满艰辛。

小禄的海军部队由于对军命令的"误解"从5月26日就过早地开始撤退。第32军在5月28日得知这一情况后，向其下达了返回小禄地区的命令。

29日夜，第24师团主力开始撤退，在没有发生大的混乱的情况下，一切都按计划顺利进行。军司令部于30日抵达摩文仁的89高地，这里将成为他们最后的位置。

31日，第24师团的留守部队和独立混成第44旅团各自开始后退，一切同样按预定计划进行。当天，首里已几乎完全被美军控制，甚至占领津嘉山北侧高地为收容阵地的步兵第32联队也同进入首里东南方地区的美军发生交战。

第24师团的一线留守部队在31日受到从各方面渗透过来的美军包围陷入苦战，但夜间穿过美军的间隙成功撤退。

独立混成第44旅团的留守部队丸山大队在6月1日同美军激战后，于22时撤离阵地后退至武富（津嘉山西南4公里）。丸山大队总兵力约220人中损失了约120人。

6月1日，国场川北方的首里高地地区几乎完全被美军控制。正在津嘉山地区占领收容阵地的步兵第32联队、步兵第64旅团也遭到美军攻击，经过战斗阻止了美军的推进。坦克第27联队和独立步兵第12大队在津嘉山东南方地区的神里附近，独立步兵第11大队在高平附近经过战斗阻止了美军的南进。

6月2日，美军在知念半岛的追击进展迅速，在津嘉山附近收容阵地中的步兵第32联队和步兵第64旅团在当晚撤离阵地向南后退。在津嘉山东南的神里、高平顽强战斗中的坦克第27联队、独立步兵第12大队等部也在2日夜接到向喜屋

地图八十四　6月1日，日军在津嘉山地区的部署

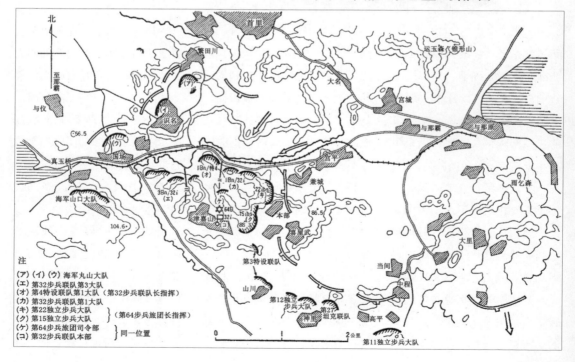

武地区后退的命令。坦克第27联队当初到达神里时约有140人，撤退时只剩下军官以下31人。此外，位于高平以东的重炮兵第7联队、船舶工兵第23联队的残部也向系数方面撤退。津嘉山收容阵地的部队也在2日夜按照计划撤退。

就这样，第32军主力到6月4日左右完成了向喜屋武半岛新阵地的后退行动，按照计划进行了部署。

第32军在南部的新阵地上集结的兵力据估计约有30000人，具体为第24师团及配属部队12000人、第62师团及配属部队7000人、独立混成第44旅团及配属部队3000人、军炮兵队3000人、军直辖部队5000人。

第32军在撤出首里阵地前的兵力据估计有50000人，后退中产生了约20000人的损失。残存兵力达30000人，看起来不少，但实际战斗力相当低下。各兵团的战斗人员已减少至刚开战时的20%左右，目前编成人员的大部分都来自缺乏训练的后方部队的补充兵员和召集来的防卫队人员。各兵团中队长以下的下级干部损失极大，不过大队长以上干部的损失相对较少，因此第32军仍然能够维持比较良好的指挥组织。

武器的损失也极其严重，保有的步枪只有人员的1/4至1/3，步兵自动武器只剩下约1/5，步兵重武器更是只有约1/10。军炮兵队的损失相对较少，在新阵地集结的火炮仍然有野炮的约1/2、150毫米加农炮2门、150毫米榴弹炮16门、高射炮约10门等。连独立臼炮第1联队也排除万难，将预备火炮，即2门臼炮带到新阵地。粮食估计可维持约两个月。

第32军的撤退作战取得了很大成功，冲绳战史研究者大田嘉弘就此归纳了以下几方面原因：

一、决心撤退后，至实施为止有约一周以上的充裕时间。

二、对撤退企图彻底保密。

三、由于雨季的缘故，美军的搜索很不充分，判断错误。

四、由于地面泥泞，美军的追击十分困难。

五、第62师团的退却攻势。

总之，恰逢其时的暴雨使日军受益很大，使美军产生了误判，作战困难。美军在30日才得知第32军从首里撤退之事，发出追击命令已经是31日傍晚，而且实际追击甚为缓慢。结果，美军在情报不足的情况下未能察觉日军的后退企图，一直到最后都在继续进行对首里的包围作战，致使美军没能对第32军进行及时迅速的追击。

第62师团对突破与那原南下的美军实施了退却攻势，但以微弱的战力根本无望将美军击退至与那原以北，恢复该方面的战线。各队的机动因降雨和疲劳变得十分困难，仅能阻止美军南下而已。不过根据美军战史的记载，这次退却攻势还是引起了美军的关注，多少遏制了美军的进展，起到了隐藏企图的作用。

第32军在22日决定向南部撤退后立即着手开始进行伤员和军需品的后送、道路整修等后方处理工作。辎重兵第24联队仍保有约80辆汽车，在联队长中村卯之助大佐的指挥下发挥了很大作用，有力地支持了第32军的撤退。该联队日后先于第24师团的第一线步兵联队获得了牛岛中将授予的感谢状。

第32军在南部阵地准备了大约一个月的粮食，估计算上各队携带的粮食可维持一个月以上，如果将供应量减半则可维持两个月。

第32军的弹药已经消耗了大半，但武器的损失也很大，就每具枪炮而言，据估计步兵弹药尚保有0.3个会战份（重机枪每挺约7000发），炮兵弹药也尚保有约0.3个会战份（每门约200发）。

第32军向岛尻地区的撤退作战大体上算是取得了成功，付出的代价也极为惨重，即使生存者也饱尝艰辛。日军官兵在大雨、泥泞和炮火中的撤退之行，不啻一场地狱之旅。第62师团通信队的大桥正一准尉亲历了这段险象环生的旅途，一次又一次与死神擦身而过。

第62师团通信队是最后撤出首里地区的部队之一，该部队残留在首里地下洞穴阵地一隅，直到30日夜才开始撤退。通信队一直到最后都在同师团辎重队进行通讯，29日晚通讯终于终止（通信队将在次日向南方撤退），然后通信队用鹤

嘴锄破坏了洞穴内的几部无线电台。30日晚10时，中队长终于下令出发，通信队于是离开洞穴。中队长在队伍最前方，接着按指挥班、第1小队、第2小队的顺序从"中央第二坑口"出发，每名士兵间隔10米。然后大桥带领的第4小队也从黑暗的洞口冲到外面。

大桥他们前进了大约300米，其间他们一次又一次地卧倒在地、跳进弹坑。弹坑形成的水洼正好适合躲避，有的非常深，甚至脚都够不到地面。里面还漂着尸体，散发出恶臭。他们再往前刚走不远，士兵们都一再被绊倒。原来他们遇上了一队友军士兵的尸体。

这时迫击炮弹开始落下。大桥下令道："小队进入右边的洞里！"洞穴位于道路沿线的山岭上。士兵们陆续跑进漆黑的洞内。大桥命令各分队点名，分队长在黑暗中一个人一

个人地喊着名字。这时洞外响起了迫击炮弹集中爆炸的声音。大桥方才对躲避炮击的判断恰到好处，保护了25名队员的安全。

迫击炮弹每次落下10多发至40发，发射间隔也不确定，爆炸时就好像点燃的爆竹一样。大桥等到洞外的弹着点终于远去时命令小队出发。人们于是冲到洞外，在泥田中前行。途中，大桥看到了坦克的残骸。坦克歪倒在巨大的弹坑中，附近一带弥漫着扑鼻的尸臭味。

不久，炮弹再次向他们袭来。大桥赶紧喊道："跳进沟里！"这时前方有人大喊："发现洞穴！"入口在离开道路几米远的地方，即使在夜里也显得黑乎乎的。人们立即涌入洞内。10多发迫击炮弹在后方爆炸。

洞内漆黑一片，各分队长开始点名。人们在洞内摸索着，残留物品证明这里直到不久前都在被其他部队使用。洞内留下了步枪子弹的空箱子、装饼干的箱子、饭盒等。在黑暗中，有士兵喊道："这儿有羊羹！"羊羹很快从洞穴深处送过来，长度和柔软度同酒保贩卖的羊羹十分相似，外面裹着薄纸。士兵们都很喜欢甜食，纷纷把羊羹塞进衣袋里。

首里附近丛林茂密，地形崎岖，日军从首里秘密撤退让美军情报部门很难发现。不过，只要美军发现日军，就会将其击溃或者歼灭。

过了大约20分钟，迫击炮弹的爆炸声终于停止。大桥下令出发，他们离开了桑拿房般闷热的黑暗洞穴。外面吹着清爽的风，可是路面都已化为泥泞。他们不久就抵达了一日桥附近。大桥听说这座桥是最危险的地点，不知何时就会受到集中炮击。不过幸运的是现在没有听到炮声，他下令道："快跑！"打算一口气冲过去。可是很快头上前方就传来巨大的爆炸声。

大桥在瞬间全身都感觉到了猛烈的气浪。"进入沟里！"他一边大叫一边滚到旁边的沟里。接着榴霰弹在50到100米的空中爆炸，装在炮弹中的无数蚕豆大小的霰弹四处飞散，向地面上的人马袭来。

他们躲在沟内时，从后方来了一支由几名军官带领的数十人的队伍。其中一名军官怒喝道："饭桶！这里最危险，快点过桥！"大桥就当没听见一样观察着周围的情况。几分钟后，炮弹集中在桥中心炸开。又过了10多分钟后，大桥

他们过桥的时候看到那里有几十具被炸得支离破碎的尸体。这一骇人景象让他们毛骨悚然，不由得加快了脚步。

就这样，他们通过了一日桥的危险地区。从此地向南的道路也被炮击反复犁过，路面因梅雨期的降雨化为泥塘。在没至膝盖的泥泞中，每个人只能蹑着脚一步一步地往前走。这一带的尸体数量异常地多，同时伤员也很多，从黑暗中传来他们的哀鸣声。其中有一个人一边抱着腿一边呻吟道："水，水……"大桥问了他一声："哪支部队的？"对方小声回答："球，球……"因为太黑，看不清他伤在哪里。大桥取下自己腰间的水壶递给这名伤兵。

经过彻夜行军，天渐渐亮了起来。士兵们互相瞅了瞅对方的脸，惊讶得说不出话来。每个人身上都沾满了泥巴。有人笑道："简直是一群水耗子！"这时一名士兵突然大喊道："是炸药！"大桥吃了一惊，回头一看，原来在昨晚躲入的漆黑洞内，被所有人塞进衣袋里的所谓"羊羹"，其实是炸药。

大桥自己也拿出羊羹一看，被薄薄的半透明硫酸纸包裹着的'羊羹'上面有樱花花瓣的标记，下面印着'樱田炸

6月初，连日大雨让首里南面的各地河流泛滥，泥泞满地，连弹坑都注满雨水。

'药'的字样。昨晚他们根据触摸到的大小和柔软度判断，都以为这就是'羊羹'。结果，他们不仅身上挂着手榴弹和步枪弹，还把炸药带在身上，就这样穿过猛烈炮火，竟然还能活下来，实在难以想象。

天亮后，大桥他们到达中队主力预定撤退集结的洞穴。洞内十分宽敞，军服、衬衣之类堆积如山，这里似乎是第32军的衣服仓库，管理员已经撤往南方。他们在这里脱下沾满烂泥的军服换上了新衣，包括衬衣在内全部焕然一新。因为没有工具把从旧军服上取下的阶级章缝到新衣上，结果中队长以下全体人员都变成了没有军衔的部队。

自5月初以来一直在平良阵地奋战的临时海军炮大队，开始撤退的时间更晚一些，撤退过程却相当顺利。撤退前的26日下午4时左右，小禄地区海军部队一部从海军炮大队的平良阵地前陆续通过，以一路纵队携带所有能带走的物资向南方移动。当时云朵低垂，没有美机活动，所以他们能够从容不迫地行进。

不久之后就有3架侦察机发现了纵队。很快飞来5架飞机组成的编队。美机开始在兼城附近猛烈攻击这支海军部队。海军部队在无论如何都必

须隐匿军全盘企图的时期，却特意在白天大摇大摆地在敌人眼皮底下开始移动，这让仁位感到莫名其妙，不知道是出了什么差错……

为了隐匿军的企图，以免美军突然大举杀进徒有虚名的日军防线，造成无法挽回的局面，仁位向砂野中佐提出应该起码将一门火炮留在原地继续战斗，给美军造成日军仍在顽强抵抗的错觉。砂野很爽快地同意了，为了以后的移动，还特地将野战重炮兵第1联队残存的一辆牵引车暂时配属给海军炮大队。

于是，仁位在撤退命令指定的29日以后仍然留在前线。自从6日晨以桥本炮台的一门火炮在这里布阵以来，总计度过了大约二十五六天时间。同一门火炮在如此长的时间里在同一个阵地上持续实施精确射击，这在日军炮兵战史上是极其罕见的，至少仁位本人没有听说过其他类似的例子。在此期间，他还得到了其他火炮所分配的弹药、甚至包括野战重炮兵第1联队的弹药支援，每天以良好的精度持续发射四五十发。自总攻期间以来，总共发射了1300发。兵员损失也几乎可忽略不计，只有水津一等兵一人被偶然飞来的一发炮弹击成重伤。

30日前，仁位接到向新部署的南部真壁村落北侧一带转移阵地的命令。30日，海军炮大队还在向国场的美军射击。30日傍晚，美军一部持续侵入国场与仪之间。仁位观察到几名美军进到稍微隆起的地方，便和往常一样下令射击，当场打倒两人。

随后他又观察到可能是同一个班的战友，将阵亡人员搬进左后方的凹地内，有大约10人聚集在其周围开始祈祷。这些人很可能是将遗体运到被认为可以避开日军视线的安全地带进行祈祷，仁位却可以看得清清楚楚。仁位认为，从以往射击的精度来看，如果下令射击的话，只需一发炮弹就可以将他们全部炸飞。他已经在28日接到向岛尻南部地区撤退的命令，从那以后他就经常在内心暗自感慨冲绳本岛战火的残酷无道。美军士兵不顾自身危险，以真挚的宗教信仰凭吊战友英灵的举动，深深地打动了他的内心，使他无论如何也无法下达射击命令。他后来这样评价自己的行为："这正是所谓的宋襄公之仁，恐怕会有很多人对此批判嘲笑。"

30日晚，已经破坏了火炮的藤井队、福田队各自由陆、海军的残存兵员引领，从小禄与本部会合。

31日，正面的美军已经进入近在咫尺的真玉桥，隔着国场川同海军守备部队对峙。午夜稍过，仁位终于决定撤下那门屡立奇功的火炮，用牵引车将它撤走。仁位一边抚摸着炮身一边在心中感叹："这处阵地终于到了最后时刻，干得真是漂亮，对敌人来说，这一阵地直到最后都还是幻之阵地啊！""这门火炮也是相当地走运啊！"

仁位带领部下拖着这门火炮，一边小心避开满天的照明弹和突然袭来的集中炮击，一边在泥泞的道路上，沿着系满大道向南方走去。从平良通往兼城的系满大道途中，到处受到集中炮击，路上散布着人和马的尸体，处处都充斥着尸臭味。

6月1日临近早晨时分，仁位在座波附近发现了充当掩蔽壕的洞穴，决定在这里待到日落。为了不被美机发现，还在火炮的伪装网上插上了树枝。

洞内还有其他部队的士兵。有的人像死过去一样正在睡觉，有的人在吭哧吭哧地吃着什么东西，有的人脸上和胳膊上缠着血迹斑斑的绷带正在发呆，总之都毫无生气，显得疲劳至极。

仁位等人都沉睡过去。接近黄昏时，仁位醒了过来。

美机的乱舞已经结束了，只有炮弹不断落下，已经比之前少了一些。他下达了全体出发的命令。为了减少炮击造成的损失，在高岭－真壁道路上，（同昨晚一样）每队人马前进时需间隔200米距离。

当他们走过大里村、来到高岭村时，遇到一群精疲力竭的男女老幼拖着长长的队伍在向南方走去。五六十人中没有一名壮年男性。当这些人走过仁位等人身边时，没有一人转头向这些"友军"看去，只是在毫无表情地不断走路，似乎早就对"友军"失去了信任。这些人和仁位在中国看到的难民人群并无两样。

仁位还看到有一个男人正在走向和自己这队人相反的方向。男人的脸上伤痕累累，走近一看脸上满布蛆虫。他那短袖衬衫的一只袖子破破烂烂，

另一边的胳膊光着，从下边的军裤来看无疑是受伤的军人，不知为何他在这个时候还往敌人的方向走去。仁位冲他叫道："喂，喂！"对方却毫无反应地走过身边，好像已经疯了。不久，海军炮大队顺利抵达真壁北方台地上的洞穴。

在南部撤退中，最凄惨残酷的事情莫过于对重伤员的处理。5月下旬，首里、津嘉山附近的医院以及各部队中都收容了大量伤员，估计多达约10000人。第32军不愿使伤员落入美军之手，但运输能力极为有限，根本无法收容这么多伤员。对于重伤员的处理，军参谋长指示说："应进行妥善处理以使各人作为日本军人免于蒙受耻辱。"所谓的"妥善处理"其实就是逼其死亡。南风原陆军医院、该医院在系数的分院、新川的第62师团医

战后在南风原陆军医院坑道遗址发现的遗物、未爆弹等。

院、八重濑岳和新城的第24师团医院等的重伤病员均遭到"处理"。士兵们被分发了手榴弹或掺在牛奶中的氰化钾，很多人用手榴弹、毒药、炸药等自杀。也有很多士兵并不愿意就这样死去，缺手断脚的士兵们纷纷互相扶持着逃出坑道向南部撤退。还有一部分伤员被美军收容。大量伤员在这一时期自杀或被杀，上演了一幕幕人间惨剧。某名幸存的军官曾回忆说："虽然觉得重伤员非常可怜，可是却认为反正我们早晚也会变成这个样子。"第62师团的一名士兵在前田前线受伤后，被南风原新川的第62师团医院收容，然后又转移到南风原的陆军医院第1外科。5月28日，卫生兵将牛奶分发给伤员们。这名士兵听到从坑道入口那边传来吵闹声，

没有放在心上。他尝了尝发下的牛奶，发现味道很苦，于是在里面加了黑糖，然后一口气喝个干净。接着他就感到头晕眼花、呼吸困难，胃里翻江倒海，这才发觉牛奶有毒，赶紧反复喝水将毒物吐出来。就在他以为自己要没命时，身体终于能恢复活动了，同一名伙伴一起离开坑道，返回摩文仁的原部队。

在真壁村新城的一处天然洞穴里，卫生兵将500名重伤病员一个接一个地全部刺死或枪杀。日军医院的功能至此实际上停止了。

有极少数重伤员凭借惊人的意志力才幸存下来。独立步兵第15大队的北风政雄少尉因足部受重伤无法行走，就被留在首里北侧的洞穴内，还被发给手榴弹，说是如果敌人过

来就用来死守云云。北风少尉从中看出这是在暗示让他们自杀，却并没有打算在洞穴内等死，鼓起勇气带着军刀爬出洞穴，一路上独自一人经津嘉山－东风平－志多伯－真壁，花了数天时间一直匍匐爬行到岛尻，终于抵达原所属部队，爬行的距离长达约20公里！而且他在返回部队的几天后便能够行走，竟成为新编部队的中队长再次参加战斗。

值得一提的是，临时海军炮大队撤退时，无法走动的伤患只有大队本部的两名高烧患者，他们在卫生兵的努力下，最终得以安然进入南部的最后阵地。

美军进占首里

5月底，美军各部都在收紧首里附近的战线，首里西北的陆战1师，北方和东北的77师，距离首里城最近。日军准备弃城的同时，并没有让美军察觉自己的意图。美军派出的巡逻队都报告，日军守卫首里阵地的决心不见衰弱。巡逻队试图前进的时候，总是会遭到密集火线阻击。连续数日，巡逻队送回的报告千篇一律，美军丝毫无法乐观。5月28日，陆战1师5团团部接到的一份巡逻报告让美军上下精神一振：

南风原文化中心重现的南风原陆军医院坑道内的情景。

"首里岭（大名溪谷南面的高地）的守卫似乎已有所松懈。"

5月29日7时30分，陆战5团1营出发直取首里岭，很快便拿下这座高地，证明巡逻队昨天的报告符合实情。1营登上的山岭就在首里城东侧边缘。首里古堡距离美军两个军的边界线直线距离只有700多码。种种迹象表明，首里阵地的东半部已不再设防，只需要步行前往，便可拿下首里古堡。营长谢尔本中校立即请求团长格利贝尔上校允许他向东越过两个军的边界线，进入77师辖区占领首里古堡。格利贝尔报请师长德尔瓦尔少将指示。

越界争功在任何国家的军队都是会惹人非议的举动，但德尔瓦尔觉得当时77师的处境不如陆战1师有利。在他看来，布鲁斯少将的部队按照目前的进度，可能还需要苦战几天才能突破日军防线夺取首里城堡，既然日军在陆战1师的辖区内已露出一个可以让美军尽快拿下首里城的破绽，没有必要贻误战机。于是，德尔瓦尔批准谢尔本采取行动。

谢尔本接到命令，让杜森伯里上尉率领他的A连沿着雨后仍然非常泥泞的山脊线东进。A连一路消灭了少数遭遇

的日本兵，10时15分顺利拿下首里城堡。这一带到26日为止

5月，陆战1师的几名战士在炮兵的白磷燃烧弹幕前等候进攻。

由日军第62师团负责防守，之后由于日军从该方面抽调守卫

1945年5月30日，陆战1师1团3营营长小理查德·罗斯中校将陆战1师携带的国旗插上首里城废墟顶部，这是格洛斯特角和佩里琉岛之后，罗斯第三次被师长委任承担这一任务。

兵力，只剩下特设警备第223中队担任防卫。27日独立混成第15联队第3大队从松川地区向繁田川后退，使这里成为弱点。陆战队因此才得以利用日军防线的这个破绽，从首里西侧穿过日军部署的间隙占领了首里城堡（根据日军战史，美军在当天只是占领了首里城堡的一部分），首里周围其他各处掩护阵地仍在日军手中。

德尔瓦尔少将批准5团1营派兵抢占首里后，相应调整了部署。9时30分，陆战1团的两个主力营先后奉命绕过大名溪谷，脱离当时与77相接的阵地，向西南方迂回前进，夜间已经在首里南面构筑防御阵地。根据日军资料，当天进入首里城的美军还从背后攻击了步兵第32联队，被后者击退。

当天77师原先准备对首里城堡所在高地实施多次空袭和大规模炮火准备。陆战1师临时派兵抢占首里城，通知77师时也非常局促，好在77师还能及时取消火力准备，不然未免会酿成一场不必要的悲剧。陆战5团A连率先拿下首里城堡已成为既成事实，77师颇为大度地没有深究他们的越界问题。海军陆战队在官方战史中相当公允地指出，5团A连能够获得拿下首里城的殊荣，是第10集团军所有突击和火力支援部队

共同努力，坚持不懈打击日军防线的结果，这样他们才能找到突破口。

5月30日，首里城和城南的陆战队除派出小股巡逻队外，没有采取任何行动。巡逻队出发没多久，就被城北数百码的日军重机枪和47毫米反坦克炮火力给挡了回来。美军的车辆无法开进首里城，也就无法为城中的陆战队补给物资。美军用补充兵组成人力运输队，从西海岸的军用仓库到首里城之间，一路上形成几乎完整的一条运输线。许多人因为连续高强度作业，筋疲力尽垮

美军不得不经常为过于深入的一线部队空投补给。

了下来。航空兵当天组织了5次空投，越过乌云落入首里陆战队阵中的物资，在一定程度上缓解了当天的补给窘境。

进入首里不等于美军就能轻松占领首里周边地区。55号高地的日军仍在坚决抵抗。先前5团1营主力离开55号高地正前方的出发位置，向首里城堡进发时，便遭遇大名溪谷南面一道崎岖路堑射出的重机枪火力阻击。1营主力无法直接突破这个强点，便逐渐向右运动，最终才在首里城南与1团3营取得联系。在1团主力东进首里城堡时，配属1营C连的

美军陆战5团1营的士兵在前往首里城途中，小心靠近日军兵营的废墟。

2营继续守卫大名岭。为对抗110米高地和首里北部丝毫不见衰减的日军火力，2营的所有营部人员、炊事员、接线员和担架员都被派到前线助战。

5月30日，首里城堡下方的洞穴入口仍在日军手中，美军在首里城也没有占据更多阵地。陆战1团主力已在首里城堡南面宿营，但只是在日军防线之中建立了一个孤立阵地而已。日军后卫仍在依托首里周围防线奋战。美军陆战队占领首里城，并没有让日军感到太意外，也没有让更多的日军主动撤离掩护阵地，撤退计划也没有被打乱。陆战队为守住自己的阵地，必须设法在阵地内收集饮食和一些弹药。此时陆战1团需要的是其他各路友军，尤其是相邻的77师采取积极行动。

同一天，77师306团越过陆战队阵地进攻时，被100米高地的守军击退，好在他们在其他位置夺取了日军在首里正面的重要阵地，让日军的后卫进一步露出破绽。日军在正面防线首次露出从首里全面撤退的明确迹象。

多萝茜山是位于首里正东的一座要塞化高地，也是日军过去两周内侧防线的一个重要支柱。5月30日，77师307团3营奉命进攻这座友军多次攻打未果的高地。首次交锋，日军就给美军一个下马威。突击排刚到山脚便被重火力压制，排长和所有士官全部负伤。突击排正面进攻时，其他各排已从侧翼进入高地，最终一个班成功从右端登上山顶，3营的两个连也在随后跟上。美军从山顶向后山坡一看……好家伙，整整有三排山洞等着他们呢。

既然费尽周折登上山顶，陆战1师已经拿下日军的防御核心首里城，77师又怎能为眼前的一点障碍停滞不前？为对付后山的洞穴阵地，307团3营早有准备，步兵掩护手持火焰喷射器和炸药包的战斗工兵，从右向左，逐个焚烧和炸毁这些洞穴。最高层的洞穴解决后，第二层和最底层的坑洞也都如法铲除。当晚，15名在日间战斗中幸存的日本兵爬出被炸塌的洞穴。散兵坑里的美军士兵早有准备，将他们一一射杀。在多萝茜山后（南）坡，美军发现大量的日军重装备，包括10门被摧毁的150毫米火炮和25辆卡车，证明这里曾是日军非常强大的一个火力点。当天，77师又拿下左翼的三姐妹高地，然后17时几乎兵不血刃拿下首里地区的最高点汤姆山（弁之岳）高地。

96师在首里正东北的母鸡山山脚一连9天都无法推进。5月30日，382团F连和G连的一个排重新进攻这座高地。G连的克拉伦斯·克拉夫特一等兵和5名同伴奉命先行刺探日军阵地。当克拉夫特小分队开始上坡时，日军在山顶正后方的火力点就开始发威阻击，手榴弹

在弁之岳附近的战斗中被破坏的日军坦克。

越过山顶向他们掷来。小分队的3人当场负伤，另外2人也停下脚步。克拉夫特是新到冲绳的一个补充兵，第一次参加战斗，他勇敢地继续向上攀登，进入较适合的位置，在有效距离之内投掷手雷。山谷里的战友见他初次上阵就如此英勇，无不为之鼓舞。虽然日军的狙击火力让他们不能排开散兵线跟在克拉夫特后面爬上山，但大家都很自觉地从日军火力无法有效覆盖的相对安全位置依次向他的位置靠近。从山脚下开始，大家手传手将两箱手雷先后传到克拉夫特手中。克拉夫特无惧敌人的手榴弹从他头顶飞过，甚至在他身旁爆炸，将传到他手中的手雷全部掷过山顶。

榜样的力量在任何国家的军队都会发挥类似作用。克拉夫特身后的战友们都陆续来到他身后和身旁助战。克拉夫特在战友们的帮助下，暂歇口气，重新给加兰德M1步枪上好子弹，越过山顶就冲进日军的战壕，击毙日军数人，捣毁一个机枪阵地，将炸药包丢进其他日军退入的山洞，封死洞口。这一战大约有70名日军被击毙，其中至少25人应归功于克拉夫特个人。克拉夫特初次上阵就为拿下母鸡山高地立下头功，赢得了一枚荣誉勋章。

母鸡山左侧（东面），F连一部在赫克托山与日军进行了一场手雷对手雷的对战，为突击山顶用去十箱手雷。美

化为废墟的首里城堡，只剩下立在烧焦的树木之间的残存石墙。

军的一个炸药包飞过山顶，落入另一侧的日军战壕后爆炸，将日军的肢体和装备都炸上了天。战士们欢呼着登上山顶，然后冲下后山坡消灭残余日军。14时，美军顺利占领母鸡山和赫克托山两座高地。

5月30日，96师左翼高歌猛进。美军对罗杰山高地的密集火炮弹幕让日军只得进入地下工事隐蔽。他们以为自己可以和过去一样，在炮轰结束之后，及时赶回战斗位置阻击美军，但美军步兵这次冲得更快。当他们企图在战斗位置就位时，美军突然发难，将这队日本兵彻底歼灭。理查德·兴登堡中士一人就用勃朗宁自动步枪击毙了6个日本兵。战斗结束后，美军顺利占领罗杰山。

381团3营一路沿锥形山峭壁而下，在圆角山后山坡发现了大约75具到100具日军尸体。虽然383团2营仍会受到查理山某个角落的日军零星机枪火线骚扰，最终仍然抵达爱情山高地构筑阵地，不过爱情山也还有数名日军与美军周旋。下午，383团3营离开他们在双簧管高地的散兵坑，终于可以走向后山坡，却发现已只剩下少数日军而已。当晚383团在战报中写下了全团官兵的心声："将锥形山甩在身后，让我们如释重负。"少数地方仍

有日军断后部队死命顽抗，但383团已经可以加速度前进。

据日军战史记载，在30日当天，独立步兵第22大队长为了驱逐侵入首里城堡的美军，命令第2中队长松田克己中尉一并指挥第2、第5中队、机枪中队攻击首里城堡的美军。松田中尉实施了夜袭，于31日5时左右"确保首里城堡的一角"，掩护了日军主力的撤退。

5月31日，77师越过大名岭东端的100米高地，进入首里。在友军彻底打散日军在首里地区的防线后，首里城附近的陆战队员北上协助77师占领这一带的崎岖高地时，没有遇到任何反抗。日军已在夜间远遁。5月31日，夜幕降临时，

第3两栖军和第24军已在首里南方会师，77师占据了首里阵线的中心位置。天亮后，美军将继续向南追击日军残部，不过现在，战士们可以靠着他们的武器好好休息一下了。

冲绳的第二大城市首里已成一片废墟。冲绳群岛再没有其他城镇或者村落，像这座城市一样被毁得如此彻底。那霸也变成一片废墟。一些曾经成为日军防御强点的村落，诸如嘉数、幸地和国吉村，在激战之后也被夷为平地。然而没有任何一个地方能与这座琉球王国的故都相提并论。据估计，大约有200000发美军炮弹曾经落入首里城。美军的飞机也曾无数次空袭首里，投下大量1000磅重磅炸弹。成千上

美军正在视察被炮火直接命中而遭摧毁的日军首里防御阵地。

万发迫击炮弹也曾落入首里城区。全城只有两座混凝土建筑还残留着能在地平线上留下阴影的墙壁，一座是城区西南角的师范学校，另一座是城中部1937年建成的小教堂。其他地方全都变成了瓦砾堆。狭窄肮脏的街道上，到处都是弹坑和大爆炸留下的痕迹，车辆都无法通行。无数小房屋的石墙都被炮弹和炸弹轰塌。许多建筑物的架构都只剩下还在燃烧的木头而已。日军的军装、防毒面具、头盔这些常见装备，还有冲绳平民深色的服装凌乱不堪地混杂在一起。美国大兵形容首里城简直就像是一个月球坑，人类腐肉的恶臭却在提醒他们，这里仍是地球的人间。

首里城堡就建在城市南侧边缘的椭圆形山包上。珊瑚石巨石砌成的城基厚达6米，城墙高处达12米，墙内便是城堡区。城堡始建于1544年，带有明显的中式建筑风格，是当

美军士兵正在同潜藏在只剩下外壳的首里教堂中的日军狙击手交战。

地图八十五　5月14－31日美军在南部冲绳的进展一览

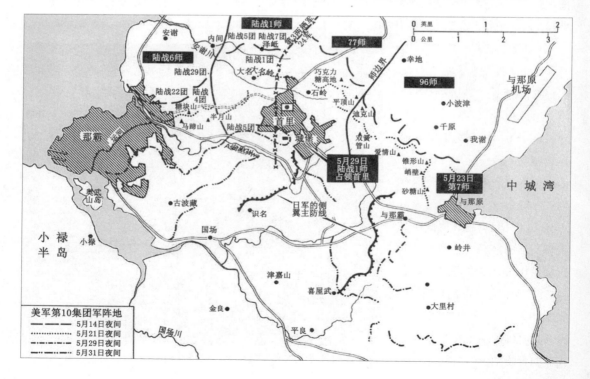

年琉球国王的统治中心。如今城墙被美军战列舰的重磅炮弹狂轰后，仅有数处完好。在城堡内部可以看到遍地瓦砾和被炸得坑坑洼洼的校场。几株参天大树的树身已被战火烤焦。美军从一片瓦砾中挖出两口青铜大钟，虽被炮弹炸得伤痕累累，但外形依然完好。一口钟高达1.5米，另一口大约高1.05米。

美军的后勤保障

日军的有组织抵抗还没有结束，但攻克首里让美军上下感到欣慰。日军在首里防区的长期顽强抵抗，影响了美军支持冲绳战事的后勤和其他辅助行动的每一个阶段，在美军执行具体任务时会遇到各种不可预见的情况，使一切变得更加复杂。随着时间推移，远超出计划的各种物资和装备的需求量逐步增加。美军必须逐个清除日军防御阵地，需要消耗更多的物资，尤其是弹药。美军占领那霸和与那原港卸货的计划迟迟未能实现，使一线部队日益增长的物资需求很难完全得到满足，为守备部队精心制订的物资供应计划全被打乱，各处基础设施的建设也只能拖延。连日暴雨严重破坏了冲绳岛的陆路交通，机械化的第10集团军被困在泥泞之中。美军只有最大限度地利用所有可用资源，鼓足干劲解决突发事件，在可能的条件下改用水运和空运将物资送到指定地点，大致让物资供应量和需求量匹配，才能及时让一线部队击败敌人。

美军占领渡具知海滩后方的山地后，就能在那里运送物资了。公路被拓宽修缮，补给仓库搭建起来，高炮就位，数以百计的军用设施都已建好。四处开始出现帐篷安置点，黑夜中的帐篷一度和冲绳的龟甲坟一样成为常见的户外景观。美军工兵从山上收集珊瑚石，铺设在公路和机场上。繁忙的交通在干燥天气会扬起粉尘，大雨时会让泥浆飞溅。美军话务兵很快用电话线让所有陆海军设施的电话通信畅通无阻，同时建起一个复杂的无线电通信网，美军的各后方基地都可以使用。登陆后的1个月，冲绳岛的美军合计已达170000人，到6月底，冲绳和邻近岛屿上的美军已达约245000人。

美军突击登陆的武器卸载早在4月16日就已基本完成，比预定时间更早些。之后的进度到5月6日也令人满意。不过，此后物资的卸载速度就跟不上计划了。5月7日至6月15日，物资卸载的容积吨数量和计划相比合计约相差200000容积吨。尽管如此，早期成功卸载的较多物资数量很大程度上弥补了这个差额，物资短缺额6月5日以前并没有表现出明显的累积效应。美军最主要的麻烦是未能按计划拿下那霸港，使用那里的港口和码头设施，大部分卸货作业仍要越过渡具知的礁盘和海滩。大风、暴雨、频繁的日军空袭，以及装备短缺，都在影响进度。特别麻烦的是，需要优先选择让最重要的物资卸货上岸。面对各种困难，4月1日到6月30日之间，美军在冲绳仍然卸载物资超过2000000容积吨，日平均卸载量超过22200容积吨（详见附表七）。

为了增加物资卸载量，第10集团军在渡具知海滩以外的沿海地区开辟了多个卸货作业点。4月初，第3两栖军在北部冲绳快速推进时，后勤部队就已在北部冲绳开设了几个补给点。陆战队南下进攻首里主阵地后，美军后勤部队便集中精力在西海岸的牧港抓紧修建各种卸货设施。5月25日，坦克登陆艇已可在一道临时沙堤卸载物资。与此同时，为跟进支援南下的第3两栖军，美军在牧港和那霸之间又开辟了几个临时卸货点。6月7日，那霸港终于可供坦克登陆艇卸货，港

渡具知海滩附近的美军舰至岸补给堤道。

口和码头设施的重建也开始进行。按计划，到6月底，西海岸的绝大部分卸货作业都会在那霸港进行，渡具知海滩将逐渐弃用。

冲绳东海岸的卸货作业从4月中旬开始，先后在金武湾、石川、胜连半岛、泡濑和久场进行。5月22日，美军占领与那原，10天后，已能在这个港口卸载物资。6月12日，美军工兵在那里建成供坦克登陆舰和其他船艇停泊的浮动码头。6月9日，冲绳战事进入最后阶段，美军在东南海岸的港川开辟了一个紧急卸货点，一直运作了15天。

到1945年6月30日为止，美军在冲绳卸载的所有货物之中，大约20%在渡具知海滩以外的卸货点上岸，合计大约400000容积吨。不过，使用这些计划外的补给点不免会造成货物卸载延误，因为每个新辟补给点都是为了即刻支持前线的突击，可用的驳船、卡车和人员就会分散到多个地点，实质上延缓原始卸载地点的作业。另外，在新辟补给点卸载的大部分物资，不是直接从运输舰船上卸货，而是从之前在渡具知、泡濑和久场已修建好的简易仓库装上小艇，然后沿海岸南下进入新卸货点的。

由于卸货缓慢，在多个锚地等待卸货的船只就成了日军空袭的极佳目标。美军后勤人员持续不懈地艰苦努力，加速卸货作业，让船只返回较安全的区域，这样原定的补给运输计划也就无法坚持了。修改后的补给计划重点在特定时刻要求冲绳岛非常需要的满载各种物资的船只。然而对这类船只，尤其是弹药运输船只需求量太大，要想让这类船只随传随到往往不切实际。

各种物资上岸后，就进入后勤的下一个重要环节——将物资供应给一线突击部队。这个责任在登陆初期由各师师部分头负责，后来移交给各军军部负责，4月9日被移交给集团军后勤机关——驻岛司令部。为驻岛司令部修建各种仓库的任务到5月24日为止，一直由第1特别工兵旅负责，当时驻岛司令部承担各种补给设施的直接运作指挥任务。冲绳美军的所有单位都会定期从驻岛司令部的各补给点将补给送入他们的运输工具。驻岛司令部的补给点最初就设在渡具知海滩后方区域，随着美军向冲绳岛南端不断推进，前方的补给站点也在向南推移。起初驻岛司令部会为每个师设立一个弹药补给点，随着战斗的发展，这些补给点会得到巩固，在更靠近前方的地区会设立新的弹药补给点。

5月下半月以前，为前方各部队运送补给的行动并没有遇到特别的困难。5月20日起，冲绳连降暴雨，前后持续两周之久，贯通美军前后方的主要补给道路经过雨水日以继夜的冲刷，车辆已无法通行。此外，大雨期间，适逢日军全面撤出首里地区，美军突破首里防线，一线部队加快南进，与所有已设立的补给站点距离拉大，给美军的补给行动出了一道新难题。为将各种物资及时送到前方的简易军用仓库，美军有必要更加依赖水运。这一时期，在东路大范围迂回的第7师，依靠LVT两栖运兵车在沿海补给物资。5月31日，24军在渡具知设立了一个补给点，驻岛司令部和海军便可用驳船在当地提供所需的各种物资。6月1日，第一批物资由坦克登陆艇送到渡具知。几艘坦克登陆艇还将后勤支援部队和火炮送到前方，同时将伤员接走。

开始追击撤退的日军后，24军将渡具知补给站移交驻岛司令部负责，集中军部后勤力量在南海岸的港川设立新的前方物资卸载点。为确保能向24军各部稳定供应弹药，美军的1艘驳船和3艘坦克登陆舰满载弹药，在与那原和港川外海锚泊，充当水上弹药补给站。6月6日，第7师已能用LVT两栖运兵车在港川接收一些物资。6月8日，4艘满载食物和油料的坦克登陆艇，以及1艘装载

弹药的坦克登陆舰抵达港川。坦克登陆舰和坦克登陆艇一直都在冲绳岛东西沿海将物资送到新的补给点，LVT两栖运兵车往往被用来从船到岸驳运物资。当时前方突击部队的物资供应几乎全部要依靠人力运送。在西海岸，第3两栖军每天用1艘驳船、1艘坦克登陆舰和大约70艘DUKW两栖运输车从后方调运物资，都在那霸卸货。另外还有34辆LVT两栖运兵车每天将物资从渡具知海滩运往沿海的前方阵地。

这一时期，空运也是美军向前方运送物资的重要手段。第3两栖军的一个空运处负责全岛空运任务。4月18日之前，这个空运处还在护航航母上运作，后来转移到嘉手纳机场。为提高空投精度，空运处不用C-47运输机，而是用鱼雷轰炸机空投，先后用830架次飞机，为前线提供了303吨

物资。大部分空投物资提供给第3两栖军，尤其是陆战1师。陆战1师前线部队的补给在5月30日至6月9日几乎完全依靠空运，当时他们辖区内的公路简直无法通车。由于空运主要用于紧急运输任务，因此6月2日至9日，空投给24军的物资很少。空投的物资主要是一线部队最急需的弹药和口粮。

由于缺乏良好的道路建材，补给道路的维护和建设并不顺利，连续暴雨和繁忙的交通使局面迅速恶化。在24军辖区，战事早期阶段用珊瑚石灰岩修建道路的做法被证明不太合适，工兵只得更多使用被摧毁的建筑物和石墙变成的碎石和瓦砾。美军的岩石粉碎机派不上用场。24军南进时，因为缺乏足够的珊瑚石灰岩来源，只得继续使用建筑废墟材料。6月7日前后，当碎石机可以使用时，被送进一座石灰岩采石

空运处的陆战队员和海军军舰"萨根特湾"号的舰员为一架鱼雷轰炸机装运物资，准备空投给第10集团军的地面部队。

场开工，然后又转移到一个新场址工作，在那里可以用被夷平的首里城提供的优质石材。

当时道路维护问题已成为美军后勤工作的首要任务。从5月到6月5日，冲绳的累计降雨量达到305毫米，迫使24军暂时放弃两条主要的补给道路。东海岸沿线的13号公路，在战役期间都没有重建，工兵集中精力维护岛中部的5号公路，以及从与那原和港川向南延伸的几条公路能够运作。美军可以通过水路将物资送到这些公路上运送。

在岛西半部的陆战队辖区，依靠全体工兵部队的连续辛劳作业和硬性交通管制，才能让1号公路维持畅通。6月底，西海岸的1号公路，中部的5号公路，东海岸的13号公路，以及横跨全岛的6条居间公路，已构成美军的驻岛补给道路网。

美军重建的冲绳岛公路大约有264公里，都拓宽为两车道公路，同时新建60公里两车道、三车道和四车道公路，总共有545公里的道路得到维护。

美军竭力组织各项后勤工作，前线的紧张战斗经常会让后勤人员有些力不从心，最重要的后勤问题就是怎样为支持美军对首里防线的长期进攻，维持足够的弹药供给。美军原计划为40天的作战准备5个基数的弹药量，追加的供给量大超过这个数字。实际上冲绳战役的持续时间超过预定计划一倍。4月6日到27日，日军空袭造成3艘弹药运输舰船沉没和其他舰船损坏，导致19000吨左右的弹药损失。此外，弹药的卸载速度，一直跟不上消耗速度，尤其是炮弹的消耗速度，与此同时，还需要在弹药补给点维持足够的预备弹药量。后勤军官们很快发现，运输舰船根据太平洋战区火力指导守则规定的弹药基数，平均运载所有口径弹药的做法，并不符合长期战事的需要。冲绳美军对炮弹的需求量远超出对轻武器弹药的需求，规定弹药基数与实际需求不符就会造成弹药供应紧张，卸载量浪费和

美军在嘉数地区的大型补给设施。

关键弹药的持续短缺。

弹药供给形势最早引起关注，是24军在4月的第二周进攻日军主防线时。当时24军多次大举炮击，炮弹消耗很快。由于运输船只的卸货速度跟不上，一线炮兵掌握的弹药日益紧张。按照24军突破日军阵地的进攻计划，需要消耗14800吨炮弹，此外每天还要维持1000吨的备用炮弹供应。为节约现有物资，4月9日，24军军部不得不开始限制炮弹消耗量。24军的新一轮总攻被推迟到4月19日，很大程度上就是为积累足够的炮弹。好在美军当时还有余力调整，加快弹药卸货速度，想尽各种办法补给弹药，将第3两栖军的库存炮弹调给24军，总算及时完成了弹药准备工作。

24军的4月19日总攻结束后，美军的弹药消耗量继续攀升。冲绳战事结束时，美军累计消耗弹药97800吨。仅24军在4月4日到6月21日就消耗大约64000吨，对弹药每日消耗量的限制，一直延续到6月1日为止。尽管有所限制，24军各部的日均弹药消耗量仍达到800吨。

4月中旬，美军的155毫米炮弹严重短缺。17日，第10集团军不得不要求派4艘坦克登陆舰专程从马里亚纳的备用弹药库运送155毫米炮弹来冲绳支援。这样一来，就得紧急请求追加备用弹药。为缓解各种弹药短缺问题，太平洋战区向参谋长联席会议申请将已取消的一些作战计划准备的再补给弹药，以及某些原打算用于欧洲战场的弹药，转给冲绳岛。5月21日，第10集团军要求紧急空运50000发81毫米迫击炮弹，其中26000多发在5月28日到6月9日送达冲绳。

尽管经常出现短缺迹象，美军大口径炮弹（75毫米及其以上口径炮弹）消耗量超出计划预估的需求量还不到1%。消耗的全部2116691发大口径炮弹（含被日军摧毁的350339发）中，消耗量最大的105毫米榴弹炮弹，一共发射1104630发，另有225507发被日军摧毁。105毫米榴弹炮弹的消耗超出预估总需求近8%，但消耗量仍在同期可供应量的范围之内。

107毫米化学迫击炮弹短缺，很大程度上是由于有缺陷的引信比例太高，最终依靠海军的富余库存，空运替换引信克服了这一困难。

冲绳岛的航空汽油补给经常逼近短缺临界点。好在岛上的两座机场勉强拥有足够的汽油执行各项预定任务，没有任何航空行动因此被取消。航空

汽油相对匮乏主要是由于卸货缓慢，岸上的仓储设施不足。4月底之前，美军的油库都没有完工，只能用油桶装运油料送到岸上，缓慢费力。使用DUKW两栖运输车直接从船上将油料运送到机场倒还能加快卸货速度。冲绳美军掌握的备用航空燃油从来不充裕，一艘油轮未能如期在4月底到达冲绳时，第10集团军不得不请求海军从舰队的油轮拨出一些燃油为陆基飞机救急。

冲绳战事期间，美军损失的轻型和中型坦克数量远比预期多，这就造成了新的物资短缺，补充坦克无法及时到达。6月30日，第10集团军报告共损失147辆中型坦克和9辆轻型坦克。4月28日，瓦胡岛的太平洋战区司令部就提出补充坦克的申请，直到战事结束，新补充的坦克还是没能到达冲绳。为应付紧急状态，配属第27师的193坦克营的所有中型坦克，被分派给冲绳其他各坦克营。24军靠这种方式补充了50辆坦克，有效维持了坦克部队的战斗效率。为此，193坦克营一直没能重新装备坦克回归战斗。

美军的医护工作同样是重要的后勤保障环节。地面部队伤亡巨大，大大高于预期，冲绳岛的医疗和救护后送设施承

担了相当大的压力。不过，非战斗减员远低于预期，疾病发病率也较低，这就会相应减少用于这些长期慢性病例的设施，为大量伤员提供颇受欢迎的医疗和外科救护设施。

按照冲绳岛的常见处理流程，一个人在战场中弹，就会被交付给一个收容连，送进一辆吉普救护车、小型登陆车辆或军械车，送往前线200到400码后方的营包扎急救站。经过包扎处理，伤员会被标准救护车或吉普救护车送进收容所，在那里可以输血。下一站就是师医疗后送站，那里配备多个便捷外科医院，可以进行外科手术。最后，伤员会抵达距前线4000到6000码的野战医院。到5月底为止，后送到野战医

院的行动是令人满意的，但大雨已经让道路无法通行。大雨让那霸－与那原南方各师的伤病员后送行动停止。5月底6月初，已有必要用坦克登陆舰从东海岸的与那原和西海岸的牧港后送伤病员。6月10日，24军辖区的水上后送范围已向南扩大到港川。第3两栖军在系满的辖区，由于岸礁和日军火力阻挠，水上后送无法进行，只有依靠L-5炮火联络飞机协助后送伤员。飞机会在系满正北的混凝土公路降落，将伤病员送往北谷。6月15日，24军也开始从港川空运伤员到后方医院。到6月底为止，美军一共用小型飞机将1232名伤病员送往野战医院。

4月底，美军的6座野战医院和1座陆战队后送医院都

已投入运营，合计拥有3000个床位。到战事尾声的6月21日，为战斗伤病人员提供的可用床位上升到3929个，此外还有500个疗养康复床位和1802个守备区床位。医用床位数量较少，主要是因为冲绳战事前6周会将伤病员及时后送到马里亚纳群岛救治。这样治疗时间不足两周的伤病员会在相当长时间离开冲绳岛，脱离自己的建制单位。这样一锅端的后送，会让一线部队失去宝贵的伤病恢复人员这一补充兵源。5月16日，第10集团军司令部指示下属各医院在能力范围之内尽可能保留被称为"白色"病例的轻伤病员。

第10集团军下辖的2个军都建立了康复营地来阻止人员流失。24军早在5月6日就开设了康复营地，第3两栖军南下作战较晚，所以5月29日才开设康复营地。这些营地缓和了轻伤员流失的状态，但每次大攻势之后，医疗设施一直都会紧张忙碌。5月26日和27日，离开冲绳岛的一切后送作业暂停，连日暴雨让机场无法使用，也没有医疗舰船可用于海上后送作业。5月28日航空后送作业恢复前，冲绳的医用床位非常紧张。到6月30日为止，冲绳战斗损失的将近80%，合计30848名伤病员被后

美军士兵正在沿着公路向前线推进，运送伤员的吉普车正在从他们身旁驶过。

送到马里亚纳群岛等地，大约一半靠空运，一半靠海运。

冲绳岛出现了此前太平洋历次战役中没有的大量战斗疲劳病例。战斗疲劳症主要是由于长时间苦战，日军密集野战

冲绳岛美军伤病员救护工作的一般流程：伤病员必须先用担架护送一段路（左上），运送到救护吉普车上（右上），进入野战医院救治（左下），重伤员被护送到医务舰船收容（右下），有必要的话会运送到塞班岛等后方基地救治和疗养。

炮火和迫击炮火的巨大噪音造成的。数千名战斗疲劳症患者都挤在野战医院自然不行，结果是增加了许多不必要的离岛后送任务。为让战斗疲劳症的治疗更有效，治疗地点应尽可能靠近前方，也能缓解被送入医院的伤病员人流。除军属休养设施外，各师也设立了休养营地，收容战斗疲劳症患者。4月25日，第10集团军开设了一座野战医院，专门收治战斗疲劳症患者。大约一半战斗疲劳症患者最终在师属休养设施救治，另一半较为严重的患者在野战医院治疗。约80%的战斗疲劳重症患者在10天内就能重新执行任务，其中半数只能分配到非战斗单位。

原先美军曾担心冲绳岛是疾病流行之地，会严重危害官兵健康，现实并没有那么糟糕。4月美军医务部门的调查显示，当地没有血吸虫病或者恙虫病，疟疾发病很少，大约30%的当地居民被发现感染丝虫病。冲绳的风土气候条件基本上还算理想，美军也采取各种卫生控制措施，诸如4月7日到20日间歇在空中喷洒DDT，为各作战部队配属疾病防控单位等，最终当地没有爆发大规模传染疫情。因此，冲绳美军的疾病比率非常低，没有造成多大困扰。

军管政府和基地建设

除了各种后勤保障工作外，冲绳美军在后方面临的另一个大问题就是对冲绳平民百姓的管理。制订冲绳战役计划时，美军计划人员最为困惑的问题之一就是冲绳平民对美国人的态度。登陆后没多久，他们基本上都松了口气，至少冲绳平民的举动看上去不会制造很大麻烦。首先，在平民中间，仅有较少激进分子，因为日军几乎强征了所有15岁到45岁的冲绳成年男子服役造成了这种局面。许多平民在美军入侵前就已流离失所，早早从那霸和首里向北方转移。其他人在战火波及他们的村落后，也变得无家可归。平民的伤亡总数很高，占人口的比例却"不算大"，许多人躲进山洞避难，还有些人会躲在深井里，有时全家人会躲进同一口井。

美军在冲绳岛登陆初期，没有发现像庆良间列岛那样的平民集体自杀事件，但某些人，尤其是年纪较大的居民，听信了日军的可怕宣传，在被美军拘留时惊恐万分。冲绳当地只发现了少量传染病，但大多数平民因为生活在拥挤、卫生条件极差的洞穴里，饱受虱子和跳蚤困扰。冲绳人民普遍

勤劳节俭，生活标准和受教育程度都较低，遭受战祸之际，倒是很容易克服一开始的种种不适。大多数人顺从地从家中迁移出去，前往美军设立的特别宿营区，这种宿营区很快就取代了美军最初设立的带栅栏的羁押场所。

起初美军选定的平民安置区主要是北部冲绳的石川和胜连半岛，以及南部冲绳的古座、岛袋和泡濑。军管政府会供应维持生活的必需品——食物、水、衣物、掩体、医疗卫生用品等。美军的食品储备足够维持居民二到四周的需要，另外在田野里还能搜集到其他食物。在美军控制下的公地里能收获成熟的谷物。马、牛、猪、羊、家禽为躲避入侵的美军都已四散奔逃，被美军成功围捕后，会移交到居民宿营地。

登陆冲绳前，美军在太平洋的占领区都没有使用过可兑换美元的占领区货币，也就无需管理价格和工资。相当长一段时间内，冲绳平民必须靠自己解决生存问题。

对冲绳平民的管制任务，一直由第10集团军下属的军管政府负责。军管政府下辖四类分遣支队，每个支队由若干小组组成。第一类分遣支队与各突击师一同行动，执行先期侦

冲绳战事开始阶段，美军在岛袋设立军管政府总部。左上图为军管政府迅速搭建的帐篷区。右上图为军管政府正在登记年龄适合服役的冲绳平民。左下图为许多冲绳人得到为美军运送补给的工作。右下图不少冲绳本地人会协助美军为流离失所的冲绳同胞提供食品等物资。

察搜索任务，第二类分遣支队负责前线后方的军管政府任务，第三类分遣支队管理难民营地，第四类则管理军管政府的各辖区。美军很难为军管政府提供足够的人员，尤其是日语娴熟的翻译人员。入侵冲绳前，美军已指派75名日语翻译，登陆后很快发现根本不够，又追加了95名翻译。随着战事的进行，为安置难民营新增的大量冲绳平民，炊事、宪兵和医务人员都出现了一些短缺现象。尽管人手并不充裕，原先被指定负责运作收容10000名平民的各支队仍经常会发现必须照顾多达20000人。

美军入侵冲绳的第一个月，受军管政府管制的冲绳居民数量激增，4月底已达126876人。南部冲绳首里前线的战局僵持时间较长，5月增速减缓，6月初这一数字达到144331人。不过6月的前三周，在美军突破首里防线后，数量再次激增。战斗结束时，军管政府管制的冲绳平民总数约为196000人。

美军登陆之前，就为冲绳岛和伊江岛制订了详细的基地开发计划，具体就是登上冲绳岛以后，只要条件允许，就开始修建前进舰队基地和航空基地，以及各种中转设施。不过起初的修建工作都是为支持一线突击部队作战。工兵修缮了主要的补给道路，让读谷和嘉手纳机场重新运作，修建与离岸油轮相接的大型汽油仓储设施。

按照原定计划，为修建基地，尤其是航空基地，美军选择了冲绳群岛的多个岛屿为目标。根据"冰山计划"规定的第3阶段任务，至少还有5个岛屿——冲之大岛、久米岛、宫古岛、喜界岛和德野岛，曾是美军计划入侵的目标，会在这些岛上修建战斗机和B-29轰炸机基地和雷达站。随着时间的推移，美军发现这些岛屿不是每一个都适合修建基地设施，占领这些目标的计划随之取消。在5个预定目标中，仅有久米岛在6月26日被占领，也不是为修建航空基地，而是为扩大冲绳群岛的防空警戒网。

"冰山计划"第3阶段任务的取消对冲绳岛和伊江岛的基地修建计划影响很大。大量原定用于被弃计划的资源和人力，可以被转用于冲绳岛。然而，与此同时，由于冲绳基地建设部队任务的扩大，某些机场建设项目也发生了改变。例如，4月9日，第10集团军向战区总司令尼米兹将军报告，经过仔细侦察，冲绳岛的各处机场场址非常适合修建超远程轰炸机基地。尼米兹将军便向参谋长联席会议报告，为扩大冲绳岛和伊江岛的机场建设规模，应放弃占领宫古岛修建超远程轰炸机基地的计划。4月26日，参谋长联席会议正式撤销宫古岛作战计划。于是，冲绳的基地兴建计划大变。美军原计划在冲绳修建8条飞行跑道，在伊江岛修建2条跑道，而按照新计划，则需要在前者修建18条，在后者修建4条跑道。冲绳岛修建的各处机场主要用于B-29轰炸机的行动，而伊江岛将成为远程护航战斗机的基地。

冲绳基地建设项目大举扩大，进行过程中仍会受到各种因素干扰。5月底，冲绳暴雨最盛，所有建设只得停工，直到6月15日才恢复，负责修建机场的工兵都被调去维护通往第一线的主要补给道路。尽管宫古岛作战计划取消，让更多人员可以参加冲绳岛的基地建设工作，但到6月22日为止，所需的80000建设工程部队仅

嘉手纳机场的重建和扩建工程进展很快。

停放在伊江岛机场的海军陆战队422战斗机中队的F4U-1D战斗机。

1945年6月19日，那霸港的重建工作已经取得较大进展。

底，嘉手纳2286米的超远程飞行跑道完成25%，泡濑和金武的2条1524米战斗机跑道已准备投入运营，残波岬的2591米超远程飞行跑道完成15%，普天间和牧港的超远程跑道和中型轰炸机跑道也在修建之中。

4月底，港口修建工作开始，中城湾的胜连半岛在建造152米的浮动驳船码头。在金武湾、牧港和比谢川河口，美军也在修建临时浮动驳船码头。6月底，与那原的244米浮动驳船码头已经动工。为修建永久性船只码头和驳船锚位进行的准备工作也在进行。6月初，美军开始在那霸清理港口的各种废墟和瓦砾，要让那霸重新成为一座重要的大港口还需要几个月时间。

冲绳战事结束时，在冲绳群岛修建大型航空和海军基地的计划要完全实现仍需时日。战斗机已经能从机场出发空袭九州，大部分机场仍要到两三个月后才能完工。战争结束时，中城湾的海军基地还远未完工。直到这场战争的最后一个夜晚，从冲绳出发的B-29重型轰炸机才首次空袭日本本土，这也是它们在这场战争中的最后一次任务。

31400人到位。这样一来，机场修建工作就无法跟上预定工期。

为了让地面部队在突击期间得到陆基航空兵掩护，起初战斗机机场的修建工作最为优先。4月10日，嘉手纳和读谷机场就已能顺利运作。美军工兵发现日军机场修建得较差，机场表面只有薄薄的一层珊瑚石，排水能力也差。机场跑道必须彻底重建，表面要增加30厘米厚的珊瑚石。5月底，冲绳岛和伊江岛已有10条轰炸机和战斗机跑道在建，只有读谷和嘉手纳机场，还有伊江岛的战斗机跑道接近完工。美军在冲绳建成的第一条飞行跑道是读谷机场2133米长的中型轰炸机跑道，于6月17日完工。6月

第十四章　最后的对决

泥泞中的追击

日军从首里南撤，美军士气大振，第10集团军司令巴克纳中将喜形于色。5月31日，他下令美军各部追击，全歼日军第32军："牛岛撤出首里防线后，大势已去。现在要做的就是扫荡还在抵抗的各处孤立阵地。这不等于将来不会发生艰苦的战斗，但是鬼子应该不会组织另一道防线了。"美军军官都不认为日军还有能力进行有序撤退。这种乐观情绪很快就被证明太盲目了。美军将会明白，日军从首里有效组织了撤退，及时在更南面的岛尻郡组建了一道新防线。尽管那不是一道令人生畏的完备防线，美军仍要战斗相当长一段时间，才能让日军的有组织抵抗结束。

下令追击的同一天，巴克纳将集团军的边界沿着公路延伸到喜屋武、伊霸和具志头村一带。为分割围歼残余日军，他命令部下的2个军分头进军，在喜屋武会师，完成对首里的包围，希望能围堵日军32军主力，阻止其从首里地区南下。第3两栖军已经占领那霸，同时24军迅速南进，阻止日军退入知念半岛。巴克纳估计日军缺乏有战斗力的人员，也没有足够的运输和通信工具，大举撤退会被泥泞的道路所阻，困难重重，混乱无序。

污泥是美军各级指挥官担心的一个大问题。5月下旬，冲绳降雨量接近305毫米，6月上半月的预计降雨量会更多。5月30日，美军已用400辆卡车运送珊瑚石和瓦砾填补5号公路上的泥坑。5号公路是纵贯冲绳中央的南北走向公路。次日，除了最重要的交通之外，所有人都不得在这条公路通行。冲绳东西沿海的其他补给路线几乎都无法通行。

巴克纳命令部队加速前进时，补给卡车只能跟在卷扬机和推土机后面行动，才能通过路上的无数泥坑泥潭，速度大受限制。左右两翼的美军还能靠小艇和两栖车辆走水路从后方将物资送到前方军需仓库，此后仍要克服不少困难，才能将物资从滩头阵地运往前线的散兵坑。中路各师的补给压力更大。大部分物资都要靠后勤部队用人力运送到前方，有时一线突击部队都要派人执行这项任务。

面对6月初的后勤难题，巴克纳长叹："各种（后勤）事务变糟的时候正好遇上坏天气，我们的运气糟透了。"集团军副参谋长也一脸无奈："烂泥对（我军）进攻的威胁就像遇到日军的一次大反攻。"

当时24军占据了美军前沿阵地最南面的位置。军长霍奇少将把第7师东移，命令96师南下替换7师32团，接管24军战线西端。77师负责保护96师后背，扫荡24军辖区内的首里

当机动车辆无法在泥泞的道路上通行时，美军不得不使用马匹拖运补给。

阵地。5月31日夜，7师和96师已到达军部规定的位置，准备次日上午一同南下。

第3两栖军的战线当时从首里延伸到那霸东南1000码的一个位置。巴克纳一度希望麾下两个军的先遣队尽快到达喜屋武附近的重要高地，将牛岛中将的余部分割围歼，但第3两栖军距这个地区的最近的阵地也超过3000码。5月31日夜间，围歼的希望已经破灭。24军在前方的两个师的进展证明，尽管道路泥泞，通信和交通不畅，牛岛仍巧妙地让他的余部主力较完整有序地撤出首里南下。意识到美军不可能分割围歼日军后，第10集团军更改计划，让第3两栖军继续沿西海岸南下，第7师继续在东海岸南下。

6月1日，美军南下进攻岛尻时，陆战队的任务是歼灭残余日军，而不是让他们被孤立。第3两栖军派出的巡逻队很快发现首里附近的防御已十分薄弱。于是军长盖格少将决定让陆战1师直接南下封锁小禄半岛基部，同时让陆战6师在半岛顶端登陆。

美军前沿阵地南方6.4公里是冲绳战场最大的一道珊瑚悬崖，即与座岳－八重濑岳悬崖。冲绳战事之初，美军就能从远处望见这道横穿岛尻郡的巨大珊瑚峭壁。5月31日，美军正面战线和八重濑岳之间的地区是一系列相对较小的圆形高地和凹凸不平的低矮山岭，岛屿西部一些较高大的山头一路穿过小禄半岛基部。美军登陆海滩南面最高大的山头位于南部冲绳东部和知念半岛，那里除了岸边的狭窄平地外，全部由山地组成。

6月1日上午，南部冲绳大雾弥漫，能见度只及几码。美军南进时，一路上的泥泞足有

齐踝深，日军余部有足够的时间进入他们的新防线。美军第7师以第17团和184团一路从东路突击。第7师前两天派出的几个巡逻队送回许多有价值的情报。日军抵抗较顽强，但第7师除了绕过两座高地外，一路前进还比较顺利，当天将前沿阵地前推1100码。日军缓缓向系数方向退却。

6月1日到2日，日军步兵第32联队和步兵第64旅团（独立步兵第15大队、第22大队、特设第3联队等）在津嘉山地区组织了比较坚决的抵抗，迟滞了96师的前进。除此之外，直到6月6日，日军沿途的零星抵抗基本上只能起到延缓和稍事阻碍美军行动的作用。

在追击的前几天，美军路过的大部分山头，日军守备队都很少，或者干脆无人防守。这些守备队的战斗力乏善可陈，只有当美军逼近时才能造成一些杀伤，随后在美军持续压迫下，会频繁尝试越过开阔地奔逃，变成了活靶子。战役开始以来对日军战斗素质评价颇高的美国大兵，难免因此觉得日军已军心涣散。

96师383团的罗威尔·麦克斯帕登参谋军士摸到两名日军士兵身后时，居然一直没被发现，一时兴起，拍了一个日本兵的肩膀。这个日本兵还没回

过神来，就和同伴一起被他的11.4毫米口径手枪击毙了。

第一天追击结束后，美军发现大雨比日军的骚扰和抵抗更麻烦。霍奇怀疑他的24军如果没有在莱特岛的沼泽里接受过考验，还能否在雨天冲绳的泥泞地面继续行军。

第7师184团一路向东南越过知念半岛被雨水浸透的绿色群山，遇到的抵抗微不足道，显然日军并未打算在当地设防。第7师师长阿诺德少将加快进度，让32团负责在半岛巡逻。6月3日傍晚，184团1营巡逻队已到达百名附近的冲绳东南海岸，完成了第7师的初步任务。集团军司令巴克纳赞道："杰出的表现。"

第3两栖军的情况也差不多。陆战1师面对的抵抗很弱，但大雨和泥泞让他们的地面补给体系崩溃，各营只能依靠空投或者人力补给物资。

6月3日，美军两个军的战线逐步拉开。他们之间的缺口纵深已达3000码，24军96师383团因暴露的右侧遭日军火力骚扰，无法继续前进。为保护24军正面右翼，霍奇命令77师305团南下填补这个逐渐扩大的缺口。

陆战1师5团2营越过喜屋武以北的军边界后，继续越过照屋向东南进攻，占领了57号高地和宜寿次南面的高地，将缺口缩小到1000码深。

6月3日傍晚，美军发现日军已放弃在知念半岛和南部冲绳中部部署防御阵地，那么牛岛中将显然是在冲绳岛南端岛尻几乎正好位于八重濑岳悬崖的位置部署日军的最后防线，那处于第3两栖军的行动区域内。此外，如果24军能在一到两天内继续维持现在的推进速度，那么他们就能占领辖区内的南部冲绳东部地区。巴克纳

地图八十六　6月3日美军24军占领知念半岛之后的部署概况

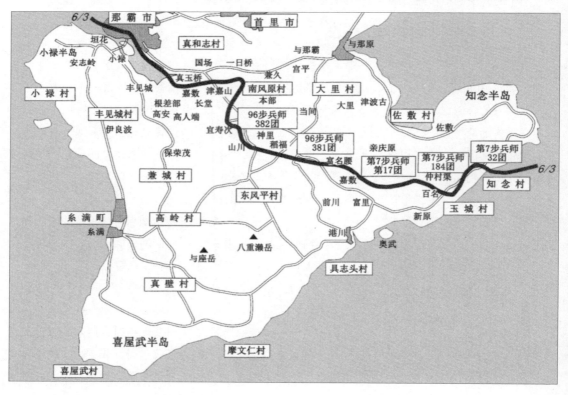

地图八十七　6月4日，日军32军在岛尻地区的部署

1945年6月4日

英里

中将无意让日军在战役最后阶段得到喘息机会，决定将两个军的行动边界西移，让第24军负责与座岳－八重濑岳的全部战斗任务。6月4日中午，美军两个军的行动边界已从伊霸和具志头的交叉路口，转移到伊霸、与座、大里和米须一线。

当天，24军奉命转向西南方进攻。霍奇少将的部队越过海边整齐的小块田野、连日暴雨后树木更加繁茂的山区前进。15时前后，第7师已占领6000多码的海岸线，抵达港川河浸透雨水的河岸。河上唯一

的桥梁被毁，步兵只能涉水渡过湍急的河流。96师西进后，将24军的战线从港川（凑川）延伸到伊霸。24军南面，日军最后一道防线的前哨阵地已部署完毕。在美军战线后方，补给线已延伸过一条没有桥梁的河流，达到临界点。美军各级指挥官很快开始就地勘察，看是否能在港川登陆运送补给。此后几天，美军更谨慎地稳步推进，遭遇的抵抗逐步升级，而且相当坚决，让他们回想起此前的激战，感到正在逼近日军的最后防线。

小禄半岛的两栖攻击

指望日军放弃首里防线后，还会继续放弃守卫小禄半岛，这根本不切实际。4月1日前，小禄半岛，以及这里用于保护机场和那霸城的各种设施，一直都由日本海军部队负责。

部署于冲绳本岛的日本海军部队总兵力约1万人，均由冲绳方面根据地队司令官大田实少将指挥。1945年3月中旬，冲绳方面根据地队编成了

冲绳岛联合陆战队。在美军登陆本岛时，基于陆海军中央协定，海军部队由第32军司令官牛岛中将统一指挥实施地面战斗。海军部队的编制大体为：

冲根部队（以冲绳方面根据地队部队为基干），兵力1500人；

严部队（以西南群岛海军航空部队为基干），兵力3000人；

山根·础部队（以第226设营队为基干），兵力约3000人；

护部队（以第951海军航空队小禄派遣队为基干），兵力约800人；

以上均部署于小禄地区；

国头地区部署兵力约600人；

陆军派遣队约500人。

海军部队的装备为各种大炮约25门、高射炮约15门、迫击炮50门、各种机枪约300挺。虽然拥有很多优良装备，但不少都缺乏机动力。各队只

有1/3的人员拥有步枪（其他人手持长矛），手榴弹每人2－3颗而已，机枪有很多是用航空机枪改造的。此外还有急造炸弹约2000颗。

在海军总兵力的10000人中，有很多属于设营队，受过陆战训练的人员只有约2500名，来自当地的防卫召集者多达3000－4000名。

除去国头地区队和陆军派遣队，部署于小禄半岛的海军部队约有8000人。自5月中旬以来，根据第32军的命令，

地图八十八　4月左右日本海军在小禄地区的部署

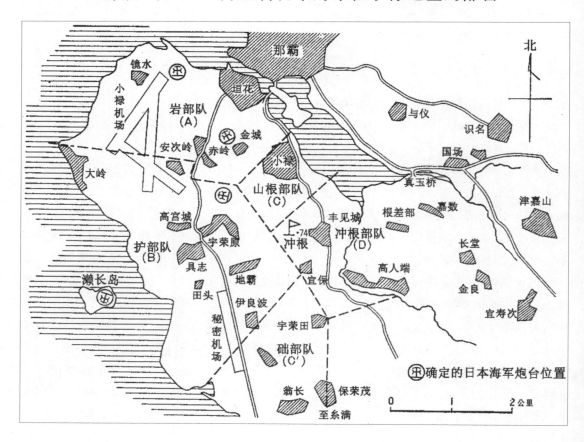

山口大队、丸山大队、胜田大队、迫击炮队等合计约2500人被从根据地队抽出。随着战况紧迫，陆战队的精锐部队隐岐大队也被抽调。抽出部队中见于史料的还有田渊大队，详细情况不明。根据地队还派出了约100组突击队员，每组3—5人。结果，海军部队所拥有的迫击炮的大部和轻武器的约1/3被派出，留在小禄的部队变成了以设营队的军属和防卫召集兵为主的"长矛部队"。

从小禄半岛派出的5个大队均损失惨重。在52高地（糖块山），山口大队（山口胜一少佐以下约500人）仅剩22名伤员。胜田大队（胜田忍少佐以下约600人）在首里东南的与那霸等地战斗中有95%的人员战死。丸山大队（丸山贞喜大尉以下570人，包括护部队220人）后来负责掩护首里的陆军部队撤退，生还者数量为零。隐岐大队、田渊大队等情况不明。

根据第32军向岛尻南部撤退的计划，小禄海军部队的撤退预定于6月2日以后进行。但海军部队在5月26日就开始向南部移动。在第32军决定向喜屋武半岛撤退的22日夜，大田少将就考虑将部队移动到南部，为此他还在当晚命令部分人员先行调查部队向南部撤

退时可以进入的坑道。26日，根据地队司令部转移到真荣平（与座岳南方2公里）。海军部队在撤退时将无法运走的重武器或不宜落入敌手的设施大部破坏。

第32军司令部在28日得知海军部队早早开始撤退后深感震惊和忧虑，为了不使南部战线全面崩溃，在当天命令海军部队主力返回小禄地区。大田少将收到军命令后，于当晚率主力返回了小禄的原阵地。此后第32军又指示海军部队在尽力阻止美军使用那霸港和小禄机场后撤至军主阵地内。海军部队未及同军主力会合，小禄半岛的战斗就已经开始。

海军部队破坏了无法搬运的重武器和设施后，冒着炮击轰炸的危险向南部岛尻转进，随后却又返回了原来的小禄阵地。第32军认为他们是"过早撤退"并命其返回。为什么会发生这样徒劳无益的事情，至今仍是冲绳战役最大的谜团之一。日军官方战史认为海军部队"误解"了电报中的命令，似乎不足以解释这一谜团。

5月22日晚在首里的军司令部召开的陆海军幕僚会议，只决定了向喜屋武半岛撤退的方针，并没有讨论各兵团应怎样转进。25日晚，军司令部向各兵团传达了《退却作战指导要领》。根据这份命令，海军部队的新部署为"位于军占领地域的中央地区，充当军的总

1932年1月上海一·二八事变时的横须贺第一特别陆战队指挥官大田实少佐（中）。

预备队"。等于准许海军部队向南部转进。

《退却作战指导要领》中又指示："海军部队除现阵地外，应以有力一部占领长堂（津嘉山西南1公里），掩护军主力后退。后退时机视全盘作战的发展，由军司令官决定。"这份互相矛盾、难以理解的命令，很可能在首里战线崩坏的混乱中未能正确传达给海军。官方战史中提到"该要领在23日以后根据战况发展，

被逐次修正"。这使情况变得更加复杂。后来，性格温和的大田少将在听到返回的命令时大发雷霆："现在说这个干什么！"并不像是认为海军自己"误解"了命令的样子。

海军部队接到返回的命令后，有的官兵抱着"反正也要死，我们能死在自己修筑过阵地的小禄是最好的"这样的心理，以此安慰自己。

28日，根据地队司令部转移到小禄半岛的丰见城。29

日，部队返回小禄地区完毕。

当冲绳方面根据地队返回小禄时，这里已不再是如从前那样的坚固要塞。重武器几乎都已被破坏，部队主力变成"长矛部队"。为了加强防御，大田少将于30日向联合舰队请求紧急空运迫击炮："冲绳的海军部队，业已将最精锐的4个大队及迫击炮队全部归入陆军指挥，死守小禄地区的海军部队成为以长矛部队为主力的部队，战力极为低下，但仍保留尚未运给陆军的迫击炮弹3000发。如果能在夜间空运10门迫击炮，当可发挥很大战力。因此迫切希望火速空运迫击炮。空投的位置以糸满机场至北侧平地为宜。"联合舰队马上组织空运，但美军防备严密，未能取得成功。

日军在冲绳岛修建的最大最重要的小禄机场位于小禄半岛西侧平地北端。半岛的其他部分是高达600米以上的山岭地区，但没有任何地方能有效瞰制周边地区。山间是种植甘蔗和其他旱地作物的山谷。山谷里已经布满地雷，能得到附近伪装好的洞穴中的自动武器火力掩护。

在美军登陆前，小禄半岛的海军部队已经在该地区修筑了一些据点，在起伏不平的崎岖丘陵地区挖掘了若干地下

美军航母舰载机空袭期间航拍的小禄机场和通往那霸城的小禄半岛内陆地区。

坑道。小禄半岛只是一片宽约3公里、长约5公里的狭小地区，日军凭借深入地下的坑道和崎岖地形，以各种轻重武器构成了复杂的火网。尽管日军的防御存在重重困难，这里仍不失为一座坚固防御阵地。

小禄半岛有非常适合美军进行岸到岸海上机动作战的登陆海滩，美军登陆后转向东面进攻的话，能最大限度地使用地面支援炮火。连日大雨造成的糟糕公路运输条件，使两栖作战更为必要，这样就能走海路补给地面部队。

第3两栖军军长盖格少将在5月31日上午命令陆战6师师长谢泼德少将研究对小禄半岛实施登陆作战。当天21时，第6侦察连奉命抽调精干侦察人员，分为4组，每组4人，乘坐塑料艇悄悄通过那霸河口，在小禄半岛北部登陆，执行侦察任务。第3两栖军各部队都接到指示，在第6侦察连执行任务时，将会限制使用照明弹。

侦察人员深入敌境6小时，在吸引日军的一些火力、观察了不少动向后，返回那霸报告。连长沃克少校根据侦察队的报告推算，小禄机场东北高地已被日军占据，兵力应该不多。

侦察结束前，谢泼德命令各部队注意："我师有可能在小禄半岛实施两栖登陆突击。"6月1日晚，盖格根据巴克纳的命令，确认6师的事先号令有效，指示陆战1师于次日接管6师目前的辖区。

6月2日，根据陆战1师师长德尔瓦尔的命令，陆战1师预备队7团各部进入国场川沿岸的6师辖区接防。日军撤退时，没能及时炸毁横跨国场川北方支流的一座铁路桥。当天陆战1师5团的2个营一早就过河进入拱卫通往津嘉山通道的山岭线。美军各突击连试图越过这道山岭时，正面和两侧的三面机枪和步枪子弹如暴雨般落下，让他们只得低头卧倒。尽管在支流南岸的收获很少，不过5团当天的进展，还是让美军完全控制住那霸–与那原公路。

原先的辖区移交给陆战1师后，陆战6师开始准备突击登陆。师参谋部的情报分析指出，成功把握最大的方案，是在垣花西面的西国海滩突击登陆。在那里登陆能直接打开通往小禄机场和那霸港海岸的平地的道路。除了机场东北的这片海滩外，半岛的其他海岸都被海堤环绕，处于内陆高地的直接瞰制之下。根据情报，据守半岛的日军部队只有1500人、最多2000人左右。

起初第10集团军只有72辆LVT两栖运兵车可供陆战6师使用，而且大雨期间，美军经常使用这些运兵车通过沿海和礁盘运送补给，许多都已严重变形。由于两栖车辆短缺，陆战6师决定只用陆战4团这一个团突击登陆。团长沙普利上校命令1营和2营承担突击任务。如果滩头阵地的情况乐观，有足够的LVT两栖运兵车可用，29团将随后登陆。完全依靠水路为突击部队提供补给并不可行。从那霸城有一座经那霸湾中部的奥武山岛通往小禄半岛的桥梁，已被日军炸毁。第6侦察连会和一个LVTA两栖装甲连占领奥武山岛，掩护第6工兵营修复桥梁，打通陆路补给线。登陆日定在6月4日，5时登陆奥武山岛，45分钟后4团会在小禄半岛登陆。

6月3日12时15分，信标灯光已在西国海滩以北1200码海面标示出发线。各突击单位进入那霸以北外海可以登上LVT两栖运兵车的位置，准备于次日上午登陆。军长盖格将6师22团转为军预备队，进入那霸城内和周围阵地。22团重武器连进入那霸港湾沿岸，将会以37毫米火炮和自动突击火炮支援6月4日的进攻。除了登陆必备的海陆空重火力支援外，突击登陆部队还会得到1个两栖装甲连、1个坦克连、1个107

毫米化学迫击炮连、1个机动火箭炮分队支援。23时，陆战6师的所有准备工作都已完毕。

6月4日凌晨4时46分，陆战15团3营开始向奥武山岛开炮。15分钟后，乘坐两栖装甲车的第6侦察连顺利靠岸。与此同时，4艘海军军舰的舰炮开始炮轰小禄半岛登陆区。晨

曦初现，陆战4团的前几波登陆车辆到达出发线位置。陆战15团的几个炮兵营也开始炮轰小禄半岛。一时间，大约15平方公里的半岛犹如地动山摇。5时30分，第一波两栖运兵车跟随LVTA两栖装甲车开始向目标海滩驶去。

日军并没有组织有效的滩头防御阵地。沿岸的大炮已

经在日本海军部队转进前被全部破坏，无法进行反击。6时整，陆战4团1营的3个突击排靠岸时，只遇到零星机枪火力射击，不再迟疑，一路向内陆山区推进300码，沿途只遇到轻微抵抗。2营登陆更加顺利，只用了半个多小时都已顺利靠岸。7时整，第6坦克营的2个连，以及4团重武器连的4门自行火炮一同顺利靠岸。只有1营由于不少两栖车辆抛锚，耗费整整一上午才让后续部队完成登陆。

美军陆战4团的突击部队在小禄半岛登陆后，在海岸附近暂停前进重整。

陆战4团占据登陆场后，开始缓缓前进，左翼遇到的抵抗渐趋强烈。密集的地雷是不可忽视的阻碍，此前10天的暴雨让小禄半岛的地面也变成一片泽国。装甲兵的行动由于公路在多处塌方，受到重重限制。在路面修复之前，步兵很难得到坦克有效支援。

当时4团1营仅预备队B连较完整，登陆后便奉营长贝尔中校的命令，很快占领海滩右侧高地。这是维持进攻势头的关键，如果日军以有力部队占据这个位置，整个1营都会被堵住。

在小禄半岛登陆的陆战6师步兵和坦克部队。中型坦克为便于登陆加装了浮筒装置。

突击登陆一切顺利，团长沙普利上校早早将团预备队3营也派了出去。8时45分，3营已到达小禄半岛，20分钟内进入1营右侧阵地。1营已开始向

机场边缘靠近。10时整，滩头阵地已扩大到足够让另一个团登陆。惠林上校奉命立即让他的29陆战团采取行动。

尽管大雨一直未停，在雨中越过海湾看来也相当危险，惠林团仍按计划登陆。13时，29团2营在小禄半岛靠岸，接替4团2营左翼部队。一个半小时后，4团2营其他部队的辖区由29团3营接管，该营随即成为团预备队。

29团渡海前往小禄半岛时，师话务兵在那霸港港口，用一艘沉船的桅杆中转，架设了一条4信道电缆，11时与各突击部队建立了有线电话联系。下午早些时候，美军工兵已在那霸和奥武山岛之间架桥。

虽然日军在小禄半岛北岸高地布置的自动武器一直在用火力骚扰美军工兵，陆战6师的工兵在18时45分还是成功建成一座活动便桥。

下午刮起的大风让第6坦克营余部无法前往小禄地区，不过步兵依然可以渡海。天黑前，29团1营登上小禄半岛，充当团预备队。当天美军各突击营深入半岛内陆1500码，左翼的29团已能保障那霸湾方向的安全，右翼4团开放的侧翼同样靠海，比较稳固。4团3营的设防阵地已包括大约三分

之一的小禄机场，那里已变成一片泥沼，上面还长着草，停靠的几架飞机早就被美军飞机的炸弹和机枪子弹变成一堆残骸。

当天美军已逐渐与日军防御阵地有所接触，发现了相当数量的自动武器，口径最大达40毫米。美军推断，日军从当地防空设施和被损坏的飞机上将这些武器拆卸下来，再集中到地面防御工事里，加强小禄半岛的抵抗。除了已经非常熟悉的地雷阵，陆战6师当天还遇到在冲绳首次接触到的武器——日军喷进炮发射的8英寸口径火箭弹落在陆战队阵中爆炸，造成剧烈震荡，声势骇人。不过这玩意儿爆炸的时候几乎没能爆裂成弹片制造杀伤，日军使用这种武器的射击准头也很差。巨大的火箭弹发出"像从地狱来的火车"般的巨响破空而过时，主要是让美军觉得特别吵闹，造成的人员伤亡反而很少。当晚日军的大型火箭弹接连落入后方地区，狙击手和小股渗透部队也表现得非常积极。美军前沿阵地一直都处于间歇密集迫击炮火打击之下。

防守小禄半岛前端包括小禄机场的日军部队是严部队（西南群岛海军航空部队）。该部队的本部位于距离海岸

线约3公里的田原地区的"寿山"（ことぶき山）。

该部队的前卫小队本部位于内陆2公里的当间。第一线分队位于镜水，在南北间以300－500米间隔挖掘了数道战壕，每道战壕各进入一个分队十七八人，以此来防备美军登陆。

该小队的整备兵长野间浩二位于最前列的战壕之中，是该小队的唯一幸存者。根据野间兵长的回忆，当天的战况如下：

黎明时，野间正在战壕中打盹，负责监视的士兵已经起来，说看到了奇怪的旗子。他急忙和监视兵一起离开战壕，登上高处，看到了一幅惊人的画面。在岸边竖起了很多旗杆，鲜艳的旗帜正迎风飘扬。这些是陆战6师各部队的旗帜。

野间打算向一线指挥官阿部上等兵曹报告，他留下监视兵跳进战壕时，响起了机枪的连射声，监视兵被打中，滚落壕中。这是登陆美军从战壕西侧进行的侧射。野间大喊道："是敌人！快起来！"所有人都赶紧起来同美军展开枪战。指挥战斗的阿部上等兵曹最先被射穿胸部而死。随后由野间负责指挥。

该小队曾于5月12日被抽

出参加第32军的战斗，前往首里方面的队员没有1人返回。当时野间被炮弹破片击伤，阿部也患了疟疾，所以2人都留在了镜水。之后部队里补充进来了约200人，都是年过30的被首次召集的下级士兵，每5人才有一支步枪。中年补充兵向年轻10岁以上的野间问道："该怎么办？"野间难以回答。

野间本来就不是战斗人员，只是一名飞机整备兵，接受过的训练只是射击步枪子弹50发左右。所以他也不知道怎么战斗，却又不能说出口，于是他向当间的小队本部派出了传令兵。他也不知道传令文字内容的编写方法，只是说"敌军攻来。目前正在应战中。请送来粮食和指挥者"。

在战斗中，战壕中的10多人陆续有人战死。野间好不容易等传令兵带来小队本部的命令，内容却是："这里反正也要完蛋。在哪里死都一样。必须死守。"

分队人员已经战死一大半。约300米后方有一道战壕，那里有一个分队在战斗。野间不顾命令，让大家转移到后面的战壕里。转移到那里后，野间回头一看，美军已经占领了他们刚才所在的战壕。然后美军一边将枪支抵在腰部射击一边逐渐逼近过来。美军接近到30米距离，野间可以清楚地看到美国兵那"鬼怪一般的黑红色面孔"，觉得十分恐怖。

他们等美军接近到极近距离时突然开始齐射。美军扭头退走。很快迫击炮的弹雨便向战壕袭来。就这样，美军总算在第二道战壕前被阻止。

海军的另一名幸存者，佐世保海军军需部那霸派遣队队员宫城嗣吉上等兵曹，在被改编为陆战队后，隶属于"浜野部队"。在美军登陆时，他正潜伏于美军登陆地点南方，即面向糸满大道的安次岭桥东侧标高约20米的高台上筑成的碉堡阵地内。

台地被向下挖成圆柱形，内部用混凝土浇筑，上面铺上厚钢板，打出枪眼，就这样建成了简易阵地。背后还挖掘了H形的居住用坑道。

浜野部队一共约50人，其中正规军人只有9人，其他都是军属和被防卫召集的县民。武器只有从那霸港外受到空袭搁浅的机帆船上拆卸下来的13毫米机枪，以及从在小禄机场上因着陆失败摔毁的友军飞机上拆下的几挺7毫米机枪。

4日早上，宫城接到美军登陆的无线电联络。他大喊："敌袭"，从枪眼向外窥视，看到前方大约400米处，12辆深绿色的两栖坦克正排成一队。

对方的战斗方式与日军完全不同。徒步的侦察队位于坦克后方两侧，站直了身子向四下里零零星星地打枪，在确认安全之前绝不前进。美军对地雷的探查也十分彻底。守军从南部返回后，在美军将要攻来的地方敷设了很多地雷，进行了巧妙的伪装，却陆续被美军用探雷器探到回收。部队长命令他们尽量将敌人放到近处再打。当美军逼近到已经可以看清面孔的距离时，宫城下达了攻击命令，守军一阵齐射。美军也猛烈还击。宫城他们好歹将美军阻止于阵前，据说杀伤了相当数量的美军。

下午晚些时候，从后方的冲根司令部附近，新式兵器喷进炮（火箭炮）开始进行掩护射击。奇异的发射声、火箭弹拖着尾烟摇摇晃晃飞行的样子，让人感觉很不可靠，不过它们还是在美军登陆地点一带腾起火焰，使守军士气大振。

傍晚开始，下起了大雨。美军也结束了这一天的"工作"，马上后退了。宫城总算松了口气，这一天算是挺过去了。弹药已经所剩无几，明天不知道怎么办。正在发愁时，从司令部传来命令，要他们在当晚实施挺身突击战斗。宫城向中队长申请出击，但还是被留在本部残留组。

宫城对小禄半岛的地形十分熟悉，所以为应对美军从次日开始的攻击，需要留在本部。于是由兵曹长指挥的大约30人，在大雨中出击了。

浜野部队正面的美军在被占领的小禄机场内立起营帐，里面灯火辉煌，传出了音乐声，简直像是在郊游。营地周围拉上了铁丝，只要一触碰，就会飞来自动步枪或机枪的弹雨。突击队根本无隙可乘，挺身突击以失败告终。

本部位于宇荣原的护部队也组织了突击队。传令兵东江上等机关水兵所属的福生小队的阵地位于宇荣原南方、冲绳方面根据地队司令部坑道西侧约1公里多一点的小禄松川的陆军旧探照灯阵地坑道内。在小禄半岛的战斗中，留在这里的喷进炮和迫击炮使从机场方面进攻的美军坦克颇为苦恼。

护部队当晚约有800人出击，福生小队的数十人也全体参加。他们的目的地是位于战后从那霸机场通往市内的国道332号线南侧的一座小山，这里也是战后陆上自卫队那霸驻地第1混成团的用地。

出击前，东江刚背起箱形炸弹，就听到小队长福生兵曹长的严厉斥责声："你小子，背着这东西要上哪儿去？白痴，快放下炸弹。传令兵参加突击的话，谁来报告战果？你给我带上手榴弹为指挥班报告战况！"

在大队长指挥下，护部队的突击队冒雨出击，在泥泞中匍匐前进，照明弹升起时便卧倒。他们在接近对方的步哨线时散开。美军阵地地势较高。福生小队中，小队长、高桥兵长、东江所在的指挥班在中央，松村分队在右侧，浜田、丸山、普天间分队在左侧。武器是箱形炸弹和手榴弹。

攻击开始时，日军一齐掷出了手榴弹，美军机枪马上还击，人们接连被扫倒。东江右边的小队长没吭一声就倒下了。在这次挺身突击战斗中，护部队战死约60%。福生小队也战死70%。

大田少将后来报告4日

6月4日，在小禄半岛镜水附近的西国海岸登陆的美军后续部队。

至5日的"已判明的突击队战果"："破坏机枪6挺、迫击炮2门、帐篷两顶，杀伤人员约100名。"即使按照报告中的数字，战果也远少于损失。

4日当天，美军在镜水附近海岸登陆的同时，长堂、根差部附近的美军也进一步向西南前进，使日本海军部队腹背受敌。大田少将当天移动到赤岭的第951海军航空队小禄派遣队战斗指挥所内指挥作战。

根据大田次日的报告，4日的战斗概况为：

上午5时，水陆两栖坦克约100辆、兵员约600名开始在小禄（镜水）附近登陆。我军以机枪、迫击炮、喷进炮等予以痛击，并向正在修理北明治桥的敌人猛烈射击。虽努力击退敌军，敌仍逐次渗透，至下午6时战线已至当间、安次岭、气象台前、糸满大道以西。夜间，各队全力实施挺身突击。镜水海岸炮台人员也在阵前10米与敌兵约40名交战并杀伤20名。

总之，作战初期美军进展顺利，但布阵于半岛内部的日本海军部队，正在堪称陆战权威的大田少将指挥下深藏在洞穴内等候美军到来。美军将会发现自己陷入了一场激烈残酷的长期战斗。

攻占小禄半岛

6月5日7时，一度充当军预备队的陆战22团1营回陆战6师归建，前往6师左翼阵地，保护从国场川一线南下的1师7团右（西）翼。不久，6师在小禄半岛发动进攻，缓慢地稳步压制日军的坚决抵抗。中午，陆战4团在当间以北的一处大型设防阵地受阻。

日军的这个防御强点位于4团3营辖区，3营I连最早承受左前方的日军强点火力打击。I连向东南迂回，企图拿下这座阵地。野战火炮对山地防御工事中的深邃洞穴打击效果并不明显，37毫米火炮近距离打击洞穴工事还是比较管用，但步兵需要更大口径的直射火力武器支援。坦克奉命赶去第一线，履带陷入地上松软的烂泥动弹不得。不过，第6坦克营C连的一个排沿着机场靠海一侧的岸礁一路到达海堤上的一处豁口，然后从豁口通过，越过机场与4团3营会合。在坦克和4团1营辖区内的105毫米自行火炮帮助下，下午晚些时候，步兵已拿下这座颇具威胁的阵地。I连肃清日军后，L连便被派到左侧与1营建立联系。

1营在正面沿线遭遇的抵抗非常坚决。A连刚出发就被右前方的日军密集火力钉住。4团3营拿下当间的山地设防阵地后，缓过气来的A连一路向瞰制当间村的高地前进。17时进攻结束时，一路向控制小禄村东南的高地推进的C连伤亡相当大。

遭遇顽强抵抗，雨水浸透的地面让美军的补给和伤病员后送十分艰难，但当天美军依然推进约1000码，占据3/4个机场。4团在进攻中遭遇密集炮火齐射。第15陆战团的反炮兵火力成功让日军的4门120毫米高平两用炮、1门152毫米线膛炮和几门口径较小的野战火炮哑火，日军仍可以组织一定的炮火打击美军步兵。4团K连不得不在16时从自己占领的山岭上返回，撤到海堤后方的营预备队集结区。日军的炮火同时也阻止了LVT两栖运兵车沿此前坦克排的推进路线前进，无奈之下，各种物资只能靠人力运送给4团3营。

29团为对抗坚决的日军步兵火力进展缓慢。步兵继续推进的时候，密集的雷区成为另一个障碍。大量公路和桥梁被损坏，加上地面潮湿，美军的维修设施也无法修理这些基础设施，于是坦克根本无法行动。不过，日本海军部队对陆战不熟练，有些自动武器和高

6月5日，在小禄半岛遭到日军猛烈火力阻击的坦克和伴随坦克匍匐前进的美陆战队员。

平两用炮的位置选择不佳，都被美军坦克的直射炮火摧毁。

14时，29团在57号高地附近与日军的有力抵抗中心遭遇，4团左翼也因为这座坚固阵地阻挠迟迟无法前进。29团3营成功击退一次日军的反扑，然后快速推进1000码，直到被邻近地区的日军重火力阻止，才停下脚步。

29团2营左翼继续沿着那霸港湾推进，将架桥位置一带扫荡干净。在29团2营派出的几个护卫分队掩护下，虽然小禄村附近的日军机枪骚扰不断，91米长的浮桥仍顺利建成。美军成功地经奥武山岛打通了通往小禄半岛的陆路补给线。

当天，大田少将致电牛岛中将："海军已陷入包围无法撤退，决定在小禄地区战至最后。"

位于当间的严部队的前卫小队本部坑道在当天陷入孤立。在美军猛攻下，野间整备兵长等人退出了一条又一条战壕，傍晚时和另外数人一起逃进当间的本部坑道。一名一曹向他们怒喝道："明明已经命令你们死守了，为什么还要逃回来？""我会进行掩护射击，赶紧返回原阵地！"可是原阵地已经被美军占领，根本没法回去。尽管如此，野间他们还是迫于命令冲出坑道准备返回。这时开始在入口处进行掩护射击的一曹被美军发射的子弹贯穿额部，当即死亡。因为下达命令的人已被打死，野间他们又返回了本部坑道。

6月6日，美军的一个坦克排从一道较高的山岭上射击，在他们的过顶火力支援下，29团2营缓缓前进。在2营左侧，另一个坦克排沿着海岸行动，为2营提供移动火力支援，直到一座被毁的桥梁挡住他们的去路。前进几百码后，2营遭到重火力截击，脚步明显停滞。

29团右翼的进攻一开始就受到阻挠。3营面前是一片寺庙形状的小山，已被日军建成一座设防阵地。日军在山上的自动武器形成相互支援的交叉火力，掩护相邻阵地，让小山之间的开阔地成为禁区。这些阵地构筑极佳，连美军的野战炮火都无法撼动。这一带的道路很窄，埋设了地雷，到处都是弹坑，坦克无法上前支援。3营苦战一日，不过推进150码而已。

这座让陆战队大吃苦头的坚固阵地，很快就被称为"小糖块山"（日军称为"小禄西侧高地"）。29团3营占不到多大便宜，4团1营的步兵攻击几乎同样徒劳无功。右翼的A连企图从侧翼迂回包抄日军阵地，双方展开猛烈的火力对射。A连的一个排一连6小时都被日军从更有利的阵地射出的火线打得不能抬头，直到前来支援的105毫米自行火炮以直射炮火炮击小糖块山才能脱

美军占领小禄半岛不久前拍摄的濑长岛和半岛西海岸的杂乱山脊。

困。美军的坦克推土机和装甲推土机费尽周折，终于修复了被地雷毁坏的公路，让装甲兵能够赶到前线助战，但天色已晚，4团1营先退回上午占领的阵地。

陆战4团和29团在中路的协同进攻收获甚微，但他们在6月6日的战斗中已经发现日军的主防御阵地位于小禄半岛从西北到东南走向的轴心山区。

为了威胁日军侧翼，4团右翼的3营想方设法向南挺进，以I连和L连展开进攻。右翼的I连出发不久就遭到日军在濑长岛的20毫米机关炮和大口径火炮阻击。濑长岛是小禄半岛西南海岸中点西面500码的一座小岛。美军坦克、野战火炮和支援车艇立即锁定目标，同时实施火力反制。3营紧急呼叫空袭支援，不到半小时，

美军飞机便准确地将炸弹投到这个弹丸小岛上，不远处的陆战队员欢呼雀跃。

濑长岛的大口径火炮很快被打哑，20毫米小口径炮弹仍不时会阻挠4团3营前进。尽管如此，临海侧翼得到空袭掩护的4团3营还是在午前占领了整个那霸机场。4团3营与中路停滞不前的友军维持好接触，开始扫荡沿海地区。他们的战线明显扩张，现有兵力有些不够，K连奉命顶上I连右侧。团长沙普利上校命令2营替换3营的左翼连。于是大约16时，E连接管L连的行动区域，L连向沿海靠拢，与K连保持紧密联系。

老天爷也站在美军一边，天气变得温暖晴朗，地面逐渐变干。工兵抓紧时间进入半岛的南北主公路作业，排出83枚

不同型号的地雷。中午第6坦克营B连登陆，和6营的其余坦克很快在预备集结区会合。次日，美军汽车已能在小禄半岛的公路行驶，大大缓解了补给困难。

当天傍晚，大田少将发出了诀别电报，在夜间从赤岭转移到丰见城的旧冲绳方面根据地队司令部（丰见城西侧74高地）。74高地位于小禄半岛颈部，从琉球王国时代起就被称为"火番森"。这里是王朝的瞭望台，在唐船或日本船来岛时用狼烟通知首里，是自古以来的一处重要高地。

当晚，大田致电海军次官，表扬了冲绳岛民的"英勇献身"，内有"冲绳县民能如此英勇奋战，恳请对县民的子孙后代予以特别关照"之语。根据各部队的报告，6日取得的综合战果为：击瘫坦克1辆、破坏车辆1辆、杀伤人员约200名。

当天，在当间陷入孤立的严部队前卫小队本部坑道中，野间整备兵长等约100人被困在里面。坑道有3个入口，内部像广场一样。当晚，全体人员集合在"广场"上，坐在中央的年轻少尉（小队长）面前放着2个反坦克用的箱形炸弹。少尉说道："现在已经无路可逃了。我想让大家痛痛快

地图八十九 6月4—6日小禄半岛的战斗

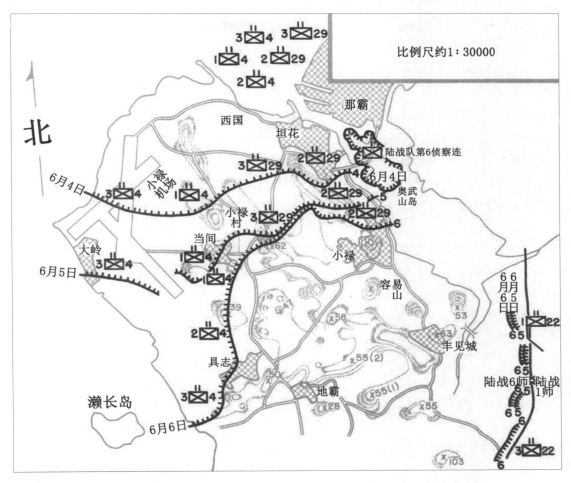

快地死去。大家还有没有什么感到遗憾的事情？有什么想说的就说出来。"

没有一个人说话，就这样在沉默中过了3个小时。就在两天前，藏身于地下的小队长还命令野间等人死守阵地。到现在仍然没有见过敌人的小队长却说要大家一起痛痛快快地去死，这让野间感到十分生气。最后他终于忍不住用关西腔嘀咕："真不想死在这里

啊。"

你小子在那边嘟囔什么呢？

真不想死在这里呀。

说什么"不想"，明明已经被敌人包围无路可逃了，你想怎么样？

还不如被敌弹打死，不想用地雷炸死自己。

这时旁边的下士官实在看不下去，开口说道：

我们这些朝夕相处的军人，正在商量像武士一样痛快干净地去死，怎么只有你在胡言乱语？

这样又沉默了大约一个小时。野间终于无法掩饰自己的心情，向众人声明：

我要向敌人的方向前进。即使被打中也认命了，反正不

想死在这里。赞同我意见的人请起立!

先后有大约30个人站起来。小队长怒吼道:"随便你们怎么样吧!"

野间他们首先填了下肚子,然后用架设在枪眼处的13毫米机枪一直打到心满意足为止。7日上午3时左右,他们从3个出入口中通往小禄机场的南口逃出。

他们沿着机场的排水沟逃向南部。天亮时,几个小时前他们还藏身于其中的小队本部坑道突然发生爆炸,沙土和白烟喷向空中。小队的残留人员约70人就这样"玉碎"了。

然后他们花了超过10天时间才抵达喜屋武半岛,这时约30人中只剩下野间等6人。到9月被美军收容时更是只剩下野间一人。

6月7日,陆战4团继续前进,海岸一侧的进展仍然很快。下午晚些时候,4团3营右翼的L连试图占领半岛西海岸具志村附近的最后一座高地时,遇到的抵抗明显加强。L连刚到这座高地时一切都很平静,16时15分,他们就向上级报告拿下了这座高地。报告都还没捂热,左侧和正面就出现充满杀戮气息的日军机枪子弹。日军机枪的开火声格外刺

耳,交叉火线令刚才还以为大功告成的陆战队员手忙脚乱,密集的迫击炮弹幕紧接着落下,逼得L连只得后撤到邻近的山岭过夜。

陆战4团左翼和中路的战斗一直都很激烈,日军的顽强抵抗让他们片刻不能放松。尽管日军机枪子弹从四处飞来,陆战队员仍然坚决向前推进,有条不紊地清除大量洞穴,按照行之有效的套路,用直射火力、火焰喷射器和爆破将洞口封死。

4团左翼的1营当天上午就转为团预备队,卡尼少校指挥的2营越过1营阵地,以F连和G连齐头并进突击。

F连负责攻打日军在半岛中部地势最险要的小糖块山,进展虽然缓慢,仍可稳步推进。E连从他们前一天下午占领的阵地提供火力掩护。G连从右翼(南面)大范围包抄,中午抵达目标位置。得到G连报告的卡尼少校立即命令E连从G连的右侧进攻。E连也以右翼迂回战术拿下他们的目标。F连正面的日军被逐渐孤立,终于不敌。傍晚,2营已顺利拿下一度令人生畏的小糖块山。

在陆战4团左侧,赖特中校的29团3营开始连续3天的激战,夺取的日军阵地非常少,

一共歼灭日军500人左右,摧毁了他们的大量武器装备,封死了许多尚有日军盘踞、储存武器装备的洞穴。

整个29团的进展一直相当缓慢。29团将37毫米火炮送往各处制高点,以有效的直射火力打击日军自动武器。陆战6师工兵重建曾被日军摧毁的桥梁,一度阻挠美军坦克沿那霸湾海岸前进的障碍就此消除,装甲兵的支援使29团2营在6月7日能进入小禄村。次日,29团1营的部分兵力投入前线,C连进入2营左侧阵地。6月9日,C连继续维持29团2营与港湾地区的联系,同时派出巡逻队到53号高地侦察。巡逻队很快遭遇日军火炮、迫击炮和机枪火力阻击。

美军原计划在小禄半岛登陆后,以陆战4团和29团分两路向东南方齐头并进。6月8日,随着战斗的进行,美军发现形势发生了变化,需要他们将主攻方向转移到半岛中轴线。虽然左翼的29团在关键的山岭线一带受阻,右翼的4团沿着西海岸和低地一带的推进还是相当快。在前进一大段距离后,4团向东逆时针运动,让自己的战线面朝东北,大致与29团的战线形成直角,进攻方向调整为向北攻打日军抵抗的核心区域。

与此同时，第10集团军已向南发动新一轮总攻，陆战1师7团一路扫荡小禄半岛基部和2个陆战师边界地带没有护卫的侧翼。为保护6师辖区左侧一带，军长盖格少将把一度转为军预备队的陆战22团归还6师。22团同时要承担保护陆战1师暴露侧翼的任务。6月7日，陆战7团推进到海边时，22团3营拿下103高地。随后，22团开始向西越过半岛，面朝6师的另2个团前进。

6月8日一早，在火炮烟幕弹掩护下，4团1营经小禄机场东侧边缘，一路进入4团3营右侧阵地。10时30分，1营开始进攻，A连负责突击，目标是具志正南半岛基部的高地。一开始A连仅投入一个排，被高地日军的步枪、机枪和迫击炮弹幕打得抬不起头。

美军的坦克已经在一条溪流北岸就位支援这次进攻，然而地形让它们在成功越过溪流、继续南进一段距离之后才能发挥作用。在坦克发射的烟幕弹掩护下，A连突击排撤退，准备下一轮步兵和坦克协同进攻。陆战第6坦克营的2个坦克排在前方实施20分钟的直射过顶火力准备，同时另2个坦克排从岸礁一带的阵地炮轰具志岭后山坡阵地。火力准备结束后，A连开始南进。美军的坦克火力夹击战术威力尽显，A连仅用15分钟就拿下这座阻碍1营将近半天的坚固阵地。

拿下这座高地后，A连立即转向东北进攻。同时A连右侧的C连继续南进，一路扫荡俯瞰海堤的一系列山头，A连左侧的B连会向北进攻。这样一来，4团1营的3个步兵连将会向完全不同的方向进攻。营长贝尔中校在地图上比划出接下来的行动方案时，不由得低声嘟哝："真少见哪！"不过这次机动相当成功。天黑时，1营已经占据小禄半岛基部的主要高地。B连当晚与4团3营建立了紧密联系，C连进入A连右后方阵地，掩护暴露的侧翼，A连则控制住通往系满的南北走向公路。

4团3营改变进攻方向时，攻入一片迷宫般的崎岖地区。这里的山岭错综复杂，极易迷失方向。每座山上都布满蜂巢式的洞穴，日军可以在这些洞穴里用火力相互支援，一旦洞穴被炸就十分危险，有些洞

日本海军冲绳根据地队最后坚守的小禄半岛基部地区。

6月8日，在攻击冲绳日本海军根据地队司令部坑道前，美军陆战队员们正在小禄机场的仓库中小休。

穴里储藏了大量的爆炸物和弹药。3营进展虽慢，还算顺利，他们经常需要机动，各排和各班之间密切配合，要注意与后方支援火力小心协同。工兵一直在探测和排除地雷，为封闭山上的洞穴，先后使用数百磅炸药。

4团左翼的2营10时开始继续前进。2营的3个步兵连一字排开，不过为了将进攻主轴改为面向小禄村，起初只有E连开始行动，F连和G连就地提供火力支援。E连推进300码后，左侧的G连开始进攻。11时30分，这2个连都已完成向东北方的转移，短暂重整后便继续

向当天的目标前进，F连继续提供火力支援。日军坚决抵抗，但陆战经验和能力不足的日本海军部队还是没能阻止美军的2个突击连15时30分占领目标过夜。

到达当天的目的地后，营长卡尼少校让他的部队进行战术机动。2营辖区内日军最坚决的抵抗核心是"高宫城"东北的39号高地。正面进攻这座高地，将会遭到猛烈的自动火力扫射，于是E连并没有直接进攻，通过战术机动越过了这个目标。E连的一个火力小组先通过一处日军挖掘的隧道，一个机枪班随后快速跟上。他

们很快在隧道两端洞口建立防线，E连主力马上通过，直奔下一座山头。2营的另2个连非常成功地实施了类似机动。

当天陆战22团继续将重心右移，左翼沿顺时针方向靠拢4团。配属1营B连的22团3营向海边推进，与陆战4团的部队取得联系。下午晚些时候，22团2营一路沿国场川而下，前往1营背后的阵地。1营主力一度在天黑前拿下了55号高地（宜保），但日军的迫击炮火很猛，且弹药短缺，迫使他们天黑后只得后撤150码。

在海岸一带巡逻的1营B连只偶尔遭遇一名日军狙击手，不过还是没能与4团的部队顺利会合。同时，22团3营的推进方向逐步转向西北，I连已在向地霸前进，一路上的抵抗可以忽略不计，但55号和55号（1）高地居高临下的密集火力骚扰让他们不胜其烦。

大田少将在9日报告了6月4—7日期间的战果：

炮击和阵地战斗的战果：
杀伤人员约1110名，击落观测机1架，击伤1架，破坏坦克5辆、迫击炮4门、车辆4台、机枪2挺、帐篷4顶。

挺身突击的战果：
杀伤人员约230名，破坏坦克4辆、迫击炮2门，以及坦

克炮炮弹、机枪弹、双筒望远镜等。

此外还以肉弹攻击破坏坦克5辆。

6月9日5时,22团1营奉命归建,22团9时开始进攻。22团1营在苦战之后,以较重的伤亡代价在傍晚再度拿下55号高地。2营全天都在准备等1营拿下这座高地后,进攻55号(1)高地,但1营完成进攻任务时,天已经快黑了,只有等到次日再进攻。

占领55号(1)高地的日军,从容地向22团3营开火,阻止他们占领28号高地,不过I连还是在10时夺取28号高地正南的一座高地,与陆战4团取得联系,当时4团的巡逻队正在扫荡地霸村地区。K连进入I连在上午空出的阵地,L连在完成海岸地区的扫荡任务后返回,负责填补K连和22团2营之间的缺口。

当天陆战4团面临的日军抵抗依然坚决,各部只能缓缓推进。到处都是日军机枪的开火声,日军的掷弹筒和重迫击炮也仍然活跃。4团的损失一直在增加,击毙的日军数量推定超过1500人,但日军在那一带的兵力似乎还相当充裕。

4团右翼的1营以A连和B连突击55号(2)高地附近的一座高地和宇荣原村。由于装甲兵在营右侧公路的行军时间较长,步兵不得不推迟出发。当坦克就位时,地霸南面一座小峭壁正面洞口的一门75毫米铁轨火炮突然开火,迫使它们匆匆散开,寻找掩护。

尽管遇到意外,1营步兵仍在12时30分越过日军的机枪火线和迫击炮弹幕进攻。A连和B连进攻的两处阵地有许多洞穴必须在通过之前爆破,进展相当缓慢。下午晚些时候,陆战4团1营通过具志后,一辆坦克越过该村,登上小禄-糸满公路。这辆坦克来到藏身峭壁的日军75毫米火炮侧面。日军的炮手发现了这辆美军坦克,马上调转炮口。

"砰!"日军的铁轨火炮先打响了,没能打中。

"砰!"又一声响,美军坦克的主炮开火,铁轨火炮就此哑火,炮战只开2炮便见分晓。

当天晚上,4团1营右翼已在地霸西北的一座山岭建立牢固的支点,同时左翼部队在宇荣原附近休息。4团3营当天已拿下宇荣原村,友军可以放心宿夜。

陆战6师的3个步兵团三面分进合击,压迫逐步退守小禄半岛东南角的守军时,各种支援武器的使用不免受到限制,这是执行多路包抄难以避免的困难。陆战4团2营面临的这种困难,由于崎岖的地形和日军在6月9日下午的坚决抵抗尤为明显。当时4团2营进攻的方向正好靠近本方炮兵阵地,还要越过29团正面,能使用的支援武器只有坦克、M-7自行火炮和37毫米火炮。这就需要修整道路,以便履带车辆到前方助战,当时坦克推土机和装甲推土机都无法使用,4团2营前进150码便只能停止。次日一大早,修路装备都已到位。8时15分,坦克等各种支援武器进入能够掩护该营前进的阵地。一个半小时后,2营再以全部3个步兵连的兵力,与29团的部队协同突击。1小时后,他们突破日军防线,占领了辖区内的最后一座制高点,开始部署防御阵地,以便今后为友邻部队提供火力支援。

美军觉得小禄半岛的战斗正在进入最后阶段。4团1营和3营推进时遭遇的抵抗都有减弱迹象。4团中路的2营在一道狭窄的战线推进,正面已只能部署1个连突击。14时,由于1营在向2营位于58号高地的阵地收缩靠拢,3营已没有空间继续前进。右翼的1营当天占据了55号(2)高地。

与此同时,22团向东北方的丰见城前进,与陆战4团

被美军陆战队炮火轰开的日军混凝土工事。

形成并进之势。在22团主力和一个37毫米炮兵排的火力支援下，22团2营顺利拿下55号（1）高地。同一天，22团3营以K连留守原阵地，L连进入1营阵地，支援2营进攻，以I连向东北方前进，占领28号高地，与4团1营的部队会合。

陆战29团当天仅取得有限进展，他们显然已遭遇日军在小禄村以西高地的最后一个重要阵地。

此时，大田少将的部队依然没有动摇，但小禄的防御阵地已开始崩溃。当天4团1营的部队曾歼灭一股正企图向丰见城撤退的日军。夜间日军从正面前线发动的一系列局部反攻更加明显地证明他们在承受行将崩溃的压力。他们攻打4团1营阵地时投入的反击兵力最多，天亮后，1营的战士们一

共发现200具日军尸体。

冲绳方面根据地队的阵地到9日已经缩小为直径2公里多的圆形区域。10日，根据地队司令部坑道所在的丰见城74高地也卷入战斗。关于10日的战斗，大田少将在战斗概报中报告说："照屋、宇荣田、伊良波方面及高安、宜保、地霸方面（司令部南方及西南数百米－2.5公里范围）敌兵力逐渐增加，接近了74高地，从下午起展开枪炮战。"根据该报告，10日的已确认战果为杀伤人员250名、破坏烧毁坦克4辆，损失为死伤110名。当天，日军收缩了阵地，在司令部西北和西方展开的部队一部被撤至司令部坑道。

随着美军的逼近，位于74高地西方数百米的司令部医务队坑道，在9日就面临着遭

骑马攻击的危险。当时坑道中有战斗中受伤的人和被照明弹的余烬烧伤的伤员等患者约30人。医务队接到了出击命令，要求能走动的伤患，包括能够爬行的人，都要参加肉攻队实施肉搏攻击。所谓肉搏攻击，就是指在敌坦克可能通过的道路要冲上，在夜间挖好章鱼罐，肉攻队就带着箱形炸弹藏在里面，等敌人出现时点火冲上去。有20人参加了这样的特攻，没有一个人生还。

10日，医务队也转移到司令部坑道。卫生兵长田畑幸之信奉命监视坑道北口。到了他同卫生兵中的战友交接时，那名战友却在从入口探头窥视时被射中头部，当场死亡。美军已经接近到连坑道出入口都遭到狙击的地步。

坑道内的日军拥有火焰喷射器。军官命令某名士兵用它烧死敌人。这名士兵背上储气罐出去了，但它在坑道中放置的时间太长，没法点着。结果这名士兵被美军射得像蜂窝一样。

护部队的东江上等机关兵也在10日撤到司令部坑道。他所属的福生小队在4日夜的挺身突击中减少到20人左右，小队长福生兵曹长战死后由丸山上等机关兵曹指挥，变成了丸山小队。自那以后东江仍然执

地图九十 6月7－9日小禄半岛之战

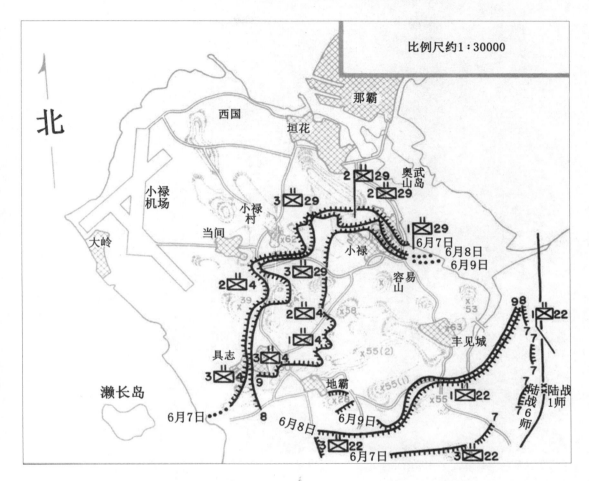

比例尺约1∶30000

行传令兵的任务，在战场的枪林弹雨中奔走。不久，丸山小队因遭到坦克炮的集中射击，导致小队长以下全灭。丸山只得一个人到与那霸阵地同友军会合。

东江来到司令部坑道后，不同部队的幸存者约50人被聚集起来，由工作科的大尉指挥，编成了新的中队。10日晚，他们在东南约500米一带挖掘了章鱼罐阵地，在黎明时

开始用掷弹筒射击。

美军从丰见城遗址（东北方约800米）一带用迫击炮进行集中射击，日军根本顶不住。从章鱼罐中露出上半身指挥的年轻少尉（小队长）被炸飞，队员们也接连死在自己通宵挖成的坑洞中，名副其实地成了自掘坟墓。眼看部队就要覆灭，仍担任传令兵的东江前往中队长所在的岩石后面向他报告实情，总算得到撤退命

令，随后向各小队传达了命令。11日晨，返回司令部坑道的中队员只有10人左右。这时坑道内已陷入一片混乱。

6月11日，为粉碎日军在小禄半岛残存的抵抗力量，陆战6师以8个步兵营的大部分兵力，实施大规模协同进攻。22团2营负责攻占丰见城北面的62号高地，3营（欠I连）会支援陆战4团的进攻，3营主力将会进入55号高地附近的集

崩塌的冲绳海军根据地队司令部坑道入口（小禄半岛）。

结区。在2营占领他们的目标后，3营会越过他们的阵地，前往瞰制国场川河口的53号高地。

半小时的炮火准备后，22团2营于8时25分出发，E连和F连依次列成纵队突击，G连原地坚守提供火力支援。35分钟后，突击部队已占领丰见城南方高地，到9时50分，他们的左翼依然暴露。营长命令E连原地留守，直到正在从他们左方赶来的陆战4团友军跟上会合为止。G连奉命前进，与F连一同进攻设防坚固的63号高地。自行火炮的5分钟火力准备后，2营的2个连开始前进。大约一小时后，双方在高地山坡展开激烈交火。11时45分，3营L连奉命占领63号高地的东侧山肩，为2营提供火力支援。12时20分，美军已占领丰见城。下午，22团3营以正面进攻结合侧翼包抄的战术，于14时50分拿下53号高地。

陆战29团多次进攻小禄村以西地区，在日军严密守卫的多座高地，只取得有限进展。在4团行动区域，3营越过1营阵地时，1营和2营原地留守。3营I连经过一天苦战后，占领了前方高地。I连右侧的K连落后300码，无法与22团2营左翼取得联系。

陆战6师当天的进攻没能完成所有目标，但小禄半岛的日军防线正在崩塌。根据地队司令部所在的74高地也遭到包围攻击，根据地队和第951航空队等部进行了最后的战斗。当晚，大田少将在末日将至时向牛岛中将发去诀别电报："敌坦克群正在攻击我司令部洞穴。根据地队将于今11日23时30分玉碎。感谢往日的厚谊。祝愿贵军奋勇战斗到底。"

11日前后，在司令部坑道内外惨剧迭出。由于炮弹爆炸造成的震动，放在坑道内架子上的手枪子弹落到照明用的油中爆炸，旁边的德大寺少尉头部受了重伤，当晚即用手枪自杀身亡。

在坑道前面出现了2辆坦克，其中1辆被掷弹筒命中，动弹不得。美军随即打开舱盖逃走。救援的坦克很快开过来，要将损坏的坦克拖走。

为了对付救援的坦克，司令部的幕僚征募了爆破坦克的"勇士"。二十一二岁的野间清美上等水兵立即报名，抱着急造炸弹冲向坦克引爆了炸弹。

大田在11日下午发给长参谋长的作战特别急电中表示："为扰乱敌后方并实施游击战，将留下相当数量的官兵。"医务队也被指定为后方扰乱部队，奉命逃出坑道。深夜，田畑卫生兵长等人趁美军停止攻击时逃出坑道向北部移动，爬上了分开小禄地区和那霸市的国场川上的小小沙洲。对岸被照得亮如白昼，美军卡车不间断地通过，他们根本过不去，只好一动不动地等到天亮。附近有一处平民挖掘的坑道，在岩石上盖着木板，上面还覆上泥土并用树叶作了伪装。有将近30名军人或平民藏在里面，其中还包括婴儿。他们很快就被美军发现，遭到枪榴弹射击，纷纷死在里面。田畑等人在12日白天被登上沙洲的七八名美军俘虏。这时74高地的司令部坑道正在集中炮火中颤抖。

6月11日夜间，美军炮兵打散了一股企图越过国场川的日军，击毙多人。陆战22团击毙了企图越过阵地的51名日军。12日，美军首次发现日军的坚固防御阵地真正破裂。陆战22团的部队巩固他们的阵

地图九十一　6月10—11日的小禄半岛之战

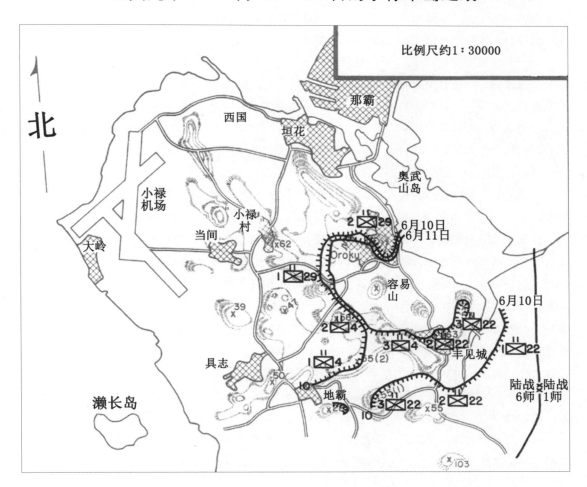

冲绳方面海军根据地队首席参谋,最终与大田少将一起自杀的前川新一郎大佐。

地,扫荡了昨天夺取的各地区。陆战4团和29团继续向丰见城西侧的日军阵地施压。

4团3营的进展缓慢有序,步兵一边推进,一边歼灭所有仍在抵抗的日军,封死多个洞穴。15时50分,4团3营和陆战22团取得联系。天黑时,4团3营和那霸港之间,已经只有一座位于他们前方500码的山头阻隔。

当天陆战29团突破了日军在半岛的防御核心阵地。日军已坚守一周之久。29团2营将小禄村彻底扫荡干净,天亮之前,1营就对小禄村西面日军可以相互支援的战术阵地发动首次协同攻击。15时40分,1营已打垮日军的抵抗核心阵地,使2营能从左翼跟上。F连从小禄村出发,去攻打村落正南的容易山高地(日军资料中对该阵地没有记载),那是29团辖区内的最后一个强点。拿下这座要地,就会迫使日军进入小禄村和53号高地之间的沿海冲积平原。

74高地的根据地队司令部坑道中的日军,并没有在11日夜"玉碎",仍继续负隅顽抗。大约在12日,司令部附新山兵曹长等人还在山坡上的章鱼罐里作战。新山旁边的会计科先任下士官在用步枪战斗时被击中头部,于是说了一句:"应该在抽完烟后再死",说罢爬出章鱼罐,然后猛地盘腿坐下抽起烟来,就这样被打成了蜂窝。

到了12日下午,开始从坑道上面传来钻洞的声音,这表明美军企图进行骑马攻击,要把汽油倒进来将日军统统烧死。杉内兵曹长本来是从馆山炮术学校派来指导陆战的,结果就这样留在岛上没能返回。杉内察觉到美军的行动,在美军钻洞的地点正下方安上炸药,然后在远处用电线引爆了炸药,将2名美军炸飞。

美军在当天下午占领了74高地的山顶,司令部坑道已到了最后关头。20时左右,对坑道内的各部队的幸存者进行了最后的"非常召集"。人们在司令官室和幕僚室之间的通道上排成队列,总数约有270人。

大田少将,首席参谋前川大佐、从西南群岛航空队司令转任联合舰队兼冲绳方面根据地队参谋的棚町大佐、护部队司令羽田大佐、21空厂小禄派遣队的铃木中佐、军医长小山少佐、机关参谋山田少佐6名幕僚全都现身了。

山田参谋大声传达了概要如下的事项:

司令官和幕僚将于本日自杀。虽与诸官共同奋战至今,终不能免于战败。相信友军一定会实施反登陆,夺回冲绳岛。可独自行动者请坚持活到最后,熟悉地理的诸官请协助反登陆军。无法独自行动者请自杀。可独自行动者从现在开始自由行动。

在坑道中还有约300名无法活动的伤患,他们也被早早"处置"。军医长含泪为他们注射了毒针。其中也有士兵恳求说:"军医长,等一等!我不想就这么死掉。至少给我一颗手榴弹扔向敌人啊!"

司令部坑道内陷入了一片混乱。到处都躺着尸体和重伤员,洞内充斥着尖叫声、呻吟声,人们左右徘徊寻找亲人或熟人……东江上等机关水兵听到山田机关参谋在大喊:"要爆破坑道了，能动的都逃出去！"不一会儿就响起了几声手枪的枪响。这是大田司令官和幕僚们自杀了。不能活动的官兵们也相继自杀了。坑道里一片凄惨景象。

小禄的海军部队的有组织战斗在12日结束。据日本官方战史记载，大田少将自杀的时间为13日1时。不过在12—14日期间，据点中的残存日军仍在继续顽抗，大部分日军战死，一部分转入游击战。

大田等人自杀后不久，司令部坑道南口方向响起了士兵们的喊声："突击！"刚发出喊杀声，炸弹就在坑道内爆炸了。气浪袭来，电灯熄灭了，坑道内一片黑暗。士兵们突围后，美军又扔进了"毒气弹"，人们被熏得东倒西歪。第21海军航空工厂小禄派遣队（队长铃木胜登中佐）的军属狩俣（旧姓仲间）真砂醒来后发现周围只剩下女性平民6人和伤病员2人。两三天后，在美军开始攻击坑道时，平民中的一对母子用手榴弹自杀了。一周后，狩俣等人被东江救出。另一方面，新山兵曹长和14名战友一起待在坑道内的另一处地点，后来因遭到美军攻击失去了全部战友，新山本人在9月15日投降。

在美军爆破司令部坑道时，东江和两名兵曹一起逃了出去，躲进西北偏西约1公里处的护部队整备科6分队的坑道内，直到9月5日向美军投降。在此期间他们为了寻找食物和救出留在坑道内的人员，曾多次出入司令部坑道。为了在漆黑的坑道里照明，就把汽油倒进啤酒瓶里点着。坑道内尸体累累，以至于只有麻痹了嗅觉和神经才能忍受。

12日傍晚，美军看到了冲绳战役中前所未有的情景，日军开始亮出白旗。懂日语的军官带着扬声器来到前线，与愿意投降的日本兵沟通，取得了一定成果，共有86名日本兵自愿放下武器。

6月13日破晓，29团3营替换1营，与2营一同去歼灭29团辖区内的残敌。他们向东南方的推进很快，4团的2个营只好让路停止前进。与此同时，4团3营也在快速向海滩前进。

美军各营的几个突击连以疏散的散兵线前进，一路从海滨一带的沼泽地灌木丛驱逐士气低落的日军。各预备队连与装备火焰喷射器和炸药的工兵将突击连绕过的洞穴逐一封死。

美军发现日军已开始溃败。一些日本兵丢弃了他们的武器，在美军陆战队经过的道路上奔逃。大量日军士兵投降。有些日军用手榴弹战斗到最后，更多人选择用手榴弹自爆。

当天中午，美军陆战队已到达海堤一带，他们需要做的就是消灭隐藏在甘蔗地和稻田里的小股残余日军。傍晚，师长谢泼德少将向军长盖格少将报告，小禄半岛的有组织抵抗已经结束。

6月14日5时，陆战队第6侦察连和29团1营C连，兵不血刃占领了濑长岛。这座小岛经过美军4天的狂轰滥炸，再也

6月13日，美陆战队员正在将日军残兵驱赶出甘蔗田。

找不到一个活着的日本兵。攻克濑长岛标志着小禄半岛的战斗彻底结束。

小禄半岛前后10天的战斗非常艰苦。日本海军部队不善陆战，大部分部队训练也不足，但他们充分利用地利优势，出色地组织纵深防御，有效延长了抵抗时间。露出地表的崎岖珊瑚石和许多陡峭的小高地，非常有利于长期抵抗。每处要地的坑洞都非常复杂，虽然一些部署了重武器的阵地并不是很便于防御，但基本上都能抵抗美军从任何方向的进攻。

在小禄半岛的战斗中，陆战6师以3个步兵团实施有力的向心攻击，由于日军一直坚决抵抗，推进仍缓慢艰辛。据美军统计，在10天的战斗中，陆战队在小禄半岛共击毙近5000名日军，俘虏约200人。30辆坦克在战斗中瘫痪，许多是因为触雷受损。1辆坦克被日军的203毫米海军炮在近距离两次用直射火力击中被毁。美军在小禄半岛的人员伤亡为1608人。根据日军资料，除去被第32军抽调的兵力，冲绳岛联合陆战队共有约5500人，其中约4000人在小禄战死。

美军认为小禄半岛的战斗整体上是成功的。陆战队的官方战史作者认为，小禄半岛作战最值得一提的，是在冲绳战事的关键阶段，哪怕事先准备时间很短，美军仍有能力实施机动登陆作战。虽然缺少时

地图九十二　6月12－13日小禄半岛的战斗

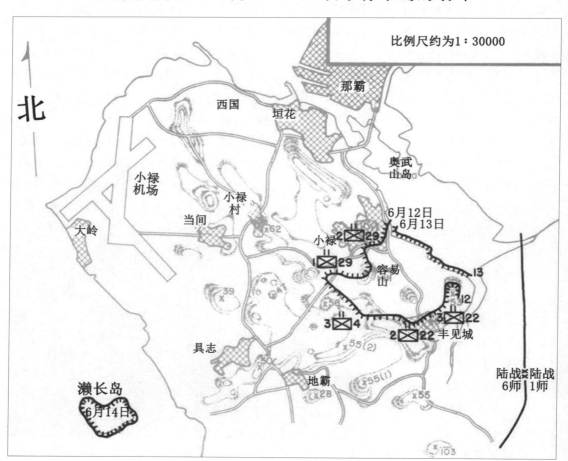

间进行登陆前的演练，甚至都无法向各作战单位进行详细介绍，但是在凌晨缺乏导航设备的黑暗中，美军仍然能实施过海登陆行动。此外，小禄半岛的登陆，没有使用向导艇、控制艇或者其他两栖战普遍使用的控制导航设施，在36小时内，登陆行动就完全按照预定计划完成。因此，陆战队在占领小禄半岛的分析报告中认为，非常重要的一点在于只要各登陆梯队拥有训练有素的部队和干练的参谋人员，1个师在冲绳进行登陆行动不会变得过于复杂。

有人据此提出，此前第10集团军司令巴克纳中将否决在南部冲绳敌后实施登陆行动的做法过于保守，美军应早些实施两栖登陆，两面夹击日军。这种说法忽略了一个显而易见的事实，那就是陆战6师越过那霸湾登陆小禄半岛的距离很短，早先77师如果直接从伊江岛登陆南部冲绳的某个位置，距离要长得多，准备工作不可能在短时间内完成。此外，美军经奥武山岛架设跨海桥梁，从那霸走陆路为小禄半岛运送各种物资，在其他任何地方都不可能实现。

美国陆军的官方战史文献特别提及，陆战队在小禄半岛10天的伤亡总数达到1608人，

比美军在首里地区的战斗损失率更高，这还是在陆战6师侧翼很快就能得到陆战1师保护的情况下发生的，充分证明巴克纳中将担心敌后两栖登陆可能造成更大伤亡是有道理的。

6月15日，美军陆战队的巡逻队在扫荡残余日军时，在凸起于司令部坑道内、铺着床垫的平台上，发现了大田和5名幕僚的尸体（美军资料称他们选择了割喉自杀），显然有人仔细将他们的遗体摆放过。美军在司令部坑道内还找到了其他将近200具尸体。据美军观察，这里是冲绳全岛最精密的地下工事之一，隧道贯通了多个地下室，内部通风良好并配备了电力设施，门道和墙壁

都有混凝土加固。

不过实际上，冲绳方面根据地队司令部坑道的挖掘，在去年的"10·10空袭"后才开始，直到1945年4月美军登陆时还没有完成。战后，这里被重新发掘修复，成为一处旅游景点。发掘出的坑道总长470米，主通道南北长约100米。作战室、幕僚室都是四叠半（四块半榻榻米）大的长方形房间，幕僚室墙上布满手榴弹的弹痕，那是军官自杀时留下的痕迹。大田和6名幕僚自杀的司令官室约有16平方米大，墙上写着"神州不灭"、"丑米覆灭"的文字，很可能是大田的手书。

值得一提的是，为了确认

大田司令官自杀前一天的遗墨。在军舰的旗帜上写有"冲绳的日没"的字样。中间是美军陆战6师师长谢泼德少将。

几名重要死者的身份，6月15日那天美军曾将日军俘虏带到司令部坑道。根据刚刚被俘的山崎来代一海军少佐的确认，6具尸体中包括大田少将、前川大佐、棚町大佐、羽田大佐，另两人身份不明。就在美军搜索坑道时，曾有幸存的日本兵向他们投掷手榴弹，造成两名美军战死。

根据日军幸存者的回忆，大田等人确系用手枪自杀，非割喉而死。1945年8月下旬，美军曾让被俘的宫城嗣吉海军上等兵曹等人前去确认大田的尸体。宫城听说美军曾三次派人前往司令部坑道确认尸体，却有8人被杀，终于未能成功。

宫城和冲根司令部的堀川德荣上等兵曹、冲绳海军地方人事部的森田孟睦上等兵曹3人同几名美军一起来到司令部坑道。宫城发现入口附近的墙壁已被火焰喷射器烧得焦黑。宫城他们在司令官室看到了7具尸体（不是6具），其排列方式和死亡原因也与美军资料中的记载颇为不同。大田在最左侧，6名幕僚从东至西整齐地排成一列。死者还握着手枪，系从口中射穿头部。除大田外，他们可以确认身份的死者有羽田大佐、棚町大佐、机关参谋山田少佐。离开坑道

前，他们在入口处留下了写给日军幸存者的书信，其中有"诸位在5日前曾射杀了前来迎接你们的5名战友中的3名"之语。

次日，宫城他们同以第10集团军的情报参谋巴西中校为首的15名美军一起再次来到坑道，发现书信已经被人拿走。一行人安然进入坑道，确认了大田等人的尸体并拍摄了照片。当他们正要离开司令官室时，突然飞来了手榴弹。巴西中校举起手枪还击，宫城为了保护中校冲到他的前面，拿自己的身体当盾牌。中校使劲

推开宫城继续射击。就这样2人互相推挤着回到入口。离开坑道后，中校握住宫城的手表示感谢。宫城在回忆此事时评论说："如果是日本的军官的话，会有人保护敌国的俘虏吗？虽然是敌国人，却是一名沉着的军官。"

大田少将的幕僚中，只有作战参谋中尾静夫少佐一人幸存。中尾曾代表海军出席牛岛中将在5月21日召开的研究首里撤退的会议。小禄半岛的战斗开始后，6月6日，中尾同会计参谋和勤务兵一起视察前线，结果3人都被一颗重炮炮

小禄半岛的战斗后期，大量日军集体投降。图为美军陆战6师正在安装俘虏的身份标识。

弹炸倒。中尾挣扎着回到了司令部，另外2人因出血过多，在被抬到司令部时已经死去。

大田和幕僚们自杀时，中尾却没有寻死，后来他拄着拐杖离开坑道组织突击队战斗。

美军在6月15日发现大田和幕僚们的尸体时，并未看到中尾参谋的尸体，因此美军到处寻找中尾的下落。

当摩文仁的第32军司令部在6月23日覆灭时，仍在后方活动中的中尾对此事一无所知。7月17日，中尾忽然遇到一辆美军吉普车，车上坐着美国兵和一名日本记者，后者在冲绳战役开始前就与中尾熟识。中尾当时已经逃不掉了，就这样被美军收容到吉普车上，然后在美军的野战医院中接受了治疗。医院也收容了他在突击队中的战友。

进攻岛尻

冲绳的连日大雨在6月5日结束时，美军第24军占据了一道横跨6000码松软黏土的战线。补给仍然是关键问题，部分只能靠空投解决。坦克仍无法行动。24军正前方1000到1500码外，矗立着八重濑岳和与座岳一线高地，与东海岸的95号高地（日军称为"91高地"）一起形成岛尻郡的天然

屏障，贯穿24军从具志头到与座的作战区域。这道总长大约6.5公里的峭壁最高点是八重濑岳，比邻近谷地高出约88米。美国大兵照例根据这座山峰的形状，给起了个"大苹果"的绰号。与座岳位于一线高地西端，然后这一线山地向西逐渐降低，进入第3两栖军辖区内的国吉岭。大致与24军的进攻方向平行而非交叉的95号高地，是日军防线的东侧支柱。这座高地的靠海一侧是高出水面90米的断崖，在玻名城旁的另一侧是高出山谷谷底约52米的峭壁。这道天然护墙的唯一缺口位于第7师行动区域，是一道向南越过仲座的峡谷，越过悬崖通往南方台地的这条通道处于两翼的日军火力打击之下。

24军前沿阵地和这道令人生畏的天然地理屏障之间，是一些长满野草的小山包和许多散落在基本上相当平坦的山谷之间的小山丘。几乎连续两周的大雨后，山谷中一片翠绿。望着这片只被战火略微波及的绿地，美军官兵难得片刻心旷神怡，哪怕只是暂时而已。

日军第32军余部大约在6月4日左右便抵达他们的新防线，在漫长的山岭洞穴和罅隙中就位。重整后的第24师团是第32军实力最强的部队，被部

署在八重濑岳、与座岳至大里、国吉的防线上，其左翼更是延伸到海边的系满，成为中央和西线的防御主力。虚弱的第62师团在真壁附近的预备队阵地就位。这样一来，守卫面朝美军第7师东线阵地的、从具志头至八重濑岳这段防线的只剩下独立混成第44旅团。除了这三支原先的主要作战部队外，牛岛还将其他人员和冲绳本地新兵都组织起来支持战斗。也就是说，守卫岛尻的日军大多没有经过足够的陆战训练，缺少炮火支援、通信设施，各种装备和物资也都不足。可是日军只能用这样一支军队准备最后的决战。

日军等待应战，美军也在紧张地准备进攻。大雨刚过，美军的补给形势并没有好转，与那原的补给仓库通往前线的道路很窄，装甲兵和直射火力支援武器无法到位，使24军无法立即大举进攻。美军各级指挥官先派出小股巡逻队刺探日军阵地，同时重整自己的部队，通过6月8日开始运作的港川（凑川）小港口积聚必要的物资。

美军的一次刺探行动略为深入日军的防线，很快便摸清岛尻防线的地理条件和护卫这条防线的火力。最靠近大苹果峰的96师381团自然最先突

八重瀬岳附近的95号（日军称为91号）高地，前景部分是具志头。

在美军步兵首次向八重瀬岳前进之前不久，美军炮轰这座悬崖高地。左上方爆炸的是白磷燃烧弹。

入八重瀬岳。大苹果峰西面有一道状如台阶的次要悬崖，高度大约是顶峰的一半。团长迈克尔·哈洛伦上校命令1营侦察这一地区，如果可能，在悬崖较低的部分占据一个立足点，让团主力能从西面进攻大苹果峰，使美军能攻击日军最重要的设防阵地侧翼。

6月6日，1营长V.H.汤普森少校让他的3个步兵连交替越过玻名城。日军的抵抗并不坚决，美军最初行动很顺利。随后，约翰·拜尔斯上尉率B连

继续前进，侦察崖壁的情况。B连组织3个班的巡逻队分头越过日军的机枪火线攀登悬崖。日军的一些机枪在洞穴里隐藏很深，仅凭手雷根本就无法摧毁，不过巡逻队还是顺利到达两道悬崖中较低的那一道。B连主力随即跟上，汤普森少校得报，命令C连从拜尔斯连左侧跟进。

15时前后，美军突破冲绳岛最大一座悬崖的首次行动进展顺利。C连开始越过稻田，到达崖底，B连沿着通往悬崖

中层的陡峭小径上山。这次行动一路越过日军阻击线，进入牛岛中将严令要尽一切力量粉碎美军进攻的区域。

防守八重瀬岳前沿阵地的日本陆军船舶部队、海军丸山大队等部正严阵以待，他们耐心等候美军的2个突击连进入一片已预先标定了弹着点的地带，然后实施火力急袭。日军的轻重机枪和20毫米小口径高平两用炮猛然火力全开。日军在这一带的阻击阵地部署了大量自动武器，形成的密集交叉火线足以让美军的2个连绽放出大片血花。汤普森少校见势不妙，赶紧组织撤退。美军的10个炮兵营在落入日军火力陷阱的2个步兵连正前方发射密集烟幕弹，仍无法阻止他们继续失血，许多人直到天黑后才返回。C连5人阵亡，多人负伤。B连当天合计损失43人之多，其中包括14人失踪。B连失踪人员最后有4人确认死亡，2人于次日上午返回，另有8人陷入日军阵地后方。失陷在敌方阵地的3人相继不幸被友军和敌军射杀，其余5人一直在敌境滞留到6月14日上午。

此后3天，96师以地面炮火和空袭持续打击日军守卫的珊瑚石悬崖，想方设法抵近观察日军可能的火力点和设防

阵地。

这一时期最激烈的一次战斗发生在美军最左翼。在95号高地末端指向东北的一座锥形山岭，7师184团B连遭遇日军独立混成第15联队（美田联队）第1大队的顽强抵抗。这里是冲绳最崎岖的地方之一，这道800码长的山岭其实是一堆杂乱的珊瑚石，犹如海绵般多孔，如玻璃一样尖锐易碎。山岭上有几座设防阵地，还有无数洞穴可供日军单兵藏身。整座山岭同时处于95号高地其他阵地的火力覆盖之下。B连的进攻异常艰辛，进展甚微。

6月6日到9日，收获最大的是第17团，一路推进1800码，占领了悬崖山脚附近的几座小山包。这些小山包并没有严密设防，却暴露在八重濑岳正面和上方台地的日军火力之下。

第7师的另一个步兵团32团在知念半岛的6天巡逻期间，一共聚集了20000名冲绳平民，6月8日下午开始南移，替换184团。当天道路状况已改善，大量物资运抵港川，2个中型坦克连已到达前沿阵地附近，其他坦克部队也在向南靠拢。师长阿诺德少将命令他的部队于次日7时30分进攻日军岛尻防线。最初的目标有两个。罗伯特·弗尔斯顿中校指挥

的32团1营负责95号高地和正前方的珊瑚石山岭，李·华莱士上校指挥的17团3营会在安里正北八重濑岳低端和南面取得一个立足点。

9日黎明，32团1营的巡逻队在靠近95号高地正前方的珊瑚山岭时十分平静。当1营C连主力跟上前进100码时，酷烈的火线立即从日军的枪膛奔流而出，美军遭遇了美田联队第1大队的抵抗。C连的战士们立刻卧倒，子弹从头上飞过，片刻后，日军的火力便已消退。美军战士正要起身前进，步枪和机枪子弹又飞射而来，掷弹筒发射的榴弹也从珊瑚山岭飞来，爆炸后溅起的珊瑚碎片打到身上也让人感到非常疼痛。

C连长罗伯特·沃什诺克上尉见状，下令暂停正面突击，呼叫炮兵炮轰95号高地。美军迫击炮为支援C连，向珊瑚山岭发射了大约2000发炮弹。然后沃什诺克派一个排从具志头一侧拔掉95号高地末端附近两座设防的小山包。这次迂回行动取得部分成功，美军共击毙13名日军，已经找到对美军威胁最大的自动武器发射阵地，但临近天黑，不得不奉命撤退。

17团3营的行动区域（安里北侧地区），正是日军美田联队第3大队（在中地区队长

独立臼炮第1联队长指挥下）的防区。当时独立混成第44旅团分为左地区队（海军平贺部队）、中地区队（独立臼炮第1联队）、右地区队（独立混成第15联队）三支部队分区防御。

3营的2个突击连在到达目标之前必须越过一片开阔地。这是他们面临的第一道，也是最大的障碍。营长华莱士中校调集所有可用支援武器进行火力准备，战士们都用长草和稻秆伪装。两个先头排刚进入开阔地，日军的火线便立即射来。美军步兵紧贴着黏滑的稻田爬过。I连出动大约1个小时后，来到目标山脚下，准备和已到达的2个尖刀班会合。这时，日军的另一挺机枪喷射出弹流，将美军的2个尖刀班分成两半。这样一来，美军仅有1个尖刀班继续突击，连主力则被日军机枪火线钉住，无法行动。

I连唯一还能进攻的尖刀班脱离日军视线，进入安全死角，仍可以自由行动，他们叠罗汉登上峭壁边缘，然后悄悄向前爬过山顶的草地。勃朗宁自动步枪手伊格纳西·泽莱斯基一等兵一步步向前摸索，几乎都能摸到一个日本兵的脚跟了。他一枪干净利落地将这个日本兵击毙。战友们在交火最

初10分钟内击毙另外8人。另一个尖刀班大约1小时后好不容易登上崖顶，被日军的3挺机枪交叉火力逮个正着。在崖顶的狭小范围遇到这种局面，没有任何悬念，全班8名战士尽数在横飞的机枪弹流中阵亡。不过，I连的一些后续部队相继到达崖顶，入夜后大约20名官兵在崖顶边缘占据了一小块阵地。

K连的情况也差不多。日军的精确火力射杀1人，打伤2人，一度将K连挡在目标200多码之外。K连的进攻大约停滞了45分钟，最终莱斯特·约翰逊参谋军士和8名战士一路冲破突破日军火线，占领了一片高地，集中全班火力向日军机枪开火。正在向K连主力开火的日军机枪遭到火力压制，不得不分心旁顾，准头明显下降。K连主力的压力减轻后，终于

可以前进。6月9日13时30分，K连巩固了八重濑岳东南末端的阵地。

当夜，日军小股部队三次猛烈反击。在步兵突击间歇，日军一直都在用手榴弹向美军I连施压。I连依靠一挺重机枪和几支勃朗宁自动步枪火力将反击的日本兵打退。

9日，美军坦克已经可以在独立混成第44旅团正面自由行动，该旅团陷入极端困难的境地。日军资料称有16辆美军坦克在当天参加了对该旅团正面的攻击。混成旅团连一门速射炮、联队炮也没有剩下，仅有旅团炮兵的3门105毫米榴弹炮，因此要求军炮兵向美军坦克射击。但军炮兵的实力已经大大减弱，并无多大效果。

第32军最初判断美军对南部阵地的进攻将首先以正北面为主攻方向，因此炮兵的主要

火力指向第24师团正面。海军部队在小禄进行了意料之外的顽强战斗，与预期相反，喜屋武半岛的战斗从东部正面开始激化，同时第24师团担任防御的正北面压力则相对较轻。因此军炮兵队急忙将火力指向东部正面支援铃木旅团战斗。

第32军出于对东部战线的忧虑，9日命令第62师团长以2个大队待命准备增援混成旅团，同时师团准备以全部力量向东部战线机动。

美军战史则称美军坦克从6月10日6时开始奔赴前线。当天上午，第7师突击八重濑岳时，已有整整1个坦克营可用，配属96师的也有2个坦克连。这时不仅日军的火炮数量大减，地形和天气也都变得对美军更加有利，后者在冲绳战役后期的战法已经改变，对坦克的使用更加从容，更具侵略性，火焰喷射坦克成为美军对付日军珊瑚洞穴阵地的杀手锏。日军火炮不开火，步兵就只能被动挨打，可每次开炮都会暴露目标，每一门火炮被美军反炮兵火力摧毁后，日军干扰美军坦克行动的火力就会削弱。更重要的是，不仅仅日军的反坦克作战能力在下降，美军的步兵和坦克协同战术在适应日军战术之后，已接近完善。大雨结束后，冲绳上空的

美军坦克通过伊霸地区前往八重濑岳时，越过燃烧的民居，为了减轻日军狙击手的威胁会随时向可疑目标开火。

能见度大为改观，对炮火和空袭的观察视野都有好处，显然对美军更有利。岛尻的战斗中，美军火焰喷射坦克的橘色火柱处处燃烧，机枪、炮弹、火箭弹和炸弹处处发出雷鸣般的吼声。

攻破岛尻防线

7师32团C连仍肩负着歼灭95号高地前方珊瑚山岭日军的重任。6月10日，海军巡洋舰从水面炮击珊瑚山岭靠海一侧，野战炮兵和坦克分别从远距离和近距离炮击95号高地，坦克的车载重机枪也在不惜子弹压制日军火力，32团2营在进攻玻名城村，让C连正面的日军不得不分心旁顾。

C连长沃什诺克上尉率部小心翼翼地翻过珊瑚石。在此防守的日军并没有撤退，但他们已无力阻止C连前进，先后都被击毙。午后不久，C连已经清除珊瑚山岭上的所有日军火力点，只有95号高地东北端附近两座岩石山包上的

几座设防洞穴还有几支日军的"三八"式步枪在开火。沃什诺克让他的部队就位，同时713火焰喷射坦克营C连连长托尼·尼迈耶上尉将1辆坦克派到两座小山包的山脚下。尼迈耶是个身高1.93米，形貌魁伟的壮汉。

日军士兵知道美军火焰喷射坦克的厉害，步枪子弹打得坦克车身"叮当"作响，火星四溅，伤不了钢质装甲分毫。周围已没有友军能组织敢死队突击美军坦克，但居高临下的

地图九十三　6月10－11日日军在岛尻南部的部署

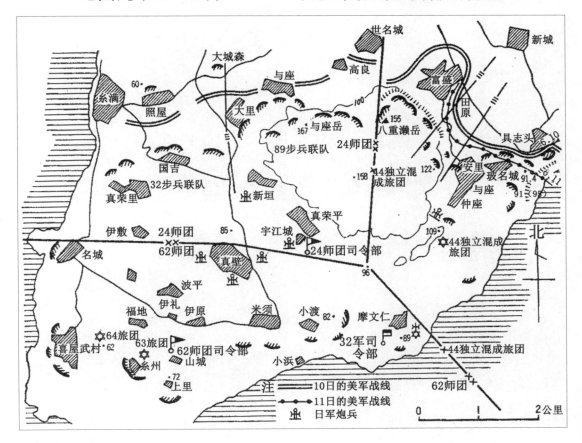

日军士兵以为凭借地利，美军坦克一时奈何不了他们。尼迈耶上尉很快就会告诉日本兵，他们太天真了。开到小山包山脚的火焰喷射坦克发射口接上一根61米长的软管，这是一种特殊装备，能将喷射燃料送进坦克无法直接到达的区域。负责支援的步兵排排长约瑟夫·弗莱德里希参谋军士、尼迈耶上尉和保罗·舒鲁姆中士从安全死角将软管拉到石岗高处以后，坦克兵将凝固汽油的火焰射入日军的2座坚固洞穴。三四十名日军官兵还在盘算美军会怎样用坦克进攻，一股大火挟着

热浪兜头来袭。血肉之躯哪里受到了这样的炙烤？日军官兵纷纷冲出洞口，都被早已守候的美军步兵用加兰德步枪和勃朗宁自动步枪射杀。

32团1营开始部署夜间防御阵地时，除极个别"三八"式步枪开火声之外，日军在珊瑚山岭的所有抵抗都已停止。夜间，日军还是回来了，他们用迫击炮、掷弹筒和手榴弹骚扰C连，悄然摸到美军其他突击连队正前方的开阔地企图渗透。两天在崎岖的珊瑚山岭进行的战斗，让C连损失43人，其中10人阵亡。

6月11日上午，尼迈耶上尉再度指挥火焰喷射坦克行动，32团的部队继续攻打95号高地较高的一端。32团B连出任当天的先锋，进攻高地东北角。美军打击95号高地的炮兵和坦克火力很猛，部分山头都被炮火掀起的烟霾遮住，日军洞穴阵地仍有数挺机枪形成交叉火力阻击，B连的步兵不得不暂时停下脚步。步兵攻击失败后，团长芬上校、尼迈耶上尉和B连连长达拉斯·托马斯上尉经过简短商议，决定用火焰喷射坦克烧出一条通往50多米高的珊瑚峭壁崖顶的路来。

美军火焰喷射坦克在95号高地的战斗。左上：正在向95号高地前进的火焰喷射坦克。右上：接到山上的喷火软管。左下：火焰从软管中喷到日军防守的山头上。右下：被严重烧伤的日军战俘。

尼迈耶的胆量与魁伟体型完全成正比，对火焰喷射坦克也充满信心。他的火焰喷射坦克一路来到95号高地的玻名城一侧，将一道道橘红色的火柱喷向步兵打算攀登的那部分悬崖。灼热的火焰让悬崖正面的任何洞穴都不可能在近距离威胁步兵推进。接下去要做的就是到达高地的平顶，占据一个立足点。

11时，尼迈耶和弗兰克·戴维斯中尉指挥的1个步兵排将软管的一端在火焰喷射坦克上安装好之后，开始拖着另一端攀登几乎垂直的高地山坡。美军的坦克、火炮、迫击炮和机枪跟随他们的前进步伐，逐渐提高开火位置和速率，阻止日军干扰。从远处望去，带着软管攀爬绝壁的美军战士们就像光秃墙壁上的蜘蛛。这次颇为壮观的进攻进展很慢，美军官兵为了爬到崖顶边缘的一处小岩架，就耗时45分钟。为了将足够的凝固汽油喷射到他们上方的岩石上，哪怕日军正在上方等候，他们也不会退缩。他们在小岩架滞留了相当长一段时间，然后再爬过崖顶边缘，举起软管，将火焰喷射到近旁。戴维斯中尉率领他的步兵在火焰后方散开。B连余部在后方紧紧跟随。这个步兵连借助火焰开路，迅速将阵地推过

高地东北端，然后向南进军，仍使用火焰攻击疑似的日军强点。当一辆火焰喷射坦克的燃料将近用完时，软管会被安到另一辆火焰喷射坦克上。

1营长弗尔斯顿中校见前方进展顺利，从A连调出两个排加强突击连B连。天黑时，1营已歼灭95号高地山顶台地东北端的日军。美军士兵还要与藏在岩石和罅隙中的日本兵短兵相接，但他们在台地上的阵地已牢不可破。到11日夜，防守具志头附近阵地的日军美田联队第1大队只剩下20多人。该大队向旅团发出诀别电报后，大队长野崎直彦大尉以下全体人员实施挺身突击战斗，几乎全部战死。

6月11日夜间，美军一线部队掘壕宿营时，第7师的每个团都有1营在日军岛尻防线占据了一个角落。从6月9日，美军进攻95号高地和八重

濑岳起，24军战线右（西）端相对没什么变化。17团1营依靠大量野战炮火削弱八重濑岳末端，企图摧毁日军在悬崖上方的台地，同时以坦克和团属炮兵连的自行火炮用直射火力打击悬崖正面的日军洞穴。

同一时期，96师的两个团在不停地进攻八重濑岳和与座岳的两座高峰。6月10日，383团向与座镇进发，次日便到达目的地。在破败的小镇，美军每过一道断壁残垣，都要与日军恶斗一场。此外，瞰制小镇南侧边缘的与座岳高地一直没有停止对美军的火力打击。当晚，日军火力明显增强，383团的部队暂时后撤。

381团的前进通道被八重濑岳绝壁最高耸陡峭的部分阻挡，便改向大苹果峰和与座岳之间的山鞍进发。在这个位置，绝壁分两层逐级升高。6月6日，汤普森少校的1营在这

6月10日，96师381团的一个巡逻队正在向南逼近八重濑岳（大苹果峰）。

个位置探路未能成功，当时B连和C连到达中间层，但马上遭到日军事先就标定弹着点的火力打击，不得不靠烟幕掩护狼狈撤退。

美军炮兵连续4天不断打击日军火力点后，1营B连和C连再度循原路进攻，这次有坦克支援。困难的地形和地雷，使美军坦克无法有效发挥作用。6月10日9时，1营的两个突击连便离开坦克，靠步兵单独突击。进攻部队的3个排来到上次进攻被阻止的岩架上。日军的机枪像以前一样准确及时地喷射出火线，美军步兵的进攻再度无功而返，大约一半人都倒在岩架上，其他人四散进入岩架背后的稻田隐蔽。

全天2位连长都在努力让他们受挫的部队前进，每次都不成功。下午晚些时候，美军再度施放烟幕，这次是为掩护后续部队前进，同时准备夜间防御。烟雾消散后，1营B连和C连总算就位。几分钟后，大约100名日军以为这次烟幕和6月6日一样，是为掩护撤退，便从藏身的洞穴钻了出来，在平地南端的一座建筑物附近集结，开始改换平民装束，准备实施夜间渗透行动。发现日本兵动向的C连长菲利普·纽厄尔上尉立即呼叫炮兵校正射击位置。连珠高爆炮弹在日军阵中爆炸，还没全部换完衣物的这群日本兵顿时血肉横飞，大部分都在炮击中毙命。

当晚，一个弹药运送队将物资送到前方各连队，让他们有足够的弹药守卫成功取得的阵地，打退日军在次日一早的反击。6月11日天亮前，1营余部与2个突击连会合。6月11日，381团调集密集的坦克火力和炮兵火力打击大苹果峰上的洞口。

美军下一个突破口则是第7师17团打开的。17团团长帕克勒上校观察八重濑岳一带的地形后，发现日军居高临下，明显占据地利，严重干扰17团3营占领悬崖东南端的行动，于是决定夜袭。1营正面的悬崖珊瑚绝壁较高，通往高地的两条较适合的道路非常狭窄，很容易被日军火线控制。美军已在八重濑岳东方50多米高的峭壁山脚下坚守数日，对地形相当了解。1营长梅纳德·韦弗少校说："我们看这道悬崖真看够了，一心希望能登上山顶看点儿别的风景。"

根据帕克勒上校的计划，1营会承担主攻任务，3营会协同行动，扩大占领区。最终的计划安排3个步兵连突击：1营A连会占领悬崖边缘以外大约100码的珊瑚乱石，接着向7师和96师边界推进；B连的目标是东南大约200码的一个类似位置；3营L连的目标是3营在6月11日占领的阵地与1营目标之间的一座小山。3个连将分头行动。A连的通道径直通向目标峭壁正面。B连必须向南越过悬崖正面的一个缺口，一旦登上高地，便右转进攻他们的目标。L连的目标就在悬崖边缘附近，较易接近。

6月12日4时，行动开始。

6月12日，美军第7师17团夜袭八重濑岳占领的那部分阵地。当时17团A连从图中央附近的小路登山，占领了图中央的几道珊瑚石山脊。B连从图左位置上坡，一路向右登上悬崖山顶。

这是一次偷袭，没有炮火准备，以免打草惊蛇。不过前半夜美军的2个105毫米炮兵营、1个155毫米榴弹炮连和1个203毫米榴弹炮营会实施较密集的骚扰火力打击。这是美军炮兵在夜间的例行行动，只是规模稍大，日军不太可能由此察觉夜袭意图。6月11日下午，美军的21个炮兵连就已标定射击目标，一旦步兵就位遇到麻烦，就会向周围的目标实施保护性炮火打击。每个突击步兵连都配属1个重机枪班。

帕克勒上校仔细筹划这次进攻，强调参加夜袭的每个人都要了解行动的所有细节。巡逻队仔细侦察了通向高地的多条小路，各爆破队都已了解峭壁正面各洞穴阵地的位置。每个参与进攻的人都担心夜间各种未知状况可能引起混乱。6月11日20时，第7师情报处截获的一份日军无线电报加剧了这种担忧。电报的内容是："准备支援23时的进攻。"稍后，美军截获另一份电报："各部队所有志愿参与玉碎突击的人员，在1小时后的集结时间之前报到。"从黄昏到23时之前，日军尽最大努力集中炮轰美军前沿阵地。当时美军觉得日军肯定会反击。反击如期而至，但日军的目标是下午抵达95号高地山顶的32团1营

和96师的阵地，17团的防区没有任何日军行动。

美军的夜间照明和骚扰炮火在12日凌晨4时前悄然停歇，17团按计划开始进攻。3个突击连以单列纵队队形出发。老天似乎也在配合美军，岛尻此时恰好升起大雾。大雾的密度恰如其分，3米之内的能见度没有问题，同时足以隐蔽美国大兵在道路上的踪迹，不会被任何人干扰。登上高地的A连发现有几个平民正在徘徊，B连尖刀排刚到达悬崖上的一道岩架，就发现3个日本兵。严守纪律的美国大兵悄悄走过，没有惊动他们。日本兵显然没发现美国兵，不曾开火射击。5时30分，黎明刚过，A连和B连未发一枪，就已经在攻击阵地就位。

L连也顺利到达目标位置，连长眼看大雾未散，敌人也没有开火，一心扩大战果，将1个支援步兵排派到50码外的另一座小山。这个美军排击毙2个日本兵后，便顺利占领他们的新目标。排长用无线步话机向连长报告进展，话才说了一半，突然大叫起来："请求迫击炮火支援！"原来大约50名日本兵正以两路纵队向他的阵地靠近。美军步兵的加兰德步枪和勃朗宁自动步枪响成一片，步枪子弹和自动步

枪的交叉火力将日军队形彻底打散。遭遇突袭的日军丢下37具尸体逃之夭夭。

1营官兵的夜袭同样令人鼓舞。A连就位几分钟后，4名日军士兵茫然无知地向他们走近，被直接打成筛子。跟在他们后面的另外4个日本兵也被如法击毙。B连大约到5时30分才受到日军骚扰，当时阵地中部有几个日本兵正要走出他们的洞穴。由于洞口被混凝土加固，无法用炸药爆破封死，美军步兵便守株待兔，只要日军现身便开枪击毙。

天亮后不久，C连开始扫荡悬崖正面的洞穴，完成任务后与登上高地的营主力会合。8时，17团已在八重濑岳东方122高地北方地区建立了稳固的阵地，导致日军混成旅团司令部（109高地）同左地区队（平贺部队）间失去联系。

美军的奇袭能够取得成功，一个重要原因在于日军在八重濑岳周围的防御部署以八重濑岳东麓悬崖下为重点，山顶一带的部署则比较薄弱，这一情形与4月18日夜美军潜入突破牧港一带时非常相似。

日军在地势较低处占领阵地的一个重要原因是八重濑岳山顶一带完全没有饮用水。虽然混成旅团长铃木少将曾经质疑"以八重濑岳为骨干阵地"

的意义,军司令部回答说:"八重濑岳必须确保。如此才能尽量使与其相连的右翼平地方面获得纵深。"铃木少将于是以平贺联队直接占领八重濑岳,以旅团其余兵力占领以与座、仲座为中心的平地一带。平贺联队并没有直接占领八重濑岳,而是在东北麓悬崖下布阵。军参谋八原大佐曾经督促混成旅团加强守卫该高地的兵力,但铃木仅在山上部署了海军胜田大队(兵力为大队长以下100余人)。

美军平时都严格到近乎死板地遵守规定时间表,进攻按部就班,这一次却突然发动夜袭,打了日军一个措手不及。

在32团以火焰开道登上95号高地山顶15个小时后,17团即以教科书般的夜袭占领了他们负责的八重濑岳的那部分阵地。

12日白天,17团2营替换I连和K连,3营L连配属他们战斗。1个加强营的步兵在中型坦克和火焰喷射坦克支援下继续进攻。1营就地守卫阵地,同时组织火力击退日军。虽然日军明白得太晚,不过他们还是知道自己的防御阵地已被美军偷袭得手,组织反击企图夺回阵地。在美军的优势火力面前,这纯属徒劳。1营B连当天就击毙日军63人。

6月12日6时,哈洛伦上校的96师381团又给日军主防线沉重一击。6月10日,381团进攻八重濑岳悬崖时,1营就已在八重濑岳和与座岳两座山峰之间的山鞍的中间层取得一个立足点。3营肃清了富盛一带的日军,却无力向辖区内的陡直峭壁前进。哈洛伦将团预备队2营用于侧翼西端,与中路突出部并排作战,同时弥补本团与383团之间的一个缺口。由于17团的夜袭成功,381团3营得以在与17团阵地毗连的悬崖部分发动进攻。

前几天美军广泛使用炮火和坦克火力连续猛轰悬崖正面的各处洞口,但6月12日上午,在小D.A.诺兰中校率381团3营上午到达悬崖山脚的时

地图九十四　　1945年6月4－12日,美军在岛尻南部的进展

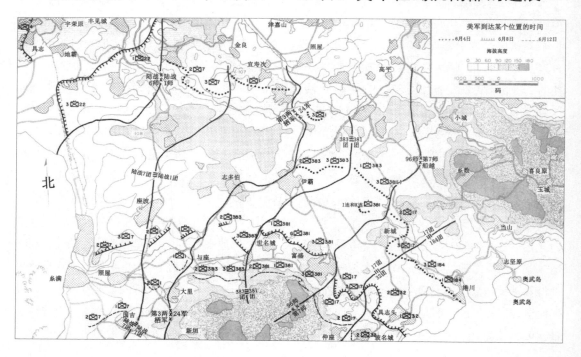

候，日军的阻击火力和之前几乎一样猛烈。诺兰觉得固执地正面突击日军严防死守的这道绝壁代价太大，进展迟缓，决定另想办法。他留下K连牵制敌人，同时扫荡崖底附近，命令罗伊·戴维斯上尉的L连向东南迂回，从7师辖区登上悬崖，然后沿着崖顶边缘进入K连上方的一个阵地。

15时前，戴维斯连已顺利进入高地上的指定阵地。与此同时，K连在美军烟幕保护下，顶着日军的密集步枪火力在崖顶奋战。夜间，K连和L连企图会合未果，但381团已成功突破他们在悬崖最陡峭部分连续3天的僵局，准备从日军手中夺取下一片阵地。

日军仍然控制着在崖顶台地突起18米的大苹果峰，但6月12日，美军第7师和96师已迫使独立混成第44旅团从日军防线东南角撤退。

12日傍晚，八原大佐接到了军炮兵队砂野高级部员打来的怒气冲冲的电话："敌坦克十数辆在二三百名步兵伴随下正从安里经标高点122的东侧进入八重濑岳。旅团在该方面连一个兵都没有，现正以军炮兵队的一部阻击。旅团究竟是怎么搞的。这也太疏忽大意了。八重濑岳是军炮兵对东方的重要观测地带，就这么落入

敌手可不得了。希望军能尽快进行针对处理。"

八重濑岳不只是第32军炮兵队的重要观测地带，更是主阵地的骨干，如果军炮兵队的报告属实，确属极为严重的事态。气愤难平的八原马上电话联系混成旅团的京僧参谋，质问军炮兵队报告的战况是否属实。京僧参谋却不慌不忙地答道："这边也接到了相同的通报，所以已经派出军官侦察，并未在八重濑岳的山中发现敌踪。美军确有欲从122东侧一带突破侵入的迹象，但旅团已如报告过的那样部署了兵力，进入旅团长指挥下的白炮第1联队也在其正面，所以尽请放心。"

军炮兵队和混成旅团的报告互相矛盾，军司令部一时难以判断。但很明显八重濑岳正面临严重危机。牛岛中将已从军炮兵队、高射炮队和电信第36联队抽出约6个中队增援混成旅团，现在进一步判断已经到了将第62师团也增强至该方面的时机。于是牛岛立即命令第62师团长首先按照既定计划将2个大队调归铃木少将指挥，准备以其余主力随时向东方机动然后一并指挥混成旅团以确保军的右翼战线。

铃木把配属的第62师团的2个大队中的独立步兵第13大

队增派到独立混成第15联队最右翼的海岸地带，另一个独立步兵第15大队则增加到旅团最左翼的八重濑岳方面。原大佐的独立步兵第13大队的机动极为迅速，一夜之间便抵达了指定一线，从与座岳南方一线出发的独立步兵第15大队却迟迟未到。

14日，第24师团的木谷参谋长也亲自打来电话："数百敌军正在进入八重濑岳。为何混成旅团置之不理？这样一来师团的右侧背陷入危险，无法专注于正面战斗。实在迫不得已，虽然超出本师团的作战地境，也只能以位于与座岳南方地区的搜索第24联队将其歼灭，为防万一，准备以与座岳为据点后退至南方158高地，采取钩形防御态势。虽已令独立步兵第15大队准备策应师团搜索联队进击，但完全没有响应的迹象。实在是恶劣之极。"

接完木谷参谋的电话，八原怒火万丈。随后牛岛绕过混成旅团司令部，通过第24师团司令部的通信网，直接严令独立步兵第15大队长："贵官即刻向八重濑岳攻击前进。"事后铃木曾对此抗议。

就这样，到了6月13日，美军坦克已经可以在右翼战线旁若无人地行动，混成旅团却

6月13日，八重濑岳的美军步兵。图中公路上可以看到正在后送伤员的担架队。

没有任何反坦克武器可用，右翼战线陷入危机。当天，死守玻名城的特设第3联队自杉本真少佐以下大部战死。

国吉岭之战

6月13日，日军岛尻防线的东端已经崩溃，西侧的第24师团仍在坚守。美军96师的1个团和陆战1师，还要经过数日奋战才能突破第24师团在与座岳和国吉岭的防线。在冲绳南部阵地的战斗中，第24师团是在自己的旧阵地一带战斗，虽然战力低下，表现仍极为出色。

与座岳大约比周围地区高出90米，耸立于该地区的日军防线之上，构成负责第32军主阵地线西半部的第24师团的防御核心（东半部独立混成第44旅团的防御核心是八重濑岳）。负责攻打这座高地的是96师383团，他们要面对以步兵第89联队为主力的日本守军的顽强抵抗。该联队的第2大队（深见大队）被部署在与座岳，第1大队（田中大队）被部署于八重濑岳西侧至与座岳东侧之间，第3大队（佐藤大队）则布阵于南方的158高地一带。与座岳西侧向海洋逐渐收窄，形成2000码长的珊瑚屏障国吉岭，横亘在陆战1师前方。负责国吉方面防御的是步兵第32联队，伊东大尉的第1大队和满尾大尉的第3大队进行了顽强巧妙的抵抗，使陆战队在该方面陷入意料之外的苦战。

383团要逼近与座岳，受到大片雷区限制。他们为将日军从与座村逐出，耗费了3天时间，每次与座岳方向的机枪火线都迫使他们在夜间退入防御阵地。然后每天晚上日军后续部队会重新占领村落。383团的首次实质性进展是在6月15日获得的。当时接替383团

中路营的382团2营拿下与座岳北坡。383团的其他部队经过35天的连续战斗，次日转为师预备队，迪尔上校的382团会继续进攻日军与座防线的坚固核心阵地。

国吉岭一带进行的是岛尻战场上最混乱的、近乎疯狂的代价高昂的近战。日军国吉防线的中央，直接防御国吉的是伊东第1大队，由于实际战力不到1个中队，该大队的全部兵力包括大队本部，都被部署到800米的正面第一线，而且没有反斜面，所有兵力都在"敌方斜面"上，且背靠悬崖，是名副其实的"背水之阵"。解散的野战医院军医和卫生兵、军经理部的会计兵近200人也被配属给伊东大队，这些人不仅缺乏步兵战斗训练，连步枪也没有，每个人只有2颗手榴弹。一些正在治疗的老兵也返回了伊东大队。这样该大队的人数一下增加到570余名，但适合战斗的人员，包括配属的各队在内不超过135人。右第一线部署金泽少佐的独立机枪第3大队等部临时编成的第2大队。左翼满尾第3大队部署于真荣里。

陆战1师到达糸满北方的冲绳岛西海岸，将小禄半岛与岛尻战场分离后，陆战1师一路只遇到轻微抵抗，可是当他

从与座山眺望的与座岳顶峰。背景部分可见美军的火焰喷射坦克在焚烧与座村的日军阵地。

间的战线与国吉岭隔着一道大约1000码长的比较平坦开阔的长方形谷地。6月11日，陆战7团进入这片开阔地后，被日军事先标定目标、覆盖整片山谷的机枪火力打退。初战受挫，师长德尔瓦尔少将和7团长斯内德克上校决定发动夜袭。6月12日凌晨3时，7团的每个突击营派出1个连，奉命占领国吉岭西端坚守到天亮，随后会支援2个突击营主力前进。

7团C连和F连顺利登上高地，突入了国吉岭西端，即满尾大队的右端和伊东大队左翼之间的位置。起初陆战队的进度快得令人吃惊。他们一时以为可以速战速决，但天亮后幻想便破灭了。两个连的陆战队抵达目标位置后，C连首先开火，击毙数名日军。清晨的第一阵枪声，实际上成了催促日军立即行动的警钟。1分多钟之内，日军的迫击炮弹就开始

们的前锋推进到国吉岭以北1500码时，完全处于与座岳各处高地的瞰制之下，已进入日军火力打击范围。陆战1师起初以1团和7团分左右两路并进。左翼的1团第一个越过日军严加戒备的通道前进，最早蒙受严重的人员损失。6月10日，1团1营进攻与座村西面的一座小山时，便伤亡125人。损失最大的C连合计伤亡75人。同一天，7团到达照屋北侧高地，这是一道日军几乎在各处都能进行有力抵抗的山岭。6月11日，7团左翼再度进至大里以西的69号高地，仍遭到日军坚决抵抗。

陆战1师在照屋和大里之

第89联队最后的三位大队长：第1大队长田中信造（左）、第2大队长深见八千代（中）、第3大队长佐藤长丸（右）。三人最后都在与座岳阵亡。

落入两个陆战连队列。天色越来越亮，日军在珊瑚山岭沿线的枪炮火力全开。山谷通道落地开花的炮弹和交叉火线，让7团无法增援突击部队。

"鬼子永远都那么难缠。"斯内德克上校调来2辆坦克支援2个突击步兵连。日军的炮火很猛，仅有2辆坦克反而容易成为攻击目标，结果一辆被炮弹直接摧毁，另一辆在弹雨中摇摇晃晃地后撤，好不容易退入安全地带。迟迟得不到增援的C连和F连接二连三

出现人员伤亡。2位连长一直在用无线电呼叫支援。1营和2营的其他连队在山谷中的伤亡同样很大，始终无法越过日军的阻击火线，与暴露在国吉岭上的2个突击连会合。

日军纵横交错的多重机枪交叉火线让美军的烟幕掩护也起不了作用。试图支援突击部队的2个步兵连和坦克只得撤退。下午，C连和F连仍在呼叫支援，斯内德克上校新调来的几辆坦克总算成功地将一批血浆、饮用水和弹药运抵国吉

岭，将重伤员送回后方。

坦克的这次成功行动，让7团1营长戈姆利中校和2营长博格中校灵机一动，决定让步兵登上坦克车越过1000码长的暴露山谷。此事非同小可，具体的运送方式和时机都经过反复讨论。天黑前，54名战士爬进坦克的逃生舱门，在暮色掩护下，随坦克车登上国吉岭，另外22名重伤员在坦克回程时被后送医治。此后美军在国吉岭一直靠坦克运送物资和人员增援前方部队。

地图九十五　6月8—14日双方战线及日军部署

国吉岭，背景部分是与座岳和八重濑岳悬崖。日军从这道山岭可以向进攻与座岳顶峰的美军开火。

陆战1师在6月12日遇到的各种困难仅仅是麻烦的开始。6月13日天亮时，7团2个突击营的6个步兵连都已登上国吉岭较低矮的一端，但高处的日军阻击火力让任何一个营都动弹不得。一切地面运输都要靠坦克进行。航空兵组织29架飞机空投，只有部分物资成功落入美军阵地，部分物资的空投落点偏离，在战况激烈的战场根本无法回收。当天7团的2个突击营一共损失140人，重伤员靠坦克后送治疗，轻伤员只得滞留在山上，尸体都堆积在山脚下。

6月13日以后的几天，陆战队的坦克承担了大量进攻任务。中型坦克和火焰喷射坦克除提供火力支援外，还要负责运送各种补给和援兵到前方，回程时需要补给更多燃料和弹药，后送伤员救治。这一带遍布水田，坦克只能利用该地区内仅有的一条路况较好的公路（糸满－国吉道路），日军早就看出这一点，以47毫米反坦克炮和师团炮兵的野炮各一门专门负责打击这个位置，给美军坦克部队造成严重损失。伊东大队还在夜间将缴获的炸药和地雷（该大队自身没有炸药）埋在坦克经过的道路上，一些坦克因此瘫痪，日军还在天亮前用燃烧瓶将瘫痪的坦克烧毁。在5天的战斗中总计有21辆美军坦克被日军击毁或击伤。

配属于伊东大队、在国吉岭西端附近占领阵地的独立速射炮第3大队第2中队第1小队的小队长广濑春义少尉在日记中记录了13日的战况：

今晨开始，约150名步兵沿国吉道路侵入国吉，战斗陷入胶着。在步兵与敌交战时，3辆坦克从该道路向国吉前进，途中受到友军野炮的集中射击造成2辆瘫痪，犹以炮塔射击。小队向其射击，将其一辆倾覆。

围绕美机空投下的补给品，双方也展开了紧张的争夺战。日军十分喜爱空投下来的粮食。这些野战口粮被称为"K口粮"，装在长20厘米、宽10厘米、厚4厘米的防水纸箱内，包括三个品种，其中一

从空中鸟瞰的国吉岭西端，图中可以看到陆战7团不得不通过的易受攻击的暴露地形。

种装有混合鸡蛋和肉类的罐头、加糖的咖啡粉末、葡萄干等。另一种装着纯肉罐头、煮汤用的粉末、巧克力等。第三种则装有奶酪罐头、冲柠檬汁用的粉末、奶糖等。无论哪种口粮，都装了饼干、香烟、火柴、卫生纸等。装着饮用水的橡胶袋也被陆续投下，为了不被美军利用，日军就将其撕破扔掉。独立速射炮广濑小队的阵地上也投下了补充弹药。

13日当天，陆战7团的一部兵力迂回到国吉岭西方，从伊东大队和左方满尾大队中间侵入了国吉村。

由于陆战队在国吉岭遇到的日军阻击火力大部分来自正面和左侧。为了缓解左侧的压力，1团长梅森上校命令2营长麦基中校攻打7团左侧山岭较高的东端。1团2营同样会实施

夜袭。6月14日3时，E连和G连出击。2小时后，这2个连的突击排已进入指定位置，但破晓时突如其来的日军重火力让他们无法继续推进。这次夜袭的结果与7团如出一辙。2个突击排被日军步兵第32联队第2大队（临时编成）的火线孤立，后续部队被压得动弹不得，所有人不仅受到正面和左侧交叉火力夹击，被他们绕过的日军也在从背后开火。所有人都只能趴伏在山岭上，别说站立，哪怕半蹲都会挨子弹。伤员甚至要用斗篷拖进坦克下方的逃生舱门才能后送。好在美军坦克虽由于日军反坦克火力的打击损失不小，依然能承担补给和伤员后送任务。天黑后，1团2营才能巩固自己的阵地。

陆战1师的2个主力团一连几天都没能取得重要收获，但

依然在国吉岭坚持下来。6月15日，陆战7团在15个炮兵营的火力支援下，试图扩大国吉岭的阵地，结果只是增加35人伤亡而已。1团2营登上国吉岭后，两天内伤亡近150人。6月15日夜间，本尼迪克特中校的5团2营接管了他们的阵地。

部署于国吉岭的独立速射炮小队长广濑少尉在日记中记录了15日的战况：

今晨以来敌军以多达25辆M-4坦克数次来到国吉附近实施物资补给，一部侵入国吉村，我军受到来自国吉南侧的攻击。我阵地上部也出现若干敌影。我狙击阵地中的高木上等兵、铃木一等兵、山本一等兵、治京上等兵终日狙击，取得杀伤人员5名的战果。昨夜以来进行了火炮的整修，已大

体整修完毕。全员士气愈加旺盛。没有损失。

6月16日，陆战队终于等到转机，国吉岭的日军力量首次出现衰退迹象，7团两翼都取得一定进展。美军的飞机、火炮和坦克持续不断的打击，将日军的抵抗实力和意志消磨殆尽。17日天亮前，陆战6师22团接管7团2营阵地。美军陆战队的生力军投入进攻后，日军已无法组织有效抵抗。5天激战中，美军的坦克先后向国

吉岭运送了550名援兵和大约90吨物资，并且将1150人送回后方，这些人大部分都在战斗中负伤。

6月13日开始，日军步兵第89联队第1机枪中队的小队长藤江正夫少尉以下在八重濑岳和与座岳之间的洞穴内同侵入洞内的美军发生了惊心动魄的战斗。在13日以前，第1机枪中队一直藏身于这里的洞穴内，第89联队在去年12月同第9师团交接后，曾在这一地区构筑阵地。藤江也曾在这里的

高地上参加初年兵的第2期教育，对这一带的地形十分熟悉，没有地图也不会迷路。6月10日，来自特设第3联队（野战兵器厂）的有马繁大尉就任该中队的中队长。12日晚11时左右，有马大尉奉大队长田中大尉的命令，开始带领中队主力向后方阵地撤退，撤退前他命令藤江少尉以下6人在13日夜将重机枪3挺和弹药搬运到后方阵地。在中队主力撤退数小时后，藤江等人所在的洞穴就受到骑马攻击，3名美

地图九十六　日军在国吉岭的战斗

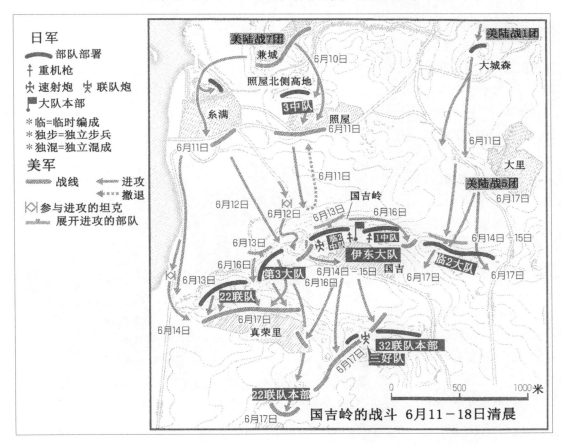

国吉岭的战斗 6月11—18日清晨

国兵侵入洞穴内部，同他们交战。

侵入洞内的美国兵哗啦哗啦地摆弄起放在洞穴中段位置的重机枪，同时大声叫道："哦，是机枪！"藤江让受伤的新田见习士官等潜入洞穴深处，又让入口附近的铃木清见兵长利用左侧的洞穴拐弯处隐蔽起来，打算在美国兵接近到2米距离时，和铃木一起用手枪和手榴弹急袭美国兵，为此做了充分的准备，拔掉了10颗手榴弹的安全栓，在2人身边各放了2顶钢盔。铃木兵长是一名沉着冷静的历战老兵，2人屏息静气等待时机到来。

先前一直在用英语交谈的美国兵，可能是感到情况可疑，开始打着手电筒默默地向左右摸索，一边用手枪射击一边一步一步地接近过来。

美国兵紧紧贴在洞壁上，把手枪对着手电筒右端。3米、2.5米，简直让人窒息。2米！还没等藤江扣动扳机，铃木就扔出了手榴弹。几乎与此同时，藤江一口气用手枪发射了5发子弹。

马上传来了美国兵的惨叫声和哭泣声。接着第2颗、第3颗手榴弹也在狭窄的洞穴内爆炸。在遭到突袭后活着的美国兵立刻如脱兔般逃向出口，藤

江发射的5发子弹中有3发左右命中目标。

美军自然会报复。大约二三十分钟后传来机器的响声。当响声停止时，洞内突然像发生了地震一样摇晃起来。经过长达3个小时的爆破，洞穴中间的上部被打出一个洞来，藤江看到几个美国兵正在向洞内窥视。他预计接下来就会用汽油焚烧或者用炸弹攻击，于是他和铃木一起赶往洞穴深处，下达紧急指示："多带些毯子进入岩石裂缝深处，护住头部和身体！"

美军的攻击开始了。首先扔进来3颗照明弹，接着扔进炸弹，在爆炸时发出了紫光。洞穴内的墙壁全被紫光照亮，然后人们被硫黄特有的气味熏得几乎窒息，这是美军扔进了黄磷弹。

炸弹和黄磷弹的攻击持续了2－3个小时后才完全安静下来。藤江小声呼叫大家的名字，6个人都平安无事。晚上，为了逃出洞穴派人进行了侦察，发现周围立着美军的营帐，还点着电灯，派出了步哨，没有办法逃出。重机枪已被全部破坏无法使用。

第3天，藤江发现他们已经被美军活埋，于是赶紧组织大家挖掘可以逃出的出口。加上之前潜伏在另一处洞穴内的铃木曹长等3人，9个人拼命挖掘，终于在第6天挖通了一道出口。明亮的月光射进洞内，让人感到像阳光一样刺眼。就这样，从6月13日到19日，藤江等人在洞穴内的苦战中生存了下来，在这期间地面战况发生了急剧变化，日军已经陷入绝望。

一名美军陆战队员正在将炸药包掷向珊瑚缝隙中的洞穴。

地图九十七　6 月中旬美军攻占国吉岭

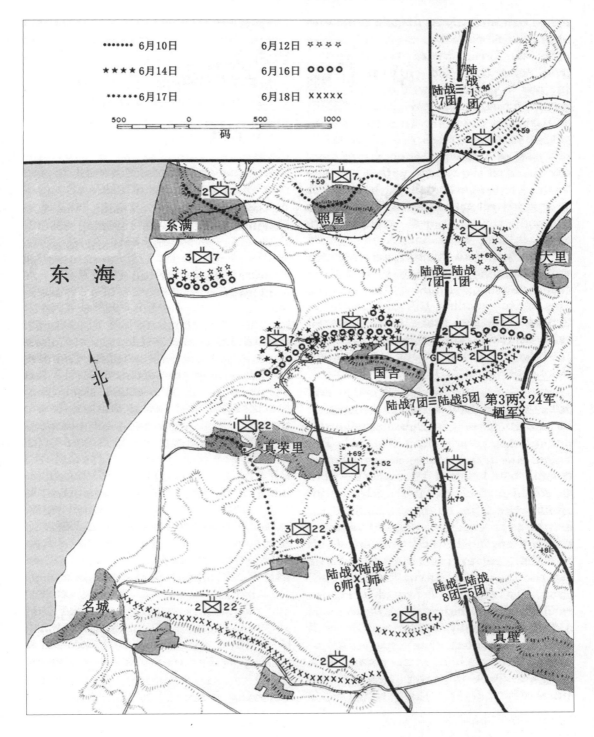

第十五章　尘埃落定

日军有组织抵抗的结束

6月15日，美军第10集团军司令巴克纳中将的神色轻松了很多，冲绳战事正在进入美军的最后绝杀阶段。前线的步兵同样觉得日军第32军正在瓦解，倒不是因为日军的单兵战斗意志明显弱化，而是因为日军缺乏作战物资和各种装备，协同不力，通信不畅，已经让他们的作战机能无法有效运转，不能再维持足够的抵抗力量。

牛岛的大部分精锐正在首里战场的废墟腐烂。南撤的第32军残部，每天都有上千人阵亡。还活着的日军官兵变成只能各自为战的大群散兵游勇，无法再组织有效的系统性防御。

美军24军夺取95号高地山顶和八重濑岳边缘后，挡在他们和第32军司令部坑道之间的只有一座基本平坦的台地而

已。根据日本战俘供述，牛岛的司令部就坐落在24军辖区南端的一座大型珊瑚壁架上。这片台地轮廓均匀，但散布着多个珊瑚山包。一些珊瑚山包聚集在一起形成局部通行障碍，其他珊瑚小岬比树桩或灌木丛大不了多少，就像从土里长出来一样。少数珊瑚山体庞大突出，可以让日军构筑坚固阵地。最庞大的两座珊瑚石山峰就是96师辖区北端的大苹果峰和与座岳。第7师辖区内最大的珊瑚石山峰则是153和115高地（日军分别称为"158高

地"和"109高地"）。八重濑岳和95号高地陷落后，这两座高地成了日军守住防线东端的最后希望。

6月13日到17日，96师在这两座高地和台地周围的珊瑚石一连战斗5天。这几天的战斗更像狩猎。美军的中型坦克在步兵常规支援下，用75毫米主炮和几乎一直不断的车载机枪火力，将一片片珊瑚石击碎。这片战场非常适合火焰喷射坦克行动。火焰喷射坦克将烈焰射入洞穴、岩石峭壁和树林，或是将日本兵烧死，或

96师382团进攻的与座岳顶峰。坦克正在山岭底部的洞穴和隧洞间战斗。

地图九十八　6 月 10 － 18 日美军攻占八重濑岳－与座岳悬崖

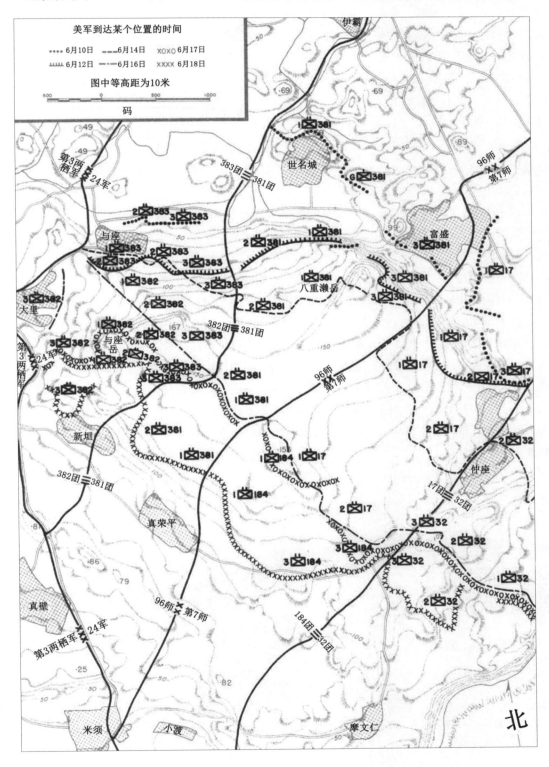

北

是迫使他们出洞，成为美军机枪的枪下鬼。5天之内，陆军713装甲火焰喷射营的火焰喷射坦克为消灭日军，消耗汽油37000加仑。美军各步兵排和已失去组织，成为绝望困兽的日军士兵一直在战斗。

岛尻一些最大的洞穴阵地就在八重濑岳和与座岳。96师的步兵用手雷、枪榴弹、炸药包和火焰喷射器将这些阵地一一摧毁。步兵一旦搜出日军的藏身之处，紧接着往往会迎来几分钟酷烈的战斗。6月14日，381团占领大苹果峰制高点，由于没有足够的炸药封死这一带的无数洞穴，只得与从洞穴里现身的日本兵鏖战一夜。6月16日，与座岳也落入美军手中。第7师17团和32团为全歼153和115高地的日军，耗费了一整天时间。

153高地和115高地分别是日军第24师团和独立混成第44

旅团的防御地区，其中115高地（109高地）是独立混成旅团司令部所在地。6月15日，牛岛中将鉴于与座岳、八重岳的中间地区被突破，决定将第62师团主力投入独立混成第44旅团正面。

对军的企图，当时第62师团长藤冈中将强烈建议：如果独立混成第44旅团覆灭，军司令部应从摩文仁移动到真荣平附近同第24师团司令部会合，在正东以同与座岳相连的阵地继续抵抗，第62师团则以山城为中心，按照当前部署坚持战斗。牛岛没有采纳藤冈的意见。牛岛认为，八重濑岳虽已失陷，但独立混成第44旅团仍勉强维持着与座、仲座，应趁战况仍有可为时将第62师团逐次投入战斗，希望以此来增强混成旅团的现阵地，尽量在现阵地坚持战斗。

藤冈根据军命令，命令第

63旅团长（中岛德太郎中将）一并指挥所属部队和独立混成第44旅团负责正东面的战斗，命令步兵第64旅团推进至真荣平东南方地区。师团司令部仍留守山城。

在16日的战斗中，独立混成第15联队本部（115高地东方）陷入重围。在旅团司令部所在的115高地的前方，第2步兵队第3大队经过拼死战斗才阻止美军的突破。在115高地及其南侧地区，独立步兵第13大队也进行了顽强抵抗。

16日夜，独立步兵第12大队（配属独立步兵第11大队）抵达了115高地南方地区阵地，转入混成旅团掌握。独立步兵第12大队的战力极为低下，在15日左右只有两个兵力各约30人的中队，总人数只有大队长以下约100人而已。当晚，独立臼炮第1联队指挥班长久保二郎少佐到达独立混成第44旅团司令部，报告说中地区队蒙受严重损失、正处于敌军重围下，联队长入部中佐以下仍在奋战。旅团长命令中地区队将阵地撤至158高地（153高地）附近。16日夜，搜索第24联队占领了153高地附近。

17日，115高地的独立混成旅团司令部遭到美军猛攻，仲座西北端附近的第2步兵队第3大队阵地也遭到火焰喷射

日军32军最后的指挥部所在地89号高地。美军第7师32团进攻的是较低的高地东端（图左）。

坦克攻击，有数辆坦克攻击了旅团司令部，甚至进入其后方。

旅团司令部依托洞穴顽抗，独立步兵第12大队（配属独立步兵第11大队）、独立步兵第13大队也受到坦克攻击。混成旅团的主阵地被突破，该旅团的有组织战斗至此崩溃。

铃木旅团长判断旅团已经到了最后一刻，正在准备率领残存兵力实施总突击时，接到让独立混成旅团向摩文仁89高地撤退的军命令。18日夜，旅团长以下逃出洞穴阵地后退至摩文仁。同旅团司令部失去联系的独立臼炮第1联队的久保少佐在17日凌晨返回22高地的本部，在此期间联队长入部兼康中佐以下多人战死。

17日当天，牛岛为了迅速妥切地指挥作战，命令第62师团司令部进入摩文仁。藤冈师团长于18日夜带领参谋长以下作战指导方面必不可少的少数人员来到摩文仁。

6月17日夜间，美军已经沿国吉岭、153高地和115高地的各处山顶，构筑了一条坚固防线，且首次能从山上俯瞰日军守卫的整片地区。当时日军阵地还剩大约20平方公里，岛尻防线已经被攻破，日军官兵都明白他们已无法避免被全歼的命运。第32军在将近80天的败退中，军纪和士气被逐渐削弱，如今已接近崩溃，正在沦为一群乌合之众。

独立混成第44旅团司令部还在苟延残喘，但随着115高地落入美军32团手中，该旅团实际上已被歼灭，只有很少人逃脱。第24师团步兵第32联队的大约400名残兵，已经被困在国吉岭和真荣里附近的山洞里。第24师团的其他残余部队撤退到153高地西南约800米的真荣平附近。

在153高地陷落之前的几个小时，牛岛还在一份命令中写道："153高地至关重要，是全军命运所系。令军司令官十分不安的是，一再送出的关于高地的命令都无人理会。"天亮前，牛岛又命令一个大队前去收复153高地。次日上午，美军士兵在一具尸体上发现了这份命令的抄件。这名死去的日本兵是企图夺回153高地的100多名日军中的一员。抄件的背面写着日军大队长的批注：

军司令部命令的第一段完全不是本大队预料到的，这实在是不幸之至。

奉命夺回153高地的日军为执行大队长的命令完全不惜伤亡，这样才能让该大队获得荣耀。一旦夺回这座高地，他们将立即向上级报告。

6月18日天亮后一小时，奉命夺回153高地的日军就已在珊瑚石之间变成尸体。他们的进攻甚至没有惊动前一晚替换17团的184团步兵。日军在南山坡聚集时，便被美军的炮火和炸弹全歼（日军资料中缺少对这次战斗的记录）。

18日，日军防线右翼的独立混成旅团司令部等残余部队被美军分割，陷入孤立，犹

美军坦克正在铲除日军的一处阵地。中央部分的坦克已被摧毁，其他坦克保护它不被日军缴获。炮弹正在爆炸的位置就是日军所在地。

前往89号高地的战斗中，美军769坦克营正在进攻一座步兵绕过的日军强点。

在顽抗。混成旅团司令部也受到坦克部队炮击，有一部坦克侵入摩文仁东方约1500米的鞍部，开始同独立步兵第12大队交战。在当天的战斗中，独立步兵第12和第13大队蒙受了很大损失，仍然阻止了美军向摩文仁方面的突进，但战力也几乎耗尽。

在中央部一带，第24师团也在进行殊死的防御战。第32军努力维持以八重濑岳为据点的东部战线，但仅以战力业已耗尽的第62师团根本无力回天，终于被迫放弃八重濑岳地区，改以第62师团长建议的与座岳为据点，以目前战线为军右翼的抵抗线。

藤冈师团长采取的部署大致为：在连接具志头－米须一线右侧，部署以独立步兵第12大队为第一线的步兵第63旅团的2个大队（独步第12、第14大队），在该线左侧部署以独立步兵第15大队为第一线的

步兵第64旅团的3个大队（独步第15、第21、第22大队），独立混成第44旅团以与座、仲座为据点，一直战斗到覆灭为止。

牛岛于6月18日傍晚向参谋次长和第10方面军发去诀别电报。

第32军司令部在18日没有从各兵团接到任何电话，只是不时发来无线电报而已。军司令部不得已只好派出徒步传令兵冒死执行任务。传达到阴森凄惨的军司令部坑道内的报告全都是"某联队长战死！""某大队全灭！"之类的内容。

18日当天，独立步兵第11大队进行了最后的突击。正在从八重濑岳转进的中村队（第1中队长中村启一郎中尉指挥下的部队）接到了内容如下的军命令："打开血路以利于军司令部及师团的转进转移。"于是中村队决定以包括伤员在

内的全部残余兵力向与座、仲座一线实施挺身突击。这时前面的高地已经被美军控制，时间也已到了拂晓。第1波突击队长中村中尉与数名部下向"108高地"（应为109高地，即美军所称的"115高地"）台上冲去，结果中村中尉头部中弹而死。紧接着第2波突击队也向前冲去，不断出现伤亡，有的士兵被击碎下颚，有的士兵上半身鲜血淋漓奄奄一息，突进受阻。然后又冲来了第3波，第1中队下士官吉川慈耀军曹带领残余兵力冲到台上，但遭到包括坦克在内的集中炮火的猛击，吉川军曹的右大腿部被击伤，不得不撤退。就这样，这次白刃突击在美军的炽烈火网面前受挫。关于这次突击的情况，独立步兵第11大队第4中队指挥班的山下繁次伍长回忆道：

刚登上高地台上的瞬间，机枪子弹就像割草一样击中了双腿，我从岩场中滚落下来。双腿上的绑腿被鲜血浸透，变得黏糊糊的。这时我听到了"突击"的声音。石津米一中尉在侧面一线发出突击命令。最后残存的一队一边怒吼一边冲上高地斜面，然后他们的身影就在棱线的另一侧消失了。这是独立步兵第11大队最后的

地图九十九　6月14—19日双方战线及日军的部署概况

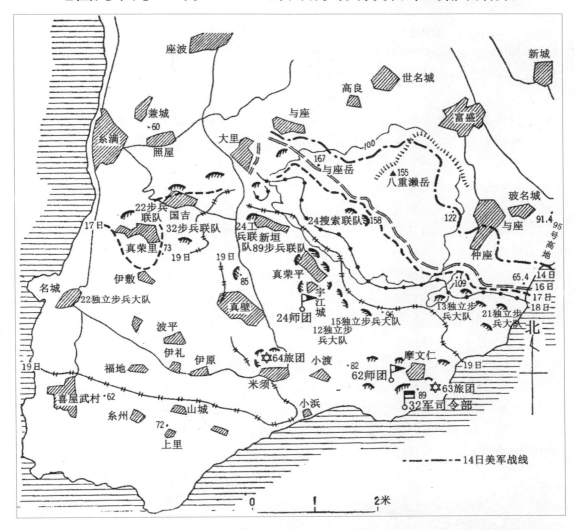

突击。

　　后来山下伍长等人利用遮蔽物好不容易再次集结于高地下方，山下伍长遇到了右腿受伤的吉川军曹等人。他们以后就在冲绳岛南部的山野中辗转移动，潜伏到9月上旬。

　　牛岛中将在军司令部覆灭前夕命令部队设法进行游击

战。第32军的残存部队根据命令企图进入北方山地，与正在进行游击战的冲绳北部游击队会合。这样的转移需要耗费几天时间，日军官兵开始三五成群，换上平民的衣服，并且要尽量避免冲突以适应游击战的需要。

　　6月18日夜间，美军已发现日军的换装渗透行动，前线

和后方的各种设施都开始忙碌起来。黎明前，美国海军的照明弹将岛尻的夜空完全点亮，机枪射击声几乎彻夜未停。对日军残部来说，梦魇般的行动几天后才到高潮，美军当晚仅第7师就击毙日军502人。渗透美军阵地的日军只是为了去北方，全无斗志，携带的轻武器只够防身，有时还会在平民中

间躲藏。

部分日军选择前往北部冲绳之际，还有大批日军困兽犹斗，一心拉更多美国大兵陪他们下地狱。美军在两翼的2个师遇上不少零星的意外抵抗。6月18日和19日，陆战6师的几个突击营交互前进，一路直达冲绳西南端。东翼的第7步兵师快速推进期间，遭遇日军的机枪和掷弹筒抵抗，但日军的组织全无章法。和日军残部的抵抗相比，遇到的大量平民几乎同样麻烦，安置他们需要花不少时间，没准儿会有人朝美军开枪或采取其他伤害行动。

相对来说，中路的陆战1师、96师和77师305团遇到的麻烦更大些。他们遇上的是日军第24师团残部。24师团最后的残存战力，就在真荣平的师团司令部附近死战。陆战1师5团共花了5天时间，才拿下这一地区的81号高地，日军在24军辖区内的85号高地同样死战到底才被美军拿下。

坦克在美军的战斗中发挥了重要作用，让战斗得以加速进行，但步兵的战斗一如继往地艰苦。6月19日，305团E连为进攻几座机枪阵地就吃尽苦头。约翰·米格尔技术军士登上一辆坦克，为坦克炮手指引目标。当时一个日本兵抱着炸药包向这辆坦克狂奔。米格尔一句废话不说，直接跳下坦克，顺势用刺刀将日本兵扎死，又回到坦克车上指引坦克兵打击日军机枪。日军的子弹从他髋边飞过，他跳下车越过日军火线，在坦克火力掩护下冲向最近的碉堡，击毙6名日军，然后去对付另一挺机枪。在他摸到第二座碉堡时，子弹正好打完了。

"见鬼！"米格尔咒骂一声，他发觉日军不是子弹打完，就是刚好在换弹，机不可失，冲进去直接抢起枪杆将日军机枪手砸死。米格尔这次单兵突击的出色表现，为他赢得了一枚荣誉勋章。

19日，第32军司令部坑道所在的摩文仁89高地开始遭到美军坦克炮击，美军步兵也逼近到了数百米的地方。军炮兵队几乎溃灭，幸存者都作为步兵投入战斗。

当时药丸参谋强烈建议应在军的有组织抵抗崩溃后，派遣各参谋潜入美军占领地区，纠集各处残存的小部队展开游击战。他对八原表示："参谋并非指挥官，没有必要死在这里。"长参谋长鉴于以往在太平洋诸岛的战斗中，"玉碎"的日军无法送出战训导致的不利影响，也主张应将参谋派回本土以将冲绳的战训用于以后的作战中。17日，牛岛中将认可了药丸参谋的"敌中突破计划"。19日晨，牛岛命令木村、药丸两位参谋在北部地区从事游击战，三宅、长野两位参谋返回本土报告战况战训。为留作证明，长参谋长还亲自将写好字的通信纸交给他们。八原大佐也受领了向大本营报告情况的任务。

6月18日的八重濑岳山顶，96师的步兵正在刺探隐蔽的日军孤立阵地。图右的黄布是为美军轰炸机和战斗机标示的前线位置。

19日当天，牛岛下达了最后的军命令。当晚在军司令部坑道内，第32军领导干部用剩余的罐头和酒举办了诀别晚宴。出席者包括牛岛军司令官、长参谋长、八原、木村、药丸、三宅、长野各位参谋，以及各副官和参谋部附共计13名。

晚上，除八原以外的军参谋和司令部官兵约20人带着同大本营进行联系或开展游击战的任务，离开了司令部坑道。除了药丸之外，其他人都脱下军服化装，穿上了短裤、冲绳服，等等。作为伪装，人们都被指定了各自的"职业"，如三宅参谋是学校的剑道教师、长野参谋是汽车司机，等等。

上述人员从未能完成赋予他们的任务。根据战后的调查和幸存者的手记，三宅参谋于20日半夜在八重濑岳东麓战死，之后木村参谋在南风原町的喜屋武企图强行突破道路时被美军用自动步枪射杀。药丸、长野参谋在逃出后便下落不明。

6月21日，除了真荣平的孤立阵地之外，日军前线几乎已不存在。大约尚有15000至18000人的日军，都在南海岸的悬崖峭壁罅隙中、洞穴中、建筑废墟中，或者灌木丛、沟壑内和珊瑚石之间藏身。有些人在等待时机投降，有些人只是想避开美国兵，让自己活得更久一些。而真荣平周围的日本兵仍在用迫击炮和机枪疯狂开火，狂热绝望地战斗。冲绳本地被招募的新兵都希望和家人团聚。

地图一百　6 月 20 日，美军对南岛尻日军残部的围攻概况

日军死亡人数对美军伤亡人数之比大幅升高，但是在岛尻搜捕日军狙击手，还有在真荣平和真壁街道上战斗的美军步兵，伤亡率仍然不低。日军的建制解体，不代表他们的好战性会下降，尽管美军付出同样的精力，能让岛尻日军的伤亡数量远超首里地区。在5月22日－6月21日期间，也就是从攻克首里到日军有组织抵抗崩溃的这段时间里，第10集团军共有1555人阵亡，6602人负伤。考虑到日军的战力非常低下，这样的损失可以说相当惨重。

这批阵亡人员之中，包括第10集团军司令巴克纳中将。6月18日午后，巴克纳在冲绳西南角附近的陆战2师8团的前敌观察所观战。陆战2师在4月1日和4月19日对冲绳进行过两次佯攻，2师8团直到6月奉命拿下附近的两座小岛后，才在冲绳岛登陆，参加最后的战斗。13时15分，巴克纳中将正举起望远镜观战，位于真壁的日军野战重炮第1联队的2门150毫米榴弹炮发射了最后8枚榴弹，一枚炮弹就在观察所正上方爆炸。炸碎的一块珊瑚石在气浪冲击下，正中巴克纳前胸。巴克纳当场倒地。

除了巴克纳之外，这次炮击没有造成其他伤亡。倒下仅10分钟后，这位曾在阿留申群岛将唯一一批在美国本土登陆的日军击退的将军就离开了人世。资历仅次于巴克纳中将的第3两栖军军长罗伊·盖格少将暂代集团军司令。6月23日，约瑟夫·史迪威上将正式接任第10集团军司令一职。

对巴克纳中将遇害感到愤怒的美军认为附近的平民为日军的炮击发送了信号，竟将数十名平民枪杀。

巴克纳身亡次日，96师副师长克劳狄乌斯·伊斯利准将也不幸战死。伊斯利是一位经常亲临第一线的将军，就在他指明日军机枪阵地位置、部署进攻的时候，日军机枪射出的两发子弹正中他的前额，当场要了他的命。

21日夜，日军第32军收到了参谋总长、陆军大臣联名发来的诀别电报，电报以"第32军在人格高洁的牛岛将军的统率下，勇敢奋斗达3个月，击毙敌首将西蒙·巴克纳，并对其麾下8个师予以痛击……"为开头。听到巴克纳中将的死讯，洞穴内的官兵们均惊愕不已。还没有离开的八原大佐得知敌将竟先于己方的军司令官而去，一时间竟产生了日军已经获胜的错觉。在一片欢欣愉悦的气氛中，牛岛却没有流露出任何喜悦的表情，倒像是在为敌将的死亡惋惜。

位于摩文仁军司令部附近的第62师团长藤冈武雄中将、步兵第63旅团长中岛德太郎中将于22日2时左右自杀，随后参谋长以下人员亦步其后尘。步兵第64旅团长也在米须附近

第10集团军的官兵向不幸阵亡的巴克纳中将致敬。

正在同巴克纳中将会谈的史迪威上将。史迪威无论如何都没有想到，自己会在冲绳战役实际上已经结束之后，接替阵亡的巴克纳的职务。

日军士兵和军官之间的分歧日益严重。一名日本战俘交待，许多人都不知道其他部队的番号和军官姓名，就加入了别的部队，这种现象相当普遍。其他战俘供述医疗用品太少，乃至日军的治疗仅限于包扎，许多伤员只能等死，或者干脆自杀。大约一半日军在作战时一片茫然，许多日军士兵觉得已经时日无多，绝望之下强奸妇女的现象屡见不鲜。甚至在美军拿下国吉岭和153高地之前，这些现象就已存在。在这两处要地陷落后，日军士兵已经明白，他们的战斗无法带来哪怕暂时的胜利。

面临这些惨状，日军军官为维持军纪，只有让他们的士兵相信，只要他们被俘，美国人就一定会杀死他们，所以除了战死别无选择。同时军官不得不向士兵们讲述自己都不相信的谎言，告诉他们6月下旬，日军会组织一次反登陆，一次空降，会发动全面反攻。根据日本战俘的口供，所谓的反攻在日本兵中间传得有鼻子有眼，第9师团将从台湾岛开赴冲绳，500架日军飞机和联合舰队残部也会参加这次大反攻。这个宏伟计划的大前提是冲绳岛的日军在6月20日之前不能被歼灭，否则反登陆计划会被取消，日军余部会全面反

自杀。

军司令部虽然收到了军炮兵队司令部和独立混成第44旅团司令部在昨晚全体进行了挺身突击的报告，对第62师团的情况无从得知。

降伏与自裁

美军夺取岛尻防线之前，日军尽管身处逆境，连连后退，仍军纪严明，组织完善。

然而，一旦军纪和组织开始瓦解，悲观情绪就像传染病一样到处流散。多数日军官兵其实在放弃首里时，便已对胜利不抱希望。早在6月12日，日军从4月起一直都隆隆作响的炮声已非常微弱，轻武器数量已少于人员数量。一名日本将军曾下令：如果战场上有手榴弹和爆炸物之类的东西，每一件都要捡起来，所有人都要回收利用这些物资武装自己。

攻。这些口供让第10集团军警惕日军很可能在战役结束期间发动一次自杀式"万岁"冲锋。

美军的心理战对日军士气的逐步瓦解也发挥了一定作用。心理战在美军正式登陆前就已开始。从3月25日一直到日军有组织抵抗结束，美军飞机在冲绳岛上空一共空投了大约800万份传单。空投传单是为了让冲绳平民和军人相信美国人的说法，在冲绳扩大失败情绪。6月10日，巴克纳中将让航空兵将一封信空投到敌军阵地后方，希望能让日军出现大批人员投降。这封写给牛岛中将的信内容如下：

您麾下的部队作战英勇，发挥出色，你们的步兵战术已赢得对手的钦佩……同我本人一样，您是一位接受过长期教育，而且长期从事步兵作战的指挥官……因此，我相信您和我一样清楚，冲绳岛日军所有的抵抗力量被歼灭纯属时间问题……

随后巴克纳中将邀请牛岛中将同他进行投降谈判。没有人真会期待牛岛回应这份劝降信。两天后，美机在日军阵地后方空投了另外30000份传单。这份传单强调牛岛拒绝投降谈判，这种自私的决定是在让第32军全军覆没，同时号召牛岛部下的官兵自行决定出路。6月14日，美军飞机再度空投传单呼吁日军投降。

美军后来才知道，牛岛中将直到6月17日才收到6月10日空投的传单。延误这么长时间是因为通信不畅，日军的建制

和组织已陷入全面混乱状态。不过，牛岛本人和军参谋长长勇中将都认为这封劝降信滑稽可笑，他们身为武士是不可能接受这种建议的。

战役的最后几天，数以万计的"劝降传单"落入日军阵中。日军被美军和大海困住，在绝境中开始怀疑本国政府和军队的许诺，思考美国人对走入美军阵地的日本兵给予人道待遇许诺的真实性。6月17日，美军第7师进行了一次更加直接的呼吁。第7师所有作战单位停火一小时，美军的日语翻译用便携式扬声器劝降。几个日本兵走向美军阵地，驻足观察几分钟就消失了。一名美军翻译被打伤，一具扬声器被打出三个洞。这次劝降完全无效。同一天，双方一直在继续交火，但第7师的日语翻译还是在仲座东南的悬崖上安置了一台扬声器，诱使靠海峭壁洞穴里的500多名平民出洞投靠美军。在这批人中间，美军的翻译们辨认出70多名换装的日军逃兵。

直到第10集团军将日军几乎逼到岛尻海岸线为止，日军才开始大规模投降。强化心理战之后，投降人数显著增加。战役的前70天，第10集团军平均每天俘虏大概4人，6月12至18日，这一数字增加到50

在美军粉碎冲绳日军最后的抵抗阶段，宣传单页帮了不少忙。图为一名等待被运送到后方的日军战俘正在阅读传单。然而，在某些地方，激战仍在继续。

多人。6月19日，当陆战6师和第7步兵师推进到岛尻东西海岸时，一共有343名日军士兵自愿投降。6月20日下午，第7师32团占领了摩文仁89高地东端。这里紧靠大海，日军第32军司令部就在这里的洞穴中。同一天，977名日军成为战俘，这是太平洋战争前所未有的数字。

身心俱疲，已不成建制的日军士兵，大约1/3选择投降，没有战死或自杀。据这些投降的士兵供述，其他人并非不想投降，只是找不到机会。6月上半月，日军每天平均损失约1000人，6月19日已攀升到近2000人，次日达3000人，21日则继续攀升到4000多人。日军死亡人数急剧攀升，是由于交战双方之间的实力天平彻底失衡，许多日本兵在绝望中战死或自杀。

当日本兵被逼入绝境或负伤时，许多人会怀抱手榴弹将自己炸成碎片。冲绳战役的最后几天，美军经常会发现腹部炸裂，右手炸飞的尸体。184团的美军士兵统计，美军的一辆火焰喷射坦克将一处日军火力点逼得完全没有还手之力后，里面先后传来至少16次爆炸声。一个日本兵走近美军的一处野战炮兵哨所，跳进美军视野，用一口虽然生硬，但

美国人仍能听懂的英语叫道："看准了！我要把我的脑袋炸掉！"他真这么做了，为防万一，美国兵只得射杀他的同伴。其他许多在灌木丛和乱石中藏身的日本兵，在美国兵几乎找到他们的时候，会突然跳起来甩出一颗手榴弹，或者胡乱开上几枪，只是为了让美军杀死他们。

有时这些已经战败、陷入绝境的日本兵能得到好一些的下场。美军用一艘小型登陆艇在岛尻沿海离岸100多码的海面巡弋，让一位投降的日军战俘用安装在甲板上的扬声器，劝说其他撤到海岸线，在岸边悬崖或洞穴中藏身的日本兵投降。负责劝降的战俘是日本陆军的士官，美国大兵用事实向他证明日本兵投降会得到妥善处置。他本人的口才很好，说服力很强，承担这项任务，只为努力让他的战友不必无谓牺牲。有时他会以士官身份命令士兵离开他们的藏身之处，脱去制服，身着兜裆布沿海岸北上进入美军阵地投降。士兵们往往会听从他的命令，这证明日军士兵的服从性很好，也可看出这名士官在普通士兵之中相当有威望。

许多美军翻译和其他战俘用便携式扬声器劝说日本兵"停止抵抗"。日本兵三三两

两出来投降，脸上往往透出忧虑和犹豫，同时也会带着希望和畏惧兼有的好奇表情。许多战俘会主动提出回去劝说他们的战友投降。通常美军会给他们一些香烟，这也是他们回到其他日本兵藏身的山洞后，用来说服战友的一种凭据。两名劝降的日本兵带回数百名投降的战俘，美军信守承诺，允许他们携带武器，就在美军连队的阵地过夜。当然美军哨兵也会加强当晚的戒备。第10集团军以这种方法，先后劝说7401名日本军人投降，其中包括200多名军官和3339名没有武装的劳工。

悲哀的是，有些日军没有死在美军的枪炮火力下，却在试图向美军投降时被自己人杀害。独立步兵第23大队第3中队的胜又正夫兵长就曾亲眼目睹这样的惨剧。

胜又正夫曾在4月13－24日期间参加了嘉数70高地的战斗，5月初在安波茶受伤住院。他在6月初撤退到系满，之后撤至名城。6月16日左右，胜又和其他几名第62师团的伤员一起进入了山城的第62师团医务室。他们很快就离开了没有任何药品和治疗器材的医务室洞穴，在附近加入第62师团的一支残存部队。22日，军司令部的某中尉向他们传达

89号高地附近石壁外海的LCI步兵登陆炮艇上，一位被俘的日本军人正在用扬声器劝说战友投降。

了军司令官的命令："……预计敌坦克将在明天进入此处。我们将实施最后的总攻。伤员也要参加，没有手的人就用嘴衔着手榴弹，没有腿的人就由战友背着，参加最后的挺身突击，完毕！"23日，胜又参加了这次最后的挺身突击，和其他人一起向M-4坦克投掷了手榴弹。坦克从侧面开过后，胜又没有向坦克冲去，反而跑向远离坦克的方向。此后他经上里、东边名撤到最南端的喜屋武角，和他一起的只有途中遇到的第3中队的新城一等兵（冲绳出生）。

抵达喜屋武角后，他们两人一起藏在悬崖下的岩石后面。悬崖的腰部挤满了军人和平民。在毛骨悚然的寂静中，升起的照明弹映出了岩石、波浪和尸体。很多船只木片和各种物品被冲向岸边。

天亮后（26日左右），

海上的美军舰艇向岸边接近。胜又兵长在喜屋武角同大队本部的作业队长冈部少尉一行会合，当时冈部少尉带领着5名部下士兵和从事作业的4名女性。冈部采纳了胜又的意见，决定越过喜屋武角突破美军包围，认为只要能逃到糸满，就有可能向国头突破。

突然，悬崖上的士兵喊道："敌人接近了！"胜又往海上一看，有三四名美国兵站在船上，开始用扩音器广播："喂，冲绳的平民和日本的士兵，请扔掉武器前往凑川。会发给你们粮食、水和药品。请停止无益的抵抗。"

悬崖一带的军民感到紧张，没有行动。

"请马上前往凑川。绝对不会虐待你们。请游到这里来。"

突然有一名士兵脱光衣服跳进海里。虽然距离船只有

1000米左右的距离，不过这名士兵显然是个游泳高手，很快就上了船。

之后又有一名士兵跳进海中。当他只游了30米左右时，突然从悬崖上的灌木丛中响起了"哒哒哒哒"的重机枪射击声。子弹向正在游泳的士兵飞去，那名士兵举起右手，转眼间便沉下去了。岸边的人群骚动起来。

美军战舰的大炮也放平了炮身，似乎是对准了悬崖。扩音器的声音再度响起："请不要开火。开火的话我们也会还击。不要游泳了，请扔掉枪支前往凑川。""冲绳的各位请马上前往凑川。会给你们粮食和药品。"

然后船只急速转身，一边重复着"前往凑川"一边离去。

第62师团侵略华北时期，第64旅团独立步兵第23大队的胜又正夫（右）与战友的合影。

日军坚守到最后的89号高地后山坡，牛岛中将和长勇中将最后就是在此地的地下工事自裁的。

　　胜又后来参加了突破喜屋武角的行动，只身一人从悬崖的中央部成功突破了美军坦克群的包围（28日左右）。他在岛上又活动了很长时间，直到9月中旬才向美军投降。

　　从美军进攻岛尻防线开始，处置平民便成为美军作战单位的一桩麻烦事，直到日军有组织抵抗结束前，都是个不小的负担。在知念半岛有10000多名冲绳平民滞留，他们受战火伤害程度较小。更多的冲绳平民随着美军的推进被迫南下，在洞穴或石缝中藏身。美军占领这些地方后，这些平民又会尝试越过美军机枪火线和炮火弹幕，进入美军阵地，甚至企图在夜间溜过美军前沿阵地。美军步兵会尽量设法帮助这些不幸的冲绳百姓，经常中断战斗，集合和引导这些平民通过自己的前沿阵地。战斗的最后几天，经常有成群结队的冲绳平民就坐在美军前沿阵地的正后方，等待帮助和指引。到这个时候，许多深信日本政府和军队宣传的冲绳百姓仍然认为美国人会杀死他们。6月最后两周，大约80000名冲绳百姓从岛尻的洞穴里爬出，其中1/3到1/2人身上有伤。这些平民有小孩、老人和妇女，精壮男子非常少。美军让他们列成长队进入阵地后方。大多数妇女都背着孩子，头上顶着些衣物、食品和水壶——这些是他们仅有的财产。在他们能找到甘蔗的时

6月22日升起的美国国旗，标志着冲绳日军有组织抵抗的结束。

候，就会嚼着甘蔗汲取糖汁充饥。在沟渠、甘蔗地、村庄的废墟里，或者被封死的洞穴内，横躺着成千上万名冲绳平民的尸首。

22日正午左右，摩文仁村的枪声停止了，日军第32军司令部由此推测防守该地的司令部卫兵已经覆灭。约一个小时后，军司令部坑道的垂直坑道内的卫兵遭到美军急袭覆灭。美军还将炸药、手榴弹扔进洞内，造成10多名官兵死伤。

军司令部决定在当晚（22日夜）以幸存者夺回军司令部台上的89高地山顶，定于23日黎明全体向摩文仁村方向突击，在此期间军司令官、参谋长将在山顶自杀。稍后根据侦察敌情的结果，决定中止夺取山顶的行动，改为在面向大海的坑道口外自杀。

牛岛中将换上了日常礼服，长参谋长则身着纯日本式的白色衬衣，并在衣服背面亲自写下了"忠则尽命　尽忠报国　长勇"的字样。

23日上午4时30分，两人仿效古代武士的做法双双切腹自杀。牛岛中将时年57岁，死后被追晋为大将，成为日本陆军的最后一名大将。

八原大佐是军参谋中唯一的幸存者。他在7月15日被收容于知念半岛的屋比久难民收容所。他在收容所中伪装成教师，隐瞒了自己的身份，一度蒙混过关，后来被冲绳县民担任的讯问官识破。

牛岛中将和长中将自戕，标志着冲绳战事的结束。日军第32军在冲绳持续83天的有组织战斗，在6月22日美军305团占领85高地后告终。

6月22日上午，美军第10集团军和下属各军、师代表在集团军司令部驻地列队，军乐队奏响一曲《星条旗永不落》，护旗兵在冲绳岛上空首次升起美国国旗。行将升到杆顶之际，一阵微风突然将国旗吹开，美军官兵一齐注视着在平静的蓝天中招展的国旗。

最后的扫荡战

6月23日牛岛自杀前后，

地图一百零一　日军有组织抵抗的终结

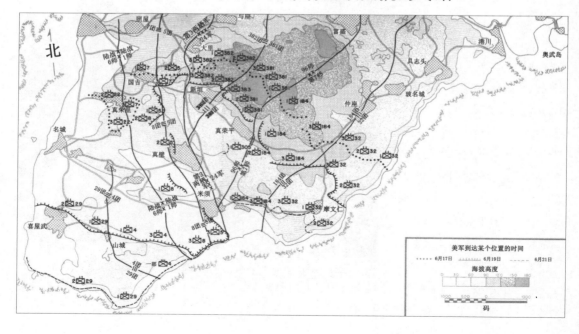

第62师团、独立混成第44旅团、军炮兵队的司令部均在摩文仁附近"玉碎"。其他的第一线部队各自在孤立中战斗，至6月末基本被消灭。有数千名日军企图突破战线逃到国头郡方面，从中央地区或沿东西两海岸试图北上，被美军的警戒网阻止，大部人员战死，有很多人自杀。也有不少日军部队、官兵拒绝投降，一直躲在洞穴内继续战斗到战后。

1945年6月23日，美军为消灭日军第32军在南部冲绳地区已失去组织的残余兵力，开始了一场全面的协同扫荡作战。计划为第24军和第3两栖军分配各自的辖区，全部任务分三阶段完成，预计耗时10天。到达冲绳岛南端的第一阶段目标后，两个军会折返北进，最终到达那霸－与那原谷地。美军沿那霸－与那原的越岛公路设置封锁线，防止任何日军士兵继续向北部冲绳渗透。

这次扫荡战到6月30日便顺利结束。美军在向南扫荡的第一阶段，清除了数座无组织抵抗的坚固孤立阵地。他们用火焰喷射器和炸药，有条不紊地封死多座洞穴阵地，成百的日军官兵葬身其中。美军还与一些企图渗透美军阵地，前往北部冲绳的日军部队发生了激战。等美军转向北上时，遇到的日军越来越少，后两个阶段的作战相当轻松。6月底，扫荡战完成时，据美军初步统计，这次作战一共击毙日军8975人，俘虏2902名军事人员和906名劳工部队。另外美军还缴获了大量日军物资和装备。6月23日至30日，美军的战斗损失数量为783人，大部分都是在扫荡战的前三天出现的。7月2日，美军正式宣布冲绳群岛战事结束。

不过实际上，南部冲绳的战斗结束后，已被列入驻岛守备部队的美军第27师仍在扫荡北部冲绳。直到8月4日，北部冲绳的扫荡战才在边户岬完全结束，美军在当地共击毙日军1000多人，俘虏约500人。

这并不代表冲绳岛的日军已被消灭干净，一些日军部队甚至坚持到了战争结束以后。

在战争结束后仍然坚持战斗的日军部队包括步兵第32联队。在冲绳战役的最后阶段，该联队在岛尻南部、第24师团左翼方面的国吉岭、国吉岭东侧地区、真荣里东侧占领了阵地，其第一线阵地从6月11日开始受到美军的正式攻击。国吉岭的洞穴阵地（伊东第1大队）从15日开始，真荣里东侧的洞穴阵地（联队本部、第3大队等）从18日开始遭到美军的骑马攻击。

洞穴阵地内的官兵在美军的炸药攻击和火焰喷射下死伤惨重，且极度缺乏武器、弹药、饮用水，该联队仍然坚持顽强抵抗。23日左右开始，美军对第32联队的攻击缓和下

在北冲绳为期3个月的扫荡战期间，27师的巡逻队进入一条河中侦察。

来。美军在白天严密警戒，夜间几乎没有什么行动，因此各部队利用间隙逐次取得了联络。6月下旬，联队本部（联队长以下约80人）确保了同第1大队（约100人）间的联络。该联队努力获取粮食、收集武器弹药和加强阵地。

7月17日－7月末期间，美军不时对国吉岭一带进行扫荡，但第32联队损失不大。

7月18日，第32联队长决定将联队转移至国头地区，在当晚命令各部队做好出发准备。7月21日向第1大队下达了"从7月23日以后至8月7日间向国头、安波（位于东岸，在冲绳本岛北端南方15公里）转进"的命令。7月末，联队长改变了向国头转进的决心，命令各队保持现阵地。

8月18日，美机撒下传单，内容为宣布日本已经无条件投降。

8月22日，美军军官在先前被收容的日军下士官的引导下来到国吉的第1大队本部，告诉伊东大尉日军已经投降并要求解除武装。伊东承诺最晚将在后天答复。

伊东在当晚偕同副官来到联队本部报告了美军军官造访一事。联队长以下商议的结果，首先确认了日军投降的事实，然后决定派出伊东大尉为军使。

在约定的8月24日，美军军官果然再次到来，伊东要求其出示日军已经投降的证明材料。美军军官并没有带来相关的证明材料，为了确认投降事实决定让伊东一起乘坐汽车前往美军司令部。

伊东在美军情报部听到天皇宣布投降的讲话录音和来自本土的新闻等，会见了先前被收容的八原大佐。在收容所里住了一晚之后，伊东同美军军官约定明日再会，便乘坐汽车返回了。

8月25日夜，联队长以下全体军官集合开会，伊东报告说确信日本已经投降。联队长终于决定接受解除武装，指定伊东负责交涉。

8月28日晚，步兵第32联队举行了军旗奉烧仪式。8月29日，联队长以下约300人接受了解除武装。

另一方面，步兵第32联队第2大队（志村大队）也坚持到了战后。大队长志村常雄大尉在5月9日接到了从前田高地后退的命令，却没能和贺谷大队一起撤走，留在了前田高地山脚的"压缩饼干壕"内，同联队也失去联系①。在进入洞

1945年6月，美军陆战队的莱斯特·沃克一等兵、弗朗西斯·彭罗德克下士和弗兰克·邦德尔克一等兵与三头军犬一同在南部冲绳巡逻，搜索日军残余。

---

① 《战史丛书》称这时志村大队尚有200人，应属夸大。

穴时，志村得知大队炮小队长日原中尉还活着，不禁大吃一惊。进洞后一看，日原中尉正裸着上身端坐在包装箱上，身上缠满了一层层绷带，身边还躺着几名重伤员。在志村大队的二十几名军官中，此时就只剩下大队本部的高田副官、田川少尉、岛野会计中尉、竹兽医少尉4人再加上日原中尉而已，除日原中尉外的中小队长已经不剩一人。

压缩饼干壕是个呈"コ"字形的洞穴，有两个面向南方的入口，其中西侧的入口已经被完全破坏，处于埋没状态，东侧的入口也在坦克炮和炸弹的攻击下处于半毁状态，只是在靠近入口的天井部分勉强挖开了可容一人出入的开口。在压缩饼干壕东边约100米处还有一个第62师团的粮食壕，里面的粮食比压缩饼干壕还要丰富。此外，在粮食壕的上方棱线的山腰处还有第62师团使用过的兵员壕。于是志村将部队分散收容于这些洞穴中。后来志村又转移到"罐头壕"内。

美军对志村大队藏身的洞穴连日用炸药和火焰喷射器攻击。日军巧妙地利用诸多洞穴应对美军的攻击，但仍然出现很多伤亡。

6月中旬左右的某一天，"罐头壕"突然遭遇严重危机。上午10时左右，洞穴周边忽然喧嚣起来，警戒兵发出了信号，洞中的日军官兵都警觉起来。突然有自动步枪开始从洞穴入口向洞内射击，并掷来了数颗手榴弹。更加恐怖的是在头上还响起了凿岩机的声音，位置恰好在志村大尉的正上方。

凿岩机的声音停止后暂时安静了一会儿，然后突然响起了惊天动地的爆炸声，洞内发生了剧烈震动，泥土纷纷从天井落下。不过在这一切停止后，吵闹的说话声居然渐渐远去。志村决定趁美军离开的工夫，在当晚逃出罐头壕。于是他带领部下转移到了山顶附近的贺谷大队的战斗指挥壕（"贺谷大队壕"）内。这处洞穴的入口和其他洞穴一样已经被破坏，露出的坑木被火焰喷射器烧得焦黑，简直惨不忍睹。洞内还有三名重伤员幸存着。进入贺谷大队壕后，志村得知昨天逃离的罐头壕就如预料的那样被炸弹彻底破坏，再也无法使用了。此后志村大队努力寻找可以利用的洞穴。大约三天后终于在位于仲间和经塚的中间发现了合适的洞穴（"仲间壕"）。从仲间壕的北侧入口往里走几米就会遇到一片水洼，最深处水深及膝，上面飘着一具用毯子包裹着的

尸体，令人毛骨悚然。

仲间壕的白天和以前一样除了由警戒兵放哨外，其他所有人员都在双层木板上睡觉休息。美军每天都会扫荡，用步枪乱射并投掷手榴弹。某天，美军从北侧入口扔进了大型炸弹，炸弹的威力极大，致使天井也发生严重塌方。

大约在6月下旬，通过几名联队本部的幸存者的报告，志村得知联队已经覆灭，北乡联队长在国吉的洞穴中自杀，伊东大队长也"亲率仅存的部下士兵带头突入正在进行骑马攻击之敌，最后壮烈战死"。他由此下定决心率部转进到国头地区。

当转进准备接近完成时，大约在7月6日，美军开始从靠近水洼的北侧洞口向洞内投掷手榴弹并用自动步枪乱射。美军从洞口连续扔进3枚大型炸弹，洞内仿佛发生了大地震一样剧烈震动起来，爆炸声震耳欲聋，惊人的爆炸气浪席卷了洞内，将人们的身体猛地掀了起来。之后美军又开始从南侧洞口用自动步枪扫射，紧接着开始了火焰喷射器的攻击。火焰喷射器结束攻击后，美军又用炸药彻底破坏了北侧和南侧的洞口，就这样将洞穴的出入口完全封闭了。志村大尉以下处于被活埋的状态。

数小时后接近傍晚时，洞内的日军开始了掘开入口的作业，他们用军锹、刺刀乃至木板残片、饭盒等一切可用的东西拼命挖掘泥土。大约20分钟后终于打开洞口，人们纷纷逃离洞穴，尽情呼吸新鲜空气。志村立即决定当晚开始转进。22时左右，志村大尉以下大约70名日军开始以棚原为目标前进（下一个目标是北上原）。到棚原高地的距离接近3公里，离开仲间后部队首先沿着前田高地南麓东进，在前田村东北端转为北进，然后越过"魔之高地"、横穿过宜野湾公路，进入了对面的田地。在越过"魔之高地"时，志村看到高地已经被猛烈炮火蹂躏得惨不忍睹，露出了红色的地表和黑色的岩石。他在这里亲眼确认了"魔之高地"的北坡较为平缓，宜野湾公路就横躺在眼

下。宜野湾公路从北向南纵贯冲绳中央部，在"魔之高地"北侧向东弯曲，转了个大弯。

进入田地后，志村大尉的部队又沿着洼地向东北方前进。3时左右终于抵达棚原的洞穴。棚原高地是北方主阵地的中心，伊东大尉曾在第32军的总攻期间在这里孤军奋战达2天之久。志村选择了154.9高地西南侧的半山腰处的"コ"字形洞穴为潜伏地点，打算让部队暂且潜伏一晚。

上午9时左右，入口附近响起美国兵的说话声，人数大约有五六名。其中一名美国兵竟然走进洞内。由于坑道内昏黑一片，这名美国兵便一边打着手电筒一边慢慢地走到了直线坑道1/2左右的位置。这时日军的警戒兵忍不住扣动了扳机，仅仅一发子弹便将美国兵打倒。当日军将他拖进坑道深

处时，人已经没气了。这是一名长相单纯天真的年轻士兵。

不久之后，大约十几名美国兵又来到洞外。其中的二三人打着手电筒走进洞内，严阵以待的两名警戒兵瞅准时机，突然冲进直线坑道将枪支顶在腰部向美军开火，立即有一名美军惨叫倒地。其他美军一边大叫一边帮助倒下的战友逃出洞穴。一切都在瞬间发生。

美军为了报复，将炸弹扔进洞内。在响起震耳欲聋的爆炸声的同时，可怕的气浪伴随着黑烟和火焰向洞内冲来，警戒兵立刻飞也似地逃进洞穴深处，踩着战友的后背跑过……在黑烟和火焰中，日军的衣服沾上了黄磷，扑哧扑哧地燃烧起来。在有毒气体侵袭下，日军感觉呼吸困难，只好用布片掩住口鼻。幸好美军在黄昏前离开了。日军方面无一人死亡，只有数人烧伤而已。天黑后，志村赶紧率部离开棚原的洞穴，来到北上原村北侧的161.8高地。北上原的洞穴（"北上原壕"）与志村大队之前利用过的诸多洞穴不同，是纯粹的战斗阵地。

志村大队在北上原壕充分休息后，再次开始突破行动，这次的目标是中城城堡，如果可能的话将一举突进至喜舍场。根据当地出生的新兵提供的信息，

没有自杀选择投降的日本兵。他们正在等候美军军官盘问。

中城城堡附近存在大小合适且十分安全的天然洞穴。

志村大队到达新垣（首里东北8公里）西方约1公里的地区后，突然遭到对面台地的机枪射击，随即在山腰的数个地方亮起手电筒的灯光，甚至还传来美国兵的说话声。根据侦察员的报告，美军"在前方的平地一带布下严密的警戒线"。就好像是为了证实侦察员的报告似的，美军马上又打开探照灯，将前方平地一带照得通亮。

前进已无可能，志村只好返回北上原的洞穴。在新垣遭到美军急袭时，很多官兵四散而逃。后来志村逐次集结了逃散的人员，经过重编的志村大队只有大约四十几人，比原来少了二十多人，都是在岩山上阵亡或失踪的。

就这样，志村大队在北上原洞穴内潜伏下来。每天白天人们都在洞内休息，日落后一齐走出洞外侦察、渗透袭击、收集粮食和做饭。关于今后的突破方法，志村大队决定采取利用虏获的美军汽车一举强行突破至国头的办法。7月末，正在为实施捕获美军汽车作战进行演练的志村大队，通过从南部北上的联队本部人员，得知步兵第32联队长以下的联队主力仍然健在，以联队本部和

9月3日，日军官兵在前往收容所之前，正在接受美军军官的指示。

第1大队为主体的联队主力的生存者大约有200人，此刻正潜伏在国吉附近的洞穴里。联队长和作战主任高岛大尉，以及伊东大尉的状态都很不错。得知这些情况后，以为联队主力已经"玉碎"的志村不由得愣住了。

志村随后将本大队留在前田高地以后的行动经过和现状写成报告书，附上建议联队中止向国头突破的意见，然后派本间曹长等人突破大约30公里抵达了联队本部，递交了报告。在联队本部的军官们接连向本间曹长提问时，北乡联队长表情僵硬，一言不发，也没有接受报告的意思。这应该是因为志村当初没有服从联队长的转进命令，最终没能与联队主力会合，因此联队长以这种方式对志村大队进行了无言的斥责。不过由于志村的报告书，联队主力终于中止了向国

头的突破行动。联队长也指示说："今后志村大队可根据大队长自己的判断行动。"

此后志村决定开始实施汽车捕获作战。正当大队主力完成转进准备、在北上原的洞穴里待机时，周围突然响起了激烈的枪声。同时从前后左右、地上海上都升起了各种曳光弹，宛如点燃的烟花一般。派出侦察员一看，美军正一边打开罐装啤酒一边狂呼乱叫。这一天是1945年8月15日，日本宣布无条件投降了。

9月4日，伊东大尉来到南上原的志村大队潜伏处，告知战争结束的情况并劝其投降。志村大尉与部队商议后接受了美军的收容。

作战总结

人们普遍认为冲绳战役是太平洋战争两栖作战的巅峰。

冲绳战役期间，美军使用的舰船数量，登陆的地面部队数量，运输的物资数量，空投的炸弹数量，海军舰炮对岸上目标发射的炮弹数量，都超过此前的历次战役。即便"冰山"行动的相关海量数据也不能掩盖美军总结的最基本的两栖作战原则正确有效这一事实。第3两栖军军长盖格少将指出："冲绳战役再次明确强调了我们的基本（两栖）技战术原则是可靠的，是已经成文的成熟理论，需要做的只是遵照这种理论去战斗。"

美军各军兵种之间的协同合作是冲绳战役取胜的基石之一。在冲绳，陆军炮兵会支援陆战队步兵作战，反之亦然。在冲绳，陆军和海军陆战队航空兵的飞机由同一战术指挥部指挥交替执行各种任务。在冲绳，各相邻步兵单位相互支援、相互依存。在冲绳，海军的参与对陆军和陆战队一直极为重要。保障不同的多个支援单位的力量能得到最有效使用的巨大助力，是第10集团军的集中式目标信息和任务分配体系。

美军在下至营级的每一级参谋部门，会让炮兵参谋充当支援步兵的目标协调员。炮兵参谋会与海军舰炮火力和航空联络官密切配合，一起运用目标信息中心的各种设施，整理与日军防线相关的信息，再为各火力支援单位分配各项任务，保证取得最佳效果。这种体系经受了实战考验，没有出现什么大麻烦，使用这种体系的各师都对其给予一致好评。第10集团军向美军建议，这种体系在将来的所有两栖作战中都可采用。

分配给战术航空兵的大部分近地支援任务都经过事先计划，不是根据航空兵联络组的请求实施的。战术航空兵的空袭往往会通过地面部队航空支援控制单位（LAFASCU）提出要求和分配，LAFASCU的报告往往会在空袭实施前得到许可，如果可能的话，他们会提供一份全面的目标简报。5月到6月，日军神风特攻空袭逐渐衰退时，更多飞机可用于

全程参加冲绳战事的第10集团军战术航空兵司令弗朗西斯·穆尔卡希少将。他的航空部队为地面部队提供了有力的空中支援。

支援地面部队，美军的近地空中支援频率大为提高。

美军各前方突击营抱怨的主要问题，是提出空袭要求到实施空袭的间隔时间较长。造成这种情况的原因在于航空联络组没能进入航空支援指挥（SAD）网络，与地面部队航空支援控制单位和各空袭大队有效沟通，却必须通过控制单位将信息传达给飞行员，错过许多稍纵即逝，但非常重要的空袭机会。第10集团军没有像海军陆战队的部队那样推荐更大范围地使用航空联络组，但他们在战后呼吁授权让航空联络组进入SAD网络，能在紧急或必要时，将信息传达给飞行单位。

空投补给对维持较孤立的前线突击部队作用非常明显，这促使第10集团军发现，陆军有必要为每个野战集团军或独立作战的军组建一个和陆战队第3两栖军空投处类似的职能单位。与此同时，第10集团军建议将配属给每个突击师的JASCO联合通信连解散。各联合通信连不同单位的训练和职责差异明显，这说明如果组建单独的航空联络、海军舰炮火力支援和滩头工作队通信单位，应该能更有效地执行各种空袭任务。海军炮火定位和联络团队得到单独的特别嘉奖，

美军坦克炮轰日军在南部冲绳的最后防线。

他们引导海军舰载火炮炮击岸上目标表现非常出色。从塔拉瓦登陆战以来，海军舰炮火力支援几乎从来没有让美军失望。

冲绳战役期间，美国海军射击岸上目标，一共消耗127毫米口径以上炮弹大约579000发。仅登陆当天，有史以来海军舰炮支援火力最为密集的炮击期间，海军战列舰、巡洋舰和驱逐舰发射的舰炮炮弹，火力支援船艇发射的火箭炮和迫击炮弹，合计就达3800吨之多。冲绳战事全程，海军支援地面突击部队的准备工作完善，54特混舰队（后改为34特混舰队）的舰船交替换班，一部在庆良间列岛补充弹药，另一部就在冲绳炮击岸上目标。冲绳战役的大部分时间里，每个前线步兵团都分配到至少一艘火力支援舰船和一艘照明舰船，当陆战6师进入北部冲绳时，每个突击营一度都可呼叫一艘驱逐舰提供火力支援。

火力支援舰船无需组成舰列，只需在冲绳外海水域留守阵位，支援舰船的炮术官与地面和空中观察员对冲绳地形和日军防御阵地越熟悉，这些舰船的作用就越大。大多数情况下，尤其是支援舰船向观察目标直接开火时，高射速、平弹道的海军线膛炮的破坏力，能有效破坏日军的行动，让他们的设施无力化。哪怕战列舰主炮的威力也无法穿透日军的许多洞穴阵地。要攻打日军深埋在地下的错综复杂的防御工事，美军的任何一种火力支援武器都无法单独完成任务。即使野战炮兵，能够使用包括高炮和LVTA两栖坦克的榴弹炮补充常规火力，在首里的坚固防御工事面前，也不断受阻。

南部冲绳战斗的大部分时间，美军6个步兵师的炮兵营都在支援步兵进攻。步兵在前线苦战之际，炮兵留在阵地上提供持续的火力支援。第3两栖军和24军2个军的12个军属炮兵营会全面支援和加强24个师属炮兵营的火力。第3两栖军将2个LVTA两栖装甲营改组和培训后，充当野战炮兵营使用，使每个营能够发挥一个4营制75毫米榴弹炮团的战斗力。

冲绳战事期间，美军各野战炮兵营发射了1766352发炮弹支援步兵。全面炮火支援和直接炮火支援的需要，是分配各炮兵部队的主导因素。集中火力控制和目标分配体系使炮兵军官能在最短时间内，对任何既定目标，在射程之内集中所有火炮开火。陆军和陆战队各部之间的协同配合非常出色，保护和支援步兵对两个军兵种的炮兵来说，高于其他所有问题。他们为完成这一任务发挥了普遍的合作精神。

冲绳日军的实力，以及进攻日本本土的地面军事行动会要求大幅增加火力的预期，使第10集团军建议大幅增加美军的军属炮兵实力。除了1个野战炮火观察营和4个炮兵集群司令部连和司令部直属连外，第10集团军建议军属炮兵新增火力如下：1个105毫米（自行）榴弹炮营，3个155毫米榴弹炮营，1个155毫米（自行）榴弹炮营，2个155毫米加农炮营，1个155毫米（自行）加农炮营，2个203毫米榴弹炮营，1个203毫米（自行）榴弹炮营，1个240毫米榴弹炮营。增加的自行火炮部队和重炮部队，是为应对天然坚固洞穴阵地的威胁，打下这些阵地的最佳方法是大口径火炮的直射火力。盖格少将对203毫米榴弹炮的200磅炮弹的穿透和破坏能力印象深刻，这是155毫米火炮的95磅炮弹所不及的。为此盖格请求在将来的对日战事中，为陆战队军属炮兵编入203毫米榴弹炮营。

对日军坚固设防阵地的进攻是美军团队合作的样板，或者说相关兵种团队协作的样板，诸如航空兵－海军舰炮－野战炮兵团队，步兵－坦克－野战炮兵团队，步兵－工兵团队，以及坦克－炮兵团队。不过在实战突击中，真正承担主要任务的是坦克－步兵团队。在冲绳岛，根据谢泼德少将的评判来说："如果要在战事进行期间，单独列出一种比其他支援武器都更重要的武器的话，当然是坦克。"日军第32军司令官牛岛中将也有同感，他在一则战阵训中指出："敌军的实力在于他们的坦克。非

常明显的是，从整体上来说我们对美军的战斗是一场对抗M-1和M-4坦克的战斗。"

冲绳战役期间，第10集团军由于各种原因，一共损失153辆坦克。没有步兵护卫的话，美军坦克因战斗损失的数字无疑会大大提高。日军近战以敢死队突击摧毁美军装甲兵的计划之所以失败，是由于随坦克行动的美军步兵提供的火力掩护。据美军统计，在冲绳，陆军的5个坦克营只有7辆是由于遭到日军单兵突击抛锚，陆战队的2个坦克营一共只有3辆坦克因此瘫痪。①

冲绳的装甲兵完全被当作步兵支援武器使用，只有4月19日，27师进攻嘉数岭时，进行过一次没有步兵支援的坦克行动，结果遭到惨败。美军的坦克－步兵团队行动能够成功，是由于相互协同行动训练和实战中的压力使然。坦克会支援和保护步兵，步兵亦然。5月下旬的大雨让坦克无法支援各突击步兵营期间，第10集团军对首里防线的进攻也停滞不前。

陆军713装甲火焰喷射营，是第一个改编为装甲火焰喷射营的装甲营，也是第一个

用于实战的装甲火焰喷射营，在冲绳除支援陆军部队之外，同样要支援陆战队的战斗。他们的出色表现博得了美军上下的最高赞誉。在步兵和制式中型坦克的火力掩护下，火焰喷射坦克非常有效地将反斜面岩石峭壁中的日军阵地，以及村庄废墟中的日军设防阵地焚毁。第3两栖军和24军都提议增加火焰喷射装甲兵的使用，霍奇少将请求在将来的军事行动中，给他的24军配属2个火焰喷射坦克营，盖格少将建议每个陆战队坦克营都要有一个火焰喷射坦克连的固定编制。

另一种陆战队发现非常有用的陆军火力支援武器是107毫米化学迫击炮。第3两栖军的每个师都配属一个107毫米化学迫击炮连，用于为那些不适合榴弹炮或者81毫米迫击炮打击的目标提供高射角火力。这种射击精准、射程长、破坏力巨大的线膛迫击炮促使德尔瓦尔少将提出，每个陆战师应当再增编一个107毫米化学迫击炮连。

冲绳战役期间，美军并没有出现步兵战术上的惊人创新。盖格少将的评价是："在冲绳战事期间，没有出现什么

① 许多坦克曾多次受损和被修复，所以上述坦克损失数字并没有全面反映美军坦克的受损情况，因遭到日军步兵肉搏攻击而受损的坦克数量其实比上述数字要多得多，虽然整体来看这种攻击的成功率很低。

新的或不同寻常的步兵战术特点，会让我们修正或者废除先行的标准（步兵）理论。"冲绳的战斗在许多方面都被认为是太平洋战争中的一些通行战术，诸如多次使用夜袭战术，以及坦克－步兵团队战术的细化，这仅仅是由于对敌人和敌人战斗方法日益熟悉后，对现有战斗理论进行的合乎逻辑的运用。最终分析报告指出，冲绳战役的胜利取决于步兵的单兵素质和训练质量。美军的物资和数量优势不足以在不付出高昂代价的基础上消灭大量坚固防御阵地内的日军，除非步兵能以最高效率训练成一名突击作战团队成员。

首里前线的战斗更趋激烈之际，训练有素的步兵在冲绳变得更为重要。战事期间到达冲绳的补充步兵往往训练不足，难以承担前线任务，但还是要靠他们补充严重受损的前方突击部队。这些补充兵还在预备队集结区时，美军会想方设法让他们在被编入新单位和日军交战前进行战斗培训。紧张的战局往往要求这些补充兵在完成锻炼之前就进入前线各单位作战。

第3两栖军军长盖格少将部下只有2个师的兵力，他不可能让前线的各师得到有效替换进行休整，也就无法让作战单位得到充足的时间消化吸收补充兵。为了更大规模的军事行动，海军陆战队需要使用三单位建制军，从而能一直保留一个"自动预备师，"如果没有这样一个师级预备队，那么仅有2个师的陆战军就不得不一直留在前线进攻。在任何步兵作战像冲绳战役那样的未来军事行动中，为发挥最大的战斗力，美军的1个军至少应有3个师的编制。

冲绳的2个陆战师让补充兵与步兵作战单位一起训练，然后让他们进入目标地区充当步兵部队的海岸工作队，直到前线的伤亡迫使他们必须转入步兵部队为止。这种做法引起兵力不满额的24军各步兵师的注意。在冲绳战事的后期阶段，陆战1师和6师由于到达的补充兵训练有限而大伤脑筋，但在这2个师需要的时候，跟随2个师一起前往目标地区的补充兵可以迅速被他们吸纳。第10集团军提议，在将来的军事行动中，每个陆军师应包括一支强大的补充步兵单位，这

1945年6月27日，在国旗下欢呼的陆战1师和第7步兵师官兵。

支部队应已随所辖师接受必要的训练。24军进一步要求每个步兵营应多配属25%的兵力进入目标地区，每个步兵师应当配属辖1000名补充兵的几个步兵营以备替换和补充。

步兵补充体系的问题反映了要让一个复杂的多兵种编成作战单位进行各种突击行动，有必要进行更高层次的训练。步兵和支援兵种的团队合作，是冲绳战役取胜的关键。第10集团军的最终作战报告写道：

海军舰炮火力、野战炮兵、航空兵和坦克对步兵的支援在任何方面都是足够的。缺少这些出色的支援，步兵在向南部冲绳组织严密的敌军阵地前进时，取得的进展微乎其微。支援火力使步兵能够对坚固设防阵地实施反复突击。

战争终结

美军在冲绳战事期间付出的代价相当大。最终伤亡人数是美军历次对日战事的最高记录。美军在冲绳的全部战斗损失达49151人，其中12520人阵亡或失踪，36631人负伤。陆军的损失为4582人阵亡，93人失踪，18099人负伤。海军陆战队的损失连战术航空兵在内，为2938人阵亡和失踪，

13708人负伤。海军合计4907人阵亡和失踪，4824人负伤。战事期间陆军的非战斗损失人数达到15613人，海军陆战队达到10598人。海军军舰合计36艘被击沉，368艘被击伤，大部分都是日军的空袭造成的。从4月1日到7月1日的三个月间，美军航空兵在空中合计损失763架飞机。

美军官方战史资料丝毫不讳言他们赢得冲绳战役付出的代价相当高，这是因为冲绳日军第32军的力量比美军估计得更大，以牛岛中将为首的冲绳日军指挥官能力也相当出色，同时美军在远离本土和主要基地数千甚至上万公里的地方作战，还要克服困难复杂的地形，进攻日军精心构筑的强化设防阵地，任务难度本身就相当高。冲绳战事的持续时间确实比预计时间长不少。美军最

终还是在冲绳战场再度证明，他们可以从日本人手中夺取他们想要夺取的任何地方。即便冲绳宛如炼狱之门，美军打造的"冰山"历尽劫难，最终通过了这次考验。

日军的战斗损失高于美军，这是太平洋战场非常常见的情况。根据第10集团军统计，日军在整个冲绳战事期间死亡107539人，估计另有23764人被封死在山洞里，绝无生路。另外，合计有10755人被俘。美军统计的日军伤亡总数达142058人，大大超过日军在冲绳岛及其周围岛屿的军事人员总数，第10集团军情报部门坦言其中大约有42000人是由于美军在炮击和空袭日军和日军设施期间，不幸误杀或者误伤的冲绳平民。那么扣除美军推定的平民伤亡人数，美军在冲绳歼灭的日军人数在

冲绳岛的美军陆战6师公墓。

100000以上。美国海军宣称，日军在这场战事期间，包括自杀式飞机在内，合计损失飞机7830架，包括"大和"号战列舰在内的16艘军舰被击沉，另有4艘负伤。根据日军方面的资料，日军的战死者约有65000名。事实上，日军的死亡人数从来无法完全确定，冲绳居民的死亡者人数更是难以精确统计。战后冲绳县生活福祉部援护课于1980年发表的数字得到了日本厚生劳动省的承认，是唯一的官方数字。根据这组数字，日军方面的战死者情况为：

本土出生兵　65908人

冲绳县出生军人·军属（含防卫队员）　28238人

战斗参加者（战斗协力者）　55246人

一般平民　38754人

合计　188146人

此外，战后冲绳县地方政府根据冲绳县政府保管的名册和下辖各市町村自行整理的名册、日本其他各都道府县提供的名册、美国政府提供的名册、国内外战殁者遗族等的报告整理的名册，以及在相关人员的协助下，以厚生省的名册为基础整理的朝鲜及其他地区出生者的资料，整理出相关死亡人数并刻印在建于冲绳县摩文仁的和平祈念公园内的"平和之础"纪念碑上。

2011年6月23日更新的数据如下：

冲绳县民　149233人（大部分是在冲绳战役期间死亡的冲绳出生的军民，但也包括1931年到1945年间出征，客死异乡的冲绳出生的军人和去南洋的开拓者等。）

来自冲绳县外的日军77327人

日本国外　14572人（其中盟军超过14000人，其余为不完全统计的时为日本殖民地的朝鲜、台湾出生者）

合计　241132人

需要指出的是，纪念碑上的数字会根据新发现的统计资料更新，在2011年6月23日之后肯定还有变动。

总之，在整个15年战争中，冲绳县民战死者多达十数万人，约相当于总人口的三分之一。在冲绳县民的死亡者

6月17日，被俘后接受美军审问的"铁血勤皇队"少年兵。战争对冲绳人力资源的压榨和冲绳本地居民遭受的战争创伤都可见一斑。

中，年轻人的损失尤为严重。这场战争给冲绳居民带来了空前浩劫，留下的创伤需要很长时间才能愈合。

生还的日本军人中，从日本本土派遣至冲绳的生存者有军官约500人、下士官约1500人、士兵约7000人，合计约9000人。冲绳出生的生存者有军官以下约8000人，另外还有约1000名海军人员生还。

不管怎样，与人员和装备的损失相比，更重要的是这场战役使日本人丢掉了距离九州岛350海里的战略要地冲绳岛，使本土的南方门户洞开。

冲绳岛的军事价值同样超出美军预期。这座大岛足够美军部署大量地面部队，有许多位置适合修建机场，可以直接威胁日本本土，同时为海军提供了一个大型锚地，让他们在日本本土周围海域放心采取行动。冲绳的战斗结束后，美军已开始准备在日本本土作战。美军的头脑始终非常清醒，在他们看来，经历冲绳战役的考验不过是通过炼狱之门而已，要想通过炼狱，结束这场可怕的战争，最终进入和平的天堂，很可能会经历一场比冲绳战役残酷甚至十倍的大战。

幸福来得如此意外。1945年8月15日，冲绳岛美军正准备在近期进攻九州岛之际，日本投降的消息突然传来，简直令所有人不敢相信，原来他们在度过炼狱之门后，就已通过上天对他们的考验，这么快就迎来和平。冲绳战役就此成为太平洋战争的最后一场大战。

1945年9月7日，冲绳群岛的日军在第10集团军司令部正式投降。

附　录

附表一

1945 年 4 月 30 日至 6 月 30 日冲绳群岛战役期间美军第 10 集团军陆军、
海军陆战队和海军兵力一览表①

所属军兵种及作战单位	4 月 30 日			5 月 31 日			6 月 30 日		
	合计	军官②	士兵	合计	军官②	士兵	合计	军官②	士兵
陆军	102250	6379	95871	167971	10991	156980	190301	13810	176491
第 7 师	15483	794	14689	17263	800	16463	15584	798	14786
第 27 师	13488	722	12766	12404	679	11725	11624	652	10972
第 77 师	12000	656	11344	15185	766	14419	12853	824	12029
第 96 师	13146	798	12348	14220	706	13514	13140	751	12389
非师属地面作战单位③	38200	2591	35609	55607	3512	52095	60501	3847	56654
后勤支援单位	8918	643	8275	30053	2107	27946	36764	2688	34076
其他④	1015	175	840	23239	2421	20818	39835	4250	35585
海军陆战队⑤	88500	—	—	58894	—	—	2489	—	—
海军⑤	18000	—	—	21793	—	—	1225	—	—

引自美国陆军部月度兵力报告。

附表二

冲绳战役期间交战双方主要损失对照表

损失项目	美国	日本
人　员		
全部死亡人数	12281	110071[6]
陆军	4582[7]	—
海军陆战队	2792[7]	—
海军	4907	—
被俘人数	—	7401[8]
飞　行　器		
飞机损失总数	763[9]	7830[10]
作战损失	458	4155
行动损失	305	2655
在地面被摧毁	([11])	1020
船　只　损　失		
被击沉	36[12]	16
损伤	368[13]	4

以上数据根据美国战略轰炸调查报告《太平洋战争历次战事》第十六章附表99及其他数据编制。

附表三

1945年4月1日－6月30日美军第10集团军损失报告[14]

损失单位	合计	战斗损失				非战斗损失
		合计	阵亡[15]	负伤[16]	失踪	
所有单位	65631	39420	7374	31807	239	26211
第24军	34736	22182	4412	17689	81	12554
第7师	10893	6068	1122	4943	3	4825
第27师	5224	3255	711	2520	24	1969
第77师	7126	5026	1018	3968	40	2100
第96师	10247	7430	1506	5912	12	2817
军直属队	1246	403	55	346	2	843
第3两栖军	26724	16507	2779	13609	119	10217

续表

损失单位	合计	战斗损失				非战斗损失
		合计	阵亡	负伤	失踪	
陆战 1 师	13002	7901	1115	6745	41	5101
陆战 2 师[⑰]	95	94	7	26	61	1
陆战 6 师	12815	8326	1622	6689	15	4489
军直属队	812	186	35	149	2	626
战术航空兵	520	139	13	99	27	381
陆军守备部队[⑱]	2636	383	110	261	12	2253
第 10 集团军直属队[⑲]	1015	209	60	149		806

本表取自《美国陆军第 10 集团军 1945 年 3 月 26 日至 6 月 30 日琉球群岛作战报告》。

附表四

冲绳群岛最初攻击运载部队及补给物资数据一览[⑳]

单位	攻击部队人数			补给品					
	合计	军官	士兵	容积吨[㉑]			短吨		
				合计	车辆	货物	合计	车辆	货物
所有单位	182821	10746	172075	746850	503555	243295	286635	129917	156718
第 24 军	88415	5087	83328	385691	282093	103598	142630	72695	69935
第 7 师	21929	1150	20779	95789	70382	25407	34856	18272	16584
第 27 师	16143	970	15173	62151	38737	23414	23739	10445	13294
第 77 师	20981	1170	19811	99999	76698	23301	34936	18271	16665
第 96 师	22330	1256	21074	85066	63708	21358	34308	17381	16927
军直属队	7032	541	6491	42686	32568	10118	14801	8326	6475
第 3 两栖军	85247	4595	80652	294430	189934	104496	112246	49449	62797
陆战 1 师	26274	1401	24873	80765	48585	32180	31463	14226	17237
陆战 2 师	22195	1183	21012	57883	36833	21050	22971	9554	13417
陆战 6 师	24356	1294	23062	78748	52267	26481	28031	12564	15467
军直属队	12422	717	11705	77034	52249	24785	29775	13105	16670
战术航空兵	3172	390	2782	23879	11578	12301	9849	2296	7553
第 10 集团军直属队	5417	628	4789	21806	13091	8715	9533	4157	5376
其他各单位[㉒]	570	46	524	21044	6859	14185	12379	1320	11059

引自《美国太平洋舰队两栖舰队司令即第 51 特混舰队司令 1945 年 2 月 17 日至 5 月 17 日冲绳作战报告》。

附表五

冲绳群岛战役期间，各起运港为攻击和首批留守部队装运的人员及补给[23]

起运港	船只数量	部队人数	补给	
			容积吨	短吨
合　计	458	193852	824567	312795
莱特岛	186	71163	320148	117884
瓜达尔卡纳尔－埃斯皮里图－拉塞尔群岛	159	74970	285279	108435
塞班岛－提尼安－关岛	61	31771	119673	47446
瓦胡岛	39	12837	69423	26762
旧金山－西雅图[24]	13	3111	30044	12268

引自《美国海军作战部部长办公室 1945 年 3 月 27 日－6 月 21 日两栖作战——冲绳占领报告》第七章"物流"。

附表六

1945 年 4 月 1 日－6 月 30 日，在冲绳滩头预计卸载能力与实际卸载数量比较表[25]

时间段	估算卸载能力[26]（容积吨）	实际卸载量（容积吨）	与预计值的误差百分比	
			每时期	累计
全　部	1981495	2016490	+1.8	+1.8
4 月 1－16 日	529995	577040	+8.9	+8.5
4 月 17－26 日	98500	202085	+105.2	+24.0
4 月 27 日－5 月 6 日	169000	200877	+18.9	+22.9
5 月 7－16 日	205500	166870	−18.8	+14.3
5 月 17－26 日	239000	170886	−28.5	+6.1
5 月 27 日－6 月 5 日	261000	159274	−39.0	−1.7
6 月 6－15 日	189000	163863	−13.3	−3.0
6 月 16－25 日	193000	188046	−2.6	−3.0
6 月 26－30 日	96500[27]	187549	+94.4	+1.8

引自美军第 10 集团军 1945 年 3 月 26 日至 6 月 30 日琉球群岛作战报告。

附表七

1945 年 4 月 1 日－6 月 30 日，冲绳滩头美军货物卸载量（单位：容积吨）[23]

时间段	可卸载货物量[22]	实际卸载量					
		所有用途		攻击用途	留守用途	维持用途	地面部队弹药
		数量	百分比				
合 计	2883917	2016490	100.0	673067	839190	352353	151880
4 月 1－16 日	917056	577040	28.6	537568	18104	5264	16104
4 月 17－26 日	203861	202085	10.0	104144	50875	26350	20716
4 月 27 日－5 月 6 日	211918	200877	10.0	31355	117800	31732	19990
5 月 7－16 日	211728	166870	8.3		102646	33957	30267
5 月 17－26 日	274894	170886	8.5		96680	48625	25581
5 月 27 日－6 月 5 日	252873	159274	7.9		114119	34473	10682
6 月 6－15 日	267550	163863	8.1		99624	55846	8393
6 月 16－25 日	248132	188046	9.3		98011	74002	16033
6 月 26－30 日	295905	187549	9.3		141331	42104	4114

引自《美军第 10 集团军 1945 年 3 月 26 日至 6 月 30 日琉球群岛作战报告》。

附表八

1945 年 4 月 1 日－6 月 30 日，美军第 10 集团军战地火炮耗弹量（发）

炮火型号	预计需用量	可供应数量[31]	消耗数量		
			合计	开火消耗	因敌军行动造成的损失
合 计	2119760	3315209	2116691	1766352	350339
75 毫米榴弹炮	266640	612020	230067	166068	63999
105 毫米榴弹炮	1236700	1889452	1330137	1104630	225507
155 毫米榴弹炮	400980	566574	390996	346914	44082
155 毫米火炮	190400	212235	142783	129624	13159
203 毫米榴弹炮	25040	34928	22708	19116	3592

引自《美军第 10 集团军 1945 年 3 月 26 日至 6 月 30 日琉球群岛作战报告》。

附表九

1945 年 3－6 月，美国海军在冲绳战役期间消耗的弹药量（发射数量）

弹药类型	合计	时间段		
		4 月 1 日之前	4 月 1 日	4 月 2 日－6 月 24 日
所有类型	600018	41543	44825	513650
127 毫米照明弹	66653	500	1500	64653
127 毫米高爆弹[①]	432008[②]	27750	36250	368008
152 毫米高爆弹	46020	4200	3000	38820
203 毫米高爆弹	32150	3700	2100	26350
305 毫米高爆弹	2700	575	175	1950
356 毫米高爆弹	16046	3275	1325	11446
406 毫米高爆弹	4411	1543[③]	475	2393

引自《美军第 10 集团军 1945 年 3 月 26 日至 6 月 30 日琉球群岛作战报告》。

附表十

1945 年 4 月 4 日－6 月 21 日美军第 24 军弹药消耗量[③]

武器	合计		4 月		5 月		6 月	
	弹药数量	短吨	弹药数量	短吨	弹药数量	短吨	弹药数量	短吨
所有类型		64325		24438		28977		10910
203 毫米榴弹炮	19008	2224	6077	684	9154	1031	3777	509
155 毫米火炮	79888	5891	32156	2362	34387	2529	13345	1000
155 毫米榴弹炮	278946	16702	114770	7292	113636	6907	50540	2503
105 毫米榴弹炮	792371	28152	284695	10427	377436	12799	130240	4926
75 毫米榴弹炮	179977	2429	68081	919	91126	1230	20770	280
75 毫米火炮	104893	1521	33013	479	43808	635	28072	407
57 毫米火炮	21997	227	7118	74	5682	58	9197	95
37 毫米火炮	87193	204	39362	93	25066	58	22765	53
81 毫米迫击炮	443589	3672	146385	1181	241853	2054	55351	437
60 毫米迫击炮	521301	1626	98117	307	311722	974	111462	345
60 毫米火箭筒	20359	62	10263	31	7956	24	2140	7
手雷	366734	365	111815	96	181841	192	73078	77

续表

武器	合计		4月		5月		6月	
	弹药数量	短吨	弹药数量	短吨	弹药数量	短吨	弹药数量	短吨
枪榴弹	25670	40	15220	25	8254	12	2196	3
11.4毫米冲锋枪⑯	1461180	40	612958	16	683732	15	164490	9
7.62毫米卡宾枪	2009597	34	926778	16	773824	13	308995	5
7.62毫米步枪	9267923	372	3569182	143	4545337	183	1153404	46
7.62毫米机枪	16285499	627	6091400	234	5745989	221	4448110	172
12.7毫米机枪	786754	137	394108	59	203456	42	189190	36

引自美军第10集团军第24军军械处长 G. F. 鲍威尔上校亲笔记录。

附表一至附表九注解：

①这份附表中的数据代表的是人员数量，而不是实际的可战斗人员数量。

②包括准尉级军官、飞行军官、护士、营养师和理疗师等医护军官。

③包括并不具体分配到步兵师的装甲兵、炮兵、各兵种单位，以及军直属和集团军直属部队。

④包括航空部队类单位、管理人员、替换人员，以及其他分配到冲绳战役的各种单位和人员，以及所有的战区配属人员。

⑤这两栏数字代表在冲绳战役期间，配属给陆军第10集团军的全部海军陆战队和海军单位人员。6月这两栏数字的大幅度减少并不是因为大量撤出冲绳地区，而是重新进行了分配。

⑥日军总兵力数据来自美国西太平洋部队情报部第15号定期报告（1945年11月26日－12月2日）。这个数字包括数量不明的冲绳本地被征入伍人员和平民。这个原因，还有在统计死亡人员时可能出现的错误，会造成和本书附表中的日军总兵力人数产生误差。

⑦这两栏数字取自美军第10集团军1945年3月26日至6月30日冲绳作战报告。海军陆战队死亡人员数字包括战术航空兵的数据。

⑧不包括被俘的3339名非武装劳工和15名平民战斗人员。在战事结束后俘获的人员1945年11月让总数上升到16346人。

⑨包括英国航母上的98架飞机（作战损失26架，行动损失72架）。

⑩包括3605架陆军飞机和4225架海军飞机，其中分别有850架和1050架自杀式飞机。

⑪无法准确说明美军有多少飞机在地面被摧毁。但美军内部经过验证的报告说明，至少有7架战斗机可以被列入这一栏。

⑫自杀式飞机击沉26艘。

⑬自杀式飞机击伤164艘。

⑭这份表格记录的是初步统计数据。日后美国陆军部和海军陆战队司令部会披露官方数据。官方数据包括各配属单位的数字。

⑮包括伤重不治死亡的数字。

⑯包括作战负轻伤的数字。

⑰不包括4月1－2日在南部牵制性行动中的人员伤亡，陆战2师大部分时间内并没有实际参加冲绳战役。不过，6月6日，该师第8团奉命登陆冲绳增援。

⑱留守部队由 AGE331（冲绳岛留守部队）和 AGF245（伊江岛留守部队）组成。

⑲包括医务部队的数据：阵亡1人，负伤17人，非战斗损失254人。

㉑不包括为第一批留守部队运载的 11031 人和 77717 容积吨（26160 短吨）物资。数据包括为各军或各师配属单位运载的人员和物资。

㉑容积吨是为测量船运量使用的容积单位，每 40 立方英尺的船运量记为 1 个容积吨。

㉒包括军管政府、海军航空基地、航空防御部队和海军再补给部队的各单位人员和物资。

㉓包括第一批留守部队的 21 艘船舶，11031 名人员和 77717 容积吨（26160 短吨）物资。

㉔包括在罗伊装载的少量物资。

㉕不包括 4 月 16 日至 6 月 30 日在伊江岛卸载的 206598 容积吨物资。

㉖估算卸载能力随着预期战事进程和在某些滩头卸载设施的扩充和另一些滩头卸载设施的部分或全部废弃一直都在发生变化。

㉗6 月 25 日以后没有估算值可用。这一栏显示的是根据 6 月 16 至 25 日估算值的内插值替换数据。

㉘不包括 4 月 16 日至 6 月 30 日在伊江岛卸载的 206598 容积吨物资。

㉙包括在目标区域可卸载的货物，以及在控制站点装船的货物。

㉚代表 4 月 1 日至 6 月 22 日期间现有的全部数字，不包括 6 月 22 日之后的数据。

㉛包括高射炮弹。在对岸炮击时没有使用近炸引信。高爆弹发生撞击时便会触爆。

㉜包括约 20000 发高射炮弹。

㉝包括高速战列舰发射的 518 发炮弹。

㉞4 月 1 日至 3 日没有可用数据；6 月 21 日以后的耗弹量可以忽略不计。

㉟包括手枪和转轮手枪消耗掉的相对少量的 11.4 毫米子弹。

附表十一

冲绳战役期间，美军第 10 集团军主要战术单位编制一览表

第 10 集团军	
第 10 集团军司令部	
直属部队	第 10 集团军司令部分队及直属队 　163 联络中队（陆航） 　第 1 航空站分队（陆航） 　第 3236、3240 通信分队（野战炮兵） 　3040 军械部汽车连（欠两个排） 　　心理战小组 　143－152 照片解读组 　　基地审查分队 　32、33 日军战斗序列分析组 　　第 1 情报与战史勤务科 S 　K 战史组 　　民间新闻报道组 　　303、304 司令部情报分队 105、901、902 和 903 陆军邮政单位 暂编 357 陆战邮政单位 情报部 310 统计分队 　情报部的十个作战统计组 　情报部总部及管理部门的两个组

装甲兵	第 20 装甲集群
岸炮（防空）	第 10 集团军岸炮（防空）司令部及司令部连 第 53 防空旅旅部及旅部连 第 43、44、97、136、137 防空集群指挥部及指挥部连 第 96、98、369、503、505、948 高炮营，半机动部队 第 834 防空自动武器营，履带机动部队 第 866 防空自动武器营（欠 A、B 和 C 连） 第 779、870 防空自动武器营，半机动部队 第 294、295、325 防空探照灯营 第 230 防空探照灯营营部及营部连 第 230 防空探照灯营 A 连 第 230 防空探照灯营 C 连 1 排 第 162 防空作战分队
岸炮（HD）	第 144 岸炮集群指挥部及指挥部连（155 毫米火炮） 第 38、179、282 岸炮营（155 毫米火炮）
工兵	第 1746 工兵地图分队
通信	第 3、82 通信建设营（轻装） 第 85 通信行动营 第 3181 通信勤务营（机动） 　　第 3161 通信勤务连 　　第 241 通信行动连 第 585 通信兵站连的一个分队 第 57 通信维修连的一个分队 第 529 通信行动连 第 3385 通信营营部，后勤组 第 3373 通信勤务连（SIAM） 暂编无线电通信连 第 8、108、110、111、274 通信雷达维护单位 第 279 作战信鸽排
医务	暂编医务单位指挥部 　　第 366 骨科医疗队 　　第 376、377 外科医疗队 　　第 390 神经外科医疗队 　　第 341、342 和 343 外科分队 医疗集群指挥部及指挥部分队 　　第 96 和 153 医务营营部和营部分队 　　　第 665 和 668 前方医院连 　　　第 386、444、541 和 646 后方医院连 　　　第 843、847 医务补给队 　　　第 176 疟疾控制组 　　　第 215 疟疾调查组

其他各单位	第713装甲火焰喷射器营 第3两栖军航空投递班 第2地面部队航空支援控制组
第24军	
第24军军部	
军直属部队	第24军军部连 第24军宪兵排 第519宪兵营（欠A连和B连） 第235陆军邮政单位 第139－7424和第161照片解读组 第3231照片单位 第306、307情报指挥部分队 第L战史单位 第29日剧战斗序列研究组 基地审查分队 情报部224统计分队 民间新闻报道组
医务	独立第71医务营营部及营部分队 第594军需洗衣连（欠3个排） 独立第556摩托化救护连 独立第394前方医务连 第644和645后方医务连 第214疟疾调查组（FB） 第726医务分队第2医疗补给队（#4型） 第377外科分队 第366骨科队（EB）
各军管政府单位	三个军管政府分队 G-10第1－3医务室（美国海军） G-6第2医院（美国海军）
野战炮兵	第24军炮兵司令部及司令部连 第419野战炮兵集群指挥部及指挥部连 第145、198和225野炮营（155毫米榴弹炮） 第287野战炮火观察营
工兵	第1176工兵建设集群指挥部及指挥部分队 第47、1397和1398工兵建设营 暂编工兵地志排 第1445工兵探照灯维护连 第968工兵维护连 第1088工程兵站连（欠第1和第2排） 第1901航空工兵营

军需	第 521 军需集群指挥部及指挥部分队 　　第 187 军需营营部及营部分队，机动部队 第 4924 军需营营部及营部分队 　　第 247 军需兵站补给连（欠第 3 排） 　　第 244 军需兵站补给连（欠第 1 和第 2 排） 　　第 43424 军需勤务连（欠第 2 排） 　　第 3063 军需墓碑登记连（欠 3 个排） 　　第 3008 军需 Graves Reg 连（欠 4 个排） 　　第 3754 军需卡车连（欠 3 个排）
通信	第 101 通信营
其他各单位	第 3 地面部队航空支援控制组 7 号空袭预警中队的一个分队 第 504 港务营营部及营部连 第 88 化学迫击炮营（欠 A 连和 B 连） 第 866 防空自动武器营
第 3 两栖军	
军直属队	第 3 两栖军军部及勤务营 第 3 两栖军通信营 第 3 两栖军医务营 第 3 两栖军炮兵指挥部连 太平洋舰队陆战队第 11 自动化运输营 太平洋舰队陆战队暂编第 1 宪兵营 美国陆军第 51 宪兵营 A 连 军属第 2 和第 3 后送医院 美国陆军第 456 两栖卡车连 第 1 拆弹连（欠 2 个排） 独立第 3 无线电通信排 第 1 地面部队航空支援 第 43-D 无线通信组 空中预警中队分队 美国陆军的两个军官政府分队 G-10 第 12 医务室（美国海军） G-6 第 1 医院（美国海军） 第 1 洗衣连（欠第 1、2 和 3 排） 军司令部滩头控制组

第 7 野战兵站	指挥部连 　警卫连 　通信连 　工兵连 　军械连 　标准补给连 　军事运输连 　六个兵站连 　第 3 和第 12 弹药连 　第 2 洗衣连第 2 排 　熏干和洗浴连
炮兵	暂编第 1 高炮集群 　第 2、第 5、第 8 和第 16 高炮营 暂编第 2 野战炮火集群 　指挥部连 　155 毫米榴弹炮第 1、第 3 和第 6 营 　155 毫米加农炮第 7、第 8 和第 9 营
工兵	美国陆军第 802 航空工兵营 独立第 1 工兵营 海军第 71 和 130 建设营
第 7 步兵师	
建制单位	第 7 步兵师师部 第 7 步兵师直属队 　第 7 步兵师师部连 　第 7 步兵师宪兵排 　第 7 步兵师军乐队 　第 7 军需连 　第 7 骑兵侦察连（机械化） 　第 7 通信连 　第 707 轻军需维护连 　第 7 医务营 　第 13 工兵营 师属炮兵指挥部及指挥部连 第 31、第 48、第 49 和第 57 野炮营 第 17、第 32、第 184 步兵团
配属部队（登陆日）	
防空部队	第 502 高炮营 第 861 防空自动武器营 第 295 防空探照灯营 A 连 1 排 第 8 空中预警中队分队

装甲兵	第 711 中型坦克营 第 718 和第 536 两栖运兵营 第 776 两栖坦克营
化学兵	第 91 化学连 暂编第 1 化学分队补给队
工兵	第 1140 工兵集群（C）指挥部及指挥部连 第 50、第 104 和第 110 工兵营（C） 第 1088 工兵兵站连第 1 排
医务	第 69 野战医院 第 52 和第 66 便捷外科医院 一个骨科医疗队，第 366 医务勤务分队 第 376 外科医疗队 第 390 神经外科医疗队 第 5 博物馆与医务艺术分队
军械	第 644 军械弹药连 第 196 军械兵站连分队 第 204 拆弹班 第 284 军械重装备维护连，坦克
军需	第 40 军需军犬排 第 3260 军需勤务连 第 191 军需燃气补给连 第 3754 军需卡车连第 1 和第 3 排 第 4342 军需勤务连第 2 排 1 班 第 472 和 481 两栖卡车连 第 244 军需兵站补给连第 1 和第 2 排 第 3008 军需墓碑登记连第 2 排
运输	第 200 和 291 搬运连
其他部队	情报部第 7 统计分队 第 156 照片解读组 基地审查分队 民事新闻报道组 第 310 情报指挥部分队 第 1 信息及战史勤务部门 A 新闻组 两个军管政府分队 G-10 第 4 和第 5 医务室（美国海军） 第 32 和 33 照片分配组 第 519 宪兵营 A 连 第 74 联合突击通信连

第 77 步兵师	
建制单位	第 77 步兵师师部 第 77 步兵师直属队 　　第 77 步兵师师部连 　　第 77 步兵师宪兵排 　　第 77 步兵师军乐队 　　第 77 师军需连 　　第 77 骑兵侦察连（机械化） 　　第 77 通信连 　　第 777 轻军械维护连 　　第 302 医务营 　　第 302 工兵（C）营 师属炮兵指挥部及指挥部连 　　第 304、305、306 和 902 野炮营 第 305、306 和 307 步兵团
配属部队（登陆日前 5 天）	
防空炮兵	第 93 高炮营 第 204 雷达维护组 第 7 防空自动武器营 第 295 防空探照灯营 A 连 2 排
装甲兵	第 706 中型坦克营 第 708 两栖坦克营 第 715 和第 773 两栖运兵营
化学兵	暂编第 1 化学分队补给队 第 88 化学迫击炮营 A 连
工兵	第 1118 工兵（C）集群指挥部与指挥部连 　　第 132、233 和 242 工兵（C）营
军械	第 693 军械弹药连 第 92 拆弹班 第 196 军械兵站连分队
医务	第 36 野战医院 第 68 和第 95 便捷外科医院 第 75 驻地医院分队
军需	第 43 军需军犬排 第 3063 军需墓碑登记连 2 排 第 477 和 828 两栖卡车连 第 203 和 292 搬运连

续表

军管政府	3 个军管政府分队 G-10 第 6 和第 7 医务室（美国海军）
野战炮兵	第 420 野战炮兵集群指挥部与指挥部连 　　第 531、43 野炮营（155 毫米加农炮）
其他各部队	第 36 日军战斗序列分析组 第 292 联合突击通信连 第 724 宪兵营 B 连 暂编无线电情报连 第 7 气象中队第 62 分队 第 8 空中预警中队分队 太平洋舰队陆战队两栖侦察营（欠 B 连） 第 3234 照片分配组 第 158 照片解读组 情报指挥部 312 分队 基地审查分队 情报部第 77 统计分队 民间新闻报道组 第 1 信息与战史勤务科新闻 C 队

第 96 步兵师	
建制单位	第 96 步兵师师部 第 96 步兵师直属队 　　第 96 步兵师师部连 　　第 96 步兵师宪兵排 　　第 96 步兵师军乐队 　　第 96 军需连 　　第 96 骑兵侦察连（机械化） 　　第 96 通信连 　　第 796 轻军械维护连 　　第 321 医务营 　　第 321 工兵（C）营 师属炮兵指挥部及指挥部连 　　第 361、362、363 和 921 野炮营 第 381、382 和 383 步兵团

配属部队（登陆日）	
防空炮兵	第 504 高炮营 第 485 防空自动武器营 第 294 防空探照灯营 C 连（欠 1 排） 第 8 空中预警中队分队

装甲兵	第 763 坦克营 第 780 两栖坦克营 第 728 和 788 两栖运兵营
化学兵	暂编第 1 化学分队补给队 第 88 化学迫击炮营 B 连
工兵	第 1122 工兵（C）集群指挥部及指挥部连 　　第 170、173 和 174 工兵（C）营 第 1088 工程兵站连 2 排
医务	第 31 野战医院 第 51 和 67 便捷外科医院 第 233 综合医院分队
军械	第 632d 军械弹药连 第 206 军械拆弹班 第 196 军械兵站连分队
军需	第 41 军需军犬排 第 3240 军需勤务连 第 4342 军需勤务连 2 排 2 班 第 3008 军需墓碑登记连 3 排 第 3063 军需墓碑登记连 3 排 第 474 和 827 两栖卡车连 第 204 和 293 搬运连
军管政府	两个军管政府分队 G-10 第 8 和第 9 医务室（美国海军）
其他部队	第 160 照片解读组 第 3235 照片分配组 情报指挥部 314 分队 第 38 日军战斗序列分析组 基地审查分队 民间新闻报道组 第 1 信息与战史勤务科新闻 B 队 情报部第 96 统计分队 第 519 宪兵营 C 连 第 5934 联合突击通信连

第 27 步兵师	
建制部队	第 27 步兵师师部 第 27 步兵师直属队 　　第 27 步兵师师部连 　　第 27 步兵师宪兵排 　　第 27 步兵师军乐队 　　第 27 骑兵侦察连（机械化） 　　第 27 军需连 　　第 27 通信连 　　第 727 轻型军械维护连 　　第 102 医务营 　　第 102 工兵（C）营 师属炮兵指挥部与指挥部连 　　第 104、105、106 和 249 野炮营 第 105、106、165 步兵团
配属部队（登陆第 15 日）	
装甲兵	第 193 中型坦克营
工兵	第 1165 工兵（C）集群指挥部与指挥部连 　　第 34、152 和 1341 工兵（C）营
医务	第 68 野战医院 第 96 和第 98 便捷外科医院 第 219 疟疾调查组 第 122 疟疾控制组
军械	第 61 军械弹药连
军需	第 45 军需军犬排 第 3063 军需墓碑登记连 1 排
军管政府	G-10 第 15 和 16 医务室（美国海军） 一个军管政府分队
其他部队	第 157 照片解读组 情报指挥部第 311 分队 民间新闻报道组 第 35 日军战斗序列分析组 第 1 信息与战史勤务科新闻 E 队 情报部第 27 统计分队 第 594 联合突击通信连

	海军陆战队 1 师
建制单位	陆战 1 师师部营 第 1 陆战坦克营 第 1 陆战轻工兵营 第 1 陆战工兵营 第 1 陆战勤务营 第 1 陆战医务营 第 1 陆战摩托化运输营 第 11 陆战团（炮兵团） 第 1、第 5、第 7 陆战团（步兵团）
配属部队（登陆日）	第 6 联合突击通信连 空袭警报中队分队 第 51 宪兵营 C 连（美国陆军） 第 6 和第 814 两栖卡车连 第 1 两栖装甲运兵营 第 4 和第 9 两栖运兵营 第 1 军犬排 暂编第 5 火箭分队 第 6 陆战观察班 第 1 拆弹连 3 排 第 1 洗衣连 3 排 两个军管政府分队（美国陆军） G-10 第 10 和第 11 医务室（美国海军） 第 58 海军建设营 第 11 特别海军建设营（欠营部分队和 3 个连）
	海军陆战队第 6 师
建制单位	陆战 6 师师部营 第 6 陆战坦克营 第 6 陆战轻工兵营 第 6 陆战工兵营 第 6 陆战勤务营 第 6 陆战医务营 第 6 陆战摩托化运输营 第 15 陆战团（炮兵团） 第 4、第 22 和第 29 陆战团（步兵团）

配属部队（登陆日）	第 4 联合突击通信连 空袭警报中队分队 第 51 宪兵营 B 连（美国陆军） 第 3 和第 454 两栖卡车连 暂编第 3 两栖装甲营 第 1 和第 8 两栖运兵营 第 4 警犬排 暂编第 4 火箭分队 第 3 陆战观察班 第 1 拆弹连 2 排 第 1 洗衣连 2 排 两个军管政府分队（美国陆军） G-10 第 17 和第 18 医务室（美国海军） 第 145 海军建设营（美国海军）
战术航空部队	
陆军航空兵	第 301 战斗机联队司令部及司令部中队 　第 318 战斗机大队 　　第 19、73 和 3334 战斗机中队 　　第 548 夜间战斗机中队 　第 413 战斗机大队 　　第 1、21 和 34 战斗机中队 　第 507 战斗机大队 　　第 463、464 和 465 战斗机中队 　第 337 空勤大队 　　大队部和基地勤务中队 　　第 371 工程中队 　　第 577 物资中队 　第 364 空勤大队 　　大队部和基地勤务中队 　　第 612 工程中队 　　第 622 物资中队 　第 557 空勤大队 　　大队部和基地勤务中队 　　第 987 工程中队 　　第 992 物资中队 　第 342 基站补充中队 　第 460 飞行中队 第 7 轰炸机联队司令部与司令部中队 　第 11 重型轰炸机大队 　　第 26、42、98 和 431 轰炸机中队 　第 494 轰炸机大队

陆军航空兵	第 864、865、866、867 轰炸机中队 第 41 中型轰炸机大队 　第 47、48、396 和 820 轰炸机中队 第 13 空勤大队 　大队部和基地勤务中队 　第 489 工程中队 　第 610 物资中队 第 57 空勤大队 　大队部和基地勤务中队 　第 613 工程中队 　第 619 物资中队 第 389 空勤大队 　大队部及基地勤务中队 　第 5934 工兵中队 　第 594 物资中队
海军陆战队航空兵	海军陆战队第 2 航空联队司令部中队 　陆战队第 33 航空大队 　　第 33 大队部中队 　　第 33 空勤中队 　　VMF-312，322，323（陆战队战斗机中队） 　　VMF-543（陆战队夜间战斗机中队） 　　VMTB-232（陆战队鱼雷轰炸机中队） 　　陆战队第 31 航空大队 　　　第 31 大队部中队 第 31 空勤中队 　　VMF-224，311，441（陆战队战斗机中队） 　　VMF-542（陆战队夜间战斗机中队） 　　陆战队第 14 航空大队 　　　第 14 大队部中队 　　　第 14 空勤中队 　　VMF-212，222，223（陆战队战斗机中队） 　　陆战队第 22 航空大队 　　　第 22 大队部中队 　　　第 22 空勤中队 　　VMF-113，314，422（陆战队战斗机中队） 　　VMF-533（陆战队夜间战斗机中队） 　陆战队第 7 观察中队

附表十二

美国陆军部冲绳战役陆军战斗损失统计表

战役与建制单位	全部战斗损失	战斗损失中的全部死亡人数	阵亡人数	战斗轻重伤人数		被俘及被关押人数		战斗失踪人数	
				全部	因伤死亡	全部	因此死亡	全部	确认死亡
冲绳战役（1945年3月26日至7月2日）	19929	4718	3672	16027	995	58	37	172	14
各作战师	18492	4320	3392	14943	919	4	0	153	9
各航空兵单位	60	18	12	46	4	0	0	2	2
其他单位	1377	380	268	1038	72	54	37	17	3

附表十三

冲绳战役美国海军陆战队战损一览表
1945 年 4 月 1 日 — 6 月 22 日[①]

海军陆战队战损	阵亡		战伤死		负伤		失踪推定死亡		罹患战斗疲劳症		合计	
	军官	士兵	军官	士兵	军官	士兵	军官	士兵	军官	士兵	军官	士兵
太平洋舰队陆战队两栖侦察营	—	3	—	—	2	10	—	—	—	3	2	16
第 3 两栖军直属队												
军部及勤务营	—	7	1	2	11	36	—	—	—	4	12	49
军医务营	—	—	—	—	—	4	—	—	—	6	—	10
军通信营	—	4	—	—	1	25	—	—	1	—	2	29
第 1 宪兵营	—	5	—	—	—	21	—	—	—	2	—	28
独立第 1 工兵营	—	1	—	1	—	22	—	—	1	12	1	36
第 11 摩托化运输营	—	—	—	1	—	12	—	—	—	—	—	15
第 7 勤务团	—	1	—	—	2	28	—	—	—	8	2	37
第 3 两栖军炮兵												
军炮兵指挥部连	1	1	1	1	2	9	—	—	—	—	4	11
暂编第 1 高炮集群连	—	1	—	1	—	3	—	—	—	—	—	5
第 2 高炮营	—	—	—	—	1	11	—	—	—	4	1	15

海军陆战队战损	阵亡		战伤死		负伤		失踪推定死亡		罹患战斗疲劳症		合计	
	军官	士兵	军官	士兵	军官	士兵	军官	士兵	军官	士兵	军官	士兵
第 5 高炮营	－	1	－	－	1	10	－	－	－	1	1	12
第 8 高炮营	－	－	1	2		8	－	－	－		2	9
第 16 高炮营	－	2	－	2	－	32	－	－	－	2	－	38
暂编第 2 野炮集群指挥部连	－					2				1		3
155 毫米榴弹炮第 1 营	－	1	－	1	－	27	－	1	－	1	－	31
155 毫米榴弹炮第 3 营	－	2	－	2	3	16	1	－	－	3	4	23
155 毫米榴弹炮第 6 营	－	1	－	2	1	25	－	－	－	1	1	29
155 毫米加农炮第 7 营	－	－	－	1	－	2	－	－	－	－		3
155 毫米加农炮第 8 营	－				－	9	－	－	－	4	－	13
155 毫米加农炮第 9 营	－	1	－	1	－	10	－	－	－	1	1	12
海军陆战队第 1 师												
陆战 1 师师部营	2	22	－	3	11	117	－	－	－	1	10	14	152
第 1 工兵营	1	11	－	5	6	119	－	－	－	1	5	8	140
第 1 医务营	－				－	2	12	－	－	－	－	2	12
第 1 摩托化运输营	－	1			－	25	－	－	1	1	1	27
第 1 轻工兵营	－	1	－	2	1	28	－	－	－	4	1	35
第 1 勤务营	－	2	－		1	39	－	－	－	6	1	47
第 1 坦克营	2	12	1		15	135	－	－	－	3	18	151
第 3 两栖装甲营（暂编）	－	1	－	1	3	43	－	－	－	3	3	48
第 1 两栖运兵营	－	1	－	1	5	24	－	－	－	4	5	30
第 8 两栖运兵营	－	3	－		2	22	－	－	－		－	25
陆战 1 团												
团部及勤务连与重武器连	－	8	－		3	53	－	－	－	3	3	64
1 营	11	109	－	10	25	635	－	－	－	108	36	862
2 营	5	126	－	15	22	630	－	－	1	76	28	847
3 营	3	89	－	15	25	673	－	－	－	77	28	854

海军陆战队战损	阵亡		战伤死		负伤		失踪推定死亡		罹患战斗疲劳症		合计	
	军官	士兵	军官	士兵	军官	士兵	军官	士兵	军官	士兵	军官	士兵
陆战 5 团												
团部及勤务连与重武器连	—	8	1	—	1	52	—	—	—	3	2	63
1 营	2	117	1	14	28	572	—	—	—	30	31	733
2 营	5	113	2	14	27	540	—	—	—	34	34	701
3 营	4	79	1	12	21	405	—	—	—	43	26	539
陆战 7 团												
团部及勤务连与重武器连	2	17	—	2	7	105	—	1	—	4	9	129
1 营	5	91	2	9	28	557	—	—	—	42	35	699
2 营	4	125	2	21	27	608	—	1	—	29	33	784
3 营	6	83	1	14	26	475	—	—	—	34	33	606
陆战 11 团												
团部及勤务连连长	—	1	—	1	3	10	—	—	—	1	3	13
1 营	1	3	1	1	2	47	—	1	—	—	4	52
2 营	—	5	—	5	6	52	—	—	—	—	6	62
3 营	—	3	1	2	9	64	—	—	—	1	10	70
4 营	3	5	—	1	5	52	—	—	—	1	8	59
陆战第 8 加强作战团												
团部及勤务连与重武器连	—	1	—	2	2	15	—	—	—	1	2	19
1 营	1	3	—	—	1	50	—	—	—	1	2	54
2 营	—	13	—	3	1	115	—	—	—	12	1	143
3 营	—	16	—	4	4	99	—	—	—	7	4	126
各加强单位	—	3	—	2	3	38	—	—	—	1	7	4	50
海军陆战队第 6 师												
师部营	1	25	1	3	22	165	—	—	—	1	64	25	257
第 6 工兵营	—	10	—	6	10	146	—	—	—	15	10	177
第 6 医务营	—	—	—	—	—	8	—	—	—	1	—	9

海军陆战队战损	阵亡		战伤死		负伤		失踪推定死亡		罹患战斗疲劳症		合计	
	军官	士兵	军官	士兵	军官	士兵	军官	士兵	军官	士兵	军官	士兵
第6摩托化运输营	–	–	–	1	7	17	–	–	–	1	7	19
第6轻工兵营	–	4	–	–	3	50	–	–	–	9	3	63
第6勤务营	–	9	–	–	–	32	–	–	–	5	–	46
第6坦克营	1	7	–	2	19	105	–	–	–	2	20	116
第1两栖装甲营	–	2	–	1	–	39	–	1	–	4	–	47
第4两栖运兵营	–	1	–	1	2	26	–	–	–	3	2	31
第9两栖运兵营	–	3	–	1	–	48	–	–	–	2	–	54
陆战4团												
团部及勤务连与重武器连	–	16	1	6	6	101	–	–	1	5	8	128
1营	13	113	4	28	38	699	–	3	–	42	55	885
2营	7	120	2	32	30	799	–	1	1	45	40	997
3营	3	128	2	25	33	735	–	–	–	67	38	955
陆战22团												
团部及勤务连与重武器连	1	7	–	9	5	71	–	–	1	13	7	100
1营	9	143	–	21	38	582	–	–	1	158	48	904
2营	6	127	3	26	31	555	–	–	2	190	42	898
3营	3	101	–	33	34	659	–	–	1	141	38	934
陆战29团												
团部及勤务连与重武器连	–	14	–	–	4	71	–	–	1	6	5	91
1营	9	133	1	31	40	679	–	1	1	47	51	891
2营	10	129	–	16	20	583	–	4	–	52	30	784
3营	3	175	3	27	26	676	–	–	2	57	34	935
陆战11团												
团部及勤务连连长	–	–	–	–	–	6	–	–	–	2	–	8
1营	2	9	1	1	7	55	–	–	–	5	10	70
2营	1	9	–	1	6	66	1	–	1	5	9	81

海军陆战队战损	阵亡		战伤死		负伤		失踪推定死亡		罹患战斗疲劳症		合计	
	军官	士兵	军官	士兵	军官	士兵	军官	士兵	军官	士兵	军官	士兵
3 营	—	3	—	—	5	29	—	—	—	—	5	32
4 营	2	5	—	3	2	39	—	—	—	3	4	50
海军陆战队第 2 航空联队												
司令部中队	1	1	—	—	8	11	—	—	2	—	11	12
第 3 观察机中队	—	—	—	—	2	1	1	—	—	—	3	1
第 6 观察机中队	1	1	—	—	1	—	1	—	—	—	3	1
第 7 观察机中队	—	—	—	—	1	—	—	—	—	—	1	—
第 14 航空大队												
第 14 大队部中队	—	—	—	—	—	—	—	—	—	1	—	1
第 14 空勤中队	—	—	—	—	—	1	—	—	—	—	—	1
VMF-212（战斗机中队）	2	—	—	—	1	3	—	—	—	—	5	1
VMF-222（战斗机中队）	—	—	—	—	1	—	1	—	—	—	2	—
VMF-223（战斗机中队）	—	—	—	—	2	—	2	—	—	1	4	1
第 22 航空大队												
第 22 大队部中队	—	—	—	—	—	—	—	—	—	—	—	—
第 22 空勤中队	—	—	—	—	1	1	—	—	—	1	1	2
VMF-113（战斗机中队）	—	6	—	1	5	24	1	—	—	1	6	32
VMF-314（战斗机中队）	1	—	—	—	2	—	1	—	—	—	4	—
VMF-422（战斗机中队）	1	—	—	—	1	3	—	—	—	—	2	3
VMF（N）-533（夜间战斗机中队）	—	—	—	—	1	—	—	—	—	—	1	—

续表

海军陆战队战损	阵亡		战伤死		负伤		失踪推定死亡		罹患战斗疲劳症		合计	
	军官	士兵	军官	士兵	军官	士兵	军官	士兵	军官	士兵	军官	士兵
VMTB-131（鱼雷轰炸机中队）	−	1				1	1	2		1	1	5
第31航空大队												
第31大队部中队	−	−	−	−	1	18	−		−	1	1	19
第31空勤中队	−	−	−	−	2	−					2	−
VMF-224（战斗机中队）	1	−	−	−	1	8	1		−		3	8
VMF-311（战斗机中队）	4	1	−	−	2	4	−		−	1	6	6
VMF-441（战斗机中队）	3	−	−	−	3	1	5	−	−	−	11	1
VMF（N）-542（夜间战斗机中队）	−					9	2				2	9
第33航空大队												
第33大队部中队						2						2
第33空勤中队	−	1	−	2		9			1		1	12
VMF-312（战斗机中队）	2	1	−	−	5	1	2	−	2	1	11	3
VMF-322（战斗机中队）	2	−	−	−	2	8	2		−	1	6	9
VMF-323（战斗机中队）	2	−	−	−	2	3	2		−	1	6	4
VMF（N）-543（夜间战斗机中队）	3	−	−	−	2	4	2		−	−	7	4
VMTB-232（鱼雷轰炸机中队）	1	3	−	−	3	20	1	1	−	−	5	24
第43航空大队												
第43大队部中队	−	4	−	2	1	13	−	−	−	2	1	21

海军陆战队战损	阵亡		战伤死		负伤		失踪推定死亡		罹患战斗疲劳症		合计	
	军官	士兵	军官	士兵	军官	士兵	军官	士兵	军官	士兵	军官	士兵
AWS-1（空袭警报中队）	—	—	—	—	—	1	—	—	—	—	—	1
AWS-6（空袭警报中队）	—	—	—	—	—	3	—	—	—	—	—	3
AWS-7（空袭警报中队长）	—	2	—	3	1	8	—	—	—	—	1	13
AWS-8（空袭警报中队长）	—	—	—	1	1	7	—	—	—	—	1	8
补充替换人员[2]	1	157	1	28	9	735	—	1	1	34	12	955
其他各航空单位[3]	4	—	1	—	9	11	4				18	11
其他各地面单位[4]	—	16		8	—	117	—		3	14	3	155
合计损失	158	2590	35[5]	494[5]	806	14799	34	18	29	1609	1062	19510
海军陆战队各舰船分遣队	1	47	—	1	8	97	—	10		5	9	160
海军陆战队各航母分遣队	10	40	—	—	7	6	2	—	1	1	20	47
海军陆战队人员战斗损失总计	169	2677	35	495	821	14902	36	28	30	1615	1091	19717
配属陆战队各单位的海军医务人员[6]	1	108		9	12	430					13	547

注解：

①表格中的人员损失数字根据美国海军陆战队司令部人事部人事记录处统计科提供的相关记录编制。

②大部分补充替换人员是在进入正规作战单位后形成伤亡的。在许多情况下，这些人的官方记录在没有送达海军陆战队司令部时就已经中弹，因此，他们的名字就会出现在各种补充替换人员名单上。

③其他各航空单位人员这一栏包括那些当他们的伤亡报告送入海军陆战队司令部时，人事记录上还显示他们并不属于陆军第 10 集团军成员的那些人。

④这一栏包括海军陆战队第 2 师当时在冲绳地区伤亡的人员。

⑤由于第二次世界大战期间使用的人员损失报告方法问题，实际上因伤致死人数也包括在总负伤人数之内。

⑥这一栏数字根据《第二次世界大战海军医疗部史》第 2 卷（1953 年，华盛顿版）《海军医疗补 P-5021 号文件》编写。表格中的失踪推定死亡人数包括在阵亡人员总数中，因罹患战斗疲劳症导致身体功能衰竭死亡的记录未能提供。

附表十四

美国海军陆战队冲绳战役（1945 年 4 月 1 日至 6 月 22 日）指挥官与参谋人员名录

太平洋舰队陆战队两栖侦察营	
营长	詹姆斯·L. 琼斯少校
副营长	厄尔·R. 马夸特少校
作训参谋	莱奥·B. 希恩中尉
第 3 两栖军	
第 3 两栖军军部	
军长	罗伊·S. 盖格少将
参谋长	默温·H. 西尔弗索恩准将
人事处长	盖尔·T. 科明斯上校
情报处长	查尔斯·C. 布朗上校
作战训练处长	沃尔特·A. 瓦赫特勒上校
后勤处长	小弗朗西斯·B. 卢米斯上校
民政处长	埃尔默·H. 萨尔兹曼上校
第 3 两栖军直属队	
指挥官	爱德华·G. 哈根上校（后续梯队指挥官）
副指挥官	威廉·F. 惠特克中校
作训参谋	朱利叶斯·H. 弗拉格斯塔德少校
第 3 两栖军军部及勤务营	
营长	小哈里·A. 特拉弗特中校
副营长	哈罗德·C. 霍华德少校（至 6 月 6 日） 罗伯特·J. 肯尼迪少校（自 6 月 7 日起）
作训参谋	安德鲁·杜拉上尉
第 3 两栖军医务营	
营长	莫里斯·A. 迪尔海军少校（医务部）（至 4 月 29 日） 多诺万·C. 布兰查德海军少校（医务部）（4 月 29 日－6 月 18 日） 小罗伯特·马泽海军少校（医务部）（从 6 月 19 日开始）

副营长	威廉·H. 汉纳海军上尉（医务部）（从 6 月 1 日开始）
作训参谋	（未知）
第 3 两栖军通信营	
营长	罗伯特·L. 彼得森上校
副营长	艾伦·萨特中校
作训参谋	卡尔顿·E. 特里普上尉
第 1 宪兵营	
营长	阿尔弗雷德·H. 马克斯中校
副营长	拉尔夫·L. 罗宾逊上尉
作训参谋	拉塞尔·M. 罗伯茨中尉（至 4 月 30 日） 哈罗德·B. 莫中尉（从 5 月 1 日起）
独立第 1 工兵营	
营长	阿隆佐·D. 戈尔曼中校
副营长	威廉·C. 米克尔少校
作训参谋	乔治·S. 辛尼克斯上尉
第 11 摩托化运输营	
营长	富兰克林·A. 海纳中校
副营长	肯尼斯·E. 墨菲少校
作训参谋	托马斯·H. 普雷斯特里吉中尉
第 7 勤务团	
团长	哈罗德·E. 罗斯克兰斯上校
副团长	埃德温·D. 帕特里奇中校
作战训练科长	（未知）
团部营营长	肯尼斯·L. 摩西中校
团部营副营长	本·F. 迪克森三世少校
团部营参谋	（未知）
第 3 两栖军炮兵	
第 3 两栖军炮兵指挥部	
指挥官	大卫·R. 尼莫准将
参谋长	约翰·A. 比米斯上校
人事科长	弗雷德里克·W. 米勒中校
情报科长	保罗·O. 恩格尔德少校

作战训练科长	弗雷德里克·P. 亨德森中校（至 5 月 15 日） 欧内斯特·P. 福利中校（自 5 月 16 日起）
后勤科长	小卢埃林·鲍威尔中校
暂编第 1 高炮集群	
指挥官	肯尼斯·W. 本纳上校
副指挥官	维拉德·C. 费斯克中校
作战训练科长	约翰·F. 邓拉普中校（至 6 月 11 日） 杰克·H. 布朗中校（自 6 月 11 日起）
第 2 高炮营	
营长	麦克斯·C. 查普曼中校
副营长	查尔斯·W. 梅中校（至 6 月 5 日） 诺曼·E. 斯帕林中校（自 6 月 6 日起）
作训参谋	小沃尔特·L. 埃迪少校（至 5 月 4 日） 约翰·W. 格雷夫斯少校（自 5 月 5 日起）
第 5 高炮营	
营长	小哈里·O. 史密斯中校
副营长	查尔斯·J. 西伯特二世中校
作训参谋	拉尔夫·W. 尼科尔森上尉（至 6 月 21 日） 蒙森·J. 麦卡蒂少校（自 6 月 22 日起）
第 8 高炮营	
营长	詹姆斯·S. 奥哈洛伦中校
副营长	罗伯特·F. 斯科特中校
作训参谋	霍华德·S. 尼尔森少校（至 6 月 8 日） 亚瑟·J. 巴彻伯尔少校（自 6 月 9 日起）
第 16 高炮营	
营长	小奥古斯特·F. 彭佐尔德中校（至 6 月 18 日） 查尔斯·T. 廷格尔中校（自 6 月 19 日起）
副营长	爱德华·N. 利达尔赫中校
作训参谋	小罗伯特·A. 默钱特少校
暂编第 2 野炮集群	
指挥官	小卡斯蒂斯·伯顿中校

副指挥官	约翰·S. 特威切尔中校（至 5 月 10 日） 阿尔弗雷德·L. 欧文斯少校（5 月 11 日－6 月 20 日） 约翰·S. 特威切尔中校（自 6 月 21 日起复职）
作战训练参谋	欧内斯特·P. 福利中校（至 4 月 20 日） 约翰·S. 特威切尔中校（4 月 21 日至 5 月 7 日） 阿尔弗雷德·L. 欧文斯少校（自 5 月 8 日起）
155 毫米榴弹炮第 1 营	
营长	乔治·H. 福特中校
副营长	威廉·H. 阿特金森少校
作训参谋	尤金·C. 斯威夫特上尉
155 毫米榴弹炮第 3 营	
营长	罗伯特·C. 希亚特中校
副营长	詹姆斯·H. 塔特希少校
作训参谋	大卫·L. 莫伯利上尉
155 毫米榴弹炮第 6 营	
营长	刘易斯·A. 琼斯中校
副营长	阿尔弗雷德·L. 欧文斯少校（至 5 月 7 日） 约翰·V. 唐斯上尉（自 5 月 7 日起代理）
作训参谋	查尔斯·H. 伯克梅尔中尉
155 毫米加农炮第 7 营	
营长	小圭多·F. 弗尔贝克中校
副营长	弗朗西斯·W. 本森中校
作训参谋	菲利普·阿维什上尉（至 4 月 20 日） 小乔治·N. 帕克斯中尉（4 月 21 日－6 月 21 日） 威廉·N. 塔夫脱少校（自 6 月 21 日起）
155 毫米加农炮第 8 营	
营长	小乔治·V. 汉纳中校
副营长	罗伯特·F. 梅尔德鲁姆少校
作训参谋	理查德·A. 范德胡夫少校
155 毫米加农炮第 9 营	
营长	梅里特·阿德尔曼中校
副营长	雷蒙德·D. 赖特少校

作训参谋	霍华德·W. 勒尔中尉
海军陆战队第 1 师（加强）	
陆战 1 师师部	
师长	佩德罗·A. 德尔瓦尔少将
副师长	路易·R. 琼斯准将
参谋长	罗伯特·O. 贝尔上校
人事主任	哈罗德·O. 迪肯中校
情报主任	小约翰·W. 斯科特中校
作战训练主任	拉塞尔·E. 亨索维茨中校
后勤主任	哈维·C. 奇尔吉中校
陆战 1 师师部营	
营长	詹姆斯·S. 莫纳汉中校（至 5 月 20 日） 肯尼斯·B. 查普尔上校（5 月 24 - 31 日）
副营长	刘易斯·M. 安德鲁斯少校
营作训参谋	威廉·G. 波特少尉
第 1 工兵营	
营长	西奥多·E. 德拉蒙德少校
副营长	威廉·A. 斯温纳顿少校
作训参谋	罗伯特·C. 斯奈德上尉
第 1 医务营	
营长	弗朗西斯·朱弗里达海军少校（医务部）
副营长	（未知）
作训参谋	（未知）
第 1 摩托化运输营	
营长	马里昂·A. 福塞特中校（至 4 月 15 日） 卡尔文·C. 盖恩斯中校（自 4 月 18 日起）
副营长	亨利·D. 希尔兹少校
作训参谋	沃尔特·M. 格林斯潘中尉
第 1 轻工兵营	
营长	罗伯特·G. 拜伦斯中校
副营长	沃伦·S. 西韦特森少校
作训参谋	小威廉·J. 塞尔弗里奇中尉

第 1 勤务营	
营长	卡尔文·C. 盖恩斯中校（至 4 月 17 日） 约翰·卡鲁夫上校（4 月 6 日因伤离职，[②]自 4 月 18 日起复职）
副营长	埃德温·B. 格拉斯上尉（至 5 月 14 日） 威廉·F. 贝尔彻少校（5 月 15 至 17 日） 埃尔顿·C. 本内特上尉（自 5 月 20 日起）
作训参谋	（未知）
第 1 坦克营	
营长	亚瑟·J. 斯图亚特中校（6 月 13 日负伤）
副营长	理查德·A. 亨格上尉（至 6 月 18 日） 罗伯特·M. 内曼少校（自 6 月 19 日起）
作训参谋	莱斯特·T. 切斯中尉
第 3 两栖装甲营（暂编）	
营长	小约翰·I. 威廉姆森中校（至 5 月 7 日） 小亚瑟·M. 帕克少校（自 5 月 8 日起）
副营长	小亚瑟·M. 帕克少校（至 5 月 7 日） 维尔福瑞德·S. 勒弗朗索瓦上尉（自 5 月 8 日起）
作训参谋	马文·E. 米切尔上尉（至 6 月 19 日）
第 1 两栖运兵营	
营长	梅纳德·M. 诺尔登中校
副营长	维克多·J. 哈威克少校
作训参谋	哈罗德·F. 哈曼中尉
第 8 两栖运兵营	
营长	查尔斯·B. 内伦中校（至 4 月 13 日） 贝德福德·威廉姆斯少校（4 月 14 - 17 日） 查尔斯·B. 内伦中校（自 4 月 18 日起）
副营长	贝德福德·威廉姆斯少校（至 4 月 13 日） 贝德福德·威廉姆斯少校（自 4 月 18 日起）
作训参谋	约翰·R. 塔尔中尉
陆战 1 团团部	
团长	肯尼斯·B. 查普尔上校（至 5 月 5 日） 亚瑟·T. 梅森上校（自 5 月 6 日起）

副团长	小理查德·P. 罗斯中校（至5月20日） 詹姆斯·S. 莫纳汉中校（自5月21日起）
作战训练科长	伯纳德·T. 凯利少校（4月5日负伤，至4月21日） 乔纳斯·M. 普拉特少校（自4月22日起）
陆战1团1营	
营长	小詹姆斯·C. 穆雷中校（5月9日负伤） 小理查德·P. 罗斯中校（5月10－12日） 奥斯汀·C. 肖夫纳中校（自5月13日起）
副营长	乔纳斯·M. 普拉特少校（至4月22日） 亨利·G. 巴隆少校（4月23日至5月14日） 托马斯·K. 格里尔上尉（5月14日至6月10日） 富兰克林·B. 尼哈特少校（自6月11日起）
作训参谋	芬德尔·W. 耶克萨中尉（至6月18日） 莱昂·戈德伯格少校（自6月19日起）
陆战1团2营	
营长	小詹姆斯·C. 麦基中校
副营长	雷蒙德·C. 波蒂略少校（至4月21日） 伯纳德·T. 凯利少校（自4月22日起）
作训参谋	罗伯特·W. 伯内特少校（至4月21日） 雷蒙德·C. 波蒂略少校（自4月22日起）
陆战1团3营	
营长	斯蒂芬·V. 萨博尔中校（至5月20日） 小理查德·P. 罗斯中校（自5月21日起）
副营长	弗雷德里克·W. 林德罗少校（至5月18日） 韦恩·B. 戴维斯上尉（5月19－25日） 莱昂·戈德伯格少校（5月26日－6月6日） 约翰·V. 凯尔西少校（6月7－18日） 弗雷德里克·W. 林德罗少校（自6月19日起）
作训参谋	韦恩·B. 戴维斯上尉（至4月21日） 詹姆斯·M. 马歇尔上尉（4月22日－6月18日） 约翰·V. 凯尔西少校（自6月19日起）
陆战5团团部	
团长	约翰·H. 格利贝尔上校
副团长	约翰·D. 曼西中校

作战训练科长	詹姆斯・H. 弗拉格少校
陆战 5 团 1 营	
营长	查尔斯・W. 谢尔本中校
副营长	小弗兰克・W. 波兰少校（至 5 月 16 日） 里德・F. 泰勒少校（自 5 月 17 日起）
作训参谋	劳埃德・E. 霍威尔上尉
陆战 5 团 2 营	
营长	威廉・E. 本尼迪克特中校（至 6 月 20 日） 理查德・T. 沃什伯恩少校（自 6 月 21 日起）
副营长	理查德・T. 沃什伯恩少校（至 6 月 20 日） 马丁・F. 弗里茨中尉（自 6 月 21 日起）
作训参谋	约翰・R. 霍根少校（5 月 4 日负伤） 沃德・M. 威尔考克斯中尉（自 6 月 1 日起）
陆战 5 团 3 营	
营长	约翰・H. 古斯塔夫森少校（4 月 1 日负伤） 小约翰・C. 米勒中校（4 月 4 日－5 月 16 日） 小弗兰克・W. 波兰少校（5 月 17 日－6 月 8 日） 罗伯特・E. 希尔中校（自 6 月 9 日起）
副营长	马丁・C. 罗斯少校
作训参谋	乔治・S. 夏普上尉（5 月 14 日负伤） 埃德温・B. 格拉斯上尉（自 5 月 15 日起）
陆战 7 团团部	
团长	爱德华・W. 斯内德克上校
副团长	老詹姆斯・M. 马斯特斯中校
作战训练科长	沃尔特・霍罗门少校（至 5 月 22 日） 斯蒂芬・V. 萨博尔中校（5 月 23 日－6 月 19 日）
陆战 7 团 1 营	
营长	约翰・J. 戈姆利中校
副营长	赫克托・R. 米格奈尔少校（5 月 14 日负伤） 唐・P. 威科夫上尉（5 月 14－17 日） 小亨利・G. 巴隆少校（5 月 18 日－6 月 9 日） 哈罗德・C. 霍华德少校（自 6 月 10 日起）
作训参谋	唐・P. 威科夫上尉

陆战 7 团 2 营	
营长	斯宾塞·S. 博格中校
副营长	路易·G. 迪塔少校
作训参谋	哈里·E. 惠勒中尉（至 6 月 18 日） 詹姆斯·M. 罗宾逊少校（自 6 月 19 日起）

陆战 7 团 3 营	
营长	爱德华·H. 赫斯特中校（6 月 19 日负伤） 斯蒂芬·V. 萨博尔中校（自 6 月 19 日起）
副营长	约翰·F. 科贝特少校（至 5 月 18 日） 威廉·F. 贝尔彻少校（5 月 19 — 22 日） 沃尔特·霍罗门少校（自 5 月 23 日起）
作训参谋	小詹姆斯·E. 柯克少校（至 5 月 15 日） 小亨利·J. 吉尼万上尉（自 5 月 19 日起）

陆战 11 团团部	
团长	威尔伯特·S. 布朗上校
副团长	埃德森·L. 莱曼中校
作战训练科长	查尔斯·D. 哈里斯少校

陆战 11 团 1 营	
营长	理查德·W. 华莱士中校
副营长	乔治·M. 拉蒙中校
作训参谋	欧内斯特·E. 肖特少校

陆战 11 团 2 营	
营长	小詹姆斯·H. 莫法特中校
副营长	约翰·L. 唐奈少校
作训参谋	威廉·C. 吉文斯少校

陆战 11 团 3 营	
营长	托马斯·G. 罗中校
副营长	塞缪尔·S. 伍斯特中校
作训参谋	本杰明·H. 布朗上尉（至 6 月 6 日） 罗伯特·E. 科利尔少校（自 6 月 7 日起）

陆战 11 团 4 营	
营长	小莱昂纳德·F. 查普曼中校

副营长	安德烈·D. 戈麦斯少校
作训参谋	詹姆斯·A. 克罗廷格上尉（6月12日） 刘易斯·D. 鲍曼少校（自6月13日起）
海军陆战队第2师第8加强作战团（6月1—22日）	
陆战第8加强作战团团部	
团长	克拉伦斯·R. 华莱士上校
副团长	马丁·S. 莱海瑟中校
作战训练科长	威廉·C. 张伯伦少校（6月18日负伤）
团部及勤务连连长	鲍伯·S. 格里芬上尉
重武器连连长	大卫·V. 范埃弗拉少校
陆战2师侦察连长	约翰·R. 尼尔森少校
第2工兵营C连长	奥斯曼·B. 拉特罗布上尉
第2医务营E连长	理查德·L. 弗伦奇海军上尉（医疗部）
第2摩托化运输营B连长	保罗·A. 肖特中尉
第2轻工兵营A连长	詹姆斯·B. 芬利上尉
第2坦克营A连长	小爱德华·L. 贝尔上尉
第2两栖卡车连连长	詹姆斯·L. 乔治上尉
陆战8团1营	
营长	理查德·W. 海沃德中校
副营长	罗伯特·L. 霍尔德尼斯少校
作训参谋	威廉·H. 皮克特上尉（6月22日负伤）
陆战8团2营	
营长	哈里·A. 沃尔多夫中校
副营长	小威廉·H. 荣汉斯少校
作训参谋	马丁·F. 巴雷特上尉（至6月18日）
陆战8团3营	
营长	保罗·E. 华莱士中校
副营长	拜伦·V. 索顿少校
作训参谋	小约翰·I. 沃纳少校
陆战10团2营	
营长	理查德·G. 韦德中校

副营长	肯尼斯・C. 休斯顿少校
作训参谋	威廉・M. 斯宾塞三世上尉
第 2 两栖运兵营	
营长	芬伦・A. 杜兰德少校
副营长	尤金・A. 西格尔上尉
作训参谋	威廉・H. 豪斯曼上尉
海军陆战队第 6 师（加强）	
陆战 6 师师部	
师长	小莱缪尔・C. 谢泼德少将（5 月 16 日负伤[②]）
副师长	威廉・T. 克莱门特准将
参谋长	约翰・C. 麦奎因上校
人事主任	艾迪森・B. 奥弗斯特里特少校
情报主任	托马斯・E. 威廉姆斯中校
作战训练主任	维克多・A. 克鲁拉克上校
后勤主任	奥古斯特・拉尔森中校（至 5 月 16 日） 韦恩・H. 亚当斯中校（自 5 月 17 日起）
陆战 6 师师部营	
营长	弗洛伊德・A. 斯蒂芬森中校
副营长	拉尔夫・W. 博内少校
作训参谋	拉尔夫・W. 博内少校
第 6 工兵营	
营长	保罗・F. 萨基特少校
副营长	罗伯特・S. 梅奥少校
作训参谋	詹姆斯・H. 库珀上尉
第 6 医务营	
营长	约翰・S. 考恩海军中校（医务部）
副营长	约瑟夫・M. 谢尔顿海军上尉（医务部）
作训参谋	（未知）
第 6 摩托化运输营	
营长	欧内斯特・H. 古尔德中校
副营长	罗伯特・E. 麦库克少校
作训参谋	罗伯特・E. 瓦格纳中尉

第 6 轻工兵营	
营长	塞缪尔·R. 肖中校（至 5 月 10 日） 约翰·G. 迪布尔少校（5 月 11 日－6 月 8 日代理） 塞缪尔·R. 肖中校（6 月 9－18 日） 约翰·G. 迪布尔少校（自 6 月 19 日起）
副营长	奥林·L. 比尔少校（至 4 月 23 日） 约翰·G. 迪布尔少校（4 月 24 日－6 月 19 日） 哈里·B. 史密斯上尉（自 6 月 19 日起）
作训参谋	哈罗德·L. 曼利中尉
第 6 勤务营	
营长	乔治·B. 贝尔中校（至 4 月 25 日） 亚历山大·N. 恩特林格中校（自 4 月 26 日起）
副营长	（未知）
作训参谋	威廉·F. 拉根中尉（至 5 月 9 日） 小查尔斯·A. 哈珀上尉（自 5 月 12 日起）
第 6 坦克营	
营长	小罗伯特·L. 德尼格中校
副营长	哈里·T. 米尔纳少校
作训参谋	亨利·卡尔库特少校（5 月 18 日负伤[②]）
第 1 两栖装甲营	
营长	路易·梅茨格中校（至 6 月 21 日） 理查德·G. 沃尔高少校（自 6 月 22 日起）
副营长	理查德·G. 沃尔高少校（至 6 月 21 日） 威廉·L. 尤班克上尉（自 6 月 22 日起）
作训参谋	托马斯·M. 克洛斯比中尉
第 4 两栖运兵营	
营长	克洛维斯·C. 考夫曼中校
副营长	阿诺德·S. 戴恩少校
作训参谋	小拉尔夫·J. 帕克上尉
第 9 两栖运兵营	
营长	西奥多·E. 沃特森少校
副营长	弗朗西斯·J. 法瑞斯少校

作训参谋	克莱尔·C. 埃德蒙森中尉
陆战 4 团团部	
团长	艾伦·沙普利上校
副团长	弗雷德·D. 比恩斯中校（至 4 月 14 日） 弗雷德·D. 比恩斯中校（自 5 月 1 日起）
作战训练科长	奥维尔·V. 伯格伦少校
陆战 4 团 1 营	
营长	伯纳德·W. 格林少校（4 月 15 日阵亡） 弗雷德·D. 比恩斯中校（4 月 15 日－5 月 1 日） 乔治·B. 贝尔中校（自 5 月 1 日起，6 月 4 日负伤）
副营长	罗伯特·V. 艾伦（少校）
作训参谋	弗兰克·A. 坎普上尉（至 5 月 22 日） 约翰·R. 科尔曼少校（自 5 月 22 日起）
陆战 4 团 2 营	
营长	雷诺兹·H. 海登中校（至 5 月 26 日） 小埃德加·F. 卡尼少校（自 5 月 27 日起）
副营长	罗伊·C. 巴特顿少校（4 月 15 日负伤） 小埃德加·F. 卡尼少校（4 月 15 日－5 月 26 日） 林肯·N. 霍尔兹科姆少校（自 5 月 27 日起）
作训参谋	林肯·N. 霍尔兹科姆少校（至 5 月 26 日） 韦恩·L. 爱德华兹上尉（5 月 27 日－6 月 6 日） 詹姆斯·E. 布朗中尉（6 月 7－19 日） 韦恩·L. 爱德华兹上尉（自 6 月 20 日起）
陆战 4 团 3 营	
营长	布鲁诺·A. 霍克默思中校
副营长	托马斯·E. 比曼少校（至 4 月 16 日） 小卡尔·E. 康伦少校（自 4 月 16 日起，5 月 20 日阵亡） 威尔逊·E. 亨特少校（自 5 月 20 日起）
作训参谋	小卡尔·E. 康伦少校（至 4 月 15 日） 莱德·埃尼克少校（自 4 月 20 日起，5 月 23 日负伤） 马丁·J. 塞克斯顿上尉（6 月 1－14 日） 克莱·A. 邦德少校（自 6 月 15 日起）

陆战 22 团团部	
团长	默林·F. 施耐德上校（至 5 月 16 日） 哈罗德·C. 罗伯茨上校（自 5 月 17 日起，6 月 18 日阵亡） 奥古斯特·拉尔森中校（自 6 月 18 日起）
副团长	卡尔·K. 劳瑟上校（至 5 月 16 日） 奥古斯特·拉尔森中校（5 月 17 日－6 月 17 日） 约翰·B. 贝克中校（6 月 18－20 日） 塞缪尔·R. 肖中校（自 6 月 21 日起）
作战训练科长	约翰·B. 贝克中校（至 6 月 17 日） 沃尔特·H. 斯蒂芬斯中校（6 月 18－20 日） 约翰·B. 贝克中校（自 6 月 21 日起）
陆战 22 团 1 营	
营长	托马斯·J. 迈尔斯少校（5 月 15 日阵亡） 厄尔·J. 库克少校（自 5 月 15 日起，6 月 17 日负伤） 加文·C. 汉弗莱中校（自 6 月 17 日起）
副营长	厄尔·J. 库克少校（至 5 月 14 日） 爱德华·G. 克尔兹尔少校（5 月 15 日－6 月 15 日） 诺曼·R. 谢尔曼少校（自 6 月 16 日起）
作训参谋	爱德华·G. 克尔兹尔少校
陆战 22 团 2 营	
营长	小霍雷肖·C. 伍德豪斯中校（5 月 30 日阵亡） 约翰·G. 约翰逊中校（自 5 月 31 日起）
副营长	小亨利·A. 考特尼少校（5 月 9 日负伤，② 5 月 14 日阵亡）
作训参谋	格兰·E. 马丁少校（至 6 月 21 日） 查尔斯·S. 罗伯特森上尉（自 6 月 22 日起）
陆战 22 团 3 营	
营长	马尔科姆·"O". 多诺胡中校（5 月 16 日负伤） 乔治·B. 坎特纳少校（5 月 16－19 日） 克莱尔·W. 希斯勒中校（自 5 月 20 日起）
副营长	保罗·H. 伯德少校（4 月 11 日阵亡） 乔治·B. 坎特纳少校（5 月 2－15 日） 罗伊·D. 米勒少校（5 月 16－19 日） 乔治·B. 坎特纳少校（自 5 月 20 日起）

作训参谋	罗伊·D. 米勒少校
陆战 29 团团部	
团长	维克多·F. 布利斯戴尔上校（至 4 月 14 日） 威廉·J. 惠林上校（自 4 月 15 日起）
副团长	奥林·K. 普莱斯里中校
作战训练科长	奥古斯·M. 弗雷泽中校（至 6 月 14 日） 乔治·W. 基伦中校（自 6 月 14 日起）
陆战 29 团 1 营	
营长	让·W. 莫罗中校（5 月 16 日负伤） 罗伯特·P. 诺伊弗少校（5 月 16－25 日） 塞缪尔·S. 伊顿中校（5 月 26 日－6 月 14 日） 小勒鲁瓦·P. 亨特中校（自 6 月 15 日起）
副营长	罗伯特·J. 利汀少校（至 4 月 21 日） 詹姆斯·H. 布洛克少校（4 月 24 日－5 月 26 日） 罗伯特·P. 诺伊弗少校（自 5 月 26 日起）
作训参谋	詹姆斯·H. 布洛克少校（至 4 月 23 日） 小欧内斯特·P. 弗里曼上尉（4 月 24 日－5 月 27 日） 詹姆斯·H. 布洛克少校（自 5 月 28 日起）
陆战 29 团 2 营	
营长	威廉·G. 罗布中校（4 月 19 日负伤[2]）
副营长	托马斯·J. 克洛斯少校
作训参谋	罗伯特·P. 诺伊弗少校（至 5 月 16 日） 罗伯特·B. 福勒上尉（自 5 月 16 日起，6 月 12 日阵亡） 华莱士·G. 弗莱斯纳少校（自 6 月 14 日起）
陆战 29 团 3 营	
营长	厄玛·A. 赖特中校（至 6 月 14 日） 奥古斯·N. 弗雷泽中校（自 6 月 15 日起）
副营长	克劳福德·B. 劳顿少校（4 月 9 日负伤） 埃弗雷特·W. 惠普尔少校（4 月 9－21 日） 沃尔特·E. 约根森上尉（自 4 月 24 日起，5 月 16 日负伤） 托马斯·P. 托马塞洛上尉（5 月 17－22 日） 沃尔特·E. 约根森上尉（6 月 1 日－13 日） 安东尼·沃克少校（自 6 月 15 日起）

作训参谋	埃弗雷特·W. 惠普尔少校（至4月8日） 詹姆斯·R. 斯托克曼上尉（4月9日－6月6日） 理查德·M. 海恩斯上尉（6月6－13日） 默林·奥尔森少校（自6月14日起）
陆战15团团部	
团长	罗伯特·B. 勒基上校
副团长	詹姆斯·H. 布劳尔中校
作战训练科长	威廉·H. 赫斯特少校
陆战15团1营	
营长	罗伯特·H. 阿姆斯特朗少校
副营长	威廉·T. 博克斯少校
作训参谋	小威廉·N. 拉尔森中尉
陆战15团2营	
营长	纳特·M. 佩斯少校
副营长	爱德华·O. 斯特凡尼少校（至4月13日） 威廉·C. 罗伯茨少校（自4月14日起）
作训参谋	罗伯特·P. 约曼斯少校
陆战15团3营	
营长	乔·C. 麦克哈尼中校
副营长	小本尼迪克特·V. 施耐德少校
作训参谋	休·C. 贝克少校
陆战15团4营	
营长	布鲁斯·T. 亨普希尔中校
副营长	弗朗西斯·F. 帕里少校
作训参谋	本杰明·F. 斯宾塞上尉
海军陆战队第2航空联队	
司令	弗朗西斯·P. 马尔卡希少将（至6月10日） 路易·E. 伍兹少将（自6月11日起）
参谋长	海恩·D. 博伊登上校
人事处长	罗伯特·E. 科丁顿上尉
情报处长	大卫·B. 德克尔少校
作战训练处长	佩里·O. 帕米利上校

后勤处长	查尔斯·T. 杨三世中校（4月20日负伤） 威廉·L. 伍德拉夫上尉（自6月11日起）
第2航空联队司令部中队长	理查德·F. 海兰上尉
陆战队第3观察机中队长	小华莱士·J. 斯莱皮上尉
陆战队第6观察机中队长	唐纳德·R. 加莱特上尉
陆战队第7观察机中队长	威廉·A. 苏厄德上尉
防空部队	
司令	威廉·J. 华莱士准将
参谋长	福特·O. 罗杰斯上校
作战训练主任	伯克尔·C. 巴特顿上校
陆战队第14航空大队（6月1日－22日）	
大队长	爱德华·A. 蒙哥马利上校
副大队长	小科蒂斯·E. 史密斯中校
作战训练科长	罗伯特·H. 理查德中校
第14大队部中队长	罗伯特·M. 克鲁克斯上尉
第14空勤中队长	弗朗西斯·H. 斯迈斯少校（至6月7日） 朱利叶斯·W. 爱尔兰少校（自6月8日起）
VMF-212（战斗机）中队长	约翰·P. 麦克马洪少校
VMF-222（战斗机）中队长	哈罗德·A. 哈伍德少校
VMF-223（战斗机）中队长	霍华德·E. 金少校
陆战队第22航空大队（6月1日－22日）	
大队长	小丹尼尔·W. 托里上校
副大队长	埃尔默·A. 雷恩中校
作战训练科长	小托马斯·C. 科尔特少校
第22大队部中队长	林赛·K. 迪基上尉
第22空勤中队长	布鲁斯·普罗瑟少校
VMF-113（战斗机）中队长	亨斯利·威廉姆斯少校
VMF-314（战斗机）中队长	罗伯特·C. 卡梅伦少校
VMF-422（战斗机）中队长	埃尔金·S. 迪尤少校
VMF（N）-533（夜间战斗机）中队长	马里昂·M. 马格鲁德中校
VMTB-131（鱼雷轰炸机）中队长	道格拉斯·H. 班格特少校

陆战队第 31 航空大队	
大队长	约翰·C. 芒恩上校
副大队长	戈登·E. 亨德里克斯中校（至 6 月 20 日） 柯克·阿密斯泰德中校（自 6 月 22 日起）
作战训练科长	柯克·阿密斯泰德中校（至 6 月 21 日） 查尔斯·M. 孔兹少校（自 6 月 22 日起）
第 31 大队部中队长	莱昂·A. 丹科少校（至 5 月 14 日） 弗雷德里克·L. 唐纳利中尉（自 5 月 14 日起）
第 31 空勤中队长	阿奇博尔德·M. 史密斯少校（至 4 月 28 日） 保罗·T. 约翰斯顿少校（4 月 19 日－6 月 1 日） 约瑟夫·A. 格雷少校（自 6 月 2 日起）
VMF-224（战斗机）中队长	詹姆斯·W. 波因德克斯特少校（至 5 月 30 日） 小罗伯特·C. 哈蒙德少校（5 月 31 日－6 月 14 日） 艾伦·T. 巴纳姆少校（自 6 月 15 日起）
VMF-311（战斗机）中队长	佩里·L. 舒曼少校（至 6 月 15 日） 迈克尔·R. 杨克少校（自 6 月 15 日起）
VMF-441（战斗机）中队长	罗伯特·O. 怀特少校（至 6 月 19 日） 保罗·T. 约翰斯顿少校（自 6 月 20 日起）
VMF（N）-542（夜间战斗机）中队长	威廉·C. 凯勒姆少校（至 5 月 22 日） 罗伯特·B. 波特少校（自 5 月 24 日起）
陆战队第 33 航空大队	
大队长	沃德·E. 迪基上校
副大队长	詹姆斯·L. 比姆中校
作战训练科长	埃斯科尔·M. 马洛里中校
第 33 大队部中队长	理查德·基尔伯恩上尉
第 33 空勤中队长	休·P. 卡拉汉少校
VMF-312（战斗机）中队长	理查德·M. 戴少校（5 月 14 日失踪） 休·I. 拉塞尔少校（5 月 14－24 日） 弗兰克·"J". 科尔少校（自 5 月 25 日起）
VMF-322（战斗机）中队长	弗雷德里克·M. 劳申巴赫少校（至 5 月 30 日） 沃尔特·E. 利沙伊德少校（自 5 月 31 日起）
VMF-323（战斗机）中队长	小乔治·C. 阿科斯特尔少校（至 6 月 14 日） 马丁·E. W. 奥雷里克少校（自 6 月 16 日起）

VMF（N）-543（战斗机）中队长	克莱尔·"C". 钱默林少校（至 6 月 17 日） 小詹姆斯·B. 马奎尔少校（自 6 月 18 日起）
VMTB-232（鱼雷轰炸机）中队长	艾伦·L. 费尔德迈耶少校
陆战队第 43 航空大队	
大队长	罗伯特·O. 比森中校
副大队长	（未知）
作战训练科长	拉德福德·C. 韦斯特中校
第 43 大队部中队长	威廉·F. 费斯利少校
AWS-1（空袭警报）中队长	爱德华·R. 斯坦巴克上尉
AWS-6（空袭警报）中队长	克拉伦斯·C. 戈登上尉
AWS-7（空袭警报）中队长	保罗·E. 巴尔代上尉
AWS-8（空袭警报）中队长	弗兰克·B. 弗里兹少校
AWS-11（空袭警报）中队长	约翰·L. 卡内基上尉

附表十五

1945 年关于冲绳战役大事记

1945	
1 月 6 日	美军第 10 集团军为代号"冰山行动"的冲绳战役发布 1－45 号预备作战计划。
1 月 9 日	美军在菲律宾的吕宋岛登陆。
1 月 25 日	驻菲律宾海军陆战队俯冲轰炸机首次执行飞行支援任务。
2 月 19 日－3 月 16 日	海军陆战队第 5 两栖军攻打和占领小笠原群岛的硫黄岛。
3 月 11 日	巴克纳中将发函宣布第 10 集团军 1－45 号作战计划生效。
3 月 21 日	西冲绳群岛攻击大队运载第 77 步兵师突击部队从莱特湾出击，"冰山行动"进入起始阶段。
3 月 24 日	南方运输船队运载参加"冰山行动"的第 24 军突击部队从莱特湾出击。 第 58 特混舰队的飞机和战列舰开始对冲绳进行登陆前的火力准备。
3 月 25 日	北方运输船队运载参加"冰山行动"的第 3 两栖军突击部队从乌利希出击。
3 月 26－31 日	第 77 步兵师攻打和占领庆良间列岛和庆伊濑岛。
3 月 27 日	参加"冰山行动"的联合远征军运输和掩护部队从莱特湾和乌利希出击。 佯攻大队运载海军陆战队第 2 师离开塞班岛。
4 月 1 日	第 10 集团军在冲绳中城湾海滩未遇抵抗即登陆成功。

4 月 2 日	第 7 步兵师先头部队进抵冲绳岛东海岸，将该岛拦腰截断。
4 月 6 − 7 日	日军对冲绳海域发动首次"神风"特攻。
4 月 7 日	美军第 58 特混舰队舰载机击沉日本超级战列舰"大和"号、1 艘巡洋舰和 4 艘驱逐舰。日本海军联合舰队水面战斗力彻底覆灭，已无力在冲绳海域继续发动水面进攻。
4 月 9 − 10 日	第 27 步兵师 105 团 3 营攻击和占领冲绳群岛东部唯一的日军设防岛屿 Tsugen 岛。
4 月 10 日	第 27 步兵师登陆冲绳增援第 24 军。
4 月 16 − 21 日	第 77 步兵师攻击和占领伊江岛。
4 月 19 日	第 24 军对日军首里防线外部防线进行全面进攻。
4 月 20 日	海军陆战队第 6 师战斗区域内的中部町半岛有组织抵抗结束。
4 月 30 日	第 77 步兵师替换攻打冲绳岛南部的第 96 步兵师。
5 月 1 日	海军陆战队第 1 师替换冲绳岛南部的第 27 步兵师。
5 月 4 日	第 27 步兵师替换攻打冲绳岛北部的海军陆战队第 6 师。
5 月 4 − 6 日	第 24 军击退日军的大举反攻。
5 月 7 日	第 3 两栖军接管第 10 集团军在冲绳岛南部的西方战线。
5 月 8 日	海军陆战队第 6 师先头部队进入冲绳岛南部战线。
5 月 9 − 10 日	第 96 步兵师替换冲绳东海岸的第 7 步兵师。
5 月 11 日	第 10 集团军对日军首里防线内部防线发动全面进攻。
5 月 17 日	希尔海军少将取代特纳海军中将出任第 51 特混舰队司令。第 10 集团军司令巴克纳中将从这一天起直接对第 5 舰队暨中太平洋部队司令斯普鲁恩斯海军上将负责。
5 月 21 日	第 7 步兵师再度在东海岸包围首里。
5 月 27 日	第 3 舰队接替第 5 舰队，第 10 集团军司令巴克纳中将自这一天起，直接对太平洋战区总司令负责。
5 月 30 日 − 6 月 4 日	日军第 32 军主力在大雨掩护下，撤离首里阵地，前往喜屋武半岛。
5 月 31 日	第 5 陆战团占领首里。
6 月 3 − 4 日	第 8 陆战加强团占领伊平屋岛。
6 月 4 日	陆战 6 师进攻小禄半岛。
6 月 9 日	第 8 陆战加强团占领粟国岛。
6 月 18 日	巴克纳中将在第 8 陆战团冲绳岛首次进攻期间观战时阵亡；盖格少将临时接替第 10 集团军指挥权。

6月21日	冲绳岛的有组织抵抗结束。
6月22日	第10集团军司令部的正式升旗仪式标志着美军占领冲绳岛。
6月23日	史迪威上将接任第10集团军司令。
6月24－30日	太平洋舰队陆战队两栖侦察营占领久米岛。
6月30日	冲绳岛南部的扫荡作战结束。
7月1日	太平洋战区司令部解散第31特混舰队。史迪威上将接管冲绳群岛防务和后续事宜。
7月5日	菲律宾战事宣告结束。
8月4日	第27步兵师到达冲绳岛的边户岬，结束在冲绳岛北部长达三个半月的扫荡作战。
8月6日	美军在广岛投下第一枚原子弹。
8月9日	美军在长崎投下第二枚原子弹。
8月10日	日本谋求议和。
8月14日	太平洋战争结束。
9月2日	东京湾的美国海军"密苏里"号战列舰甲板上，日本帝国正式向同盟国投降。
9月7日	史迪威上将接受日本冲绳群岛驻军投降，标志着美国一度主导冲绳政治事务时期的开始。

主要参考书目

The Military Intelligence Division, United States War Department, Handbook on Japanese Military Forces, 1944.

Roy E. Appleman, James M. Burns, Russell A. Gugeler and John Stevens, Okinawa: The Last Battle, Center of Military History, United State Army, 1947.

Chas.S.Nicols, Jr. and Henry I. Shaw, Jr, Okinawa: Victory in the Pacific, Historical Branch, G-3 Division, Headquarters, U.S. Marine Corps, 1955.

Benis M. Frank and Henry I. Shaw, JR, History of U.S. Marine Corps Operations in World War II Volume V: Victory and Occupation, Historical Branch, G-3 Division, Headquarters, U.S. Marine Corps, 1968.

John H. Johnstone, A Brief History of the 1st Marines, Historical Branch, G-3 Division, Headquarters, U.S. Marine Corps, 1968.

James and William Belote, Typhoon of steel: the battle for Okinawa, Harper & Row, 1970.

George Carroll Dyer, The amphibians came to conquer: The story of Admiral Richmond Kelly Turner, Sup. Of Docs., U.S. Govt. Print Off, 1971.

Thomas B. Buell, The Quiet Warrior: A Biography of Admiral Raymond A. Spruance, Little, Brown, 1974.

E. B. Potter, Nimitz, Naval Institute Press, 1976.

Ian Gow; consultant, H.P. Willmott, Okinawa, 1945: gateway to Japan, Doubleday, 1985.

Joseph H. Alexander, The Final Campaign: Marines in the Victory on Okinawa, Marine Corps Historical Center, Diane Pub Co, 1996.

Danny J. Crawford, Robert V. Aquilina, Ann A. Ferrante and Shelia P. Gramblin, The 1st Marine Division and Its Regiments, History and Museums Division Headquarters, U.S. Marine Corps, 1999.

Robert Wallace, From Dam Neck to Okinawa: A Memoir of Antiaircraft Training in World War II, Naval Historical Center, Department of the Navy, 2001.

Oscar E. Gilber, Marine Tank Battles in the Pacific, Da Capa, 2001.

Laura Homan Lacey, Stay off the skyline: the Sixth Marine Division on Okinawa: an oral history, Potomac Books, 2005.

James H. Hallas, Killing ground on Okinawa: the battle for Sugar Loaf Hill, Naval

Institute Press，2007.

Bill Sloan，The ultimate battle: Okinawa 1945，the last epic struggle of World War II，Simon & Schuster，2007.

[日] 近藤侃一：『最後の連隊』，第二书房，1964。

[日] 日本防卫厅防卫研修所战史室编：『沖縄方面陸軍作戦』，朝云新闻社，1968。

[日] 第三中队的记录编集委员会：『黄塵と珊瑚礁：独立歩兵第二十一大隊第三中隊の記録』，第三中队的记录编集委员会，1972。

[日] 仁位显：『珊瑚礁を朱にそめて』，太宰府天满宫崇敬会，1975。

[日] 大田昌秀：『これが沖縄戦だ：写真記録』，琉球新报社，1977。

[日] 步兵第八十九联队史编纂委员会编：『歩兵第八十九聯隊史』，步兵第八十九联队史编纂委员，1978。

[日] 胜又正夫：『喜屋武岬：沖縄戦に生く』，1980。

[日] 冲绳大百科事典刊行事务局编：『沖縄大百科事典 上巻』，冲绳タイムス社，1983。

[日] 冲绳大百科事典刊行事务局编：『沖縄大百科事典 中巻』，冲绳タイムス社，1983。

[日] 冲绳大百科事典刊行事务局编：『沖縄大百科事典 下巻』，冲绳タイムス社，1983。

[日] 宫里一夫：『沖縄旧海軍司令部壕の軌跡』，ニライ社，1986。

[日] 山本义中：『沖縄戦に生きて：一歩兵小隊長の手記』，株式会社ぎょうせい，1987。

[日] 大田嘉弘：『沖縄陸·海·空戦史』，相模书房，1988。

[日] 长田纪春，具志八重编：『閃光の中で：沖縄陸軍病院の証言』，ニライ社，1992。

[日] 冲绳タイムス社编著：『鉄の暴風：沖縄戦記』，冲绳タイムス社，1993。

[日] 田村洋三：『沖縄県民斯ク戦ヘリ：大田実海軍中将一家の昭和史』，讲谈社，1994。

[日] 京都新闻社编：『防人の詩（沖縄編）』，京都新闻社，1994。

[日] 新崎盛晖：『沖縄の素顔』，テクノマーケティングセンター，2000。

[日] 小松茂朗：『沖縄に死す：第三十二軍司令官牛島満の生涯』，光人社，2001。

[日] 创价学会青年平和会议编：『命どぅ宝：沖縄戦·痛恨の記憶』，第三文明社，2003。

[日] 柏木俊道：『定本沖縄戦：地上戦の実相』，彩流社，2012。

[日] 外间守善：『私の沖縄戦記：前田高地·六十年目の証言』，角川学艺出版，2012。

[日] 八原博通：『沖縄決戦：高級参謀の手記』，中央公论新社，2015。

[日] 笹幸惠：『沖縄戦二十四歳の大隊長：陸軍大尉伊東孝一の戦い』，学研パブリッシング，2015。

[美] Frank O. Hough著，《岛屿战争》，解放军编辑部翻印，1956。

[美] 诺曼·波尔马著，方东革、王东风等译：《航空母舰1909－1945——航空母舰发展史及航空母舰对世界的影响》，上海科学技术文献出版社，2009。